Pastoralliturgisches Handlexikon

Adolf Adam – Rupert Berger

Pastoralliturgisches Handlexikon

Herder
Freiburg · Basel · Wien

Das Umschlagbild zeigt eine Skulptur am Grundstein der kurz vor dem II. Vatikanum erbauten Peterskirche in Badenweiler: „Einen anderen Grund kann niemand legen als den, der gelegt ist: Jesus Christus“ (1 Kor 3,11). „Durch Ihn und mit Ihm und in Ihm“ feiern wir christlichen Gottesdienst zur Ehre des himmlischen Vaters und zum Heil der Menschen.
Durch diesen Gottesdienst, dessen tieferem Verständnis und dessen immer besserer Gestaltung das vorliegende Buch dienen möchte, wird ein wesentlicher Beitrag dafür geleistet, daß jener geistige Bau gelingt, der aus lebendigen Steinen erstehen soll (vgl. 1 Petr 2,5).

Mit kirchlicher Druckerlaubnis
München, den 19. Oktober 1980
Dr. Gerhard Gruber, Generalvikar
Herstellung: Freiburger Graphische Betriebe 1980
ISBN 3-451-18972-0

Vorwort

Das vorliegende Buch, das aus dem 1969 erschienenen und inzwischen vergriffenen „Kleinen Liturgischen Wörterbuch“ von *R. Berger* hervorgegangen ist (Herderbücherei 339–341), will dem tieferen Verständnis des Gottesdienstes dienen und Hilfen und Anregungen für seine tätige Mitfeier vermitteln. Es ist in erster Linie auf den römisch-katholischen Ritus und seine Adaptierung im deutschen Sprachgebiet ausgerichtet, blickt aber auch auf das Ganze des christlichen Gottesdienstes und darum auch auf die östlichen und reformatorischen Riten.

Verstehen ist meist nur möglich im Blick auf Ursprung und geschichtliche Entfaltung. Die Aussagen des Neuen Testaments und die liturgischen Grundlinien und Strukturgesetze der alten Kirche werden darum besonders beachtet. Im Mittelpunkt der Bearbeitung aber stehen Sinn und Gestalt des heutigen Gottesdienstes. Es geht vorrangig darum, den Gottesdienst nach dem II. Vatikanum in gestraffter Form zu beschreiben, zu begründen und fruchtbar zu machen.

Um ein weiterführendes Studium zu erleichtern, werden die entsprechenden Reformdekrete, die Neuausgaben der liturgischen Bücher und wichtige neuere Literatur vorgestellt. Die Verfasser bitten jedoch um Verständnis dafür, daß aus Platzgründen bei den Literaturangaben keine Vollständigkeit angestrebt werden konnte und bei kleineren Artikeln auf bibliographische Hinweise verzichtet wurde.

Den einzelnen Artikeln liegt in der Regel folgender Aufbau zugrunde:

Wort- und Begriffserklärung,
Ursprung und geschichtliche Entfaltung,
heutige Gestalt und Ordnung und
gegebenenfalls pastorale Hinweise.

Ein alphabetisches Register der ca. 1000 Stichwörter und Verweise sowie Verzeichnisse der Abkürzungen und der Kurztitel öfter zitierter Werke erleichtern den Gebrauch des Buches. Seine lexikographische Form ermöglicht eine rasche Orientierung in der Vielfalt gottesdienstlicher Erscheinungsformen und Begriffe.

Mainz und Bad Tölz, im Sommer 1980

Adolf Adam – Rupert Berger

Abkürzungsverzeichnis

AC	Antike und Christentum I–VI, Münster 1929–1950 (F. J. Dölger).
AEM	Allgemeine Einführung in das röm. Meßbuch nach dem Text des deutschen Meßbuches von 1975.
AES	Allgemeine Einführung in das Stundengebet nach dem Text des deutschen Stundenbuches Bd. I von 1978.
AkG	Anzeiger für die katholische Geistlichkeit, Freiburg 1890 ff.
ALW	Archiv für Liturgiewissenschaft, Regensburg 1950 ff.
AT	Altes Testament.
atl.	alttestamentlich.
BEK	Bund der Evangelischen Kirchen in der DDR.
Ben	Benediktionale, Studienausgabe ... Einsiedeln – Freiburg 1978 und Leipzig 1979.
CD	Christus Dominus = Dekret des II. Vat. über die Hirtenaufgabe der Bischöfe in der Kirche.
CIC	Codex iuris canonici, Rom 1917.
CR	Codex rubricarum, Rom 1960.
DACL	Dictionnaire d'archéologie chrétienne et de liturgie, Paris 1924 ff.
Diak	Diakonia, Internationale Zeitschrift ..., Mainz – Wien 1970 ff.
DS	H. Denzinger – A. Schönmetzer, Enchiridion symbolorum ..., Barcelona – Freiburg ^{36}1976.
DV	Dei verbum = Dogmat. Konstitution des II. Vat. über die Offenbarung.
EKD	Evangelische Kirche in Deutschland.
EKL	Evangelisches Kirchenlexikon I–VI, Göttingen 1955–1961.
Enz	Enzyklika.
FS	Festschrift.
Gd	Gottesdienst. Information und Handreichung der liturg. Institute ..., (Trier – Zürich – Salzburg) 1967 ff.
GL	Gotteslob. Katholisches Gebet- und Gesangbuch 1975.
GOK	Grundordnung des Kirchenjahres und des Kalenders vom 21. 3. 1969, in: Nachkonziliare Dokumentation 20, Trier 1969 und Leipzig 1970.
GS	Gaudium et spes = Pastoralkonstitution des II. Vat. über die Kirche in der Welt von heute.
GuL	Geist und Leben (bis 1947: ZAM).
HD	Heiliger Dienst, hrsg. vom Institutum Liturgicum der Erzabtei St. Peter, Salzburg 1947 ff.
HK	Herder-Korrespondenz, Freiburg 1946 ff.
HPTh	Handbuch der Pastoraltheologie ..., hrsg. von F. X. Arnold u. a., 4 Bde (Freiburg 1964–1969).
IALK	Internationale Arbeitsgemeinschaft der Liturgischen Kommissionen im deutschen Sprachgebiet.
Instr I	Instructio „Inter oecumenici" der Ritenkongregation ... vom 26. 9. 1964.
Instr II	Instructio „Tres abhinc annos" der Ritenkongregation ... vom 4. 5. 1967.
JAC	Jahrbuch für Antike und Christentum. Hrsg. von Th. Klauser, A. Stuiber, K. Thraede (Münster 1958 ff).

JLH	Jahrbuch für Liturgik und Hymnologie, Kassel 1955ff.
JLW	Jahrbuch für Liturgiewissenschaft, Münster 1921–41.
KBL	Katechetische Blätter, München 1874ff.
KoGOK	Kommentar (römischer) zur GOK.
KuD	Konzil und Diaspora. Sämtliche Beschlüsse der Pastoralsynode der Jurisdiktionsbezirke in der DDR, Leipzig 1977.
LG	Lumen gentium, Dogm. Konstitution des II. Vat. über die Kirche.
LJ	Liturgisches Jahrbuch, Münster 1951ff.
LK	Liturgie-Konstitution des II. Vat. (4. 12. 1963).
LO	Leseordnung für die Meßfeier vom 25. 5. 1969, hrsg. von den Liturgischen Instituten, 3 Bde., Trier 1969/70 und Leipzig 1969.
LPTh	Lexikon der Pastoraltheologie, hrsg. von F. Klostermann u.a., Freiburg 1972.
LThK	Lexikon für Theologie und Kirche, Freiburg ^{2}1957ff.
LQF	Liturgiegeschichtliche Quellen und Forschungen, Münster 1909–40, 1957ff.
LuM	Liturgie und Mönchtum. Laacher Hefte, Maria Laach 1948ff.
MA	Mittelalter.
mal.	mittelalterlich.
MD	Meßbuch für die Bistümer des deutschen Sprachgebietes, Freiburg u.a. 1975 und Leipzig 1977 (Bd. II) und 1979 (Bd. I).
MedDei	Mediator Dei, Enzyklika über die hl. Liturgie (Pius XII.) 1947, zitiert nach der Herder-Ausgabe 1948.
MP	Motuproprio.
MR	Missale Romanum, ^{1}1970, ^{2}1974.
NT	Neues Testament.
ntl.	neutestamentlich.
ODEA	Ordo dedicationis ecclesiae et altaris, Rom 1977.
PE	Pastorale Einführung (bei liturg. Büchern).
PG	Patrologia graeca, hrsg. von J.-P. Migne, Paris 1857–66.
PkH	Pastoral-katechetische Hefte, hrsg. von H. Aufderbeck / M. Fritz, Leipzig ab 1954.
PL	Patrologia latina, hrsg. von J.-P. Migne, Paris 1878–90.
RAC	Reallexikon für Antike und Christentum, hrsg. von Th. Klauser, Stuttgart 1941, 1950ff.
RGG	Die Religion in Geschichte und Gegenwart I–VI, Tübingen ^{3}1956–62.
StdZ	Stimmen der Zeit, Freiburg 1871ff.
ThWAT	Theologisches Wörterbuch zum AT, hrsg. v. G. J. Botterweck, I–III Stuttgart 1973ff.
ThWNT	Theologisches Wörterbuch zum NT, hrsg. v. G. Kittel, fortges. v. G. Friedrich, Stuttgart 1933ff.
TThZ	Trierer Theologische Zeitschrift (bis 1944: Pastor bonus), Trier 1888ff.
Vat. II	Zweites Vatikanisches Konzil 1963–65.
Vorbem.	Vorbemerkungen, Einführung mancher liturg. Bücher.
WGL	Werkbuch zum Gotteslob, hrsg. von J. Seuffert, 9 Bde, Freiburg u.a. 1975–79.
WSyn	Gemeinsame Synode der Bistümer in der BRD in Würzburg 1971–75. Offiz. Gesamtausgabe, Bd. I: Freiburg ^{3}1976, Bd. II: Freiburg 1977.
ZAM	Zeitschrift für Aszese und Mystik (seit 1947: Geist und Leben), (Innsbruck, München) Würzburg 1926ff.
ZkTh	Zeitschrift für katholische Theologie, Innsbruck – Wien 1877ff.

Titelkurzform

Adam, Kirchenjahr = A. Adam, Das Kirchenjahr mitfeiern. Seine Geschichte und seine Bedeutung nach der Liturgiereform, Freiburg ^{2}1980.

Berger, Offerre pro = R. Berger, Die Wendung „offerre pro" in der römischen Liturgie (LQF 41), Münster 1965.

Braun, Altar = J. Braun, Der christliche Altar, 2 Bde, München 1924.

Braun, Altargerät = J. Braun, Das christliche Altargerät, München 1932.

Browe, Verehrung = P. Browe, Die Verehrung der Eucharistie im Mittelalter, München 1933.

Eisenhofer = L. Eisenhofer, Handbuch der katholischen Liturgik, 2 Bde, Freiburg 1932/33.

Franz = A. Franz, Die kirchlichen Benediktionen im Mittelalter, 2 Bde, Freiburg 1909, Nachdruck Graz 1960.

Gemeinde im Herrenmahl = Th. Maas-Ewerd – K. Richter (Hrsg.), Gemeinde im Herrenmahl. Zur Praxis der Meßfeier (FS für E. J. Lengeling), Freiburg u. a. ^{2}1976.

Gott feiern = J. G. Plöger (Hrsg.), Gott feiern... (FS für Th. Schnitzler), Freiburg ^{2}1980.

Hanssens = J. M. Hanssens, Institutiones liturgicae de ritibus Orientalibus, 5 Bde, Rom 1930 ff.

Harnoncourt = Ph. Harnoncourt, Gesamtkirchliche und teilkirchliche Liturgie..., Freiburg u. a. 1974.

Jungmann MS = J. A. Jungmann, Missarum Sollemnia..., 2 Bde, Freiburg ^{5}1962.

Jungmann, Erbe = J. A. Jungmann, Liturgisches Erbe und pastorale Gegenwart, Studien und Vorträge, Innsbruck u. a. 1960.

Jungmann, Liturgie = J. A. Jungmann, Gewordene Liturgie. Studien und Durchblicke, Innsbruck – Leipzig 1941.

Kaczynski = R. Kaczynski (Hrsg.), Enchiridion documentorum instaurationis liturgicae I (1963–1973), Turin 1976.

Konfessionskunde = K. Algermissen, Konfessionskunde, 8. Aufl., neu bearbeitet von H. Fries u. a., Paderborn 1969.

Lechner = J. Lechner, Liturgik des römischen Ritus..., Barcelona – Freiburg ^{9}1965.

Leiturgia = K. F. Müller – W. Blankenburg, Leiturgia. Handbuch des evangelischen Gottesdienstes, 5 Bde, Kassel 1954–70.

Lengeling, LK = E. J. Lengeling, Die Konstitution des II. Vat. Konzils über die heilige Liturgie..., Münster 1964.

Lengeling, Ordnung = E. J. Lengeling, Die neue Ordnung der Eucharistiefeier..., Münster 1970 und Leipzig 1971.

Martimort = A.-G. Martimort (Hrsg.), Handbuch der Liturgiewissenschaft, 2 Bde, Freiburg u. a. 1963 u. 1965; Leipzig 1965 u. 1967.

Paschatis Sollemnia = B. Fischer – J. Wagner (Hrsg.), Paschatis Sollemnia... (FS für J. A. Jungmann), Basel u. a. 1959.

Pascher = J. Pascher, Das liturgische Jahr, München 1963.

Raes = A. Raes, Introductio in liturgiam orientalem, Rom 1947.

Titelkurzform

Reifenberg = H. Reifenberg, Fundamentalliturgie ..., 2 Bde, Klosterneuburg 1978.
Zeichen des Glaubens = H. Auf der Maur – B. Kleinheyer, Zeichen des Glaubens ... (FS für B. Fischer), Freiburg u. a. 1972.

Die biblischen Zitate sind der Einheitsübersetzung (↗Bibel im Gottesdienst) entnommen; die Psalmen werden nach der hebräischen Zählweise angeführt.

Verzeichnis der Artikel und Verweise

Abend 1
Abendmahl 1
Abendmahlsvermahnung 1
Abendmesse 2
Ablaß ↗Absolution 3
Ablution 3
Absolution 3
Abstinenz ↗Fasten 4
Abt 4
Äbtissin 4
Abtsweihe 4
Accentus ↗Gesang 5
Adaptation 5
Adsum 6
Advent 6
Agape 8
Agende 8
Agnus Dei 8
Akklamation 9
Akkommodation ↗Adaptation 10
Akolyth 10
Aktualpräsenz ↗Gegenwart Christi 10
Albe 10
Alexandrien 11
Allegorese 13
Allerheiligen 13
Allerheiligenlitanei 13
Allerseelen 14
Allgemeine Kirchenjahrzeit 15
Allgemeines Gebet 16
Altar 16
Altarbild ↗Retabel 19
Altarblatt 19
Altardiener ↗Ministranten 19
Altarkreuz ↗Kreuz 19
Altarkuß ↗Kuß, liturgischer 19
Altarraum 19
Altarstein ↗Reliquien 20
Altartuch 20
Altarweihe 20
Altkatholische Liturgie 21
Ambarvale 21
Ambo 21
Ambrosianische Liturgie ↗Lateinische Liturgien 22
Amburbale 22
Amen 22
Amikt ↗Albe 23
Ampel 23
Amt ↗Hochamt; ↗Kirchl. Amt 24
Amtseinführung 24
Amtsgebete ↗Präsidialgebete 24
Anamnese 24
Anaphora 25
Anbetung 25
Andacht 26
Andachtsbeichte ↗Bußsakrament 27
Andreas ↗Apostelfeste 10. 27
Angelus ↗Engel des Herrn 27
Anglikanische Liturgie ↗Book of Common Prayer 27
Anhauchen 27
Anniversar ↗Jahrgedächtnis 27
Anpassung ↗Adaptation 27
Anrede 27
Antependium 28
Antimensium 28
Antiochien 28
Antiphon 30
Antiphonale, Antiphonar 31
Antiphonie 32
Antizipieren ↗Stundengebet 32
Antwortpsalm 32
Apologie 33
Apostel 34
Apostelfeste 34
Apostelkreuze ↗Kirchweihe 38
Apostelleuchter ↗Kirchweihe 38
Applikation 38
Apsis 39
Arkandisziplin 39
Asche 39
Aschermittwoch 40
Asperges 41
Aspergill 41
Assistenz 41
Asteriskus 42
Atrium 42
Audiovisuelle Mittel ↗Medien im Gottesdienst 42

Verzeichnis der Artikel und Verweise

Aufbewahrung der Eucharistie 42
Auferstehungsfeier 44
Aufforderung 44
Aufgebot 45
Aufklärung 45
Aufnahme Marias ↗Marienfeste 1.4 47
Aufnahme unter die Kandidaten des Diakonates und Presbyterates 47
Aussetzung des Allerheiligsten 47
Ave Maria 48

Backenstreich 49
Bahnlesung 49
Baldachin 50
Balsam ↗Chrisam 50
Baptisterium 50
Barock 50
Bartholomäus ↗Apostelfeste 7. 52
Basilika 52
Basiliusliturgie ↗Oriental. Riten 53
Beauftragung ↗Akolyth; ↗Lektor 53
Begleitfest 53
Begräbnisliturgie 53
Begrüßung 56
Beichte 57
Beichtstuhl, Beichtzimmer 58
Bekehrung d. Paulus ↗Apostelfeste 1b. 58
Bekenner 59
Bema 59
Benedictus 59
Benediktion ↗Weihungen u. Segnungen 59
Benediktionale 59
Beraka ↗Hochgebet 61
Berühren ↗Handauflegung 61
Beschneidung des Herrn, Fest 61
Besprengen 61
Betsingmesse 61
Bibel im Gottesdienst 62
Bild 63
Bilderwand 65
Bination 66
Birett 66
Bischof 66
Bischofsweihe 68
Bistum 69
Bittage, Bittprozession 70
Bittgebet 71
Blasiussegen 71
Blut 72
Bluttaufe ↗Märtyrer 73
Book of Common Prayer 73
Braga ↗Sonderriten 73
Brauchtum, religiöses 73
Brautgespräch 75
Brautmesse, Brautsegen ↗Trauung 75
Brevier 75
Brot 77
Brotbrechen 78
Brüderlichkeit 78
Bücher, liturgische 79
Burse 82
Bußakt der Meßfeier 82
Buße 83
Bußgottesdienste 84
Bußpsalmen ↗Psalmen 86
Bußsakrament 86
Buß- und Bettag 89
Byzanz 90

Caeremoniale 91
Campanile ↗Kirchturm 92
Canticum 92
Cantillation 93
Cappa magna 93
Caritas 94
Cathedra 94
Chor 95
Choral 96
Chorassistenz ↗Assistenz 97
Chorgebet ↗Stundengebet 97
Chorgestühl 97
Chorknaben ↗Ministranten 97
Chormantel ↗Rauchmantel 97
Chorpflicht 97
Chorrock 97
Chorschranken ↗Altarraum; ↗Kanzel 98
Chrisam 98
Christkönigssonntag 98
Christmette ↗Weihnachten 3. 99
Christus 99
Chrysostomusliturgie 100
Codex rubricarum 101
Coemeterium ↗Friedhof 101
Collectio Rituum ↗Rituale 101
Comites Christi ↗Weihnachtsoktav 101
Commendatio animae ↗Sterbeliturgie 101
Commune sanctorum 101
Communicantes 102

Concentus ↗Gesang 102
Confessio 102
Confiteor 102
Consignatorium 103
Credo 103
Cursus 103
Custodia ↗Monstranz 104

Dalmatik 104
Danksagung ↗Eucharistie 104
Darstellung des Herrn 104
Deutsches Amt 105
Devotionsfeste ↗Ideenfeste 105
Diakon 106
Diakonisse 107
Dichtung, liturgische 107
Dienste, liturgische ↗Gottesdiensthelfer; ↗Ministranten 109
Dies irae 109
Diözesankalender 109
Diözese ↗Bistum 110
Diptychen 110
Direktorium 111
Dom 111
Dominica Vacans 111
Dominicum ↗Sonntag (2) 111
Dominikanerritus ↗Sonderriten 111
Dominus vobiscum 111
Doxologie 112
Dreifaltigkeitsfest 112
Dreikönigstag ↗Epiphanie 113
Duft 113
Duplex ↗Rangordnung 113

Editio typica ↗Bücher, liturg. 113
Effata-Ritus 113
Ehe 114
Ehrfurcht 114
Ehrung 115
Einheitsgesangbuch ↗Gotteslob 115
Einheitsübersetzung ↗Ökumen. Texte; ↗Bibel im Gottesdienst 115
Einkleidung 116
Einsetzungsbericht 116
Einzug 116
Ektenie 118
Electus ↗Katechumenat; ↗Bischofsweihe 118
Elevation 118
Embolismus 118
Empfang des Bischofs, liturgischer 119
Empore 119
Engel, Engelfeste 119
Engelamt 120
Engel des Herrn 120
Entlassungsriten 121
Epakte 122
Epiklese 122
Epiphanie 123
Epistel 125
Erbauung 125
Erntedank 126
Eröffnung 127
Eröffnungsriten der Messe 127
Erscheinung des Herrn ↗Epiphanie 128
Erstbeichte 128
Erstkommunion 129
Erwachsenentaufe ↗Taufe 130
Erziehung, liturgische 130
Eucharistie 131
Eulogie 134
Evangeliar 134
Evangelium 134
Ewige Anbetung ↗Vierzigstündiges Gebet 136
Ewiges Licht ↗Ampel 136
Exsequien ↗Begräbnisliturgie 136
Exorzismus 136
Exorzist 136
Exposition ↗Aussetzung des Allerheiligsten 137
Exsultet 137

Fackelträger 138
Fahne 138
Faldistorium 138
Falsibordoni ↗Psalmodie 138
Familie, Fest der Heiligen 138
Familiengottesdienst 139
Farben, liturgische 140
Fasten 140
Fastenpredigten 141
Fastentuch, -velum ↗Hungertuch 141
Fastenzeit ↗Quadragesima 141
Feier, liturgische 141
Feldmesse 143
Feria ↗Wochentag 143
Fermentum 143
Fernsehübertragung von Gottesdiensten 143
Fest 144
Festkalender ↗Kalendarium 145

Festkreis 145
Feuer 146
Feuerbestattung ↗Begräbnisliturgie 53
Firmung 146
Firmvorbereitung ↗Initiation 149
Flectamus genua ↗Gebet; ↗Aufforderung 149
Flurprozession ↗Bittprozession 149
Formpflicht ↗Ehe 149
Fränkisch-gallische Liturgie 149
Frauen im Gottesdienst 150
Freitag 151
Freude 151
Friedensritus (-gruß, -kuß) 151
Friedhof 152
Frömmigkeit, liturgische 153
Fronleichnam 154
Früchtesegnung 156
Fürbitten (Gläubigengebet) 157
Fußkuß 158
Fußwaschung ↗Gründonnerstag 159

Gabenbereitung 159
Gabengebet 161
Gabriel ↗Engelfeste 162
Gallische Liturgie ↗Fränkisch-gallische Liturgie 162
Gaudete 162
Gebärde 163
Gebet 163
Gebetbücher ↗Gesangbuch 164
Gebetseinladung 164
Gebetsgottesdienste ↗Andacht; ↗Stundengebet; ↗Wortgottesdienst 165
Gebet über das Volk ↗Segen 165
Geburt Marias ↗Marienfeste I.5 165
Geburtstag 165
Gedächtnis 165
Gedenktag 166
Gegenwart Christi 166
Gelasianum ↗Sakramentar 167
Gelübde ↗Profeß 167
Gemeinde 167
Gemeindemesse ↗Meßformen 168
Gemeinschaftsmesse 168
Generalabsolution 169
Generalkalender 170
Geräte, liturgische 170
Gesang 171
Gesangbuch 172
Gesetzgebung, liturgische 173
Gesten ↗Gebärden 173
Gestühl (Kirchenbänke) 173
Gewänder, liturgische 174
Gewohnheit(srecht) 175
Glaubensbekenntnis 176
Gläubigengebet ↗Fürbitten; ↗Allgemeines Gebet 177
Glocken 177
Gloria 178
Gott (das Gottesbild der Liturgie) 179
Gottesdienst ↗Liturgie 180
Gottesdiensthelfer 180
Gotteslob 181
Grabmal 182
Graduale 183
Gradualpsalmen ↗Psalmen 184
Gregorianik 184
Gregorianische Messen 185
Gregorianischer Kalender 185
Gregorianum ↗Sakramentar 185
Gregoriusmesse 185
Gregoriuswasser 186
Gremiale 186
Griechische Liturgie ↗Oriental. Riten 186
Gründonnerstag 186
Grundsteinlegung 188
Gruppenmesse 189
Gruß 190

Hadrianum ↗Sakramentar 190
Halleluja 190
Hanc igitur 191
Hand, Handauflegung 191
Händewaschung 192
Handkommunion 192
Hausgottesdienst 193
Haussegnung 193
Haustaufe 194
Hebdomadar 194
Heil 194
Heilig 195
Heiligenverehrung, -feste 196
Heiliger Geist 199
Heilige Schrift ↗Bibel 200
Heiliges Grab ↗Auferstehungsfeier 200
Heilige Stunde 200
Heiligsprechung, Seligsprechung 200
Heimsuchung Marias ↗Marienfeste I.3 201
Heortologie 201

Herrenfeste, -jahr ↗Kirchenjahr 201
Herz-Jesu-Verehrung (-Fest, -Freitag) 201
Herz-Mariä-Verehrung ↗Marienfeste 2.2 202
Himmelfahrt Christi 202
Hinweise ↗Aufforderung 202
Hirtenmesse ↗Weihnachten 203
Hirtenstab ↗Stab 203
Hochamt (Hochamtsregel) 203
Hochfest ↗Fest 204
Hochgebet (eucharistisches) 204
Höhere Weihen 209
Homilie 209
Hore ↗Stundengebet 211
Hören 211
Hosanna 211
Hostie 212
Hubertusmesse 212
Humerale ↗Albe 212
Hungertuch 213
Hymnus 213

Ideenfeste 214
Ikone ↗Bild 215
Ikonostase ↗Bilderwand 215
Immersionstaufe ↗Taufe 215
Improperien 215
Infusionstaufe ↗Taufe 215
Initiation 216
Inklination ↗Verneigung 217
Insignien 217
Institute, liturgische 217
Intention ↗Meßstipendium 218
Interkommunion 218
Interzession ↗Diptychen 219
Inthronisation 219
Intinktion 219
Intonation 220
Introitus 220
Invitatorium 221
Invocabit 221
Inzens ↗Weihrauch 221
Ite missa est ↗Entlassung 221
Itinerarium ↗Reisegebet 221

Jahreskalender ↗Kalender 222
Jahreskreis ↗Allgem. Kirchenjahrzeit 222
Jahrgedächtnis (Jahrtag) 222
Jakobus d. Ältere ↗Apostelfeste 6. 222
Jakobusliturgie ↗Oriental. Riten 222
Jazzmesse ↗Jugendgottesdienst 222
Jerusalem 222
Johannes Ev. ↗Apostelfeste 2. 223
Johannes d. Täufer 223
Josef, heiliger 224
Josephinismus ↗Aufklärung 225
Jubilus ↗Halleluja 225
Judas Thaddäus ↗Apostelfeste 9. 225
Juden 225
Judica 225
Jugendgottesdienste 225
Jungfrau 227
Jungfrauenweihe 227

Kalendarium 228
Kalender 229
Kalenderreform 229
Kännchen ↗Geräte, liturgische 230
Kanon 230
Kanoniker 231
Kanontafeln 232
Kantor 232
Kantorenbuch 233
Kanzel 233
Kapelle 234
Kapitel 234
Kaplan 234
Karfreitag 234
Karmeliten ↗Sonderriten 236
Karolingerzeit 236
Karsamstag 237
Kartäuser 237
Karwoche 238
Kasel ↗Gewänder, liturgische 238
Katechumenat 238
Katechumenenmesse 241
Katechumenenöl ↗Öle, heilige 241
Kathedrale 241
Kehrvers 241
Kelch 242
Kelchkommunion 243
Kelchtüchlein ↗Purifikatorium 245
Kelchvelum ↗Velum 245
Kerze 245
Kiborium 246
Kindergottesdienst 246
Kindersegnung 247
Kindertaufe 248
Kirche 250
Kirchenbänke ↗Gestühl 252

Kirchenchor ↗Chor 252
Kirchengebäude 252
Kirchengebet ↗Tagesgebet 255
Kirchenjahr 255
Kirchenlied ↗Lied 257
Kirchenmusik 257
Kirchenordnungen 258
Kirchliches Amt 258
Kirchturm 259
Kirchweihe 259
Kirchweihfest 262
Kleine Horen 262
Klementinische Liturgie 263
Klerus 263
Klingelbeutel 264
Knien, Kniebeuge 264
Kollekte 265
Kommemoration 265
Kommentator 266
Kommunikation im Gottesdienst 267
Kommunion, -austeilung 268
Kommunionbank ↗Altarraum 270
Kommunionfeier ↗Karfreitag; ↗Priesterloser Gottesdienst 270
Kommuniongesang 270
Kommunionhelfer 271
Kompetenten ↗Taufe 273
Komplet 273
Kondakion 273
Kongregation für den Gottesdienst 274
Konklusion ↗Tagesgebet 274
Konsekration 274
Konsens ↗Ehe 275
Konventmesse 275
Konversion 275
Konzelebration 276
Konzilsliturgie 278
Koptische Liturgie ↗Oriental. Riten 279
Körperhaltung ↗Gebärde 279
Korporale 279
Krankenbesuch, -segnung ↗Krankenpastoral 279
Krankenkommunion 279
Krankenöl ↗Öle, heilige 280
Krankenpastoral 280
Krankensalbung 281
Kräuterweihe 283
Kreativität 284
Kredenz 284
Kreuz 285
Kreuzaltar 286
Kreuzbrevier 286
Kreuzerhöhung, Fest 286
Kreuzgang 287
Kreuzverehrung 287
Kreuzverhüllung ↗Verhüllung 288
Kreuzweg 288
Kreuzzeichen 288
Krippe 289
Krypta 290
Kult 290
Kultsprache ↗Liturgiesprache 292
Kunst und Liturgie 292
Kurialritus 293
Kuß, liturgischer 294
Küster ↗Mesner 295
Kyriale ↗Ordinarium 295
Kyrie-Rufe 295

Laetare 296
Laie 296
Laienbeichte ↗Beichte 297
Laienverkündigung 297
Latein 298
Lateinische Liturgien 299
Lauda Sion ↗Sequenz 301
Laudes 301
Laurentius 302
Lauretanische Litanei ↗Litanei 303
Lavabo ↗Waschung 303
Lectio continua ↗Bahnlesung 303
Leib 303
Leise ↗Lied 303
Leitvers ↗Kehrvers 303
Lektionar 303
Lektor 304
Leonianum ↗Sakramentar 305
Lesehore 305
Lesejahr ↗Leseordnung 305
Leseordnung 305
Lesepult ↗Ambo 307
Lesetöne 307
Lesung 308
Lettner 309
Letzte Ölung ↗Krankensalbung 310
Leuchter 310
Levitenamt 310
Libellus ↗Sakramentar 310
Libera 310
Licht 311
Lichtfeier ↗Osternacht; ↗Lucernar 311

Lichtmeß ↗Darstellung des Herrn 311
Liebe ↗Caritas 311
Lied 311
Litanei 313
Liturgie 313
Liturgiefähigkeit 316
Liturgiegeschichte ↗Liturgie 317
Liturgie-Konstitution 317
Liturgierat, Römischer ↗Kongreg. für den Gottesdienst 317
Liturgiereform 318
Liturgiesprache 319
Liturgiewissenschaft (Liturgik) 321
Liturgische Bewegung 323
Liturgische Bildung ↗Erziehung, liturgische 324
Liturgische Kommission 324
Liturgischer Arbeitskreis 325
Liturgisches Jahr ↗Kirchenjahr 327
Lob Gottes 326
Löffel ↗Geräte, liturgische 327
Lossprechung ↗Bußsakrament; ↗Rekonziliation 327
Lucernar 327
Lukas 328
Lunula ↗Monstranz 328
Lustration 328
Lyon ↗Sonderriten 328

Magie 328
Magnificat 329
Mahl 329
Maiandacht ↗Marienmonate 330
Mailändische Liturgie 331
Malabaren, Malankaren ↗Oriental. Riten 331
Mandatum ↗Gründonnerstag 331
Manipel 331
Manteletta 331
Marána tha 331
Maria, Marienverehrung 332
Maria Königin ↗Marienfeste 2.4 333
Marianische Schlußantiphonen 333
Marienfeste 333
Marienmonate 337
Marienverehrung ↗Maria 338
Markus 338
Markusliturgie ↗Oriental. Riten 338
Maroniten ↗Oriental. Riten 338
Märtyrer 338
Martyrologium 339
Matthäus ↗Apostelfeste 8. 339
Matthias ↗Apostelfeste 3. 339
Matutin 339
Mediator Dei 340
Medien im Gottesdienst 340
Meditation ↗Stille 342
Mehrstimmigkeit 342
Melchiten ↗Oriental. Riten 343
Melisma 343
Memento 343
Memoria ↗Gedächtnis 344
Mensch 344
Mesner 344
Meßandacht 345
Meßbuch ↗Missale 345
Meßdiener ↗Ministranten 345
Messe 345
Meßerklärung 346
Meßformen 347
Meßgewand 348
Meßhäufigkeit 349
Meßkomposition ↗Messe 4. 350
Meßstipendium 350
Mette 352
Michael ↗Engelfeste 352
Ministranten 352
Mischung 353
Miserere 355
Miserikordie ↗Chorgestühl 355
Missa cantata ↗Meßformen 355
Missa chrismatis ↗Gründonnerstag 355
Missale 355
Missa lecta ↗Meßformen 356
Missa praesanctificatorum ↗Präsanktifikatenliturgie; ↗Karfreitag 356
Missa recitata ↗Meßformen 356
Missa sicca ↗Meßhäufigkeit 356
Missa sollemnis ↗Meßformen; ↗Levitenamt 356
Mitra 356
Mittagsläuten ↗Engel des Herrn 357
Mittelalter 357
Monastische Liturgie 358
Mönche (und Asketen) 358
Monitio ↗Aufforderung 360
Monstranz 360
Morgen 360
Motivmesse ↗Thematischer Gottesdienst 360
Mozarabische Liturgie ↗Latein. Liturgien 360

Mozzetta 360
Münster 361
Musik im Gottesdienst 361
Muße 361
Muttersegnung 362
Muttersprache ↗Liturgiesprache 362
Myron ↗Chrisam 362
Mystagogie 362
Mysterientheologie ↗Gegenwart Christi 363
Mysterium 363

Nachtwache 364
Namen-Jesus-Fest 365
Namensgebung, Namenstag, Namenstagskalender 365
Narthex 366
Natale ↗Geburtstag ↗Heiligenverehrung 366
Nebenaltäre 366
Neophyten 367
Nestorianer ↗Oriental. Riten 367
Neujahrstag ↗Weihnachtsoktav 367
Neume 367
Niedere Weihen 367
Nisan ↗Ostertermin 368
Nizänum ↗Glaubensbekenntnis 368
Nokturn ↗Matutin 368
Non ↗Kleine Horen 368
Nottaufe 368
Novene 368
Nüchternheit, eucharistische 369
Nunc dimittis 369

O-Antiphonen 369
Oblation ↗Gabenbereitung 370
Oculi 370
Offene Schuld 370
Offertorium ↗Gabenbereitung 370
Officium ↗Stundengebet 370
Officium parvum 370
Okkurrenz 371
Oktav 371
Ökumenischer Gottesdienst 372
Ökumenische Texte und Lieder 373
Ölberg[sandacht] 373
Öle, heilige 373
Opfer 375
Opfergang 377
Opfermahl 379
Orate fratres 380
Oration 380
Oratio super populum ↗Segen 381
Oratorium 381
Ordenskalender 381
Ordinarium 382
Ordination, Ordo ↗Weihesakrament 383
Ordo Missae 383
Ordo Romanus 383
Organist 384
Orgel 384
Orientalische Riten 385
Ort, liturgischer 386
Ostensorium ↗Monstranz 387
Osterfestkreis 387
Osterkerze 387
Osterkommunion 389
Österliche Bußzeit ↗Quadragesima 389
Ostern, Osternacht, Österliches Triduum 389
Osteroktav ↗Osterzeit 393
Ostersonntage ↗Osterzeit 393
Ostertermin 393
Osterzeit 394
Ostiarier 396
Ostsyrische Liturgie ↗Oriental. Riten 396
Ostung 396

Palla 397
Pallium 397
Palmsonntag, Palmprozession 398
Pänula ↗Gewänder, liturgische 399
Papst 399
Päpstlicher Segen 399
Paradies ↗Atrium 400
Paraliturgie 400
Paramente ↗Gewänder, liturgische 400
Participatio actuosa ↗Teilnahme, tätige 401
Partikel 400
Parusie 401
Pascha, Pascha-Mysterium 401
Pascha annotinum ↗Tauferinnerung 402
Passion Christi 402
Passionszeit 403
Pastoralliturgik 403
Paten 403
Patene 405
Pater noster 405

Patriarch 407
Patron, Patrozinium 408
Paulus ↗Apostelfeste 1. 408
Pax ↗Friedensritus 408
Per annum ↗Allgemeine Kirchenjahrzeit 408
Pektorale ↗Kreuz 408
Pensum 408
Pentekoste ↗Pfingsten 409
Perikopen 409
Peter und Paul ↗Apostelfeste 1. 409
Pfarre(i) 409
Pfarrgottesdienst 410
Pfingsten 411
Pfingstnovene 412
Philippus und Jakobus ↗Apostelfeste 4. 412
Photismos ↗Taufe 412
Photizomenat ↗Katechumenat 412
Pia exercitia ↗Liturgie 412
Pietismus ↗Barock 412
Pileolus 412
Pluviale ↗Rauchmantel 412
Pontifikalamt 413
Pontifikale 413
Pontifikalien 414
Portal 414
Postcommunio ↗Schlußgebet 415
Postsanctus ↗Hochgebet III 415
Prädikantengottesdienst 415
Präfation 415
Prälat 416
Prämonstratenser ↗Sonderriten 417
Präsanktifikatenliturgie 417
Präsidialgebete 418
Preces 418
Predella 419
Predigt 419
Predigtgespräch ↗Laienverkündigung 420
Predigtlied 420
Presbyterium 421
Priester 421
Priesterloser Gottesdienst 424
Priesterweihe 426
Prim 427
Primas ↗Bischof 428
Primiz 428
Privatgebet 428
Privatmesse 429
Privatrezitation ↗Stundengebet 431
Profan ↗Heilig; ↗Kult 431
Profeß 431
Pronaos ↗Narthex 432
Proprium 432
Propst ↗Kanoniker 433
Proskomidie 433
Prosphora 433
Prostratio ↗Knien 433
Prozession 433
Prozessionsgesänge 434
Psalmen 435
Psalmodie 437
Psalterium 439
Pult 441
Purifikatorium 441
Pyxis ↗Ziborium 441

Quadragesima 442
Quam oblationem 443
Quartodezimaner ↗Ostertermin 444
Quatembertage 444
Quinquagesima ↗Vorfastenzeit 445

Rafael ↗Engelfeste 446
Rangordnung der Feste 446
Rauchfaß ↗Weihrauch 446
Rauchmantel 446
Reform ↗Liturgiereform 447
Reformation 447
Regina coeli ↗Marian. Schlußantiphonen 448
Regionalkalender 448
Reisegebet 449
Rekonziliation 449
Reliquien 450
Reminiscere 451
Requiem ↗Begräbnisliturgie 451
Responsorium 451
Responsum 452
Retabel 452
Reverenz 453
Richtlinien 453
Ring 453
Ritenkongregation 454
Rituale 455
Ritus 456
Rochett ↗Chorrock 456
Rollenverteilung ↗Teilnahme, tätige; ↗Gottesdiensthelfer 456
Rom 456
Rorate-Messe 458

Rose, goldene ↗Laetare 458
Rosenkranz 458
Rubrik 459

Sabbat ↗Sonntag 460
Sakral und profan ↗Heilig; ↗Kult 460
Sakrament 460
Sakramentale 463
Sakramentar 464
Sakramentshäuschen ↗Tabernakel 466
Sakrarium 466
Sakristan ↗Mesner 466
Sakristei 466
Salbung 466
Salve Regina ↗Marian. Schlußantiphonen 467
Salz 467
Sanctorale 468
Sanctus 468
Sanctuskerzen ↗Fackelträger 469
Sänger 469
Schaltjahr (-tag) ↗Kalender; ↗Kalenderreform 469
Schelle ↗Glocke 469
Schlußevangelium 469
Schlußgebet 470
Schlußsegen ↗Segen 470
Schmerzen Marias ↗Marienfeste 2.6. 470
Schola 470
Schriftlesung 471
Schuldbekenntnis ↗Confiteor 472
Schülergottesdienst ↗Kinder- 472
Schultertuch ↗Albe 472
Schutzengelfest ↗Engelfeste 472
Schweigen ↗Stille 472
Sedilien 472
Segen 472
Segensmesse 474
Segnung ↗Weihungen u. Segnungen 475
Sehen 475
Seite 475
Sekret ↗Gabengebet 476
Seligsprechung ↗Heiligsprechung 476
Septuagesima ↗Vorfastenzeit 476
Sequenz 476
Sexagesima ↗Vorfastenzeit 477
Sext ↗Kleine Horen 477
Simon ↗Apostelfeste 9. 477
Singmesse ↗Betsingmesse 477
Sitzen 477
Skrutinium 477
Slawische Liturgie ↗Oriental. Riten 478
Sonderriten 478
Sonntag 479
Sonntagsbuchstabe 484
Sonntagspräfationen ↗Sonntag 4. 484
Speisenweihe 484
Spiel im Gottesdienst 485
Sprachen, liturgische ↗Liturgiesprache 486
Stab 486
Stabat mater ↗Sequenz 487
Statio 487
Stationsgottesdienst ↗Wortgottesdienst; ↗Priesterloser Gottesdienst 488
Stehen 488
Stele ↗Tabernakel 489
Sterbeliturgie 489
Sternsinger ↗Epiphanie 490
Stille 490
Stillmesse 491
Stipendium ↗Meßstipendium 491
Stipes ↗Altar 491
Stola 491
Stolgebühren 492
Stufengebet 492
Stundenbuch ↗Brevier 492
Stundengebet 493
Subdiakon 497
Submersionstaufe ↗Taufe 497
Sünde ↗Buße; ↗Bußsakrament 497
Symbol 497
Symbolum ↗Symbol 4; ↗Glaubensbekenntnis 499
Synagogengottesdienst ↗Wortgottesdienst 499
Synaxis ↗Versammlung 499

Tabernakel 499
Tag 501
Tagesgebet 501
Tagzeiten ↗Stundengebet 502
Talar 503
Tantum ergo ↗Segen 502
Tanz 503
Taufaufschub 503
Taufbrunnen 504
Taufe 505
Taufe des Herrn, Fest der 507
Tauferinnerung (-erneuerung) 508

Taufgelübde (-versprechen) 508
Taufgespräch 509
Taufkapelle ↗Baptisterium 509
Taufkatechese ↗Katechumenat 509
Taufkerze 510
Taufkleid 510
Taufname ↗Namensgebung 511
Taufwasser(weihe) 511
Technik und Gottesdienst 512
Te Deum 513
Te igitur 514
Teilnahme, tätige 514
Tempel ↗Kirchengebäude; ↗Ort, liturg. 515
Temporale 515
Terz ↗Kleine Horen 515
Thematischer Gottesdienst 515
Theophanie ↗Epiphanie 516
Thomas ↗Apostelfeste 5. 516
Thuriferar 516
Tiara 516
Tischgebet 517
Titelkirchen (Tituli) 517
Titularfest 517
Tonsur 517
Totenoffizium 518
Totensonntag 518
Tragaltar ↗Altar 518
Traktus und Vers vor dem Evangelium 518
Translation ↗Heiligenverehrung 519
Transsubstantiation ↗Eucharistie 519
Trauermetten 519
Trauung 519
Triduum, österliches ↗Ostern 523
Trienter Konzil 523
Trination ↗Bination 523
Tris(h)agion 523
Tropar(ion) 524
Trope 525
Tumba 525
Tunika 525
Tunizella 526
Turm ↗Kirchturm 526

Übersetzung 526
Umschreiten 527
Unbefleckte Empfängnis Marias ↗Marienfeste 527
Unschuldige Kinder, Fest der 527
Urchristentum (Urgemeinde) 528

Vater unser ↗Pater noster 528
Vatikanum II 528
Velum 529
Verdoppelung 530
Verhüllung 530
Verklärung des Herrn 531
Verkündigung 531
Verkündigung des Herrn, Hochfest 533
Verlobung 533
Verneigung 534
Versammlung 535
Versehgang ↗Krankenpastoral; ↗Sterbeliturgie 536
Versikel 536
Versprechen ↗Profeß 536
Vesper 536
Vidi aquam ↗Asperges 538
Vierzigstündiges Gebet 538
Vigil 539
Volk Gottes 541
Volksfrömmigkeit 541
Volksgesang 542
Volksmeßbuch 543
Volkssprache ↗Liturgiesprache 544
Vorabendmesse ↗Abendmesse 544
Vorbeter 544
Vorfastenzeit 544
Vorkatechumenat ↗Katechumenat 545
Vormesse 545
Votivmesse 545
Vulgata ↗Bibel 546

Wallfahrt 546
Wandlung 547
Waschung 547
Wasser 547
Wegzehrung ↗Sterbeliturgie 548
Weihesakrament, Ordination 548
Weihetermin ↗Weihesakrament 550
Weihetitel 550
Weihnachten 550
Weihnachtsfestkreis 553
Weihnachtsoktav 553
Weihrauch 554
Weihungen und Segnungen 555
Weihwasser 557
Wein 558
Weißer Sonntag 558
Weltkalender ↗Kalenderreform 559
Westsyrischer Ritus ↗Oriental. Riten 559

Verzeichnis der Artikel und Verweise

Wettersegen 559
Wiederkunft Christi ↗Parusie 559
Woche 559
Wort Gottes 561
Wortgottesdienst 561
Wunden (Wundmale) Jesu 563

Zeichen 564
Zeit 565
Zeitschriften, liturg. 566
Zelebrant 567
Zelebration zum Volke hin 567
Zentralkirche ↗Kirchengebäude 568
Zeon ↗Mischung 568
Zeremoniar 568
Zeremonie 568
Ziborium 569
Zingulum ↗Albe 569
Zölibatsversprechen ↗Diakon 569
Zukunft der Liturgie 569
Zwischengesänge 570

A

Abend Wie der ↗Morgen, so ist auch der Abend im Bewußtsein der Völker eine herausgehobene und besonders motivierte Gebetsstunde. Es drängt sie zum Abenddank (↗Vesper), sie entzünden das Gottesgeschenk des ↗Lichtes, das die Finsternis der Nacht (↗Nachtwache) vertreiben soll (↗Lucernar). In Israel wurde das Abendopfer dargebracht (Ex 30,7f; Num 28,4), und der Psalmist betet: „Wie ein Rauchopfer steige mein Gebet vor dir auf; als Abendopfer gelte vor dir, wenn ich meine Hände erhebe" (Ps 141,2). – Dem *Christen* ist der Abend besonders geheiligt durch das Letzte Abendmahl des Herrn mit der Stiftung der Eucharistie und durch die Erscheinungen des Auferstandenen am Ostersonntag-Abend (Joh 20,19–23; Lk 24,29ff). So versammelt sich die Christengemeinde zum Abendlob der Vesper. –↗Engel des Herrn.

Abendmahl das Abschiedsmahl („Letztes Abendmahl"), das Jesus vor seinem Leiden mit den Jüngern gefeiert hat, um ihnen die Heilsgabe seines Opfertodes zuzuwenden (↗Opfermahl). Ob es die Gestalt eines jüdischen Festmahles (↗Mahl) oder die etwas spezifizierte Gestalt des Paschamahles hatte, ist kontrovers. Seinen Jüngern hat Christus aufgetragen, es zu seinem Gedächtnis weiterhin zu begehen (1 Kor 11,23–26; Mk 14,12–26). Die auftragsgemäße Feier in der Gemeinde heißt im evangelischen Sprachgebrauch meist ebenfalls Abendmahl (Nachtmahl), während der Katholik von ↗Eucharistie, ↗Messe und ↗Kommunion spricht.

Lit.: R. Pesch, Wie Jesus das Abendmahl hielt (Freiburg, ²1976); *H. Kahlefeld,* Das Abschiedsmahl Jesu und die Eucharistie der Kirche (Frankfurt 1980); ↗Eucharistie.

Abendmahlsvermahnung Aufforderung an die Teilnehmer der Eucharistie zu einem würdigen Empfang, vielfach auch Warnung vor unwürdigem Hinzutritt. Ein erster Ansatz steckt bereits in dem Ruf der Didache: „Wer heilig ist, trete herzu; wer nicht, tue Buße!" (10,6). In ähnlicher Weise laden die verschiedenen orientalischen Riten die Gläubigen zur Kommunion ein mit der Mahnung: „Das Heilige den Heiligen!" An derselben Stelle treten auch belehrende Mahnungen auf: Nach dem Zeugnis des Hippolyt geschieht die erste Einführung der Neugetauften in das Geheimnis der Eucharistie (↗Arkandisziplin) in einer kurzen Ansprache des Bischofs vor der Darreichung des Brotes. In verschiedenen Varianten gibt es im ganzen Mittelalter an dieser Stelle Einschübe ähnlicher Art; der durch seine Seltenheit außerordentliche Charakter des Kommunionempfanges legte es den Seelsorgern nahe, die Gläubigen hier nochmals zu disponieren, vornehmlich durch die Mahnung zur Versöhnung und zum Glauben. Die Reformatoren griffen diese *Abendmahlsvermahnungen* sofort auf, und auch im gegenreformatorischen Lager wurden sie geübt und in eine Reihe von Diözesanritualien aufgenommen. Der Brauch lebte im italienischen Sprachgebiet bis vor kurzem in Form einer Kurzansprache *(fervorino)* vor der Kommunionausteilung bei besonderen Anlässen (Erstkommunion, Standeskommunion) fort. Der Ruf „Seht das Lamm Gottes ...", mit dem der Priester vor der Austeilung den Gläubigen die Eucharistie vorzeigt, ist als eine Kurzfassung der Eucharistievermahnung zu verstehen.

Lit.: B. Fischer, Die Predigt vor der Kommunionspendung, in: *Th. Filthaut* und *J. A. Jungmann,* Verkündigung und Glaube (Freiburg 1958) 223–237; *H. Reifenberg,* Der Werdegang der volkssprachlichen Eucharistie-„Vermahnung" in der Mainzer Diözesanliturgie, in: ALW IX/1, 1965, 86–101; *H. B. Meyer,* Luther und die Messe (Paderborn 1965) 190–204.

Abendmesse Die Urgemeinde hat die Eucharistie im Rahmen des gemeinsamen abendlichen Mahles begangen (↗Agape). Als sich das Christentum im nichtsemitischen Raum ausbreitete, ging dieser Rahmen aus verschiedenen Gründen verloren; die verselbständigte Eucharistie rückte in die Morgenstunden, einerseits aus praktischen Gründen des Arbeits- und Lebensrhythmus, andererseits aus theologischen Erwägungen (Auferstehung am ↗Morgen). Das kirchliche Recht erlaubte die Meßfeier schließlich nur noch zwischen Morgenröte und Mittag. – Inzwischen hat sich durch die Industrialisierung und Technisierung der allgemeine Lebensrhythmus wesentlich geändert; kulturelle und geistige Werte werden fast ausschließlich am Abend gepflegt. Viele haben nur am Abend freie Zeit. So erwachte der Wunsch, die Messe auch am Abend besuchen zu können. Nach zögernden Anfängen wurde in der Not des Zweiten Weltkriegs die Abendmesse, Hand in Hand mit Erleichterungen des Nüchternheitsgebotes, immer mehr eingeführt und nach Rückkehr friedlicher Verhältnisse beibehalten. Nach geltendem Recht kann die heilige Messe zu jeder Stunde gefeiert werden. Unter seelsorgerlichen Gesichtspunkten ist zu unterscheiden zwischen der Abendmesse an Werktagen und an Sonn- und Feiertagen:

Die werktägliche Abendmesse ermöglicht den meisten Berufstätigen überhaupt erst den Besuch der Messe an Arbeitstagen; besondere Resonanz findet sie in städtischen Ballungszentren um die Stunde des Arbeitsschlusses (mancherorts noch mehr in der Zeit der Mittagspause), während sie in den Wohngebieten meist eine spätere Stunde erfordert. Von großer gemeindlicher Bedeutung ist sie für Feste, die unter der Woche treffen und nicht mehr staatlich geschützt sind, für Lichtmeß, Aschermittwoch, Kirchenpatrozinium, Herz-Jesu-Fest, die besser an ihrem Tag in einer festlichen Abendmesse der Gemeinde gefeiert als auf den Sonntag verschoben werden. Ähnlich ermöglicht die werktägliche Abendmesse die Hervorhebung bedeutsamer Kirchenjahrszeiten, wie Quadragesima und Advent.

Die sonntägliche Abendmesse hingegen gibt dem Herrentag nicht den zentralen Akzent, wie dies der pfarrliche Gottesdienst in der Mitte des Vormittags tut. In Gebieten, die von Industrie oder Naherholung geprägt sind, ist sie trotzdem unumgänglich; dabei dürfte die Feier am Vorabend der Sonn- und Festtage günstiger sein, weil sie den Tag viel stärker prägt als die Sonntagabendmesse, die vielfach mehr als Anhängsel empfunden wird. Das Angebot an Vorabend- und Sonntagabendmessen sollte unter benachbarten Pfarreien abgesprochen sein, damit so einerseits die berechtigten Wünsche der Gläubigen zum Zuge kommen, andererseits die zentrale Stellung der Meßfeier am Sonntag im Bewußtsein erhalten bleibt. Auch wird dadurch gewährleistet, daß andere Formen des Gottesdienstes, wie Andacht, Vesper und Rosenkranz, in den einzelnen Pfarreien lebendig bleiben und nicht durch das Doppelangebot an Abendmessen unmöglich gemacht werden.

Ablaß ↗Absolution.

Ablution Das Ausspülen von Mund und Kelch mit Wein, das Abspülen der Finger mit Wein und (oder) Wasser, um mögliche Reste der eucharistischen Gestalten vor Verunehrung zu bewahren (↗Purifikatorium); voll ausgebildet erst in klösterlichen Bestimmungen des 11. Jhs. Die dabei gebrauchten Flüssigkeiten heißen gleichfalls so.

Absolution bedeutet wörtlich „Abschluß“. So heißen unter anderem die Gebetsformeln, mit denen das nächtliche Psalmengebet (↗Matutin) abgeschlossen wurde, vor allem aber die Vergebungsbitten, die seit der Jahrtausendwende an die ↗Rekonziliation im Bußsakrament angefügt wurden: Während die Aussöhnung mit der Kirche nach alter Regel hier indikativisch erklärt wurde, wurde die „Lossprechung“ (so der zweite Wortsinn von Absolution) von den Sünden als die Folge der neubelebten Verbindung mit der Kirche in Wunschform als Abschlußgebet erbeten. Das Bewußtsein der Kirche, daß diese ihre Fürbitte sicher erhört wird (Mt 18, 18 f), hat in der Westkirche dazu geführt, daß bei der Absolution im Bußsakrament neben die bittenden Formulierungen die indikativische „Absolutionsformel“ getreten ist, zumal nachdem das unmittelbare Ziel der kirchlichen Buße nicht mehr die Aussöhnung mit der Kirche, sondern direkt die Vergebung der Sünden gesehen wurde.

Die alte Form der Absolution als Gebetsbitte um Vergebung und als Zusicherung kirchlicher Fürbitte hat sich durchaus erhalten, vor allem als Vergebungsbitte beim ↗Bußakt (Misereatur). Aus der Teilnahme der ganzen Gemeinde an der Rekonziliation der öffentlichen Sünder erwuchs die ↗Generalabsolution, wie diese vor den hohen Festen noch bei alten Orden und Drittorden der Brauch ist. Ebenso gehören hierher der Sterbeablaß und die verschiedenen Formen des ↗Päpstlichen Segens.

Der Glaube an die Wirkmächtigkeit der Fürbitte der Kirche ist eine wichtige Triebfeder bei der Ausbildung des *Ablasses:* Die Nachlassung kirchlicher Strafen hat Bedeutung für mein Stehen vor Gott, und darum betet die Gemeinde für die Sünder und für die Büßer. Diese innere Verbindung des Ablaßwesens mit der Heilsbedeutung der Kirche und ihrer Fürbitte ist (sehr zum Schaden für das Verständnis des Ablasses) im Bewußtsein der Gläubigen leider weithin verlorengegangen.

Lit.: J. A. Jungmann, Die lateinischen Bußriten (Innsbruck 1932); zur Neuordnung des „Ablaßwesens" vgl. Apost. Konstit. „Indulgentiarum doctrina" vom 1. 1. 1967.

Abstinenz ↗Fasten.

Abt Das Wort (vom bibl.-aramäischen abba = Vater) bezeichnet den geistlichen Vater und Vorsteher einer Mönchsgemeinschaft. Im Abendland hat vor allem *Benedikt von Nursia* seine Aufgaben und Eigenschaften näher umschrieben. Für ihn „ist der Abt nichts aus sich selber, er ist Abt nur als Stellvertreter Christi im Dienst für seine Brüder und Söhne" *(H. Emonds);* er soll mehr helfen *(prodesse)* als vorstehen *(praeesse),* ein lateinisches Wortspiel, das auch in das erste Segensgebet der revidierten Abtsweihe eingegangen ist. Im Mittelalter erfolgte eine starke Angleichung der Abtsstellung und -weihe an die des Bischofs. Von ihm übernahm er auch die meisten ↗Insignien (Ring, Pektorale, Mitra, Handschuhe). Der Abtsstab ist älteren Datums und leitet sich vom Mönchsstab her (↗Stab 1). In exemten Klöstern, die nicht dem Bischof, sondern unmittelbar dem Römischen Stuhl unterstehen, übernahm der Abt weithin die rechtlichen Aufgaben eines Bischofs.

Äbtissin (lat. abbatissa), Vorsteherin einer weiblichen Klosterfamilie, vor allem bei den Benediktinerinnen. Die Äbtissinnenweihe erfolgt durch einen Bischof oder Abt in ähnlicher Form wie bei der ↗Abtsweihe. Bei der Übergabe der Weiheinsignien sind nur Ordensregel und Ring vorgesehen. Die Ringübergabe entfällt, wenn sie schon früher bei der Profeß oder Jungfrauenweihe geschah. Statt des Friedenskusses ist eine Ehrenbezeigung der neuen Äbtissin gegenüber dem Weihespender vorgesehen. Das Weiheformular ist im gleichen Faszikel des Römischen Pontifikale enthalten wie die Abtsweihe. Die deutsche Adaptation findet sich in dem Buch „Die Feier der Abts-, Äbtissinnen- und Jungfrauenweihe" (1975).

Abtsweihe Während *Benedikt von Nursia* in seiner Ordensregel zwar ausführlich von der schwierigen Aufgabe eines Abtes spricht, fehlt jedoch jeder Hinweis auf einen besonderen Ritus seiner Amtseinführung. Erst anfangs des 7. Jhs. begegnen erste Anfänge eines Ritus in Gestalt einer Oration. Im Lauf des MA verfeierlichte sich der Ritus und glich sich stark der Bischofsweihe an. Die Gottesdienstkongregation veröffentlichte am 9. November 1970 einen neuen Ritus als Faszikel des Römischen Pontifikale (Ordo benedictionis abbatis et abbatissae), der 1975 unter dem Titel „Die Feier der Abts-, Äbtissinnen- und Jungfrauenweihe“ als deutsche Adaptation erschien. Er bezeichnet die Abtsweihe nach erfolgter kanonischer Wahl als einen liturgischen Brauch, der oftmals Änderungen erfahren habe. Das geistliche Führungsamt des Abtes soll klarer herausgestellt und Angleichungen an die Bischofsweihe vermieden werden. Es handelt sich dabei nicht um einen Teilbereich des Weihesakraments, sondern um ein Sakramentale (Benediktion).

Die Weihe soll möglichst an einem Sonn- oder Festtag erfolgen, um eine große Beteiligung des Volkes zu ermöglichen. Spender ist ein Bischof oder Abt im Rahmen einer Konzelebrationsmesse mit eigenem Formular. Zwei Mönche des betreffenden Klosters assistieren dem Kandidaten. Der Ritus beginnt nach dem Evangelium und hat folgende Gestalt: Vorstellung des Kandidaten und Verlesung des päpstlichen Auftrages (nur bei Äbten mit eigenem Jurisdiktionsbezirk); Ansprache des Zelebranten und Befragung des Kandidaten; Allerheiligenlitanei und Weihegebet mit ausgebreiteten Händen (vier Formulare zur Auswahl); Übergabe der Ordensregel, des Ringes, der Mitra und des Stabes; Friedenskuß und am Schluß der Meßfeier feierlicher Segen und Te Deum. Handelt es sich um einen Abt mit eigenem Jurisdiktionsbezirk, so schreitet er nach dem Schlußgebet während des Te Deum segnend durch die Reihen der Gläubigen, hält eine kurze Ansprache und erteilt den Segen.

Accentus ↗Gesang.

Adaptation die Anpassung der Christusverkündigung an die Kulturlage der Hörer, wie sie überall, vor allem in den Missionen, dringlich ist. Eine Teilaufgabe innerhalb dieser alle Lebensgebiete (von der Wissenschaft über die Sozialgestaltungen bis zur Folklore) umfassenden Akkulturation des Christentums ist die liturgische Akkommodation oder, wie die LK im Anschluß an den französischen Sprachgebrauch sagt, die *Adaptation* der Liturgie. Ohne solche Anpassung kann der Gottesdienst nie wirklich Herzenssache des Volkes werden; erst an einem dem Ort und den Zeitumständen angepaßten Gottesdienst kann die Gemeinde sich wirklich beteiligen; erst ein solcher Gottesdienst entfaltet seinen vollen katechetischen Wert. – Vor allem der römische Ritus hat sich bei seiner weltweiten Verbreitung schon immer irgendwie den lokalen Gegebenheiten anpassen müssen, besonders im Bereich des ↗Rituale (z.B. ↗Trauung, ↗Begräbnisliturgie), in der künstlerischen Gestaltung (Musik im Gottesdienst, Bau der Gotteshäuser, neuestens auch im Farbenkanon) und in den Formen der Volksbeteiligung (Körperhaltung, ↗Gebärde). Während die Kraft zur Anpassung vor allem an die Volkssprache in den Ostkirchen immer lebendig geblieben ist, war im Westen durch die Betonung der Zentralgewalt und die Verfestigung der Rubrizistik (↗Rubrik) die Akkommodation zum Problem geworden. LK 37–40 hat der Adaptierung die Tore wieder weit aufgetan; sie verlangt, daß der römische Ritus im wesentlichen einheitlich erhalten werde, will aber einen umgrenzten Raum zur Adaptierung durch die örtliche Autorität freigelassen wissen; für tiefgreifende Anpassungen ist das Einverständnis des Apostolischen Stuhles einzuholen. Besonders bekannte und geglückte Beispiele solcher tiefgehender Adaptation sind das Hochgebet für die Ureinwohner Australiens und die „Messe auf zairisch".

Lit.: Die Hochgebete von Melbourne, in: Gd 7 (1973) 36–37; Zairischer Meßritus, in: Gd 8 (1974) 143 f; Es darf gelacht werden – Die Messe auf zairisch feiern, in: Gd 14 (1980) 76 f.

Adsum Zu Beginn jeder ↗Diakonen- und ↗Priesterweihe werden die zur Weihe zugelassenen Bewerber namentlich aufgerufen; sie melden sich mit „adsum – ich bin bereit". Dieser an sich rein verwaltungsmäßige Vorgang bedeutet für Empfänger und Teilnehmer an den Weihespendungen meist ein tiefes Erlebnis.

Advent vom lat. adventus = Ankunft, nämlich des Herrn. Vorbereitungszeit für die liturgische Feier der ersten, zugleich aber auch Erwartung der endzeitlichen Ankunft Christi.

1. Geschichtliche Entwicklung: Die ersten Spuren finden sich in Gallien und Spanien, wo ↗Epiphanie am 6. Januar auf Grund der engen Verbindung mit Byzanz das älteste Weihnachtsfest und zeitweise auch ein wichtiger Tauftermin war. Ähnlich wie der Osternacht gab man auch diesem Tauftermin eine vierzigtägige Vorbereitungszeit. Weil nach östlichem Brauch auch der Samstag kein Fasttag sein durfte, umfaßte sie acht Wochen und begann am Tag nach dem 11. November („Quadragesima sancti Martini"). In *Rom* lassen sich erste Spuren einer adventlichen Liturgie in der Mitte des 6. Jhs. nachweisen, und zwar im Zusammenhang mit den ↗Quatembertagen des Winters. Eine wegweisende Lösung bahnt sich unter *Gregor I.* an, dessen stadtrömisches Sakramentar vier Sonntagsmessen und drei Quatembermessen mit adventlichem Gepräge enthält. Dabei steht nicht die endzeitliche Wiederkunft Christi, sondern sein Kommen im Fleische im Mittelpunkt.

Anders verlief die Entwicklung in *Gallien,* wo unter dem Einfluß irischer Missionare die eschatologische Erwartung im Vordergrund stand und der Advent zur Bußzeit wurde. So kam es hier im weiteren Verlauf zum Wegfall des Gloria, Halleluja und Te Deum und zum Gebrauch violetter Meßgewänder. Im 12. Jh. drang einiges von diesem Bußcharakter und der eschatologischen Erwartung auch in die römische Liturgie ein, die jedoch durch das Festhalten am freudigen Halleluja zu erkennen gab, daß man im Advent keine eigentliche Bußzeit sah. Was die zeitliche Dauer angeht, so setzte sich die römische Lösung der vier Adventssonntage nur langsam durch. Die Mailänder Liturgie hat heute noch sechs Adventssonntage. War der 24. Dezember ein Sonntag, so ließen manche Teilkirchen den Advent bereits am fünften Sonntag vor Weihnachten (= 26. 11.) beginnen, um sowohl die Liturgie des 4. Adventssonntags wie die der Vigil feiern zu können. Die jetzige Regelung sieht vor, daß in diesem Fall der Advent mit dem 3. Dezember beginnt und die Liturgie des 4. Adventssonntags die der Vigil verdrängt.

2. Die liturgische Prägung des Advents: Die GOK sieht den Sinn des Advents sowohl als Vorbereitungszeit auf ↗Weihnachten mit dem Gedächtnis der Menschwerdung Christi wie auch als Erwartung der endzeitlichen Ankunft des Herrn. „Unter beiden Gesichtspunkten ist die Adventszeit eine Zeit hingebender und freudiger Erwartung“ (39). So wird die ursprüngliche römische Adventseinschätzung bestätigt, daß es sich nicht um eine Bußzeit handelt, wenn man auch das traditionelle Violett und den Wegfall des Gloria beibehalten hat. Nach dem offiziellen Kommentar zur GOK unterbleibt das Gloria aus einem anderen „Grund als in der österlichen Bußzeit: Der Gesang der Engel an Weihnachten soll wieder wie etwas Neues erklingen.“ Ein Adventsfasten ist schon seit dem CIC nicht mehr geboten. Nach der Neuordnung lassen sich *zwei Phasen* des Advents unterscheiden: Die Tage vom 17. bis 24. Dezember sind besonders intensiv auf das Geburtsfest des Herrn ausgerichtet, während die vorausliegenden Tage mehr das eschatologische Kommen des Herrn berücksichtigen (vgl. GOK 42 und KoGOK).

Die alttestamentlichen Lesungen an Sonn- und Werktagen sind bevorzugt dem Propheten Jesaja entnommen, den man zusammen mit Johannes dem Täufer als eigentlichen „Adventsprediger“ bezeichnet hat. Während das Meßbuch von 1570 keine Adventspräfation enthält, hat das MR von 1970 deren zwei, denen das MD noch drei weitere hinzufügt. Die letzte (V) soll in der vorweihnachtlichen Woche bevorzugt werden. Die Meßliturgie der Wochentage ist dadurch bereichert worden, daß jeder Tag der zweiten Adventsphase ein eigenes Meßformular hat. Die vorausliegenden Werktage haben eine sich wiederholende Wochenreihe, so daß z.B. jeder Montag dieser Zeit das gleiche Meßproprium hat, ausgenommen das Tagesgebet und die biblischen Lesungen. Die vorweihnachtliche Woche ist auch dadurch bereichert, daß ihre Meßfeiern als Hallelujavers eine der ↗O-Antiphonen aus dem Stundenbuch haben. Die bisherigen ↗Rorate-Messen können auch weiterhin an den Wochentagen der ersten Phase gefeiert werden.

3. Das Brauchtum der Adventszeit kreist einesteils um die Weihnachtserwartung (Adventskranz, -kalender, Herbergssuche, Frauentragen, Engelamt, Barbarazweige), andererseits handelt es sich um vorchristliches Brauchtum zur Wintersonnenwende (Klöpfelnächte, Luziatag, der lärmende und rüpelhafte Bestandteil des Nikolausbrauchtums).

Lit.: N. Curti, Volksbrauch und Volksfrömmigkeit im kath. Kirchenjahr (Basel 1947) 1–14; *W. Croce,* Die Adventsliturgie im Lichte der geschichtlichen Entwicklung, in: ZkTh 70 (1954) 257–296, 440–472; *J. A. Jungmann,* Advent und Voradvent, in: *Jungmann, Erbe* 232–294; *Adam, Kirchenjahr* 109–116.

Agape (griech. = Liebe), das brüderliche „Liebesmahl“ der Christengemeinde. Jüdischer Art entsprechend (↗Mahl) hat sich das Leben der Urgemeinde hauptsächlich im Rahmen des Gemeindemahles abgespielt (Apg 2,46; Did 9f), in das sich gegebenenfalls die ↗Eucharistie (3) einfügen konnte. Nach der Verselbständigung der Eucharistie haben sich eigenständige Formen des religiösen Mahles mit meist caritativer Zielsetzung (Witwenspeisung) ausgebildet, die Agapen genannt wurden und dem jüdischen Mahlritual verhaftet blieben: Nach dem abendlichen Lichtanzünden und Psalmensingen (↗Lucernar) wurde vom Vorsteher Brot gesegnet und ausgeteilt, dann mit dem Weinbecher das Sättigungsmahl eröffnet, für das eigens sittsames Benehmen eingeschärft wird. – Diese religiösen Mahlformen leben einigermaßen weiter in den verschiedenen ↗Speisenweihen. Die moderne Gemeindepastoral greift die Agape wieder auf, meist in der Form geselligen Beisammenbleibens nach der Eucharistie, um durch solche religiös und caritativ bedeutsame Mahlformen das Liebesband in der Gemeinde zu stärken.

Lit.: Anregung für die gottesdienstliche Gestaltung einer Agape geben im *Benediktionale* die Nummern 13 (Brotsegnung an bestimmten Heiligenfesten), 57 (Tischsegen) und 58 (Brotsegnung). – *Hanssens* II 271–304.

Agende (lat. = was zu tun ist) bezeichnet zunächst die liturgischen Vorgänge selber, dann aber regelmäßig das Buch, das die Spendung der Sakramente und Segnungen beschreibt, heute ↗Rituale genannt. Im evangelischen Sprachgebrauch heute noch üblich für die Bücher, die die gesamten gottesdienstlichen Formen regeln.

Agnus Dei mehrfach wiederholte ↗Akklamation zur ↗Brotbrechung. Der syrische Papst *Sergius I.* (687–701) war von seiner Heimat her gewohnt, das eucharistische Brot „Amnós“ (griech. = Lamm) zu nennen. So ist es nicht verwunderlich, daß er für die Brotbrechung vor der Kommunion, die in Rom bis dahin schweigend vollzogen worden war, den Gesang des Agnus Dei verordnet hat: „Lamm Gottes, du nimmst hinweg die Sünde der Welt, erbarme dich unser!“ Der Text, der an Joh 1,29 angelehnt ist, ruft Christus an als das wahre Paschalamm und sagt den Teilnehmern, daß sie in jeder Eucharistie das wahre Paschamahl halten dürfen. Er erinnert weiter an das Lamm, von dem Jesaja spricht (53,7; Apg 8,32–35), das für uns am Kreuz gedemütigt und geschlachtet wurde, das der Seher Johannes (Offb 5) im Himmel schauen darf, „wie geopfert“ und doch lebend, als Sieger angebetet von den Scharen. Dieser erhöhte Christus, getötet und doch lebendig, nährt im Ostermahl der Eucharistie die Seinen. – Mit dem Aufkommen vorgefertigter kleiner Brotstücke (↗Hostie) wurde die Brechung überflüssig, das Agnus Dei verlor seinen realen Untergrund, blieb aber als dreifacher Liedruf erhalten; da sich im Mittelalter unterdessen die Teilnehmer den Friedensgruß gaben, wurde beim letzten Ruf die Bitte umgeformt zu „Gib uns deinen Frieden!“ Der Brauch, in Totenmessen die Sonderbitte „Gib ihnen die (ewige) Ruhe“ zu verwenden, ist im MR und im Graduale nicht mehr beibehalten. Mit der Wiederbelebung der Brotbrechung gewinnt der Agnus-Dei-Ruf wieder an Bedeutung; er kann so oft wiederholt werden, wie es die Dauer der Brechung erfordert (AEM 57e).

Agnus Dei nennt man auch die kleinen Votivgebilde aus Wachs, wie sie in Rom ursprünglich aus der zerstückelten Osterkerze am Weißen Sonntag geformt und an die Gläubigen verteilt wurden.

Lit.: *Th. Schnitzler,* Zu den Volksgesängen der heiligen Messe, in: LJ 5 (1955) hier 34–37; *ders.,* Der Volksgesang zur Fractio, in: ebd. 9 (1959) 147–149.

Akklamation der sprechchorartige, zustimmende und anfeuernde (oder auch ablehnende) Zuruf der Volksmenge, spontan noch geübt auf dem Sportplatz und in politischen Versammlungen. Eine bedeutsame Rolle hatte die Akklamation in der römischen Kaiserzeit, auch hier nicht so sehr im Götterkult (Apg 19, 28.34) wie im politischen Leben, im Kaiserkult. Meist wird der Ruf durch andere Formen der Äußerung (Winken, Klatschen, Zischen) unterstützt. – Der Zuruf bekam Heimatrecht auch im christlichen Gottesdienst, vor allem bei der Wahl und Weihe der Bischöfe (bekanntes Beispiel die Wahl des hl. Ambrosius; bei den byzantinischen Weihen ist der áxios-Ruf noch üblich und auch bedeutsam), auf Synoden und Konzilien sowie als Reaktion des Volkes bei der Predigt. Lebendig sind solche Zurufe im Gottesdienst, wenn auch bei festen Anlässen und in festen Formen, noch als ↗Amen, ↗Kyrie, ↗Hosanna, ↗Halleluja, Gloria tibi, Domine (↗Evangelium), Deo gratias, in längerer Form im ↗Agnus Dei; durch das Aneinanderfügen solcher Rufe entstehen ganze Hymnen, wie ↗Gloria, ↗Sanctus, ↗Trishagion. Oft antwortet die Akklamation des Volkes auf einen Zuruf des Priesters oder Diakons, dann unterscheidend auch *Responsion* (weniger gut Responsorium) genannt; so besonders beim ↗Gruß und beim einleitenden Dialog der Präfation, ferner in den ↗Litaneien. – Die Zurufe sind für den Gottesdienst bedeutsam als die einfachste und ausdrucksvollste Art der tätigen Teilnahme, von der sich niemand ausschließen kann und darf. Allerdings bedürfen sie auch einer ständigen Pflege, weil sie durch den häufigen und unbedachten Gebrauch schnell entleert werden; ihr Rufcharakter muß immer wieder aktiviert werden und darf nicht durch Musikalisierung verlorengehen (↗Gesang).

Eine lateinische Sonderform der Akklamationen bilden die *Laudes (regiae),* Huldigungsrufe an Christus, verbunden mit Bittrufen für den Herrscher, die bei festlichen Anlässen verrichtet wurden, heute noch im Krönungsamt des Papstes geschehen und in der letzten Zeit auch sonst belebt wurden (Eröffnungsfeier des Eucharistischen Weltkongresses in München; jetzt auch GL 563). Ein östliches Gegenstück sind die *Polychronia,* die auf den Segen von Bischöfen und Prälaten zu folgen pflegen (is polla eti, slav. Mnogaja ljeta = auf viele Jahre).

Lit.: *O. Betz,* Erneuerung der Akklamationen? in: KBl 89 (1964) 326f; *H. Aufderbeck,* Ruf und Zuruf in der Eucharistiefeier, in: LJ 11 (1961) 180–185; *WGL* IV 199–205.

Akkommodation ↗Adaptation.

Akolyth (aus dem griech. akólouthos = Diener, Schüler), Inhaber der obersten Stufe der lateinischen ↗„Niederen Weihen". Dieses Amt blieb in den Ostkirchen unbekannt, abgesehen von den Armeniern. In Rom hatte der Akolyth den Diakon und Subdiakon zu unterstützen, vor allem beim Dienst am eucharistischen Brot (↗Brotbrechen; ↗Fermentum). Die Weihe erfolgte in neuerer Zeit durch Übergabe eines Leuchters mit gelöschter Kerze und der leeren Meßkännchen. Seine Aufgaben gingen schließlich auf die ↗Ministranten über. – Das Apostolische Schreiben *Pauls VI.* „Ministeria quaedam" vom 15.8.1972 hob die vier Niederen Weihen auf, ließ jedoch Lektorat und Akolyth im Sinn von „Diensten" (ministeria) fortbestehen. Beide sollen zusätzlich die Aufgaben des bisherigen ↗Subdiakons übernehmen. Näherhin wird der Akolyth beauftragt, „dem Diakon zu helfen und dem Priester zu dienen". Dies bezieht sich vor allem auf die liturgischen Feiern. In besonderen Fällen ist er auch berechtigt, die Kommunion auszuteilen und „das Sakrament der Eucharistie den Gläubigen zur Anbetung auszusetzen und wieder in den Tabernakel zurückzustellen". Die Beauftragung zum Akolythen darf, entsprechend der zum ↗Lektor, nicht nur den Kandidaten des Weihesakramentes zuteil werden, sondern auch geeigneten Laien, gemäß kirchlicher Tradition aber nur Männern. Sie erfolgt durch den Bischof (bzw. höheren Ordensoberen) innerhalb einer Meßfeier nach jenem Ritus, der am 3.12.1972 in einem Faszikel des Pontifikale veröffentlicht und 1974 in deutscher Adaptation vorgelegt wurde. Nach dem Evangelium werden die Kandidaten aufgerufen und treten vor den Bischof. Dieser weist am Schluß einer Homilie auf ihre besondere Aufgabe und Verantwortung hin. In dem Modelltext der Schlußworte wird zusätzlich zu den in „Ministeria quaedam" genannten Diensten ausdrücklich auch das Überbringen der Kommunion zu den Kranken erwähnt. Abschließend spricht der Bischof ein Fürbitt- und Segensgebet über die Kandidaten und überreicht jedem einzelnen eine Schale mit Hostien und (oder) eine Kanne mit Wein, die in der anschließenden Eucharistiefeier von den Akolythen zum Altar gebracht werden. Für die Austeilung der Kommunion können sie hinzugezogen werden.

Lit.: F. Nikolasch, Die Neuordnung der kirchlichen Dienste, in: LJ 22 (1972) 169–182; *O. Nußbaum,* Lektorat und Akolythat (Kölner Beiträge 17) (Köln 1974).

Aktualpräsenz ↗Gegenwart Christi

Albe hemdartiges, fußlanges liturgisches Untergewand (↗Gewänder, liturgische) aus Leinen. Ein solches aus dem antiken Untergewand, der Tunica, erwachsenes Paramentenstück wurde in allen Riten ausgebildet. Im Westen hat es immer weiße Farbe und wird darum „Albe" genannt; in den orientalischen Riten (byz. *Stichar,* armen. *patmudjan*) kann es auch farbig sein (in Trauer- und Bußgottesdiensten wird rot bevorzugt) und aus Seide gefertigt werden. – Das antike Unterkleid wurde regelmäßig von einem Stoff- oder Ledergürtel zusammengehalten, damit es beim Gehen und Arbeiten hochgeschürzt werden konnte. Bei den Lateinern hat dieses *Zingulum* meist die Form einer weißen Schnur (Tagesfarbe ist dafür erlaubt); im Osten gebrauchen Bischöfe und Priester einen farbig geschmückten Stoffstreifen (byz. *Zoni,* armen. *goti*), dessen freie Enden durch Bändchen oder eine Schnalle zusammengehalten werden; byzantinische Prälaten befestigen daran noch ein rautenförmiges, reichverziertes Stoffstück (*epigonátion* oder *hypogonátion;* ursprünglich ein Schurz über der Tunika zum Schutz vor Verschmutzung). – Im Westen hat sich ferner eine Art Halstuch erhalten *(Amikt, Schultertuch, Humerale);* früher wurde es über der Albe kreuzförmig gegürtet, um deren Stoffhülle zusammenzuhalten, jetzt wird es unter der Albe angelegt; zu gewissen Zeiten und Orten trat es als kragen- oder kapuzenähnlicher Schmuck hervor, so noch heute bei den Armeniern als prächtig verzierter steifer Halskragen (vakas) und bei den alten Orden als Kapuze. – Die mittelalterliche Albe, die auf der Vorder- und Rückseite glatt herabfiel und nur unter den Achseln durch eingesetzte dreieckige Stoffbahnen (Giren) reiche Falten bildete, wurde gern durch rechteckige Besatzstücke (Paruren; farbig, oft auch bestickt) verziert. Im Osten haben sich diese Zierbesätze an den Ärmeln verselbständigt in Form farbiger Manschetten (griech. *Epimanikien,* armen. *bazpans*). – Das liturgische Untergewand ist zunächst nicht auf bestimmte Personen oder Anlässe beschränkt. Im Westen wurde die Albe aber außerhalb der Messe meistens durch den ungegürteten und kürzeren ↗Chorrock ersetzt, der sich für die niederen Dienste dann ausschließlich durchgesetzt hat. Der Osten hingegen verwendet für die niederen Dienste heute farbige, oft prächtig geschmückte Stichare ohne Gürtel, die ihre Herkunft vom Untergewand kaum mehr erkennen lassen. Auch bei uns kleidet man Altardiener und Sänger gern wieder in Tuniken, der heutigen Funktion als Oberkleidung entsprechend vielfach als „Mantelalbe". – AEM 298 sieht die Albe für alle Diensttuenden vor; Gürtel und Schultertuch werden nur noch gefordert, soweit der jeweilige Schnitt sie verlangt; gemäß AEM 305 sind neben Leinen auch andere geeignete Stoffe zugelassen.

Alexandrien Die abgeschlossene geographische Lage Ägyptens ließ hier früher als anderwärts eine organisatorisch gefestigte Kirche entstehen unter Leitung des ↗Patriarchen von Alexandrien, dem alle Bischöfe Ägyptens damals wie heute unmittelbar (ohne zwischengeschaltete Metropoliten) unterstehen. So nimmt auch die alexandrinische Ritengruppe eine Sonderstellung unter den ↗orientalischen Riten ein: Sie verrichtet die ↗Epiklese schon vor dem Einsetzungsbericht (eine zweite ausführliche nach dem Einsetzungsbericht ist, wie vieles andere, erst unter syrischem Einfluß [↗Antiochien] hinzugetreten); sie fügt die ausnehmend langen Interzessionen schon vor dem Dreimal-Heilig-Ruf ins Hochgebet ein; sie kennt kein ↗Hosanna beim Sanctus und fast nicht den Typ der diakonalen ↗Litanei; eigenartige Verbindungsfäden führen zur Liturgie Roms und Galliens. – Die Liturgie wurde zunächst (wenigstens in den Städten) griechisch gefeiert. Der überlieferte, bereits syrisch beeinflußte Typ wird *Markus-Liturgie* genannt nach dem legendären Begründer der alexandrinischen Kirche, dem Evangelisten Markus. Als sich im 6. Jh. die monophysitische (↗Christus) Kirche konstituierte, feierte sie dieselbe Liturgie in koptischer Sprache (mit griechischen Akklamationen) als *Cyrillusliturgie* (benannt nach dem hl. Bischof von Alexandrien). Die orthodox gebliebenen „Kaisertreuen" (Melchiten) gaben die einheimische Markusliturgie im 12. Jh. zugunsten der Liturgie von ↗Byzanz auf.

Auch die *Kopten* verwenden die Cyrillusliturgie wegen ihrer Länge und Schwierigkeit nur noch selten, sondern benutzen Übersetzungen kleinasiatischer Vorlagen, die *Anaphora Gregors von Nazianz* (die sich durchwegs an die zweite göttliche Person richtet) und für gewöhnlich die *Basiliusliturgie* (eine Vorform der heutigen griechischen ↗Basiliusliturgie, durchwachsen von ägyptischen Elementen); die Volksteile werden meist in arabischer Übersetzung gebracht. – Der koptische Ritus wirkt für unser Empfinden besonders in den Gesängen sehr lang und monoton, nicht so feierlich wie sonst die östlichen Riten; der Kirchenraum ist arm; der griechischen Bilderwand entspricht meist nur ein Holzgitter (hidschab), das den Altarraum (hekal) abtrennt; ein weiteres Gitter trennt den Sängerplatz vom Gläubigenraum. Um so mehr beeindruckt die lebhafte Beteiligung des Volkes an der Liturgie, besonders am Gesang, aber auch durch Gesten. Auffallend für fremde Beobachter sind die feierlichen Prozessionen um den Altar mit den Opfergaben zu Beginn und das Bekenntnis des Volkes zu ihrer Verwandlung nach der Epiklese.

Die *äthiopische Kirche,* die noch heute sehr stark von Alexandrien abhängig ist, benützt im wesentlichen eine Übersetzung der koptischen Liturgie ins Ge'ez (eine bereits tote semitische Sprache), die allerdings entsprechend der Missionsgeschichte (↗Antiochien) von starken syrischen Elementen (Vielzahl von Anaphoren) durchsetzt ist. Vielfach werden noch handgeschriebene Bücher gebraucht. Die Liturgie wird mit großer Pracht und zahlreicher Assistenz gefeiert. Das Volk steht dabei meist im Freien um die kleinen Rundkirchen. Der Gesang, der europäische Ohren sehr afrikanisch anmutet, wird durch Sistren (senasel) und eine große Trommel (kabaro) unterstützt; auch tanzähnliche rhythmische Bewegungen (z. T. mit dem Sängerstab) und Händeklatschen gehören zum Offizium. Ein starker alttestamentlicher Einfluß zeigt sich u. a. darin, daß der Sabbat in der äthiopischen Kirche beobachtet wird.

Lit.: Martimort I 25–27; The Egyptian Rite, in: *F. E. Brightman,* Liturgies Eastern and Western (Oxford 1965) 111–244; Die Meßliturgie der Katholiken des Äthiopischen Ritus (Würzburg 1960); einen guten Eindruck vermitteln die Schallplatten: Coptic Music (Folkways RecordsFr 8960) und Die Musik der äthiopisch-koptischen Kirche (Bärenreiter 30L2303).

Allegorese Erklärungsprinzip, das einen Text oder Vorgang etwas „anderes sagen" läßt als seinen unmittelbaren Sinn. Diese von den Griechen ausgebildete und von den Juden (Philo) übernommene Deutemethode wurde zuerst im Osten auf Einzelheiten der Meßfeier angewandt *(Dionysios Areopagita)*, bleibt dort aber auf der Ebene des ↗Symbols. Durchgehend für die ↗Meßerklärung gebraucht wird die Allegorese im Abendland seit der ↗Karolingerzeit *(Amalar)* im Zusammenhang mit der zunehmenden Entfremdung des Volkes von der Liturgie. Die Meßvorgänge werden dabei umgedeutet teils zu sittlichen Mahnungen (*moralische* Allegorese: das Meßgewand bedeutet die alles umschließende Liebe), teils als Erfüllung alttestamentlicher Vorbilder (*typologische* Allegorese: Psalmengesang zur Gabenprozession wegen des Posaunenblasens der Leviten bei den Opfern im Tempel), meist aber als Erinnerungen an Leben und Leiden Jesu (*rememorative* Allegorese: Lavabo erinnert an die Händewaschung des Pilatus). Gelegentlich wurde auch der Meßritus von den allegorischen Deutungen sekundär beeinflußt; so fügte man der Schlußdoxologie des Kanons fünf Kreuzzeichen zu als Hinweis auf die fünf Wundmale („Nachsymbolik"). Für unser heutiges Empfinden wird durch allegorische Erklärungen das Verständnis der Eucharistiefeier eher erschwert als erleichtert.

Allerheiligen Hochfest (1.11.). Seine Wurzeln finden sich im Orient, wo man schon im 4. Jh. ein Gedächtnis aller Märtyrer beging. Der Festtermin war in den Teilkirchen verschieden (13.5.; Sonntag nach Pfingsten; Freitag nach Ostern). In Rom finden sich Spuren aller drei Termine, bis sich schließlich der 13.5. als Tag der Weihe des Pantheons zu einer Basilika der hl. Jungfrau Maria und aller Märtyrer durchsetzte (609 oder 610). Das heutige Allerheiligenfest am 1.11. wurde zuerst in England und Irland gefeiert (8. Jh.) und setzte sich im 9. Jh. auch auf dem Festland durch. Bei der Rubrikenreform von 1955 entfielen Vigil und Oktav. – Mit dem erhöhten Christus in der Mitte der gottesdienstlichen Gemeinde sind auch seine Heiligen als die verherrlichten Glieder seines Leibes zugegen. Sie sind Frucht und Zeugen der erlösenden Gnade Christi, ihre Verehrung geht darum letzten Endes auf Christus hin und hat österlichen Charakter. Die Eigenpräfation macht deutlich, daß das Fest nicht nur die kanonisierten Heiligen einschließt, sondern alle verstorbenen „Brüder und Schwestern, die schon zur Vollendung gelangt sind". Die Meßliturgie sieht in ihnen Fürsprecher (Tages- und Gabengebet) und Beispiele auf unserem „Weg der Pilgerschaft zum ewigen Gnadenmahl" (Schlußgebet; vgl. Präfation). ↗Heiligenverehrung.

Lit.: Adam, Kirchenjahr 188f.

Allerheiligenlitanei Sie ist die älteste ↗Litanei der römischen Kirche und wird als einzige bis zur Gegenwart in den offiziellen liturgischen Büchern verwendet (z. B. Osternachtfeier, Weihesakrament, Bittprozession, Weihungen und Segnungen). Sie geht auf die alten Kyrie-Litaneien der Ostkirchen zurück (↗Ektenie), die sich im 5. Jh. auch in Rom einbürgerten (Deprecatio Gelasii). Ältester Teil sind die an Christus gerichteten Bittrufe, die mit „Herr, befreie uns" (= deprecationes) und „Wir bitten dich, erhöre uns" (= supplicationes) beantwortet werden. Erst im 7. Jh. stellte man diesen Christusgebeten Anrufungen der Heiligen voran (= invocationes), die sich bald stark vermehrten und zu dem einseitigen Namen Allerheiligenlitanei geführt haben. Primär war und ist sie eine Christus-Litanei, auch „Große Litanei" genannt. In den revidierten liturgischen Büchern hat sie in allen Teilen eine wesentliche Straffung erfahren, wobei jedoch die Möglichkeit vorgesehen ist, bestimmte Heilige und spezielle Segensbitten einzufügen. Die Fassung in GL (762) ist in allen drei Teilen gegenüber der offiziellen Form vermehrt und pastoral bereichert. – Das Evangelische Kirchengesangbuch enthält die von *Luther* neugestaltete Litanei ohne Heiligenanrufungen (Nr. 138). RGG (IV 388) hebt ihre Anpassungsfähigkeit an die „gemeindlichen Gegebenheiten hervor und bemerkt: „Der glaubensmäßige und gemeindebildende Wert dieses Bitt- und Fürbittgebetes steht erfahrungsgemäß außer Zweifel."

Allerseelen Gedenktag aller verstorbenen Gläubigen (2.11.). Nach der GOK steht er mit den Hochfesten des Herrn und der Heiligen auf gleicher Rangstufe. – Im Anschluß an eine Festfeier der Toten zu gedenken ist allgemein menschlicher Brauch, dem sich auch die Christen nicht entzogen, wie ihre Einstellung zu den römischen Parentalia beweist. Schon seit dem 2. Jh. gibt es Zeugnisse dafür, daß solches Gedenken Gebete für die Verstorbenen einschließt und bald mit der Feier der Eucharistie verbunden wird. Bevorzugte Gedächtnistage, die sich an vorchristlichen Brauch anlehnen, waren der 3., 7., 30. und 40. Tag nach der Beisetzung und der Jahrestag. Im 7. Jh. schreibt *Isidor von Sevilla* (636) seinen Mönchen vor, am Tag nach Pfingsten für die Verstorbenen das Meßopfer zu feiern. Ähnliche Gedächtnisse finden sich in der Folgezeit auch in anderen Kirchen und Klöstern, auch in den östlichen Kirchen. Das eigentliche Geburtsjahr des heutigen Allerseelentags ist das Jahr 998, als der Abt *Odilo von Cluny* das festliche Gedächtnis aller Verstorbenen am 2. 11. für alle ihm unterstellten Klöster anordnete, was bald für die gesamte abendländische Kirche beispielhaft wurde. – Das noch heute bestehende Privileg, daß jeder Priester an diesem Tag drei Messen feiern darf (nicht muß), geht auf eine entsprechende Gepflogenheit der Dominikaner von Valencia im 15. Jh. zurück, die im 18. Jh. allen Priestern Spaniens, Portugals und Lateinamerikas als Privileg gestattet wurde. *Benedikt XV.* dehnte es 1915 auf die Gesamtkirche aus mit der Auflage, daß nur für eine Messe ein Stipendium angenommen werden dürfe und eine weitere Messe zum Ausgleich für verlorengegangene Meßstiftungen gefeiert werden müsse. In Deutschland darf ein Stipendium für die zweite und dritte Messe zugunsten des Bonifatiuswerkes angenommen werden. – Beim Zusammentreffen des Allerseelentages mit einem Sonntag gibt das MR von 1970 der Messe von Allerseelen den Vorrang. Wie bei allen Messen für Verstorbene kann auch an diesem Tag die violette Farbe gewählt werden. Der seitherigen „Totenpräfation" werden weitere vier hinzugefügt, die im MD kurze Charakterisierungen als Überschrift tragen. Diese Überschriften und ihre Texte, aber auch die übrige Meßliturgie lassen den österlichen Sinn des christlichen Sterbens deutlich werden, wie es die LK (81) gefordert hatte. Aus dieser Rücksicht hat man auch auf die seitherige Sequenz „Dies irae" und andere Texte verzichtet, in denen die Angst vor einem schrecklichen Gericht Gottes die Leuchtkraft des Auferstehungsglaubens verdunkelt hat. – In vielen Gemeinden werden am Nachmittag von Allerheiligen oder am Allerseelentag Prozessionen zu den geschmückten Gräbern und Fürbittandachten gehalten. Das deutschsprachige Benediktionale enthält für die Segnung der Gräber und das damit verbundene Totengedenken einen flexiblen Wortgottesdienst, bei dem Tod und Trauer im Licht des Evangeliums gesehen werden (S. 72–79). Als religiöses Brauchtum hat sich weithin das Besprengen der Gräber mit Weihwasser (Symbol des Lebens) und das Entzünden von Grablichtern, mancherorts auch die Sitte der „Gebildbrote" erhalten.

Lit.: H. Kneller, Geschichtliches über die drei Messen am Allerseelentag, in: ZkTh 42 (1918) 74–113; *Th. Klauser,* Die Kathedra im Totenkult der heidnischen und christlichen Antike (Münster 1927); *J. M. Nielen,* Zur Geschichte des christlichen Totengedächtnisses, in: AkG 73 (1964) 430–432; 478–482; *Adam,* Kirchenjahr 195–198.

Allgemeine Kirchenjahrzeit Das liturgische Jahr ist wesentlich geprägt von den beiden großen Festkreisen, die Ostern und Weihnachten zum Mittelpunkt haben. Die dazwischen liegenden 33 oder 34 Wochen bezeichnet man als allgemeine Kirchenjahrzeit oder Zeit im Jahreskreis (tempus per annum), die zusammen mit den genannten Festkreisen das ↗Temporale oder Herrenjahr bildet. Sie gliedert sich in zwei Abschnitte: vom Montag nach dem Fest der Taufe Jesu bis Beginn der Fastenzeit und vom Montag nach Pfingsten bis zum Beginn des Advents.

Vor der Neuordnung des Kirchenjahres gab es liturgische Texte für sechs Sonntage nach Epiphanie (bis Septuagesima), von denen jedoch bei einem frühen Ostertermin nur zwei gefeiert werden konnten. Die Zeit nach Pfingsten hatte 24 Sonntagsformulare, konnte jedoch 28 Sonntage umfassen. Die nach Epiphanie ausgefallenen Sonntage wurden deshalb zwischen dem 23. und 24. Sonntag nach Pfingsten eingeschaltet (nachgeholte Sonntage), sicher keine ideale Lösung. Die Zählung der Sonntage nach Pfingsten taucht zuerst in fränkischen Liturgiebüchern des 8. Jh. auf. Vorher pflegte man sie nach ihrer Stellung zu bestimmten nachpfingstlichen Festen zu zählen. Nach der Einführung des ↗Dreifaltigkeitsfestes (1334) kannte man auch die Zählung „nach Trinitatis" (= post festum Trinitatis), die von den reformatorischen Kirchen übernommen wurde und dort heute noch üblich ist.

Nach der Neuordnung bilden die Wochen der allgemeinen Kirchenjahrzeit eine Einheit mit durchgehender Zählung. „In ihnen wird das Christusgeheimnis eher als Ganzes gefeiert, zumal an den Sonntagen" (GOK 43). Für ihre Zählweise ist zu beachten, daß der Sonntag nach Epiphanie (= Fest der Taufe Jesu) theoretisch als erster Sonntag im Jahreskreis gilt, obwohl er noch zum Weihnachtsfestkreis gehört. Mit Aschermittwoch erfolgt eine Unterbrechung der allgemeinen Kirchenjahrzeit. Sie setzt sich erst fort mit dem Montag nach Pfingsten, weshalb der Pfingstsonntag nur in fiktiver Weise als einer der 33/34 Sonntage im Jahreskreis gilt. Gibt es in einem Jahr nur 33 allgemeine Wochen, so wird jene Woche übersprungen, die am Pfingstmontag an der Reihe wäre. So ist sichergestellt, daß die liturgischen Texte der 33. und 34. Woche mit ihrem eschatologischen Gepräge niemals ausfallen müssen. ↗Leseordnung.

Allgemeines Gebet Als die römische Liturgie in der ↗Karolingerzeit nördlich der Alpen übernommen wurde, hatte sie die ↗Fürbitten der Meßfeier, auch Allgemeines Gebet oder Gläubigengebet genannt, bereits verloren. Weil das Volk in der bisherigen gallischen Liturgie ein reichliches Fürbittgebet gewohnt war, wurden im Gottesdienst solche Gebete beibehalten oder neugeformt. Im französischen Sprachraum bildete sich dafür bald ein fester Gebetstyp aus, die „prières du prône" (↗Prädikantengottesdienst). Hingegen betete man im deutschen Sprachraum meist Gebete in den verschiedenen Anliegen ohne feste Ordnung vor. Erst *Petrus Canisius* († 1597) schuf daraus ein einheitliches Gebet für die „allgemeinen Anliegen" der Christenheit, das „Allgemeine Gebet", das bei allen sonstigen Vorzügen leider ebenfalls keine Volksbeteiligung vorsah. Es setzte sich schnell durch und wurde vielerorts nach der Predigt gemeinsam gesprochen. Es kann auch heute sinnvoll als Fürbittgebet genommen werden; GL 790,2 bietet die Möglichkeit der Volksbeteiligung. – Der Name „Allgemeines Gebet" hat sich aber auch in Übersetzung des lat. „oratio universalis" als Bezeichnung für die Fürbitten im MD (Ordo Missae) erhalten.

Lit.: P. Saft, Das „Allgemeine Gebet" des hl. Petrus Canisius im Wandel der Zeiten, in: ZAM 13 (1938) 215–223; *A. Heinz,* Die „Oratio Fidelium" im deutschen Sprachraum..., in: LJ 30 (1980) 7–25. ↗Fürbitten.

Altar

1. Wortbedeutung und Geschichte: Es handelt sich um ein Lehnwort aus dem Lat., das sich von adolere = verbrennen ableitet. In die gleiche Bedeutungsrichtung weist die Herkunft des synonymen Wortes ara von arere = brennen. Beiden Bezeichnungen liegt der Begriff Feuerstätte zur Verbrennung der Opfer = Brandopferaltar zugrunde. Die mal. Ableitung von altus = hoch ist nicht haltbar, wenn es sich auch religionsgeschichtlich bei den heidnischen Altären zumeist um (natürlich oder künstlich) erhöhte Stellen für die Ablage und (oder) Verbrennung der

Opfergaben handelte. Wegen der Nähe der Gottheit gilt der Altar als mit göttlichen Kräften erfüllt, deren man durch ↗Umschreiten, Berühren (↗Handauflegung) und Küssen teilhaftig wird. Die „Hörner" an den vier Ecken des Altares symbolisieren diese göttliche Kraft. In vielen Kulturen gewährt die Berührung eines Altares Asylrecht und verstärkt die Kraft des dabei geleisteten Eides.

Die Schriften des AT erwähnen erstmals den Brandopferaltar des Noah (Gen 8,20). Die Patriarchen errichten vor allem dort Altäre, wo ihnen eine besondere Gottesoffenbarung oder -zuwendung zuteil wird. Sie werden als Stätten des Gebetes und Opfers, aber auch als Denk- und Mahnmal erbaut. Nach der Bundesschließung am Sinai kennt Israel einen Brand- und Rauchopferaltar vor bzw. im Bundeszelt und später im Tempel von Jerusalem.

Die Christen sehen in Christus nicht nur den Opferpriester, der sich selbst als Opfergabe dem Vater darbringt, sondern gleichsam auch den Altar, „von dem die nicht essen dürfen, die dem Zelte dienen" (Hebr 13,10). Der Opferkult des AT ist mit dem Kreuzestod Christi außer Kraft gesetzt, ein Altar im heidnisch-jüdischen Sinn darum nicht mehr möglich. Aus praktischen Gründen braucht die christliche Gemeinde jedoch für die Feier des eucharistischen Opfermahles einen *Tisch,* der jeweils vor dem Gottesdienst aufgestellt und auf dem die eucharistischen Gaben niedergelegt werden. Vom 4. Jh. an setzt sich allmählich der steinerne und unbewegliche Tisch durch, der in den alten Basiliken im Mittelpunkt des Apsishalbkreises steht oder auch etwas näher zur Gemeinde hin. Mit der Betonung des Opfercharakters der Eucharistie wird der „heilige Tisch" allmählich auch Altar genannt, an ihm vollzieht sich die Vergegenwärtigung des Kreuzesopfers. Die symbolische Gleichsetzung des Altares mit Christus wird durch die steinernen Altäre begünstigt, weil das NT Christus den Felsen (1 Kor 10,4), den Eckstein (1 Petr 2,7f), den Schlußstein (Eph 2,20) und den lebendigen Stein (1 Petr 2,4) nennt. – Vom frühen Mittelalter an baut man den Altar näher an die Rückwand der Apsis und schirmt den ↗Altarraum durch Schranken von der Gemeinde ab. Seit dem 8. Jh. weicht die Tischform immer mehr der Block- und Kubusform. Dies gilt auch und besonders für den Osten, wo man aber trotzdem bis zum heutigen Tag die Bezeichnung „heiliger Tisch" festhält. – Die Kubusform kommt dem Verlangen entgegen, im Altar ↗Reliquien von Märtyrern beizusetzen, so wie man schon früh über den Gräbern von Märtyrern Altäre und Kapellen errichtete. Als besondere Ausprägungen in der Geschichte der Altargestaltung seien erwähnt der ↗Kiboriumsaltar, der ↗Retabel- und Flügelaltar (Gotik), die Sarkophagform in der Renaissance mit der ↗Predella und dem großen ↗Altarblatt, im Barock durch kunstvolle Umbauten und Figuren überreich eingefaßt. Die liturgische Erneuerung unseres Jahrhunderts führte wieder stärker zur Tischform und zentralen Aufstellung des Altars zurück.

2. Die nachkonziliare Neuordnung: Das II. Vatikanum hatte eine unverzügliche Revision der geltenden Bestimmungen über „Gestalt und Errichtung der Altäre" gefordert (LK 128). Die erste Instruktion zur Durchführung der LK vom 26.9.1964 befaßt sich mit dieser Neuordnung: „Der Hochaltar soll von der Rückwand getrennt errichtet werden, so daß man leicht um ihn herumgehen und an ihm zum Volk hin zelebrieren kann. Er soll so in den heiligen Raum hineingestellt sein, daß er wirklich die Mitte ist, der sich von selbst die Aufmerksamkeit der ganzen versammelten Gemeinde zuwendet... Auch sei das Presbyterium um den Altar herum so weiträumig, daß die heiligen Handlungen bequem vollzogen werden können" (Nr. 91). „Es soll nur wenige Nebenaltäre geben, ja, soweit es die Anlage der Kirche gestattet, sollte man sie richtiger vom Hauptraum der Kirche getrennt in Seitenkapellen unterbringen" (Nr. 93). Diese von der AEM wiederholte Vorschrift wird von dem neuen ODEA weitergeführt: In neuen Kirchen sei es besser, nur einen Altar zu errichten, damit „der einzige Altar in der einen Versammlung der Gläubigen unseren einzigen Erlöser Jesus Christus und die eine Eucharistie der Kirche zeichenhaft darstelle" (IV, 7).

Nach herkömmlichem Brauch unterscheidet die AEM zwischen einem feststehenden (fixum) und einem tragbaren (mobile) Altar für den gottesdienstlichen Raum. Außerhalb davon kann die Messe an einem passenden Tisch gefeiert werden, „besonders wenn es sich um Einzelfälle handelt", wobei jedoch auch hier ↗Altartuch und ↗Korporale zu verwenden sind (260). Der Hauptaltar soll in der Regel fest stehend und konsekriert sein (262). Bezüglich seines Materials wird unter Berufung auf Tradition und Symbolik für die Tischplatte des fest stehenden Altars Naturstein gefordert. Die Bischofskonferenzen können jedoch auch „anderes passendes, würdiges und haltbares Material zulassen" (263). Der Altarsockel bzw. Unterbau (stipes) kann „aus jedem beliebigen Material, das würdig und dauerhaft ist", gefertigt werden (ebd.). Die Beisetzung von Reliquien der Märtyrer und anderer Heiliger in oder unter dem Altar (nicht mehr in der Altarplatte) soll beibehalten werden. „Die Echtheit der Reliquien muß jedoch gesichert sein" (266). Der ODEA unterstreicht dies mit dem Zusatz: „Es ist besser, einen Altar ohne Reliquien zu weihen, als zweifelhafte Reliquien unter ihm beizusetzen" (IV, 11b). Der früher vorgeschriebene Altarstein mit eingefügten Reliquien ist bei Tragaltären und einfachen Zelebrationstischen nicht mehr nötig (AEM 265).

Was die *Ausstattung der Altäre* betrifft, so genügt statt des bisher vorgeschriebenen dreifachen Linnentuches ein einziges passendes ↗Altartuch (268). Kreuz und Leuchter können auf dem Altar oder in seiner Nähe Platz finden (269f). Der ODEA verbietet für neue Kirchen, Heiligenfiguren und -bilder auf den Altar zu stellen. Seiner Natur nach sei der Altar dem einen Gott geweiht, weil das eucharistische Opfer dem einen Gott dargebracht wird, wenn sich damit auch das ehrende Gedächtnis bestimmter Heiliger verbinden könne (IV, 10). In diesem liturgischen Buch wird erstmals erwähnt, daß der Altar auch Blumenschmuck tragen darf (IV, 54).

So lassen die neuen Bestimmungen das Bestreben erkennen, den Altar nicht nur als zentralen und zentrierenden Ort des Kirchenbaus, sondern als dominierendes Symbol des sich dem Vater aufopfernden und den Gläubigen schenkenden Herrn herauszustellen und von ablenkendem Beiwerk zu befreien.

Zur Verehrung des Altars: ↗Weihrauch, ↗Verneigung, ↗Kniebeuge, ↗Kuß, liturgischer.

Lit.: J. Braun, Altar; Braun, Altargerät; Th. Klauser, Altar, in: RAC I 334–354; *J. H. Emminghaus,* Gestaltung des Altarraumes, in: Bibel und Liturgie 48 (1975) 5–21; PkH 57 (Leipzig 1977).

Altarbild ↗Retabel.

Altarblatt Eine besondere Ausprägung des Altarbildes (↗Retabel) in Renaissance und ↗Barock. Es handelt sich um ein hochgestelltes Gemälde auf dem Altar, das zunächst nur von Säulen eingefaßt, im Barock aber von weiteren aufwendigen architektonischen Aufbauten und zahlreichen Skulpturen umgeben wurde. Im Blick auf die oft monumentalen und farbenfreudigen Altarblätter und ihre Einfassung trat die Mensa des Altares optisch stark zurück.

Altardiener ↗Ministranten.

Altarkreuz ↗Kreuz.

Altarkuß ↗Kuß, liturgischer.

Altarraum In manchen Teilkirchen des Altertums (Perserreich, ostsyrische Liturgie, ↗Antiochien) sahen bereits die ersten eigenen ↗Kirchengebäude für den ↗Altar einen abgeschlossenen Raum vor, der nur durch Türen mit dem Versammlungsraum verbunden war. Sonst wurde der Abendmahlstisch im Bedarfsfall eigens aufgestellt, im basilikalen Bautyp anfangs meist wohl mitten im Gläubigenschiff (↗Basilika). Sehr bald aber, noch vor der Errichtung fester Altäre, wurde der für den Altar bestimmte Platz durch feste Schranken (cancelli) aus dem übrigen Kirchenraum ausgegrenzt, zunächst wohl aus praktischen Erwägungen, um dem Klerus einen freien Platz um den Altar zu sichern, aber auch als Ausdruck der Ehrfurcht. Je nach den örtlichen Gegebenheiten umschließen die Altarschranken auch den Sängerplatz vor dem Altar oder den Priesterplatz dahinter (↗Chor, ↗Presbyterium 2) und werden so zu Chorschranken. In diesem Fall verbindet sich mit den cancelli oft der Ort der Verkündigung, der dann selber Kanzel genannt wird (↗Ambo). An die Schranken treten die Gläubigen heran, um die Oblationen abzugeben und die Kommunion zu empfangen. – Im Altertum bestanden die Schranken meist aus aufrecht stehenden Steinplatten; dazwischen erhoben sich in vielen Fällen zur Stützung Säulen mit Quergebälk. Daran konnte man Vorhänge befestigen, auch Bilder dazwischenstellen (im Osten), woraus sich schließlich die ↗Bilderwand entwickelt. Im Westen wurden die Schranken im Barock vielfach zur *Kommunionbank* ausgebildet („Speisgitter"), mit Rücksicht auf den neueren Brauch, die Kommunion kniend statt wie früher stehend zu empfangen. – Die AEM wünscht, daß der Altarraum durch eine leichte Erhöhung oder durch eine besondere Gestaltung und Ausstattung vom übrigen Raum passend abgehoben wird. „Er soll so geräumig sein, daß man die Liturgie würdig vollziehen kann" (258). Die bisherige Kommunionbank ist durch die Rückkehr zum stehenden Kommunionempfang weithin funktionslos geworden.

Lit.: A. Raes, Die räumliche Disposition der Eucharistiefeier im Osten, in: LJ 11 (1961) 222–237; *J. Wagner,* Locus quo ecclesia congregatur…, in: LJ 12 (1962) 161–174; *J. H. Emminghaus,* Gestaltung des Altarraumes, in: Bibel und Liturgie 48 (1975) 5–21, 82–101, 142–152, 233–250, PkH 57 (Leipzig 1977).

Altarstein ↗Reliquie.

Altartuch Der Altar als „heiliger Tisch" wird für seine gottesdienstliche Aufgabe nach biblischem und antikem Brauch mit Leinen bedeckt. Dieser ältere Zustand der Altarbekleidung nur während der Eucharistiefeier lebte noch fort in der Altarentblößung am ↗Gründonnerstag, ferner im ↗Korporale, das erst zum Offertorium feierlich ausgebreitet wird und im Papstgottesdienst die ganze Altarfläche bedeckt. Seit dem 9. Jh. unterscheidet man von diesem Korporale die eigentlichen Altartücher, die den Altar fortan ständig einhüllten. Ihre Dreizahl war seit dem Meßbuch *Pius' V.* allgemein vorgeschrieben. Diese Bestimmungen wurden durch die AEM insofern geändert, als nur ein Tuch genügt, das nicht mehr unbedingt aus Leinen sein muß, jedoch „in bezug auf Form, Ausmaß und Schmuck zu ihm paßt" (Nr. 268). Eine Rückkehr zum früheren Brauch, den Altar nur während der Eucharistiefeier zu bedecken, läßt sich aus AEM 79 folgern. – Außerhalb der Meßfeier pflegte man eine Schutzdecke über die Altartücher zu breiten, *Vespertuch* genannt, weil sie auch bei der feierlichen Vesper auf dem Altar bleiben konnte und nur zur Altarberäucherung zurückgeschlagen werden sollte. Zur Schonung der Altartücher pflegte man früher unmittelbar auf die Altarplatte ein Wachstuch zu legen, wie es auch der neue Altarweiheritus nach Salbung und Beräucherung als möglich erwähnt. – Im byzantinischen Ritus ist das linnene *Katasárkion,* das auf allen vier Seiten bis zur Erde reicht, von einem reichbestickten Seidentuch *(Epéndysis)* bedeckt.

Altarweihe Zur Geschichte der Altarweihe ↗Kirchweihe (1). Während bei neuen Kirchen die Weihe des Altares in den Gesamtritus der Kirchweihe integriert ist (↗Kirchweihe 2), besteht auch die Möglichkeit einer gesonderten Altarweihe durch den Bischof, in besonderen Fällen durch einen von ihm beauftragten Priester. Der Weiheritus (ODEA Kap. IV) enthält viele Elemente, die auch im Kirchweihritus vorkommen. Auch er ist eingebettet in eine Eucharistiefeier, wobei eine eigene Messe dem Ritus beigegeben ist. Nach Homilie und Glaubensbekenntnis wird die (Allerheiligen-)Litanei gesungen, die Reliquien werden beigesetzt, das Weihegebet wird gesprochen, der Altar mit Chrisam gesalbt, inzensiert und geschmückt, die Altarkerzen entzündet und der Altarraum festlich illuminiert („zum Zeichen der Freude"). Von der anschließenden Meßfeier sagen die Vorbemerkungen, sie sei „der wichtigste und zugleich älteste Teil des gesamten Ritus" (23). Ein feierlicher Segen beschließt die Feier. – Wie bei den Kirchen gibt es auch für die Altäre allein die schlichtere Form einer *Benediktion,* wobei alle Chrisamsalbungen unterbleiben.

Lit.: ↗Kirchweihe.

Altkatholische Liturgie Als Altkatholiken bezeichnet man jene kirchlichen Gruppen, die sich, zumeist im Protest gegen das I. Vatikanische Konzil (1869/70), von Rom getrennt und in der Utrechter Union 1889 zusammengeschlossen haben. Im deutschen Sprachraum sind es die Altkatholiken Deutschlands (Bistum Bonn), Österreichs (Bistum Wien; früher auch Warnsdorf / ČSSR) und die Christkatholische Kirche der Schweiz (Sitz in Bern). In der DDR gibt es einen eigenen Gemeindeverband, der dem Erzbischof von Utrecht unterstellt ist. Sie legten Wert auf die apostolische Sukzession ihrer Bischöfe, die noch heute nach dem ins Deutsche übersetzten Pontifikale Romanum geweiht werden. Überhaupt wurde die römische Liturgie (in deutscher Übersetzung) bei allen sieben Sakramenten auf weite Strecken festgehalten, wie ihr „Altarbuch für die Feier der heiligen Eucharistie" (Bonn 1959), ihr Rituale und ihr Gesang- und Gebetbuch (1953) beweisen. Auch die Sakramentalien sind, wenn auch stark reduziert, nicht unbekannt. Die Begräbnisliturgie kennt, im Gegensatz zu den meisten evangelischen Riten, Gebete für die Verstorbenen. ↗Interkommunion.

Lit.: E. J. Lengeling, Altarbuch für die Feier der heiligen Eucharistie ... (Besprechung), in: LJ 10 (1960) 246–250; *L. Klein,* Die altkatholischen Kirchen der Utrechter Union, in: *Konfessionskunde* 570–597; *V. Conzemius,* Katholizismus ohne Rom. Die altkatholische Kirchengemeinschaft (Zürich 1969).

Ambarvale (vom lat. amb arva = um die Fluren herum), heidnisch-römischer Flurumgang, am 25. April zu Ehren des Gottes Robigus (oder der Göttin Robigo) zum Schutz gegen Mehltau des Getreides, verbunden mit Tieropfern. Dieses Ambarvale gab den Anstoß für die Entstehung der älteren ↗Bittprozession.

Ambo (vom griech. anabainein = hinaufsteigen, im Mittelalter auch Analógion = Lesepult genannt), der erhöhte, durch Stufen zugängliche Platz, von dem aus die gottesdienstlichen Lesungen und Zwischengesänge vorgetragen werden. Seine Brüstung ist oft ausgebuchtet und künstlerisch gestaltet, meist auch mit einem ↗Pult versehen. Der Ambo kann mit dem erhöhten Priesterplatz (↗Presbyterium, ↗Altarraum) verbunden sein. Er wird häufig in die Chorschranken (cancelli, davon ↗Kanzel; ↗Chor) eingebaut. Er kann auch frei im Gläubigenraum stehen. In romanischer Zeit wurden gelegentlich zwei Ambonen für ↗Epistel und ↗Evangelium errichtet. Während in Italien der Ambo für die Verkündigung vielfach erhalten blieb, war dies bei uns weithin abgekommen. – Noch während des II. Vatikanums findet eine Art Neuentdekkung des Ambo für die Wortverkündigung statt, indem die InstrI es als „angemessen" bezeichnet, daß „ein oder mehrere Ambonen für die Verkündigung der heiligen Lesungen vorhanden sind" (Nr. 96). Sie sollen so angebracht sein, „daß der Vortragende von den Gläubigen gut gesehen und gehört werden kann" (ebd.). Wenige Wochen später spricht ein Brief des Römischen Liturgierates vom 26.10.1964 bereits von einem dringend notwendigen Element und hält es für sachlich richtiger, daß das eine Wort Gottes von einem einzigen Ambo aus verkündet werde. Die „Richtlinien der deutschen Bischöfe für die Feier der heiligen Messe in Gemeinschaft" (20.1.1965) greifen die Einzahl des Ambo auf und meinen, daß gegebenenfalls auch „eine Stelle im Kirchenschiff in nicht zu großer Entfernung vom Altar günstiger" sei (Art. 89). Nach der AEM fordert die Würde des Wortes Gottes für seine Verkündigung einen geeigneten (congruus) Ort in der Kirche, „dem sich im Wortgottesdienst die Aufmerksamkeit der Gläubigen wie von selbst zuwendet. In der Regel soll dies ein feststehender Ambo, nicht ein einfaches tragbares Lesepult sein" (272). Als weniger angemessen wird es bezeichnet, daß „Kommentator, Kantor und Chorleiter" ihren Dienst vom Ambo aus versehen (ebd.).

Lit.: J. H. Emminghaus, Gestaltung des Altarraumes..., in: Bibel und Liturgie 48 (1975) 82–101 u. Leipzig 1977 (PkH 57); *ders.*, Von der Kanzel zum Ambo, in: Gd 14 (1980) 1–3.

Ambrosianische Liturgie ↗Lateinische Liturgien.

Amburbale feierlicher Sühneumgang durch oder um die Stadt Rom (amb urbem = um die Stadt herum), verbunden mit Tieropfern, zur Abwehr drohenden oder eingetroffenen Unheils. Es fand alle fünf Jahre im Februar statt und dürfte Anlaß für die Entstehung der Lichterprozession am Fest ↗Darstellung des Herrn gewesen sein. ↗Ambarvale.

Amen hebräische Bestätigungsformel („es steht fest", „sicher"), mit der das Volk seine Zustimmung gibt zum Lobpreis (↗Doxologie), den ein Vorbeter gesprochen hat. Es ist nicht so sehr Ausdruck des Wunsches und der Überzeugung, daß das Wort des anderen in Erfüllung gehen wird, wie das die übliche Übersetzung „So sei es" (schon in der Septuaginta: génoito) nahelegt, sondern vielmehr Ausdruck der Anerkennung und Übernahme, der Zustimmung: was der andere gesagt hat, gilt auch für mich, verpflichtet auch mich. In den christlichen Liturgien ist das Amen zur wichtigsten ↗Akklamation geworden, mit der schon nach

1 Kor 14,16 das Dankgebet des Vorbeters von den Zuhörern angeeignet wird, mit der in den Apostelbriefen die Doxologien von der Gemeinde bestätigt werden (z.B. im Römerbrief: 1,25; 9,5; 11,36; 16,27) und ebenso die Doxologien der himmlischen Liturgie in der Apokalypse (Offb 5,14; 7,12; 19,4). Es kann dann auch Bittgebete bestätigen, weil diese regelmäßig einen doxologischen Schluß bekommen („Durch unsern Herrn", „Denn dein ist das Reich"); auch das herkömmliche Schluß-Amen der Predigt stammt von dem doxologischen Schluß, der bei den Kirchenvätern noch selbstverständlich war und den das Volk aufgenommen hat. – Leider hat das Amen seinen akklamatorischen Charakter weithin verloren, so daß es schließlich ganz widersinnig vom Vorbeter selbst und vom Alleinbeter gesprochen werden konnte. Wo es die Gemeinde spricht, „donnert" es kaum mehr, wie das Hieronymus einst für die römischen Basiliken bezeugte, zumal die zweite Silbe meist verschluckt statt betont wird. Entwertet ist das Amen auch durch seinen häufigen Gebrauch. Demgegenüber müßte die Seelsorge die beiden wichtigsten Bestätigungsvorgänge in der Eucharistiefeier herausstellen: das Amen, mit dem das Volk das Hochgebet besiegelt, und das Amen, mit dem der einzelne beim Kommunionempfang die Glaubensaussage „Der Leib des Herrn" sich zu eigen macht.

Lit.: Leiturgia II 592–596 (*K. Frör*); ThWNT I 339–342 (*Schlier*); ThWAT I 345–347 (*Jepsen*).

Amikt ↗Albe.

Ampel Es ist uralter Brauch, an heiligen Stätten ↗Licht brennen zu lassen zum Zeichen der Verehrung, aber auch des Segens, der von dem Orte ausgeht. Solche Lichter findet man von Anfang an auch in den christlichen Gotteshäusern, besonders vor den Altären und Märtyrergräbern. Dem ostkirchlichen Christen ist dieser Lichterbrauch noch vor jeder Ikone selbstverständlich, der westkirchliche kennt ihn lebendig nur noch in Wallfahrtsheiligtümern und vor hochverehrten Gnadenbildern. Der alte Brauch benutzt dabei Kerzen mehr als einzelne Votivgabe, für den Dauergebrauch bevorzugt er das Öllämpchen, die Ampel. Das Caeremoniale Episcoporum sieht vor, daß in den Kirchen stets einige Ampeln (in ungerader Zahl) brennen sollen; vor dem Sakramentsaltar sollen wenigstens fünf, vor dem Hochaltar wenigstens drei Ampeln hängen; vor Nebenaltären ist eine Ampel erwünscht, weitere Ampeln vor der ↗Confessio und am Altar–↗Kiborium. Während der Gottesdienste sollen alle diese Ampeln brennen, während der übrigen Zeit des Tages wenigstens drei Ampeln vor dem Sakramentsaltar. – Hiermit ist eine spezielle Funktion der Ampeln angedeutet, die sich in der lateinischen Kirche mit der zunehmenden Verehrung des aufbewahrten Altarsakramentes herausgebildet hat: ihre Verwendung als „Ewiges Licht", das ständig vor der Aufbewahrungsstätte der Eucharistie brennen muß. Örtliche Vorschriften dieser Art begegnen uns seit dem 13. Jh. Für die ganze lateinische Kirche wurde der Brauch verpflichtend mit dem Caeremoniale Episcoporum (1600) und dem Römischen Rituale (1614); die Vorschrift wurde wiederholt im CIC can. 1271 und durch die Instructio „Eucharisticum mysterium“ vom 25.5.1967 (Nr. 57), diese wird zitiert in dem 1973 veröffentlichten liturgischen Buch „Kommunionspendung und Eucharistieverehrung außerhalb der Messe“ (Allg. Einf. 11). Das Ewige Licht soll mit Olivenöl oder Bienenwachs gespeist werden, im Notfall auch mit anderen Ölen, oder es kann als Ersatz elektrisches Licht verwendet werden.

Lit.: Browe, Verehrung 1–11.

Amt ↗Hochamt; ↗Kirchliches Amt.

Amtseinführung Während ein Bischof im Rahmen seiner Weihe durch das Geleit zur Cathedra symbolisch von seiner Diözese Besitz ergreift (Inthronisation), werden andere kirchliche Amts- und Würdenträger durch den Bischof oder seinen Beauftragten in ihre neue Stelle eingeführt (Installation, Investitur), wobei der liturgische Ritus teils durch das allgemeine Kirchenrecht, teils partikularrechtlich oder durch Gewohnheit geregelt ist. Die für eine Gemeinde bedeutsame *Einführung eines neuen Pfarrers* war niemals einheitlich geregelt, sondern von Diözese zu Diözese verschieden. In nachkonziliarer Zeit wurden verschiedene Neugestaltungen einer derartigen gottesdienstlichen Feier versucht, wobei man bemüht war, sowohl den neuen Pfarrer auf seine vielfältigen Gemeindedienste hinzuweisen und zu verpflichten als auch die Gemeinde zur rechten Einstellung und Mitarbeit zu motivieren und beiden den Segen Gottes zu erbitten. Eine solche Feier kann im Rahmen eines Wortgottesdienstes oder einer Eucharistie stattfinden. Die ausführlichen Modelle siehe bei Lit. – *Die evangelischen Kirchen* kennen in Form einer gottesdienstlichen Handlung nicht nur die Einführung („Introduktion“) eines Geistlichen (einschließlich eines Bischofs), sondern auch die der Pfarrvikare, Kirchenvorsteher, Kirchenmusiker, Lektoren, Katecheten, Küster und Beauftragten für besondere Zweige der kirchlichen Arbeit. Vgl. Agende für ev.-luth. Kirchen und Gemeinden IV (Berlin [2]1964).

Lit.: H. Reifenberg, Amtseinführung eines neuen Pfarrers..., in: LJ 22 (1972) 183–195; hier weitere Lit.

Amtsgebete ↗Präsidialgebete.

Anamnese (griech. = ↗Gedächtnis), Grundvorgang des Heilsgeschehens im Gottesdienst; praktisch meist technische Bezeichnung für den Kernsatz des eucharistischen ↗Hochgebetes, der sich regelmäßig an den Einsetzungsbericht anschließt und die Ausführung des Herrenauftrages in der gegenwärtigen Eucharistie verkündet. Bei *Hippolyt* lautet der Satz: „Indem wir also gedenken seines Todes und seiner Auferstehung, bringen wir dir das Brot und den Becher dar, dir dankend, daß du uns berufen hast, vor dir zu stehen und dir zu dienen." Diesen Grundbestand von Tod und Auferstehung haben vor allem die Ostriten erweitert durch die Nennung weiterer Stufen der Erhöhung, besonders der Parusie, und durch die Erwähnung der Inkarnation. In den außerrömischen ↗lateinischen Liturgien, in denen das ganze Hochgebet variabel ist, gehört die Anamnese in das Nachwandlungsgebet, aber viele dieser Post-pridie-Gebete haben das Motiv fast gar nicht entwickelt. Ebenso hat die Reformation mit der Zerstörung des Hochgebetes, die ausdrückliche Anamnese in der Abendmahlsfeier verloren und gewinnt sie nur mühsam wieder.

Lit.: Hanssens III 447–454; *Leiturgia* I 358.

Anaphora (griech. = Erhebung [der Herzen oder der Gaben]), herkömmliche Bezeichnung für das eucharistische ↗Hochgebet in den orientalischen Liturgien. Während im Westen durch die wechselnde Präfation (gelegentlich auch durch das Communicantes) der Lobpreis des Vaters im Hochgebet ganz vom jeweiligen Festgeheimnis her motiviert wird, hat der Osten schon früh unveränderliche eucharistische Gebete geschaffen, die auf den Feieranlaß keine Rücksicht nehmen (außer in kleinen Gesangseinlagen wie das byzantinische Megalynarion), sondern nach altchristlicher Weise das gesamte Heilswerk jedesmal in seiner vollen Erstreckung besingen. Das jetzige vierte römische Hochgebet ist nach diesem Modell der orientalischen Anaphora gebaut. Alle ↗orientalischen Riten, mit Ausnahme des heutigen armenischen, kennen mehrere Anaphoren (am zahlreichsten der syrische Ritus); sie sind aber nicht inhaltlich für bestimmte Zeiten und Feste bestimmt, sondern sie werden nach Wahl des Zelebranten, nach Herkommen oder auch Vorschrift in den Meßrahmen eingefügt. Dabei variieren nur die Gebetstexte; Aufbau und begleitende Riten sind für die verschiedenen Anaphoren eines Ritus jeweils gleich, nur bei den *Äthiopiern* haben die einzelnen Anaphoren auch verschiedenen Aufbau. Im allgemeinen werden mit der Anaphora auch einige weitere Priestergebete außerhalb des Hochgebetes mitverändert. Benannt sind die Anaphoren meist nach Glaubensboten und hervorragenden Bischöfen (Basiliusliturgie, ↗Chrysostomusliturgie). Einzelheiten siehe bei den verschiedenen Ritusgruppen: ↗Alexandrien, ↗Antiochien, ↗Byzanz, ↗Jerusalem und unter ↗Hochgebet.

Lit.: Hanssens III 345–485; *Raes* 88–94; *Martimort* I 291–299.

Anbetung religionsgeschichtlich das verehrende Sichniederwerfen (Proskynese, ↗Kniebeuge) vor der Gottheit (geschildert z.B. Offb 4, 9–11) oder vor einem mit göttlicher Macht erfüllten Wesen; theologisch der (zunächst nur innerliche) religiöse Grundakt des Anerkennens des unendlich überlegenen Gottes, der sich dann in einzelnen religiösen Übungen und in der täglichen Lebensgestaltung äußert. Anbetung ist nur von Gott möglich (Mt 4, 10) und wird fachlich als „latría" bezeichnet.

Wegen der unzertrennlichen Verbindung der Gottheit mit der Menschheit wird auch Christus latreutisch angebetet (z.B. Offb 5,8–14); die lateinische Kirche hat seit dem Mittelalter besonders die Anbetung des in der eucharistischen Brotsgestalt gegenwärtigen Herrn entwickelt (↗Aufbewahrung; ↗Vierzigstündiges Gebet).

Der Ritualeteil „Kommunionspendung und Eucharistieverehrung außerhalb der Messe" von Fronleichnam 1973 macht nachdrücklich darauf aufmerksam, man müsse sich bei dieser Anbetung bewußt sein, „daß diese Gegenwart aus dem Opfer hervorgeht und auf die sakramentale und geistliche Kommunion hinzielt" (Nr. 80; Anweisungen zu ihrer Gestaltung in Nr. 95f).

Lit.: Browe, Verehrung 11–25; *L. van Bommel,* Neue Formen der Anbetung, in: LJ 13 (1963) 2–8.

Andacht meint zunächst die Aufmerksamkeit und Hingabe des Menschen bei Gebet und Gottesdienst. Im allgemeinen liegt der Nachdruck dabei auf der intellektuellen Aufmerksamkeit, während das lat. devotio mehr die ganzheitliche Hingabe, die Bereitschaft zum Sichhinschenken meint. – Näherhin bezeichnet man mit Andacht gemeinsame Gebetsformen mehr volkstümlicher Art außerhalb des strengen Rahmens der Liturgie, wie sie in geistlichen Kreisen täglich (Morgen-, Abendandacht) und in den Gemeindekirchen vor allem am Sonntagnachmittag gehalten werden, unterscheidend „Volksandacht" (benedizione, salut) genannt. Ihre eigentliche Wurzel ist das Bemühen des Volkes, auf eine ihm mögliche Weise an dem sonst unverständlichen liturgischen Gottesdienst teilnehmen zu können: an der Messe durch die Meßandacht, am Psalmengebet durch den ↗Rosenkranz, am Stundengebet durch die kleinen Offizien (↗Officium parvum). In der östlichen Christenheit sind solche Andachten völlig unbekannt, weil dort die großen Gebetsstunden immer Volksgottesdienste geblieben sind. Wichtiger *Ansatzpunkt* der Volksandacht ist der mittelalterliche Brauch, die Gebetsstunden, vor allem die Vesper, mit einer ↗Marianischen Antiphon, dem Salve Regina, zu beschließen; man zog dazu gern eigens vor ein Marienbild und verrichtete dort auch Gesänge und Litaneien. Die Verselbständigung dieses Brauches führt zur „Salveandacht" (salut). Vor allem in Norddeutschland begann man, nicht nur an die Donnerstagsmesse, sondern auch an die Vesper (praktisch meist an die Komplet) eine kurze ↗*Aussetzung* des Allerheiligsten anzuschließen: man übertrug das Hochwürdigste Gut auf den Hauptaltar, sang eine Hymne oder Antiphon (etwa „Ave verum") und schloß mit Oration und Segen; so entsteht der seit dem 17. Jh. allgemein verbreitete „Segen" (benedizione, salut du soir). Im romanischen Raum ist die Volksandacht über diese einfachen Formen nicht hinausgewachsen. Im deutschen Sprachraum, vor allem in seinem westlichen Teil, bildet sich eine eigene Art aus. Sie entstand wahrscheinlich aus Bruderschaftsversammlungen, bei denen das Kleine Offizium dieser Bruderschaft gemeinsam gebetet wurde; sie ist darum in 5 (auch 3 oder 7)

Abschnitte eingeteilt, die aus Wechselgebet, Gesang und Oration zusammengesetzt sind. Solche Andachten finden sich zahlreich in deutschen Diözesangebetbüchern. Schließlich bilden sich auch Andachtsformen aus, die aus der privaten Meditation, aus zeitbedingten Frömmigkeitshaltungen oder aus katechetischen Anliegen hervorgehen (↗Kreuzweg, ↗Herz-Jesu-Verehrung, ↗Maiandacht). – Die Andachten zählen im strengen Sinn nicht zur ↗Liturgie, stehen ihr aber (als wohlgeordneter Gottesdienst der Gemeinde) nahe, ja bilden als sacra exercitia, die der Bischof ordnet, den Grundstock der „Diözesanliturgie". Durch ihre Wärme und Volksnähe bilden sie eine notwendige Ergänzung zur amtlichen Liturgie, bedürfen aber einer sorgfältigen Pflege und der ständigen Korrektur am Gottesdienst der Gesamtkirche (LK 13).

Lit.: P. Browe, Die Entstehung der Sakramentsandachten, in: JLW I (1927) 83–103; *J. A. Jungmann,* Die Sonntagsandacht – ihr Ursprung – ihre Elemente, in: Lebendige Seelsorge 4 (1953) 54–60; *Th. Schnitzler,* Stundengebet und Volksandacht, in: Brevierstudien, hrsg. von J. A. Jungmann (Trier 1958) 71–84; *W. Nastainczyk,* Volksandacht als Liturgie, in: LJ 13 (1963) 99–107; *WGL* VII 361–364 sowie konkrete Hinweise zu den einzelnen Lesejahren in III 197, IV 231 und V 207; *H. B. Meyer,* Andachten und Wortgottesdienste..., in LJ 24 (1974) 157–175.

Andachtsbeichte ↗Bußsakrament.

Andreas ↗Apostelfeste 10.

Angelus ↗Engel des Herrn.

Anglikanische Liturgie ↗Book of Common Prayer.

Anhauchen Ausdruck der Geist-Mitteilung bei der Weihe des ↗Taufwassers und der ↗Öle; davon zu unterscheiden das apotropäische Wegblasen (↗Exorzismus).

Anniversar ↗Jahrgedächtnis.

Anpassung ↗Adaptation.

Anrede ausdrückliche Nennung der angesprochenen Person in festen Formulierungen. – 1. *In den ↗Orationen* wird mit den Titeln „Herr", „Gott (der Heerscharen)" und den Beiwörtern „Allherrschender" und „Ewiger" zunächst ↗Gott der Vater angesprochen. Für das Eucharistische ↗Hochgebet ist diese Regel selbst in den ↗orientalischen Liturgien fast durchwegs beibehalten worden. Antiarianische Kampfstellung (↗Christus) hat dann dazu geführt, daß der Osten und Gallien, sehr spät auch Rom liturgische Gebete außerhalb des Hochgebetes mit denselben Anreden an Christus richten; die veränderte Gebetsrichtung ist leider oft nur aus dem Inhalt und vor allem der Schlußformel erkenntlich. In den Ostliturgien und in mal. Begleitgebeten der römischen Liturgie wird selbst die Dreifaltigkeit so angeredet. – *Die Gesänge* sind in der Gebetsrichtung von Anfang an nicht so streng gebunden wie das Gebet am

Altar, sie können sich an Christus (und selbst an die Heiligen) wenden; die Anreden formulieren sie reicher und freier. – 2. Viele Texte im Gottesdienst wenden sich nicht an Gott, sondern *an die Gemeinde,* so die gesamte ↗Verkündigung und die Gebetsaufforderungen (↗Invitatorium). Die übliche Anrede ist „fratres (carissimi) = (meine) Brüder (und Schwestern)“. Die römische Liturgie ersetzt die ausdrückliche Gemeindeanrede oft durch den einfachen ↗Gruß.

Lit.: J.A. Jungmann, Die Stellung Christi im liturgischen Gebet (Münster [2]1962) (LQF 19/20); *H. Zilliakus,* Nachtrag zum Art. Anredeformen des RAC, in: JAC 7 (1964) 167–182; *B. Fischer,* Vom Beten zu Christus, in: *Gott feiern* 94–99.

Antependium (auch Pallium genannt), mittelalterliche Bezeichnung für die Bekleidung der Stirnseite des ↗Altares. Schon früh wurde der Altar mit kostbaren, oft bestickten oder bemalten Tüchern umhüllt, oder es wurden besonders an seiner Vorderseite Schmuckplatten aus getriebenem Metall oder bemalte oder geschnitzte Holztafeln befestigt. Nach den Generalrubriken des Meßbuches von 1570 (Nr. 20) sollen diese Antependien (dort Pallien genannt) möglichst in den liturgischen Farben des jeweiligen Tages gehalten sein. In den neueren liturgischen Büchern findet sich kein Hinweis mehr auf die Antependien.

Antimensium Für die Feier der Eucharistie außerhalb des gottesdienstlichen Raumes entwickelte der Westen kleine Reise- oder Tragaltäre (Portatile), kleine Steinplatten, oft reich verziert, mit eingefügtem Reliquiengrab. Die Byzantiner ersetzen seit dem 9. Jh. den Altarstein durch ein Tuch, dem Reliquien eingenäht sind (antiminsion = „statt des Tisches“). Inzwischen legen sie das Antiminsion bei allen Messen auf, auch auf einen konsekrierten Altar. Notsituationen des Zweiten Weltkrieges führten dazu, daß auch Lateiner statt des unhandlichen Tragaltars ein Antimensium benützten. Seit dem MP „Pastorale munus“ vom 30.11.1963 konnten die Bischöfe den Gebrauch des Antimensiums statt des Portatile allgemein gestatten. – Das MR kennt den Reisealtar nicht mehr. „Außerhalb eines Gottesdienstraumes kann die Messe an einem passenden Tisch gefeiert werden, besonders wenn es sich um Einzelfälle handelt; Altartuch und Korporale sind auch hier zu verwenden“ (AEM 260).

Antiochien, der prachtliebende Hauptort Syriens, ganz durchtränkt von hellenistischer Kultur, ist von Anfang an bedeutsam in der Entwicklung der christlichen Kirche (Apg 11,19 ff; 15; Gal 2,11–14), Ausgangspunkt der Heidenmission und als Sitz eines ↗Patriarchen Mittelpunkt des kirchlichen Lebens an der Ostküste des Mittelmeeres. Die in griechischer Sprache gefeierte Liturgie Antiochiens, die vor allem aus den Predigten des Johannes Chrysostomus erschlossen werden kann, war stark von ↗Jerusalem beeinflußt, übernahm von dort vor allem die *Jakobusanaphora.* Das nur oberflächlich hellenisierte Hinterland feierte seine

Liturgie von Anfang an in den aramäischen Volksdialekten (vgl. jedoch ↗Klementinische Liturgie).

Dieses stärkere semitische Element zeigt sich vor allem im *ostsyrischen* Lebensraum, im Zweiströmeland mit den Zentren Edessa und Nisibis. Weithin unter persischer Herrschaft und so politisch und kulturell von der übrigen Christenheit isoliert, lehnte diese Christengruppe die Entscheidung von Ephesus 431 (↗Christus) ab und konstituierte sich 424 als selbständige, 486 zu Seleukia-Ktesiphon als *nestorianische* Kirche; man nennt sie auch *Assyrer,* und soweit sie die Gemeinschaft mit Rom aufgenommen haben, davon unterscheidend *Chaldäer.* Ihre ostsyrische Liturgie („persischer Ritus") wurde um 650 durch den Katholikos Ishojab III. kodifiziert. Ihre Haupt-↗Anaphora, die Apostelanaphora der hll. Addai und Mari, bietet durch ihren altertümlichen Charakter, besonders durch das Fehlen eines ↗Einsetzungsberichtes, der Forschung interessante Probleme. Auch ihr Stundengebet ist noch sehr altertümlich, es umfaßt nur die Haupthoren: Vesper, nächtliches Gebet mit Morgenlob; die Gläubigen nehmen morgens und abends noch regelmäßig daran teil. – Die lebhafte Missionstätigkeit der ostsyrischen Kirche reichte bis China, wurde aber in den Mongolenkriegen unter Tamerlan vernichtet; nur an der Südwestküste Indiens, der Malabarküste, hat sich ihre Frucht bei den „Thomaschristen" erhalten; ein Großteil dieser *Malabaren* hat nach Ankunft der Portugiesen die Gemeinschaft mit Rom aufgenommen, der angestammte ostsyrische Ritus wurde stark latinisiert; durch eine Reform am 3.7.1962 wurde dem malabarischen Ritus das ostsyrische Gepräge zurückgegeben.

Im *westsyrischen* Raum und in Antiochien selber gab es reorientalisierende Kulturkräfte, die sich politisch mit der Abneigung gegen die byzantinische Herrschaft und theologisch mit monophysitischen Tendenzen verbanden. Nach seinem Organisator Jakob Baradai (†577) wird dieses Kirchentum *jakobitisch* genannt. Es schuf seine eigene westsyrische (jakobitische) Liturgie, im wesentlichen eine Übersetzung der griechischen Liturgie Antiochiens mit kräftigen Anreicherungen aus den originalsyrischen Texten der Landkirchen und auch Ostsyriens; später kam dazu ein starker Einfluß von Byzanz. Die orthodox und kaisertreu (= „Melchiten") gebliebenen Syrer übernahmen im 12. Jh. schließlich ganz den byzantinischen Ritus; die alte Jakobsliturgie wird von ihnen trotz mannigfacher Bemühungen nur in vereinzelten Sonderfällen gebraucht.

Eine Sonderentwicklung nahm eine Gruppe, die sich um das Kloster des hl. Mönches Maron bei Apamea gesammelt hatte und die sich in den monotheletischen Streitigkeiten in den Libanon zurückzog. Diese *Maroniten* haben eine Liturgie von westsyrischem Typ mit eigenständigen Besonderheiten mehr ostsyrischer Art; sie ist stark latinisiert, da die Maroniten seit den Kreuzzügen enge Verbindung mit Rom haben.

Dem jakobitischen Patriarchat von Antiochien schlossen sich 1665 diejenigen Malabaren an, die die obengenannte Gemeinschaft mit Rom nicht aufnehmen wollten; von ihnen trennte sich 1930 eine Gruppe und trat in Kirchengemeinschaft mit Rom; man nennt sie *Malankaren.* Sie feiern die westsyrische Liturgie mit einer indischen Sprache, dem Malayalam.

Durch syrische Missionare ist auch die *äthiopische* Liturgie grundgelegt worden, aber durch die ständige Berührung und Abhängigkeit von der koptischen Kirche wurde die äthiopische Liturgie ein Glied der Liturgiefamilie von ↗Alexandrien. Von größter Bedeutung schließlich ist die antiochenische Liturgie für ↗Byzanz geworden, dessen Liturgie zur antiochenischen Familie zu rechnen ist.

Das grundlegende *Kennzeichen der antiochenischen Liturgiefamilie* im Rahmen der ↗orientalischen Liturgien ist die Stellung der ↗Epiklese hinter der Anamnese und die Zusammenfassung der Interzessionen (↗Fürbitten) hinter dieser Epiklese. Der einheimische, vor allem der nordsyrische Kirchenbau trennt den ↗Altarraum vom Kirchenschiff ab; im Zentrum des Gläubigenraumes steht das ↗Bema, ein Podium, von dem aus der Bischof den Gottesdienst leitet; im westsyrischen Gebiet dagegen setzte sich schon früh der Typ der reichsrömischen ↗Basilika durch. Dem aramäischen Element verdankt der syrische Gottesdienst auch zahlreiche poetische Formen; letztlich ist er die Quelle der liturgischen ↗Dichtung für die Gesamtkirche. Durch seinen Reichtum an ↗Anaphoren hat der westsyrische Ritus zahlreiche Kirchen des Orients befruchtet. – Während der ostsyrische Zweig durch seinen Ursprung im semitischen Hinterland und durch seine fast ständig bedrängte Lage schmucklos und ohne künstlerische Ansprüche geblieben ist, dadurch allerdings gerade religiös tiefe und meditativ veranlagte Charaktere anspricht, ist der westsyrische Zweig fast überladen mit pleonastischen Redeweisen und symbolgeladenen Riten, die sich besonders in Jerusalem entwickelt haben und die unter dem Einfluß der Kaiserstadt Byzanz noch gesteigert wurden.

Lit.: J. Molitor, Chaldäisches Brevier (Düsseldorf 1961); *Martimort* I, 17–25; The Syrian Rite, in: *F. E. Brightman,* Liturgies Eastern and Western (Oxford 1965) 1–110; *J. Mateos,* Lelya-Sapra. Les offices chaldéens de la nuit et du matin (Orientalia christ. analecta 156) (Rom 1972); instruktiv die Schallplatten Tabor 7084 „Qurbono" (westsyrisch) und Tabor 7256 „Die Söhne der Chaldäer" (ostsyrisch), ferner die Kassettenreihe Tabor 7307ff „Monumenta Musicae Chaldaeorum".

Antiphon Zunächst der antiphonisch (gegenchörig) gesungene Psalm (↗Antiphonie); häufig auch eine Gruppe dreier antiphonisch gesungener Psalmen, so in der Enarxis, dem Eröffnungsteil der byzantinischen Liturgie, die drei „Kleinen Antiphonen": Psalmteile, vom Sänger vorgetragen, von den beiden Chören im Wechsel durch einen Kehrvers beantwortet. In der heutigen westlichen Praxis versteht man unter Antiphon meist nur den ↗Kehrvers, den die beiden Chorhälften gemeinsam vor und nach dem Psalm („Rahmenvers") oder auch nach jeder Psalmstrophe wiederholen. Da in der römischen Meßfeier der Psalm selber beim Einzug auf einen Vers reduziert und bei der Kommunionsprozession meist ganz entfiel, wurde der Name Antiphon schließlich auch auf Chorstücke angewandt, die nie mit einem antiphonischen Psalm verbunden waren, so vor allem auf die ↗Marianischen Schlußantiphonen.

Die Herkunft des Rahmenverses, den wir heute Antiphon nennen, ist nicht sicher geklärt. Abzulehnen ist die alte Ansicht, man habe „den Ton angeben wollen" für den Psalmengesang; dann bliebe die öftere Wiederholung der Antiphon während des Psalmes unmotiviert und vor allem die alte Praxis unverständlich, die Antiphon gerade am Anfang, wo sie in diesem Sinn besonders nötig wäre, nur mit den ersten zwei, drei Worten anzustechen. Die Tatsache, daß sich beim Gesang der Antiphon die beiden Chorhälften vereinen, macht es wahrscheinlicher, daß die Antiphon aus dem Volks-Kehrvers erwachsen ist. Nun bieten die alten Quellen bei Introitus und Communio jeweils einen kurzen, dem Psalm entnommenen *versus ad repetendum,* der wohl die eigentliche Volksantwort darstellte; diesen Wechselgesang umrahmt dann ein festliches Chorstück (↗Tropar), das schließlich den Namen Antiphon an sich gezogen hat.

Im Gregorianischen Choral sind zwei Typen von Antiphonen zu unterscheiden: die musikalisch einfachere Offiziumsantiphon, die den Psalm im Stundengebet umrahmt, und die anspruchsvollere Meßantiphon, die den Psalm zum Einzug und zur Kommunion festlich umrahmt; der Unterschied wird deutlich an der Antiphon Viri Galilaei in der Messe und in der Vesper von Christi Himmelfahrt.

Ob nun die Antiphon ein schlichter, aus dem Psalm gegriffener (psalmographer) Halbvers oder ein reiches Textstück aus dem jeweiligen Festinhalt ist, in jedem Fall will sie helfen, den Psalm in der rechten, dem Anlaß entsprechenden Weise aufzufassen und zu verstehen. So hat sie auch beim Stundengebet des einzelnen ihren Sinn und kann auch in der Meßfeier ohne Gesang als Einführung in die Meßfeier und in den Kommuniongang gebraucht werden (AES 113–120).

Antiphonale, Antiphonar liturgisches Buch für den gesungenen Vollzug des Stundengebetes. Zur jetzigen lateinischen Liturgia Horarum in Vorbereitung, noch nicht veröffentlicht; dieses kommende Buch will ausschließlich altes (echt gregorianisches) Gut enthalten und wird darum stark vom gesprochenen Stundengebet abweichen. – Zum deutschen Stundenbuch ist 1979 ein Antiphonale erschienen, das die zum Gesang bestimmten Teile des deutschen Stundengebets in enger Anlehnung an Gregorianischen Choral ausnotiert; es enthält Laudes, Sext, Vesper und Komplet sowie weitere Offiziumsteile für einige Hochfeste. Das Kleinoffizium „Christuslob" (↗Officium parvum) erschien von Anfang an in einer zum Singen bestimmten Ausgabe. Den Gesang der Vesper ermöglicht auch ein aus dem Material des GL zusammengestelltes „Vesperbuch".

Lit.: Ausgaben: Christuslob (Freiburg 1975 u.ö.); Antiphonale zum Stundengebet (Freiburg und Münsterschwarzach 1979); Vesperbuch zum Gotteslob (Paderborn 1979).

Antiphonie (antiphonischer Gesang), wechselchöriges Singen, wie es vor allem beim Psalmensingen im römischen Stundengebet üblich ist. Die heute in der Westkirche übliche Ausführung, daß zwei Gegenchöre abwechselnd die einzelnen Verse des Psalmes singen, ist aus der Natur der Sache und nach den geschichtlichen Zeugnissen nicht ursprünglich; sie ist in der fränkischen Kirche aufgekommen und erstmals in Cluny voll ausgebildet bezeugt. Die einzelnen Psalmverse sind auch beim antiphonischen Singen von Einzelsängern vorgetragen worden; der Chorwechsel, der in dem Wort ↗Antiphon vorausgesetzt ist, wird sich also auf den Refrain bezogen haben, der abwechselnd von den beiden Chorhälften übernommen wurde. Die beiden Chorhälften konnten auch je einen eigenen Vorsänger stellen, so daß auch die Psalmverse wechselweise von verschiedenen Vorsängern vorgetragen werden konnten; die ↗Improperien des Karfreitags werden heute noch so ausgeführt. Daß schließlich die beiden Chorhälften die Psalmverse selber übernehmen, kommt wohl vom Wegfall der ständigen ↗Antiphonen-Wiederholung und wurde möglich durch die bessere Bildung des Klerus. Einen anderen Weg schlug die antiochenische Kirche und damit die byzantinische Liturgie ein: Sie gab dem Responsum künstlerische Form (↗Troparion), schuf dann für die beiden Chorhälften je einen eigenen, wenn auch rhythmisch gleichgebauten Text und bildete durch die Zufügung weiterer Strophen schließlich die Form des ↗Kanons aus. Die lateinische Kirche schuf im Frühmittelalter ähnliche Antiphonenreihen, um Benedictus und Magnificat damit zu durchflechten, allerdings mit rein biblischem, nicht rhetorisch geformtem Text; ferner wurde hier die Meßantiphonie (↗Prozessionsgesänge) von vornherein in der Form des Chortropars ausgebildet. – Die *Entstehung* des wechselchörigen Singens wird durch Legende und geschichtliche Hinweise nach Syrien verlegt; sie scheint sich hier zuerst beim ↗Hymnen-Gesang ausgebildet zu haben. Die neue Singweise wirkte einerseits nach Konstantinopel, andererseits wurde sie von Ambrosius bei den Kämpfen mit den Arianern in Mailand für das Singen von Hymnen und Psalmen eingeführt (↗Dichtung).

Lit.: A. Baumstark, Nocturna laus (Münster 1957) (LQF 32) 124–143; *J. Gelineau,* Die Musik im christlichen Gottesdienst (Regensburg 1965) 122–137; *O. Heiming,* in: ALW VII 1 (1962); Beispiele eines von Antiphonen durchflochtenen ntl. Canticums auf den Schallplatten „Choralgesänge 2/3“ deller recordings FSM 53308/09.

Antizipieren ↗Stundengebet.

Antwortpsalm Gemeint ist der Zwischengesang nach der ersten Lesung der erneuerten Meßfeier, entsprechend dem bisherigen ↗Graduale. Der lateinische Text der AEM nennt ihn „psalmus responsorius seu graduale“ (36). Er hat die vorrangige Aufgabe, das in der ersten Lesung verkündete Gotteswort durch die Gläubigen meditieren zu lassen, damit sie horchen und gehorchen. Insofern wird er von der AEM mit Recht „ein wesentliches Element des Wortgottesdienstes“ genannt (ebd.). Es handelt sich bei diesem im Lektionar jeweils angegebenen Psalm (bzw. Psalmteil) und seinem Kehrvers um Texte, die mit der vorausgegangenen Lesung in einem inhaltlichen Zusammenhang stehen. Er wird vom Psalmisten oder ↗Kantor aus dem Lektionar oder dem ↗Kantorenbuch vorgetragen, eröffnet mit dem Kehrvers, den die Gemeinde in der Regel am Anfang und nach einigen Psalmversen wiederholt (↗Responsorium). Um einer im Singen weniger geübten Gemeinde den Gesang des Kehrverses zu erleichtern, „werden einige Antwortpsalmen für die einzelnen Zeiten des Kirchenjahres und für die verschiedenen Gruppen von Heiligenfesten angeboten, die man an Stelle des im Lektionar vorgesehenen Psalmes verwenden kann, wenn man den Psalm singen will" (AEM 36). – Statt des im Lektionar vorgesehenen Antwortpsalmes kann auch das „Graduale aus dem Ordo Cantus Missae bzw. dem Graduale Romanum oder der Antwort- bzw. Hallelujapsalm aus dem Graduale Simplex" verwendet werden (MD; vgl. AEM 36). Im Gegensatz zur AEM und zum MR hat das MD die zusätzliche Rubrik: „Im Notfall darf der Antwortpsalm durch einen anderen dazu geeigneten Gesang ersetzt werden." Es wäre sicher zu bedauern, wenn diese Notlösung in einer Gemeinde zur Regel würde.

Lit.: G. Duffrer, Gottesdienst. Besinnung und Praxis. Ein geistliches Werkbuch (München [2]1976) 63–77; *H. Hucke,* Antwortpsalm und Kantor..., in: Gd 14 (1980) 33–35; ausführlich mit reicher Literatur: *R. Pacik,* Der Antwortpsalm, in: LJ 30 (1980) 43–66.

Apologie, Gebetsform, in der der Beter seine Sündhaftigkeit und Unwürdigkeit anklagt (oft in Form langer Sündenkataloge) und Gott um Verzeihung bittet (wörtl. „sich verteidigt"). Die Blütezeit der Apologien liegt im 9. bis 11. Jh., in denen die Sakramentare sie dem Priester in großer Zahl an die Hand geben, damit er sie an bestimmten Stellen der Meßfeier still für sich verrichten kann (etwa während des Gesangs des Gloria und des Sanctus, aber auch unter der Epistel); die Einfügung solcher Gebete in die römische Meßfeier geschieht vor allem im fränkischen Raum, wo das persönliche Element in der Liturgie wieder zu seinem Recht kommen will (↗lateinische Liturgien); aber auch der Osten bildet parallele Gebete aus. – Die starke Betonung der Sündhaftigkeit wurzelt in antiarianischer Haltung, die ↗Christus ganz und gar auf der Seite Gottes sieht; die Ausformung in Apologien hängt zusammen mit der damals noch ungeklärten Theologie des Bußsakramentes. Mit der Ausbildung der mittelalterlichen Beichtpraxis und der Klärung der theologischen Fragen der Absolution verschwinden die Apologien. Erhalten hat sich im römischen Ritus vor allem das ↗Confiteor, das aber seit dem späten Mittelalter die ausführliche Aufzählung der Sünden ersetzt durch eine ausgebreitete Heiligenliste.

Lit.: B. Luykx, Der Ursprung der gleichbleibenden Teile der heiligen Messe, in: Priestertum und Mönchtum (LuM 29 – Maria Laach 1961) 81–86.

Apostel Die Hochschätzung der Apostel, die von Christus selbst in seinen engeren Jüngerkreis berufen wurden, um amtliche Zeugen und Künder des Evangeliums zu sein, und denen er die Verheißung gegeben hat, daß sie „auf zwölf Thronen sitzen und die zwölf Stämme Israels richten" werden (Mt 19,28b), ist schon in der urchristlichen Gemeinde tief verwurzelt. Sie gelten als das Fundament, auf dem die Gemeinde der Heiligen und Hausgenossen Gottes aufgebaut ist (Eph 2,19f), ausgestattet mit der Vollmacht des Bindens und Lösens (Mt 18,18). Die Mauer des neuen Jerusalem „hat zwölf Grundsteine; auf ihnen stehen die zwölf Namen der zwölf Apostel des Lammes" (Offb 21,14). Diese Hochschätzung nimmt in der nachapostolischen Zeit noch zu. Wenn von Kaiser Konstantin berichtet wird, daß er in Byzanz eine prächtige Kirche zu Ehren aller Apostel erbauen ließ, in der er auch begraben zu werden wünschte, so ist dies nicht nur Ausdruck seiner persönlichen Verehrung, sondern auch der aller Christen. – Es ist daher nicht verwunderlich, wenn die Apostel bei der eucharistischen Versammlung der Gemeinde in fast allen Liturgien ausdrücklich genannt werden, wenn Einzelheiten des Gottesdienstes immer wieder auf die Apostel zurückgeführt werden (↗Klementinische Liturgie), wenn vor allem das Zentralstück der Eucharistie, die ↗Anaphora, gerade in ihren älteren Vertretern gern nach ihnen benannt wird (Apostelanaphora der Ostsyrer, Jakobusanaphora; ↗Antiochien). Ebenso ist es das Bestreben der großen Bischofssitze, ihren Ursprung auf einen Apostel zurückzuführen und zum Zeugnis dafür sein Grab vorzuweisen: Alexandrien stellt sich durch Markus, den Dolmetsch Petri, in die Petrustradition von Rom und Antiochien, Konstantinopel sichert sich den Petrusbruder Andreas.

Apostelfeste Im Osten scheint es zunächst ein Fest aller Apostel gegeben zu haben, von dem sich Spuren auch in der römischen Liturgie finden. Einzelne Apostel verehrte man – ähnlich wie bei den Märtyrern – vor allem dort, wo ihr Grab war oder sich besondere Erinnerungen an die Apostel vorfanden. Später wurde dieser Grundsatz gelockert und Märtyrer und Apostel auch in den Festkalender anderer Gemeinden aufgenommen, wobei man das fehlende Grab zunächst durch Reliquien und in einer späteren Epoche auch durch Bilder zu ersetzen suchte. Die folgende Übersicht beginnt mit dem Hochfest der Apostel Petrus und Paulus und ihren beiden Sekundärfesten, während die übrigen Apostelfeste in der Reihenfolge des Kirchenjahres genannt werden.

1. Hochfest der Apostel Petrus und Paulus (29. Juni): Beide erlitten in Rom während der Christenverfolgung Neros (54–68) das Martyrium, Petrus durch Kreuzigung, Paulus durch Enthauptung. Wenn sich auch historisch nicht nachweisen läßt, daß dies im selben Jahr und am gleichen Tag geschah, so wird doch ihr Gedächtnis seit der Mitte des 3. Jhs. gemeinsam begangen, und zwar am 29. Juni. Ursprünglich wurden an diesem Tag drei liturgische Feiern an verschiedenen Orten begangen, nämlich die des Petrus in St.Peter, die des Paulus an der Straße nach Ostia (St. Paul vor den Mauern) und ein gemeinsames Gedächtnis „ad catacumbas“ an der Via Appia, wo sich im 3. Jh. während der Valerianischen Verfolgung wahrscheinlich vorübergehend ihre Leiber (Häupter?) befanden. Wegen der Beschwerlichkeit der dreifachen Feier an einem Tag verlegte man anfangs des 8. Jhs. das Gedächtnis in St. Paul vor den Mauern auf den folgenden Tag, wobei jedoch auch weiterhin des hl. Paulus am 29. Juni in St. Peter gedacht wurde. – Bei der Neuordnung des Römischen Kalenders wurde die Vigil im Sinn einer festlichen Vorabendmesse beibehalten. Das Gedächtnis des Apostels Paulus am 30. Juni wurde lediglich für die Basilika St. Paul vor den Mauern beibehalten, weil es außerhalb Roms als getrenntes Gedächtnis nicht begründet werden könne. Dafür wurde Paulus in der Liturgie des 29. Juni stärker berücksichtigt (z.B. 2. Lesung und Präfation).

1a) Fest Kathedra Petri (22. Februar): Sinn und Geschichte dieses Festes, das man in Deutschland auch Petri Stuhlfeier genannt hat, wurde erst durch neuere Forschungen geklärt. Daraus ergibt sich, daß diese bereits für die Mitte des 4. Jhs bezeugte Feier (in der „Depositio martyrum“ von 354) mit dem antiken Totengedächtnis der „Parentalia“ vom 13. bis 22. Februar zusammenhängt. Dabei gedachte man der verstorbenen Verwandten und Bekannten und hielt für bestimmte Verstorbene einen Sessel (= cathedra) frei. Weil der eigentliche Todestag des Petrus unbekannt war, gedachte man seiner am 22. Februar. Erst später deutete man cathedra als bischöflichen Lehrstuhl und sah darin fälschlicherweise die Übernahme der römischen Kirche durch Petrus. – In Gallien gab es am 18. Januar ein Gedächtnis der Primatsübertragung an Petrus. Im Rahmen des römisch-gallischen Liturgieaustausches übernahm Rom auch dieses Gedächtnis und deutete es um das Jahr 600 als Stuhlbesteigung in Rom, den 22. Februar aber als Stuhlbesteigung in Antiochien. Erst *Paul IV.* schrieb 1558 beide Gedächtnisse für die Gesamtkirche vor. Unter *Johannes XXIII.* verzichtete der Codex rubricarum 1960 auf das Fest am 18. Januar zugunsten des ursprünglicheren Festes vom 22. Februar. Der neue Römische Kalender von 1969 schloß sich dieser Entscheidung an. Auch das Fest *„Petri Kettenfeier“* (1.8.) wurde 1960 aufgehoben.

1b) Fest der Bekehrung des Apostels Paulus (25. Januar): Während das Martyrologium Hieronymianum ein römisches Gedächtnis („translatio s. Pauli“) am 25. Januar erwähnt, ist in den römischen Quellen des 4.–9. Jhs. hiervon nichts bekannt. Weil das Wort translatio (= Übertragung) gelegentlich auch im Sinn von conversio (= Bekehrung) gebraucht wird, vermutet man darin ein Fest der Bekehrung des Paulus, das zuerst in der fränkisch-gallischen Liturgie auftaucht. Der Termin hängt wahrscheinlich damit zusammen, daß es der Oktavtag des gallischen Petrusgedächtnisses vom 18. Januar ist (s.o. 1a).

Lit.: Th. Klauser, Die Cathedra im Totenkult der heidnischen und christlichen Antike (LF 9) (Münster 1927); *ders.,* Die römische Petrustradition (Köln-Opladen 1956); *J. Pascher,* Das Fest der Apostelfürsten Petrus und Paulus, in: LJ 12 (1962) 207–219; *Adam, Kirchenjahr* 193–195, 198f.

2. Johannes, Apostel und Evangelist (27. 12.): Sein Fest läßt sich im Osten bis ins 4. Jh. hinein verfolgen, ursprünglich mit dem Gedächtnis seines Bruders Jakobus d. Ä. verbunden. Hauptsächlich auf *Irenäus von Lyon* basierend, „bildet sich eine traditionelle Anschauung aus, daß der Apostel Johannes in Ephesus wirkte, unter Domitian auf die Insel Patmos verbannt wurde, wo er die Apokalypse schrieb, dann nach Ephesus zurückkehrte, dort das Evangelium verfaßte und hochbetagt (unter Trajan) starb" *(R. Schnackenburg* in: LThK V 1000). Zu seiner Verehrung im Mittelalter trugen auch die Legenden bei, er habe, ohne Schaden zu nehmen, einen Becher mit vergiftetem Wein getrunken, um einen heidnischen Priester von Ephesus zu bekehren, und er sei vor der Lateinischen Pforte in Rom in einen Kessel mit siedendem Öl geworfen worden, ohne daß es ihm geschadet habe. – Seit dem frühen Mittelalter ist die Segnung und Austeilung des *„Johannisweines"* bekannt, die sich in einigen Gegenden bis in unsere Tage erhalten hat. Sie hängt mit der heidnischen Sitte (Griechen, Römer, Germanen) zusammen, zu Ehren der Götter einen Trunk zu nehmen. Bei den Germanen hieß dies „Minne trinken", d. h. in liebender Erinnerung trinken. Nach der Christianisierung änderte man diesen Brauch um in einen Trunk zu Ehren bestimmter Heiliger (Michael, Stephanus, Johannes d. Täufer, Martin v. Tours u. a. m.). Die Johannesminne erlangte eine besondere Bedeutung und Dauer, nachdem sich eine kirchliche Segnung des Johannisweines herausgebildet hatte, sicher auch im Hinblick auf die erwähnte Legende vom Trinken des vergifteten Weines (vgl. *Franz* I 286–334; vgl. Ben 38f). ↗Weihnachtsoktav.

3. Fest des Apostels Matthias (24. Februar): Matthias wurde nach Apg 1, 15–26 als Augenzeuge des öffentlichen Lebens Jesu an die Stelle des Verräters Judas berufen. Über sein weiteres Leben weiß die Geschichte nichts zu berichten. Kaiserin Helena soll seine Gebeine teils nach Rom, teils nach Trier haben bringen lassen. Wenn auch das Altgelasianum schon seinen Namen im Kanon der Messe hat, so dürfte seine Festfeier doch erst um die Jahrtausendwende entstanden sein. Der neue Römische Kalender hat sein Fest auf den 14. Mai verlegt, weil es am 24. Februar meist in die Fastenzeit fiel. Der Regionalkalender für das deutsche Sprachgebiet hat jedoch den alten Termin beibehalten.

4. Fest der Apostel Philippus und Jakobus d. J. (3. Mai): Philippus aus Betsaida, einer der ersten Jünger Jesu (vgl. Joh 1, 43f), wird im Johannesevangelium mehrmals erwähnt, seine späteren Lebensschicksale sind jedoch unbekannt. Jakobus d. J., der Sohn des Alphäus (Mt 10, 3), ist wahrscheinlich nicht identisch mit Jakobus, dem Bruder Jesu (Mk 6, 3), wie man früher annahm. Auch seine Verfasserschaft des Jakobusbriefes gilt als unwahrscheinlich. Über sein späteres Leben und Wirken weiß die

Geschichte nichts zu berichten. – Während beide Apostel in der Ostkirche niemals gemeinsam gefeiert wurden, führte in Rom die Beisetzung ihrer Reliquien in der Kirche der zwölf Apostel zu ihrer gemeinsamen Verehrung. Deren Weihetag am 1. Mai 570 wurde zum Festtag der beiden Apostel, der 1955 wegen des neuen Festes „Josef der Arbeiter" auf den 11. Mai verschoben wurde. Bei der letzten Neuordnung wurde er wieder näher an den alten Festtag herangerückt.

5. Fest des Apostels Thomas (3. Juli): Thomas, der im Johannesevangelium mehrmals mit dem Beinamen Zwilling erwähnt und wegen seiner kritischen Haltung zu den ersten Nachrichten von der Auferstehung (Joh 20,24–29) oft der „ungläubige" Thomas genannt wird, soll nach dem Kirchenhistoriker Eusebius das Evangelium in Persien und Indien verkündet und dort das Martyrium erlitten haben. Ein Teil seiner Reliquien soll am 3. Juli 384 nach Edessa, im 13. Jh. nach Ortona in Apulien gebracht worden sein. Das römische Festdatum vom 21. Dezember (so das Sakramentarium Gregorianum) wurde 1969 mit Rücksicht auf die privilegierte Adventsphase vom 17. bis 24. Dezember auf den traditionellen Tag der Translation verlegt.

6. Fest des Apostels Jakobus d. Ä. (25. Juli): Er war Bruder des Apostels Johannes und gehörte dem innersten Kreis der Jünger an (Mk 5,37; 9,2; 14,33). In der Verfolgung des Herodes Agrippa wurde er im Jahre 42 mit dem Schwert getötet (Apg 12,2). Über seinem Grab in Jerusalem wurde eine Kirche zu seiner Ehre erbaut. Seine Wirksamkeit in Spanien ist legendär, ebenso seine Beisetzung in Santiago de Compostela. Mehrere Sakramentare bezeugen seine Verehrung für den 25. Juli. In Rom wird sein Fest seit dem 9. Jh. begangen.

7. Fest des Apostels Bartholomäus (24. August): Er ist wahrscheinlich identisch mit Natanael aus Kana, „ein echter Israelit, ein Mann ohne Falschheit" (Joh 1,47). Nach armenischer Tradition soll er dort missioniert und das Martyrium erduldet haben. Die byzantinische Liturgie kennt am 25. August eine Translation seiner Gebeine nach der Insel Lipari und nach Benevent. Möglicherweise kam ein Teil von dort um die Jahrtausendwende nach Rom, wo er in der Kirche seines Namens auf der Tiberinsel beigesetzt wurde.

8. Fest des Apostels und Evangelisten Matthäus (21. September): Der „Zöllner" Matthäus (Mt 9,9; 10,3) ist möglicherweise identisch mit dem Zöllner Levi (Mk 2,13–15). Die Nachrichten über sein späteres Leben sind legendär. Von der griechischen und lateinischen Kirche wird er als Märtyrer verehrt, seine Reliquien sind im Dom von Salerno beigesetzt.

9. Fest der Apostel Simon und Judas (28. Oktober): Simon mit den Beinamen Kananäus (Mk 3,19; Mt 10,4) und Zelotes (= Eiferer: Lk 6,15; Apg 1,13) taucht nur in den Apostelverzeichnissen der Evangelien auf. Judas, auch Thaddäus (Mt 10,3; Mk 3,18) oder Bruder des Jakobus (Lk 6,16) oder Sohn des Jakobus (Apg 1,13) genannt, ist wohl kaum mit dem Herrenbruder Judas identisch (Mk 6, 13). Auch über ihn weiß die Geschichte nichts zu berichten. Die östlichen Kirchen verehren beide Apostel getrennt, das Martyrologium Hieronymianum erwähnt ihr gemeinsames Gedächtnis am 28. Oktober. Von Gallien gelangt das Fest erst spät nach Rom.

10. Fest des Apostels Andreas (30. November): Andreas stammte aus Betsaida und wohnte später mit seinem Bruder Petrus in Kafarnaum. Als Jünger des Täufers wurde er von Jesus berufen, ihm führte er auch seinen Bruder zu. Beide gehörten zu seinem engsten Vertrautenkreis. Nach Missionstätigkeit in den Gebieten südlich des Schwarzen Meeres, der unteren Donau und Griechenlands soll er dort am 30. November 60 in Patras an einem X-förmigen Kreuz (Andreaskreuz) das Martyrium erlitten haben. Seine Gebeine wurden im 4. Jh. in der Apostelkirche zu Konstantinopel beigesetzt und sollen 1208 nach Amalfi gelangt sein. Das Haupt kam 1462 nach Rom, 1964 zurück nach Patras. Schon Papst *Simplicius* (468–483) weihte ihm zu Ehren eine Kirche. Sein Fest am 30. November ist seit Beginn des 6. Jh. in allen Kalendarien enthalten. Die schon früh bezeugte Vigil entfiel 1955.

Apostelkreuze ↗Kirchweihe.

Apostelleuchter ↗Kirchweihe.

Applikation (lat. = Zuwendung [der Messe]). Eucharistie ist Versammlung der Gemeinde um den Opfertisch des Herrn; aber bald konnte sie auch in einem kleineren Kreis begangen werden, zuerst wohl bei Totengedächtnis (↗Begräbnisliturgie) und ähnlichen Anlässen im Kreis der Sippe: Sie wird in bestimmter Meinung appliziert. In der Westkirche tritt dadurch (zusammen mit der Ausbildung des ↗Meßstipendiums und der ↗Votivmesse) das Verständnis für die gemeindliche Begehung der Eucharistie zurück; schon in der Karolingerzeit müssen Erlasse auf den Besuch des pfarrlichen Sonntagsgottesdienstes drängen und die Feier von Privatmessen am Sonntag einschränken. Angesichts der vielen Mißbräuche, die im späten Mittelalter auf diesem Gebiet eingerissen waren, ermahnte das Konzil von Trient die Gläubigen, den Gottesdienst wenigstens an Sonn- und Festtagen in der Pfarrkirche zu besuchen, und verordnete, daß „alle, denen die Sorge für die Seelen anvertraut ist, ihre Herde kennenlernen und für diese das heilige Opfer darbringen". Darin war eingeschlossen, daß der Seelsorger (Bischof und Pfarrer) für diesen Gemeindegottesdienst *(↗Pfarrgottesdienst)* kein Stipendium annehmen darf, sondern an Sonn- und Feiertagen die Messe für das ihm anvertraute Volk feiern muß *(applicatio pro populo).* Wenn die Größe einer Pfarrei am Sonntag neben dem Pfarrgottesdienst weitere öffentliche Meßfeiern notwendig macht, sollte für diese gleichfalls kein Stipendium genommen werden, damit sie als Feiern der versammelten Gemeinde (nicht der bestellenden Familie) in Erscheinung treten. Als Gegenstück zum Meßstipendium ist die applicatio pro populo nur in der lateinischen Kirche aktuell.

Lit.: Berger, Offerre pro; M. Kaiser, Manifestation des öffentlich-rechtlichen Charakters der Eucharistie ..., in: Pro mundi vita, hrsg. von der Theolog. Fakultät der Ludwig-Maximilians-Universität München (München 1960) 238–255; *Kaczynski* Nr. 2170.

Apsis (griech. = Krümmung, Scheibe, Gewölbe), eine halbkreisförmige oder auch mehreckige Ausbuchtung des Hauptraumes der ↗Basilika, in christlichen Kirchenbauten gewöhnlich im Osten angefügt, meist mit einer Halbkuppel versehen, die nach dem Hauptschiff hin mit einem Bogen abgeschlossen ist. Sie ist in *profanen Basiliken* der Platz für den Versammlungsleiter (tribunal), in *christlichen* der Ort der ↗Cathedra und der Priesterbank (exedra); nur in den alten syrischen Bauten, wo die Leitung des Gottesdienstes vom ↗Bema inmitten des Gläubigenschiffes aus erfolgte, birgt die abgetrennte Apsis den Altar (↗Altarraum). Im Lauf des Mittelalters rückt auch im Westen der Altar in den Scheitel der Apsis, Cathedra und Priestersitze kommen an die Seiten.

Arkandisziplin, der Brauch der alten Kirche vom 3. bis zum 5. Jh., über die heiligen Worte (Glaubensbekenntnis, Vaterunser, Heilige Schrift), Riten und Zeichen (Eucharistie) vor Ungetauften Stillschweigen zu bewahren. Den Katechumenen (↗Katechumenat) wurden die heiligen Worte in einem feierlichen Gottesdienst zum Auswendiglernen übergeben, die Mysterien der Taufe und Eucharistie in den Mystagogischen Katechesen der Osterwoche aufgeschlossen. Hinter der ehrfürchtigen Geheimhaltung steht ein Grundgesetz allen Kultes, das sich u. a. auch in der Verbergung des Altars durch Velen und Bilder (↗Altarraum, ↗Hungertuch, ↗Verhüllung) ausdrückt; die besondere Ausprägung in der Arkandisziplin scheint durch das Vorbild der antiken Mysterienreligionen mit angeregt zu sein. Als im Mittelalter die ganze Welt christlich geworden war, verlor die Arkandisziplin viel von ihrem Sinn, und manche Folgeerscheinungen verschwanden (↗Monstranz). In der modernen säkularisierten Öffentlichkeit müßte sie in neuen Formen wiedererstehen (Gestaltung der Fronleichnamsprozession, Fernsehübertragungen der Messe).

Asche Als Produkt eines Verbrennungsvorganges enthält Asche nach archaischer Denkweise die reinigende und läuternde Kraft des ↗Feuers und wird deswegen zu Reinigungs- und Sühnezwecken gebraucht (Num 19,9.17f; Hebr 9,13). Vor allem aber ist Asche in der biblischen Vorstellungswelt Zeichen menschlicher Gebrechlichkeit und Todverfallenheit (Gen 18,27), dann auch Symbol der Trauer und Buße: Der Mensch in Todestrauer oder beim Gebet in tiefster Not bestreut sich damit oder setzt sich in Staub und Asche (Jona 3,6), tut Buße in „Sack und Asche" (Mt 11,21). Der Büßer bekennt damit, daß er in seiner Sünde sich von

Gott, dem Quell des Lebens, abgewandt hat und zu ihm zurückkehren will.

Lit.: Franz I 462–468; *B. Kleinheyer,* Heil erfahren in Zeichen (München 1980) 35–40.

Aschermittwoch Mittwoch vor dem ersten Fastensonntag, Beginn der ↗Quadragesima. – Die öffentliche Buße der einer schweren Sünde („Kapitalsünde") schuldigen Gläubigen begann schon in alter Zeit am Anfang der Fastenzeit. In der Kirche Galliens verband sich hiermit die dramatisch gestaltete Austreibung der Büßer aus der Kirche in Nachbildung der Vertreibung der Stammeltern aus dem Paradies. Sie legten dabei ein Bußgewand an und wurden mit Asche bestreut. Termin für diesen Ritus war ursprünglich der Montag nach dem ersten Fastensonntag, nach der Vorverlegung des Fastenbeginns wurde es der Aschermittwoch. Während die Institution der öffentlichen Kirchenbuße gegen Ende des ersten Jahrtausends verlorenging, erhielt sich der Ritus der Aschenbestreuung bei allen Gläubigen, die ihn schon im 10. Jh. in Solidarität mit den Büßern teilweise übernommen hatten. Dabei wurde Klerikern und männlichen Laien die Asche aufs Haupt gestreut, den Frauen aber ein Aschenkreuz auf die Stirn gemacht. Ein Gebet der Aschensegnung findet sich erstmals im 11. Jh. Die Vorschrift, für die Aschengewinnung Palmzweige des vorausgehenden Jahres zu verbrennen, begegnet uns erstmals im 12. Jh.

Nach der *Neuordnung* bleibt der Aschermittwoch das Eingangstor der Quadragesima, Fast- und Abstinenztag und behält den Ritus der Aschenauflegung, der ihm den Namen gegeben hat. Dieser Ritus beginnt nach Evangelium bzw. Homilie. Nach einer Gebetseinladung spricht der Priester eine von zwei möglichen Orationen, in denen die Bitte ausgesprochen wird, „die vierzig Tage der Buße in rechter Gesinnung zu begehen". Beide Orationen fassen bereits das eigentliche Ziel der Fastenzeit ins Auge: „damit wir das heilige Osterfest mit geläutertem Herzen feiern"; „erneuere uns nach dem Bild deines Sohnes und schenke uns durch seine Auferstehung das unvergängliche Leben". Der Priester besprengt die Asche, die auch nach dem neuen Meßbuch aus den „gesegneten Palmzweigen des Vorjahres bereitet" wird, mit Weihwasser und legt sie den einzelnen auf. Außer den traditionellen Begleitworten, die an die Vertreibung aus dem Paradies erinnern („Bedenke, Mensch, daß du Staub bist und wieder zum Staub zurückkehren wirst", vgl. Gen 3,19), kann auch der programmatische Aufruf Jesu in Mk 1,15 gesprochen werden: „Bekehrt euch und glaubt an das Evangelium!" Der Aschenritus kann auch als Wortgottesdienst außerhalb einer Meßfeier stattfinden. Im Tagesgebet der Meßfeier wird gebetet um „die Kraft zu christlicher Zucht, damit wir dem Bösen absagen und mit Entschiedenheit das Gute tun". Die beiden Lesungen (Joel 2,12–18 und 2 Kor 5,20–6,2) enthalten eindringliche Aufrufe zu Buße und Versöhnung. Das Halleluja entfällt bis zur Osternachtsmesse, an seine Stelle tritt ein anderer Gesang

(↗Traktus). Das Evangelium aus der Bergpredigt (Mt 6,1–6.16–18) warnt davor, die guten Werke des Almosengebens, Gebetes und Fastens dadurch zu entwerten, daß man sie aus egozentrischen Motiven verrichtet. Die Präfation enthält die klassische Begründung des Fastens und macht deutlich, daß es einem höheren Ziel dient.

Lit.: J. A. Jungmann, Die lat. Bußriten (Innsbruck 1932) 44–74; *Adam, Kirchenjahr* 81–88.

Asperges ↗Besprengung des Altares und der versammelten Gemeinde mit Weihwasser vor der Sonntagsmesse, so genannt nach dem Anfangswort der dabei (außerhalb der österlichen Zeit) gesungenen Antiphon. Im Frankenreich wurden in vielen Klöstern und Stiften am Sonntagmorgen Klosterräume und Kirche im Rahmen einer Prozession mit Weihwasser besprengt. Seit dem 8. Jh. wurde der Brauch in Landkirchen nachgeahmt, vielfach in einer Prozession um die Kirche und auf den Friedhof. Im Hochmittelalter setzte sich die Deutung als Tauferinnerung durch und blieb – neben anderen Deutungen, wie Weckung der Bußgesinnung und Einstimmung zum Gottesdienst – bis heute lebendig (darum an Ostern Besprengung mit dem Taufwasser, in der Osterzeit die Antiphon „Vidi aquam" nach Ez 47,1.2.9). – Das neue MD von 1975 enthält in seinem Ordinarium die Rubrik: „An Sonntagen kann an die Stelle des Allgemeinen Schuldbekenntnisses das sonntägliche Taufgedächtnis (Besprengung mit Weihwasser) treten" (I 103; II 325). Im Anhang (II 1171–1175) findet sich ein Modellritus der je dafür vorgesehenen Wasserweihe, wobei auch, „wo Ortsgewohnheit oder feste Überlieferung es nahelegen", Salz beigemischt werden kann. Während der Besprengung der Anwesenden kann einer der angegebenen Gesänge „oder ein anderes passendes Lied" gesungen werden, wobei für die Osterzeit besondere Texte vorgesehen sind. Der Ritus schließt mit einem Gebet um Sündenreinigung. – ↗Aspergill.

Lit.: E. Färber, Gemeinsame Tauferinnerung vor der sonntäglichen Meßfeier, in: *Gemeinde im Herrenmahl* 199–208.

Aspergill das für das Besprengen (lat. = aspergere) mit ↗Weihwasser gebrauchte Instrument, deutsch als Sprengel, Sprengwedel, Weihwasserwedel bezeichnet. Ursprünglich benutzte man hierfür einen Zweig, wie es bereits vom atl. Kult überliefert ist (= Hysop-Stengel) oder auch den Schweif eines Tieres, an den noch der „Borstenwedel" erinnert. Seit dem frühen Mittelalter kennt man schon die heute meist gebrauchte Form, bei der sich an einem Stiel eine perforierte Metallkugel befindet, die innen meist mit einem Schwamm ausgefüllt ist. – ↗Asperges.

Assistenz nur noch wenig gebräuchlicher zusammenfassender Ausdruck für die Gruppe derer, die im Rahmen eines Gottesdienstes einen besonderen Dienst in „Unterstützung" des jeweiligen Leiters tun. Die Bezeichnung entspringt mittelalterlicher Sicht, in der allein der zelebrierende Priester den Gottesdienst feiert; im recht gegliederten Gottesdienst der christlichen Gemeinde tut der einzelne seinen Dienst als Diakon, Helfer, Leser, Sänger aber aufgrund des Auftrags oder Standes, den er in der Gemeinde innehat, nicht als Ersatz und Unterstützung des Priesters. ↗Gottesdiensthelfer.

Lit.: Lengeling, Ordnung 254–264.

Asteriskus (griech. = Sternchen)

1. ein hochgestellter Stern, der in den lateinischen Liturgiebüchern die beiden Hälften eines Psalmverses trennt; eingeführt von Urban VIII. Beim gemeinsamen Psalmengebet ist die dadurch angedeutete Atempause in der Mitte jedes Verses eine wichtige Hilfe für die innere Beteiligung;

2. ein liturgisches Gerät, bestehend aus zwei sich kreuzenden, am Scheitelpunkt beweglich miteinander verbundenen Metallbögen, das in der byzantinischen und in der westsyrischen Liturgie auf den Diskos (↗Patene) gestellt wird, damit das darübergebreitete Velum die für die Eucharistie zubereiteten Brotstücke nicht berühren kann.

Atrium Vorhof vor der Eingangsseite der ↗Basilika, oft von Säulenhallen umstanden und mit Grün bepflanzt, in der Mitte oft ein Reinigungsbrunnen, weshalb es auch Paradies genannt wird, während der spätmittelalterliche gedeckte Vorbau auch *Vorzeichen* (durch Lautwandel aus *porticus*) heißt. Dem Atrium entspricht im byzantinischen Kirchenbau der ↗Narthex im Sinn von Vorhalle. In neuerer Zeit hat man seine wichtige Funktion als Raum der Sammlung und Einstimmung wieder neu entdeckt und für Neubauten empfohlen. So in den von *Th. Klauser* verfaßten „Richtlinien für die Gestaltung des Gotteshauses aus dem Geiste der römischen Liturgie“ (1949), in deren „Folgerungen“ Nr. 2 es heißt: „Es wäre zu begrüßen, wenn die Gläubigen auf dem Weg ins Gotteshaus zunächst eine Zone des Schweigens und der Sammlung, also einen umhegten Vorplatz oder ein förmliches Atrium, passieren müßten und so auf die gotterfüllte Stille des heiligen Raumes vorbereitet würden.“

Audiovisuelle Mittel ↗Medien im Gottesdienst.

Aufbewahrung der Eucharistie In der Frühzeit des Christentums bekamen die Gläubigen nach dem Sonntagsgottesdienst etwas vom eucharistischen Brot anvertraut, damit sie es an den folgenden Tagen in Ehrfurcht genießen konnten. Diese Praxis blieb teilweise bis ins Mittelalter hinein lebendig. Anfangs nahm auch der Priester etwas davon mit in seine Wohnung, um es für Sterbende immer bereit zu haben. Seit dem 8. Jh. beginnt die Sitte, die Eucharistie in einem Nebenraum der Kirche aufzubewahren, um sie für die Krankenkommunion vorrätig zu haben. Was darüber hinaus übrigblieb, wurde nach dem Gottesdienst durch Priester,

Altardiener oder Kinder sumiert (Nachkommunion) oder nach dem Modus der Behandlung verdorbener Spezies durch Verbrennen oder Vergraben vernichtet. Man war jedoch bemüht, dies durch sorgfältige Abschätzung der Zahl der Kommunikanten möglichst zu vermeiden. Unter diesen Umständen kam der Aufbewahrung (repositio) des Allerheiligsten am ↗Gründonnerstag für die Kommunion am ↗Karfreitag (seit dem 7. Jh.) ein Moment der Seltenheit und Bedeutsamkeit zu (↗Präsanktifikatenliturgie). – Daß man zuviel konsekriertes Brot einfach zur Austeilung bei der nächsten Meßfeier aufbewahrt, wird zum erstenmal für Jerusalem um die Mitte des 11. Jh. berichtet, wo dieses Vorgehen mit den besonderen Umständen des Wallfahrtsbetriebes zusammenhängt. Im Westen findet sich dieser Brauch zunächst nur in wenigen Klöstern. Erst um das Jahr 1600 scheint sich die Austeilung vorkonsekrierter und aufbewahrter Hostien langsam durchzusetzen, was man sowohl aus der wachsenden Größe der Aufbewahrungsgefäße wie auch aus einer Bestimmung des Rituale Romanum von 1614 (Tit. V, Kap. 1,5) folgern kann. Schließlich war es bis tief in unser Jahrhundert hinein üblich geworden, nur dann zu konsekrieren, wenn die im ↗Tabernakel stehenden, oft sehr großen Ziborien leer geworden waren. Erst in neuerer Zeit erkennt man wieder stärker die Sinnhaftigkeit, nur in der jeweiligen Messe konsekrierte Hostien auszuteilen. Eine entsprechende Empfehlung gab *Pius XII.* unter Berufung auf *Benedikt XIV.* in seiner Enzyklika „Mediator Dei" 1947 (Nr. 117 und 119), die dann in der Folgezeit von den liturgischen Dokumenten und Büchern mehrfach wiederholt wurde, zuletzt in AEM 56 h und „Kommunionspendung und Eucharistieverehrung..." (Nr. 13). Damit tritt die ursprüngliche Zweckbestimmung der Aufbewahrung für die Krankenkommunion wieder stärker in den Vordergrund; allerdings schafft in neuester Zeit auch die Möglichheit eines priesterlosen ↗Wortgottesdienstes mit Kommunionfeier eine zusätzliche Begründung der Aufbewahrung (sofern nicht die Überbringung vom Pfarrgottesdienst möglich ist). Von hier aus erscheint auch die kirchenrechtliche Bestimmung revisionsbedürftig, wonach konsekrierte Hostien nur an Orten aufbewahrt werden dürfen, wo wenigstens alle acht Tage die Messe gefeiert wird (CIC 1265, §1). – Die ↗Anbetung der aufbewahrten Eucharistie, die sich seit dem hohen Mittelalter in der lateinischen Kirche entwickelt und Frömmigkeit und Kunst stark belebt hat, sollte den Zusammenhang mit der Meßfeier und dem sich darin opfernden Herrn nie aus dem Auge verlieren und sich bewußt bleiben, daß uns die Eucharistie in erster Linie als Opfer und Opfermahl geschenkt wurde (↗Vierzigstündiges Gebet). – Die Reformatoren schränkten die Gegenwart Christi auf den Augenblick des Empfangs der Eucharistie ein (in usu) und lehnten deshalb ihre Aufbewahrung ab. – Zum Modus und Ort der Aufbewahrung ↗Tabernakel, ↗Ziborium.

Lit.: *J. Pinsk,* „Ex hac altaris participatione...", in: Liturg. Leben 1 (1934) 85–91; *J. A. Jungmann MS II* 504–510; *R. Béraudy,* Der eucharistische Kult außerhalb der Messe, in: *Martimort* I 459–493; *E. J. Lengeling,* Die Bedeutung des Tabernakels..., in: LJ 16 (1966) 156–186 und PkH 32 (Leipzig 1967); *J. H. Emminghaus,* Verehrung der Eucharistie außerhalb der Messe, in: Bibel und Liturgie 45 (1972) 207–223; *O. Nußbaum,* Die Aufbewahrung der Eucharistie (Bonn 1979).

Auferstehungsfeier volkstümlich-dramatische Darstellung der Auferstehung Christi durch Erheben des Kreuzes (im westdeutschen Raum) oder der Monstranz (seit der Gegenreformation in Süddeutschland und Österreich) aus dem *Heiligen Grab.* – Das Verlangen des ↗Mittelalters, die Heilsgeschichte sinnlich zu schauen, führte im 10. Jh. dazu, daß man am ↗Karfreitag ein symbolisches Grab errichtete und darin nach dem Gottesdienst das Kreuz oder die davon abgelöste Figur des Herrn in meist sehr realistischer Weise „begrub" (depositio crucis). Die Erhebung des Kreuzes aus dem Grab, die anfänglich formlos vor der Ostermatutin geschah, verband sich mit den Osterspielen, die nach der Matutin in Form eines Dialogs zwischen den Frauen am Grab und den Engeln im Grab erwuchsen, zur dramatischen Auferstehungsfeier, bis hin zum Emporziehen einer Figur des Auferstandenen. Die byzantinische Liturgie kennt eine ähnliche dramatische Darstellung der Grablegung vermittels eines kostbar gestickten Tuches, auf dem der Herr im Grab dargestellt ist (epitáphios). – Mancherorts (erstmals bezeugt bei Bischof Ulrich von Augsburg) barg man im Heiligen Grab (oft in einer Öffnung der Grablegungsfigur) auch die restlichen Hostien der Karfreitagskommunion (↗Aufbewahrung) und erhob diese dann am Ostermorgen in einer festlichen Prozession. So entwickelte sich der Brauch, die Auferstehung durch die Erhebung des Sakramentes statt des Kreuzes dramatisch darzustellen; die tiefere Wurzel dafür liegt in der Umwertung des ↗Kreuzes aus einem Triumphzeichen in ein Zeichen bloß der Schmach und des Todes. Einen Schritt weiter ging man am Ende des 16. Jhs. im süddeutschen-österreichischen Raum, wo seither während der ganzen vierzig Stunden der Grabesruhe (↗Vierzigstündiges Gebet) das Allerheiligste in der Monstranz über dem Heiligen Grab feierlich ausgesetzt wurde; um dem Charakter des ↗Karfreitags und ↗Karsamstags doch einigermaßen gerecht zu werden, wird die Monstranz dabei mit einem Schleier verhüllt und das Licht der Kerzen durch „Grabkugeln" (Gläser, die mit gefärbtem Wasser gefüllt sind) gedämpft. In kleineren Kirchen war dieses Heilige Grab meist vor dem Hochaltar aufgeschlagen und überdeckte für das Volk die Feier der Karfreitags- und (vorgezogenen) Osternachtliturgie. – Durch die Erneuerung der gesamten Osterfeier (seit 1956) haben diese volkstümlichen Formen viel Boden verloren.

Lit.: K. Gschwend, Die Depositio und Elevatio Crucis (Bozen 1965); *R. Berger – H. Hollerweger* (Hrsg.), Dies ist die Nacht (Regensburg 1979) 49f, 145f.

Aufforderung (monitio, proclamatio) Gemeinsames Handeln setzt vor allem an seinem Beginn und an seinen Wendepunkten eine Aufforderung zu diesem Tun voraus. Deswegen ist es schon früh *Sache des Diakons,* an wichtigen Stellen des Gottesdienstes die Gläubigen zu einem bestimmten Verhalten aufzufordern. So im Rahmen des römischen Ritus die Aufforderung zu knien, zum Friedensgruß und zur Entlassung. In der byzantinischen Liturgie und ähnlich in den andern orientalischen Riten: orthí (aufrecht!), próschomen (merken wir auf!), stômen kalôs (stehen wir würdig!). – Auch *der Priester selbst* übernimmt solche Aufforderungen, weniger allerdings zu einem äußeren Verhalten als zu einem rechten Vollzug vor allem der Gebetsvorgänge: Oremus, und darüber hinaus ↗Gebetseinladungen in den verschiedensten Formen (praefatio Missae in der gallischen Liturgie, Invitatorien), vor allem aber die Einladung zum Hochgebet: Gratias agamus – Lasset uns danken! In freieren Formen hat der Priester darüber hinaus jetzt die Möglichkeit, „mit kurzen Worten die Gläubigen zu Beginn der Feier in die Tagesmesse, vor den Lesungen in den Wortgottesdienst, vor der Präfation in das Eucharistiegebet einzuführen und vor der Entlassung ein Schlußwort zur ganzen Eucharistiefeier zu sprechen" (AEM 11). Diese Monitionen, im Deutschen nicht sehr glücklich mit „Hinweise" wiedergegeben, sollen nicht so sehr erklären und anweisen, sondern geistlich aufschließen. – Eine gute Übersicht bei *Kaczynski* 1129.

Aufgebot *1. des Brautpaares,* Verkündigung einer beabsichtigten Eheschließung an drei aufeinanderfolgenden Sonn- oder Feiertagen im Hauptgottesdienst oder sonst einem gutbesuchten Gottesdienst, ersatzweise Anschlag an der Kirchentüre durch wenigstens acht Tage. Dadurch sollen etwaige Ehehindernisse aufgedeckt werden. – *2. der Kandidaten für die ↗Höheren Weihen.* Ihre Namen werden in der Heimatpfarrkirche einmal bei einem gutbesuchten Gottesdienst verkündet. Der Brauch ist erwachsen aus der heute noch bei Diakonen- und Priesterweihe üblichen Vorstellung der Kandidaten, die ursprünglich am vorausgehenden Quatembermittwoch und -freitag geschah. Dadurch soll die Zustimmung des Volkes zur Wahl der neuen Vorsteher eingeholt werden.

Aufklärung Die geistesgeschichtliche Antwort des 18. Jhs. auf den Überschwang des ↗Barock, war durch ihre Tendenzen der Liturgie förderlich und zugleich schädlich. Die autonome Vernunft, die überall das Wesentliche hervorholen will und das geschichtlich Gewordene nur nach kritischer Sichtung übernimmt, legt die prüfende Sonde auch an den Gottesdienst. Sie verlangt von ihm: *1. edle Einfachheit, Klarheit und Vernünftigkeit,* entsprechend dem Kunstideal des parallelen Klassizismus, bekämpft deswegen in manchmal kleinlicher Weise allen barocken und volkstümlichen Aufwand, Heiligenverehrung, Wallfahrten und Bruderschaftswesen, aber auch abergläubische Praktiken; sie sucht zu den einfachen Formen des Urchristentums zurückzukehren, sie setzt sich ein für Zentrierung der Frömmigkeit auf Christus und die Heilige Schrift. *2. Die Aufklärung erkennt klar den Gemeinschaftsbezug der Liturgie,* will wieder gemeinschaftliche Feier des Gottesdienstes statt der Aufspaltung in Priester, Chor und Volk; sie aktiviert darum den Gemeindegesang, fördert das ↗Deutsche Amt, bevorrechtet die Pfarrei gegenüber Kloster- und Wallfahrtskirchen, kämpft gegen die Rosenkranzmesse, in der statt der gemeinsamen Konzentration auf das liturgische Geschehen das Volk seine Aufmerksamkeit auf das gemeinsame Beten des Rosenkranzes richtet. Damit hängt zusammen *3. die Forderung nach Verständlichkeit und Erbauung;* darum setzt sich die Aufklärung ein für die Volkssprache in der Liturgie (erreicht sie auch weithin auf dem Gebiet des Rituale); sie betont überstark die Rolle der Predigt und der Belehrung, sieht den Zweck des Kultes fast nur noch in der sittlichen Hebung des Menschen. – Diese im Prinzip berechtigten Tendenzen wurden *im katholischen Raum* schwer diskriminiert durch ihre Verknüpfung mit dem Staatskirchentum: mit dem Gallikanismus, der seit 1680 die neugallikanischen Bücher (↗Lateinische Liturgien) in den französischen Diözesen einführt, mit dem Josephinismus in den österreichischen Landen, dem Febronianismus in Deutschland, durch die Förderung dieser aufklärerischen Ideen durch die Synode von Pistoja und den Emser Kongreß. So sehr die Forderungen der Aufklärung äußerlich oft den heutigen liturgischen Reformen gleichen, sie kamen doch aus einer anderen Wurzel, aus einem reinen Intellektualismus und damit aus einem recht partiellen Verständnis der Liturgie: Man kritisierte die Messe als eine „hieroglyphische Zusammensetzung“, stieß aber zufolge der einseitig systematisch-intellektuellen Betrachtungsweise nicht zu ihren Grundvollzügen durch, aus denen allein sich die bunte Fülle der Einzelauswirkungen verstehen ließe, sondern suchte ein peripheres einigendes Band, indem man etwa alle Texte eines Gottesdienstes unter ein einheitliches Motto stellte. Trotz des ehrlichen Bemühens und des pastorell klug gemäßigten Vorgehens vieler Seelsorger (an der Spitze der Konstanzer Generalvikar *I. H. v. Wessenberg*) hat so das liturgische Bemühen der Aufklärung nicht die gewünschten Früchte getragen und die Herzen des Volkes nicht für sich gewinnen können. – *Im evangelischen Raum* traf sich der aufklärerische Prozeß gegen die Geschichte mit der geistlichen Grundbewegung des Protestes gegen das historisch Hinzugewachsene; der Prozeß der Reformation wird konsequent zu Ende geführt, die liturgische Struktur des Gottesdienstes weithin völlig aufgelöst. Trotz der liturgischen Erneuerung inzwischen wirkt eine gewisse Deformierung des Kirchenjahres noch heute nach etwa in den einseitigen Akzenten auf den Karfreitag, den Totensonntag und den bürgerlichen Neujahrstag. – So wichtig nach einer Zeit des Triumphalismus der versuchte Durchstoß der Aufklärung hin zum Wesen des christlichen Gottesdienstes gewesen ist, so konnte er trotzdem von seinem einseitigen Ansatzpunkt her das volle Wesen der Kirche und ihres Kultes nicht erfassen.

Lit.: A. L. Mayer, Liturgie, Aufklärung und Klassizismus, in: JLW 9 (1929) 67–127; *J. A. Jungmann,* Liturgische Erneuerung zwischen Barock und Gegenwart, in: LJ 12 (1962) 1–15; *H. Hollerweger,* Die Reform des Gottesdienstes zur Zeit des Josephinismus (Regensburg 1978); *J. Steiner,* Liturgiereform in der Aufklärungszeit… (Freiburg 1976).

Aufnahme Marias ↗Marienfeste 1.4.

Aufnahme unter die Kandidaten des Diakonates und Presbyterates Die beiden Apostolischen Schreiben *Pauls VI.* „Ministeria quaedam“ und „Ad pascendum“ vom 15.8.1972 erklären, daß die Aufnahme in den geistlichen Stand (Klerus) künftig nicht mehr durch die Tonsur, sondern die Diakonatsweihe erfolgt. Der Vorbereitung soll die Aufnahme unter die Kandidaten des Diakonates und Presbyterates dienen, für die in einem Faszikel des Römischen Pontifikale ein eigener Ritus vorgesehen (3.12.1972) und dessen deutsche Adaptation 1974 veröffentlicht wurde. Er ist enthalten in dem Buch „Die Beauftragung von Lektoren ...“. Die Kandidaten sollen dabei ihre Absicht bekunden, zu gegebener Zeit das ↗ Weihesakrament zu empfangen. Der zuständige Ordinarius nimmt diese Bereitschaft öffentlich entgegen. „Für Mitglieder priesterlicher Ordensgemeinschaften, die bereits ihre Gelübde abgelegt haben, ist dieser Ritus nicht verpflichtend.“

Die Aufnahme findet im Rahmen einer Meßfeier oder eines Wortgottesdienstes statt. Nach der Homilie des Bischofs bekunden die Kandidaten ihre Bereitschaft, sich geistig und geistlich auf die heiligen Weihen vorzubereiten und „Christus und seiner Kirche in Treue zu dienen“. Der Ritus schließt mit den Fürbitten für die Kandidaten. Zu gegebener Zeit empfangen sie die Beauftragung zum ↗Lektor und ↗Akolythen, um sich noch intensiver auf den Dienst am Wort und Altar im Weihestand vorzubereiten.

Aussetzung des Allerheiligsten die Aufstellung der konsekrierten Hostie in einer ↗Monstranz oder im ↗Ziborium (Pyxis) zur ↗Anbetung durch die Gläubigen für längere oder kürzere Zeit. – Der Wandel des Eucharistieverständnisses und der Volksfrömmigkeit im Hochmittelalter führte in der westlichen Kirche zu einem starken Verlangen, das konsekrierte Brot mit den Augen schauen zu können. So kam es um 1200 zur Ausbildung der ↗Elevation in der Meßfeier und später zum Mitführen des Allerheiligsten in der ↗Fronleichnamsprozession. Indem man bei der nachfolgenden Messe die Monstranz weiter auf dem Altar stehen ließ, entstand (zuerst in Norddeutschland) die „Aussetzungsmesse“, die sehr bald auf weitere Fälle ausgeweitet wurde, vor allem in der Form des Donnerstagsamtes. Man setzte das Allerheiligste aber auch schon vor der Prozession beim Chorgebet aus, übertrug diese Praxis auf andere Feste und fügte sie schließlich vielerorts fast regelmäßig an die Vesper (bzw. die damit verbundene Komplet), woraus sich die ↗Andachten vor ausgesetztem Allerheiligsten (Sakramentsandacht, Segensandacht) entwickelt haben. Großen Auftrieb erhielt die Aussetzung in der Gegenreformation, da man dabei den Glauben an die Realpräsenz auch außerhalb des Empfangs bezeugen wollte. Die gesamte Entwicklung ist auf die lateinische Kirche beschränkt. – Die römischen Behörden, Theologen und einsichtige Seelsorger waren allzeit bemüht, die Praxis der. Aussetzung auf ein vertretbares Maß zu beschränken, damit der von Christus gewollte Sinn der Eucharistie nicht verdunkelt wird. Die Aussetzung während der Meßfeier, die von der Kirche außer an Fronleichnam nie offiziell geduldet wurde, ist demnach grundsätzlich abzulehnen. – Ausführlich beschäftigt sich die Instruktion *„Eucharisticum mysterium“* der Ritenkongregation vom 25.5.1967 mit den Fragen der „Aussetzung der heiligsten Eucharistie“ (Nr. 60–66). Ihre Ausführungen werden zum großen Teil fast wörtlich wiederholt, aber auch ergänzt und konkretisiert von dem neuen Faszikel des Römischen Rituale vom 21.6.1973 [dt. Studienausgabe „Kommunionspendung und Eucharistieverehrung außerhalb der Messe“ (1973)] in Nr. 82–100. Hier wird der Sinn der Aussetzung darin gesehen, daß sie die Gläubigen zum lebendigen Bewußtsein von der wunderbaren Gegenwart Christi führt und sie einlädt, sich mit ihm zu vereinigen. Dabei wird jedoch betont, daß diese Vereinigung in der sakramentalen Kommunion ihren Höhepunkt erlangt (82). Überhaupt soll der Bezug zur Meßfeier bei allen Aussetzungen deutlich zutage treten. Längere Aussetzungen bedürfen der Genehmigung des Ortsordinarius. Nur die Monstranz darf auf einen Expositionsthron gestellt werden, das Ziborium nur auf den Altar (93). Bei längeren oder kürzeren Aussetzungen ist die Anbetung so zu gestalten, „daß die Gläubigen mit Gebeten, Gesängen und Anhören der Lesungen ihre volle Aufmerksamkeit auf Christus, den Herrn, richten können“ (95). Hieraus darf man ableiten, daß nicht jegliche Andachtsübung vor ausgesetztem Allerheiligsten gestattet ist. Die Aussetzung schließt mit dem sakramentalen Segen. „Die Aussetzung, die keinen anderen Zweck hat, als den Segen zu erteilen, ist verboten“ (89). Hierunter fällt auch der mancherorts übliche sakramentale Segen als Abschluß einer Meßfeier, weil hier eine Nebenmöglichkeit der Eucharistieverehrung als scheinbar aufwertende Zutat zur eigentlichen Feier hinzutritt (Instr. „Euch. myst.“ 66). ↗Segensmesse.

Lit.: Browe, Verehrung; E. Lengeling, Aussetzung des Allerheiligsten, in: *A. Kirchgässner* (Hrsg.), Unser Gottesdienst (Freiburg u. a. 1960) 178–190; *ders.,* Gottesdienst ... (Münster [3]1963) 178–190.

Ave Maria. In vielen Liturgien finden sich Texte, die mit dem Gruß des Verkündigungsengels an Maria (Lk 1,28) den Gruß durch die Base Elisabet (Lk 1,42) verbinden. Wohl aus dem ↗Officium parvum im 11. Jh. in den Gebetsschatz des Volkes übernommen, verbindet sich dieser Doppelgruß mit dem Vaterunser und dessen Gebetsaufreihungen (↗Rosenkranz). Der Bittzusatz „Heilige Maria ...“ bildet sich im 15. Jh. aus und wird im 16. Jh. allgemeiner Brauch; in seiner inhaltlichen Begrenztheit spiegelt er spätgotische Frömmigkeit.

B

Backenstreich Im früheren römischen Ritus der ↗Firmung gibt seit dem ↗Pontifikale des *Wilhelm Durandus* (ca. 1295) der Firmspender dem Firmling zu den Worten des abschließenden Friedensgrußes einen leichten Backenstreich. Durch Übernahme ins Römische Pontifikale von 1485 wurde diese Zeremonie in der lateinischen Kirche Allgemeingut. Seine Deutung ist sehr vielfältig. Am meisten Wahrscheinlichkeit hat die von *Durandus* an erster Stelle genannte, wonach der Backenstreich – entsprechend dem damaligen fränkisch-germanischen Brauchtum – die Aufgabe habe, dem Firmling den Empfang dieses Sakramentes nachdrücklicher ins Gedächtnis einzuprägen, also eine Art „Denkzettel" zu sein, um einer nochmaligen Firmung vorzubeugen. Andere erklären ihn – mit kaum haltbarer Begründung – als Ritterschlag, als sublimierten Friedenskuß, als Zeichen dafür, daß der Gefirmte bereit sein muß, für Christus Schmach zu erleiden, oder als „Exemtionsritus aus dem Stand des Knappen in den des Ritters". – Wegen der eigenartigen Vordergründigkeit dieser für die Firmung unwesentlichen Zeremonie im Bewußtsein des Volkes wird man es begrüßen, daß der neue Firmungsritus von 1971 den Backenstreich ersatzlos gestrichen hat.

Lit.: *A. Adam,* Firmung und Seelsorge ... (Düsseldorf 1959) 218–236.

Bahnlesung Ursprünglich wurden im Wortgottesdienst der Eucharistiefeier die biblischen Bücher fortlaufend gelesen, was man als Bahnlesung (lectio continua) bezeichnet. Ein gewisses Vorbild bot sicher der jüdische Synagogengottesdienst, bei dem das „Gesetz" ebenfalls fortlaufend, die „Propheten" aber in freier Auswahl gelesen wurden. Noch im kirchlichen Altertum zeigt sich das Bestreben, an besonderen Festtagen die darauf bezogenen Abschnitte der Heiligen Schrift vorzutragen (↗Perikopen). Diese Tendenz verstärkte sich vor allem im Zusammenhang mit den zahlreicher werdenden Festen und Heiligengedächtnissen, so daß sich in der römischen Liturgie die ursprüngliche Bahnlesung z. T. nur schwer noch erkennen ließ. – Die Neugestaltung der ↗Leseordnung für die Meßfeier von 1969 mit ihrem reicheren Bestand an biblischen Lesungen führte dazu, daß neben dem Prinzip der thematischen Abstimmung auch das der „ausgewählten Bahnlesung" (lectio semi-continua) Eingang fand. Hierbei wird zwar ein biblisches Buch fortlaufend gelesen, es werden jedoch – in Übereinstimmung mit der Überlieferung vieler Liturgien, auch der römischen – einzelne Teile aus pastoralen Gründen übergangen, „weil sie den einen oder anderen Vers enthalten, der aus seelsorglichen Erwägungen weniger vorteilhaft ist oder sehr schwierige Probleme aufwirft" (Leseordnung für die Meßfeier I, Kap. I 7 d). Dieses Prinzip wurde insbesondere bei der zweiten Lesung und den Evangelien der Sonntage der allgemeinen Kirchenjahrzeit und bei der Leseordnung für die Meßfeier an Wochentagen verwirklicht

(↗Leseordnung I). Eine Bahnlesung findet sich auch in den ersten Lesungen der Lesehore des ↗Stundengebetes.

Lit.: J. A. Jungmann MS I 504–516; hier weitere Literatur.

Baldachin (= Stoff aus Baldak [Bagdad]), Schirmdach über verehrungswürdigen Orten, Gegenständen und Personen. In fast allen Liturgien gebräuchlich zur Auszeichnung des Altares (wenn nicht aus Stoff, sondern in festen Bauformen, ↗Kiborium genannt) und der ↗Cathedra des Bischofs. Als Traghimmel bei feierlichen Prozessionen über dem Allerheiligsten und Passionsreliquien getragen, ferner über dem Bischof beim feierlichen Ein- und Auszug. In südlichen Ländern in Schirmform (umbella) auch bei der einfachen Übertragung des Allerheiligsten verwendet.

Balsam ↗Chrisam.

Baptisterium (vom griech. baptizein = taufen), auch Photisterion = Raum der Erleuchtung genannt: Kultraum, in dem die ↗Taufe gespendet wurde (Taufkapelle, -kirche). In der Mitte befand sich die „piscina" (Becken, zu dem meist drei Stufen hinabführten). Das Baptisterium war in älterer Zeit oft Teil des Kirchenbaus, später aber auch ein in der Nähe der Bischofskirche meist beim Westeingang errichtetes rundes oder polygonales Bauwerk. Weil die Taufspendung ursprünglich Vorrecht der Bischofskirche war, war es darum vor allem bei der Hauptkirche alter Bischofsstädte zu finden. Seine Funktion übernahm später der Taufstein in Seitenkapellen oder Nischen in der Nähe des Eingangs (↗Taufbrunnen). – Eine Art Renaissance des klassischen Baptisteriums erstrebten und bewirkten die 1949 im Auftrag und unter Mitwirkung der Liturgischen Kommission Deutschlands von *Th. Klauser* erstellten „Richtlinien für die Gestaltung des Gotteshauses aus dem Geiste der römischen Liturgie". Sie empfahlen als Taufort einen abgetrennten Raum in „Gestalt einer runden oder polygonalen Zentralanlage" mit dem „monumental gestalteten ‚Taufquell' " (Nr. 16). Mittlerweile haben sich im Zug der nachkonziliaren Liturgiereform neue Aspekte ergeben, die den Taufort „im Blickfeld der Gemeinde" wünschen, so daß eine „Feier in Gemeinschaft" (LK 27) möglich ist. Näheres ↗Taufbrunnen.

Lit.: J. H. Emminghaus, Baptisterium, in: LThK I (1957) 1232.

Barock. Das Zeitalter der Formfülle, der strotzenden Freude am sinnlich Wahrnehmbaren mußte, vor allem beim Zusammentreffen mit der katholischen Reform, zu einem reichen gottesdienstlichen Leben führen. Sosehr darin die Mißstände des späten Mittelalters glücklich ausgeräumt waren, kam es doch zu keinem Durchstoß zum Wesen des christlichen Gottesdienstes, sondern zu seiner rubrizistischen Erstarrung und zur Ausbildung vielfacher Formen von Sonderfrömmigkeit im katholischen und auch im evangelischen Raum. Bedingt war dies teilweise durch die gegenreformatorische Kampfsituation, die in der Liturgie die umstrittenen Punkte (Realpräsenz, Opfercharakter, besonderes Priestertum) betonen mußte statt der Wesensmitte und die zu einem ausgeprägten Triumphalismus mit Übernahme des Hofzeremoniells auch in den Gottesdienst führte. Das barocke Lebensgefühl ist aber in sich selbst nicht fähig, den eigentlichen Kern des gottesdienstlichen Geschehens deutlich herauszustellen; denn es will ja Letztes und Tiefstes darstellen und erreichen durch Übersteigerung des menschlichen Maßes, und damit tritt optisch und erlebensmäßig der Kern in ein falsch proportioniertes, verkleinertes Verhältnis zur anschwellenden Umgebung. Im Vordergrund stehen Prozessionen, Wallfahrten, Bruderschaften, religiöse Darstellungsformen (Jesuitendramen, ↗Ölberg, Heiliges Grab und ↗Auferstehungsfeier), die Religiosität richtet sich auf die überhöhte Menschlichkeit Jesu (↗Herz-Jesu-Verehrung), auf Maria, wie sie siegreich die Schlange zertritt und die Krone erlangt, auf einen bunten Heiligenhimmel. Sosehr diese Frömmigkeit, die alle und alles umspannt, äußerlich (auch architektonisch) zur Zusammenfassung der Gemeinde tendiert, in Wirklichkeit führt sie nicht zu echter Gemeinschaft, sondern zu bloßer Addition subjektiv echt religiös beteiligter Gläubigen; die Liturgie wird zum heiligen Schauspiel, das vollendet aufgeführt wird, mit allen Mitteln der Musik, mit allem Sinnenreiz von Farbe, Licht und Duft; aber der lebendige Vorgang der Predigt bleibt daraus losgelöst, der Kommunionempfang wird zu einer aszetischen statt liturgischen Frage, der Graben zwischen der Liturgie einerseits und dem religiösen Leben des Volkes andererseits wird nun endgültig aufgerissen. – *Im evangelischen Raum* verläuft die Entwicklung nicht anders: Unzufrieden mit dem verfestigten, künstlerisch (vor allem musikalisch) reich ausgestalteten Gottesdienst, wie er sich im Zeitalter der Orthodoxie etabliert, kommen seit 1650 die Strömungen des *Pietismus* auf, in dem der fromme einzelne zur Norm des christlichen Gemeindelebens wird, entwickelt sich auch die Brüdergemeine unter *N. v. Zinzendorf* (1700–1760) mit einem ganz eigenständigen gottesdienstlichen Leben. Die eigentlich bewegenden und gemeindestiftenden Kräfte des christlichen Gottesdienstes kommen in der offiziellen Liturgie nicht mehr zur Auswirkung. – Ohne Zweifel beherrscht die Barockfrömmigkeit auch heute noch auf weite Strecken das Erscheinungsbild des Gottesdienstes vor allem in Südeuropa und in den süddeutschen und österreichischen Landen. Die ↗Aufklärung und auch die Restauration und Romantik konnten sie nicht zerstören, weil sie die innere Lebenskraft des Barock gar nicht in den Griff bekamen und vor allem keine neue Lebendigkeit an ihre Stelle setzen konnten. Die Aufklärung sah nur, wie das Heilige hier irrational erfaßt war, und wollte es rational erhellen, während das Leben und besonders das gottesdienstliche Leben tiefere Schichten des Menschen mit umgreift, die vom Barock intensiv angesprochen werden.

Lit.: A. L. Mayer, Liturgie und Barock, in: JLW XV (1941) 67–154; *Veit/Lenhart,* Kirche und Volksfrömmigkeit im Zeitalter des Barock (Freiburg 1956).

Bartholomäus ↗Apostelfeste 7.

Basilika 1. Bezeichnung für das altchristliche ↗Kirchengebäude. Im Römischen Weltreich gab es den Typ des Amtsgebäudes, das die Versammlungen zu öffentlichen Betätigungen aller Art (Gerichtsverhandlungen, Handels- und Börsengeschäften, politischen Aktionen, kaum aber zu kultischen Zwecken) ermöglichte und Basilika (griech. = königliche [Halle]) hieß. Wie aus diesen öffentlichen Zweckbauten die christliche Basilika entstanden ist, ist bis heute umstritten. Selbst über die Grundfrage herrscht keine Einigkeit, ob die Namensübertragung auf der Übernahme eines Bauschemas oder auf einer gemeinsamen öffentlich-rechtlichen Privilegierung beruht. Jedenfalls scheint das römische Amtsgebäude zuerst für die jüdischen Synagogen übernommen worden zu sein; die Gemeindeältesten, die die synagogale Versammlung leiteten, nahmen aber nicht in der ↗Apsis Platz, sondern auf einem Podium inmitten des Raumes, dem ↗Bema; die Apsis blieb leer. Davon dürfte sich die christliche Basilika des syrischen Raumes herleiten (↗Antiochien). Hier verblieben die Leitung des Gottesdienstes und die Wortverkündigung auf dem Bema. Der Abendmahlstisch wurde in die Apsis gestellt, und so entsteht hier ein eigener ↗Altarraum. In Rom und Nordafrika dürfte unabhängig davon eine eigene Adaptierung der Basilika erfolgt sein, die den Vorsitz (↗Cathedra, ↗Presbyterium) in der Apsis beläßt und den Altar jeweils mitten im Gläubigenschiff aufstellt oder auch unmittelbar vor der Apsis, vor allem dort, wo sich in den Großbauten ein Querschiff zwischen Apsis und Längsschiffen ausbildet. Zwischen Altar und Schiff wird dann auch (entwickelt aus dem Bema?) der Platz der Sängerschola errichtet, oft verbunden mit dem ↗Ambo.
2. In der *Kunstgeschichte* versteht man unter Basilika (als Gegenpol zur Hallenkirche) einen Längsbau, dessen Mittelschiff höher ist als die durch Säulen abgetrennten Seitenschiffe und der deswegen durch Öffnungen im Obergaden belichtet wird.
3. Im *Kirchenrecht* bezeichnet Basilika eine Kirche, die durch besondere Privilegien ausgezeichnet ist: besondere Kleidung der Kanoniker, eine kleine Glocke, die bei Prozessionen vorangetragen wird (tintinnabulum) und ein kegelförmiger, gelb und rot gestreifter Schirm (conopeum oder padiglione). Diese Auszeichnung als *basilica minor*, die in letzter Zeit vielen Kirchen in der ganzen Welt verliehen wurde, ist nachgebildet den Vorrechten der alten *Patriarchalbasiliken* (von patriarchum = Papstpalast), der Stadtkirchen des römischen Bischofs mit Papstthron und Papstaltar. Lateranbasilika, S. Maria Maggiore, St. Peter, St. Paul und St. Laurentius. Ihnen gleichgestellt ist S. Francesco in Assisi und die Portiunkulakirche. Sie alle tragen den Titel *basilica maior*.

Lit.: A. M. Schneider, Die altchristl. Bischofs- und Gemeindekirche und ihre Benennung, in: Nachrichten d. Akad. d. Wiss. Göttingen, Phil.-hist. Klasse (1952) Nr. 7; *A. Weckwerth,* Das altchristl. und das frühmittelalterliche Kirchengebäude ..., in: Zeitschr. f. Kirchengeschichte 69 (1958) 28–78.

Basiliusliturgie ↗Oriental. Riten.

Beauftragung ↗Akolyth, ↗Lektor.

Begleitfest begeht einen Teilaspekt einer Festfeier, gewöhnlich am darauffolgenden Tag (dann besser *Folgefest* genannt). Stärker verbreitet in der *Ostkirche:* Gedächtnis Mariens am Tag nach Weihnachten, des Täufers nach Epiphanie, von Simon und Hanna nach Lichtmeß, des Heiligen Geistes am Montag nach Pfingsten, der Eltern Marias nach Mariä Geburt, aller Apostel nach Peter und Paul. Für die ganze Kirche bedeutsam wurde das große Kreuzgedächtnis am Tag nach der Weihe der konstantinischen Bauten auf Golgota (13. September), das Kreuzerhöhungsfest am 14. September. *In Rom* geschieht das älteste Mariengedächtnis gleichfalls in Form eines Folgefestes von Weihnachten am 1. Januar (↗Marienfeste 1.2). Als Folgefest von Weihnachten läßt sich auch verstehen Lichtmeß am 40. Tag und vielleicht noch das Fest der Unschuldigen Kinder am 28. Dezember. Die übrigen Begleitfeste des Römischen Kalenders sind jung: Allerseelen nach Allerheiligen, Paulus nach Peter und Paul, Joachim nach Mariä Heimgang, Gabriel am Tag *vor* Mariä Verkündigung, wohl auch Monika am Tag vor Augustinus' Bekehrung (früher). – *Die Heiligenfeste nach Weihnachten* sind keine echten Folgefeste. Für ↗Jerusalem sind indirekt folgende Feste bezeugt für eine Zeit, wo Weihnachten dort nicht gefeiert wurde: 25. Dezember König („Gottesahne") David und Herrenbruder Jakobus, 26. Dezember Stephanus, 27. Dezember Peter und Paul, 28. Dezember Jakobus und Johannes. Mit diesen gehäuften Festfeiern wollte man vielleicht ein Gegengewicht schaffen gegen das jüdische Tempelweihefest (Hanukka); als die Juden Jerusalem nicht mehr betreten durften, begingen sie diese Tage in Hebron und bildeten sie um zu Gedenktagen der (dort begrabenen) Patriarchen, die im christlichen Kalender teilweise umgedeutet worden wären (Jakobus!). Peter und Paul ist in allen Kirchen auf das römische Datum gewandert, die übrigen Feste sind so ziemlich geblieben und stehen also nur zufällig hinter Weihnachten. Die byzantinische Kirche feiert den Sonntag vor Weihnachten als den Tag der heiligen Väter (von Abraham bis Josef), den Sonntag voraus als den Tag der Ahnen Christi und schafft so eine Verbindung mit Weihnachten.

Begräbnisliturgie

1. Geschichtliche Bemerkungen

Die *altchristliche* Begräbnisfeier lehnte sich weitgehend an die Bräuche der heidnischen Antike an, soweit diese mit dem christlichen Auferstehungsglauben vereinbar waren. Dies gilt in der römischen Kirche vor allem hinsichtlich des Totenmahles an bestimmten Tagen (3., 7., 30. Tag nach dem Tod und Jahrestag), zu dem man sich am Grab versammelte, um des Toten zu gedenken. Bereits seit dem 2. Jh. verbanden die römischen Christen mit diesem Mahl die eucharistische Feier. Daß Christen nicht trauern wie jene, die keine Hoffnung haben (1 Thess

4,13), zeigte sich auch in den weißen Kleidern gegenüber der schwarzen Trauerfarbe der Heiden (vgl. Tertullian, De mortalitate c. 20). Statt der monotonen Totenklage der Klageweiber sangen sie Psalmen und Hymnen, im Osten auch das Halleluja. Schon früh versuchten die Christen an die Stelle der in der Antike weitverbreiteten Leichenverbrennung das Erdbegräbnis zu setzen, wobei sie sich am Begräbnis Christi und der Symbolik des in die Erde gelegten und aufsprießenden Weizenkorns (Joh 12,24) orientierten. – *Im Mittelalter* nahm die Begräbnisliturgie Trauerelemente in einem Ausmaß an, daß die christliche Auferstehungshoffnung stark verdunkelt wurde. Angst und Schrecken vor dem ↗Dies irae des Gerichtes bestimmte weitgehend die Einstellung der Gläubigen und auch manche liturgischen Texte. Die Fürbitte für die Toten erhielt eine dominierende Stellung. *In der Neuzeit* führten Aufwand und Pomp bei den Begräbnisfeiern zu einem Klassensystem bei Beerdigungen. Das II. Vatikanum verbot diese Fehlentwicklung mit der generellen Bestimmung, daß es „weder im Ritus noch im äußeren Aufwand ein Ansehen von Person oder Rang“ geben dürfe (LK 32). Zugleich traf es folgende Bestimmung: „Die Totenliturgie soll deutlicher den österlichen Sinn des christlichen Todes ausdrücken und besser den Voraussetzungen und Überlieferungen der einzelnen Gebiete entsprechen, auch was die liturgische Farbe betrifft“ (LK 81).

2. Die Neugestaltung der Begräbnisliturgie

Am 15. 8. 1969 veröffentlichte die Gottesdienstkongregation die neue Begräbnisliturgie („Ordo exequiarum“, vom lat. exsequi = geleiten); die adaptierte Ausgabe für den deutschen Sprachraum erschien 1973 („Die kirchliche Begräbnisfeier“). Sie soll im folgenden kurz beschrieben werden.

Der weitverbreitete Brauch der „Totenwache“ an den Abenden zwischen Tod und Begräbnis, sei es im Trauerhaus oder in der Kirche, soll beibehalten werden, wobei auch ein Laie den entsprechenden Gottesdienst (Wortgottesdienst, Rosenkranz mit Lesungen, andere Gebete) leiten kann. Um wertvolle örtliche Gebräuche möglichst erhalten zu können, gibt es kein Einheitsritual, sondern verschiedene Strukturen der Begräbnisliturgie. Der *erste Grundtyp* sieht drei Stationen vor, die in verschiedener Weise aufeinanderfolgen können: Trauerhaus (Trauerhalle) mit dem Eröffnungsritus, Kirche mit Eucharistiefeier und Grab mit Beisetzung. Der *zweite Grundtyp* kennt nur zwei Stationen: Trauerhalle (Friedhofskapelle) mit Eröffnung und Wortgottesdienst und Grab mit Beisetzung. Der *dritte Grundtyp* besteht aus einer einzigen Station: Die Gemeinde versammelt sich am Grab oder in der Friedhofskapelle oder im Krematorium, wo dann Eröffnung, Wortgottesdienst und Beisetzung bzw. Verabschiedung stattfinden.

Ohne auf die verschiedenen Formen im einzelnen einzugehen, seien lediglich die *Riten am Grab* beschrieben und einige allgemeine Bemerkungen angeschlossen: Sobald die Trauergemeinde am Grab versammelt ist, spricht der Zelebrant ein Gebet (u.a. zur Segnung des Grabes) oder ein persönliches Wort. Vor oder während der Einsenkung des Sarges wird ein kurzes Schriftwort verkündet und hinzugefügt: „Wir übergeben den Leib der Erde. Christus, der von den Toten auferstanden ist, wird auch N. zum Leben erwecken." Der Zelebrant besprengt den Sarg mit Weihwasser, ehrt ihn durch Inzens (fakultativ) und wirft etwas Erde darauf, indem er spricht: „Von der Erde bist du genommen, und zur Erde kehrst du zurück. Der Herr aber wird dich neu gestalten." Nun steckt er ein Kreuz in die Erde oder macht ein Kreuzzeichen über das Grab und spricht: „Im Kreuz unseres Herrn Jesus Christus sei dir und uns allen Auferstehung und Heil. Der Friede sei mit dir." Die Trauergemeinde singt ein passendes Lied, es folgen Fürbitten für den Verstorbenen, die trauernden Angehörigen und alle Anwesenden, das Gebet des Herrn, eine Schlußoration, ein Mariengebet und ein abschließendes Segenswort. – Alle Riten zeichnen sich durch Situationsnähe, Anpassungsfähigkeit, teilnehmende Freundlichkeit, reiche Verwendung der Heiligen Schrift, neutestamentliche Theologie und Einbaumöglichkeit örtlicher Bräuche aus. Die neue Begräbnisliturgie ist besser als die frühere geeignet, nicht nur dem Verstorbenen in würdiger Form den letzten Dienst zu erweisen, sondern auch die Trauernden zu trösten, die anwesenden Gläubigen im österlichen Auferstehungsglauben zu bestärken und auch die Kirchendistanzierten in einer menschlich gewinnenden Form anzusprechen.

In der Regel leitet ein Priester oder Diakon das Begräbnis. In besonderen Fällen können aber auch Laien damit beauftragt werden. Die Gläubigen sollen ermuntert werden, von äußerem Aufwand bei den Begräbnisfeierlichkeiten Abstand zu nehmen und statt dessen karitative Werke zu unterstützen.

3. Die Begräbnisfeier für unmündige Kinder

Im römischen Ritus gab es seit dem 15.Jh. ein eigenes Ritual für die Beerdigung getaufter Kinder, die vor Erlangung des Vernunftgebrauchs gestorben sind. Es enthielt keine Fürbitte für das Kind, weil es noch nicht sündigen konnte und sich deshalb der Anschauung Gottes erfreut. Aus dem gleichen Grund gab es keine Meßfeier für ein solches Kind (↗Engelamt). Das II. Vatikanum gab die Weisung, dies zu ändern (LK 82). Die neue „kirchliche Begräbnisfeier" sieht vor, daß ihr Begräbnis nach einer der Formen gehalten wird, die für das Begräbnis Erwachsener vorgesehen sind, jedoch mit eigenen Texten. Das neue Rituale enthält u.a. eine Modellansprache und besondere Gebete für die Eltern des Kindes. Die gleiche Regelung gilt auch für ein Kind, das vor der von den Eltern beabsichtigten Taufe gestorben ist, jedoch mit einigen Anpassungen. Das neue Missale enthält zwei Meßformulare für verstorbene unmündige Kinder, die getauft, und eines für solche, die nicht getauft sind.

4. Zur Liturgie bei der Feuerbestattung

Weil beim Aufkommen der Feuerbestattung in der zweiten Hälfte des 19. Jh. für die Einäscherung der Toten oft mit antikirchlichen Argumenten geworben wurde, verbot die Kirche für ihre Glieder die Feuerbestattung und lehnte jede liturgische Mitwirkung, auch bei der Beisetzung der Urnen, ab. Durch einen Erlaß des Heiligen Offiziums (1964) wurde diese Einstellung noch während des Konzils revidiert und die kirchliche „Einsegnung“ der Leiche und die Beisetzung der Urne unter Mitwirkung eines Geistlichen gestattet, sofern mit dem Entschluß zur Einäscherung keine kirchenfeindliche Tendenz verbunden war. Das neue Begräbnisritual sieht vor, daß eine kirchliche Feier entweder bei der Einäscherung oder bei der Urnenbeisetzung stattfinden kann. Findet zur Einäscherung ein kirchlicher Gottesdienst statt, der sich nach dem Grundtyp 3 (nur eine Station) zu richten hat, wird die Urne später in einer einfachen Feier beigesetzt. Findet aber nur bei der Beisetzung der Urne eine kirchliche Feier statt, so richtet sie sich entweder nach Grundtyp 2 oder 3.

Lit.: L. Koep u. a., Bestattung, in: RAC II (1952) 194–219; *Th. Maertens – L. Heuschen,* Die Sterbeliturgie der katholischen Kirche (Paderborn 1959); *B. Bürki,* Im Herrn entschlafen (Heidelberg 1969); *K. Dirschauer,* Der totgeschwiegene Tod (Bremen 1973); *H. Hollerweger,* Die erneuerte Begräbnisfeier, in: LJ 24 (1974) 13–30; *ders. u. a.,* Erneuerung der Begräbnisliturgie, in: LJ 21 (1971) 129–143; *K. Richter u. a.,* Zeichen der Hoffnung in Tod und Trauer (Einsiedeln – Freiburg 1975).

Begrüßung Gottesdienst ist zunächst einmal Versammlung des Gottesvolkes, *Synaxis,* wie altkirchliche Schriften den christlichen Gottesdienst gern nennen. Darum ist es selbstverständlich und natürlich, daß der Leiter der gottesdienstlichen Versammlung und die Gemeinde sich gegenseitig begrüßen. Eine Begrüßung gab es auch schon vor der Liturgiereform, indem der Priester vor dem Tagesgebet das ↗Dominus vobiscum (Bischof: Pax vobis) sprach und die Gemeinde mit „Et cum spiritu tuo“ antwortete. Dieser Gruß kam allerdings infolge des Zuwachsens der heute vorausliegenden Elemente recht spät und wurde wegen seiner häufigen Wiederholung von vielen Gläubigen nur als stereotype Formel verstanden. – Während das MR nur drei Begrüßungsformeln aufweist (zwei im Ordo missae und eine im Anhang), hat das MD acht verschiedene Grußworte, meist biblische Segenswünsche, die vor allem den Anfängen der neutestamentlichen Briefe entnommen sind. Die Gemeinde antwortet jeweils mit „Und mit deinem Geiste“. Diese biblischen Grußworte haben etwas mit dem Zuspruch göttlichen Segens zu tun; sie rufen „der versammelten Gemeinde ... die Gegenwart des Herrn ins Bewußtsein“ (AEM 28) und machen deutlich, daß er als der Hohepriester des Neuen Bundes mitten unter uns ist. Dies meint wohl die AEM, wenn sie diesen Gruß einen Ausdruck des „Gegenwärtigseins des Mysteriums der Kirche in der feiernden Gemeinde“ nennt (ebd.). – Im Hinblick auf diese Bedeutung dürften diese biblisch-liturgisch geprägten

Grußformen den Vorzug vor den alltäglichen Allerweltsgrüßen haben. – Mit der Begrüßung kann der „Priester, der Diakon oder ein anderer dazu Beauftragter … eine knappe Einführung geben" (MD, Ordo missae). Hier sollte man darauf achten, daß diese sich nicht zu einer ersten Predigt ausweitet (gilt auch für andere Gelegenheiten) und so der Vorwurf der „Sermonitis" berechtigt wird.

Lit.: H. J. Herkenrath, Vom eröffnenden Gruß, in: *Gott feiern* 71–78.

Beichte Das Bekenntnis der Schuld gehört nach der Heiligen Schrift zu den wichtigsten Ausdrucksformen der ↗Buße, der tätigen Abkehr von der Sünde (vgl. Jak 5,16). Die Beichte ist deshalb auch zu einem wichtigen Teilelement des ↗Bußsakramentes geworden. Aber auch außerhalb des Sakramentes war die Beichte in mancherlei Formen bekannt und geübt. Man suchte dafür gern geisterfüllte Männer auf, deren fürbittendem Gebet man sich anvertraute und von denen man sich nicht nur Hilfe zur Vergebung, sondern auch Rat für den weiteren Weg (Seelenführung) erhoffte. In den Mönchsgemeinden des Ostens bildete sich ein Bußverfahren heraus, das man als Laienbeichte bezeichnen könnte. Man bekannte einem Mitbruder, der im allgemeinen kein Priester war, seine Schuld und bat um sein Gebet. Die für solche gebeichteten Sünden auferlegte Bußzeit war wesentlich geringer als das öffentlich-kirchliche Bußverfahren. Nach Ablauf der Bußzeit wurde der Betreffende wieder in die volle Gemeinschaft der Mönche aufgenommen, seine Schuld galt als vergeben. Noch im Mittelalter beichtete man in Notfällen Laien seine Sünden und bat um ihre Fürbitte. Die Einzelbeichte in den *evangelischen Kirchen* wurde nach dem Vorbild *Luthers,* der sie bis 1520 noch als Sakrament betrachtete, beibehalten, wobei nicht nur der ordinierte Geistliche, sondern jedes Glied der Gemeinde auf Grund des gemeinsamen Priestertums die Beichte hören und das Wort der Versöhnung zusprechen kann (↗Bußsakrament).

Auch in der katholischen Kirche der Gegenwart gibt es Versuche, das Schuldbekenntnis vor dem „Bruder" als eine Vorform der sakramentalen Beichte neu zu beleben. Eine solche *„Laienbeichte"* im Rahmen einer „revision de vie" kann unter bestimmten Voraussetzungen ein wichtiger Schritt im Bekehrungsvorgang sein und als gegenseitige Bezeugung des Glaubens für die christliche Spiritualität große Bedeutung erlangen. – In der Nähe einer solchen Laienbeichte steht auch das Eingeständnis der Schuld gegenüber jenem Menschen, dem man Unrecht getan hat *(Versöhnungsbeichte).* Die Versöhnung mit ihm wird von der Bergpredigt als Vorbedingung eines gottgefälligen Opfers betrachtet (Mt 5,23f). – *Im Bußsakrament* selbst ist an und für sich nur die Beichte (subjektiv) schwerer Sünden gefordert, und zwar nach dem IV. Lateranum (1215) wenigstens einmal im Jahr. Es wäre deshalb nicht richtig, wollte man in Katechese und Predigt die jährliche Beichte („Osterbeichte") für alle Gläubigen als kirchliches Gebot urgieren. Diese Feststellung möchte die Bedeutung der *„Andachtsbeichte",* bei der nur läßliche Sünden bekannt werden und die man in der Neuzeit fälschlicherweise als Voraussetzung für jeden Kommunionempfang betrachtet hat, nicht mindern. Auch sie ist, sofern sie nicht schematisch-legalistisch abgelegt wird, sondern ein Bekenntnis des Ungenügens vor dem Anspruch der Christusnachfolge ist und den Mangel an Glaube, Hoffnung und Liebe aufdeckt, ein wertvoller Läuterungsprozeß, wozu eine vertrauensvolle Gesprächsbereitschaft auf beiden Seiten und eine verständige Gesprächsführung seitens des Priesters erheblich beitragen kann. Hierfür sollten bessere räumliche und zeitliche Voraussetzungen geschaffen werden, die ein persönliches und heilendes Beichtgespräch besser ermöglichen (z. B. keine Stoßzeiten vor bestimmten Festtagen mit Hetze und „Massenabfertigung"; ↗Beichtstuhl, Beichtzimmer). – Weil im Rahmen des Bußsakramentes das Bekenntnis der Sünden nur eine von mehreren seitens des Pönitenten zu erbringenden Vorbedingungen zum Empfang ist, kann die *Bezeichnung des Sakramentes als „Beichte"* nicht als glücklich betrachtet werden, zumal dabei verdeckt wird, daß das entscheidende Geschehen das Wort der Versöhnung ist und nicht eine Leistung des Menschen. – Neben der Einzelbeichte gibt es das *allgemeine Sündenbekenntnis,* wofür die Liturgie mehrere Formen kennt: ↗Bußakt der Meßfeier, ↗Confiteor, ↗offene Schuld, ↗Bußgottesdienste.

Lit.: ↗Lit. Bußsakrament; ferner: *W. Kasper,* Beichte außerhalb des Beichtstuhls, in: Concilium 3 (1967) 283–286; *K. Rahner,* Vom Sinn der häufigen Andachtsbeichte, in: Schriften zur Theologie III (Einsiedeln [7]1967) 211–226; *ders.,* Beichtprobleme, ebd. 227–245; *ders.,* Pastoraltheologie des Bußsakramentes in: HPTh IV 128–144; *F. Nikolasch,* Das Trienter Konzil und die Notwendigkeit der Einzelbeichte, in: LJ 21 (1971) 150–167; *H. Höfliger,* Die Erneuerung der evangelischen Einzelbeichte, in: ebd. 168–173; *M. Mezger* (ev.), Beichte (V: Praktisch-theologisch), in: Theol. Realenzyklopädie V (1979) 428–439.

Beichtstuhl, Beichtzimmer Da der Priester bei der Gewährung der Wiederaufnahme im ↗Bußsakrament eine hoheitliche Tätigkeit ausübt, ist die ihm angemessene Haltung das ↗Sitzen. Dazu wurde an einer geeigneten Stelle, vielfach in der Nähe des Altares, ein beweglicher Sitz aufgestellt. Nach dem Tridentinum beginnt man, zwischen Priester und Büßer ein Gitter aufzurichten, das durch das Rituale Romanum von 1614 zur Vorschrift gemacht wird. Im Barock entstehen die festen, meist dreiteiligen und überdachten Beichtstühle. In neuerer Zeit befürwortet und realisiert man sog. Beichtzimmer, in denen das Beichtgespräch sich unter günstigeren Umständen entfalten kann. Aber auch dort, wo die Pönitenten aus Gründen der Anonymität am Beichtstuhl festhalten möchten, sollte er „so konstruiert sein, daß er das Sitzen des Pönitenten erlaubt, nicht geflüstert werden muß, die Möglichkeit gegeben ist, daß Priester und Pönitent sich sehen und ... alle Hast und eintönige Routine ... vermieden werden können" (*K. Rahner,* in: HPTh IV 142f).

Bekehrung des Paulus ↗Apostelfeste 1b.

Bekenner (lat. = confessor) ursprünglich Ehrentitel eines Christen, der das Zeugnis des Glaubens vor dem Richter abgelegt hat und dafür bestraft wurde, wenn auch nicht mit der Todesstrafe wie die ↗Märtyrer. Nach den großen Verfolgungen auch angewandt auf das Zeugnis vor allem des aszetischen Standes (Einsiedler, ↗Mönch, ↗Jungfrau), dessen Mühseligkeiten in die Nähe des Martyriums gerückt wurden (vgl. Magnificat-Antiphon am 11. Nov. [Martin von Tours]). In der lateinischen Liturgie schließlich ausgedehnt auf alle heiligen Nicht-Märtyrer. – Die Neuordnung (GOK und MR) hat den Titel „Bekenner" (wie auch die seitherigen Klassifizierungen „weder Jungfrau noch Märtyrin" und „Witwe") als weniger geeignet fallengelassen. Sie kennt nur noch Commune-Messen für Märtyrer, Hirten der Kirche, Kirchenlehrer, Jungfrauen und heilige Männer und Frauen. – ↗Heiligenverehrung.

Bema (griech. = Rednertribüne), vor allem im Osten übliche Bezeichnung für den erhöhten Ort, von dem aus der Gottesdienst geleitet wird (↗Presbyterium). Heute gern gebraucht speziell für den Leitungsplatz inmitten des Gläubigenschiffs, wie er im syrischen Raum (↗Antiochien; ↗Basilika) heimisch war. Bei den Griechen, wo Altar und Vorsteherplatz auf derselben Erhöhung stehen, auch Bezeichnung für den Altarraum und selbst für den Altar.

Lit.: A. Raes, Die räumliche Disposition der Eucharistiefeier im Osten, in: LJ 11 (1961) 222–237, vor allem ab 227.

Benedictus

1. Lobgesang (↗Canticum) des Zacharias bei der Beschneidung Johannes' des Täufers (Lk 1,68–79). Im römischen Ritus durch die Abtrennung des Magnificat zum Höhepunkt der ↗Laudes geworden, während im byzantinischen Morgenkanon Magnificat und Benedictus verbunden blieben und dadurch die ganze Aufmerksamkeit auf dem Magnificat liegt. In der gallischen Liturgie gehörte das Benedictus (dort „prophetia" genannt) zu den festlichen Eröffnungsgesängen der Meßfeier, funktionell unserm Gloria entsprechend; Reste davon im mozarabischen Ritus.

2. Zufügung zum ↗Sanctus.

Benediktion ↗Weihungen und Segnungen.

Benediktionale Bezeichnung für das liturgische Buch, das die ↗Weihungen und Segnungen enthält (vom lat. benedicere = segnen, weihen). Im ↗Rituale Romanum waren diese in einem eigenen Titulus (IX) zusammengefaßt, der in der editio typica von 1952 173 Benediktionen enthielt (zusätzlich noch acht weitere im Anhang für bestimmte Diözesen), von denen nur 86 für den Priester nicht reserviert waren. Das II. Vatikanum gab den Auftrag, die ↗Sakramentalien zu überarbeiten im Sinn der „tätigen ↗Teilnahme" und im Hinblick auf die Erfordernisse unserer Zeit, wobei nach Bedarf auch neue Sakramentalien zugefügt werden können und nur wenige reserviert sein sollen. Grundsätzlich sollen auch Laien bestimmte Sakramentalien spenden können (LK 79). Auf der Grundlage einer neuen Ausgabe des Rituale Romanum sollen besondere Ritualien für die einzelnen Gebiete erarbeitet werden (LK 63b). Für den deutschen Sprachraum übernahm diese Aufgabe die IALK mit Billigung der zuständigen Bischofskonferenzen und mit Gutheißung durch die Römische Kongregation für die Sakramente und den Gottesdienst (Brief vom 21.2.1977). Sie war dabei an folgende Leitlinien der genannten Kongregation (Brief vom 27.2.1976) gebunden: a) Die Segnungen müssen als gemeinschaftliche Feiern strukturiert sein; b) dem Wort Gottes soll ein gebührender Platz eingeräumt werden; c) bei Segnungen von Gegenständen soll sich das Gebet auf die Menschen beziehen, die diesen Gegenstand gebrauchen. Das Ergebnis dieser Arbeit erschien 1978 als „Benediktionale. Studienausgabe für die katholischen Bistümer des deutschen Sprachgebietes" (Einsiedeln – Zürich – Freiburg – Wien und Leipzig). Bedeutsam ist die vorangestellte *„Pastorale Einführung"* über Sinn und Bedeutung der Segnungen, Aufgabe der Gemeinde und des Spenders und über die Struktur und die Einzelelemente der Segnungen. Diese Darlegungen sind geeignet, das rechte Verständnis von ↗Segen und Segnung zu fördern und magischen Vorstellungen und Praktiken wirksam zu begegnen. Was die Frage des Spenders betrifft, so wird festgestellt, daß auch getaufte und gefirmte Laien auf Grund des gemeinsamen Priestertums und eines besonderen Auftrags segnen können. Entscheidend für die Frage nach dem Spender ist der Bezug der einzelnen Segnungen zu Diözese, Pfarrei und Familie: „Daher sind dem Bischof Segnungen vorbehalten, in denen eine besondere Beziehung zur Diözese sichtbar wird; Priester, Diakon oder beauftragte Laien segnen im Leben der Pfarrgemeinde oder im örtlichen öffentlichen Leben; Eltern segnen in der Familie" (18). Die insgesamt 99 Einzelsegnungen gruppieren sich in Segnungen im Leben der Pfarrgemeinde, der Familie und der Öffentlichkeit. Ein Anhang mit allgemeinen Lesungen und Schriftworten, Begrüßungsformeln, Singweisen, Allerheiligenlitanei, Schlußsegen und Entlassung sowie Hinweise auf das „Gotteslob" und das Kirchengesangbuch der Schweiz runden das ansehnliche Buch ab.

In einer Zeit des weithin verblassenden Glaubens vermag es einen wichtigen Beitrag dafür zu leisten, den Blick für den Zusammenhang der Schöpfung mit dem Schöpfergott zu schärfen und den „gläubigen Umgang mit der Welt" besser zu realisieren.

Lit.: Franz I–II (Sammlung mittelalterlicher Benediktionen); *H. J. Spital,* Gedanken zur Reform des Benediktionale, in: LJ 15 (1965) 108–118; *G. Langgärtner,* Magie oder Gottesdienst, in: HD 29 (1975) 97–110; *J. Baumgartner* (Hrsg.), Gläubiger Umgang mit der Welt (Freiburg u. a. 1976); *H. Hollerweger,* „Macht es nicht zu nüchtern". Erster Bericht der Arbeitsgruppe „Benedictionale", in: Gd 9 (1975) 1–4; *ders.,* Konkrete Analyse von Phänomenen des Benediktionale und Prozessionale in

Geschichte und Gegenwart, in: LJ 27 (1977) 42–63; *ders.*, Zum Lobpreis Gottes – zum Heil der Menschen. Hinführung zum „neuen Benediktionale“, in: Gd 12 (1978) 161–163; *ders.*, Das neue deutsche Benediktionale, in: LJ 30 (1980) 69–89; *P. Wollmann*, Das neue Benediktionale, in: AkG 87 (1978) 360–364, 415–418.

Beraka ↗Hochgebet.

Berühren ↗Handauflegung.

Beschneidung des Herrn, Fest Dieses Fest dürfte sich im 6. Jh. zuerst in Gallien und Spanien eingebürgert haben. Auf Grund von Lk 2,21 wurde es am 1. Januar begangen. Erst im 13./14. Jh. finden wir es in Rom; es erhielt sich im Missale Romanum unter der Bezeichnung „Beschneidung des Herrn und Oktav von Weihnachten“ (duplex II. Kl.) bis zum Codex rubricarum von 1960, der es nicht mehr berücksichtigte. – ↗Weihnachtsoktav.

Besprengen (Aspergieren), im Altertum allgemein geübter Brauch, geschah mit Wasser (das teilweise eigens dafür geweiht wurde), mit Opferblut (Ex 24,8; Hebr 9,19–22) oder Wein; verstanden wohl als Andeutung einer Abwaschung und ihrer Sühnekraft, aber auch als spürbare Applikation des ↗Segens. Besprengung mit ↗Weihwasser war auch bei Christen schon früh gebräuchlich; selbst als Ersatzform für das Untertauchen bei der Taufe ist es schon bei den Vätern bezeugt. So kann sich das sonntägliche ↗Asperges zum Taufgedächtnis entwickeln. Im lateinischen Ritus ist Aspersion heute bei jeder ↗Weihung und Segnung vorgesehen; besonders feierlich geschieht sie bei der Grundsteinlegung einer Kirche, bei Altar-, Kirchen- und Glockenweihe (der Osten bevorzugt für solche Lustrationen mehr den ↗Weihrauch). Bei der Selbstbekreuzigung besprengen sich die Gläubigen gern mit Weihwasser, vor allem beim Verlassen und Betreten des Hauses. – Zum Besprengen gebrauchte man grüne Zweige, nach alttestamentlichem Vorbild (Ps 50,9; Ex 12,22 u.ö.; Hebr 9,19) *Ysop* genannt; jetzt ersetzt durch das *Aspergill*.

Betsingmesse ↗Gemeinschaftsmesse mit eingefügten Gesängen. Die ↗Aufklärung hatte (zunächst für das ↗„Deutsche Amt“) Meßlieder geschaffen und den Typ der deutschen „Singmesse“ ausgebildet; bekannte, heute noch teilweise gebrauchte Beispiele sind die „Schubertmesse“ („Wohin soll ich mich wenden“) und die nicht von *M. Haydn* stammende „Haydnmesse“ („Hier liegt vor deiner Majestät“). Diese Form wurde auf die Lesemesse übertragen: während der Priester still für sich eine Messe „liest“, singt das Volk ein zum jeweiligen Meßteil passendes Lied. Bis zum Zweiten Weltkrieg war diese reine „Singmesse“ wohl die verbreitetste Form für Kinder- und Sonntagsspätmessen. So verdienstvoll es war, daß sie den Gläubigen einen ungefähren Anschluß an die Meßfeier ermöglichte, so unzureichend ist heute diese Form, weil sie die Struktur der Messe völlig einebnet; die Gemeinde übernimmt nicht ihren Part im

Gottesdienst, sondern meditiert über den vom Priester allein gefeierten Gottesdienst. Die österreichischen Richtlinien verbieten sie darum ausdrücklich. – Auch in der Form der deutschen ↗Gemeinschaftsmesse empfand man bald das Bedürfnis nach Gesang, wie dies dem Wesen der gottesdienstlichen Versammlung entspricht. Außer einem Eingangs- und Schlußlied fügte man Lieder ein während der Gabenbereitung und der Kommunionspendung (anfangs auch an weniger passenden Stellen, vor allem während des Kanons). Allmählich erkannte man, daß dadurch die ↗Prozessionsgesänge in oft unglücklicher Weise verdoppelt wurden. So erwuchs die eigentliche Form der Betsingmesse, in der das ↗Proprium gesungen wird (meist in Form deutscher Lieder). Auch für das ↗Ordinarium wurden allmählich deutsche Gesangsformen geschaffen bzw. passende Ersatzlieder bestimmt. – Nachdem die starre Scheidung zwischen gesungenem Amt und gesprochener Messe weggefallen ist und sich das Prinzip der „gestuften Festlichkeit" durchgesetzt hat, gibt es die „Betsingmesse" als starren Meßfeiertyp nicht mehr.

Lit.: J. Hacker, Die Messe in den deutschen Diözesangesang- und Gebetbüchern (Münchner theolog. Studien II/1) (München 1950) 38–77; *P. Parsch,* Volksliturgie (Klosterneuburg 1940) 403–420.

Bibel im Gottesdienst Die heiligen Schriften des AT und NT sind für den christlichen Gottesdienst von grundlegender Bedeutung, wie insbesondere das II. Vatikanum bei mehreren Gelegenheiten betonte (u. a. LK 24; 35; 51; Dei verbum 21). Psalmengesang und Schriftlesung, nicht nur in der Eucharistiefeier und im Stundengebet, sondern auch bei der Feier der Sakramente und Sakramentalien, sind von Anfang an ein wesentlicher Teil der Liturgie. Darüber hinaus sind auch die übrigen liturgischen Texte vom Wort und Geist der Bibel gespeist. Um dieses Wort Gottes innerhalb und außerhalb der Liturgie zugänglicher und verständlicher zu machen, „bemüht sich die Kirche in mütterlicher Sorge, daß brauchbare und genaue Übersetzungen in die verschiedenen Sprachen erarbeitet werden, mit Vorrang aus dem Urtext der Heiligen Bücher" (Dei verbum 22). – Die für die lateinische Liturgie bislang verwendete „Vulgata" des hl. *Hieronymus* wurde von einer im Auftrag des II. Vatikanums durch *Paul VI.* eingesetzten Kommission (29. 11. 1965) in jahrelanger Arbeit revidiert, wobei vor allem die Angleichung an den Urtext beachtet wurde. *Johannes Paul II.* approbierte am 25. 4. 1979 durch die Apostolische Konstitution „Scripturarum Thesaurus" die „Neovulgata" und machte sie für die lateinische Liturgie und alle lateinischen kirchlichen Dokumente verpflichtend. – Für den deutschen Sprachraum wurde seit 1962 in zwei Übersetzergruppen an einer deutschen Einheitsübersetzung gearbeitet, z. T. unter Mitarbeit evangelischer Exegeten. Nach jahrelanger Erprobung, die viele Verbesserungsvorschläge einbrachte, konnten die Bischofskonferenzen des deutschen Sprachgebietes das Werk 1978 approbieren. Das NT erschien im Herbst 1979, das AT 1980, NT und Psalmen auch im Auftrag des Rates der EKD und des Evangelischen Bibelwerkes in der BRD. Während das neue deutsche ↗Stundenbuch bereits diesen Text übernehmen konnte (von wenigen Änderungen der Endrevision abgesehen), wird er in den übrigen liturgischen Büchern, also auch den Lektionarien, bei den nächsten Auflagen erscheinen. – ↗Schriftlesung, ↗Verkündigung, ↗Übersetzung.

Lit.: *F. Lentzen-Deis,* Die Neovulgata, in: Bibel und Liturgie 52 (1979) 204–207; *J. G. Plöger,* Das Wort des Herrn breite sich aus, in: Gd 13 (1979) 105–108; *E. Schick,* Die Neovulgata, in LJ 30 (1980) 186–196.

Bild

1. Liturgie als Bildwirklichkeit. Das aristotelisch bestimmte Kausaldenken unserer westlichen Kultur trennt das darstellende Bild von der dargestellten Wirklichkeit; das Bild soll unser Denken nur hinlenken auf die gemeinte Wirklichkeit, es „weist hin". In der alten Mittelmeerkultur hatte das Bild eine andere Funktion, die im platonischen Denken und damit bei den Kirchenvätern zu spüren ist und die allein das alttestamentliche Bilderverbot (Ex 20,3–5) verständlich macht. Bild ist hier das Sichtbarwerden, das Vernehmbarwerden der Wirklichkeit, die anders gar nicht zugänglich wäre; Bild ist ↗Epiphanie. Bild ist nicht abgeschwächte (gebrochene) Wirklichkeit, sondern faßbar gewordene; das Bild läßt die Wirklichkeit „begreifen". Bei Gott ist solches Offenbarwerden ganz seinem eigenen Willen vorbehalten und nicht in die darstellende Willkür des Menschen gelegt. – Gott hat aber tatsächlich seine Verborgenheit gelüftet und *in der menschlichen Gestalt Jesu* den Reichtum seines Gottseins unserer Erfahrung zugänglich gemacht; Jesus ↗Christus, in dem wirklich „die ganze Fülle Gottes wohnt" (Kol 2,9), ist das „Ebenbild des unsichtbaren Gottes" (Kol 1,15; 2 Kor 4,4), er ist „die nicht von Händen gemachte Ikone", so daß er sagen kann: „Wer mich gesehen hat, hat den Vater gesehen" (Joh 14,9). – Solches Sichtbarwerden Gottes, wie es an Christus geschieht, setzt sich *im Gottesdienst* fort; „was an unserm Erlöser schaubar war, ist in den Gottesdienst übergegangen (in sacramenta transivit)", sagt *Leo der Große.* Die Offenbarung Gottes ist mit dem Christusereignis und den Aposteln inhaltlich abgeschlossen, aber immer noch geschieht Offenbarwerden Gottes durch die Kraft des lebendmachenden Geistes in den Gläubigen; es ereignet sich weiterhin im ↗Wort, darin uns Christus als Gotteswort anspricht; es ereignet sich weiterhin aber auch in den heiligen ↗Zeichen, die Christus als Gottesbild aufleuchten lassen. In den römischen Kommuniongebeten wird die Eucharistie deswegen „Bild" (imago, species) genannt, anfangende Wirklichkeit (pignus) der vollen Herrlichkeit. Der byzantinische Christ erlebt ohne Zweifel in seiner feierlich-mystischen Liturgie solche Verleiblichung der unfaßbaren Wirklichkeit Gottes, solches Bild kommender Herrlichkeit noch viel intensiver; vor allem vermag er dies im Schauen selbst aufzunehmen, während wir im Gottesdienst mehr beobachten und feststellen und dies dann denkend verarbeiten. Vom Wort allein (so fundamental es für den Glauben ist) lebt keine Liturgie; im

Sakrament tritt (neben den anderen Sinneskräften) das Schauen hinzu. Gottesdienst ist Erfassen auch im Schauen, ist „Bild“ der verborgenen Gottesherrlichkeit. – Die einseitige Bevorzugung bestimmter paulinischer Motive hatte der Reformation den Blick dafür etwas verstellt. Noch wesentlicher aber ging es im Bilderstreit um diese immer noch geschehende Wirklichkeit der Offenbarung, so daß wirklich, wer die Bilder verwirft, der Erlösung nicht teilhaft werden kann; darum wurde der Streit mit solcher Erbitterung geführt und wird das Fest der Ikonen am ersten Fastensonntag als der Festtag der Orthodoxie begangen.

2. Die einzelne bildliche Darstellung im gottesdienstlichen Raum hat teil an der Offenbarungsfunktion des fortlebenden Christus. Bilder finden wir in der Christenheit zuerst im Umkreis des Grabes. Anfangs zeigt dieser Bildschmuck noch kaum spezifisch Christliches, bald genug aber wird er zum Bildzeichen des verborgenen Rettungswillens Gottes, des Gottesplanes, der seit Ewigkeit verborgen war und in Christus jetzt sichtbar geworden ist (Kol 1,26f), in der Umdeutung vorchristlicher Naturdarstellungen (Garten, Ernte) und Heilsbilder (Orpheus, Hirte, Lehrer), aber auch in der Darstellung von alttestamentlichen Rettungstaten und von Heilstaten Christi. Auch soweit wir das christliche Kultgebäude geschichtlich zurückverfolgen können, finden wir es mit Bildern, Fresken und musiven Darstellungen ausgestattet. Dabei geht es gleichfalls nicht um „Historienmalerei“, um photographische Erinnerungen an frühere Ereignisse, sondern um das Faßbarwerden der Wirklichkeit, die sich in diesem Raume zuträgt. Darum ist die primäre Darstellung an hervorgehobener Stelle (Kuppel, Apsis) Christus als der Allherrscher (Pantokrator). Aber in jedem Getauften „nimmt Christus Gestalt an“ (Gal 4,19), so daß auch der Heilige Bild Gottes wird, ja in Christus letztlich die ganze Schöpfung; diesen Christusbezug will und soll das Heiligenbild sichtbar machen.

Wohl erst im Zusammenhang mit dem Bilderstreit hat die griechische Theologie auf der Grundlage des epiphanen Charakters des Christusgeschehens durch Weiterentwicklung platonischer Denkansätze bei den Vätern eine eigene *Theologie der Ikone* (griech. = Bild; plastische Darstellungen sind im Osten ungebräuchlich) entwickelt, die das gottesdienstliche Leben der byzantinischen Kirchen (weniger der übrigen orientalischen Kirchen, obwohl sie gleichfalls die Ikone kennen) stärkstens formt. Wort und Bild werden hier geradezu gleichgestellt: „Wir geben die Weisung: Die heilige Ikone unseres Herrn Jesus Christus ist mit der gleichen Ehrfurcht wie das Buch der heiligen Evangelien zu verehren. Denn wie durch die Silben, die im (Buch) überliefert werden, alle das Heil erlangen, ebenso ziehen durch die darstellende Kraft der Farben alle, Weise wie Törichte, Gewinn aus dem, was sie vor Augen haben. Denn was die Rede aus Silben verkündet, dasselbe verkündet und empfiehlt die in Farben geschriebene. Wenn jemand die Ikone des Erlösers Christus nicht verehrt, so soll er dessen Gestalt auch nicht schauen bei dessen zweiter Ankunft“ (4. Konzil von Konstantinopel 870). Auch die

Buchmalerei will so nicht schmücken, sondern (auch im Westen im ersten Jahrtausend) die Botschaft des Gotteswortes im Bild ausrichten. Byzantinische Theologie empfindet das Bild als eine geradezu sakramentale Wirklichkeit; sie sieht in der Ikone das Urbild wirklich (nicht bloß erinnernd) gegenwärtig, so wie der Siegelabdruck den Stempel objektiv „wiedergibt“, so wie der Schatten mit seinem Körper verbunden ist. Das Malen der Ikone ist darum ein gottesdienstlicher Vorgang, der aszetische Vorbereitungen verlangt und dessen Durchführung durch genaue Vorschriften geregelt wird. Der fromme byzantinische Christ verehrt die Ikonen überall (mit Vorliebe durch ↗Ampeln), vor allem aber beim Betreten der Kirche durch Kuß und Kerzenopfer. Die Tagesikone, die das Festereignis oder den Tagesheiligen gegenwärtig macht, wird auf einem eigenen Pult (Proskynitarion) vor der Bilderwand zur Verehrung aufgestellt.

Lit.: Zu 1: R. Guardini, Die Liturgie und die geistige Situation unserer Zeit, in: Wagner–Zähringer (Hrsg.), Eucharistiefeier am Sonntag (Trier 1951) 55–80; *O. Casel,* Älteste christliche Kunst und Christusmysterium, in: JLW XII (1932) 1–86. – Zu 2: *L. Ouspensky* in: *E. Hammerschmidt u. a.* (Hrsg.), Symbolik des orthodoxen und orientalischen Christentums (Stuttgart 1962) 63–90; *N. Thon,* Ikone und Liturgie (Trier 1980).

Bilderwand (Ikonostase, von den Griechen meist *temblon* genannt), mit Ikonen geschmückte, von drei Öffnungen durchbrochene Trennwand, die in den Kirchen des byzantinischen Ritus zwischen Altar und Gläubigenraum aufgerichtet ist; höchstwahrscheinlich aus den Altarschranken und ihrem Gebälk (↗Altarraum) erwachsen, indem zunächst auf den Querbalken oben Bilder gestellt wurden (in Art der *Deïsis* [griech. = Bitte]: Christus, dem sich Maria und der Täufer bittend zuwenden), dann auch die Öffnungen zwischen den vertikalen Pfeilerbalken mit Bildern geschlossen wurden; später wurden die Steinplatten der eigentlichen Schranke mit Holz(schnitzereien) verkleidet und schließlich die ganze Ikonostase als Holzarchitektur aufgeführt. – Für die *Anordnung der Ikonen* haben sich feste Regeln ausgebildet: auf den niedrigen Flügeln der mittleren („königlichen“) Tür die Verkündigung, links davon (vom Beschauer aus gesehen) die Christusikone, rechts die Marienikone; in dieser sog. „Verehrungsreihe“ kommen hinzu der Kirchenpatron und sonst eine den speziellen Umständen entsprechende Ikone (häufig der Täufer); darüber (in kleinerer Ausführung) meist die Reihe der neutestamentlichen Heiligen, in der Mitte die Deïsisgruppe, dann regelmäßig die Reihe der Festikonen, darüber gern die der Propheten und zuletzt der Vorfahren Christi. Bekrönt wird die Ikonostase regelmäßig durch das Kreuz. – Der byzantinische Gläubige empfindet die Bilderwand nicht, wie wir meinen möchten, als Ausschluß vom Altar, sondern durch die Ikonen (↗Bild 2) gerade im Gegenteil als Verdeutlichung der Gottesnähe, die er in den heiligen Mysterien erfahren darf. Die übrigen orientalischen

Riten haben die trennenden Vorhänge (Armenier), Gitter (Kopten) oder Mauern (Syrer) nicht zu einer Bilderwand umgeformt.

Lit.: F. Haase, Die russische Bilderwand und ihre liturgische Bedeutung, in: Liturg. Zschr. 1 (1929) 121–130; 161–168.

Bination die zweimalige Feier der Messe am gleichen Tag. Wird sie dreimal gefeiert, spricht man von Trination. Während die Bination im christlichen Altertum nur vereinzelt nachweisbar ist (seit 4. Jh.), war im Mittelalter die mehrfache Zelebration aus privaten (religiösen, manchmal auch finanziellen) Gründen trotz mehrfacher Gegenbestimmungen (so durch *Innozenz III.*, 1206, und *Honorius III.*, † 1227) weithin üblich (↗Meßhäufigkeit). Nach geltendem Recht ist im römischen Ritus jedem Priester an ↗Weihnachten und ↗Allerseelen (seit 1915) die Trination gestattet. Im Hinblick auf den gegenwärtigen Priestermangel können die Bischöfe aus dringenden seelsorglichen Gründen die Erlaubnis zur Bination und Trination an Sonn- und Feiertagen geben, an Werktagen nur in Notfällen. – Die unierten Ostkirchen haben die Praxis der Bination teilweise übernommen. – ↗Konzelebration; ↗Stipendium.

Lit.: C. Holböck, Die Bination (Rom 1941).

Birett klerikale Kopfbedeckung (von lat. birrus = antiker Umhang, unter dessen Kapuze sie zuerst getragen wurde); ursprünglich eine weiche Rundmütze, seit dem 15. Jh. durch Verfestigung der Griffwülste zur heutigen viereckigen Form mit drei bzw. vier bogenförmigen Aufsätzen (cornua) entwickelt. Während das italienische Birett nur drei Aufsätze hat und ein Birett mit vier Aufsätzen den Doktoren vorbehält, weist es bei uns, in Frankreich und England, z. T. auch in Österreich, allgemein vier „Hörner" auf. Der Klerus bediente sich des Biretts im Alltagsleben, aber auch beim Chorgebet statt Kapuze. Vielfach erfolgt die Pfründeeinweisung noch durch Aufsetzen des Biretts, weshalb es für viele Chorstifte und kirchliche Würden eine eigene kennzeichnende Farbe hat (vgl. Überreichung des Kardinalsbiretts). Im liturgischen Gebrauch war es vorgesehen bei jurisdiktionellen Akten wie ↗Rekonziliation und ↗Absolution. Sein Gebrauch, auch bei Prozessionen und dem Akzeß und Rezeß vor und nach liturgischen Handlungen, ist in den neuen liturgischen Büchern nicht mehr vorgesehen.

Bischof (vom griech. epískopos = Aufseher, Schiedsrichter), Vorsteher einer Ortskirche (↗Bistum), der durch die ↗Bischofsweihe in das Kollegium aller Ortsvorsteher aufgenommen worden ist und so seine Gemeinde in apostolischer Vollmacht leitet. Während der ↗Priester in seiner Amtsexistenz ganz vom Bischof abhängt, nur als Vertreter und Beauftragter des Bischofs als des eigentlichen Amtsträgers handelt, ist der Bischof nicht Vertreter und Beauftragter einer höheren menschlichen Instanz, sondern unmittelbar Träger des Christusamtes; er leitet die Kirche kraft des ihm von Christus zuteil gewordenen Auftrags (LG 27).

Der Bischof ist der Vater seines Bistums, da er das Christusleben in den Gliedern der Kirche zeugt durch die Verkündigung der Christusbotschaft (1 Kor 4,15) und durch die Handauflegung, mit der er Männer in sein Presbyterium ruft (↗Priesterweihe), auf daß sie mit ihm oder an seiner Stelle der Eucharistiefeier vorstehen, sowie durch die Wahrung der Kirchenzucht (↗Bußsakrament). Das Verhältnis des Bischofs zu seiner Kirche wird geradezu hochzeitlich gesehen: er ist seiner Kirche angetraut, so daß er nach altem Recht nicht auf einen anderen Sitz transferiert werden kann. Solche Stellung des Bischofs im Leben der Diözese kommt rechtlich zur Geltung, wenn ihm bestimmte Sakramente und die meisten feierlichen Gottesdienste vorbehalten sind, wenn die Priester nur in seiner Beauftragung predigen und das Bußsakrament verwalten können; solche Stellung tritt äußerlich in Erscheinung in der besonderen Form, in der der Bischof die Eucharistiefeier leitet, im ↗Pontifikalamt, in den besonderen Gewändern und Amtsabzeichen, die er bei solchen Gottesdiensten zu tragen pflegt, den ↗Pontifikalien, sowie in der ausdrücklichen Nennung seines Namens durch alle Priester, die in seinem Bistum Eucharistie feiern. – Mit der Ausbreitung des Christentums auch außerhalb der Städte bildete sich im Osten das Amt des *Chorbischofs* (vom griech. chora = Land, also Landbischof) aus, das inzwischen fast ausgestorben ist; er war meist vom Stadtbischof abhängig. Im Abendland gab es Chorbischöfe vor allem in der Karolingerzeit; sie dürften aus der iroschottischen Kirchenverfassung erwachsen sein, wo die Kirchenleitung bei einem (nichtbischöflichen) Abt lag, dem ein Helfer mit bischöflicher Weihegewalt, aber ohne Sprengel und Rechtsvollmacht zur Seite stand. – Die heutige Einrichtung des *Weihbischofs* hingegen, der einem Diözesanbischof in den bischöflichen Weihefunktionen zur Seite steht, erwuchs im Mittelalter, als durch die Sarazenen manche Bischöfe vertrieben wurden und nach ihrer Flucht von abendländischen Bischöfen aushilfsweise zu Weihehandlungen herangezogen wurden. Auf ihre verlorengegangenen Bischofssitze weihte man weiterhin Nachfolger (Titularbischof, in partibus infidelium = im Gebiet der Ungläubigen). Sie können Pontifikalfunktionen nur mit Erlaubnis des Ortsbischofs, dem sie beigegeben sind, ausüben; die Benützung der ↗Cathedra ist ihnen auf jeden Fall (auch mit Erlaubnis des Ortsbischofs) verwehrt. Ihre rechtliche Stellung ist durch das II. Vatikanum gestärkt worden (CD 25f; 38).

Der *Erzbischof*, der bestimmte Aufsichtspflichten in den Diözesen seiner Kirchenprovinz hat, ist durch das ↗Pallium und das Recht auf das erzbischöfliche ↗Kreuz ausgezeichnet. Der Ehrentitel eines *Primas* (des ersten Bischofs eines Landes) hat kaum liturgische Bedeutung.

In den Kirchen der Reformation hat das Bischofsamt, soweit es sich erhalten hat oder wieder eingeführt wurde, entsprechend dem ganz anderen Verständnis des ↗kirchlichen Amtes, reine Verwaltungsfunktion. – ↗Bischofsweihe.

Lit.: Wichtig sind die Konzilsdokumente des II. Vat. zum Thema, u.a. LG 18–29; CD und die entsprechenden Kommentare; ferner: *O. Semmelroth,* Das geistliche Amt

(Frankfurt 1958); *K. Rahner – J. Ratzinger,* Episkopat und Primat (Freiburg 1961); Memorandum der Arbeitsgemeinschaft Ökumenischer Universitätsinstitute „Reform und Anerkennung kirchlicher Ämter (München – Mainz 1973); *K. Schuh* (Hrsg.), Amt im Widerstreit (Berlin 1973); Doppelband von Catholica 27 (1973) 185–400. ↗Lit. Weihesakrament.

Bischofsweihe höchste Stufe des ↗Weihesakramentes. Früher versammelten sich nach dem Tod eines Bischofs seine Amtsbrüder aus der ganzen Provinz an seinem Sitz, leiteten die Wahl des Nachfolgers durch das Volk und nahmen den Gewählten durch ↗Handauflegung in das apostolische Kollegium der Bischöfe auf; einer der Bischöfe sprach dazu das Weihegebet. Diese Grundstruktur hat sich überall bis heute erhalten: Die Weihe geschieht durch mindestens drei Bischöfe unter Handauflegung und Gebet (auch der Gemeinde). Sie ist in allen Riten in die Eucharistiefeier eingefügt, wobei Weihende und der zu Weihende meist konzelebrieren. Ferner haben sich in allen Riten durchgesetzt die Auflegung des Evangelienbuches auf den Erwählten und ein ausführliches Glaubensbekenntnis (Glaubensprüfung), weil der Bischof ja Lehrer und Verkünder des Gotteswortes für seine Kirche ist.

Der *neue Ritus der Bischofsweihe* wurde 1968 zusammen mit dem der Priester- und Diakonsweihe als Faszikel des Pontificale Romanum veröffentlicht, die Ausgabe für das deutsche Sprachgebiet erschien 1971. Die Weihe soll möglichst an einem Sonn- oder Feiertag stattfinden, im Rahmen einer Konzelebrationsmesse, bei der außer dem Konsekrator und seinen (mindestens) zwei Mitkonsekratoren auch der Weihekandidat („Electus“) und zwei ihm assistierende (Diözesan-)Priester mitzelebrieren. Nach dem Evangelium, einem Hymnus, der Vorstellung des Electus und der Verlesung des päpstlichen Auftrages (mandatum) hält der Hauptkonsekrator eine Ansprache. Es folgen die Befragung (Glaubensprüfung) und das Gelöbnis des Electus, das Gebet der Gemeinde (Allerheiligenlitanei) und als wesentlicher Ritus die Handauflegung durch die Konsekratoren (und andere anwesende Bischöfe) und das Weihegebet, währenddessen das Evangelienbuch aufs Haupt des zu Weihenden gelegt wird. Als ausdeutende Riten schließen sich an die Salbung des Hauptes mit Chrisam, Überreichung des Evangelienbuches, des Ringes, der Mitra und des Hirtenstabes, Geleit zur bischöflichen ↗Cathedra und Friedenskuß. – Im *byzantinischen Ritus* beginnt die Bischofsweihe nach dem kleinen Einzug mit Vorstellung, Glaubensbekenntnis und Übergabe von Hypogonation (Gewandstück als Ehrenzeichen des Bischofs, das an der rechten Seite vom Gürtel bis zum Knie herabhängt) und Bischofsstab. Nach den Tagesgesängen und dem Trishagion wird der Erwählte zum Altar geführt; dort kniet er nieder, stützt das Haupt auf den Altar, bekommt das Evangelienbuch aufgelegt und empfängt die Handauflegung. Nach einigen Gebeten wird er unter der „axios“ – ↗Akklamation mit dem Omophorion (dem ↗Pallium vergleichbares Würdezeichen) bekleidet. – Die *syrischen Riten* kennen zum

Anfang (bei den Chaldäern in einer nächtlichen Vigil) viele Lesungen und Gesänge über das Bischofsamt. Die eigentliche Weihe geschieht am Ende der ↗Anaphora. Der zu Weihende berührt, bevor er die Hände aufgelegt bekommt, die heiligen Gestalten auf dem Altar. *Armenier und Maroniten* haben nach lateinischem Vorbild die Salbung von Haupt und Händen eingefügt.

Lit.: B. Kleinheyer, Weiheliturgie in neuer Gestalt, in: LJ 18 (1968) 210–229; weitere Lit. ↗Weihesakrament.

Bistum (Bischofstum), auch Diözese genannt (griech. = Verwaltungsbezirk), räumlich umgrenzte, von einem ↗Bischof mit seinem ↗Presbyterium geleitete Gemeinschaft von Christen, die die von Christus gestiftete ↗Kirche im menschlichen Erfahrungsbereich sichtbar macht. Das Bistum ist eine vollständige Darstellung der Kirche, in ihm sind alle Momente christlicher Lebensgemeinschaft, der Verkündigung des Wortes und der Spendung der Sakramente verwirklicht, wie Christus das für seine Kirche vorgesehen hat. Es wird darum mit vollem Recht und im ursprünglichen Sinn nach altem Brauch „Kirche von N." genannt und in Unterscheidung von der Weltkirche als „Ortskirche" bezeichnet. Am stärksten geschieht solche Manifestation der Kirche in der Eucharistiefeier der Diözese, „wenn das ganze heilige Gottesvolk voll und tätig an denselben liturgischen Feiern, besonders an derselben Eucharistiefeier, teilnimmt: in der Einheit des Gebets und an dem einen Altar, und unter dem Vorsitz des Bischofs, der umgeben ist von seinem Presbyterium und den Dienern des Altars" (LK 41). Die alte Kirche hat in der Form der ↗Statio an dieser Einheit der Eucharistie in der Ortskirche immer festgehalten; als die wachsende Größe der Gemeinde die Meßfeier in den ↗Titelkirchen notwendig machte, wurde die Verbindung durch das ↗Fermentum weiterhin sichtbar aufrechterhalten, und heute noch steht jede Meßfeier im Bistum (auch in exemten Klosterkirchen) unter der Leitung und Weisung des Bischofs (LG 26). Jedes Bistum führt so ursprünglich sein liturgisches Eigenleben, bis in einem Prozeß gegenseitiger Angleichung die Einheit der liturgischen Form im Einflußbereich eines ↗Patriarchen sich ausgebildet hat. In der lateinischen Kirche durften nach dem Tridentinum eigene Meßbücher und Breviere (anders das ↗Rituale) nur beibehalten werden, wenn sie seit wenigstens 200 Jahren im Gebrauch waren (↗Sonderriten). Das führte schließlich nach dem Zwischenspiel der neugallikanischen Bücher zum alleinigen liturgischen Ordnungsrecht des Römischen Stuhles. Erst die LK hat auch das Recht der Bischöfe hier wieder anerkannt (vgl. 22,2; 39f; 63; 77 u.a.m.), indem es der Bischofskonferenz als „auctoritas territorialis" zukommt, die Adaptation der liturgischen Bücher zu approbieren, während Rom sie nur konfirmiert. Gleiches gilt für die einzelnen Bischöfe hinsichtlich ihrer Diözesanproprien. Darüber hinaus hat in gewissen Grenzen eine eigene *Diözesanliturgie* unter der Leitung des Bischofs trotzdem immer bestanden. Sie erstreckte sich vor allem auf den Bereich der volkstümlichen

↗Andachten, die von der LK als „sacra exercitia" der Teilkirchen ganz offiziell dem Bischof unterstellt sind (LK 13). – ↗Gesangbuch.

Lit.: K. Mörsdorf, Der Träger der Eucharistiefeier, in: Pro mundi vita, hrsg. von der Theolog. Fakultät der Ludwig-Maximilians-Universität München (München 1960) 223–237.

Bittage, Bittprozessionen Noch im christlichen Altertum haben sich in der festlichen Osterzeit zwei Feiern herausgebildet, deren Ernst in einem gewissen Gegensatz zum österlichen Jubel steht:

1. Die ältere Bittprozession (litania maior) am 25. April. Sie wurde wahrscheinlich schon im 4. Jh. in der römischen Kirche eingeführt, um eine heidnische Flurprozession (↗Ambarvale) zu Ehren des Gottes Robigus (oder der Göttin Robigo) zu verdrängen bzw. zu verchristlichen. Termin und weitgehend auch der Weg stimmen überein. Diese litania maior, um deren Ausgestaltung sich *Gregor I.* besonders bemühte, schloß mit der Meßfeier in St. Peter. Mit dem Fest des hl. Markus am gleichen Tag besteht kein Zusammenhang. – Die Neuordnung des Kirchenjahres hat auf diese Bittprozession verzichtet, „weil sie in einem rein lokalen Brauch der stadtrömischen Kirche ihren Ursprung hat" (KoGOK I, III.3).

2. Die jüngeren Bittprozessionen bzw. Bittage (Rogationes oder litaniae minores) haben ihren Ursprung in Gallien, wo Bischof *Mamertus* von Lyon i. J. 469 wegen besonderer Heimsuchungen (Erdbeben, Mißernten) an den drei Tagen vor Christi Himmelfahrt Bußprozessionen, mit Fasten verbunden, anordnete. Sie wurden schon 511 für ganz Gallien vorgeschrieben und um 800 auch in Rom eingeführt, allerdings ohne das in Gallien vorgeschriebene Fasten. – Die GOK hat an diesen jüngeren Bittagen festgehalten und ihren Sinn, zugleich mit dem der Quatembertage, näher umschrieben: „An den Bitt- und Quatembertagen betet die Kirche für mannigfache menschliche Anliegen, besonders für die Früchte der Erde und für das menschliche Schaffen; auch eignen sich die Tage für den öffentlichen Dank" (Nr. 45). Die nähere Ausgestaltung wurde den Bischofskonferenzen übertragen. Die Deutsche Bischofskonferenz möchte die Feier der Bittage dort erhalten wissen, wo sie fest verwurzelt ist und gut durchgeführt werden kann, und zwar an einem oder mehreren Tagen vor Christi Himmelfahrt. Dabei sollen alle „wesentlichen Bereiche und Gefährdungen des gegenwärtigen Lebens" berücksichtigt werden. Die übrigen Bischofskonferenzen des deutschen Sprachgebietes trafen eine in der Sache ähnliche Entscheidung. Das MD enthält eine Bittmesse mit mehreren Orationen zur Auswahl, auch die entsprechenden Lesungen im Lektionar ermöglichen eine Anpassung an die jeweilige Situation.

Bittgebet Neben dem ↗Lob- und Dankgebet nimmt auch das Bittgebet in der Heiligen Schrift und in der Liturgie einen breiten Raum ein.
1. In der Bibel: Der Glaube an den atl. Bundesgott führt zum Vertrauen,

daß er den Bitten seines Volkes wie auch des Einzelnen nicht gleichgültig gegenübersteht, sondern in Allmacht und Barmherzigkeit Erhörung schenkt. So kennt das AT zahlreiche Beispiele inständiger und vertrauensvoller Bittgebete, die sich sowohl auf die Errettung aus irdischer Bedrängnis und auf die Erlangung diesseitiger Güter wie auch auf Gottes Heilsgnade, Verzeihung und eschatologische Errettung beziehen. Besonders häufig und ergreifend begegnet uns das Bittgebet in den Psalmen. – *Jesus* selbst hat seinem Vater vor allem ↗Fürbitten für andere vorgetragen, in den Stunden seiner Passion aber auch für sich selbst um den Beistand des Vaters gebetet (Mt 26,36ff par; 27,46 par). Seine Jünger mahnt er mehrfach zum ausdauernden Bittgebet und verheißt ihm die Erhörung (z. B. Mt 7,7–11); er leitet sie an, wie Kinder zu ihrem Vater zu beten. Im Vaterunser lehrt er sie, in erster Linie um die Güter des Reiches Gottes zu beten, schließt jedoch das „tägliche Brot" nicht aus. Nach dem Johannes-Evangelium soll das Bittgebet im „Namen Jesu" erfolgen (14,13f; 16,23f.26). Alles Beten geschieht nach urchristlichem Verständnis im Heiligen Geist (vgl. Röm 8,15f.26; Gal 4,6; Eph 6,18 u. a. m.).

2. In der Liturgie: Das vertrauensvolle Bittgebet der Urgemeinde findet von Anfang an seinen Niederschlag auch in der liturgischen Feier, und zwar in allen Teilbereichen, vor allem in der ↗Eucharistie und im ↗Stundengebet. Im ↗Kirchenjahr hat das Bittgebet einen besonderen Ausdruck in den ↗Bittagen und Bittprozessionen gefunden, ebenso in den Vorbereitungszeiten des ↗Advents und der ↗Fastenzeit sowie in den Feiern der ↗Quatembertage. – Auch der moderne Mensch mit den staunenswerten Möglichkeiten der Naturwissenschaft und Technik stößt immer wieder an „Grenzen, wo er seine Ohnmacht spürt. Er bleibt im tiefsten abhängig von Gott, dem Schöpfer und Erhalter seines Lebens. Ihm vertraut sich der Christ an in frohen und schweren Stunden. Er trägt ihm im Gebet seine eigenen Sorgen vor und die Ängste und Nöte der ganzen Menschheit. Er weiß, daß Gott das Leid nicht aus der Welt nimmt und die Probleme nicht für ihn löst; aber er vertraut darauf, daß Gott bei denen, die ihn lieben, alles zum Guten führt" (GL Nr. 288).

Lit.: *H. Kuhaupt,* Christliche Lehre vom Gebet, Freiburg 1948; *F. Wulf,* Gebet, in: *H. Fries* (Hrsg.), Hdb. theol. Grundbegriffe, München I (1962) 424–436; *K. Rahner,* Von der Not und dem Segen des Gebetes, Freiburg [7]1965; *Liturg. Institute* (Hrsg.), Erhöre die Bitten deines Volkes..., Einsiedeln u. a. Bd. I, 1978 (Die Sonntage im Jahreskreis); Bd. II, 1979 (Advent und Weihnachtszeit).

Blasiussegen Der Märtyrerbischof *Blasius von Sebaste* († ca. 316) wurde im deutschen Mittelalter als Nothelfer verehrt und angerufen. An seinem Gedenktag (3. 2.) wurde das Blasiuswasser gesegnet und ihm Kerzen „geopfert". Bei Halskrankheiten, für die er wegen eines Wunders in seiner Legende als besonderer Patron gilt, berührte man mit diesen Kerzen den Hals. Daraus entwickelte sich wohl der Brauch des Blasiussegens: Der Priester hält den Gläubigen zwei gekreuzte (meist brennende) Kerzen vor den Hals und spricht dazu einen eigenen Segen.

Bezeugt ist dieser Brauch erst im 17. Jh. Das neue ↗Benediktionale enthält zwei Segensformen, die eine in Verbindung mit der Meßfeier, die andere als Wortgottesdienst (S. 51–57).

Lit.: Franz I 458f.

Blut Urtümliche Erfahrung lehrt den Menschen, im Blut (wie im Atem) den Sitz des Lebens zu sehen. Blut wird so Ausdruck des lebendigen menschlichen Wesens und spielt eine große Rolle im kultischen Bemühen; besonders gilt dies vom frisch vergossenen Blut, das noch den „Atem" (Dampf) des Lebens in sich trägt (Lev 17, 11).

1. Im AT darf Blut deswegen nicht genossen werden; es gehört wie alles Leben ausschließlich Gott (Gen 9, 4–6; Lev 3, 17), beim Opfer wird es am Altar ausgegossen (Lev 1, 5 u. ö.). In besonderer Weise dient Blut zum *Bundesschluß;* es macht das gemeinsame Leben in den Kontrahenten sichtbar, macht sie zu „Menschen von Fleisch und Blut" (vgl. Hebr 2, 14). Beim Bundesschluß am Sinai wurde die Hälfte des Opferblutes auf den Altar als den Sitz der Gottheit gesprengt, die andere Hälfte auf das Volk (Ex 24, 5–8; Hebr 9, 19). Die andere große Aufgabe des Blutes als Trägers des Lebens ist die *Sühne* (klassische Stelle: Lev 17, 11). Sünde ist Trennung von Gott, dem Urheber des Lebens, Sünde bewirkt Lebensverlust und Todesverfallenheit. Opferblut bringt das Leben wieder; darum vermag „das Blut von Böcken und Stieren die Unreinen zu heiligen, daß sie leiblich rein werden" (Hebr 9, 13), und „fast alles wird nach dem Gesetz mit Blut gereinigt, und ohne daß Blut vergossen wird, gibt es keine Vergebung" (Hebr. 9, 22). Beide Motive sind spürbar im *Blut des Paschalammes,* das in der Nacht des Auszugs an die Türen gestrichen wurde und das Bundesvolk vor dem Todesengel bewahrte.

2. Das NT sieht in Christus das wahre Paschalamm, dessen Blut, für uns am Kreuz vergossen, wirklich *von Sünden reinigt* und Leben gibt (Mt 26, 28; Röm 3, 25; 5, 9; Eph 1, 7; Hebr 9, 14), dessen Blut *den Neuen Bund stiftet* (Mk 14, 24; Kol 1, 20; Hebr 9, 15 ff) und Gottesnähe schenkt (Eph 2, 13). Darum ist das Interesse der apostolischen Zeit bei der Eucharistie fast mehr auf den Kelch als auf den Leib des Herrn gerichtet, darum ist die Wiedergewinnung der ↗Kelchkommunion von großer Bedeutung für das Verständnis der Eucharistie als der Feier des Herrenopfers und als Bundesfeier.

3. Die schaufreudige Frömmigkeit des *Mittelalters* führt zur Betrachtung und Verehrung des „kostbaren Blutes" (1 Petr 1, 19; Reliquien in Weingarten, von der Legende zurückgeführt auf den Hauptmann unterm Kreuz, und in Zwiefalten, zurückgeführt auf Magdalena; später Interesse an dem Blut, das sich an Wunderhostien zeigt) und treibt schöne Blüten der Mystik. Liturgischer Ausdruck in einem Fest des Kostbaren Blutes seit 1849 (erster Julisonntag, seit Pius X. am 1. Juli), durch GOK wieder beseitigt, dafür ↗Fronleichnam jetzt „Hochfest des Leibes und Blutes Christi".

Bluttaufe ↗Märtyrer.

Book of Common Prayer das offizielle gottesdienstliche Buch der anglikanischen Staatskirche, gerühmt ob seiner kraftvollen Sprache; der Struktur nach identisch bei den anderen anglikanischen Kirchen. Der Buchtyp ist in den Kirchen der Reformation einmalig; er enthält Text und Rubriken für den täglichen Gebetsgottesdienst (Morgen- und Abendlob: Mattins und Evensong), für die Eucharistiefeier und die Spendung der Sakramente nebst einigen Kasualien. Erstausgabe 1549, von lutherischen Vorstellungen beeinflußt, mit Rückgriffen auf altenglischen Brauch (vor allem auf den Ritus von Sarum); endgültige Fassung 1552, stärker unter kalvinischem Einfluß; eine revidierte Ausgabe 1927/28, die stärker auf das altkirchliche Gut zurückgriff, wurde vom Unterhaus zwar nicht genehmigt, wird aber trotzdem in vielen Gemeinden verwendet. – Das Common-Prayer-Buch ermöglicht den anglikanischen Gemeinden ein reiches gottesdienstliches Leben. Die größeren Kirchen halten noch immer täglich Morgen- und Abendlob, aufgebaut nach dem Vorbild von Matutin/Laudes und Vesper/Komplet unter starkem Einfluß des ↗Kreuzbreviers; das Psalterium ist auf einen Monat aufgeteilt, das Neue Testament wird im Lauf eines Jahres zweimal durchgelesen, das Alte einmal. Bei der Abendmahlsfeier, die beträchtliche Elemente selbst des Kanons bewahrt hat, verwundert die Versetzung des Herrengebets hinter die Kommunionspendung (die Revision von 1928 gestattet die altkirchliche Stellung); diese Meßliturgie kann auch ohne Kommunion gefeiert werden; sie schließt dann nach dem Offertorium mit Fürbitten, Schlußgebeten und Segen. Die Abendmahlsfeier soll wenigstens an einem Sonntag im Monat begangen werden; Priester, die an größeren Kirchen in Gemeinschaft leben, sollen in der Regel jeden Sonntag kommunizieren. Seit 1967 sind zwei neue Formen der Eucharistiefeier (Alternative Services) zum Gebrauch freigegeben.

Lit.: H. Zettel, Das anglikanische B. of C. Pr., in: Liturgie und Leben 3 (1936) 177–197, 300–306; *C. Fabricius,* Die Kirche von England, ihr Gebetbuch, Bekenntnis und kanonisches Recht, in: Corpus Confessionum 17, Abt. 1, (Berlin 1937).; Eucharistiefeiern in der Christenheit (LuM 26) 89–99; *J. Beckmann,* Quellen zur Geschichte des christlichen Gottesdienstes (Gütersloh 1956) 165–192; *L. Klein,* Die Kirche von England und die anglikanische Kirchengemeinschaft, in: *Konfessionskunde* 465–569; *H. Reifenberg,* Anglikanische Liturgie – Anregung und Modell, in: Bibel u. Liturgie 52 (1979) 239–251.

Braga ↗Sonderriten.

Brauchtum, religiöses Ein Brauch ist „eine an Tradition und Gemeinschaft gebundene Handlung, die herkömmlich bei gleichem Anlaß und in gleicher Form geübt wird“ *(H. Schauerte).* Religiöses Brauchtum ist Konkretisierung und Verleiblichung des religiösen Glaubens in den Gemeinschaften der Familie, Gemeinde, Region und eines Volkes. Religiöse Bräuche gab es schon vor dem Christentum und bezogen sich vor allem auf die Knotenpunkte des Lebens und den Jahresablauf in der Jäger-, Hirten- und Bauernkultur. Wo es den Missionaren nicht gelang (gelingt), solche Bräuche mit christlichem Sinn zu erfüllen und sie gleichsam zu taufen, bildeten (bilden) sie wegen ihrer tiefen Verwurzelung oft die widerstandsfähigsten Sperren gegen die Christianisierung (vgl. Ritenstreit in Indien und China im 17./18. Jh.). Wo aber der christliche Glaube angenommen wurde, bildeten sich neben dem „getauften" heidnischen Brauchtum bald auch christliche Bräuche heraus, wobei die stärksten Impulse von der im Jahreslauf gefeierten Liturgie ausgingen. Christliches Brauchtum ist zumeist eine Ausstrahlung der amtlichen Liturgie ins Alltagsleben des Volkes, insbesondere der Familien. Je mehr sich diese als unverständliche „Klerusliturgie" vom Volk entfernte (↗Karolingerzeit), um so stärker zeigten sich die Tendenzen zur Entwicklung eines volksnahen Brauchtums, in dem die Inhalte des Glaubens in volkstümlicher Weise gestaltet und engagiert erlebt wurden. Es bildete sich eine Art „volksfrommer" Liturgie, eine „Liturgie des Volksglaubens" in Feiern, religiösen Spielen, Wallfahrten und Segnungen, die im Mittelalter nicht selten auch Einlaß in die amtliche (damals noch nicht zentralisierte) Liturgie begehrte und fand. Nicht alles davon kann vor der kritischen Rückfrage des am NT geschulten Theologen bestehen, wie besonders die dringend notwendige Reform der ↗Weihungen und Segnungen verdeutlicht (↗Benediktionale; ↗Sakramentalien). Andererseits wäre es eine pastorale Fehlhaltung und pastoraler Verlust, wollte man sich gegenüber gewachsenen Volksbräuchen und Formen der ↗Volksfrömmigkeit erhaben dünken und sie grundsätzlich ablehnen. Oft bedarf es nur einer Freilegung der gesunden Wurzeln und eines Aufweises ihres tiefen Sinnkernes, um neue Freude am religiösen Brauchtum zu wecken. Ein gesundes Brauchtum ist eine der wirksamsten Hilfen bei der Sozialisation des christlichen Glaubens. In diesem Sinn hat auch das II. Vatikanum grundsätzlich und auch in konkreten Fällen zur Pflege des religiösen Brauchtums sehr positive Aussagen gemacht und Empfehlungen ausgesprochen (z.B. LK 37–40; 77; 81; 119; 122f), die sich vor allem auch auf die Missionsgebiete beziehen (vgl. auch Missionsdekret „Ad gentes" 21–26). Im Zusammenhang mit den Sakramentalien und anderen liturgischen Gestaltungsformen erwähnt die Würzburger Synode auch die religiösen Bräuche und betrachtet sie als „Zeichen des Handelns Gottes und der Antwort des Menschen". „Als Wort in ‚Aktion' sind sie sichtbare und greifbare Formen der kirchlichen Verkündigung, die eine rein intellektuelle Ausübung der Frömmigkeit verhindern ... Sie beziehen den Menschen als ganzen, auch in seiner Sinnenhaftigkeit, in die gottesdienstliche Feier ein. Sie helfen mit, daß in den Zeichen und durch gemeinsames Tun Gemeinschaft erfahren wird" (Beschluß „Gottesdienst" 6.1.4). Sicher ist unsere technisierte und weithin säkularisierte Zeit kein günstiges Milieu für die Erhaltung und prägende Funktion des religiösen Brauchtums. Doch ist es durchaus auch heute möglich, wertvolle Bräuche zu erhalten oder zurückzugewinnen und auch neue heranreifen zu lassen.

Lit.: H. Koren, Volksbrauch im Kirchenjahr (Bonn ²1935); *J. Hanns,* Religiöses Brauchtum in der katholischen Familie (Speyer ⁴1950); *H. A. Mertens – G. Wüst,* Brauchtum der christlichen Gemeinschaft, in: *A. Kirchgässner* (Hrsg.), Unser Gottesdienst (Freiburg ²1960) 50–66; *H. Schauerte,* Kirche und religiöses Brauchtum. Dokumentation des II. Vaticanums. in: Theol. u. Glaube 56 (1966) 401–421; *N. Henrichs,* Kult und Brauchtum im Kirchenjahr (Düsseldorf 1967); *J. Baumgartner* (Hrsg.), Gläubiger Umgang mit der Welt (Einsiedeln u. a. 1976); *ders.* (Hrsg.), Wiederentdekkung der Volksreligiosität (Regensburg 1978); *J. Köck,* Religiöses Brauchtum in der Gemeinde, in: Leb. Seelsorge 29 (1978) 341–345; *P. Wollmann,* Brauchtum und Landseelsorge, ebd. 368–372; *Th. Schnitzler,* Kirchenjahr und Brauchtum neu entdeckt (Leipzig 1975 [PkH 53], Freiburg ⁴1979); *A. Heinz,* Altes wieder neu entdeckt, in: Gd 13 (1979) 81–83.

Brautgespräch vorbereitendes Gespräch des Priesters mit den Brautleuten, zunächst juristischer Art zur Überprüfung der Ehefähigkeit und des Ehewillens, heute in erster Linie ein seelsorgliches Bemühen, Kontakt mit den Brautleuten zu gewinnen und ihnen das Verständnis für den sakramentalen Charakter des Ehebundes aufzuschließen, vor allem anhand der Schriftlesungen und sonstigen liturgischen Texte der ↗Trauung.

Lit.: Die Feier der Trauung, Ausgabe für Brautleute und Gemeinde (Freiburg – Einsiedeln 1975 u. ö.) (mit einem Wort an die Brautleute und einer knappen Einführung in die Trauliturgie); *K. Richter* u. a., Die kirchliche Trauung, Werkbuch für die pastoralliturgische Praxis (Freiburg 1979).

Brautmesse, Brautsegen ↗Trauung.

Brevier ein nur in der Westkirche verbreiteter Buchtyp, der alle für das ↗Stundengebet nötigen Texte, die beim Chorgebet verschiedenen Büchern entnommen werden, zum Zwecke der Privatrezitation in einem handlichen Band zusammenfaßte; in neuzeitlichen Drucken aus praktischen Gründen vielfach in vier Teilbände (Pars hiemalis, verna, aestiva, autumnalis) aufgeteilt, seit der Reform von 1960 nur noch in zwei.

1. Das Stundenbuch. Die erneuerten liturgischen Bücher nach dem II. Vatikanum kennen kein „Brevier“ mehr als Kurzfassung längeren Chorgebets, sondern nur ein einheitliches Buch für das Stundengebet der Gemeinde, die „Liturgia Horarum“, in Kraft gesetzt mit der Apostolischen Konstitution „Laudis canticum“ von Allerheiligen 1970. Für den deutschen Sprachraum approbierten die zuständigen Bischofskonferenzen und Bischöfe das „Stundenbuch“ im Frühjahr 1978. Während die lateinische Ausgabe aus vier Bänden besteht, zu denen noch ein fünfter Anhangband kommen soll (mit dem zweijährigen Zyklus der Schriftlesung und den Psalmorationen), erscheint die deutschsprachige Ausgabe in nur drei Bänden (Advent/Weihnachtszeit, Fasten-/Osterzeit, Im Jahreskreis), bringt dafür den Lektionarteil aber in getrennten Faszikeln.

2. Zur Entstehung des Buchtyps. Mit *breviarium* (lat. = kurzes Verzeichnis) bezeichnete man zunächst eine Übersicht, die nach Art unserer ↗Direktorien die Ordnung des Stundengebetes für die verschiedenen Tage im Jahr festlegte und die benötigten Texte mit ihren Anfangsworten vermerkte. Seit dem 10. Jh. begann man, diese Texte, soweit sie nicht auswendig gesprochen werden konnten, auszuschreiben (wenn auch, vor allem bei den Lesungen, oft mit Kürzungen) und vorneweg ein Psalterium beizubinden; mit Hilfe eines solchen Buches konnte man das gewohnte Stundengebet auch auf Reisen und sonstiger Abwesenheit von der eigenen Kirche vollständig verrichten. Analog diesen Reise- und Zimmerbrevieren (cameralia) schuf man dann auch breviaria choralia mit dem unverkürzten Text der Chorbücher. – Die Ausbildung eines eigenen „Reiseritus" wurde besonders gefördert durch die päpstliche Kurie, deren Beamte tatsächlich viel unterwegs waren, und durch die lange Abwesenheit der Päpste von Rom im 12. Jh. Der päpstliche Hof entfremdete sich dadurch dem Offizium der römischen Basiliken und gewöhnte sich an die vereinfachte Art des *breviarium curiae.* Geschichtlich bedeutsam wurde, daß *Franziskus* in seiner Regel dieses Kurialbrevier für seinen Orden übernahm, wie dies für wandernde Minderbrüder durchaus angebracht war; kostbare Chorbücher hätten nicht zu ihrem Lebensstil gepaßt. Nachdem sich für eine kurze Zeit weithin das ↗Kreuzbrevier durchgesetzt hatte, verdrängte das nach dem Trienter Konzil 1568 von *Pius V.* herausgegebene *Römische Brevier* die verschiedenen lokalen Breviere und Chorbücher; nur Kirchen und Orden, die ihre eigenen Bücher schon wenigstens 200 Jahre im Gebrauch hatten, durften diese beibehalten. Außer dem *monastischen Brevier* der Benediktiner und einigen sonstigen Ordensbrevieren haben sich kaum ↗Sonderriten bis heute erhalten. Eine ernstliche Reform des genannten Römischen Breviers hat erst wieder Pius X. unternommen, vor allem durch die Neugestaltung des Wochenpsalters (Apostolische Konstitution „Divino afflatu", 1911), bis es im Gefolge des II. Vatikanums zu einer völligen Neugestaltung des Stundengebets kam.

3. Die orientalischen Kirchen haben (mit Ausnahme der unierten Ostsyrer) keine Bücher, die alle Texte des Stundengebets enthalten; wegen der zahlreichen, oft täglich wechselnden poetischen Stücke ist das technisch auch kaum möglich. Morgen- und Abendlob werden in aller Regel in der Kirche gefeiert unter Zuhilfenahme verschiedener Bücher. Bücher nach Art des byzantinischen *Horologion,* die das unveränderliche Gerippe des Stundengebets enthalten, werden vor allem bei Unierten gelegentlich als Grundlage privaten Stundengebets gebraucht. In Rom ist ein byzantinisches *Anthologion* erschienen, das ausgewählte Texte des Stundengebets aus verschiedenen liturgischen Büchern ganz in der Art mittelalterlicher lateinischer Breviere für Zwecke privaten Stundengebets zusammenstellt und das auch bei Orthodoxen Interesse findet.

Lit.: ↗Stundengebet; Th. Schnitzler, Was das Stundengebet bedeutet (Freiburg 1980)

Brot Grundnahrungsmittel des Menschen und daher von großer Aussagekraft auch im Kult. Wie ↗Blut und Atem ist das tägliche Brot unersetzbare Vorbedingung menschlichen Lebens; Brot stammt wie der Mensch aus der Erde; so wird es zum Ausdruck der leibhaften menschlichen Existenz (Brot der Tränen, der Freundschaft); in diesem Sinn wird es auch als Opfergabe verwendet. Dagegen haben die Alten keinen Blick für das moderne Motiv, das Brot sei Frucht unserer Mühen, Ausdruck für das Werk unserer Hände; für sie ist es ein Geschenk Gottes, im AT speziell gottgeschenktes Manna und später gottgeschenkte Frucht des Landes, das der Herr gemäß der Väterverheißung seinem Volk gegeben hat; in den Brotvermehrungswundern (schon im AT: 4 Kön 4,42ff) wird die reiche Fülle dieses Gottesgeschenkes sichtbar. Das eine Brot, das aus vielen Körnern bereitet wird, das eine Brot, das gebrochen wird, damit alle davon essen können, ist zugleich eine wirksame Darstellung der Einheitsfunktion des ↗Mahles. Alle diese Motive kehren auf höherer Ebene wieder, wenn in der Eucharistiefeier Christus das Brot verwandelt und zur Speise gibt. Die natürliche Bedeutung des Brotes geht bei den Christen dadurch nicht verloren, weder in der Eucharistiefeier (↗Eulogien) noch sonst (Osterfladen, Gebildebrote); der Brauch lehrt, den Brotwekken vor dem Anschneiden zu bekreuzigen, er kennt geweihtes Brot für viele Anlässe (↗Speisenweihe). – Brot, das für die Eucharistie bestimmt ist (bei den Lateinern ↗*Hostie,* bei den Byzantinern ↗*Prosphora* genannt, ↗Opfergang), wird nur aus Weizenmehl und Wasser hergestellt (in einigen östlichen Riten unter Beigabe von Salz und Öl). Ursprünglich bringen die Gläubigen ihr gewöhnliches häusliches (meist also gesäuertes) Brot mit, mit Vorliebe in schön gestalteten Formen (Kranzform und kreuzgekerbte Scheibenform). Zunehmende Ehrfurcht führt zu besonderen Auszierungen (Hostienstempel), zu ausgesucht weißer Farbe, zum eigens hergestellten (nicht mehr von den Gläubigen gebrachten) Brot, das im Orient teilweise jeweils frisch gebacken werden muß; bei den Armeniern (seit dem 6. Jh.) und im Abendland (seit 9.–11. Jh; ähnlich bei Maroniten und Malabaren) wird schließlich nur noch ungesäuertes Brot verwendet, das sich dünner, heller und bröselfreier backen läßt, aber kaum mehr an Brot erinnert. AEM 283 schreibt darum vor: „Die Aussagekraft des Zeichens verlangt, daß man die Materie der Eucharistiefeier tatsächlich als Speise erkennt. Daher ist es gut, wenn das eucharistische Brot, auch wenn es ungesäuert und in herkömmlicher Gestalt hergestellt ist, so beschaffen ist, daß der Priester bei einer Gemeindemesse das Brot wirklich in mehrere Teile brechen kann, die er wenigstens einigen Gläubigen reicht. Die kleinen Hostien sind jedoch keineswegs ausgeschlossen, wenn die Zahl der Kommunizierenden oder andere seelsorgliche Überlegungen sie erfordern."

Lit.: Lengeling, Ordnung 397–399; *Hanssens* II 121–216; *E. Gruber,* brot und wein, zwei meditationen (München 1977).

Brotbrechen ist zunächst praktischer Bestandteil eines jeden Mahles, vor allem im Orient, wo die frischgebackenen zähen Brotfladen nicht geschnitten werden können, sondern geradezu auseinandergerissen werden müssen. Solches Brechen des Brotes hat aber von Anfang an eine gewisse Weihe; es geschieht durch den Hausvater selbst, der die Stücke dann an die Seinen verteilt (vergleichbar dem Anschneiden des Kuchens durch das Geburtstagskind). In Israel wurde und wird dazu ein Lobgebet gesprochen, so daß das Brotbrechen die Aufgabe des Tischgebetes erfüllt. Auch von Christus berichtet die Schrift immer wieder, daß er das Dankgebet sprach, das Brot zerbrach und es erst dann den Seinen gereicht hat. – Wie weit der Ausdruck „Brotbrechen" in der Apostelgeschichte die *Eucharistie* miteinschließt, ist strittig. Jedenfalls wird bei der Eucharistie von jeher das eine Brot für die Ausspendung gebrochen; dies geschieht nach dem Hochgebet, vor (so noch in Mailand) oder nach dem ↗Paternoster (so in Rom seit *Gregor dem Großen* und in den meisten orientalischen Riten). In Rom war dies ein langwieriger Vorgang, für den das verwandelte Brot auf ↗Patenen und in Leinensäckchen vor die Bischöfe und Priester gebracht wurde; dabei sang man das ↗Agnus Dei (in Gallien dagegen ein wechselndes Lied, mailändisch *confractorium* [lat. = Brechungslied] genannt). Seit ab dem 11./12. Jh. das Brot für die Volkskommunion gleich in Form kleiner dünner Scheiben vorgefertigt wird, verliert die Brechung ihre praktische Bedeutung; sie wird aber in der Teilung der Priesterhostie formal beibehalten. AEM 58c besinnt sich wieder darauf, daß „das Brechen des Brotes nicht nur eine praktische Bedeutung (hat), sondern zeigt, daß wir alle in der Kommunion von dem *einen* Brot des Lebens essen, das Christus ist, und dadurch *ein* Leib werden (1 Kor 10,17)". Dementsprechend soll der Priester in jeder Meßfeier nicht eine Hostie für sich nehmen, sondern eine oder auch mehrere große Hostien für sich und die Gläubigen teilen; die vorgefertigten kleinen Hostien wird man nur gebrauchen, wenn eine große Kommunikantenzahl sie erforderlich macht (AEM 283). Man sollte auch nicht die im Brotbrechen enthaltene Opfersymbolik übersehen, die im Begleitgesang des Agnus Dei anklingt: Die Kraft des ↗Opfers wird erst frei, wenn die Gabe „vernichtet" und „zer-stückelt" ist; dann erst kann der einzelne seinen Teil bekommen und „Teil-Nehmer" werden. Der Mahlvorgang des Brechens weist so deutlich zurück auf das Kreuzesopfer, das uns in der Meßfeier zugewandt wird. ↗Brot.

Lit.: Fr. Nikolasch, Brotbrechung, Mischung und Agnus Dei, in: *Gemeinde im Herrenmahl* 331–341; *ders.,* Vom geteilten Brot in: *Gott feiern* 248–255.

Brüderlichkeit Christen sind Brüder und Schwestern, weil sie aus dem einen Wasser der Taufe und dem einen Heiligen Geist zu einem neuen gemeinsamen Leben wiedergeboren sind, weil Gott der Vater sie alle an Wesen und Gestalt seines Sohnes teilhaben läßt, damit dieser der Erstgeborene von vielen Brüdern sei (Röm 8,29), so wie Christus in allem seinen Brüdern gleich sein wollte (Hebr 2,17); „es kommt nicht darauf an, ob einer beschnitten oder unbeschnitten ist, sondern darauf, daß er neue Schöpfung ist" (Gal 6,15). Diese brüderliche Verbundenheit der

Getauften ist spürbar zunächst, wenn Gott uns ohne Rücksicht auf Hautfarbe, Abstammung und soziale Schranken (Gal 3,26–28) an seinem Tisch versammelt im ↗Mahl der Eucharistie und jeder gottesdienstlichen ↗Versammlung, auch wenn die entsprechende Gestaltung des Gottesdienstes eine Aufgabe ist, die oft nicht erfüllt wird (Jak 2,1ff); sie muß sich über den gottesdienstlichen Raum hinaus bewähren im täglichen Leben, in der gegenseitigen Rücksichtnahme und Hilfeleistung (Röm 15,1–3). Wenn sie zunächst auch auf den Kreis der Getauften beschränkt ist, so dient sie doch nicht sich selber, sondern der Welt; durch sie will Gott alle Völker beim Festmahl brüderlich vereinen (Jes 25,6). – ↗Caritas; ↗Gemeinde.

Lit.: J. Ratzinger, Die christliche Brüderlichkeit (München 1960).

Bücher, liturgische

1. Geschichtliche Entfaltung

Zur Feier des Gottesdienstes benötigt man die Texte der Lesungen, Gebete und Gesänge, ferner Anweisungen für den Vollzug (↗Rubrik). Der Brauch des ersten Jahrtausends, der sich in den Ostkirchen erhalten hat, schafft daraus Bücher, die je für eine Dienstleistung bestimmt sind: die Heilige Schrift für die Verkündigung, ein Buch für den priesterlichen Leiter des Gottesdienstes (↗Sakramentar, byzantinisch das Euchologion), Chorbücher für die Sänger (↗Psalterium, Hymnar), zeremonielle Anweisungen (↗Ordo, Typica). Die Westkirche hat dann, vor allem im Zusammenhang mit der Einzelzelebration, Buchtypen entwickelt, die je einem bestimmten Gottesdienst dienen und alle dabei benötigten Texte und Anweisungen enthalten. So vor allem das ↗Missale, das für jede Meßfeier Priestergebete, Schriftlesungen und Chorgesänge in der Reihenfolge des Ablaufs bietet. Die liturgische Reform führt wieder zur älteren Praxis zurück: Das neue Altarmeßbuch enthält keine Lesungen mehr, sondern verweist dafür auf das ↗Lektionar, ebenso keine Chorgesänge, bietet dafür aber einen Eröffnungs- und Kommunionvers, der beim Fehlen von Gesang ersatzweise gesprochen werden kann, während die Gesänge dem „Graduale" zu entnehmen sind. Auch die Gemeinde erhält eine Art liturgisches „Rollenbuch" im ↗„Gotteslob". Im römischen Ritus erscheint für jedes liturgische Buch eine editio typica in der Vatikanischen Druckerei. Die einzelnen Bischofskonferenzen approbieren als „auctoritas territorialis" jeweils die in die Landessprache übersetzte und den besonderen Erfordernissen des Gebietes angepaßte Ausgabe; diese Approbation wird in Rom von der Kongregation für die Sakramente und den Gottesdienst konfirmiert. Zur Erprobung der Übersetzung und vor allem zur Prüfung, inwieweit Adaptationen notwendig sind, erscheinen vielfach zunächst Studienausgaben, die in der Erprobungsphase gebraucht werden können. ↗Übersetzung. – Die liturgischen Bücher werden mit besonderer Ehrfurcht behandelt, vor allem jene, die biblische Texte enthalten, wie die ↗Evangeliare: sie werden inzensiert, geküßt, mit Bildern geschmückt, in der Prozession feierlich mitgetragen (↗Einzug), auf kostbare, in der Regel durch Stoffbezug ausgezeichnete (↗Gewänder, liturg.) ↗Pulte gelegt.

2. Die erneuerten Bücher der römischen Liturgie und ihre deutschsprachigen Ausgaben.
Im folgenden werden die Bücher innerhalb der einzelnen Gruppen in der Reihenfolge des Erscheinens der lateinischen Ausgaben aufgezählt.

a) Die Bücher für die eucharistische Feier:
Missale Romanum ¹1970 ²1974.
Meßbuch für die Bistümer des deutschen Sprachgebietes, 2 Bde, 1975; Kleinausgabe 1 Bd.
Lectionarium missae, 3 Bde (veränderte Neuausgabe in Vorbereitung).
Lektionar, 6 Bde. 1970–1974 (veränderte Neuausgabe mit Einheitsübersetzung der Bibel in Vorbereitung).
Kyriale simplex 1965; Graduale simplex 1967; Ordo cantus missae 1972; darauf basierend die private Ausgabe „Graduale ss. Romanae Ecclesiae“ (Solesmes 1974).
Für die deutschsprachigen Gesänge gibt es außer dem Gotteslob das diesem zugeordnete Kantorenbuch (o. J.) und Scholabuch (1975).

b) Die Bücher für das Stundengebet:
Liturgia horarum iuxta ritum Romanum, 4 Bde, ¹1971ff.
Stundenbuch für die katholischen Bistümer des deutschen Sprachgebietes, 3 Bde, 1978/79 und 16 Lektionarsfaszikel 1978ff.
Lateinisches Antiphonale steht noch aus.
Antiphonale zum Stundengebet, hrsg. von den Liturgischen Instituten Trier, Salzburg, Zürich 1979; Vesperbuch zum GL (1979).
„Christuslob“, Kleinoffizium, 1980 von Rom konfirmiert.

c) Pontifikale (Einzelfaszikel):
Liber de ordinatione diaconi, presbyteri et episcopi 1968.
Deutsche Ausgabe mit gleichem Titel 1971 (Volksausgabe für die „Feier der Diakonenweihe und Priesterweihe“).
Ordo benedictionis abbatis et abbatissae 1970.
Ordo consecrationis virginum 1970.
Die Feier der Abts-, Äbtissinnen- und Jungfrauenweihe 1975.
Ordo confirmationis 1971.
Die Feier der Firmung 1973 (hierzu Volksausgabe).
Ordo benedicendi oleum catechumenorum et infirmorum et conficiendi chrisma 1971.
Liber de institutione lectorum et acolythorum; de admissione inter candidatos ad diaconatum et presbyteratum; de sacro caelibatu amplectendo 1972.
Die Beauftragung von Lektoren, Akolythen und Kommunionhelfern; die Aufnahme unter die Kandidaten für Diakonat und Presbyterat; das Zölibatsversprechen 1974.

Ordo dedicationis ecclesiae et altaris 1977.
Die Feier der Kirch- und Altarweihe; die Feier der Ölweihen (als Studienausgabe in Vorbereitung).

d) Rituale (Einzelfaszikel):
Ordo baptismi parvulorum [1]1969; [2]1973.
Die Feier der Kindertaufe 1971 (hierzu Volksausgabe).
Ordo celebrandi matrimonium 1969.
Die Feier der Trauung 1975 (hierzu Volksausgabe).
Gemeinsame kirchliche Trauung (bei Konfessionsverschiedenheit) 1971 (hierzu Volksausgabe).
Ordo exsequiarum 1969.
Die kirchliche Begräbnisfeier 1972 (hierzu Volksausgabe).
Ordo professionis religiosae 1970.
Die Feier der Ordensprofeß 1974.
Ordo initiationis christianae adultorum 1972.
Die Feier der Eingliederung Erwachsener in die Kirche (Studienausgabe) 1975.
Die Feier der Aufnahme gültig Getaufter in die volle Gemeinschaft der katholischen Kirche, 1974.
Ordo unctionis infirmorum eorumque pastoralis cura 1972.
Die Feier der Krankensakramente 1975 (hierzu Volksausgabe).
De sacra communione et de cultu mysterii eucharistici extra missam 1973.
Kommunionspendung und Eucharistieverehrung außerhalb der Messe (Studienausgabe) 1976.
Ordo paenitentiae 1974.
Die Feier der Buße (Studienausgabe) 1974.
Ohne römische Vorlage erschienen:
Benediktionale (Studienausgabe) 1978.
Gottesdienst mit Gehörlosen (Studienausgabe) 1980.
Kleines Rituale für besondere pastorale Situationen 1980.

3. Liturgische Bücher der Ostkirchen
Für die *Ostriten* gibt es keine offiziellen Ausgaben liturgischer Bücher (mit einzelnen Ausnahmen bei Unierten); man druckt vorhandene Ausgaben, soweit möglich verbessert, wieder ab; gelegentlich werden noch (vor allem bei den Äthiopiern und Ostsyrern) handgeschriebene Bücher gebraucht.

Die wichtigsten liturgischen Bücher des byzantinischen Ritus sind für Eucharistie, Sakramente und Segnungen das *Euchologion* (auch Teilausgaben: Liturgikon, Hierodiakonikon, Hagiasmatarion); für die Gesänge des Stundengebets im beweglichen Kirchenjahr das *Triodion* (vorösterliche Fastenzeit), *Pentekostarion* (Osterzeit), *Oktoichos,* im unbeweglichen Kirchenjahr die *Minäen* in zwölf Monatsbänden; für die Schriftlesung in der Messe: *Apostolos* und *Evangeliar;* für das Gerippe des Stundengebets das *Horologion.*

Burse (lat. = Tasche), 1. Tasche, um das ↗Korporale aufzubewahren. Ursprünglich ein flaches, reichverziertes Kästchen zum Aufklappen, im späten Mittelalter aus praktischen Gründen umgeformt in eine Tasche aus dem Stoff der Meßparamente, durch Einlagen versteift.

2. Eine zum Umhängen eingerichtete, vielfach lederüberzogene, immer seidengefütterte Tasche, in der beim ↗Versehgang die Versehpatene mit dem Allerheiligsten zum Kranken gebracht wird.

Bußakt der Meßfeier Daß man der eucharistischen Feier einen Akt der Buße mit dem Bekenntnis der Schuld voranstellte, bezeugt schon die nachapostolische *Didache* (um 100), indem sie schreibt: „Am Herrentag versammelt euch, brecht das Brot und sagt Dank, nachdem ihr zuvor eure Sünden bekannt habt, damit euer Opfer rein sei“ (14,1). In seiner Apostolischen Konstitution „Missale Romanum“ (3. 4. 1969) zählt *Paul VI.* einen solchen „Ritus der Versöhnung mit Gott und den Brüdern“ zu jenen Elementen, die „durch die Ungunst der Zeit verlorengegangen“ waren. Gewiß gab es auch vor dem neuen Missale ein ↗Stufengebet mit einem ↗Confiteor und der Vergebungsbitte. Aber im römischen Ritus war dies nur ein privates Gebet des Altardienstes (Priester und Ministranz), das man später zwar an die Stufen des Altares verlegte, aber insofern von der Gemeinde nicht mitvollzogen werden konnte, als gleichzeitig (von der stillen Messe abgesehen) der Introitusgesang stattfand. – Im neuen Meßbuch wird ausdrücklich die ganze Gemeinde einbezogen: „Nach der Begrüßung ... lädt der Priester zum Schuldbekenntnis ein, das von allen gemeinsam vollzogen und durch die vom Priester gesprochene Bitte um Vergebung abgeschlossen wird“ (AEM 29). Für die Einladung sieht das MD fünf verschiedene Formeln vor und fügt hinzu: „Oder eine andere, frei formulierte Einladung.“ Nach einer kurzen Stille folgt der eigentliche Bußakt, für den das Missale drei Möglichkeiten aufweist: Die erste Form (A) besteht aus dem gemeinsam gesprochenen Confiteor, das umfänglich gekürzt, inhaltlich aber bereichert ist durch das Bekenntnis der Unterlassung des Guten. Die zweite Form (B) besteht aus zwei Versikelpaaren, die dritte (C) verbindet drei Christusanrufungen mit den ↗Kyrie-Rufen, wobei diese „Christusprädikationen“ auch frei formuliert werden können. Alle Formen schließen mit einer Vergebungsbitte des Priesters. Der gesamte Bußakt kann entfallen, wenn eine andere liturgische Handlung (z. B. Prozession) vorausgeht oder eine besondere Festlichkeit des Gottesdienstes dies nahelegt. An Sonntagen kann das ↗Asperges an seine Stelle treten. Die abschließende Vergebungsbitte kann dann entfallen, wenn das Tagesgebet eine solche Bitte enthält.

Lit.: A. Heinz, Die deutsche Sondertradition für einen Bußritus, in: LJ 28 (1978) 193–214; *H. B. Meyer,* Der Bußakt der Meßfeier, in: *Gemeinde im Herrenmahl* 209–216; *B. Senger,* Vom Eingestehen der Schuld, in: *Gott feiern* 79–84.

Buße ist zunächst ein innerer Vorgang: das Umdenken (griech. metánoia) und die Abwendung von der Sünde, in der sich der Mensch von Gott losgesagt und getrennt hat (Sünde von ab*sondern*), und die Hinwendung zum Vatergott, der nicht den Tod des Sünders will, sondern seine Heimkehr herbeisehnt (vgl. Lk 15,11–32). Diese Umkehr ist für den Christen zutiefst mit dem Glauben an das Evangelium verbunden (Mk 1,15). Weil für den nachösterlichen Jünger Sünde auch eine Herauslösung aus der Gemeinschaft der Kirche ist, haben Umkehr und Buße auch einen ekklesialen Charakter mit dem Ziel der Wiedereingliederung in die volle Gemeinschaft der Kirche (↗Rekonziliation, ↗Bußsakrament). Weil zum ganzen Menschen auch der körperlich-sichtbare Bereich gehört, muß sich auch die Buße in sichtbaren Zeichen und Handlungen kundtun, die sowohl die Abkehr von der Sünde wie auch das Wiedereinschwingen in die Nachfolge Christi und damit in Glaube, Hoffnung und Liebe ausdrücken und begünstigen. Neben den schon im AT bekannten klassischen Bußwerken „Gebet, Fasten und Almosen" (Frömmigkeit, Selbstüberwindung, dienende Liebe), die auch in der alten Kirche hochgeschätzt wurden, ist auch an moderne Formen des Konsumverzichtes, der Hilfsbereitschaft in ihren vielfältigen Formen, die die mittelalterliche Frömmigkeit in den je sieben Werken der leiblichen und geistlichen Barmherzigkeit besonders pflegte, an das Hören des Gotteswortes und das Lesen der Bibel und geistlicher Schriften, an Meditation und den Besuch von Bußgottesdiensten zu denken. – Bei solchen Werken der Buße sollte das Mißverständnis der „Werkgerechtigkeit" ausgeschlossen sein, da ja auch in den Bußwerken die Gnade des liebenden Vatergottes dem umkehrwilligen Menschen vorauseilt und ihn dazu befähigt. Letzten Endes gewinnt alle Buße der Christen ihre Kraft aus jener Buße, die Christus in seiner Hingabe an den Vater für uns vollbracht hat und in die wir uns hineinnehmen lassen. Wo sich Buße nicht nur in einzelnen Bußwerken manifestiert, sondern zur inneren Grundeinstellung geworden ist, kann man auch von der Tugend der Buße sprechen.

Die Liturgie der Kirche gibt den Gläubigen, die um die bleibende Gefährdung ihres Heiles wissen (1 Kor 10,12; 2 Kor 4,7; Phil 2,12), mancherlei Hilfestellungen für Haltung und Handlungen der Buße: ↗Quadragesima, Aschenkreuz, ↗Bußakt der Meßfeier, ↗Bußgottesdienste, aber auch durch die Mahnungen zur Buße und die Gebete für die Büßer. Die Würzburger Synode weist in ihrem Beschluß „Schwerpunkte heutiger Sakramentenpastoral" darauf hin, daß auch der ↗Freitag als Todestag des Herrn nach alter Tradition ein Tag der Buße ist. „Gerade weil heute der Verzicht auf Fleischspeisen nicht mehr wie früher geboten ist, muß der einzelne Formen suchen, wie er persönlich diesen Tag begeht. In gleicher Weise sollen die Familien und andere Gruppen sich bemühen" (WSyn I, 266). Bis ins Mittelalter hinein kannte die Kirche die Institution der öffentlichen Kirchenbuße bei notorisch bekannten Kapitalsünden, die der Rekonziliation vorausging. Näheres hierzu und zur späteren Entwicklung der sakramentalen Buße ↗Bußsakrament. Die bewußte Mitfeier der Liturgie wird zu einer wirksamen und gesunden Bußerziehung.

Lit.: ↗Bußsakrament.

Bußgottesdienste gottesdienstliche Feiern, in denen die Gemeinde durch die Verkündigung des Gotteswortes zur Umkehr und Erneuerung des Lebens aufgerufen wird und im gemeinsamen Bekenntnis und Gebet der Befreiung von der Sünde erbittet.

1. Entstehung. Bei der grundlegenden Bedeutung, die Umkehr und immer wieder erneutes Anfangen für das Christenleben haben, gab es schon früh neben den Sakramenten der Vergebung (↗Taufe, ↗Bußsakrament, auch ↗Krankensalbung) und der regelmäßigen Mahnung zur Buße (so schon in der *Didache* (10,6): „Wer heilig ist, trete herzu; wer nicht, tue Buße") besondere Aktivitäten zur Weckung der Buße: Bußzeiten (↗Quadragesima), den ↗Bußakt in vielen Gottesdienstformen, Bußandachten (↗Kreuzweg, Psalm „Miserere") und die verschiedenen Formen der ↗Generalabsolution (vgl. 3.). In dem Bemühen, gemäß dem Auftrag des II. Vatikanums (LK 72) „Ritus und Formen der Buße so zu revidieren, daß sie Natur und Wirkung des Sakramentes deutlicher ausdrücken", erwuchs Mitte der sechziger Jahre daraus eine neue Form von Bußfeiern, für die sich die Bezeichnung „Bußgottesdienst" durchgesetzt hat. Von den Gemeinden dankbar angenommen, wurde sie durch den „Ordo Paenitentiae" vom 1. Adventssonntag 1973 (in Nr. 36–37) in das offizielle gottesdienstliche Leben der Kirche eingeführt und es (in Nr. 40 b) als Sache der Pfarrer erklärt, einige Male im Jahr, vor allem in der österlichen Bußzeit, Bußgottesdienste anzubieten. Die Weisung der Deutschen Bischofskonferenz zur Bußpraxis fordert: „Bußgottesdienste sollen im Leben jeder Gemeinde einen festen Platz haben. Im Advent und in der österlichen Bußzeit sollen sie der entfernteren Vorbereitung auf die kommenden Hochfeste dienen."

2. Bedeutung. Bußgottesdienste wollen und können nicht die persönliche Beichte und die sakramentale Lossprechung ersetzen; sie bringen vielmehr Aspekte der Buße zum Bewußtsein, die in der herkömmlichen Spendung des Bußsakramentes verkümmert waren.

Mehr als im persönlich-intimen Raum des Beichtgespräches wird im gemeindlichen Bußgottesdienst erfahrbar, daß wir mit unserer Schuld vor Gott nicht allein stehen: durch mein persönliches Versagen wird das ganze Gottesvolk auf seinem Weg gehindert, der ganze Leib leidet, wenn auch nur ein Glied leidet; der ganze Leib trägt aber auch Sorge und Mitverantwortung, die ganze Kirche betet und büßt mit dem Sünder. Mehr als in dem ganz auf die persönliche Sünde ausgerichteten Beichtgespräch wird im gemeindlichen Bußgottesdienst nicht nur die Schuld des einzelnen, sondern das Zurückbleiben der ganzen Gemeinde hinter dem Auftrag Christi angesprochen; alle besinnen sich auf die Aufgaben, die nur in gemeinsamer Verantwortung gelöst werden können; die ganze Pfarrei betet gemeinsam um Vergebung für ihr Versagen. Darüber hinaus erkennt der einzelne erfahrungsgemäß seine eigene Schuld vor Gott leichter und deutlicher und wird so besser für den persönlichen Empfang des Bußsakramentes gerüstet, wenn sein Gewissen im Bußgottesdienst geschärft und vertieft wurde durch die intensivere Begegnung mit dem Gotteswort und durch die gemeinsame Besinnung.

Diese Gesichtspunkte haben im neuen Ordo Paenitentiae auch zu der neuen Form der „gemeinschaftlichen Feier der Versöhnung mit Bekenntnis und Lossprechung des einzelnen" geführt, bei der die persönliche Beichte in einem gemeindlichen Bußgottesdienst eingebaut ist. Ansonsten wird man Bußgottesdienste nicht unmittelbar mit der Spendung des Bußsakramentes verbinden, sondern sie in ihrem Eigenwert bestehen lassen und so auch dafür sorgen, daß sie nicht mit der Feier des Bußsakramentes verwechselt werden.

3. Aufbau. Der Bußgottesdienst ist nach den Baugesetzen eines Wortgottesdienstes in drei Hauptteile gegliedert: Verkündigung, Besinnung, Gebet. Nach einer geeigneten Eröffnung (Stille, Gesang, Rufe, Begrüßung, Gebet) werden eine oder mehrere Lesungen aus der Schrift vorgetragen, eventuell durch Antwortgesänge oder Stille unterbrochen; es können auch nichtbiblische Lesungen dazutreten, die helfen, die Sünden zu erkennen und aufrichtig zu bereuen. Die Auslegung des verkündeten Wortes muß der Gemeinde helfen, den Anspruch Gottes an die Lebensgestaltung deutlicher zu erkennen, und ihr Mut machen, diesem Anspruch besser gerecht zu werden. Erlebnismäßiger Höhepunkt der Feier ist die anschließende längere Stille, in der der einzelne sein Gewissen prüft und erforscht; vielfach wird diese Aufgabe erleichtert durch Fragen, die mit Pausen in die Stille hinein gesprochen werden oder in schriftlicher Form ausgeteilt sind; abschließend wird mancherorts nach altem Brauch die Bußglocke geläutet. An die Besinnung schließt sich gemeinsames Gebet, vielfach als Wechselgebet (Litaneiform), Bekenntnis und Vergebungsbitte, am besten in der Form des Bußaktes, wie er aus der Meßfeier und der Komplet vertraut ist. Abschließend wird grundsätzlich das Gebet des Herrn gesprochen, vor allem wegen seiner Vergebungsbitte: Vergib uns unsere Schuld, wie auch wir vergeben unseren Schuldigern! Im Schlußteil des Bußgottesdienstes haben Fürbitten, Dankgesänge, zusammenfassende Gebete und der Entlaßsegen ihren Platz.

Ein Bußgottesdienst kann nicht einfach aus Vorlagen übernommen werden; er muß, soll er wirklich hilfreich sein, der konkreten Situation der Gemeinde bzw. der im Einzelfall versammelten Gruppe (Kinder, Schüler, Ältere, Eltern, Kranke) angepaßt sein.

Lit.: GL 55–77; WGL I 209, II 187, VII 352; *H. B. Meyer,* Beichte und/oder Seelenführung, in: Orientierung 29 (1965) 133–138; *Fr. Nikolasch,* Zur Theorie und Praxis des Bußsakramentes, in: Freiheit–Schuld–Vergebung (Wien 1972) 87–110, besonders 95 ff; *ders.,* Die Feier der Buße. Theologie und Liturgie (Würzburg 1974); *P. J. Cordes,* Einzelbeicht und Bußgottesdienst. Zur Diskussion ihrer Gleichwertigkeit, in: StdZ 99 (1974) 17–33; *R. Berger,* Bußgottesdienste. Anleitung und Modelle (München

1974); Bußgottesdienste 1–3 (Handreichungen z. Gottesdienstgestaltung) (Stuttgart 1977–79); Hilfen zur Arbeit mit der neuen Bußordnung, hrsg. vom Sekretariat der Deutschen Bischofskonferenz (1975); *J. Steiner – H. B. Meyer,* Einzelbeichte – Generalabsolution – Bußgottesdienst. Sinn und Praxis der neuen Bußordnung (Innsbruck 1975); u. v. a.

Bußpsalmen ↗Psalmen.

Bußsakrament

1. Biblische Grundlagen und geschichtliche Entwicklung. Vorbedingung für das Verständnis des Bußsakramentes ist die am Glauben orientierte *Einschätzung der Sünde.* Sie ist das bewußte Ausbrechen aus dem verpflichtenden Willen Gottes, zugleich das Nein zur gottgeschenkten Berufung und wahren Selbstverwirklichung in der Nachfolge Christi. Sünde hat aber auch über den Sozialbezug hinaus (Unrecht am Mitmenschen und der menschlichen Gesellschaft) eine ekklesiale Dimension, insofern sie ein Ausbrechen aus der Gemeinschaft der von Christus Geheiligten ist und eine Schädigung der Lebenskraft und Glaubwürdigkeit der Kirche. Solche weittragenden Aussagen gelten in vollem Umfang nur von jenem Fehlverhalten, das wir als „Todsünde" im Sinn der totalen und freien Abkehr von Gott und Kirche bezeichnen (vgl. 1 Joh 5,16). Die heutige Pastoraltheologie und -psychologie neigt dazu, die eigentliche Todsünde als ein höchst seltenes Vorkommnis zu betrachten, weil psychologische Verfaßtheit und milieugegebene Verstrickung eine bewußte Grundentscheidung gegen Gott in vielen Fällen fraglich erscheinen lassen. Aber auch dort, wo diese nicht gegeben ist, kann es sich um schwerwiegende Inkonsequenzen und schuldhafte Verstöße handeln, für die man die Bezeichnung „schwere Sünde" vorgeschlagen hat, die sich also unterscheidet von der Todsünde, aber auch von jenen „läßlichen" Sünden oder „Wundsünden", deren wir uns nach Jak 3,2 alle schuldig machen.

Wie uns die Evangelien überdeutlich erkennen lassen, hat *Christus die Sünde sehr ernst genommen.* Er hat sich aber auch um die Versöhnung der Sünder bemüht und selbst Sünden vergeben. Höhepunkt seines Erbarmens mit der sündigen Menschheit ist sein sühnendes und versöhnendes Leiden und Sterben (vgl. Röm 5,8). Dieser Versöhnungstat hat er Dauer verliehen, indem er das Sakrament seines für uns dahingegebenen Leibes und seines „zur Vergebung der Sünden" vergossenen Blutes stiftete. Seinen Jüngern gab er Auftrag und Vollmacht, allen Völkern „die Bekehrung zu predigen, damit ihre Sünden vergeben werden" (Lk 24,47) und die Taufe zur Vergebung der Sünden zu spenden (Mt 28,19; Mk 16,16). Darüber hinaus macht er die Kirche zum Zeichen und Werkzeug der Versöhnung, indem er am Auferstehungstag zu den Jüngern spricht: „Empfangt den Heiligen Geist! Wem ihr die Sünden vergebt, dem sind sie vergeben; wem ihr die Vergebung verweigert, dem ist sie verweigert" (Joh 20,22f). Die Kirche sieht darin die Stiftungsurkunde für jenen Versöhnungsvorgang, den schon die alte Kirche praktizierte und den man später als Bußsakrament bezeichnet.

In der Sorge um die Umkehr und Heimkehr der Sünder wandte die Kirche in den verschiedenen Epochen und Regionen einen verschiedenen Grad von Strenge bzw. Milde an und entwickelte *verschiedenartige Bußverfahren.* Schon die Urgemeinde kannte die Praxis der Exkommunikation des Sünders für eine bestimmte Zeit, um ihn zur Umkehr zu bewegen (z.B. 1 Kor 5,1–13). Für die *Vergebung der alltäglichen Fehler* hielt man Gebet, Fasten und Almosen und andere gute Werke für ausreichend. In der Folgezeit wurden nur die sogenannten Kapitalsünden (vor allem Glaubensabfall, Mord und Ehebruch) einem öffentlichen Bußverfahren unterworfen. Es bestand im wesentlichen aus folgenden Phasen: geheimes Bekenntnis vor dem Bischof oder seinem Stellvertreter, Aufnahme in den Büßerstand mit Festsetzung der Bußverpflichtung, Ausschluß von der Eucharistiefeier bzw. dem Kommunionempfang. Die Bußzeit konnte mehrere Jahre dauern, mancherorts bis zum Sterbebett. Die Wiederaufnahme in die Kirche (↗Rekonziliation) erfolgte meist, wie in Rom, am Gründonnerstag durch Handauflegung des Bischofs. Vom 6. Jh. an kam es unter dem Einfluß der irisch-schottischen Wandermönche zu einem neuartigen Verfahren: Man beichtete einem Priester seine Sünden, bekam entsprechend den einzelnen Sünden eine bestimmte Buße auferlegt (Bußbücher – „Tarifbuße“) und empfing nach deren Ableistung, später aber auch sofort die Lossprechung. Auf dem Umweg über die sog. Kommutationen (Bußumwandlung) und Redemptionen (Bußerleichterung) entwickelte sich schließlich eine „Privatbeichte“ mit leichten Bußwerken, bei der der ekklesiale Aspekt kaum mehr eine Rolle spielte. Schon im 9. Jh. wird die Forderung aufgestellt, einmal oder auch dreimal im Jahr zu beichten. Das IV. Laterankonzil (1215) erließ die Vorschrift, daß jeder „Todsünder“ wenigstens einmal im Jahr seine Sünden beichten müsse. Die Neuzeit kennt die Entwicklung der sog. *Andachtsbeichte* (Bekenntnis nur läßlicher Sünden), besonders als Vorbereitung auf den Kommunionempfang. Seit dem 16. Jh. verlegte man die ↗„Beichte“ vom Altarraum weg in den ↗Beichtstuhl, wo wegen des trennenden Gitters die Handauflegung zu einer Handerhebung reduziert werden mußte. Das Wort der Versöhnung hatte bis zum 13. Jh. die deprekative (fürbittende) Form, um dann einer indikativischen („Ich spreche dich los ...“) Platz zu machen.

2. Die nachkonziliare Neuordnung des Bußsakramentes. Nachdem schon das II. Vatikanum den Auftrag gegeben hatte, Riten und Formeln des Bußsakramentes so zu revidieren, „daß sie Natur und Wirkung des Sakramentes deutlicher ausdrücken“ (LK 72), veröffentlichte die Gottesdienstkongregation am 2. 12. 1972 als Faszikel des Rituale Romanum die neue Ordnung des Bußsakramentes. Eine Studienausgabe für den deutschen Sprachraum, die den folgenden Ausführungen zugrunde gelegt ist, erschien 1974 und wurde am 1. 1. 1975 verpflichtend. Nach einer umfangreichen pastoralen Einführung (Nr. 1–40) folgen drei verschiedene Formen für den sakramentalen Dienst der Versöhnung, die in ihren Grundzügen kurz dargestellt seien:

a) Die Feier der Versöhnung für einzelne: Sie findet im ↗Beichtstuhl oder Beichtzimmer statt und hat folgende Elemente: Begrüßung und Ermutigung des Pönitenten, Schriftlesung (freigestellt), Sündenbekenntnis und Beichtgespräch, Auferlegung eines Bußwerkes, Reuegebet, Lossprechung (unter Ausbreitung der Hände), Lobpreis Gottes und Entlassung. Die neuformulierten Worte der Lossprechung beginnen mit einer Anamnese der Heilstat Gottes, erbitten „durch den Dienst der Kirche" „Verzeihung und Frieden" und schließen in indikativischer Form: „Ich spreche dich los von deinen Sünden..." Während des letzten Satzes (der in Todesgefahr genügt) macht der Priester das ↗Kreuzzeichen und zeigt so zeichenhaft den Zusammenhang zwischen Kreuzestod Christi und Versöhnung an. Im Gegensatz zu den übrigen Teilen der Studienausgabe ist diese Formel bereits als definitiv von den Bischofskonferenzen approbiert und von Rom konfirmiert.

b) Gemeinschaftliche Feier der Versöhnung mit Bekenntnis und Lossprechung des einzelnen: Diese zweite Form bettet Einzelbekenntnis und Einzellossprechung in einen ↗Wortgottesdienst ein und unterstreicht so den liturgisch-ekklesialen Charakter des Bußsakramentes. Dabei sind auch besondere Hilfen und Anregungen für die Gewissenserforschung möglich.

c) Gemeinschaftliche Feier der Versöhnung mit allgemeinem Bekenntnis und Generalabsolution: Diese Form unterscheidet sich von der vorausgehenden wesentlich dadurch, daß das Einzelbekenntnis durch ein allgemeines ersetzt und die sakramentale Lossprechung allen gemeinsam erteilt wird. Das Rituale betont an mehreren Stellen, in Übereinstimmung mit den *„Normae pastorales"* der Glaubenskongregation vom 16. 6. 1972, daß eine solche ↗Generalabsolution nur dann in Frage kommt, wenn „das Einzelbekenntnis physisch oder moralisch unmöglich ist" (Nr. 31). Nähere Anweisungen sollen die zuständigen Bischöfe bzw. Bischofskonferenzen geben. Ausdrücklich wird auf die Verpflichtung hingewiesen, die auf diese Weise vergebenen Todsünden innerhalb eines Jahres auch einzeln zu beichten (Nr. 34 und 35a).

Das neue Rituale enthält des weiteren zahlreiche Auswahltexte für die verschiedenen Feiern der Versöhnung, Modelle für ↗Bußgottesdienste und ein Schema für die Gewissenserforschung.

Wenn mit dieser neuen Ordnung der sakramentalen Versöhnung auch manche weitgespannten Erwartungen nicht in Erfüllung gegangen sind, so wird man doch die vorliegende Regelung als eine behutsame, aber auch aufgeschlossene und für die Zukunft offene Abklärung und Wegweisung begrüßen müsen.

3. Das Bußsakrament bei den Ostkirchen. Ursprünglich war die stufenmäßig geordnete öffentliche Buße mit dem Ziel der Rekonziliation in Übung. Allmählich bildete sich eine große Unterschiedlichkeit des Bußwesens heraus. In den heutigen Kirchen des *byzantinischen Ritus* spricht im Rahmen eines längeren Bußgottesdienstes die Gruppe der Beichtenden bestimmte Gebete gemeinsam, worauf jeder einzeln vor dem Priester, der vor einer Ikone oder der Ikonostase (↗Bilderwand) sitzt, beichtet. Die Lossprechung erfolgt in der Regel erst nach Ableistung der auferlegten Bußwerke. Ähnlich ist es in der *westsyrischen Kirche.* Bei den *Kopten* scheint das Bußwesen längere Zeit in Vergessenheit geraten zu sein. In vielen Gemeinden kann man von einem „Beichten beim Rauchfaß" sprechen, d.h. von einem stillen Bekenntnis während des Eingangsinzenses, worauf eine feierliche Absolutionsformel gesprochen wird.

4. Bußsakrament und Kirchen der Reformation. Wenn auch die Kirchen der Reformation an ↗Buße als fortwährend notwendiger Sinnesänderung und zum großen Teil auch an der freiwilligen „heimlichen" ↗Beichte vor dem Geistlichen oder auch jedem „Bruder" festhielten, so ließen sie doch die Sakramentalität der Buße fallen, weil hierfür das explizite Stiftungswort Christi (im Gegensatz zu Taufe und Abendmahl) fehle. Wenn auch *Luther* Beichte und Buße zeitweise noch als drittes Sakrament betrachtete, so setzte sich doch die Ablehnung ihres sakramentalen Charakters durch. Sie seien lediglich eine Art Rückkehr zur Taufgnade. – ↗Beichte; ↗Buße.

Lit.: Wichtige Aussagen und Anregungen in zwei amtlichen Dokumenten: *WSyn,* Beschluß „Schwerpunkt heutiger Sakramentenpastoral" I 258–268, 272–274; *Pastorale Einführung* in: „Feier der Buße"; ferner: *L. Bertsch,* Buße und Bußsakrament in der heutigen Kirche (Mainz ²1970 [PkH 50/3, Leipzig 1972]); *F. Schlösser* (Hrsg.), Schuldbekenntnis – Vergebung – Umkehr (Limburg 1971); *F. Nikolasch,* Die Feier der Buße. Theologie und Liturgie (Würzburg 1974); *E. Feifel* (Hrsg.), Buße, Bußsakrament, Bußpraxis (Münster 1975); *H. B. Meyer – J. Steiner,* Einzelbeichte – Generalabsolution – Bußgottesdienst (Innsbruck u.a. 1975); *O. Nußbaum,* Die Liturgie der Buße und Versöhnung im Ordo Paenitentiae von 1973, in: LJ 25 (1975) 137–174, 224–258. Über Buße, Beichte, Bußsakrament im evangelischen Raum: *G. L. Müller,* Bonhoeffers Theologie der Sakramente (Ff. theol. Stud. 28) (Frankfurt 1979) 285–356.

Buß- und Bettag Die von der katholischen Kirche in der Fastenzeit und an den Quatembertagen vorgeschriebene ↗Buße wurde zunächst auch von den reformatorischen Kirchen übernommen. In manchen Landeskirchen gab es neben Bußtagen aus aktuellem Anlaß auch monatliche Bußtage. Allmählich begnügte man sich aber mit einem viermaligen (↗Quatember) oder zweimaligen (Frühjahr und Herbst) Bußtag im Jahr. Die Eisenacher Konferenz von 1852 schlug den Mittwoch vor dem letzten Sonntag im Kirchenjahr als gemeinsamen Buß- und Bettag vor. 1893 wurde er von den nord- und mitteldeutschen Landeskirchen übernommen und 1934 von der „Evangelischen Kirche in Deutschland" (EKD) allgemein eingeführt. Er hat im evangelischen Verständnis einen dreifachen Charakter: „a) Er ist ein Tag fürbittenden Eintretens der Kirche für die Schuld unseres Volkes vor Gott. b) Am Buß- und Bettag soll die Kirche in besonderer Weise ihr Wächteramt den öffentlichen Sünden unserer Zeit gegenüber ausüben. c) Der Buß- und Bettag ist ein Tag der Gewissensprüfung für den einzelnen vor Gott" (RGG I 1540). Der Buß- und Bettag ist in der BRD gesetzlicher Feiertag.

Byzanz von Konstantin zur Hauptstadt des östlichen Imperiums ausgestaltet und nach ihm Konstantinopel benannt, ist zunächst kein Zentrum der liturgischen Entwicklung; es gehört zum kleinasiatischen Liturgiegebiet, wo am ehesten Caesarea in Kappadozien eine führende Rolle innehat. Durch die Anwesenheit des Kaisers bekam der Bischof von Byzanz einen Ehrenvorrang; langsam entwickelt er patriarchale Rechte, bis ihm schließlich das Konzil von Chalcedon 451 den Vorrang vor allen ↗Patriarchen des Ostens offiziell zuerkannt. Als die alten Patriarchate Antiochien und Alexandrien monophysitisch wurden und dann in den Machtbereich des Islams gerieten, festigte sich der Vorrang Konstantinopels unter den orthodoxen Christen des Ostens immer mehr. So setzte sich der Stadtritus von Byzanz im ganzen Patriarchatsgebiet und in den griechischen Gemeinden Süditaliens durch und beeinflußte auch die orthodox gebliebenen Gemeinden (Melchiten) des alexandrinischen und antiochenischen Ritus, bis diese im 12. Jh. unter dem Einfluß des angesehenen Kanonisten Theodor Balsamon den byzantinischen Ritus zur Gänze übernahmen (unter weitgehender Verwendung der arabischen Sprache). Durch politische und missionarische Beziehungen (Heirat einer byzantinischen Kaiserschwester mit dem Fürsten Wladimir von Kiew) übernahm das Rusreich Glaube und Gottesdienst in der byzantinischen Form, und zwar (wie schon vorher die Bulgaren) in altslawischer Sprache. Mit der Ausdehnung des Rusreiches wurde der gesamte ostslawische Raum der byzantinischen Kirche zugeführt, bis schließlich die russische Kirche autokephal und 1589 das Moskauer Patriarchat errichtet wurde. Durch die Missionstätigkeit gerade der russischen Kirche wurde der byzantinische Ritus noch weiter verbreitet, so daß er schon durch sein zahlenmäßiges Übergewicht für die meisten Abendländer zum ↗orientalischen Ritus schlechthin geworden ist. Es gibt ihn außer in Griechisch, Arabisch und Kirchenslawisch schon lange auch in Georgisch, Bulgarisch, Rumänisch, Albanisch, Estnisch, Finnisch, Ungarisch und jetzt praktisch in allen lebenden Sprachen, die von Christen des byzantinischen Ritus gesprochen werden – ein Prinzip, das nach gewissen Schwierigkeiten durch die Bemühungen des melchitisch-katholischen Patriarchen Maximos IV. im April 1960 von Rom auch für die unierten Kirchen anerkannt worden ist. Obwohl sich diese Verzweigungen des byzantinischen Ritus in Text und Handlungen fast gar nicht unterscheiden, entwickeln sie durch die verschiedenen Sprachen, mehr aber noch durch die verschiedene Art des Gesangs, die verschiedene Ausgestaltung des Gotteshauses und durch das ganze Temperament der Gläubigen doch eine je eigene Atmosphäre, so daß die praktische Sprechweise oft einen griechischen, einen russischen, einen ukrainischen (ruthenischen), einen melchitischen Ritus unterscheidet.

Die Ausformung der Stadtliturgie in Byzanz erfolgte zunächst unter stärkstem Einfluß ↗Antiochiens, der Heimat mehrerer bedeutender Patriarchen. Bedeutsame Ausgestaltungen sind bedingt durch die Anwesenheit des Kaisers, besonders in der Zeit Justinians (Bau der Hagia Sophia), vor allem aber durch den Sieg der Orthodoxie im Bilderstreit (↗Bild). Hier erfährt das Offizium dann eine reiche Neugestaltung durch die Mönche besonders des Studiuklosters, die von Jerusalem her beeinflußt sind. So hat sich die byzantinische Liturgie im Gegensatz zur nüchternen und sachlichen Art Roms zu einer symbolreichen Rekapitulation der ganzen Heilsgeschichte von der Inkarnation bis zur Parusie des Herrn entwickelt, sie schafft eine geradezu spürbare Einbeziehung der irdischen Gemeinde in die überirdische Wirklichkeit. – Zum äußeren Erscheinungsbild im einzelnen vgl.: ↗Chrysostomusliturgie, ↗Bild, ↗Bilderwand, liturgische ↗Dichtung, ↗Ektenie.

Der byzantinischen Meßliturgie sehr ähnlich ist die *armenische;* dies liegt ebensosehr an gemeinsamen syrischen und kleinasiatisch-griechischen Quellen wie an unmittelbaren Beeinflussungen. Die Entwicklung der eigenständigen armenischen Liturgie begann mit der Schaffung eines armenischen Alphabets durch Mesrop (407). Im hohen Mittelalter wirkte stark die lateinische Liturgie der ↗Dominikaner auch auf die Nicht-Unierten ein. Das Stundengebet der Armenier hat noch Züge des Gemeindegebetes, wie es in Konstantinopel vor der Umgestaltung durch die ↗Mönche herrschte. Besonders altertümlich zeigt sich das ↗Kirchenjahr. Dem fremden Teilnehmer fällt auf der Ersatz der Bilderwand durch Vorhänge, die große Pracht der Paramente und der sehr ausdrucksvolle Gesang.

Lit.: H.-J. Schulz, Die byzantinische Liturgie (Freiburg 1964); *E. Benz – H. Thurn – C. Floros,* Das Buch der heiligen Gesänge der Ostkirche (Hamburg 1962); *S. Heitz,* Der Orthodoxe Gottesdienst (Mainz 1965) (Art Volksmeßbuch einschl. Sakramente; Band 2 mit Stundengebet nicht erschienen; dafür sei hingewiesen auf die Hymnenübersetzungen von *K. Kirchhoff* bei Regensberg, Münster). – Unter den verschiedenen Platten byzantinischer Musik vermitteln am stärksten originalen Eindruck die drei Dokumentarplatten „Ostern auf dem Berg Athos" (DGG-Archivproduktion).

C

Caeremoniale Buch, das den Ablauf eines feierlichen Gottesdienstes beschreibt und regelt. Die päpstlichen und bischöflichen Gottesdienste des Mittelalters sind beschrieben in den „Ordines Romani". Den nachtridentinischen bischöflichen Gottesdienst regelte des Caeremoniale Episcoporum, das *Clemens VIII.* 1600 veröffentlichte. Eine Neuausgabe, die die Änderungen durch das II. Vatikanum und die anschließende Liturgiereform berücksichtigt, ist seit Jahren vorbereitet, aber noch nicht veröffentlicht.

Lit.: M. Andrieu, Les Ordines Romani du haut Moyen-âge, 5 Bände (Löwen 1931–57).

Campanile ↗Kirchturm.

Canticum (lat. = Lied; griech. = Ode), liedhafte Partie der Schrift, die nicht aus dem Buch der Psalmen stammt, aber in der Liturgie wie ein Psalm verwendet wird. Schon das Judentum kennt solche Cantica; die christlichen Gemeinden stellen sie zusammen im Anhang des Psalters oder in eigenen Büchern. Ihr Gebrauch scheint sich *in der Osternacht* entwickelt zu haben. Am ältesten dürfte hier die Verwendung des ersten Moseliedes (Ex 15) sein, mit dem schon Offb 15,3 die Erlösten die österliche Errettungstat Gottes besingen, und die des Lobgesangs der drei Männer im Feuerofen (Dan 3), deren Rettung ebenfalls früh als Typos des Osterereignisses betrachtet wurde. Von daher haben auch die übrigen Cantica nie die Klangfarbe des Dankes für die österliche Rettung in Christus verlieren können, besonders natürlich die ntl. Lieder ↗Benedictus und ↗Magnificat (weniger bedeutsam das ↗Nunc dimittis). Aus den häufiger werdenden Vigilfeiern wandern die Cantica schließlich in fast allen Riten in das regelmäßige *Morgenlob* (↗Laudes). – In Jerusalem bilden sich dafür zwei Typen aus, die noch heute im *byzantinischen* Ritus herrschen: Man gibt entweder jedem Wochentag eine eigene wechselnde Ode, fügt daran den Lobgesang der Drei im Feuerofen und an dritter Stelle die beiden ntl. Cantica (Drei-Oden-Kanon, Triodion, an den Werktagen der ↗Vorfasten- und Fastenzeit und in der ↗Osterzeit; an den Samstagen 4 Oden, vielleicht durch Vorausnahme des Wechselliedes für den Sonntag); oder man singt täglich alle sieben Wechseloden und darauf den Lobgesang im Feuerofen und schließlich die ntl. Gesänge (Neun-Oden-Kanon); das historische Verhältnis der beiden Formen ist ungeklärt. Das an zweiter Stelle stehende zweite Moselied (Deut 32) wurde später (wohl wegen seiner Länge) unterdrückt, so daß praktisch nur acht (an den Dienstagen des Triodions zwei) Oden verrichtet werden. Wegen der reichen Entwicklung der liturgischen ↗Dichtung werden die biblischen Texte (außer Resten des Magnificat) allerdings kaum mehr gesungen, sondern fast nur die reichen poetischen Gesänge, die aus den Volksresponsionen zu den Oden erwachsen sind. Man versteht unter Oden deswegen praktisch die mehrstrophigen Lieder, deren 9 (bzw. 8) oder 3 (bzw. 2 oder 4) zusammen den Kanon im Morgenoffizium bilden; sie lassen im Text noch Anklänge an die biblischen Oden erkennen, zu deren Durchflechtung sie eigentlich bestimmt waren. – Die *römischen* und *monastischen* Laudes singen am Sonntagmorgen (und an Festen) den österlichen Gesang der drei Männer im Feuerofen, an den Werktagen ein Wechselcanticum; dazu tritt täglich das Benedictus, während das Magnificat in die Vesper abgewandert ist (auch in Mailand; Gallien hatte es am Morgen beibehalten). Bei der Neugestaltung des römischen Stundengebets von 1970 erhielt auch die Psalmodie der Vesper an letzter (dritter) Stelle ein neu ausgewähltes ntl. Canticum. Wo die Lesehore an Sonntagen und Hochfesten zu einer Vigil erweitert werden soll, werden nach monastischem Vorbild drei atl. Cantica an die Lesungen angefügt, die das Stundenbuch in einem eigenen Anhang bietet. Vgl. AES 136–139.

Lit.: A. Baumstark, Nocturna laus (LQF 32) (Münster 1957) 175–188; *Th. Jakisch,* Im Feuerofen der Herrenpassion, in: Vom heiligen Pascha (Paderborn 1949) 128–135.

Cantillation moderne, in ihrer sprachlichen Berechtigung angefochtene Bezeichnung für die im Gottesdienst übliche hervorhebende Vortragsweise der Lesungen und Amtsgebete. Die Cantillation ist abzugrenzen vom eigentlichen ↗Gesang; sie ist *accentus,* nicht *concentus,* ist als gehobene Form des Sprechens zu klassifizieren; sie kennt keine in sich stehende Melodie, sie überhöht und verdeutlicht vielmehr durch feststehende Formeln und Wendungen den natürlichen Sprechduktus. Wegen seines improvisierenden, dem Sprechduktus folgenden Charakters ist jedes Rezitativ typische Solistenaufgabe (vgl. jedoch ↗Psalmodie!). – Die liturgische Cantillation ist auch aus praktischen Erfordernissen erwachsen; man konnte sich in einem größeren Raum oder vor einer größeren Versammlung schwer anders verständlich machen. Sie erwächst aber aus tieferen Gründen, die im Zeitalter des Lautsprechers noch immer weitergelten. Das ↗Präsidialgebet muß mit Kraft und Nachdruck vorgetragen werden; eindringliches leises Sprechen, das eine Verstärkeranlage oft wirkungsvoll ermöglichen würde, würde ein Privatgebet daraus machen. Besonders gilt dies für Texte, die von Haus aus hymnischen Charakter tragen wie die Präfation. Für die ↗Verkündigung der Lesungen gelten ähnliche Überlegungen; nur wird man hier beim Vortrag in einer germanischen Sprache stärker als im Latein auf die literarische Gattung des Textes achten müssen: hymnische Texte rufen nach sprachlicher Überhöhung, disziplinäre Mahnungen in den Briefen vertragen sie nicht; das Evangelium im festlichen Gottesdienst sollte wohl immer kantilliert werden. – Im deutschen Sprachraum ist die Cantillation in Verruf geraten, weil sie verwechselt wird mit dem früher viel propagierten *tonus rectus.* Dieser ebnet den Rhythmus und die Tonschwankungen der Sprache völlig ein; eine rechte Cantillation dagegen verdeutlicht und unterstreicht gerade (wenn auch in halbwegs festen Formen) den Rhythmus und die Tonhöhenvariation des Sprachablaufs.

Lit.: L. Agustoni, Die C. der Lesungen und Gebete in der Messe, in: Kirchenmusik nach dem Konzil (Freiburg 1967) 43–61; *J. Gelineau,* Die Musik im christlichen Gottesdienst (Regensburg 1965) 139–145; *K. Amon,* Kleine Schönheiten. Die Kantillation – Ausdruck der lebendigen Sprache, in: GD 14 (1980) 113–115.

Cappa magna Mantel mit langer Schleppe (cauda) und großer Kapuze, den Kardinäle und Bischöfe zum feierlichen Ein- und Auszug anlegten; nur bei besonderen Feierlichkeiten verwendet, heute kaum noch im Gebrauch.

Caritas tätige Liebe gegen den Nächsten, besonders in ihrer organisierten Form. Solche brüderliche Liebe hat engere Beziehungen zur Liturgie, als gemeinhin gesehen wird. Wenn ↗Liturgie schon dem Wortsinn nach Tun des Volkes und für das Volk ist, dann ist sie möglich nur dort, wo die Glieder einer ↗Gemeinde in brüderlicher Liebe (↗Brüderlichkeit) und Hilfsbereitschaft zusammenstehen; diese Notwendigkeit findet liturgische Darstellung im ↗Friedensgruß, der mit Gebet und Opferfeier immer eng verbunden ist. Die personale Begegnung mit Gott dem Vater, wie sie durch Christus im ↗Heiligen Geiste beim Gottesdienst sich ereignen soll, erfordert erst recht die personale Liebeskraft des Teilnehmers; im isolierten Bereich des Intellektes oder des Gefühles ist solche Begegnung nicht möglich, sie geschieht nur in der Zuwendung der vollen menschlichen Persönlichkeit, in der Liebe. Darum geschieht ↗Erziehung zur Liturgie nicht in der Belehrung über das Werden und den Inhalt der gottesdienstlichen Formen, sondern zuerst in der Ausbildung der sozialen Befähigung des Menschen, in der Formung seiner Liebeskraft. Übung der Liebe ist aber umgekehrt auch die Frucht einer recht gefeierten Liturgie; das Erlebnis der Begegnung mit Gott und den Brüdern im Hören der Schrift und in der Feier der Sakramente, vor allem der Eucharistie, entzündet in den Gläubigen immer wieder die Liebe Christi (LK 9; 10). – So ist eine gottesdienstliche Gemeinschaft vor allem in der ↗Gemeinde und Pfarrei letztlich nicht möglich ohne die persönliche Liebestätigkeit des einzelnen und ohne eine (den Umständen entsprechend organisierte) Hilfstätigkeit der Gemeinde. Es ist auch nicht verwunderlich, daß solche Liebestätigkeit von Anfang an mit dem Gottesdienst verbunden war: so schon die Sammlung für Jerusalem in 1 Kor 16, 2 und ähnlich die Praxis, die Justin (1. Apologie 67) schildert; sichtbar wird diese Verbindung auch im Dienst des ↗Diakons.

Lit.: W. Dürig, Die Zukunft der liturgischen Erneuerung. Zur liturgietheologischen und pastoralliturgischen Bedeutung der „Liebe" (Mainz 1962); *R. Völkl,* Liturgie und Caritas, in: Caritas 65 (1964) Heft 4.

Cathedra Sitz des Bischofs im Gottesdienst (vom griech. cathédra = Sitz), der im antiken Amtssitz des Richters, Lehrers usw. (↗Sitzen) sein Vorbild hat. Er war ursprünglich aus Holz gefertigt, mit Rücken- und Seitenlehnen versehen, mit weißem Linnen, später mit Stoff der Tages-Paramente (↗Gewänder, liturg.) überzogen und so wie der Altar als Ort besonderer Christusgegenwart im Gottesdienst hervorgehoben. Anfangs wurde er wohl zum Beginn der gemeindlichen Versammlung eigens aufgestellt, später aber fest errichtet (auch aus Stein), auf Stufen erhöht und mit einem ↗Baldachin ausgezeichnet, Ausdruck der Autorität des Bischofs (↗Inthronisation) und darum nur ihm vorbehalten. Sein eigentlicher Platz ist der Scheitel der Apsis inmitten der Priestersitze. Im Mittelalter wurde er wegen der ↗Retabel des Altares auch auf die Seite verlegt. Die Instruktion über die Vereinfachung der Pontifikalriten und Insignien vom 21. 6. 1968 bestimmt, daß der Sitz des Bischofs nicht mehr als Thron, sondern nur als Cathedra zu bezeichnen ist und nicht mehr von einem Baldachin bekrönt sein soll, wobei sich dieses Verbot nicht auf vorhandene kunstvolle Baldachine erstreckt (Art. 11f). In *byzantinischen Kirchen* findet sich regelmäßig im Apsisscheitel der bischöfliche „Hohe Sitz", der vor der Epistel in einer eigenen Zeremonie gesegnet wird; große Kirchen haben außerdem im Schiff einen „Nebenthron", auf der der Bischof bis zum kleinen ↗Einzug seinen Platz hat. – Cathedra heißt auch der Sessel, der beim antiken Totenmahl für den Toten aufgestellt wurde. ↗Apostelfeste 1a (Cathedra Petri).

Chor (griech. = Reigentanz, Tanzplatz, Tanz- und Sängergruppe), im christlichen Sprachgebrauch zunächst von den lobpreisenden Scharen der Engel und Heiligen gebraucht, dann auf das gottesdienstliche Lob der Gemeinde übertragen. Aus der Schar der Gläubigen hebt sich seit dem frühen Mittelalter eine eigene Gruppe des Lobpreises heraus im ↗Stundengebet des Klerus (↗Chorpflicht); dieser Klerikerchor singt zusammen mit der versammelten Gemeinde das ↗Ordinarium der Messe und wird durch das langsame Verstummen des Volkes zum eigentlichen *chorus,* dem im Gegensatz zur ↗Schola mit ihren Propriengesängen weiterhin die Ordinariumsgesänge zustehen. Seither wird als „Chor" die im Gottesdienst versammelte Geistlichkeit oder Klostergemeinde bezeichnet („Chorassistenz"). Weiterhin bezeichnet „Chor" dann deren Versammlungsplatz im Gotteshaus, bei uns im allgemeinen zwischen Altarraum und Gemeindeschiff, in gotischer Zeit vielfach gewonnen durch Verlängerung der Apsis (↗Chorgestühl; in Frauenklöstern ist der Nonnenchor meist auf einer rückwärtigen ↗Empore). In der Praxis wird unter Chor der Altarraum mitverstanden. – Im Mittelalter wurde der Chorraum gern durch eine hohe Lese- und Sängerbühne (*Lettner,* von lectorium) von der „Leutkirche" abgetrennt; unter ihr befand sich der Laienaltar, so daß Chordienst und Seelsorge sich nicht gegenseitig stören konnten. Als mit zunehmenden künstlerischen Anforderungen der Klerikerchor das Ordinarium nicht mehr genügend ausführen konnte, wurden ausgebildete Laiensänger zugezogen (↗Mehrstimmigkeit); so entstand der „Kirchenchor" aus Laiensängern, der zunächst auf dem Lettner Platz fand. Schließlich riß der Barock diese Trennwand nieder und errichtete eine Sängerbühne rückwärts über dem Eingang des Kirchengebäudes; auf diesen Ort ging der Name Chor gleichfalls über. Unsere heutigen Laien-Kirchenchöre sind aus den bürgerlichen Chören des 19. Jh. erwachsen und mit in deren Krise geraten. Für die rechte Gestaltung eines festlichen Gottesdienstes ist eine Chorgruppe unerläßlich; entsprechend der Struktur der Gemeinde wird eine Pfarrei heute nach Möglichkeit neben dem Kirchenchor für anspruchsvolle Mehrstimmigkeit auch Jugend- und Kinderchor und ↗Schola pflegen. Damit die Chöre ihren Dienst recht versehen können, brauchen sie spirituelle Hilfe.

Lit.: H. Hucke in: LPTh 84f; *ders. u.a.* (Hrsg.), Musik in der feiernden Gemeinde (Einsiedeln–Freiburg 1974) 135–143, 170–174; Chorbuch zum Gotteslob 1975.

Choral 1. Die in den offiziellen Büchern der lateinischen Liturgien vorgesehenen Gesangsformen der liturgischen Texte. Seit jeher einstimmig und unbegleitet, seit der schriftlichen Fixierung durch diastematische ↗Neumen nach dem Schema der acht Kirchentonarten diatonisiert (↗Gregorianik), nach heute verbreiteter, sicher nicht ursprünglicher Praxis äqualistisch ausgeführt (unteilbare, immer gleichbleibende Dauer der Grundeinheit; anders die Semiologie, wie sie beispielsweise auf den Aufnahmen von Münsterschwarzach angewandt wird.) – Je nach den einzelnen ↗lateinischen Liturgien unterscheidet man einen gallikanischen, mozarabischen, ambrosianischen, beneventanischen und römischen („gregorianischen", nach Gregor dem Großen) Choral. Die Frühgeschichte des römischen Chorals ist sehr umstritten (altrömischer und neurömischer [fränkischer] Choral). Seit seiner Fixierung im 9./10. Jh. ist er in zwei Dialekten überliefert: der römische Choraldialekt, der sich in den offiziellen Ausgaben der Neuzeit durchgesetzt hat, und der germanische, der noch in Kiedrich (bei Mainz) gepflegt wird und in der Schweizer Benediktinerkongregation wiedererweckt wurde. Eine langsame Vereinheitlichung erfolgte vor allem durch die Druckerkunst; besonders setzte sich die halbamtliche *Medicaea* durch (benannt nach der Druckerei des Kardinals Ferdinand von Medici), bis Pius X. die editio *Vaticana* herausgeben ließ, die historische Grundlage mit praktischer Verwendbarkeit verbindet; verbesserte Ausgaben wären inzwischen durchaus möglich und sind für Ordenstraditionen auch erfolgt. Die wichtigsten Bücher sind: das ↗Graduale für den Meßgesang, das Kyriale für das Meßordinarium, das ↗Antiphonale für die Tageshoren (Laudes mit Komplet; das Responsoriale für das nächtliche Stundengebet ist in der vatikanischen Ausgabe noch nicht erschienen). – Das Repertoire der Choralbücher ist nicht einheitlich: archaische Pentatonik (vor allem in den Rezitativen), eigentliche Gregorianik (vor allem in den responsorialen und antiphonalen Stücken für Messe und Offizium), mittelalterliche Musik (Teile des Kyriale sowie mittelalterliche Offizien wie Dreifaltigkeit und Fronleichnam) bis hin zu funktionaler Harmonik (missa de angelis). Während vor allem die ↗Cantillationen und ähnliche gebaute Teile des Kyriale mit ihrer archaischen Kraft alle Menschen anzusprechen vermögen, setzen die kunstvollen Formen vor allem des Meßpropriums spezielle Bemühungen um Verständnis voraus; wie alle mittelalterliche Musik sind sie uns von unserer sonstigen Musikübung her völlig fremd, ihre Aufführung setzt eine entsprechend geschulte Schola voraus. Trotzdem bleibt der Choral normierender Quell und inspirierender Mutterboden aller abendländischen Kirchenmusik; für den lebendigen Gottesdienst der Gemeinde aber kann er nur in situationsgerechter Auswahl und überlegter Dosierung dienen.

2. Im evangelischen Raum herkömmliche, gegenwärtig zurücktretende Bezeichnung des von der Gemeinde gesungenen strophischen Kirchenliedes, herrührend wohl von dem mittelalterlichen Ausdruck *chora-*

liter für einstimmigen Gesang im Gottesdienst im Gegensatz zu *figuraliter* für das mehrstimmige Singen.

Lit.: ↗Gregorianik; Schallplatten mit den verschiedenen Choraltraditionen bei DGG-Archivproduktion.

Chorassistenz ↗Assistenz.

Chorgebet ↗Stundengebet.

Chorgestühl die Sitze für den ↗Chor der Kleriker oder Mönche, wie sie zur Ausstattung von Kloster-, Dom- und Stiftskirchen gehören und früher auch in größeren Pfarrkirchen angebracht wurden. Manchmal stehen sie hinter dem Altar (besonders in Dominikanerkirchen und in Italien), in Deutschland meist vor dem Altar in gegenüberstehenden Längsreihen; in romanischen Kirchen schnüren sie dann gern die Querarme von der Vierung ab, während in der Gotik meist die Apsis hinausgerückt wurde und zwischen Altar und Vierung ein entsprechender Platz vorgesehen ist. Im südfranzösisch-spanischen Raum sind die Chorstühle oft auch im Gläubigenschiff aufgestellt, hufeisenförmig mit freiem Blick zum Altar. Die Sitze sind im allgemeinen zum Hochklappen eingerichtet. An ihrer Unterseite ist ein kleines Stützbrett (Miserikordie) angebracht, das das Stehen erleichtern sollte. Meistens ist auch eine Kniebank vorgesehen. – Schon in der Regel *Benedikts* sind Bänke zum Sitzen während der langen Lesungen der ↗Vigil vorausgesetzt. Seinen eigentlichen Ursprung dürfte das Chorgestühl jedoch in den Sitzen des ↗Presbyteriums rechts und links von der ↗Cathedra des Bischofs haben.

Chorknaben ↗Ministranten.

Chormantel ↗Rauchmantel.

Chorpflicht die Verpflichtung der Dom- und Kollegiatkapitel (↗Kanoniker) sowie der Ordensgemeinschaften, das ↗Stundengebet gemeinsam („in choro“) zu verrichten. Die zunehmende Verwaltungsarbeit ließ in der Neuzeit die Domkapitel vom gemeinsamen Gebet immer mehr Abstand nehmen; das II. Vatikanum drängt darauf, daß das Stundengebet wirklich wieder als Gebet der Ortskirche in Erscheinung tritt und die Tagzeiten zur passenden Stunde und, wenn möglich, unter Teilnahme des Volkes stattfinden.

Lit.: AES 20; 31; *Th. Schnitker,* Die Feier der Stundenliturgie an den Kathedralkirchen der Bundesrepublik Deutschland, in: LJ 27 (1977) 216–229.

Chorrock (Röckel, cotta), ungegürtetes weißes, heute knielanges liturgisches Untergewand mit weiten Ärmeln, im 11. Jh. nördlich der Alpen aus der ↗Albe entwickelt. Wollte man diese (wie der offizielle Name „Superpelliz“ sagt) über dem Pelzzeug anlegen, das man in der kalten Jahreszeit zu den langen Gottesdiensten trug, dann mußte sie weiter als gewohnt geschnitten werden und konnte kaum noch gegürtet werden; seit dem 15. Jh. wurde sie auch verkürzt und überhaupt dem jeweiligen Modegeschmack angepaßt. Ursprünglich wohl ausschließlich Chorkleidung, seit dem 14. Jh. aber allgemein verbreitet als Ersatz der Albe bei Sakramentenspendung, Prozessionen, Segenserteilung, Beerdigung und ähnlichen Funktionen.

In der heutigen Praxis kaum noch vom Chorrock unterschieden, ist das *Rochett* trotzdem nach Entstehung und Bedeutung eigenständig. Es handelt sich um ein weißleinenes talarähnliches Übergewand mit engen Ärmeln, das von Bischöfen und anderen Prälaten im öffentlichen Leben ständig getragen wurde und das noch heute zu ihrer Chorkleidung gehört; in der Länge wurde es wie der Chorrock verkürzt, ist von ihm aber immer noch geschieden durch die engen Ärmel. Es galt früher als Alltags- und Chorkleidung, so daß zu liturgischen Funktionen der Chorrock eigens darüber angelegt werden mußte. Bei den regulierten Chorherren, die das Rochett gleichfalls ständig tragen, ist es im Barock auf ein schmales weißes Band zusammengeschrumpft, Sarrozium genannt.

Chorschranken ↗Altarraum; ↗Kanzel.

Chrisam (vom griech. Chrisma = Salbung), das geweihte ↗Öl für konsekratorische Salbungen, schon bei ↗Hippolyt genannt als „Öl der Danksagung" (wohl weil mit einer ↗Präfation geweiht), in der griechischen Kirche als Myron bezeichnet. Die Aufbewahrungsgefäße tragen die Buchstaben S. C. (sanctum Chrisma). Verwendet wird reines Olivenöl (neuestens ist aber auch ein anderes Pflanzenöl möglich), dem im Abendland bislang etwas Balsam, der wohlduftende Saft der Balsamstaude, beigemischt wurde. Nach dem neuen Ordo der Ölweihen vom 3. 12. 1970 können auch andere aromatische Stoffe an seine Stelle treten. Die Ostkirchen mischen dem Öl in einem komplizierten Kochprozeß viele weitere aromatische Stoffe (↗Duft) bei. Ursprünglich ist Chrisam für die Salbung bei der ↗Firmung bestimmt, in der lateinischen Kirche auch für die Scheitelsalbung nach der ↗Taufe. Außerdem wird er bei vielen anderen Weihen verwendet, in der lateinischen Kirche bei Bischofs- und Priesterweihe, Altar- und Kirchweihe, früher auch bei der Weihe von Kelchen, Patenen, Glocken und bei der Taufwasserweihe.

Christkönigssonntag Äußerer Anlaß für die Einführung eines besonderen Christkönigsfestes im Jahre 1925 durch *Pius XI.* war die 1600-Jahr-Feier des Ersten Allgemeinen Konzils von Nizäa. Als typisches ↗Ideenfest wollte es „die Anerkennung der Königsherrschaft Christi" als wirksamstes Heilmittel gegen die zerstörenden Kräfte der Zeit durch einen besonderen Festtag verbreiten (Enzyklika „Quas primas" vom 11. 12. 1925). Als Festtermin wählte der Papst den letzten Sonntag im Oktober im Hinblick auf das nachfolgende Allerheiligenfest, damit „der Ruhm dessen laut verkündet werde, der in allen Heiligen und Erwählten triumphiert“ (ebd.). An ihm solle auch die öffentliche Weihe an das Herz des Erlösers stattfinden. Die Neuordnung hat das „Hochfest unseres Herrn Jesus Christus, des Königs des Weltalls“, wie der volle Titel im MR lautet, auf den letzten Sonntag im Kirchenjahr verlegt, um so deutlicher werden zu lassen, daß der erhöhte Herr Zielpunkt des Kirchenjahres und darüber hinaus der irdischen Wanderschaft der Kirche und ihrer Glieder ist.

Lit.: Adam, Kirchenjahr 146–149.

Christmette ↗Weihnachten 3.

Christus ist der eigentliche Handlungsträger des liturgischen Geschehens. Nach dem Vorspiel des Alten Bundes wurde er vom Vater gesandt, uns Menschen die Frohe Botschaft zu bringen und uns durch Gottes Ruf zur ↗Kirche zu sammeln, uns durch sein Sterben und Auferstehn dem Tod zu entreißen (↗Paschamysterium) und die wahre Anbetung des Vaters zu ermöglichen. Dieses Werk der Sammlung und Heiligung tut er weiterhin durch den ↗Heiligen Geist (LN 5–7). So ist Christus die Mitte der Kirche, Bedingung und Ursache ihrer Heilskraft; seine ↗Gegenwart bewirkt, daß die menschlichen Formen im Gottesdienst (Versammlung, Wort, sakramentale Zeichen) Begegnung mit Gott ermöglichen. Diese Mittlerstellung vermag Christus einzunehmen, weil in ihm, wie die Schrift sagt, die ganze Fülle der Gottheit wohnt (Kol 1,19), weil, wer ihn sieht, den Vater sieht (Joh 14,9), weil in ihm, wie die Theologen sagen, göttliche und menschliche Natur zu einer Person vereinigt sind. – Die Aufmerksamkeit der Kirche ist ganz auf den gegenwärtig handelnden Herrn gerichtet; sein irdisch-menschliches Wirken ist ja abgeschlossen bis auf den Tag seiner machtvollen Wiederkehr; inzwischen thront er zur Rechten des Vaters und gesellt sich doch durch seinen Heiligen Geist seiner Kirche zu, „allezeit lebend, um für sie einzutreten“ (Hebr 7,25). Darum richtet sich das Gebet des Vorstehers am Altar an den Vater selber, aber durch Christus im Heiligen Geist (↗Anrede); an Christus selber werden in der gottesdienstlichen Versammlung vor allem die Akklamationen gerichtet und viele Lieder (auch ↗Psalmen in ntl. Umdeutung). Die Frömmigkeit des einzelnen wendet sich auch direkt Christus zu. – Dieses Christusbild hat im Lauf der Jahrhunderte Wandlungen erfahren, vor allem durch die Kampfstellung gegen den Arianismus, der die Gottgleichheit Christi geleugnet hatte. Diese Situation führte zu einer Überbetonung seines Gotteswesens und zu einer Zurückdrängung aller Aussagen über sein Menschsein. So setzt sich in der Doxologie die aneinanderreihende (gleichstellende) Fassung durch: „Ehre dem Vater und dem Sohne und dem Heiligen Geiste“, anstatt der alten heilsgeschichtlichen Fassung, wie sie sich am Ende des römischen Hochgebetes erhalten hat: „Ehre dem Vater durch seinen Sohn im Heiligen Geist.“ Auch in der begeisterten Aufnahme des ↗Weihnachtsfestes durch die ganze Kirche zeigt sich diese Tendenz, in Christus den seit Ewigkeit gleichwesentlichen Gottessohn hervorzuheben, mehr als sein verklärtes Menschsein, Christi Sein mehr zu betonen als sein Werk; die österliche Erhöhungsvorstellung schien demgegenüber notwendig immer eine Abhängigkeit des Sohnes vom Vater mit auszusagen. Zu häretischen Formulierungen führte die antiarianische Haltung im Monophysitismus, nach dessen Lehre Christus nur eine Natur besäße und seine Menschheit von der Gottheit völlig aufgesogen sei. Damit ist in doktrineller Überspitzung die tatsächliche Frömmigkeitshaltung des christlichen Volkes beschrieben, die Christus in frommer Vereinfachung ganz auf die Seite ↗Gottes stellt und ihn nicht mehr als Mittler zwischen Gott und den Menschen sieht; in diese Mittlerstelle rücken dann ein die „Gottesgebärerin" Maria und die Heiligen. Die liturgische Erneuerung rief eine neue wirksame Besinnung hervor über die Stellung Christi im gottesdienstlichen Geschehen, konnte aber noch manche antiarianische Verhärtung nicht auflösen.

Lit.: J. A. Jungmann, Die Stellung Christi im liturgischen Gebet (LQF 19/20) (Münster [2]1962); *ders.,* Die Abwehr des germanischen Arianismus, in: *Jungmann, Erbe* 3–86; *B. Fischer,* Vom Beten zu Christus, in: *Gott feiern* 94–99.

Chrysostomusliturgie die Normalform der ↗byzantinischen ↗Eucharistiefeier neben der auf wenige Tage beschränkten Basiliusliturgie. Beide Liturgien zeigen denselben *Aufbau:* Nach den späten Vorbauten der ↗Proskomidie und Enarxis ist der alte Beginn des Gottesdienstes erkennbar am „kleinen ↗Einzug" mit dem Einzugslied (Isodikon), den wechselnden Tagesgesängen (Troparien und ↗Kondakion, vgl. ↗Dichtung) und dem festlichen ↗Trishagion. Daran schließt sich der ↗Wortgottesdienst, der durch den Ausfall der atl. Lesung mit dem Zwischengesang des Prokimenon beginnt, anschließend Epistel, Hallelujagesang, Evangelium und Große ↗Ektenie. Nach dem Gebet für die ↗Katechumenen und ihrer Entlassung und dem zweifachen Gläubigengebet (↗Fürbitten) werden die vorbereiteten Gaben im „großen Einzug" unter dem Gesang des „Cherubikons" durch den Gläubigenraum zum Altar gebracht. Nach einer kurzen Litanei folgen der ↗Friedenskuß und das ↗Glaubensbekenntnis, anschließend das ↗Hochgebet in der reich ausgestalteten Form der (Chrysostomus- oder Basilius-)↗Anaphora. Die Vorbereitung auf die Kommunion beginnt mit einer Litanei, dem Gebet des Herrn, dem Inklinationsgebet, der Erhebung der Gestalten unter dem Ruf „Das Heilige den Heiligen" (↗Elevation); es folgt die ↗Brotbrechung und die ↗Mischung von Brot, Wein und heißem ↗Wasser (Zeon). Nach der Kommunion der Priester, während der der Chor das Kinonikon singt, treten die Gläubigen an die Tür der Bilderwand und bekommen die in den Wein getauchte Brotsgestalt (für gewöhnlich mit einem Löffel) gereicht. Dann segnet der Priester das Volk mit den übriggebliebenen Gaben und trägt diese zurück auf den Rüsttisch (Prothesis), wo sie der Diakon nach der Liturgie sumiert (Nachkommunion). Die Meßfeier schließt mit einer Danklitanei und dem Entlassungsruf; im Lauf der Zeit wurden angefügt das „Gebet hinter dem Ambo", ein dreifacher

Dankruf und der Priestersegen. Die Gläubigen drängen dann an den Priester heran, um das Antidoron (↗Eulogien) zu empfangen und das Handkreuz des Priesters zu küssen.

Lit.: *G. Wagner,* Der Ursprung der Chrysostomusliturgie (LQF 59) (Münster 1973); ↗Byzanz.

Codex rubricarum Das II. Vatikanum war bereits angekündigt, als die Ritenkongregation am 26. 7. 1960 einen neuen „Codex rubricarum" für Brevier und Missale durch Generaldekret veröffentlichte, den *Johannes XXIII.* am Vortag durch das Motuproprio „Rubricarum instructum" approbiert hatte. Neben dem Generaldekret vom 23. 3. 1955 ist er eines der umfangreichsten vorkonziliaren Reformdekrete, das z. T. von der bereits durch *Pius XII.* eingesetzten Reformkommission erarbeitet worden war. Der Codex rubricarum will zwar, wie es im Motuproprio heißt, „die höheren Prinzipien der allgemeinen Liturgiereform" dem kommenden Konzil anheimgeben, jedoch das gesamte Rubrikenwesen neu ordnen. Er kann also weniger als eigentliche Liturgiereform, sondern als Änderung der Rubriken betrachtet werden. Auf seiner Grundlage erschien – mit ungewohnter Schnelligkeit – am 5. 4. 1961 eine neue editio typica des Breviers und am 23. 6. 1962 eine des Missale. Viele sahen damals im Erscheinen des Codex rubricarum den Versuch der Ritenkongregation und ihrer konservativen Kräfte, den liturgischen Reformbemühungen des Konzils zuvorzukommen *(H. Schmidt).*

Lit.: *Th. Schnitzler,* Der neue Codex rubricarum, in: LJ 11 (1961) 1–8. Der Codex rubricarum selbst erschien u. a. unter dem Titel „Ratio et via..." in Regensburg 1960/61.

Coemeterium ↗Friedhof.

Collectio rituum ↗Rituale.

Comites Christi ↗Weihnachtsoktav.

Commendatio animae ↗Sterbeliturgie.

Commune sanctorum Teil des Missale und Stundenbuches mit allgemeinen Formularen für Heiligenfeste (-gedächtnisse). Solche Communeformulare, getrennt nach den einzelnen Ständen der Heiligen, bildeten sich z. T. noch im ersten Jahrtausend heraus, als man für die zahlreicher werdenden Heiligenfeste nicht mehr eigene Texte schuf, sondern sie von vorhandenen Festen übernahm. Während die alten Sammlungen einfach Material für solche Bedürfnisse zusammenstellten, also eine Reihe Introiten, Orationen usw., baute das tridentinische Meßbuch nach dem Vorbild spanischer Bücher aus diesen Bausteinen vollständige Formulare zusammen. Im Stundenbuch ging die Entwicklung ähnlich. – Das neue ↗Missale und ↗Stundenbuch enthalten Commune-Texte für Marienfeste, Apostel, Märtyrer, Hirten der Kirche, Kirchenlehrer, Jungfrauen, heilige Männer und Frauen mit besonderer Berücksichtigung von Ordensleuten, Heiligen der Nächstenliebe und heiligen Erziehern.

Communicantes Heiligengedächtnis im römischen ↗Kanon vor dem Einsetzungsbericht, benannt nach dem Anfangswort. Grammatikalisch kein selbständiger Satz, sondern als Partizipialkonstruktion an das Gedächtnis der Lebenden (↗Fürbitten) angefügt, des Inhalts, daß die Teilnehmer an der Eucharistie (die „Umstehenden") Gott das Lobopfer darbringen „in heiliger Gemeinschaft und verehrendem Gedächtnis der Heiligen". Man versteht es darum am besten als Ausweitung der ↗Diptychen: die Heiligen werden mit ↗Namen herbeigerufen und durch dieses ↗Gedächtnis im Raum der Eucharistie gegenwärtig. Die Liste der Namen ist langsam gewachsen, je nachdem die Verehrung der verschiedenen Heiligen volkstümlich wurde, bis sich die Zwölfzahl der ↗Apostel und die Zwölfzahl der Märtyrer herausgebildet hat; im Mittelalter fügte man daran noch vielfach bedeutende Lokalheilige. – An den höchsten Festtagen wird der Anfang des Gebetes erweitert und die gemeinsame Feier des Festes als Grund der eucharistischen Darbietung genannt. Nach dem Muster dieser die Aufmerksamkeit fesselnden Variation innerhalb des unveränderlichen Kanontextes sieht das Rundschreiben „Eucharistiae participationem" vom 27. 4. 1973 vor, daß Bischofskonferenzen für ihr Gebiet und Bischöfe für ihr Diözesanproprium weitere solche Einfügungen vornehmen und auch für die anderen Hochgebete vorsehen können (*Kaczynski* Nr. 3046); das MD hat von dieser Möglichkeit guten Gebrauch gemacht.

Concentus ↗Gesang.

Confessio meist schachtartiges Raumstück, das Altar und Märtyrergrab verbindet; entstanden aus dem Bemühen, über dem Grab die Eucharistie feiern zu können und doch das Grab für die Pilger zugänglich zu halten. Durch eine Öffnung (fenestella) konnte der Pilger das Grab erblicken und Andachtsgegenstände daran ↗berühren. Im Mittelalter wurde die Bezeichnung auf die ganze Grabanlage und auf jedes Reliquiengrab im Altar ausgedehnt. Wo der Boden des Presbyteriums erhöht wurde, wurde das Grab durch eine halbkreisförmige Ganganlage, die Urform der ↗Krypta, zugänglich gehalten.

Confiteor lateinisches Anfangswort des allgemeinen Sündenbekenntnisses (↗Offene Schuld), erwachsen aus persönlichen Bußgebeten in Art der ↗Apologien, vereinheitlicht durch das tridentinische Missale. Zusammen mit der fürbittenden ↗Absolution des Priesters *(Misereatur* und *Indulgentiam)* bildete es ursprünglich den Rahmen für sakramentale und außersakramentale ↗Beichte; ähnlich verwendet bei der ↗Krankensalbung und beim ↗Päpstlichen Segen für Sterbende. Seit der Karolingerzeit finden wir gegenseitiges Confiteor und Vergebungsbitte am Anfang des täglichen Nachtgebetes (↗Komplet), bis 1956 auch in den ↗Preces der ↗Prim. Später wurde damit auch das stille Vorbereitungsgebet des Altardienstes in eine feste Form gefaßt und so der Grundstock des ↗Stufengebetes gelegt.

Lit.: Jungmann MS I 386–402.

Consignatorium Spendungsraum der ↗Firmung, auch Chrismarium genannt. Seine Bezeugung ist nur für wenige Städte sicher, so für Neapel. Häufigster Spendungsort war wohl die Apsis der ↗Basilika mit der ↗Cathedra des Bischofs.

Credo die in der römischen Meßfeier gebrauchte Form des ↗Glaubensbekenntnisses, das sog. Nizäno-Konstantinopolitanische Glaubensbekenntnis; gelegentlich wird auch das mit dem gleichen Wort beginnende Apostolische Glaubensbekenntnis so bezeichnet. Das Taufbekenntnis wurde zuerst in Konstantinopel und im Orient als regelmäßiger Bestandteil in die Meßfeier aufgenommen; auf dem Weg über Spanien gelangte der Brauch ins Frankenreich. Erst auf Drängen Kaiser Heinrichs II. wurde 1014 das Credo auch in Rom nach dem Evangelium oder der Homilie (so nach mittelalterlichem Vorbild regelmäßig in den Ordnungen der Reformation) in den Meßordo eingefügt, aber nur für die Sonn- und Feiertage. Dramatische musikantische Ausmalung der einzelnen Glaubensaussagen widerspricht dem Sinn des Vorgangs, Glaubensbekenntnis der Gemeinde zu sein; im normalen Gemeindegottesdienst wird man für das Volk das Apostolische Glaubensbekenntnis bevorzugen, wie es im Westen auch bei der Taufe gebraucht wird. Das Glaubensbekenntnis wird für gewöhnlich gemeinsam gesprochen, bei gegebenem Anlaß auch in einfachem Rezitativ gesungen; es sollte in der Regel nicht durch ein „Credo-Lied" ersetzt werden.

Lit.: W. Beinert u.a., Glaubensbekenntnis und Gotteslob (Freiburg u.a. 1971); *J. Baumgartner,* Vom Bekennen des Glaubens, in: *Gott feiern* 142–158.

Cursus die geregelte Folge betonter und unbetonter Silben (qualitativer Rhythmus) zur Schlußbildung der Sätze in der lateinischen Prosa seit dem 3. nachchristlichen Jahrhundert. Zu unterscheiden, aber wahrscheinlich auch herzuleiten von der quantitativen Klauseltechnik des ciceronianischen Lateins, die sich nach Länge und Kürze der Silben richtete (quantitative Satzschlüsse; man unterscheidet meist 5 ciceronianische Klauseln). Die drei Grundformen des Cursus sind: 1) der *cursus planus* -́-- -́- (z. B. fílium túum), 2) der *cursus tardus* -́-- -́-- (z. B. rogámus ac pétimus) und 3) der *cursus velox* --́-- --́-- (z. B. sáecula saeculórum). In gehobener Kunstprosa können sich die Cursusbildungen zu ganzen Ketten ineinanderschlingen; auch können sich Klausel und Cursus überlagern. Besonders ausgebaut ist die Cursustechnik in den Predigten *Leos des Großen* (darum *cursus leoninus*); sie ist regelmäßiges Baugesetz aber auch in den altlateinischen Bibelübersetzungen und in der Vulgata sowie besonders in den ↗Orationen und ↗Präfationen der römischen Liturgie, die ihren vielbewunderten Sprachfluß dem Cursus verdanken. – Cursus wird auch die Verteilung der Psalmen auf die Woche, der Schriftlesung auf das Jahr genannt.

Lit.: Fr. Stummer, Vom Satzrhythmus in der Bibel und in der Liturgie der lateinischen Christenheit, in: ALW III/2 (1954) 233–283.

Custodia ↗Monstranz.

D

Dalmatik aus Seide gefertigtes, mit Ärmeln versehenes liturgisches Oberkleid (↗Gewänder, liturg.) des ↗Diakons in den lateinischen Riten; vom Bischof bei feierlichen Gottesdiensten unter der Kasel getragen (↗Pontifikalien). Im 3. nachchristlichen Jh. übernahm die vornehme Schicht Roms wohl aus Dalmatien (Name!) eine neue kleidartige Form des Obergewandes für Männer und Frauen; es war knöchellang, aus weißem Leinen oder weißer Wolle, geschmückt mit zwei senkrechten Parallelstreifen in roter Farbe. Seit dem 4. Jh. als festliches Ehrengewand des römischen Papstes und seiner Diakone bekannt, setzte sich die Dalmatik mit der römischen Liturgie seit dem 9. Jh. im ganzen Westen durch als das Amtskleid der Diakone und als Unterkleid der Bischöfe. Der Osten kennt diese Gewandform nur in dem sekundären Sonder-↗Meßgewand der byzantinischen Bischöfe, dem *sákkos,* der aus der Dalmatik der byzantinischen Kaiser entstanden ist. – Als Festkleid hatte die Dalmatik zunächst immer die weiße Farbe, erst mit der Ausbildung des liturgischen ↗Farben-Kanons im 12. Jh. übernahm sie auch andere Tönungen. An Buß- und Trauertagen wurde sie nicht getragen, sondern durch die gewöhnliche liturgische Kleidung Roms, die Planeta (↗Meßgewand), ersetzt; jetzt trägt der Diakon an einfachen Tagen nur die Stola über der Albe, und auch den Bischöfen ist es seit CR erlaubt, auf die Dalmatik unter dem Meßgewand zu verzichten. – In den letzten Jahrzehnten hat man vielerorts für die Kleidung der Sängerknaben und auch der Ministranten auf die alte Form der Leinendalmatik mit roten Streifen zurückgegriffen (oft ungenau „tunika“ genannt).

Danksagung ↗Eucharistie.

Darstellung des Herrn Dieses Herrenfest am 2. Februar, am 40. Tag nach Weihnachten, hat jene biblischen Geschehnisse im Tempel von Jerusalem zum Gegenstand, die in Lk 2,22–39 berichtet werden. Man muß eine östliche (Jerusalem) und eine westliche (Rom) Ursprungskomponente unterscheiden. Nach dem Bericht der Pilgerin *Ätheria* wurde der 40. Tag nach ↗Epiphanie (14. 2.), damals noch einziges Geburtsfest Jesu in Jerusalem, mit einer festlichen Prozession und Eucharistiefeier begangen. Um die Mitte des 5. Jhs. erscheint dieser Tag als „Fest der Begegnung“ (Hypapante, neugriech. ipapánti) mit Lichterprozession. – In Rom ist ein Fest am 2. Februar möglicherweise schon in der Mitte des 5. Jhs. bekannt. Spätere Zeugnisse erwähnen eine Lichterprozession, die eine alte heidnische Sühneprozession verdrängen sollte, die alle fünf Jahre als Stadtprozession (↗Amburbale) zu Beginn des Februar gehalten wurde. An deren Bußcharakter erinnerte noch die bis 1960 (CR) vorgeschriebene violette Farbe der Prozessionsgewänder. Eine Segnung der dabei mitgetragenen ↗Kerzen entstand noch vor der Jahrtausendwende in Gallien. – Lichterweihe und Lichterprozession führten zu der deutschen Bezeichnung *„Lichtmeß“* (auch Mariä Lichtmeß), die wenig von der eigentlichen Festthematik aussagte. Der bis 1969 offizielle Name *„Reinigung Marias“* (Purificatio B. M. V.) muß als höchst unglücklich und mißverständlich betrachtet werden. Die GOK änderte den Namen, um deutlich zu machen, daß es sich in erster Linie um ein Herrenfest handelt.

Deutsches Amt eine in Deutschland verbreitete Sonderform des (lateinischen) Amtes, in dem die Gesänge (der Schola und) des Volkes durch deutsche ↗Lieder ersetzt wurden. Deutsche Volksgesänge wurden schon früh (wenigstens seit dem 13. Jh.) in die lateinische Liturgie eingeschoben (Sequenzen, Credorufe, Predigtlieder). Unter dem Einfluß der Reformation wurde es Brauch, im Hochamt neben dem lateinischen Choral deutsche Lieder vom Volk singen zu lassen; einige Diözesen erlaubten sogar, solchermaßen die lateinischen Gesänge zu ersetzen. Von den Aufklärern wurde dann der deutsche Volksgesang im Kampf gegen tatsächliche Mißstände der zeitgenössischen Kirchenmusikpraxis weithin im Hochamt durchgesetzt, und zwar in Gestalt der (aufklärerisch platten) deutschen Singmesse (↗Betsingmesse) an Stelle der bisherigen Festliedeinlagen. Die Restauration kämpfte wieder für den lateinischen Gesang im Amt, konnte den deutschen Volksgesang aber nicht mehr überall verdrängen; so blieb das deutsche Amt in einer Reihe Diözesen als über hundertjährige Gewohnheit in rechtsgültiger Übung und wurde Weihnachten 1943 von Rom für den Bereich der damaligen Deutschen Bischofskonferenz in seinem Sonderrecht bestätigt, 1955 aber auf den Gesang des ↗Ordinariums in Paraphrase eingeschränkt. Eine Reihe von Missionsgebieten erlangten ähnliche Indulte. Durch die Liturgiereform von 1965 ist das deutsche Amt in die gesungene muttersprachliche Meßfeier aufgegangen. – Im polnischen Sprachgebiet war eine ähnliche Entwicklung noch stärker lebendig geblieben, war aber nie so stark in die öffentliche Diskussion getreten.

Lit.: B. Fischer, Das „Deutsche Hochamt“, in: LJ 3 (1953) 41–53; *J. Gülden,* Polnische Volksliturgie, in: ebd. 4 (1954) 149–186.

Devotionsfeste ↗Ideenfeste.

Diakon (griech. = Diener), Inhaber eines kirchlichen Dienstamtes, das die unterste Stufe der seit *Ignatius von Antiochien* bezeugten dreistufigen Hierarchie darstellt. Durch Handauflegung des Bischofs empfängt er Anteil am ↗Weihesakrament. Als unmittelbare Helfer des Bischofs in der Verwaltung der Diözese hatten die Diakone eine große Bedeutung, die sich noch an der im MA weiterlebenden Bezeichnung „Archidiakon“ (mit generalvikarsähnlicher Stellung) ablesen läßt. Im Zusammenhang mit der Vermögensverwaltung der Kirche gehörte die Armenpflege zu ihrem besonderen Aufgabenbereich (↗Caritas). Als später die Presbyter die einzelnen Pfarreien der Diözesen übernahmen, traten die Diakone auch in deren Dienst. Seit dem 9. Jh. geht in der westlichen Kirche der ständige Diakonat verloren, die Diakonatsweihe wird nur noch als Durchgangsstufe zur Priesterweihe betrachtet. – Zu den wichtigen Aufgaben der Diakone gehören ihre Funktionen im Gottesdienst der Gemeinde: sie leiten die Teilnahme der Gemeinde durch die ↗Aufforderungen, sie stellen in den Ostriten die Verbindung zum Priester im Altarraum her durch die Anrufungen der ↗Ektenien; sie helfen mit bei der Bereitstellung der eucharistischen Gaben und bei der Kommunionspendung, wobei ihnen in besonderer Weise der Kelch anvertraut ist; unter den Lesungen ist ihnen besonders das Evangelium aufgetragen, ferner in der lateinischen Kirche der feierliche Lobpreis der Osternacht, das ↗Exsultet. Während im Osten die Meßfeier mit dem Diakon immer die Normalform der Presbytermesse (↗Amt) geblieben ist, war sie im Westen fast verschwunden und vom ↗Levitenamt aufgesogen; mit der Wiedergewinnung des ständigen Diakonates wird sie neuestens wieder lebendig. Als selbständige liturgische Aufgaben des Diakons je nach Weisung der zuständigen Autorität nennt das II. Vatikanum: „feierlich die Taufe zu spenden, die Eucharistie zu verwahren und auszuteilen, der Eheschließung im Namen der Kirche zu assistieren und sie zu segnen, die Wegzehrung den Sterbenden zu überbringen, vor den Gläubigen die Heilige Schrift zu lesen, das Volk zu lehren und zu ermahnen, dem Gottesdienst und dem Gebet der Gläubigen vorzustehen, Sakramentalien zu spenden und den Beerdigungsritus zu leiten“, ferner Pflichten der Liebestätigkeit und Verwaltung zu übernehmen (LG 29).

Im Hinblick auf diesen weitgefächerten Aufgabenkreis hält es das Konzil für richtig, den Diakonat als eigene und beständige Stufe der Hierarchie wiederherzustellen. „Den zuständigen verschiedenartigen territorialen Bischofskonferenzen kommt mit Billigung des Papstes die Entscheidung zu, ob und wo es für die Seelsorge angebracht ist, derartige Diakone zu bestellen. Mit Zustimmung des Bischofs von Rom wird dieser Diakonat auch verheirateten Männern reiferen Alters erteilt werden können, ferner geeigneten jungen Männern, für die jedoch das Gesetz des Zölibats in Kraft bleiben muß“ (ebd.). Hierzu wurden in zwei Apostolischen Schreiben vom 18. 6. 1967 und 15. 8. 1972 nähere Anweisungen gegeben. Sie enthalten u. a. die Bestimmungen, daß sowohl bei Priesteramtskandidaten wie bei unverheirateten Kandidaten des ständigen Diakonates der Weihe ein Ritus zur Übernahme des Zölibates vorausgehen muß. „Die verheirateten Diakone können nach dem Tod ihrer Frau gemäß der überlieferten kirchlichen Rechtsordnung keine neue Ehe eingehen.“ Priesteramtskandidaten übernehmen mit der Diakonatsweihe auch die Verpflichtung zum Stundengebet, während es für den ständigen Diakon als höchst angemessen bezeichnet wird, „täglich wenigstens einen Teil des Stundengebetes zu beten, der von der Bischofskonferenz anzugeben ist“.

Am 17. 6. 1968 wurde durch die Apostolische Konstitution „Pontificalis Romani Recognitio“ eine überarbeitete Liturgie der Diakons-, Priester- und Bischofsweihe verbindlich gemacht. Die adaptierte deutsche Ausgabe erschien 1971, im gleichen Jahr auch eine Volksausgabe für die „Feier der Diakonen- und Priesterweihe“ (Einsiedeln – Freiburg u. a.). Die *Weihe der Diakone* hat folgende Gliederung: Aufruf und Vorstellung der Kandidaten, Ansprache des Bischofs, Gelöbnis der Kandidaten, Gebet der Gemeinde (= Allerheiligenlitanei), Handauflegung und Weihegebet und mehrere ausdeutende Riten wie Anlegen der spezifischen Gewänder (Stola und Dalmatik), Salbung der Hände, Überreichung von Kelch und Patene und schließlich der Friedensgruß. Der Weihe geht das Versprechen des lebenslangen Zölibates voraus.

In den *evangelischen Kirchen* lebt vor allem die karitative Seite des Diakonsdienstes weiter; der (nichtordinierte) Diakon ist Helfer des Pfarrers in der Gemeindearbeit und Helfer in karitativen Anstalten.

Lit.: J. Hornef, Kommt der Diakon der frühen Kirche wieder? (Wien 1959); *K. Rahner – H. Vorgrimler* (Hrsg.), Diaconia in Christo (Freiburg 1962); *G. Langgärtner* u. a., Der Diakon heute (Würzburg 1969); *P. Picard* (Hrsg.), *Der Diakon im Bistum Mainz* (Mainz 1976); *J. G. Plöger – H. J. Weber* (Hrsg.), Der Diakon (Freiburg 1980).

Diakonisse weibliche Helferin in der alten Kirche ohne sakramentales Amt und ohne eigentliche liturgische Befugnisse, aber doch den Diakonen weithin gleichgestellt und teilweise (vor allem im Osten) zum Klerus gerechnet. Manche Einzelheiten bedürfen noch der genaueren Klärung (vgl. z. B. 1 Tim 3, 11). Notwendig war ihr Dienst vor allem bei der Taufe von Frauen. Ihre Tätigkeit ist im Westen weitgehend von den weiblichen Ordensgemeinschaften übernommen und ausgebaut worden, neuestens auch von den Seelsorgshelferinnen und Gemeindeassistentinnen. – Im *evangelischen* Raum lebten Dienst und Name der Diakonissen in der ersten Hälfte des 19. Jhs. neu auf (Gründung der Diakonissenanstalt Kaiserswerth 1836 durch *Th. Fliedner*). – ↗Frauen im Gottesdienst.

Dichtung, liturgische Die hohe Aufgabe des ↗Wortes im christlichen Gottesdienst fordert von vornherein seinen achtsamen Gebrauch, seine künstlerische Ausgestaltung selbst in Prosastücken (↗Cursus). Sie führt ebenso von Anfang an zur Poesie, zwar nicht in den Formen der hellenistischen Umwelt, aber nach dem Vorbild der atl. Psalmen; die ersten Beispiele stehen im NT, in den Paulusbriefen, bei Lukas und in der Offenbarung. Als die Häretiker diese Dichtform in den Dienst ihrer Verkündigung stellten, wurde sie in der Kirche verpönt und ist bis auf wenige Stücke (↗Gloria; ↗Te Deum) verlorengegangen. Der neue Impuls zur Dichtkunst ging von *Syrien* aus durch die ganze Kirche; diese Dichtung ist gekennzeichnet durch Silbenzählung und Wortakzent und kennt vielerlei Formen. Ein einfacher Typ, erwachsen aus kurzen rufartigen Kehrversen zu liturgischen Gesängen, ist seit dem 5. Jh. als *↗Tropárion* weit verbreitet; im lateinischen Raum entspricht ihm die festliche ↗Antiphon, mit der die Schola den antiphonischen Psalm mitsamt dem Volkskehrvers umrahmt. Nach dem Vorbild der syrischen dichterischen Predigt, der madrascha, entwickelt sich das *↗Kondakion.* Diese Liedart wurde nach dem Umbruch des Bilderstreites verdrängt durch die *Kanondichtung* (syrisch: enjânâ; ↗Kanon [2]), die im Sabaskloster bei Jerusalem unter *Kosmas von Jerusalem* und *Johannes Damascenus* ihre volle Ausbildung erfuhr. Kanon meint hier zunächst die Reihe biblischer Oden (↗Canticum), die den Kern des byzantinischen Morgenlobes (órthros) bilden; der Kehrvers, mit dem das Volk die einzelnen Oden durchflocht, nahm poetische Gestalt an (troparion); allmählich wurde dieser Vers zur Musterstrophe (hirmós), der man weitere Strophen (troparia) nachdichtete, um so auf die Verse des Canticums mit wechselnden Strophen antworten zu können; das dichterische Material nahm schließlich solche Ausmaße an, daß man die biblischen Oden regelmäßig ausläßt und nur noch die eigentlich zur Durchflechtung bestimmten poetischen Partien singt; das ist zur Normalform des Kanons in der antiochenischen und byzantinischen Kirche geworden. Die *koptische und armenische Liturgie* haben ähnliche Dichtformen, die *Äthiopier* hingegen haben reichste eigene Arten liturgischer Dichtung entwikkelt. Auch in der ↗Vesper haben die poetischen Durchflechtungen (stichi) die Psalmen in der Praxis vielfach beschnitten. So hat der „Efeu der Dichtung" (A. Baumstark) im orientalischen Stundengebet auf weite Strecken den Kern des Stundengebetes, das Schriftwort, zugedeckt. – Die *abendländische liturgische Dichtung* hat im Gottesdienst nie ein solches Übergewicht erreicht. Teilweise wurden unmittelbar Übersetzungen aus griechischen Vorlagen ins Meß- und Offiziumsantiphonar aufgenommen. Eine eigenständige lateinische Dichtung (↗Hymnus) nach östlichen Vorbildern erwächst vor allem unter der Hand des *Ambrosius von Mailand* und setzt sich außerhalb Roms gleich im liturgischen Gebrauch durch; die Stadt Rom selber folgt zögernd erst im Hochmittelalter. Die volkstümliche Dichtkunst des Nordens breitet sich in der römischen Meßliturgie aus in den ↗Sequenzen; eigentliche Wucherungstendenzen nimmt dies erst an in der Tropierung des Meßordinariums und in der Farcierung der Lesetexte (↗Tropen), die vom Tridentinum radikal beseitigt wurden. Ein letzter Schritt poetischer Entwicklung waren die *Reimoffizien,* in denen die Antiphonen und Responsorien von kurzen rhythmischen Gedichten mit Endreim gebildet werden; sie leben nur noch in einigen (Ordens-)Proprien. – *Inhaltlich* sind poetische Texte in der Liturgie niemals so strengen Gesetzen unterworfen wie Amtsgebete, sie sind viel stärker subjektiv gefärbt; sie können sich auch an die zweite und dritte göttliche Person wenden (↗Anrede) oder gar an Heilige.

Lit.: A. Baumstark, Liturgie comparée (Chevetogne 1953) 102–122; *ders.,* Vom geschichtlichen Werden der Liturgie (Freiburg 1923) 103–115.

Dienste, liturgische ↗Gottesdiensthelfer; ↗Ministranten.

Dies irae Lied vom Weltgericht, von einem unbekannten Dichter des 13. Jhs. *(Thomas von Celano?)* aus ↗Tropen zum ↗„Libera me" geformt, mit späteren Ergänzungen. Es wurde ins Meßbuch von 1570 als ↗Sequenz für alle Totenmessen aufgenommen. Großartige Dichtung, die z. B. *Michelangelo* zu seinem berühmten Gemälde vom Weltgericht anregte, für die Feier der Totenmesse wegen des subjektiven und wenig österlichen Charakters weniger geeignet. Nachdem schon *Pius XII.* im Generaldekret vom 23. 3. 1955 diese Sequenz nur noch für die Hauptmesse von Allerseelen und das Requiem am Todes- und Begräbnistag als verpflichtend erklärt hatte, fand sie im Meßbuch von 1970 keine Aufnahme mehr: Die Angst vor dem schrecklichen Zorn und Gericht Gottes darf nicht die Leuchtkraft des uns geschenkten Auferstehungsglaubens verdunkeln.

Lit.: K. Strecker, Dies irae, in: Ztschr. für dt. Altertum und dt. Literatur 51 (1909) 227–255; *J. M. Nielen,* Zur Geschichte des christlichen Totengedächtnisses, in: AkG 73 (1964) 478–482.

Diözesankalender Das Recht der Teilkirchen (Diözesen), ihre eigenen Märtyrerfeiern zu begehen, reicht bis ins zweite Jh. hinauf. Eine Tendenz zur Zentralisierung des liturgischen ↗Kalendariums setzt erst mit der Herausgabe der nachtridentischen liturgischen Bücher ein. Das Diözesanrecht auf Eigenkalender konnte jedoch nie ganz unterdrückt werden. Das II. Vatikanum hat es ausdrücklich bestätigt (LK 111). Nähere Anweisungen finden sich in zwei Dokumenten: der GOK (Nr. 52) und der Instruktion der Gottesdienstkongregation vom 24. 6. 1970 (↗Regionalkalender). Hier heißt es u. a.: „Der Diözesankalender kommt durch die Einfügung folgender Feiern in den Allgemeinen Kalender zustande: Eigenfeiern und durch Indult gestattete Feiern der ganzen Nation, Region wie auch eines größeren Gebietes; Eigenfeiern und durch Indult gestattete Feiern des gesamten Bistums. Auf der Grundlage dieses Diözesankalenders werden die Kalender für die einzelnen Orte, Kirchen und Kapellen erstellt" (Nr. 15). – Auf der Grundlage der genannten Dokumente und des zuvor erarbeiteten Regionalkalenders wurden die Diözesankalender des deutschen Sprachgebietes vorbereitet und am 15. 11. 1972 von Rom konfirmiert. Die Zahl ihrer Eigenfeiern ist recht unterschiedlich, sie bewegt sich zwischen 7 und 46.

Lit.: Nachkonziliare Dokumentation, Bd. 20 (Trier 1969 und Leipzig 1970) mit der GOK und dem dazugehörigen römischen Kommentarwerk; Bd. 29: Die Neuordnung der Eigenkalender für das deutsche Sprachgebiet mit Erläuterungen und Kommentaren von *Ph. Harnoncourt* (Trier 1975). Beide Bände hrsg. von den Liturg. Instituten in Salzburg, Trier und Zürich.

Diözese ↗Bistum.

Diptychen (Plural zu griech. díptychon = zweimal gefaltet), antikes Schreibtäfelchen aus zwei durch Scharniere beweglich verbundenen Deckplatten für Notizen auf den Innenseiten. In der Liturgie benützt vor allem für die Verlesung von Namen in den Fürbitten nach dem Opfergang oder während des Hochgebetes.

Daraus entwickelte sich eine sekundäre Textschicht im eucharistischen ↗Hochgebet, die in Form des ↗Gedächtnisses (↗Memento) die Namen derer nennt, die an der Eucharistiefeier besonders beteiligt sind, weil sie Oblationen dargebracht haben oder weil Oblationen für sie dargebracht worden sind. Nach Bedeutung und Entstehung sind diese Fürbitten wohl zu unterscheiden vom Gläubigengebet (↗Fürbitten, ↗Allgemeines Gebet); man bezeichnet sie der Deutlichkeit halber jetzt gern als Dyptychengebet oder auch „Interzessionen". Eine solche Fürbitte im Rahmen des Oblations- und Diptychenwesens hat ihren natürlichen Platz nach dem Opfergang vor dem Hochgebet; so besteht im gallikanischen Raum (lebendig noch im mozarabischen Ritus) und ähnlich im byzantinischen Ritus seit dem ausgehenden Mittelalter die Möglichkeit, daß Zelebranten und Diakone während des großen Einzugs frei formulierte Gedenkwünsche singen; zu diesem Zwecke wird der Gesang des Cherubikons unterbrochen. – Von dieser natürlichen Stelle wurde die Namensverlesung aber sowohl in der stadtrömischen Liturgie wie im ganzen Osten verschoben in das Hochgebet hinein. Als Motiv dazu wird von Papst *Innozenz I.* (Brief an *Decentius von Gubbio* vom Jahre 416) ebenso wie von den östlichen Kirchenvätern der Wunsch genannt, die Namen während der eigentlichen eucharistischen Opferfeier zu nennen, die sich im Hochgebet vollzieht. Im *römischen* Kanon geschehen diese Fürbitten zwischen Präfation und Einsetzungsbericht; als Träger und Bedachte der eucharistischen Feier werden genannt: die Kirche mit Papst und Bischöfen (im Te igitur), die Oblationsspender (im ↗Memento vivorum) und die Heiligen (im ↗Communicantes), ferner (zunächst nur bei gegebenem Anlaß) die speziellen Nutznießer einer Sonderfeier (im ↗Hanc igitur); dazu traten sekundär (anfangs nur in Totengottesdiensten, niemals in Gemeindegottesdiensten) die Fürbitte für die Verstorbenen und eine Selbstempfehlung des Klerus (Nobis quoque peccatoribus), die vor dem Schluß dem Kanon eingefügt wurden. Im Konzelebrationsritus werden diese Einfügungen von den mitfeiernden Priestern übernommen. Die *alexandrinische* Ritengruppe (↗Orientalische Riten) fügt alle Interzessionen (einschließlich der Verstorbenen) nach dem Sanctus vor dem Einsetzungsbericht ein, während die *antiochenische* Gruppe (darunter vor allem die byzantinische) den Block der

Interzessionen nach der Epiklese vor der Schlußdoxologie ins Hochgebet einschiebt. Ähnlich fassen die neuen römischen Hochgebete die Fürbitten vor der Schlußdoxologie zusammen.

Lit.: R. Kaczynsi, Die Interzessionen im Hochgebet, in: *Gemeinde im Herrenmahl* 303–313.

Direktorium Anleitung zum rechten Vorgehen, z.B. das Direktorium für ↗Kindermessen. Insbesondere jährlich erscheindender kirchenamtlicher ↗Kalender mit Anweisungen für Meßformular und Offizium der einzelnen Tage. Durch den wechselnden Ostertermin und die jährliche Verschiebung der Wochentage fallen immer wieder andere Festanlässe auf ein und denselben Tag; die Probleme einer solchen ↗„Okkurenz" werden nach festen Regeln gelöst. Während dies früher jeder Priester selber tun mußte, geschieht dies seit der Neuzeit für die ganze Diözese oder Ordenskongregation einheitlich im Direktorium.

Dom Die seit der Neuzeit übliche Bezeichnung der ↗Kathedrale (von lat. domus = Haus). Sie galt ursprünglich der bischöflichen Hauskapelle, die meist am ↗Kreuzgang errichtet war und heute noch z.T. als „alter Dom" bezeichnet wird. Weil sie auch dem Archidiakon für Verwaltungsarbeiten diente, war sie meist dem „Erzdiakon" Stephanus geweiht. Als Dom werden auch manche bedeutenden Stiftskirchen und in volkstümlicher Benennung wegen ihrer baulichen Monumentalität manche Pfarrkirchen bezeichnet. – ↗Kirchengebäude.

Dominica vacans wörtlich (meß-)freier Sonntag. Die vier ↗Quatemberwochen schlossen in Rom jeweils mit einer Meßfeier in St. Peter in der Nacht zum Sonntag ab. Weil diese ↗Vigil bereits dem Sonntag zugerechnet wurde, hatte dieser keine weitere Meßfeier. Als aber die Vigilgottesdienste immer weiter vorverlegt wurden (↗Osternachtfeier), führte man auch für diese Sonntage eine eigene Meßfeier ein, deren Texte man zum großen Teil aus den vorausgehenden Quatembermessen entnahm.

Dominicum ↗Sonntag (2).

Dominikanerritus ↗Sonderriten.

Dominus vobiscum Diese im AT und NT verwurzelte Grußform „Der Herr mit euch (dir)" (Rut 2,4; Lk 1,28) kann indikativisch (ist) und optativisch (sei) wiedergegeben werden. Inhaltlich gleichbleibend ist das „Pax vobis" = Der Friede sei mit euch (vgl. Eph 2,14: „Denn er ist unser Friede"). Bekanntlich haben vor allem die paulinischen Briefe zum Anfang und Schluß einen ähnlichen Gruß. Auch die Antwort der Gemeinde „und mit deinem Geiste" hat biblische Vorlagen (vgl. Gal 6,18; 2 Tim 4,22). In der römischen Liturgie ist das „Dominus vobiscum" zur häufigen, fast stereotypen Begrüßungsform geworden. Das neue Missale hat seinen Gebrauch auf den Anfang und Schluß der Messe und die Einleitung zum Evangelium und Hochgebet beschränkt. – In neuerer Zeit hat man vorgeschlagen, den Gegengruß mit „und mit dir" wiederzugeben, weil es sich um eine semitische Umschreibung für Person handele. Zwar ist mit „Geist" wohl nicht im Sinn von *Johannes Chrysostomus* das Weihepneuma des Priesters gemeint, sondern der Geist, den der Christ in der Taufe empfängt und ihn zum Beten befähigt (Röm 8,15; Gal 4,6), also die geistbegabte Person, so daß der obige Vorschlag durchaus möglich wäre. Es stehen ihm jedoch ernste ökumenische Rücksichten und auch sprachlich-rhythmische Gründe entgegen. – ↗Begrüßung; ↗Gruß (dort auch Lit.).

Doxologie die feierliche Ausrufung der Herrlichkeit (griech. = doxa) Gottes am Ende des Gebetes, von der Gemeinde mit ↗Amen bekräftigt; diese öffentliche Proklamation wird als ↗Ehrung und Lobpreis verstanden. Das Gebet der christlichen Gemeinde nimmt in die Doxologie auch die zweite und dritte Person hinein, zunächst in der Form: „Die Ehre ist Gott durch Christus und durch den (oder: im) Heiligen Geist"; da die Arianer aus dieser Formel eine Unterordnung ↗Christi herauslasen, setzen sich deutlicher gleichstellende Formeln durch: „mit Christus und dem Heiligen Geist", und vor allem: „Ehre dem Vater und dem Sohne und dem Heiligen Geiste". Die ältere Formel ist vollständig nur erhalten in der Schlußdoxologie des Hochgebetes der römischen Messe (auch in der Schlußformel der ↗Orationen, die sich von der Doxologie herleitet). – In spezieller Weise versteht man unter Doxologie die *Schlußstrophe der Hymmen* in der lateinischen Liturgie, die im allgemeinen einen Lobpreis auf die Dreifaltigkeit enthält, unter *großer Doxologie* im Osten und Westen das ↗Gloria, unter *kleiner Doxologie* den Vers Gloria Patri (Ehre sei dem Vater), der regelmäßig an die Psalmen und Responsorien sowie an verwandte Gebilde in den Ostliturgien gefügt wird.

Dreifaltigkeitsfest Hochfest am Sonntag nach ↗Pfingsten. In der Abwehr des Arianismus entwickelte sich besonders in Spanien und Gallien eine besondere Betonung des Dreifaltigkeitsglaubens in Verkündigung und Frömmigkeit. Um die Mitte des 8. Jhs erscheint die heutige Dreifaltigkeitspräfation im älteren Gelasianum, um 800 taucht die Dreifaltigkeitsmesse als Votivmesse für die Sonntage auf; diese selbst erlangen immer mehr ein trinitarisches Gepräge. Ein eigenes Dreifaltigkeitsfest am Sonntag nach Pfingsten dürfte noch vor der Jahrtausendwende in fränkisch-gallischen Benediktinerklöstern begangen worden sein. Von Papst *Alexander II.* († 1073) ist die Aussage überliefert, nach römischer Ordnung dürfe kein Tag in besonderer Weise einem Fest der Dreifaltigkeit geweiht werden, ebensowenig wie der Dreieinigkeit, da an jedem Sonntag, ja sogar täglich beider Gedächtnis begangen werde. In ähnlicher Weise äußerte sich rund 100 Jahre später *Alexander III.*

(† 1181). Trotzdem breitete sich das Fest weiter aus, bis es dann *Johannes XXII.* im Exil von Avignon 1334 für die ganze Kirche einführte. – Daß dieses älteste der ↗Ideenfeste gerade am Sonntag nach Pfingsten gefeiert wird, kann als ein dankender Rückblick auf das vollendete Heilsmysterium gedeutet werden, das nach der alten Theologie der Vater durch den Sohn im Heiligen Geist wirkt.

Lit.: Jungmann, Erbe 30–52; *A. Klaus,* Ursprung und Verbreitung der Dreifaltigkeitsmesse (Werl 1938); *P. Browe,* Zur Geschichte des Dreifaltigkeitsfestes, in: ALW 1 (1950) 65–81.

Dreikönigstag ↗Epiphanie.

Duft Wohlgerüche sind in der Mittelmeerkultur nicht nur Genußmittel, sondern normales Lebensbedürfnis; sie werden erzeugt durch Verflüchtigung flüssiger Duftstoffe und durch das Verbrennen fester (meist gekörnter) aromatischer Substanzen. Besonders der Orientale vermag in dieser Sinnesempfindung religiöse Erfahrungen zu machen (2 Kor 2, 14–16). Die Ostriten lassen darum aus dem Rauchfaß nicht so sehr ↗Weihrauch als optischen Eindruck aufsteigen, sondern verbrennen darin würzig riechende Stoffe; die Kirchenräume des Ostens sind erfüllt von dem Duft der feinen Öle, die ständig in den Ampeln brennen, vom Geruch der honighaltigen Kerzen und von dem Rosenwasser, das die Gläubigen sprengen. Der Westen beabsichtigt eine Duftwirkung nur in der Beifügung des *Balsams* (neuestens auch anderer aromatischer Stoffe) zum ↗Chrisam; auch hier geben die Ostriten wesentlich mehr aromatische Stoffe hinzu und lassen so im Chrisam den Wohlgeruch Christi sinnlich spüren.

Lit.: D. Forstner, Die Welt der Symbole (Innsbruck 1961) 298–312; *Reifenberg* II, 36–38; 173–181.

Duplex ↗Rangordnung.

E

Editio typica ↗Bücher liturgische.

Effata-Ritus Im deutlichen Bezug zur Heilung eines Taubstummen durch Jesus (Mk 7, 32–37) siedelte sich im römischen Taufrituale die „Öffnung der Sinne“ an, ein Ritus, der nach dem aramäischen „effata“ = „öffne dich“ benannt ist. Dabei berührte der Priester mit dem durch Speichel befeuchteten Daumen die Ohren und den Mund (später die Nase) der ↗Electi und sprach: „Effata, d. h., öffne dich zum süßen Wohlgeruch. Du aber, Satan, ergreife die Flucht, denn das Gericht Gottes hat sich genaht.“ Die Schlußworte lassen erkennen, daß es sich um einen

Exorzismus handelte. Auch in außerrömischen Taufritualien gibt es eine Öffnung der Sinne für Christus, aber regelmäßig mit Öl statt mit Speichel vollzogen. – Das neue Rituale der Erwachsenen-↗Taufe sieht diesen Ritus für den Karsamstagmorgen vor, wobei der Priester bei der Berührung der Ohren und des geschlossenen Mundes (ohne Speichel) sagt: „Effata, öffne dich, damit du den Glauben, den du gehört hast, zu Gottes Lob und Ehre bekennst." Das Rituale der ↗Kindertaufe bringt ihn zum Abschluß der ausdeutenden Riten, wobei der Priester betet, daß die getauften Kinder später Gottes Wort hören und bekennen. Ob dieser Ritus allerdings vollzogen wird, ist dem freien Ermessen des Taufspenders überlassen.

Ehe wird in den Texten der Liturgie nicht nur betrachtet als die lebenslängliche Gemeinschaft eines Mannes und einer Frau, sie ist darin zuerst gesehen als Erfüllung eines Urauftrages Gottes, so daß in der Familie das Lob Gottes voller erklingt als aus dem Mund eines einzelnen; sie ist von Gott mit einmalig dauerndem ↗Segen bedacht worden, mit Fruchtbarkeit und Teilhabe an seiner Schöpferherrlichkeit; sie ist schon im Alten Bund Ausdruck des Liebesverhältnisses zwischen Gott und seinem Volk, im Neuen Bund als Ehe unter Christen sakramentale Darstellung des Liebesbundes zwischen Christus, dem Bräutigam, und seiner Braut, der ↗Kirche (Eph 5,22–23). Diese Darstellung, dieses Sichtbarwerden geschieht zunächst durch das tagtägliche Tragen der Freuden und Lasten in der Familie. Verständlichermaßen bildet sich aber eine eigene Segnung (Brautsegen ↗Trauung) aus, durch die die Übernahme dieses heiligen Standes in seiner Bedeutsamkeit für die Gemeinde sichtbar wird, ähnlich wie die Unverheiratete eine wirksame Darstellung der Kirche als Braut Christi werden kann, wenn ihre Jungfräulichkeit durch Gelübde und ↗Jungfrauenweihe als Zeichen in der Kirche aufgerichtet wird. – Ehe und Familie sind nach alledem auch eine bevorzugte Stätte des Gebetes, ja geradezu eines Widerklanges der Liturgie: gemeinsames Morgen- und Abendgebet, das Familien-Mahl, der Auftrag der Eltern, ihren Kindern die Gottesbotschaft zu künden und sie zu segnen (↗Sakramentale). Die Bedeutung der lebendigen Familie für die Auferbauung der Kirche wird auch sichtbar, wenn die Schrift von „Hauskirchen" spricht (Hausgemeinden; vgl. 1 Kor 1,16; Phm 2; Apg 2,46; 5,42; 11,14; 16,15.31.34; 18,8; 20,20), ein Ausdruck, der auch von den Dokumenten des Vat. II mehrfach aufgenommen wurde.

Lit.: *W. Hoffmann,* Die Ehe als Sakrament – Das Sakrament als Ehe, in: Lit. Leben 4 (1934) 141–158; *J. Henning,* Liturgie und Familie, in: HD 32 (1978) 59–65; *P. Dufresne,* La liturgie familiale, histoire, théologie, pastoral (Montreal 1973).

Ehrfurcht das staunende Wahrnehmen des je Größeren und seine Anerkennung auch durch mein äußeres Verhalten. Im Gottesdienst ist es die im Glauben erfahrene Nähe Gottes, die der Gläubige innerlich und auch zeichenhaft in überkommenen Formen anerkennt. – Viele dieser äußerlichen Ehrfurchtsformen sind in den letzten Jahrzehnten wie im öffentlichen Leben, so auch im Gottesdienst verlorengegangen. Auch hat sich die Ausdrucksform der Ehrfurcht verändert: Ehrfurcht vor dem Gotteswort zeigt sich nicht mehr im Gebrauch einer toten, dem Alltagsgebrauch entzogenen Sprache, sondern in der dankbaren Annahme der Tatsache, daß Gott uns in der Muttersprache anreden will; Ehrfurcht vor dem Geheimnis der Wandlung zeigt sich nicht mehr darin, daß man Brot in ungewohnter Farbe und Form verwendet, sondern dankbar anerkennt, daß Christus unser tägliches Brot in die Hand nimmt. Auch das Objekt der Ehrfurcht tritt uns anders gegenüber, weil Christi ↗Gegenwart in der gottesdienstlichen Feier nicht mehr so ausschließlich in den eucharistischen Gestalten gesehen wird, sondern schon in der Versammlung der Gläubigen, im Erklingen seines Wortes und in der Person des Priesters (vgl. LK 7); Ehrfurcht zeigt sich darum nicht nur in der Kniebeuge vor dem Allerheiligsten, sondern ebenso im Respekt des Priesters vor der versammelten Gemeinde, in seinem Umgang mit dem Wort, in der Art und Weise des Singens, allgemein in der Zuwendung zur Person vor der Verehrung der geisterfüllten Sache. – ↗Frömmigkeit

Ehrung

1. Ehrung Gottes in der Liturgie. Alle Begnadung, die der Vater durch das Christusereignis in Wort und Sakrament gewährt, ist „zum Lob seiner herrlichen Gnade“ (Eph 1, 4–6). Das bloße Aufzählen seiner Großtaten in der beraka (↗Hochgebet), das Faßbarwerden seiner Macht im menschlichen Wort ist bereits Lobpreis Gottes; auch die ↗Doxologie preist die Herrlichkeit Gottes, indem sie diese ausspricht. Andere Formen religiöser Verehrung außer dem Lobpreis des Vaters durch Christus im Heiligen Geiste (wie Lichter und Weihrauch) sind im christlichen Raum nur noch möglich als menschliche Ausdrucksverstärkung dieser doxologischen Seite im Heilsvorgang.

2. Äußere Ehrbezeigungen werden in der Liturgie erwiesen den sichtbaren Repräsentanten Christi: der versammelten Gemeinde und ihren Vorstehern, dem ↗Altar, dem ↗Kreuz, dem Evangelienbuch, den ↗Reliquien und ↗Bildern und in zunehmendem Maße dann auch den eucharistischen Gestalten. Die ehrende Hervorhebung geschieht durch auszeichnende Plätze (↗Cathedra), ↗Insignien und besondere Kleidung (↗Gewänder, liturg.), durch ↗Weihrauch und Lichter (↗Leuchter), durch ↗Gruß und ↗Reverenz, wie ↗Verneigung, ↗Kniebeuge, ↗Kuß. In solchen Formen kommen, wenn sie im rechten Maß und in echter Herzlichkeit geschehen, die innere Ordnung des Gottesvolkes und die persönliche Beziehung seiner Glieder untereinander zum Ausdruck.

Einheitsgesangbuch ↗Gotteslob.

Einheitsübersetzung ↗Ökumen. Texte; ↗Bibel im Gottesdienst.

Einkleidung

1. Bei der Ordination. Nach Ausbildung einer eigenen liturgischen Kleidung (↗Gewänder, liturg.) lag es nahe, daß man Neugeweihten die auszeichnende Kleidung ihres Standes jeweils feierlich überreichte. Nach altrömischem Brauch waren dies die Planeta für die Akolythen und die Dalmatik für den Diakon. Zum heutigen Brauch ↗Weihesakrament.

2. Die Einkleidung der Mönche und gottgeweihten Jungfrauen, älter als die Überreichung der liturgischen Kleidung, war und ist auch heute noch mit der ↗Profeß verbunden.

Einsetzungsbericht lobpreisende Verkündigung von der Stiftung der Eucharistie beim Abendmahl, vollzogen im Rahmen des eucharistischen ↗Hochgebetes; in den Gedankengang des Hochgebetes eingefügt entweder als die letzte der Großtaten Gottes in Christus, worauf dann die Epiklese folgt (so in ↗Antiochien und bei Hippolyt), oder als „weil"-Satz begründend an die Wandlungsbitte angefügt (so in ↗Alexandrien und in den neuen römischen Hochgebeten). Durch die Aufnahme ins Hochgebet ist der Bericht in Gebetsform umgegossen worden (Du-Anrede, schmückende Beiwörter und Zufügungen); er bleibt trotzdem der Ur-Verkündigungsvorgang in der Eucharistie, der dann zum eigenen Wortteil entfaltet wird. – Im Rahmen des Hochgebetes macht der Stiftungsbericht die Ursituation im ↗Gedächtnis wieder gegenwärtig und bewirkt so die ↗Wandlung von Brot und Wein; in der ↗Epiklese wird dieses Motiv breiter ausgeführt. In der Praxis mußte für Notfälle der Wandlungsmoment genauer festgelegt werden (in Ost und West verschieden); dies führte zu einer unglücklichen Isolierung der „Wandlungsworte" im Gefüge des Hochgebetes, die durch die ↗Elevation noch verstärkt wird. – In der Apostelanaphora der ostsyrischen Liturgie fehlt in den Handschriften regelmäßig der Einsetzungsbericht; es ist kontrovers, ob er nur aus Ehrfurcht nicht niedergeschrieben wurde oder ob er in diesem Hochgebet nicht vorgesehen war. In diesem Fall hätten die Verkündigungsaufgabe wohl andere Meßteile übernommen; in der malabarischen Fassung wird der Einsetzungsbericht tatsächlich erst nach dem Ende des Hochgebetes vorgetragen, eingefügt in die Brotbrechungsgebete.

Lit.: J. A. Jungmann, Heiliges Wort. Die rituelle Behandlung der Konsekrationsworte in den Liturgien, in: Miscellanea Liturgica in onore di ... Lercaro I (Rom u.a. 1967) 307–319; *E. Lengeling,* Zentraler Teil einer Ganzheit. Zur rechten Wertung des „Einsetzungsberichtes", in: Gd 9 (1975) 68f.

Einzug das Hinziehen des Altardienstes vor den Altar in festlichem Zug durch die versammelte Gemeinde.

1. Entwicklung. Der einfache Gemeindegottesdienst braucht keinen feierlichen Einzug des Priesters; *Augustinus* beginnt den Sonntagsgottesdienst sofort mit ↗Gruß und den ↗Lesungen; auch in den römischen

↗Titelkirchen ist ein Einzug unwahrscheinlich. Dieser hat sich wohl beim festlichen Papstgottesdienst ausgebildet, wenn der Papst, dem sieben ↗Leuchter und ↗Weihrauch vorausgetragen wurden, mit zahlreichem Klerus in eine der großen Basiliken einzog, den Friedensgruß mit dem Klerus tauschte und den Altar verehrte, nachdem er sich in einem Sakristeiraum am Eingang der Kirche angekleidet hatte. Dazu sang die Schola einen festlichen Psalm, die *antiphona ad introitum* (↗Introitus); eine ↗Oration mit vorausgehenden ↗Kyrie-Rufen (die teilweise durch das ↗Gloria erweitert wurden) schloß den Einzugspsalm ab. Das Ganze ist der Struktur nach einfach der Ritus des Kirchenbesuches, wie er sich noch heute beim ↗Empfang des Bischofs vollzieht. Die AEM läßt die Möglichkeit des festlichen Einzugs offen, sieht aber allgemein nur eine ↗Eröffnung des Gottesdienstes vor, die aus Motiven des alten Einzugs gebildet ist: Konstituierung der heiligen Versammlung in der Zulassung vor Christus, dem Herrn.

2. Der „kleine Einzug" (mikrá isodos). Im *byzantinischen* und *armenischen* Ritus sind an den Anfang der Meßfeier die ↗Proskomidie und die Enarxis getreten; während dieser Teile bleibt der Bischof noch außerhalb des Altarraumes, um erst im kleinen Einzug (auch Evangeliumseinzug genannt) mit dem Klerus feierlich zum Altar zu ziehen. Der einfache Priester zieht unter Vorantritt des Diakons mit dem Evangelienbuch durch den Gläubigenraum zur Türe des Altarraumes. Dabei wird das *Isodikón* gesungen, sodann die wechselnden Tagesgesänge (Tropare und Kondakion) und schließlich in feierlicher Weise das ↗*Trishagion.* In den syrischen Riten begegnet nur noch das Trishagion ohne die Prozession; *Kopten* und *Äthiopier* haben Trishagion und Prozession erst unmittelbar vor dem Evangelium und zeigen so noch deutlicher die Grundstruktur des Einzugs: jubelnde Begrüßung Christi, Hintreten zum Herrn, der in der Versammlung gegenwärtig ist, um uns zum Vater zu führen. Für die rechte Konstituierung der heiligen Versammlung ist ein solcher Ritus von großer Bedeutung.

3. Der „große Einzug" (megáli isodos). Im byzantinischen Ritus werden nach dem Gläubigengebet die Gaben von Brot und Wein unter dem Gesang des Cherubikon von den Priestern und Diakonen in festlichem Zug zum Altar gebracht. Da die Gläubigen ihre Oblationen vor der Messe in einem Nebenraum abgaben (↗Offertorium; ↗Opfergang), war diese Übertragung notwendig und wurde in Byzanz seit dem 6. Jh. feierlich ausgebaut. Die gallische Meßfeier kannte einen ähnlichen Brauch. – Bei den *Armeniern* geschieht die Übertragung weniger feierlich nur durch den Diakon, in der *syrischen Liturgie* haben sich überhaupt nur die zugehörigen Gebete erhalten. *Kopten* und *Äthiopier* übertragen die Gaben schon zu Beginn des Gottesdienstes in einer feierlichen Prozession auf den Altar, den sie dabei mehrfach umschreiten.

Lit.: Hanssens III 96–108, 272–293.

Ektenie (griech. = inständiges [Gebet]), ↗Litanei-Gebet, wie es sich vor allem in der byzantinischen Liturgie aus antiochenischem Erbe reichlich findet in Messe und Stundengebet, bei der Sakramentenspendung und bei Segnungen; auch *Synapte* (griech. = Verknüpfung [von Bitten]) oder *deïsis* (Bitte) genannt. Der Diakon steht dabei vor der Bilderwand und sagt singend die einzelnen Gebetsanliegen an, das Volk ruft darauf jedesmal Kyrie eleison (bzw. bei der Etisis: paraschu Kyrie); der Priester am Altar spricht unterdessen leise das Abschlußgebet und trägt nach Beendigung der Rufe laut nur noch die Schlußdoxologie seines Gebetes vor (Ekphonese). – Speziell bezeichnet *Ektenie* die große Fürbittlitanei nach dem Evangelium, Iriniká oder *megáli synapti* die große Friedenslitanei (so genannt nach der ersten Anrufung; verrichtet vor allem am Anfang der Meßfeier), *mikrá synapti* den sehr häufigen Typ der „kleinen Litanei" (bestehend aus der ersten und den zwei letzten Anrufungen der Friedenslitanei) und *Etisis* die ↗„Fürbitten", wie sie nach dem großen Eingang gesungen werden. – Die übrigen orientalischen Liturgien haben gleichfalls Litaneigebete, wenn auch nicht in dem Ausmaß wie Byzanz.

Electus ↗Katechumenat; ↗Bischofsweihe.

Elevation die Erhebung der konsekrierten Gestalten von Brot und Wein. 1. Im *römischen Ritus* geschieht die älteste Erhebung während der Schlußdoxologie des ↗Hochgebetes als zusammenfassender Ausdruck des eucharistischen Opfergeschehens. Um das Jahr 1200 kam eine Elevation der Hostie sofort nach den Einsetzungsworten über das Brot hinzu (u. a. bezeugt für Bischof *Odo* von Paris). Das Volk war von einem großen Schauverlangen nach der eucharistischen Brotsgestalt erfüllt und versprach sich vom Schauen einen besonderen Segen. Die Erhebung des Kelches setzte sich erst mit dem Missale *Pius' V.* allgemein durch. Dieser Zeigegestus und die sich bald um ihn herum lagernden Formen der Verehrung sind zwar Ausdruck des Glaubens an die Realpräsenz Christi im Sakrament, durchschneiden aber auch den organischen Fortgang des Hochgebetes und fixieren – im Gegensatz zu anderen Liturgien – das heilige Geschehen zu sehr auf einen Augenblick. – 2. In fast allen *orientalischen Riten* erhebt der Priester nach dem Vaterunser den Leib des Herrn empor und ruft dazu: „Das Heilige den Heiligen", um so das Volk zum Kommunionempfang einzuladen. – ↗Abendmahlsvermahnung.

Lit.: Jungmann MS II 255–264.

Embolismus (griech. = Einschub), Gebet des Priesters im Anschluß an das Herrengebet bei der Eucharistie als Ausdeutung und Erweiterung der letzten Bitte mit eschatologischem Ausblick, der gut in die Doxologie der Gemeinde mündet. Die gallikanischen Riten kannten an dieser Stelle ein Wechselgebet; die orientalischen Riten mit Ausnahme des byzantinischen haben an dieser Stelle ein dem römischen Embolismus entsprechendes Gebet.

Lit.: E. J. Lengeling, Mehr als tausend Jahre, in: Gd 13 (1979) 169f.

Empfang des Bischofs, liturgischer Die Visitation einer Pfarrei durch den Bischof soll kein Verwaltungsakt sein, sondern der Bischof soll dabei als Lehrer, Hirt und Hoherpriester seiner Herde tätig werden. Er kann gegebenenfalls mit festlicher Musik bis zur Kirche geleitet werden. Am Kirchportal empfängt ihn der Pfarrer (im Rauchmantel), reicht ihm das Kreuz zum Kuß und das Aspergill zur Besprengung. Wenn keine Messe oder Wort-Gottes-Feier folgt, zieht der Bischof nach einer Besuchung des Allerheiligsten vor den Hochaltar; dort verrichtet der Pfarrer nach einer Gebetsstille die Oratio pro episcopo aus dem Meßbuch. Der Bischof grüßt das Volk und legt ihm kurz den Sinn der Visitation klar und beschließt den Empfang mit dem Gebet vom Kirchenpatron und dem Segen.

Empore erhöhter Kirchenraum, aus mhd. bor = oberer Raum, Höhe. Nach dem Vorbild der Synagoge im Osten schon früh im christlichen ↗Kirchengebäude als Platz vor allem für die Frauen vorgesehen. Im westlichen Kirchenbau erst in romanischer Zeit häufiger, im Barock sehr beliebt und gewöhnlich den Männern reserviert. In Frauenklöstern dient die Westempore (in geosteten Kirchen) meist als Nonnen-↗Chor. Seit der Entfernung des ↗Lettners sind Sängerchor und Orgel ebenfalls auf die Westempore verlegt. Weil diese einen echten liturgischen Dienst versehen, versucht man in neuerer Zeit, sie wieder in größerer Altarnähe anzusiedeln. – So notwendig in kleineren Kirchen wegen des Platzmangels eine Empore oft sein mag, so führt sie doch leicht zum distanzierten Zusehen und Zuhören, erschwert so die tätige ↗Teilnahme und zersplittert die Gemeinde.

Engel, Engelfeste Engel sind nach katholischem Glaubensverständnis von Gott geschaffene personale Wesen, die im Unterschied zum Menschen nicht an den Leib gebunden sind. Sie schauen stets das Angesicht des himmlischen Vaters (vgl. Mt 18,10) und verkünden sein und des „Lammes" Lob (vgl. Offb 5,11ff). Mit diesen „Chören der Engel" und „all den Scharen des himmlischen Heeres" im Geiste vereint, singt die Kirche gemeinsam den Lobpreis der göttlichen Herrlichkeit in ihren zahlreichen Präfationen (vgl. „Cherubikon" in der ↗Chrysostomusliturgie). – Die Bezeichnung „Erzengel" (= Erstengel; vgl. Erzmärtyrer, Erzbischof) meint eine herausragende Gruppe unter den Engeln. Im NT wird sie Michael gegeben (Jud 9; vielleicht auch 1 Thess 4,16). Das apokryphe griechische Henochbuch kennt sieben Erzengel. In der christlichen Tradition zählen Rafael (Tob 12,15) und Gabriel dazu.

Eine eigene Verehrung entwickelt sich zuerst für den Erzengel *Michael,* dem schon zu Anfang des 5. Jhs. in Italien zahlreiche Kirchen und Kapellen geweiht werden. In Rom war es vor allem die Michaelskirche an der Via Salaria, deren Weihegedächtnis in den ältesten Sakramentarien für den 30. oder auch 29. September festgehalten ist. Einen besonderen Aufschwung nahm die Verehrung durch die Erscheinung

Michaels auf dem Berg Gargano in Süditalien am 8. Mai 492, wo ihm ein berühmtes Heiligtum errichtet wurde. Zur Erinnerung hieran gab es bis 1960 ein *„Fest der Erscheinung des Erzengels Michael"*. So wie er als Beschützer des atl. Gottesvolkes galt (vgl. Dan 10, 13), so betrachtete ihn auch die römische Kirche und später das „Heilige Römische Reich Deutscher Nation" als Schutzpatron. Die Neuordnung von 1969 vereinigte die neueren Feste der Erzengel Gabriel am 24. März und Rafael am 24. Oktober (beide erst 1921 in den Römischen Kalender aufgenommen) mit dem seitherigen Michaelsfest am 29. September und legte es auf den letztgenannten Termin.

Mit dem Michaelsfest war ursprünglich auch das Gedächtnis aller anderen Engel einschließlich der *Schutzengel* verbunden. Ein eigenes Schutzengelfest läßt sich erst im 16. Jh. feststellen. 1667 wurde es für das Reich des Kaisers Ferdinand II. auf den ersten Sonntag im September festgelegt, wenig später für die übrige Kirche auf den 2. Oktober. Erst *Pius X.* bestimmte als allgemeinen Festtermin den 2. Oktober. Der neue Kalender behielt diesen Tag als gebotenen Gedenktag bei.

Lit.: B. Neunheuser, Die Engel im Zeugnis der Liturgie, in: ALW VI/2 (1960) 4–27; *Th. Bogler* (Hrsg.), Die Engel in der Welt von heute, in: LuM 21 (^{2}1960).

Engelamt volkstümliche Bezeichnung (regional verschieden) für 1. ↗*Roratemesse*(-amt); 2. *Messe bei der Beerdigung eines unmündigen Kindes,* die früher vielfach nach dem Votivformular von den heiligen Engeln gefeiert wurde. Entsprechend der Weisung des II. Vatikanums (LK 82) enthält das neue Meßbuch eine je eigene Messe für ein getauftes und für ein vor seiner intendierten Taufe verstorbenes unmündiges Kind; 3. *Mitternachtsmesse an Weihnachten,* weil ihr Evangelium mit dem Jubelgesang der Engel schließt; 4. das frühere *Donnerstagsamt* mit ausgesetztem Allerheiligsten oder (und) sakramentalem Schlußsegen.

Engel des Herrn (Gebet und Läuten) Schon im 13. Jh. finden wir bei den Franziskanern die Sitte, daß die Brüder am Abend drei Ave-Maria beten, während die Glocken dreimal läuten. Diese Sitte breitet sich im 14. Jh. weiter aus und greift auch auf den Morgen und Mittag über. Seit dem 16. Jh. werden diesen drei Ave die noch heute üblichen Versikel von der Menschwerdung Christi vorangestellt: „Der Engel des Herrn...", „Sieh, ich bin die Magd des Herrn...", „Und das Wort ist Fleisch geworden..." Seit dem 17. Jh. werden sie auch beim Morgen- und Mittagläuten hinzugefügt und erweitert durch die Oration „Gratiam tuam". In der Osterzeit tritt an die Stelle des „Engel des Herrn" die Marianische Antiphon „Regina coeli". – Das nach diesem Gebet als „Angelusläuten" bezeichnete *Glockenzeichen* am Morgen, Mittag und Abend, seit dem 14. Jh. bezeugt, dürfte ursprünglich mit dem Ruf zum ↗Stundengebet (Laudes, Sext, Vesper) zusammenhängen. *Abendliche Glockenzeichen* waren auch sonst weit verbreitet, vor allem als Mahnung zur Abdeckung des Herdfeuers, verbunden mit einem Gedächtnis der Menschwerdung

Jesu, die man in die Abendstunde fixierte. Das *Glockenzeichen* am Morgen wurde vor allem als Gedächtnis der Auferstehung Christi verstanden. Das *Mittagläuten,* das auf dem Land teilweise noch heute als Zeitzeichen gebräuchlich ist, bekam (und hat noch heute) religiöse Bedeutung am ↗Freitag, wo man das „Freitagsgebet" („Es sind Finsternisse entstanden") dazu spricht, ähnlich wie am Donnerstag nach dem abendlichen Angelus vielfach mit der großen Glocke geläutet wird zur Erinnerung an die Todesangst Christi. Die allmähliche Verfestigung dieser Bräuche zum täglichen dreimaligen Gebetläuten verfestigt sich vor allem unter dem Eindruck der Türkengefahr und fügt seit dem 17. Jh. dem abendlichen Engel des Herrn auch ein Gedenken der Verstorbenen hinzu, wozu meist mit einer kleinen Glocke geläutet wird („Armen-Seelen-Läuten"). – Eine echte Wiederbelebung des Gebetläutens müßte es wieder als volkstümliche Teilnahme am Stundengebet verdeutlichen.

Entlassungsriten Der Brauch des öffentlichen Lebens, Sitzungen und Versammlungen durch eine ausdrückliche Formel für beendet zu erklären, hat sich auch im christlichen Gottesdienst allgemein durchgesetzt. Meist gehört zur Entlassung auch ein ↗Segen.

1. Entlassungsritus der Meßfeier: Die Eucharistie wird in allen Riten beschlossen mit einer Formel von der Art: „Lasset uns ziehen in Frieden", „Gehet im Frieden"; nur die römische Meßfeier hat, vom Diakon (↗Aufforderung) mit Nachdruck gesungen, die einfachere Formel „Ite, missa est" = Gehet, es ist Entlassung, ein Ruf, mit dem im alten Rom auch weltliche Versammlungen beschlossen wurden. In den gegenwärtigen muttersprachlichen Übersetzungen wird er inhaltlich meist erweitert („Gehet hin in Frieden"). Das *„Benedicamus Domino"* (= Singet Lob und Preis) war eine gallikanische Entlassungsformel, die für die römische Liturgie als Wechselform teilweise Eingang fand, nach alter Regelung für die Meßfeiern ohne Gloria, seit 1960 für Messen, an die sich unmittelbar eine Prozession anschloß, jetzt nur noch im Stundengebet gebraucht. Im Mittelalter wurde auch eine eigene Schlußformel für Totenmessen eingeführt: „Requiescant in pace". Die Segnung der Gläubigen geht der Entlassung voraus, ein Grundsatz, dem auch im neuen Missale wieder Rechnung getragen ist (seit 1967, Instr II 16). Auch in Messen für Verstorbene wird der Segen in der üblichen Form erteilt und das „Ite, missa est" verwendet (ebd.). „Schließt sich das Begräbnis unmittelbar an die Messe an, so entfällt der Abschluß" (AEM 340). Gleiches gilt, wenn sich eine andere liturgische Feier unmittelbar an die Messe anschließt. Vor dem Segen und Entlassungsruf können noch kurze Verlautbarungen eingefügt werden, sofern sie nicht schriftlichen Mitteilungen (Pfarrbrief u.ä.) anvertraut werden können.

2. Weitere Entlassungsriten: In der alten Kirche wurden im Gefolge der ↗Arkandisziplin am Ende des Wortgottesdienstes (↗Katechumenenmesse), vor dem Gläubigengebet, die Katechumenen entlassen. Im byzantinischen, armenischen, ostsyrischen und äthiopischen Ritus wird die Entlaßformel noch gesprochen (in Byzanz in den letzten Fastenwochen auch noch die Entlassung der Photizomenen). – Für das Frühmittelalter ist für Rom auch eine Entlassung der Nichtkommunikanten bezeugt, weshalb der Diakon die Hinweise auf die nächsten Gottesdienste schon vor dem Agnus Dei verlas. Ein Entlassungsritus mit Segen und Entlassungsruf ist im neuen Stundengebet auch für Laudes und Vesper vorgesehen, wenn sie mit einer Gemeinde gefeiert werden. Sonst schließt jede Hore (außer Komplet) mit dem Versikel „Benedicamus Domino" (s.o.). – Byzanz kennt beim Stundengebet keine Entlassung, aber eine Art Schlußlied (↗troparion apolytikion), das alle Gottesdienste eines Festes beschließt. Auch andere Gottesdienste, wie die Spendung der Taufe, kennen eine Entlaßformel oder werden wenigstens durch einen Segen beschlossen.

Lit.: H. Rennings, Der Schlußteil der Meßfeier, in: *Gemeinde im Herrenmahl* 342–350.

Epakte (griech. = Hinzufügung), die Zahl der Tage, die zum Mondjahr von (6×29 + 6×30 =) 354 Tagen hinzugefügt werden müssen, um den Anschluß an das Sonnenjahr zu erreichen; sie beträgt im ersten Jahr demnach 11, im zweiten 22, im dritten nach Abzug eines Schaltmonats 3; indem man am Zyklusende 12 statt 11 Tage hinzunimmt (saltus lunae, „Mondsprung"), entsteht ein neunzehnjähriger Epaktenzyklus. – Die Epaktenzahl besagt zugleich, wie alt der Neumond am Beginn des Sonnenjahres jeweils bereits ist; damit ergibt sie neben dem ↗Sonntagsbuchstaben die zweite notwendige Basis für die Berechnung von ↗Ostern und ermöglicht vermittels des von *A. Lilius* 1576 dem Kalendarium beigefügten 29- und 30tägigen Epaktenzyklus, das ganze Jahr über die Mondphasen einfach abzulesen.

Epiklese (griech. = über etwas rufen), *allgemein* das Anrufen Gottes über einer Sache oder Person, die dadurch geheiligt wird (1 Tim 4, 3–5), das feierliche Beten über etwas, das dadurch in die Bewegung des Gebetes mit hineingenommen wird, vollzogen vor allem durch das feierliche Ausrufen der ↗Namen Gottes. Epikletische Gebete finden sich vielfach in der Liturgie (z.B. in der Taufwasserweihe); ganz besonders aber ist das ganze ↗Hochgebet der Meßfeier eine solche Epiklese über Brot und Wein, ein preisendes Anrufen Gottes und wirkendes Verkünden der Urhandlung, das Brot und Wein heiligt und konsekriert. Diese Funktion des Hochgebetes wird seit dem 4. Jh. zunehmend in einem eigenen Bittsatz formuliert, der dann *Epiklese im technischen Sinn* genannt wird, eine Bitte um (den Logos oder) den Heiligen Geist, anfänglich als Bitte für die Kommunikanten (Kommunionepiklese, wie sie einem Mahlgebet primär entspricht); im römischen Kanon enthalten in der Bitte: wenn wir ... den heiligen Leib und das Blut deines Sohnes empfangen, erfülle uns mit aller Gnade ...; dann aber immer mehr umgeformt zur Bitte um die Verwandlung der Gaben (Wandlungsepiklese). In Alexandrien wird die Epiklese mit der Bitte „Plíroson" („Erfülle auch dieses Opfer durch die Heimsuchung des allheiligen Geistes") an das „Erfüllt sind Himmel und Erde" des Sanctus angeschlossen und ihre Wirkmächtigkeit durch den als Kausalsatz angefügten Einsetzungsbericht begründet; in Antiochien wird umgekehrt die Epiklesebitte an Einsetzungsbericht und Anamnese angefügt als formulierte Konsequenz aus dem Christusauftrag. Die mittelalterliche kanonistische und theologische Reflexion über den genauen Wandlungsmoment hat diesen im Westen auf das Aussprechen des Einsetzungsberichtes („Wandlungsworte") fixiert, im Osten dagegen auf das Aussprechen der Wandlungsbitte (Epiklese). Dies entspricht dem wesentlich größeren Akzent, den die östliche Theologie in der Praxis auf das Wirken des ↗Heiligen Geistes legt. Zum Sinn der Epiklese ferner ↗Mischung.

Epiphanie

1. Bedeutung und Ursprung: Das griechische Wort bedeutet in der Antike die Erscheinung einer Gottheit oder den Einzug eines als Gott verehrten Herrschers in eine Stadt, wo er als „Retter" (Erlöser, sotēr) empfangen wird. Im christlichen Festkalender ist es zunächst das Geburtsfest Christi im Osten am 6. Januar, das noch (kurz) vor dem römischen ↗Weihnachtsfest entstand. Seine ältesten Spuren führen nach Alexandrien in Ägypten, wo der Kirchenschriftsteller *Klemens* anfangs des 3. Jhs. erwähnt, daß die gnostische Sekte der Basilidianer am 6. Januar das Fest der Taufe Jesu feiere, die nach ihrem Verständnis die eigentliche Geburt des Sohnes Gottes ist. Es spricht vieles dafür, daß die Wahl des 6. Januar, ähnlich wie der Weihnachtstermin, von einem heidnischen Fest beeinflußt war. Im heidnischen Alexandrien feierte man nämlich in der Nacht vom 5. zum 6. Januar den Geburtstag des Gottes Äon (Gott der Zeit und Ewigkeit), bei dem auch in einem feierlichen Zeremoniell Wasser aus dem Nil geschöpft und aufbewahrt wurde. Die Volkssage ließ in dieser Nacht auch Dionysos erscheinen und an manchen Orten Wasser in Wein verwandeln. Aus dem Fest der Basilidianer kam dann wahrscheinlich der Anstoß zu einem Geburtsfest Jesu am 6. Januar, mit dem sich schon früh das Gedächtnis seiner Taufe und des ersten Wunders auf der Hochzeit zu Kana verband. In der Ostkirche wurde es zu einem wichtigen Tauftermin.

2. Sinnfüllung in Ost und West: In der zweiten Hälfte des 4. Jhs. erfolgte eine beiderseitige Übernahme des östlichen und westlichen Geburtsfestes, in Jerusalem allerdings erst im 6. Jh., im armenischen Ritus überhaupt nicht. Mit der Übernahme des römischen Weihnachtsfestes verliert Epiphanie *im Osten* das Gedächtnis der Geburt Jesu und auch der Anbetung der Weisen, das auf Weihnachten übertragen wird. Der Nachdruck der Epiphaniefeier liegt jetzt auf der Taufe Jesu, daher wohl auch der Name *„phota"* (= Lichter, im Sinn von photismos = Taufe) und die

„Jordanweihe“ mit Einsenkung eines Kreuzes ins Wasser (↗Weihwasser) als Höhepunkt der Festfeier. – *Nordafrika und Rom* übernahmen das Epiphaniefest dergestalt, daß sie besonders der Anbetung der Weisen gedenken. *Spanien, Norditalien und Gallien* hatten das Epiphaniefest noch vor dem römischen Weihnachtsfest übernommen und feierten dabei das rettende Kommen Gottes in Christus, wie es in den Ereignissen der Geburt, der Anbetung der Weisen, in der Taufe und im Kanawunder (teilweise auch in der wunderbaren Speisung) sichtbar wurde. Aus der Vorbereitung auf dieses umfassende Fest erwächst der gallische ↗Advent, der intensiv auch nach dem eschatologischen Kommen des Herrn ausschaut. Nach der Übernahme des römischen Weihnachtsfestes feiert man im gallischen Raum an Epiphanie die Huldigung der Weisen, das Weinwunder und die Taufe Jesu, wobei der Nachdruck auf der letzten liegt. Rom hat diese „drei Wunder“ des gallischen Epiphaniefestes später übernommen und sie in geistvoller Weise unter dem Motiv der Hochzeit Christi mit seiner Kirche zusammengefügt: als Brautbad in der Taufe, als Hochzeitsmahl mit dem Wunderwein, zu dem die Weisen mit ihren Geschenken eilen (Antiphon zum Benedictus). – In der Rangordnung der Feste galt Epiphanie nach der alten Klassifizierung (bis zum CR 1960) als zweithöchstes Fest des Kirchenjahres (Duplex I. Klasse mit privilegierter Oktav 2. Ordnung). Heute ist es Hochfest ohne Oktav. Wo Ephiphanie kein gebotener Feiertag ist, wird es auf den Sonntag zwischen dem 2.–8. Januar gelegt (GOK 37).

In der Volksfrömmigkeit des Mittelalters treten die „Heiligen Drei Könige“ so stark in den Vordergrund, daß Epiphanie fast nur noch *„Dreikönigsfest“* genannt wird. Ihre Verehrung nimmt besonders nach der Überführung ihrer angeblichen Gebeine von Mailand nach Köln durch *Reinald von Dassel* 1164 einen gewaltigen Aufschwung. Im Evangelium ist bekanntlich weder von Königen noch von der Dreizahl die Rede. Zum erstenmal spricht *Origenes* von drei Magiern, was wohl durch die Dreizahl der genannten Geschenke nahegelegt wurde, während sich die Bezeichnung Könige erst im 6. Jh. bei *Cäsarius von Arles* nachweisen läßt. Die Namen Caspar, Melchior und Balthasar werden seit dem 9. Jh. genannt.

3. *Brauchtum:* Seit ältester Zeit wird nach dem Festevangelium das Datum des kommenden Osterfestes verkündet (später auch das der davon abhängigen beweglichen Feste). Der Osterfestbrief, mit dem die alexandrinische Kirche der übrigen Christenheit dieses Datum alljährlich mitteilte (↗Kalender), wurde an diesem Fest veröffentlicht, weil Christus, die neue Sonne, seit der Epiphanie im Aufgehen ist für Ostern. Durch Pilger und Kreuzfahrer lernte das Abendland auch den Brauch der Jordanweihe kennen und bildete eine eigene *„Dreikönigswasserweihe“* aus mit Einsenkung des Kreuzes („Kreuztaufe“) als Darstellung der Taufe Jesu. Die *Häuserweihe* dagegen, zu der dieses Wasser heute verwendet wird, ist erwachsen aus dem vorchristlichen Brauchtum der

Rauhnächte um die Wintersonnenwende, in denen die wilde Jagd umging und durch Lärm („Heidenlärm", erhalten als Neujahrsanschießen) und Ausräuchern (↗Weihrauch) vom Haus vertrieben wurde. Auch die Bezeichnung der Türen mit C + M + B (und der Jahreszahl) ist Verchristlichung eines heidnischen Schutzzaubers, mittelalterlich gedeutet meist als „Christus mansionem benedicat" (= Christus segne das Haus), volkstümlich aber auf die legendären Namen Caspar, Melchior und Balthasar bezogen. – Erwähnt sei auch die mittelalterliche Sitte der *Sternsinger,* die als die „Dreikönige" mit einem leuchtenden Stern von Haus zu Haus ziehen, in Versen oder Liedern die Geschichte der Weisen aus dem Morgenland erzählen und Gaben erbitten. Der Brauch hat in neuerer Zeit in vielen Gegenden durch katholische Jugendgruppen eine Neubelebung erfahren, wobei die gesammelten Gaben der Weltmission oder einem sonstigen guten Zweck zufließen.

Lit.: K. Holl, Der Ursprung des Epiphaniefestes, in: Sitzungsberichte der Preuß. Akademie der Wissenschaften 1917, 402–438; *F. Nikolasch,* Zum Ursprung des Epiphaniefestes, in: Eph. Lit. 82 (1968) 393–429.

Epistel Die aus der neutestamentlichen Briefliteratur (epistola = Brief) genommene ↗Lesung vor dem Evangelium, in ungenauer Sprechweise auch die übrigen nichtevangelischen Lesungen der Meßfeier aus anderen Büchern. In der levitierten Meßfeier wurde sie von einer Stufe des Ambo aus verkündet, in den anderen Meßfeiern bis zur Liturgiereform von der (vom Volke aus gesehen) rechten Seite des Altares aus, die so den Namen *Epistelseite* bekam. Schon in der Instr I wurden diese Vorschriften revidiert, indem Epistel (Lesungen) und Evangelium vom Ambo oder den Chorschranken aus (ggf. vom Priester von der Mitte des Altares aus) in Hinwendung zum Volk vorgetragen wurden (Nr. 49–52). – Im späten Mittelalter wurde die festlich gesungene Epistel auch durch ↗Tropen farciert, teilweise in Volkssprache und unter Beteiligung des Volkes. – Der *lutherische* Gottesdienst kannte (und pflegt jetzt langsam wieder) die *Epistelmotette:* Der wichtigste Satz der Epistel wird mehrstimmig ausgeführt, anfangs wirklich in der Epistel an Ort und Stelle, später an die Lesung der ganzen Epistel angefügt.

Erbauung in Bibel und Liturgie das Wachstum der ↗Gemeinde, das ständige Werden von ↗Kirche als Entfaltung des in Christus neu geschenkten Lebens. Gott gibt dieses Wachstum vor allem im Gottesdienst, durch die missionarische Predigt (Apg 15, 14–16; 1 Kor 3), durch die Ermahnung an die schon Getauften (Apg 20,32; Röm 15,20), durch die lebendige Versammlung der Gemeinde (1 Kor 11–14, formell z. B. 14,26), aber darüber hinaus überhaupt im brüderlichen, rücksichtsvollen Zusammenleben der Christen (Röm 14,19; 1 Kor 8). So wird die Gemeinde als Gottestempel aufgebaut (1 Petr 2,5) durch die Hingabetat des Hauptes (Eph 2, 11–22) und durch die Liebe, die die Glieder aneinanderbindet (Eph 4, 1–16). Die Gottesdienstgestaltung ist darum ständig an der Frage zu überprüfen, ob hier wirklich Gemeinde erbaut wird. –

Durch solchen Einbau in den lebendigen Tempel der Gemeinde gewinnt selbstverständlich der einzelne eine Bereicherung, ja er läßt sich gerade wegen dieser neuen reichen Möglichkeit einfügen in den Bau der Gemeinde. Das deutsche Wort Erbauung ist, vor allem im Pietismus, einseitig auf diese Förderung des einzelnen verengt worden; man „erbaut sich" am Wort Gottes, am schönen Gottesdienst, am guten Beispiel des Nächsten. So wichtig die Förderung des einzelnen durch Wort und Sakrament ist, sie kann nicht gelingen in der Isolierung von der Gemeinde, sie ist vielmehr gebunden an mein lebendiges Hinzutreten zur versammelten Kirche. Darum muß im Wort Erbauung zuerst das Lebendigwerden der Gemeinde gesehen werden und dann erst die daraus fließende Förderung des einzelnen Gliedes. ↗Frömmigkeit, liturgische.

Erntedank Dank für die Ernte begegnet uns wohl in allen Religionen. Mehrmals taucht er im jüdischen Festkalender auf (Fest der ungesäuerten Brote = Mazzot; Wochenfest = Schavuot, Pfingsten; Laubhüttenfest = Sukkot). Im christlichen Rom werden schon früh die ↗Quatember, insbesondere die Herbst- und Winterquatember, mit dem Erntedank verbunden (so in den 25 Quatemberpredigten des Papstes *Leos I.*). Diese altrömische Sitte haben mehrere Bischofskonferenzen des deutschen Sprachgebiets in ihre neue Quatemberordnung aufgenommen. Nach einem Entscheid der Fuldaer Bischofskonferenz und der Berliner Ordinarienkonferenz ist der jährliche Erntedank am ersten Sonntag im Oktober zu begehen. – Man hat zwar darauf hingewiesen, daß im christlichen Festverständnis der alles umfassende Grund die Heilstat Christi sei, die vor allem in der Eucharistie zum heilbringenden Fest werde. Andererseits weiß sich auch der Christ dem natürlichen Geschehen mit seinen Beglückungen und Gefährdungen ausgesetzt und betet darum täglich im Gebet des Herrn die vierte Bitte um Ermöglichung auch seiner irdischen Existenz. Darum haben Freude und Dank im Blick auf die Ernte auch im Leben der Christen Daseinsberechtigung und Anspruch auf Berücksichtigung im Festkalender. Im deutschsprachigen Raum liegt es nahe, den Erntedanksonntag im direkten Anschluß an die Feier der Herbstquatember zu begehen.

Im neuen Meßbuch findet sich unter den „Messen für verschiedene Anliegen" auch eine *„zum Erntedank"*. In ihren Präsidialgebeten wird mit dem Dank für die empfangenen Gaben sowohl die Verpflichtung bekundet, mit ihnen den Notleidenden zu helfen (1. Tagesgebet), als auch die Bitte um „die Früchte deiner Gnade" (2. Tagesgebet) und die „ewigen Güter, welche die Erde nicht geben kann" (Schlußgebet), verbunden. Ansatzpunkte für die Predigt könnten u.a. die neuen Lob- und Dankgebete (= Berakot) bei der ↗Gabenbereitung sein, in denen wir Gott preisen für die Gaben des Brotes (Weines) als Frucht der Erde (des Weinstocks) und der menschlichen Arbeit.

Lit.: R. Berger, Erntedank, in: Gd 6 (1972) 129–131; *A. Adam,* Quatember und Erntedank, in: *Adam, Kirchenjahr* 154–159.

Eröffnung Irgendwelche Eröffnungsformen entwickeln sich im Lauf der Zeit für alle Gottesdienste. Zu einem beträchtlichen Teil erwachsen sie aus privaten Vorbereitungsgebeten, die langsam verpflichtend zur Liturgie hinzuwachsen, wie z. B. das frühere ↗Stufengebet. Ähnliches gilt wohl von dem Versikel „Deus, in adiutorium ... – O Gott, komm mir zu Hilfe“, mit welchem *Benedikt* und dann auch Rom die Tagzeiten des Stundengebetes eröffnen; dieser Psalmvers galt schon bei den Wüstenvätern als vorzügliches Stoßgebet gegen Versuchungen, besonders gegen Zerstreuungen beim Gebet, und wurde deshalb beim Beginn des gemeinsamen Betens gesprochen. Für die Eröffnung des nächtlichen Gebetes schrieb *Benedikt* den Vers „Herr, öffne meine Lippen ...“ und als „Weckruf“ den Psalm 95 (94) vor (↗Invitatorium). Im *byzantinischen Offizium* beginnen die Tageszeiten mit einer Doxologie; bei der Vesper, mit der der liturgische Tag beginnt, tritt ein „Proömium“ hinzu in Gestalt von Ps 104 (103). Ein beliebter Eröffnungsvers vor allem für Segnungen ist „Adiutorium nostrum ... – Unsere Hilfe ist im Namen des Herrn ...“ Mit all diesen Eröffnungsrufen verbindet sich regelmäßig das ↗Kreuzzeichen. Auch wichtige Teilstücke des Gottesdienstes werden vielfach begonnen mit einer eigenen ↗Aufforderung („Lasset uns beten, danken, aufmerken ...“) oder durch einen ↗Gruß. Zum bedeutsamen Eröffnungsakt hat sich der ↗Einzug entwickelt, begleitet von Gesang oder ↗Litanei (↗Akklamationen) und meist abgeschlossen durch ein Priestergebet. – ↗Eröffnungsriten der Messe.

Eröffnungsriten der Messe Im Gegensatz zu früheren Gliederungsversuchen der Meßfeier (z. B. Vor- und Opfermesse; Gebets-, Lehr- und Opfergottesdienst) beschreibt die AEM die Grundstruktur der Messe als Einheit von Wortgottesdienst und eucharistischem Sakrament: „denn in der Messe wird der Tisch des Gotteswortes wie des Herrenleibes bereitet, von ihm wird den Gläubigen Lehre und Speise geboten“ (8). Diese Zweieinheit wird durch bestimmte Riten eröffnet und beschlossen. Zu den Eröffnungsriten gehören Einzug (↗Introitus), Altar-↗Kuß, ↗Begrüßung, ↗Bußakt, an dessen Stelle das ↗Asperges treten kann, ↗Kyrie, ↗Gloria und ↗Tagesgebet. „Ziel und Aufgabe der Eröffnung ist es, daß die versammelten Gläubigen eine Gemeinschaft bilden und befähigt werden, in rechter Weise das Wort Gottes zu hören und würdig die Eucharistie zu feiern“ (AEM 24). – Man hat mit guten Gründen darauf hingewiesen, daß für die alltägliche Gemeindemesse (auch Sonntagsmesse) diese Eröffnung zu umfangreich geworden ist, so sinnvoll und traditionsverwurzelt die einzelnen Teile auch sein mögen. Man wird deshalb des öfteren die bei den Einzelelementen genannten Straffungsmöglichkeiten wahrnehmen müssen.

Lit.: *Jungmann* MS I 341–499; *J. Wagner,* Reflexionen über Funktion und Stellenwert von Introitus, Kyrie und Gloria in der Meßfeier, in: LJ 17 (1967) 40–47; *B. Kleinheyer,* Die Eröffnung der Eucharistiefeier, in: LJ 23 (1973) 159–169.

Erscheinung des Herrn ↗Epiphanie.

Erstbeichte Im folgenden geht es nicht um die katechetisch-religionspädagogischen Fragen der Hinführung der Kinder zu Buße und Bußsakrament, sondern nur um die Reihenfolge von Erstbeichte und Erstkommunion.

Als das Dekret der Sakramentenkongregation „Quam singulari“ vom 8.8.1910 (unter *Pius X.)* die Erstkommunion auf das „Unterscheidungsalter“ von ca. 7 Jahren festsetzte, war darin ausdrücklich auch der vorausgehende Empfang des Bußsakramentes genannt. Die in neuerer Zeit in manchen Ländern noch früher angesetzte („rechtzeitige“) Erstkommunion schuf bei vielen das Problem, ob es nicht sinnvoller wäre, die Erstbeichte einige Zeit nach der Erstkommunion vorzusehen. In diesem Sinn enthielt der von der Deutschen Bischofskonferenz am 2./3. 5. 1967 verabschiedete „Rahmenplan für die Glaubensunterweisung“ die Anordnung, daß die Kinder in der Regel im zweiten Schuljahr zur Erstkommunion und im ersten Tertial des vierten Schuljahres zur Erstbeichte geführt werden sollen. Vor der Erstkommunion war lediglich die Erziehung zur Buße (und Reue) vorgesehen (ähnlich im österr. Rahmenplan 1969). Durch das *„Directorium catechisticum generale“* der Kleruskongregation vom 11.4.1971 wurde jedoch die Reihenfolge Erstbeichte–Erstkommunion eingeschärft. Diese Vorschrift wurde durch eine gemeinsame Erklärung der Sakramenten- und Kleruskongregation vom 24.5.1973 unter ausdrücklicher Gutheißung des Papstes erneuert. Unter Hinweis auf diese Deklaration veröffentlichte die Deutsche Bischofskonferenz am 27.9.1973 Richtlinien bezüglich des Zeitpunktes der Erstbeichte, worin die von Rom gewünschte Reihenfolge zwar als Regel festgehalten wird, aber auf Wunsch der Eltern auch Ausnahmen konzediert werden. Die Würzburger Synode, deren Beschluß *„Schwerpunkte heutiger Sakramentenpastoral“* am 22.11.1974 verabschiedet wurde, möchte den Zeitpunkt für die erste Beichte vor allem von der konkreten Glaubenssituation des Kindes und seiner Familie abhängig machen. Für die Reihenfolge des Erstempfangs der beiden Sakramente sei dem Wunsch der Eltern Rechnung zu tragen, bei sehr früher Erstkommunion solle jedoch die Erstbeichte zu einem späteren Zeitpunkt sein (4.6). Die *Schweizer „Synode* 72“ hatte sich im November für die Freiheit in der Reihenfolge ausgesprochen. Die *österreichischen Bischöfe* baten im Hinblick auf das begonnene Schuljahr um einen Aufschub ihrer konkreten Regelung. – In einem Schreiben vom 31.3.1977 brachten die Präfekten der Kongregationen für die Sakramente und den Gottesdienst und für die Kleriker dem deutschen Episkopat nochmals die römische Forderung nachdrücklich in Erinnerung.

Daraufhin beschloß die Deutsche Bischofskonferenz „entsprechend den neuerlichen Erklärungen des Apostolischen Stuhles, angesichts pastoraler Erfahrungen der letzten Jahre und im Blick auf eine unterschiedliche Praxis in manchen Gemeinden“ *neue Richtlinien*

(19. 9. 1977). Darin wird generell festgestellt, daß der Erstempfang des Bußsakramentes dem der Eucharistie vorauszugehen habe. Alle Kinder sollen noch im Grundschulalter auf beide Sakramente vorbereitet werden und sie in der genannten Reihenfolge empfangen (Nr. 3). Die Vorbereitung sei „unter Verantwortung des Pfarrers gemeinsame Aufgabe der Eltern, der Pfarrgemeinden und des Religionsunterrichtes" (Nr. 4). – In entsprechender Weise erfolgte die Regelung in den anderen Ländern des deutschen Sprachgebietes. – Damit ist ein Experiment beendet, dem einerseits keine sakramententheologischen Argumente von Gewicht entgegenstanden und das andererseits gute religionspädagogische und -psychologische Gründe für sich hatte. Die ihm entgegenstehenden pastoralen Erfahrungen und Befürchtungen, es könnten bei späterer Erstbeichte manche Kinder niemals das Bußsakrament empfangen, auch in ihrem späteren Leben nicht, erscheinen im Hinblick auf eine auch bei der seitherigen Reihenfolge beobachteten weitverbreiteten Entfremdung vom sakramentalen Leben von geringerer Relevanz.

Lit.: *R. Peil,* Erstbeichte wieder vor der Erstkommunion, aber wie?, in: AkG 82 (173) 335–337, 404–406; *H. König,* Spätbeichte – Garant rechter Bußerziehung?. in: ebd. 489–491; *N. Höslinger,* Erstkommunion und Erstbeichte, in: Bibel und Liturgie 46 (1973) 264; *B. A. Haggerty,* Studiendokument zur Praxis von Erstkommunion und Erstbeichte, in: KBl 99 (1974) 257–286; *A. Exeler,* Die neuen Bestimmungen um die Erstbeichte, in: ebd. 286–290, *J. G. Tölg,* Hinführung der Kirche zum Bußsakrament (Frankfurt 1980).

Erstkommunion Der erste Empfang der Kommunion erfolgte in Ost und West ursprünglich im Rahmen der ↗Initiation zusammen mit Taufe und Firmung, auch bei Säuglingen, wie es jetzt noch in den Ostkirchen gehalten wird. Die stärkere personale Sicht der Eucharistie, wie sie sich im Hochmittelalter in der Westkirche immer mehr durchsetzte, verlangte für den Kommunionempfang eine gewisse personale Reife. So wurde der Zeitpunkt der Erstkommunion hinausgeschoben. Das *IV. Lateranum* (1215) verlangte in seinem Beicht- und Kommuniondekret „*Omnis utriusque sexus*" die Osterkommunion für alle, die zu den „Jahren der Unterscheidung" gelangt sind, wofür man allmählich statt des ursprünglichen 7. das 13./14. Lebensjahr festsetzte. Die Hinführung zur Erstkommunion war Sache der Eltern, einen eigentlichen Erstkommunionunterricht und eine feierliche gemeinsame Erstkommunion kannte man nicht. Sie bildeten sich erst im 17./18. Jh. heraus, vor allem durch die Bemühungen der Jesuiten. Im 19. Jh. wurden sie im Zusammenhang mit der Schulkatechese allgemein üblich, wobei sich allerdings schon gewisse Bemühungen um eine Senkung des Erstkommunionalters zeigten. Mit dem Dekret „*Quam singulari*" unter *Pius X.* 1910 wurde eine neue Entwicklung eingeleitet, indem der Beginn des „Vernunftalters" und damit die Verpflichtung zur Osterkommunion auf ungefähr das 7. Lebensjahr festgelegt wurde. Die Vorbereitung und Hinführung zur Erstkommunion wurde vor allem den Eltern anvertraut. Diese römischen Weisungen wurden in den einzelnen Ländern unterschiedlich befolgt, sehr zögernd vor allem in Deutschland. Als Tag der feierlichen Erstkommunion bevorzugte man in vielen Ländern den ↗*„Weißen Sonntag“*, den Oktavtag von Ostern. – Nach dem Zweiten Weltkrieg verstärkten sich die Bemühungen, die Kinder an Hand der Eltern zur *„rechtzeitigen“ Erstkommunion* an einem beliebigen, von den Eltern zu bestimmenden Tag zu führen. Diese „private“ Erstkommunion entgeht zwar der Gefahr, daß die Kinder durch Äußerlichkeiten (Festkleidung, Geschenke, aufwendige Feiern) vom eigentlichen Mysterium abgelenkt werden; andererseits sollte nicht die Sinnhaftigkeit übersehen werden, das eucharistische Sakrament als eines der Initiationssakramente im Zusammenhang mit Ostern zu sehen und es nicht nur als privates Heilsgeschehen, sondern auch als Angelegenheit der ganzen Gemeinde zu werten. Manche Bestrebungen, neben der „privaten“ Erstkommunion auch eine gemeinsame feierliche Kommunionfeier vor der ganzen Gemeinde zu halten, können im Hinblick auf die in Frankreich gemachten negativen Erfahrungen nur skeptisch beurteilt werden. Die weitgehend in Übung gekommene Vorbereitung der Erstkommunion in kleinen Gruppen durch qualifizierte Laien verdient sicher Förderung, wobei jedoch die fachlich-spirituelle Begleitung der Gruppenleiter(innen) durch den Seelsorger nicht außer acht gelassen werden darf, um der Gefahr einer gewissen Verflachung zu begegnen.

Lit.: P. Hellbernd, Die Erstkommunion der Kinder in Geschichte und Gegenwart (Vechta 1954); *H. Fischer,* Eucharistiekatechese und liturgische Erneuerung (Düsseldorf 1959); *A. Exeler,* Rechtzeitige Erstkommunion und Pfarrseelsorge (Düsseldorf ²1964); *W. Nastainczyk,* Eucharistische Erziehung, in: *E. Feifel* u.a. (Hrsg.), Handbuch der Religionspädagogik III (Gütersloh – Zürich u.a. 1975) 100–114; *A. Kalteyer,* Katechese in der Gemeinde (Frankfurt ²1977); WGL II 398f; VII 381–384.

Erwachsenentaufe ↗Taufe.

Erziehung, liturgische ist im technischen Zeitalter notwendiger denn je. Sicher liegen die Voraussetzungen für eine fruchtbare Feier des Gottesdienstes zum Teil in der Liturgie selber; sie muß „den Glanz edler Einfachheit an sich tragen und knapp, durchschaubar und frei von unnötigen Wiederholungen sein. Sie sei der Fassungskraft der Gläubigen angepaßt und soll im allgemeinen nicht vieler Erklärungen bedürfen“ (LK 34). Doch selbst wenn diese Bedingungen durch eine ständige ↗Reform des Gottesdienstes verwirklicht wären, bleiben bestimmte nicht ausschaltbare Grundstrukturen der Liturgie, zu denen der Mensch besonders in der Gegenwart nur schwer Zugang findet, vor allem wohl ihre zeichenhafte Struktur (↗Zeichen) und ihr Gemeinschaftscharakter (↗Liturgie). Hier braucht es eine lange geduldige Erziehung, die beim Kinde schon beginnen muß, beim altersbedingten Aufbruch dieser Schwierigkeiten in der Jugend intensiv ansetzt und weiter allen Gliedern der Gemeinde dienen will. Sie will durch Belehrung, aber noch mehr durch die ganze Atmosphäre der Gemeindearbeit, durch das soziale (↗Caritas, ↗Agape) und gottesdienstliche Leben (↗Allgemeines Gebet, ↗Friedenskuß) in der Gemeinde dem Christen helfen, daß er sich in echter Bereitschaft zur Versammlung der Gemeinde be-„gibt" und nicht bloß „zu sich finden" will (auch hier gilt: Nur wer sein Leben darangibt, gewinnt es). Diese Erziehung muß den technischen Menschen ferner wieder befähigen, die Wirklichkeit mit seinen Sinnen und damit mit seiner ganzen Person aufzunehmen, zu schauen (↗sehen) und nicht bloß zu konstatieren, das Wort im ↗Hören aufzunehmen und nicht bloß lesend zu durcheilen, das Bild oder ein Geschehen zu „betrachten", das heißt durch die Sinne so aufzunehmen, daß ich es in mir trage. Einer personalen Wirklichkeit und damit vor allem der Wirklichkeit Gottes kann ich technisch, „*sach*-gerecht" nicht wirklich begegnen; das kann ich nur im vollen Einsatz meiner ganzen Person, mit meinem „Herzen", wie die geistliche Tradition dafür sagt. Gegenüber dieser Aufgabe, die menschlichen Grundkräfte zu bilden für den lebendigen Vollzug des gemeindlichen Gottesdienstes, kommt der Erklärung der Riten nur untergeordnete Bedeutung zu für die Erziehung zur Liturgie; das muß auch bei der Ausbildung der kommenden Priester beachtet werden.

Weil Liturgie nur vom gesamten Menschen im harmonischen Einsatz all seiner Kräfte recht begangen werden kann, hat die recht gefeierte Liturgie umgekehrt eine erziehende Kraft; sie formt den Menschen, macht ihn aufgeschlossen für den Mitmenschen und empfänglich für das Schöne, Wahre und Gute. Wo solche Früchte fehlen, zweifelt man mit Recht an der Echtheit der Gottesdienstteilnahme. – ↗Liturgiefähigkeit.

Lit.: J. Morel, Zur Soziologie des Gottesdienstes, in: *H. B. Meyer,* Liturgie und Gesellschaft (Innsbruck 1970) 37–54; *H. Halbfas,* Wege zur Liturgie. Überlegungen zur liturgischen Bildung in Katechese und Seelsorge, in: *P. Bormann-H. J. Degenhardt,* Liturgie in der Gemeinde II (Salzkotten 1965) 235–256; *F. Diethelm,* Erziehung und Liturgie (Einsiedeln u. a. 1964); *E. J. Lengeling,* Kritische Bilanz. Liturgische Bildung des Klerus und der Laien (Regensburg 1976).

Eucharistie das von Christus gestiftete, von der Kirche unter Danksagung (griech. = eucharistia) begangene Mahl zum Gedächtnis des Herrn, in dem seine erlösende Opferhingabe unter uns gegenwärtig und wirksam wird; regelmäßig mit dem ↗Wortgottesdienst verbunden; in der abendländischen Überlieferung meist ↗Messe genannt, in der morgenländischen ↗Liturgie.

1. Die Stiftung Christi. Die Mahlgestalt des Sakramentes hat wichtige Wurzeln in den Jahren der öffentlichen Tätigkeit Jesu. In diesen Wanderjahren ist das gemeinsame ↗Mahl schon aus natürlichen Gründen der Raum, in dem die Gemeinschaft der Jünger mit Jesus erlebbar wird; hier am Abend werden sie nicht mehr vom Andrang des Volkes gestört, hier gehört der Herr ihnen ganz, wenn er ihnen das Brot reicht. Im Kreis des Mahles schenkt er ihnen auch sein Wort (am deutlichsten in den Abschiedsreden beim Abendmahl; sonst vgl. z. B. Lk 14, 1ff und Mk

2,15). Für die Jünger ist diese Lebensgemeinschaft mit Jesus mehr als bloß menschliches Beisammensein; sie wissen sich versammelt um Gottes Tisch, wie dies für die Zeit des Messias verheißen war; sie sehen damit die Endzeit, die letzte Wirklichkeit angebrochen, die Hochzeit Gottes mit seinem Volk (vgl. Mk 2,19). – Diese Gemeinschaft zerbricht wider menschliches Erwarten nicht mit dem Weggang des Herrn; Christus ordnet beim Abschied im ↗Abendmahl ihre Fortdauer an und schenkt der gläubigen Gemeinde ein Unterpfand seiner Gegenwart in den Gestalten von Brot und Wein (1 Kor 11, 23–26; Mk 14, 22–25; Mt 26, 26–29; Lk 22, 14.20). Der Auferstandene nimmt zwar die öffentliche Tätigkeit nicht mehr auf, aber er kommt (vor allem am ersten Wochentag; ↗Sonntag) zur versammelten Jüngergemeinde und hält mit ihnen in den altvertrauten Formen das Mahl (Lk 24, 13–49; Mk 16, 14–18; Joh 21, 1–14; Apg 1, 1–8; 10,40), das die gläubige Gemeinde seither weiterbegeht (Apg 2, 42.46; 1 Kor 11). – In dieser Mahlfeier vollzieht die Kirche gemäß dem Auftrag des Herrn das ↗„Gedächtnis" des Christusereignisses; sie denkt nicht bloß an Christus, sondern sie weiß ihn handelnd gegenwärtig, als den, der sich für uns dem Vater hingibt und der sein Blut für uns vergießt (1 Kor 11,24; Lk 22,10). Als Gedächtnis des Kreuzopfers ist die Eucharistie selbst, aber nicht selbständig ↗Opfer; sie ist Gegenwart des einmaligen Christusopfers. Wer dabei den Leib und das Blut des Herrn genießt, wird in die Lebensbewegung Christi hineingezogen (Joh 6,57; ↗Pascha-Mysterium), er darf teilhaben an Christi Hingabe und Opfertat, er darf „in und durch Christus dem Vater alle Ehre und Verherrlichung" erweisen; wegen dieser unserer gnadenhaften Teilhabe am Christusopfer wird die Eucharistie auch als „Opfer der Kirche" bezeichnet.

2. Für die ↗Kirche bedeutet die Eucharistie höchste und dichteste Aktualisierung. Nirgendwo sonst tritt sie so deutlich in Erscheinung als das von Gott herausgerufene (griech. = ekklesia) Volk, das sich um Christus sammelt, als in der Feier des Herrenmahles. Wo der Kelch des Herrn in der Runde getrunken wird, dort ist der neue, im Blute Christi gestiftete Bund verwirklicht (1 Kor 11,25); wo das eucharistische Brot gebrochen und den Teilnehmern gereicht wird, dort werden die Vielen sichtbar der eine Leib (1 Kor 10,17). Darum gehört die Eucharistie naturgemäß in der Gemeindeöffentlichkeit gefeiert (↗Konzelebration); aber auch wenn sie ohne Volk gefeiert wird (↗Privatmesse), bleibt sie Feier der Gesamtkirche. Darum zeigt ein Wandel im Erscheinungsbild der Eucharistie jeweils einen Wandel im Bild der Kirche mit an.

3. Der Gestaltwandel der Feier. In der *apostolischen Zeit* scheint die Eucharistie ihren Sitz in dem (abendlichen) Gemeindemahl gehabt zu haben, das nach Apg 2, 44–46 das Zentrum des Gemeindelebens bildete. Anfangs geschah sie wohl in der Form, daß das Brot zu Beginn des Mahles eucharistiert und ausgeteilt wurde, der Kelch hingegen erst am Ende des Sättigungsmahles. Aber noch im Rahmen dieser ältesten Gestalt (nicht erst durch Abtrennung des zwischenliegenden Sättigungsmahles) scheint man die beiden getrennten eucharistischen Handlungen zu einer einzigen Doppelhandlung und bald genug auch die beiden eucharistischen Gebete in eines zusammengezogen zu haben; darauf weist hin die Umstellung Lk 22,20 („ebenso nach dem Mahle") gegen 1 Kor 11,25 sowie die zunehmende Angleichung von Brot- und Weinwort. Man zog dazu den Brotsegen hinter das Sättigungsmahl, unmittelbar vor den Weinsegen, einerseits aus praktischen Gründen (gemeinsamer pünktlicher Beginn ist immer schwer zu erreichen), andererseits weil auf dem Kelch in alter Zeit der größere Nachdruck lag (↗Kelchkommunion). – *In nachapostolischer Zeit* wird die eucharistische Doppelhandlung vom Gemeindemahl abgetrennt (↗Agape) und verselbständigt, wohl weniger wegen möglicher Mißstände (Paulus zieht in 1 Kor 11 jedenfalls aus den dortigen Mißständen nicht diese Konsequenzen) als mehr infolge des Übergangs des Christentums aus dem palästinisch-jüdischen in den hellenistischen Raum, wo das Mahl nicht dieselbe (soziale und religiöse) Bedeutung hat. Diese verselbständigte Eucharistie wird aus praktischen (Arbeitsrhythmus) und theologischen Gründen (Feier der Auferstehung; Cyprian, ep. 63, 16) vom Abend auf die frühen Morgenstunden verlegt (↗Abendmesse). Historisch greifbar ist erst das Endstadium dieser Entwicklung um die Mitte des 2. Jhs., das von ↗Justin in seiner Apologie geschildert wird. – In der verselbständigten Eucharistie ist die Mahlgestalt nur noch stilisiert erhalten; es wird keine körperliche Sättigung angestrebt. Dafür treten andere Elemente des Mahles stärker als sonst in den Vordergrund, vor allem das Tischgebet, das in der Form des ↗Hochgebetes zum Kernstück der Feier wird. Die Mahlgestalt der Eucharistie wird so in ihren Proportionen verschoben, und so deutet sie stärker hin auf die in ihr geborgene Wirklichkeit der Opferhingabe des Herrn. – Die feiernde Gemeinde ist zunächst nur an diese Grundstruktur gebunden, bestehend aus: Hochgebet über die Gaben, Brechen des Brotes (↗Brotbrechen) und anschließendem gemeinsamem Genuß der Gaben (↗Kommunion); der Vorsteher komponiert sich die Gebetstexte selbst, „Normalformulare" dienen ihm nur als beispielhafte Vorlage (↗Kreativität). Im Zuge der Vereinheitlichungstendenzen in der Kirche wird seit dem 4. Jh. die Meßgestaltung der Zentren für die abhängigen Gebiete mehr und mehr normgebend (↗Ritus); so bilden sich die verschiedenen ↗orientalischen Riten und ↗lateinischen Liturgien aus. Die Abendmahlfeiern der ↗Reformation erwachsen aus dem Boden der mittelalterlichen lateinischen Meßfeier.

4. In einem abgeleiteten Sinn versteht man unter Eucharistie speziell die in der Feier verwandelten Gaben, besonders die Brotgestalt, die sich zur ↗Aufbewahrung und anbetenden Verehrung besser eignet. Zur Unterscheidung nennt man die Messe dann besser Eucharistiefeier.

Lit.: H. Schürmann, Die Gestalt der urchristlichen Eucharistiefeier, in: MthZ 6 (1955) 107–131, nachgedruckt in: Bormann–Degenhardt (Hrsg.), Liturgie in der Gemeinde I (Paderborn 1965) 69–93; GL 351; ↗Abendmahl; ↗Messe.

Eulogie (griech. = Segen, gesegnete Sache), gesegnetes, aber nicht konsekriertes Brot, das vielerorts am Ende der Meßfeier an die anwesenden Gläubigen ausgeteilt wird. Von besonderer Bedeutung in der byzantinischen Liturgie, wo bei der ↗Proskomidie den ↗Prosphoren jeweils nur ein Stück entnommen wird zur Verwendung bei der Eucharistie; die nicht konsekrierten Stücke werden nach der ↗Epiklese am Kelch berührt und vom Priester nach der Liturgie an die Anwesenden ausgeteilt; man betrachtet sie als Kommunionersatz (*antídoron* = Gegengabe, Ersatz). Die meisten orientalischen Liturgien haben ähnliche Bräuche; nur verwenden sie oft gewöhnliches Brot, das dafür vor der Verteilung eigens gesegnet wird. Auch im gallisch-spanischen Raum war die Eulogie verbreitet; in einigen ländlichen Gebieten Frankreichs wird der Brauch heute noch geübt. Er wird nicht als Kommunionersatz entstanden sein, sondern aus der Segnung der Naturalgaben der Gläubigen, die am Ende des Hochgebetes oder der Meßfeier geschah; die Gläubigen erhielten die Gaben als Unterpfand des göttlichen Segens wieder zurück.

Lit.: Jungmann MS II 561–564.

Evangeliar eine besonders hochgeschätzte Teilform des ↗Lektionars mit den vier Evangelien insgesamt oder den evangelischen Meßperikopen, beim feierlichen ↗Einzug vom Diakon bzw. vom Lektor oder Zelebranten mitgetragen und auf dem Altar niedergelegt. Die Ehrfurcht vor dem darin sprechenden Herrn führte dazu, daß es im Mittelalter häufig kunstvoll geschrieben, illustriert und mit kostbaren Einbänden (Gold, Silber, Elfenbein) versehen wurde. Bei ↗Prozessionen wurde es oft mitgeführt und Kranken als Segenszeichen aufgelegt. Während des II. Vatikanums begannen die „Generalkongregationen“ mit einer Inthronisation des Evangelienbuches. Seine ehrfürchtige Behandlung wird besonders bei der Evangeliumsprozession kund, indem es, von Leuchterträgern begleitet, am Anfang der Verlesung signiert und inzensiert und zum Schluß geküßt wird. Noch feierlicher sind die entsprechenden Riten in der byzantinischen Meßfeier. Bei feierlichen Eiden legt der Eidleistende seine Schwurfinger auf das Evangelium; während der Bischofsweihe (↗Weihesakrament) wird es dem Electus zeitweise aufs Haupt gelegt. „Die liturgische Erneuerung mit ihrem wiedererweckten Sinn für echte Symbole hat hie und da dazu geführt, daß alte reine Evangeliare wieder in Gebrauch genommen, neue hergestellt wurden“ (J. Wagner). Ein entsprechendes Buch ist in Vorbereitung.

Evangelium

1. Im ↗Wortgottesdienst der Meßfeier wird (mit geringfügigen Ausnahmen im evangelischen Raum) an letzter Stelle grundsätzlich ein Abschnitt (↗Perikope) aus einem der vier Evangelien verkündet, der abgekürzt selbst einfach Evangelium genannt wird. Begründet ist die Regel in der besonderen Würde, die unter den Büchern der Schrift den Evangelien zukommt, da sie Christi Wort dezidiert bezeugen. Dieselbe

Hochachtung führt zu einer besonders sorgfältigen Ausschmückung des Evangelienbuches (liturgische ↗Bücher); im Osten steht es regelmäßig, im Westen häufig (vor allem in den evangelischen Kirchen) auf dem Altar; die AEM läßt es beim ↗Einzug zur Meßfeier durch den Diakon (Lektor, Zelebranten) mittragen und auf dem Altar niederlegen (73, 82d, 128f, 148). Vor den übrigen Lesungen wird das Evangelium ausgezeichnet durch den Ort seiner Verkündigung (die volle Höhe des Ambos, später die auszeichnende Evangelienseite [↗Epistel, ↗Seite]; beim Fehlen eines Ambos wurde das Buch im römischen Ritus vom Subdiakon gehalten), durch die festliche Prozession dorthin (im Osten kleiner ↗Einzug, im Westen ähnlich Lichter, Weihrauch und Akklamation [Gloria tibi, Domine]), durch die Art des Vortrags (↗Cantillation, ↗Lesetöne, ↗Verkündigung), durch die Person des Verkündigers (Zelebrans oder [im Abendland und teilweise in Byzanz] Diakon), durch ein besonderes Vorbereitungsgebet und eine eigene Segnung des Verkünders. Die Gemeinde steht seit ältesten Zeiten beim Anhören des Evangeliums, teils aus Ehrfurcht, teils um die Bereitschaft auszudrücken zum Tun des Wortes (deswegen zogen die Ritter beim Evangelium das Schwert). Brauch der lateinischen Kirche ist es, daß der Diakon (Priester) zu Beginn das Buch und sich selbst bekreuzigt, nach dem Vortrag aber das Buch küßt und leise spricht: „Herr, durch dein Evangelium nimm hinweg unsere Sünden." Zuvor kann er laut sprechen (singen): „Evangelium unseres Herrn Jesus Christus", worauf die Gemeinde mit der ↗Akklamation antwortet: „Lob sei dir, Christus." – Das neue Missale hat diese ehrenden Auszeichnungen beibehalten, obwohl man heute weiß, daß alle Bücher des NT theologische Interpretationen und pastorale Aktualisierung enthalten. Anscheinend schätzt Rom die Gefahr einer daraus entstehenden Unterbewertung der übrigen Schriften nicht allzu hoch ein, andererseits scheut man sich mit Recht, diese auch den Ostkirchen teilweise vertrauten Riten preiszugeben.

2. *Auch der nicht-eucharistische Wortgottesdienst* gipfelt für gewöhnlich in der Verkündigung eines evangelischen Textes. In der gemeindlichen Sonntagsvigil zu ↗Jerusalem und noch heute im byzantinischen Sonntagsorthros (↗Laudes) liest der Bischof selbst das Osterevangelium vor; ähnlich verkündet nach dem monastischen Brevier der Abt am Ende der Festmatutin das jeweilige Tagesevangelium; im erneuerten römischen Stundengebet wurde ein solcher Brauch in die zur ↗Vigil erweiterte ↗Lesehore übernommen. Für die Schriftlesung in den Horen (Kapitel im römischen Ritus) wird das Evangelium in der Regel nicht gebraucht; aber das Morgenlob (im Westen auch das Abendlob) gipfelt in den ↗Cantica aus dem Evangelium (Magnificat und Benedictus), die in den abendländischen Quellen einfach Evangelium genannt werden und noch heute durch Halleluja zur Antiphon, durch Lichter und Weihrauch hervorgehoben werden.

Lit.: Jungmann MS I 565–583; *J. E. Emminghaus,* Die Messe (Klosterneuburg 1976 und Leipzig 1980) 207–211.

Ewige Anbetung ↗Vierzigstündiges Gebet.

Ewiges Licht ↗Ampel.

Exsequien ↗Begräbnisliturgie.

Exorzismus Das Wort leitet sich ab vom griech. exorkízein = hinausbeschwören. Es handelt sich entweder um einen unter Anrufung Gottes in der Vollmacht Christi (Mk 16, 17) an widergöttliche Mächte gerichteten Befehl, eine Person oder Sache zu fliehen und zu meiden *(= imprekatorischer Exorzismus)*, oder um ein an Gott gerichtetes Gebet entsprechenden Inhalts *(= deprekatorischer Exorzismus)*. Für die Frage um Existenz, Wesen und Wirkmöglichkeit dämonischer Kräfte sind die ntl. Berichte von Besessenheit und Befreiung durch Jesus und die Mahnungen und Warnungen der Briefliteratur (vgl. z.B. Eph 6, 12) schon immer von großem Gewicht gewesen. Die im christlichen Altertum weitverbreitete Meinung, alle Heiden seien vom Satan beherrscht, führte zur Aufnahme zahlreicher Exorzismen in die Feier des ↗Katechumenats und schließlich in verkürzter Form auch in den Ritus der ↗Kindertaufe. Die traditionelle Rechtfertigung beruft sich (trotz 1 Kor 7, 14) besonders auf die erbsündliche Befleckung. Die Nestorianer, die die Erbsünde leugnen, strichen im 7. Jh. die Exorzismen aus ihrem Taufritual. – Die neue „Feier der Kindertaufe" sieht ein Exorzismusgebet in deprekatorischer Form vor, das mit einer (fakultativen) Salbung mit Katechumenenöl (Stärkung durch die Kraft Christi) oder einer schweigenden Handauflegung abgeschlossen wird. (19f). Bei der „Feier der Eingliederung Erwachsener in die Kirche" sind zwischen Annahme und Einschreibung die sog. „kleinen Exorzismen" vorgesehen, bei denen es sich um Gebete für die Befreiung aus Gottesferne und Sünde handelt (109ff). Sie sind aber auch schon vor der Feier der Annahme, also während der ersten Glaubensunterweisung (Vorkatechumenat), möglich. – Außer bestimmten Sachbeschwörungen kennt das Römische Rituale (z.Z. noch) in einem eigenen Kapitel mit umfangreichen Texten einen imprekatorischen Exorzismus für solche, die man als besessen betrachtet. Er darf nur mit bischöflicher Beauftragung vorgenommen werden. Dieser Exorzismus ist wegen der Gefahr von Fehleinschätzungen und Mißgriffen (vgl. „Fall Klingenberg") höchst umstritten und bedarf dringend einer sorgfältigen Überprüfung.

Lit.: E. Bartsch, Die Sachbeschwörungen in der römischen Liturgie (LQF 46) (Münster 1967).

Exorzist Inhaber einer der vier ↗Niederen Weihen, der zur Vornahme der Exorzismen bestellt war. Im 3. Jh. wohl im Zusammenhang mit dem Aufkommen des Taufexorzismus aus urchristlichen Charismen zu einem Amt verfestigt, das sich aber bald wieder auflöste. Es wurde von der lateinischen Kirche des MA als eine der vier Niederen Weihen als Durchgangsstufe zum Priestertum ohne echte Funktion wiederbelebt, im Osten nur von den Armeniern übernommen. Bei der Weihe wurde zeichenhaft ein Buch mit Exorzismen übergeben, z. B. das Rituale Romanum. Durch das Apostolische Schreiben Pauls VI. „Ministeria quaedam" vom 15. 8. 1972 wurde sie zusammen mit der Weihe des ↗Ostiariers ersatzlos aufgehoben, während Lektorat und Akolythat als „Dienste" weiterbestehen bleiben. Allerdings bleibt es den Bischofskonferenzen unbenommen, außer den genannten Diensten für ihr Land noch weitere zu erbitten, wenn sie es für notwendig erachten. In diesem Zusammenhang werden als Beispiel „die Dienste des Ostiariers, Exorzisten und Katecheten" erwähnt.

Exposition ↗Aussetzung des Allerheiligsten.

Exsultet vom Anfangswort (= frohlocke) genommene Bezeichnung für das feierliche Osterlob (praeconium paschale), das vom Diakon zu Beginn der ↗Osternacht-Feier gesungen wird, während die Gläubigen stehend ihre an der ↗Osterkerze entzündeten Kerzen in Händen tragen. Dieser hymnische Lobpreis eines noch unbekannten Verfassers ist gespeist vom Gedankengut eines *Ambrosius* und *Augustinus,* greift aber zum Teil auf noch ältere Texte zurück. Hierzu gehört vor allem der „älteste bekannte Lobpreis auf die christliche Osternacht" (*H. J. Auf der Maur*) aus der ersten Hälfte des 4. Jhs., der uns in den Osterhomilien des *Asterios Sophistes* begegnet und selbst wieder abhängig ist von der jüdischen Pesach-Theologie und -Liturgie. Auch das altchristliche, an jedem Abend stattfindende Ritual der Anzündung und Begrüßung des Lichtes (↗Lucernar), das sein Vorbild in jüdischer und antiker Kultur hat, dürfte diesen Lobpreis beeinflußt haben. Seine heutige Fassung ist wahrscheinlich anfangs des 7. Jhs. entstanden und gilt als ein Meisterwerk antiker Kunstprosa, das die reichen Mittel der Rhetorik (u. a. ↗Cursus) zur Verkündigung des ↗Pascha-Mysteriums einsetzt. Es kann auch in einer gestrafften Form vorgetragen und, wenn es die Bischofskonferenzen für gut halten, von Akklamationen der Gemeinde begleitet werden.

Es beginnt mit dem Aufruf zur Freude und der Bitte um Gebet für den Sänger, um dann in die Form einer Präfation überzugehen, die in hymnischer Begeisterung die Erlösungstat Christi feiert und die Nacht der Auferstehung in ergreifender Weise besingt. Dabei geht der Blick zur Heilstat Gottes am Volk Israel zurück, dem Vorausbild des Pascha-Mysteriums. Dieses umkreist der Sänger in staunender Bewunderung: „O unfaßbare Liebe des Vaters... O wahrhaft heilbringende Sünde des Adam... O glückliche Schuld... O wahrhaft selige Nacht..." Schließlich wendet sich der Hymnus der Osterkerze in ihrer Funktion als Spenderin des natürlichen Lichtes zu und blickt aus nach dem wahren Morgenstern, der keinen Untergang kennt (Offb 22,16; 2 Petr 1,19).

Weil dieses Exsultet ein Höhepunkt österlicher Verkündigung ist, hat man nicht zu Unrecht gefragt, ob es nicht passender erst nach dem Wortgottesdienst vor der Tauffeier einzuordnen wäre.

Die heutige Melodie mit subsemitonalem Tenor ist jüngeren Datums;

manche Ordenstraditionen bieten Varianten. Geschrieben wurde das Exsultet bis ins hohe Mittelalter auf einer *Exsultetrolle,* die während des des Singens langsam über die Ambobrüstung hinabglitt. Die Illustrationen darauf waren kopfständig angebracht, so daß nicht der singende Diakon, sondern das lauschende Volk sie betrachten konnte.

Lit.: ↗Osterkerze; außerdem: *Bon. Fischer,* Ambrosius der Verfasser des österlichen Exultet?, in: ALW 2 (1952) 61–74; *K. Gamber,* Älteste Eucharistiegebete der lateinischen Osterliturgie, in: *Paschatis Sollemnia* 159–178.

F

Fackelträger Für Prozessionen und ähnliche Anlässe, bei denen mit Zugluft zu rechnen ist, hat man mehrere Kerzen zu einer vieldochtigen Fackel zusammengedreht (darum lat. intorticium, davon oberdeutsch „Torzenträger"; von franz. flambeau = Fackel auch Flambisten genannt); heute werden vielfach normale Kerzen mit einem Windschutz versehen. Ministranten mit solchen Kerzen begleiten als Fackelträger bei Prozessionen die Reliquien oder das Allerheiligste. Ähnlich ist bei Hochämtern vorgesehen, daß während des Hochgebetes zwei oder auch mehr Fackeln von Ministranten entzündet und herbeigebracht werden. Dies verdeutlicht die Situation der Gemeinde im Hochgebet: wir sind zugelassen zum Lobpreis vor dem Gottesthron, vor dem die sieben Feuerfackeln brennen (Offb 4,5).

Fahne an einer Stange befestigtes Tuch als Herrschafts- und Siegeszeichen. Die Fahnen, die seit der Jahrtausendwende bei kirchlichen Prozessionen mitgetragen werden, haben sich aus dem Prozessionskreuz entwickelt, an dem man vermittels einer Querstange ein Ziertuch anbrachte; deswegen tragen die Fahnenstangen an der Spitze meist noch ein Kreuz.

Faldistorium (lat. = Faltstuhl), ein zusammenklappbarer Stuhl mit Armlehnen, aber ohne Rückenlehne; heute meist nicht mehr zusammenklappbar, aber in Erinnerung an den alten Klappmechanismus sind die Vorder- und die Hinterfüße überkreuzt und die Kreuzungspunkte durch einen Stab verbunden oder aber die vier Füße durch überkreuzte Streben untereinander verbunden. Das Faldistorium dient als Ersatz der ↗Cathedra; es war auch Ehrensitz der Äbtissin. Wenn der Bischof länger knien mußte, legte man ihm ein Kniekissen unter die Knie und stellte ein Faldistorium davor, daß er die Arme darauf stützen konnte; daraus hat sich der *Betschemel* entwickelt, eine Kniebank mit Armstütze.

Falsibordoni ↗Psalmodie.

Familie, Fest der Heiligen Es handelt sich um ein Fest jüngeren Datums, das man in die Gruppe der Devotions- oder Ideenfeste einreihen kann. Die Verehrung der Heiligen Familie Jesus, Maria und Josef nahm im 19. Jh., vor allem von Kanada aus, einen weltweiten Aufschwung und wurde besonders von *Leo XIII.* gefördert. Man sah in ihr ein hilfreiches Vorbild für die gefährdete christliche Familie. Ein Fest der Heiligen Familie durfte seit 1893 auf Antrag von Diözesen und Ordensfamilien begangen werden, und zwar ursprünglich am 3. Sonntag nach Erscheinung des Herrn. Nachdem es unter *Pius X.* vorübergehend ausgesetzt worden war (1911), führte es das Missale von 1920 wieder ein, und zwar für den 1. Sonntag nach Erscheinung. Der Römische Kalender von 1969 legte es auf den Sonntag in der ↗Weihnachtsoktav. Fällt jedoch Weihnachten auf einen Sonntag, dann wird es am 30. Dezember gefeiert.

Familiengottesdienst Gottesdienst (meist Meßfeier), der die Familie in ihrer ganzen Lebensbreite vom Kleinkind über Schulkind und heranwachsende Jugend mit den Eltern gemeinsam vereint. So notwendig und hilfreich eigene ↗Kindergottesdienste sein können, den eigentlichen Zielen der Pastoration entspricht mehr die gemeinsame Meßfeier von Eltern mit den Kindern, vor allem am Sonntag; auch bei einer reinen Kindermesse sollten ja immer Erwachsene dabeisein, als Mitfeiernde, nicht als Aufsichtspersonen. Für das rechte Gelingen eines Familiengottesdienstes hängt viel ab von der Gestaltung und Atmosphäre des Raumes; man sollte im Kreis oder Halbkreis sitzen können; oft empfiehlt es sich, die Kinder in einem inneren Kreis vor den Eltern (eventuell auch auf dem Boden) sitzen zu lassen. Rechtliche Regelungen für solche Gottesdienste enthalten das römische Kindermeßdirektorium und die Richtlinien für ↗Gruppenmessen. Die Kinder werden mit ihren Möglichkeiten voll eingesetzt und integriert: sie richten und schmücken Raum und Altar, bereiten ein ↗Spiel vor, bringen die Gaben bei der Opferzession, sprechen Dankmotive zum Hochgebet, malen Bilder, mit denen Predigt und Fürbitten illustriert werden und die zur Meditation und zum stillen Gebet führen. Jugendliche tragen lieber zur musikalischen Gestaltung bei, übernehmen Lesungen und Fürbitten. Die Eltern kommen trotz kindgemäßer Gestaltung nicht zu kurz: die Ansprache wird sich, über die Kinder oder auch direkt, an die Erwachsenen richten (die Kinder bleiben einbezogen zumindest durch die oben genannten Aktivitäten); sie bringen in den Fürbitten die Anliegen der Familien vor; sie gestalten ein meditatives Gebet nach dem Kommunionempfang; sie lernen hier oft erst, wie man mit den Kindern über religiöse Fragen spricht und mit ihnen betet. – Solche Familiengottesdienste kommen zustande vor allem im Rahmen von bestehenden Familienkreisen, an einem eigenen Familiensonntag; aber auch die erste Kommunion etwa sollte etwas von der Atmosphäre eines Familiengottesdienstes an sich haben, und letztlich sollte jeder Sonntagsgottesdienst die Familie und nicht nur den einzelnen ansprechen. – Gebet in der Familie: ↗Ehe.

Lit.: G. Kugler, Familiengottesdienste (Gütersloh 1971); *K. Rommel,* Familien im Gottesdienst (Lahr 1971), *K. Rommel – M. Schmeisser,* Kinder- und Familiengottesdienst, 3 Bde. (Freiburg 1972–76); *R. Ruppert,* Familie und Gottesdienst, in: Leb. Seelsorge 30 (1979) 115–120;

Farben, liturgische Farben haben für den Menschen von Natur aus eine starke Aussagekraft, die sich schon in den frühesten Kulturen zu fester Farbsymbolik konkretisiert. Beispiele dafür sind die atl. Farbvorschriften zum Gewand des Hohenpriesters und zur Ausstattung des heiligen Zeltes sowie die Farbsymbolik in der Ikonenmalerei. Dagegen gilt dies zunächst nicht (und im Osten heute noch nicht) für die Farbe der liturgischen ↗Gewänder, die ja aus der antiken Zivilkleidung entstanden sind. Hier gilt nur die allgemeine Regel, daß die Unterkleidung ungefärbt (wohl aber gebleicht, also weiß statt grau) war, während die Oberkleidung je nach Stand, Vermögen und Festlichkeit gefärbt war. Die Färbung geschah durch Kochen des Stoffes im verdünnten Sekret der Purpurschnecke und anschließendes Einwirken des Sonnenlichtes. Je nach der Menge des (sehr teuren) Farbsekrets und der Dauer der Lichteinwirkung ergaben sich verschiedene Purpurtönungen vom zarten Rosa über bräunliche Töne zum Rot oder Amethystgrün, zu Violett und schließlich (am kostbarsten) zu rot satiniertem Schwarz. Daher tragen die Bischöfe auf den altchristlichen Mosaiken regelmäßig ein Übergewand in einem der dunklen Purpurtöne, während die Farbe der Diakonsdalmatik immer Weiß ist bis auf schmale Purpurstreifen. – Erst in der ↗Karolingerzeit beginnt man mancherorts, bestimmten Festen eine besonders passende Farbe der liturgischen Oberkleidung zuzuordnen. Ein erster eigentlicher Farbkanon ist zu Beginn des 13. Jhs. durch *Innozenz III.* überliefert. Eine Verpflichtung besteht erst seit dem Trienter Missale für den römischen Ritus. Das neue Missale übernimmt im wesentlichen die traditionelle Regelung: *Weiß* für Oster- und Weihnachtszeit, Feste des Herrn, Marias, der Engel und jener Heiligen, die nicht Märtyrer sind. *Rot* für Palmsonntag, Karfreitag und Kreuzerhöhung, Pfingsten, Apostel- und Märtyrerfeste. *Grün* für die allgemeine Kirchenjahrzeit. *Violett* für Advents- und Fastenzeit, möglich auch bei der Liturgie für Verstorbene, für die aber auch weiterhin Schwarz verwendet werden kann. *Rosa* an ↗Gaudete und ↗Laetare (AEM 308). „Zu festlichen Anlässen können wertvollere Paramente verwendet werden, auch wenn sie nicht der Tagesfarbe entsprechen“ (ebd. 309). Auch in unserer Zeit sollte man die Ausdruckskraft der Farben nicht unterschätzen; ihr Symbolwert spricht auch den heutigen Menschen unmittelbar an.

Lit.: *W. Schöneis,* Antike Färbung und liturgische Farben, in: LJ 8 (1958) 140–143; hier weitere Literatur.

Fasten Der Verzicht auf Speise und Trank aus religiösen Motiven ist vielen alten Kulturvölkern bekannt. Im AT wird Fasten zum Ausdruck der Trauer, Buße, Intensivierung des Gebetes und Vorbereitung auf besondere religiöse Ereignisse und Feste. In der Bergpredigt warnt Jesus, der selbst ein vierzigtägiges Fasten vor seinem öffentlichen Wirken hielt, vor einer Verfälschung der Motive (Mt 6, 16–18). Auch die Urgemeinde übt das Fasten (z.B. Apg 13,2; 14,23), die älteste Gemeindeordnung (Didache 8,1) drängt auf regelmäßiges Fasten am Mittwoch und Freitag. Besondere Bedeutung in der alten Kirche erlangt das „Trauerfasten“ am Karfreitag und Karsamstag, auf die man die Worte Jesus vom Fasten der Jünger, wenn ihnen der Bräutigam entzogen ist, bezog (Mt 9,15; Mk 2,20; Lk 5,34f). Dabei handelte es sich um ein Vollfasten ohne jegliches Essen und Trinken. Dieses Fasten, wenn auch nicht als Vollfasten, wurde schon früh auf die ↗Karwoche und ↗Quadragesima ausgedehnt, ausgenommen die Sonntage und im Osten auch die Samstage. Es bestand darin, daß man sich mit einer täglichen Mahlzeit begnügte, hinzu kam die Abstinenz von Fleischspeisen und Wein, später auch von den sog. Laktizinien (Milch, Butter, Käse und auch Eier). Auch die ↗Quatember- und ↗Vigil-Tage wurden schon früh in das Fasten- und Abstinenzgebot einbezogen. Vom Hochmittelaltar an läßt sich eine fortlaufende Milderung der Fastenpraxis beobachten, bis sie in der heutigen Zeit zu einem Minimum an Fastenverpflichtung führte (nur Aschermittwoch und Karfreitag). Die alte Kirche sah im Fasten eine Verstärkung des Gebetes, eine Wegbereitung für den Geistempfang, eine Schutzwehr gegen Versuchungen, eine Vorbereitung auf religiöse Handlungen und Ermöglichung tätiger Hilfsbereitschaft für die Armen durch Einsparen der eigenen Ausgaben. – In neuerer Zeit mehren sich die Stimmen, die eine Rückkehr zum Fasten zugunsten der leiblich-seelischen Gesundheit befürworten, und zwar nicht nur als Beschränkung im Essen und Trinken, sondern auch als Konsumverzicht in den verschiedensten Formen.

Lit.: J. Schümmer, Die altchristliche Fastenpraxis (LQF 27) (Münster 1933); *G. Volk,* Arznei für Leib und Seele (Freiburg [2]1958); *P. R. Régamey,* Wiederentdeckung des Fastens (Wien – München 1963).

Fastenpredigten Abendpredigten in der ↗Quadragesima, wie sie im ausgehenden Mittelalter weithin täglicher Brauch waren, in Deutschland und Frankreich gegenwärtig meist einmal in jeder Fastenwoche gehalten werden, oft in Verbindung mit den ↗Ölbergsandachten. Ein gewisses Vorbild sind die Taufkatechesen des Altertums. Die Fastenpredigten wollen helfen, die Gemeinde auf das Osterfest vorzubereiten. Zeitweise waren sie stark auf das Leiden Christi abgestellt. Empfehlenswert sind aber auch wichtige thematische Reihen und nicht zuletzt mystagogische Predigten im Blick auf das österliche Triduum.

Fastentuch, -velum ↗Hungertuch.

Fastenzeit ↗Quadragesima.

Feier, liturgische Der Gottesdienst wird von vielen als eine zufällige Addition von Gebeten und Zermonien empfunden, die ohne innere Notwendigkeit so und nicht anders aneinandergereiht wurden. In Wirklichkeit ist jeder Gottesdienst eine Feier, die sich nach bestimmten Baugesetzen entwickelt, deren Kenntnis für das Verständnis und den rechten Vollzug sehr wichtig ist.

1. Das Grundgesetz der Versammlung. Die formale Grundstruktur jeder gottesdienstlichen Feier ist die ↗Versammlung, das Sichtbarwerden von ↗Kirche durch das Zusammenkommen der Gläubigen, die auf den Anruf Gottes hören. Entsprechend der Struktur der Kirche braucht die gottesdienstliche Versammlung eine Leitung, an die, je nach Bedeutung des Aktes, unterschiedliche Anforderungen gestellt werden: vom einfachen gemeinsamen Beten, das jeder leiten kann, bis zur Bischofsweihe, die von wenigstens drei Bischöfen erteilt wird. Im Rahmen der Versammlung entfaltet sich die einzelne Feier in ihrer Sonderart: als Nachtwache, in der die wartende Gemeinde auf den wiederkehrenden Bräutigam wartet; als sündentilgendes Bad, das in die Gemeinschaft der Gläubigen aufnimmt; als einheitstiftendes Mahl, in dem die Opferhingabe des Herrn an uns wirksam wird.

2. Das liturgische Grundschema im Wortgottesdienst. Ein Großteil gottesdienstlicher Versammlungen kreist um das Wort Gottes; auch die obengenannten sakramentalen Feiern beginnen regelmäßig mit einem ersten Hauptteil, der als ↗Wortgottesdienst gestaltet ist. So verschiedengestaltig solche Versammlungen um das Gotteswort in der Geschichte des christlichen Gottesdienstes auch aussehen mögen, dahinter steht immer ein einfaches einheitliches Baugesetz, das *J. A. Jungmann* herausgearbeitet und „liturgisches Grundschema" genannt hat. Es umfaßt drei Hauptstufen: a) ↗Lesung; b) Gesang (↗Zwischengesänge) c) Gebet des Volkes, abgeschlossen vom Vorsteher (↗Oration).

Dieses Gebilde ist deutlich erkennbar in der Osternachtwache, wo es siebenmal (früher zwölfmal) wiederkehrt, aber auch in den Horen des ↗Stundengebetes in der Abfolge: Kurzlesung, Responsorium und Canticum, Preces und Oration, sowie im ↗Wortgottesdienst der Meßfeier. Die Gewichtung der einzelnen Elemente ist je nach Anlaß des Gottesdienstes sehr unterschiedlich: in der vorbereitenden Nachtwache überwiegt die Lesung (oft lang und zahlreich aus dem AT), in der abschließenden Zweiten Vesper eines Festes überwiegt das Singen. Das Element der verkündigenden Lesung scheint anfangs im einfachen Morgen- und Abendlob überhaupt zu fehlen; es ist Kennzeichen besonderer Versammlungen (typisch zur Vorbereitung auf hohe Feste) und setzt sich erst allmählich als regelmäßiger Bestandteil der Gebetsversammlungen durch, im Westen mehr als im Osten.

3. Struktur des Psalmengesangs. Der Aufbau der Horen im Stundengebet wird erst ganz verständlich, wenn man neben der Struktur der nichteucharistischen Gemeindeversammlung auch die Struktur mönchischen Psalmensingens bedenkt. Dieses erfolgt nach dem Schema: a) Vortrag des Psalms, b) stille Meditation im Knien, c) abschließendes Gebet (Psalterkollekte) durch den Vorsteher im Stehen; es ist dem gemeindlichen Schema durchaus verwandt. Solches antiphonales Psalmensingen der ↗Mönche und Asketen wächst als „Vorversammlung" vor den gemeindlichen Kern der Haupthoren; so bildet sich in allen Riten die Struktur der

Gemeindehoren aus. Im Vollzug des Stundengebets wird das rechte Psalmensingen erst allmählich wieder praktiziert, obwohl allein schon die regelmäßige Stille nach jedem Psalm sehr hilfreich wäre, selbst solange offizielle Psalterorationen noch ausstehen (sie sind für den fünften Band der „Liturgia Horarum“ angekündigt). – Das Schema des Psalmgebets (Psalm und Oration) war früher auch im Rituale führend, wobei bei Segnungen der Psalm meist auf einen Vers verkürzt war.

Lit.: J. A. Jungmann, Der Wortgottesdienst im Licht von Theologie und Geschichte (ursprünglicher Titel: Die liturgische Feier) (Regensburg [4]1965); *H. Hucke – H. Rennings,* Die gottesdienstlichen Versammlungen der Gemeinde (Pastorale 2) (Mainz 1973); *K. Amon,* Grundvollzüge der Liturgie, in: Liturgie der Gemeinde (Wien 1965) 66–84; *Martimort* I 87–162; *Gott feiern 17–68.*

Feldmesse Messe außerhalb eines Kirchenraums, vor allem Messe im Freien (sub divo), beim Fehlen oder bei mangelnder Eignung eines Kirchenraums. AEM 253 verlangt keine Genehmigung des Ordinariats mehr.

Feria ↗Wochentag.

Fermentum (lat. = Sauerteig), ein Stück des eucharistischen Brotes, das der Papst aus seinem Stadtgottesdienst durch ↗Akolythen an die Priester der ↗Titelkirchen sandte, damit diese es beim Pax Domini in den Kelch senkten; der Name dürfte von dieser Einsenkung her gewählt sein. – Gegenseitige Zusendung der Eucharistie war bis zum 4. Jh. unter den Bischöfen gang und gäbe; dadurch sollte die Einheit der über den ganzen Erdkreis ausgebreiteten Kirche sichtbar gemacht werden. Als mit dem Wachsen der römischen Gemeinde der vom Papst mit dem römischen Klerus gefeierte ↗Stationsgottesdienst nicht mehr ausreichte, mußte in den Titelkirchen ein Parallelgottesdienst eingerichtet werden; durch das fermentum aus dem Papstgottesdienst sollte die Einheit der Stadt in der Feier der Eucharistie (↗Bistum) weiterhin sichtbar gemacht werden. Von *Innozenz I.* wird dieser Brauch im Jahre 416 für alle Sonntage bezeugt; später wurde er auf die höchste Festtage eingeschränkt. Bis zum neuen Meßordo von 1970 lebte es noch fort in dem Brauch, schon vor der Brotbrechung, beim Friedensgruß „Pax Domini“, eine Partikel in den Kelch zu senken.

Lit.: Jungmann, Erbe 379–389.

Fernsehübertragung von Gottesdiensten Bei entsprechenden Anlässen (Kongressen, Papstfeiern, Bischofsweihen) übertragen viele Fernsehanstalten Gottesdienste, auch Eucharistiefeiern, um des Reportagewertes willen. Zwar widerstrebt das Hinauszerren des inneren Lebens der Kirche in eine neugierige Öffentlichkeit der rechten Ehrfurcht (↗Arkandisziplin), doch wird es bei einem solchen informationsträchtigen Anlaß in Kauf genommen. Eine persönliche innere Beteiligung des

Zuschauers ist je nach dessen Einstellung dabei durchaus möglich, so daß etwa der Ablaß beim Päpstlichen Segen urbi et orbi auch via Fernsehen gewonnen werden kann. Das eigentliche Konstitutivum des Gottesdienstes dagegen, die leibhaftige Versammlung der Gläubigen, ist auf diesem Weg nicht realisierbar; eine Übertragung spricht den einzelnen als einzelnen an. Man hat nun schon immer versucht, den einzelnen, der an der Gottesdienstteilnahme verhindert war, den Kranken oder den, der in Abwesenheit der Familie Haus und Hof hüten muß, eine wenigstens innere Teilnahme zu ermöglichen, durch Glockenzeichen zum Evangelium und zur Wandlung, durch Druckwerke mit gottesdienstlichen Texten (*Goffine!*) und vor allem durch das Überbringen der ↗Krankenkommunion; das Mittel einer öffentlichen Fernsehübertragung scheint aber (anders als etwa die ans Haus gebundene Rundsprechanlage z. B. in Krankenhäusern) nicht auf der Ebene dieser unmittelbaren Kommunikation zu liegen, so dankbar sie vom einzelnen Kranken auch angenommen wird. Die eigentlichen gottesdienstlichen Möglichkeiten des technischen Mediums Fernsehen liegen wohl in eigens dafür gestalteten Gottesdiensten, die sich um Bildmeditation und um persönliches Angesprochensein des Zuschauers und Zuhörers bemühen und auf deren ganz unterschiedliche Einstellungen und Erwartungen Rücksicht nehmen.

Lit.: HPTh II 2 304–308, Bibliographie ebd. 295 f.

Fest

1. Vorchristliche Feste. Feste sind so alt wie die Menschheit. Religionsgeschichtlich gesehen, haben sie etwas mit dem Erscheinen und Wirken der Gottheit zu tun. Eine besondere Rolle spielen die Mythen von den Geschehnissen der Urzeit, die man durch kultische Akte in die Gegenwart rufen und heilbringend machen möchte wie z. B. in den *Mysterienfesten.* Aber auch der zyklische Ablauf der Zeit, wie er durch Mondphasen und Sonnenstand (Solstitien, Äquinoktien, Jahreszeiten) geprägt ist, wird in Verbindung mit transzendenten Mächten gesehen und gibt Anstoß zu einem vom jeweiligen Zeitabschnitt geprägten religiösen Verhalten und schafft so aus dem Alltag herausgehobene Tage mit rituellen Opfern des Dankes, der Sühne, der beschwörenden (apotropäischen) Bitte, mit besonderen Gebeten, Fastenübungen, Umzügen und dem Verzicht auf jegliche Arbeit. Zu solchen *kosmisch bedingten Festen* zählen u. a. Neujahrs-, Frühlings- und Erntedankfeste in den verschiedensten Variationen. Eine besondere Rolle spielen bei allen Völkern die *„rites de passage“*, d. h. jene Festritualien, die an den Knotenpunkten des Lebens begangen werden, also bei Geburt und Entwöhnung, Pubertät, Heirat und Tod. Diese Ereignisse gehörten nicht nur der Privatsphäre an, sondern galten als Angelegenheit des ganzen Stammes und wurden öffentlich begangen. – Auch herausragende *geschichtliche Ereignisse* prägen dauerhaft das Bewußtsein eines Stammes bzw. Volkes, das in ihnen das Walten einer Gottheit sieht, und schaffen institutionalisierte

Feste und Gedenktage. – Im *jüdischen Festkalender* wurden die ursprünglichen Naturfeste immer stärker überlagert von dem Gedächtnis israelitischer Heilsereignisse, der Erfahrungen und Begegnungen mit dem Bundesgott Jahwe. Bei ihrer Feier fühlen sich die gläubigen Juden (auch in der Gegenwart) hineingenommen in das rettende Handeln Gottes an seinem Volk und dabei zu jener religiösen Haltung verpflichtet, die ihre Vorfahren prägte. Dies gilt besonders vom jüdischen Pesachfest (↗Pascha).

2. Christliche Feste. Für die Christen wurde das Christusereignis, das in Tod und Auferstehung gipfelt, zur alles überragenden Heilstat Gottes. Im Neuen Bund geschieht heilbringende Begegnung mit Gott nur noch in Jesus Christus. Heil vollzieht sich im einzelnen in der Christusgemeinschaft, wie sie vor allem in der ↗Eucharistie ermöglicht wird. Das Urfest der Christenheit ist darum der regelmäßig wiederkehrende ↗*Sonntag*, weil an diesem ersten Tag der ↗Woche der Auferstandene jedesmal zu seiner versammelten Gemeinde kommt und mit den Seinen Mahl hält. Diese christliche Festfeier holt nicht nur das geschichtliche einmalige Heilsereignis ins „kultische Heute", sondern wird auch zum Unterpfand und Vorgriff auf die sich anbahnende Heilsvollendung in der ewigen Gemeinschaft mit Gott. Die weitere Entwicklung christlicher Feste ↗Kirchenjahr. – Die Vielzahl der Feste führte dazu, daß manche im Alltagsleben ihren Festcharakter verlieren, d. h. sie werden zu „festa chori", die sich nur in Meßfeier und Stundengebet („im Chor") bemerkbar machen, während einige wenige Tage als „festa fori" von der breiten Christengemeinde („auf dem Markt") begangen werden. Ähnlich unterscheidet das Kirchenrecht gebotene Feiertage (festa de praecepto) und aufgehobene (festa suppressa). Die im Lauf der Zeit gewachsene und neuestens mehrfach reformierte ↗Rangordnung der Feste entscheidet beim Zusammentreffen mehrerer Feste (↗Okkurenz) über den Vorrang, der sich auf Meßfeier und Stundengebet auswirkt.

Lit.: Aus der umfangreichen Literatur seien lediglich erwähnt: *J. Pieper*, Zustimmung zur Welt. Eine Theorie des Festes (München 1963); *ders.*, Muße und Kult (München [6]1961); *J. A. Jungmann*, Das kirchliche Fest nach Idee und Grenze, in: *Jungmann, Erbe* 502–526; *W. Dürig*, Das christliche Fest und seine Feier (St. Ottilien [2]1978).

Festkalender ↗Kalendarium.

Festkreis Ein Zeitraum innerhalb des ↗Kirchenjahres, der ein bestimmtes Hochfest zum Mittelpunkt hat, um den sich darauf bezogene weitere Feste und Zeiten gruppieren. Die römische Liturgie kennt einen ↗Oster- und ↗Weihnachtsfestkreis. Die katechetische Praxis seit der Aufklärung sprach noch von einem eigenen Pfingstfestkreis. In neuerer Zeit hat sich jedoch die Erkenntnis durchgesetzt und in der GOK ihre Bestätigung gefunden, daß ↗Pfingsten der krönende Abschluß der Osterzeit ist, der große Oktavtag von Ostern (sieben Wochen!), der keinen eigenen Festkreis bilden kann.

Feuer spielt als erhellendes (↗Licht), wärmendes und reinigendes (↗Lustration) Element eine große Rolle im Leben des naturnahen Menschen. Als Gabe vom Himmel (Blitz, Sonne) ist es göttlicher Art, als Herdfeuer Lebensmitte der Familie. Im christlichen Brauchtum ist davon noch die Lichtsymbolik lebendig (die Feuerweihe des Römischen Rituale spricht nur vom Licht), die aber in starkem Maß auf die ↗Kerze übergegangen ist. Die reinigende Wirkung des Feuers ist ganz auf die ↗Asche als das Produkt des Feuers übergegangen. Da das Feuer als das reinste der vier Elemente angesehen wurde, übergab man übriggebliebene eucharistische Gestalten (↗Aufbewahrung) und alte heilige Öle vielfach der Verbrennung. – In der christlichen Liturgie spielt das Feuer eine Rolle zu Beginn der abendländischen *Osternachtwache,* wo nach einem ursprünglich fränkischen Brauch (und vielleicht irischen Vorläufern) neues Feuer aus einem Stein (Christussymbol, ↗Altar) geschlagen und später auch eigens gesegnet wird (↗Lucernar). An diesem neuen Feuer werden die Osterkerze und alle Lichter in der Kirche entzündet, im Volksbrauch auch das (in den Kartagen gelöschte) häusliche Herdfeuer. – Das *Johannisfeuer* ist eine verchristlichte Form des Sonnwendfeuers, das sich diesem Fest gut einfügen läßt (Joh 5,35; ↗Johannes).

Lit.: Franz I 507–518; Benediktionale 85–88.

Firmung Der Name leitet sich vom lat. confirmatio her, was hier im Sinn von Stärkung zu verstehen ist. Bei mittelalterlichen Theologen begegnet auch der Name Handauflegung. Der Osten spricht vom heiligen „Myron" (Salbung mit Myron) und charakterisiert sie als „Stärkung" (bebaiosis) und „Vollendung" (teleiosis).

1. Taufe und Firmung. Von Anfang an muß die Firmung im engsten Zusammenhang mit der ↗Taufe gesehen werden. Das Wasserbad unter Anrufung des Namens Jesu bzw. der Trinität ist die Eingliederung in Christus und seinen Leib, die Kirche, die sich im Heiligen Geist vollzieht und deshalb den Geist verleiht. Im Rahmen dieser Taufhandlung scheint es schon früh eine Handauflegung gegeben zu haben. Die noch im 1. Jh. zunehmenden Spaltungen und Häresien haben anscheinend die Gefahr vergrößert, daß trotz erfolgter Taufe der Zusammenhang mit der apostolischen Kirche und der in ihr verwirklichten Sukzession des Gotteswortes gelockert oder ganz preisgegeben wurde. Darum schien es wünschenswert, nach dem Vorbild von Apg 8, 14–17 die bei der Taufe vorkommende Handauflegung besonders zu betonen und sie dem eigentlichen Gemeindeleiter (= Bischof) vorzubehalten, und zwar in dem Sinn, daß sie zum Zeichen der Gemeinschaft mit der apostolischen Kirche und der sich daraus ergebenden Pflichten wird. Diese Annahme wird bestätigt durch die ersten ausführlicheren Berichte über die Initiation bei Tertullian und Hippolyt von Rom. Beide kennen nach der postbaptismalen Salbung durch den Priester eine bischöfliche Handauflegung zur Vermittlung des Heiligen Geistes und eine Signierung der Stirn, Hippolyt zusätzlich noch eine Salbung des Hauptes. So sind bischöfliche Handauflegung und Salbung zusammen mit dem Gebet der Gemeinde wirksames Zeichen dafür, daß der Getaufte in der Kraft des Heiligen Geistes ein vollberechtigtes und zur kirchlichen Mitarbeit verpflichtetes Vollmitglied der Kirche geworden ist. Daß man diesen Teilvorgang der Initiation etwas global als Spendung des Heiligen Geistes bezeichnet, begünstigt allerdings das Mißverständnis (ähnlich wie Apg 8, 17), als ob die vorausliegende Wassertaufe den Heiligen Geist nicht gebe. Das aber wäre nicht richtig. Man sollte deshalb besser von der besonderen Geistesgabe der Firmung sprechen. Diese Deutung stimmt überein mit den Aussagen des II. Vatikanums, wo es u.a. heißt: „Durch das Sakrament der Firmung werden sie vollkommener der Kirche verbunden und mit einer besonderen Kraft des Heiligen Geistes ausgestattet. So sind sie in strengerer Weise verpflichtet, den Glauben als wahre Zeugen Christi in Wort und Tat zugleich zu verbreiten und zu verteidigen" (LG 11). In ähnlicher Weise (mehr christologisch) sagen die Vorbemerkungen des neuen Firmritus: „Durch diese Gabe werden sie vollkommener Christus ähnlich; sie werden gestärkt, für ihn Zeugnis abzulegen zur Auferbauung seines Leibes in Glaube und Liebe" (Nr. 3). – Diese besondere Akzentuierung der bischöflichen Handauflegung im Rahmen der Gesamtinitiation wurde im 4. Jh. erheblich verstärkt durch die *zeitliche Trennung,* die durch äußere Entwicklungen bedingt war. Der Idealfall ist diese Aufspaltung sicher nicht, weshalb ja auch der neue Firmordo ausdrücklich feststellt, daß bei der Taufe Erwachsener bzw. Schüler in Abwesenheit des Bischofs der taufende Priester sogleich auch die Firmung spendet. – ↗Initiation.

2. Ordnung und Ritus der Firmung. Das II. Vatikanum hatte auch eine Überarbeitung des Firmritus angeordnet. Die Apostolische Konstitution „Divinae consortium naturae" approbierte das Reformwerk, das am 22. 8. 1971 als Faszikel des Römischen Pontifikale erschien. Die Ausgabe für das deutsche Sprachgebiet erschien Anfang 1973 unter dem Titel „Die Feier der Firmung". Der neue Ordo betont den *inneren Zusammenhang* der Firmung mit der Gesamtinitiation und sieht ihre Spendung in der Regel innerhalb der Meßfeier, dem dritten Initiationssakrament, vor. Als „ursprüngliche" *Spender* werden die Bischöfe bezeichnet, denen als weitere Spender von Rechts wegen Apostolische Administratoren, Prälaten und Äbte mit eigenem Jurisdiktionsbezirk, Apostolische Vikare und Apostolische Präfekten und Kapitelvikare für ihre Gebiete und für die Dauer ihrer Amtszeit an die Seite treten (Vorbem. 17). Darüber hinaus können jene Priester firmen, die Erwachsene oder Schüler in Abwesenheit eines Bischofs taufen oder bereits Getaufte in die volle Gemeinschaft mit der Kirche aufnehmen. Auch können die Bischöfe und die obengenannten Amts- und Würdenträger bei einer großen Zahl von Firmlingen Priester zur Firmung heranziehen. Mittlerweile hat sich der Brauch herausgebildet, daß Diözesanbischöfe besondere Priester ihrer Wahl vom Apostolischen Stuhl zur Firmung bevollmächtigen lassen.

Was das *Alter der Firmlinge* betrifft, so hatte sich am Ende des 13. Jhs. die Vorschrift eingebürgert, die Firmung bis zum 7. Lebensjahr aufzuschieben. Nach der neuen Ordnung können die Bischöfe aus pastoralen Gründen ein geeigneteres, auch reiferes Alter festlegen. Die Festlegung dieses Alters ist nach wie vor umstritten, wobei die Tendenzen in beide Richtungen gehen. Die Würzburger Synode hatte sich dafür ausgesprochen, daß das Mindestalter in der Regel etwa bei 12 Jahren liegen solle, wobei auch die Möglichkeit bestehen soll, „die Firmung im Einzelfall und für Gruppen auf ein späteres Alter – auch das der jungen Erwachsenen – zu verschieben" (Beschluß „Schwerpunkte heutiger Sakramentenpastoral" D 3.4.1). Leider wird durch eine solche Spätfirmung der innere Zusammenhang von Taufe und Firmung noch stärker gelockert und die ursprüngliche Reihenfolge Taufe, Firmung, Eucharistie noch schwerer zu realisieren sein, wie in der Fachliteratur mehrfach bedauert wurde.

An der Institution der *Firmpatenschaft* wird grundsätzlich festgehalten (↗Paten). Unter Aufhebung von can. 796,1 des CIC wird empfohlen, den Taufpaten auch zum Firmpaten zu wählen. In besonderen Fällen können Eltern auch auf einen Firmpaten verzichten und ihr Kind selbst dem Firmspender vorstellen (Vorbem. 15).

Die Firmung beginnt, wenn sie während der Messe zu spenden ist (= Regelfall, s. o.), nach dem Evangelium und weist *folgende Elemente* auf: Vorstellung der Firmlinge und Homilie des Bischofs, Erneuerung der Taufversprechen (↗Taufgelübde) durch Absage und Bekenntnis, Gebet und Ausbreitung der Hände über die Firmlinge, Chrisamsalbung der Stirn unter Handauflegung, wobei der Pate die rechte Hand auf die Schulter des Firmlings legt, Friedensgruß an die Firmlinge, Fürbitten und besonderer Schlußsegen. Was den eigentlichen Kernritus angeht, so hat zwar die Chrisamsalbung auch im Abendland eine dominierende Rolle erlangt, ohne jedoch die mit ihr verbundene Handauflegung aus dem Auge zu verlieren (so auch die Apostolische Konstitution in ihrer Definition: „... Salbung mit Chrisam auf der Stirn unter Auflegen der Hand ..."). Die dabei zu sprechenden Worte (Spendeformel) haben in Anlehnung an die byzantinische Kirche eine neue Gestalt gefunden: „N., sei besiegelt durch die Gabe Gottes, den Heiligen Geist", was der Firmling mit Amen beantwortet. Auf den früher (seit dem 13. Jh.) üblichen Backenstreich, der bei den Firmlingen eine eigenartige und ungute Vordergründigkeit erlangt hatte (ursprünglich als „Denkzettel" eingeführt, um eine weitere Firmung zu verhindern), wurde verzichtet.

3. Die Firmung bei den Orientalen. Im Gegensatz zum Westen haben die *östlichen Riten* den Zusammenhang der drei Initiationssakramente stärker festgehalten, auch bei den Kindertaufen. Im *byzantinischen* Ritus wird der Neugetaufte nach seiner Bekleidung und einem Gebet vom Priester mit dem Myron in Kreuzesform an Stirn, Augen, Nase, Mund, Ohren, Brust, Händen und Füßen gesalbt, wobei jedesmal gesprochen wird: „Siegel der Gabe des Heiligen Geistes. Amen." Nach einem eucharistischen Wortgottesdienst wird dem Gefirmten (auch dem Säugling) sofort die Kommunion gereicht (↗Initiation). In den übrigen Ostriten wird der noch unbekleidete Neugetaufte ebenfalls mehrmals gesalbt, bekleidet, mit einem Stirnband „gekrönt" und in vielen Riten auch „gegürtet"; nur bei den *Ostsyrern* liegt der Nachdruck auf der Handauflegung.

4. Die protestantische Konfirmation. Die Reformatoren verwarfen die traditionelle Firmung, weil durch sie angeblich die Kraft und Wirkung der Taufe geleugnet werde. Dafür entwickeln sie aus der Katechismuspraxis einen gottesdienstlichen Akt, den sie ebenfalls Konfirmation nennen, durch den der nunmehr belehrte Getaufte zum Vollglied der Gemeinde „eingesegnet" und zum Abendmahl zugelassen wird. Das Verständnis der Konfirmation hat viele Wandlungen durchgemacht und ist auch heute noch nicht einheitlich. Vielfach geschieht die Konfirmation noch unter Handauflegung. Meist bekommt jeder Konfirmand einen Bibelspruch als Geleitwort für das Leben mit. – Die „Ordnung der Konfirmation oder Handauflegung" im ↗Book of Common Prayer der *Anglikaner* hält sich eng an den römischen Ritus (aber ohne Salbung und Signierung der Stirn), sieht jedoch den Sinn dieses Vorgangs in einer persönlichen Ratifikation des Taufversprechens, dem die Kirche fürbittend beitritt.

Lit.: A. Adam, Firmung und Seelsorge (Düsseldorf 1959); *O. Betz,* Sakrament der Mündigkeit (München 1969); *A. Benning,* Gabe des Geistes (Kevelaer 1972); *G. Biemer,* Firmung, Theologie und Praxis (Würzburg 1973); *P. Nordhues – H. Petri* (Hrsg.), Die Gabe Gottes (Paderborn 1974); *A. Adam,* Sinn und Gestalt der Sakramente (Würzburg 1975); *Th. Schneider,* Zeichen der Nähe Gottes (Mainz 1979) 107–127. – Zur Firmung in den Ostriten: *E. C. Suttner,* Taufe und Firmung (Regensburg 1971) – Zur *Konfirmation: K. Froer,* Zur Geschichte und Ordnung der Konfirmation (München 1962); *M. Thurian,* Die Konfirmation (Gütersloh 1961).

Firmvorbereitung ↗Initiation.

Flectamus genua ↗Gebet; ↗Aufforderung.

Flurprozession ↗Bittprozession.

Formpflicht ↗Ehe.

Fränkisch-gallische Liturgie Mischliturgie, die sich in der ↗Karolingerzeit im fränkischen Raum durch Einwirkung des gallischen Substrates auf die neu übernommene römische Liturgie ausbildet (↗lateinische Liturgien).

Die römische Liturgie ist zunächst Liturgie der Stadt Rom und ihres Umkreises. Sie strahlt über ihr Stammgebiet aus und beeinflußt wegen der religiösen und teilweise auch wegen der politischen Bedeutung Roms die gottesdienstlichen Feiern (neben Nordafrika) vor allem im norditalisch-gallischen und spanischen Raum, noch stärker dann wegen der von Rom ausgehenden Missionierung die Liturgie der Angelsachsen. Die alte stadtrömische Liturgie ist uns fast nur auf diesem Weg bekannt, die uns erhaltenen ↗Sakramentare (selbst das „Leonianum") sind alle im gallischen und angelsächsischen Raum geschrieben; die gallischen Bücher ihrerseits zeigen starke Einflüsse Roms, enthalten vielfach schon den römischen Kanon. Als *Pippin* und die Karolinger ab der Mitte des 8. Jhs. bewußt die römische Liturgie übernehmen, schlägt sich das wieder in den Büchern nieder: Das römische Stationssakramentar (Gregorianum bzw. Hadrianum) erhält einen Anhang aus einheimischem Material für die Gottesdienstfeiern, die im päpstlichen Buch fehlen; er wurde früher meist *Alkuin* zugeschrieben, die neuere Forschung denkt an *Benedikt von Aniane* („supplementum Anianense"); ebenso werden allerorts die vorhandenen Gelasiana „gregorianisiert" (Junggelasiana). Mit den Kaiserzügen der Ottonen gelangen die fusionierten Bücher der fränkischen Kirche nach Rom und werden dort als „römische Liturgie" rezipiert. So ist die römische Liturgie heute in Wirklichkeit eine nach fränkisch-gallischer Art umgeformte und mit nichtrömischem Material stark angereicherte stadtrömische Liturgie.

Lit.: ↗Karolingerzeit, ↗Sakramentare.

Frauen im Gottesdienst Bei aller gottgewollter natürlicher Differenzierung (1 Petr 3,7; 1 Kor 11,14) sind in Christus Mann und Frau völlig gleichberechtigt (Gal 3,28). Frauen gehören vom Anfang an zum Jüngerkreis (Lk 8,2f; 23,49); Frauen wirken von Anfang an bei der Verkündigung des Evangeliums mit (vgl. die Grußlisten Röm 16, 1–16 und Phil 4, 1–3); Frauen erhalten dieselben Charismen wie die Männer und reden prophetisch (1 Kor 11,4ff). Trotzdem lassen die Pastoralbriefe und auch die vielzitierte Glosse 1 Kor 14,34 wohl unter dem zunehmenden synagogalen Einfluß nicht zu, daß Frauen den eigentlichen Leitungsdienst, die bevollmächtigte Verkündigung in der Gemeinde übernehmen. Dieses Verbot könnte zeitbedingt sein, verursacht von der soziologischen Stellung der Frau in der antiken und mittelalterlichen Kultur; die Mehrzahl der heutigen Theologen und auch der Wortlaut der traditionellen Begründungen neigen aber dazu, das Verbot theologisch tiefer verankert zu sehen in einer heilsgeschichtlichen Funktion der Geschlechter (Christus als Mann, „geboren vom Weibe": Gal 4,4). In der Erklärung der Glaubenskongregation von 1977 zur Frage der Zulassung der Frauen zum Priesteramt hält sich die Kirche jedenfalls „aus Treue zum Vorbild ihres Herrn" für nicht berechtigt zur Priesterordination der Frau. Vgl. auch Instr. „Inaestimabile donum" vom 3. 4. 1980. Andere Ämter auch mit gottesdienstlichen Aufgaben haben Frauen aber immer ausgeübt, besonders solche, die ihrer fraulich-mütterlichen Personprägung besonders nahestehen. So beginnt sich bereits in der Schrift der Stand der Witwen zu formen (noch nicht Apg 6,1; 9,39; wohl aber 1 Tim 5,9ff); im 3. Jh. blüht er als feste Institution, um am Ende des 4. Jhs. zu erlöschen. An seiner Stelle erwächst das Institut der ↗Diakonissen, ebenfalls mit liturgischen Aufgaben. Im Gegensatz zur bisherigen Kanonistik bestreitet darum die erneuerte Liturgie nicht mehr, daß die Frau einen wirklichen liturgischen Dienst ausübt, daß sie als Leserin und Kommunionhelferin beauftragt wird, verwehrt ihr aber inkonsequent immer noch die Bestellung zu den entsprechenden Dienstämtern des Lektors und Akolythen. – Die alte Kirche trennte im Gottesdienst Männer und Frauen, sie weist im Osten den Frauen oft sogar die Empore oder sonst einen abgetrennten Raum zu. Begründet wurde diese Trennung vielfach mit dem Friedenskuß; weithin dürfte sie einfach Erbe aus der Synagoge sein. Die heutige Pastoration will lieber die Familie auch im Gottesdienst vereinigt wissen und nicht künstlich Ständeschranken aufrechterhalten, die es im öffentlichen Leben nicht mehr gibt.

Lit.: Den Stand der Forschung und Diskussion spiegeln wider die beiden Hefte: LJ 28 (1978) Heft 3, 129–178 und Concilium 16 (1980) Heft 4 229–306; *A. Wintersieg*, Liturgie und Frauenseele (Freiburg 1926); *J. Hennig*, Mann und Frau in der Liturgie, in: LJ 14 (1964) 238–250; *K. Forster*, Neue Ausgangsbedingungen der Frauenpastoral, in: Herder-Korrespondenz 31 (1977) 516–523; *R. Schwarzenberger*, Bekanntlich vielfältig, in: Gd 14 (1980) 97–99.

Freitag Die älteste, schon in der Didache bezeugte Gliederung der christlichen ↗Woche hebt Mittwoch und Freitag als Fasttage und später auch als Versammlungstage hervor, die auf den Sonntag hinführen sollen. Wohl hauptsächlich von der alljährlichen ↗Osterfeier her nimmt der Freitag den Charakter des Passionsgedächtnisses, des Kreuzespaschas an und behält so im Gegensatz zum Mittwoch seine Sonderstellung im Volksbewußtsein bei: Man gedenkt bei einem Glockenzeichen, dem „Schiedung- und Angstläuten" (mittags oder 15 Uhr; ↗Engel des Herrn) des Herrenleidens in einem Gebet (Freitagsgebet); man hält Fasten in der abgeschwächten Form der Abstinenz.

Lit.: B. Fischer, Freitagsfrömmigkeit, in Gd 14 (1980) 9–11.

Freude Wo sich im Gottesdienst Gottesbegegnung ereignet, Epiphanie geschieht, da freuen sich die Menschen und jubeln; so z. B. Lev 9,24. Die christliche Gemeinde weiß um die Verheißung des Herrn von seiner Gegenwart, ihr ist im Gottesdienst die Epiphanie gewiß; darum geschieht jede Versammlung christlicher Gemeinde „in Freude". Nicht nur bei der eschatologischen Hochzeit des Lammes „freuen sich und jubeln" die Gäste (Offb 19,7), sondern schon im österlichen Hochzeitsmahl der Eucharistie auf Erden, wenn sie „miteinander Mahl halten in Freude und Einfalt des Herzens" (Apg 2,46). Christlicher Gottesdienst geschieht so immer im freudigen ↗Gesang, weil die letzte Wirklichkeit sich hier bereits ereignet.

Lit.: W. v. Keppler, Mehr Freude (Freiburg 1934); *J. Brosch*, Jesus und die Freude (Mönchen-Gladbach 1946); *H. Volk*, Freude, in: Hdb. theol. Grundbegriffe I (München 1962) 414–419.

Friedensritus (-gruß, -kuß) Seit apostolischen Zeiten gilt der Kuß als Ausdruck brüderlicher Gemeinschaft der Getauften (z. B. Röm 16,16:

„Grüßt einander mit dem heiligen Kuß"). Er beschließt wie ein „Siegel" (*Tertullian*) das gemeinsame Gebet und steht deswegen bei *Justin* und *Hippolyt* am Ende der allgemeinen Fürbitten, in der römischen und nordafrikanischen Liturgie schon früh am Ende des Hochgebetes. Der Zusammenschluß der Gläubigen in Friede und Versöhnung dient aber auch der Vorbereitung auf das Gebet, und so steht in den meisten Ostriten wie auch in der alten gallischen Liturgie der Friedenskuß *vor* dem Hochgebet. Hier mag die Mahnung der Bergpredigt Mt 5,23f mitgespielt haben. Von *Gregor dem Großen* wurde der Friedensgruß in der römischen Liturgie vor die Brotbrechung gestellt als unmittelbare Vorbereitung auf die ↗Kommunion. In der karolingischen Zeit läßt man den Friedenskuß vom Altar ausgehen an den Zelebranten und in hierarchischer Reihenfolge niedersteigen. Ursprünglich umarmte bei der Aufforderung „Pax Domini" jeder seinen Nachbarn. Durch den Verfall der eigentlichen Brotbrechung schob sich im Mittelalter der Mischungsritus zwischen Aufforderung und Friedenskuß, und es entwickelte sich so ein eigener Friedensritus mit einleitendem Gebet. Schließlich wurde der Friedenskuß praktisch in allen Riten auf den Klerus beschränkt. Das Mittelalter (13 Jh.) entwickelte noch die Möglichkeit der *Kußtafel* (Pacificale), die vom Zelebranten geküßt und vom Ministranten an die Gläubigen zum Kuß weitergereicht wurde; vor allem bei den Brautmessen und in manchen Klöstern blieb diese Sitte lange im Gebrauch. – Das Missale von 1970 entflocht wieder den Friedensritus aus dem Brotbrechungs- und Mischungsritus und stellte ihn vor diese. Nach dem ↗Embolismus und Gemeinderuf lädt der Priester zu einem kurzen Friedensgebet ein, wobei er sich auch freier Formulierungen bedienen kann. Nach diesem Gebet spricht er mit ausgebreiteten Händen den Friedensgruß zur Gemeinde, die ihn erwidert. Nun kann der Priester (Diakon) in freier Form dazu auffordern, „in einer den örtlichen Gewohnheiten entsprechenden Weise einander die Bereitschaft zu Frieden und Versöhnung zu bekunden" (MD), worauf der Priester dem Diakon oder einem Ministranten den Friedensgruß entbietet. Die Form, in der dies die Gläubigen untereinander tun, soll von den Bischofskonferenzen entsprechend der Eigenart und den Bräuchen der Völker bestimmt werden (AEM56 b). Es scheint, daß man im deutschen Sprachgebiet noch keine allgemein überzeugende Form gefunden hat.

Lit.: Zur Geschichte: *Jungmann MS* II 399–413; zur Neuordnung: *Lengeling, Ordnung* 240–242; 294; *E.-W. Nüsselein,* Ein Zeichen des Friedens, in: Gd 15 (1980) 106.

Friedhof Für die „Ruhestätte" (lat. = Coemeterium) der Verstorbenen hat sich im Deutschen das Wort Freithof oder Friedhof im Sinn von umfriedeter Ort mit Asylrecht herausgebildet. Die Bezeichnung „Gottesacker" ist wohl von 1 Kor 15,42 angeregt. Schon früh scheinen begüterte Christen ihren privaten Begräbnisplatz armen Gemeindemitgliedern geöffnet zu haben. Im 3. Jh. galten diese Coemeterien als Besitz der Gemeinde. Bedingt durch Platzmangel, entstehen in Rom und anderen

Städten, wo dies die Bodenbeschaffenheit erlaubte (Tuffgestein), unterirdische Begräbnisanlagen, die im 9. Jh. von einer Einzelanlage dieser Art (bei San Sebastiano bei Rom) den Namen Katakomben übernahmen. Während nach antikem Recht Begräbnisse nur außerhalb der Städte vorgenommen werden durften, liebte es bereits das Frühmittelalter, die Friedhöfe um die Kirche herum anzulegen („Kirchhof"). Der schon im christlichen Altertum vorhandene Wunsch, in der Nähe von Märtyrern begraben zu werden, führte zum Begräbnis im Kirchengebäude, was vor allem Bischöfen, Adeligen und verdienten Priestern gewährt wurde. Die Sitte, die Glieder der christlichen Gemeinde an einem gemeinsamen Ort zu bestatten, die sich vom antiken Brauch des Familien- und Sippengrabes unterschied, erwuchs vor allem aus der gemeinsamen Auferstehungshoffnung. Sie führte zur räumlichen Absonderung der Ungetauften und der nicht in der vollen Gemeinschaft der Kirche stehenden Gläubigen. In der Anlage der Friedhöfe und in der Gestaltung der einzelnen Gräber kommt diese Auferstehungshoffnung leider immer weniger zur Darstellung; hier liegt sicher eine wichtige pastorale Aufgabe. – Die Bedeutung des christlichen Friedhofs kommt auch in der *Friedhofssegnung* zum Ausdruck, die zum Beginn des zweiten Jahrtausends Brauch wird. Nach der im Pontifikale von 1961 vereinfachten Form umschreitet der Bischof, ausgehend von dem großen Friedhofskreuz, Weihwasser sprengend den ganzen Friedhof zum Gesang des Psalmes 51 (50) und durchzieht ihn dann kreuzförmig zum Gesang des Psalmes 143 (142). Beide Besprengungen schließen mit einem Gebet, das Ganze mit einer Weihepräfation, die um die Auferstehung der hier Begrabenen bittet. Darauf folgt nach Möglichkeit die Feier der Eucharistie. Das alte Rituale Romanum enthält eine einfachere (noch nicht reformierte) Form für den Priester. Ein neues Formular für Friedhofsweihe und Segnung einer Friedhofshalle im Ben 185–192.

Lit.: J. Schweizer, Kirchhof und Friedhof (Linz 1956); *Th. Bogler,* Grabmal und Totenliturgie, in: LJ 8 (1958) 131–139; Th. Filthaut, Zeichen der Auferstehung (Mainz 1965 und Leipzig 1967 – Pk H 31 –); *K. Richter* u. a. (Hrsg.), Zeichen der Hoffnung in Tod und Trauer. Ein Werkbuch... (Freiburg ²1979); ↗Lit. Grabmal.

Frömmigkeit, liturgische Das deutsche Wort Frömmigkeit hat seit dem 16. Jh. einen starken *Bedeutungswandel* erlebt. Es ist ursprünglich gleichbedeutend mit Tüchtigkeit, Tapferkeit, Nützlichkeit und gewinnt mit Beginn der Neuzeit allmählich eine religiöse Bedeutung im Sinn von Gottesfurcht und Rechtschaffenheit vor Gott, sowohl als ehrfürchtige Gesinnung wie auch als gottgefälliges Leben. Zu Beginn des 19. Jhs. wird der Begriff weithin auf das religiöse Gefühlsleben eingeschränkt (*Schleiermacher*) und ausschließlich als innere Haltung gesehen. Die Gegenwart betont wieder stärker (oft zu einseitig) die „Frömmigkeit des Weltdienstes" (auf die umfangreiche Thematik der Frömmigkeits-Geschichte, -Psychologie und -Typologie kann hier nicht eingegangen werden; Näheres ist in den theolog.-kirchl. Lexika einzusehen). –

Liturgische Frömmigkeit ist Haltung und Verhalten eines Christen, der von dem in der ↗Liturgie gefeierten, gegenwärtig-wirksamen ↗Pascha-Mysterium Christi ergriffen und geprägt ist. Sie umgreift sowohl die Bedeutungsinhalte des lateinischen *pietas* im Sinn von ↗Ehrfurcht vor Gott in Gesinnung und kultischen Handlungen wie die des lateinischen *devotio* im Sinn von persönlicher Hingabe an Gott und die Menschen. Diese inhaltliche Fülle schirmt den Begriff genügend ab gegenüber Fehlformen und Mißverständnissen wie ästhetisierende Liebhaberei eines äußeren Zeremoniells und weltflüchtige Abkapselung. Liturgische Frömmigkeit sucht nicht so sehr persönliche Erbauung und eigenes Seelenheil, sondern ist Antwort auf das ergangene Heilswort und Heilswerk Gottes. Sie gibt sich deshalb nicht mit der liturgischen Feier zufrieden und bleibt nicht bei ihr stehen, sondern weiß sich in Verlängerung des göttlichen Heilswillens zum Dienst an Welt und Menschen verpflichtet, sie wird zum Apostolat. In diesem Sinn umgreift liturgische Frömmigkeit auch den biblischen Begriff der *caritas,* wie uns die christlichen Gemeinden der Anfangszeit besonders überzeugend beweisen. So ist es auch unter dieser Rücksicht keine Übertreibung, wenn das II. Vatikanum die Liturgie als die Quelle bezeichnet, aus der alle Kraft der Kirche strömt (LK 10).

Lit.: A. Auer, Frömmigkeit als menschliche Grundhaltung, in: LThK IV 400–405; *W. Dürig,* Pietas liturgica (Regensburg 1958); *Th. Bogler* (Hrsg.), Frömmigkeit, in: LuM 27 (Maria Laach 1960); *K. Rahner,* Personale und sakramentale Frömmigkeit, in: Schriften II (7|1964) 115–141; *ders.,* Frömmigkeit früher und heute, in: Schriften VII (1966) 11–31; *G. Duffrer,* Pascha-Mysterium und liturgische Frömmigkeit, in: LJ 16 (1966) 27–37.

Fronleichnam Das „Hochfest des Leibes und Blutes Christi“, wie die neue offizielle Bezeichnung lautet, wird in der römischen und einigen unierten Kirchen am Donnerstag nach dem ↗Dreifaltigkeitsfest begangen. Das Wort Fronleichnam (von vron oder fron = Herr; und lichnam = lebendiger Leib) entspricht der seitherigen lateinischen Bezeichnung „Festum Ss. Corporis Christi“.

1. Entstehung und Gegenstand des Festes: Im ↗Mittelalter wandert das Interesse vom (weithin nicht mehr unmittelbar verstandenen) Vollzug der Eucharistie, vom Herrenmahl, hinüber zum vollzogenen Sakrament. Die Begegnung mit Christus wird weniger im Vollzug der aufgetragenen Feier gesucht als im Schauen der eucharistischen Gestalten, die, wie die Theologen der Frühscholastik erkennen, nicht nur je den Leib bzw. das Blut des Herrn bergen, sondern „durch Begleitschaft“ (per concomitantiam) unter jeder der beiden Gestalten den Herrn lebendig personal gegenwärtig machen. Das Interesse wendet sich dabei fast ausschließlich der Brotsgestalt zu, die im Gegensatz zur Gestalt des Weines den nach Schau begehrenden Gläubigen ohne Schwierigkeiten sichtbar gemacht werden konnte. So kommt es um 1200 in Paris erstmals zur Erhebung der konsekrierten Hostie (↗Elevation). In dieser Situation wurde eine

Vision der Augustinernonne *Juliana von Lüttich* vom Jahre 1209, die sich öfter wiederholte, zum wirksamen Anstoß für die Einführung eines besonderen Festes zu Ehren des eucharistischen Sakramentes, erstmals durch Bischof *Robert von Lüttich* 1246 für seine Diözese eingeführt. 1264 schrieb es *Urban IV.*, früher Archidiakon in Lüttich, für die ganze Kirche vor (Bulle „Transiturus"). *Thomas von Aquin* soll auf seinen Wunsch die Texte für Messe und Brevier erstellt haben, wobei jedoch zu bemerken ist, daß heute seine alleinige Urheberschaft am Brevier-Offizium angezweifelt wird. Durch den noch im gleichen Jahr erfolgten Tod *Urbans IV.* verzögerte sich die Ausbreitung. Die endgültige Einführung erfolgte unter *Johannes XXII.* durch die Veröffentlichung der Bulle „Transiturus" in den Clementinischen Dekretalien (1317). – Die obengenannte neue Bezeichnung des Festes macht deutlich, daß es auch das Mysterium des „kostbaren Blutes" Christi einschließt und ein eigenes *„Fest des Kostbaren Blutes"*, wie es *Pius IX.* 1849 zum Dank für seine Heimkehr aus der Verbannung einführte (zuletzt am 1. Juli), überflüssig ist. ↗Blut.

2. Fronleichnamsprozession: Der uralte Kultbrauch der ↗Prozession findet sich schon in der alten Kirche, wie z. B. die Berichte der Pilgerin *Ätheria* für Jerusalem deutlich machen. Auch bei den Germanen wurden nach ihrer Christianisierung zahlreiche Feste durch Prozessionen ausgezeichnet, wobei man möglichst viele „Heiltümer" mitzutragen pflegte. Eine Prozession an Fronleichnam ist erstmals für Köln (St. Gereon zwischen 1274 und 1279) bezeugt. Noch im 14. Jh. findet sie in den meisten Ländern des Westens eine begeisterte Aufnahme und prunkvolle Ausgestaltung. Dabei wird die konsekrierte Hostie (ursprünglich verhüllt, später) allen sichtbar in einem kostbaren Schaugefäß (= Monstranz) mitgeführt. In Deutschland verbinden sich hiermit bald die Elemente der Flur- und ↗Bittprozessionen. An vier Außenaltären wird eine Statio gehalten, bei der die vier Evangelienanfänge nach den vier Himmelsrichtungen hin gesungen und Bittgebete in kirchlichen und weltlichen Anliegen gesprochen werden, gefolgt vom sakramentalen Segen. Besonders in der Barockzeit wird die Fronleichnamsprozession zum dankbaren Triumphzug, zum „Prangertag". Lebende Bilder, die schon im Mittelalter als Darstellungen der Passion und ihrer atl. Vorbilder mitgegangen waren, werden jetzt zu Prunkwagen ausgebaut, deren Darstellungen manchmal den Bezug zur Eucharistie nicht mehr recht erkennen lassen (z. B. der Drachenstich des hl. Georg). Die Aufklärung hat von all diesem bunten Leben nur noch dürftige Reste übriggelassen. – Rom betrachtet die Fronleichnamsprozession *nicht als Liturgie römischen Rechtes* mit alleiniger römischer Zuständigkeit, sondern zählt sie zu den „pia exercitia" (frommen Übungen), wofür die Bischöfe zuständig sind. – In manchen Kreisen hat sich in den letzten Jahrzehnten Unbehagen über die traditionelle Form der Prozession eingestellt. Vor allem in größeren Städten versuchte man *neue Gestaltungsformen*, z. B. eine festliche Eucharistiefeier auf öffentlichen Plätzen, zu der die einzelnen Pfarreien – in einer gewissen Nachahmung der altrömischen Stationsgottesdienste – von den Pfarrkirchen aus in Prozessionsform ziehen, um sich im „Sakrament der Einheit“ als große Gemeinschaft mit Christus und untereinander zu erleben. Nach mancherlei Erfahrungen mehren sich jedoch die Stimmen, die eine Beibehaltung bzw. Wiedereinführung der Prozession mit dem heiligen Sakrament befürworten. Dabei verweist man vor allem auf den durchaus nicht neuen, aber im II. Vatikanum neu akzentuierten Gedanken der Kirche als des wandernden Gottesvolkes (in statu viatoris), das die vielfältigen Gefahren des Weges nur in der helfenden Nähe ihres Herrn bestehen kann. Eine solche sakramentale Prozession muß auf jeden Fall aus einer gemeinsamen Eucharistiefeier aller Prozessionsteilnehmer hervorwachsen.

Lit.: P. Browe, Die Verehrung der Eucharistie im Mittelalter (München 1933); *A. Mitterwieser,* Geschichte der Fronleichnamsprozession in Bayern (München [2]1949); *A. Häußling,* Leitideen für Fronleichnam heute, in: Gd 3 (1969) 78f; *L. Scheffczyk,* Der theologische Sinn der Fronleichnamsprozession, in: Klerusblatt 54 (1974) 117ff; *K. Miller,* Zur Gestaltung der Fronleichnamsprozession, in: Leb. Seelsorge 25 (1974) 208ff; *R. Berger* in: WGL V 219–224.

Früchtesegnung Genuß der Gottesgaben unter Lobpreis des Schöpfers, wodurch die Gaben geheiligt werden, ist bereits 1 Tim 4, 3–5 bezeugt. Schon die ersten überlieferten Texte zur Segnung der Naturgaben sind zur Einführung in das eucharistische Hochgebet bestimmt, so daß das tägliche ↗Mahl der Gläubigen in Verbindung mit dem Segen des Herrenmahles gesetzt ist. – In der römischen Liturgie hat sich von verschiedenen dem Hochgebet vor der Schlußdoxologie eingefügten Natursegnungen (Milch, Honig, Käse, Bohnen, Trauben, Oliven) bis heute die Segnung des Olivenöles für die Krankensalbung in der Missa chrismatis erhalten (↗Öle, heilige; ↗Gründonnerstag). Wie alle diese Gebete schließt sie mit einer Erwähnung Christi, die übergeht in die Schlußformel: „denn durch ihn erschaffst du immerfort all diese guten Gaben, gibst ihnen Leben und Weihe und spendest sie uns“. Diese Schlußformel ist zum festen Bestandteil des Hochgebetes I (= römischer Kanon) geworden. Man bezieht sie in der gegenwärtigen Forschung wieder mehr auf die eucharistischen Gaben, nicht nur, wie noch vor kurzem, auf die karitativen Gaben der Gläubigen (↗Agape). – Als parallele Entwicklung in der byzantinischen Liturgie ist die Segnung der ↗Eulogien zu nennen, der nichtkonsekrierten Brotspende der Gläubigen, die nach der Epiklese geschieht. – Das neue ↗Benediktionale kennt die Segnung des Weines am Johannistag und anderen Festen, die österliche Speisesegnung (Brot, Eier, Fleisch), die Segnung der Kräuter (15. 8.) der Erntegaben (↗Erntedank), die Brotsegnung an bestimmten Heiligenfesten und die häusliche Brotsegnung.

Lit.: Jungmann MS II 322–328; ferner Literatur zu ↗Benediktionale.

Fürbitten (Gläubigengebet) Im Lateinischen auch oratio universalis (↗Allgemeines Gebet) oder oratio fidelium (Gläubigengebet) genannt; sie stehen am Ende des eucharistischen Wortgottesdienstes, an der Schwelle zur eigentlichen Eucharistiefeier.

1. Geschichte der Fürbitten: Schon die ntl. Schriften machen deutlich, daß Christen im Denken, Beten und Handeln nicht egozentrisch sein dürfen, sondern wie ihr Herr zum Dienst am Heil der Welt berufen sind. Darum auch die öftere Aufforderung zum Gebet für die anderen (vgl. 1 Tim 2, 1–4; 2 Kor 1, 11; Eph 6, 18 f). Solches Beten findet seinen ersten Niederschlag bereits Ende des 1. Jhs. im *1. Klemensbrief* (Kap. 59–61) und wird bei *Justin* in der ältesten Beschreibung der Meßfeier nachdrücklich erwähnt (Apol. I c. 65 u. 67). – Die älteste Form der Fürbitten scheint der durchgehende Vortrag eines entsprechenden Gebetes durch den Vorsteher zu sein; auf den doxologischen Abschluß akklamiert die Gemeinde mit Amen (↗Doxologie). Deutlicher kommt das Beten der ganzen Gemeinde zum Zug, wenn der Vorsteher in Form von ↗Gebetseinladungen die Anliegen nur nennt, worauf die ganze Gemeinde schweigend und (oder) mit Gebetsakklamationen (Kyrie, eleison) in dieser Meinung betet und eventuell noch der Vorsteher das gemeinsame Gebet durch eine geformte Kollekte zusammenfaßt. Diese Form hatte das alte Gläubigengebet der römischen Liturgie, das sich am Karfreitag noch erhalten hat. Im Orient ist die Nennung des Gebetsanliegens durchwegs Sache des Diakons geworden, und so hat dort das Gläubigengebet die litaneiähnliche Form der ↗Ektenie angenommen, die eine intensive Volksbeteiligung ermöglicht. – In der *römischen* Meßliturgie verschwindet das Gläubigengebet Ende des 5. Jhs., indem Papst *Gelasius* (492–496) es durch eine ↗Kyrie-Litanei nach östlichem Vorbild ersetzt und diese an den Anfang des Wortgottesdienstes setzt („Deprecatio Gelasii"). An der alten Stelle bleibt zunächst wohl eine Kollekte (die „Alia" der gelasianischen Tradition), ähnlich der „oratio super sindonem" in der Mailänder Liturgie (und weiteren gallikanischen Parallelen). Sie verschwindet in der gregorianischen Tradition, und es bleibt nur ein isoliertes Oremus stehen. Nördlich der Alpen bilden sich bei der Übernahme der römischen Liturgie mancherlei Ersatzformen für das verlorengegangene Gläubigengebet heraus (↗Allgemeines Gebet). – In der *byzantinischen* Liturgie hat sich das Gebet der Gläubigen in reicher Entfaltung erhalten, ähnlich in der *armenischen.* Die *Westsyrer* (einschließlich der Maroniten) haben es ganz verloren. Die *Ostsyrer* haben seine volle Form nur in der Quadragesima erhalten, die *Kopten* und *Äthiopier* haben es in den eigentlichen Gläubigenteil der Eucharistiefeier verlegt. – Die *evangelischen Agenden* haben das Allgemeine Gebet erst in der Aufklärung aufgelöst. Inzwischen haben sie es aber wiedergewonnen und in der jüngsten Zeit Formen mit diakonalen Rufen und Gemeindeantworten neubelebt neben dem noch immer vorhandenen Alleingebet des Liturgen.

2. Die Erneuerung der Fürbitten: Nachdem schon in der ersten Hälfte des 20. Jhs. als Frucht der ↗Liturgischen Bewegung Versuche zur Neubelebung der Fürbitten gemacht und diese auch von den Bischöfen gefördert worden waren, ordnete das II. Vatikanum ihre Wiedereinführung, „besonders an Sonntagen und gebotenen Feiertagen", an, „damit unter Teilnahme des Volkes Fürbitten gehalten werden für die heilige Kirche, für die Regierenden, für jene, die von mancherlei Not bedrückt sind, und für alle Menschen und das Heil der ganzen Welt" (LK 53). Die Instr I gab hierzu nähere Anweisungen (56), die vom Römischen Liturgierat (Consilium ...) in der 1965 erstmals erschienenen und 1966 stark erweiterten Schrift „De oratione communi seu fidelium" und den Richtlinien der einzelnen Bischofskonferenzen noch präzisiert wurden, bis schließlich die AEM folgende abschließende Regelung traf: a) Die Fürbitten, in denen die Gemeinde durch ihr Beten für alle Menschen ihr priesterliches Amt ausübt, gehören in der Regel in jede Gemeindemesse (also nicht nur an Sonn- und Feiertagen). Der Passus, für wen gebetet werden soll, wird wörtlich aus der LK 53 übernommen (45). b) Was die Reihenfolge betrifft, so sollen in der Regel zunächst die Anliegen der (Gesamt-)Kirche berücksichtigt werden, dann soll folgen das Gebet für die Regierenden und das Heil der ganzen Welt, für alle Notleidenden und schließlich für die Ortsgemeinden. Bei besonderen Meßfeiern (z. B. Firmung, Trauung, Begräbnis) kann die Reihenfolge den besonderen Anlaß berücksichtigen (46). c) Aufgabe des Priesters ist es, die Fürbitten einzuleiten und mit einem Gebet zu beschließen, während die einzelnen Gebetsanliegen von einem Diakon, Kantor oder anderen Gemeindemitgliedern vorgetragen werden können. Die Gemeinde selbst soll sich durch Akklamationen oder auch durch stilles Gebet beteiligen (47). – Das neue Meßbuch enthält im Anhang Modelle, das MD zusätzlich im Ordinariumsteil ein Beispiel „in einfacher Form". – Die in den Fürbitten gegebene Gestaltungsfreiheit und Möglichkeit des Gegenwartsbezugs könnten und sollten von Priester und Gemeinde intensiv wahrgenommen und so der „heiße Atem der Gegenwart" in den Gottesdienst eingebracht werden. Solche Möglichkeit zur Lebensnähe sollte jedoch nicht dazu verleiten, aus den Fürbitten eine Form moralisierender und motivierender „Bearbeitung" der Gemeinde mit erhobenem Zeigefinger oder proteststarken Aufrufen zu machen.

Lit.: Über die Geschichte orientiert mit genauer Quellenangabe *E. J. Lengeling,* Art. Fürbitten, in: LThK IV (1960) 461f; *A. Heinz,* die „oratio fidelium" im deutschen Sprachraum zwischen Tridentinum und Vaticanum II, in: LJ 30 (1980) 7–25; die pastoralen Aspekte bei: *J. Gülden,* Das allgemeine Kirchengebet in der Sicht der Seelsorge, in: *F. X. Arnold – B. Fischer* (Hrsg.), Die Messe in der Glaubensverkündigung (Freiburg ²1953) 337–353; *F. Kolbe,* Inhalt und Form des Fürbittgebetes, in: LJ 16 (1966) 91–98; *O. Dietz,* Das Allgemeine Gebet, in: Leiturgia II (1953) 417–451; *G. Fösgas,* Fürbitten im Kindergottesdienst, in LJ 30 (1980) 26–42.

Fußkuß Diese für unseren Kulturkreis ungewöhnliche Form der Huldigung stammt aus dem Orient (Teil der Proskynese) und gelangte über das byzantinische Hofzeremoniell auch an den päpstlichen Hof. Als Huldigungsakt ist er z. T. noch bei der Kreuzverehrung am ↗Karfreitag üblich, wo sich Priester und Dienste dem Kreuz mit dreimaligem Kniefall nähern und (meistens) die Füße des Kruzifixus küssen.

Fußwaschung ↗Gründonnerstag.

G

Gabenbereitung Eine ebenso richtige wie glückliche Übersetzung des lat. „Offertorium", das man früher sprachlich ungenau und inhaltlich irreführend mit „Opferung" übersetzte (griech.: ↗Proskomidie). Es handelt sich um die Herbeibringung von Brot und Wein sowie Wasser zum Altar, „jene Elemente, die Christus [beim letzten Abendmahl] in seine Hände genommen hat" (AEM 48, 1).
1. Geschichte der Gabenbereitung: Die Bereitstellung der Gaben war ursprünglich, als die eucharistische Feier noch mit der ↗Agape verbunden war, kein eigentlich ritueller Akt. Denn Brot und Wein, die von den begüterten Gläubigen mitgebracht wurden, befanden sich ja schon auf dem Tisch bzw. in unmittelbarer Reichweite. Noch bei *Justin* wird nur berichtet, daß nach der Homilie und dem Gläubigengebet Brot, Wein und Wasser herbeigebracht werden. Allmählich erhält dieses Herbeibringen insofern ein gottesdienstliches Gepräge, als man stärker die neue Zweckbestimmung dieser Gaben ins Auge faßt. In manchen Kirchen bringen die Gläubigen (seit dem 3. Jh.) ihre Gaben nach dem Gläubigengebet in Prozession an die Schranken des ↗Altarraums, wo sie vom Diakon bzw. Priester entgegengenommen werden (↗Opfergang), oft von einem Gesang begleitet, der selber wieder Offertorium genannt wird. Anderwärts, besonders in der (späteren) byzantinischen Liturgie und in Abhängigkeit davon zeitweise auch in der gallisch-fränkischen Kirche, geben die Gläubigen ihre Gaben vor dem Gottesdienst in einem Sekretarium ab, von wo der Klerus sie zum entsprechenden Zeitpunkt in feierlicher Prozession zum Altar bringt (Gabenprozession, großer ↗Einzug). – Aus den Gaben der Gläubigen wählte in Rom der Archidiakon die für die Eucharistie benötigte Menge an Brot und Wein aus, mischte diesem etwas Wasser bei und brachte beides an den Altar. Während sich dieser Vorgang in Rom erst nach dem Opfergang abspielte, geschah und geschieht die ↗Proskomidie im byzantinischen Ritus vor dem Gottesdienstbeginn an der Prothesis (eine Art ↗Kredenz im Raum links vom Altar). Ähnliche Voraussetzungen in Gallien führten dazu, daß im ↗Sonderritus der Dominikaner und anderer mittelalterlicher Orden die Bereitung des Kelches zwischen Epistel und Evangelium erfolgte, in der stillen Messe gleich vor dem Stufengebet. – Das Niederlegen der bereiteten Gaben auf dem Altar wurde als so bedeutsam empfunden, daß es

schließlich vom Vorsteher selbst vorgenommen und vielfach mit Gebeten begleitet wurde. Die Karolingerzeit fügte eine Inzensation der Gaben und des Altares hinzu (↗Weihrauch). Der Gesamtvorgang wurde im römischen Ritus abgeschlossen durch das ↗Gabengebet. Unter gallischem Einfluß ist letzteres noch reicher ausgestaltet worden mit einer vorbereitenden ↗Waschung der Hände, mit einer Art Diptychengebet (Suscipe, Sancta Trinitas; ↗Fürbitten) und einer Gebetsaufforderung (↗Orate fratres).

2. Die Sinnfüllung des Offertoriums: Das Herbeibringen der Gaben blieb nicht ein praktisch-manueller Vorgang, sondern erlangte zunehmend spirituelle Aussagekraft. Es will Eucharistie nicht nur ermöglichen, sondern eine Beteiligung daran sein, eine „Verleiblichung des inneren ‚Ein-Gehens' in das Opfer Christi" (*B. Fischer*). Nur wird der Opferinhalt der Eucharistie in den einzelnen Jahrhunderten inhaltlich verschieden gesehen und damit auch der Sinngehalt, die „spirituelle Aussagekraft" des Opfergangs, verändert. *J.A. Jungmann* hat dafür die Formel „von der Eucharistie zur Messe" geprägt. Die altchristliche Gemeinde wollte in ihrer gottesdienstlichen Versammlung am Sonntag Gott einfach in geziemender Weise Lob und Dank für das ↗Pascha-Mysterium darbringen und nur in Verbindung damit auch ihre gemeinsamen Anliegen bittend vor Gott hintragen. Im Mittelalter wird das Motiv des Bitt- und Sühnopfers verstärkt, und wenn der Gläubige jetzt dem Priester eine Oblation für die Feier der Messe reicht, steht für ihn das Anliegen, die Fürbitte im Vordergrund, so daß der Opfergang in erster Linie als ein „Sich-Einkaufen" in die Verdienste Christi verstanden wird (*J. A. Jungmann*). In diesem Zusammenhang spricht man geradezu von einem *„Memorienwert"* der mittelalterlichen Gläubigengaben, ein Motiv, das in der Volksfrömmigkeit noch durchaus lebendig ist. Damit wird der Opfergang in seiner spirituellen Aussage stark verändert, er wird zum Ausdruck der Fürbitte, des bittenden Gedenkens. Wohl deshalb blieb er in den Totenmessen besonders lebendig. Diese Sicht prägte auch stark die bisherigen Begleitgebete der Offertorialhandlungen, wobei in einer gewissen Unbekümmertheit von Brot und Wein so gesprochen wurde, als handele es sich bereits um die konsekrierten Gaben.

3. Die Neuordnung der Gabenbereitung: Das II. Vatikanum hatte bezüglich der Eucharistiefeier bestimmt, daß der Meßordo so überarbeitet werden soll, „daß der eigentliche Sinn der einzelnen Teile und ihr wechselseitiger Zusammenhang deutlicher hervortreten" (LK 50). Dabei hatten die Konzilsväter u.a. auch eine Revision der Begleitgebete der Gabenbereitung im Auge. Das Ergebnis der Reformbemühungen konkretisiert sich im neuen Missale so: Am Anfang der Gabenbereitung steht die *Zurüstung des Altares* als des räumlichen Mittelpunktes der ganzen Eucharistiefeier, d.h., es werden Korporale, Purifikatorium, Meßbuch und Kelch zum Altar gebracht und bereitet (AEM 49). So wird deutlich, daß nach dem Wortgottesdienst etwas Neues anhebt. Der aktive Anteil der Gläubigen soll dadurch sichtbar werden, daß sie an der *Her-*

beibringung der Gaben beteiligt werden sollen: „Sinnvoll und wünschenswert ist es, wenn die Gläubigen Brot und Wein herbeibringen, die der Priester oder Diakon an einer geeigneten Stelle entgegennimmt und auf den Altar stellt“ (ebd.). Auch wenn die Gläubigen Brot und Wein nicht mehr, wie früher, selbst zum Gottesdienst mitbrächten, sei dies aussagestark und bedeutungsvoll. Im Zusammenhang mit dieser Herbeibringung von Brot und Wein sind auch jene (meist geldlichen) Gaben zu sehen, die der Kirche für karitative und andere Aufgaben zur Verfügung gestellt werden. Wo es möglich ist, wird die Gabenprozession von einem *Gesang* begleitet („Antiphona ad Offertorium“), der entweder aus den lateinischen Offertorien (Ordo Cantus Missae, Graduale Romanum oder Graduale Simplex) oder aus deutschen Gesängen und Liedern, „die der Gabenbereitung, der liturgischen Zeit bzw. dem Tag entsprechen“ (MD), besteht. Statt eines solchen nicht vorgeschriebenen Gesanges sollte man öfters die Möglichkeit des *„heiligen Schweigens“* wahrnehmen, zumal Wortgottesdienst und Hochgebet den lauten Vortrag haben. Bei der Entgegennahme von Brot und Wein spricht der Priester zwei Gebete, die nach Art einer jüdischen Beraka ein *Lobpreis des Schöpfers* über Brot und Wein als Gottesgaben, aber auch als „Frucht der Erde (des Weinstocks) und der menschlichen Arbeit“ sind. So kommt auch auf eine glückliche Weise der wichtige Gedanke zum Ausdruck, daß die Gläubigen mit den Gaben sich selbst in Glaube und Hingabe schenken wollen. Zugleich wird an ihrem Schluß auf die soteriologische Zweckbestimmung dieser Gaben verwiesen. Die beiden Gebete zur Beimischung von Wasser in den Kelch und zur Händewaschung („Ausdruck des Verlangens nach innerer Reinigung“: AEM 52) wurden gestrafft. Das überkommene Gebet „In spiritu humilitatis“ nach der Darbringung des Weines wurde als Gebet der Selbstbereitung und der Bitte um Annahme beibehalten. Eine anschließende *Inzensierung* der Gaben, des Altares, des Priesters und der Gemeinde ist fakultativ. Der gesamte Offertorialkreis, dessen Neuordnung manche Probleme in glücklicher Weise gelöst hat, wird abgeschlossen mit dem Gabengebet, zu dem der Priester eine Gebetseinladung (drei mögliche Formen) ausspricht.

Lit.: *K. Pursch,* Die Probleme des Offertoriums und Versuche ihrer Lösung, in: Int. Kirchl. Ztschr. 46 (1956) 1–27, 105–130; *Jungmann MS* II 3–125; *ders.,* Die Gebete zur Gabenbereitung, in: LJ 23 (1973) 186–203; *Martimort* I 385–403 (Das Offertorium); *R. Berger,* Gabenbereitung und Gabengebet, in: *Gemeinde im Herrenmahl* 264–271; *ders., Offerre pro.*

Gabengebet Früher „oratio secreta“ = stilles Gebet genannt (Sekret). Im alten römischen und im ambrosianischen Ritus wurde dieses veränderliche Amtsgebet des Zelebranten (↗Präsidialgebete) zum Abschluß des ↗Opferganges bzw. der ↗Gabenbereitung laut vorgetragen. In der byzantinischen Liturgie entspricht ihm einigermaßen das „Gebet der Prothesis“, das zu der kleinen Litanei nach dem großen ↗Einzug gehört. – Da die Gläubigen beim Opfergang auch ihre Sorgen und Anliegen zum Altar brachten, spricht das römische Gabengebet oft von „Gaben und Gebeten“. In dieser Funktion der Intentionsempfehlung entspricht ihm das gallische „Gebet nach den Namen“. Das römische Gabengebet konnte so zugleich zum Abschluß des Gläubigengebetes (↗Fürbitten) dienen. Deswegen ging ihm wohl auch kein eigenes „Oremus“ voraus. Wohl aber hat sich im gallischen Raum eine Art Gebetseinladung dafür im ↗Orate fratres ausgebildet. – Gallischer Brauch hatte nach orientalischem Vorbild Opfergebete gern mit dem Schleier der Stille verhüllt. Bei der Übernahme der römischen Liturgie ins Frankenreich wurde diese Stille auf das Gabengebet übertragen und dann auf den ganzen Kanon ausgedehnt, so daß das Wort Sekreta im Mittelalter manchmal den Kanon mitmeint. – Das Gabengebet will nicht, wie eine weitverbreitete Meinung besagt, die materiellen Gaben von Brot und Wein „vorweihen“ (↗Gabenbereitung). Oft sprechen die Gabengebete schon vom Gesamtvorgang der Eucharistie und ihren Wirkungen, weniger von der Vorbereitungsphase, und sind so zum Teil mißverständlich. – Seit 1964 wird das Gabengebet wieder laut vorgetragen (Instr. vom 26. 9. 1964; hier auch wieder der Name oratio super oblata = Gabengebet). Im MR geht ihm die Gebetseinladung Orate fratres voraus, das MD bringt neben diesem leicht mißverständlichen Text zwei Alternativen. – Da die Texte des Gabengebetes aus verschiedenen Zeiten stammen, spiegeln auch sie die verschiedenen Sichten des Oblationsgeschehens. Im allgemeinen aber ist ihr Kern die Bitte um Annahme der Gaben, wie sie von den Gläubigen gebracht und für den Altar ausgesondert wurden. Im Mittelalter wird häufig ihr sog. „Memorienwert“ angesprochen. Manche Texte scheinen dabei von diesen „Gaben“ Wirkungen zu erbitten, die ausschließlich dem Kreuzopfer des Herrn zugeschrieben werden können. Solche „vorausschauenden“ Wendungen sind aber nur geeignet, die klare Struktur der Meßfeier und den Vorbereitungscharakter der Gabenbereitung zu verwischen. Leider ist es den Reformgremien nicht gelungen, im neuen Missale alle Gabengebete inhaltlich besser zu präzisieren. Vor allem hätte der Gedanke der mit den irdischen Gaben verbundenen Selbsthingabe der Gläubigen in Glaube und Liebe stärker herausgestellt werden müssen, was dem MD immerhin zum Teil gelungen ist (vgl. etwa die zwölf „Gabengebete zur Auswahl“ im Ordinariumsteil des MD).

Lit.: Berger, Offerre pro; K. Amon Offertorium als Bereitung, in: Gd 4 (1970) 107–110; *ders.,* Die Präsidialgebete in: LJ 23 (1973) 170–186; *J. A. Jungmann,* Die Gebete der Gabenbereitung, in: LJ 23 (1973) 186–203).

Gabriel ↗Engelfeste.

Gallische Liturgie ↗Fränkisch-gallische Liturgie.

Gaudete Name für den dritten Adventssonntag, hergenommen vom ersten Wort des lateinischen Eröffnungsverses „Freuet euch im

Herrn ..." Dieser Vers ist der zweiten Lesung des Lesejahres C entnommen (Phil 4, 4–7). Der Gebrauch rosafarbener Meßgewänder geht wohl auf eine Angleichung an den vierten Fastensonntag zurück, der als Sonntag ↗Laetare ebenfalls einen freudigen Charakter hat.

Gebärde (Gesten). Gottesdienst, der unter dem Antrieb des Geistes vom ↗Menschen begangen werden soll, kann weder aus bloß äußerlichen Vollzügen noch aus rein geistigen Akten bestehen, er bedarf vielmehr wegen der Natur des Menschen eines leiblich ausgedrückten geistigen Aktes. Darum gehört zum Gottesdienst die „Äußerung" in Wort und Gebärde. Gebärde ist nicht „Äußerlichkeit", sondern ein Ausdruck des ganzen Menschen als eines leibmächtigen Geistes; ohne Äußerung fehlt der Gottesverehrung der volle Einsatz des Menschen, sie geht nicht in die Tiefe seiner Existenz. Dies gilt erst recht, seit Gott selber in Jesus Christus leibhaft geworden ist. Äußerungen im Gottesdienst entstehen zunächst spontan, sind heute aber weithin normiert. – Vielfach unterscheidet man von den ↗Körperhaltungen allgemein als *Gebärden in einem engeren Sinn* jene Ausdruckshandlungen, die mit der ↗Hand (Falten, Erheben, Auflegen, An-die-Brust-Klopfen, Bekreuzigen) und mit den Augen (Erheben und Senken) vollzogen werden, ohne daß die Verwendung zusätzlicher Hilfsmittel ausgeschlossen wäre (Salben mit Öl oder Speichel).

Lit.: Th. Ohm, Die Gebetsgebärden der Völker und das Christentum (Leiden 1948); *H. Lubienska de Lenval,* Die Liturgie der Gebärde (Klosterneuburg 1959); *D. Forstner,* Die Welt der Symbole (Innsbruck 1960); GL 41 f; *K. Hallinger,* Kultgebärde und Eucharistie, in: ALW 19 (1978) 29–41.

Gebet im weiten Sinn jeder Ausdruck der Gottesverehrung, im engeren und gebräuchlicheren Sinn nur deren sprachlich formulierter Ausdruck.

1. Gebet ist Grundbetätigung jeder Religion. Für den Christusgläubigen geschieht Gottesbegegnung immer und ausschließlich durch ↗Christus, in der Kraft des Gottesgeistes, der uns zu Kindern Gottes macht und uns befähigt, Gott als unsern Vater anzusprechen, sowie zunächst in der Begegnung mit Christus, in dem wir den Vater erblicken. Der Christ betet immer und überall als Glied des Christusleibes, zum Haupt oder mit dem Haupt zum Vater. Selbstverständlich kommt diese Grundgegebenheit deutlicher zum Ausdruck, wenn sich die ↗Gemeinde zum Gebet versammelt (liturgisches Gebet), als wenn der einzelne in seinem Kämmerlein betet (↗Privatgebet); aber auch das „private Gebet" des Christen bleibt hineingebunden in die Gemeinschaft des Heiligen Geistes; es geschieht in dessen Kraft, es erfließt aus dem Gebet in der Gemeinde, erhält von ihm Stoff, Nahrung und Zentrierung und mündet wieder zurück in das Beten der Gemeinde. Denn umgekehrt lebt dieses gemeinsame Beten von dem persönlichen Beten der einzelnen Gemeindeglie-

der; ohne privates Beten und Meditieren würde das liturgische Gebet bald zur reinen Äußerlichkeit ohne Beteiligung der Person erstarren.
2. *Mitte und Höhepunkt christlichen Betens* ist die Feier der Eucharistie und der Sakramente. Um diese legen sich das tägliche Morgen- und Abendlob der Kirche, die Gemeindehoren, und später das vollausgebaute ↗Stundengebet. Leider hat dieses im Westen seinen gemeindlichen Charakter fast ganz verloren, es wird von den ordinierten Leitern der Gemeinde stellvertretend praktisch privat verrichtet, während die Gemeinde sich Ersatzformen wie ↗Rosenkranz und ↗Andacht geschaffen hat, die früher nicht als liturgisches Gebet galten, durch LK 13 aber als „gottesdienstliche Feiern der Teilkirchen" und damit als „Diözesanliturgie" anerkannt sind.
3. Die einzelnen Gebete einer liturgischen Feier gehören oft ganz *verschiedenen Schichten zu.* In der Mitte sakramentaler Funktionen steht meist ein ↗Hochgebet, eine beraka, ein Lobpreis für Gottes rettendes Handeln, vom priesterlichen Leiter vorgetragen. Um das Wort zentrierte liturgische ↗Feiern, auch Prozessionen und Litaneien, haben ein Abschlußgebet des Vorstehers, dem vielfach eine ↗Gebetseinladung und ein Volksgebet voraufgeht. Das Volksgebet geschieht meist in der Stille; an Bußtagen kniet man dazu nieder, oft eigens vom Diakon dazu aufgefordert; der abschließende Satz („collecta") des Priesters, die ↗Oration, befleißigt sich in der römischen Liturgie meist größter Knappheit; wenn das zugehörige Gebet des Volkes nicht realisiert wurde, empfindet man liturgisches Gebet dann als dürftig. In der byzantinischen Liturgie verrichtet der Priester sein Abschlußgebet vielfach schon still unter der vom Diakon geleiteten Litanei und spricht nur die Schlußdoxologie laut („Ekphonese"). Schließlich gibt es eine jüngste Schicht von Gebeten, die von den Diensttuenden zur Vorbereitung und während des Vollzugs einer liturgischen Handlung verrichtet werden; diese Rüst- und Begleitgebete werden in aller Regel still gesprochen (Ausnahme: die Begleitgebete zur ↗Gabenbereitung im MR und zurückhaltender auch im MD können in Meßfeiern ohne Gesang laut gesprochen werden). ↗Bittgebet; ↗Lob Gottes.

Lit.: *F. Heiler,* Das Gebet, München, ⁵1923; *K. Rahner,* Von der Not und dem Segen des Gebetes, Freiburg ⁷1965; GL 1; *Ph. Harnoncourt,* Vom Beten im Heiligen Geist, in: *Gott feiern* 100–115; *B. Fischer,* Vom Beten zu Christus, ebd. 94–99; siehe auch LJ 24 (1974) 65–156.

Gebetbücher ↗Gesangbuch.

Gebetseinladung Eine Gemeinde kann nur in ihren lebendigen Gliedern echt beten. Darum spricht beim liturgischen Beten nicht einfach der Vorsteher einen Text vor, sondern er lädt die Gläubigen ein zum (stillen oder litaneiartigen) Beten und beschließt erst dieses mit seinem Gebetstext. Die römische Liturgie kennt im allgemeinen nur die einfache Aufforderung „Lasset uns beten", an Bußtagen verbunden mit dem Hinweis „Beuget die Knie"; im Gläubigengebet, wie es sich am Karfreitag erhalten hat, sowie bei einigen bischöflichen Weihefunktionen kennt sie aber auch längere formulierte Einladungen zum Beten in einem bestimmten Anliegen (↗Invitatorium oder ↗praefatio genannt), die der Zelebrant selber vorträgt: „Lasset uns beten, meine Brüder, daß Gott das und das tue!“ In der gallikanischen Liturgie waren solche Gebetseinladungen die Regel; das ↗Orate fratres dürfte auf diesem Boden erwachsen sein. Die orientalischen Riten kennen in ihren ↗Ektenien eine ähnliche Art des Betens: Gebetsaufforderungen des Diakons, die das Gebetsanliegen nennen und von einem Volksruf beantwortet werden. Eine einmalige Sonderform der Gebetsbitte findet man im Prolog des ↗Exsultet.

Gebetsgottesdienste ↗Andacht; ↗Stundengebet; ↗Wortgottesdienst.

Gebet über das Volk ↗Segen.

Geburt Marias ↗Marienfeste 1.5.

Geburtstag Eine jährlich wiederkehrende (↗Jahrgedächtnis) Dank- und Bittfeier für das Gottesgeschenk des leiblichen Lebens bildet sich nach anfänglichem Zögern auch bei den Christen aus; das Altgelasianum und mittelalterliche Sakramentare bis ins 11./12. Jh. kennen dafür ein eigenes Meßformular „In natale genuinum“. Die heidnischen Römer feierten auch ihre Toten weiterhin am Datum des Geburtstages, während die Christen für den jährlichen Gedenktag das Datum des Todestages wählten (↗Heiligenverehrung). Bei einigen hatte sich daneben die alte Feier des Geburtstages erhalten (z.B. Agnes „zum andern Mal“, 28. Januar). Eine eigene Festfeier der Geburt kennt der neue Festkalender nur bei Christus (↗Weihnachten), bei ↗Johannes dem Täufer und bei ↗Maria. Während bei den Protestanten der Geburtstag allgemein gefeiert wird, beschränkten sich bislang einige katholische Gegenden auf die Feier des ↗Namenstages und der sog. runden Geburtstage von 50 an. In der neueren Zeit ist auch hier ein Wandel zugunsten des Geburtstages eingetreten.

Lit.: F. Boehm, Geburtstag und Namenstag im deutschen Volksbrauch (Berlin 1938); *W. Dürig,* Geburtstag und Namenstag (München 1954).

Gedächtnis meint im gottesdienstlichen Leben nicht jene psychologische Ablaufreihe, mit der wir uns vergangenen Ereignissen und abwesenden Dingen in Gedanken („er-innern“) zuwenden; Gedenken meint vielmehr, ähnlich der *Sprechweise der Schrift,* allgemein das Ausrufen eines geschehenen oder erst kommenden (Gedächtnis geht auch auf Zukünftiges: Jes 47, 7) Heilsereignisses, ganz besonders aber das Ausrufen im kultischen Vollzug. Das verkündigte Heilshandeln Gottes wird in der Gedächtnisfeier „wirklich“, es betrifft mich und wirkt an mir. Das zeigt sich im AT besonders am Paschafest und an den übrigen Gedächtnisfesten (Ex 13,4): wer des Auszugs „gedenkt“ (= ihn im Kultgeschehen nachvollzieht), für den wird die rettende Heilstat Gottes jetzt wirklich. Gedenken heißt im Gottesdienst darum nicht: an etwas *nur* denken,

Gedenken ist vielmehr die besonders intensive Form der Wirklichkeit, in die ich in der gottesdienstlichen Begehung eintrete. – Die *christliche Gemeinde* tut getreu dem Auftrag Christi (1 Kor 11,24f; Lk 22,19) insbesondere in der Eucharistie das Gedächtnis des Herrn, und sie hält mit Nachdruck dabei fest: Die Messe ist kein leeres Gedächtnis (keine nuda commemoratio), in ihr ist Tod und Auferstehung des Herrn wirklich und gegenwärtig, in ihr wird der Opfertod des Herrn für uns Wirklichkeit. Im ↗Einsetzungsbericht wird die Urwirklichkeit verkündet, und in der ↗Anamnese wird die auftragsgemäße Folgerung ausdrücklich formuliert. Aber auch im nichtsakramentalen Bereich ist das gedenkende Wort nicht leer und wirkungslos (↗Verkündigung). – Gedächtnis geschieht immer durch *ausdrückliche Nennung;* das Tun allein wäre zu undeutlich, das kündende Wort muß hinzutreten (Ex 12,26f). Insbesondere hat der ↗Name, wenn er ausgerufen wird, solche epikletische (herbeirufende) Kraft; darum nennt das Hochgebet die großen Heilstaten Gottes in der Anamnese, darum rufen ↗Epiklese und ↗Exorzismus mit Nachdruck immer wieder die großen Namen Gottes, darum geschehen die Interzessionen im Hochgebet (das Gedächtnis der Lebenden, der Heiligen und der Verstorbenen) durch ausdrückliche Namensnennung.

Gedächtnis eines verdrängten Festes: ↗Kommemoration.

Lit.: O. Schilling, „Gedenken" und „Gedächtnis" in der Sprache der Bibel, in: Lebendiges Zeugnis 20 (1965) 30–37.

Gedenktag In der ↗Rangordnung der Feste unterscheidet die neue GOK Hochfeste, Feste und Gedenktage (memoriae). Diese können geboten (G) oder nicht geboten (g) sein. „Ihre Feier wird mit der des betreffenden Wochentages nach den Regeln der Allgemeinen Einführungen in das Meßbuch und das Stundenbuch verbunden" (GOK 14). Fallen mehrere nichtgebotene Gedenktage auf den gleichen Tag, so kann nur einer gefeiert werden, die anderen entfallen. „Die Wochentage des Advents in der Zeit vom 17. bis 24. Dezember einschließlich und alle Wochentage der österlichen Bußzeit gehen allen gebotenen Gedenktagen vor" (ebd. 16b). An Samstagen „im Jahreskreis" ohne gebotenen Gedenktag kann ein nichtgebotener Gedenktag der seligen Jungfrau Maria begangen werden. Nähere rubrizistische Anweisungen in AEM und AES. –↗Okkurrenz.

Gegenwart Christi Auch nach seiner Auferstehung und Himmelfahrt bleibt der erhöhte Herr durch den Heiligen Geist in seiner Kirche bis zum Ende der Welt gegenwärtig (Mt 28,20). In der gottesdienstlichen Versammlung der Gläubigen ist er „mitten unter ihnen" (Mt 18,20). Die wirkliche und wirkende Gegenwart Christi in der ↗Liturgie als der Aktionsgemeinschaft von Christus und Kirche wurde in Anlehnung an ↗Mediator Dei (Nr. 20) vom II. Vatikanum besonders herausgestellt, zunächst als Gegenwart im Opfer der Messe und in der Person des zelebrierenden Priesters, vor allem aber unter den eucharistischen Gestalten; dann die Gegenwart in der Feier der Sakramente, in der Verkündigung des Gotteswortes („er selbst spricht...") und schließlich im Beten und Singen der Gemeinde (LK 7). Sicher nimmt die bleibende „substantielle" (an den Bestand einer Sache [res] gebundene) Gegenwart des Leibes und Blutes Christi in der Eucharistie eine Sonderstellung ein. Da es sich um Opferleib und Opferblut des lebendigen Herrn handelt, ist auch hier infolge sakramentaler „Begleitschaft" (Konkomitanz, ↗Fronleichnam) der lebendige Herr in seinem personalen gottmenschlichen Sein zugegen. Der herkömmliche abkürzende Ausdruck „Realpräsenz" für die Gegenwart Christi unter den eucharistischen Gestalten verleitet aber leicht zu dem Mißverständnis, die anderen Gegenwartsformen seien nicht „real"; die handelnde Gegenwart Christi im Gottesdienst ist aber durchaus real im Normalsinn dieses Wortes („Aktualpräsenz"), nur daß sie nicht an eine beharrende Sache gebunden ist, sondern sich in der gläubigen Versammlung der Gemeinde vollzieht, und dem will ja auch die Gegenwart unter den eucharistischen Gestalten dienen.

Die derzeitige Besinnung auf die Bedeutung des Gegenwärtigkeitsmotivs für die Liturgie fußt vor allem auf der Mysterientheologie des Laacher Benediktiners *Odo Casel* († 1948). Er erhob, vor allem aus den hellenistischen Mysterienreligionen, das „Kulteidos" Mysterium (ein einmaliges historisches Heilsereignis gewinnt durch den Ritus Gegenwart und ermöglicht so dem Mysten Teilhabe) und verdeutlichte damit vor allem an der Tauflehre von Röm 6: Bei der Feier der Sakramente wird dem Empfänger nicht einfach eine bestimmte „Menge" Gnade als Wirkung der einmaligen Heilstat Christi zugewandt, sondern das Heilsereignis selber wird in seinem Kern *in mysterio* (in der Seinsweise des sakramentalen Vollzugs) gegenwärtig und ermöglicht dem Empfänger, an Tod und Auferstehung des Herrn (am ↗Pascha-Mysterium) teilzuhaben. Unstreitig wurde durch diese Mysterienlehre, bei aller Problematik für die theologische Erfassung, die Bedeutung der handelnden Gegenwart Christi für den Gottesdienst der Kirche wieder ins Bewußtsein der Gläubigen erhoben und dadurch eine organische Sicht des gottesdienstlichen Lebens zurückgewonnen, die nicht auf dem Prinzip der Wirkung, sondern der wirkenden Gegenwart aufbaut.

Lit.: K. Rahner, Die Gegenwart des Herrn in der christlichen Kultgemeinde, in: Schriften zur Theologie VIII (Einsiedeln u.a. 1967) 395–408; zur Mysterienlehre Casels: *O. Casel,* Die Liturgie als Mysterienfeier (Ecclesia orans IX) (Freiburg [5]1923); *ders.,* Das christliche Kultmysterium (Regensburg [4]1960); *B. Neunheuser,* Mysteriengegenwart in: ALW III/2 (1954) 104–122; *O. Nußbaum,* Von der Gegenwart Gottes im Wort, in: *Gott feiern* 116–132.

Gelasianum ↗Sakramentar.

Gelübde ↗Profeß.

Gemeinde zunächst einfach die herkömmliche sinngemäße Wiedergabe des griechischen Wortes ekklesia (↗Kirche), im Sprachgebrauch aber eingeschränkt auf die einzelne konkrete [Orts-]Kirche; voll verwirklicht ist Kirche und Gemeinde nur unter der apostolischen Leitung eines ↗Bischofs im ↗Bistum; praktisch lebendig und mit dem Wort Gemeinde gemeint ist heute meist die (grundsätzlich territorial umgrenzte) Pfarrei und (anderweitig soziologisch umgrenzte) kirchliche Gemeinde (wie Hochschulgemeinde bzw. Studentengemeinde, Ausländergemeinde, Arbeiterpfarrei). Neutestamentliche Gemeinde ist eine Gruppe Getaufter aber nicht einfach durch das soziologische Zusammenwirken ihrer Glieder, sondern durch den Geist des Herrn, der den einzelnen und die Gruppe durchwaltet, der das Wort Christi lebendig erhält und die Feier des Herrenmahles möglich macht und der so die Glieder der Gemeinde in Glaube, Hoffnung und Liebe zusammenbindet. So wird Gemeinde sichtbar zwar in jeder Betätigung der im Glauben geschenkten Liebe (↗Caritas, ↗Erbauung), am intensivsten aber wird sie verwirklicht in der gottesdienstlichen Versammlung, vor allem in deren Höchstform, der ↗Eucharistie (↗Brotbrechen, ↗Friedensgruß). – Gemeinde gibt es nicht ohne den Dienst des apostolischen Amtes (↗Klerus), dessen Träger dadurch in der Versammlung der Gemeinde sich von der versammelten „Menge der Gläubigen" abheben (Apg 4,32f; 6,2.5). Das führt zu einem Sprachgebrauch, der unter Gemeinde ausschließlich das versammelte ↗Volk, die ↗„Laien", ohne die Vorsteher versteht. Demgegenüber ist festzuhalten: Auch die Vorsteher gehören zur Gemeinde, und diese durch den Dienst der Vorsteher geeinte Schar der Gläubigen, die Gemeinde im Vollsinn, ist Repräsentant der einen heiligen Kirche und der sichtbare (irdische) Träger der Liturgie (↗Volk).

Lit.: E. Hesse – H. Erharter (Hrsg.), Liturgie der Gemeinde (Wien 1966); *G. Deussen,* Die neue liturgische Gemeinde (Frankfurt 1968); HPTh III (1968) 17–328; *Th. Maas-Ewerd,* Liturgie und Pfarrei … (Paderborn 1969); *H. Fischer* u.a., Die Gemeinde (Pastorale) (Mainz 1970 und Leipzig 1972 [PkH 50/2]); LPTh 168.

Gemeindemesse ↗Meßformen.

Gemeinschaftsmesse Bezeichnung für eine im dritten Jahrzehnt unseres Jahrhunderts gewachsene ↗Meßform, die insofern unglücklich und irreführend ist, als jede Meßfeier ihrer Natur nach Gemeinschaftscharakter hat, wie dies auch in der LK 26f und AEM 14 und 62 betont wird; in den Österreicher und Schweizer Richtlinien „Betmesse" genannt. Außerhalb des deutschen Sprachraums hatte sich die *Missa dialogata* entwickelt, die 1922 die Billigung der Ritenkongregation gefunden hatte. Im deutschen Sprachraum entstand 1920 *Guardinis „Gemeinschaftliche Andacht zur Feier der heiligen Messe",* in Maria Laach seit 1921 die *„Missa recitata",* ferner die Meßgestaltung auf Burg Rothenfels (Quickborn) und die *„liturgische Messe"* in Klosterneuburg *(Pius Parsch).* Die einheitliche Übersetzung des Meßordo von 1928, von den ↗Volksmeßbüchern übernommen und durch das „Kirchengebet" *(L. Wolker)* und die „Klosterneuburger Chormesse" *(Pius Parsch)* millionenfach verbreitet, schuf die äußere Voraussetzung für den Siegeszug der deutschen Gemeinschaftsmesse, zuerst vor allem in den Kreisen der Jugend. –

Anfangs bestand die Tendenz, alle Meßgebete laut zu sprechen. Überlegungen seit 1935 führten zur ↗Hochamtsregel, an der sich die verschiedenen ↗Richtlinien orientierten und die „Grundform“ (Normalform) der Gemeinschaftsmesse schufen. Die „erweiterte Form“ blieb daneben bestehen, bis die große Liturgiereform diese Wucherform beseitigt hat. Die sorgfältigere Unterscheidung der Funktionen führte dazu, daß man sich nicht mehr mit einem ↗Vorbeter begnügte, sondern den eigenen ↗Lektor für die Lesungen einführte und eine ↗Schola oder einen zweiten Vorbeter für die Gesangsproprien. Auch die Bedeutung der ↗Präsidialgebete für die Leitungsfunktion des Priesters wurde damals schon erkannt, praktische Konsequenzen daraus (↗Gebetseinladungen) aber erst in den Richtlinien von 1961 vorgeschlagen. In das pfarrliche Gottesdienstleben ist die Gemeinschaftsmesse eingedrungen vor allem in der durch Lieder bereicherten Form der ↗Betsingmesse. – Die zunächst noch tastenden Anliegen der Gemeinschaftsmesse wurden mit dem neuen ↗Missale voll verwirklicht.

Lit.: J. Gülden, Die Möglichkeiten der liturgischen Gestaltung der Sonntagsmesse heute, in: *J. Wagner – D. Zähringer* (Hrsg.), Eucharistiefeier am Sonntag (Trier 1951) 105–139; *L. Wolker*, Das neue Erlebnis und die neue Verkündigung des Mysteriums in der Jugend, in: *F. X. Arnold – B. Fischer*, Die Messe in der Glaubensverkündigung (Freiburg 1953) 269–282; *J. Wagner*, Drei römische Dokumente, in: LJ 9 (1959) 65–78.

Generalabsolution

1. Erteilung der sakramentalen Lossprechung an eine Gruppe von Büßern ohne vorausgehendes Einzelbekenntnis der Sünden. Nach der neuen „Feier der Buße“ (↗Bußsakrament) ist dies nicht nur in Todesgefahr (Krieg, Katastrophen) möglich, sondern auch dann, „wenn angesichts der Zahl der Gläubigen nicht genügend Beichtväter zur Verfügung stehen, um innerhalb einer angemessenen Zeit das Bekenntnis der einzelnen in gebührender Weise zu hören, so daß sie – ohne ihre Schuld – lange die Gnade des Sakramentes oder die heilige Kommunion entbehren müßten“ (31). Die Entscheidung darüber, ob diese Voraussetzungen gegeben sind, steht zunächst dem Ortsbischof nach Beratung mit den übrigen Mitgliedern der Bischofskonferenz zu, im Notfall aber auch den einzelnen Priestern, die aber möglichst bald dem Ortsbischof von diesem Notfall berichten sollen (32). – Seitens der Gläubigen ist Reue und guter Vorsatz notwendig. Es bleibt die Verpflichtung bestehen, die in der Generalabsolution vergebenen Sünden spätestens innerhalb eines Jahres auch einzeln zu bekennen (33f). In ähnlicher Weise hatten bereits die Heilige Pänitentiarie in einer Instr. vom 25. 3. 1944 und die Glaubenskongregation in den „Normae pastorales“ vom 16. 6. 1972 entschieden. – Die „Feier der Buße“ enthält für diese Generalabsolution einen eigenen Ritus (Kap. 3).

2. Im weiteren Sinn (ohne sakramentalen Charakter) bezeichnet man auch verschiedene Formen des ↗Päpstlichen Segens (vor allem den Sterbesegen) sowie bestimmte Absolutionen im religiösen Leben der älteren Orden und für die Mitglieder ihrer Dritten Orden als Generalabsolution.

Lit.: A. Eppacher, Die Generalabsolution, in: ZkTh 90 (1968) 296–308.

Generalkalender Auch Allgemeiner oder Römischer Kalender (Calendarium Romanum generale) genannt. Seine Neugestaltung erfolgte durch den „Rat zur Durchführung der Konstitution über die heilige Liturgie" (auch Römischer Liturgierat genannt). Veröffentlicht wurde er durch Dekret der ↗Ritenkongregation vom 21. 3. 1969 auf Grund des Apostolischen Schreibens (Motuproprio) *Pauls VI.* vom 14. 2. 1969 zusammen mit der „Grundordnung des Kirchenjahres" und der reformierten Allerheiligenlitanei. Er trat am 1. 1. 1970 in Kraft und enthält das ↗Temporale und ↗Sanctorale für die gesamte lateinische Kirche. Im Sinn des II. Vatikanums (LK 111) war man bemüht, nur jene Heiligengedächtnisse aufzunehmen, „die wirklich von allgemeiner Bedeutung sind", und eine beträchtliche Anzahl von ihnen aus dem seitherigen Kalendarium herauszunehmen, um sie den Eigenkalendern (↗Regional-, ↗Diözesan- und ↗Ordenskalendern) zu überlassen. Die lateinisch-deutsche Dokumentation findet sich in der Sammlung „Nachkonziliare Dokumente" als Band 20: „Der Römische Kalender" (Trier 1969 und Leipzig 1970); hier auch das offizielle römische Kommentarwerk.

Geräte, liturgische Im christlichen Gottesdienst benötigt man für die *Eucharistiefeier* eine ↗Patene für das Brot und einen ↗Kelch für den Wein, für die zweigestaltige Kommunion bzw. ↗Kelchkommunion gegebenenfalls einen Löffel (besonders im Osten üblich) oder ein Saugröhrchen (fistula). Im Westen entwickeln sich für die Aufbewahrung der Hostien das ↗Ziborium und die Pyxis (auch für die Krankenkommunion), für die Aussetzung und Verehrung der großen Hostie die ↗Monstranz. Ferner werden gebraucht Kännchen für Wein und Wasser, für die ↗Händewaschung Kanne, Schale und Handtuch. Unter die liturgischen Geräte zählen ferner die Gegenstände zur Ausstattung des ↗Altares (↗Altartuch, ↗Kreuz, ↗Leuchter) und Kirchenraumes sowie die Paramente (liturg. ↗Gewänder). Für die *Taufe* werden vor allem Taufkanne und Schale benötigt. Die heiligen ↗Öle werden in besonderen Gefäßen aufbewahrt. – Die Reservierung dieser Gegenstände für den Gottesdienst wirkt sich bei den meisten aus in ↗*Weihungen und Segnungen,* was jedoch nicht ausschließt, daß in Notfällen auch Gegenstände des alltäglichen Gebrauches benutzt werden können. – Die LK spricht von dem steten Bemühen der Kirche, „daß das heilige Gerät würdig und schön zur Zierde der Liturgie diente; sie hat dabei die Wandlungen in Material, Form und Schmuck zugelassen", die sich aus dem technischen Fortschritt ergaben (122). In der künstlerischen Gestaltung soll auf die „Eigenart der verschiedenen Kulturen" Rücksicht genommen werden (AEM 295; ↗Kunst). „Man kann alles verwenden, was der Eigenart und den Bräuchen der verschiedenen Völker entspricht, sofern es der liturgischen Bestimmung der Geräte gerecht wird. Es soll auch hier auf edle Schlichtheit Wert gelegt werden, die echter Kunst eigen ist" (ebd. 287). Was das Material betrifft, so können auch andere als die bisher üblichen verwendet werden, „sofern sie nach heutigem Empfinden als edel gelten, haltbar und für den Gottesdienst geeignet sind. Darüber hat in den einzelnen Gebieten die Bischofskonferenz zu entscheiden" (ebd. 288).

Lit.: Braun, Altargerät; U. Rapp, Konzil, Kunst, Künstler (Frankfurt 1966).

Gesang tritt nicht nur zur Liturgie hinzu als schmückendes Element, als künstlerisches Ausstattungsmittel, er ist selber eine Seite der Liturgie, ihr „notwendiger und integrierender Bestandteil" (LK 112); Gesang ist nicht Kleid, sondern Leib der Liturgie; nicht werden vorgegebene Texte nachträglich „vertont", sondern der Gottesdienst besteht zu wesentlichen Teilen aus Gesangsstücken, die nur durch eine Schwundentwicklung im Westen nachträglich auch einfach gesprochen werden konnten. Im festlichen Lobpreis Gottes, in der „Eucharistie" ist Gesang die natürliche Sprechweise; die ↗Freude des ewigen Hochzeitmahles muß sich auch in dessen irdischem Abglanz und Vorgriff widerspiegeln; eine Versammlung freudig gestimmter Menschen äußert sich immer in Singen. Dies gilt nicht nur von der Meßfeier, sondern von jeder gottesdienstlichen Versammlung, besonders auch vom Stundengebet (LK 99; AES 267–284). So mahnen schon die Apostelbriefe zum Singen (Kol 3, 16f; Eph 5, 19f) und überliefern uns hymnische Stellen in den Briefen und in der Apokalypse das Singen der Urkirche. Weite Teile der Christenheit lassen sogar Musikinstrumente im Gottesdienst zu (↗Musik).

Die Tradition unterscheidet accentus und concentus. *Accentus* (= Hinzugesungenes) ist für unser Ohr weithin nicht eigentliches Singen, sondern eher gehobenes (überhöhtes) Sprechen in Form der ↗Cantillation von Lesung (↗Lesetöne) und feierlichem Gebet (auch Präfation) und in Form der ↗Akklamation, des dialogischen Antwortrufes der Gemeinde (auch in den Großformen wie Sanctus und Gloria). Solche Accentus-Formen wurden nicht ausnotiert, sondern durch kleine Hilfszeichen am Text („Akzente") angedeutet. Die Formen des *concentus,* des eigentlichen Kunstgesanges, setzen eine ↗Schola voraus. Sie finden sich vor allem in den ↗Prozessionsgesängen des festlichen Gottesdienstes und in den responsorialen Gesängen, soweit sie von der Schola übernommen worden sind (↗Zwischengesänge). – Für die heutige Meßgestaltung wichtiger ist die funktionale Unterscheidung von Aktions- und Begleitgesängen. Der *Aktionsgesang* ist selber liturgische Handlung; die ganze Gemeinde vollzieht hörend und singend den Gesang, ohne daß sonst etwas geschähe. Aktionsgesang ist vor allem der ↗Zwischengesang im Wortgottesdienst und das Sanctus im Hochgebet, in gewissem Grad auch der Dankgesang nach der Kommunion. Diese Aktionsgesänge hängen weithin am Text; dieser kann nicht beliebig ausgetauscht und nicht unbeschränkt paraphrasiert oder liedförmig gefaßt werden; können Aktionsgesänge aus irgendeinem Grund nicht gesungen werden, dann wird ihr Text wenigstens gesprochen, weil sonst ein notwendiger Schritt des Gottesdienstes nicht geschähe. *Begleitgesänge* hingegen haben keine solche selbständige Funktion, sie begleiten nur eine andere liturgische Handlung. Es handelt sich vor allem um ↗Prozessionsgesänge, die den Einzug, die Gaben- und Kommunionprozession überschweben, sowie um das ↗Agnus Dei bei der Brotbrechung. Diese Gesänge entwickeln sich überhaupt erst im Festgottesdienst der Großgemeinde als musikalische Bereicherung wichtiger gottesdienstlicher Vorgänge. Sie können auch fehlen, weil das Wesentliche in der von ihnen nur begleiteten Handlung geschieht. Die Begleitfunktion hängt am musikalischen Charakter, der Text ist nur von geringer Bedeutung (verglichen mit dem der Aktionsgesänge), und es hat wenig Sinn, ihn beim Wegfall des Gesanges eigens vorzulesen (er bekäme dadurch eine ganz falsche Funktion: das Vorlesen eines Liedtextes ist kein Lied), die gewünschte Begleitfunktion wird durch eine Paraphrase oder ein entsprechendes Lied besser erfüllt. – Die weithin übliche Einteilung der Meßgesänge in ↗*Ordinarium* (gleichbleibende) und ↗*Proprium* (wechselnde Meßgesänge) dient lediglich dem handlichen Gebrauch; sie ist eher irreführend, weil sie Gesänge mit völlig verschiedener Funktion gleichgewichtig in eine Reihe stellt.

Lit.: Leiturgia IV; *A. Dohmes,* Der pneumatische Charakter des Kultgesanges nach frühchristlichen Zeugnissen, in: Mysterium, Gesammelte Arbeiten für *O. Casel* (Düsseldorf 1951) 35–53; *R. Schömig,* Zur Theologie des christlichen Kultgesanges, in: Musicus Magister (Regensburg 1963) 16–43; *H. Hucke* (Hrsg.), Kirchenmusik nach dem Konzil (Freiburg 1967); *ders.* u.a. (Hrsg.), Musik in der feiernden Gemeinde (Einsiedeln – Freiburg 1974).

Gesangbuch, autorisierte Sammlung gottesdienstlicher Gebete und Gesänge für die Gemeinde, als Buchtyp erwachsen auf dem Boden der Reformation mit ihrem muttersprachlichen Gottesdienst. Im deutschen katholischen Raum entstanden Gesangbücher zunächst als private Sammlungen (1537 M. Vehe, 1567 J. Leisentrit), dann als amtlich verordnete Ausgaben, bis schließlich in der Aufklärung die eigentlichen offiziellen *Diözesangesangbücher* erscheinen, die für das ↗Bistum die Teilnahme an der Meßfeier und am Gebet der Kirche regeln. Außerhalb des deutschen Sprachraums war der Buchtyp kaum bekannt. – Die starke Binnenwanderung seit dem Ersten Weltkrieg machte die Notwendigkeit einheitlicher überdiözesaner Fassungen für den deutschen Sprachraum deutlich und führte 1916 zum Vorschlag von 23 „Einheitsliedern“ für die deutschen Diözesen und Ende der zwanziger Jahre zur gemeinsamen Fassung der wichtigsten Gebete. Aufbauend auf dem „Kirchenlied“, das 1938 für den Jugendgottesdienst geschaffen worden war, wurden nach dem Zweiten Weltkrieg 74 Einheitslieder verpflichtend festgelegt (E-Lieder) und 1949 eine Reihe von Gebeten und Litaneien in eine einheitliche Fassung für Deutschland gebracht. Die Evangelische Kirche Deutschlands hat bereits seit 1949 ein einheitliches „Evangelisches Kirchengesangbuch" mit Anhängen der einzelnen Landeskirchen. 1966 erschien das gemeinsame „Kirchengesangbuch für die römisch-katholischen Diözesen der deutschsprachigen Schweiz". Für die katholischen Bistümer des übrigen deutschen Sprachgebietes gibt es seit 1975 das Einheits-Gebet- und Gesangbuch ↗„Gotteslob" mit einem „Österreich-Anhang" und Diözesananhängen; es enthält auch eine Reihe ↗ökumenischer Texte und Lieder.

Lit.: J. Hacker, Die Messe in den deutschen Diözesan-Gesang- und Gebetbüchern von der Aufklärung bis zur Gegenwart (MthSt I 18) (München 1950); Die neu erschienenen Gesang- und Gebetbücher der Diözesen Deutschlands und Österreichs, Sammelbesprechung von *Th. Schnitzler* in: ALW III/1 (1953) 218–232.

Gesetzgebung, liturgische Aus der Natur der Sache regelt der ↗Bischof das liturgische Leben der ihm anvertrauten Kirche. Verständliche Vereinheitlichungs- und Zentralisierungstendenzen legen dieses Recht zunehmend in die Hand der ↗Patriarchen. Da der römische Bischof der einzige Patriarch des Abendlandes ist, entwickelt sich seit der Trennung der Ostkirche daraus ein ausschließliches liturgisches Gesetzgebungsrecht des Papstes (↗„Ritenkongregation"), das im Kanon 1257 des Kodex verankert wurde. Das II. Vatikanum anerkennt wieder ein liturgisches Ordnungsrecht des Bischofs im Rahmen der Rechtsordnung und dazu neu ein Recht der Bischofskonferenzen (LK 22) als „territoriale Autoritäten" vor allem für die Herausgabe der muttersprachlichen Liturgiebücher, die von der jeweiligen Bischofskonferenz approbiert werden, während Rom die Approbation „konfirmiert"; weitergehende Anpassungen der Liturgie an örtliche Verhältnisse werden von den Bischofskonferenzen beschlossen (geheime Abstimmung mit Zweidrittelmehrheit) und bedürfen der römischen Approbation.

Lit.: O. Stoffel, Der Heiligungsdienst der Kirche durch die Liturgie, in: *J. Listl* u.a. (Hrsg.), Grundriß des nachkonziliaren Kirchenrechts (Regensburg 1980) 449–455.

Gesten ↗Gebärden.

Gestühl (Kirchenbänke) Im Mittelalter pflegten sich die Gläubigen während der langdauernden Gottesdienste auf Stöcke (vielfach in Krükkenform) zu stützen; Sitzplätze waren nur für das ↗Presbyterium (↗Chorgestühl) vorgesehen. Ein Gestühl für die Gläubigen läßt sich Ende des 14. Jhs. in einigen bayerischen Pfarrkirchen nachweisen und verbreitet sich im 15. Jh. besonders in den Predigerkirchen. In den Kirchen der Reformation entsteht die feste Bestuhlung in Form von Sitzbänken, denen die katholischen Kirchen besonders in Deutschland noch die Kniegelegenheit hinzufügen. In südlichen und westlichen Ländern dominieren nach wie vor die beweglichen Stühle. Während dort z. T. der Wunsch nach festen Kirchenbänken laut wird, wünschen sich im deutschen Sprachgebiet manche die beweglichen Stühle. Die Instr I empfiehlt die Aufstellung von „Bänken oder Stühlen", und zwar so, daß die Gläubigen „mit Aug' und Herz an den heiligen Handlungen teilnehmen können" (98). „Der Brauch, gewissen Privatpersonen Plätze zu reservieren, ist gemäß Art. 32 der Konstitution (= LK) abzuschaffen" (ebd.).

Gewänder, liturgische (Paramente) die offizielle Kleidung der Diensttuenden im Gottesdienst der Gemeinde.

1. Entstehung. Paramente entwickeln sich nur sehr allmählich aus verschiedenen Motiven. Verhältnismäßig früh wurde die Forderung erhoben, für den liturgischen Dienst eine festliche Kleidung anzulegen, die ausschließlich für diese Verwendung reserviert blieb, ohne daß sie sich in Stoff und Schnitt von der üblichen Kleidung unterschieden hätte. Seit der konstantinischen Wende bekommt der Klerus seinen Platz in der festgefügten Ordnung der antiken Gesellschaft und erhält damit auch das Recht, bestimmte Amts-↗Insignien und höheren Ständen vorbehaltene Kleidungsstücke zu tragen; hierher gehören vor allem die ↗Stola und das ↗Pallium in seinen verschiedenen Erscheinungsformen, der ↗Manipel sowie einige ↗Pontifikalien. In der Neuzeit wurden diese Insignien in Farbe, Stoff, Dekoration und Verarbeitung dem jeweiligen Meßgewand angeglichen; sie verloren damit ihre eigenständige Aussage und wurden Zubehör eines „Ornates" (s.u.). – Eine auch in der Form von der Alltagskleidung unterschiedene Gewandung für den liturgischen Dienst entstand aus dem großen Modewechsel nach den Völkerwanderungseinfällen. Bei den Männern setzte sich damals allgemein die germanische Kleidung durch mit Hosen und kurzem Leibrock. Die Geistlichkeit hingegen behielt sowohl für den Alltag (↗Talar) als besonders für den Gottesdienst die alte römische Kleidung bei; diese bestand grundsätzlich aus einem langen leinenen Untergewand (tunica), für gewöhnlich mit langen Ärmeln, das man ständig trug, und einem Übergewand, das man zum Ausgehen beim Verlassen des Hauses anlegte und das nach Stand, Aufgabe und Mode wechselte (toga, dalmatica, paenula). Die liturgische Kleidung aller Riten spiegelt diese Grundkonzeption wider in der Unterscheidung von Untergewand (↗Albe) und spezifischem Obergewand (↗Meßgewand, ↗Dalmatik). – Die Mentalität der ↗Karolingerzeit gab dieser Gewandung unter dem Einfluß alttestamentlicher Bestimmungen einen hieratischen Charakter; die einzelnen Stücke wurden gesegnet, allegorisch gedeutet und unter eigenen Gebeten angelegt. Besonders der Bischof wurde (und wird teilweise noch) im Osten und Westen feierlich vor den Augen der Gemeinde mit den heiligen Gewändern bekleidet; im byzantinischen Ritus beräuchert der Diakon dazu jedes Gewandstück und singt einen ausgewählten Psalmvers. Man empfindet die Paramente seither nicht mehr als Gewandung; man verunstaltet sie zu Zierstücken nach dem Geschmack der jeweiligen Kunstrichtung und legt sie als Schmuck („Ornat") über. Langsam bricht sich wieder die Erkenntnis Bahn, daß es bei der Frage der Paramente nicht um eine Modernisierung des Schnittes oder des Dekors geht, sondern um den schlichten Grundzug eines würdigen Kleides, das allein durch seinen vom Alltag abstechenden Schnitt bereits Insignie, Amtstracht darstellt.

2. Bedeutung. Daß jede größere festliche Gemeindeversammlung für die Amtsträger um ihres Dienstes willen eine auszeichnende Kleidung benötigt, ist offenkundig im gesamten öffentlichen und kulturellen Leben. Auch die Reformation, die alle nach mittelalterlichem Verständnis „priesterlichen" Kleidungsstücke weithin abschaffte, behielt überall wenigstens einen langfallenden Talar bei. Die skandinavischen Kirchen bewahrten im wesentlichen die überkommenen Paramente, die Anglikaner führten sie im vorigen Jahrhundert wieder ein. Darüber hinaus unterstreicht die liturgische Kleidung den festlichen Charakter des Gottesdienstes (↗Freude); deswegen wollen evangelische Kreise mehrfach statt des schwarzen Talars wieder farbige Paramente einführen. Das liturgische Gewand soll nicht reich und prunkvoll sein, sondern schlicht und wahr; es will auch nicht als Uniform verstanden sein, die dann möglichst zweckmäßig und bequem sein muß, sondern es will die Aufgabe des Vorstehers als Leiter der Versammlung hervorheben (durch den langfallenden Schnitt, durch die Insignien). Zweifellos bedeutet es eine Überladung, wenn für jede Feier ohne Rücksicht auf ihre Größe und den Ort der Versammlung dieselbe reiche Fülle der Paramente gebraucht wird; die Praxis des Versehgangs, bei dem man nur die Stola über der Alltagskleidung anlegt, zeigt die Richtung möglicher Modifikationen nach Ort und Anlaß.

3. Material. Nach urmenschlichem Herkommen wird für den Gottesdienst Leinen bevorzugt wegen seiner nicht tierischen Herkunft und umgekehrt Leder allgemein verpönt. Für die Oberkleidung hat sich weithin Seide durchgesetzt. AEM 304–305 gibt den Bischofskonferenzen Vollmachten betreffs Form und Material der Paramente. Die ↗Farbe ist nur im Westen vorgeschrieben, sonst höchstens durch Gewohnheit teilweise festgelegt.

Lit.: J. Braun, Die liturgische Gewandung im Occident und Orient (Freiburg 1907); Das Münster 32 (1979) Heft 2: „Liturgische Kleidung"; *Lengeling, Ordnung* 405–411.

Gewohnheit(srecht) spielt im Gottesdienst eine große Rolle. ↗Rubriken sind im Osten und heute auch wieder im Westen knapp gefaßt, das gottesdienstliche Leben regelt sich mehr nach dem herkömmlichen Brauch. Dem Kult ist dabei allgemein eine große Beharrungstendenz eigen, ein ängstliches Festhalten an überlieferten Formen. Christus hat seiner Gemeinde keine sorgfältig zu beachtenden Kultvorschriften hinterlassen, sondern eine einfache Grundstruktur des gemeindlichen Lebens mit einigen urtümlichen Zeichen, die jedem Menschen verständlich sind (das Mahl, das Bad) und in deren Ausgestaltung der Gemeinde ein großer Freiheitsraum gelassen ist. Trotzdem lebt auch im christlichen Gottesdienst die Beharrungstendenz, die Gewohnheit und die Treue zur überlieferten Form, weil hinter all den verschiedenen Ausgestaltungsmöglichkeiten immer ein und derselbe Geist wirksam bleibt. – Umgekehrt führte gerade die lokale Gewohnheit schon früher zur Ausbildung örtlichen liturgischen Rechtes. Als Ausweitung und Deutung des allgemeinen Brauchs (consuetudo praeter legem) war dies immer anerkannt und gefördert. Es gab aber auch gewohnheitsrechtliche Bräuche gegen den Wortlaut und den Sinn des Gesetzes (etwa die Aussetzung des Allerheiligsten während der heiligen Messe außer Fronleichnam), die als Mißbrauch gebrandmarkt und doch nicht abgeschafft werden konnten.

Glaubensbekenntnis (Symbolum) formelhafte Zusammenfassung des Glaubensinhaltes. Erwachsen in der *Taufliturgie,* ursprünglich in Form einer dreifachen Frage beim Untertauchen nach dem Vater, dem Sohn und dem Geist; im Katechumenenunterricht bildet sich daraus eine positiv formulierte Glaubenserklärung („Ich glaube an Gott...“), die in einem ↗Skrutinium den Bewerbern feierlich übergeben und von ihnen zurückgegeben wird (traditio et redditio symboli). Das sog. *Apostolische Glaubensbekenntnis,* das seit der Karolingischen Reform im Westen vorherrscht, ist eine Erweiterung des altrömischen Taufbekenntnisses. Die Ostkirchen gebrauchen das *Nizänisch-Konstantinopolitanische* Glaubensbekenntnis, das vermutlich aus dem Taufbekenntnis der Jerusalemer Kirche erwachsen ist; es wurde auch in Rom eine Zeitlang beim Taufunterricht gebraucht. – In die *Meßfeier* soll das Taufbekenntnis zuerst eingefügt haben *Petrus der Walker,* Patriarch von Antiochien († 488). Die übrigen orientalischen Kirchen haben dieses Beispiel bald nachgeahmt; in Konstantinopel wird die Einfügung zurückgeführt auf den Patriarchen Timotheus (512–518). Das byzantinische Beispiel beeinflußte die altspanische Liturgie (3. Synode von Toledo 589; hier mit dem Vaterunser verbunden als Kommunionvorbereitung) und wirkte von dort auf das Frankenreich (hier bereits in unserer Stellung nach dem Evangelium), bis schließlich auf das Drängen Kaiser Heinrichs II. Rom selbst widerstrebend das ↗*Credo* in die Messe einfügen mußte; hier blieb seine Verwendung aber auf Sonn- und bestimmte Festtage eingeschränkt. Der Taufbezug wird deutlicher, wenn statt des Nizänischen das Apostolische Glaubensbekenntnis gebraucht wird. Das Credo hat in der Meßfeier neben der bekennenden sicher auch hymnische Funktion; es verträgt daher ↗Cantillation (allerdings kaum in wechselchöriger Form; eher nach östlichem Vorbild Vortrag durch einen einzelnen, dem die Gemeinde akklamiert); eine zur Meditation anregende musikalische Ausmalung der einzelnen Glaubensartikel entspricht der Aufgabe weniger. – Zur ↗*Tauferneuerung* wird das Glaubensbekenntnis seit alten Zeiten gern auch privat am Morgen und am Abend gesprochen. Der Versuch, den Glaubensinhalt in zeitgenössischen Formulierungen auszusagen, kann sicher helfen, die Formelhaftigkeit des überlieferten Symbolums aufzuschließen, kann aber an dieser Stelle des Gottesdienstes nicht einfach die Funktion des Taufbekenntnisses übernehmen. Man wird das Glaubensbekenntnis eher durch eine knappe gezielte Hinführung mit der Thematik der gottesdienstlichen Feier verbinden und zu einem echten Glaubensbekenntnis motivieren.

Lit.: ↗Credo.

Gläubigengebet ↗Fürbitten; ↗Allgemeines Gebet.

Glocken Der Name leitet sich her vom irischen cloch über das latinisierte clocca (lautmalend); lateinisch meist signum oder campana (vgl. Campanile = Glockenturm) genannt. Tönende Metallgefäße dienen, zuerst vermutlich in China, seit alten Zeiten dazu, Zeichen zu geben und Leute herbeizurufen. Auch in der Antike waren sie als private und öffentliche Rufzeichen bekannt. In den christlichen Raum wurden sie zunächst für die Bedürfnisse der Klöster übernommen. Sie lösten hier allmählich die Schlagbretter ab, mit denen der Abt noch heute Klopfzeichen gibt und die als „simandron" in den Ostkirchen eine große Rolle spielen. In der römischen Liturgie leben sie fort in den „Klappern" oder „Ratschen", die in den Kartagen die Glocken ersetzen. Aus dem Gebrauch im Kloster drangen die Glocken im Westen (vielleicht auf dem Weg über irische Wanderprediger) und in Teilen der Ostkirchen (hier behindert durch Verbote der Muselmanen) in das Leben der Gemeinden ein. – In erster Linie dienen Glocken dazu, den Beginn des Gottesdienstes anzuzeigen und die Gläubigen zusammenzurufen. Aber auch während des Gottesdienstes machen sie durch kurze Zeichen die zu Hause Gebliebenen auf den Fortgang der gottesdienstlichen Feier aufmerksam (Evangelium- und Wandlungsläuten usw.) und ermöglichen ihnen einen betenden Anschluß. Sie dienen aber auch der Aufforderung zum privaten Gebet (↗Engel des Herrn), erklingen bei Taufe, Hochzeit und Tod und drücken allgemein die Freude der Gläubigen aus (bei Prozessionen, Empfängen und Einzügen, teilweise auch beim ↗Sanctus). Seit dem 12. Jh. haben manche Gemeinden statt der einen Glocke schon ein ganzes Geläute, wobei den einzelnen Glocken bald auch besondere Funktionen zugewiesen werden (Ave- bzw. Angelusglocke, Tauf- und Totenglocke). Bei dem in vielen Ländern bestehenden engen Verhältnis von kirchlicher und politischer Gemeinde ist es verständlich, daß die Glocken oft auch profanen Zwecken dienten (Läuten bei Hochwasser- und Feuersgefahren, Siegesläuten und dgl.) und daß daraus nicht selten Konflikte um das Läuterecht entstanden. – Weil ihre Aufgabe in erster Linie eine gottesdienstliche ist, entwickelte sich auch, zuerst im gallischen Raum, *die Glockenweihe,* die dem Bischof bzw. dem von ihm beauftragten Priester vorbehalten ist. Das z. Z. noch gültige Pontifikale hat den Ritus stark vereinfacht, die Schriftlesung leider entfernt. – Das ↗Benediktionale für das deutsche Sprachgebiet enthält bereits einen erneuerten Ritus der Glockenweihe, der im Rahmen eines Wortgottesdienstes auch eine Lesung enthält (mehrere zur Auswahl) und als äußere Zeichen Besprengung mit Weihwasser und Inzens vorsieht. Auch kann die Glocke an vier

Stellen mit Chrisam gesalbt werden. – Die Kirchen der Reformation haben die Glocken beibehalten und weisen ihnen eine ähnliche Aufgabe zu, ihre „Weihe“ besteht aus Lesungen und Gebeten. – Schon im frühen Mittelalter wies man, zuerst im gallischen Raum, den Glocken auch *apotropäische,* d.h. dämonenabwehrende, Bedeutung zu und läutete sie deshalb auch in Pestzeiten und bei drohenden Unwettern („Wetterläuten“ – ↗Wettersegen). – Im Zusammenhang mit der um das Jahr 1200 aufkommenden ↗Elevation entwickelte sich auch das kleine Altarglöckchen (Schelle), das auch bei der Übertragung der ↗Krankenkommunion geläutet wurde und später noch die Aufgabe zugewiesen bekam, auf die Hauptteile der Meßfeier aufmerksam zu machen.

Lit.: W. Reindell, Die Glocken der Kirche, in: *Leiturgia* IV 857–887; hier weitere Literatur.

Gloria Einer der frühchristlichen ↗Hymnen, deren sich die Gemeinden bedienten, bevor die Psalmen zum offiziellen Gebetbuch der Christenheit wurden. Das Gloria hatte zunächst seinen Platz im Morgengebet wie noch heute im byzantinischen Orthros (↗Laudes). Sein hohes Ansehen in der alten Kirche bewahrte es vor dem Verdikt des Konzils von Laodizäa (zw. 341 und 380), wonach alle selbstgemachten Hymnen („Psalmi idiotici“) zugunsten der biblischen Psalmen und Hymnen verboten sind. Seine älteste authentische Textgestalt findet sich im Codex Alexandrinus des NT (5. Jh.), während die etwas früher entstandenen Apostolischen Konstitutionen (Ende 4. Jh.) bereits einen arianisch überarbeiteten Text enthalten. Die älteste lateinische Übersetzung im Antiphonar von Bangor (ca. 690) gleicht im wesentlichen dem Text des Codex Alexandrinus. – In Rom wird das Gloria in den festlichen Einzug zur Meßfeier übernommen, beim Papstgottesdienst für die Sonntage und Märtyrerfeste, beim Priester nur für Ostern und den Primiztag. Diese Einschränkung für den Priester bleibt in Rom bis ins 12. Jh. bestehen, während es im Norden schon in karolingischer Zeit zum festen Bestand jeder Meßfeier wurde, die Bußtage ausgenommen. Die AEM (31) schränkt seinen Gebrauch wieder etwas ein, indem es nur für Hochfeste, Feste und besondere Feiern sowie für alle Sonntage mit Ausnahme der Advents- und Fastenzeit vorgesehen ist. Das MD und GL bringen es in der ökumenischen Fassung von 1971, die die deutsche Einheitsübersetzung von 1929 ablöst. – Unschwer läßt sich beim Gloria, das man auch als „große Doxologie“ und „Hymnus angelicus“ bezeichnet, eine Dreigliederung erkennen: der *Lobgesang der Engel* (Lk 2,14), die *Preisung Gottes* und die rühmende *Zuwendung an Christus* mit trinitarischem Schluß. Was die Übersetzung des *Engelsgesangs* angeht, so war man sich darüber klar, daß am Anfang nicht ein Optativ, sondern ein Indikativ vorliegt („Ehre ist Gott...“). Die Bearbeiter der ökumenischen Übersetzung konnten sich jedoch noch nicht zu einer allseits akzeptierten Änderung entschließen. Bei der *Preisung Gottes* sprudeln die Akklamationen des Lobes, der Anbetung und des rühmenden Dankens wie von selbst aus einem staunenden und ergriffen dankbaren Herzen hervor. Wie von selbst gehen sie auch auf den Herrn Jesus Christus über. In zahlreichen alten Textüberlieferungen, auch im byzantinischen Stundengebet, wird hier auch der Heilige Geist genannt, worauf im Antiphonar von Bangor alle das Amen sprechen und so deutlich machen, daß hier eine erste Strophe zu Ende geht. Den folgenden *christologischen Teil* könnte man eine Christuslitanei nennen mit mehreren Hoheitstiteln des Erlösers, von denen jeder ein Glaubensbekenntnis in Kurzform ist, ein Stück wesentlicher Christologie, und mit mehreren vertrauensvollen Bitten. Der Hymnus schließt mit einer trinitarischen Bekenntnisformel, wobei die ökumenische Fassung im Sinne des griechischen Urtextes und der paulinischen Christologie nicht mehr „in der Herrlichkeit..." formuliert, sondern „zur Ehre Gottes...". So kehrt zugleich das Anfangswort des Hymnus in seinem Schlußakkord wieder. – Die AEM legt offensichtlich Wert darauf, daß die Gemeinde beim Gloria möglichst beteiligt wird, was allerdings nicht ausschließt, daß gelegentlich, wie beim Kunstgesang, der Sängerchor es allein singt. „Besteht keine Möglichkeit zum Gesang, soll es von allen gemeinsam oder im Wechsel gesprochen werden" (31). Die Rubriken des MD sehen vor, daß es durch ein „Gloria-Lied" ersetzt werden darf. Es wäre jedoch zu bedauern, wenn auf diese Weise eine inhaltliche Verarmung eintreten würde, d.h., nicht jedes Loblied ist ein adäquater Ersatz für das Gloria.

Lit.: W. Stapelmann, Der Hymnus angelicus (Heidelberg 1948); *J. A. Jungmann MS* I 446–461; *W. Beinert u. a.,* Glaubensbekenntnis und Gotteslob (ökumen. Neuübersetzung) (Einsiedeln – Freiburg 1971); *A. Adam,* Vom Rühmen des Herrn, in: *Gott feiern* 85–93.

Gott (das Gottesbild der Liturgie) Die Liturgie sieht Gott überall selbst am Werk: er hat die Welt geschaffen, er gibt uns Speise und Trank zum Genuß; er hat das Erlösungswerk beschlossen und in Gang gebracht, er hat die Apostel bestellt und lenkt durch sie weiterhin die Kirche; er ruft und stärkt uns in seinem Wort und erquickt uns an seinem Tisch mit der eucharistischen Speise; hier vor allem zeigt er sich als der Vater derer, die an ihn glauben, hier tritt die Kirche als seine Familie (im antiken Sinn, so daß wir deutlicher sagen: als seine Gemeinde) in Erscheinung. Dies alles tut, getreu dem biblischen Sprachgebrauch, der ↗Vater an uns. Wenn wir nach unserer Gewöhnung hier oft ↗Christus handeln sehen, so handelt nach dem festen Glauben der Gemeinde darin Gott; der Sohn kann nichts aus sich selbst tun (Joh 5,30), sondern der Vater ist in ihm (Joh 10,38), wer Christus sieht, der sieht den Vater (Joh 14,9). Daß es der ↗Heilige Geist ist, der diese Einheit schafft, das wird in den Ostliturgien stärker betont als im Westen. Dieses Gottesbild der Liturgie ist in starkem Maße abhängig von den Visionen der Johannesapokalypse, in denen der himmlische Gottesdienst geschildert ist: Gott auf dem Thron seiner Herrlichkeit, umgeben von den himmlischen Heerscharen (↗Engel), und inmitten dieses Kreises das Lamm bzw. der goldene Christusaltar. In dieser apokalyptischen Situation setzen auch die Titel an, mit denen die betende Kirche sich an Gott wendet (↗Anrede): Sanctus (heilig = weltüberlegen, Offb 4,8), omnipotens (Pantokrator = „Allherrscher“, der das All in der Hand hat), sempiternus (ewig = zeitüberlegen); auch die alten Christustitel „Herr“ und vor allem „Lamm“ haben hier eine wichtige Basis.

In der Ostkirche verschiebt sich durch die arianischen Kämpfe, in denen es ja um das Gottsein Christi geht, der Sprachgebrauch: mit der Anrede „Gott“ werden alle drei Personen völlig gleichmäßig, ohne Tiefenrelief, angesprochen; man blickt nicht mehr darauf, daß der Vater durch den Sohn im Heiligen Geist an uns handelt und wir umgekehrt den Lobpreis durch Christus im Heiligen Geist emporsenden, sondern die Gebete sprechen einebnend von „Gott, dem Vater und dem Sohn und dem Heiligen Geist“ (so vor allem die Ekphonesen der byzantinischen Liturgie), sie meinen mit „Gott“ einfachhin, ohne unterscheidenden Zusatz, den erhöhten Christus. Im Abendland hat sich diese Entwicklung nur im spanisch-gallischen Raum durchgesetzt, nicht in Rom. Bei der Übernahme der römischen Liturgie nahmen die karolingischen Gelehrten Anstoß an der starren Theozentrik der römischen Texte, die alles auf den Vater zurückführen; sie deuteten durch Änderung der Schlußformel in manchen Orationen (z. B. von Adventssonntagen) die Gottesanrede als eine Anrede an Christus; ähnlich fügte man (in einer sprachlich allerdings unglücklichen Weise; vgl. Gd 14 [1980] 83–84) in der Schlußformel der Gebete der Nennung Christi den ausdrücklichen Gottestitel hinzu. Eine unmittelbare Anrede der Dreifaltigkeit kennt die römische Liturgie in ihren Amtsgebeten heute noch nicht (auch nicht in der Dreifaltigkeitspräfation).

Die Liturgie wendet sich nicht immer direkt an Gott, sie kennt auch das nicht unmittelbar anredende Singen und Spielen im Angesichte Gottes, vor allem auf weiten Strecken im ↗Stundengebet. Hier weiß der Mensch sich einfach fröhlich vor Gott, umsorgt von seiner Gegenwart. In dieser nur mittelbar dialogischen Situation, wo das „er“ vor dem „du“ herrscht, sind die Konturen des Gottesbildes nicht so exakt ausgezogen; in Psalm, Lied und Hymnus kann auch in mythischen Bildern von Gott gesungen werden und beachtet auch die römische Liturgie ihre sonst so starren Anrederegeln nicht. Doch wird all diese bunte Fülle durch die abschließende Oration immer wieder hineingebunden in unsere Situation vor dem uns anredenden Gott, dem Vater, dem wir durch Christus im Heiligen Geiste antworten dürfen.

Gottesdienst ↗Liturgie.

Gottesdiensthelfer Das II. Vatikanum hat nachdrücklich betont, daß ↗Liturgie eine Aktionsgemeinschaft von Christus und dem ganzen Gottesvolk zum Heil der Menschen und zur Verherrlichung des himmlischen Vaters ist (vgl. LK 7). Daraus leitet es nachdrücklich die tätige ↗Teilnahme der Gläubigen ab, die den Geheimnissen des Glaubens niemals wie „Außenstehende und stumme Zuschauer“ beiwohnen dürfen (LK 48; vgl. 11; 14). So steht die Feier des Gottesdienstes auch in der Verantwortung der Laien, die das ihnen Mögliche zur optimalen Gestaltung des Gottesdienstes beitragen dürfen und müssen. Als erste Gottesdiensthelfer begegnen uns die ↗Diakone, zu denen dann noch die ↗Akolythen, ↗Lektoren und ↗Ostiarier treten. Später bildet sich noch der Stand der ↗Subdiakone heraus. An die Stelle der dem niederen Klerus zugerechneten Akolythen traten in neuerer Zeit die ↗Ministranten. Von ihnen, wie auch von den Lektoren, ↗Kommentatoren und Mitgliedern der Kirchenchöre (Schola) sagt die LK, daß sie einen wahrhaft liturgischen Dienst vollziehen (29). Selbstverständlich sind hier auch die ↗Organisten und Chor-(Schola-)Leiter besonders zu erwähnen. Als Gottesdiensthelfer verdienen auch jene Anerkennung, die als ↗Mesner, Helfer bei ↗Kinder- und ↗Jugendgottesdiensten wie auch als Mitglieder des Liturgieausschusses tätig sind. Einen herausragenden Dienst leisten schließlich die ↗Kommunionhelfer und die beauftragten Leiter der ↗priesterlosen Gottesdienste. Damit es auch bei den Gottesdiensthelfern nicht zu Routine und zu geistlosem Leerlauf kommt, ist außer einer gediegenen Einführung eine regelmäßige Fortbildung unerläßlich, wie es auch die LK verlangt (29).

Lit.: K. Schlemmer (Hrsg.), Gottesdiensthelfer. Rolle, Aufgabe und Anforderung (Würzburg 1979).

Gotteslob das von den Bischöfen für das deutsche Sprachgebiet (außer Schweiz) gemeinsam herausgegebene „Katholische Gebet- und ↗Gesangbuch“.

1. Werdegang. Die Deutsche Bischofskonferenz faßte 1963 in Rom den Beschluß, ein gemeinsames Gebet- und Gesangbuch herauszugeben; die Österreichische Bischofskonferenz schloß sich 1966 dem Unternehmen an, während die Schweiz wegen ihres erst 1966 erschienenen „Kirchengesangbuches“ zwar mitarbeitete, aber das Buch erst allmählich übernehmen kann; später kamen dazu die Bischöfe von Bozen-Brixen, Lüttich (für Eupen-Malmedy) und Luxemburg. Die beteiligten Bischofskonferenzen entsandten anteilig Mitglieder in eine „Hauptkommission“, die die grundlegenden Entscheidungen traf, Arbeitsaufträge an die Subkommissionen erteilte und das endgültige Manuskript schließlich den einzelnen Bischofskonferenzen vorlegte. Die einzelnen Stücke für das Buch wurden von Subkommissionen (schließlich 10 an der Zahl) ausgesucht und bearbeitet (oft in mehreren Sitzungen) und gingen an die Diözesanvertreter, die das ihnen zugesandte Material jeweils in einem diözesanen Arbeitskreis beurteilten (angenommen – nicht angenommen – bedingt angenommen). Der Rücklauf wurde je nach dem Grad der Änderungen nochmals den Diözesen vorgelegt oder der Hauptkommission übergeben, die das Stück dann annahm, zurückverwies oder ganz ablehnte. ↗Ökumenische Texte und Lieder konnten nur in der vereinbarten Fassung übernommen oder ganz abgelehnt werden.

Aus den Einzelmaterialien stellte eine „Redaktionskommission" ein Rohmanuskript zusammen, das in den einzelnen Bischofskonferenzen behandelt wurde. Das daraus entstehende Verabschiedungsmanuskript wurde von einer Gruppe dazu beauftragter Bischöfe nochmals sorgfältig durchgearbeitet, bis die Konferenzen das Buch im Herbst 1974 endgültig verabschiedeten. Nach dem Erscheinen der Stammausgabe im Frühjahr 1975 konnten die einzelnen Diözesen ihre Diözesanausgabe mit einem entsprechenden Anhang erscheinen lassen. Schwierigkeiten bei der Einführung des Buches, das durch die gewünschte Vereinheitlichung für den einzelnen viele unangenehme Änderungen mit sich brachte, konnten gemindert werden durch vorausgehende Probe- und später Vorauspublikationen.

2. Zweckbestimmung und Aufbau. Das GL will von seinem Entstehungsauftrag her zunächst allen deutschsprachigen Katholiken die Beteiligung am Gottesdienst in seiner durch das II. Vatikanum erneuerten Gestalt möglich machen. Das umfangreiche Mittelstück dient darum der Feier der Messe und bietet, was die Gemeinde braucht, um ihren Part im erneuerten Gottesdienst sinnvoll zu übernehmen; dieser Konzeption entsprechend kann das Buch nur zusammen mit Kantoren- und Chorbüchern und ähnlichen Hilfsmitteln voll genutzt werden. Um das Mittelstück legen sich Materialien zur Feier des Herrenjahres und der Heiligengedächtnisse; davor stehen Hilfen für die verständnisvolle Mitfeier der übrigen Sakramente, darnach Materialien für die Mitfeier des Stundengebets in dem Rahmen, der einer Gemeinde gemeiniglich möglich ist (dazu wiederum die Hilfe in einem eigenen „Vesperbuch"), dann Litaneien und Andachten. Darüber hinaus will das GL zugleich dem Gebet in der Familie und dem geistlichen Leben des einzelnen dienen, mit einem Abschnitt „Persönliche Gebete" und zahlreichen über das Buch verstreuten Einführungen.

Hilfsmittel zum GL: Neben den schon genannten Chorbuch und Vesperbuch: Orgelbuch zum GL; Werkbuch zum GL, 9 Bde. (Freiburg 1975–79) und 3 Bde. (Leipzig ab 1981); *X. Moll,* Der große Themenschlüssel zum GL (Freiburg 1978); *K. Dobrovolskis – A. Stingl* (Hrsg.), Gitarrenspiel zum GL (Freiburg ⁴1980).

Lit.: LJ 26 (1976) Heft 1; *G. Trenkler* (Hrsg.), Arbeitsbuch zum GL (Graz 1975); *Ph. Harnoncourt,* Seit 150 Jahren Bemühungen um ein Einheits-Gesangbuch, in: HD 21 (1967) 6–16; *H. Goltzen* (ev.), Das neue „Gotteslob" – Gemeinde- und Hausbuch, in: Diakonia 9 (1978) 56ff, 135ff, 205ff.

Grabmal Während das einfache Erdgrab der Armen kaum eine schmückende Kennzeichnung ermöglichte, konnte man bei Wandbestattung, wie sie in den Katakomben die Regel war, zumindest in den Kalk der Verschlußmauer (wenn nicht in eine Steinplatte) religiöse Zeichen und Worte einritzen. Die Grabräume und Grabhäuser reicher Familien ermöglichten eine aussagekräftige Ausgestaltung, ebenso die Sarkophage, die regelmäßig mit Reliefdarstellungen geschmückt sind. In der Gestaltung christlicher Begräbnisstätten ist bei aller formaler und auch inhaltlicher Abhängigkeit von der zeitgenössischen Sepulkralkunst das Rettungsmotiv führend: Es werden atl. Rettungsszenen dargestellt (Paradies, Noach in der Arche, Wasser aus dem Fels, Jünglinge im Feuerofen) oder aus dem Neuen Testament Christus als der Gute Hirt, der das verlorene Schaf heimträgt; Symbole und auch Darstellungen weisen auf die rettenden Sakramente der Taufe und Eucharistie (Brot, Ähre, Fisch). Zunehmend setzt sich das Kreuz durch als der tiefste Ausdruck des Rettungswillens Gottes. Intensiv zeigt sich das Lebensmotiv am Grab auch in den Lichtern, die seit eh und je und noch heute daran entzündet werden (↗Kerze). Während die mittelalterlichen Grabplatten, die oft an Wänden auf ein Grab im Boden des Kreuzganges oder der Kirche hinweisen, solche Zeichen des Glaubens noch regelmäßig aufweisen, kommt die Auferstehungshoffnung in der Grabmalgestaltung der Gegenwart verhältnismäßig selten zum Ausdruck. Hier könnte und sollte ein lebendiges Zeugnis gläubiger Hoffnung gegeben werden.

Lit.: Th. Filthaut, Zeichen der Auferstehung. Zur Erneuerung der christlichen Grabmalkunst (Mainz 1965 und Leipzig 1967 [PkH 31]); *A. Hüppi,* Kunst und Kultur der Grabstätte (Olten 1968); *D. Leicher,* Grabmale (München 1971).

Graduale 1. Musikalisch reich ausgestattete Kümmerform des ↗*Zwischengesangs* außerhalb der Osterzeit, der auf die erste Lesung des Wortgottesdienstes in der römischen Meßliturgie folgt.

Ursprünglich ein responsorischer Psalm (in Rom deswegen einfach ↗Responsum genannt), den der ↗Kantor auf den Stufen (gradus; von daher die fränkische Bezeichnung Graduale) des ↗Ambo dem Volke vortrug. Er war ohne engere Beziehung auf die vorausgehende Lesung ausgewählt. Seit der Übernahme des Volksresponsums durch die Schola wurde der Psalm auf einen einzigen Solistenvers beschränkt, nach dem das Responsum zur Erhaltung der responsorialen Form wiederholt werden sollte. Auch die reiche gregorianische Melodiebildung läßt noch den responsorischen Charakter erkennen: typisch psalmodierende Interpunktionsmelismatik im Vers gegenüber der Binnenmelismatik im Responsum. – Das Lektionar bietet anstelle des Graduale den ↗Antwortpsalm, beim Vorhandensein einer dazu befähigten Schola kann aber auch das traditionelle Graduale gesungen werden. – Das Graduallied der lutherischen Meßordnung, das vom liturgischen Charakter des jeweiligen Sonntags bestimmte „Wochenlied", entspricht funktional eher der ↗Sequenz.

2. Fränkische Bezeichnung des in Rom Cantatorium genannten *Buches für die Sologesänge der Meßfeier.* Seit dem 12. Jh. nennt man so das *Choralbuch,* das alle Gesänge für die Meßfeier enthält (↗Choral). Eine kritische Neuausgabe, die schon vom II. Vatikanum erwähnt wurde (LK 117), erschien 1974 (Solesmes). Erschienen ist ferner ein „Graduale

Simplex" (1967) für einfache Verhältnisse. Es enthält Communeproprien für die Zeiten des Kirchenjahres und die Heiligenfeste, die für die Prozessionsgesänge die Offiziumsantiphonie zugrunde legen und für die Zwischengesänge einfache psalmi responsorii und hallelujatici bieten.

Lit.: Jungmann MS I 539–548; *J. Beckmann,* in: *Leiturgia* II 67–71.

Gradualpsalmen ↗Psalmen.

Gregorianik. Dieser schillernde Begriff meint zunächst einfach das tatsächliche Repertoire des römischen („gregorianischen") ↗Chorals, ohne die nicht-gregorianischen Choraltraditionen unbedingt ausschließen zu wollen; der Name ist von Papst Gregor dem Großen abgeleitet, dem die Tradition eine ordnende Tätigkeit auf die Musikpflege der römischen Kirche zuschreibt. – Weiterhin meint man mit Gregorianik die musikalische Diktion, in dem dieses Repertoire grundsätzlich abgefaßt ist. Als Kennzeichen gelten vor allem: einstimmiger, (an sich) unbegleiteter Gesang in freiem Rhythmus mit Melodiebildung im Rahmen der acht „Kirchentonarten"; diese werden dargestellt als Tonleitern mit den Grundtönen D (herkömmlich dann *dorisch* genannt), E *(phrygisch),* F *(lydisch)* und G *(mixolydisch),* jeweils in einer authentischen Form, die vom Grundton zur Oberoktav aufsteigt, und in einer plagalen Form, die den Grundton umschwingt bis zur Unterquart und zur Oberquint. – Hitzige Diskussionen gab es im deutschen Sprachraum in den sechziger Jahren über die Möglichkeiten einer „Deutschen Gregorianik". Im strengen Sinn versteht man darunter die Unterlegung des deutschen Textes unter eine unveränderte gregorianische Melodie. Die evangelischen Kirchenmusiker haben (trotz oder wegen ihrer langen Erfahrung mit einer gottesdienstlichen deutschen Sprache) diese Methode seit jeher angewandt, die Alpirsbacher sogar auf reich melismatische Gesänge; im katholischen Raum war diese Art sehr umstritten und kurze Zeit sogar ausdrücklich verboten. Man versucht heute lieber Neukompositionen im gregorianischen Stil, unter Verwendung (entkolorierter) gregorianischer Motive und unter strenger Beachtung der eigentümlichen Baugesetze der deutschen Sprache. So sind die gregorianischen Psalmtöne mit Vereinfachungen allgemein angenommen, vor allem seit dem GL, ebenso viele Akklamationen in der Meßfeier; das Antiphonale zum deutschen Stundengebet ist in streng gregorianischer Diktion abgefaßt, es bietet (S. 1061 f) wichtige Hinweise für eine der deutschen Sprache entsprechende Ausführung der Gesänge (mit Hilfe moderner semiologischer Erkenntnisse).

Lit.: Leiturgia IV, 343–557 *(O. Brodde)*; LJ 4 (1954) Heft 1; *Fr. Renner,* Deutsche Liturgie und Gregorianik, in: Musik und Altar 18 (1966) 4–20; Gegenwartsbedeutung der Gregorianik, in: *H. Hucke* (Hrsg.) Kirchenmusik nach dem Konzil (Freiburg 1967) 62–72; *C. Reuter,* Gregorianischer Gesang, in: *H. Much* (Hrsg.), Musik im Gottesdienst (Regensburg 1975) 129–201.

Gregorianische Messen Papst *Gregor I.* (590–604) erzählt in seinen „Dialogen“ (IV,55) von einem verstorbenen Mönch, der durch dreißig Messen aus dem Fegfeuer erlöst worden sei. Daraus entwickelte sich seit dem 8./9. Jh. der Brauch, an dreißig aufeinanderfolgenden Tagen die Messe für ein und denselben Toten zu feiern (Meßtricenar). In ähnlicher Weise wird auch der Meßseptenar auf eine Erzählung Gregors an gleicher Stelle zurückgeführt. Solchen Meßreihen, die dann Gregorianische Messen genannt wurden, liegt wohl die schon in vorchristlichen Kulturen übliche 30(7)tägige Totenfeier zugrunde. Derartige Kumulationstendenzen des Mittelalters sind nicht unbedenklich, weil sie die Vorstellung begünstigen, man könne auf diese Weise das Heil eines Menschen sicher in den Griff bekommen.

Lit.: K. Eberle, Der Tricenar des hl. Gregor (Regensburg 1890); *A. Franz,* Die Messe im deutschen Mittelalter (Freiburg 1902) 244ff.

Gregorianischer Kalender Das Trienter Konzil hatte den Auftrag zur Kalenderreform gegeben, weil der ↗Kalender des *Gaius Julius Cäsar* hinter der wahren astronomischen Zeit nachhinkte. Unter Papst *Gregor XIII.* begab sich eine Kommission 1576 an die Arbeit und stellte fest, daß das Frühjahrs-Äquinoktium nach dem Julianischen Kalender auf den 11. März fallen müßte. In seiner Bulle „Inter gravissimas“ vom 24.2.1582 ordnete der Papst an, daß zur Erlangung des Gleichstandes des Kalenders mit dem tropischen Jahr dem 4. Oktober 1582 sogleich der 15. Oktober folgen solle. Um das so gewonnene Gleichgewicht zu erhalten, wurde bestimmt, daß künftig von den Säkularjahren nur jene einen Schalttag haben sollen, die durch 400 teilbar sind. Die bei dieser Regelung noch bestehende Differenz zum tropischen Jahr beläuft sich erst um das Jahr 4500 auf einen vollen Tag. – Der Gregorianische Kalender, der im Grund der Julianische geblieben ist, wurde von den nichtkatholischen Ländern nur zögernd angenommen, zuletzt von der UdSSR 1918 und dem Panorthodoxen Kongreß von Istanbul 1923, hier allerdings außer der Ablehnung der Schaltjahrsregelung auch unter Ausklammerung der Osterterminierung, die weiterhin nach dem Julianischen Kalender erfolgen soll, der mittlerweile 13 Tage nachhängt.

Lit.: A. Adam, Fragen der Kalenderreform, in: Trierer Theolog. Zeitschrift 75 (1966) 154–168.

Gregorianum ↗Sakramentar.

Gregoriusmesse ein im Mittelalter weitverbreitetes, in vielen Techniken ausgeführtes Bild, wie Christus während der Messe als Schmerzensmann dem Papst *Gregor I.* erscheint. Den Anstoß für diesen Bildtyp gab wohl eine Ikone in S. Croce in Rom, die selbst wieder auf östliche Darstellungen zurückgeht. Der Bezug zu Gregor beruht auf einer Erzählung des *Paulus Diakonus,* die in der „Legenda aurea“ des *Jakob de Voragine* noch ausgeschmückt und viel gelesen wurde.

Gregoriuswasser Name für das spezielle ↗Weihwasser, mit dem im früheren römischen Kirchweihritus Altar und Kirchenwände zur Reinigung (↗Lustration) besprengt wurden (↗Kirchweihe). Dem Wasser wurden seit dem 7./8. Jh. ↗Salz, ↗Asche und ↗Wein beigemischt. Für jede Beimischung gab es seit dem Mittelalter eine vielfältige symbolisch-allegorische Ausdeutung (z. B. *Durandus*). Seit dem 14. Jh. führte man diese Mischung auf *Gregor I.* zurück. – Der neue Ordo für die Kirch- und Altarweihe (1977) begnügt sich mit einfachem Weihwasser als einem Symbol der Reinigung und ↗Tauferinnerung.

Gremiale ein Schoßtuch aus Seide in der Tagesfarbe, das dem Bischof zur Schonung der Paramente über die Knie gebreitet wird, wenn er beim Pontifikalamt unter dem Chorgesang des Kyrie, Gloria, Credo sowie bei den Lesungen und Zwischengesängen längere Zeit sitzen muß; heute kaum mehr im Gebrauch. Ein ähnliches Tuch aus Leinen pflegt man dem sitzenden Bischof umzubinden bei der Austeilung von Kerzen und Asche, bei der Erteilung der Tonsur und bei Salbungen.

Griechische Liturgie ↗Orientalische Riten.

Gründonnerstag Er ist letzter Tag der ↗Quadragesima, sein Abend wird bereits dem österlichen Triduum (↗Ostern) zugerechnet, weil nach antiker und biblischer Auffassung ein neuer Tag mit dem Vorabend beginnt. Im Lateinischen heißt er „feria V in cena Domini" (fünfter Wochentag im Abendmahl des Herrn) oder auch „fünfter Tag der Heiligen Woche". Die dt. Bezeichnung leitet sich wahrscheinlich von dem mhd. Verbum gronan (weinen) ab, das in den Worten grienen oder greinen noch heute lebendig ist. Es muß wohl auf den Umstand bezogen werden, daß früher in der römischen Kirche an diesem Tag die öffentlichen Büßer (auch „Weinende" genannt) wieder in die kirchliche Gemeinschaft aufgenommen wurden, so daß sie mit der Gemeinde wieder das eucharistische Ostermahl feiern konnten. Ihre Entlassung aus dem Büßerstand führte auch zur Bezeichnung „Antlaßtag". Zuweilen auch Hoher oder Heiliger Donnerstag genannt.

Es gehört zum ältesten Traditionsgut aller Riten, daß an diesem Tag der *Chrisam* geweiht wird, in Rom auch das *Katechumenen- und Krankenöl,* wie wir aus der Kirchenordnung des Hippolyt aus dem Anfang des 3. Jhs. erfahren. Zeitweise gab es, allerdings nicht in Rom selbst, an diesem Tag drei Meßfeiern: eine für die Weihe der heiligen ↗Öle, eine für die Rekonziliation der Büßer und eine zum Gedächtnis des Letzten Abendmahls Jesu. Später wurden alle drei Anliegen in einer Messe wahrgenommen. Diese einzige Gründonnerstagsmesse wurde bis zur Neuordnung der Karwochenliturgie 1955 am Vormittag gefeiert. Dieses „Generaldekret der Ritenkongregation über die Liturgie der Heiligen Woche" (16. 11. 1955), das ein wesentlicher Vorgriff auf die Neuordnung im MR von 1970 war, bestimmte, daß die „Missa chrismatis" am

Vormittag nach der Terz, die Abendmahlsmesse aber zur jeweils günstigsten Abendstunde (zwischen 17.00 und 20.00 Uhr) gefeiert werde.

Was die *Chrisammesse* betrifft, so soll sie auch nach dem neuen Meßbuch am Vormittag gefeiert werden, und zwar vom Bischof in Konzelebration mit seinem Presbyterium. Nach dem neuen Ordo für die heiligen Öle (3. 12. 1970) kann sie, wenn sich am Gründonnerstag besondere Schwierigkeiten ergeben, auch um wenige Tage vorverlegt werden. In ihr soll die Verbundenheit des Bischofs mit seinen Priestern dadurch zum Ausdruck kommen, daß möglichst alle Priester daran teilnehmen und Priester aus allen Regionen des Bistums konzelebrieren. Die Meßliturgie selbst steht unter dem Leitgedanken des Hohepriestertums Christi, an dem er den Seinen im Weihepriestertum und im gemeinsamen Priestertum Anteil gegeben hat. Die Weihe der heiligen Öle findet nach lateinischer Tradition dergestalt statt, daß das Krankenöl vor der abschließenden Doxologie des Hochgebetes (im Hochgebet I schon vor dem Gebet „Per quem haec omnia...“), Chrisam und Katechumenenöl nach der Schlußoration geweiht werden. Aus pastoralen Gründen kann der gesamtes Ritus aber auch am Ende des Wortgottesdienstes stattfinden. Mit der Missa chrismatis kann eine Erneuerung der „Bereitschaftserklärung zum priesterlichen Dienst“ verbunden werden, und zwar im Anschluß an die Homilie.

Die *Abendmesse* des Gründonnerstags ist vor allem vom Gedächtnis an das Letzte Abendmahl Jesu und die dabei vollzogene Einsetzung der Eucharistie geprägt, aber auch vom Ritus der Fußwaschung, dem Symbol seiner dienenden Liebe. An der Abendmahlsmesse soll die ganze Gemeinde teilnehmen. Andere Messen – von der Missa chrismatis des Bischofs am Morgen abgesehen – sollen in der Regel nicht gefeiert werden. Eine erste äußere Besonderheit dieser Messe besteht darin, daß zum Gloria die Glocken und Altarschellen läuten und dann bis zur Osternacht schweigen. An ihre Stelle treten hölzerne Klanginstrumente (crepitacula = Klappern), in denen nach Amalar von Metz († um 850) besser die demütige Selbstentäußerung des Herrn angedeutet werde. Nach anderen ist es „eine konservativ festgehaltene Erinnerung an jene Zeiten, in denen die Glocken im kirchlichen Gebrauch noch unbekannt waren“ (*Lechner* 149). Ähnlich wie auf die Glocken verzichtet man vielerorts im gleichen Zeitraum auch auf die ↗Orgel, die sich seit Ende des MA immer stärker als gottesdienstliches Musikinstrument durchgesetzt hatte. Man hat den Verzicht auf diese beiden festlichen Klanginstrumente als ein „Fasten der Ohren“ betrachtet, ähnlich wie man das Verhüllen der Kreuze und Bilder in der Passionszeit als „Fasten der Augen“ deklariert hatte. Bezüglich der Orgel kennt allerdings weder das alte noch das neue Meßbuch einen entsprechenden Hinweis, er findet sich lediglich in einem älteren Entscheid der Ritenkongregation.

Die Evangelienperikope von der *Fußwaschung* (Joh 13,1–15) weist auf die innerste Haltung Jesu hin: Er will nicht herrschen, sondern dienen. Von seiner Mahnung am Schluß dieser Perikope, daß auch seine

Jünger einander die Füße waschen sollen, und im Blick auf das „neue Gebot“ (Joh 13,34 = 2. Zwischengesang) bekam die Fußwaschung auch den Namen „Mandatum“ (= Gebot). Die Kirche hat dieses Zeichen dienender Liebe nicht aus den Augen verloren. Schon im 4. Jh. begegnet uns im Westen (außerhalb Roms) eine Fußwaschung im Rahmen des Taufritus. Sie lebt in den Klöstern fort als Fußwaschung an Gästen, Armen und Kranken. Das 17. Konzil von Toledo (694) fordert energisch, daß sie in allen Kirchen Spaniens und Galliens am Gründonnerstag vollzogen werde. Für Rom ist dieser Ritus seit dem 12. Jh. bezeugt. Während das Meßbuch von 1570 die Fußwaschung am Ende der Meßfeier vorsah, legt sie die Neuordnung der Karwochenliturgie (1955) und auch das neue Meßbuch hinter Evangelium und Predigt. Die Reform von 1955 schrieb sie nur für Bischofs- und Abteikirchen vor, das MR denkt an alle Kirchengemeinden, sofern es pastoral ratsam erscheint. Die traditionelle Zwölfzahl der Männer, denen die Füße gewaschen werden, findet sich im neuen Meßbuch nicht mehr.

Nach dem Schlußgebet werden die für den Karfreitag vorauskonsekrierten Hostien in einer Prozession zu einem Nebenaltar oder in eine Seitenkapelle übertragen; der Altarschmuck wird entfernt („denudatio altaris“ = Entblößung des Altares). Die anschließende Anbetung soll nach Möglichkeit beibehalten werden, ab Mitternacht aber ohne jede Feierlichkeit. – ↗Vierzigstündiges Gebet; ↗Auferstehungsfeier.

Lit.: *J. A. Jungmann,* Die Andacht der vierzig Stunden und das Heilige Grab, in: LJ 2 (1952) 184–198; *Th. Schäfer,* Die Fußwaschung im monastischen Brauchtum (Beuron 1956); *B. Kleinheyer,* Chrismamesse oder Erneuerung der priesterlichen Versprechen, in: LJ 22 (1972) 1–17; *Th. Maas-Ewerd,* Plädoyer für die Fußwaschung am Gründonnerstag, in: ebd. 18–26; Neuordnung bei: *Adam, Kirchenjahr* 58–62.

Grundsteinlegung Bei der Errichtung eines Gebäudes pflegt man seit alters den sorgfältig gestalteten ersten Stein (lapis primarius) in einem festlichen Akt ins Fundament zu legen. Ost- und Westkirche kennen dafür ein eigenes Segensgebet. Wenn eine Kirche gebaut werden soll, geschieht diese Grundsteinlegung seit dem hohen Mittelalter in einem größeren gottesdienstlichen Rahmen, wobei der Grundstein als Sinnbild des „Ecksteines Christus“ (Lk 20,17; Apg 4,11; 1 Petr 2,4) und der Apostel (Fundament der Kirche, vgl. Eph 2,20) bezeichnet wird. Der *neue Ordo der Kirch- und Altarweihe* von 1977 enthält ein eigenes Kapitel (I) mit einem solchen Ritus, durch den der Segen Gottes zur Vollendung des Bauwerkes erbeten wird und die Gläubigen daran erinnert werden, daß der steinerne Bau ein sichtbares Zeichen des lebendigen Baues ist, den sie selber bilden. Auf dem Bauplatz wird an der Stelle des zu errichtenden Altares ein hölzernes Kreuz aufgerichtet. Der Bischof (oder sein Vertreter) zieht vom Versammlungsort aus nach Begrüßung, Einführung und Gebet mit den Gläubigen in Prozession unter Psalmengesang (84) zum Bauplatz. Wo eine Prozession nicht möglich oder ratsam ist, versammeln sich alle am Bauplatz, wo dann erst

Begrüßung, Einführung und Gebet stattfinden. Es folgen eine oder mehrere Schriftlesungen, Homilie und Unterzeichnung einer Urkunde über die Grundsteinlegung. Nach der Segnung des Bauplatzes und des Grundsteines wird dieser zusammen mit der Urkunde in die Fundamente eingefügt. Der Ritus schließt mit Fürbitten, Vaterunser und Entlassungsruf.

Gruppenmesse Feier der Messe im kleinen Kreis, auch Hausmesse, Familienmesse. Die AEM konkretisiert die grundlegenden Normen der Meßfeier nur an den beiden Beispielen des normalen Gemeindegottesdienstes und der Einzelzelebration des Priesters ohne Gemeinde; für Sonderfälle wie Großgottesdienste, ↗Kindermessen, Meßfeiern mit Behinderten ergehen jeweils eigene Instruktionen. Ein besonders wichtiger Sonderfall ist die Meßfeier im kleinen Kreis; dazu erließ die Gottesdienstkongregation am 15.5.1969 eine Instruktion „Actio pastoralis" (*Kaczynski* 1843–57) und einzelne Bischofskonferenzen „Richtlinien", so die deutsche am 24.9.1970 (Nachkonziliare Dokumentation 31 [Trier 1970] 43–47). Gruppen, mit denen solche Messen gefeiert werden, können je nach Ländern sehr verschiedenartig sein; es sind teils vorgegebene Gruppierungen (Familien- und Nachbarschaftskreise; Jugendgruppen, Schulklassen; Apostolatsgruppen), teils Gruppen, die sich wegen eines besonderen Anlasses zusammenfinden (bei Hochzeiten und Beerdigungen, bei Tagungen und Exerzitien, bei der Messe in einem Krankenzimmer). Die Kirche kannte schon immer neben der sonn- und feiertäglichen Eucharistie in der Gemeinde die Meßfeier in solchen kleinen Gruppen; sie wird heute mehr als früher gesucht, weil die Größe unserer Gemeinde und die Situation zu einer sehr unpersönlichen Feier der Sonntagsmesse durch viele anonyme Einzelne führt, während der menschlich erlebbare Kreis einer Gruppenmesse eine viel intensivere Erfahrung der Eucharistie in ihrer vielfältigen Zeichenhaftigkeit, nicht nur in ihrem Gemeinschaftsbezug, möglich macht.

Die Anpassungen an die Gruppensituation beziehen sich auf den Ort der Meßfeier (auch außerhalb des Gotteshauses), auf Vereinfachungen der liturgischen Geräte und Gewänder (die aber den Sondercharakter und die Würde der Eucharistie nicht verdunkeln dürfen) sowie auf rituelle Anpassungen, die eine dem Leben und der Vorstellungswelt des heutigen Menschen stärker angepaßte Form der Meßfeier ermöglichen: Vereinfachungen der Eröffnung, Variationen im Tages-, Gaben- und Schlußgebet, freiere Wahl der Schriftlesungen, geistliches Gespräch statt Homilie, Verwendung wirklich nur eines Brotes, aktuelle Dankmotive durch die Teilnehmer bei der Präfation, realistische Brotbrechung, Kelch für alle, von den Teilnehmern selbst verfaßte Kommuniongebete. Die Mitfeier einer eindrucksvollen Gruppenmesse kann Glaubenserfahrung und Verständnis für den geistlichen Gehalt der Eucharistie sehr fördern, sie darf aber nicht zur Abkapselung vom Gemeindegottesdienst führen, sondern soll im Gegenteil zur intensiveren Teilnahme am sonntäglichen Gemeindegottesdienst befähigen; darum soll auch im kleinsten Kreis die Verbindung zur Orts- und Gesamtkirche in der Messe spürbar werden; auch sollten Gruppenmessen für gewöhnlich nicht am Sonntag gehalten werden.

Lit.: Fr. Nikolasch, Die Feier der Messe im kleinen Kreis, in: LJ 20 (1970) 40–52; *P. Sbandi,* Gruppenpsychologie und liturgische Feiern im kleinen Kreis, in: *H. B. Meyer,* Liturgie und Gesellschaft (Innsbruck 1970) 55–74; *H. Rennings,* Meßfeiern kleiner Gemeinschaften, in: Gd 4 (1970) 145–148; *H. Reifenberg* (Hrsg.), Hauseucharistie (München 1973); WGL VIII 385–398.

Gruß Die gottesdienstliche Versammlung wird natürlicherweise durch eine ↗Begrüßung eröffnet; der Gruß, mit dem die Paulusbriefe (ähnlich Offb 1,4–6) beginnen, hat hier seinen ursprünglichen Sitz. Inhaltlich verkündet der Gruß die Gegenwart des Herrn und seiner Heilsgabe, des Friedens, in der Heilsstunde des Gottesdienstes; er verkündet den Zuspruch des Auferstandenen an die versammelte Gemeinde (Joh 20,19). Zur Antwort der Gemeinde ↗Dominus vobiscum. Im Lauf des Gottesdienstes kehrt der Gruß an Höhe- und Wendepunkten wieder. So schließen Gruß und Gegengruß im Gottesdienst immer wieder das Band der Christusliebe und Eintracht um die ↗Gemeinde, besonders wenn man bedenkt, daß der Gruß an manchen Stellen Rudiment eines ↗Friedenskusses ist (so nach Taufe und Firmung und wohl auch vor dem Hochgebet). Auch das Ausbreiten der Hände beim Gruß, wie es im römischen Ritus Brauch ist, ist als umarmende Gebärde zu verstehen; in den orientalischen Riten ist mit dem Gruß meist eine segnende Gebärde verbunden. – Englischer Gruß ↗Ave Maria.

H

Hadrianum ↗Sakramentar.

Halleluja (hebr. hallelu-jah = lobet Jahwe). Dieser aus dem jüdischen Gottesdienst stammende Jubelruf des himmlischen Jerusalem, mit dem das Lamm begrüßt wird als der Sieger von Babylon (Offb 19,1–7), blieb immer unübersetzt. Mit dieser ↗Akklamation wird Christus im Gottesdienst aller christlichen Konfessionen vor dem Evangelium, der Verkündigung seiner Siegesbotschaft, begrüßt; nur der altspanische Ritus singt das Halleluja erst nach dem Evangelium. Als österliches Siegeslied wird es in vielen Riten bei jeder Meßfeier gesungen, selbst beim Totengottesdienst. Seinen besonderen Platz hat es natürlich in der ↗Osterzeit. Im römischen Ritus wird es hier in der Regel den Antiphonen in Messe und ↗Stundengebet beigegeben, ebenso dem Invitatorium und den Responsorien des Breviers. In den Tagen der ↗Quadragesima unterläßt dagegen der römische Ritus das Halleluja völlig; gleich dem alten Gottesvolk in der Babylonischen Gefangenschaft will die christliche Gemeinde das

Lied der Heimat in der Fremde nicht singen (Ps 137,2–4), bis sie an Ostern den rückkehrenden Siegerkönig mit diesem Ruf begrüßen kann. An seine Stelle tritt der ↗Traktus oder der „Vers vor dem Evangelium". – Im Mittelalter bildeten sich vor Beginn der Fastenzeit verschiedene Bräuche zur „Verabschiedung des Halleluja" heraus, von denen sich bis vor der Reform des ↗Stundengebetes nur die Vorschrift erhalten hatte, am Vorabend von Septuagesima die Vesper mit dem österlichen „Benedicamus Domino, halleluja, halleluja" zu schließen. – Das neue Missale nimmt die zum Halleluja gehörigen Verse meist aus dem NT. Sie „werden dem Lektionar, dem Ordo Cantus Missae, dem Graduale Romanum, dem Graduale Simplex oder dem Gesangbuch entnommen" (MD). Das Halleluja darf aber auch ohne Vers gesungen werden, „namentlich wenn die Melodie reicher ausgestaltet ist" (ebd.). Wird in einer Meßfeier außer dem Evangelium nur eine Lesung genommen, so kann man Antwortpsalm und Halleluja (mit Vers) nehmen oder sich auf einen dieser ↗Zwischengesänge beschränken. Der Funktion des Halleluja als Akklamation vor dem Evangelium trägt die Vorschrift Rechnung, an Tagen mit ↗Sequenz diese vor dem Halleluja zu singen. – Im Altertum wurde das Halleluja von den Christen auch außerhalb des Gottesdienstes, selbst bei der Arbeit, gesungen; vor allem das wortlose Jubilieren auf seinem Schlußvokal (a) war sehr beliebt (↗Sequenz).

Lit.: *H. Engberding,* Alleluja, in: RAC I 293–299.

Hanc igitur Anfangsworte des letzten, im Römischen Kanon (Hochgebet I) vor den Einsetzungsworten eingefügten Fürbittgebetes (dt.: „Nimm gnädig an ..."). Als Anempfehlung eines bestimmten Einzelanliegens ursprünglich wohl nicht regelmäßiger Bestandteil des Gemeindegottesdienstes, sondern nur in Meßfeiern bei einem bestimmten Anlaß mit variablem Text eingefügt, vermutlich in diesem Sinn coniunctio (= Verbindung, nämlich der Sonderbitte mit den allgemeinen Bitten) genannt. *Gregor d. Gr.* hat dem Gebet die heutige feste Form gegeben, und wohl seitdem ist es fester Bestandteil des Ersten Hochgebetes geworden. Häufiger als seither hat es im neuen Missale an bestimmten Tagen und bei verschiedenen Feiern eine besondere Form. So am Gründonnerstag, von der Osternacht bis zum Weißen Sonntag einschließlich, bei den Tauf-↗Skrutinien, bei der ↗Taufe, ↗Firmung (MD), ↗dem Weihesakrament (Bischof, Priester, Diakon), bei den Messen der ↗Trauung, ↗Jungfrauenweihe, Ordens-↗Profeß und Gelübdeerneuerung.

Hand (Handauflegung) ein besonders ausdruckkräftiges Organ, mit dem der Mensch „handelt", in „greifbaren" Kontakt tritt, ↗Gebärden (von der Wurzel bar = tragen) vollzieht. Schrift und Liturgie sprechen deswegen auch von der „rechten Hand Gottes", wenn sie das helfende, schützende und strafende Eingreifen Gottes plastisch schildern wollen. – Der Kommunikationsvorgang ist besonders intensiv bei der *Handauflegung,* in der nach urtümlicher Anschauung Kraft übertragen wird.

Handauflegen ist deswegen die normale Form des ↗Segens, die aber nur noch in Ausnahmefällen voll realisiert wird (Krankenbesuch, ↗Primiz-Segen). Wird eine Gruppe zugleich gesegnet, so wird die Auflegung der Hände durch Händeausbreiten dargestellt. Im christlichen Gottesdienst ist die Handauflegung in besonderer Weise sakramentaler Ausdruck der Geistmitteilung bei der ↗Firmung, beim ↗Bußsakrament (↗Rekonziliation) und beim ↗Weihesakrament; in ähnlicher (aber nicht-sakramentaler) Weise bei der Krankensalbung und im Katechumenatsbrauch, bei der Wiederaufnahme Abgefallener, bei ↗Weihungen und Segnungen. Die *Händesalbung* bei der Priester- (früher auch Bischofs-)weihe will Kraft und Auftrag zu solchem Segen erbitten. Das Auflegen der Hände hat neben der segnenden Funktion auch oft die Bedeutung der Besitzergreifung, der Annahme durch Gott. – Gegenseitige Kommunikation geschieht in der *Umarmung,* in der der ↗Friedenskuß vollzogen wird. Angedeutet ist diese auch im Ausbreiten der Hände beim ↗Gruß. Das *Ausbreiten der Hände* beim Gebet, das sich als antiker Gebetsgestus für die Amtsgebete des Vorstehers erhalten hat, ist in seinem Ursprung wohl ebenfalls als ein Berühren der Gottheit (des Himmels) gemeint; das Zusammenlegen der Hände beim Gebet, das *Händefalten,* wird aus dem germanischen Lehensbrauchtum erklärt als ein Ausdruck der Hingabe in die Abhängigkeit vom Lehensherrn. – ↗Händewaschung.

Lit.: B. Kleinheyer, Handauflegung zur Geistmitteilung, in: LJ 30 (1980) 174–185.

Händewaschung Die ↗Waschung der Hände im Rahmen gottesdienstlicher Feiern hat z.T. praktische Bedeutung wie etwa nach der Austeilung der Asche und der Palmzweige, nach Salbungen u. dgl. Meist hat sie jedoch symbolische Bedeutung als gestalthafte Läuterungsbitte vor Gebeten und heiligen Handlungen, wie es auch in anderen Religionen bekannt ist (Juden, Islam). So auch im Rahmen der Meßfeier vor dem ↗Gabengebet. Im römischen Pontifikalamt gab es eine weitere Händewaschung vor dem Beginn der ↗Gabenbereitung. In Rom selbst war die Händewaschung noch im 14. Jh. unbekannt. – An die Stelle des früher dabei gebeteten Psalms 26 (25), 6ff („Lavabo ...") tritt im neuen Missale ein entsprechendes kurzes Gebet („Herr, wasche ab meine Schuld ..."). Die AEM (52) interpretiert die Händewaschung als „Ausdruck des Verlangens nach innerer Reinigung".

Handkommunion Bis ins 9. Jh. hinein pflegte der Priester die ↗Hostie als heilige Gottesgabe den Gläubigen in die Hand zu geben. Ein anschauliches Beispiel bieten uns die mystagogischen Katechesen des Cyrill von Jerusalem (V,21). In Gallien verlangte man zeitweise, außer der auch sonst vorgeschriebenen Händewaschung, daß Frauen die Hand mit einem weißen Linnentüchlein bedecken. Die steigende Ehrfurcht und auch ängstliche Scheu führten seit dem 9. Jh. dazu, die Hostie in den Mund zu legen. So glaubte man einer möglichen Verunehrung des Sakramentes am besten begegnen zu können. Nach dem II. Vatikanum bildeten sich in verschiedenen Ländern Tendenzen zugunsten der Handkommunion heraus. Nach einer Umfrage des Papstes unter den Bischofskonferenzen, die sich mehrheitlich für die Mundkommunion aussprachen, stellte es die Gottesdienstkongregation in der Instr. „Memoriale Domini" vom 29.5.1969 den Bischofskonferenzen der Länder, in denen sich die Handkommunion bereits eingebürgert hatte, anheim, bei einer nach geheimer Abstimmung vorliegenden Zweidrittelmehrheit und nach Bestätigung durch den Apostolischen Stuhl die Handkommunion als eine zweite Form neben der Mundkommunion zuzulassen. Von dieser Möglichkeit machten die Bischofskonferenzen des deutschen Sprachraums (wie auch andere) noch 1969 Gebrauch und erließen entsprechende Richtlinien (z.T. taten dies die einzelnen Bischöfe für ihre Diözesen), in denen beide Formen des Kommunionempfangs als gleichberechtigt erklärt wurden. Dabei wird Wert darauf gelegt, daß die Hostie nicht aus aufgestellten oder herumgereichten Schalen entnommen, sondern vom Kommunionspender in die Hand gegeben wird und daß sie gleich nach Empfang zum Mund geführt wird.

Lit.: O. Nußbaum, Die Handkommunion (Köln 1969); *H. Rennings,* Zwei Formen der Kommunionspendung, in: Gd 3 (1969) 110–112; *R. Trottmann,* Der Empfänger entscheidet, in: Gd 4 (1970) 87; *G. May,* Die sogenannte Handkommunion (Una-Voce-Schriften 5/1970) (Regensburg 1970).

Hausgottesdienst Bei der grundlegenden Bedeutung von ↗Ehe und Familie für den Aufbau der Kirche ist nicht verwunderlich, daß der Gottesdienst (zunächst wohl fast ausschließlich) im Haus, in der Familie gefeiert wird. Auch nach dem allmählichen Bau von gemeindlichen Gotteshäusern bleibt der Brauch der Hausmesse lebendig; viele Sakramentare bieten eigene Formulare für die „Missa in domo". Im Mittelalter bis in unsere Tage lebte der Brauch fort, indem der Bischof die Zelebration in Privatoratorien (Hauskapellen; ↗Kirchengebäude) gestatten konnte. Für die Spendung der Wegzehrung an Kranke wünscht der neue Krankenordo nach Möglichkeit (mit Zustimmung des Bischofs) die Feier der Messe im Haus des Kranken, der dadurch die Kommunion unter beiden Gestalten empfangen kann. Auch die Richtlinien der Deutschen Bischofskonferenz für die Feier der ↗Gruppenmesse sehen unter Umständen einen nichtliturgischen würdigen Raum, z.B. „Wohnraum", vor, ohne dafür eine Erlaubnis des Ordinarius zu verlangen. Ähnlich sieht das Benediktionale (Nr. 59) vor: „Die Haussegnung... kann mit der Meßfeier verbunden werden."

Lit.: ↗Gruppenmesse.

Haussegnung Daß man ein neues Haus unter Gebet und Segenswünschen bezieht, ist ganz natürlich, auch wenn sich dafür in den alten Ritualbüchern wenig Vorlagen finden. Das Altgelasianum kennt Gebete beim Betreten des Hauses und eine Weihwasserweihe im Haus, deren Gebete apotropäischen (abwehrenden) Charakter haben, vor allem aber eine Messe im Haus. – Eine wichtige Haussegnung knüpft an den antiken Brauch des Hochzeitszuges an, mit dem man die Brautleute am Abend des Hochzeitstages in das Haus des Mannes geleitet; die gallisch-keltische Kirche entwickelte daraus die „Segnung des Brautgemaches" (benedictio thalami) als eine Form der Intervention der Kirche im Eheabschluß; ähnliches kennt der syrische Ritus. – Das Mitleben des Kirchenjahres führt an ↗Ostern und ↗Epiphanie zu einer familiären Segnung der Wohnung, die in der Neuzeit teilweise vom Pfarrer übernommen wurde. Das neue ↗Benediktionale enthält in der Form von Wortgottesdiensten Segnungen eines neuen Hauses und einer neuen Wohnung, die in der Regel von einem Priester vorgenommen werden. „Die Haussegnung soll zu einem Familienfest werden und kann mit der Meßfeier verbunden sein" (Nr. 59).

Haustaufe Der normale Ort, an dem die ↗Taufe gespendet werden soll, ist die Pfarrkirche, „damit deutlich werde, daß die Taufe ein Sakrament des Glaubens der Kirche ist und in das Volk Gottes eingliedert" („Die Feier der Kindertaufe",Vorbem. 42). Deshalb soll selbst in Krankenhäusern und Entbindungsheimen „nur im Notfall oder aus zwingenden pastoralen Gründen getauft werden" (ebd. 46). Als Gründe für die Taufe in Privathäusern gilt Lebensgefahr, eine gesundheitliche Gefährdung oder gegebenenfalls auch eine sehr weite Entfernung zwischen Elternhaus und Kirche. „Wenn die Haustaufe allgemein gestattet würde, wäre eine Bevorzugung der Reichen unvermeidlich" (ebd. 47). Dies aber würde dem Grundsatz der LK 32 widersprechen.

Hebdomadar (griech.-lat. = Wochner), an Kirchen mit Chordienst das wochenweise wechselnde Chormitglied, welches das Offizium zu leiten und die Konventmesse zu feiern hat. Ähnlich pflegt man an Seelsorgskirchen mit mehreren Priestern die seelsorglichen Dienstleistungen wochenweise zu verteilen.

Heil religionsgeschichtlich das volle, ungebrochene, ungefährdete und sichere Leben, das der Mensch aus der Begegnung mit der Gottheit, dem Ursprung des Lebens, erwartet (↗Kult); darum lat. *salus* verwandt mit sanus = gesund, während dem griech. Ausdruck und der hebräischen Vorlage die Vorstellung „retten" zugrunde liegt; die Bibel redet dafür auch oft von „Friede" im Sinn eines Lebens in Ordnung und Dauer; die Vorstellungen läutern sich dabei zusehends von Abwesenheit äußerer Gefährdungen hin zum Leben unter dem gnädigen Willen Gottes. Der Glaube der Völker setzt solche Heilssituationen meist an den Anfang (Paradies); Kult schafft hier Heil, weil er die Ursituation wieder gegenwärtig macht (↗Gegenwart). Demgegenüber sieht der christliche Glaube die eigentliche Heilssituation im Ende, in den Eschata; hier muß die Zukunft in die Gegenwart hereinlangen. Das wahre gesicherte Leben ist uns in Jesus Christus zugänglich geworden; in ihm hat sich die Herrschaft

Gottes ganz und gar durchgesetzt, ihr Triumph ist in Tod und Auferwekkung für den Gläubigen sichtbar geworden. Die volle Gestalt dieses Heiles für die ganze Welt setzt sich erst am Ende der Tage durch, wenn wirklich Gott alles in allem ist (1 Kor 15,28); Heil ist darum Gegenstand der Hoffnung und des Gebetes. Aber auch jetzt setzt sich die Herrschaft Gottes durch, im Menschen, der glaubt, der in der Torheit und Schwachheit des Kreuzes Gottes Weisheit und Kraft erkennt und der bereit ist, den Osterweg Christi mitzugehen; an ihm wirkt Gott das Heil schon jetzt in einer vorläufigen Gestalt. Sichtbar ereignet sich diese Berufung in der Taufe; in der ↗Verkündigung des Gotteswortes ergeht sie immer wieder neu und wird im Glauben immer neu beantwortet; diese Berufung wird manifestiert in jeder Versammlung der „Herausgerufenen" (ekklesia, ↗Kirche), ganz besonders in der Eucharistie. In allen Formen des Gottesdienstes der gläubigen Gemeinde, im Wort und im Sakrament, wirkt Gott solchermaßen Heil im Vorgriff, pflanzt er den Keim des bleibenden Lebens ein (↗Fest 2). Der Ruf Gottes bedeutet für den Menschen zugleich Krisis (griech. = Unterscheidung, Urteil); der Mensch muß sich entscheiden. Wenn er das Wort nicht annimmt und das Sakrament nicht gläubig empfängt, wenn er sich dem Ruf der Herrschaft Gottes entzieht und widersetzt, wenn er in der Wirrnis der Welt die führende Hand Gottes nicht erkennen will, bleibt er im Unheil; wenn er aber Christus annimmt, ergreift er den Weg des Heiles, findet er in der Begegnung mit Christus den Vater und empfängt Unterpfand und Angeld des Heiles. Darum freut sich die Kirche im Gottesdienst des Heiles und betet und bittet doch erst um das Heil.

Lit.: R. Berger, Von der Heilkraft der Feier, in: *Gott feiern* 61–68.

Heilig heißt zunächst Gott nach seiner Grundeigenschaft, daß er völlig anders ist als wir Menschen und die uns zugängliche Welt: „Ich bin Gott, nicht ein Mensch, der Heilige in deiner Mitte" (Hos 11,9). Wegen dieser weltüberlegenen Heiligkeit hat Gott ein „Heiligtum", einen ausschließlichen Vorbehaltsraum, den der Mensch nicht betreten (Ex 3,5) noch berühren (2 Sam 6,6f) darf: Gott „wohnt in unzugänglichem Licht, den kein Mensch gesehen hat noch je zu sehen vermag" (1 Tim 6,16). Der dem Menschen zugängliche Raum liegt „vor dem Heiligtum", er ist *profan.* Im ↗Kult gewährt Gott dennoch seine Gegenwart in einer ↗Epiphanie, gewährt er berufenen Mittlern (↗„Priestern" im religionsgeschichtlichen Sinn) Zugang in sein Heiligtum; so nimmt Gott auch Geschöpfe in den Schutzraum seiner Macht, läßt sie ein in seinen Vorbehaltsraum, macht sie „heilig". Da inzwischen der Begriff heilig stark weitergebildet worden ist in Richtung auf sittliche Heiligkeit, sagt man heute für diese kultische Vorstellung von Heiligkeit im Sinn der Aussonderung und Befähigung zum Gottesdienst lieber *sakral.* – Ganz und gar durchgesetzt hat sich die Überlegenheit Gottes in Jesus Christus; dieser ist nicht einfach „heilig", er ist „der Heilige Gottes" (Mk 1,14; Joh 6,69), er hat Zugang in Gottes Heiligtum (Hebr 9,11ff, bes. Vers 24), er hat den Vater gesehen (Joh

1,18). Seither gibt es keinen sakralen Ort mehr im Sinn der alten Tempel, keine sakralen Personen mehr im Sinn der früheren Priester; denn Gott ist zugänglich geworden in Christi Leib „dem Geist der Heiligkeit nach seit der Auferstehung“ (Röm 1,4), in dem Leibe, dessen Glieder die Gläubigen sind, aus denen er den heiligen Tempel auferbaut hat (Eph 2,20–22; 1 Petr 2,5), in der Gemeinde, die er um sich gesammelt hat (↗Kirche), „für die er sich hingegeben hat, um sie im Wasser und durch das Wort rein und heilig zu machen“ (Eph 5,25f). ↗Weihungen und Segnungen schaffen nicht mehr sakrale Personen und Sachen, weil in Christi Menschwerdung, wie vor allem die byzantinische Weihnachtsliturgie ständig betont, die ganze Schöpfung bereits heimgeholt worden ist, wieder in Beziehung zu Gott getreten ist (↗Natur). Für den Christen, der in der Taufe in den Christusleib und Christustempel eingefügt und so heilig geworden ist, gibt es keinen eigentlich profanen Raum mehr, er steht immer und überall durch Christus in Verbindung mit Gott, er hat „Zugang“ (Eph 2,18); „alles gehört euch, ihr aber gehört Christus, und Christus gehört Gott“ (1 Kor 3,22f). Im Raum der Gemeinde und des Gottesdienstes tritt diese Verbindung sichtbar zutage als ein ↗Zeichen dieser verborgenen Wirklichkeit, die die Welt mehr und mehr durchdringt; hier steht der Mensch wirklich vor dem Angesicht Gottes und stimmt in das staunend anbetende Dreimalheilig ein; hier erfährt der Mensch, wie die profane Welt in Gottes Hand liegt, wie in den sakramentalen Zeichen Gottes heiles Leben, Gottes Heiligkeit uns durchdringt. – Demgegenüber sollte man gottesdienstliche Formen nicht mehr „sakral“ nennen, sollte nicht sprechen von „sakraler Musik“ und dgl., weil Heiligkeit nicht mehr an Formgesetzen, sondern an der personalen Christusbeziehung hängt.

Lit.: M. Eliade, Das Heilige und das Profane (Hamburg 1957); *Th. Bogler* (Hrsg.), Das Sakrale im Widerspruch (Maria Laach 1967); *E. J. Lengeling,* Sakral – Profan. Bericht über die gegenwärtige Diskussion, in: LJ 18 (1968) 164–188; *H. Bartsch* (Hrsg.), Problem der Entsakralisierung (München 1970) und in PkH 46 (Leipzig 1971); *J. Pieper,* „Entsakralisierung“? (Zürich 1970); *H. Mühlen,* Entsakralisierung (Paderborn 1971); *ders.,* Sakralität und Profanität, in: LPTh 477–480 (gute Zusammenfassung).

Heiligenverehrung, -feste

1. Geschichte der Heiligenverehrung. Die ganze Gemeinde der Getauften ist ein ↗heiliges, Gott zugeeignetes, priesterliches Volk (vgl. 1 Petr 2,9f). Die Hervorhebung der Heiligkeit einzelner Glieder kennt man am Anfang nicht. Antikem Brauch entsprechend versammelt sich die Verwandtschaft besonders am Todestag (= natale) am Grab ihres Verstorbenen, um die eucharistische Feier zu begehen (Totenmesse). Von der ganzen Gemeinde besonders verehrt werden zunächst die *Märtyrer,* die in ihrem Lebensopfer für Christus Zeugen und Teilhaber seines Todes und seiner Auferstehung wurden. Bischof *Polykarp von Smyrna* († um 155) dürfte der erste Märtyrer gewesen sein, dem seine Gemeinde kultische Verehrung zuteil werden ließ. Während die Märtyrerverehrung zunächst noch auf jene Gemeinden begrenzt war, die das Grab des betreffenden Märtyrers besaßen, wurden später manche Märtyrer auch von anderen Gemeinden in den Festkalender aufgenommen. Das fehlende Grab sucht man durch ↗Reliquien (auch „Berührungsreliquien"), in einer späteren Epoche auch durch Bilder zu ersetzen. „Der christliche Märtyrerkult hat seine Wurzel in der schon vom Judentum ererbten Hochschätzung und privaten Verehrung des Gerechten und Märtyrers" *(Th. Klauser).*

Dem Martyrium im Kult gleichgestellt wurden schon früh die ↗*Apostel* als die von Christus persönlich bestellten Zeugen. Besondere Verehrung erlangen auch die ↗*Bekenner,* die in der Verfolgung Gefangenschaft, Folter und Verbannung erdulden mußten. Mit dem Ende der großen Christenverfolgungen werden allmählich auch bedeutende Bischöfe wie *Gregor Thaumatourgos* im Osten und *Martin von Tours* im Westen verehrt, schließlich auch die *Asketen* (↗Mönche und Asketen) und ↗*Jungfrauen.* Ihr Leben als außerordentliche Christusnachfolge und als eine Art unblutiges Martyrium (wörtlich = Zeugnis) nimmt in besonderer Weise teil an der Passion und dem österlichen Sieg des Herrn und wird so im Zusammenhang mit dem ↗Pascha-Mysterium Christi gesehen. Eine besondere Stellung im Heiligenkult erlangt die ↗*Marien-Verehrung.*

Um einer unkontrollierten Ausweitung der Heiligenverehrung auf immer neue Personen entgegenzuwirken, bildete sich ein kirchliches Verfahren zur ↗*Heiligsprechung* heraus. In der mittelalterlichen Entwicklung läßt sich eine stürmische und teilweise nicht unbedenkliche Hinwendung zu den Heiligen konstatieren (u.a. Zuweisung bestimmter Zuständigkeiten an einzelne Heilige, übersteigerter Reliquienkult und Wundersucht, Überlagerung des Herrenjahres durch die große Zahl der Heiligenfeste). Die im Anschluß an das Trienter Konzil eingesetzte Reformkommission beschloß eine erhebliche Reduzierung der Heiligenfeste, so daß es in dem von *Pius V.* herausgegebenen Brevier und Missale (1568 bzw. 1570) „nur" noch 158 Heiligenfeste gab, die sich jedoch in der Folgezeit bald wieder erheblich vermehrten (trotz weiterer Reformversuche). So sah sich auch das II. Vatikanum veranlaßt, vor einem „Übergewicht" der Heiligenfeste zu warnen und für die nachkonziliaren Reformkommissionen die Weisung auszugeben, nur solche Heiligen im allgemeinen Festkalender zu berücksichtigen, „die wirklich von allgemeiner Bedeutung sind" (LK 111). Zur Neuordnung vgl. 3.

2. Theologie der Heiligenverehrung. Wenn man auch zugeben muß, daß es in manchen Zeiten und Ländern Übertreibungen und mißverständliche, ja auch mißbräuchliche Praktiken der Heiligenverehrung gegeben hat, so hat doch die offizielle Lehre der Kirche niemals die zentrale Aussage von 1 Tim 2,5f aus dem Auge verloren: „Einer ist Gott, Einer auch Mittler zwischen Gott und den Menschen: der Mensch Christus Jesus, der sich als Lösegeld hingegeben hat für alle." Wenn die Kirche die Heiligen verehrt, dann anerkennt und verkündet sie die *siegreiche Gnade des ein-*

zigen Erlösers und Mittlers Jesus Christus und dankt dem Vater für die in Christus geschenkte Erbarmung, die an den Heiligen wirksam und sichtbar geworden ist. Insofern ist jedes Heiligenfest als ein kleines Osterfest zu verstehen. Der begnadeten Heiligen wird in dieser Christusfeier „gedacht", sie selbst werden in der Liturgie kaum einmal direkt angesprochen. Die *ostsyrische Kirche* begeht Heiligenfeste deswegen grundsätzlich nur am Freitag, weil so der Christusbezug des Heiligentodes sichtbar wird, und spricht nur vom „Gedächtnis", während der Ausdruck „Fest" für Herrentage reserviert bleibt. Umgekehrt kennen die *Armenier* keine Heiligenfeste zu den hohen Zeiten des Kirchenjahres und ebenso nicht am Sonntag, Mittwoch und Freitag, damit so die eigentliche Heilsfeier der christlichen ↗Woche und der Osterbegehung nicht in den Hintergrund gedrängt werden kann. Die Heiligenpräfationen des neuen Meßbuches betonen in vielfältigen Formulierungen, daß alle Heiligkeit Werk göttlicher Gnade und Liebe ist.

Für die Lebenden wird die von den Heiligen empfangene und gelebte Gnade zum *Zeichen und Zeugnis des Glaubens,* zum gelebten Evangelium und so zur Orientierung, Aufmunterung, Ausdauer und Hoffnung in der Gestaltung des eigenen Lebens. – Schließlich gehört zur Heiligenverehrung auch das Zutrauen, vor ihnen als Brüdern und Schwestern Christi die persönlichen Sorgen und Nöte auszubreiten und um ihre *Fürsprache bei Gott,* dem Geber aller guten Gaben, zu bitten, wissend um die brüderliche Solidarität aller, die den mystischen Leib Christi mit ihm als Haupt bilden. – Diese Theologie der Heiligenverehrung hat neuerdings das II. Vatikanum in mehreren seiner Dokumente deutlich zum Ausdruck gebracht (so LK 104; 111; LG 50f). – Auch in den Kirchen der Reformation läßt sich in manchen Kreisen eine Annäherung an eine so verstandene Heiligenverehrung feststellen *(W. Nigg; M. Lackmann; M. Thurian).*

3. Die Heiligenfeiern nach der Neuordnung. Schon das II. Vatikanum hatte den Vorrang des Herrenjahres vor den Heiligenfeiern betont, „damit der volle Kreis der Heilsmysterien in gebührender Weise gefeiert werde" (LK 108). Um dies zu ermöglichen, gab es die Weisung, die Heiligenfeiern stärker an die Ortskirchen zu binden, also zu *dezentralisieren,* wie dies schon der alten Kirche wohlvertraut war: „Eine beträchtliche Anzahl von ihnen möge der Feier in den einzelnen Teilkirchen, Nationen oder Ordensgemeinschaften überlassen bleiben, und nur jene sollen auf die ganze Kirche ausgedehnt werden, die das Gedächtnis solcher Heiligen feiern, die wirklich von allgemeiner Bedeutung sind" (LK 111). Der von *Paul VI.* am 26. 1. 1964 eingesetzte „Römische Liturgierat" ließ sich bei der Neugestaltung des Festkalenders, der 1969 zusammen mit der GOK von der Ritenkongregation veröffentlicht wurde, von folgenden Prinzipien leiten: historisch-kritische Überprüfung des Sanctorale, Auswahl der Heiligen von größerer Bedeutung und Universalität des Heiligenkalenders unter geographischen, temporalen und spirituellen Aspekten. Als Termin für die Heiligenfeiern soll möglichst der

Sterbetag als Geburtstag für den Himmel (= natale) gewählt werden. Die in den liturgischen Büchern üblichen Titel der Heiligen wurden revidiert, wobei ↗„Bekenner", „Weder Jungfrau noch Märtyrin" und „Witwe" als weniger geeignet entfielen. Man verzichtete lieber darauf, jedem Heiligen unbedingt einen Titel beizulegen. Beibehalten wurden die Titel Apostel, Evangelist, Märtyrer, Jungfrau, Papst, Bischof, Priester, Diakon, Kirchenlehrer, Abt, Mönch, Einsiedler, Ordensmann (im Sinn von Ordensangehörigen ohne Priesterweihe) und Ordensfrau (wenn sie vor dem Eintritt in den Orden verheiratet war, sonst gilt der Titel Jungfrau).

Auf der Grundlage des Allgemeinen (Römischen) Kalenders wurden erarbeitet der ↗„Regionalkalender für das deutsche Sprachgebiet", die ↗Diözesankalender und ↗Ordenskalender. ↗Martyrologium; ↗Namenstagskalender.

Lit.: Th. Klauser, Christlicher Märtyrerkult, heidnischer Heroenkult und spätjüdische Heiligenverehrung (Köln – Opladen 1960); *B. Kötting,* Heiligenverehrung, in: Hdb. theol. Grundbegriffe I (München 1962) 633–641; *ders.,* Entwicklung der Heiligenverehrung und Geschichte der Heiligsprechung, in: *P. Manns* (Hrsg.), Reformer der Kirche (Mainz 1970) 27–39; *P. Molinari,* Die Heiligen und ihre Verehrung (Freiburg 1964); *K. Rahner,* Vom Geheimnis der Heiligkeit, der Heiligen und ihrer Verehrung, in: *P. Manns* (Hrsg.), Reformer der Kirche (Mainz 1970) 5–26; *M. Lackmann* (ev.), Die Verehrung der Heiligen (Stuttgart 1958).

Heiliger Geist die dritte göttliche Person, die die Versammlung der Gläubigen zum fortlebenden Herrenleib und Ort der Gottesbegegnung (↗Kirche) macht und so die Feier der Liturgie ermöglicht.

Zunächst durchformt der Geist die Erdentage Christi (= des [vom Geiste] Gesalbten) und befähigt ihn, sein Heilswerk zu tun (Mt 1,18–20; Mk 1,10.12; Lk 4,18; Mt 12,28; Hebr 9,14); in der Auferweckung durchstaltet er den Leib des Herrn ganz und gar, so daß dieser 2 Kor 3,17 einfach „der Geist" heißt, so daß er durch diesen Geist ohne raum-zeitliche Beschränkung bei den Seinen weiterhin bleiben kann, so daß er den Seinen den Geist zu schenken vermag (Joh 7,39; 20,22; Lk 24,49; Apg 2,33). – Erfüllt von diesem Christusgeist, dürfen auch wir Gott unsern Vater nennen (Gal 4,6; Röm 8,15), vermögen wir Christus als den Herrn anzuerkennen (1 Kor 12,3). Ein und derselbe Geist, der in allen die verschiedenen Gaben wirkt, schafft so aus den vielen Gliedern den einen Leib, den einen Bau (1 Kor 12; Eph 4; ↗Erbauung), er macht die Gemeinde zum Ort des Zugangs zum Vater (Eph 2,18), zum heiligen Tempel (1 Kor 3,16; Eph 2,20–22). Der Heilige Geist ist damit der Ermöglichungsgrund allen Gottesdienstes; ohne ihn gibt es keine Verkündigung des Gotteswortes, ohne ihn kein Gebet, ohne ihn keine Eucharistie; „all das geschieht in der Kraft des Heiligen Geistes" (LK 6). Im urchristlichen Gottesdienst äußert sich diese Gegenwart des Geistes mitunter in spürbaren Formen (Apg 4,31; 1 Kor 12–14), so daß der fremde Besucher bekennend niederfällt: „Wahrhaftig, Gott ist bei euch" (1 Kor 14,25). Die Schlußformel der Gebete nennt deswegen den Heiligen Geist als das zusammenschließende Band (zunächst der Dreifaltigkeit, dann aber auch um die Gemeinde und zwischen Gott und Mensch), aber noch weniger als Christus wird der Geist in den Gebeten der Kirche direkt angesprochen. Er wird gelebt in der Liebe (↗Caritas), die die Glieder des Christusleibes zusammenfügt und den Leib auferbaut (Eph 4,16), in der Liebe, in der der Leib Christi in seinen Gliedern sich kraft des Heiligen Geistes weiter hingibt und opfert (Eph 5,25–32).

Lit.: A. Kirchgässner, Gottes Geist in der Liturgie (Aschaffenburg 1964); *H. Mühlen,* Die Wirksamkeit des Heiligen Geistes als Ermöglichung jeglichen liturgischen Tuns, in: *P. Bormann – H.-J. Degenhardt* (Hrsg.), Liturgie in der Gemeinde 2 (Salzkotten 1965) 40–61; *H. Volk,* Theologische Grundlagen der Liturgie (Mainz 1964) 95–99; *Th. Schneider,* Gott ist Gabe. Meditationen über den Heiligen Geist (Freiburg 1979).

Heilige Schrift ↗Bibel.

Heiliges Grab ↗Auferstehungsfeier.

Heilige Stunde eine Stunde der Andacht an den Donnerstagabenden zum Gedächtnis des Ölbergleidens Christi (vgl. Mt 26,40) und der Einsetzung der Eucharistie, aber auch zur ↗Herz-Jesu-Verehrung. Angeregt von einer Vision der hl. *Margareta Maria Alacoque* (1674), besonders belebt durch Gründung einer Bruderschaft von der Heiligen Stunde durch *R. Debrosse* SJ 1829 in Paray-le-Monial. Im deutschen Sprachgebiet vor allem am ↗Gründonnerstag und den Vorabenden der ↗Herz-Jesu-Freitage üblich, oft auch verbunden mit dem Gebet für die Priester und die Erweckung von Priesterberufen („Priesterdonnerstag“).

Heiligsprechung, Seligsprechung Die öffentlich-kultische Verehrung eines Märtyrers oder herausragenden Christen mußte seit jeher von der kirchlichen Autorität (zunächst vom Bischof oder Metropolitanverband) in irgendeiner Form anerkannt werden. Anfangs geschah dies einfach durch die Sammlung und Bestätigung der Märtyrerakten, dann durch den Bau von Kirchen oder Kapellen über den Gräbern, durch die Erhebung der Gebeine und Überführung in eine Stadtkirche, später auch durch formelle Beschlüsse einer Provinzialsynode. Um einer unkontrollierten Ausweitung der Heiligenverehrung auf immer neue Personen entgegenzutreten, bildete sich ein kirchliches Verfahren zur Heiligsprechung heraus. Ausgangspunkt war wohl die Heiligsprechung des Bischofs *Ulrich von Augsburg* († 973) durch Papst *Johannes XV.* auf einer römischen Synode 993. Im 12./13. Jh. beanspruchte der Papst das alleinige Recht zur Heiligsprechung. Im Hinblick auf die immer zahlreicher werdenden Anträge wurde die Prüfungsordnung mehrmals verschärft. Die heutigen Bestimmungen, die im wesentlichen auf *Benedikt XIV.* zurückgehen, finden sich im CIC 1999–2141. *Paul VI.* hat durch sein Motuproprio („Sanctitas clarior“) vom 19. 3. 1969 die seitherige Prozeßordnung gestrafft, wobei den Bischöfen größere Befugnisse eingeräumt wurden. – Der rituelle Vollzug der *Heiligsprechung* geschieht zu Beginn eines päpstlichen Hochamtes, wobei der Papst feierlich erklärt, daß er den betreffenden Seligen in das Verzeichnis der Heiligen eintrage und sein alljährliches Gedächtnis anordne. Nach den anschließenden notariellen Akten folgt das Te Deum. Während der Meßfeier hält der Papst eine Homilie über den neuen Heiligen. Der Opfergang hat im Lauf des Mittelalters eine eigenartig allegorische Form (mit Kerzen, Brot, Wein und Vögeln) gefunden, erstmals bezeugt bei der Kanonisation der hl. *Birgitta* (1391). – Der Begriff des *„Seligen"* (beatus) kam erst im Mittelalter auf, als sich die Päpste die Heiligsprechung vorbehielten, die Bischöfe jedoch für ihre Diözese weiterhin die Verehrung hervorragender Verstorbener gestatteten. Im 17. Jh. erfolgte eine genauere rechtliche Unterscheidung zwischen „selig" und „heilig". Seither untersteht auch die Seligsprechung dem Apostolischen Stuhl und gilt als notwendige Vorstufe der Heiligsprechung. Ein „nur" Seliger darf nur in Teilkirchen verehrt werden. Der Ritus der *Seligsprechung* geschieht in St. Peter in Abwesenheit des Papstes durch Verlesen eines päpstlichen Breve mit anschließendem Te Deum und Feier der Eucharistie. – ↗Heiligenverehrung.

Heimsuchung Marias ↗Marienfeste 1.3.

Heortologie (vom griech. heortē = Fest) die Lehre von der Entstehung und Bedeutung christlicher ↗Feste und Zeiten im Rahmen des ↗Kirchenjahres.

Lit.: *K. A. H. Kellner,* Heortologie oder das Kirchenjahr und die Heiligenfeste in ihrer geschichtlichen Entwicklung (Freiburg [3]1911); *J. Pascher,* Das liturgische Jahr (München 1963); *Adam, Kirchenjahr.*

Herrenfeste, -jahr ↗Kirchenjahr.

Herz-Jesu-Verehrung (-Fest, -Freitag) Das gesamtmenschliche, leibgeistige Personleben des Menschen bezeichnet die Schrift gern mit dem Urwort Herz. Sie lenkt auch schon, besonders im johanneischen Schriftenkreis, die Aufmerksamkeit auf das Herz des Erlösers. Die Väter sehen in Fortsetzung dieser Gedanken in der zum Herzen hin offenen Seite Jesu, aus der Blut und Wasser fließen, den Ursprung der Sakramente und der Kirche. An diese Ansätze einer Verehrung des Gottmenschen unter dem Gesichtspunkt seiner im Herzen symbolisierten Liebe knüpfen zahlreiche Theologen des 12./13. Jhs. an. Insbesondere hat die Mystik des 13./14. Jhs. dieser Verehrung einen starken Auftrieb gegeben (*Mechthild v. Magdeburg, Gertrud v. Helfta, Heinrich Seuse* u. a.). Später hat die *„Devotio moderna"* und im 16. Jh. der Jesuitenorden der Herz-Jesu-Verehrung besondere Aufmerksamkeit geschenkt. Im 17. Jh. kam es durch die Oratorianer des *P. Bérulle* († 1629) und *Johannes Eudes* († 1680) zu einem neuen Höhepunkt. – *Johannes Eudes* war es auch, der mit Erlaubnis seines Bischofs ein Fest zu Ehren des Herzens Jesu in den Kirchen seiner Gemeinschaft feierte (erstmals 20. 10. 1672). Die Visionen der *Margarete Maria Alacoque* (zwischen 1673 und 1675) trugen ihr auf, sich für die Einsetzung eines Herz-Jesu-Festes am Freitag nach der Fronleichnamsoktav und für die Pflege der Herz-Jesu-Freitage und der Heiligen Stunde einzusetzen. Rom sträubte sich, wie gegen alle ↗Ideenfeste, lange dagegen. Erst *Clemens XIII.* gestattete 1765 den polnischen Bischöfen und der römischen Erzbruderschaft vom Herzen Jesu ein solches Fest. *Pius IX.* führte es 1856 verbindlich für die ganze Kirche ein, *Leo XIII.* erhöhte 1899 seinen Rang und ordnete für die bevorstehende Jahrhundertwende die Weihe der Welt an das Herz Jesu an. Eine Neufassung der Festliturgie erfolgte 1928 durch *Pius XI.*, verbunden mit einer weiteren Rangerhöhung, die es Weihnachten gleichstellte, wenn es auch nicht als Feiertag mit Arbeitsruhe begangen werden mußte. Zur Jahrhundertfeier der allgemeinen Einführung veröffentlichte *Pius XII.* 1956 die Enzyklika „Haurietis aquas". Die Neuordnung des Festkalenders (1969) beläßt das Hochfest „Heiligstes Herz Jesu" auf dem 3. Freitag nach Ostern, seine Festmesse übernimmt zum großen Teil die Texte von 1928, die den Gedanken der Sühne betonen. – Weitere Formen der Herz-Jesu-Verehrung bestehen in der Feier der *Herz-Jesu-Freitage,* den ersten Freitagen der einzelnen Monate, und in der sogenannten *↗Heiligen Stunde* an ihren Vorabenden. Für die Herz-Jesu-Freitage approbierte *Leo XIII.* 1899 eine besondere Votivmesse. Beiden Andachtsformen kann bei entsprechend guter Sinngebung und Gestaltung der pastorale Wert nicht abgesprochen werden.

Lit.: J. Stierli, Cor Salvatoris. Wege zur Herz-Jesu-Verehrung (Freiburg 1954); *K. Rahner,* Herz-Jesu-Verehrung, in: Schriften zur Theologie III (Einsiedeln 1956) 377–415; *A. Bea – H. Rahner* u. a. (Hrsg.), Cor Jesu, 2 Bde. (Rom 1959); *J. Seuffert,* Der Herz-Jesu-Freitag. Modelle für Meßfeiern und Andachten (München 1977).

Herz-Mariä-Verehrung ↗Marienfeste 2.2.

Himmelfahrt Christi Hochfest am 40. Tag der ↗Osterzeit. Während die alte Kirche die 50 Tage nach Ostern als eine einzige Festzeit beging, setzte vom 4. Jh. an das Bestreben ein, einige Aspekte der Verherrlichung Christi auszufalten und zu verselbständigen. Nach dem Bericht der Pilgerin *Ätheria* haben zwar die Christen von Jerusalem noch um 400 Himmelfahrt und Geistsendung als Vollendung der Heilstat Christi am 50. Tag (↗Pfingsten) begangen, aber in den übrigen Kirchen setzte sich noch im 4. Jh. ein eigenes Fest der Himmelfahrt Christi am 40. Tag nach Ostern durch. Anstöße hierfür waren neben der Hochschätzung der Zahl 40 vor allem Apg 1,3 („40 Tage hindurch ist er ihnen erschienen ...") und der sich in V. 9–11 anschließende Bericht über die Himmelfahrt. *Augustinus,* von dem mehrere Predigten zu diesem Tag erhalten sind, stellt bereits fest, daß dieser Tag „auf dem ganzen Erdkreis gefeiert wird" (Sermo 179,1). – Wo Christi Himmelfahrt kein gebotener Feiertag ist, wird es auf den folgenden Sonntag verlegt. – ↗Osterkerze.

Lit.: Adam, Kirchenjahr 78f.

Hinweise ↗Aufforderung.

Hirtenmesse ↗Weihnachten.

Hirtenstab ↗Stab.

Hochamt (Hochamtsregel) früher übliche dt. Bezeichnung für die gesungene Meßfeier (Missa in cantu), bei der Priester, Chor (und Gemeinde) ihren Part gesungen haben.

Die Situation (Versammlung der Großgemeinde oder einer kleinen Gruppe) beeinflußte von Anfang an die Gestalt der Eucharistiefeier, ohne daß sich schon abgegrenzte ↗Meßformen ausbilden mußten. Als aber im Mittelalter in Dom- und Stiftskirchen, dann auch in Stadtkirchen Nebenmessen von Gruppen und ↗Privatmessen der Priester immer zahlreicher wurden, hob sich der Hauptgottesdienst („summum officium") des Kapitels als der „offizielle" Gottesdienst (lat. officium = „Amt") auch in der Gestaltung immer stärker von den übrigen Meßfeiern ab. Je mehr die Privatmesse zur „Lesemesse" wurde, desto mehr wurde der Hauptgottesdienst (das Amt) gekennzeichnet durch den Gesang, so daß im deutschen Sprachgebrauch „Amt" zur Bezeichnung der gesungenen Meßfeier werden konnte im Gegensatz zur gesprochenen.

In den Anfängen der liturgischen Erneuerung wählte man als Basis für Missa recitata und muttersprachliche „Gemeinschaftsmesse" zunächst die Lesemesse, indem man die Texte einfach laut vorlesen oder gemeinsam sprechen ließ. Als die Erfahrung lehrte, daß durch solches pausenloses Beten die echte Beteiligung eher gehemmt als gefördert wird, suchte man Mitte der dreißiger Jahre nach einer Norm für die Auswahl der laut zu sprechenden Texte und fand sie schließlich in der eigentlichen Gestalt der römischen Meßfeier, im Amt; hier hatte sich die rechte Rollenverteilung eines gegliederten Gottesdienstes einigermaßen erhalten, während sie im „Ein-Mann-Betrieb" der herkömmlichen Lesemesse ganz eingeebnet war; man brauchte daran nur gewisse Modifikationen anzubringen aufgrund liturgiegeschichtlicher Erkenntnisse und religionspädagogischer Erwägungen. Diese *Hochamtsregel* war als Auswahlmaßstab gemeint für die Frage, welche Texte in der Gemeinschaftsmesse laut vorgetragen werden sollten; es erwuchs daraus aber zusehends ein Verständnis für die Grundstrukturen einer jeden gottesdienstlichen ↗Feier; man erlebt den Unterschied zwischen einer Lesung, einem Gesang und einem Gebet, man erkannte die verschiedene Funktion von Akklamation, Lied, Prozession, von Hören und von Stille, und so wurde der Boden bereitet für die Verlebendigung des Gottesdienstes durch das II. Vatikanum. Die Erkenntnisse von der grundlegenden Bedeutung des ↗Gesanges bauten die Trennung zwischen Amt und Lesemesse immer mehr ab. Schon die Instructio „Musicam sacram" vom 5. 3. 1967 tat das Tor auf: „Zwischen der feierlichen Hochform des Gottesdienstes, in der alles, was den Gesang verlangt, auch wirklich gesungen wird, und der schlichtesten Form, bei der überhaupt nicht gesungen wird, sind verschiedene Zwischenstufen möglich, je nachdem, wieviel gesungen wird“ (*Kaczynski* 739); AEM kennt keine Scheidung mehr zwischen Lesemesse und Amt und sieht in Nr. 19 und Nr. 77 vor, daß beim Gemeindegottesdienst mit Vorzug gesungen, je nach Situation aber auch auf einzelne Gesänge oder Gesang überhaupt verzichtet werden kann.

Lit.: K. Amon, Hochamtsregel und neuer Meßordo, in: LJ 20 (1970) 209–215; *J. Gülden,* Grundsätze und Grundformen der Gemeinschaftsmesse in der Pfarrgemeinde, in: *K. Borgmann* (Hrsg.), Volksliturgie und Seelsorge (Kolmar o. J.) 98–122.

Hochfest ↗Fest.

Hochgebet (eucharistisches) das Lobgebet, mit dem die ↗Eucharistie begangen, Brot und Wein konsekriert und das Gedächtnis der Opfertat Christi vollzogen wird; in den orientalischen Riten ↗Anaphora genannt, in der römischen Liturgie aufgeteilt auf die veränderliche ↗Präfation und den unveränderlichen ↗Kanon, neben den weitere Hochgebete getreten sind zum wechselweisen Gebrauch.

I. Die Funktionen des Hochgebets: Lobpreis, Tischsegen, Opfergebet.

1. Lobpreis. Zum jüdischen ↗Mahl gehört die *beraka,* der Lobpreis Gottes, der den Seinen, die sich um den Tisch versammelt haben, Nahrung gibt; sie wird vom Hausvater selbst gesprochen und lautet in ihrer einfachsten Form: Gepriesen (baruk) Jahve, unser Gott, du König der Welt, der das Brot aus der Erde sprossen läßt. Der Lobspruch über den Weinbecher beim Festmahl ist wesentlich reicher. Ein solches Gebet vom Typ der beraka spricht der Mensch jedesmal, wenn er staunend vor dem machtvollen Handeln Gottes niederfällt (z. B. Gen 24,27; Ex 18,10; 1 Kön 8,56; 1 Chr 16,8–36; Eph 1,3 – 3,21; Mt 11,25); wie gerade die letzte Stelle mit dem doppelsinnigen Wort confiteor (confiteri = bekennen/preisen) zeigt, geschieht der Lobpreis durch die Verkündigung der Machttat Gottes, durch das preisende Bekenntnis vor der Gemeinde. Einen solchen Lobpreis spricht nach dem Vorbild Christi auch die ntl. Gemeinde bei der eucharistischen Versammlung über Brot und Wein; durch das frühe Zusammentreten der beiden berakot zu einem einzigen feierlichen Gebet (↗Eucharistie 3) gewinnt das Hochgebet noch stärker eine beherrschende Stellung innerhalb der Mahlgestalt der Eucharistie; dabei verschiebt sich sein innerer Sinn ein wenig vom Lobpreis für die Großtaten Gottes hin zum Dank für seine Wohltaten. – Von der Situation des Abendmahls her bleibt es aber ehernes Gesetz, das selbst die Ostkirchen trotz antiarianischer Einbrüche auf weite Strecken hin beobachten, daß das Hochgebet am Altar durch Christus *an den Vater gerichtet* wird und niemals an Christus selbst (↗Anrede 1); der Vorsteher verkündet lobpreisend, was der Vater in Christus an uns Großes getan hat, insbesondere in Abendmahl, Tod und Auferstehung des Herrn; ↗Einsetzungsbericht und ↗Anamnese sind daher Kernstücke des Lobpreises und kehren praktisch in allen Liturgien wieder. – Von Natur aus wird dieser bekennende Lobpreis vom Priester als Hausvater laut vorgetragen, ja gesungen („kantilliert"). Die Westkirche hat unter gallischem Einfluß das ganze Hochgebet mit Ausnahme des Beginns und des Schlußsatzes seit der Karolingerzeit immer mehr grundsätzlich still beten lassen; im Hintergrund stand wohl das orientalische Motiv vom Vollzug der geheimnisvollen Opferhandlung unter heiligem Schweigen. Im allgemeinen wurde seit Beginn der Neuzeit diese ↗Stille vom Gesang des Sanctus-Benedictus übertönt. Die Liturgiereform führte über mehrere Zwischenschritte zur klaren Vorschrift des MR: „Das Eucharistische Hochgebet wird vom Priester laut und vernehmlich vorgetragen und von der Gemeinde mit dem Zuruf ‚Amen' abgeschlossen. Die mit Melodien versehenen Teile können gesungen werden." Und AEM 12 verlangt, daß gleichzeitig nichts anderes gebetet und gesungen wird und auch die Orgel schweigt.

2. Tischsegen. Wie schon der alte Doppelsinn des hebr. berek (benedicere = preisen/segnen) zeigt, ist der Dank an den Vater für die Speise zugleich als Gebet für die Speise gemeint; die Gabe wird in die Bewegung des Gebetes hineingenommen, sie wird „gesegnet" („eucharistiert", wie Justin noch aufschlußreicher sagt; ↗Weihungen). Dahinter steht die alte Vorstellung von der Kraft des ↗Gedächtnisses: Wo die heiligen und ehrfurchtgebietenden ↗Namen Gottes erklingen, kommt er herbei; wo die Urhandlung feierlich verkündet wird, wird sie wieder gegenwärtig; so macht die lobpreisende Verkündigung des Hochgebetes die Heilswirklichkeit des Letzten Abendmahles gegenwärtig, Christus heiligt wieder Brot und Wein zu den Heilsgaben seines Opferleibes und Opferblutes. Für solches Rufen des Gottesnamens über etwas gebraucht man den Fachausdruck ↗Epiklese; demnach ist das gesamte Hochgebet als *Epiklese* über Brot und Wein zu betrachten. Aber naturgemäß entwickelt sich sehr bald im Rahmen des Gesamtgebetes ein spezieller Bittsatz um die Heilswirkung der Speisen für den Empfänger, im Osten seit dem 4. Jh. speziell um die Erfüllung der Speisen mit Heiligem Geist; dieser Bittsatz wird dann Epiklese im engeren, fachlichen Sinn genannt.

3. Opfergebet. Im Mahl liegt eine natürliche Tendenz zum Gedächtnis (man denke an Totenmahl, Trinkspruch); wenn die israelitische Familie Ostermahl hält, feiert sie Gedächtnis nicht einfach des Auszugsmahles in Ägypten, sondern des Vorübergangs des Herrn, der Heils- und Rettungstat Gottes (Ex 12,27). Ebenso begeht die christliche Gemeinde nicht nur den Ritus des Abschiedsmahles des Herrn, sondern sie „verkündet" darin „den Tod des Herrn" (1 Kor 11,26), sie tut gemäß dem Auftrag Christi Gedächtnis Christi, nicht bloß des Abendmahles. Darum verkündet der Vorsteher beim Hochgebet in der ↗Anamnese nach dem Einsetzungsbericht das Gedächtnis Christi und seines Heilswerkes, seiner Hingabe und Erhöhung, mit anderen Worten: seines ↗Opfers. Die feiernde Gemeinde, die dieses Gedächtnis vollzieht, wird in Christus eingegliedert, in seine Lebensbewegung der Hingabe hineingezogen, sie bringt in Christus und durch Christus dem Vater das Opfer dar. Diese Tiefenwirklichkeit der Eucharistie wird im Hochgebet ausgesprochen, am einfachsten bei Hippolyt: *memores offerimus* = indem wir Gedächtnis tun, bringen wir dar. Der Opferausdruck ist dem Lobgebet innerlich nicht fremd; in der beraka des jüdischen Mahles wendet sich der betende Mensch ja nicht der Speise zu, sondern dem Spender; der Mensch drückt darin seine Bereitschaft für Gott aus; echter Lobpreis setzt volle Bereitschaft voraus. So spricht die Schrift (nicht anders als die hellenistische Religionsphilosophie) von dem „Opfer des Lobes" (Hebr 13,15). Darum drückt sich unsere Teilhabe am Opfer Christi innerhalb der Meßfeier ganz natürlich im Hochgebet aus, darum drängt der geheimnisvolle Opferinhalt der Feier gerade im Tischgebet in die Mahlgestalt herein.

II. Die Einfügungen ins Hochgebet

Epiklese und Opferaussage, obwohl nicht unmittelbar Dankmotive, stören den Fluß des Hochgebetes nicht; Nennung der Kirche ist im Kontext der ↗Eucharistie (2) ebenfalls natürlich und findet sich schon in der Didache. Störender greifen in das Gefüge des Hochgebetes ein die ↗*Diptychen-Gebete,* die im 5. Jh. überall mit Ausnahme des gallischen Raumes in das Hochgebet eindringen. Sie knüpfen zwar gleichfalls an das im Hochgebet enthaltene Opfermotiv an (ihre verschiedene Stellung im Hochgebet scheint sich sogar daraus zu erklären, daß sie in den verschiedenen Riten jeweils der ersten Erwähnung des Opfergedankens angefügt werden), doch kreisen sie mehr um die individuellen Anliegen, die die einzelnen Teilnehmer bewegen, und überwuchern in der Praxis das eigentliche Motiv des Lobens. – Die Einfügung des ↗*Sanctus* war demgegenüber sicher eine organische Ausweitung des Lobpreises, doch hat gerade das Sanctus den durchgehenden Fluß des römischen Hochgebetes zerschnitten und bewirkt, daß das Dankmotiv fast ausschließlich auf die Präfation beschränkt ist und im weiteren Kanon nur wenig empfunden wird. – Hier bringt das neue Hochgebet IV eine Verbesserung, indem es nach östlichen Vorbildern das Sanctus an den Schöpfungsdank anschließt, noch vor dem Bundesdank und Christusdank. – Wie schon eingangs gezeigt, ist das Hochgebet von der Struktur der Feier her das entscheidende ↗Präsidialgebet des Gemeindevorstehers, des Priesters, und wird von ihm allein vorgetragen. Die *Gemeinde akklamiert* zunächst bei den einleitenden Rufen und zur Schluß-Doxologie, dann beim Sanctus. Die orientalischen Liturgien haben weitere Volksakklamationen zugefügt, die die Hauptlinien unterstreichen: ein Amen nach den beiden Teilen des Einsetzungsberichtes (bei den Kopten zu einem Glaubensbekenntnis ausgeweitet), ein Lobpreis (Se imnumen – Tebje pojem) vor der Epiklese, Rufe zur Anamnese oder Epiklese; weniger glücklich sind die Einfügungen zu den Diptychen (Bittrufe und Mariengedächtnis). In der römischen Meßfeier wurde mit den neuen Hochgebeten eine weitere Volksakklamation nach dem Einsetzungsbericht eingeführt, die spontan angenommen wurde und eine echte Bereicherung darstellt; sie redet Christus an und greift den Inhalt des Stiftungsauftrags auf. In Kinderhochgebeten sind weitere Akklamationsmöglichkeiten vorgesehen, die die Aufmerksamkeit der Kinder wachhalten sollen.

III. Die römischen Hochgebete im einzelnen. Das Römische Missale von 1970 und entsprechend das MD (1975) enthalten vier Hochgebete (H I–IV), die im folgenden in gebotener Kürze nach Herkunft, Struktur und Eigenart beschrieben werden sollen.

1. Hochgebet I ist der seit anderthalb Jahrtausenden in der römischen Liturgie allein gebräuchliche ↗„Kanon", der schon in seinem Namen zum Ausdruck bringt, daß er als feststehende Norm nur wenig Spielraum für Veränderung aufweist. Er ist in seinen Grundlinien zwar aus dem knappen Hochgebet des *Hippolyt* (Anfang des 3. Jhs.) herausgewachsen, hat aber zahlreiche Heiligengedächtnisse und Interzessionen aufgenommen, versehen mit Konklusionen und Amen, so daß in neuerer Zeit viel Kritik und Verbesserungswünsche laut geworden sind. Versuche des Römischen Liturgierates (seit 1964), ihn zu reformieren, erwiesen sich als unbefriedigend. So kam es zur Entscheidung, ihn im wesentlichen unverändert zu lassen und ihm drei weitere Hochgebete beizufügen, die zusammen mit acht neuen Präfationen 1968 veröffentlicht und ins Deutsche übertragen wurden. Übrigens besteht seit 1967 die Möglichkeit, den Kanon laut und seit 1968 ihn in der Volkssprache vorzutragen, nach AEM (10; 12) muß er vernehmlich gesprochen (gesungen) werden. Im MR von 1970 finden sich folgende (geringfügige) Änderungen: Einklammerung der Konklusionen mit Amen, die Herauslösung des „Mysterium fidei" aus den Einsetzungsworten und seine Anfügung als Einleitung der Akklamation und – in Angleichung an die übrigen Hochgebete – die Aufnahme der Worte „quod pro vobis tradetur". Variabel sind an wenigen Festtagen das „Communicantes" und an Ostern und in seiner Oktav das „Hanc igitur". Die deutsche Übersetzung des „pro multis" mit „für alle", die im Hinblick auf den universalen Heilswillen Christi sinngemäß richtig ist, hat in manchen Kreisen viel Unruhe ausgelöst.

2. Hochgebet II ist in seinem Kern eine Überarbeitung und Umgestaltung der Anaphora *Hippolyts,* deren erster Teil zu einer Präfation geformt wurde, die aber auch durch andere ersetzt werden kann. Ein Postsanctus leitet über zur Wandlungs-↗Epiklese, deren explizite Form im Römischen Kanon schmerzlich vermißt wird. Im MD sind zwischen Postsanctus und Epiklese an Sonntagen und zahlreichen Festen Einschubtexte mit Hinweis auf das jeweilige Festgeheimnis möglich (Schreiben der ↗Gottesdienstkongregation vom 27. 4. 1973), die auch in den Hochgebeten I und III Verwendung finden. Von den einleitenden Rahmenworten abgesehen, haben im Einsetzungsbericht die eigentlichen Herrenworte in allen Hochgebeten die gleiche Form. Der ↗Anamnese folgen die Kommunionepiklese und Gebete für die ganze Kirche (an bestimmten Tagen bzw. bei bestimmten Anlässen auch speziell für die Neugetauften, die Gefirmten, die Neuvermählten), für die Verstorbenen und für alle Menschen. Das Hochgebet schließt, wie alle übrigen, mit der großen ↗Doxologie.

3. Das Hochgebet III ist eine Neuschöpfung ohne eigene Präfation.

Das ausführliche Postsanctus nimmt Bezug auf die „mit Leben und Gnade" erfüllte Schöpfung und das neue Volk Gottes. Die Gebete nach Epiklese und Einsetzungsbericht erwähnen immer wieder das Opfer Christi, das die Kirche auch als ihre Gabe darbringt und in das sich die Gläubigen durch ihr Selbstopfer aufnehmen lassen sollen. Der Überlieferung entsprechend fehlen nicht das Gedächtnis der Heiligen, die Gebete für die Kirche, ihre verschiedenen Amtsträger und alle Erlösten, aber auch für „deine Söhne und Töchter, die noch fern sind von dir", sowie für die Verstorbenen. Trotz der Vielzahl dieser Einzelelemente wirkt Hochgebet III einheitlich und geschlossen.

4. Das Hochgebet IV entspricht dem Wunsch vieler nach einem Hochgebet, in dem die Heilstaten Gottes in der Art östlicher Anaphoren gerühmt werden. Gegen eine wörtliche Übernahme erhoben sich Bedenken auf östlicher wie westlicher Seite. So entschloß man sich zu einer Neuschöpfung, die aber unverkennbare Anklänge an die Anaphora der *Basiliusliturgie* aufweist. Seine nicht austauschbare Präfation ist die erste Strophe eines dankenden Lobpreises der gesamten Heilsgeschichte, der den Bogen von der Schöpfung bis zur Geistsendung spannt, nur unterbrochen durch das eingefügte Sanctus. Es wäre eine Doppelung, wollte man Hochgebet IV für eine Messe mit Credo wählen. Die Rühmung der Geistsendung leitet über zur Wandlungsepiklese und zum Einsetzungsbericht, der so als die krönende Heilstat Gottes in Christus erscheint. Es schließen sich an Anamnese, Opfergebet, Kommunionepiklese, Fürbitten für die Lebenden (auch die Nichtgetauften) und Verstorbenen und abschließend die große Doxologie.

Außer diesen drei neuen Hochgebeten gibt es im deutschen Sprachgebiet noch *drei Hochgebete für Meßfeiern mit Kindern* und ein *Hochgebet zum Thema „Versöhnung"*, die 1975 erstmals als Studienausgabe veröffentlicht wurden (ad experimentum für drei Jahre, Ende 1977 verlängert); Österreich und die Schweiz haben ein weiteres Hochgebet zum Thema „Versöhnung", die Schweiz zusätzlich ein Hochgebet aus Anlaß der Synode. Die 1980 für den pastoralen Gebrauch überarbeitete und erweiterte Studienausgabe enthält im Anhang II noch ein *Hochgebet für Gehörlose,* das bereits 1970 approbiert und konfirmiert worden war. – Neben den offiziellen Hochgebeten erschienen seit 1967 zahlreiche *Hochgebete privater Herkunft,* die besonders von Holland ihren Ausgang nahmen und weite Verbreitung erlangten. Die Bischöfe sprachen einerseits mehrfach ein Verbot aus, andererseits baten sie aber auch die römischen Stellen um die Erlaubnis für neue Hochgebete. Ein Rundschreiben der ↗Gottesdienstkongregation vom 27. 4. 1973 räumte jedoch den Bischofskonferenzen nur die Möglichkeit ein, neue Präfationen und Einschubtexte zu approbieren und konfirmieren zu lassen. – Sicher wird man jeder Zeit das Recht zugestehen müssen, das Lob Gottes aus ihrem lebendigen Glauben und in ihrer Sprache und Empfingung zu verkünden. Andererseits ist die Billigung durch die Leitung der Kirche eine notwendige Hilfe, damit die „Mitte und der Höhepunkt" christlichen

Gottesdienstes nicht durch zeitbedingte Einseitigkeiten und Subjektivitäten verfälscht wird.

IV. Hochgebet und Reformation. Die Reformatoren haben den Römischen Kanon wegen des darin ausgesprochenen Opfergedankens radikal verworfen (↗Reformation) und haben damit, wie man heute deutlicher erkennt, das Hochgebet als ein Kernstück aus dem christlichen Gottesdienst herausgebrochen, das erst langsam und mühselig wiedergewonnen werden muß (vgl. Literatur: Averbeck).

Lit.: B. Kleinheyer, Erneuerung des Hochgebetes (Regensburg 1968); *A. Hänggi – J. Pahl,* Prex Eucharistica (Fribourg 1968); *Th. Schnitzler,* Die drei neuen Hochgebete und die neuen Präfationen (Freiburg 1968 und Leipzig 1969); *J. Wagner,* Neue eucharistische Hochgebete, in: Gd 2 (1968) 97–99; nachfolgend weitere Beiträge in dieser Doppelnummer; *O. Nußbaum* (Hrsg.), Die eucharistischen Hochgebete II–IV (Münster 1971); *H. Rennings,* Zur Diskussion über neue Hochgebete, in: LJ 23 (1973) 3–20; *H. A. J. Wegman,* Erfahrungen mit neuen Hochgebeten in Holland, in: ebd. 21–29; *R. Gantoy,* Auf der Suche nach eucharistischen Hochgebeten für die Gegenwart, in: ebd. 30–41; *Th. J. Talley,* Von der Berakah zur Eucharistia, in: LJ 26 (1976) 93–115; *J. B. Ryan,* Eucharistische Hochgebete für den heutigen Menschen, in: ebd. 116–137; *M. Probst,* Das eine Hochgebet und die verschiedenen Texte, in: *Gemeinde im Herrenmahl* 283–296; *R. Kaczynski,* Die Interzessionen im Hochgebet, in: ebd. 303–313; *W. Averbeck,* Die Wiedergewinnung des eucharistischen Hochgebets im evangelischen Raum, in: LJ 18 (1968) 19–43.

Höhere Weihen Das eine ↗Weihesakrament (sacramentum ordinis) entfaltet sich in drei Stufen: Weihe des ↗Bischofs, des ↗Priesters und des ↗Diakons. Im Gegensatz zu den früheren ↗„Niederen Weihen" nennt man sie Höhere Weihen. Zu ihnen zählte man seit Beginn des 13. Jhs. auch die Weihe des ↗Subdiakons, ein Weihegrad, auf den im Zusammenhang mit der Neuordnung 1972 verzichtet wurde.

Homilie Der allgemeine Sprachgebrauch versteht unter diesem Lehnwort aus dem Griechischen die Auslegung eines heiligen Textes im Gottesdienst durch den Vorsteher oder einen sonstigen Bevollmächtigten. In diesem Sinn begegnet sie uns schon im synagogalen Gottesdienst und bei den ältesten Vätern, so in der ersten Beschreibung der Eucharistiefeier bei Justin dem Märtyrer (Apol. I, 67). Viele Bischöfe des Altertums haben außerhalb der Festzeiten im Gottesdienst ganze Bücher der Schrift fortlaufend ausgelegt. Diese Auslegungen wurden (und werden) im Stundengebet vorgelesen (↗Lesehore). Im Mittelalter wurden auch Väterhomilien zu den Sonntagsevangelien zu Büchern zusammengestellt und in der Meßfeier verlesen, wenn der Klerus wegen zu geringer Bildung nicht imstande war, selbständig zu predigen. – Die Homilie wird meist von der ↗Predigt insofern unterschieden, als diese einen mehr selbständigen, von der liturgischen Feier losgelösten Charakter aufweist. Die homiletische Fachterminologie versteht unter Homilie jene Predigtform, die im Gegensatz zur thematischen Predigt eine Schriftperikope Vers für Vers (= niedere Homilie) oder unter einem übergreifenden Gesichtspunkt (= höhere Homilie) erklärt. Der Sprachgebrauch der römischen Reformdekrete und neuen Liturgiebücher sieht von dieser formalen Unterscheidung ab und versteht unter Homilie die Auslegung eines heiligen Textes. Der Ausdruck „ex sacro textu" in LK 52 war in der offiziellen deutschen Übersetzung mit „aus *dem* heiligen Text" wiedergegeben und als Einengung auf die jeweilige Schriftlesung verstanden worden. Aber bereits die Instr I hatte diese Einengung aufgebrochen, indem sie erklärte: „Unter ‚Homilie über *einen* heiligen Text' wird verstanden: die Erklärung der Schriftlesungen unter einem bestimmten Gesichtspunkt oder die Erklärung eines anderen Textes aus dem Ordinarium oder Proprium der Tagesmesse. Dabei kann das Gewicht entweder auf dem Mysterium liegen, das gefeiert wird, oder auf besonderen Bedürfnissen der Hörer" (54). Die AEM greift diese weitere Auslegung wörtlich auf (41). Daß mit den liturgischen Texten auch die damit verbundenen Riten und Symbole in einer Homilie ausgelegt werden können, dürfte sich schon aus LK 35,2 ergeben: „Schöpfen soll sie (die Predigt als Teil der liturgischen Handlung) vor allem aus dem Quell der Heiligen Schrift und der Liturgie." – Die genannten Reformdokumente und die neuen liturgischen Bücher betonen nachdrücklich, daß die Homilie ein integrierender Bestandteil der liturgischen Feier, insbesondere der Eucharistie, ist. *Paul VI.* rechnet sie in seinem Apostolischen Schreiben zur Einführung des neuen Missale zu jenen Elementen, die durch die Ungunst der Zeiten verlorengegangen waren und nun wieder nach der „ehrwürdigen Norm der Väter" wiederhergestellt wurden. Sie darf insbesondere in den Sonn- und Feiertagsmessen nicht (ohne schwerwiegenden Grund) ausfallen (LK 52; Instr I 53; AEM 42) und wird darüber hinaus auch für die Wochentage, insbesondere die des Advents, der Fasten- und der Osterzeit empfohlen (Instr I und AEM ebd.). Ihre Bedeutung wird auch dadurch unterstrichen, daß in der Regel der Leiter des Gottesdienstes selbst die Homilie halten soll (AEM ebd.), während der Vortrag der Lesungen (nicht des Evangeliums) auch durch andere Gemeindemitglieder erfolgen kann. – Was die inhaltliche Seite der Homilie angeht, so möchte die AEM im Anschluß an die Instr I zwar auch die Bedürfnisse der Hörer berücksichtigt wissen, was aber keineswegs als beliebig freier Spielraum ausgedeutet werden darf. So sehr jede Verkündigung zeit- und lebensnah sein sollte, so müssen trotzdem die „Mysterien des Glaubens und die Richtlinien für das christliche Leben" (LK 52) das immer zentrierende Thema sein. Ein besonderes Anliegen sollte es sein, daß die Homilie auch inhaltlich aus der liturgischen Feier herauswächst und tiefer in sie hineinführt, also mystagogischen Charakter hat. In dieser Hinsicht lassen viele Predigtwerke (und Predigten) manche Wünsche offen. – ↗Mystagogie.

Lit.: Außer der unter „Predigt" angeführten Literatur seien erwähnt: *F. Kamphaus,* Von der Exegese zur Predigt (Mainz 1968 und Leipzig 1972, PkH 49); *A. Adam,* Die Meßpredigt als Teil der eucharistischen Liturgie, in: *Gemeinde im Herrenmahl* 242–250; *A, Mertens,* Zwischen Text und Welt, in: LJ 29 (1979) 1–13.

Hore ↗Stundengebet.

Hören Die Sinne ermöglichen dem Menschen die Kommunikation mit seiner Umwelt. Die innigste Gemeinschaft, die tiefstpersönliche Kommunikation geschieht dabei nicht durch das Sehvermögen, das immer Distanz verlangt und zunächst nur das Äußere der Dinge und Menschen erfassen kann. Menschliche Begegnung geschieht viel tiefer im Hören; hier ist der Mensch stärker rezeptiv, hingespannt auf und bereit für den andern, der mir im Wort sein Inneres aufschließen kann. Darum schafft Taubheit oft schwerste Ausfälle im Menschlichen, Argwohn, Kontaktschwäche, Stumpfheit, während der Blinde menschlich eher gewinnt und feinster Regungen fähig wird. So ist es nicht verwunderlich, wenn der Mensch Gott gegenüber vor allem auf das Hören verwiesen ist und erst in zweiter Linie auf das Schauen, daß Gott mich in seinem Worte unmittelbarer anspricht und in der Zeichengestalt der Sakramente nur verhüllt. Das bereite, gläubige Hören, das „Ge-horchen", ist so der Grundakt des Christen, der ihn zur Taufe und zur Kirche führt und der sein ganzes Leben umformt und durchformt, der darum vor allem im Gottesdienst immer wieder vollzogen werden muß. Das Hören ist damit eine wichtige Form der tätigen Teilnahme am Gottesdienst, und zwar als Hinhören auf die ↗Verkündigung des Gotteswortes. Auch für den Vorsteher ist solches Hören wichtig; er soll darum, wo möglich, Lesungen und Evangelium nicht selber vortragen, sondern dem Lektor und Diakon zuhören. Der gute verständliche Vortrag der Schriftlesungen in der Muttersprache ist so dem Gottesdienst wesentlich und von LK 54 auch allgemein vorgesehen. Zum echten Hören gehört die ↗Stille; das Schweigen an der rechten Stelle im Gottesdienst ermöglicht erst das innere Hören und Annehmen des Anrufes Gottes. Aus diesem inneren Hören erwächst auch erst das Gebet als die Antwort des Menschen auf den uns gnädig anredenden Gott. – Bei aller Betonung des Hörens darf man aber nicht übersehen, daß der Mensch auch sichtbare ↗Zeichen ergreifen muß, wenn er die Anrede Gottes mit seiner ganzen Existenz erfassen will. Der Westen vor allem in seiner reformatorischen Akzentuierung ist in der Gefahr, diese Komponente zu unterschätzen und damit ein der menschlichen Natur wesentliches Stück aus dem Glaubensbereich herauszunehmen, während der Osten im Zusammenhang mit seiner Theologie des ↗Bildes die Tragkraft des Schauens im irdischen Gottesdienst eher überbewertet.

Lit.: H. Urs von Balthasar, Sehen, Hören und Lesen im Raum der Kirche, in: Sponsa Verbi (Einsiedeln 1961) 484–501.

Hosanna (aramäisch = hilf doch!; im evangelischen Gottesdienst die an die hebräische Form angelehnte Fassung Hosianna) zunächst ein Hilferuf (so noch 2 Sam 14,4 und 2 Kön 6,26), der sich wie das Kyrie eleison weiterentwickelt zu einem Heilruf, zu einer huldigenden ↗Akklamation, und in diesem Sinn beim Einzug Jesu in Jerusalem im Anschluß an Ps

118,25 ertönt (Mk 11,9f und Parallelen). Im lateinischen und im byzantinischen Ritus ist diese Akklamation als Umrahmung des Benedictus dem ↗Sanctus beigegeben worden.

Hostie das für die Eucharistie bestimmte ↗Brot, bei den Lateinern seit der karolingischen Zeit Hostie (lat. wörtlich = Opfertier, Opfergabe), bei den Byzantinern Prosphora (Gabe, Opfer) genannt (↗Opfergang). Beide Ausdrücke werden ursprünglich auf den Opferleib Christi (vgl. Eph 5,2) und demgemäß auf das konsekrierte Brot bezogen, später aber auch auf das noch nicht konsekrierte. Es wird nur aus Weizenmehl und Wasser hergestellt, in einigen östlichen Riten unter Beigabe von Salz und Öl. Ursprünglich bringen die Gläubigen ihr gewöhnliches häusliches, meist also gesäuertes Brot als Oblation mit, mit Vorliebe in schön gestalteten Formen (Kranzform und kreuzgekerbte Scheiben). Zunehmende Ehrfurcht führte zu besonderen Auszierungen (Hostieneisen), zu ausgesucht weißer Farbe, zum eigens hergestellten, oft den Klöstern vorbehaltenen und unter kultischen Formen gebackenen Brot, so daß die Brotoblation der Gläubigen entfiel. Im Orient bestand teilweise die Vorschrift, es vor jeder Eucharistiefeier frisch zu backen. Bei den Armeniern bildete sich schon im 6. Jh. die Vorschrift des ungesäuerten Brotes heraus, im Abendland erfolgte diese Entwicklung im 9.–11. Jh. (ähnlich bei Maroniten und Malabaren). Bekanntlich führte diese abendländische Sitte seit dem 11. Jh. zu heftigen Vorwürfen seitens der byzantinischen Kirche (Azymenstreit). Schon im 12. Jh. formte man die Hostie für den Priester in der heutigen runden Form, bald wurden auch die Partikeln für die Gläubigen als kleine runde Brotscheiben gebacken. Mit Hilfe von Hostieneisen wurden sie immer dünner, heller und mit reicheren Bildprägungen hergestellt. – Die gegenwärtige Erneuerung des Gottesdienstes, die um eine bessere Zeichenhaftigkeit bemüht ist, führt wieder zur echten, deutlicheren Brotsgestalt zurück. – ↗Brotbrechen.

Lit.: AC I 1–76; *Jungmann MS* II 40–47; *AEM* 281–283.

Hubertusmesse Votivmesse zu Ehren des Schutzpatrons der Jäger (und Schützengilden), des hl. Hubertus († 727). Ihre Anfänge dürften bis ins 9./10. Jh. zurückreichen. Eine spezielle Hubertusmesse, bei der Parforce-Hörner die einzelnen Phasen der Meßfeier mit ihren Bläsersätzen begleiten, hat sich erst im 19. Jh. in Frankreich und Belgien entwickelt und erst nach dem Zweiten Weltkrieg in Deutschland verbreitet, wo sie am Festtag des Heiligen (3. 11.) oder in seiner Nähe gefeiert wird.

Lit.: A. Paffrath, Die Hubertuslegende. Ihre Entstehung und Bedeutung für die heutige Zeit (Hamburg – Berlin ²1979); *A. Adam,* Im grünen Wald ein Blick zum Himmel? Gedanken und Ansprachen eines Theologen zum Hubertustag (Hamburg – Berlin 1979).

Humerale ↗Albe.

Hungertuch auch Fastenvelum genannt, mit dem im Mittelalter und z. T. noch heute der Altar verhängt wird, oft mit Darstellungen von Passionssymbolen und -szenen geschmückt, im ausgehenden Mittelalter nicht selten zu einer Fahne verkleinert, die aus dem Gewölbe herunterhängt. Mit der Sitte des Hungertuches hängt wahrscheinlich auch die ↗Verhüllung der Kreuze und Bilder am (früheren) Passionssonntag zusammen. Den Ursprung des Hungertuches sehen manche in der solidarischen Verbundenheit der Gläubigen mit den öffentlichen Büßern, die im Rahmen der Bußriten zu Beginn der Fastenzeit aus dem Gotteshaus verwiesen wurden. Ähnlich wie alle Gläubigen den ursprünglich nur den Büßern zugedachten Ritus der ↗Asche übernommen hätten, so hätten sie auch mit ihnen auf den Anblick des Altares und seiner Bilder verzichten wollen (Fasten der Augen). Vielleicht stehen hinter dem Brauch des Hungertuches aber auch die alten Altarvelen, die im Gebälk der Chorschranken befestigt waren, um den Altar teilweise den Blicken der Gläubigen zu entziehen, ähnlich der griechischen ↗Bilderwand (Ikonostase). Das Hungertuch hat in den letzten Jahren durch die Fastentücher der bischöflichen Hilfswerke „Misereor“ und „Not in der Welt“ eine gewisse Neubelebung erfahren, wobei es jedoch nicht um die Verhüllung des Altares, sondern um eine katechetisch-pastorale Zielsetzung geht.

Lit.: J. Sauer, Symbolik des Kirchengebäudes (Freiburg ²1924) 401 ff.

Hymnus

1. Lobgesang nach Art der Psalmen (psalmus idioticus), wie er sich schon in der ältesten Gemeinde ausbildet und im ganzen NT zu finden ist (die ntl. ↗Cantica bei Lukas, die himmlischen Lobgesänge der Apokalypse, hymnische Stellen in den Briefen). Seit dem 3./4. Jh. werden diese ältesten Hymnen wegen ihres Mißbrauches durch die Irrlehrer bekämpft, so daß nur wenige, aber wichtige Beispiele dieser altchristlichen Hymnenform noch im liturgischen Gebrauch stehen: ↗Gloria, ↗Te Deum, Te decet laus in der monastischen Matutin, Phos hilaron in der byzantinischen Vesper, dazu die biblischen ↗Cantica.

2. Religiöse Dichtungen in den Werken der Kirchenväter, vor allem der griechischen; den Hymnen der antiken Literatur verpflichtet. Sie blieben immer auf die Sphäre privaten Betens beschränkt, waren teilweise gar nicht zum Singen gedacht, sondern nur als literarische Werke; sie gewannen keine Bedeutung für den Gottesdienst der Gemeinde.

3. Der Hymnentyp, der sich in der Liturgie durchgesetzt hat, entsteht im 4. Jh. im syrischen Sprachraum. Er ist gekennzeichnet durch Gliederung in gleichgebaute und auf die gleiche Melodie gesungene Strophen; jede Strophe hat gleich viele Silben und hat anfangs teilweise die Längen und Kürzen (quantitative), im allgemeinen aber die Wortakzente (qualitative Metrik) in fester Folge jeweils an denselben Stellen. Diese liedähnliche volkstümliche Form der syrischen Kirche, die im Kampf gegen Irrlehrer und ihre volkstümlichen Lieder entstanden war, wirkte direkt auf den griechischen Sprachraum und wurde nach weniger geglückten Versuchen des *Hilarius* durch *Ambrosius* in Mailand in den lateinischen Sprachraum eingeführt. In der Auseinandersetzung mit den Arianern stimmte die Mailänder katholische Gemeinde begeistert mit der trinitarischen Preisstrophe, der ↗Doxologie, in dessen Hymnen ein. Die von *Ambrosius* geschaffene Form des Hymnus, die noch heute in der lateinischen Liturgie vorherrscht, besteht aus 8 Strophen von je 4 jambischen Dimetern mit einer einfachen Melodie. In der karolingischen Renaissance griff man auch auf antike Versmaße und Strophenformen zurück unter strenger Beachtung der Quantitätsregeln. Im Hochmittelalter setzten sich dann das rein qualitative System (akzentuierende Dichtung) und der Endreim allgemein durch. Unter *Urban VIII.* wurden die alten Hymnen für das Römische (nicht für das monastische) Brevier von Humanisten im Sinn der antiken Metrik „verbessert“, für die Liturgia Horarum von 1971 die alten Fassungen wiederhergestellt. Rom selbst widerstand bis ins 12. Jh. der Einführung der Hymnen ins Stundengebet, während bereits die Regel Benedikts für jede Hore einen „Ambrosianus“ vorsieht. Im heutigen römischen Offizium wird ein Hymnus gesungen zu Beginn jeder Hore als Einstimmung in den Gehalt der Stunde. Das deutsche Stundenbuch bringt eine reiche Auswahl von Hymnenübersetzungen aus dem Lateinischen (nicht nur der offiziellen Liturgia Horarum), dazu gute deutsche Neuschöpfungen und den Verweis auf viele geeignete deutsche Kirchenlieder. – Byzantinische Hymnodie: ↗Dichtung, liturgische.

Lit.: AES 173–178; *W. Dürig,* Von den Hymnen, in: *Gott feiern* 436–443; F. Dörr, Das Hymnar des Stundenbuches, in: LJ 29 (1979) 24–51.

I

Ideenfeste eine Gruppe christlicher Feste, die nicht, wie es im christlichen Altertum der Fall war, konkrete Heilsereignisse begehen (↗Fest, ↗Kirchenjahr), sondern eine aus diesen abstrahierte Idee. Gegenstand dieser Feste sind bestimmte Glaubenswahrheiten, besondere Aspekte christlicher Lehre und Frömmigkeit oder auch Ehrentitel des Herrn, seiner Mutter oder eines Heiligen. Man nennt sie auch Devotions- oder Andachtsfeste oder spricht von dogmatischen, thematischen und – im Gegensatz zu den dynamischen Festen der Heilstaten Christi – von statischen Festen. Hierzu zählen z.B. das Dreifaltigkeits-, Fronleichnams-, Herz-Jesu- und Christkönigsfest, das Fest vom kostbaren Blut, vom Namen Jesus und von der Heiligen Familie sowie zahlreiche Marienfeste. Solche Feste könnte man leicht ins Ungemessene vermehren, wie man es z. B. in neuerer Zeit versucht hat mit einem Fest „Christus, der Arbeiter“, „Christus, der Hohepriester“ und „Christus, der göttliche

Lehrer". Die oberste Leitung der Kirche hat sich solchen Versuchen nur mit teilweisem Erfolg entgegengestellt. Der offizielle römische Kommentar zur GOK gibt sich diesen Ideenfesten gegenüber sehr reserviert und zeigt auf, daß sie, aus der Privat- und Ordensfrömmigkeit kommend, sich schrittweise in den Römischen Festkalender vorgearbeitet haben (Kap. II, I, 1). Der Kommentar gibt zu erkennen, daß es zu den Zielen der Reform gehört, diese Ideenfeste zu vermindern oder sie den Eigenkalendern zu überlassen. Sie sind in der Tat eine unnötige Verdoppelung und bringen die Gefahr mit sich, durch ihre Vielzahl die wesentlichen Heilsfeste zu verdunkeln. Eine noch größere Zurückhaltung ist dort angebracht, wo es sich um Ereignisse der Kirchengeschichte handelt, deren Bedeutung man durch ein eigenes Fest herausstellen wollte.

Lit.: ↗Fest.

Ikone ↗Bild.

Ikonostase ↗Bilderwand.

Immersionstaufe ↗Taufe.

Improperien Gesänge zur ↗Kreuzverehrung am ↗Karfreitag im römischen Ritus (von lat. = Vorwürfe, nämlich des Erlösers an sein treuloses Volk). Sie werden von der in zwei Chöre geteilten Schola rein antiphonal (↗Antiphonie) ausgeführt und bestehen aus zwei Gruppen; die erste lehnt sich textlich eng an atl. Schriftstellen an und singt als Refrain das ↗Trishagion; die zweite Gruppe umfaßt neun jeweils mit Ego beginnende Verse („Ich habe... getan... und du...") mit dem Refrain „Popule meus – Mein Volk". Nach dem neuen Missale schließt sich der Hymnus sofort an (im MD fakultativ), weil die Antiphon „Dein Kreuz, o Herr, verehren wir..." mit dem Psalmvers 67 (66), 2 vorangestellt wurde. – Der Ansatzpunkt der heutigen Improperien dürfte das Trishagion sein; es wurde gemäß gallischer Gewohnheit als Begrüßungslied vorgetragen beim Herbeitragen des verhüllten Kreuzes und taucht um 880 im fränkischen Raum erstmals während der Kreuzverehrung auf, jetzt bereits erweitert um die Verse der heutigen ersten Gruppe (die eine spanische Vorgeschichte haben). Die zweite Gruppe, die sich textlich eng an orientalische (Jerusalemer) Vorlagen anschließt, kam im hohen Mittelalter hinzu. Die Antiphon „Dein Kreuz..." mit ihrem so österlichen Charakter ist ebenfalls byzantinischen Ursprungs; sie ist seit Ende des 9. Jhs. für die Kreuzverehrung bezeugt. Der Hymnus „Pange, lingua, gloriosi proelium certaminis" wurde von *Venantius Fortunatus* um 569 geschaffen zur Begrüßung einer großen Kreuzreliquie für ein Kloster in Poitiers. Er begegnet gleichfalls seit Ende des 9. Jhs. bei der Kreuzeshuldigung. Insgesamt sind diese Gesänge, entsprechend dem Sinn der Kreuzverehrung, als Huldigungsrufe zu verstehen, in die sich das Motiv der „Vorwürfe" (Improperien) als steigernder Kontrast durchaus einfügt.

Lit.: *J. Drumbl,* Die Improperien in der lateinischen Liturgie, in: ALW 15 (1973) 68–100.

Infusionstaufe ↗Taufe.

Initiation

1. Geschichtlicher Überblick. Dieser zunächst religionsgeschichtliche Fachausdruck für die rituelle Aufnahme in einen Verband oder Lebensstand bedeutet im christlichen Raum die sakramentale Eingliederung in die ↗Kirche, die durch einen mehrstufigen ↗Katechumenat vorbereitet und durch den Empfang der drei „Initiationssakramente" ↗Taufe, ↗Firmung und ↗Eucharistie vollzogen wird. Für die Spendung dieser drei Sakramente in einem einzigen Gottesdienst wird seit *Tertullian* die ↗Osterzeit, später die ↗Osternacht bevorzugt. Schon im 2. Jh. *(Justin)* finden sich die Anfänge eines mehrstufigen Katechumenates, einer ungefähr dreijährigen Zeit der Vorbereitung und Bewährung. Einige Wochen vor der Eingliederung in der Osternacht begann für die ↗Katechumenen eine intensivere Vorbereitung. Sie hießen jetzt Kompetenten (= Bewerber), in Rom electi (= Erwählte). Diese Zeit der näheren Vorbereitung war geprägt von häufiger Teilnahme am Wortgottesdienst und von zahlreichen liturgischen Riten. Die eigentliche Erklärung der Initiationssakramente (↗Mystagogie) geschah erst in der Osterwoche. Als der mehrstufige Katechumenat vom 5. Jh. an (z. T. schon früher) immer mehr ausgehöhlt wurde und zerfiel, behielt man zwar die meisten liturgischen Elemente und Texte bei, preßte sie aber in einen einzigen (Tauf-)Ritus ohne zeitliche Aufgliederung zusammen. Nach verschiedenen Klagen über diesen monströsen Ritus schuf die Ritenkongregation 1962 die Möglichkeit, ihn in sieben Stufen aufzugliedern, ohne allerdings inhaltliche Änderungen vorzunehmen. Das II. Vatikanum packte das Problem tiefgreifender an und ordnete die Wiederherstellung eines mehrstufigen Katechumenates für Erwachsene an (LK 64–66; Missionsdekret 14). Der neue Ordo der Erwachseneninitiation erschien am 6. 1. 1972, die deutsche Übersetzung als Studienausgabe (noch ohne eigentliche Anpassungen) 1975 unter dem Titel „Die Feier der Eingliederung Erwachsener in die Kirche".

2. Die Gliederung des neuen Initiationsritus. Nach den einzelnen Stufen des ↗Katechumenates, die hier im einzelnen nicht erwähnt zu werden brauchen, wird die Eingliederung in die Kirche für gewöhnlich in der Osternacht gefeiert. Sie nimmt in der Regel folgenden Verlauf (nach dem Wortgottesdienst der Ostervigil): Nach einer Gebetseinladung des Zelebranten wird die (Allerheiligen-)Litanei gesungen, das Taufwasser geweiht, die Bewerber werden mit Katechumenenöl gesalbt (kann auf Beschluß der Bischofskonferenz entfallen), das Glaubensbekenntnis wird abgelegt und die Taufe gespendet. Nach den entfaltenden Riten der Überreichung des weißen Kleides und der brennenden Kerze folgt in der Regel die Firmung, die in Abwesenheit eines Bischofs auch der taufende Priester spenden kann, und die Feier der Eucharistie, wobei die Kommunion unter beiden Gestalten gereicht wird. Die gesamte

Osterzeit gilt für die ↗Neophyten als Zeit der ↗Mystagogie, in der sie tiefer in das Mysterium Christi und auch in die Gemeinde hineinwachsen sollen. Um die Verbindung mit den neuen Gliedern der Kirche zu stärken, soll der Bischof wenigstens einmal im Jahr nach der Eingliederung mit ihnen zusammenkommen und Eucharistie feiern. Den Jahrestag ihrer Eingliederung sollen die neuen Christen möglichst in einer entsprechenden Feier begehen, „um Gott zu danken, ihre geistlichen Erfahrungen miteinander auszutauschen und neue Kräfte zu sammeln“ (238). – Man wird den neuen Initiationsritus theologisch wie pastoral als das am besten gelungene Reformwerk der nachkonziliaren Zeit bezeichnen dürfen, das, wenn es in rechter Weise genutzt wird, der Missionsaufgabe der Kirche gute Dienste leisten wird.

3. Die Feier der Initiation in den Ostkirchen. Dort wurde die volle Form der Initiation auch bei der Kindertaufe in einer gewissen Weise festgehalten. In *Byzanz* folgte auf die Taufe ein Gebet um das Geschenk des Heiligen Geistes und des Leibes und Blutes des Herrn. Nach der anschließenden Firmsalbung wird die Eucharistie begonnen mit Einzugslied, Epistel und Evangelium, woran sich heute für gewöhnlich sofort die Entlassung anschließt; wird die Liturgie aber vollständig gefeiert, so kommuniziert der Neugetaufte (Kleinkinder nur unter der Gestalt des Weines). Die *Armenier* verlangen im Zusammenhang der Taufe die gemeinsame Spendung aller drei Initiationssakramente; Kindern wird die Eucharistie dabei gereicht als „Lippenkommunion“ durch Berühren ihrer Zunge mit der Hostie. *Syrer, Kopten und Äthiopier* reichen nach der Taufe und Firmung die Kommunion (die Äthiopier auch ↗Milch und Honig); die Ostsyrer kennen die Taufkommunion nicht (mehr); die *Maroniten* unterlassen sie unter westlichem Einfluß bei kleinen Kindern.

Lit.: Wichtig sind in der deutschen „Feier der Eingliederung Erwachsener in die Kirche“ außer den offiziellen „Vorbemerkungen“ (S. 31–51) die „Einführung“ der Bearbeiter *(E. J. Lengeling* u. a.: 11–18) und der Beitrag von *D. Zimmermann* „Erfahrungen mit dem erneuerten Katechumenat in Frankreich“ (Anhang II: 265–270); ferner: *M. Probst u. a.* (Hrsg.), Katechumenat heute (Einsiedeln – Freiburg u. a. 1976; hier auf S. 160 neuere Literatur); *G. Wainwright,* Christliche Initiation in der ökumenischen Bewegung, in: LJ 27 (1977) 193–216; *A. Kavanagh,* Christliche Initiation in der nachkonziliaren katholischen Kirche, in: LJ 28 (1978) 1–10; GL 42.

Inklination ↗Verneigung.

Insignien (lat. = Auszeichnungen) den liturgischen Stand kennzeichnende, nur dazu berechtigten Personen zustehende Abzeichen wie ↗Manipel, ↗Stola; für die Bischöfe zusammengefaßt als ↗Pontifikalien. ↗Papst, ↗Gewänder, liturgische.

Institute, liturgische von LK 44 gewünschte Einrichtungen, die als dauernde Arbeitsstellen den pastoralliturgischen ↗Kommissionen der Bischofskonferenzen mit Fachleuten und Hilfsmitteln zur Verfügung stehen. Solche Einrichtungen begannen, zunächst meist auf nichtöffentlicher Basis, dann aber von den Bischöfen bestätigt, gegen Ende des Zweiten Weltkriegs: zunächst in Paris das *Centre de Pastorale liturgique* mit der Zeitschrift *La Maison-Dieu* und der Publikationsreihe *Lex orandi;* für Österreich das *Institutum liturgicum* in Salzburg mit der Zeitschrift *Heiliger Dienst,* für Deutschland das *Liturgische Institut* in Trier mit der Zeitschrift *Liturgisches Jahrbuch,* für die deutschsprachige Schweiz das *Liturgische Institut* in Zürich. Gemeinsames Publikationsorgan der drei deutschsprachigen Institute ist die vierzehntägig erscheinende Zeitschrift *Gottesdienst.* Auf nichtöffentlicher Basis und mit mehr wissenschaftlicher Zielrichtung arbeitet das *Abt-Herwegen-Institut* in Maria Laach mit dem *Archiv für Liturgiewissenschaft* und der Publikationsreihe *Liturgiewissenschaftliche Quellen und Forschungen.* Inzwischen sind in den meisten Ländern ähnliche Gründungen erfolgt. Die Aufgabenstellung ist nicht einheitlich: wissenschaftliche Forschung, Herausgabe von Schrifttum, Abhalten von Kongressen, Tagungen und Kursen, Ausbildung von Führungskräften.

Intention ↗Meßstipendium.

Interkommunion (Abendmahlsgemeinschaft) die gegenseitige Zulassung der Glieder verschiedener Kirchen zur Eucharistie.

↗Eucharistie ist der innigste Ausdruck der Einheit der Kirche; die Bischöfe des Altertums schickten sich zum Zeichen der Verbundenheit ihrer Kirchen in der einen katholischen Kirche gegenseitig die Gabe des Herrenleibes zu, ebenso der Papst den Titelpriestern (↗Fermentum). Aus demselben Motiv feiern die Bischöfe bei Synoden die Eucharistie in Konzelebration; ähnlich lud Papst *Anicet* den Bischof *Polykarp* von Smyrna bei seinem Besuch in Rom ein, die Eucharistie in der römischen Gemeinde zu halten. Auch heute können die Katholiken aller Riten in jeder mit dem römischen Bischof in Gemeinschaft stehenden Kirche die Kommunion empfangen. Doch gilt neben der Bezeugung der Einheit auch die Sorge um die Gnade für den einzelnen als Kriterium für die Zulassung zur Eucharistie; darum besteht mit den von Rom getrennten Ostkirchen eine beschränkte Kommuniongemeinschaft (Dekret des II. Vatikanums über die katholischen Ostkirchen 27). – Das eigentliche Problem und der Ausdruck „Interkommunion“ sind erwachsen auf dem schwierigen Boden der Kommuniongemeinschaft innerhalb der verschiedenen Kirchen der Reformation. Hier herrscht heute „offene Kommunion“, die Möglichkeit des Abendmahlsempfangs durch Angehörige anderer christlicher Kirchen; von „Interkommunion“ spricht man, wenn dieses Recht durch gegenseitige Abmachung der Kirchen offiziell vereinbart ist (Leuenberger Konkordie); dies setzt naturgemäß eine gewisse Verständigung wenigstens über die Eucharistielehre voraus; von „Interzelebration“ spricht man, wenn zwei Kirchen ihre ordinierten Glieder gegenseitig zum Dienst am Altare zulassen. – Von seiten der katholischen

Kirche gilt gegenüber evangelischen Christen: Die Zulassung eines evangelischen Christen zur Kommunion in einer katholischen Kirche in einer entsprechend schweren Notlage ist möglich, wenn dieser aus einem geistlichen Bedürfnis darum bittet, entsprechend vorbereitet ist und seinen Glauben an das Sakrament übereinstimmend mit dem katholischen Glauben bekennt (diese Übereinstimmung wird bei getrennten Orientalen und bei Altkatholiken vorausgesetzt). Der Empfang der Kommunion ist einem Katholiken bei Fehlen eines katholischen Priesters in einer anderen Kirche nur möglich, wenn dort ein gültig geweihter Priester ist. Solange die grundlegenden Differenzen im Verständnis des ↗Kirchlichen Amtes zu den reformatorischen Kirchen nicht ausgeräumt sind, kann die Teilnahme eines katholischen Christen am evangelischen Abendmahl nicht gutgeheißen werden. Eine anderslautende persönliche Entscheidung auf privater Ebene wird man respektieren, solange sie nicht einer Verleugnung des eigenen Glaubens und der eigenen Kirche gleichkommt.

Lit.: Ökumenisches Direktorium: Nachkonziliare Dokumentation 7 (Trier 1967 und Leipzig 1968) bzw. *Kaczynski* 843ff; *H. Döring,* Grundkurs ökumenischer Information (Freising 1978) 38–40; WSyn I (212–216).

Interzession ↗Diptychen.

Inthronisation die Inbesitznahme der ↗Cathedra durch den neuen Bischof am Ende der ↗Bischofsweihe. ↗Äbte und ↗Äbtissinnen werden in ähnlicher Weise auf den Ehrenplatz im Chorgestühl geleitet. Anschließend huldigt der Diözesanklerus bzw. die Mönche (Nonnen) dem neuen Oberhaupt. Bei Translation (Übergang von einem Sitz zum anderen) wird die Inthronisation als selbständiger gottesdienstlicher Akt vollzogen. Rechtliche Bedeutung hat sie jedoch nicht. – Inthronisation heißt auch die feierliche Erhebung des ↗Evangeliars im Rahmen der ↗Konzilsliturgie.

Intinktion (vom lat. intingere = eintauchen) die Spendung der Kommunion unter beiden Gestalten (↗Kelchkommunion) durch Darreichen der in den Wein eingetauchten Brotsgestalt. Gegenüber dem unmittelbaren Trinken aus dem Kelch ist die Gefahr des Verschüttens verringert und die Ausspendung erleichtert, die Zeichenkraft der Kelchkommunion aber auch sehr beeinträchtigt. Dieser Modus ist in den meisten Ostkirchen verbreitet; getrennt werden die Gestalten nur bei den Kopten und Nestorianern dargereicht. In den byzantinischen Kirchen (auch bei den getrennten Armeniern) werden häufig die gebrochenen Brotstücke noch vor der Austeilung in den Kelch gelegt und vermischt und dann meist mit Hilfe eines ↗Löffels ausgeteilt. Während bei den Orthodoxen die Brotstücke sehr klein sind und der Löffel ganz mit Wein gefüllt ist, ist bei den Unierten das eucharistische Brot meist gerade noch durchfeuchtet. Im Westen wurde die Intinktion für die Gläubigenkommunion im Mittelalter manchmal vorgenommen. Nach dem neuen Missale von 1970 ist sie eine von mehreren möglichen Formen der in zahlreichen Fällen wieder gestatteten Kelchkommunion. Bei der Intinktion soll dafür gesorgt werden, „daß die Hostien nicht zu klein und zu dünn, sondern eher dicker als gewöhnlich sind, damit sie nach dem Eintauchen ohne Schwierigkeit gereicht werden können" (AEM 243c).

Intonation das Anstimmen eines Volks- oder Chorgesangs durch den Priester oder den Kantor. Seit der Liturgiereform offiziell kaum mehr vorgesehen, ergibt sie sich oft aus der Natur der Sache.

Introitus lat. = Einzug, nämlich zur Meßfeier, in doppeltem Sinn:

1. Einzug des Priesters (Bischofs): Während das MR von 1970 im ↗Ordo Missae nur bemerkt, daß der Priester mit den „ministri" zum Altar schreitet, beschreibt das MD diesen Einzug genauer: „Er wird begleitet von denen, die bei der Meßfeier einen besonderen Dienst an Altar oder Ambo versehen. Das sind in der Regel ein Lektor (zwei Lektoren), ein Kantor und ein oder mehrere Ministranten (oder Akolythen)." Dabei können mitgeführt werden: „Weihrauch, Kreuz, Leuchter mit brennenden Kerzen und das Evangelienbuch ... Wenn ein mitfeiernder Diakon das Evangelienbuch trägt, geht er vor dem Priester, sonst neben ihm." Gemessen an diesem Modell, wirkt der ↗Einzug in vielen Pfarrkirchen geradezu ärmlich und verdunkelt die Tatsache, daß der Priester in dieser Stunde den Hohenpriester Christus vertritt (vgl. AEM 7: personam Christi gerens).

2. Gesang zum Einzug (zur Eröffnung): Im alten Rom war es ein Vorrecht des Kaisers, daß er beim Einzug in den Versammlungsraum mit einem Gesang begrüßt wurde. Diese Sitte übertrug man auf den Einzug des Bischofs und später auch des Priesters in das Gotteshaus. Dieser Gesang, im neuen Missale als „Antiphon zum Einzug" bezeichnet, war in der Regel mit einem ausgewählten Psalm verbunden, den die Schola antiphonal (↗Antiphonie) vortrug. Im ambrosianischen Ritus hieß er „ingressa", im mozarabischen und bei den Dominikanern „officium". Das Volk konnte durch die teilweise überlieferten Kehrverse (versus ad repetendum, ↗Antiphon) mitwirken. In fränkischer Zeit wird der Introitus wie die übrigen ↗Prozessionsgesänge in alle Meßfeiern eingeführt, auch wenn kein feierlicher Einzug geschah und keine Schola sang; er wurde dann vom Zelebranten gesprochen. *Die Reformatoren* haben den Introitus beibehalten. Wichtige Sonntage, vor allem die der ↗Quadragesima und der ↗Osterzeit, werden noch heute nach den Anfangsworten des Introitus benannt (↗Laetare, ↗Gaudete). – Das neue Meßbuch weist dem Introitus eine mehrfache Funktion zu: „Er hat die Aufgabe, die Feier zu eröffnen, die Verbundenheit aller Teilnehmer zu vertiefen, sie in das Mysterium der liturgischen Zeit oder des Festes einzuführen sowie den Einzug des Priesters und jener, die einen besonderen Dienst versehen, zu begleiten" (AEM 25). Dabei bestehen nach dem Ordo Missae (MD) mehrere Möglichkeiten der Durchführung: „Es können gesungen werden: lateinisch oder deutsch der Introitus gemäß Ordo Cantus Missae, Graduale Romanum oder Graduale Simplex, die Kyrie-Rufe, ein Lied oder ein anderer Gesang, soweit diese Gesänge zur Eröffnung der Feier geeignet sind. An die Stelle des Gesanges kann Orgelspiel treten. Auch kann das Hinzutreten des Priesters zum Altar unter Schweigen erfolgen." Eine besondere festliche Weise wäre die, daß die Schola (Kirchenchor) einen Rahmenvers zum Beginn und Schluß vorträgt, der Kantor den Psalm und die Gemeinde den Kehrvers (vgl. *Lengeling, Ordnung* 189). Auf keinen Fall sollte die Gemeinde oft zum stummen Zuhören verurteilt sein, sondern gerade beim Eröffnungsgesang sollten Vorsänger, Chor und Gemeinde auf je ihre Weise mitwirken und so zur Gemeinschaft der Feier zusammenfinden.

Lit.: J. Wagner, Reflexionen über Funktion und Stellenwert von Introitus, Kyrie und Gloria in der Meßfeier, in: LJ 17 (1967) 40–47.

Invitatorium Gebetseinladung (vom lat. invitare = einladen) zu Beginn des römischen und monastischen ↗Stundengebetes, sei es zu Beginn der ↗Lesehore oder, wenn diese später gebetet wird, der ↗Laudes. Es besteht aus dem Versikel „Herr, öffne meine Lippen, damit mein Mund dein Lob verkünde" und dem Psalm 95 (94), an dessen Stelle im neuen ↗Stundenbuch auch die Psalmen 100 (99), 67 (66) oder 24 (23) treten können, mit der dazugehörigen Antiphon. Nach alter Tradition wird der Psalm responsorisch gebetet (↗Antiphonie, d.h. „die Antiphon wird vorgetragen, sogleich wiederholt und nach jeder Psalmstrophe wieder aufgenommen" (AES 34). – Auch andere ↗Gebetseinladungen werden, vor allem in den romanischen Sprachen, Invitatorium genannt.

Invocabit Name für den ersten Fastensonntag, identisch mit dem ersten Wort seines Eröffnungsverses (Ps 91,15f). In analoger Weise erhielten auch andere Sonntage, insbesondere die der Fastenzeit, ihre Namen.

Inzens ↗Weihrauch.

Ite missa est ↗Entlassung.

Itinerarium ↗Reisegebet.

J

Jahreskalender ↗Kalender.

Jahreskreis ↗Allgemeine Kirchenjahrzeit.

Jahrgedächtnis (Jahrtag) (lat. anniversarium) Das jährlich an einem bestimmten Tag wiederkehrende Gedächtnis des Ursprungsereignisses (Schöpfung, Thronbesteigung) zur neuerlichen Befestigung des Bestehenden gehört zu den ältesten Motiven des Kultes. In der antiken Umwelt des Christentums wird der Ursprungstag von Menschen und Einrichtungen (vor allem Tempeln) als „Geburtstag" (natale, hemera genethlios) begangen, der Geburtstag von Menschen auch nach deren Tod am Grab weiter gefeiert. Auch die Christen kennen eine religiöse Begehung des ↗Geburtstages. Das Jahrgedächtnis ihrer Verstorbenen hingegen begehen sie, gemäß ihrer anderen Wertung des Sterbens, am Datum des Todestages, und zwar durch die Feier des österlichen Mahles der Eucharistie (Totenmesse). Dies ist noch heute im Brauch des Jahrtags lebendig. In einem längeren Entwicklungsprozeß erwächst daraus die jährliche Feier der ↗Heiligenfeste. Die beliebte Deutung von natale als „Geburtstag für den Himmel" ist dabei sekundär. Später begeht man alljährlich auch den Gründungstag der ↗Kirchengebäude, das ↗Kirchweihfest, zunächst mehr als Fest des dort verehrten Patrons, später mehr im Sinn des atl. Tempelweihfestes. Auch der Jahrestag der Bischofsweihe wird festlich begangen.

Jakobus der Ältere ↗Apostelfeste 6.

Jakobusliturgie ↗Orientalische Riten.

Jazzmesse ↗Jugendgottesdienst.

Jerusalem als „Pietätszentrum" von größtem Einfluß auf die Liturgie in der ganzen Christenheit. Hier hat der Herr das Pascha seines Lebens vollzogen, hier hat die Urgemeinde erstmals das ↗Pascha-Mysterium im Gottesdienst gefeiert. Spätestens mit der Zerstörung Jerusalems im Jahre 70 verliert die Jerusalemer Gemeinde diese erste Bedeutung. Mit der Befreiung der Kirche unter *Konstantin* und mit seinen großen Bauten über den heiligen Stätten (Anastasis und Martyrion auf dem Kalvarienberg, Eleona und Imbomon auf dem Ölberg, Geburtskirche in Betlehem) entwickeln sich ein reiches gottesdienstliches Leben und ein reger ↗Wallfahrtsbetrieb in der Heiligen Stadt. Zahlreiche Gläubige leben als Asketen im Heiligen Land und bereichern durch ihre größeren Möglichkeiten den Gottesdienst (↗Mönche). Am stärksten aber wirkt sich auf die Jerusalemer Liturgie aus die Nähe der Heiligen Stätten; man begab sich an den Oster- und Weihnachtstagen naheliegendermaßen direkt an die Orte, an denen sich die einzelnen Ereignisse zugetragen hatten und verlas dort die zugehörigen Schriftstellen; abendländischen Pilgern fällt gerade diese passende Auswahl der Lesungen und Gesänge immer wieder auf. So entsteht in Jerusalem die Tendenz, innerhalb der einheitlichen Osterfeier der einzelnen Ereignisse am Ölberg (↗Palmsonntag, Gründonnerstag), am Kalvarienberg (↗Kreuzverehrung) und am Grab in zunächst zusätzlichen volkstümlichen Feiern eigens zu gedenken oder im Rahmen der Epiphaniefeier nach Betlehem und an den Jordan zu pilgern. Durch die Berichte von Heiliglandfahrern wurden die Jerusalemer Bräuche in der ganzen Kirche bekannt und auch nachgeahmt, vor allem in der Ausgestaltung der Karwoche. Diese Pilgerberichte, besonders der einer Nonne Ätheria (Egeria) aus Aquitanien um 400, sowie die Katechesen des Cyrill von Jerusalem (um dieselbe Zeit) sind auch für uns wichtige Quellen zur Kenntnis dieser Liturgie. – Jerusalem hat aber auch *direkt eingewirkt auf die Liturgie einzelner orientalischer Kirchen:* Um 450 übernahm die armenische Kirche Fest- und Perikopenordnung von Jerusalem, sie kennt deswegen noch heute nur Epiphanie, aber nicht Weihnachten; um 650 übernimmt die georgische Kirche im Georgischen Kanonar Jerusalemer Bräuche; syrisch-palästinensische Leseordnungen findet man in Ägypten; schließlich wurde die liturgische Ordnung (typikon) des Sabasklosters bei Jerusalem maßgebend für das Studiukloster in ↗Byzanz, so daß die byzantinische Liturgie vor allem in ihrem Stundengebet stark von der Ordnung Jerusalems beeinflußt ist. Von großer Bedeutung im Osten war auch die eucharistische Stadtliturgie Jerusalems, die nach dem Herrenbruder Jakobus, dem ersten Bischof von Jerusalem, benannte Jakobusanaphora, die in vielen Ablegern vor allem im syrischen Raum noch heute wirksam ist, während sie in der byzantinischen Liturgie und selbst in Jerusalem kaum mehr gebraucht wird. – In der Kreuzfahrerzeit entwickelten die Ritterorden und die Kanoniker am Heiligen Grab Jerusalemer Ausformungen der lateinischen Liturgie, die besonders im ↗Sonderritus der Karmeliten nachleben. – Schließlich darf die große typologische Rolle nicht übersehen werden, die Jerusalem in Anlehnung an Schriftstellen wie Gal 4,26 oder Offb 21,2 in den liturgischen Texten spielt.

Lit.: G. Kretschmar, Die frühe Geschichte der Jerusalemer Liturgie, in: JLH 2 (1956) 22–46; Die Pilgerreise der Aetheria (Klosterneuburg 1958); dt. Text der Jakobusliturgie bei: *S. Heitz,* Der Orthodoxe Gottesdienst (Mainz o.J. [1965]) 297–328.

Johannes Evangelist ↗Apostelfeste 2.

Johannes der Täufer Was in den Evangelien über ihn berichtet wird, macht es verständlich, daß ihm schon die alte Kirche eine besondere Verehrung zuteil werden ließ. Ist er doch nach Jesu Worten mehr als ein Prophet, der größte unter allen Menschen und der Bote und Wegbereiter des Messias (vgl. Lk 7,26–28). Er ist Zeuge (Märtyrer) für das Licht (Joh 1,7) und Brautführer der Kirche (Joh 3,29). In Ost und West gibt es bereits im 4. Jh. liturgische Gedächtnisse. Sein ältester Gedenktag im Osten ist ein ↗Begleitfest zu Epiphanie, dem östlichen Tauffest des Herrn, und wird in der byzantinischen Kirche noch heute am 7. Januar begangen. – Das *Geburtsfest des Täufers* am 24. Juni (Hochfest) ist im Westen entstanden. Gemäß Lk 1,36a datierte man es sechs Monate vor dem Geburtsfest des Herrn. Beide Termine sind nach römischer Kalenderzählung der achte Tag vor dem Ersten des folgenden Monats (dies VIII ante Kalendas). Weil beide Geburtsfeste die beiden Sonnenwenden markieren, die eine Abnahme bzw. Zunahme der Tageslänge einleiten, sieht *Augustinus* in ihnen eine kosmische Bestätigung für das Johanneswort: „Jener muß wachsen, ich aber geringer werden" (Joh 3,30; Serm. 287,3). Eine ↗Vigil ist bereits für das 6. Jh, bezeugt, nach der GOK wird sie als festliche Vorabendmesse vor dem Hochfest begangen. Mit dem Johannesfest haben sich viele Volksbräuche verbunden, von denen sich die „Johannisfeuer" bis in die Gegenwart erhalten haben (↗Feuer). – Die große Verehrung des Heiligen führte *im Osten* zu zwei weiteren Festen, dem Gedächtnis seiner *Empfängnis* und seiner *Enthauptung*. Das erstgenannte am 24. September (neun Monate vor dem Geburtsfest) hat sich in der byzantinischen Kirche bis heute erhalten. Das zweite Fest gelangte über die gallisch-fränkische Liturgie auch in den Römischen Kalender, wo es noch heute als Gedächtnis (G) am 29. August begangen wird. Dieses Datum ist wahrscheinlich der Weihetag der Johanneskirche in Sebaste (Samaria), wo seine Jünger den Leichnam bestattet haben sollen.

Josef, heiliger Die älteste Spur einer kultischen Verehrung des „Bräutigams der Gottesmutter Maria", wie der offizielle Titel im neuen (deutschen) Meßbuch lautet, findet sich im 8./9. Jh. in koptischen Kalendarien für den 20. Juli. Von kurzen Notizen ohne nähere Festangabe in verschiedenen Martyrologien des 9./10. Jhs. abgesehen, begegnen wir einem Fest am 19. März zuerst im 12. Jh., in dem auch die Kreuzfahrer in Nazaret eine Kirche zu seiner Ehre erbauten. Verehrung und Festfeier wurden seit dem 14. Jh. vor allem durch die Franziskaner gefördert. Für die Wahl des 19. März gibt es nur Vermutungen. Erst 1479 führte *Sixtus IV.* (Franziskaner) das Fest für die ganze Kirche ein. *Gregor XV.* erhob es 1621 zum gebotenen Feiertag, nachdem sich im Barock eine starke Josefsverehrung herausgebildet hatte. *Pius IX.* erklärte 1870 Josef zum Schutzpatron der Kirche und erhöhte den Festrang auf Duplex I. Klasse". Die Neuausgabe des Missale von 1920 bringt erstmals eine Eigenpräfation, die auch vom neuen Missale übernommen wurde. Weil das Fest immer in die Fastenzeit fällt, können die Bischofskonferenzen einen anderen Termin wählen. Erwähnung verdient noch, daß *Johannes XXIII.* 1962 den Namen Josefs in den Kanon der Meßfeier aufnehmen ließ. – Zu einem *zweiten Josefsfest* kam es, als ein von den Karmeliten Italiens und Frankreichs seit 1680 gefeiertes „Schutzfest" des heiligen Josef von *Pius IX.* 1847 auf die ganze Kirche ausgedehnt wurde

(3. Sonntag nach Ostern). *Pius X.* erhob es zu einem Fest I. Klasse mit Oktav und legte es auf den dritten Mittwoch nach Ostern. Durch Dekret der Ritenkongregation wurde es 1956 wieder aufgehoben. – Ein *weiteres Josefsfest* wurde am 1. Mai 1955 von *Pius XII.* unter dem Titel „Hochfest des heiligen Josef, des Arbeiters, des Bräutigams der seligen Jungfrau Maria, Bekenners und Patrons der Arbeiter“ in den Römischen Kalender eingeführt und am 1. Mai 1956 als „Duplex I. Klasse“ erstmals gefeiert. Bei der Neuordnung des Kalenders 1969 wurde es als nichtgebotener Gedenktag beibehalten.

Josephinismus ↗Aufklärung.

Jubilus ↗Halleluja.

Judas Thaddäus ↗Apostelfeste 9.

Juden Die betende Kirche weiß sehr wohl, daß wir in der Taufe alle Kinder Abrahams werden und dieselbe Würde erlangen, wie sie Gott seinem Volk Israel verliehen hat (Gebet nach der 3. Lesung der Osternachtfeier); die Kirche glaubt auch, daß nach Gottes Verheißung (Röm 11,25–32) Israel insgesamt die Fülle des Heiles erlangen wird. Darum trägt das Gläubigengebet der römischen Kirche, wie es am Karfreitag noch verrichtet wird, auch eine Bitte für die Juden vor Gott, die wegen möglicher Mißdeutungen nach dem II. Vatikanum neu gefaßt wurde. – Die Kirche steht mit ihrem Gottesdienst auf einem breiten jüdischen Fundament: Die Psalmen aus dem Gottesdienst des AT bilden ein Rückgrat des christlichen Stundengebetes, das AT wird im christlichen Gottesdienst immer wieder verkündet; Christus knüpft seine Formen des Neuen Bundes an die Formen des jüdischen Volkes an; der Wortgottesdienst baut strukturell auf dem Synagogengottesdienst (↗Wortgottesdienst) auf.

Lit.: H. H. Henrix, (Hrsg.), Jüdische Liturgie. Geschichte – Struktur – Wesen (Freiburg 1980).

Judica

1. *Anfangswort des Psalmes 43 (42),* der im hohen Mittelalter vom Zelebranten auf dem Weg zum Altar als stille Vorbereitung auf die Meßfeier gebetet wurde. Er fand durch das Missale *Pius' V.* (1570) Eingang ins ↗Stufengebet, wurde aber im neuen Missale nicht mehr aufgenommen.

2. *Name für den 5. Fastensonntag* (früher erster Passionssonntag), dessen Eröffnungsvers aus Ps 43, 1f besteht.

Jugendgottesdienst In der Periode des „Ringens und Reifens“, des Werdens der Persönlichkeitsgestalt ist der Zugang zur Liturgie besonders stark behindert. Die allgemeinen Schwierigkeiten des modernen Menschen (↗Erziehung) sind in diesem Lebensalter noch gesteigert: Der junge Mensch hat die selbstverständliche Einordnung des Kindes in die umliegende Gemeinschaft verloren und seinen neuen erwachsenen Standpunkt in der Gemeinde noch nicht gefunden; der Gottesdienst als Versammlung widerspricht so zunächst seiner Lebenssituation. Der junge Mensch kann sich nicht ausdrücken, er hat die ungehemmte Gestaltungskraft des Kindes verloren und die Selbstgewißheit des Erwachsenen noch nicht erlangt; die Ausdrucksweisen des Gottesdienstes, vor allem in ihrer rituell erstarrten Gestalt, kann er kaum wollziehen. Gottesdienst erwächst als Ausdruck aus einem lebendigen Glauben; in der Umbruchssituation des Jugendalters muß dieser Glaube zuerst einmal persönlich angenommen werden. Seine aktive Grundeinstellung drängt den jungen Menschen im religiösen Bereich vor allem auf die ethische Betrachtungsweise, die Fragen der rechten Lebensführung, und macht ihn mißtrauisch gegen die gottesdienstliche Feier. Darum braucht er gerade für diese Altersstufe eine geduldige Erziehungsbemühung, die einerseits zu einer personalen Annahme des Glaubens helfen will (durch Gespräch, Schriftlesung, Meditationsübungen), andererseits die natürliche menschliche Basis für den Gottesdienst geben will (durch musische Betätigung und soziale Aktion).

Entsprechend der Situation der Jugend und auch dem Wunsch nach besonderen Gestaltungsmöglichkeiten wird für eigene Jugendgottesdienste nicht immer die Eucharistie in Frage kommen, sondern werden Formen des Wortgottesdienstes die Hinführung zur Eucharistie übernehmen. Besonders von und für Jugendliche gestaltete Meßfeiern haben ihre Berechtigung und bei Jugendveranstaltungen auch eine besondere Bedeutung. Ein Gottesdienst wird jugendgemäß nicht so sehr, wie man oft meint, durch entsprechende musikalische Gestaltung (rhythmische Gesänge, „Jazzmusik“ und entsprechende Instrumente), sondern dadurch, daß die jungen Leute in dem Gottesdienst ihre Fragen und Probleme, ihr Glück und ihre Freude, einfach ihr ganzes Leben ausgesprochen fühlen. Um eine solche Gestaltung zu ermöglichen, helfen die Richtlinien für die ↗Gruppenmesse und die Kriterien, die das Direktorium für ↗Kindermessen an die Hand gibt. Bei Vorbereitung und Durchführung sind die Jugendlichen nach Möglichkeit selbst zu beteiligen; gerade die Einarbeitung in die Thematik ist für sie oft der eigentliche Gewinn. Doch muß man gerade bei Jugendlichen darauf achten, daß der Grundzug der Eucharistie als das Geschenk Gottes an uns (im Wort und im Sakrament) und unsere daraus folgende dankbare Hingabe an Gott über der Thematik nicht verlorengeht, sondern diese intensiviert. Leider ist der Wunsch nach eigenen Eucharistischen Hochgebeten für Jugendgottesdienste, die für diese Aufgabe sehr hilfreich sein könnten, im Augenblick so nicht erfüllbar, weil Rom neue Hochgebete nur für bestimmte Anlässe, nicht aber für bestimmte Stände zuläßt.

Auf die Dauer bedeutsamer als eigene Jugendgottesdienste ist die Einbindung der Jugend in den Gemeindegottesdienst. Dies geschieht vor allem auf dem Weg über ihr Engagement; die vielfältigen Hilfsdienste, die benötigt werden (vom Ministrieren und Sammeln, Singen und Lesen bis zum Transportdienst für einen Krankengottesdienst), ermöglichen dem jungen Menschen eine seiner Lebensstufe gemäße Beteiligung am Gottesdienst der Gesamtgemeinde. Vor allem sollte er auch im Gemeindegottesdienst einen echten Bezug zu seinem Leben spüren können, und darum muß auch der Gemeindegottesdienst das Lebensgefühl der jungen Leute, ihre Fragen und Probleme aufgreifen.

Lit.: WSyn I S. 209–212; *R. Berger,* Jugend und ihr Gottesdienst, in: KBl 90 (1965) 271–278; LPTh 228 f; *H. J. Limburg – H. Taylor,* „Jazzmessen" – Untersuchung eines Unbehagens, in: H. Hucke (Hrsg.), Musik in der feiernden Gemeinde (Einsiedeln – Freiburg 1974) 105–121.

Jungfrau Die Kirche legt in all ihren Gliedern Zeugnis ab für die Gotteswirklichkeit, die in Christus Jesus erschienen ist. Besonders intensiv geschieht dieses Zeugnis im Zeugentod (↗Märtyrer) und im Verzicht auf die eheliche Lebenserfüllung um des Himmelreichs willen, in der Jungfräulichkeit. Mit diesem Verzicht auf das Fortsetzen der Geschlechterfolge, in dem das AT das messianische Heil zu erreichen suchte, bekundet eine(r), daß das endzeitliche Heil in Christus bereits begonnen hat. Die Bedeutung der Jungfräulichkeit in der Kirche liegt darum nicht in dem sittlichen Bemühen um die Beherrschung menschlicher Urtriebe, sondern in der sichtbaren Darstellung der Endwirklichkeit (Mk 12, 25), die in Jesus Christus bereits angebrochen ist. In der Jungfrau, die ungeteilt dem Herrn hingegeben ist und die unentwegt bei ihm ausharrt (1 Kor 7, 32 ff), erkennt die Kirche sich selbst als die Braut, die Christus sich bereitet hat (2 Kor 11, 2; Eph 5, 25 ff). Richtig faßbar werden dieses Zeugnis und diese Darstellung der Kirche allerdings erst, wenn die Jungfräulichkeit nicht nur tatsächlich oder zunächst sogar unbeabsichtigt erlebt wird, sondern erst, wenn sie ausdrücklich erklärt wird im Gelübde (↗Profeß) bzw. von der Kirche anerkannt wird in der ↗Jungfrauenweihe. So ist es nicht verwunderlich, daß die Jungfrauen in der Gemeinde hochgeschätzt werden und auch unter den Heiligen bald als eigener Stand hervortreten (↗Heiligenverehrung). – An den Festen heiliger Jungfrauen dominiert der Psalm 45, der die Hochzeit des königlichen Siegers Christus mit der Kirche besingt und so dem Fest einen österlichen Glanz gibt. In der Eucharistie feiert die Gemeinde das Hochzeitsmahl (Mt 25, 1–13), das Christus seiner Braut, der Kirche, bereitet hat und zu dessen Vollgestalt die Jungfrau im österlichen Geschehen ihres Sterbens zugelassen wurde.

Jungfrauenweihe Sie hat ihren Ansatzpunkt in der velatio, der Übergabe des Schleiers, der die verheiratete Frau kennzeichnete und den schon Tertullian für die christliche ↗Jungfrau als die angetraute Braut Christi gefordert hatte. Dazu tritt nach altem römischem Brauch ein segnendes Hochgebet. Im Lauf des Mittelalters (so im Röm.-German. Pontifikale des 10. Jhs.) wird der Ritus parallel der Trauung weiterentwickelt und reich ausgestaltet. U.a. kommen noch Elemente aus der Weiheliturgie des Klerus hinzu. Während die Jungfrauenweihe früher vor allem den in der Welt lebenden Jungfrauen erteilt wurde, war sie in späterer Zeit den klausurierten Nonnen vorbehalten; nachdem sie zu Beginn der Neuzeit völlig ungebräuchlich wurde und nur in ihren Einwirkungen auf den Ritus der Einkleidung und ↗Profeß der weiblichen Genossenschaften weiterlebte, wurde sie in den letzten Jahrzehnten wieder in vielen Klöstern einige Zeit nach der Profeß gespendet. – Nachdem schon das II. Vatikanum eine Überarbeitung des Ritus vorgeschrieben hatte (LK 80), veröffentlichte die Kongregation für den Gottesdienst mit Dekret vom 31.5.1970 den neuen Ritus, der 1975 in deutscher Adaptation in dem Buch „Die Feier der Abts-, Äbtissinnen- und Jungfrauenweihe" erschien (von Rom konfirmiert am 25.2.1974). Sowohl in seinen Vorbemerkungen wie in der liturgischen Handlung betont er die doppelte Zielrichtung der Jungfräulichkeit: Christus glühender zu lieben und den Menschen bereiter und hingebender zu dienen. Neu ist, daß nach Jahrhunderte währender Unterbrechung auch Jungfrauen, die in der Welt leben, wieder zu dieser Weihe zugelassen werden können. – Der Ritus, für den möglichst die Messe „Am Tag der Jungfrauenweihe" gewählt werden soll, beginnt nach dem Evangelium und hat folgende Gliederung: Aufruf der Jungfrauen; Homilie des Bischofs; Befragung der Kandidatinnen; Allerheiligenlitanei; Erneuerung des Vorsatzes der Jungfräulichkeit; Weihegebet; Übergabe der Insignien (Schleier, Ring, Stundenbuch). Nach dem Schlußgebet der Messe treten die Neugeweihten vor den Bischof und empfangen den feierlichen Schlußsegen. – Bei Ordensfrauen kann die Weihe mit der (ewigen) Profeß verbunden werden. Als Weihetage werden besonders empfohlen die Osteroktav, Hochfeste (besonders solche, die eine Beziehung zum Geheimnis der Menschwerdung Christi haben), Sonntage und Feste Marias oder heiliger Jungfrauen.

K

Kalendarium die nicht eingedeutschte Form vom ↗Kalender, im deutschen liturgischen Gebrauch verwendet für das Verzeichnis der unbeweglichen, fest mit einem Monatsdatum verbundenen Feste. Die Kalendarien in den liturgischen Büchern des römischen Ritus zählen die Tage des Monats einfach durch, bieten daneben aber auch die römische Zählung nach Kalenden, Nonen und Iden. Früher gaben sie jedem Tag auch den ↗Sonntagsbuchstaben bei, um so den Wochentag erkennbar zu machen, auf den das Datum im jeweiligen Jahr fällt. Schließlich fügten sie noch jedem Tag die ↗Epakte hinzu, um damit die Berechnung der Mondphasen und im Zusammenhang mit dem Sonntagsbuchstaben die des Ostertermins zu ermöglichen. Die Erfindung der Buchdruckerkunst ermöglichte das alljährliche Erscheinen von Kalendern, in denen das

Kalendarium der unbeweglichen Feste dem Wochenlauf und den vom Ostertermin abhängigen beweglichen Festen eingepaßt ist. Bereichert mit Angaben für die Feier der Messe und des Stundengebetes, werden solche Kalendarien alljährlich von den Diözesen als ↗Direktorien herausgegeben. ↗General-, ↗Regional-, ↗Diözesan- und ↗Ordenskalender.

Kalender Es handelt sich dabei um die übersichtliche Gliederung und Unterteilung eines Jahres und seiner Monate. Das Wort leitet sich her von der lat. Bezeichnung des jeweils ersten Monatstages (Calendae von calare = rufen), an dem im alten Rom die Gliederung des jeweiligen Monats ausgerufen wurde (Nonen, Iden). – Der heutige Jahreskalender geht im wesentlichen auf den von *G. Julius Cäsar* ab 1. 1. 45 v. Chr. eingeführten „Julianischen" Kalender zurück, der jeweils drei Jahre mit 365 und das folgende „Schaltjahr" mit 366 Tagen zählte. Weil aber das tropische Sonnenjahr nicht 365,25 Tage (wie im Julianischen Kalender zugrunde gelegt), sondern genau nur 365,2422 Tage umfaßt, war das Julianische Jahr praktisch 11,25 Minuten zu lang und hinkte deshalb im Lauf der Jahrhunderte beträchtlich hinter dem Sonnenjahr her. Das Konzil von Trient gab deshalb den Auftrag zur Bildung einer Kalenderkommission, die von Papst *Gregor XIII.* 1576 einberufen wurde und deren Ergebnisse der genannte Papst am 24.2.1582 in der Bulle *„Inter gravissimas"* in der Anordnung berücksichtigte, daß dem 4.10.1582 sogleich der 15.10. folgen solle. Um das so gewonnene Gleichgewicht zu erhalten, wurde bestimmt, daß künftig von den Säkularjahren nur jene einen Schalttag haben sollten, die durch 400 teilbar sind. So beläuft sich die Differenz zum tropischen Jahr erst um das Jahr 4500 auf einen vollen Tag. – Der „Gregorianische" Kalender, der im Grund der Julianische geblieben ist, wurde von den nichtkatholischen Ländern nur zögernd angenommen, zuletzt in der UdSSR 1918 und China 1949, vom Panorthodoxen Kongreß von Istanbul 1923 unter Ausklammerung der Osterterminierung, die auch weiterhin nach dem Julianischen Kalender erfolgen soll, und mit Ablehnung der Schaltregel für Säkularjahre. – Der christliche Kalender strukturiert das Jahr nach dem Vorbild des Alten Bundes durch die *Sieben-Tage-Woche* (↗Woche), die in der griechisch-römischen Antike zunächst nicht gebräuchlich war. – ↗Kalenderreform.

Lit.: H. Lietzmann, Zeitrechnung der römischen Kaiserzeit, 3. Aufl. durch K. Aland (Berlin 1956); *H. Kaletsch,* Tag und Jahr. Geschichte unseres Kalenders (Zürich – Stuttgart 1970).

Kalenderreform Unser derzeitiger Jahreskalender ist schon seit längerer Zeit Gegenstand zahlreicher Reformvorschläge, mit denen sich auch der Völkerbund und die Vereinten Nationen befaßten. Man bemängelt die ungleiche Länge der Monate und das alljährliche Weitergleiten der Monatsdaten auf andere Wochentage, was bekanntlich darin begründet ist, daß das Normaljahr einen Tag mehr als 52 Wochen hat.

Hinzu kommt beim christlichen Kalender die Schwankungsbreite des ↗Ostertermins von fünf Wochen (22.3.–25.4.). Man wünscht einen Jahreskalender, der gleichmäßiger, durchsichtiger und weniger veränderlich ist, so daß eine bessere Überschaubarkeit künftiger Epochen möglich wird. – Was die Fixierung des Osterfestes angeht (z.B. auf einen bestimmten Sonntag in der ersten Aprilhälfte), so scheiterten bislang die Bemühungen an der Verweigerung der Ostkirchen. Von den ca. 200 Reformvorschlägen für den Jahreskalender gibt man dem sog. *„Weltkalender“* die größten Chancen. Er gliedert das Jahr in vier gleichgebaute Quartale mit Monaten zu 31, 30 und 30 Tagen. Der 365. Tag des Normaljahres soll als wochen- und monatsfreier Tag nach dem 30. Dezember, der 366. Tag des Schaltjahres nach dem 30. Juni eingefügt werden. Man hat vorgeschlagen, diese Einschalttage, auch „weiße“ oder „Nulltage“ genannt, zu Weltfeiertagen zu erklären. Eine Art Vorläufer des Weltkalenders findet sich schon im Alten Testament. Dort kannte man nach dem Exil in manchen Kreisen einen immerwährenden Kalender von 52 Wochen. Die Monate eines jeden Quartals hatten 30, 30 und 31 Tage. In jedem Quartal wiederholte sich die Datierung der einzelnen Wochentage. – Viele sehen in der Einführung der „weißen“ Tage einen schweren Verstoß gegen die christlich-jüdische Tradition und lehnen den Vorschlag kategorisch ab. Andererseits sollte man bedenken, daß dieser Vorschlag die Sieben-Tage-Woche im Grunde nicht aufhebt, sondern sie in einer pluralistischen und immer enger zusammenwachsenden Menschheitsfamilie gegen eine weit schlimmere Gefährdung stabilisiert, wofür man das Zugeständnis der „weißen“ Tage durchaus vertreten kann. So war auch das II. Vatikanum im Anhang der LK bei aller Skepsis doch bereit, die Türe nicht grundsätzlich gegenüber einer solchen Lösung zuzuschlagen. Bei all diesen Überlegungen weiß die katholische Kirche, daß eine Entscheidung nur in Übereinstimmung mit den getrennten Brüdern erfolgen darf, um die Gefahr einer neuen Spaltung von vornherein auszuschließen.

Lit.: A. Adam, Fragen der Kalenderreform, in: TThZ 75 (1966) 154–168; *ders.,* Die Problematik eines immerwährenden Kalenders, in: *Adam, Kirchenjahr* 235–244; hier weitere Literatur.

Kännchen ↗Geräte, liturgische.

Kanon (griech. = Richtschnur) I. Das Eucharistische ↗Hochgebet in der Meßfeier des römischen Ritus, canon [actionis] („feste Norm der Opferhandlung“) genannt, weil im Gegensatz zum gallischen Brauch unveränderlich. Im Mittelalter wurde der erste Teil des Hochgebetes, die veränderliche ↗Präfation mit dem Sanctus, unter gallischem Einfluß als selbständiges Stück betrachtet und nur der anschließende unveränderliche Teil, der aus theologischen und praktischen Gründen allmählich geheimnisvoll leise gesprochen wurde, Kanon genannt. Aus der Initiale T des Te igitur, mit dem der Kanon nach dem Sanctus fortfährt, entwickelte sich eine Kreuzdarstellung, das sogenannte Kanonbild, das die Zäsur im Hochgebet noch stärker betonte. – Im Vergleich mit den Hochgebeten anderer Liturgien hat der Römische Kanon einerseits alte Grundregeln des ↗Hochgebetes (↗Anrede an den Vater, einfache Gestalt der ↗Epiklese, kein Übergewicht der ↗Fürbitten) mit großer Treue festgehalten, andererseits aber durch die Isolierung von der Präfation den Grundcharakter des Lobpreises und der Danksagung verdunkelt und durch die Zuspitzung der variablen Präfation auf das jeweilige Festgeheimnis den heilsgeschichtlichen Durchblick im Lobpreis völlig untergehen lassen. Die Einfügung der Diptychen geschieht weniger organisch als in vielen orientalischen Anaphoren; vor allem durch die Zufügung der Schlußformel an die einzelnen Empfehlungsgebete wirken diese isoliert; die Schlußformel ist darum im MR in Klammern gesetzt und im deutschen Text weggelassen. Ebenso können die langen Heiligenreihen gekürzt werden. Trotzdem belastet der Römische Kanon durch seine Länge und auch inhaltliche Schwierigkeiten. So hat man weitere Hochgebete geschaffen zur freien Auswahl durch den Zelebranten.

Zur Geschichte und Erklärung des Kanons siehe ferner die Stichwörter: ↗Memento, ↗Communicantes, ↗Hanc igitur, ↗Quam oblationem, ↗Einsetzungsbericht, ↗Anamnese, ↗Epiklese, ↗Früchtesegnung, ↗Doxologie, ↗Amen. Krit. Ausgabe von L. Eizenhöfer in RED Ser minor 1 und 7 (Rom 1954/66).

Lit.: J. A. Jungmann, Gewordene Liturgie (Innsbruck 1941) 53–136; *B. Opfermann,* Die Erforschung des römischen Meßkanons, in: ThGl 44 (1954) 263–279; La Maison-Dieu, Heft 87 (1966/3): Le Canon de la Messe; *B. Botte* et *Chr. Mohrmann,* L'Ordinaire de la Messe (Paris-Louvain 1953).

II. Bedeutsame Form der liturgischen ↗Dichtung im byzantinischen Stundengebet, ähnlich als enjana in der westsyrischen Kirche. Als Begründer gilt *Andreas von Kreta* (†740); von ihm stammt der große Bußkanon mit 280 Strophen, der am Mittwochabend der fünften Fastenwoche gesungen wird; ausgebildet wurde die Form in Jerusalem, durch das Studiukloster wurde sie nach Byzanz übertragen, und dort hat sie die einheimische Dichtform des ↗Kondakions fast völlig verdrängt. Der Kanon besteht aus 9 (praktisch meist aus 8) Oden (↗Canticum); jede Ode besteht aus dem Irmos (heirmós), der Musterstrophe, und mehreren metrisch gleichgebauten und musikalisch gleich gesungenen Troparien. Der Kanon wird streng antiphonisch im Wechsel der beiden Chorseiten ausgeführt (manche Handschriften sind nur für eine Chorseite bestimmt und enthalten auch nur die Hälfte der Troparien); zur Schlußstrophe (katavasía = Hinabstieg, für gewöhnlich gleich dem irmós) treten die beiden Chorhälften von ihren Plätzen herab in der Mitte zusammen und singen sie dort gemeinsam.

Kanoniker die an der Kathedrale oder Stiftskirche ursprünglich in Gemeinschaft nach fester („kanonischer") Lebensordnung als ↗Kapitel lebenden Priester, denen die Sorge für den Gottesdienst an der Kirche anvertraut ist. Erwachsen aus dem ↗Presbyterium des Bischofs, von *Augustinus* und anderen Bischöfen des Altertums gefördert, setzte sich das gemeinsame Leben und Wirken der Priesterschaft vor allem in der karolingischen Reform durch. Aber schon im 10. Jh. zerfällt die gemeinsame Lebensführung; festgehalten werden eine isolierte und darum absterbende ↗Chorpflicht („Chorherren") und äußerliche Vorrechte (auszeichnende Chorkleidung). Bei den Reformbestrebungen *Gregors VII.* übernahm ein Teil der Kanoniker eine klosterähnliche Lebensform mit feierlichen Gelübden (Regulierte Chorherren). – An der Spitze des Kapitels stehen ein oder mehrere Dignitäre, in Deutschland meist ein Propst und (oder) Dekan.

Kanontafeln eine Tafel mit dem Einsetzungsbericht und den stillen Gebeten des Offertoriums und weiteren Texten, die seit der Mitte des 16. Jhs. in den lateinischen Riten als Gedächtnisstütze für den Zelebranten auf den Altar gelegt (praktisch meist vor den Tabernakel gestellt) wurde; um 1600 kam eine Tafel links mit dem ↗Schlußevangelium hinzu und bald darauf eine Tafel rechts mit dem Gebet zur Beimischung des Wassers und dem Lavabopsalm. Vielfach dekorativ gestaltet und in künstlerisch hochwertigen Rahmen, die zugleich als Altarschmuck dienten. Als Vorläufer betrachtet man lose Pergamentblätter, die den Meßbüchern beigegeben wurden. Bischöfe und pontifizierende Prälaten bedienten sich statt der Kanontafeln eines eigenen Buches, des Canon [Episcopalis]. Im MR nicht mehr vorgesehen.

Kantor (lat. = Sänger) der Vorsänger der Gemeinde und Leiter der Schola, einer der notwendigsten Dienstämter im recht gefeierten Gottesdienst, zu dem der ↗Gesang wesensnotwendig hinzugehört.

Sein ältester Dienst ist der Vortrag des Antwortpsalms nach der Lesung; in dieser Funktion *psalmista* (AEM 90) genannt und auch personell vom Kantor unterscheidbar. Sodann leitet er den Gesang der Gemeinde, stimmt die Rufe und Gesänge an, singt die Rufe bei Litaneien und ähnlichen Wechselgesängen und ermöglicht so ein reiches und abwechslungsreiches Singen der Gemeinde. Er vertritt auch einen fehlenden ↗Chor oder eine Schola und singt im Wechsel mit der Gemeinde etwa das Gloria oder die Psalmen des Stundengebetes. Der Kantor ist für den Gottesdienst so zunächst nicht notwendig wegen der künstlerischen Anforderungen der Sologesänge, auch wenn die reichen, melismatisch ausgeschmückten Verse der verschiedenen responsorialen Gesänge in Messe und Offizium in sein Repertoire gehören, sondern damit lebendiger Gemeindegesang möglich ist. Er ist notwendig auch und gerade im einfachen Gottesdienst, in den Messen ohne Chor und beim täglichen Offizium. Die Erfahrung lehrt, daß sich in fast allen, auch einfachen und kleinen Gemeinden ein Sänger zum Kantorenamt eignet und heranbilden läßt; diese Aufgabe zu lösen ist leichter und wichtiger als das Finden eines Organisten oder Chorleiters. Es gehört zu den wichtigsten Aufgaben der Berufsmusiker im Kirchendienst, Kantoren für diesen Dienst heranzubilden.

Lit.: S. Dach, Handbuch des Kantorendienstes 3 Bde. (Paderborn 1976–78); *H. Hucke* u.a. (Hrsg.), Musik in der feiernden Gemeinde (Einsiedeln – Freiburg 1974) 174–176; *H. Hucke* (Hrsg.), Kirchenmusik nach dem Konzil (Freiburg 1967), 37–39.

Kantorenbuch liturgisches Buch, das die Verse des ↗Antwortpsalmes enthält, den der Kantor nach der ersten Lesung vorträgt, erst seit der Liturgiereform wieder üblich. In der mittelalterlichen Liturgie entspricht ihm das Cantatorium, das die Melodien für die Gradualeverse enthielt. Das Lektionar legt nur den Text des Antwortpsalmes vor, die melodische Ausgestaltung ist den künstlerischen Fähigkeiten des Kantors überlassen; er kann frei improvisieren, selber komponieren oder fremde Vorlagen übernehmen. Für einfachere Verhältnisse bietet das auf Veranlassung der EGB-Kommission herausgegebene „Kantorenbuch zum Gotteslob" die Antwortpsalmen der Sonn- und Festtage (mit Kehrversen aus dem GL) jeweils in zwei Fassungen: eine erste voll ausnotiert und eine zweite, die nach einem von vier Melodiemodellen mit Hilfe weniger Hilfszeichen aus dem Text nach dem Gehör gesungen wird.

Lit.: Einführung in: Kantorenbuch (Graz und Freiburg o.J.) 6–10.

Kanzel Der ursprüngliche Ort der Verkündigung war die ↗Cathedra des Bischofs und später der ↗Ambo, der meist mit den Cancelli, den Altarschranken, verbunden war. Vom Hochmittelalter an beginnt man, sofern man sich nicht zum Bau eines ↗Lettners entschließt, zunächst hölzerne Predigtbühnen näher zum Volk aufzustellen, seit dem 14. Jh. auch an einem Pfeiler oder der Längswand des Hauptschiffes aus Stein errichtet. Der Name Kanzel erinnert noch an die den Altarraum abschirmenden „Cancelli" = Altarschranken, mit denen vorher meist der Ambo als Verkündigungsort verbunden war. Sie weist zumeist eine korbförmige Gestaltung auf, von einem Schalldeckel überspannt und durch eine Treppe erreichbar. Mit dem Aufkommen eines festen ↗Gestühls stellte sich der Nachteil ein, daß zahlreiche Gläubige der vorderen Sitzreihen die Kanzel im Rücken hatten. Der räumlichen Trennung vom Altarraum entsprach auch eine Entwicklung der Predigtthematik, die nur allzuoft die Mystagogie vermissen ließ. Durch die Wiedereinführung des ↗Ambo, zuerst durch Instr I,96 angeordnet, wurden die seitherigen Kanzeln weitgehend funktionslos. Sicher wäre es falsch, sie unterschiedslos ohne Rücksicht auf ihren künstlerischen Wert und die Verbindung mit dem Gesamtbauwerk zu demontieren. „Möglicherweise kann man sie revitalisieren in Wortgottesdiensten und ähnlichen Formen nichteucharistischer Versammlungen und Andachten" (J. H. Emminghaus), ohne daß dies zur Minderbewertung des Ambo als des Verkündigungsortes während der Meßfeier führen würde.

Lit.: J. H. Emminghaus, Gestaltung des Altarraumes, in: Bibel und Liturgie 48 (1975) 92f und PkH 57, Leipzig 1977; *ders.,* Von der Kanzel zum Ambo, in Gd 14 (1980) 1–3.

Kapelle Verkleinerungsform von lat. cappa = Mantel, zunächst der Aufbewahrungsort des legendären Mantels des hl. Martinus am Hof der fränkischen Könige, sodann ein ähnlicher Bauteil an Herrschersitzen, wo bevorzugte Reliquien und andere Kostbarkeiten aufbewahrt wurden; weiter der gottesdienstliche Raum an den Höfen weltlicher und geistlicher Fürsten (Hauskapelle, Hof-, Pfalzkapelle). Auch der offizielle Gottesdienst, der dort abgehalten wurde, trug diesen Namen (so heißt noch heute die hochfeierliche Papstfunktion und der dabei mitwirkende Personenkreis „Cappella Pontificia"). So wird Kapelle schließlich auch zur Bezeichnung der mitwirkenden Sängergruppe (z.B. Cappella Sixtina) und zum Fachausdruck für den beim Gottesdienst üblichen unbegleiteten Gesang (a cappella). – Im heutigen liturgischen Sprachgebrauch nennt man Kapelle einerseits jeden gottesdienstlichen Raum, der nicht die volle Rechtsstellung einer Kirche hat (↗Oratorium 1) und andererseits irgendwie abgesonderte Raumteile in öffentlichen Kirchen, die kleineren Gruppen zum Gebet und zu gottesdienstlicher Feier dienen sollen. Nebenaltäre (in geringer Zahl) sollen in Kirchenneubauten nur noch in solchen Nebenkapellen errichtet werden, nicht mehr im Hauptraum (AEM unter Bezug auf Instr I, 93).

Kapitel (Verkleinerungsform von lat. caput = Kopf, Hauptstück) im späten Latein Bezeichnung auch für die Gliederungsabschnitte literarischer Werke, besonders für die Einteilung der Heiligen Schrift.

1. Darum hieß im römischen ↗Stundengebet die kurze Schriftlesung in allen Tageshoren capitulum; die heutigen „Kurzlesungen" sind durchschnittlich etwas länger als die bisherigen capitula; doch kann und soll man vor allem bei der Feier mit der Gemeinde statt dessen eine längere Schriftlesung wählen.

2. Kapitel heißt auch der Abschnitt der Regel, die bei Mönchen und kanonisch lebenden Weltpriestern (↗Kanoniker) täglich fortlaufend gelesen wird (im *officium capituli,* gewöhnlich am Ende der ↗Prim). Der Name wird im Klostersprachgebrauch dann auch auf die Versammlung selbst übertragen (Generalkapitel, Schuldkapitel), bei den Kanonikern auch auf die Körperschaft (Domkapitel, Stiftskapitel).

Lit.: zu 1: AES 44–46 und 156–158.

Kaplan zunächst Bezeichnung der Geistlichen an der ↗Kapelle des fränkischen Königshofes, dann allgemein der mit dem Gottesdienst an einer Kapelle (meist Meßstiftung) betrauten Priester. Von daher einerseits der mit der Sorge für eine kleinere Gemeinschaft beauftragte Priester (Schloßkaplan, Hausgeistlicher, Bruderschaftskaplan), andererseits der ständige Hilfspriester („Kooperator" = Mitwirker) des Pfarrers.

Karfreitag (vom ahd. kara = Trauer, Klage [↗Karwoche]; im Lat. „feria VI in Passione Domini", früher auch „feria VI in Parasceve" [= Freitag des Rüsttages, vgl. Mk 15,42]). Zusammen mit dem vorausgehenden

Gründonnerstagabend ist er der erste Tag des Österlichen Triduums und gehört so zum Mittel- und Höhepunkt des Kirchenjahres. Als Todestag Jesu war er zusammen mit dem Tag der Grabesruhe (↗Karsamstag) von jeher ein Tag der Trauer und des mitleidenden Fastens, auch Trauerfasten genannt (älteste Zeugnisse aus dem 2. Jh.). Man hat die Worte Jesu über die Zeit, in der die Jünger fasten, weil ihnen der Bräutigam entrissen ist (Mt 9, 19 par.), auf diese Tage des Todes und der Grabesruhe Jesu bezogen. Zeitweise hat man das Trauerfasten im Westen sogar auf alle Freitage und Samstage des Jahres übertragen. So ist es verständlich, daß auch die heutige Kirche den Karfreitag als Fast- und Abstinenztag auszeichnet. Während die ersten christlichen Jahrhunderte auf eine Karfreitagsliturgie verzichten, bilden sich im 4. Jh. verschiedene Formen nichteucharistischen Gottesdienstes heraus. In Jerusalem zeigt sich das verständliche Bestreben, das Christusereignis orts- und zeitgerecht nachzugestalten, etwa in der Kreuzverehrung auf dem Golgota oder durch Lesung der Passionsberichte (bezeugt durch die Pilgerin *Ätheria* um 400). Diese gottesdienstlichen Formen haben auch den Westen stark beeinflußt. So zog im 7. Jh. der Papst barfuß mit der Kreuzreliquie in einer Prozession von der Lateranbasilika zu der von Kaiserin Helena errichteten Kirche „Vom heiligen Kreuz in Jerusalem", wo die Kreuzreliquie von Klerus und Volk verehrt wurde, während gleichzeitig zwei alttestamentliche Lesungen und der Passionsbericht nach Johannes vorgetragen wurden. Das feierliche Gläubigengebet beschloß diesen eindrucksvollen Wortgottesdienst.

Noch im 7. Jh. kommt die Kommunion der Gläubigen bei dieser Feier auf. Aus dieser zunächst schlichten Kommunionfeier entwickelt sich im MA die „Missa praesanctificatorum" (= Messe der vorverwandelten Gaben; ↗Präsanktifikatenliturgie), indem man manche Teile der Eucharistiefeier – allerdings ohne das entscheidende Hochgebet – hinzunahm. Schließlich kommunizierte nur noch der Priester, was vom Tridentinischen Meßbuch 1570 als Vorschrift übernommen wurde und fast 400 Jahre in Geltung blieb. Im Volksmund sprach man von einer „verstörten" Messe. Die Neuordnung der Karwochenliturgie vom 16.11.1955, in der die traditionelle Dreiteilung Wortgottesdienst, Kreuzverehrung und Kommunionfeier (diese wieder wesentlich vereinfacht) beibehalten wurde, führte die Gläubigenkommunion wieder ein. Das nachkonziliare MR von 1970 hat diese Reform im wesentlichen übernommen.

Dies gilt auch für den *Zeitpunkt des Gottesdienstes,* der sich vom Altertum bis ins hohe Mittelalter an der Todesstunde Christi (15 Uhr) orientiert hatte. Als im Spätmittelalter die Fastenpraxis immer laxer wurde, behielt man zwar in formalistischer Weise die Bestimmung bei, daß der Gottesdienst erst nach der Non (eigentlich 15 Uhr) beginnen dürfe, verlegte aber diese und mit ihr den Karfreitagsgottesdienst auf den Vormittag. Diese Regelung fand ebenfalls Aufnahme im Meßbuch von 1570, nachdem *Pius V.* vier Jahre zuvor alle Meßfeiern am Nachmittag und Abend mit sehr fragwürdiger Begründung verboten hatte. Das Reformdekret von 1955 sah in dieser Vorverlegung einen Schaden für den „liturgischen Sinn“ der Gläubigen und übernahm wieder den ursprünglichen Zeitpunkt. Ebenso das neue MR, ohne jedoch bei pastoral bedingter späterer Feier eine zeitliche Begrenzung festzulegen, wie man es 1955 getan hatte (spätester Beginn war dort 18 Uhr). Statt der früheren schwarzen Farbe der liturgischen Gewänder wird das Rot der Märtyrer genommen, die im Todesgehorsam Jesu Urbild, Vorbild und Quelle ihrer Hingabe und ihres Triumphes sehen. Wortgottesdienst, Kreuzverehrung und Kommunionfeier gleichen im wesentlichen denen von 1955. Die „Großen Fürbitten“ sind gestrafft und in den Gebeten für die ↗Juden und die (früher so genannten) „Häretiker“ und „Schismatiker“ rücksichtsvoller formuliert. Außerdem kann der Priester entsprechend den örtlichen Verhältnissen eine gewisse Auswahl treffen, der Ortsordinarius kann in einer schweren Notlage eine besondere Bitte zusätzlich gestatten bzw. anordnen. Bei der „Erhebung des Kreuzes“ kann der Priester statt der dreistufigen Enthüllung des Kreuzes ein unverhülltes Kreuz vom Eingang der Kirche in Prozessionsform zum Altarraum tragen und dabei dreimal den traditionellen Ruf zur Erhebung („Seht das Holz des Kreuzes ...“) singen. Anschließend verehren Klerus und Gläubige unter dem Gesang altehrwürdiger Kreuzhymnen und -lieder das am Eingang zum Chorraum aufgestellte Kreuz. – ↗Kreuzverehrung.

Lit.: G. Römer, Die Liturgie des Karfreitags, in: ZkTh 77 (1955) 39–93; *E. J. Lengeling,* Die feierliche „Actio liturgica“ am Tag des „Leidens und Todes des Herrn“, in: Anima 11 (1956) 444–463; *H. Büsse,* Die Gedächtnisfeier des Leidens Christi, in: LJ 22 (1972) 27–41; *Adam, Kirchenjahr* 62–67. – ↗Kreuzverehrung.

Karmeliten ↗Sonderriten.

Karolingerzeit Das 8./9. Jh. ist von großer Bedeutung für die Ausbildung der heutigen „römischen“, in Wirklichkeit römisch-fränkischen Liturgie. Pippin und Karl der Große verfügten die Übernahme der römischen Liturgie ins Fränkische Reich, teils aus politischen Überlegungen (als Band innerer Einheit gegenüber den örtlich stark zersplitterten gallischen Liturgien [↗Lateinische Liturgien], als Ausdruck des Zusammengehens mit Rom), aber auch aus religiösen Motiven (engerer Anschluß an den Nachfolger des „Himmelpförtners“ Petrus, Unzufriedenheit mit manchen Mängeln der wildgewachsenen gallischen Liturgie). Durch die Übernahme erfuhr die römische Liturgie einige Umbildung: Einerseits kannte man die römische Liturgie kaum vom Augenschein, fast nur aus (oft sogar veralteten) Büchern, die im allgemeinen den Gottesdienst des Papstes, nicht des einfachen Seelsorgspriesters darstellten; so wurde jetzt die einfache werktägliche Meßfeier mit dem ganzen Aufwand eines Festgottesdienstes, vor allem mit den ↗Prozessionsgesängen ausgestattet. Andererseits wirkten die bisherigen Gewohnheiten und die andere Geistesart der Kelten und Germanen auf den übernommenen römischen

Ritus ein und brachten ihm auch für die Amtsgebete die Christus-↗Anrede zu, die Kanonstille, private Begleitgebete sowie dramatische Elemente, wie die Inzensation (↗Rom). Darin zeigen sich zugleich soziologische und theologische Wandlungen: Der Klerus erwirbt durch Lateinkenntnis ein Sprach- und Bildungsmonopol (↗Liturgiesprache); durch die Trennung zwischen ↗Priester und Volk, die unter anderem in den liturgischen ↗Gewändern und in räumlicher Aussonderung (↗Presbyterium 2) zum Ausdruck kommt, wird die Sicht des Priesterdienstes verschoben; die Messe wird nicht mehr als Gemeindefeier empfunden, sondern als Aufgabe des konsekrierenden Priesters gesehen; die intensive Beschäftigung mit dem AT fördert die Übernahme kultischer Vorstellungen und Gebräuche in den christlichen Gottesdienst (↗Kult). Trotz seelsorglicher Bemühungen schwindet so die Beteiligung der Gläubigen am Gottesdienst aus inneren und äußeren Gründen; um wenigstens die innere Teilnahme anzuregen, bildet man in der Meßerklärung die ↗Allegorese aus. – Diese in einem intensiven geistigen und geistlichen Leben nördlich der Alpen erwachsene ↗fränkisch-gallische Liturgie strömt ab der ottonischen Zeit zurück nach Rom, das inzwischen sein dunkles Jahrhundert erlebt hatte und den Anschluß an seine alte Tradition nicht mehr direkt finden konnte.

Lit.: Th. Klauser, Kleine abendländische Liturgiegeschichte (Bonn 1965) 49–94; *H. Wegman,* Geschichte der Liturgie (Regensburg 1979) 116–160; *Jungmann, Erbe* 3–86.

Karsamstag auch Heiliger Samstag (Sabbatum Sanctum) genannt. Als zweiter Tag des ↗Österlichen Triduums gehörte er in der alten Kirche zusammen mit dem ↗Karfreitag zu den aliturgischen Tagen, geprägt vom Trauerfasten wegen des Todes Jesu. Durch die schrittweise Vorverlegung der Feier der ↗Osternacht auf den frühen Vormittag im Lauf des Mittelalters verlor er zeitweise diesen Charakter. Erst die Reform der Osternacht (9.2.1951) und der Karwoche (16.11.1955) gaben ihm seinen ursprünglichen Charakter als eucharistiefreier Fast- und Trauertag wieder zurück. Im Osten bestehen ähnliche Einbußen noch heute. Das neue Meßbuch charakterisiert den Karsamstag mit den Worten: „Am Karsamstag verweilt die Kirche am Grab des Herrn und betrachtet sein Leiden und seinen Tod. Das Meßopfer wird nicht gefeiert, der Altar bleibt unbedeckt... Die heilige Kommunion kann am Karsamstag nur als Wegzehrung gereicht werden."

Lit.: J. Baumgarten, Der Karsamstag – ein liturgischer Hohlraum, in: HD 34 (1980) 1–25.

Kartäuser Der ↗Sonderritus dieses Ordens, zusammengefaßt in den Statuta antiqua (Mitte 13.Jh.), erwächst einerseits aus den besonderen Erfordernissen einsiedlerischer Lebensführung, andererseits aus den liturgischen Gewohnheiten des Heimatbodens von Chartreuse (Ritus von Grenoble, beeinflußt von Lyon; benediktinische und Kanonikereinflüsse durch die ersten Brüder und durch späteren Austausch). Die Kartause hat manches erhalten, was Rom jetzt wieder einführt: Priestermesse mit Diakon, Vortrag der Epistel durch ein Glied des Chores, Verneigung statt Kniebeuge zur Verehrung des Altarsakramentes; Segen und Schlußevangelium in der Messe wurden nicht übernommen, die Privatmesse an den höchsten Feiertagen nicht gestattet. Andererseits blieben mittelalterliche Frömmigkeitsübungen erhalten: zusätzliches Marianisches und Toten-Offizium, tägliche Rezitation der Marienvotivmesse als „trockener Messe" (Missa sicca, ↗Meßhäufigkeit). Das Brevier (zum Gebrauch auf Reisen und bei Krankheit) ist ein tatsächliches „Brevier", in dem die Lesungen gegenüber den Chorbüchern stark verkürzt sind.

Karwoche auch Große oder Heilige Woche genannt, die mit ↗Palmsonntag beginnende Woche vor Ostern. Der deutsche Name (ahd. kara = Trauer, Klage) betont nur den einen Pol des Pascha-Mysteriums. In der römischen Liturgie war sie die ursprüngliche ↗Passionszeit, auf die schon zu Beginn des 3. Jh. das Trauerfasten des Karfreitags und Karsamstags ausgedehnt wurde. Nach dem Beispiel von Jerusalem setzte sich zunehmend die Tendenz durch, diese Woche zu Gedenkfeiern der einzelnen historischen Ereignisse dieser Tage umzugestalten.

Die *Neuordnung* hat die Karwoche insofern entscheidend verändert, als sie das Österliche Triduum als eigentliche Hochfeier des Pascha-Mysteriums schon am Abend des ↗Gründonnerstags wieder beginnen läßt und die Gottesdienste der Karwochentage mit der Chrisammesse am Vormittag des Gründonnerstags als beendet ansieht (vgl. typographische Gestaltung des neuen Meßbuches). Die Lesungen der drei ersten Kartage sind Ausschnitte aus den drei ersten Gottesknechtsliedern aus Jesaja, die Perikopen des Evangeliums berichten Geschehnisse aus den letzten Tagen vor dem Leiden des Herrn. Durch die Einführung des dreijährigen Perikopenzyklus wurde die am Dienstag und Mittwoch übliche Verlesung der Passion nach Mk und Lk dem Palmsonntag vorbehalten. Die Liturgie der Karwoche darf durch keine andere Festfeier verdrängt werden.

Lit.: H.A.P. Schmidt, Hebdomada Sancta I–II (Rom 1956–57); *B. Fischer – J. Wagner* (Hrsg.), Die Feier der Heiligen Woche (Trier ²1957); *A. Löhr,* Die Heilige Woche (Regensburg 1957).

Kasel ↗Gewänder, liturgische.

Katechumenat

1. Wort und Begriff. Das Wort leitet sich vom griech. katécheín her, was zunächst entgegentönen bedeutet, dann aber auch transitiv im Sinn von unterrichten gebraucht wird. In diesem Sinn auch das spätere catechízein (lat. catechizare) = unterrichten, Katechese = Glaubensunterweisung. Unter Katechumenat versteht man dann jene Zeit (im Unterschied zu Katechese als Einzelunterweisung) der Vorbereitung und Bewährung, in der die Katechumenen in den Geist des Evangeliums und in die Gemeinschaft der Kirche hineinwachsen sollen, um dann (hauptsächlich) in der Osternacht durch die Sakramente der ↗Initiation Vollbürger im Volke Gottes zu werden.

2. Zur Geschichte des Katechumenates. Während in der Urgemeinde die schlichte Annahme der Christusbotschaft, die einfache Zuwendung zu Christus, für die Zulassung zur Taufe genügte (vgl. z.B. Apg 8,36ff), machte die junge Kirche schon früh die Erfahrung, daß der Weg zum Glauben und zur Kirche ein Wachstumsprozeß ist, der einer längeren Zeitdauer und institutioneller Hilfen bedarf. So entwickelt sich (in den Anfängen) schon im 2. Jh. die kirchenamtliche Einrichtung des Katechumenates mit kirchlich bestellten Lehrern. Der Taufbewerber mußte durch Gläubige, die für ihn bürgten (↗Pate), in die Gemeinde eingeführt werden und in der Regel drei Jahre (so *Hippolyt*) am Wortgottesdienst (↗Katechumenenmesse) und sonstigem Glaubensunterricht teilnehmen, wobei die Entlassung jeweils mit Gebet und Handauflegung schloß. Einige Wochen vor der Initiation in der Osternacht, in der Regel mit Beginn der ↗Quadragesima, begann eine Zeit intensiverer Vorbereitung, eingeleitet durch eine Prüfung des Lebenswandels. Die Katechumenen hießen jetzt Kompetenten (= Bewerber), in Rom electi (= Erwählte), im Osten Photizomenen (= die erleuchtet werden), die Zeit selbst hieß Kompetentenzeit oder Photizomenat. Sie war außer durch die Teilnahme am Wortgottesdienst von zahlreichen anderen liturgischen Handlungen geprägt, wie ↗Exorzismen, ↗Hand-Auflegung, Bezeichnungen mit dem ↗Kreuzzeichen, Übergabe des ↗Glaubensbekenntnisses und des ↗Vaterunsers, Darreichung von geweihtem ↗Salz, (= Erwählte), im Osten Photizomenen (= die erleuchtet werden), die Zeit hieß Kompetentenzeit oder Photizomenat. Sie war außer durch wertet, indem sich viele zwar in die Listen der Katechumenen eintragen ließen, um so nominell der Kirche schon anzugehören und der damit verbundenen Privilegien teilhaft zu werden, jedoch die eigentliche Initiation oft bis zum Lebensende aufschoben. Hinzu kam in den christlich gewordenen Ländern das Überwiegen der ↗Kindertaufe. So verschwindet der eigentliche Katechumenat vollständig, der Photizomenat wird zu rein gottesdienstlichen Vorgängen (ohne Lehrbedeutung) umgestaltet. In Rom wird er auf sieben Skrutinien ausgebaut, die auf Wochentage verlegt und bald zu einem einzigen Ritus zusammengezogen werden. Die Entwicklung in den Ostkirchen verlief ähnlich. – Die Bekehrung der Germanen- und Slawenstämme erfolgte meist in kollektiven Formen nach wenigen Tagen Missionspredigt, also im eklatanten Gegensatz zur ursprünglichen Katechumenatspastoral. Vom alten Katechumenat blieben lediglich Riten und Texte übrig, die man in einen Taufritus für Erwachsene und Kinder zusammenpreßte. Auch das Rituale Romanum von 1614 kennt nur quantitative Unterschiede im Taufritus für Erwachsene und Kinder.

3. *Die Neuordnung des Katechumenats.* Nachdem schon 1962 der Taufritus für Erwachsene in sieben Stufen gegliedert worden war, allerdings ohne inhaltliche Änderungen, beschloß das II. Vatikanum eine grundlegende Erneuerung des Katechumenates (LK 64–66; Missionsdekret 14). Der neue Ordo der Erwachseneninitiation erschien am 6.1.1972, die deutsche Übersetzung als Studienausgabe (noch ohne eigentliche Anpassungen) 1975 unter dem Titel „Die Feier der Eingliederung Erwachsener in die Kirche". Sein besonderes Anliegen ist dies, daß die Taufbewerber nicht nur einem intellektuellen Lernvorgang unterworfen werden, sondern im Geleit von Gemeindemitgliedern in das Evangelium und in die Kirche organisch hineinwachsen und so ganzheitlich auf die Eingliederung in der Osternacht vorbereitet sind. Dabei werden sich in der Erfahrung sicher noch manche Anpassungen als notwendig erweisen. Im einzelnen umfaßt der Katechumenatsweg folgende Teilstrecken:

a) *Der Präkatechumenat,* in dem ein anfänglicher Glaube erwacht und sich die Bereitschaft zur Umkehr langsam entwickelt. Wichtig ist, daß sich solche „Sympathisanten" von ihrer christlichen Umgebung angenommen fühlen. Ein fester Ritus hat hier noch keinen Platz.

b) *Der eigentliche Katechumenat* als entferntere Vorbereitung auf die Initiation wird mit der *„Feier der Annahme"* eingeleitet. Als Katechumenen gelten sie jetzt schon als der Kirche zugehörig, ihre Namen werden in das Buch der Katechumenen eingetragen. Die folgende Katechumenatszeit soll die Reifung im Glauben und christlichen Leben fördern. Hierfür sind vor allem die persönlichen Kontakte und Gespräche im Katechumenatskreis von entscheidender Bedeutung. Hier finden auch besondere Katechesen statt, die mit bestimmten Gebeten um Befreiung (kleine Exorzismen) und Segnungen schließen, ähnlich wie dies im Anschluß an besondere Wortgottesdienste und vor allem an die der sonntäglichen Meßfeier (vor der Entlassung) geschehen soll. Die Dauer der Katechumenatszeit soll sich nach der jeweiligen Situation und dem Urteil des Katechumenatskreises richten, in der Regel wenigstens ein Jahr. In dieser Zeit wählt der Katechumene auch seine(n) ↗Paten.

c) *Die Zeit der näheren Vorbereitung* beginnt im allgemeinen mit dem Aschermittwoch oder ersten Fastensonntag. Die Zulassung geschieht in einer liturgischen Feier, die auch *„Feier der Einschreibung"* oder *„Ritus der Erwählung"* heißt. Dabei bekräftigen die „Bewerber" (Kompetenten, electi) ihren Entschluß zum Empfang der Initiationssakramente durch die Einschreibung ihres Namens in ein hierfür vorgesehenes Buch. Die folgenden Wochen bis zur Osternacht sollen der geistlichen Erneuerung dienen (Zeit der Läuterung und Erleuchtung). Diesem Ziel dienen auch bestimmte Bußfeiern (↗Skrutinium), die feierliche Übergabe des Glaubensbekenntnisses und des Herrengebetes und die Feier der unmittelbaren Vorbereitung am Karsamstag mit Wiedergabe des Glaubensbekenntnisses, dem ↗Effata-Ritus, der Namengebung und der Salbung mit

Katechumenöl. Die Eingliederung in die Kirche in der Osternacht ist dann der krönende Höhepunkt (↗Initiation).

Außer der vorstehenden Ordnung enthält der neue Ordo eine Kurzform für Ausnahmefälle (Kap. II), die Feier in Lebensgefahr (III), die Vorbereitung auf Firmung und Eucharistie für Erwachsene, die zwar als Kinder getauft wurden, aber später keinen Glaubensunterricht erhielten (IV), die Initiationsfeier für Kinder im Schulalter (V) und zahlreiche Auswahltexte. Im Hinblick auf die z.Z. noch wenigen Kandidaten empfiehlt sich ein überpfarrlicher Katechumenatskreis.

Lit.: ↗Initiation; ferner WSyn I 248–250, 269f.

Katechumenenmesse mittelalterliche Bezeichnung für den ersten Teil der ↗Messe, an dem auch die ↗Katechumenen (und sonstige Nichtgetaufte) teilnehmen konnten, während die Feier der ↗Eucharistie („Gläubigenmesse") den Getauften vorbehalten ist. Die Katechumenen wurden gleich nach der Predigt entlassen (↗Entlassungsriten 2) und nahmen deshalb auch nicht mehr am Gläubigengebet (↗Fürbitten) teil. Insofern deckt sich die neuere Einteilung der Messe in ↗Wortgottesdienst und ↗Eucharistie-Feier nicht völlig mit der früheren Unterteilung Katechumenenmesse – Gläubigenmesse.

Katechumenenöl ↗Öle, heilige.

Kathedrale die Haupt- und Mutterkirche eines ↗Bistums, wo die ↗Cathedra des Bischofs steht (der Ausdruck „cathedralis ecclesia" schon im 6. Jh. bezeugt) und wo dieser, umgeben von seinem ↗Presbyterium und den ministri, in der Versammlung des Gottesvolkes dem Altar vorsteht. Hier bildet sich die festliche Form des ↗Stundengebetes der Gemeinde aus, das im Gegensatz zu dem längeren, aber schmuckloseren Stundengebet der ↗Mönche auch als Kathedraloffizium bezeichnet wird. Der Gottesdienst in den übrigen Kirchen des Bistums ist als praktisch notwendige Ausgliederung und Aufteilung dieses einen Gottesdienstes zu verstehen (↗Fermentum); deswegen wird der Weihetag der Kathedrale in allen Kirchen des Bistums (auch in den Ordensgemeinden) gefeiert. Der lebendige Bezug zur Kathedrale ging bereits bei der Missionierung der Germanen verloren. Durch die völlig andere Siedlungsstruktur konnte sich hier die Seelsorge nicht an den wenigen Städten konzentrieren, sondern mußte dezentralisiert (vor allem in der Form des Eigenkirchenwesens) erfolgen. Die sich nur langsam entwickelnden städtischen Zentren konnten sich hier erst nachträglich durchsetzen. – ↗Dom.

Kehrvers seiner inhaltlichen Funktion entsprechend früher meist Leitvers genannt, das Volksresponsum bei der responsorialen und antiphonalen ↗Psalmodie. Vom Ruf unterscheidet sich der Kehrvers durch eine gewisse Breite; er soll im allgemeinen wenigstens zweiteilig gebaut sein,

damit er neben den Psalmversen überhaupt bestehen kann. Von der lateinischen ↗Antiphon, vor allem von den Chortroparien der Prozessionsgesänge und Festoffizien unterscheidet er sich durch seine knappe einprägsame Fassung; er entspricht darin dem lateinischen versus ad repetendum. Erste Aufgabe des Kehrverses ist es, der ganzen Gemeinde Beteiligung an der Psalmodie zu ermöglichen. Musikalisch schafft er durch seine melodisch-rhythmische Fassung den notwendigen starken Gegenpol zu dem einfachen Spannungsbogen der Psalmodie. Durch die ständige Wiederholung und durch die melodische Fassung prägt der Text sich den Mitfeiernden stark ein und schafft Resonanz in den tieferen Schichten des Menschen; inhaltlich gibt er dem Psalm die spezielle Färbung des einzelnen Gottesdienstes; funktional bindet er Gemeinde und Vorsängergruppe (↗Chor, ↗Schola) zur gemeinsamen Feier zusammen.
Lit.: Verzeichnis der K. im GL, in: WGL IX 241–264;

Kelch (vom lat. calix) das bei der Meßfeier zur Aufnahme des zu konsekrierenden Weines bestimmte Gefäß (↗Geräte). Für die Zeit, als noch Naturoblationen gebracht wurden, unterscheidet man die ziemlich großen Kelche zum Einsammeln des von den Gläubigen gespendeten Weines (scyphus), die Spendekelche für die Austeilung des heiligen Blutes an die Gläubigen (calix ministerialis) und den eigentlichen Meßkelch. An allen Kelchen setzen sich der eigentliche Becher (cuppa) und der Fuß deutlich voneinander ab; dazwischen ist fast immer ein Verbindungsstück ausgebildet, der Knauf (nodus). Bis ins hohe Mittelalter wurden die Kelche, vor allem die Spendekelche, gern mit Henkeln (ansa) versehen. Nach den früheren Vorschriften mußte wenigstens die Cuppa aus Gold, Silber oder Zinn und zumindest im Inneren vergoldet sein. Während im frühen Mittelalter vielfach Kupfer verwendet wurde, werden seit der Karolingerzeit unedle Materialien zunehmend verboten. – Flexibler sind die Vorschriften im neuen Missale: Kelche sollen gleich den Hostienschalen (↗Patene) „aus haltbarem und – nach dem Empfinden des jeweiligen Kulturbereiches – als edel geltendem Material" hergestellt werden, worüber die Bischofskonferenzen zu entscheiden haben (AEM 290). Das Material soll dauerhaft sein (ebd.) und keine Flüssigkeit eindringen lassen (291); Kelche aus oxydierendem Metall „sollen in der Regel innen vergoldet sein"; „sind sie jedoch aus rostfreiem und edlerem Metall als Gold, ist eine Vergoldung nicht notwendig" (294). Was die Form der liturgischen Gefäße angeht, so sollen sie möglichst entsprechend der Eigenart der verschiedenen Kulturen gestaltet, auf jeden Fall aber funktional geeignet sein (195). – Kelche wurden früher vom Bischof durch eine Chrisamsalbung für ihren Dienst bei der Eucharistiefeier konsekriert, meistens „unter Ausschluß der Öffentlichkeit", also ohne Beteiligung der Gemeinde. Der neue Ordo für Kirch- und Altarweihe (1977) spricht nur noch von einer Benediktion des Kelches (und der Patene), die jeder Priester vornehmen kann, möglichst innerhalb einer Meßfeier beim Beginn der Gabenbereitung. Dabei erfolgt keine Salbung mehr, wohl aber eine stärkere Beteiligung der Gemeinde. Ritus auch im Benediktionale (171–173).

Lit.: *V. H. Elbern,* Der eucharistische Kelch im frühen Mittelalter (Düsseldorf 1961); *B. Kleinheyer,* Kelch und Patene zur Feier der Gemeindemesse, in: LJ 28 (1978) 231–248.

Kelchkommunion

1. Bedeutung: In den biblischen Einsetzungsberichten steht das Trinken aller aus dem Kelch zumindest gleichwertig neben dem Essen von dem einen Brot. Das apostolische Interesse scheint sich sogar stärker auf den Kelch zu richten. Zunächst tritt im Wein der freudige Charakter der Eucharistie deutlicher hervor und wird so die Gegenwart der messianischen Heilszeit (vgl. etwa Jes 25,6 oder Gen 49,11) spürbarer. Mit dem Trinken aus dem einen Becher und mit dem Vorstellungskreis des ↗Blutes verbindet sich weiterhin das Bundesmotiv, und auch das Opfermotiv wird in der Kelchkommunion deutlicher ausgesagt als im Essen des eucharistischen Brotes. Die Kelchkommunion gehört darum notwendig zur vollen auftragsgemäßen Gestalt der Eucharistie und muß vom Zelebranten auf jeden Fall genommen werden. Aber auch für die Beteiligung der Gemeinde drängte z.B. Papst *Gelasius I.* (492–496) mit großem Nachdruck auf den Kelchempfang.

2. Formen der Ehrfurcht: Damit verband sich jedoch schon früh die Besorgnis, es könnte dabei etwas von dem Kelchinhalt verschüttet werden. Das führte in Rom dazu, daß man nicht direkt aus dem Kelch trank, sondern mit Hilfe eines Trinkröhrchens (fistula, calamus). Ferner reichte man den Gläubigen nicht den eigentlichen Meßkelch, sondern goß von seinem Inhalt ein wenig in den mit unkonsekriertem Wein gefüllten Spendekelch. Durch diese infolge der großen Kommunikantenzahl erforderliche „Verdünnung“, die auch im Osten bekannt war, glaubte man zugleich, die Gefahr der Verunehrung bei eventuellem Verschütten entsprechend zu vermindern. Der Osten entschied sich weitgehend aber für eine radikalere Lösung, indem er die Hostie in den konsekrierten Wein tauchte und den Gläubigen das befeuchtete Brot reichte (↗Intinktion). Die byzantinischen Priester durchmischen in der Regel vor der Kommunionausteilung das eucharistische Brot mit dem heiligen Blut im Kelch und benutzen zur Ausspendung einen Löffel (↗Geräte, liturgische).

3. Kelchverzicht und Kelchverbot: Rom hat die Intinktion, bei der die Zeichenkraft des Trinkens völlig untergeht, immer entschieden abgelehnt. Aber auf das gesonderte Trinken aus dem Kelch hat man im 12./13. Jh. in einem langsamen Prozeß verzichtet und sich seither mit der eingestaltigen Kommunion begnügt. Dahinter stehen vielfältige Motive: Das Wissen um die Realpräsenz steigerte sich so stark, daß schon die bloße Gefahr einer Verunehrung als unerträglich empfunden wurde. Das Empfinden für die Struktur des Zeichens geht infolge der scholastisch-wissenschaftlichen Denkweise allgemein zurück, und das Interesse konzentriert sich vor allem auf die Brotsgestalt, weil sie allein sichtbar geschaut werden kann, wie das der mittelalterliche Mensch verlangt. Zugleich erkennt die Scholastik, daß auch die Brotsgestalt allein infolge der Konkomitanz den ganzen lebendigen Herrn gegenwärtig werden läßt, also auch sein Blut. Zu einem offiziellen Kelchverbot kommt es aber erst auf dem Konzil von Konstanz 1415 als Reaktion auf die hussitische Forderung nach dem Laienkelch, nach der die Kommunion unter beiden Gestalten heilsnotwendig sei. Durch die Reformation wurde in der katholischen Kirche die Ablehnung der Kelchkommunion noch verstärkt.

4. Die Kelchkommunion außerhalb der römischen Kirche: Die orientalischen Kirchen haben fast durchweg die Kommunion unter beiden Gestalten beibehalten, wenn auch größtenteils in der undeutlichen Form der Intinktion. Nur die unierten Gruppen der Maroniten, Chaldäer und Armenier haben sie im wesentlichen auf die Kelchkommunion des Zelebranten beschränkt. – In den Kirchen der Reformation trinken – bei aller Verschiedenheit der Einzelgestaltung – grundsätzlich alle Teilnehmer am Abendmahl aus dem Kelch. Mancherorts werden wegen hygienischer Bedenken zum Trinken kleine „Sonderkelche“ benützt.

5. Die Kelchkommunion seit dem II. Vatikanum: Die wachsende Einsicht, daß die zweigestaltige Kommunion eine höhere Zeichenkraft beinhalte und dem Stiftungswillen Christi konformer sei, bewog auch das II. Vatikanum, der in der katholischen Kirche fast verlorengegangenen Kelchkommunion etwas mehr Raum zu gewähren, wobei man jedoch im Hinblick auf verbreitete Bedenken sehr vorsichtig formulierte (LK 55). Die hier genannten Möglichkeiten wurden 1965 (Dekret über die Kommunion unter beiden Gestalten vom 7.3.) auf 11 und 1967 (Instr. „Eucharisticum Mysterium“) auf 13 erweitert. Die AEM sah 14 Personengruppen vor, denen die Kelchkommunion gestattet ist (242). Einen weiteren Fortschritt bringt die Instr. über die Kelchkommunion vom 29. 6. 1970, die den Bischofskonferenzen die Entscheidung anheimstellt, nach welchen Riten und Bedingungen die einzelnen Bischöfe die Kommunion unter beiden Gestalten auch in anderen Fällen erlauben können. – In Wahrnehmung dieser Möglichkeit beschloß die Deutsche Bischofskonferenz im März 1971, daß über die in der AEM genannten Fälle hinaus die einzelnen Ortsordinarien die Kelchkommunion gestatten können bei „Meßfeiern kleiner Gemeinschaften“ und bei „Meßfeiern an hervorgehobenen Festtagen, wenn die Zahl der Teilnehmer nicht zu groß ist“. „Im Einzelfall steht das Urteil dem zelebrierenden Priester, in Pfarrkirchen dem Pfarrer zu.“ So in den „Weisungen zur Kommunionspendung“, deren Text mit näheren Einzelheiten sich u.a. in Gd 5 (1971) 79f findet. – Für die Art und Weise der Kelchkommunion hatte die AEM (243–252) vier Möglichkeiten aufgezeigt: Trinken aus dem Kelch, ↗Intinktion, Benutzung eines Trinkröhrchens und Benutzung eines Löffels. Die erwähnten Weisungen der Deutschen Bischofskonferenz von 1971 stellen hierzu fest, daß diese sich „die Prüfung eventueller anderer Formen und in der AEM nicht vorgesehener Geräte für die

Kommunion unter beiden Gestalten" vorbehält. So wie den Gläubigen die Spendung der Hostie in den Mund oder auf die Hand freigestellt sei, so müsse auch Wahlfreiheit in bezug auf die ein- oder zweigestaltige Kommunion bestehen.

Lit.: A. Franzen, Die Kelchbewegung am Niederrhein im 16. Jh. (Münster 1955); *Jungmann MS* II 474–481; *V. Fiala,* Die Kelchkommunion, in: Erbe und Auftrag 40 (1964) 212–223. *H. Spaemann,* Die kultische und pastorale Bedeutung der Kelchkommunion, in: LJ 15 (1965) 148–154; *K. Amon,* Der eucharistische Kelch für alle, in: Anima 20 (1965) 339–358; *B. Fischer,* Die Kelchkommunion im Abendland, in: LJ 17 (1967) 18–32; *H. Rennings,* Eine sinnvolle Regelung für die Kelchkommunion, in: Gd 5 (1971) 77–80; *B. Kleinheyer,* Kelch des Heiles, in: Gd 12 (1978) 81–83.

Kelchtüchlein ↗Purifikatorium.

Kelchvelum ↗Velum.

Kerze Das Anzünden von Kerzen, vor allem im Bereich des Totenkultes (zur Abwehr von Dämonen), ist ein schon vorchristlicher Brauch, der von den Christen nach einigem Zögern übernommen wurde. Seither gehören brennende Kerzen zum Totengeleit, zur Aufbahrung und zur Grabpflege, besonders an den Gräbern der Märtyrer. Die Gläubigen sehen dann im Licht der Kerze auch ein Symbol Christi und werden erinnert an die brennenden Lichter in den Händen der wachenden Jungfrauen und Knechte (Mt 25,1–12; Lk 12,35). So trägt man brennende Kerzen auch zur Evangeliumsprozession, zum Einzug der Neugetauften und (in Erinnerung daran) der Erstkommunikanten, in der Osternachtwache und zur ↗Lustration (z.B. bei der Lichtmeßprozession; ↗Darstellung des Herrn). – Aus dem staatlichen Zeremoniell erwuchs der Gebrauch von Weihrauch und Kerzen beim ↗Einzug zum Papstgottesdienst; die Siebenzahl der vorangetragenen Kerzen könnte auf Offb 1,12 zurückgehen. Die ↗Leuchter wurden um den Altar herum aufgestellt. Daraus entwickelte sich in der ganzen Westkirche der Brauch, zur Meßfeier brennende Kerzen um den Altar zu stellen. Im 11. Jh. begann man zögernd, diese Kerzen auf den Altar selbst zu stellen, und seit dem 14. Jh. sind die *Altarkerzen* ziemlich selbstverständlich geworden. Heute sind sie für die Meßfeier Vorschrift (zwei oder vier oder sechs, bei Bischofsmessen sieben), auf oder um den Altar. Diese Kerzen mit den dazugehörigen Leuchtern können bei der Einzugsprozession mitgetragen werden (AEM 79). – Auch in den *evangelischen* Gemeinden sind Altarkerzen ziemlich regelmäßig gebräuchlich. Die *Ostriten* hingegen kennen keine vorgeschriebenen eigentlichen Altarkerzen; meist entzünden sie auf der Prothesis eine Kerze und haben während des Gottesdienstes einen siebenarmigen Leuchter im Altarraum brennen. Sonst aber spielen Kerzen neben den ↗Ampeln durchaus eine volkstümliche Rolle. – Zur Wetterkerze ↗Wettersegen. – An sich werden Kerzen nicht geweiht. Seit dem 10. Jh. findet man jedoch Formeln zur Weihe der Kerzen für Prozessionen, als Ausdruck der Prozessionsbitte, zuerst vor allem an Lichtmeß. Daraus entwickeln sich allgemeine Segensgebete, die aber keine besondere Bedeutung gewonnen haben. Das neue ↗Benediktionale enthält ein Segensformular (mit Wortgottesdienst), in dem die brennenden Kerzen als Zeichen der Freude und Hoffnung, des Gebetes und des Opfers und als Symbol Christi und unseres Lebens bezeichnet werden.

Kiborium baldachinartige Überdachung des Altares, des Taufbeckens, Lesepultes und des Brunnens im Atrium oder Kreuzgarten. Zwischen den tragenden Säulen waren vielfach schmückende Vorhänge angebracht. Solche auszeichnenden Überbauten waren schon der Antike bekannt bei Herrscherthronen, Statuen und Sarkophagen. Der Name leitet sich wahrscheinlich her von der griechischen Bezeichnung für das Fruchtgehäuse einer ägyptischen Pflanze, das auch als Trinkgefäß benutzt wurde. – ↗Ziborium.

Kindergottesdienst Die Phase der Offenheit, des natürlichen Angewiesenseins auf die sorgende Umgebung ist einerseits besonders aufgeschlossen für die Erfahrung der Begegnung mit Gott; andererseits bedarf sie eines besonderen Entgegenkommens, weil die strengen Formen der überlieferten Liturgie die kindliche Auffassungskraft oft übersteigen und überbeanspruchen und das Kind personale Akte überhaupt noch nicht selbständig vollziehen kann, sondern nur in Anlehnung und im Mitvollzug mit Erwachsenen. ↗Erziehung zur Liturgie geschieht im Kindesalter vor allem durch die Ausformung der menschlichen Kräfte, die für den gemeinsamen Gottesdienst nötig sind, und eines lebendigen Gottesbildes. Darüber hinaus muß dem Kind während der Liturgie Hilfe gegeben werden in der Führung durch die Eltern und später durch die Katecheten und sonstige Helfer. – Man braucht dazu ohne Zweifel eigene *Kinder- und Schülergottesdienste,* nicht nur in der Form der Meßfeier, sondern auch anderer Gottesdienste (Wortgottesfeiern und volkstümliche Andachtsformen, die dem Bewegungstrieb des Kindes entgegenkommen, wie Kreuzweg und Krippenwallfahrt). Allgemein üblich und in ihrer pädagogischen Notwendigkeit nicht bestritten sind werktägliche Kindermessen, meist im Zusammenhang mit der Schulzeit. Gelegentliche Kleinkindermessen, zu denen die Mütter der 4- bis 6jährigen mit ihren Kleinen eingeladen werden, werden verschieden beurteilt. Geteilt ist die Meinung aber vor allem über die sonntägliche Kindermesse. Das eigentliche Ziel ist sicher der gemeinsame Meßbesuch der ↗Familie, wobei die Gestaltung zunächst mehr auf die Eltern und Erwachsenen sehen muß als auf die Kinder; die Transponierung der Liturgie für die Kinder geschieht hier mehr durch die Gegenwart und das Beispiel der Eltern als durch eine rein kindergemäße Gestaltung. Ohne Zweifel muß aber in größeren Pfarreien daneben ein eigener Kindergottesdienst geschehen einerseits für die zahlreichen Kinder, deren Eltern nicht praktizieren und die so keine Anleitung hätten, andererseits um auch den Kindern praktizierender Eltern durch gelegentlichen Besuch einer kindertümlich gestalteten Sonntagsmesse die Sonntagsfeier besser aufzuschließen. In kleineren

Gemeinden sollte der Hauptgottesdienst gelegentlich als Kindermesse gestaltet werden; die Ansprache sollte darüber hinaus sich regelmäßig in einem eigenen Abschnitt an die Kinder wenden. Nur so wird vermieden, daß die Meßfeier der Sonntagsmesse in den Kinderjahren zur bloßen langweiligen Pflichterfüllung wird statt zur freudig erlebten Feier. – Für die *Gestaltung der Kindermessen* ließ die Deutsche Bischofskonferenz bereits 1970 (zweite Hälfte 1972) „Richtlinien und Anregungen" erarbeiten; am 1. 11. 1973 erschien sodann das römische „↗Direktorium für Kindermessen", 1974 drei ↗Hochgebete für Meßfeiern mit Kindern (ad experimentum für drei Jahre, verlängert bis 1980); ein deutsches ↗Lektionar für Kindermessen ist in Vorbereitung. Jeder Kindergottesdienst soll sorgfältig vorbereitet werden in Zusammenarbeit mit Erwachsenen („Kindergottesdiensthelfer") und Kindern, die einen besonderen Dienst bei der Messe übernehmen. Die Kinder sollen möglichst leibhaft am Gottesdienst beteiligt werden, durch Teilnahme an Prozessionen (Einzug, Evangelium, Opfergaben, Kommuniongang), Gesten, katechetische ↗Spiele, selbstgemalte Bilder (zur Predigt, zu den Fürbitten), anschauliche Darstellungen (Krippe, Kreuz, Osterkerze). Doch braucht auch gerade der Kindergottesdienst Räume der Stille, in denen die Kinder nach entsprechender Hinführung sich besinnen und im Herzen Gott loben und bitten. In der Wahl der Lesungen und Gebetstexte gibt das Direktorium dem Priester gewisse Freiheiten. Wo es dem Priester schwerfällt, sich dem Verständnis der Kinder anzupassen, kann auch ein dazu befähigter, am Gottesdienst teilnehmender Erwachsener (Lehrer, Katechetin) die Ansprache übernehmen. Solche und noch weitergehende Anpassungen sind notwendig vor allem für Gottesdienste mit körperlich oder geistig behinderten Kindern; beispielhaft dafür ist die „Ordnung der Meßfeier mit gehörlosen Kindern", die 1970 für das deutsche Sprachgebiet bestätigt wurde (Gd 4 [1970] 144); das dazugehörige Hochgebet (sprachlich vereinfachte Fassung des Hochgebetes II) ist in dem Bändchen „Fünf Hochgebete" enthalten. – Der *in den evangelischen Kirchen* anfangs des 19. Jhs. aufgekommene „Kindergottesdienst" ist mehr aus katechetischen als aus liturgischen Interessen erwachsen („Sonntagsschule"); er gewinnt aber zusehends an liturgischer Gestalt und sucht die Kinder wirklich zum Gottesdienst der Gemeinde hinzuführen. Mancherorts löst man die Kinder jetzt erst für die Predigt aus der übrigen Gemeinde heraus für eine eigene kindertümliche Belehrung.

Lit.: *R. Sauer* (Hrsg.), Kinder loben Gott (München 1967); *A. Lißner* u. a., Kinder feiern Gottesdienst. Modelle, Texte, Anregungen (München 1972); *W. Blasig* (Hrsg.), Sonntag für Kinder (9 Hefte, je drei pro Lesejahr) (Einsiedeln 1973 ff); Kindermeßdirektorium: *Kaczynski* 3115–3169, deutsch: Nachkonziliare Dokumente (Trier) Nr. 40; *A. Läpple,* Kind und Eucharistiefeier, in: HD 28 (1974) 49–58; ferner LJ 29 (1979) das ganze Heft 2 (65–126 und 157–175).

Kindersegnung Im Zusammenhang von Taufe und Müttersegnung kennen die meisten Riten eine Segnung des Kindes. In der neuen Feier der Kindertaufe zeichnen nach dem Priester auch die Eltern und Paten dem Kind das Kreuz auf die Stirn; diese Taufsegnung erneuern sie immer wieder, wenn sie ihr Kind bekreuzen vor dem Zubettgehen, vor dem Gang zur Schule und bei großen Anlässen im Leben. Kinder empfangen eine eigene Segnung aber auch immer wieder im gemeindlichen Leben, so traditionell in der Weihnachtszeit („Unschuldig-Kinder-Tag") und an Martini sowie zum Schulanfang. Das neue Benediktionale bietet dazu reiche Hilfen (Nr. 2, 12, 17, 18, 52, 53).

Kindertaufe

1. Zur Geschichte und Berechtigung der Kindertaufe. Wenn auch das NT als Vorbedingung für die ↗Taufe den Glauben an die Botschaft Christi und die Umkehr ausdrücklich nennt, so läßt sich doch nicht ausschließen, daß schon die Urgemeinde die Taufe unmündiger Kinder kannte. In diesem Sinn deuten manche die sog. „Oikos-Formeln", wo von der Taufe des „ganzen Hauses" die Rede ist (1 Kor 1, 16; Apg 16, 15). Für die frühe Verbreitung der Kindertaufe spricht die Meinung des *Origenes,* der sie auf die Apostel zurückführt. Mit der zunehmenden Christianisierung der ganzen Bevölkerung wird die Säuglingstaufe immer mehr zur Normalform der Taufspendung. Die Kirchenväter verweisen für den zum Empfang notwendigen Glauben auf den Glauben der Angehörigen und der Gemeinde, in dem das Kind aufwachsen wird; Taufe im Kindesalter ist darum nur gestattet, wenn die christliche Erziehung des Kindes gesichert erscheint. Die neuere Diskussion um ihre Berechtigung wurde vor allem durch *Karl Barth* ausgelöst, der sie 1943 „eine tief unordentliche Sache" nannte. Wenn auch solche Einwände nicht mit einer Handbewegung abgetan werden können, so ist doch darauf hinzuweisen, daß sich in der Kindertaufe die ungeschuldete Gnade Gottes besonders deutlich manifestiert, daß sie eingebettet ist in den Glauben der Eltern und es eine Erziehung ohne gewisse Vorentscheidungen seitens der Eltern nicht geben kann (↗Taufaufschub).

2. Zum Ritus der Kindertaufe. Eigenartigerweise gab es in der Vergangenheit keinen eigenen Ritus zur Taufe unmündiger Kinder. Man verwendete den der Erwachsenentaufe und führte die notwendigen Dialoge mit dem Täufling so, als ob es sich um einen Erwachsenen handele. Daran änderte sich im Grund auch nichts mit dem Rituale Romanum von 1614, wo es zwar einen getrennten Ritus für die Taufe Erwachsener und Kinder gab, dieser aber nur in einer quantitativen Reduzierung der alten Texte und Riten bestand. Darum ist es verständlich, daß das II. Vatikanum den Auftrag gab, den bisherigen Ritus zu überarbeiten, ihn der tatsächlichen Situation der unmündigen Kinder anzupassen und dabei die Rolle der Eltern und Paten und ihre Pflichten deutlicher hervortreten zu lassen (LK 67). Dieser Weisung entsprechend veröffentlichte die Römische Kongregation für den Gottesdienst im Jahre 1969 einen neuen Kindertaufritus. Die deutsche adaptierte Ausgabe erschien 1971 unter dem Titel „Die Feier der Kindertaufe".

In den umfangreichen Vorbemerkungen wird zunächst das Bemühen deutlich, die Fortführung des in der Taufe grundgelegten Heilsvorgangs sicherzustellen und die Eltern stärker an ihre Verantwortung für die christliche Erziehung zu erinnern durch die Einführung eines ↗Taufgespräches und gegebenenfalls eines Taufaufschubes. Weiterhin wird an die Gemeinden appelliert, sich ebenfalls ihrer Verantwortung für das neue Gemeindemitglied bewußt zu sein und aktiv an Vorbereitung und Durchführung der Tauffeier mitzuwirken (20). Wenn auch die Eltern die Erstberechtigten und Erstverpflichteten in der christlichen Erziehung sind, so wird doch auch weiterhin dem Patenamt eine hohe Bedeutung zugewiesen (39–41), wenn auch seine Aufgabe im Hinblick auf den Primat der Eltern eine subsidiäre ist (↗Paten). Was den *Ort der Taufe* angeht, so soll sie normalerweise in der Pfarrkirche gefeiert werden, „damit deutlich werde, daß die Taufe ein Sakrament des Glaubens der Kirche ist und in das Volk Gottes eingliedert“ (↗Taufbrunnen; ↗Haustaufe). Während bis tief ins Mittelalter hinein Oster- und Pfingstvigil, in manchen Regionen und im Osten durchweg auch die Nacht vor Epiphanie die bevorzugten Tauftermine waren, kam es schon im Mittelalter nicht zuletzt wegen der hohen Kindersterblichkeit und der Furcht, ungetaufte Kinder könnten des ewigen Heiles verlustig gehen, zu Brauch und Vorschrift, die Kinder möglichst früh zu taufen. Dabei deutete man das „quam primum“ (= möglichst bald) des CIC von 1918 (can. 770) in der Weise, daß die Taufe in den ersten Tagen nach der Geburt gespendet werden müsse, so daß die Mutter praktisch von der Teilnahme ausgeschlossen war. Demgegenüber bestimmt das neue Taufritual, daß die Taufe in den ersten Wochen nach der Geburt stattfindet, um auch die Teilnahme der Mutter zu ermöglichen und Eltern (Taufgespräch) und Feier besser vorbereiten zu können. Nur in Todesgefahr ist das Kind unverzüglich zu taufen. Hierfür ist ein verkürzter Ritus vorgesehen, der auch von einem Laien vollzogen werden kann (vgl. GL 49). In akuter Todesgefahr genügt das Übergießen von Wasser unter gleichzeitigem Aussprechen der Tauffomel („N., ich taufe dich im Namen...) mit der Absicht, das zu tun, was die Kirche tut. Um den österlichen Charakter der Taufe hervorzuheben, empfiehlt sich, wenn möglich, die Osternacht oder ein Sonntag, der ja wöchentliche Feier des Ostergeheimnisses ist.

Der *neue Kindertaufritus* hat für das deutsche Sprachgebiet folgende Gliederung, deren Einzelelemente hier nicht näher kommentiert werden können:

a) Eröffnung der Feier mit Begrüßung der Taufgemeinde, Gespräch mit den Eltern und einem Wort an die Paten;

b) Wortgottesdienst mit Lesung(en) und Homilie, Bezeichnung des Kindes mit dem Kreuzzeichen (auch durch die Eltern und Paten), Fürbitten, Gebet unter Ausbreiten der Hände und Salbung mit Katechumenenöl;

c) Spendung der Taufe mit Weihe des Taufwassers (in der Osterzeit kann das in der Osternacht geweihte Wasser verwendet werden), Absage und Bekenntnis des Glaubens und eigentliche Taufhandlung;

d) Ausdeutende Riten: Salbung mit Chrisam, Anlegen des ↗Taufkleides, Übergabe der ↗Taufkerze und ↗Effata-Ritus;

e) Abschlußriten: Schlußansprache, Gebet des Herrn, Segensgebet und Schlußlied.

Zusammenfassend darf man feststellen, daß dieser Taufritus erstmals die tatsächliche Situation des unmündigen Kindes ernst nimmt, daß vorrangig die Eltern angesprochen und in Pflicht genommen werden, die Paten hingegen nicht mehr die erste Rolle spielen. Schließlich ist noch die hohe Anpassungsfähigkeit des Ritus an die jeweilige Situation hervorzuheben. – ↗Initiation; ↗Tauferneuerung.

Lit.: B. Fischer, Die Intentionen bei der Reform des Erwachsenen- und Kindertaufritus, in: LJ 21 (1971) 65–75; *I. Jorissen – H. B. Meyer,* Die Taufe der Kinder (Innsbruck 1972); *A. Adam,* Sinn und Gestalt der Sakramente (Würzburg 1975) 22–60; *weitere Literatur* ↗Taufe.

Kirche (vom griech. kyriaka [Neutr. Plural] = dem Herrn gehörig; in der griech. und lat. Liturgiesprache „ecclesia" = die Schar der Herausgerufenen, deutsch ↗Gemeinde) die Gemeinschaft derer, die Gottes Ruf zur Sammlung unter seiner Herrschaft vernommen haben und ihn befolgen; die heilige ↗Versammlung um Christus, in der wir kraft des Geistes in Christi Hingabe an den Vater, in sein ↗Pascha-Mysterium hineingezogen werden.

1. In menschlichen Dimensionen spürbar wird diese Gemeinschaft um Christus erst, wo sie betätigt wird: Kirche ist nicht nur statische Zugehörigkeit, Kirche muß sich ereignen. Irgendwie ist dieses Ereignis Kirche, ist Sammlung der Menschen im Gehorsam gegen Gottes Ruf überall, wo Christen einander in der Liebe des Herrn dienen; ohne dieses Fundament im menschlichen Alltag ist Kirche unwahrhaftig (↗Caritas). In Eindeutigkeit ereignet Kirche sich aber erst, wenn die Gemeinde sich zum Gottesdienst sammelt (↗Liturgie), wo Christus treu seiner Verheißung unsichtbar, aber wirksam durch den ↗Heiligen Geist inmitten der Versammlung handelt; *die liturgische Versammlung ist Epiphanie* (In-Erscheinung-Treten) *der Kirche.* – In solcher Versammlung bleibt der kirchengründende Ruf Gottes gegenwärtig und lebendig durch die ↗*Verkündigung,* die zu jeder gottesdienstlichen Versammlung gehört (LK 35,1.2.); die Vollmacht zur Verkündigung, zur Vorlage der Gottesbotschaft, so daß sie zur Entscheidung verpflichtet, liegt beim apostolischen Amt des ↗Bischofs und beim ↗Presbyterium, das an der Verantwortung des Bischofs teilnimmt. Im ↗*Sakrament* geschehen die Verkündigung und Annahme des Gotteswortes in der Versammlung intensiviert durch den Hinzutritt des ↗Zeichens. Am stärksten wird Kirche als die von Gott gerufene Versammlung in Christus sichtbar in der Feier der ↗*Eucharistie* (2). Alle „sollen überzeugt sein, daß die Kirche auf eine vorzügliche Weise dann sichtbar wird, wenn das ganze heilige Gottesvolk

voll und tätig an denselben liturgischen Feiern, besonders an derselben Eucharistiefeier, teilnimmt: in der Einheit des Gebets und an dem einen Altar und unter dem Vorsitz des Bischofs, der umgeben ist von seinem Presbyterium und den Dienern des Altars" (LK 41). Diese volle, auch äußerliche Sichtbarkeit der Kirche ist natürlich nicht bei jeder Meßfeier möglich; aber wenigstens ein Glied aus dem Presbyterium des Bischofs muß die heilige Versammlung leiten, soll eine vollgültige Eucharistie gefeiert werden (↗Konzelebration). Für die übrigen Sakramente und sonstigen Gottesdienste muß die Gliederung der Kirche je nach der Struktur der Feier in verschiedenem Ausmaß sichtbar gemacht werden.

2. Die Sammlung der Gläubigen zur Kirche ereignet sich im Leben und Gottesdienst der *Ortsgemeinde* um den Bischof, in der ↗Pfarrei und im ↗Bistum. Dieses ist im Vollsinn Kirche, „das von Gott gerufene neue Volk, im Heiligen Geist und mit großer Zuversicht" (LG 26). Doch wie der Leib des Herrn an vielen Orten in der Eucharistie genossen und verwirklicht wird und dabei doch einer bleibt, so ist die Kirche je an jedem Ort voll verwirklicht und doch bloß eine; darum heißt in den Schriften des NT nicht nur jede einzelne Ortsgemeinde „Kirche", sondern ebenso auch die durch den einen Herrn und den einen Geist verbundene Einheit aller Ortskirchen, die eine *Universalkirche.* Eine Gemeinde, die sich aus dieser Einheit der Kirchen löst, verliert einen entscheidenden Aspekt ihres Kircheseins. Das Stehen in der Gemeinschaft der ganzen Kirche bringen die einzelnen Ortskirchen bei der Eucharistiefeier zum Ausdruck, indem sie neben dem eigenen Bischof ausdrücklich ihren Patriarchen und die übrigen in der Gemeinschaft der Kirche stehenden Bischöfe nennen, in Sonderheit den Bischof von Rom.

3. Die liturgischen Gebetstexte sehen die Kirche vorwiegend unter dem *Bild des Volkes Gottes,* weniger dem des Leibes Christi. Die römische Liturgie speziell spricht gern von der *familia* Gottes, wobei dieses lateinische Wort weit über das deutsche „Familie" hinausgreift; nach dem Vorbild des römischen Hausstandes sieht es in Gott den Hausherrn, in den Gläubigen die Dienerschaft (die famuli), während der Klerus sich selbst als die Sklaven des Hauses (die servi) bezeichnet, die den Hausgenossen auftragen. In einer anderen Bilderreihe, die sich vor allem im Umkreis der Taufe findet, wird die Kirche als die *Braut Christi* und die *Mutter der Gläubigen* gesehen: die Gemeinde gebiert in der Taufe neue Kinder und nährt sie in der Eucharistie. Leider hat gerade dieses Bild mitgeholfen, daß seit der ↗Karolingerzeit zunehmend die Kirche mit dem Klerus identifiziert wird und die ↗Laien sich nur noch als das Objekt der Sorge der Mutter Kirche verstehen. Diese veränderte Haltung kommt in den Texten der Liturgie kaum ans Licht, weil sie um diese Zeit weithin schon geprägt sind, um so mehr aber in der ganzen Art, den Gottesdienst zu feiern: das spürbare Wissen darum, daß Gottesdienst Realisation von Kirche, Antwort auf den Ruf und darum ↗Versammlung ist, geht verloren; der Gottesdienst wird Sache des damit beamteten Klerus, das Volk nimmt nur seine Früchte entgegen; Kirche wird als Heilsanstalt

erfahren, die Sakramente und Gnaden an die Bewerber austeilt, und nicht als Heilsgemeinde, der anzugehören Unterpfand der künftigen Eingliederung in die Heilsgemeinde Gottes bedeutet; Taufe wird als Tilgung der Erbschuld und Mitteilung des Gnadenlebens empfunden, nicht mehr als Eingliederung in das Gottesvolk, das unterwegs ist zum Lande der Verheißung; die Eucharistie wird einseitig als die reale (im Sinn von: materiale) Gegenwart Gottes gesehen, die der einzelne nach Kräften anzubeten sucht, nicht mehr als das heilige Mahl, in dem Christus die Menschen an dem Tisch der Ewigkeit sammelt und ihnen Teilnahme ermöglicht an seiner Hingabe an den Vater. Die liturgische Erneuerung ist darum bei allen Konfessionen eng verknüpft mit dem Wiedererwachen des Kirchenbewußtseins bei den Gläubigen; Erfahrung der Kirche und lebendige Feier des Gottesdienstes bedingen sich gegenseitig.

Lit.: J. Pascher, Ekklesiologie in der LK, in: LJ 14 (1964) 229–237; *H. Volk,* Gottesdienst als Selbstdarstellung der Kirche, in: LJ 16 (1966) 65–90; *Jungmann, Erbe* 78–86; *J.A. Jungmann,* Von der „Eucharistia" zur „Messe", in: ZkTh 89 (1967) 29–40.

Kirchenbänke ↗Gestühl.

Kirchenchor ↗Chor.

Kirchengebäude Während das griech.-lat. Wort ecclesia (= Gemeinde, die sich um ihren Herrn Christus versammelt) schon früh auf den Versammlungsraum bzw. -bau übertragen wurde, verlief die Entwicklung beim Wort Kirche gerade umgekehrt. Es bezeichnet zuerst das dem Herrn geweihte Haus (kyriaké oikía) und dann erst die darin versammelte Gemeinde.

1. Zur Geschichte des Kirchengebäudes. Während sich die christlichen Gemeinden anfangs in den Privathäusern ihrer Glieder versammelten, treffen wir seit dem Beginn des 3. Jhs. auf gemeindeeigene Häuser (Beispiel Dura Europos am oberen Euphrat), die u.a. auch einen Saal für die Feier der Eucharistie aufweisen. Im frühen 4. Jh. wird dann die frei stehende ↗Basilika entwickelt als mehrschiffige Halle mit Apsis, die durch die erste Eucharistiefeier des Bischofs ihrer Bestimmung übergeben wird (↗Kirchweihe). Zentralbauten entstehen als Versammlungsräume über besonders verehrten Heiltümern (z.B. Grabeskirche in Jerusalem; Heiligenmemorien) und nehmen starken Einfluß auf die Formen des *byzantinischen Kirchenbaus* mit seiner halbkugeligen Überwölbung des Raumes, der Kuppel. Der justinianische Kirchenbau versucht basilikale Längserstreckung und zentrale Kuppelanlage zu verbinden. Die weitere Entwicklung zur Kreuzkuppelkirche, der noch heute herrschende byzantinische Kirchenbautyp, betont immer stärker den zentralen Kuppelraum und verdrängt die basilikalen Längstendenzen. *Im Westen* entwickeln sich in geschichtlicher Folge zahlreiche *Kirchenbaustile,* die hier nicht im einzelnen beschrieben, sondern nur aufgezählt werden können: Über den *karolingischen Baustil* als Weiterführung der *Basilika* entwickelt sich um die Jahrtausendwende die *Romanik;* der *Übergangsstil* (ca. 1150–1250) führt zur *Gotik.* Dann bildet sich – zunächst und hauptsächlich in Italien – im 15. Jh. der *Renaissance-Stil* aus. Schon bei *Michelangelo* († 1564) finden sich Elemente einer neuen Formgestaltung, die den Namen *Barock* bekommt; er entfaltet sich im 17./18. Jh. vor allem in Österreich und Süddeutschland in einzigartiger Fülle und geht in der zweiten Hälfte des 18. Jh. in das *Rokoko* über. Noch im gleichen Jh. kommt es zu einer Art entgegengesetzten Pendelausschlages im *Klassizismus.* Das 19. und die ersten Jahrzehnte des 20. Jhs. sind durch den historisierenden Rückgriff auf die früheren Baustile, vor allem Gotik und Romanik, gekennzeichnet. Sieht man von dem um die letzte Jahrhundertwende entstehenden *Jugendstil,* der sich im Kirchenbau nur wenig auswirkte, ab, so lassen sich erst nach dem Ersten Weltkrieg Bemühungen um neuartige Formen feststellen, die sich in den Jahrzehnten nach dem Zweiten Weltkrieg mit ihrem starken Bedarf an neuen Kirchen (Kriegszerstörung, größere Neubaugebiete) gewaltig verstärkten und sich unter dem generalisierenden Begriff des modernen Kirchenbaus (siehe Lit.) nur ungenau zusammenfassen lassen. Dabei spielte das neuerwachte Liturgiebewußtsein mit seinen Forderungen (siehe Nr. 3) eine entscheidende Rolle.

2. Zum theologischen Verständnis des Kirchengebäudes. Wer in den christlichen Kirchenbauten nur die Fortsetzung des heidnisch-antiken oder des jüdischen Tempels sehen wollte, befindet sich in einem grundlegenden Irrtum, indem er die Besonderheit und Andersartigkeit des christlichen Kirchenbaus übersieht. Die ntl. Schriften, in denen sich ja das urchristliche Bewußtsein spiegelt, bezeichnen an keiner Stelle den Ort und Raum der gottesdienstlichen Versammlung als Tempel oder Gotteshaus oder Heiligtum. Tempel des Neuen Bundes ist Jesus Christus (vgl. Joh 2,19–21; Offb 21,22), in dem „die ganze Fülle Gottes wohnt" (Kol 2,9); Jesus Christus ist der Mittler zwischen Gott und den Menschen, der Ort heilshafter Begegnung des Menschen mit Gott. Im weiteren Sinn wird auch das von ihm geheiligte Gottesvolk Tempel genannt (z. B. 1 Kor 3,9.16; 2 Kor 6,16; Eph 2,20–22; 1 Petr 2,5 f). Demgegenüber spielt das Haus der Gemeindeversammlung eine sekundäre Rolle, es hat dienenden Charakter. Denn lange, bevor man „Kirchen" baute, gab es die Kirche, die ca. 200 Jahre lang ohne eigentliche Kultstätten lebte und wirkte und auch in späteren Epochen der Verfolgung oft darauf verzichten mußte, ohne zu erlöschen. Ein solcher Mangel und Verlust vermag zwar die unabdingbare kirchliche Versammlung und ihre Hauptfunktionen der Martyria, Leiturgia und Diakonia zu erschweren, tangiert jedoch noch nicht die eigentliche Substanz. Als es dann zu den ersten Kirchenbauten kommt (vgl. Nr. 1), gelten diese nicht im heidnisch-jüdischen Sinn als Wohnung Gottes, die ihm ausschließlich reserviert ist, sondern sie erfahren ihre Würde durch das darin versammelte Volk Gottes, dem Christus gegenwärtig ist, und durch die darin gefeierte ↗Liturgie als der Aktionsgemeinschaft von Christus und Gemeinde zum Heil der Menschen und zur Verherrlichung des Vaters. Nur in diesem Sinn ist die Bezeichnung Gotteshaus vertretbar. Das Kirchengebäude empfängt seine Würde und Heiligkeit durch die Anwesenheit der von Gott geheiligten Gemeinde und von der darin gefeierten Liturgie und nicht umgekehrt. An dieser grundlegenden Feststellung ändert auch nichts die Tatsache, daß man mit Beginn des zweiten Jahrtausends begann, die eucharistische Brotsgestalt innerhalb des Kirchenraumes aufzubewahren (↗Aufbewahrung der Eucharistie; ↗Tabernakel); dieser neue Brauch begründet nicht die Würde des christlichen Kirchenbaus, ebensowenig wie der sich um die Jahrtausendwende immer aufwendiger gestaltende Ritus der ↗Kirchweihe, sondern unterstreicht sie nur. Seine grundlegende Würde und Heiligkeit war auch im ersten Jahrtausend schon vorhanden. Unsere Auffassung wird bestätigt durch die Vorbemerkungen im neuen Kirchweihritus (II, 1–2) und die Empfehlung der AEM, die Eucharistie in einer vom Kirchenraum getrennten Kapelle aufzubewahren (276).

3. Forderungen an den heutigen Kirchenbau. Aus dem theologischen Verständnis des Kirchenbaus ergeben sich konkrete Kriterien und Forderungen:

a) Er muß gemeindegerecht sein, d.h., er darf die Einheit des Gottesvolkes trotz seiner hierarchischen Gliederung und der Vielzahl der Ämter und Charismen nicht verdunkeln, sondern muß sie verdeutlichen. Ein negatives Beispiel ist der ↗Lettner; auch die ↗Bilderwand (Ikonastase) östlicher Riten erscheint unter diesem Aspekt nicht ideal, zumal es auch in der alten Kirche niemals eine ↗Arkandisziplin für Gläubige gegeben hat. Ungeeignet sind auch massive und hochgeführte Chorschranken, enge und räumlich tiefe Chorräume, hohe, bühnenartige Altarzonen, denen die Gläubigen wie Zuschauer im Theater gegenübersitzen. Auch langgezogene schmale Schiffe, die die Gemeinde wie eine Marschkolonne formieren und die man zuweilen als „Wegkirchen“ empfohlen hat, verdunkeln die Tatsache, daß sich die Gemeinde auf ihrer Pilgerschaft zu einer heiligen Mahlfeier um ihren Herrn versammelt. Auch unübersichtliche Räume, die das Hören, Sehen und gemeinsame Beten erschweren, halten diesem Kriterium nicht stand.

b) Liturgiegerechter Kirchenbau. Wesentlicher Teil der Liturgie ist die Eucharistiefeier mit dem ↗Altar als Mitte. Seine zentrale Bedeutung (heiliger Tisch, Symbol Christi) verlangt, daß er sich in Gemeindenähe befindet und die Aufmerksamkeit aller auf sich zieht. Es muß vermieden werden, daß helle Fenster und unruhige Aufbauten hinter dem Altar ihn gleichsam in den Schatten stellen. Heutige Erkenntnis und nachkonziliare liturgische Gesetzgebung fordern den frei stehenden, umschreitbaren Altar mit genügend Raum zur Entfaltung der heiligen Handlungen (↗Altarraum). Auch der ↗Ambo als Ort der Verkündigung sollte sich einer solchen zentralen Stellung erfreuen. Vom ↗Baptisterium wird neuerdings mit guten Gründen verlangt, daß es sich im Blickfeld der Gemeinde befindet.

c) Zeichen- und Anrufcharakter des Kirchenbaus. Weil die Eucharistiefeier ihrem Wesen nach österliche Versammlung der Gemeinde um ihren verklärten Herrn ist, sollte der Kirchenraum ein festlich-erhebendes Gepräge haben, sollte Abglanz göttlicher Verheißung und Anruf zu gläubiger Hoffnung sein, ein steinernes „Sursum corda". Unter diesem Aspekt verdienen die Innenräume mancher Kirchen keine gute Zensur, weil sie weder die Würde der Gemeinde und Liturgie symbolisieren noch ein Gleichnis der himmlischen Kirche sind, wie es der neue Kirchweihordo erwartet. Mit diesem Anspruch soll weder der aufwendige und prahlerische Kirchenbau begünstigt noch eine aufdringliche Monumentalität empfohlen werden, die wie eine laute Demonstration den heutigen Menschen mehr abstößt als anruft und einlädt. Neben der gelungenen Raumgestalt verdient auch das Bildprogramm moderner Kirchen besondere Beachtung (↗Bild; ↗Kunst und Liturgie), weil es mehr ist als Belehrung von Analphabeten, sondern eigenständige Verkündigungskraft besitzt. Gerade unter diesem Gesichtspunkt hat der neuere Kirchenbau noch manchen Nachholbedarf.

Lit.: J. van Acken, Christozentrische Kirchenkunst (Gladbeck ²1923); *Th. Klauser,* Richtlinien für die Gestaltung des Gotteshauses (1949), in: *ders.,* Kleine abendländische Liturgiegeschichte (Bonn 1965) 161–172; *J. A. Jungmann,* Symbolik der katholischen Kirche (Stuttgart 1960); als Anhang: *E. Sauser,* Symbolik des katholischen Kirchengebäudes 53–92; *H. Muck,* Sakralbau heute (Aschaffenburg 1961); *E. Egloff,* Liturgie und Kirchenraum (Zürich – Würzburg 1964); *A. Adam,* Theologische Aspekte zum modernen Kirchenbau (Mainz 1968); *G. Rombold* (Hrsg.), Kirchen für die Zukunft bauen (Wien u.a. 1969); *O. Nußbaum,* Kirchenbau im Dienst der Liturgie, in: LJ 19 (1969) 1–26; *H. Schnell,* Der Kirchenbau des 20. Jhs. (München – Zürich 1973). – Zum evangel. Kirchenbau: *G. Langmaak,* Der gottesdienstliche Ort, in: *Leiturgia* I 365–433; *O. Bartning,* Vom Raum der Kirche (Osnabrück 1958).

Kirchengebet ↗Tagesgebet.

Kirchenjahr Was wir Kirchenjahr oder – nach lateinischem Sprachgebrauch – liturgisches Jahr nennen, ist das feiernde Gedächtnis der Heilstaten Gottes im Ablauf eines Jahreskreises. Das Wort, das sich erstmals in der Postille des evangelischen Pfarrers *Johannes Pomarius* zu finden scheint (Wittenberg 1589), darf nicht als Konkurrenz zum „bürgerlichen" Jahr verstanden werden, da auch die „weltliche" Zeit eines Jahreskreises Gabe und Aufgabe des Schöpfers ist. Gleiches gilt von den alternativen Ausdrücken „liturgisches Jahr" und „Jahr des Heiles". Das Wort „Herrenjahr" kann nicht als Synonym betrachtet werden, da es im offiziellen Sprachgebrauch (Missale, Brevier) nur das ↗Temporale, nicht den Festkalender der Heiligen (↗Sanctorale) einschließt. – Als *Beginn des Kirchenjahres* betrachten wir heute den ersten Adventssonntag. Dies war nicht immer der Fall. Selbst der Beginn des bürgerlichen Jahres war in den christlichen Ländern des Mittelalters nicht einheitlich, obwohl schon der Julianische ↗Kalender des Gaius Julius Cäsar den alten römischen Jahresanfang vom 1. März auf den ersten Januar vorverlegt hatte (ab 45 v.Chr.). Als man jedoch seit dem 10./11.Jh. an den Anfang der liturgischen Bücher immer mehr die Texte des ersten Adventssonntages zu stellen pflegte, konnte sich allmählich die Anschauung entwickeln, daß mit dem Advent der Jahreskreis der kirchlichen Feste beginne. Die byzantinische Kirche beginnt die Offiziumsgesänge für das unbewegliche Festjahr in den datumsbezogenen zwölfbändigen „Minäen“ (↗Bücher, liturgische) am 1. September, dem Jahresbeginn der kaiserlich-byzantinischen Ära. – *Herzmitte* des ganzen Kirchenjahres ist das ↗Pascha-Mysterium Christi als zentrale Heilsquelle für alle Menschen. Es wird durch die Feier der ↗Liturgie im Hier und Heute gegenwärtig und wirksam (↗Gegenwart Christi). Um ihrer Aufgabe der Verkündigung und Vergegenwärtigung des Heilswerks Christi gerecht zu werden, wies die Kirche, um der Beliebigkeit zu entgehen, den einzelnen heilsträchtigen Gedächtnisfeiern einen festen Platz im Jahreskreis zu, um so eine zyklische Wiederholung sicherzustellen. Die terminliche Fixierung ist z.T. von der Schrift nahegelegt, z.T. beruht sie auf geschichtlich gewachsener Konvention und kann darum auch notwendige oder nützliche Korrekturen erfahren. Der Anfangstermin des Kirchenjahres mit dem Weihnachtsfestkreis (s.o.) begünstigte die weitverbreitete, aber irrige Meinung, der Jahreskreis der Feste wolle eine Art katechetische Nachzeichnung des Lebens Jesu sein, „das geistliche Spiel eines Lebens Jesu, mit leidlichem Geschick in den Jahreslauf hineinkomponiert, uns zur Seelenlust“ *(A. Häußling)*. Vielmehr geht es in allen Festen und Zeiten des Kirchenjahres im Grunde immer um eine Begegnung mit dem Pascha-Mysterium des Herrn, gedenkend und dankend im Blick auf geschichtlich ergangenes Heil, wie auch hoffend und tatentschlossen auf Zukunft hin in solidarischer Sorge um das Heil aller Menschen.

Was die *Struktur des Kirchenjahres* betrifft, so sind seine frühesten und grundlegenden Bauelemente die ↗Sonntage, an denen die Kirche des österlich-siegreichen Herrn nach seinem Hindurchgang durch Leiden und Tod gedenkt (Wochenpascha). Wohl noch im 1.Jh. bildete sich die Feier des Jahrespascha (↗Ostern) heraus, das in der vierzigtägigen Fastenzeit (↗Quadragesima) seine Vorbereitung und in der fünfzigtägigen ↗Osterzeit seinen festlichen Nachhall findet. Seit der Mitte des 2.Jhs. entstehen die jährlichen Gedächtnisfeiern der ↗Märtyrer, ↗Apostel und übrigen Heiligen (↗Heiligenverehrung). Auch sie tragen österlichen Charakter, insofern im Zeugnis ihres Lebens und Sterbens das Pascha des Herrn wirksam und sichtbar wird. Im 4.Jh. entstehen fast gleichzeitig in Ost und West als Gedächtnisse der Geburt und Offenbarung des Herrn ↗Epihanie und ↗Weihnachten, mit dem später sich entwickelnden ↗Advent und den nachfolgenden Festfeiern zu einem weihnachtlichen ↗Festkreis verbunden. Im Zusammenhang mit diesen beiden Geburtsfesten erwachsen auch die ersten ↗Marienfeste. Der ungefähre Beginn der vier Jahreszeiten wird durch die ↗Quatembertage begangen. Die Zeit zwischen den beiden Festkreisen heißt ↗allgemeine Kirchenjahrzeit mit 33/34 Jahreswochen. Seit dem Mittelalter bilden sich aus der frommen Vorliebe für spezielle Glaubensaspekte zahlreiche Devotions- oder ↗Ideenfeste, die sich erst nach hinhaltendem Widerstand Roms durchsetzen können. Eine Neuordnung des Kirchenjahres erfolgte 1969 durch die „Grundordnung des Kirchenjahres und Kalenders" und fand Aufnahme im neuen Missale (1970) und Stundenbuch (Bd. I 1970). – Mit den Feiern des Kirchenjahres verbindet sich ein vielfältiges ↗Brauchtum als Ausstrahlung des Mysteriums in den Alltag.

Lit.: G. Eberts, Wir feiern das Jahr (München – Luzern [2]1975); *Th. Schnitzler,* Kirchenjahr und Brauchtum neu entdeckt (Leipzig 1975, PkH 53 Freiburg [3]1978); *J. Baumgartner,* Das Kirchenjahr. Kleine Einführung (Freiburg/Schw. 1978); *Reifenberg,* II 236–311; *I. Jorissen – H. B. Meyer,* Feste und Zeiten II (Innsbruck 1978); *Adam, Kirchenjahr.*

Kirchenlied ↗Lied.

Kirchenmusik Sammelbegriff für das weite Gebiet der Musik im (und auch zum) Gottesdienst, umfassend ↗Gregorianik, einstimmigen ↗Gesang auch in der Landessprache, ein- und mehrstimmigen ↗Chor-Gesang mit und ohne Instrumentalbegleitung sowie Instrumentalmusik (↗Musik).

Musik darf nicht als Beigabe zum Gottesdienst verstanden werden, als seine „musikalische Umrahmung". Sie ist selber ein Stück des Gottesdienstes; sie bringt das Gebet inniger zum Ausdruck, fördert die Einmütigkeit der zum Gottesdienst Versammelten und bereichert die gottesdienstlichen Vorgänge (LK 112); sie ist Be-Tonung, nicht Ver-Tonung der gottesdienstlichen Feier, sie bringt die Harmonie jener Welt zum Tönen, die wir im Gottesdienst schon betreten dürfen; sie läßt den Hymnus des Himmels auf Erden erklingen (Instr. „Musicam sacram" Nr. 5; *Kaczynski* 737). Solche Festlichkeit des Gottesdienstes entsteht aber nicht durch Musik als „Zutat", sondern dadurch, daß jeder seinen Dienst tut an der rechten Stelle in der rechten Weise, als ↗Kantor, als ↗Organist, als ↗Lektor (↗Lesetöne), als ↗Chor- oder ↗Schola-Mitglied, als Glied der gottesdienstlichen ↗Versammlung, die in den ↗Akklamationen zustimmend und anfeuernd am geistlichen Geschehen teilnimmt. Während der tatsächlich genutzte Schatz der Kirchenmusik weithin auf einige Meßordinarien des Kirchenchors geschrumpft war, sind die Möglichkeiten seit der Erneuerung der Liturgie und der Zulassung der Muttersprache nun weithin aufgetan, den ganzen reichen Schatz der Tradition in das gottesdienstliche Leben einzubringen; doch bedarf dies noch vieler Arbeit und einführender Hilfen.

Lit.: Lengeling LK 218–233; Instructio „Musicam sacram" vom 5.3.1967, z.B. in: LJ 17 (1967) 106–126; *J. Gelineau,* Die Musik im christlichen Gottesdienst (Regensburg 1965); *F. Zauner* u. a., Die Kirchenmusik und das II. Vatikanische Konzil (Graz 1965); *H. Hucke* (Hrsg.), Kirchenmusik nach dem Konzil (Freiburg 1967); *H. Hucke* u. a. (Hrsg.), Musik in der feiernden Gemeinde (Einsiedeln – Freiburg 1974); *H. Musch* (Hrsg.), Musik im Gottesdienst (bosse musik paperback 5) (Regensburg 1975); *J.*

Ratzinger, Theologische Probleme der Kirchenmusik, in: Intern. kath. Ztschr. 9 (1980) 148–157; Universa-Laus-Dokument 80 über die Musik im Gottesdienst, Beilage zu Gd 14 (1980) H. 15.

Kirchenordnungen 1. Moderner Sammelname für eine Gruppe altchristlicher Schriften mit Anweisungen für das gemeindliche und gottesdienstliche Leben. Eine Vorform bildet die ins 1. Jh. zurückreichende *Didache* (Zwölf-Apostel-Lehre). Die älteste erhaltene Kirchenordnung ist die in vielen Fassungen verbreitete *Apostolische Überlieferung* (Ägyptische Kirchenordnung), als deren Verfasser heute ziemlich allgemein Hippolyt angesehen wird. Bedeutsam ist auch die *Didaskalie* aus dem syrischen Raum anfangs des 3. Jhs. Die verschiedenen Kirchenordnungen wurden bald in Sammlungen zusammengestellt, unter denen die *Apostolischen Konstitutionen* liturgiegeschichtlich besonders wichtig sind (↗Klementinische Liturgie).

2. Für die evangelischen Kirchen ihres jeweiligen Gebietes erließen viele deutsche Reichsstände nach dem Reichstag von Speyer 1526 eine Kirchenordnung, die das Leben der Gemeinden regelte und im allgemeinen auch sorgfältige Vorschriften für den Gottesdienst enthielt, vor allem auf Grund der Erfahrungen durch die Visitationen. Im Gegensatz zu diesen lutherischen Kirchenordnungen sind die reformierten meist kirchlichen Ursprungs und behandeln das gottesdienstliche Leben für gewöhnlich nicht.

Kirchliches Amt

1. Als apostolisches Amt. ↗Kirche lebt nicht aus sich selbst, sondern aus dem Gottesleben, dem Heiligen Geist; sie sammelt sich nicht, weil Menschen so wollen, sondern weil Christus seine ↗Apostel sendet, damit sie in Vollmacht die Botschaft verkünden und wir diesen Ruf hören und befolgen. Ohne solche bevollmächtigte Sendung gibt es keine Kirche; ohne die Predigt durch den dazu Beauftragten, ohne die Vorlage der Botschaft in ihrem verpflichtenden Anspruch zur persönlichen Heilsentscheidung kann der einzelne nicht zum Glaubensgehorsam finden. Darum gehört dieses apostolische Amt wesensnotwendig zur Kirche. Es ist konkret verwirklicht im ↗Bischof, der durch die Aufnahme ins Bischofskollegium in der Nachfolge der Apostel steht. „Wo der Bischof ist, dort ist die Kirche", ist die Überzeugung seit Ignatius von Antiochien. Diese Beauftragung unterscheidet sich von der allgemeinen Taufberufung zum priesterlichen, königlichen und prophetischen Dienst; diese besondere Beauftragung zum apostolischen Amt wird im Ordo, im ↗Weihesakrament, übertragen. Der Bischof hat als Helfer in seinem apostolischen Amt das ↗Presbyterium und die ↗Diakone; alle ordinierten Amtsträger werden zusammengefaßt unter der Bezeichnung ↗Klerus.

2. In weiterem Sinn. Es gibt vielerlei Begabungen, Beauftragungen, Dienstleistungen im Gottesvolk, die alle dem einen Ziel dienen, Gemeinde zu erbauen (↗Erbauung). Gottesvolk braucht Helfer im diakonalen (betreuenden, sozialen) Bereich für Kinder, Jugendliche, Alte,

Behinderte und Kranke; Helfer im Unterricht und Gottesdienst; Helfer für den Zusammenhalt der Gemeinde. Gottesvolk lebt so von vielerlei Geistesgaben, die in der einen Tauf- und Firmberufung wurzeln und nicht vom Leitungsamt des Bischofs abgeleitet sind. Manche dieser Dienstleistungen verfestigen sich je nach Zeiterfordernissen zu stabilen Ämtern, so vor allem im gottesdienstlichen Bereich in den früheren ↗Niederen Weihen. Eine solche Entwicklung ist im Augenblick sichtbar beim ↗Lektor und ↗Kommunionhelfer, zwei Dienstleistungen, zu denen jeder Getaufte im Gottesdienst befähigt ist und bestellt werden kann, die aber auch Dienstämter geworden sind, zu denen geeignete Männer nach entsprechender Bewährung in gottesdienstlicher Weise instituiert (die offizielle deutsche Wiedergabe „beauftragt" gibt das nicht ganz wieder) werden. – ↗Gottesdiensthelfer.

Lit.: GL 68–69; Concilium 8 (1972) H. 2: Amt und Dienst in der liturgischen Versammlung; ebd. H. 12: Die Ämter in der Kirche.

Kirchturm Kirchtürme waren der altchristlichen Zeit unbekannt, wie übrigens auch den antiken Tempeln. Auch die alten Basiliken von Ravenna waren ohne Türme erbaut, diese kamen erst später hinzu. Nach *A. Häußling* ist in der Baugeschichte der Türme eine doppelte Komponente wirksam geworden, nämlich das antike Grabmonument, das im Vierungs- und Chorturm des frühen Mittelalters prägend wird, wie auch seine Funktion als Befestigungswerk (besonders in der Westfassade). „Die Kombination beider Komponenten in der Romanik ergibt die künstlerische Gestalt der heiligen Stadt, symbolisch verkürzt auf den Kirchbau" (ALW 15 [1973] 199). Bettelorden und Reformorden wie die Zisterzienser lehnten den Turmbau ab, errichteten für allenfalls notwendige Funktionen nur einen Dachreiter, der im Gegensatz zum Turm keine eigenen Fundamente aufweist. Mit dem Aufkommen der ↗Glocken dienen Türme auch als Glockenträger, seit Ausgang des Mittelalters nehmen sie auch die Turmuhren auf. Manche mittelalterlichen Türme, besonders an Domen, dienten mit ihren breiten Wendeltreppen auch zur Beförderung von Baumaterialien und Löschwasser („Eselstürme"). In Italien entwickelte sich der vom Kirchengebäude losgelöste *Campanile* (= Glockenturm). Die meisten Türme sind mit einem Kreuz oder Hahn geschmückt, was übrigens kein Unterscheidungszeichen für die Konfessionszugehörigkeit ist. Kirchturmshähne finden sich schon im 9. Jh., sie gelten als Symbol eines Rufers zu Buße und Wachsamkeit, aber auch als Sinnbild Christi und des christlichen Predigers. – Im modernen Städtebau mit seinen zahlreichen Hochhäusern wird der Bau neuer Kirchtürme problematisch, weil er manches an mittelalterlicher Symbolik und Zeichenkraft verloren hat.

Kirchweihe

1. *Zur Geschichte des römischen Kirchweihritus.* Noch unter *Konstantin* begann man, die Kirchengebäude in feierlicher Weise ihrer Bestimmung

zu übergeben (lat. = dedicare, dedicatio). Dies geschieht zunächst lediglich durch die erste Eucharistiefeier des Bischofs in dieser Kirche. Nur wenn ein heidnischer Tempel in ein christliches Gotteshaus umgewandelt wurde, besprengte man seine Wände mit ↗Weihwasser. Wenn es sich um die Kirche eines Heiligen handelte, wurde nach dem Vorbild der Grabbasiliken, wo ja der Altar nach Möglichkeit über dem Grab errichtet war, vor der ersten Meßfeier der Leib (Reliquie) des betreffenden Heiligen in festlicher Prozession herbeigebracht und in oder unter dem Altar beigesetzt. Das älteste römische Kirchweihformular kennt dementsprechend vor dem Tagesgebet nur drei Orationen (Sacram. Gregorianum, ca. 730). – Beeinflußt von den Weiheriten des Ostens (siehe unter 3), entwickelte die *gallische Kirche* zahlreiche Bräuche der Reinigung, Salbung und Beräucherung nicht nur des Altares, sondern auch des gesamten Kirchenraumes. Die ↗Reliquien wurden ursprünglich erst nach der Altarweihe herbeigebracht und eingefügt, im 9. Jh. wurde dies vorverlegt zwischen Reinigung und Salbung. Durch byzantinische und irisch-keltische Einflüsse weitete sich das Zeremoniell noch bedeutend aus. Es enthält zahlreiche Elemente, die vom jüdischen Zeremonialgesetz und auch vom antik-heidnischen Religionsverständnis geprägt sind. Vom 9. Jh. an vollzieht sich langsam eine Verbindung von römischem und gallischem Weiheritus, wobei eine weitere Vermehrung der Riten und Gebete erfolgt. Auf dem Umweg über das Römisch-Germanische Pontifikale von St. Alban in Mainz kommt so ein aufwendiger römischer Kirchweihritus zusammen, der Ende des 13. Jhs. durch Bischof *Wilhelm Durandus* von Mende noch weiter ausgebaut wird und ins Römische Pontifikale von 1485 Einzug hält. – Nicht zuletzt durch die Initiative des Mainzer Bischofs *Albert Stohr* (siehe Lit.) wird dieser umfangreiche Ritus 1961 wesentlich gestrafft, wenn auch noch nicht ausreichend und fernerhin behaftet mit seinen gallikanischen Fragwürdigkeiten. Entsprechend der Weisung des II. Vatikanums, auch die Sakramentalien im Sinne der tätigen ↗Teilnahme zu überarbeiten (LK 79), erschien 1977 eine neue „editio typica“ des Kirch- und Altarweiheritus. Eine darauf basierende Studienausgabe für das deutsche Sprachgebiet steht vor dem Erscheinen. Da ihre Texte zur Zeit noch nicht zugänglich sind, wird im folgenden der lateinische Ritus kurz skizziert.

2. Der erneuerte Kirchweihritus. Zunächst bringt der neue Ordo den Ritus für die *Grundsteinlegung* bzw. den Baubeginn (Prozession bzw. Statio am Bauplatz, Schriftlesungen, Segnung des Baugeländes und des Grundsteines, dessen Einfügung, Fürbitten, Schlußgebete). Der eigentliche Kirchweihritus, der in seinen Vorbemerkungen u. a. echte Symbol- und Funktionsgerechtigkeit für neue Kirchen fordert (Nr. 3) und die enge Verbindung von Weiheritus und Eucharistiefeier betont (8, 15, 17), nimmt folgenden Verlauf: Prozession vom Versammlungsort zur neuen Kirche mit den Reliquien, symbolische Übergabe des neuen Kirchenbaus vor dem noch geschlossenen Portal durch eine Delegation der Gläubigen, Bauleute und Stifter an den Bischof (Modell, Kirchenschlüssel, Festschrift oder dgl.), Einzug und Besprengung der Gemeinde, des Altares und der Kirchenwände mit zuvor benediziertem Wasser durch den Bischof zum Zeichen der Reinigung und Tauferinnerung, nach den Lesungen (Bischof übergibt Lektionar einem Lektor) und dem Evangelium Homilie des Bischofs, Glaubensbekenntnis und (Allerheiligen)-Litanei, Beisetzung der (echten!) Reliquien unter dem Altar oder in seinem Sockel (nicht mehr in oder über der Altarplatte), Weihegebet und Salbung der Altarplatte durch den Bischof und Salbung der Kirchenwände evtl. durch Priester (12 oder 4 Salbstellen), auf dem Altar wird Weihrauch verbrannt, Inzens des Altares durch den Bischof, Inzensierung der Gläubigen und der Kirchenwände durch Priester, der Altar wird mit einem Linnentuch bedeckt und mit Altarkreuz, Leuchtern und Blumen geschmückt, die Kerzen werden entzündet und die Kirche festlich beleuchtet, Eucharistiefeier als der „größte und einzig notwendige Kirchweihritus" (Nr. 15) mit eigener Präfation, am Schluß Übertragung des Sakramentes zum Tabernakel, Segen und Entlassung. – Neben dieser Konsekration besteht auch weiterhin die schlichtere Form der *Benediktion,* die auch durch einen vom Bischof delegierten Priester erfolgen kann. – Sicher ist der neue Kirchweihritus dem früheren in theologischer und praktischer Hinsicht überlegen, nicht zuletzt durch stärkere Ausrichtung seiner Texte am NT.

3. Kirchweihe außerhalb der katholischen Kirche. Im Gegensatz zum einfachen römischen Ritus entwickelte der *Osten* schon früh eigentliche Riten, die vor allem am Altar vollzogen wurden und nur in sparsamer Weise auch Altarraum und Kirchengebäude einbezogen. Im *byzantinischen* Ritus setzt der Bischof mit Hilfe der Assistenz die Altarplatte auf ihre Füße und befestigt sie; dann „tauft" und „firmt" er den Altar durch komplizierte Waschungen und Salbungen (die Parallele zur christlichen Initiation wird von den Gebeten und Rubriken selbst vollzogen), beräuchert den Altar und den ganzen Kirchenraum, während ein Konzelebrant die Kirche selbst und nach russischem Brauch ein zweiter Konzelebrant die Kirchenwände besprengt. Zum Schluß (in der griech. Liturgie zum Beginn) werden die Reliquien herbeigebracht und in Altar und ↗Antimensium eingefügt. Dann wird sieben Tage lang täglich die Eucharistie auf dem Altar gefeiert. Die *übrigen Ostriten* kennen nur eine Salbung des Altares, die *Ostsyrer* salben den ganzen Altarraum. – Die *evangelischen Kirchen* kennen ebenfalls eine Weihe der Kirche im Sinn einer ausdrücklichen Übergabe des Gebäudes für seinen gottesdienstlichen Gebrauch, zum Teil in hochfestlicher Feier. Nach der „Agende für evangelisch-lutherische Kirchen und Gemeinden" (Bd. IV [Berlin 1964] 134–145) soll die Weihe nach Möglichkeit im Rahmen eines sonn- oder festtäglichen Hauptgottesdienstes stattfinden. Vorgesehen ist u.a. eine Prozession von dem seitherigen Gottesdienstraum zur und um die neue Kirche, Schlüsselübergabe am Haupteingang durch den Baumeister; die Weihe geschieht nach dem Eingangslied durch Lesung (Hebr 10,19–25), Weihegebete des Bischofs („...sende den Heiligen Geist, und laß dieses

Haus deinem Namen geheiligt sein…“), Weihe des Altars, Taufsteins, der Kanzel, Orgel, der Glocken. Dann nimmt der Gottesdienst seinen gewohnten Verlauf (Predigt des Bischofs) und schließt mit Te Deum und Segen. Wo möglich, gilt eine Taufe in oder nach dem Gottesdienst als angemessen.

Lit.: H. Emonds (Hrsg.), Enkainia (Maria Laach 1956); *A. Stohr,* Um eine Kürzung des Kirchweihritus, in: LJ 6 (1956) 139–141; *P. Lippert,* Volk Gottes als Haus Gottes, in: Am Tisch des Wortes Heft 19 (Stuttgart 1967) 7–17; *E.J. Lengeling,* Bild der Kirche – Zeichen für Christus, in: Gd 11 (1977) 153f; *Studientag* über den Ritus der Kirchweihe 16.5.1979 in *'s Hertogenbosch,* in: Bibel und Liturgie 53 (1980) 45–47; *J. Schmitz,* Ein „qualifizierter Segen“?, in: Gd 14 (1980) 57–59.

Kirchweihfest Das festliche ↗Jahrgedächtnis der Konsekration einer Kirche dürfte mit aus den Vorbildern des jüdischen Tempelweihfestes (1 Makk 4,59) und des antiken Brauches des natale templi erwachsen sein. Das älteste Zeugnis ist die Schilderung der Pilgerin *Ätheria* vom Weihefest der Auferstehungs- und Martyriumskirche in Jerusalem am 13. September (um 400). Der Brauch eines solchen Jahrgedächtnisses kam schon im 5. Jh. nach Rom und dem übrigen Westen. Wurde eine Kirche einem bestimmten Heiligen geweiht, so wurde später der Weihetag zuweilen auch zum betreffenden Heiligenfest (z.B. Michael). Eine besondere Bedeutung für jede Diözese hat das Weihefest der jeweiligen *↗Kathedral-Kirche,* das in allen Pfarreien als Eigenfest der Diözese begangen wird, in der Kathedrale selbst als Hochfest. Der Weihetag der *einzelnen Kirche* wird, wenn er bekannt ist, jeweils an seinem Termin als Hochfest begangen. Für alle Kirchen aber, deren Weihetag nicht bekannt ist, wird für jede Diözese ein gemeinsames Jahrgedächtnis als Hochfest angesetzt. Schon seit dem 16. Jh. forderten manche Provinzialsynoden wegen der an den Kirchweihtagen vorkommenden Ausschweifungen, daß alle Kirchweihfeste einer Kirchenprovinz auf das gleiche Datum gelegt würden. Auf eine solche Regelung drängten in der Aufklärungszeit auch staatliche Behörden. Für die Meßfeier am Jahrestag der Kirchweihe stehen im neuen Missale zwei Formulare zur Verfügung, eines für die Kirche, deren eigenes Weihefest begangen wird, das zweite für die Feier des Jahrestages einer anderen Kirche. – Auch außerhalb des Gotteshauses wird das Kirchweihfest seit dem Mittelalter heute noch in manchen Gegenden als beliebtestes Volksfest (Kirmes, Kerb, Kirbe, Kilbe(i), Kirta) mit vielerlei Volksbelustigungen und Bräuchen begangen.

Kleine Horen zusammenfassende Bezeichnung für jene Teile des ↗Stundengebetes, die zur dritten, sechsten und neunten Tagesstunde gebetet werden (Terz = 9.00 Uhr; Sext = 12.00 Uhr; Non = 15.00 Uhr).

1. Entwicklung. Der Ansatz dieser Horen liegt in dem schon von der Didache (↗Kirchenordnungen) vorgesehenen dreimaligen täglichen Gebet der Christen. Tertullian bezeugt ein ↗Privatgebet zur dritten, sechsten und neunten Stunde; diese Stunden sind zunächst motiviert, weil sie das öffentliche Leben der Antike gliederten und laut ausgerufen wurden. Sie wurden dann auch biblisch begründet (Dan 6, 11). Asketen und Mönche, die in Gemeinschaft lebten, begannen diese drei Gebetszeiten gemeinsam einzuhalten. Das gemeinsame kanonische Leben der Priester an den Kathedralkirchen (↗Kanoniker) ermöglichte schließlich die Übernahme der kleinen Horen auch in das Offizium der Gemeindekirchen. – Im *evangelischen Raum* bildete sich zwischen Morgen- und Abendlob durchwegs eine „Mittagshore“ heraus.

2. Neuordnung. Im Hinblick auf die veränderten Lebensbedingungen der Gegenwart sah schon das II. Vatikanum vor, daß die kleinen Horen im Chor beibehalten werden, daß aber außerhalb des Chores nur eine verpflichtend ist, und zwar jene, die der betreffenden Tageszeit am besten entspricht (dann auch mittlere Hore genannt). Die AES übernimmt diese Regelung und begründet die Beibehaltung damit, daß „sich mit diesen Horen das Gedenken an bestimmte Ereignisse in der Leidensgeschichte des Herrn und an die erste Ausbreitung des Evangeliums verbindet“ (75). Der Aufbau ist bei allen gleich: Einleitungsvers, Hymnus, Psalmodie mit drei Psalmen, Kurzlesung mit Responsorium und Schlußoration.

Lit.: ↗Stundengebet.

Klementinische Liturgie die im achten Buch der Apostolischen Konstitutionen überlieferte Ordnung der Meßfeier, die auf der Kirchenordnung Hippolyts aufgebaut ist. Man betrachtet sie heute als eine gelehrte Kompilation des ausgehenden 4. Jhs. von einem Verfasser aus dem antiochenischen Raum, die wohl nicht als unmittelbare Vorlage für den liturgischen Gebrauch diente. In ihrer Bedeutung wurde sie früher eher überschätzt.

Ausgaben: Brightman, Eastern Liturgies (Oxford 1965) 1–27; *J. Beckmann,* Quellen zur Geschichte des christl. Gottesdienstes (Gütersloh 1956) 18–36 (Übersetzung 237–258); Bibl. d. Kirchenväter: Bd. Griechische Liturgien 23–79.

Klerus (griech. = [der] das Los [erlangt hat]; vgl. Ps 16, 5) die durch die Ordination (↗Weihesakrament) zu einem besonderen Dienst im Gottesvolk bestimmten Männer; ihre besondere Aufgabe ist es, Christus in der gottesdienstlichen Versammlung als das Haupt zu verkörpern. Die Aufnahme in den Klerus erfolgt durch die Weihe zum Diakon. Ihrer Aufgabe entsprechend, tragen sie im Gottesdienst eine besondere Dienstkleidung (Paramente, liturgische ↗Gewänder) und nehmen bestimmte Plätze ein. Der mittelalterliche Brauch, daß der Klerus, ähnlich den Mönchen, die Haare kurz geschnitten trug, führte im Abendland zu einem eigenen Ritus der ersten ↗Tonsur, durch die man in den Klerikerstand aufgenommen wurde; statt dessen gibt es jetzt einen eigenen Ritus der ↗Aufnahme unter die Kandidaten des Diakonates und Presbyterates. – In den Amtsgebeten der römischen Liturgie nennt sich der Klerus selber die *servitus,* den Sklavenstand innerhalb des großen Hausstandes Gottes, der durch seinen Dienst der Gemeinde die Versammlung und die Feier des Herrenmahles ermöglicht (vgl. Lk 22, 16f). In dieser Sicht des notwendigen Dienstes muß das Amt des Klerus in der Gemeinde verstanden werden. – ↗Laie.

Klingelbeutel an einer Stange befestigter kleiner Stoffbeutel zum Einsammeln der Geldspenden der Gläubigen während der ↗Gabenbereitung anstelle des alten ↗Opferganges. Der Name kommt von einer kleinen Schelle, die man früher am Beutel befestigt hat, um die Gläubigen aufmerksam zu machen. Heute hat der Klingelbeutel weithin den weniger störenden Sammelkörbchen Platz gemacht.

Knien, Kniebeuge Niedergeworfen zur Erde (prostratio) oder wenigstens mit gebeugten Knien zu beten ist allgemein menschlicher Brauch, der im NT auch für Christus bezeugt ist (Mk 14,35; Lk 22,41). In dieser ↗Gebärde bringt der Mensch seine Kleinheit und Niedrigkeit Gott gegenüber zum Ausdruck. Knien erwächst darum einerseits als Zeichen demütiger *Anbetung* und verselbständigt sich von da zur ehrfürchtigen Kniebeuge, mit der man im Abendland seit Beginn der Neuzeit die Eucharistie, den Altar und das Kreuzbild begrüßt; den Charakter der Huldigung vor dem Herrscher und Sieger zeigt besonders das Knien bei der ↗Kreuzverehrung am Karfreitag. Andererseits erwächst das Sichniederwerfen und Knien beim Gebet aus dem *Bewußtsein der eigenen Sünde* und kennzeichnet dann das *Bußgebet* und das dringliche Bittgebet. Die Byzantiner, die in der Liturgie keine Kniebeuge kennen, haben dafür den Brauch, sich kurz niederzuwerfen (wirklich ausgeführt durch Niederknien mit beiden Knien und Berühren des Bodens mit beiden Händen oder nur angedeutet durch eine Verneigung, bei der sie mit der rechten Hand den Boden berühren und sich anschließend bekreuzigen); diese Übung nennen sie „Buße“ (große oder kleine Metanie, slaw. poklón). Ähnlich nennen die Dominikaner das bei ihnen übliche kurze Sichniederwerfen auf die rechte Seite venia (= Verzeihung). – Weil wir durch die Auferstehung des Herrn von der Sünde befreit sind und mit Zuversicht zu Gott, unserm Vater, beten dürfen, *verbietet* die Kirche nach altem, vom Nizänischen Konzil 325 bestätigten Brauch das kniende Beten an den Sonntagen und während der fünfzig österlichen Tage; die byzantinische Kirche begeht noch heute an ↗Pfingsten in der Vesper den Wiederbeginn des knienden Betens durch den Ritus der Kniebeugung (goniklisia). Die zunehmende Zahl der Festtage machte das kniende Beten immer seltener, die römische Kirche läßt darum die Gemeinde durch den Diakon jeweils ausdrücklich auffordern, daß sie zum Gebet niederkniet. – Während so das Knien im gemeindlichen Gottesdienst die Ausnahme darstellt, ist es für das *Gebet des einzelnen* die am meisten verbreitete Körperhaltung. Dies bahnt sich schon an in apostolischer Zeit (Lk 22,41; Apg 7,60; 9,40; Eph 3,14) und wird mit Nachdruck dann verlangt für das stille Beten und Meditieren, das die Mönche an jeden Psalm anfügen, den sie sitzend vernommen oder stehend selbst gesungen haben (liturgische ↗Feier). Als im Mittelalter die

Struktur des mönchischen Psalmensingens nicht mehr verstanden wurde, blieb der Brauch der Kniebeuge nach dem Gebet; ebenso leitet sich von daher der mönchische Brauch, sich im Chor während der Oration jeweils tief zu verneigen. Vom privaten Beten der Gläubigen wurde im Abendland der Brauch des Kniens, unterstützt durch die Einrichtung des festen Kirchen-↗Gestühls mit Kniebänken, übertragen auch auf die Teilnahme der Laien an der Meßfeier, vor allem an der ohne aktive Beteiligung gefeierten. Mit zunehmender Wiederbeteiligung der ganzen Gemeinde an der Eucharistie halten sich jetzt auch die Gläubigen wieder mehr an die alten Regeln für die Körperhaltung. Zur Neuordnung vgl. AEM 21. – Die Reformatoren haben den Brauch knienden Betens weithin abgeschafft; in der Gegenwart sieht man wieder deutlicher, daß darin auch ein beträchtlicher Verlust liegt. – Längere Zeit auf dem Boden ausgestreckt (prostratio perfecta) zu beten wird in der Liturgie als Vorbereitungsbrauch geübt zu Beginn des lateinischen Karfreitagsgottesdienstes und vom slawischen Bischof beim Einzug zum Pontifikalamt sowie ähnlich von den Weihebewerbern während der Litanei in den Höheren Weihen des lateinischen Ritus.

Lit.: Th. Ohm, Gebetsgebärden der Völker (Leiden 1948) 344–371; *Jungmann, Erbe* 228–239; *H. Lubienska de Lenval,* Die Liturgie der Gebärde (Klosterneuburg 1959); *B. Kleinheyer,* Heil erfahren in Zeichen (München 1980) 18–23.

Kollekte (vom lat. collecta bzw. collectio = Sammlung, Versammlung). *1. Eucharistische ↗Versammlung,* entsprechend der byzantinischen „Synaxis". – *2.* Die Versammlung der römischen Gläubigen in einer Ausgangskirche (= *ecclesia collecta),* um von hier aus zum Gottesdienst der Stationskirchen zu ziehen. – *3.* Bezeichnung für die priesterliche Oration vor dem eucharistischen Wortgottesdienst, welche die vorausgehenden Gebete der Gläubigen zusammenfaßt *(oratio collecta).* ↗Tagesgebet. – *4. Spenden der Gläubigen* während der ↗Gabenbereitung, die die Naturalgaben (vor allem Brot und Wein) abgelöst haben (↗Opfergang). Sie sollten auch als ein Stück Selbsthingabe an Christus und seine notleidenden Brüder und Schwestern gesehen werden. Diese Sammlung sollte noch vor Beginn der Präfation abgeschlossen sein (mehr Sammler bzw. Körbchen). Dieses „Geld und andere Gaben für die Armen oder für die Kirche" sollte „an einem geeigneten Platz – jedoch nicht auf dem Tisch der Eucharistiefeier – niedergestellt werden" (AEM 49). – Auch außergottesdienstliche kirchliche Sammlungen für karitative Zwecke werden als Kollekten bezeichnet.

Kommemoration Gedächtnis (von lat. commemorare = sich oder andere erinnern, erwähnen) einer verhinderten Gottesdienstfeier in Messe und Stundengebet des an diesem Tag vorrangigen Formulars.

1. Geschichtliches. Während man im Rom des ersten Jahrtausends bei der Meßfeier nur eine einzige Oration gebrauchte, auch wenn andere Meßformulare wegen des Zusammentreffens von Festen (↗Okkurrenz) möglich waren, bildeten sich im fränkisch-gallischen Raum verschiedene Weisen der Kommemoration heraus wie etwa die „Missa sicca“ bzw. „Missa bi-(tri)faciata“ (↗Meßhäufigkeit). Bis 1956 lebte davon noch der Brauch, das Evangelium eines verhinderten Formulars als ↗Schlußevangelium zu lesen. Doch bald begnügte man sich damit, dem Tages-, Gaben- und Schlußgebet der vorrangigen Meßfeier die entsprechenden Gebete des verhinderten Formulars hinzuzufügen, zu denen man bald auch noch die Gebete aus Votivmessen hinzunahm. So kam es zu einer Vielzahl der genannten ↗Präsidialgebete, bis sich schließlich die Regel herausbildete, daß es nicht mehr als sieben sein dürfen. Ähnlich verlief die Entwicklung im Stundengebet, wo man bei ↗Laudes und ↗Vesper die Benedictus- bzw. Magnificat-Antiphon mit ihrem Versikel und die Oration hinzufügte. – Die *orientalischen Riten* wählen in Messe und Offizium beim Zusammentreffen mehrerer Feiern die Gesangstexte nach bestimmten Regeln aus dem Repertoire der beiden Feiern aus; die Meßperikopen können bei entsprechender Bedeutung verdoppelt werden.

2. Die Neuordnung nach dem II. Vatikanum. Nachdem schon die Instr II (1967) die Zahl der Kommemorationen in der *Meßfeier* drastisch reduziert hatte, gilt für das neue Missale, daß es nur noch ein einziges Tages-, Gaben- und Schlußgebet geben darf (AEM 32). An den Wochentagen des Advents vom 17. bis 24. Dezember, in der Weihnachtsoktav und an den Wochentagen der Fastenzeit mit Ausnahme des Aschermittwochs und der Karwoche kann der Priester statt der Wochentags-Oration das Tagesgebet eines Gedenktages nehmen (AEM 316 a). Im *Stundengebet* kann man an den genannten Tagen den Gedenktag in der Weise berücksichtigen, daß man in der Lesehore nach Väterlesung und ihrem Responsorium die hagiographische Lesung (mit Responsorium) des Gedenktages anfügt und mit seiner Tagesoration schließt. In Laudes und Vesper kann nach der Oration des Wochentags Antiphon und Oration des Tagesheiligen folgen (AES 239).

Lit.: Jungmann, MS I 493–497.

Kommentator liturgischer Dienst, der den Gläubigen Erklärungen und Hinweise gibt, um sie in die Feier einzuführen und ihnen ein tieferes Verständnis zu vermitteln. – Katechetische Erklärungen zur Meßfeier, wegen der unverständlichen lateinischen Sprache und vieler nicht ohne weiteres verständlicher Riten vom Trienter Konzil empfohlen, von einem eigenen Sprecher vorgetragen, waren schon länger üblich einerseits bei Kindermessen, wo ein Hilfspriester oder Lehrer die Kinder beaufsichtigt hat (Meßerklärung), andererseits bei komplizierten und seltenen Gottesdiensten, wie Kirchweihe und Priesterweihe. Die Möglichkeit der Muttersprache und die Vereinfachung vieler komplizierter Riten machen solche Sacherklärungen heute überflüssig; die so viel notwendigere geistliche Hinführung geschieht besser durch den Priester selber in kurzen, wohlüberlegten Monitionen (↗Aufforderung). Auch die oft sehr notwendige Hinführung zu den Lesungen ist Aufgabe des Priesters oder eventuell des Lesers selber.

Lit.: Lengeling, Ordnung 261f.

Kommunikation im Gottesdienst Gottesdienst ist sowohl in seiner Struktur als ↗Versammlung wie in seinem geistlichen Geschehen als Begegnung angewiesen auf Kommunikation, auf Mitteilung zwischen Personen. Diese Kommunikation erfolgt in vielen ↗Zeichen und Symbolen, die das Erscheinungsbild des Gottesdienstes prägen, vor allem aber im ↗Wort, besonders in der ↗Verkündigung, die auf die Mittel menschlicher Kommunikation angewiesen ist. Obwohl das geistliche Ziel der personalen Begegnung mit Gott nicht unbedingt auf das Gelingen menschlicher Kommunikation angewiesen ist, besteht ein enger Zusammenhang zwischen beiden wegen der sinnesgebundenen Struktur des Menschen und wegen des theologischen Bandes zwischen Gottes- und Nächstenliebe. Störungen der Kommunikation zwischen Diensttuenden und Gemeinde, seien sie banal technischer Art oder kommen sie aus mangelnder Rücksichtnahme, beeinträchtigen das Klima der Feier und behindern für viele die Bereitschaft zum personalen Einsatz. Für das Zustandekommen von Kommunikation ist von großer Bedeutung jeweils die Anfangsphase der gottesdienstlichen Versammlung; weder die vielgestaltigen ↗Eröffnungsriten noch überbordende Begrüßungsworte genügen ohne weiteres, um aus einer amorphen Volksmenge verschiedenster Interessenlage Gemeinde werden zu lassen. Letztlich ist es der für die Menschen offene Priester, der selbst durch verkrustete Formen hindurch gläubige Herzenserfahrung schenken und wecken kann. Ähnlich bedeutsam ist die Schlußphase des Gottesdienstes, in der sich entscheidet, ob Impulse aus der Feier ins tagtägliche Leben weiterwirken. Die wesentliche Erleichterung der Kommunikation, wie sie bei Gottesdiensten im kleinen Kreis (↗Gruppenmessen) geschieht, kann durch Übertragung der dort gemachten Erfahrungen wichtige Hilfe für eine lebendigere Kommunikation im großen Gemeindegottesdienst bedeuten. Oft übersehen wird, wie sehr angesichts der heutigen Reizüberflutung auch die ↗Stille im Gottesdienst zu echter Kommunikation hilfreich sein kann.

Lit.: H.B. Meyer, (Hrsg.), Liturgie und Gesellschaft (Innsbruck 1970) bes. 37–54; *P. Cornehl – H.E. Bahr* (Hrsg.), Gottesdienst und Öffentlichkeit (Hamburg 1970); *G. Sporschill – J. Steiner,* Kommunikation im Gottesdienst, in: LJ 22 (1972) 117–131; *D. Trautwein,* Lernprozeß Gottesdienst (Gelnhausen – München 1972), bes. 300–312; *Ph. Harnoncourt,* Liturgie als kommunikatives Geschehen, in: LJ 25 (1975) 5–27; im gleichen Heft weitere Beiträge zur Kommunikation; ferner ebd. 26 (1976) 241–249; *G. Schiwy* u.a., Zeichen im Gottesdienst (München 1976); *J. Schmitz,* Von der Begegnung im Mahl, in: *Gott feiern* 256–268.

Kommunion, -austeilung der Empfang der eucharistischen Gaben.

1. Sinn. Das lateinische Wort com-munio bedeutet nicht „Ver-einigung", sondern „gemeinsamer Besitz, gemeinsame Sorge". Es bezeichnet in der alten Kirche die Kirchengemeinschaft am Ort und noch mehr die Gemeinschaft der Ortskirchen untereinander, wie sie in der Feier der Eucharistie an dem einen Altar grundgelegt und sichtbar gemacht wird. Der Sünder, der sich von der lebendigen Gemeinschaft der Kirche getrennt hat, ist darum von der Kommunion ausgeschlossen (exkommuniziert), bis er in der ↗Rekonziliation mit der Gemeinde wieder ausgesöhnt worden ist. Das Nehmen der eucharistischen Speise ist die ganz natürliche „Teil-nahme" an der Eucharistie, die eigentliche Form der tätigen ↗Teilnahme an der Meßfeier. Man überbringt das eucharistische Brot auch den Kranken (↗Krankenkommunion), um sie der Verbindung mit der Gemeinde zu versichern; man nimmt es nach Hause, um es während der Woche zu genießen und so spürbar dem Herrenleib eingegliedert zu bleiben. Bischöfe senden es sich gegenseitig zu als Zeichen der Einheit der Kirche (↗Fermentum).

2. Abnehmende Frequenz durch zunehmende Ehrfurcht. Ab dem ausgehenden 4. Jh. geht der Empfang der Kommunion an vielen Orten rapid zurück, nicht aus Lauheit und Bequemlichkeit, sondern aus zunehmender Scheu und Ehrfurcht. Diese Entwicklung scheint im antiochenischen Einflußgebiet zu beginnen und im wesentlichen aus einer antiarianischen Haltung erwachsen zu sein (↗Christus); sie wird äußerlich sichtbar auch in der Umformung der Eucharistie vom schlichten Herrenmahl zum Hofzeremoniell des Königsempfangs, wie er sich vor allem in der byzantinischen Liturgie deutlich ausprägt. Die Gläubigen schauen ehrfurchtsvoll zu, wie sich die geheimnisvolle Handlung vollzieht, treten aber nicht mehr zum Empfang des Herrenleibes heran; dies bleibt schließlich nur noch für den Vorsteher der Feier, für den Priester, zur Integrität der Feier vorgeschrieben. Der Kommunionempfang wird als Sonderleistung empfunden, der im frühen Mittelalter wenigstens an den drei Hochfesten erwartet wird, bis schließlich das 4. Laterankonzil 1215 nur noch die Kommunion an Ostern vorschreibt. Die auf Schauen eingestellte Frömmigkeit des ↗Mittelalters war dem Kommunionempfang an sich schon nicht günstig; einen Aufschwung brachte die Gegenreformation, aber die übertrieben rigoristischen Forderungen des Jansenismus wirkten wieder hemmend. Erst das Dekret *Pius' X.* über die häufige Kommunion (1905), die Erleichterung bei der eucharistischen ↗Nüchternheit und das zunehmende gottesdienstliche Leben der Gemeinden haben in der Westkirche den Weg wieder aufgetan für das pastorelle Ziel der selbstverständlichen sonntäglichen Kommunion. In der Ostkirche ist das Normalmaß heute noch weithin die viermalige jährliche Kommunion, im Zusammenhang mit den vier Fastenzeiten.

3. Die Form der Kommunionspendung ist ebenfalls von zunehmender Ehrfurcht geprägt. Zunächst nimmt sich jeder vom Altartisch selbst das

Brot, ein Brauch, den noch Klemens von Alexandrien tadelnd erwähnt; später reichen der Vorsteher und seine Helfer den Gläubigen die Gaben, sei es, daß er durch die Reihen geht, sei es, daß die Leute an die Altarschranken (↗Altarraum, „Kommunionbank") herantreten. Bei der ↗Kelchkommunion führt die Ehrfurcht bald zu verschiedenen Einschränkungen und im Westen schließlich zum Kelchverzicht. Bei der Brotkommunion setzt sich im 9. Jh. der Brauch durch, die Brotsgestalt dem Empfänger direkt in den Mund und nicht mehr auf die Hand zu geben (↗Handkommunion); im 11. Jh. beginnt man im Westen zögernd, die Hostie kniend zu empfangen, ein Brauch, der sich im 16. Jh. durchgesetzt hat, im Zusammenhang mit der Kelchkommunion jetzt wieder abgeschafft ist; für die bloße Brotkommunion sollen die örtlichen Autoritäten den stehenden oder knienden Empfang festlegen. – *Spendeformeln* finden sich schon früh, zunächst (wie jetzt wieder) in der Form eines Glaubensdialogs („Leib Christi" mit dankbar bekennendem ↗Amen als Antwort), seit der fränkischen Zeit auch als Segenswunsch.

4. Rituelle Ausgestaltung. An sich könnte man sofort nach dem Hochgebet die eucharistischen Gaben sumieren. Doch ist zunächst ein ↗Brotbrechen notwendig und wegen seiner Aussagekraft trotz vorgebrochener Hostien in allen Riten wenigstens in Andeutung beibehalten worden. Als weiterer Mahlbereitungsbrauch tritt so ziemlich überall die ↗Mischung hinzu. Ebenso betet man in allen Riten zur Kommunionvorbereitung das ↗ Pater noster, vor allem wegen der Versöhnungsbitte. Im römischen Ritus geschieht hier auch erst der ↗Friedensgruß. Zur Austeilung der Kommunion gehört überall ein freudiger ↗Kommuniongesang und ein abschließendes Gebet (↗Schlußgebet).

5. Spendung der Kommunion außerhalb der Meßfeier. Das Mitnehmen der konsekrierten Hostie für die häusliche ↗Krankenkommunion und anderer Behinderter und für die Selbstkommunion unter der Woche stehen noch in enger Verbindung mit der Eucharistiefeier. Ähnliches gilt für die ↗Präsanktifikatenliturgie, die der Osten entwickelt hat für Tage, an denen keine Eucharistie gefeiert wird; hierbei werden in einem (meist Vesper-)Gottesdienst die eucharistischen Gaben gereicht, die in einer vorhergehenden Meßfeier eigens dafür zurückgelegt wurden (bei uns nur am ↗Karfreitag). Als nur noch ein Teil der Gemeinde kommunizierte, begann man, erstmals bezeugt im 9. Jh., bei einer größeren Empfängerzahl die Kommunion erst nach dem Abschluß der Meßfeier auszuspenden. Diese Gewohnheit wird vorherrschend im 12. Jh., das nur noch wenige Kommuniontage kennt, und ist ebenso in byzantinischen Kirchen bekannt. Diese an sich verständliche Praxis lockert sehr stark die bewußtseinsmäßige Verknüpfung des Kommunionempfanges mit dem Gesamtvorgang der Eucharistie; sie fördert das Entstehen der privaten Kommunionandacht, in der Christus isoliert als der Gast meiner Seele empfangen wird; sie schafft schließlich die psychologischen Voraussetzungen für das Aufkommen einer Kommunionspendung ohne jeden Zusammenhang mit einer Meßfeier. Diese wird zuerst von Seelsorgern antireformatorisch tätiger Orden geübt; sie wollten durch solches Entgegenkommen die Häufigkeit des Sakramentenempfangs fördern. Seit dem 18. Jh. ist die Kommunionspendung außerhalb der Meßfeier allgemein verbreitet. Man bildete einen eigenen Ritus dafür aus, der sich eng an den Ritus der ↗Krankenkommunion anlehnte, auf die Kommunionspendung innerhalb der Messe zurückwirkte und das Verständnis für die Kommunion als Teilhabe an der Meßfeier noch viel stärker beeinträchtigte (↗Aufbewahrung). – Der Ritualefaszikel „De sacra communione... extra Missam" vom 21. Juni 1973 (deutsche Studienausgabe „Kommunionspendung... außerhalb der Messe", 1976) drängt auf den Kommunionempfang innerhalb der Eucharistiefeier, möglichst durch frisch bereitetes Brot, das in derselben Eucharistie konsekriert wurde. Wenn Gläubige aber an der gemeinsamen Meßfeier nicht teilnehmen konnten, sollten sie zum Empfang der Eucharistie angehalten werden, damit sie sich mit dem Opfer des Herrn, aber auch mit der Gemeinde verbunden und durch deren brüderliche Liebe gestützt wissen. Wenn eine solche Austeilung an eine ganze Gruppe geschieht, vor allem beim Ausfall einer Messe, folgt nach Eröffnung und Bußgebet ein voller Wortgottesdienst, entsprechend dem der Meßfeier. Nach den Fürbitten bringt der Zelebrant die Hostienschale vom Aufbewahrungsort zum Altar; es folgen Vater unser und (je nach Situtation) Friedensgruß; nach der Austeilung Stille, Dankhymnus, Gebet und Entlassung. Größere Bedeutung gewinnt diese Form bei uns infolge des zunehmenden Priestermangels in der Form des ↗priesterlosen Gottesdienstes, des Stationsgottesdienstes, indem sich die kleine Gemeinde mit der Meßfeier der Großpfarrei verbunden weiß.

Lit.: L. Voelkl, Eulogie und Fermentum als Ausdrucksform der frühchristlichen Communio, in: Miscellanea Belvederi (Rom 1954) 391–414; *J. Quasten,* Mysterium tremendum. Eucharistische Frömmigkeitsauffassungen des vierten Jahrhunderts, in: *J. Daniélou* (Hrsg.), Vom christlichen Mysterium (Düsseldorf 1951) 66ff.

Kommunionbank ↗Altarraum.

Kommunionfeier ↗Karfreitag; ↗Priesterloser Gottesdienst

Kommuniongesang Anders als bei den ↗Prozessionsgesängen zum Einzug und zur Gabenprozession finden sich Andeutungen für einen responsorischen Volksgesang beim Kommuniongang schon früh. Zunächst boten sich wohl nach dem Vorbild des Ostermahles die Hallelpsalmen an mit Halleluja als Kehrvers; weit verbreitet ist Psalm 34, vor allem mit Vers 9 als Kehrvers: „Kostet und seht, wie gütig der Herr ist..." – so noch heute im mozarabischen Ritus, der für den Gesang beim Herantreten *(ad accedentes)* Wechseltexte nur in der Quadragesima und in der Osterzeit kennt; im alten gallischen Ritus hieß der wohl ähnlich gebaute entsprechende Gesang vermutlich wegen seiner drei Verse *trecanum.* Seit dem Aufkommen der Schola gestaltete diese einen jeweils für den Festanlaß ausgewählten antiphonischen Psalm (byzantinisch: *kinonikón,* regelmäßig mit Halleluja schließend; römisch: *antiphona ad communionem,* oder einfach *communio;* mailändisch: *transitorium),* der im Laufe des Mittelalters durch den Rückgang der Gläubigenkommunion allmählich auf das Chortropar einschrumpfte. Der römische Ritus wählt das Rahmenstück oft nicht aus dem Psalm, sondern aus dem Evangelium des Tages und schafft damit eine gute Querverbindung zwischen dem Kommen Christi im Wort und im Brot. – Daß die Gemeinde singend zum Kommunionempfang herantritt, gründet zunächst in dem freudigen Charakter der Eucharistie als dem Hochzeitsmahl (Mk 2,19); darum sehen die karolingischen Quellen für die Kommunion am Karfreitag ausdrücklich vor: „Alle empfangen Leib und Blut des Herrn unter Stillschweigen, ohne etwas zu singen" (OR XVI, 35). Ferner wird durch das gemeinsame Singen deutlich, daß die ↗Kommunion nicht isolierte Begegnung des einzelnen mit Christus ist, sondern das Hinzutreten der Brüder und Schwestern an den gemeinsamen Tisch. Schließlich will das immer wieder aufklingende Schriftwort dem Beten eine gewisse Richtung weisen und spürbar machen, daß Kommunion nicht im Essen allein geschieht, sondern erst im gläubigen „gehorsamen" Empfang. Ein Lied eignet sich beim Gang zur Kommunion in der Regel nicht, weil es zu stark bindet; einfache responsorische Formen, die von der kommunizierenden Gemeinde ohne Buch nachgesungen werden können, sind vorzuziehen. Der berechtigte Wunsch nach Stille gerade an einem Höhe- und Wendepunkt der Eucharistiefeier soll erfüllt werden, indem man nicht pausenlos singt und musizieren läßt, vor allem, indem nach Beendigung der Kommunionspendung eine Zeitlang gesammelte Stille gehalten wird; hier, wo alle mit Gottes Gaben gesättigt und ruhig geworden sind, hat die ↗Stille ihren wirklichen Platz. – Sorgfältig zu unterscheiden von dem Kommuniongesang, der am Anfang der Kommunionausteilung steht, ist der *Hymnus zur Danksagung,* der nach dem Vorbild anderer Riten durch die AEM eingeführt wurde. Er beginnt erst, wenn die Austeilung ganz zu Ende und der Altar wieder verlassen ist; ihm sollte wenigstens eine kurze Stille vorausgehen, keinesfalls darf er sich ohne Pause einfach an den Kommuniongesang anfügen. Für diese Danksagung ist die Form des gemeinsam gesungenen Liedes voll an ihrem Platz.

Lit.: ↗Gesang.

Kommunionhelfer In der alten Kirche war es verbreiteter Brauch, den Gläubigen das eucharistische Brot mitzugeben, damit sie es an eucharistiefreien Tagen selbst empfangen oder auch zu den Kranken und Gefangenen bringen konnten. Auch als in späteren Jahrhunderten nur Priester und Diakone als legitime Kommunionspender galten, gab es immer wieder Beispiele dafür, daß in Notfällen auch Laien die konsekrierte Hostie zu Kranken und Gefangenen bringen durften. So wurde beispielsweise auch in unserem Jahrhundert den mexikanischen Bischöfen von Rom aus erlaubt, in der Zeit der dortigen Kirchenbedrückung Laien diese Vollmacht zu erteilen (23.12.1927). Nach dem II. Vatikanum gewährte die Sakramentenkongregation verschiedenen Bischofskonferenzen im Hinblick auf den bestehenden Priestermangel und die große Zahl der Kommunikanten die Möglichkeit, entsprechende Vollmachten in Rom zu beantragen (Für die DDR 1965, für die BRD 1967/68). In ihrer Instruktion „Fidei custos“ vom 30.4.1969 wird dies auf alle Bischöfe generell ausgedehnt, wobei die gewährte Vollmacht drei Jahre dauern soll. Als „außerordentliche Spender der Kommunion“ werden erstmals auch Frauen zugelassen. Vier Jahre später erschien die Instruktion „Immensae caritatis“ vom 29.1.1973 „über die Erleichterung des Kommunionempfangs bei bestimmten Anlässen“. In ihr werden die Ortsordinarien auch ohne Antrag und Begründung bevollmächtigt (mit Delegationsmöglichkeit), geeignete Personen männlichen und weiblichen Geschlechts zu beauftragen, den Gläubigen und auch sich selbst die Kommunion zu spenden. Voraussetzung ist ein Mangel an ordinierten Kommunionspendern und damit ein wirklicher seelsorglicher Notstand. Eingeschlossen ist dabei auch die Vollmacht, Krankenkommunion und Wegzehrung zu spenden. Es soll „niemand bestimmt werden, dessen Beauftragung bei den Gläubigen Verwunderung hervorrufen könnte“. Die Beauftragung soll der Gemeinde mitgeteilt werden. – Der beigefügte Ritus zur Beauftragung sieht vor, daß sie im Rahmen einer Meßfeier oder eines Wortgottesdienstes stattfindet. In einer Homilie erläutert der Zelebrant Sinn und Aufgabe dieses neuen Gemeindedienstes, fragt nach der Bereitschaft des Kandidaten und spricht ein Fürbitt- und Segensgebet. In den Fürbitten soll auch für die Neubeauftragten gebetet werden. – In besonders dringlichen Einzelfällen ist vorgesehen, daß sich ein zur Kommunionausteilung aufgefordertes Gemeindemitglied während der Brotbrechung der Meßfeier an den Altar begibt und der Zelebrant ihn nach dem Agnus Dei mit den Worten segnet: „Es segne dich (Sie) Gott der Allmächtige zu deinem (Ihrem) Dienst, den Brüdern und Schwestern Christi Leib zu reichen.“ – Die Instruktion „Immensae caritatis“ und der beigefügte Ritus finden sich im adaptierten Faszikel des Römischen Pontifikale „Die Beauftragung von Lektoren, Akolythen und Kommunionhelfern...“ (1974). – Durch einen neuen Faszikel des Rituale Romanum, dessen adaptierte (Studien-)Ausgabe unter dem Titel „Kommunionspendung und Eucharistieverehrung außerhalb der Messe“ 1976 erschien, hat der Kommunionhelfer auch das Recht, einen Wortgottesdienst mit Kommunionspendung zu leiten (S. 21) und das Allerheiligste in Pyxis oder Monstranz zur Verehrung auf dem Altar zu exponieren und es zum Schluß wieder in den Tabernakel zurückzustellen. Der ↗Segen mit dem Allerheiligsten bleibt jedoch dem Priester und Diakon vorbehalten. – Inzwischen sind viele Tausende von Männern und Frauen allein im deutschsprachigen Raum im Kommunionspendedienst eingesetzt, wobei die entsprechende Vorbereitung in den meisten Diözesen durch geistliche Fortbildung weitergeführt wird. Mit Recht kann man von einem „geglückten Experiment“ zum Besten der Kirche und der Gemeinden sprechen. – ↗Priesterloser Gottesdienst.

Lit.: *G. Duffrer,* Ein geglücktes Experiment, in: Gd 7 (1973) 137–140; *F. Rose,* Der Dienst des Kommunionspenders, in: *K. Schlemmer* (Hrsg.), Gottesdiensthelfer (Würzburg 1979) 47–55.

Kompetenten ↗Taufe.

Komplet die letzte Tagzeit (Hore) des ↗Stundengebetes unmittelbar vor der Nachtruhe (lat. completorium = Vollendung, Abschluß). Sie geht auf den Brauch der Mönche zurück, nach dem gemeindlichen Abendlob der Vesper noch ein kurzes, mehr privates Abendgebet im Dormitorium (Schlafsaal) zu verrichten. *Basilius d. Gr.* (†379) kennt dafür schon den noch heute in der Komplet nach der 2. Sonntagsvesper verwendeten Psalm 91 (90). *Benedikt,* der in seiner Regel die Vesper früher ansetzt, so daß das Abendessen noch ohne künstliche Beleuchtung eingenommen werden kann, schafft daraus eine eigentliche Hore. Ihr geht das sog. officium collationis voraus: Die Brüder setzten sich nach dem Abendessen zusammen und hörten eine geistliche Lesung, im Stundengebet *Pius' V.* angedeutet durch eine Kurzlesung aus der Heiligen Schrift. Dann begab man sich zur Komplet ins Dormitorium (später ins Oratorium). Dazwischen schob man im Mittelalter noch eine ↗Apologie, die sich zum gegenseitigen ↗Confiteor verfestigte. Später nimmt sie, wie Laudes und Vesper, auch ein ntl. Canticum (↗Nunc dimittis) auf. Schon in den letzten Jahrzehnten vor dem II. Vatikanum hatte die Komplet bei den Gemeinden Anklang gefunden. – *Die Reform des ↗Stundengebetes* gab der Komplet folgende Gestalt: An den Einleitungsversikel schließt sich nach Möglichkeit eine Gewissenserforschung an. „Sie kann vor allem beim Gebet in Gemeinschaft in der Form des Allgemeinen Schuldbekenntnisses der Messe erfolgen." Dem Hymnus folgt die Psalmodie mit einem oder zwei Psalmen. Um die Komplet leichter auswendig beten zu können, dürfen der Sonntagspsalm (91) oder die beiden Sonnabendpsalmen (4 und 134) auch werktags genommen werden. Nach der Kurzlesung und dem Responsorium folgen das Canticum Simeons (Lk 2,29–32) mit Antiphon, das Schlußgebet und der Segen. Den Abschluß bildet eine der ↗Marianischen Schlußantiphonen.

Der westlichen Komplet entspricht im *byzantinischen* Ritus das Apódipnon, dessen große Form (Quadragesima) eine größere Funktionsbreite hat und aus drei Teilen besteht: der erste Teil hat Abendgebet-Charakter, der zweite ist mehr nächtliches Gebet, der dritte enthält Elemente aus dem Ende der Nachtwache. Die *übrigen orientalischen Riten* haben gleichfalls eine eigene Hore zum Beginn der Nacht entwikkelt.

Kondakion (griech. = Stab [um den die Textrolle gewickelt war]) wichtigste Form der älteren byzantinischen liturgischen ↗Dichtung, ursprünglich bestehend aus einem kurzen *Proimion* (Proömium, auch Kukullion genannt), das den Festinhalt prägnant zusammenfaßt und regelmäßig in einen kurzen Preisruf, das Ephimnion, ausmündet, und aus einer Reihe *Iki* („Häuser“, oikoi), die nach dem Muster des ersten Ikos, des Irmos, bis in die letzten Feinheiten rhythmisch gleichgebaut sind und jeweils wieder in das Ephimnion ausmünden; die Iki sind meist durch Akrostichie zusammengehalten. – Von der Überlieferung wird die Dichtart zurückgeführt auf *Romanos den Meloden,* der Ende des 5. Jh. zu Emesa in Syrien geboren wurde und als Diakon in Konstantinopel wirkte. Tatsächlich entspricht das griechische Kondakion der syrischen poetischen Predigt, der Madrascha. Es dürfte seinen originalen Sitz im Frühlob haben im Anschluß an die Verkündigung des Festevangeliums als hymnische Homilie; im Gegensatz zur späteren Dichtform des ↗Kanons war das Kondakion niemals zur Durchflechtung biblischer Poesie bestimmt. Heute hat nur noch der Akáthistoshymnus die volle Form des Kondakions bewahrt; sonst ist im byzantinischen Offizium das Kondakion durch die Kanondichtung zurückgedrängt worden auf das alte Proimion (das allein heute meist gemeint wird mit dem Namen Kondakion und das als das kennzeichnende Festlied eine wichtige Rolle in Stundengebet und Meßfeier hat) und den ersten Ikos; dieses Restgebilde wird heute nach der sechsten Ode in den Kanon des Orthros (↗Laudes) eingefügt.

Lit.: Akathistos (dt. Text, russ. Melodie) auf Schallplatte Tabor 7000, dazu Diaserien.

Kongregation für den Gottesdienst Am 8.5.1969 teilte Paul VI. die bisherige ↗Ritenkongregation in eine Kongregation für den Gottesdienst und eine für die Heiligsprechungsprozesse auf. Mit der neuen Gottesdienstkongregation erlosch die Tätigkeit des am 25.1.1964 gegründeten *Liturgierates* zur Durchführung der Liturgiereform („Consilium“) als Organisation eigenen Rechts. Er wurde mit den gleichen Mitgliedern und periti (= Fachleute) als Sonderkommission in die Gottesdienstkongregation übernommen, jedoch 1970 aufgelöst und ihre Aufgaben bestimmten Arbeitsgruppen übertragen. – Mit der Apostolischen Konstitution „Constans nobis studium“ von 1975 hat *Paul VI.* die Gottesdienstkongregation mit der 1908 gegründeten Kongregation für die Disziplin der Sakramente zu einer einzigen Kongregation verschmolzen, die den Titel trägt „Kongregation für die Sakramente und den Gottesdienst“, ein nicht gerade glücklicher Name, da ja die Sakramente ein wichtiger Teilbereich des Gottesdienstes sind.

Lit.: Lengeling, Ordnung 452 f; *H. Haug,* „Constans nobis studium“, in: Gd 9 (1975) 127 f.

Konklusion ↗Tagesgebet.

Konsekration (lat.) Weihung, Heiligung. Mehrfach gebrauchter Terminus: 1. Die Wandlung von Brot und Wein in Leib und Blut Christi beim Einsetzungsbericht (bzw. nach östlichem Verständnis bei der Epiklese) im Eucharistischen Hochgebet. – 2. Konstitutive ↗Weihung und Segnung, besonders wenn sie dem Bischof vorbehalten, vor allem, wenn sie mit einer Chrisamsalbung verbunden ist.

Konsens ↗Ehe.

Konventmesse die von Gemeinschaften mit ↗Chorpflicht (Klöster, Kapitel) täglich in Gemeinschaft gefeierte Messe und ähnlich die „Kommunitätsmesse“ in Gemeinschaften ohne Chorpflicht. Sie soll unter Beteiligung aller Angehöriger der Gemeinschaft möglichst mit Gesang und in Konzelebration aller nicht verhinderter Priester gefeiert werden; allen Teilnehmern ist die Kommunion unter beiden Gestalten gestattet (auch den Priestern, die aus seelsorglichen Gründen noch einzeln zelebrieren müssen).

Lit.: Lengeling, Ordnung 268f.

Konversion Das Wort bedeutet zunächst Umkehr, Bekehrung, wurde aber seit der Reformation zum Fachausdruck für die Aufnahme eines getauften Nichtkatholiken in die volle Gliedschaft der katholischen Kirche. Schon das II. Vatikanum hatte angeordnet, daß ein neuer Ritus für die Aufnahme gültig getaufter Katholiken geschaffen werden solle (LK 69). Das Dekret über den Ökumenismus hatte festgestellt, daß den Christen, die in einer nichtkatholischen Gemeinschaft getauft wurden, die Schuld der Trennung nicht zur Last gelegt werden dürfe, „die katholische Kirche betrachtet sie als Brüder in Verehrung und Liebe“ (Nr. 3). Wie das *„Ökumenische Direktorium“*, das vom Sekretariat für die Einheit der Christen am 14.5.1967 veröffentlicht wurde, feststellt, brauchen sie – im Gegensatz zu denen, die als katholisch Getaufte „ihrem Glauben bewußt und öffentlich abgeschworen haben“ – bei ihrer Aufnahme in die katholische Kirche „nicht von der Strafe der Exkommunikation losgesprochen zu werden, sondern dürfen nach Ablegung des Glaubensbekenntnisses ... in die volle Gemeinschaft der katholischen Kirche zugelassen werden“ (19). Am 6.1.1972 erschien als Anhang zur Feier der Initiation Erwachsener ein *„Ordo für die Aufnahme gültig Getaufter in die volle Gemeinschaft der katholischen Kirche“*. Die adaptierte Fassung für das deutsche Sprachgebiet erschien 1974 als Separatdruck. – Die Aufnahmefeier soll möglichst im Rahmen einer Eucharistiefeier stattfinden (Messe für die Einheit der Christen, an Hochfesten und Sonntagen vom Tage). Nach der Homilie spricht der Bewerber mit der Gemeinde das Nicäno-Konstantinopolitanische Glaubensbekenntnis. Dann legt ihm der Priester die rechte Hand aufs Haupt und nimmt ihn mit entsprechenden Begleitworten in die Kirche auf. Ist der Bewerber noch nicht gefirmt, so entfällt die genannte Handauflegung, und der Priester spendet nach der Aufnahmeerklärung die Firmung. Nach den Fürbitten folgt die Eucharistiefeier, bei der der Aufgenommene (zusammen mit anderen: vgl. Past. Einf. 11) die Kommunion unter beiden Gestalten empfängt. Die früher übliche bedingungsweise Taufe ist nur dann erlaubt, wenn nach entsprechender Prüfung noch berechtigte Zweifel an der Gültigkeit der empfangenen Taufe bestehen.

Konzelebration Das Wort kann *in weiterem Sinn* verstanden werden als gemeinsamer Vollzug einer liturgischen Handlung (also auch ↗Stundengebet, Spendung der ↗Krankensalbung im Osten) durch mehrere Priester (Bischöfe) unter Führung eines Hauptzelebranten; *im engeren Sinn,* der im folgenden Artikel im Vordergrund steht, meint es die gemeinsame Feier der Eucharistie durch mehrere Inhaber der priesterlichen (bischöflichen) Weihevollmacht.

1. Die alte Form der „stillschweigenden" Konzelebration. Für einige im Leben der Kirche besonders wichtige Anlässe ist die Konzelebration in der ganzen Kirche lebendig geblieben (Bischofs- und Priesterweihe, Ölweihe, Chorgebet). Vor allem am Sonntag gab es nur die eine Eucharistiefeier der ganzen Gemeinde, an der auch alle Stände des Klerus entsprechend teilnahmen. Eine solche gemeinsame Eucharistie war Ausdruck der Einheit der Ortskirche und bei der häufig geübten gastweisen Zulassung eines fremden Bischofs oder Priesters zur Konzelebration auch der Weltkirche. Das ↗Hochgebet sprach dabei allein der Ersthierarch, die anwesenden Priester halfen dabei mit in Verkündigung, Einsammlung und Bereitung der Gaben, Austeilen der Kommunion u. a. m.

2. Die mittelalterliche Entwicklung zur „ausdrücklichen" Konzelebration. Die „stillschweigende" Konzelebration zerbricht in der ↗Karolingerzeit. Schon vorher mußte aus seelsorglichen Gründen die eine Eucharistie der Gemeinde in größeren Orten aufgeteilt werden; aber immer noch suchte man das Einheitsband sichtbar zu machen, in Rom etwa durch das ↗Fermentum. Im Milieu der Germanenmission verliert die Eucharistie diesen Einheitscharakter; ihre Feier wird immer mehr als Aufgabe des Klerus angesehen, während das Volk „nur" beiwohnt. Im Vordergrund steht die Frage nach dem bei der Eucharistie unbedingt Notwendigen, und man sieht dies im Aussprechen der Wandlungsworte durch den Priester. Jeder Priester will jetzt seine „Konsekrationsvollmacht" eigens ausüben, und so verschwindet die Konzelebration allmählich, weil ihr Fundament, die Verbundenheit von Bischof, Priester und Volk zur einen Gemeinde, im Bewußtsein der Zeit verblaßt. Wo die Konzelebration erhalten bleibt, wie im konservativen Rom für die höchsten Feste, sprechen die Konzelebranten gemäß dem neuen Verständnis den ganzen Kanon mit dem Papst gemeinsam laut mit und halten sogar ihre eigene Hostie selbst in Händen. So erstmals im Römischen Pontifikale des 13. Jhs. Seitdem wird Konzelebration als „Kon-Konsekration" verstanden. Das Mitsprechen der Konsekrationsworte ist nach einer Entscheidung des Heiligen Offiziums vom 23. 5. 1957 zur „sakramentalen" Konzelebration unbedingt erforderlich (DS 3928). Damit war eine Form der Konzelebration amtlich bestätigt, wie sie sich seit dem Spätmittelalter auch bei der Bischofs- und Priesterweihe herausgebildet hatte, wo sogar von der Gabenbereitung an alle Gebete gemeinsam gesprochen wurden.

3. Die Neuordnung der eucharistischen Konzelebration. Die liturgische Erneuerungsbewegung ließ den Wunsch nach einer Wiederbelebung der

Konzelebration in der Westkirche wach werden, wobei zunächst mehr praktische Gründe den Anstoß gaben (Erfahrungen bei Zusammenkünften vieler Priester, Wünsche der priesterlichen Mönchsorden). Das II. Vatikanum erweiterte die Möglichkeiten einer eucharistischen Konzelebration und gab die Weisung, einen neuen Konzelebrationsritus zu schaffen (LK 57f). Dieser wurde durch ein Dekret der Ritenkongregation (im Einvernehmen mit dem Römischen Liturgierat) am 7. 3. 1965 veröffentlicht. Die in diesen Dokumenten zum Ausdruck kommende theologische (nicht praktische) Begründung faßt die Instruktion „Eucharisticum mysterium" vom 25. 5. 1967 in den Worten zusammen: „In der Konzelebration tritt die Einheit des Opfers und des Priestertums passend in Erscheinung, und sooft die Gläubigen aktiv daran teilnehmen, wird die Einheit des Volkes Gottes in einzigartiger Weise sichtbar, vor allem, wenn der Bischof der Feier vorsteht. Die Konzelebration bezeichnet und stärkt überdies die brüderlichen Bande unter den Priestern..." (47). Die Instruktion nennt es wünschenswert, daß die Priester die Eucharistie „in dieser hervorragenden Form" feiern; daher sollen „die zuständigen Oberen die Konzelebration erleichtern, ja fördern" (ebd.). Das neue Missale greift diese Gedanken und Möglichkeiten auf, vertieft sie und veröffentlicht einen überarbeiteten Ritus (AEM 153–208). Bei den von allen gemeinsam zu sprechenden Worten, zu denen auch die Einsetzungsworte gehören, heißt es, sie „sollen von den Konzelebranten mit leiser Stimme gesprochen werden, damit die Stimme des Hauptzelebranten deutlich vernehmbar ist" (ebd. 170). Die praktischen Erfahrungen mit diesem auf breiterer Basis wiedergewonnenen Konzelebrationsritus werden sicherlich noch zu einigen Verbesserungen führen, vor allem wenn manche theologischen Fragen weiter abgeklärt sind.

4. *Konzelebrationsformen in östlichen Kirchen.* Bei den östlichen Riten hat sich die Konzelebration in verschiedenen wenn auch nicht immer glücklichen Formen lebendig erhalten. Bei den *orthodoxen Griechen* hat sich die „stillschweigende" Konzelebration insofern erhalten, als die Konzelebranten zwar verschiedene Dienste übernehmen und die dazu gehörigen Gebete leise sprechen, wenn sie aber den Altar umstehen, spricht der Bischof die Gebete, vor allem die der Anaphora, allein. Bei einfachen Gottesdiensten konzelebrieren die Priester im allgemeinen nicht in dieser festlichen Weise, sondern treten nur mit Stola zur Kommunion an den Altar und empfangen sie in der Art des Konzelebrantenritus. – Bei den *unierten Ostkirchen* ist das leise Mitsprechen der Konsekrationsworte unter dem Einfluß der westlichen Theologie um 1600 üblich geworden, ebenso bei den *slawischen Orthodoxen.* – Die *Westsyrer* kennen eine Konzelebration, bei der jeder Konzelebrant seine eigene Hostie und seinen eigenen Kelch vor sich hat, gelegentlich sogar auf einem je eigenen Altar. – Bei den *Nestorianern* ist zum Wortgottesdienst der gesamte Klerus auf dem ↗Bema inmitten des Kirchenschiffs um den Bischof versammelt. Zur Eucharistie geht nur ein vom Archidiakon bestimmter Priester an den Altar, Bischof und Presbyterium bleiben assi-

stierend auf dem Bema. – *Kopten und Äthiopier* unterscheiden den konsekrierenden und assistierenden Priester, wobei der Assistent (ohne den keine Messe gefeiert werden soll) durchaus als Konzelebrant betrachtet wird. Ein etwa anwesender Bischof assistiert nur bei der Anaphora, die Konsekration wird als typische Priesteraufgabe angesehen.

Lit.: B. Schultze, Das theologische Problem der Konzelebration, in: Gregorianum 36 (1955) 212–271; *H. Manders,* Die Konzelebration, in: Concilium 1 (1965) 136–144; *A. Nuij,* Die Konzelebration der Eucharistiefeier (Münster 1965); *K. Rahner – A. Häußling,* Die vielen Messen und das eine Opfer (Freiburg u.a. ²1966), bes. 122–127; *A. Häußling,* Die Konzelebration, in: StdZ 179 (1967) 334–343; *Ph. Hofmeister,* Die Konzelebration, in: ALW IX/2 (1966) 383–411; *Lengeling, Ordnung* 316–342; *E. J. Lengeling,* Mißverständnisse in der Konzelebrationspraxis, in: Gd 9 (1975) 33–35, 44f.

Konzilsliturgie Konzilien sind nicht einfach parlamentarische Verhandlungen, auf denen Bischöfe sich über Fragen des Glaubens und der Disziplin einigen; Konzilien sind eine Lebensäußerung der Kirche; auf ihnen bekennt sich die Kirche zu der Gotteswirklichkeit, die in Christus aufgeleuchtet ist, und darum haben Konzilien eine gottesdienstliche Gestalt und sind von Anfang an in Kirchengebäuden gefeiert worden. Über die nähere Gestaltung der altchristlichen Konzilien wissen wir kaum Bescheid; es gibt nur Andeutungen in einer Briefsammlung über Provinzialsynoden des Oströmischen Reiches im Anschluß an das Konzil von Chalzedon (Codex Encyclius von 458). Im Abendland erwächst eine Agende für Bischofsversammlungen in Spanien aus den vielen Synoden des Westgotenreiches (mustergebend das vierte Konzil von Toledo). Dieser Ordo wandert durch die verschiedenen Entwicklungsstufen des Pontifikale bis hin zum *Ordo ad Synodum* des modernen Pontificale Romanum; er wurde in Rom für allgemeine Konzilien nicht anders als für die Provinzsynoden verwendet. – Die liturgische Gestaltung des Zweiten Vatikanischen Konzils ließ anfangs viele Wünsche offen. Nach zaghaften Anfängen einer tätigen Anteilnahme der Bischöfe an der täglichen Meßfeier wurde für die vierte Sitzungsperiode ein eigenes Heft geschaffen, das unter Vorgriffen auf die Liturgiereform eine würdige gemeinsame Meßfeier ermöglichte; nur der Kommunionempfang blieb den Laienvertretern vorbehalten. Durch die Verbindung der Evangelieninthronisation mit dem feierlichen Meßeinzug wurde der liturgische Rahmen stärker mit der Verhandlungsarbeit integriert. – Das geplante *Caeremoniale Episcoporum* sieht folgende Ordnung vor: Konzil oder Synode beginnen mit einer feierlichen Meßfeier „Bei einem Konzil oder einer Synode“ (MD, S. 1028), bei der die Teilnehmer konzelebrieren oder wenigstens sub utraque kommunizieren. Ihr kann eine Prozession vorausgehen, in der das Evangelienbuch feierlich mitgetragen wird und die Allerheiligenlitanei gesungen wird. Nach dem Evangelium wird das Evangelienbuch offen inmitten des Presbyteriums inthronisiert. Auf das Credo, das nie entfällt, folgt die Vereidigung der Synodalisten. Nach der Entlassung beginnt das gemeinsame Gebet „Adsumus“. Während der

Synode werden die täglichen Beratungen jeweils mit der Meßfeier oder der betreffenden Hore begonnen und das Evangeliar (je nachdem) nach der Evangelienlesung oder nach der Hore inthronisiert. Die Synode wird beschlossen mit dem Te Deum und eventuell den ↗Laudes regiae.

Lit.: Th. Schnitzler, Eine Sonderform des Konzilsritus, in: *W. Dürig* (Hrsg.), Liturgie – Gestalt und Vollzug (FS für *J. Pascher)* (München 1963) 297–315.

Koptische Liturgie ↗Orientalische Riten.

Körperhaltung ↗Gebärde.

Korporale quadratisches Leinentuch, das in der Mitte des Altares ausgebreitet wird, um die eucharistischen Gaben daraufzustellen (von lat. corpus = Leib, nämlich des Herrn). Ursprünglich in der Funktion des obersten Altartuches und so groß wie der Altartisch, schrumpfte es mit dem Rückgang des Kommunionempfangs und dem geringeren Platzbedarf für Brot und Wein bei der Privatzelebration auf das heutige Format (ca. 60 cm Seitenlänge). Es wird zur Gabenbereitung (nicht schon bei Beginn der Messe) ausgebreitet und nach der Kommunion wieder entfernt. Aufbewahrt wurde es im Mittelalter in einem Kästchen (capsa), das inzwischen Taschenform angenommen hat und deswegen ↗Burse heißt. ↗Palla. – Die *byzantinische* Liturgie verwendet in ähnlicher Form das Ilitón, dazu oder auch statt dessen das Antimensium (↗Altar).

Krankenbesuch, -segnung ↗Krankenpastoral.

Krankenkommunion als Wegzehrung (viaticum) auf dem Sterbebett (Versehgang) und als einfache Krankenkommunion, um auch in den Tagen der Krankheit mit der Gemeinde in Verbindung zu bleiben. – Zunächst bringen einfach die Angehörigen oder Gemeindehelfer (Diakon, so bei Justinus) nach der gemeindlichen Eucharistiefeier den Kranken von den eucharistischen Gaben nach Hause. Zu einem nicht näher faßbaren Zeitpunkt hebt man die eucharistischen Gestalten eigens auf, um sie jederzeit Sterbenden als Wegzehrung reichen zu können; dem Kranken gebracht wird sie aber nicht nur durch den Priester, sondern ebenso durch Laien. Im allgemeinen genossen auch die Kranken die Kommunion unter beiderlei Gestalt, häufig in der Form, daß man das Brot in Wein eintauchte; ab der Jahrtausendwende wird dic alleinige Brotkommunion immer mehr die Regel. In anderen Berichten wird der Priester zum Schwerkranken gerufen, damit er im Hause des Kranken die Messe feiert, eine Form, der sich jetzt erneuertes Interesse zuwendet. – Im Abendland bringt die karolingische Reform gewisse Festlegungen: Das Überbringen der Krankenkommunion wird dem Priester vorbehalten, und eigene Riten und Gebete werden dafür vorgesehen. In den westlichen Landstrichen wählte man gern den Rahmen einer gewöhnlichen Messe, in der der Kanon mit der Konsekration ausgelassen wurde, die Missa sicca („trockene Messe“, wohl weil man dabei im allgemeinen nicht aus dem Kelch trank). – Der Ritus der Krankenkommunion im Krankenrituale von 1972 (deutschsprachige Ausgabe 1974) sieht Krankenkommunion zu jeder Tageszeit vor; die Betreuer des Kranken können die heilige Kommunion zugleich empfangen. Nach Begrüßung, Weihwasserbesprengung und Bußgebet geschieht eine kurze Schriftlesung, das Gebet des Herrn, die Spendung der Kommunion, Schlußgebet und Segen. Die Spendung der Wegzehrung (↗Sterbeliturgie) ist demgegenüber bereichert durch das Bekenntnis des Taufglaubens und Fürbitten, eine eigene Spendeformel und eigene Gebete. Eine Adaptation des Ritus für Kommunionhelfer enthält der Faszikel „Kommunionspendung … außerhalb der Messe“.

Die byzantinischen Kirchen haben folgenden Brauch der Krankenkommunion: Der Priester übergießt die Brotsgestalt, die zu Beginn der Aufbewahrung in das kostbare Blut eingetaucht worden war, für die Kommunionspendung mit Wein; auf die üblichen Einleitungsgebete folgen das Glaubensbekenntnis und weitere Troparien und Gebete; für den Fall der Beichte wird ein kurzes Lossprechungsgebet angeboten; nach der Kommunion Nunc dimittis und Vaterunser. Der sonst ähnliche armenische Ritus kennt zusätzlich noch Schriftlesungen. Die Kopten hingegen kennen keine Aufbewahrung für die Krankenkommunion; hier bringt der Priester nach der gemeindlichen Meßfeier ohne rituelle Umrahmung die Kommunion zu den Kranken. Bei den Evangelischen ist es Brauch, im Krankenzimmer das Abendmahl zu feiern und auch die Angehörigen daran zu beteiligen.

Lit.: A. van Beemt, Krankenkommunion (Würzburg 1980).

Krankenöl ↗Öle, heilige.

Krankenpastoral Krankheit kann leicht isolieren und von der Gemeinschaft ausschließen. Der Schwerkranke ist von den Fragen menschlicher Existenz stärker betroffen als der Gesunde. Daß Schmerz und Krankheit nicht sinnlos sind, sondern Teilnahme am Erlöserleiden Christi und Beitrag zum Heil der Welt, diese Erkenntnis und Erfahrung allein kann helfen, Krankheit zu tragen. Die christliche Gemeinde hat sich darum immer um ihre kranken Glieder gesorgt; schon Jak 5,14–15 sieht den Besuch der Presbyter beim Kranken vor, die über ihn beten und ihn mit Öl salben (↗Krankensalbung). Seit Justin ist fest bezeugt, daß man von der Gemeindeeucharistie den Kranken die heilige Kommunion mit nach Hause nimmt und so deren Verbindung mit der Gemeinde lebendig hält. Darüber hinaus gehört der regelmäßige Besuch der Kranken durch den Priester und auch andere Helfer der Pfarrei zur rechten Hilfe für den Kranken. Ein Wort der Schrift, ein Gebet mit dem Kranken befreien diesen aus der Einsamkeit und geben ihm Halt in seiner Situation; viele Kranke sind dankbar für den Segen, den der Priester ihnen spendet. Das neue Krankenrituale enthält keinen eigenen Ritus mehr für den

Krankenbesuch. GL 10 und vor allem die Volksausgabe der Krankensakramente bieten Gebete, die sich für den Krankenbesuch eignen. – Vielfach empfiehlt sich ein eigener *Krankentag in der Pfarrei,* bei dem vor allem die nicht ans Bett gebundenen, aber doch ans Haus gefesselten Kranken durch Helfer zu einem Gottesdienst und zu geselligem und besinnlichem Beisammensein gebracht werden. Damit läßt sich die gemeinsame Spendung der Krankensalbung verbinden. Aktuell ist auch wieder die Möglichkeit der Krankenmesse im Haus (↗Gruppenmesse).

Lit.: J. Jorissen – H. B. Meyer, Pastorale Hilfen in Krankheit und Alter (Innsbruck 1974); GL 75; *M. Probst–K. Richter,* Heilssorge für die Kranken (Freiburg–Einsiedeln [2]1979); WGL VII 63–79; *J. Mayer-Scheu,* Seelsorge im Krankenhaus (Mainz 1977); *ders. u. R. Kautzky* (Hrsg.), Vom Behandeln zum Heilen (Freiburg u.a. 1980). – ↗Krankensalbung.

Krankensalbung

1. Zur Geschichte und Sinngebung. Die Evangelien lassen keinen Zweifel daran, daß Jesus den Kranken seine helfende Zuneigung schenkte und viele von ihnen heilte. In der Gerichtsrede solidarisiert und identifiziert er sich auch mit den Kranken in einer Weise, daß er jeden helfenden Dienst oder dessen Verweigerung auf sich selbst bezieht (Mt 25,40.45). Seinen Jüngern gab er Auftrag und Vollmacht, den Kranken die Hände aufzulegen (Mk 16,18), sie mit Öl zu salben (Mk 6,13) und zu heilen (ebd.; Lk 9,1ff). Daß auch die apostolischen Gemeinden diesen Auftrag des Herrn weiterführten, zeigt Jak 5,14f, wo das Gebet für den Kranken und die Salbung mit Öl durch die Ältesten als Weisung ausgesprochen werden, verbunden mit der Zusage: „Das gläubige Gebet wird den Kranken retten, und der Herr wird ihn aufrichten; wenn er Sünden begangen hat, werden sie ihm vergeben." – Eine *Weihe des Krankenöls* wird erstmals bezeugt bei *Hippolyt von Rom.* Im Weihegebet des *Serapion von Thmuis* (4. Jh.) kommt besonders deutlich zum Ausdruck, daß die Ölsalbung die leiblich-seelische Aufrichtung, „die vollkommene Gesundheit", zum Ziel hat. Von Todesweihe oder Sterbesakrament ist darin keine Spur zu finden. Die Salbungen mit geweihtem Öl werden auch von Laien vorgenommen. – Mit der karolingischen Epoche entstehen zahlreiche pastorale Anweisungen für die Krankensalbung durch die Priester. Sie wird zunehmend ein Bestandteil der „Krankenbuße", die man damals wegen der auferlegten schweren Bußwerke möglichst nahe an die Todesstunde zu legen suchte. Der im 12. Jh. aufkommende Name *„Letzte Ölung",* der ursprünglich auf die Reihenfolge der verschiedenen Salbungen in Taufe, Firmung und Priesterweihe bezogen war, trägt ebenfalls dazu bei, wie auch die systematische Theologie der Hochscholastik, es zu einem Sakrament der Sterbenden zu deklarieren, das mehr gefürchtet als geliebt wird. Erst die liturgisch-pastorale Neubesinnung unseres Jahrhunderts erkannte wieder neu, daß es eine Hilfe für Kranke im Sinn einer leiblich-seelischen Aufrichtung und nicht eine Todesvorbereitung ist. Dieser Verständniswandel führte dann auch zur Umbenennung von „Letzter Ölung" zu „Krankensalbung", die sich durch die Aufnahme in den „Katechismus der Bistümer Deutschlands" (= grüner Katechismus 1955) und die zahlreichen neuen Diözesangesangbücher verbreitete. Das II. Vatikanum stimmte diesem Namens- und Verständniswandel zu und gab eine Revision des Spendungsritus in Auftrag (LK 73–75).

2. Ordnung und Ritus. Das neue Rituale der Krankensalbung und Krankenpastoral erschien am 7. 12. 1972. Die adaptierte Ausgabe für das deutsche Sprachgebiet, die 1975 unter dem Titel „Die Feier der Krankensakramente" erschien, enthält außer der Apostolischen Konstitution „Sacram unctionem infirmorum" ein Einführungswort der Bischöfe des deutschen Sprachgebietes, die pastorale Einführung, die Ordnung für Krankenbesuch und Krankenkommunion, Krankensalbung, Wegzehr, Versehgang, Firmung in Lebensgefahr, Sterbegebet und umfangreiche Texte für Gottesdienste mit Kranken.

a) Die Ordnung der Krankensalbung: Als Empfänger des Sakramentes werden jene genannt, die ernsthaft (periculose) erkrankt sind oder an bedrohlicher Altersschwäche leiden (Vorbem. 8). Ausdrücklich verbieten die deutschen Bischöfe, jedem ab einem bestimmten Alter (etwa 70) das Sakrament zu spenden (Erklärung vom 2. 7. 1979). Es kann wiederholt werden, wenn „der Kranke nach empfangener Krankensalbung wieder zu Kräften gekommen war oder wenn, bei Fortdauer derselben Krankheit, eine weitere Verschlechterung eintritt" (9). Kranken Kindern soll es dann gespendet werden, „wenn sie einen solchen Grad von Vernunftgebrauch haben, daß sie durch dieses Sakrament gestärkt werden können" (12). „Kranken, die das Bewußtsein oder auch den Vernunftgebrauch verloren haben, kann das Sakrament gespendet werden, wenn sie im Besitz ihrer geistigen Kräfte mit Wahrscheinlichkeit... nach dem Sakrament verlangt hätten" (14). Toten soll es in keinem Fall gespendet werden, nur beim Zweifel über den Todeseintritt kann es bedingungsweise geschehen (15). Eindringlich warnen die Vorbemerkungen vor der Unsitte, das Sakrament aufzuschieben (13). Wie alle liturgischen Handlungen hat auch die Krankensalbung Gemeinschaftscharakter. Dieser kommt besonders dann zum Ausdruck, wenn sie im Rahmen einer Eucharistiefeier gespendet wird (nach dem Evangelium), was sowohl als „Hausmesse" im Krankenzimmer wie auch bei der Salbung mehrerer (Krankentage der Pfarrei, Krankenwallfahrten, Krankenhaus, Altersheim) in einer Kirche oder Kapelle geschehen kann. In jedem Fall soll das Sakrament vom „Gebet des Glaubens" begleitet und mitgetragen sein.

b) Der Ritus der Krankensalbung. Seine Normalform hat folgenden Aufbau: Begrüßung, Besprengung mit Weihwasser, einführende Ansprache, Bußakt, Schriftlesung mit kurzer Homilie, Fürbitten, Auflegung der Hände, Weihe des Öles bzw. dankender Lobpreis, Salbung mit Spendeworten, abschließendes Gebet, Vaterunser und Schlußsegen. Es ist leicht zu erkennen, daß die ersten sechs Teilriten der Eröffnung und dem Wortgottesdienst der Messe in etwa entsprechen, weshalb sie auch entbehrlich sind, wenn die Krankensalbung im Rahmen einer Meßfeier stattfindet. Die anschließende Handauflegung als „Urgebärde kirchlichen Heilungsdienstes" (B. Fischer) vermittelt das Bewußtsein des Angenommen- und Geborgenseins. Das Krankenöl (↗Öle, heilige) bedarf im Normalfall der Weihe durch den Bischof (Missa chrismatis – ↗Gründonnerstag), im Notfall kann es auch der Priester weihen. Die Salbung erfolgt nicht mehr, wie früher, an den „fünf Sinnen", sondern an Stirn und Händen. Im Notfall genügt eine einzige Salbung, auch an anderer Stelle. Die Spendeformel, die eine neue Gestaltung erfahren hat und auf beide Salbungen verteilt wird, trägt dem erneuerten Verständnis des Sakramentes Rechnung und spricht ausdrücklich auch von der „Kraft des Heiligen Geistes".

3. Die Krankensalbung in den nichtkatholischen Kirchen. Im *byzantinischen* Ritus wird das „Mysterium des Gebetsöles" nach Möglichkeit in der Kirche, zu Hause immer in Anwesenheit der Angehörigen, gespendet, im Normalfall von sieben Presbytern in Konzelebration, wobei jeder eine Lesung aus „Apostel" und Evangelium vorträgt und mit einem Zweig den Kranken salbt. – Dem byzantinischen Ritus ähnelt die Praxis der *koptischen Kirche* beim „Gebet der Lampe". Bei den *Äthiopiern* und *Armeniern* ist die Krankensalbung praktisch ausgestorben. Die *Westsyrer* gebrauchen meist einen verkürzten Ritus, die *Ostsyrer* haben die Krankensalbung als Sakrament nie gekannt. – In manchen Teilkirchen der *Anglikaner* wurde sie als wiederholbare Heilungssalbung im 20. Jh. fakultativ wieder eingeführt. – In der *protestantischen* Christenheit wurden und werden Krankensalbungen nur von einzelnen Theologen befürwortet.

Lit.: *K. Rahner,* Bergend und heilend. Über das Sakrament der Kranken (München 1965); *A. Knauber,* Pastoraltheologie der Krankensalbung, in: HPTh IV 145–178; *ders.,* Sakrament der Kranken in: LJ 23 (1973) 217–237; *E. J. Lengeling,* Todesweihe oder Krankensalbung, in: LJ 21 (1971) 193–213; *J. Mayer-Scheu – A. Reiner,* Heilszeichen für Kranke (Kevelaer [2]1975); *A. Adam,* Sinn und Gestalt der Sakramente (Würzburg 1975) 114–137; *M. Probst – K. Richter* (Hrsg.), Heilssorge für die Kranken (Freiburg [2]1979); *W. v. Arx,* Das Sakrament der Krankensalbung (Freiburg [Schw.] 1976); *D. Eissing,* Gemeinsame Feier der Krankensalbung, in: AkG 89 (1980) 182–188.

Kräuterweihe Schon die heidnische Antike und die germanischen Völker wußten um die Heilkraft mancher Pflanzen, die sie mit geheimnisvollen Beschwörungsformeln und magischem Zeremoniell ausgruben oder pflückten. Die Kirche des Mittelalters suchte dieses tiefverwurzelte Brauchtum zu verchristlichen, indem sie in ihren Gebeten die Wirkung der Kräuter auf Gott und die Fürsprache der Gottesmutter und der Heiligen zurückführte. Schon im 10. Jh. lassen sich in Deutschland entsprechende Weiheformulare nachweisen. Daß man diese Kräuterweihe auf das Hochfest der Aufnahme Marias in den Himmel (15. 8.; ↗Marienfeste I, 4) legte, mag mit dem Umstand zusammenhängen, daß viele Kräuter wie auch die Ähren verschiedener Getreidearten, die man im „Würzwisch“ zusammenfügte, erst im Monat August zur Reife kamen. Auch die in der Liturgie übliche Bezeichnung Marias als „Blume auf den Wiesen und Lilie der Täler“ (vgl. Hld 2,1) mag zur Bevorzugung dieses Festes beigetragen haben. Zeitweise kannte man allerdings auch Kräuterweihen an anderen Tagen (z.B. Dreifaltigkeitsfest). – Leider entsprachen nicht alle früheren Segensformulare jenen Kriterien, die man an ↗Sakramentalien anlegen muß, indem sie ihre Aufmerksamkeit mehr auf die gesegnete Sache als auf das Heil der Personen konzentrierten und man schon dem Besitz der geweihten Kräuter eine Art automatischer Schutzwirkung zutraute. Ein revidiertes Segensformular findet sich im neuen ↗Benediktionale (63ff).

Lit.: Franz I 393–421; *Th. Maas-Ewerd,* Homilie zur K., in: Gd 14 (1980) 120.

Kreativität Ein Gottesdienst ist in seinem Ablauf und in seinen Texten weithin festgelegt. Für das gemeinsame Gebet, besonders für die ↗Akklamation, sind solche feste Formeln notwendig. Aber auch für das Gebet des Vorstehers finden sich schon früh feststehende Formeln; zunächst nur als Beispiele für die Gedankenführung gedacht, als inspirierende Hilfe für die Improvisation, werden sie allmählich zur verpflichtenden Formel. Trotzdem bleibt im Gottesdienst ein weiter Raum für die Berücksichtigung der konkreten Situation, für ein spontanes Wort, für schöpferische (kreative) Bewältigung des Augenblicks: vor allem die Predigt, sodann die verschiedenen Einführungen und Hinweise, Inhalt und Gestaltung der Fürbitten. Sehr häufig bieten die neuen liturgischen Bücher auch Texte und selbst Zeichen zur Auswahl und geben damit der pastoralen Verantwortung einen Spielraum, der leider oft noch nicht genützt wird. Grundsätzlich gilt: wo mehrere Texte zur freien Auswahl angeboten werden, ist auch eine individuelle Anpassung möglich; oft genügen ganz kleine Änderungen oder Akzentuierungen, um einen Text in einer konkreten Situation stärker zum Sprechen zu bringen. – Man sollte andererseits den Wert eines vorgeformten Textes nicht übersehen; ohne solche Anregungen von außen würde das eigene Beten trotz seiner größeren Spontaneität doch sehr einseitig werden und verarmen. Der Gefahr der Routine und Erstarrung, die im vorgegebenen Text und Ritus liegen, beugt man vor durch persönliche Meditation und für die Gemeinde durch einen beseelten Vortrag und aufschließende Einführungen. Wirklich innerlich zu eigen machen kann man sich einen Text oder eine Gebärde erst durch die Wiederholung. – Am stärksten gefordert ist Kreativität und Spontaneität im ↗Kinder- und ↗Jugendgottesdienst; hier sind aber auch die Möglichkeiten größer als im normalen Gemeindegottesdienst.

Kredenz ein kleiner Seitentisch im Altarraum, auf dem die beim jeweiligen Gottesdienst erforderlichen Geräte bereitstehen, in alten Kirchen auch in Form einer Nische an den Seitenwänden. – Ihm entspricht im byzantinischen Ritus die „Prothesis“.

Kreuz Für die heidnische Antike das Instrument für die schändlichste Form der Todesstrafe, für die Christen durch Christi Auferstehung zum Zeichen des Christussieges und Christuslebens geworden (vgl. 1 Kor 1,17f; Phil 3,18). – Seit dem 2. Jh. an christlichen Gräbern und dgl. nachgewiesen, gewinnt die *Darstellung des Kreuzes* seit dem 4. Jh. stark an Bedeutung, wie etwa die Erzählungen von der Kreuzvision des Kaisers Konstantin oder von der Auffindung der Kreuzreliquie zu Jerusalem durch seine Mutter Helena zeigen. Die meisten Gegenstände der Kirchenausstattung werden mit Kreuzen geschmückt, in den Apsiden der Kirchen erstrahlt leuchtend das Kreuz als Zeichen des nahenden Menschensohnes. Weil Sieges- und Lebenszeichen, wird das Kreuz reich geschmückt, meist mit Edelsteinen und Perlen (Gemmenkreuz), auch mit Pflanzen- und Rankenmustern (Lebensbaummotiv). Dagegen ist die *Darstellung des Gekreuzigten*, das Kruzifix, zunächst ungewöhnlich. Als sie in der romanischen Kunst häufiger wird, stellt sie nicht die historische Kreuzigungsszene dar, sondern den triumphierenden Herrn (stehend mit langem Gewand und Krone). Erst das realistische Sehen und Erleben der Gotik (↗Mittelalter) zeigt drastisch die Bitterkeit des Leidens und Sterbens am Kreuz und macht das Kreuz, das jetzt ohne den Blick auf die Auferstehung gesehen wird, einseitig zum Zeichen des Schmerzes und Todes. – Für die Liturgie bedeutsam wurde der Brauch, Umzügen und Prozessionen wie ein Feldzeichen ein auf einen Schaft gestecktes Kreuz voranzutragen *(Prozessionskreuz)*. Nach dem feierlichen Einzug zur Meßfeier blieb dieses Kreuz am Eingang zum Altarraum aufgerichtet; daraus entwickelte sich seit dem 11. Jh. der Brauch des *Altarkreuzes*, das vielfach auch außerhalb der Meßfeier auf dem Altar stehenbleibt. Die Orientalen haben noch heute ein Kreuz mit einer Ikone des Gekreuzigten für gewöhnlich frei im Altarraum stehen. Auch im römischen Ritus muß das Kreuz nicht auf dem Altar stehen, es kann auch als Wandkreuz und Hängekreuz den Altarraum hervorheben. In unseren Tagen greift man gern auf seinen Ursprung zurück und verwendet ein Vortragekreuz, das man beim Einzug mitträgt und in Altarnähe (vgl. AEM 270) aufsteckt. – Am Karfreitag empfängt es nach dem Vorbild der Jerusalemer und römischen Kreuzreliquie die ↗Kreuzverehrung. – Amulettartiger Gebrauch des Kreuzes, umgehängt oder an der Kleidung befestigt, ist schon früh bezeugt. Als Auszeichnung der Bischöfe und Würdenträger erscheint das *Brustkreuz* (Pektorale) erst seit dem 12. Jh.; es ist zu verstehen als spezieller Fall des altchristlichen, bei den orientalischen Prälaten noch heute üblichen *Enkolpion*, eines meist rundlichen (ovalen) Umhängebeutels mit Reliquien, Bildern oder Gebetstexten (entsprechend den jüdischen Phylakterien). – ↗Kreuzerhöhung; ↗Kreuzzeichen.

Lit.: J. A. Jungmann, Symbolik der katholischen Kirche (Stuttgart 1960); *D. Forstner*, Die Welt der Symbole (Innsbruck 1961).

Kreuzaltar Name für den am Übergang vom Langhaus zum Chor in Volksnähe aufgestellten ↗Altar, wie er sich in Kirchen mit langgezogenem Chor und deshalb vom Volk weit entferntem Hochaltar nördlich der Alpen häufig findet. Er dürfte aus einem Altar, den man vor dem mitten im Langhaus errichteten Standkreuz (irischer Herkunft) aufgestellt hat, erwachsen sein. Beim Aufkommen des ↗Lettners wurde er meist zum Volksaltar.

Kreuzbrevier ein von dem Kardinal Quignonez (Titelkirche S. Croce) bearbeitetes Reformbrevier, das 1535 veröffentlicht, von vielbeschäftigten Weltpriestern mit besonderer Erlaubnis benutzt werden durfte (der Jesuitenorden erhielt die Dispens für alle seine Mitglieder); 1568 beim Erscheinen des reformierten römischen Breviers wurde es endgültig verboten. – Im 16. Jh. gab es aus verschiedenen Motiven viele Versuche positiver und negativer Art zur Reform des Breviers; das Kreuzbrevier ist einer der bedeutendsten und einflußreichsten (↗Book of Common Prayer) davon. Es will einen Gebetstyp schaffen prinzipiell für die ↗Privatrezitation und eliminiert darum alle Teile, die ihre eigentliche Funktion nur bei gemeinsamer Verrichtung haben. Es versucht, in einem gekürzten und gestrafften Aufbau einige gesunde Grundsätze der Gebetstradition wieder zum Leben zu bringen: *1. Den ganzen Psalter einmal in der Woche.* Die Neuverteilung gab jeder Hore drei Psalmen, den Laudes an dritter Stelle ein Canticum; die notwendigen 161 Psalmen ergaben sich durch Zwölfteilung des Psalmes 118; die Verteilung geschah sehr willkürlich auf die Wochentage, ohne Rücksicht auf einfallende Feste (selbst Weihnachten kennt keine eigenen Psalmen). *2. Die Heilige Schrift im wesentlichen im Lauf eines Jahres.* Es gab nur drei Lesungen, und zwar in der Matutin, davon die erste aus dem AT, die zweite aus dem NT; die dritte Lesung war eine Heiligen- oder Väterlesung, an Ferialtagen dagegen aus den Paulusbriefen. – So begeistert das Reformbrevier von vielen Priestern aufgenommen wurde, es erhob sich sofort auch schärfste *Kritik*. Die Sorbonne und verschiedene gelehrte Theologen wandten sich dagegen, daß der alte kunstvolle Aufbau des Stundengebetes gerade jetzt, auf dem Höhepunkt der Reformation, zerstört werde; sie befürchteten darüber hinaus eine weitere Zunahme des bloß privaten Stundengebetes. Sehr heftig war auch die Reaktion des Volkes, das sich in einzelnen Kirchen tumultartig gegen die Einführung des Kreuzbreviers in den Chordienst wandte. – Insgesamt macht der Kampf gegen das Kreuzbrevier deutlich, daß das Stundengebet zwar das geistliche Leben des einzelnen fördern kann und fördern soll, daß sein Strukturprinzip aber nicht die geistliche Lesung des einzelnen sein kann, sondern das Gebet der Gemeinde der orientierende Maßstab bleiben muß.

Kreuzerhöhung, Fest Das älteste Kreuzfest ist ein ↗Begleitfest am 14. September zum Kirchweihfest der konstantinischen Doppelbasilika (Auferstehungs- und Martyriumskirche) auf dem Golgotahügel

(13.9.335). Am Tage nach der Kirchweihe (am 14.9.320 soll Kaiserin Helena das Kreuz Christi gefunden haben) hielt der Bischof von Jerusalem die große Kreuzreliquie hoch und zeigte sie dem Volk zur Verehrung (Exaltatio crucis = Kreuzerhöhung). Dieses Begleitfest überflügelte bald das ursprüngliche Kirchweihfest und zählt im byzantinischen Kalender zu den zwölf Hochfesten. Es findet sich schon im 5. Jh. in Konstantinopel, Ende des 7. Jhs. in Rom (Papst *Sergius I.*). – In Gallien ist seit dem 8. Jh. ein Kreuzfest bekannt, und zwar am 3. Mai, dem Datum, an dem Kaiser *Heraklius* im Jahr 628 die von den Persern entführte und dann zurückeroberte Kreuzreliquie im Triumphzug nach Jerusalem zurückbrachte. Auch dieses gallische Fest, dessen Inhalt identisch mit dem griechisch-römischen Fest vom 14. September war, eroberte sich einen Platz im römischen Festkalender, wobei man es in Verkehrung der geschichtlichen Zusammenhänge Kreuzauffindung (durch Helena), das am 14. September aber Kreuzerhöhung nannte und dabei an die Rückführung der Kreuzreliquie durch Kaiser Heraklius dachte. Nachdem schon *Benedikt XIV.* 1741 versucht hatte, diese unglückliche Doppelung zu beseitigen, ohne damit Erfolg zu haben, wurde das Fest am 3. Mai unter *Johannes XXIII.* aus dem römischen Festkalender gestrichen (Cr 1960). Diese Neuordnung hat die GOK übernommen und dem Kreuzfest am 14. September seinen ursprünglichen Sinn zurückgegeben. – ↗Kreuz.

Kreuzgang gedeckter Umgang um einen rechteckigen Hof (Garten) neben Dom-, Stifts- und Klosterkirchen, nach dem Hof hin durch meist unverschlossene Arkaden geöffnet, entstanden wohl als gedeckter Übergang von den Wohngebäuden der Klöster und Stifte zur Kirche. Der Name wird abgeleitet von den Prozessionen, die mit vorangetragenem Kreuz durch diesen Gang zogen. Er diente auch, wie der Binnenhof, als Begräbnisstätte hauptsächlich von Klerikern und Klosterangehörigen.

Kreuzverehrung Die ersten Spuren einer Verehrung des ↗Kreuzes Christi führen in die erste Hälfte des 4. Jhs. nach Jerusalem, wo am 13. September 335 die Einweihung der Auferstehungs- und Martyriumskirche (= Kreuzeskirche) auf dem Golgota stattfand und am Tag danach das (nach der „Chronik von Alexandrien“) am 14. September 320 durch Kaiserin Helena aufgefundene Kreuz Christi feierlich gezeigt und verehrt wurde (↗Kreuzerhöhung). Nach dem Bericht der Pilgerin Ätheria (ca. 400) verehrte die Gemeinde von Jerusalem am Vormittag des ↗Karfreitags die Kreuzreliquie mit Kuß und Verneigung. Ein ähnlicher Brauch existiert im 7. Jh. in Rom, wo der Papst die Kreuzreliquie vom Lateran zur Kirche vom „heiligen Kreuz in Jerusalem“ barfuß trug und sie dort zur Verehrung aufstellte. Hieraus entwickelt sich die Kreuzverehrung am Karfreitag auch im übrigen Westen, wobei besonders die gallische Liturgie um eine weitere Ausgestaltung bemüht war. – Das II. Allgemeine Konzil von Nizäa 787 erklärte im Zusammenhang mit dem Bilderstreit, daß der göttlichen Natur Christi allein wahre Anbetung (latreia), dem Kreuzesbild aber (und anderen Bildwerken) Kuß und ehrfurchtsvolle Verehrung (Proskynesis) gebühre (DS 601). – Nach dem neuen Meßbuch erfolgt die Kreuzverehrung am Karfreitag in der Weise, daß nach der Erhebung bzw. Enthüllung des Kreuzes unter dem Gesang des „Ecce lignum crucis" das Kreuz anschließend am Eingang zum Altarraum zwischen zwei Kerzen niedergelegt (bzw. aufgestellt) wird und Zelebrant, Klerus und Volk es durch Kniebeuge oder „ein anderes Zeichen der Verehrung (z.B. Kuß des Kreuzes)" verehren. Währenddessen singt man den Antwortgesang „Crucem tuam", die ↗Improperien mit dem ↗Trishagion oder andere Gesänge, wie z.B. den Hymnus „Pange, lingua, gloriosi proelium certaminis" des *Venantius Fortunatus* aus dem 6. Jh. – Diese Kreuzverehrung darf nicht so sehr als Mitleidsbezeugung denn als Huldigung an den am Kreuz triumphierenden Herrn gesehen werden, wie die Begleitgesänge verdeutlichen.

Lit.: A. Baumstark, Der Orient und die Gesänge der Adoratio crucis, in: JLW 2 (1922) 4–7; *G. Römer,* Die Liturgie des Karfreitags, in: ZkTh 77 (1955) 39–93; *E. J. Lengeling,* Die feierliche „Actio liturgica" am Tag des „Leidens und Todes des Herrn", in: Anima 11 (1956) 444–463; *B. Kleinheyer,* Heil erfahren im Zeichen (München 1980); vgl. Gd 14 (1980) 17–19.

Kreuzverhüllung ↗Verhüllung.

Kreuzweg volkstümliche Andachtsform, entstanden aus Umgängen, auf denen man in Jerusalem unter Führung der Franziskaner seit dem 14. Jh. die Heiligen Stätten besuchte. Im Abendland baute man an geeigneten (meist) hügeligen Stellen Nachbildungen. Zunächst waren nur Ausgangspunkt (Burg Antonia) und Endpunkt (Kalvarienberg) dargestellt. Bald fügte man auch Gebetshalte (Stationen) auf der Strecke ein, in Deutschland u.a. die „sieben Fälle". Die heutigen 14 Stationen festigen sich seit ca. 1600 und wirken auf den Jerusalemer Brauch zurück. Etwa um 1700 begann man, auch im Kircheninneren Kreuzwege zu errichten, indem man an den Wänden 14 Stationen markierte (vorschriftsmäßig durch Holzkreuze, darunter meist bildliche oder plastische Darstellungen des Stationsinhaltes). Hier erwuchs die gemeinsame Kreuzwegandacht, bei der nur noch der vorbetende Priester den Kreuzgang abschreitet, während die Teilnehmer auf ihren Plätzen sich jeweils zur Station hinwenden oder wenigstens beim Stationswechsel aufstehen (und das Knie beugen). – Im geistlichen Sinn kann man auch den leidvollen Lebensweg eines Christen, den er in der Gesinnung Christi (Hingabe an den Willen des Vaters und Aufopferung der Leiden für das Heil der Menschen) geht, einen Kreuzweg nennen.

Lit.: E. Kramer, Kreuzweg und Kalvarienberg (Kehl – Straßburg 1957).

Kreuzzeichen (lat. signaculum, griech. sphragis = Zeichen, Siegel). Es ist die spezifisch christliche Form des ↗Segens über sich selbst und andere. – Mit einem Zeichen versehen, um Eigentum zu kennzeichnen, ist schon vorchristlicher Brauch. So trugen nicht selten Sklaven das Zeichen ihres Herrn (Name, Anfangsbuchstaben u.ä.) an der Stirn. Bei Ez 9,4–6 deutet die Bezeichnung mit dem (in der althebräischen Schrift kreuzförmigen) Buchstaben Taw Besitznahme und damit Rettung durch Gott an, ähnlich Offb 7,1–8. So gehört die Besiegelung der Stirn mit dem Kreuzzeichen schon früh zu den Einführungszermonien in den Katechumenat. Im neuen Kindertauf- und Katechumenatsritus wurde diese Bekreuzigung insofern erweitert, als auch Eltern und Paten bzw. Katecheten und Bürgen nach dem Taufspender das Zeichen des Kreuzes auf die Stirn des Täuflings bzw. Katechumenen machen können. Durch dieses Besitzzeichen auf der Stirn bekennt sich der Betreffende zugleich zu Christus und vertraut auf die Rettung durch ihn; er stellt sich unter den Schutz des Kreuzes, das nach alter Überzeugung die Dämonen vertreibt. Bekreuzigung, vor allem auch Selbstbekreuzigung als Tauferinnerung, wird damit zum Segensgestus, intensiviert durch den Gebrauch des ↗Weihwassers. Das ältere „kleine" und das jüngere „große" Kreuzzeichen haben eine vielfältige Verwendung in der römischen Liturgie gefunden (Meßfeier, Sakramente und Sakramentalien, Stundengebet), vor allem als Eröffnungsritus. Volkstümlich hat sich das kleine (dreifache) Kreuzzeichen vor allem zum Beginn des Evangeliums erhalten, wo es auch vom neuen Meßbuch für den Priester vorgeschrieben wird. Nicht nur die Ostkirchen kennen das Kreuzzeichen in reicher Verwendung; auch *Martin Luther* hielt am Kreuzzeichen fest und empfahl die Selbstbekreuzigung beim Erwachen am Morgen und beim Schlafengehen am Abend (Kleiner Katechismus). Die mit dem Kreuzzeichen gern verbundene Anrufung der Dreifaltigkeit („Im Namen des ...") stammt aus dem frühen Mittelalter und macht den Taufbezug besonders deutlich. – Man zeichnet das Kreuz auch über Dinge und stellt sie damit bewußt in das Eigentum und unter die Segensmacht Gottes (↗Weihungen und Segnungen). – Für gewöhnlich segnete man nur mit drei Fingern (Anrufung der Dreifaltigkeit); in der lateinischen Form legte man dabei Daumen und kleinen Finger zusammen, in der griechischen Daumen und Zeigefinger (Ausdruck der beiden Naturen in Christus). Der Querbalken wird von den Griechen von rechts nach links gezogen, im Westen ist seit dem 14. Jh. die umgekehrte Richtung allgemein üblich.

Lit.: Th. Ohm, Gebetsgebärden der Völker und das Christentum (Leiden 1948); *Fr. J. Dölger,* Beiträge zur Geschichte des Kreuzzeichens, in: Antike und Christentum 1 (1958) 5–19; 2 (1959) 15–29; 3 (1960) 5–16; 4 (1961) 5–17; 5 (1962) 5–22; 6 (1963) 7–34; 7 (1964) 5–38; 8/9 (1965/66) 7–52; 10 (1967) 7–29; *B. Fischer,* Das Kreuzzeichen – aufzugebender oder beizubehaltender katholischer Brauch?, in: *J. Baumgartner* (Hrsg.), Wiederentdeckung der Volksreligiosität (Regensburg 1979) 251–261 (hier weitere Literatur).

Krippe plastische Darstellung der Weihnachtsszene, in deren Mittelpunkt das Jesuskind in der Krippe liegt (Lk 2,7). Als Ausgangspunkt solcher Darstellungen vermutet man vielfach die in der Basilika S. Maria

Maggiore in Rom aufbewahrten (unechten) Krippenreliquien, vor denen der Papst den nächtlichen Weihnachtsgottesdienst feierte (↗Weihnachten). In Nachahmung scheint man an Weihnachten auf oder neben dem Altar eine Holzkrippe (Wiege) aufgestellt zu haben. Weitere Anregungen gaben die geistlichen Schauspiele der Weihnachtszeit. So entstehen zu Anfang der Neuzeit die plastischen Darstellungen ganzer Szenen, zunächst in den Kirchen, dann (vor allem in den Gebirgsgegenden) als volkstümliche Hauskrippen. Seit dem 18. Jh. baut man auch Jahreskrippen, die allwöchentlich wechselnd das Sonntagsevangelium (oder besondere Festgeheimnisse) darstellen.

Lit.: R. Berliner, Die Weihnachtskrippen (München 1955).

Krypta kellerartiger gottesdienstlicher Raum unter dem Chor einer Kirche (vom griech. = verborgener Raum, unterirdisches Gewölbe). Ähnlich der ↗Confessio, die mit ihrem Fensterchen den Zugriff zum Heiligengrab offenhielt, schuf man später einen neuen Typ des Zugangs zum Heiligengrab durch einen halbkreisförmigen Umgang entlang der Apsisrundung mit Eingangsmöglichkeiten an den beiden Enden beim Choraufgang und mit einem Stichgang vom Halbkreisscheitel zum Grab, das sich unter dem Hochaltar befand (wohl nach dem Vorbild von St. Peter in Rom). So konnten die Pilger ohne Störung des Gottesdienstes jederzeit zum Heiligengrab gelangen. Neben diesen Ringkrypten gibt es auf dem Balkan und in Nordafrika kleine, durch Treppen zugängliche Kammern unter den Altären, in denen Reliquien aufbewahrt wurden. In der Romanik verbreitete sich die geräumige, oft mehrschiffige Hallenkrypta, in der Altäre aufgestellt waren. In der Gotik hört der Bau von Krypten fast ganz auf. – Ob die Bauidee der Krypta angeregt wurde von den Grabbasiliken, die ja über einem unterirdischen Märtyrergrab errichtet waren und darum einen durch das Gangsystem der Katakomben erreichbaren Raum hatten, ist unsicher.

Lit.: H. Claussen, Art. Krypta, in: LThK VI 651ff.

Kult (von lat. colere = den Boden bearbeiten, damit er Frucht bringt; einem geben, was ihm zusteht, damit er die Gegengabe gewährt).

1. Religionsgeschichtlich der schuldige Dienst, den die Gemeinde der Gottheit erweist, um sich die helfende Nähe der Gottheit und damit heiles Leben zu sichern. In primitiver Denkweise braucht die Gottheit sogar die Kraftzufuhr durch irdische Gaben (Speisen, huldigende Verehrung), um helfen zu können. Auf jeden Fall aber braucht die Gemeinde die Berührung mit dem Lebensursprung, die Nähe der helfenden Gottheit, um das ständig gefährdete Leben zu retten und zu erhalten, um die Schöpfung zu erneuern in der Begegnung mit dem Schöpfer (↗Heil). Um solche heilbringende Begegnungen zu ermöglichen, erscheint die Gottheit im Kult vor der versammelten Gemeinde (↗Epiphanie), sie gewährt der Gemeinde den „Zugang“. Diese Epiphanie ist die Sinnmitte der kultischen Feier; um sie herbeizuführen, muß die Gemeinde festgelegte Worte und Handlungen vollziehen, die die Gottheit in der Stiftung verordnet und denen sie in freier Huld ihr Erscheinen zugesagt hat (in der ↗Magie wird diese Freiheit der Gewährung übersehen). Das Wort ruft dabei die Gottheit herbei durch Zuruf und Hymnus und durch die Verkündigung der Ur-Heilssituation (Stiftungserzählung, ↗Gegenwart); Handlungen holen die Gottheit herbei im ↗Tanz (vgl. 1 Kön 18,26) und in nachahmenden Gebärden (als Heilssituation wird dargestellt etwa das Einsammeln der Ernte, die Rückkehr ins Paradies [in der Prozession], das Mahl und das Opfer). Neben den vorgeschriebenen Mitteln bedarf es auch des bevollmächtigten Mittlers, des ↗Priesters, der entsühnt und geweiht ist und darum in den Vorbehaltsraum Gottes eintreten darf (vgl. die Korachgeschichte Num 16, vor allem Vers 5). Kultische Begegnung ist schließlich gebunden an den rechten Ort und die rechte Zeit; sie ereignet sich nicht überall. Der dem Himmel nahe Berg, der ragende Baum, die bergende Grotte, die lebenspendende Quelle sind solche Gott nahe Orte, die später in künstlichen Bauten nachgeahmt werden; oft bezeichnet die Gottheit auch selbst den Ort ihrer Erscheinung durch ein prophetisches Wort oder durch eine tatsächliche rettende Epiphanie; der Tempel umzäunt und „verewigt" einen solchen Offenbarungsort. Auch im Verlauf der ↗Zeit sind einzelne Punkte besonders „heilsträchtig", zunächst durch ihre Stellung im Auf und Ab des natürlichen Lebens; Aussaat und Ernte, Geburt und Tod, Sonnenuntergang und -aufgang, Sonnenwende, Auszug zu Jagd und Krieg sind Zeitpunkte, an denen die lebenspendende Gottheit besonders nahe empfunden wird. Die Gottheit kann aber auch durch geschichtliches Handeln in den Zeitlauf einbrechen, und so erwachsen etwa die Bundesfeste des Alten Testaments, in denen nicht nur die Heilszeit des Anfangs, sondern noch mehr die Heilsereignisse der Geschichte (Auszug, Thronbesteigung) gegenwärtig werden (im „kultischen Heute"). – Nur wenn diese überlieferten Riten und Regeln eingehalten werden, erreicht der Kult sein Ziel, ist er „gültig" (ratus). Darum bricht beim Gelingen der kultischen Epiphanie nach dem angestrengten Bemühen und der spannungsvollen Hoffnung der kultische Jubel los (z.B. Lev 9,23f).

2. Christus hat die alte Kultordnung „erfüllt". Der Tempel zu Jerusalem ist wie alle anderen Kultorte abgetan, Ort der Begegnung mit Gott ist jetzt der Leib Christi (Joh 2,19ff; 1 Joh 1, 1–3), in dem die Herrlichkeit Gottes eine uns Menschen faßbare Wohnung aufgeschlagen hat (Joh 1,14). Durch die Todestaufe hindurchgegangen, ist der Herr zum Eckstein geworden, den die Bauleute verworfen haben, durch den aber der Bau der Gläubigen zusammengefügt wird zum heiligen Tempel im Herrn und zur Wohnstatt Gottes im Geiste (Eph 2,20–22). Christus allein, zugänglich in der Gemeinde, ist jetzt der Weg zum Vater (Joh 14,6ff), der Eingang ins Allerheiligste anstelle des bisherigen Vorhangs (Hebr 10,19f; Mk 15,38); er allein ermöglicht den „Zugang" (Eph 2,18). Aller bisheriger Kult ist in ihm erfüllt und ans Ziel gebracht; es gibt keinen Priester mehr neben ihm, keine Bindung an einen bestimmten Ort, eine bestimmte Zeit, einen bestimmten Ritus, es gibt nur noch die Bindung an Christus. Diese geschieht aber nicht mehr in den überlieferten kultischen Formen, sondern sie geschieht in der Gemeinschaft um Christus in der Jüngerschar und in der Gemeinde (↗Kirchengebäude 2), die vom Heiligen Geist erfüllt (1 Kor 3, 16) und dadurch wirklich Stätte der Gegenwart Christi und der wahren Anbetung Gottes (Joh 4, 21 ff) ist. Wer durch den gläubigen Empfang der Taufe im Wasser und Heiligen Geist dem Herrenleib eingegliedert worden ist, für den ist darum das ganze Leben in Christus Gottesbegegnung geworden, Gottesdienst, ↗Opfer, in Christus durch den Heiligen Geist zur Erfüllung gebrachter Kult (Röm 12, 1). Freilich muß Gemeinde dabei in menschlich spürbaren Formen verwirklicht werden, aber das geschieht in den zunächst unkultischen Formen zwischenmenschlicher Gemeinschaft, in denen Christus nach seinem Wort durch den Geist gegenwärtig ist: im Zusprechen des Wortes (↗Verkündigung), in der Feier des Mahles zum Gedächtnis der Hingabe Christi (↗Eucharistie). So wird das ganze ntl. Gottesvolk auf seiner Pilgerfahrt zur heiligen Priesterschaft, die Gott das wohlgefällige, weil geistliche Opfer darzubringen vermag (1 Petr 2, 5.9), zur Kultgemeinde, die Gott erwählt hat, daß sie durch ein Leben der Liebe die Herrlichkeit seiner Gnade lobe (Eph 1, 4–6), die mit Zuversicht weiß um ihre Zulassung zum Thron der Barmherzigkeit (Hebr 4, 16; 10, 19). In voller Erfüllung geschieht diese durch die Gnade Gottes ermöglichte Hingabe an den Vater erst beim vollen Eintritt des Endes (1 Kor 15, 28); christlicher Kult ist eschatologische Wirklichkeit, für die seit Christus das Schon und Noch-nicht gilt.

3. *In der theologischen Entwicklung* hat der Terminus Kult weitgehende Veränderungen durchgemacht. Er wird vielfach im Sinn von ↗Anbetung und Verehrung verwendet und verstanden als der Gott geschuldete Ausdruck unserer von Schöpfung und Heilsgeschichte geforderten Hingabe. Diese einseitig von der sittlichen Pflicht her aufgebaute Sicht verstellt leicht den rechten Blick auf die grundsätzlich dialogische Struktur der christlichen Existenz und vor allem der ↗Liturgie.

Lit.: M. Schmaus – K. Forster (Hrsg.), Der Kult und der heutige Mensch (München 1961); *N. J. Frenkle u. a.,* Zum Thema Liturgie und Kult (Stuttgart 1972); *W. Strolz* (Hrsg.), Anthropologie des Kultes (Freiburg 1977); *E. J. Lengeling,* Kult, in: Hdb. theol. Grundbegriffe I (München 1962) 865–880; *ders.,* Die Lehre der LK vom Gottesdienst, in: LJ 15 (1965) 1–27; *H. Kahlefeld,* Das Problem des Kultes, in: LJ 17 (1967) 32–39.

Kultsprache ↗Liturgiesprache.

Kunst und Liturgie Alle künstlerische Äußerung ist, geschichtlich betrachtet, aus dem ↗Kult hervorgewachsen; hier stilisiert der Mensch zuerst die Gebärde, hier ahmt er und bildet er nach, hier drückt er sich aus, hier erfaßt er das innere Wesen der Dinge. Dies gilt auch vom christlichen Gottesdienst: Wenn seine an sich so einfachen und schlichten Grundvorgänge recht und ehrlich vollzogen werden, spürt man den splendor veritatis (Glanz der aufscheinenden Wirklichkeit), die Dinge sind schön, sind Kunstwerk, ohne daß sie als solches intendiert werden. Allerdings: Wenn aus äußeren Gründen die Handlungen nicht würdig vollzogen werden, so wird der christliche Gottesdienst davon nicht berührt; er bleibt Gottesbegegnung in der um Christus versammelten Gemeinde auch ohne künstlerische Gestaltung; er braucht nicht mehr den Aufwand, den der heidnische Kult für notwendig erachtete. – Trotzdem drängt der christliche Gottesdienst aus seinen inneren Prinzipien heraus auf künstlerische Gestaltung. In der Menschwerdung Christi ist ja der innerste Sinn der Schöpfung, der Gottesgedanke (Logos, ars) in allen Dingen sichtbar geworden; in der Auferweckung und Verherrlichung Christi vollends wird faßbar, was an Sinnfülle und Seinskraft in der Kreatur wohnt; im Beisammensein mit ihm wird die letzte Wirklichkeit, die eschatologische Fülle, ergriffen und wird so Kunst eigentlich erst wirklich möglich. Darum drängt das Wort, das ihn verkündet, das die letzte Wirklichkeit aufschließt, zur künstlerischen Gestaltung; darum vollzieht sich die heilige Feier normalerweise im ↗Gesang, gehört zu ihr die ↗Kirchenmusik. Von den bildenden Künsten ist vor allem das ↗Bild, das die gegenwärtige Wirklichkeit faßt, mit dem gottesdienstlichen Geschehen verbunden; ähnlich die Baukunst, die die Versammlung der Gemeinde faßbar macht (↗Kirchengebäude); weniger die Historienmalerei und noch weniger der plastische Schmuck. – Die im Gottesdienst liegende Tendenz zur künstlerischen Entfaltung neigt natürlich zum Wachstum und zur Wucherung; Kunst ist dann nicht mehr die Schönheit, die organisch Stück des gefeierten Gottesdienstes ist, sondern wird zur „künstlerischen Zutat", die unter Umständen den Kern des Gottesdienstes verdeckt. Reformbewegungen wie Cîteaux oder die Bettelorden sind regelmäßig zur Schlichtheit der Gottesdienstgestaltung zurückgekehrt. Sosehr die Kirche daher die feierliche Begehung und Ausgestaltung der Liturgie fördert und sosehr sie dabei dem Künstler im Rahmen des Ganzen Freiheit gewähren muß und sich nicht auf bestimmte Geschmacksrichtungen festlegen kann, ebensosehr muß sie immer auf die rechte Proportion des Ganzen bedacht sein, muß sie entscheiden, was in der jeweiligen Situation der Gemeinde und ihrer Erbauung angepaßt ist, muß sie dem Kitsch und jeder Übertreibung wehren (LK 122–129). Vor allem darf man nie übersehen, daß sehr oft Aufwand mit Kunst verwechselt wird und daß der „Reichtum der Kirche" niemals in Kunstwerten liegt, sondern allein in Christi Wort und Sakrament.

Lit.: E. J. Lengeling, LK 234–246; *J. A. Jungmann,* Wortgottesdienst (Regensburg 1965) 40–47; *P. Brunner,* in: *Leiturgia* I 291–332; *U. Rapp,* Konzil, Kunst und Künstler (Frankfurt 1966).

Kurialritus der gegenüber der Liturgie der römischen Basiliken verselbständigte Ritus des päpstlichen Hofes, der Kurie. Der Papst trennte sich mit seinen Kaplänen im 10. Jh. zusehends von der Lateranbasilika und führte ein liturgisches Eigenleben in seinem Hausoratorium, der Sancta Sanctorum. An Gründen für die Trennung werden genannt: der verschiedene Lebensstil der päpstlichen Familie und der klösterlichen Chorherrengemeinschaft, die Verödung des gottesdienstlichen Lebens an den römischen Basiliken im finstern Jahrhundert, die (vor allem im 12. Jh.) oft lange Abwesenheit der Päpste und ihres Hofstaates von der Stadt Rom. Die Päpste beteten das Offizium zusammen mit ihren Kaplänen, auf Reisen nach der Art des Reiseritus, und hielten keinen Gottesdienst mehr in den römischen Basiliken. Diese Verselbständigung ließ sich nicht mehr rückgängig machen, vielmehr wurde das eigene Officium Curiae von Innozenz III. kodifiziert. – Von größter Bedeutung wird, daß die *Franziskaner,* nachdem sie sich zunächst einfach dem Stundengebet der jeweiligen Pfarrkirche angepaßt hatten, in der Regel von 1223 Offizium und Messe „nach der Ordnung der römischen Kirche" übernehmen, d.h. praktisch den Kurialritus, der in seiner einfachen Gestalt ihrer Lebensweise als Wanderbrüder näherlag und der auch bereits als der „römische" Ritus aufgefaßt wurde; nur für das ↗Psalterium übernahmen sie die Fassung des Gallicanums (während zu St. Peter in Rom noch heute das Psalterium Romanum gebraucht wird). 1230 erschien eine franziskanische Ausgabe des Breviers und Missales (nach dem Vorgang des bedeutenden Forschers S. van Dijk meist „Regelbrevier", „Regelmissale" genannt). Der vierte Ordensgeneral, *Haymo von Faversham,* schuf für den Gebrauch dieser Bücher neue Anweisungen (Ordines), die dem Zeitgeschmack (Bevorzugung der Heiligenverehrung) und den Bedürfnissen der Ordensbrüder besser entgegenkamen. Die nach diesen Anweisungren reformierten Bücher schrieb Nikolaus III. 1277 für alle Kirchen Roms vor; nur die Laterankirche hielt noch für ein Jahrhundert weiter am alten basilikalen Offizium fest, bis auch sie trotz des Widerstandes von Männern wie Radulph von Tongern († 1403) den Kurialritus übernahm. So wurde die Kurialliturgie zur Grundlage der modernen römischen Liturgie.

Lit.: S.J.P. van Dijk – J.H. Walker, The Origins of the Modern Roman Liturgy (London 1960).

Kuß, liturgischer In der Mittelmeerkultur war der Kuß nicht so sehr Ausdruck der Zärtlichkeit, sondern mehr Zeichen der Ehrfurcht und Form der Begrüßung. Ursprünglich ist mit der oralen Berührung das Motiv der Kraftübertragung verbunden, das auch in dem verehrenden Kuß des Altares, der Reliquien und Ikonen u.a.m. noch mitschwingen mag. – Für die Liturgie bedeutsam ist vor allem der Friedenskuß (↗Friedensritus). Die Zahl der liturgischen Küsse bei der Meßfeier wurde wesentlich reduziert. Der Altar als Symbol Christi (nicht die Altarreliquien) wird nur noch zum Beginn und Schluß der Messe geküßt (Begrüßungs- und Abschiedskuß). Geblieben ist der verehrende Kuß des Evangelienbuches nach der Verkündigung. – ↗Fußkuß.

Lit.: K.-M. Hofmann, Philema hagion (Gütersloh 1938).

Küster ↗Mesner.

Kyriale ↗Ordinarium.

Kyrie-Rufe Die ↗Akklamation „Kyrie (Christe), eleison“ ist bereits der vorchristlichen Antike bekannt als Huldigungsruf an den Herrscher, die aufgehende Sonne oder an eine Gottheit. Das NT, insbesondere die paulinischen Briefe, legen Christus den Ehrentitel Kyrios (= Herr, Herrscher) bei und verbinden damit das Bekenntnis seiner Gottheit. Der berühmte Hymnus auf das Pascha-Mysterium Phil 2, 6–11 schließt mit dem Satz: „Jeder Mund bekennt: ‚Jesus Christus ist der Herr‘ – zur Ehre Gottes, des Vaters“. Im christlichen Gottesdienst des Ostens wird dieser Ruf hauptsächlich als Volksantwort bei den ↗Ektenien verwendet. Im Westen war diese Art zunächst nicht üblich, beim römischen Typ des Gläubigengebetes betet das Volk selber nur in der Stille. Im Jahre 529 beschloß die gallische Synode von *Vaison,* nach dem Vorbild Roms und des Ostens beim Morgen- und Abendlob und bei der Messe die Kyrie-Litanei einzuführen; auch die Regel *Benedikts* aus derselben Zeit beschließt die Horen mit einer Kyrie-Litanei; in Rom muß also um 500 dieser Brauch vom Osten übernommen worden sein. Vieles spricht dafür, daß dies durch Papst *Gelasius* (492–496) geschehen ist, von dem auch ein entsprechender Text *(„Deprecatio Gelasii“)* überliefert ist. Es scheint, daß in der Meßfeier das alte Gläubigengebet am Ende des Wortgottesdienstes aufgegeben wurde zugunsten einer Kyrie-Litanei am Anfang nach byzantinischem Vorbild. Ein Zusammenhang dieser Litanei mit den Stationsprozessionen ist nicht gesichert. Bald scheint man die Zahl der Anrufungen beschränkt zu haben. *Gregor I.* (590–604) verzichtete auf die vom Diakon vorgetragenen Gebetsanliegen dieser Litanei, so daß nur die Kyrie-Rufe übrigblieben. Er ordnete sie im Hinblick auf die neun Engelchöre in der Weise, daß je dreimal Kyrie, Christe und Kyrie eleison zu sprechen bzw. zu singen sind. Erst im Mittelalter deutet man diese Anordnung trinitarisch, obwohl doch alle Rufe den Herrn Christus als Adressaten haben. – Die Kyrie-Rufe blieben immer sehr volkstümlich, und noch in der Karolingerzeit wurde darauf geachtet, daß das Volk sich daran beteiligen konnte. Aus ihnen haben sich die ältesten Formen des deutschen ↗Liedes, die „Leisen“, entwickelt. Die Rufe selbst wurden durch sogenannte ↗Tropen erweitert, die die trinitarische Deutung verstärken halfen. Die musikalischen Vertonungen haben dazu beigetragen, daß aus den Huldigungsrufen im Bewußtsein des Volkes in erster Linie Bittrufe wurden. Seit der Aufklärungszeit sah man in ihnen, besonders auch im evangelischen Gottesdienst, ein Bußgebet und Sündenbekenntnis. – Der Orient kennt eine vielfache (vierzig- und hundertfache) Wiederholung der Rufe als Volksgebet, z. B. bei der Erhebung des Kreuzes an Kreuzerhöhung oder in den Litia der Vesper. – Das neue Missale hat insofern eine Neuordnung vorgenommen, als jeder Ruf in der Regel nur einmal wiederholt wird; „doch kann man auch weitere Wiederholungen oder kurze Texteinschübe (Tropen) anfügen, sofern sich dies aus der

Art der verschiedenen Sprachen, aus der musikalischen Form oder aus der konkreten Gestaltung der Feier ergibt" (AEM 30). Es wird Wert darauf gelegt, daß das Kyrie von der ganzen Gemeinde im Wechsel mit Sängerchor bzw. Kantor gesungen (bzw. gesprochen) wird. „Die beste Interpretation des Kyrie ist das nachfolgende lobende und bittende Gloria" (*Th. Schnitzler*).

Lit.: Jungmann MS I 429–446; *Th. Schnitzler,* Kyrielitanei am Anfang?, in: *Gemeinde im Herrenmahl* 217–221|; *G. Duffrer,* Das Kyrie retten, in: Gd 13 (1979) 17–19; *A. Adam,* Vom Rühmen des Herrn, in: *Gott feiern* 85–93.

L

Laetare Name für den vierten Sonntag der Fastenzeit (↗Quadragesima), hergenommen vom ersten Wort des lateinischen Eröffnungsverses, der sich an Jes 66,10f anlehnt: „Freue dich, Stadt Jerusalem ..." (die römische Stationskirche dieses Sonntags war die Kirche „Zum heiligen Kreuz in Jerusalem"). Der freudige Charakter dieses Fastensonntags wird von manchen darauf zurückgeführt, daß an ihm die Mitte der Fastenzeit erreicht ist (Hebdomada mediana) und in seiner Woche wichtige Riten des ↗Katechumenates an den „electi" vorgenommen wurden. Die an diesem Tag üblichen rosafarbenen Meßgewänder, die das ernste Violett verdrängen und erstmals im 16. Jh. erwähnt werden, dürften ihren Ursprung in dem päpstlichen Brauch haben, an diesem Tag die *„Goldene Rose"* zu weihen. Sie geht wahrscheinlich auf einen römischen Volksbrauch zurück (10. Jh.), an diesem Sonntag aus Freude über den nahenden Frühling Blüten zu tragen. Seit dem 11. Jh. bedient sich der Papst einer kunstvoll gefertigten Rose aus Gold, die er dann an verdiente Persönlichkeiten verschenkt. – ↗Farben, liturgische.

Laie (griech. = einer, der zum ↗Volk [Gottes] gehört), vom NT her die ehrenvoll unterscheidende Bezeichnung all derer, die durch die Taufe dem Gottesvolk eingegliedert sind, im Gegensatz zum „Nicht-Volk" der Ungetauften (1 Petr 2,10). Innerhalb des einen heiligen Gottesvolkes gibt es den notwendigen und christusgewollten Hirtendienst des ↗Bischofs mit seinem ↗Presbyterium und den ↗Diakonen. Dieses Dienstamt tritt besonders deutlich hervor in der gottesdienstlichen Versammlung, bei der das Gegenüber von Vorsitz und Volk, von Vorleser und Hörer, von Vorsänger und antwortender Versammlung notwendig ist. So erwächst gerade hier (vgl. 1 Klem 40,5) die seit dem 3. Jh. bezeugte Redeweise vom ↗Klerus als den beamteten Dienern auf der einen Seite und den Laien als dem Volk unter Ausschluß des Klerus auf der anderen Seite. – Durch die soziologische Entwicklung seit der ↗Karolingerzeit wird dann Kirche immer mehr mit Klerus identifiziert und werden die Laien nur als das Objekt des Heilshandelns der Kirche verstanden. Demgegenüber ist festzuhalten: Kirche ist das ganze unter dem Dienst der Ältesten geeinte Gottesvolk, das Tun der Kirche und damit auch die Liturgie ist getragen von der ganzen ↗Gemeinde, von Laien und Klerus. – Die Gliederung des Gottesvolkes muß nicht in allen Versammlungen gleich stark sichtbar werden. Die höchste Erscheinungsform der Kirche, die ↗Eucharistie, muß, wenn sie schon nicht vom Bischof mit seinem Presbyterium geleitet wird (↗Konzelebration), wenigstens ein Glied des Presbyteriums zum Vorsteher haben. Wortgottesdienste hingegen können von jedem Getauften geleitet werden; Laien erhalten hierfür vom Bischof einen Auftrag (LK 35,4). Laien können mit der Kommunionspendung beauftragt werden. Solche ↗„priesterlose Gottesdienste" sind von großer Bedeutung nicht nur in der Diaspora, sondern überall bei dem zunehmenden Priestermangel. Laien können kraft ihrer Taufe segnen und auch den Dienst des Stundengebets ohne klerikale Leitung tun. – ↗Laienverkündigung.

Lit.: Y. Congar, Der Laie (Stuttgart [3]1964).

Laienbeichte ↗Beichte.

Laienverkündigung Alle Christen haben durch Taufe und Firmung teil am dreifachen Amt Christi, seinem Lehr-, Priester- und Hirtenamt. Daraus ergibt sich auch die Mitverantwortung der ↗Laien an der Verkündigung durch das Zeugnis des Wortes und des beispielhaften christlichen Lebens. Die eigentliche Predigttätigkeit der Laien war schon im Mittelalter im Hinblick auf häretisch-separatistische Bestrebungen erheblich eingeschränkt worden. So gab es Verbote der Laienpredigt u. a. 1234 und später 1580, die im CIC in der Bestimmung festgehalten wurden: „Allen Laien, auch den Religiosen, ist es verboten, in der Kirche zu predigen" (can. 1342 § 2). Die Aufwertung der Laien in der neueren Zeit (Betonung des Laienapostolates, „Katholische Aktion"), vor allem aber die theologische Neubesinnung auf dem II. Vatikanum (Dekret über das Laienapostolat; LG 30–38; Dekret über Dienst und Leben der Priester 9) führten zu mancherlei Bestrebungen, in besonderen Fällen auch Laien an der gottesdienstlichen Verkündigung zu beteiligen. Zunächst suchte man Formen der Mitarbeit an der Predigt (vorbereitender Kreis, Gespräch nach der Predigt), man begann da und dort mit Glaubensgesprächen (statt Predigt) in kleinen Gruppen und ließ gelegentlich (mit und ohne bischöfliche Beauftragung) auch besonders kompetente Laien bei bestimmten thematischen Meßfeiern (Weltmission, Erziehung, Friedenssonntag, Sonntag der Kommunikationsmittel u. a. m.) die Predigt halten. Schließlich gaben auch einzelne Bischöfe und Bischofskonferenzen Weisungen und Richtlinien heraus, in welcher Form und unter welchen Bedingungen eine Predigttätigkeit der Laien möglich ist (so z. B. die „Königsteiner Regelung" der Deutschen Bischofskonferenz vom 18. 11. 1970). Mit besonderem Engagement nahm sich die *Würzburger*

Synode dieses Anliegens an. Ihr Beschluß „Die Beteiligung der Laien an der Verkündigung“ (4.1.1973) führte zu einem Einspruch der römischen Klerus-Kongregation (20.11.1973) und zu einer Revidierung des Synodenbeschlusses durch die Deutsche Bischofskonferenz in ihren „Richtlinien für die Beteiligung der Laien an der Verkündigung in den Diözesen der Bundesrepublik Deutschland“ (3.–7.3.1974). Diese Richtlinien als zur Zeit geltende Ordnung (sie wurden von der Klerus-Kongregation am 1.6.1977 für vier weitere Jahre – also bis 1981 verlängert) bezeichnen den Predigtdienst als „Aufgabe der geweihten Amtsträger“, der durch die Beauftragung von Laien nicht ersetzt, sondern ergänzt werden soll. Bischöfe können, wenn Priester und Diakone fehlen, Laien mit der Predigt in Wortgottesdiensten beauftragen, in „außerordentliche Fällen“ auch in den Eucharistiefeiern. „Die Predigt des Laien soll vom zelebrierenden Priester eingeleitet oder abgeschlossen werden“ (1.5). Die Beauftragung eines Laien durch den Bischof erfolgt auf Antrag des Pfarrers. „Vor der Beauftragung des Laien zur Predigt für eine bestimmte Zeit soll der Pfarrgemeinderat und der Dekan gehört werden“ (2.2). „Die Vollmacht, einen Laien zur Predigt in einem Wortgottesdienst für den Einzelfall zu beauftragen, kann der Bischof dem Pfarrer übertragen“ (2.3). Als Voraussetzungen auf seiten des Laien werden genannt: christliches Leben, Übereinstimmung mit dem kirchlichen Lehramt, Gemeinschaft mit dem Bischof und aktive Beteiligung am kirchlichen Leben; wenn die Beauftragung für einen bestimmten Zeitraum gegeben werden soll, ist immer eine theologische und homiletische Ausbildung erforderlich (3,1.2). „Ein laisierter Priester kann ... nicht zur Predigt zugelassen werden“ (2.5).
Es steht zu erwarten, daß diese Bestimmungen, aus denen die Sorge um die „Reinheit der Lehre“ spricht, aufgrund der gemachten Erfahrungen wohl bald einer Revision unterzogen werden.

Lit.: Der genannte Synodenbeschluß (WSyn I, 169–178) wird eingeleitet durch *K. Lehmann* (153–169), hier ausführliche Literaturangaben. Dem Beschluß folgen als Anhang die „Richtlinien...“ der Deutschen Bischofskonferenz und das (zeitlich frühere) Reskript der Klerus-Kongregation vom 20.11.1973. Zur Geschichte der Laienpredigt: *R. Zerfaß,* Der Streit um die Laienpredigt (Freiburg 1973).

Latein Die christlichen Gemeinden in Rom und Nordafrika fanden zunächst die griechische Sprache als herrschende Umgangssprache vor („Koine“). Die Liturgie wird deshalb bis ins 3. Jh. hinein griechisch gefeiert, wie uns beispielsweise die Kirchenordnung des *Hippolyt* von Rom († 235) beweist. Erst gegen Ende des 2. Jhs. beginnt langsam ein Relatinisierungsprozeß, der im 3. Jh. vor allem durch Kaiser *Decius* (249–251) kräftig vorangetrieben wird. Der genaue Zeitraum, in dem sich in der Liturgie der Übergang zum Latein vollzog, ist noch umstritten. Er dürfte spätestens in der zweiten Hälfte des 4. Jhs. unter Papst *Damasus* (366–384) abgeschlossen sein. Dieser hatte übrigens *Hieronymus* beauftragt, die Bibel neu ins Latein zu übersetzen bzw. die alten lateinischen

Übersetzungen zu revidieren (↗Übersetzung, ↗Bibel im Gottesdienst). Mit der Zuwendung der Christen zum Latein bildet sich eine Sonderform dieser Sprache, das altchristliche Latein, heraus, das manche Eigentümlichkeiten, vor allem auch viele Lehnwörter aus dem Griechischen, aufweist. Mit dem Ende der Verfolgungen vollzieht sich eine stärkere Hinwendung zum klassischen Latein, was im Zusammenhang mit der Liturgiefeier „zur Bildung einer hieratischen christlichen Sakralsprache" führt *(Ch. Mohrmann)*. – Mit der Missionierung der Kelten und Germanen breitet sich das Latein weiter aus und wird in den christianisierten Gebieten zugleich zur Sprache der führenden Schichten. Trotz gelegentlicher Unzulänglichkeiten in der lateinischen Sprachfertigkeit, wie sie sich z. B. in den Synodenprotokollen dieser Zeit zeigt, bleibt das Latein ein einigendes Band der abendländischen Welt. Während die Scholastik es zu einer geschliffenen philosophisch-theologischen Fachsprache entwickelt, bilden sich im ausgehenden Mittelalter die eigenen Landessprachen heraus und beginnen das Latein zunehmend abzulösen. – In neuester Zeit ist vor allem der Versuch der Römischen Kurie erwähnenswert, mit Hilfe der Apostolischen Konstitution ‚Veterum sapientia" *Johannes' XXIII.* (22. 2. 1962) dem Latein innerhalb der kirchlichen Bereiche (Verwaltung, Theologie, Liturgie) mehr Geltung zu verschaffen. Zur Stellungnahme des II. Vatikanums ↗Liturgiesprache.

Lit.: *Ch. Mohrmann,* Die Rolle des Latein in der Kirche des Westens, in: Theol. Rev. 52 (1956) 1–18; *Th. Klauser,* Der Übergang der römischen Kirche von der griechischen zur lateinischen Liturgiesprache, in: Misc. G. Mercati I (Rom 1946) 467–482; *C. Korolevskij,* Liturgie in lebender Sprache (Klosterneuburg 1958); *A. Adam,* Das Problem der Landessprache in der römischen Meßliturgie, in: *G. Lenhart* (Hrsg.), Universitas (FS für A. Stohr) (Mainz 1960) I 410–421.

Lateinische Liturgien zusammenfassender Ausdruck für die im Abendland verbreiteten Gottesdienstformen. Von den ↗Orientalischen Riten sind sie unterschieden durch die Veränderlichkeit der Priestergebete (außerhalb Roms sogar einschließlich des Kanons); bereits darin kommt der konservative Zug der lateinischen Liturgie zum Vorschein, die das Stadium der freien Improvisation des Priestergebetes länger festhält als der Osten, wenn auch in abgeschwächten Formen. Auch im Abendland entwickeln sich aus den lokalen Gottesdienstformen mehrere Liturgiefamilien, die alle durch die Übermacht Roms (unter Belassung einzelner ↗Sonderriten) aufgesogen werden; auch die Gottesdienstformen der ↗Reformation gehen auf die römische Liturgie zurück. Von der ursprünglichen Fülle hat sich in wesentlichen Stücken erhalten der Ritus von ↗Mailand in seinem alten Verbreitungsgebiet, ferner der altspanische (mozarabische) Ritus als regelmäßige Feier in einer Kapelle der Kathedrale von Toledo.

Bei der Beschreibung der lateinischen Liturgien muß man zwei Typen unterscheiden: einen „römischen" (↗Rom), dem nach den Beschreibungen bei den Schriftstellern (vor allem Augustinus) auch die völlig verschwundene nordafrikanische Liturgie zuzurechnen ist, und einen „gallikanischen", der in der gesamten übrigen lateinischsprechenden Welt (einschließlich Norditalien) herrschte. Dieser gallikanische Typ, der allein hier besprochen werden soll, kann nicht als einheitliche Liturgiefamilie verstanden werden; ihm fehlte völlig ein Zentrum von der Stärke Roms; darum ist auch die alte Streitfrage nach der „Entstehung" der gallikanischen Liturgie letztlich nicht lösbar. *Gallikanische Liturgie* sind zunächst einfach alle abendländischen Liturgien außerhalb des Umkreises von Rom. Trotzdem haben die verschiedenen Liturgien, die ihr zugerechnet werden, gemeinsame Besonderheiten: Sie sind alle vom Osten her beeinflußt, während die römische Liturgie Gemeinsamkeiten eher mit der alexandrinischen Kirche aufweist; sie zerlegen alle das eucharistische Hochgebet in mehrere selbständige veränderliche Gebete, während Rom nach der veränderlichen Präfation einen im wesentlichen unveränderlichen und durchgehenden „Kanon" aufweist; die gallikanischen Gebete sind insgesamt weitschweifig und auch gern an Christus gerichtet, während der römische Gebetsstil konzis bleibt und die Anrede an den Vater strikt durchhält. Insgesamt sind die gallikanischen Riten dramatischer, farbiger, weniger stilisiert und hieratisch, mehr plastisch und damit volkstümlicher.

Als einheitliche Liturgiefamilie begegnet zunächst *die altspanische Liturgie,* nach ihrer Hauptblütezeit während der Westgotenherrschaft auch *westgotische,* wegen ihres längeren Lebens in den arabisch besetzten Gebieten Spaniens auch *mozarabische* Liturgie genannt. Ihre reiche Ausbildung geschah vor allem im 7. Jh. durch eine Reihe großer spanischer Bischöfe, an der Spitze Isidor von Sevilla; ihr einheitlicher Charakter beruht auf der politischen Einheit des Westgotenreiches und den häufigen synodalen Zusammenkünften seines Episkopats. Beseitigt wurde sie durch die zentralisierenden Tendenzen *Gregors VII.* Der Erzbischof Kardinal *Ximenes von Toledo* ließ 1500–1502 ein *Missale mixtum* und ein *Breviarium Gothicum* drucken (PL 85–86) und ermöglichte dadurch ein rudimentäres Weiterleben dieses Ritus. Allgemein verbreitet daraus ist das „Westgotische Vaterunser", bei dem die Gemeinde jede Bitte mit einem Amen bekräftigt.

Im strengen Sinn gallikanisch heißt die Liturgie, die auf dem Boden des alten Gallien gefeiert wurde; zur besseren Unterscheidung nennt man sie auch *altgallisch.* Dem gallischen Raum fehlte seit der Völkerwanderung ein überragendes politisches und kirchliches Zentrum (trotz gewisser Vorrechte von Arles). So zeigen die verschiedenen überlieferten Bücher jeweils starke lokale Besonderheiten und vielfache Einflüsse, vor allem Roms. Rein gallikanische Formulare bieten eigentlich nur die Moneschen Messen (↗Sakramentar II 1) und einige Lektionare; die übrigen Bücher sind alle römisch beeinflußt und haben oft sogar schon den Römischen Kanon übernommen. Die gallikanischen Ordnungen wurden durch Pippin und Karl den Großen unterdrückt, weil diese aus politischen und religiösen Gründen die stadtrömische Liturgie in ihrem ganzen Herrschaftsbereich einführen wollten. Doch wirkten die bisherigen Gewohnheiten auf die übernommene römische Liturgie stark ein, so daß diese seither einen beträchtlichen gallikanischen Einschlag zeigt (↗Karolingerzeit). – *Neugallikanisch* nennt man seit *Guéranger* die liturgischen Bücher, die von den französischen Bischöfen im Zeitalter des (romfeindlich und staatskirchlich gesinnten) Gallikanismus in eigener Verantwortung herausgegeben wurden. Nach dem Trienter Konzil hatten die meisten französischen Bistümer nicht einfach die römischen Bücher übernommen, sondern ihre alten Diözesanbücher nach den römischen Ausgaben überarbeitet. So fühlten sich die französischen Bischöfe weiterhin als die Gesetzgeber für die Liturgie ihrer Bistümer und ließen auch neue Breviere und Missalien ausarbeiten im Geiste der Aufklärung, unter starker Benutzung der Schrift und unter dem Gesichtspunkt eines Lehr- und Erbauungsbuches. Im Zeitalter der Restauration kehrten unter dem lebhaften Betreiben des Abtes *Guéranger* die Diözesen mehr und mehr zu den römischen Büchern zurück, als letzte Orléans 1875.

Am schwierigsten zu fassen ist *die keltische Liturgie,* wie sie in Irland, Schottland und bei der keltischen Bevölkerung Englands gefeiert wurde, anfangs vielleicht sogar in keltischer (gälischer) Sprache. Gallischer Einfluß liegt nahe, weil der Apostel Irlands, der hl. Patrick, lange Jahre auf dem Festland gelebt hat; spanischer Einfluß ist unverkennbar; in Askese, Mönchsleben und Kunst sind ägyptische (koptische) Einflüsse deutlich. Die überlieferten Bücher (meist Bücher wandernder Mönche) sind alle (außer dem Antiphonar von Bangor) römisch beeinflußt. Es scheint, daß die Iren einerseits dem Kirchenjahr kaum Einfluß auf die Meßfeier gestatteten, andererseits eine reiche Heiligenverehrung kannten, die den einzelnen Heiligen aber nicht an einem bestimmten Tag feierte. Die keltische Liturgie verschwand mit dem Vordringen der römischen (und angelsächsischen) Missionsarbeit, die überall den Anschluß an das römische Vorbild herstellte.

Lit.: Martimort I 27–35 (Lit.); *W. Nagel,* Geschichte des christlichen Gottesdienstes (Berlin 1962) 62–76; Th. Bogler (Hrsg.), Eucharistiefeiern in der Christenheit (LuM 26) (Maria Laach 1960).

Lauda Sion ↗Sequenz.

Laudes (lat. = Lobgesang) Morgenlob der Gemeinde, Teil des ↗Stundengebetes, ursprünglich Matutina (von Matuta, der Göttin der Morgenröte; griech.: Orthros = Aufgang). Praktisch geht in allen Riten dem gemeindlichen Gebet am ↗Morgen eine Gebetsversammlung der asketischen Kreise (↗Mönche) voraus, die im römischen Ritus zu einer relativ selbständigen Gebetsstunde wurde, die sogenannte ↗Matutin, während sie sonst überall als ein Stück des Morgenlobs gilt. ↗Lesehore.

1. Geschichtliche Bauelemente der Laudes. Ihren Kern bildeten ein Morgenpsalm (meist 63, mancherorts 93), Fürbittlitaneien und Entlaßsegen. Dieser Grundstock wurde bereichert durch Elemente aus der festtäglichen Gemeindevigil. Aus dem nächtlichen bzw. frühmorgendlichen Psalmodieren der Mönche werden das Schlußstück des Psalters übernommen, die sog. Laudes (= Pss 148–150; ihre Herleitung aus dem Morgengebet der Synagoge ist weniger wahrscheinlich) und die dazugehörige Große Doxologie (↗Gloria). Aus mönchischem Brauch stammt auch die reichere Verwendung von Cantica. An Sonn- und Festtagen tritt (wohl nach dem Vorbild der Osternacht) die feierliche Verkündigung des Evangeliums hinzu; je nach dem Eifer des Bischofs geschah Schriftlesung und Auslegung auch unter der Woche. – Im römischen Stundengebet haben die Laudes den gemeindlichen Charakter einigermaßen bewahrt (keine ↗Pensum-Psalmodie). Sie scheinen auch im Zeitalter der römischen Basilikalklöster noch vom Stadtklerus abgehalten worden zu sein. – Die Reform *Pius' X.* behielt den Ps 51 nur für Bußtage bei, stellte auch an die erste und dritte Stelle einen variablen Psalm und setzte für die Laudesgruppe einen jeweiligen wechselnden Lobpsalm ein; dadurch entstand eine äußerliche Angleichung an den vom Pensummotiv gelenkten Psalmenfünfer der Vesper.

2. Die nachkonziliare Neugestaltung. Im neuen Stundenbuch (↗Brevier) werden die Laudes zusammen mit der ↗Vesper als „Angelpunkte des täglichen Stundengebetes" und als die „vornehmsten Gebetsstunden" bezeichnet, die auch als solche gefeiert werden sollen (AES 37). Sie sind nicht nur zur „Heiligung der Morgenstunde" bestimmt, sondern auch als Gedächtnis der Auferstehung Christi (38). Sie werden als gemeindliches Gebet auch den Gläubigen empfohlen (40). Der Einleitungsvers kann entfallen, wenn unmittelbar das ↗Invitatorium vorausgeht. Es folgt der je eigene Hymnus mit seiner besonderen Färbung durch Tageszeit und Festcharakter. Die anschließende Psalmodie besteht, der Überlieferung entsprechend, aus einem Morgenpsalm, einem atl. Canticum und einem Lobpsalm, jeweils mit den zugehörigen Antiphonen. Bei der Komposition des neuen Stundengebetes war man bemüht, für Laudes und Vesper solche Psalmen auszuwählen, „die sich für eine Feier mit der Gemeinde besonders eignen" (127). Es schließt sich eine stets wechselnde Kurzlesung an, an deren Stelle auch (besonders bei der Feier der Gemeinde) eine längere Lesung, gegebenenfalls auch mit Homilie, treten kann (46f). Als Antwort auf Gottes Wort ist das anschließende Responsorium gedacht, dem der ntl. Lobgesang des Zacharias (↗Benedictus) mit Antiphon folgt, als „Lob und Dank für die Erlösung" (50). Es folgen Bitten (↗Preces), in denen „der Tag und die Arbeit Gott geweiht werden" (51), das Vaterunser, die Schlußoration und der Segen. Werden die Laudes unter Leitung eines Priesters oder Diakons mit der Gemeinde gefeiert, so werden die Schlußriten wie bei der Messe gestaltet.

Laudes heißen auch Huldigungs- und Bittrufe für geistliche und weltliche Würdenträger im Rahmen der Meßfeier (↗Akklamation).

Lit.: J. Pascher, Das Stundengebet der römischen Kirche (München 1954); *ders.,* Singgerechtes Brevierbeten (München 1962); *Th. Schnitzler,* Was das Stundengebet bedeutet (Freiburg u.a. 1980).

Laurentius, Diakon und Märtyrer (10. 8.) Er war Diakon des Papstes *Xystus II.*, der während der Verfolgung des Kaisers *Valerian* am 6. 8. 258 zusammen mit vier seiner sieben Diakone das Martyrium erlitt. Nach dem Liber Pontificalis starb Laurentius am 10. 8. des gleichen Jahres zusammen mit vier anderen Klerikern. Schon die „Depositio martyrum" von 354 kennt sein liturgisches Gedächtnis im „Coemeterium an der Straße nach Tibur" (Via Tiburtina). Die Geschichte seines Martyriums (Passio) weiß schon früh von seinem Martyrium auf einem glühenden Rost ausführlich zu berichten. Konstantin erbaute eine Basilika in der Nähe seiner von anderen Gräbern umgebenen Grabstätte mit einem besonderen Verbindungsgang zur eigentlichen Gruft. Nach manchen Umbauten und Erweiterungen ist sie heute als Basilika S. Lorenzo fuori le mura eine der sieben Hauptkirchen der Stadt. Viele andere Kirchen und die Aufnahme in den Kanon Roms beweisen seine große Verehrung weit über Rom hinaus. Das *Fest am 10. 8.* hatte schon früh eine Vigil, die erst durch die Neuordnung von 1969 in Wegfall kam. Meßliturgie und Stundengebet heben neben dem furchtlosen Martyrium besonders die Fürsorge des Heiligen für die Armen hervor.

Lauretanische Litanei ↗Litanei.

Lavabo ↗Waschung.

Lectio continua ↗Bahnlesung.

Leib Anders als der dualistisch empfindende Grieche, der den Menschen in die zwei verschieden bewerteten Bestandteile Leib und Geist zerlegt, versteht die Liturgie im Anschluß an den biblischen Sprachgebrauch unter Leib den ganzen ↗Menschen seiner lebendigen ausdrucksfähigen Gestalt nach. In dieser seiner Leibhaftigkeit ist der Mensch von allen anderen getrennt und zugleich zur Gemeinschaft verbunden, ist er in Geschichte und Sünde verstrickt, erfährt er die Erlösung. Liturgie ist darum notwendig an den Leib und seine Kraft der ↗Gebärde gebunden; sie gewinnt darin Gestalt und Ausdruck. Zugleich liegt in der leibhaften Struktur eine Begrenzung; der Mensch vermag sich im Leib nicht ungehemmt auszudrücken. Erst der vom Heiligen Geist ganz durchstaltete Auferstehungsleib ist der vollkommene Ausdruck des Menschen in seiner Hingabe an Gott.

Lit.: GL 41; ↗Gebärde.

Leise ↗Lied.

Leitvers ↗Kehrvers.

Lektionar Während man in den ersten Jahrhunderten der Kirche die biblischen ↗Lesungen unmittelbar aus der Heiligen Schrift las und die Abgrenzung der ↗Perikope eigenen Verzeichnissen (Capitulare, indiculus, Evangelistar) entnahm, entwickelten sich noch im ersten Jahrtausend eigene Lektionare, Epistolare und ↗Evangeliare, in denen die einzelnen

Perikopen ausgeschrieben waren. Ein alter Name dafür ist *Comes* (altspanisch: liber commicus, vermutlich vom griechischen komma = Abschnitt). Unter dem Einfluß der ↗Privatmessen bildete sich im hohen Mittelalter das Plenar-↗Missale heraus, das den vollen Text der Perikopen enthält. Selbständige Lektionare benutzte man seitdem nur beim feierlichen Amt für Lektor und Leviten. Weil das neue Missale von 1970 bei den einzelnen Messen außer der Antiphon zum ↗Introitus und zur Communio (↗Kommuniongesang) nur noch die Präsidialorationen enthält, gewinnt das Lektionar (mit allen biblischen Perikopen und Zwischengesängen) als liturgisches Buch wieder neue Bedeutung. Ein solches Lektionar haben die Bischofskonferenzen Deutschlands, Österreichs und der Schweiz und der Bischof von Luxemburg auf Grund der neuen ↗Leseordnung in sechs Bänden (seit 1971) herausgegeben; eine Neuausgabe wird die Einheitsübersetzung aufnehmen.

Lektor ein mit dem Vorlesen der Schriftperikopen im Gottesdienst beauftragtes Gemeindemitglied. Der zunächst im Einzelfall geleistete Dienst verfestigte sich sehr früh zu einem eigenen Amt, das allmählich zum Klerus gerechnet wurde. Es war die einzige ↗Niedere Weihe, die sich in allen Riten auch des Ostens durchgesetzt hat. Als später das Evangelium dem Diakon und Priester und die Epistel im römischen Levitenamt dem Subdiakon vorbehalten wurden, verlor der Lektor seine eigentliche Funktion. Seit dem 10. Jh. wird die Lektorenweihe im Rahmen der vier Niederen Weihen zu einer rein formellen Vorbereitungsstufe auf die Priesterweihe ohne eigentliche Funktion. – Durch das Apostolische Schreiben *Pauls VI.* „Ministeria quaedam“ vom 15. 8. 1972 wurden die Niederen Weihen aufgehoben, das Lektorenamt jedoch im Sinn eines Dienstes beibehalten und aufgewertet.

Die Beauftragung erfolgt durch den Bischof oder höheren Ordensoberen innerhalb einer Meßfeier oder eines Wortgottesdienstes. Nach dem Evangelium werden die Kandidaten aufgerufen und treten vor den Bischof (Ordensoberen). Dieser weist am Schluß einer Homilie auf die besondere Aufgabe und Verantwortung der Lektoren hin und macht deutlich, daß ihr Dienst weit über die Verlesung der liturgischen Perikopen hinausgeht: „Ihr sollt das Wort Gottes in der gottesdienstlichen Versammlung vortragen, Kinder, Jugendliche und Erwachsene im Glauben unterweisen und zum würdigen Empfang der Sakramente führen. Ihr sollt diese frohe Botschaft aber auch denen verkünden, die sie noch nicht kennen ...“ Anschließend spricht der Bischof ein Fürbitt- und Segensgebet und übergibt ihnen die Heilige Schrift. Zum Lektor können nicht nur die Kandidaten für das Weihesakrament (↗Aufnahme ...) beauftragt werden, sondern auch Laien, allerdings gemäß kirchlicher Tradition nur Männer. – Der vorstehende Ritus findet sich in einem Faszikel des Römischen Pontificale vom 3. 12. 1972 und erschien 1974 in deutscher Adaptation unter dem Titel „Die Beauftragung von Lektoren, Akolythen und Kommunionhelfern“.

Lit.: *R. Zerfaß,* Lektorendienst (Trier [2]1967 und Leipzig 1967); *O. Nußbaum,* Lektorat und Akolythat (Kölner Beiträge 17) (Köln 1974); *R. Zerfaß – A. Mander,* Der Lektor – Auftrag und Dienst (Mainz 1980).

Leonianum ↗Sakramentar.

Lesehore Sie ist im neuen ↗Stundengebet an die Stelle der ↗Matutin getreten und wird auch „Officium lectionis“ genannt. Sie soll zwar im Chor als nächtliches Gotteslob beibehalten werden, ist aber so eingerichtet, daß sie in sinnvoller Weise zu jeder Tageszeit gebetet werden kann (AES 57), „auch am Abend des vorausgegangenen Tages, nach der Vesper“ (ebd. 59). Ihre Aufgabe besteht darin, daß sie im Wechsel mit dem Gebet die Schätze der Heiligen Schrift und der kirchlichen Schriftsteller, vor allem der Kirchenväter, erschließen soll. Sie gliedert sich in Einleitungsvers, Hymnus, drei Psalmen (oder Psalmteile), Versikel, je eine Lesung aus der Heiligen Schrift und kirchlichen Schriftstellern bzw. eine Lesung, die den Heiligen des jeweiligen Tages betrifft (hagiographische Lesung, ↗Lesung 2), mit je einem Responsorium und der Tagesoration. Dem Responsorium der zweiten Lesung folgt an Sonntagen, Hochfesten und Festen das ↗Te deum. Die Lesehore kann vor Sonntagen, Hochfesten und Festen auch zu einer ↗Vigil erweitert werden, wofür in der AES nähere Anweisungen gegeben werden (70–73). – ↗Schriftlesung.

Lesejahr ↗Leseordnung.

Leseordnung

1. Meßfeier: Schon früh gaben die meisten Kirchen die ↗Bahnlesung zugunsten einer dem jeweiligen Fest oder der liturgischen Zeit entsprechenden ↗Perikope auf (↗Lesung). Die Auswahl war in den einzelnen Teilkirchen uneinheitlich, und es gab im Lauf der Zeit manche Veränderungen und Verschiebungen in der Leseordnung. Das II. Vatikanum gab den Auftrag, bei den liturgischen Feiern die Schriftlesung „reicher, mannigfaltiger und passender“ (LK 35) zu gestalten und bei der eucharistischen Feier den Gläubigen den Tisch des Wortes reicher zu bereiten und „die Schatzkammern der Bibel weiter“ aufzutun, „so daß innerhalb einer bestimmten Anzahl von Jahren die wichtigsten Teile der Heiligen Schrift dem Volk vorgetragen werden“ (LK 51). Diesen Weisungen entsprechend veröffentlichte die Kongregation für den Gottesdienst am 25. 5. 1969 die neue Leseordnung für die Meßfeier. *Ihre wichtigsten Bestimmungen sind folgende: a)* Für die *Sonn- und Festtage* gibt es eine dreijährige Perikopenordnung, so daß jede Lesung erst nach drei Jahren wiederkehrt. Diese drei Jahresreihen werden durch die Buchstaben A, B, C gekennzeichnet, wobei C in den Jahren genommen wird, die durch drei teilbar sind. Für die Auswahl der Lesungen waren zwei Prinzipien maßgebend, das der „thematischen Abstimmung“ und das der „ausgewählten Bahnlesung“. Das erste Prinzip kommt zum Tragen bei den liturgisch bedeutsamen Zeiten des Advents, der österlichen Bußzeit und der Osterzeit. An den Sonntagen der allgemeinen Kirchenjahreszeit ist das Prinzip der ausgewählten Bahnlesung bestimmend, d.h., es wird ein biblisches Buch fortlaufend gelesen, wobei aber einzelne Teile aus pastoralen Gründen übergangen werden. Diese Bahnlesung gilt aber nur für die Lesungen II und die Evangelienperikopen, während die Lesungen I (AT) auf das jeweilige Evangelium abgestimmt sind, um so eine zu große Unterschiedlichkeit der Themen zu vermeiden und die Einheit beider Testamente herauszustellen. In der Jahresreihe A wird Mt gelesen, in B Mk und in C Lk. Das Johannesevangelium ist den letzten Wochen der österlichen Bußzeit und der Osterzeit vorbehalten. Die Apg ist für die Lesungen I der Osterzeit vorgesehen. – *b) Die Leseordnung für die Wochentage* sieht generell nur zwei Lesungen vor. Für die erste (nicht-evangelische) gibt es zwei Jahresreihen, wobei Reihe I in den ungeraden, II in den geraden Jahren zu nehmen ist. Hingegen wiederholen sich die Evangelien in jedem Jahr. Sie sind so aufgeteilt, daß in den Jahreswochen 1–9 Mk, in den Wochen 10–21 Mt und in den Wochen 22–34 Lk gelesen wird. Für die Wochen außerhalb der allgemeinen Kirchenjahreszeit hat man eine besondere Auswahl getroffen, die dem Charakter der betreffenden Zeit Rechnung trägt. – *c) Weitere Leseordnungen* betreffen die Meßfeiern an Heiligenfesten und Gedenktagen, bei der Feier der Sakramente und Sakramentalien, bei verschiedenen Anlässen und für die Votivmessen. Bei diesen Ordnungen ist eine reiche Auswahlmöglichkeit gegeben; dies betrifft besonders die Meßfeiern mit besonderen Gruppen (AEM 319). Die Einzelheiten finden sich in deutscher Übersetzung in den von den liturgischen Instituten Salzburg, Trier und Zürich herausgegebenen drei Bänden „Die Leseordnung für die Meßfeier" (Trier I–II: 1969; III: 1970; Leipzig I–III: 1970); die Einführung (Praenotanda) findet sich auch im Bd. I des deutschen Lektionars (1971).

2. Das Stundengebet: Nachdem schon der Codex rubricarum (25.7.1960) eine Kürzung der ↗Matutin auf eine Nokturn mit neun Psalmen und nur drei Lesungen an den meisten Tagen des Jahres verfügt hatte, gab das II. Vatikanum die Weisung, daß die seitherige Matutin aus weniger Psalmen und längeren Lesungen bestehen solle (LK 89c). Mit der Apostolischen Konstitution „Laudis canticum" vom 1.11.1970 approbierte *Paul VI.* das neue Stundengebet. An die Stelle der bisherigen drei bzw. neun Lesungen der Matutin treten die beiden Lesungen der ↗Lesehore. Ihre Leseordnung möchte sowohl die „ehrwürdige Überlieferung" berücksichtigen, wonach in den besonderen Zeiten des Kirchenjahres bestimmte Bücher der Heiligen Schrift zu lesen sind, als auch den Lesezyklus der Meßfeier ergänzen. Abgesehen von den Fällen, bei denen die Lesehore zu einer ↗Vigil erweitert wird (AES 73), behält das Stundengebet die Evangelien den Meßfeiern vor. Während die lateinische Ausgabe des neuen Stundengebetes zunächst je nur einen Jahreszyklus für die Schriftlesung und geistliche Lesung aufweist und eine zweite Jahresreihe für die Schriftlesung in einem Zusatzband in Aussicht stellt, enthält das neue deutsche Stundenbuch (1978f) je einen zweijährigen Jahreszyklus. – Die Ordnung der Schriftlesungen bringt das gesamte NT und aus dem AT jene Teile, „die zum Verständnis der Heilsgeschichte und zur Förderung der Frömmigkeit besonders wichtig sind“ (146). Dabei wird die Sorge getragen, „daß ein und dasselbe Buch in Messe und Stundengebet im je anderen Jahr gelesen wird oder doch wenigstens in einem entsprechenden zeitlichen Abstand“ (ebd.). Es würde den Rahmen eines Handlexikons sprengen, wollte man hier alle Einzelheiten aufführen, wie sie detailliert in der AES 147–154 beschrieben werden. – Bezüglich der Kurzlesungen in den übrigen Horen war man ebenso auf Prägnanz wie auf Abwechslung bedacht. Für die 33/34 Jahreswochen hat man dem Psalterium vier Wochenreihen eingefügt. Außerdem gibt es Wochenreihen für die besonders geprägten Zeiten, eine Wochenreihe für die Komplet und eigene Kurzlesungen für Hochfeste, Feste und einige Gedenktage. – Außer der Schriftlesung enthält die Lesehore eine weitere Lesung mit Texten aus den Werken der Kirchenväter, Kirchenlehrer und anderer, auch neuerer, Schriftsteller der östlichen und westlichen Kirche. Während das lateinische Brevier einen zusätzlichen Band mit Väterlesungen zur freien Wahl vorsieht, hat das deutsche Stundenbuch solche Lesungen bereits in die beiden Jahresreihen eingearbeitet, wobei die Bischofskonferenzen des deutschen Sprachgebietes von ihrem Recht Gebrauch gemacht haben, „noch weitere Texte hinzuzufügen, die den Traditionen und der Eigenart ihrer Region entsprechen“ (162). In der „Väterlesung“ sieht die AES eine authentische Auslegung des Gotteswortes, das zu meditieren die eigentliche Intention dieser Lesung sei (163). An die Stelle dieser „Väterlesungen“ kann auch die „hagiographische“ Lesung treten, in der Texte kirchlicher Schriftsteller vom Heiligen selbst oder von seiner Wesensart sprechen. Sie kann aber auch Auszüge aus seinen eigenen Schriften oder aus seiner Lebensbeschreibung enthalten (166).

Lit.: Jungmann, MS I 501–583; *G. Kunze,* Die Lesungen, in: *Leiturgia* II 87–180; *R. Zerfaß,* Die Rolle der Lesung im Stundengebet, in: LJ 13 (1963) 159–167; *P. Salmon,* Das Stundengebet, in: *Martimort* II 324–422 und Leipzig 1967; *E. J. Lengeling,* Liturgia horarum. Die Lesungen und Responsorien im neuen Stundengebet, in: LJ 20 (1970) 231–249.

Lesepult ↗Ambo.

Lesetöne für den Vortrag der Lesungen im Wortgottesdienst der Eucharistie und im Stundengebet tragen in der Weise des Rezitativs (↗Cantillation) den Text auf gleichbleibender Tonhöhe vor und kadenzieren zu den Untergliederungen und zur Schlußbildung des Satzes. In der altorientalischen und in der rhetorischen Kultur der Antike ist solche Vortragsweise selbstverständlich; ihr dienen die Akzente z. B. im masoretischen Text des AT; auch der Koran wird so gelernt und vorgetragen. Das Christentum übernahm für seinen Gottesdienst diese Rezitative, schon damit das Gotteswort in den großen Basiliken überhaupt akustisch durchdringen konnte, aber noch mehr, weil solcher Vortrag dem Anrufcharakter der ↗Verkündigung natürlich ist. Das Mittelalter schuf zum

Teil melodisch reich verzierte Lesetöne, die dem Prinzip der Cantillation deutlich widersprechen. Während für die orientalischen Riten auch beim Gebrauch lebender Sprachen der kantillierende Vortrag der Lesungen noch heute selbstverständlich ist, ist er seit Einführung muttersprachlicher Lesungen in den lateinischen Riten sehr umstritten und wird von manchen prinzipiell abgelehnt (auch die evangelischen Kirchen haben auf diesem Weg die Lesetöne in der Praxis weithin verloren). In der Muttersprache treten die literarischen Gattungen der verschiedenen Lesungstexte stärker ins Bewußtsein; man merkt, man kann eine Erzählung und einen hymnischen Lobpreis nicht nach demselben Modell vortragen, sondern muß jeweils die Eigenart hervortreten lassen. Vielfach erwächst die Ablehnung der Lesetöne aber auch aus falschem Verständnis und aus ihrer falschen Anwendung in Form einer „Melodie", die dem Text übergestreift wird; beim Vortrag der Lesungen muß die Textdeklamation führend sein, das Rezitativ will die beim bloßen Sprechen schon vorhandenen Differenzierungen und Hervorhebungen der Sinnträger nur intensivieren und „überhöhen", wie dies (anders als beim Vorlesen der Textvorlage in einer Bibelstunde) der Situation der gottesdienstlichen Verkündigung durchaus entspricht. Zumindest die Evangelien der Festtage sollten weiterhin gesungen werden.

Lit.: E. Quack – F. Schieri, Regelbuch für die Orations- und Lektionstöne in deutscher Sprache (Freiburg 1969); *J. Seuffert,* Die Botschaft der Heiligen Nacht (Ulm 1975); *ders.,* Die Botschaft der Osternacht (Ulm 1977); *K. Amon,* Kleine Schönheiten. Die Kantillation – Ausdruck der lebendigen Sprache, in: Gd 14 (1980) 113–115.

Lesung (lectio) Das Wort Lesung meint zunächst den Vorgang der Verlesung eines Textes im ↗Wortgottesdienst, dann den verlesenen Text selbst. In einem engeren Sinn nennt man so die Schrifttexte, die bei der Eucharistiefeier vor dem Evangelium verkündet werden. Auch die Lesungstexte der ↗Lesehore im kirchlichen ↗Stundengebet werden als Lesungen bezeichnet.

1. Im Wortgottesdienst der Meßfeier bildete sich (wohl unter dem Einfluß des Synagogengottesdienstes) eine geregelte Mehrzahl von Lesungen heraus. Weithin führend war ein System von drei Lesungen: atl. Lesung, ↗Epistel und ↗Evangelium. Viele Kirchen haben davon die atl. Lesung verloren. Für Rom deutet vor allem die Zweizahl der Antwortgesänge sowie die Praxis liturgisch hochwertiger Tage darauf hin, daß auch hier an bestimmten Tagen die Dreizahl der Lesungen üblich war (vgl. jedoch ↗Statio 2). – Es war ein besonderes Anliegen des *II. Vatikanums,* bei den liturgischen Feiern „die Schriftlesung reicher, mannigfaltiger und passender" auszugestalten (LK 35). Bezüglich der eucharistischen Feier bestimmt es, „daß den Gläubigen der Tisch des Gotteswortes reicher bereitet werde" (LK 51). Entsprechend führt die neue ↗Leseordnung vom 25. 5. 1969 für die sonn- und festtägliche Meßfeier die Dreizahl der Lesungen wieder ein und beruft sich hierfür auf die frühere Gewohnheit, die lange auch im Osten verbreitet war (3c). Sie stellt außerdem für die genannten Tage eine dreijährige Perikopenordnung auf. Die Wochentage hingegen haben außer dem Evangelium, das in jedem Jahr gleichbleibt, nur eine Lesung, für die jedoch abwechselnd zwei Jahresreihen (I und II) vorgesehen sind. – Die Wiedereinführung der dreifachen Lesung hat in manchen Ländern, besonders auch in Deutschland, Bedenken ausgelöst. Auch bei der Römischen Bischofssynode von 1967 sprach sich eine ansehnliche Minderheit dagegen aus. Man befürchtete, daß die Quantität die innere Wirkung beeinträchtigen könne. Darum räumte die genannte Synode den einzelnen Bischofskonferenzen die Möglichkeit ein, nur zwei Lesungen verpflichtend zu machen. Die Deutsche Bischofskonferenz hat von dieser Möglichkeit Gebrauch gemacht. – Die nichtevangelischen Lesungen werden von einem ↗Lektor vom ↗Ambo aus vorgetragen. Nach dem MR schließt er jeweils die Lesung mit „Verbum Domini“ ab, worauf die Gemeinde mit „Deo gratias“ antwortet. Das MD sieht einen solchen Schluß („Wort des lebendigen Gottes“) nur vor, „wo nach der Lesung ein Zuruf der Gemeinde üblich ist“, und läßt (fakultativ) eine kurze Stille folgen.

2. *Im Stundengebet* gehörten Lesungen zur gemeindlichen Nachtwache (↗Vigil), wie dies die Osternachtwache und die byzantinische Festnachtwache zeigen (früher auch die römischen Quatembersamstage). Nach Jerusalemer Vorbild schloß die Gemeindenachtwache vielfach mit einem Evangelium (↗Laudes). – Nachdem schon das II. Vatikanum für die Neuordnung des Stundengebetes die Weisung gegeben hatte, daß die ↗Matutin weniger Psalmen, aber längere Lesungen enthalten solle (LK 89c), besitzt das neue Stundenbuch eine ↗„Lesehore“ (officium lectionis) mit je einer Lesung aus der Heiligen Schrift und kirchlichen Schriftstellern (bzw. eine hagiographische Lesung). Während das lateinische Brevier für die genannten Lesungen nur eine Jahresreihe enthält und eine zweite in einem Zusatzband in Aussicht stellt, besitzt das Lektionar für das deutsche Stundengebet je zwei Jahresreihen. Auch die übrigen Horen haben je eine Kurzlesung aus der Heiligen Schrift, auch „capitulum“ (↗Kapitel 1) genannt, an deren Stelle, vor allem bei gemeindlicher Feier, eine Vollesung treten kann. – ↗Lektionar; ↗Leseordnung; ↗Lesetöne.

Lit.: Jungmann MS I 504–516; *J. Pascher,* Das Stundengebet der römischen Kirche (München 1954); *G. Kunze,* Die Lesungen, in: *Leiturgia* II 87–180; *W. Dürig,* Art. Lesungen, liturgische, in: LThK VI 982–985; *E. J. Lengeling,* Liturgia horarum. Die Lesungen und Responsorien im neuen Stundengebet, in: LJ 20 (1970) 231–249; *H. Kochem,* Vom Lesen der Schrift, in: *Gott feiern* 416–422; *R. Kaczynski,* Vom Lesen der Väter, in: ebd. 423–435.

Lettner (vom lat. lectorium = Vorleseort) ein bühnenähnlicher Aufbau zwischen Chorraum und Hauptschiff, von dem aus die Lesungen und Predigten vorgetragen wurden. Er kam seit dem 12. Jh. auf, sicher begünstigt durch die Diskrepanz zwischen der umfangreichen Klerikerliturgie und der einfacheren Gemeindeliturgie, und teilte den Kirchenraum in zwei Hälften, die „Herrenkirche" und die „Leutekirche". An seiner dem Hauptschiff zugewandten Seite war ein dem heiligen Kreuz geweihter Altar errichtet („Kreuzaltar"), der von seinem Kruzifix und den beiderseits stehenden Plastiken von Maria und Johannes Ev. überragt war. An diesem Altar wurden die Messen für das Volk gefeiert. Während der ↗Barock die meisten Lettner in katholischen Kirchen als raumstörend demontierte – nur wenige Beispiele sind erhalten –, sehen wir heute im Lettner eine Fehlentwicklung, weil er die eine Gemeinde des Herrn räumlich und liturgisch aufspaltete. – ↗Ambo, ↗Kanzel.

Lit.: J. E. Emminghaus, Gestaltung des Altarraums…, in: Bibel und Liturgie 48 (1975) 82–101 und Leipzig 1977 (PkH 57).

Letzte Ölung ↗Krankensalbung.

Leuchter zunächst nur der Träger von ↗Kerzen, Fackeln und ↗Ampeln, in verschiedenen Formen und Anwendungsarten meist aus Metall gefertigt. Meist verbindet sich mit dem Wort aber auch die von ihm getragene Kerze, so daß vieles bei ↗Kerze Gesagte auch von ihm gilt. Aus den beim gottesdienstlichen ↗Einzug mitgetragenen Leuchtern haben sich die *Akolythenleuchter* entwickelt, die bei Prozessionen mitgetragen werden, sonst aber auf der ↗Kredenz abgestellt sind. In konsekrierten Kirchen sind vor den Apostelkreuzen (↗Kirchweihe) die zwölf ↗*Apostelleuchter* angebracht, die am Jahrtag der Kirchweihe entzündet werden. Kaum mehr gebräuchlich ist der *Sanctusleuchter* neben dem Altar, auf dem früher vom Sanctus bis zur Kommunion die Sanctuskerze brannte, um bei der Elevation die Hostie in der dunklen Kirche besser sehen zu können. – Die *Ostkirchen* kennen keine Altarleuchter, wohl aber neben den zahlreichen Hänge-↗Ampeln mächtige Standleuchter, oft in der Form des siebenarmigen Leuchters, sowie große Radleuchter, wie sie in der romanischen Zeit auch im Westen bekannt waren.

Levitenamt im Hochmittelalter ausgebildete festliche Form der Meßfeier *(Missa sollemnis),* bei der in Nachbildung des mit großer Assistenz gefeierten Bischofsamtes der Priester von zwei „Leviten" (so nach dem Namen der atl. Tempeldiener), einem Diakon und einem Subdiakon (meist nur so gekleideten Priestern), unterstützt wurde. Seit der Abschaffung des Subdiakonates so nicht mehr möglich und unerlaubt. Wohl aber ist die ursprüngliche Form der Presbytermesse wieder möglich und sogar erwünscht, die „Messe mit einem Diakon", auch mit mehreren, wenn zugegen, die dann die Dienste unter sich aufteilen. Ein teilnehmender Priester hingegen nimmt am Gottesdienst nicht als Diakon, sondern immer als konzelebrierender Priester teil, übernimmt aber beim Fehlen eines Diakons aushilfsweisc auch dessen Dienste.

Libellus ↗Sakramentar.

Libera

1. Das letzte *Responsorium* der früheren Matutin im Offizium für Verstorbene, das bei der mittelalterlichen ↗Absolution der Verstorbenen

nach der Totenmesse als Einleitung gesungen wurde, das aber wegen seines wenig österlichen Charakters nicht mehr in die neuen liturgischen Bücher aufgenommen wurde (vgl. ↗Dies irae).

2. Der ↗*Embolismus* in der römischen Meßfeier.

Licht Wie das verwandte ↗Feuer wird es vom antiken Menschen als Geschenk der Gottheit dankbar entgegengenommen. In der ausgehenden Antike hatte vor allem der Sonnenkult große religiöse und politische Bedeutung. Auch die christliche Gemeinde sieht im Licht das Geschenk Gottes, der es am ersten Schöpfungstag schuf. Gott selbst ist Licht ohne jegliche Finsternis (vgl. 1 Joh 1,5), Christus selbst aber wird im Credo „Licht vom Lichte“ genannt; er nennt sich selbst das „Licht der Welt“ (Joh 8,12); er ist „das wahre Licht, das jeden Menschen erleuchtet“ (Joh 1,9), „ein Licht, das die Heiden erleuchtet“ (Lk 2,32). So ist es verständlich, daß in der christlichen Gemeindeversammlung das zunächst aus praktischen Gründen verwendete Licht mit tiefer Symbolik befrachtet war (↗Lucernar; ↗Osterkerze; ↗Kerze). In der ↗Begräbnisliturgie wird das schon im antiken Totenbrauchtum verwandte Licht zum Symbol der Auferstehung. Ebenso wird die lustrierende Wirkung des Lichtes, die der Mensch schon im natürlichen Bereich empfindet, von der Kirche auf Christus bezogen (↗Darstellung des Herrn). Im Volksbrauchtum spielt das Licht eine große Rolle im Umkreis von Weihnachten (mit Wurzeln zum Teil auch im vorchristlichen Brauchtum und im ostkirchlichen Bereich).

Lichtfeier ↗Osternacht, ↗Lucernar.

Lichtmeß ↗Darstellung des Herrn.

Liebe ↗Caritas.

Lied Das muttersprachliche Kirchenlied, mit dem sich das Volk am Gottesdienst beteiligt, ist im deutschen Sprachraum beheimatet. Für eine allerälteste Schicht aus der spätkarolingischen Zeit in der Art des Freisinger Petrusliedes vermutet man den Ansatzpunkt vielfach in den Kyrie-Rufen der Litanei; aber auch der Einfluß der lateinischen ↗Hymnen läßt sich dabei nicht verkennen. Die heute noch lebende Form der *Leisen* (zwei- bis vierzeilige Gebilde, die mit dem Ruf Kyrieleis schließen und davon auch benannt sind) entsteht im Hochmittelalter, indem man das Volk in seiner Sprache in die (nach Form und Inhalt an sich schon volksnahe) Sequenz einstimmen ließ; bei der Leise „Christ ist erstanden“ ist der textliche und musikalische Zusammenhang mit der letzten Strophe der Ostersequenz noch deutlich zu erkennen; ähnliches gilt für: „Nun bitten wir den Heiligen Geist“ – „Gott sei gelobet“ – „Gelobet seist du, Jesus Christ“. Die dem Lied eigentümliche strophische Form erhielten die Leisen weitgehend erst in der Reformation durch Hinzudichtung weiterer Strophen. Von Anfang an vielstrophig sind hingegen die *Ron-*

delli des Mittelalters, die auf Wallfahrten und Prozessionen dem Volk die Möglichkeit gaben, durch Refrainzeilen immer wieder zwischen den Vorsängerzeilen einzufallen. *Kirchenlieder* in strenger Liedform werden erst im späten Mittelalter üblich durch die Umdichtung (Kontrafaktur) weltlicher Lieder auf geistliche Texte; diese „geistlichen Lieder" mit ihrem lyrischen und subjektiven Ton waren nicht für den Gottesdienst bestimmt. – Große Bedeutung gewann das Kirchenlied im Gottesdienst der Reformatoren; hier war es nicht bloß zusätzliche Möglichkeit einer Beteiligung des einfachen Volkes am an sich kompletten Gottesdienst; der ↗Volksgesang wurde vielmehr als notwendiger Bestandteil des Gottesdienstes und seiner Verkündigungsaufgabe erkannt. Der daraus erwachende Liederfrühling wirkte sich auch bei den Katholiken des deutschen Sprachraums aus (↗Gesangbuch), wurde hier aber nicht in die Liturgie integriert, sondern als volkstümliche meditative Begleitung des priesterlichen Tuns verstanden, besonders in den Singmessen der ↗Aufklärung (↗Betsingmesse). Erst die Musikinstruktion vom 7. 3. 1967 ermöglichte in Nr. 32 den Bischofskonferenzen, Lieder an die Stelle der vorgesehenen ↗Prozessionsgesänge der Messe zu setzen; damit wird der Gesang des Volkes in seiner wahren Aufgabe auch rechtlich anerkannt. Umgekehrt steigen damit die Anforderungen, die an die Kirchenlieder gestellt werden müssen; die in den Gesangbüchern vorherrschenden geistlichen Volkslieder können der gottesdienstlichen Aufgabe nicht genügen.

Die Bedeutung des Liedes liegt in seiner geschlossenen Form, die aus der Spannung zwischen strophenweise wechselndem Text und der unverändert wiederkehrenden Melodie erwächst, aus dem Zusammenspiel von musikalischem Selbstand und textlichem Weitergewiesensein der einzelnen Strophe. Kirchenlieder können darum nicht allein vom Text her beurteilt werden, ihre Wirkkraft beruht wohl zum sogar größten Teil auf der Melodiebildung. Die in sich geschlossene Form des Liedes engt seine Verwendungsfähigkeit im Rahmen des Gottesdienstes ein, weil dessen Teile zunächst ja gegenseitig offen sein müssen. Erschwerend tritt in der Gegenwart dazu, daß in der Musikkultur allgemein das Volkslied an Bedeutung verloren hat, so daß der aus dem geistlichen Lied erwachsenen Schicht der Kirchenlieder weithin ein gewisses Unbehagen begegnet.

Im gut gestalteten Gottesdienst hat das Kirchenlied eine wichtige Aufgabe, wenn es recht eingesetzt wird. Vor allem darf nicht die Struktur des Gottesdienstes durch den ausschließlichen Gebrauch der Liedform eingeebnet werden; man kann keine Vesper gestalten aus einem Lied zum Hymnus, drei Psalmliedern und einem Magnificat-Lied; dies gilt erst recht für die Meßfeier. Die Liedform ist hier sicher ungeeignet für den Antwortpsalm, wenig geeignet für Rufformen wie Kyrie, Agnus Dei und auch Sanctus; sie sollte in wohlüberlegter Dosierung an geeigneten Stellen eingesetzt werden, nicht gehäuft auf engem Raum, sondern im Wechsel mit anderen (nichtliedmäßigen) musikalischen Formen. Dann entfaltet das Lied seine ihm eigene Kraft. – Bei Andachten kann neben dem strengen Kirchenlied das geistliche Volkslied stärker einbezogen werden, kann ein Lied, strophenweise zwischen die Gebete aufgeteilt, auch zum Kernstück, zum roten Faden eines Gottesdienstes werden.

Lit.: B. Huijbers, Wert und Grenzen des Liedes in der Liturgie, in: Kirchenmusik nach dem Konzil (Freiburg 1967) 94–100; *H. Kronsteiner,* Das deutsche Kirchenlied in der Liturgiefeier, in: *F. Zauner* u. a., Die Kirchenmusik und das II. Vat. Konzil (Graz 1965) 77–90; *Harnoncourt* 249–462; *J. Henning,* Zur Stellung des Kirchenlieds im kath. Frömmigkeitsleben, in: HD 22 (1968) 56–63; *W. Lipphardt,* Psalmen, Hymnen, Lieder, in: Sakrale Sprache und kultischer Gesang (Laacher Hefte 37) 106–120; *W. Schmidt,* Über das Kirchenlied, in: ebd. 121–130; *H. Hucke,* Musikalische Voraussetzungen liturgischer Reform, in: Concilium 2 (1966) 101–114; Der Stellenwert der Gesänge im Gottesdienst, in: WGL V 197–206; *G. und N. Weidinger,* Literaturliste Lied und Musik in Gottesdienst, Gemeindekatechese und RU (hrsg. vom DKV, München 1980).

Litanei Das aus der griech. Sprache stammende Wort hat die Bedeutung ↗Bittgebet. Es handelt sich um einen Gebetstyp, bei dem die Bitten des Vorbeters von der Gemeinde mit gleichbleibenden Bittrufen beantwortet werden (gesprochen oder gesungen). Diese Gebetsform kennt schon vorchristliche Ausprägungen und hat zuerst in der östlichen Kirche in Form der Kyrie-Litanei (↗Ektenie) Eingang gefunden, um dann auch in Rom (5. Jh.) Fuß zu fassen. Ihr römischer Urtyp ist die ↗Allerheiligenlitanei. Wegen ihres bevorzugten Gebrauches bei ↗Bittprozessionen überträgt sich der Name Litanei auch auf die Bittage und die ihnen zugeordneten Bittgänge. Die große Beliebtheit dieser schlichten und anpassungsfähigen Gebetsform führt noch im MA zu zahlreichen Nachbildungen. Die bekannteste ist die Lauretanische Litanei, so genannt wegen ihrer bevorzugten Verwendung im italienischen Wallfahrtsort Loreto. Ihre zahlreichen ehrenden Benennungen der Gottesmutter sind nach byzantinischem Vorbild weitgehend der Heiligen Schrift entnommen. Im 16. Jh. gibt es bereits mehr als 80 Litaneien. Papst *Clemens VIII.* gestattet 1601 im Hinblick auf die „fast unzähligen Litaneiformen" und die damit gegebenen Gefahren für den Glauben und die gesunde Frömmigkeit nur noch die Allerheiligen- und Lauretanische Litanei. Sonstige Litaneien dürfen nur nach vorheriger Approbation durch die Ritenkongregation verwendet werden, die aber fast drei Jahrhunderte hindurch verweigert wird. Neue Approbationen erfolgen erst für die Litanei vom Namen Jesus (1886), vom Herzen Jesu (1899), vom hl. Josef (1909) und vom kostbaren Blut (1960). Das neue Gesangsbuch GL enthält im ganzen acht Litaneien, darunter die neuartige „Namen-Gottes-Litanei" (763) und die „Litanei von der Gegenwart Gottes" (764). Eine wertvolle Ausprägung findet der Gebetstyp der Litanei im neuen Stundengebet bei den „Bitten" der ↗Laudes und den „Fürbitten" der ↗Vesper.

Liturgie Das griech. Wort (aus: leiton ergon = Dienst am Volk, im Sinn einer öffentlichen Dienstleistung) bezeichnet die gottesdienstliche Versammlung der Gemeinde, in der Christus durch seinen Heiligen Geist in Verkündigung und sakramentalen Zeichen den Gläubigen Anteil gewährt an seinem ↗Pascha-Mysterium und dem erlösten Menschen die dankbar preisende Antwort an den Vater ermöglicht.

1. Wesen der Liturgie. Die herkömmlichen Beschreibungen erfassen die Liturgie meist unter dem Begriff des ↗Kultes, übersehen dabei aber oft, daß es sich nicht nur um ein Tun des Menschen handelt (Gottesverehrung), sondern daß dabei Gott in Christus durch Wort und Sakrament zuerst heilbringend tätig wird und der Mensch dann erst den Vater mit und in Christus dankend lobpreist. Basis und Quellgrund der Liturgie ist die geschichtliche Heilstat des Gottmenschen Jesus Christus mit dem Pascha-Mysterium als Mittelpunkt. An ihm will Christus seine Kirche in der Kraft des Heiligen Geistes teilhaben lassen (vgl. LK 5f). Dies geschieht besonders durch die liturgischen Handlungen, in denen er heilbringend gegenwärtig ist. „Gegenwärtig ist er im Opfer der Messe sowohl in der Person dessen, der den priesterlichen Dienst vollzieht… wie vor allem unter den eucharistischen Gestalten. Gegenwärtig ist er mit seiner Kraft in den Sakramenten…, in seinem Wort… schließlich, wenn die Kirche betet und singt…" (LK 7). So ist Liturgie in ihrem tiefsten Wesen Vergegenwärtigung und Zuwendung des Heilswerks Christi, sie ist Aktionsgemeinschaft des Hohenpriesters Christus und seiner Kirche zur Heiligung der Menschen und zur Verherrlichung Gottes. „Mit Recht gilt also die Liturgie als Vollzug des Priesteramtes Jesu Christi… Infolgedessen ist jede liturgische Feier als Werk Christi, des Priesters, und seines Leibes, der die Kirche ist, in vorzüglichem Sinn heilige Handlung…" (LK 7). So hat jeder Gottesdienst der Christen eine dialogische Struktur: Gott ist in Christus tätig in Richtung auf den Menschen, diese aber preisen und verehren in und mit Christus den Vater (soterische und latreutische Komponente). In diese liturgischen Feiern ist die ganze ↗Gemeinde einbezogen, aufgerufen zur tätigen ↗Teilnahme, indem jeder all das tut, „was ihm aus der Natur der Sache und gemäß den liturgischen Regeln zukommt" (LK 28).

2. Umfang der Liturgie (Teilbereiche der Liturgie). Zur Liturgie rechnen nach dem Gesagten die wahrnehmbaren Feiern, in denen Christus in der Gemeinde gegenwärtig wird, um die Menschen zu heiligen und den Vater zu verherrlichen. Im Zentrum dieser heiligen Handlungen steht die ↗Eucharistie (im Osten als *die Liturgie* bezeichnet), in der die Gemeinschaft mit Christus am intensivsten verwirklicht wird. Um sie legt sich der Kreis der ↗Sakramente, die den Menschen entweder in die eucharistische Gemeinde einfügen (↗Initiation), ihm in besonderen Situationen helfend zur Seite stehen (↗Bußsakrament, ↗Krankensalbung) oder zu einem besonderen Dienst in der Kirche befähigen (↗Weihesakrament, ↗Trauung – Ehe). Des weiteren rechnet dazu auch die selbständige ↗Verkündigung des Gotteswortes (↗Wort Gottes) in Lesung und Predigt sowie die Feier des Gotteslobes, „wenn die Kirche betet und singt". Weit verbreitet ist immer noch (besonders im evangelischen Raum) jene Denkweise, die unter Liturgie nur den „Gebetsmantel" um

die Verkündigung (Predigtumrahmung) und sakramentale Handlung versteht und die dann Predigt und Sakrament gegen eine falsch verstandene Liturgie ausspielt. Ähnlich werden von manchen als Liturgie nur die Zeremonien betrachtet, die sich im Rahmen gottesdienstlicher Feiern finden. – Über die genannten gesamtkirchlichen Bereiche der Liturgie hinaus gibt es weitere gottesdienstliche Versammlungen in der Art von ↗Andachten und ↗Prozessionen und weiteren mehr regional gebräuchlichen Feiern. ↗„Mediator Dei" sagt von ihnen, „daß sie gewissermaßen als in die liturgische Ordnung einbezogen gelten" (180), die Instruktion vom 3. 9. 1958 trennte sie als *pia exercitia* sorgfältig von der Liturgie und verwies sie in die Kompetenz der Bischöfe (was erstmals bedeutsam wurde für die Neuordnung der ↗Fronleichnams-Prozession). LK 13 geht einen Schritt weiter und hebt aus den „Andachtsübungen des christlichen Volkes", aus den *pia exercitia*, die neben der Liturgie zu Recht bestehen, die „gottesdienstlichen Feiern der Teilkirchen" hervor, die „gemäß der Gewohnheit oder nach rechtlich anerkannten Büchern in bischöflichem Auftrag gehalten werden", bezeichnet als *sacra exercitia;* man wird hier geradezu von *„Diözesanliturgie"* sprechen dürfen.
3. Bedeutung der Liturgie. Das II. Vatikanum weist der Liturgie im Gesamt des kirchlichen Lebens einen hohen Stellenwert zu, indem es feststellt, daß ihre Wirksamkeit von keinem anderen Tun der Kirche an Rang und Maß erreicht wird (LK 7); sie sei „der Höhepunkt, dem das Tun der Kirche zustrebt, und zugleich die Quelle, aus der all ihre Kraft strömt" (LK 10). Das bedeutet allerdings keinen Ausschließlichkeitsanspruch der Liturgie. Das Konzil weiß, daß ihr vieles vorgelagert sein muß, vor allem die erste Verkündigung, die Umkehr und Zuwendung zu Christus (↗Katechumenat) und die menschliche Fähigkeit zu brüderlicher Gemeinschaft. Andererseits darf liturgisches Handeln nicht bei sich selber stehenbleiben. Wer in ihr und durch sie immer stärker Christus eingegliedert wird, weiß sich nach seinem Vorbild auch dem Heil aller Menschen verpflichtet. Liturgie gibt dem Menschen erst die rechte Motivierung und Kraft, den Egoismus zu überwinden und sich selbstlos dem Dienst am Mitmenschen und dem Heil der ganzen Welt zu schenken. Die im Gottesdienst empfangene Gabe wird zur Aufgabe im und am Reiche Gottes. Damit wird auch der Vorwurf der „Verkultung des christlichen Lebens" eindeutig entkräftet. Liturgie realisiert einerseits die notwendige „Vertikale" (Mensch↔Gott), andererseits gibt sie Kraft und Verpflichtung, die „Horizontale" (Mensch → Mitmensch → Welt) in rechter Weise zu berücksichtigen. – Vor der rechten Sicht der Liturgie müssen jene oberflächlichen Fehlurteile verstummen, wonach sie eine Art Denkmalspflege überkommener gottesdienstlicher Formen sei, eine ästhetisierende oder romantisierende Schwärmerei für kunstvolle Zeremonien und Gesänge oder die ängstliche Beobachtung rubrikaler Vorschriften mit magischem Zuschnitt. Gegen solche Mißdeutungen hatte sich schon *Pius XII.* im Jahre 1947 eindeutig ausgesprochen (MedDei 25), das II. Vatikanum hat ihnen erst recht die Grundlage entzogen.

4. Geschichte der Liturgie:
↗Urchristentum, ↗Karolingerzeit, ↗Mittelalter, ↗Barock, ↗Aufklärung, ↗Liturgische Bewegung, ↗Liturgiereform. Für die verschiedenen Liturgieformen: ↗Rom, ↗Lateinische Liturgien, ↗Orientalische Riten.

Lit.: Zur Geschichte: Th. Klauser, Kleine abendländische Liturgiegeschichte (Bonn 1965); *J. A. Jungmann,* Liturgie der christlichen Frühzeit (Freiburg/Schw. 1967); *ders.,* Wortgottesdienst im Licht von Theologie und Geschichte (4. umgearb. Aufl. der „Liturg. Feier") (Regensburg 1965); *H. A. J. Wegman,* Geschichte der Liturgie im Westen und Osten, (Regensburg 1979). *Zur Theologie: H. Volk,* Theologische Grundlagen der Liturgie (Mainz 1964); *A. Verheul,* Einführung in die Liturgie (Wien 1964); *E. J. Lengeling,* Die Lehre der LK vom Gottesdienst, in LJ 15 (1965) 1–27. *Zusammenfassende Darstellungen: Martimort; J. A. Jungmann,*Der Gottesdienst der Kirche (Innsbruck [3]1962); *Reifenberg; A. Adam,* Erneuerte Liturgie (Freiburg u. a. [4]1980); *K. Rahner,* Zur Theologie des Gottesdienstes, in: Schriften zur Theologie XIV (Einsiedeln u. a. 1980) 227–237.

Liturgiefähigkeit Die Frage, ob der heutige Mensch überhaupt noch liturgiefähig sei, wurde von *R. Guardini,* einem Wegbereiter liturgischer Erneuerung und ↗Erziehung, in einem Brief an den Liturgischen Kongreß in Mainz (April 1964) in die neuere Diskussion gebracht („Der Kultakt und die gegenwärtige Aufgabe der liturgischen Bildung", veröff. in: LJ 14 [1964] 101–106). Aus dem Kontext des Briefes ergibt sich klar, daß Guardini nicht die Liturgie als Mysterium der Heilszuwendung und Gottverherrlichung in Frage stellen will, sondern daß es ihm um den „liturgischen Akt" geht, die kultische Handlung, die der Mensch in leiblich-zeichenhafter Weise vollziehen und in die er seine ganze Persönlichkeit einbringen muß. Sicher fehlen nicht wenigen Menschen der heutigen „Industrie- und Konsumgesellschaft", auch solchen, die sich noch als gläubige Christen betrachten, in einem gewissen Grad die Fähigkeit und die Bereitschaft zur *Stille, Sammlung und geistigen Anstrengung,* auf die liturgische Feier nicht verzichten kann. Auch kann, weil sie gemeinsames Handeln im Hören, Beten, Singen und mancherlei Zeichen ist, ein sich von der Gemeinschaft abkapselnder *Individualismus* und vielleicht auch *Egoismus* zum Hindernis werden. Auch seitens der *Liturgie selbst* kann es zu einer Erschwerung ihrer Mitfeier kommen, wenn sie sich in sprachlichen und rituellen Formen kundtut, die dem modernen Menschen antiquiert, übertrieben, süßlich oder ganz unverständlich vorkommen. Im Wissen darum war das II. Vatikanum bemüht, Texte und Riten so zu gestalten, „daß sie das Heilige, dem sie als Zeichen dienen, deutlicher zum Ausdruck bringen, und so, daß das christliche Volk sie möglichst leicht erfassen und in voller, tätiger und gemeinschaftlicher Teilnahme mitfeiern kann" (LK 21). Die Zulassung der Muttersprache im Gottesdienst dürfte eine solche Voraussetzung für ein besseres Verständnis sein. *Die entscheidende Voraussetzung* ist jedoch der lebendige Glaube, daß in der Liturgie Gott selber in Christus auf unser Heil hin tätig wird, der Glaube, daß wir dieses gottgeschenkten Heiles bedürftig sind und die

Gemeinde in Gemeinschaft mit ihrem Hohenpriester im dankenden Lobpreis der liturgischen Feier die angemessene Antwort auf Gottes Heilshandeln gibt. Wo der Glaube an Gott und seine Heilsökonomie Einbußen erleidet, schwindet auch die Bereitschaft zur liturgischen Feier. So wird die Sorge um die Liturgiefähigkeit zur Herausforderung auch der allgemeinen Pastoral. ↗Liturgiereform; ↗Erziehung, liturgische.

Lit.: *R. Guardini,* Liturgische Bildung (Rothenfels 1923); *Th. Bogler* (Hrsg.), Ist der Mensch von heute noch liturgiefähig? (LuM 38) (Maria Laach 1966); *A. Adam,* Erneuerte Liturgie (Freiburg [4]1980) 18–22.

Liturgiegeschichte ↗Liturgie.

Liturgie-Konstitution (= LK) Die „Konstitution über die heilige Liturgie" (lat. Anfangsworte „Sacrosanctum Concilium" = SC) wurde als erstes Dokument des II. Vatikanums am 4. 12. 1963 mit der eindrucksvollen Mehrheit von 2147 Ja-Stimmen bei nur vier Nein-Stimmen verabschiedet. Mit seinen sieben Kapiteln (130 Artikel) und einem Anhang muß dieses Dokument – genau 400 Jahre nach der Schlußsitzung des Trienter Konzils verabschiedet – als Beginn einer neuen Epoche in der Geschichte der Liturgie betrachtet werden. Hier werden grundlegende Aussagen über Wesen und Bedeutung der ↗Liturgie gemacht und Richtlinien für ihre Erneuerung und rechte Feier aufgestellt. Dabei muß klar gesehen werden, daß dies nicht aus peripheren Absichten geschieht, sondern im Rahmen des Gesamtzieles des Konzils, „das christliche Leben unter den Gläubigen mehr und mehr zu vertiefen, die dem Wechsel unterworfenen Einrichtungen den Notwendigkeiten unseres Zeitalters besser anzupassen, zu fördern, was immer zur Einheit aller, die an Christus glauben, beitragen kann, und zu stärken, was immer helfen kann, alle in den Schoß der Kirche zu rufen" (LK 1). Das Konzil will mit seiner LK also nicht nur die Liturgie erneuern, sondern durch die erneuerte Liturgie die Menschen. Es ist verständlich, daß das Konzil nur die Grundlinien der Reform aufzeigen konnte, die Revision der liturgischen Bücher erforderte die Arbeit vieler Jahre und ist inzwischen fast abgeschlossen. Was als Daueraufgabe bleibt, ist die Realisation der Grundentscheidungen und Weisungen im Leben der Gesamtkirche, ihrer Gemeinden und der einzelnen Gläubigen. Vgl. ↗Liturgie, ↗Liturgiereform, ↗Liturgische Bewegung, ↗Liturgiesprache, ↗Kongregation für den Gottesdienst.

Lit.: *J. A. Jungmann,* Einleitung und Kommentar zur LK in: LThK, Das Zweite Vatikanische Konzil Bd. I (Freiburg u.a. 1966) 10–109; *E. J. Lengeling,* Die Konstitution ... über die heilige Liturgie (Münster 1964); *ders.,* Die LK, in: LJ 14 (1964) 107–121; *F. Kolbe,* ebd. (Praktische Hinweise) 122–135; *H. Schmidt,* Die Konstitution über die heilige Liturgie (Freiburg 1965); *B. Fischer,* Die pastoralen Anliegen der LK, in: LJ 15 (1965) 65–78; *E. J. Lengeling,* Protestantische Wertungen der LK, in: LJ 20 (1970) 22–39.

Liturgierat, Römischer ↗Kongregation für den Gottesdienst.

Liturgiereform

1. Möglichkeit und Notwendigkeit. ↗Liturgie als Aktionsgemeinschaft von Christus und Kirche zur Heiligung der Menschen und zur Verherrlichung des himmlischen Vaters enthält „einen kraft göttlicher Einsetzung unveränderlichen Teil", aber auch „Teile, die dem Wandel unterworfen sind" und deshalb „geändert werden können oder müssen" (LK 21). Diese wandelbaren Teile aus Ausdruck und Zeichen des Wesentlichen sind eingebunden in die jeweilige geschichtlich-kulturelle Umwelt und Sprache. Da sich diese wandeln, kann auch ein Wandel der liturgischen Texte, ↗Zeichen und Formen geboten sein, damit sie ihrem dienenden Charakter gegenüber der unwandelbaren Substanz einerseits und der auf Verständnis angewiesenen mitfeiernden Gemeinde andererseits gerecht werden können. Darum verbietet es sich und kann niemals als Leitbild betrachtet werden, zu allen Zeiten und bei allen Völkern eine starre Einheitlichkeit auch in den wandelbaren Teilen der Liturgie anzustreben. Im Gegenteil ist der Wandel der Zeit und auch das kulturelle Erbe und die Eigenart der einzelnen Völker zu fördern und einer berechtigten Vielfalt an Sitte und Brauchtum Raum zu geben, sofern sie mit dem echten Geist der Liturgie vereinbar sind (vgl. LK 37–40). In dieser Hinsicht hat das II. Vatikanum aus den Fehlern der Vergangenheit, besonders auch in den Missionen, die richtigen Folgerungen gezogen. Darum sind auch die zuständigen Bischofskonferenzen aufgefordert, nicht nur die in den neuen liturgischen Büchern vorgesehenen Anpassungen vorzunehmen, sondern gegebenenfalls mit Zustimmung des Apostolischen Stuhles tiefer greifende Anpassungen in die Wege zu leiten (LK 40). Kriterien für jede Reform sind deutlichere Zeichenhaftigkeit, leichtere Verständlichkeit und die bessere Möglichkeit einer vollen, tätigen und gemeinschaftlichen Teilnahme (LK 21). Änderungen sollen nur dann erfolgen, wenn ein „wirklicher und sicher zu erhoffender Nutzen der Kirche" es verlangt. Gründliche Untersuchungen müssen vorangehen; die neuen Formen sollen organisch aus den bestehenden herauswachsen und auffallende Unterschiede zwischen den Riten benachbarter Gebiete vermieden werden (LK 23). Weil jede Änderung der bestehenden Liturgie größtes Gewicht hat, ist es verständlich, daß sie in die Kompetenz der zuständigen kirchlichen Autorität gehört, wobei die Zuständigkeit der regionalen Bischofskonferenzen stark ausgeweitet worden ist.

2. Geschichtlicher Überblick. Reformwille machte sich in der Liturgie schon früh bemerkbar: Das Zusammenwachsen der örtlichen Riten zu Liturgiefamilien um je ein Zentrum kommt nicht nur von den Vorrangbestrebungen der Zentren, sondern ebenso von der Suche aller nach einer rechten Liturgiefeier; in derselben Richtung liegen die Anfragen naher und entfernter Bischöfe an die Apostolischen Stühle, besonders an Rom. Für die Entwicklung der römischen Liturgie wurde von größter Bedeutung die gottesdienstliche Reform in der ↗Karolingerzeit. Im Herbst des Mittelalters kämpften einsichtige Männer gegen eine überbordende Entwicklung für einen einfachen und nüchternen Gottesdienst.

Bei allem ehrlichen Bemühen der *Reformatoren,* auf die ältesten Traditionen der Kirche zurückzugreifen, reinigten sie die Meßfeier nicht nur von spätmittelalterlichen Wucherungen und von echten und vermeintlichen Fehlentwicklungen, sondern sprengten in Wirklichkeit ihre Struktur (↗Reformation). Aber auch die *Trienter Reform* konnte ihr gestecktes Ziel nicht wirklich durchführen und zu den Quellen des christlichen Altertums zurückfinden. Es gelang ihr nur, durch die offizielle Neuausgabe der wichtigsten liturgischen Bücher viele, vor allem lokale Mißstände zu beseitigen. Die Angst vor Rückfällen in frühere Wucherungen führte zu einer starren rubrizistischen Festlegung, über die die 1588 eigens gegründete ↗Ritenkongregation wachen sollte. Das rettete zwar den katholischen Gottesdienst durch die ↗Aufklärung hindurch, entfernte ihn aber zugleich immer mehr vom wirklichen Leben der Gemeinde. In der Aufklärung liegen auch die Wurzeln der ↗Liturgischen Bewegung, die zu Beginn dieses Jahrhunderts einen mächtigen Auftrieb erfuhr. *Pius X.* leitete die ersten offiziellen Reformschritte ein und kündigte eine durchgreifende Gesamtreform an, für die etwa dreißig Jahre Vorbereitungszeit veranschlagt wurden. Sein früher Tod (1914) und die Schwierigkeiten der Kriegs- und Nachkriegszeit verzögerten die Arbeiten erheblich. Erst *Pius XII.* griff sie wieder energischer auf mit der Neuübersetzung des Psalteriums (1945), der Erneuerung der ↗Osternacht und der Heiligen Woche (1951 bzw. 1955). Die offiziöse römische Zeitschrift *Ephemerides Liturgicae* öffnete 1948 ihre Spalten für Fragen der Liturgiereform. 1951 begann auf Initiative des Trierer Liturgischen Institutes eine Reihe *internationaler Studientreffen.* Diese und andere Vorbereitungsarbeiten zeitigten auf dem II. Vatikanum als reife Frucht die ↗Liturgie-Konstitution. Das darin festgelegte Reformprogramm wurde durch eigens ins Leben gerufene Reformgremien (↗Gottesdienstkongregation incl. „Liturgierat") in die Praxis übergeführt. Mittlerweile sind die meisten liturgischen ↗Bücher in revidierter Ausgabe erschienen und auch in den einzelnen Sprachregionen adaptiert. Was als ständige Reformaufgabe bleibt, ist die immer notwendige liturgische Bildung und ↗Erziehung zum Gottesdienst.

Lit.: Lit. zu ↗Liturgie, ↗Liturgische Bewegung; ferner: *H. Bacht,* Kritische Beobachtungen zur nachkonziliaren Liturgie, in: Geist und Leben 76 (1973) 379–383; *E. Tewes,* Erfahrungen mit der Gottesdienstreform, in: HK 28 (1974) 133–142; *H.Reifenberg,* Brauchen wir eine zweite Liturgiereform, in: Bibel und Liturgie 48 (1974) 209–230; *B. Neunheuser,* Die nachkonzilare Liturgiereform, in: ALW 19 (1978) 59–88.

Liturgiesprache

1. Geschichtlicher Überblick. Zur Problematik der gottesdienstlichen Sprache christlicher Gemeinden hat schon der Apostel Paulus Stellung genommen, wenn er im Hinblick auf das unverständliche „Zungenreden" schreibt: „Doch vor der Gemeinde will ich lieber fünf Worte mit Verstand reden, um auch andere zu unterweisen, als zehntausend Worte in Zungen stammeln" (1 Kor 14, 19). So haben die Urgemeinden in Palästina in ihren Gottesdiensten das dort übliche Aramäisch gesprochen, außerhalb Palästinas weithin die griechische Sprache in der damaligen Form der „Koine". Aber schon früh finden wir im Osten weitere Sprachen als Liturgiesprache. So die syrische, koptische, armenische, georgische, äthiopische unter dem Namen Ghe'ez, die altslawische und seit dem 10. Jh. die arabische Sprache. Man kann sagen, daß die östlichen Kirchen dem Prinzip der Volkssprache immer Raum gegeben haben und auch Rom keinen Einspruch dagegen erhoben hat. Auch in Rom war die „Koine" bis ins 3. Jh. hinein dominierend, die Liturgie wurde entsprechend griechisch gefeiert, wie uns die Kirchenordnung *Hippolyts* beweist. Die Restauration der lateinischen Sprache, vor allem seit *Decius* (249–251), führte dazu, daß auch der römische Gottesdienst allmählich in↗Latein gefeiert wird, ein Prozeß, der unter Papst *Damasus um 380* abgeschlossen war. Als mit der byzantinischen Verwaltung das griechische Element wieder stärker wurde, führte man (vom 7. Jh. an) doppelsprachige Lesungen beim Papstgottesdienst und Doppelsprachigkeit in wichtigen Stücken des Taufritus ein. So nimmt auch die römische Kirche die jeweilige Volkssprache in ihren Gottesdienst hinein. Noch im Jahre 880 erklärt *Johannes VIII.* im Zusammenhang mit der Slawenmission des *Cyrill* und *Methodius,* es verstoße nicht gegen den rechten Glauben, die Messe in der Volkssprache zu feiern, denn der Schöpfer der drei Hauptsprachen (gemeint sind Hebräisch, Griechisch und Lateinisch) habe auch alle übrigen zu seinem Lob hervorgebracht. In der Völkerwanderung übernehmen die zum katholischen Glauben bekehrten Germanen auch die römische Liturgie in lateinischer Sprache. Die führenden Schichten eignen sich allmählich gewisse Lateinkenntnisse an und empfinden so den lateinischen Gottesdienst für sich selbst nicht als Problem, zumal später die karolingische Politik engsten Anschluß an Rom suchte. Mit zum Teil recht fragwürdigen Argumenten hat Rom in der Folgezeit die beherrschende Stellung des Lateins noch verstärkt. So widerruft *Gregor VII.* 1080 in einem Brief an den böhmischen König die Erlaubnis seines Vorgängers *Johannes VIII.* mit der überraschenden Begründung, es habe dem allmächtigen Gott nicht ohne Grund gefallen, daß die Heilige Schrift in gewissen Gegenden verhüllt bleibe, damit sie nicht bei allseitiger Zugänglichkeit gewöhnlich werde, der Verachtung anheimfalle oder von mittelmäßigen Menschen falsch verstanden und zum Irrtum mißbraucht werde. Obwohl sich durch den Einsatz der Reformatoren für die Volkssprache die Fronten verhärteten, verurteilt das *Konzil von Trient* (1545–1563) lediglich die Behauptung, die Messe dürfe nur in der Volkssprache gefeiert werden (22. Sitzung, can. 9), und läßt so die Tür zu weiteren Entwicklungen offen. Aber noch gegen Ende des 16. Jhs. wird diese Entscheidung so interpretiert, als habe es jede volkssprachliche Liturgie verboten, so daß sich die Stellung Roms zugunsten des Lateins in den folgenden vier Jahrhunderten erheblich verhärtete. Erst um die Mitte des 20. Jhs. zeigen sich gewisse Auflockerungen, wie vor allem MedDei (Nr. 59) und verschiedene Ausgaben des ↗Rituale zeigen. Eine grundlegende Änderung erfolgt mit dem II. Vatikanum. Es bestimmt zwar in LK 36, daß der Gebrauch des Lateins in den „lateinischen Riten" erhalten bleiben soll, soweit nicht Sonderrecht entgegensteht, gesteht aber zugleich im Hinblick auf den großen pastoralen Nutzen der Muttersprache einen weiteren Raum zu. In welcher Weise dies geschieht, sei der Entscheidung der regionalen Bischofskonferenzen mit Billigung Roms überlassen. Diese Möglichkeit wird in den folgenden Jahren auf Antrag mehrerer Bischofskonferenzen und des für die Durchführung der Reform eingesetzten Römischen Liturgierates (↗Kongregation für den Gottesdienst) mit Zustimmung des Papstes wesentlich erweitert, so daß heute praktisch die gesamte Liturgie in der Volkssprache gefeiert werden kann. Es wurde jedoch mehrfach betont, daß die Fähigkeit der Gemeinden zur Feier lateinischer Messen nicht verlorengehen dürfe.

2. Die Problematik volkssprachlicher Übersetzungen. Mit der Erlaubnis zur volkssprachlichen Liturgie ergab sich jedoch bald die Erfahrung des Ungenügens wörtlicher Übersetzungen der lateinischen Vorlagen, zumal diese viele zeit- und kulturgebundene Aussagen und Frömmigkeitshaltungen konserviert hatten. Weitere Probleme ergaben sich daraus, daß manche lateinischen Ausdrücke nicht gleichwertig mit einem Wort der Volkssprache in voller Sinnbreite wiedergegeben werden können (z. B. Mysterium) und manche wörtlichen Übersetzungen sich für Vertonung und Gesang sperrig erweisen. – In dieser Notlage bedeutet die römische „Instruktion über die Übersetzung liturgischer Texte für Feiern mit dem Volk" (25. 1. 1969) eine wertvolle Hilfe. Sie basiert auf den Ergebnissen eines internationalen Kongresses für die Übersetzung liturgischer Texte in Rom (9.–13. 11. 1965). Darin heißt es u. a., es genüge nicht, einen Text wortwörtlich zu übersetzen, sondern es komme darauf an, ihn zunächst gedanklich freizulegen, um ihm dann eine andere, genaue und treffende Form zu geben. Die verwendete Sprache solle die gehobene Umgangssprache sein. Bei Gebeten der Gemeinschaft, insbesondere Akklamationen, sei besonders auf die phonetische und rhythmische Qualität zu achten. Das Dokument schließt mit der Feststellung: „Man kann sich für die Feier einer von Grund auf erneuerten Liturgie nicht mit Übersetzungen begnügen; Neuschöpfungen sind erforderlich." Hiermit wird den Übersetzern und Komponisten eine große Aufgabe gestellt, die ebenso der religiösen Erfahrung und Inspiration bedarf wie einer ausreichenden Zeit des Reifens. Hierfür sollten aber auch die Gemeinden das notwendige Verständnis und die entsprechende Geduld aufbringen.

Lit.: Außer der Lit. im Art. ↗Latein sei noch erwähnt: *P. Winninger,* Volkssprache und Liturgie (Trier 1961).

Liturgiewissenschaft (Liturgik) *Gegenstand der Liturgiewissenschaft* ist das gottesdienstliche Leben der Kirche, für das der Humanismus das Fremdwort ↗Liturgie eingeführt hat. Weil sich in ihr das ergangene Gotteswort und Gottesheil in Christus mit der Antwort der Kirche als Lobpreis, Dank und Bitte zur Einheit der gottesdienstlichen Feier verbinden, ist Liturgiewissenschaft weit mehr als Rubrizistik. Denn sie hat sich mit diesem „Höhepunkt, dem das Tun der Kirche zustrebt", und „der Quelle, aus der all ihre Kraft strömt" (LK 10), unter theologischen, historischen, spirituellen, seelsorglichen und rechtlichen Aspekten zu beschäftigen. So gesehen, ist es verständlich, daß das II. Vatikanum das „Lehrfach Liturgiewissenschaft" in den Seminarien und den Studienhäusern der Orden zu einem der „notwendigen und wichtigen Fächer" und an den theologischen Fakultäten zu einem Hauptfach aufwertet (LK 16). Auch die übrigen theologischen Disziplinen sollen den Zusammenhang des Mysteriums Christi und der Heilsgeschichte mit der Liturgie und so zugleich die Einheit der priesterlichen Ausbildung aufleuchten lassen (ebd.).

Am Anfang steht eine rein seelsorgliche Erklärung des Gottesdienstes, besonders als Einführung der ↗Neophyten durch „mystagogische Katechesen". Aus Ansätzen in der späten Väterzeit wurde die ↗Allegorese als systematisches Deutungsprinzip entwickelt *(Amalar)*, das seit der Karolingerzeit die volkstümliche wie die wissenschaftliche Erklärung der Liturgie fast ausschließlich beherrscht. Die Scholastik zeigte sich an der grundsätzlichen Untersuchung der gottesdienstlichen Feier wenig interessiert. Mit dem Humanismus trat ein Wandel der Arbeitsweise durch den kritischen Neuansatz der Forschung ein. Er führte zu den großen Quellenausgaben und historischen Untersuchungen der Barockzeit (z. B. *Hittorp, Martène, Muratori, Gerbert* u. a.). Die Verfeinerung der historisch-kritischen Methode im 19. Jh. brachte eindrucksvolle Ergebnisse und große zusammenfassende Standardwerke, lenkte den Blick aber auch einseitig auf die geschichtliche Entwicklung der gottesdienstlichen Forschung. Es war vor allem das Interesse an der lebendig gefeierten Liturgie in Gemeinden und Klöstern (↗Liturgische Bewegung), das die historische Betrachtungsweise zunehmend durch die grundsätzlich-systematische und die pastorale Fragestellung ergänzte. Nach dem Ersten Weltkrieg vertiefte *R. Guardini* (vgl. Lit.) den Begriff der Liturgiewissenschaft durch die Feststellung, daß die „wirkliche Kirche in ihrem Gebetsleben" ihr eigentliches Objekt sei. Weil es in der Feier der Liturgie auch anthropologische, soziale und kulturelle Voraussetzungen und Komponenten gibt, hat sich in neuester Zeit das Aufgabengebiet der Liturgiewissenschaft nicht unwesentlich erweitert. Vor allem wird auch auf die kritische Funktion der Liturgiewissenschaft innerhalb der Gesamttheologie, wie insbesondere im Hinblick auf die Liturgiegestaltung hingewiesen. Dabei muß die theologische Besinnung vom NT her grundsätzlicher Ausgangspunkt sein. Als ↗Pastoralliturgik will sie eine Feier ermöglichen, die die Grundvorgänge des Gottesdienstes in den Gemeinden lebendig vollzogen werden läßt. Die übliche Lehre vom praktischen Vollzug hat sich leider als Rubrizistik (↗Rubriken) zu einer Darstellung der nur rechtlichen Vorschriften verselbständigt. Durch die zum Teil umfangreichen Einführungen in die neuen Liturgiebücher (vgl. AEM, AES), die vor allem den theologischen Sinn und die pastorale

Bedeutung verdeutlichen, hat sich hier ein grundlegender Wandel zum Besseren vollzogen.

Lit.: *R. Guardini,* Über die systematische Methode in der Liturgiewissenschaft, in: JLW 1 (1921) 97–108 (auch im Sammelband „Auf dem Wege" [Mainz 1923] 95–110); *L. Fendt* (ev.), Einführung in die Liturgiewissenschaft (Berlin 1958); *H. B. Meyer,* Liturgie als Hauptfach, in: ZkTh 88 (1966) 315–335; *J. A. Jungmann,* Liturgiewissenschaft, in: Sacramentum Mundi II (Freiburg u. a. 1969) 282–288; *A. Häußling,* Die kritische Funktion der Liturgiewissenschaft, in: *H. B. Meyer* (Hrsg.), Liturgie und Gesellschaft (Innsbruck u. a. 1970) 103–130; *B. Fischer,* Wissenschaft vom christlichen Gottesdienst, in: TThZ 83 (1974) 246–251; *Reifenberg* I 51–83.

Liturgische Bewegung zusammenfassende Bezeichnung für die Bemühungen seit dem 19. Jh., den Gottesdienst wieder zur sammelnden Mitte der Gemeinde zu machen. Die Wurzeln reichen zurück bis ins Zeitalter der ↗Reformation und in den Gallikanismus (↗Lateinische Liturgien). Eine erste Welle kommt aus der ↗Aufklärung und ihrem seelsorglichen Impuls. Sie versandet in der Gegenwoge der Romantik, die vor allem das geschichtlich Gewordene liebt und es unverändert aufzuschließen sucht. Sie ist hauptsächlich getragen von Abteien (Solesmes mit Abt Guéranger), ihr typischer Ausdruck sind die ↗Volksmeßbücher. Als Aufbruch der zweiten Welle gilt das *„Mechelner Ereignis"*, die Rede von *Lambert Beauduin OSB* auf dem Katholikentag in Mecheln 1909. Daneben dürfen die Reformen *Pius' X.* und sein Prinzip der tätigen ↗Teilnahme nicht übersehen werden. Das Interesse erfaßte nach dem Ersten Weltkrieg in Deutschland vor allem die Akademikerschaft (mit Maria Laach als Zentrum), die Jugendbewegung (Burg Rothenfels mit *R. Guardini,* die großen Jugendverbände mit *L. Wolker*) und schließlich auch die Pfarrgemeinden (vor allem durch die Breitenarbeit von *Pius Parsch* in Klosterneuburg). Wichtige Ausstrahlungspunkte waren auch die Innsbrucker Theologische Fakultät und das Oratorium in Leipzig. Nach einer während des Zweiten Weltkriegs durch Intervention Roms hervorgerufenen Krise der Liturgischen Bewegung übernahmen die Bischöfe selber ihre Führung (Liturgische ↗Kommission, liturgische ↗Institute). 1947 griff Rom ihre Anliegen auf mit der Enzyklika ↗*Mediator Dei.* Seitdem begann in kleinen Schritten (↗Osternacht, ↗Abendmesse, eucharistische ↗Nüchternheit) eine Reform der bestehenden Liturgie (↗Liturgiereform), bis schließlich das II. Vatikanum in seiner ↗Liturgie-Konstitution die Grundsätze für eine durchgreifende Erneuerung des Gottesdienstes festlegte. An der praktischen Durchführung arbeitete zunächst das „Consilium" und dann die ↗Kongregation für den Gottesdienst, später die Kongregation für die Sakramente und den Gottesdienst. Wenn auch die meisten liturgischen ↗Bücher mittlerweile erschienen und adaptiert worden sind, so darf doch die Arbeit und Zielsetzung der Liturgischen Bewegung nicht erlöschen. Denn der Gottesdienst der Kirche darf nicht mehr in rubrizistische Erstarrung zurückfallen, sondern muß lebendige Feier der jeweiligen Gemeinde bleiben und es immer mehr werden.

Eine parallele Liturgische Bewegung ist in den *lutherischen Kirchen* aus den Erneuerungsbestrebungen des 19. Jhs. erwachsen. Sie kristallisierte sich nach dem Ersten Weltkrieg in der Hochkirchlichen Bewegung, im Berneuchener und Alpirsbacher Kreis, nach dem Zweiten Weltkrieg wurde sie gleichfalls kirchenamtlich aufgegriffen in dem großen Agendenwerk der VELKD (4 Bde. seit 1955). Auch in den Reformierten Gemeinden geriet der Gottesdienst, besonders unter der Einwirkung von Taizé, in Bewegung und gewann neue Bedeutung für die Gemeinden. – In den *Ostkirchen* ist der Gottesdienst bisher immer noch der zentrale Sammelpunkt des Gemeindelebens geblieben. Doch scheint auch hier mit dem Eindringen der technischen Arbeitswelt die Mentalität sich langsam zu ändern, die hergebrachte Gottesdienstgestalt fremder zu werden und eine der westlichen Kirche parallele liturgische Bewegung zu entstehen.

Lit.: W. Trapp, Vorgeschichte und Ursprung der liturgischen Bewegung (Regensburg 1940); *R. Guardini,* Ein Wort zur liturgischen Frage (Mainz 1940); *Th. Bogler,* (Hrsg.), Liturgische Erneuerung in aller Welt (Maria Laach 1950); *A. L. Mayer,* Die geistesgeschichtliche Situation der liturg. Erneuerung in der Gegenwart, in: ALW IV/1 (1955) 1–51; *J. Hofinger – J. Kellner,* Liturgische Erneuerung in der Weltmission (Innsbruck u. a. 1957); *Th. Bogler* (Hrsg.), Liturgische Bewegung nach 50 Jahren (LuM 24 – 1959); *F. Kolbe,* Die Liturgische Bewegung (Aschaffenburg 1964). – *Zur evang. liturg. Erneuerung: Leiturgia* I–V, *E. J. Lengeling,* Der gegenwärtige Stand der liturgischen Erneuerung im deutschen Protestantismus, in: Münch. Theol. Zschr. 10 (1959) 83–101, 200–225; *W. Birnbaum,* Die deutsche evangelische liturgische Bewegung (Tübingen 1970).

Liturgische Bildung ↗Erziehung, liturgische.

Liturgische Kommission LK 44 und Instr I 1964 Nr. 44 empfehlen, daß jede nationale Bischofskonferenz eine Liturgiekommission einrichten soll; diese soll aus einigen Bischöfen bestehen, denen ein Liturgisches ↗Institut zur Seite treten kann (so die Praxis der französischen Bischöfe schon bisher), oder aus einem oder ein paar Bischöfen und einigen fachkundigen Priestern, die namentlich zu ernennen sind. In gleichem Sinn soll jedes Bistum oder auch mehrere Bistümer zusammen nach LK 45 und Instr I 1964 Nr. 47 eine Liturgische Kommission bilden, der auch Laien angehören können. Die Diözesankommission soll sich Kenntnis verschaffen über die gottesdienstliche Situation im Bistum, sie soll praktische Hilfsmittel erstellen für die Gemeinden und für die Priester und für die Koordination der liturgischen Arbeit im Bistum sorgen. LK 46 sieht nach Möglichkeit weiterhin eine eigene diözesane Kommission für Kirchenmusik und eine eigene für sakrale Kunst vor; sie empfiehlt enge Zusammenarbeit und oft Zusammenlegung in eine einzige Kommission, da Musik und bildende kunst Teilgebiete der Liturgie sind, die sich nicht abtrennen lassen. Die Instr I 1964 geht von vornherein von einer gemeinsamen Kommission aus; in der Praxis wird die einheitliche Liturgische Kommission gern in Abteilungen für Musik und Kunst untergliedert.

Zur Situation im deutschen Sprachraum: Die Fuldaer Bischofskonferenz bestellte im August 1940 zwei Mitglieder zu Referenten für liturgische Fragen. Dieses *liturgische Referat* schuf sich nach dem Modell der 1939 gegründeten liturgischen Arbeitsgemeinschaft ein beratendes Gremium, in dem alle in der volksliturgischen Arbeit führend tätigen Stellen vertreten waren sowie bedeutende Einzelpersönlichkeiten; für dieses Gremium bürgerte sich bald die Bezeichnung „Liturgische Kommission" ein. Sie erarbeitete, oft mit Hilfe von Arbeitsgruppen, die ↗Richtlinien für die Feier der Messe in ihren verschiedenen Fassungen, die Collectio Rituum für die deutschen Diözesen, sie regte den gemeinsamen deutschen Psalter und eine Gruppe einheitlicher Gebete für die Diözesangesangbücher an und arbeitete daran mit; durch die Liturgiereform und die Möglichkeiten volkssprachlichen Gottesdienstes bekam sie die wichtige Aufgabe, in Zusammenarbeit mit den Liturgischen Kommissionen der übrigen deutschsprachigen Länder, die jeweils nötigen Liturgiebücher mit volkssprachlichen Texten vorzubereiten. – Seit der organisatorischen Neuordnung der Deutschen Bischofskonferenz gibt es eine Liturgische Kommission der Deutschen Bischofskonferenz, die aus den dazu bestimmten Mitgliedern der Bischofskonferenz besteht; ihr sind Berater beigegeben, die für jeweils vier Jahre ernannt werden, dazu ein Sekretatiat, das seinen Sitz im Liturgischen ↗Institut in Trier hat. Die übrigen Konferenzen des deutschen Sprachgebietes haben eine Liturgische Kommission, bestehend aus einem bischöflichen Referenten und einer Gruppe Berater. Die notwendige Zusammenarbeit der verschiedenen Kommissionen geschieht in der „Arbeitsgemeinschaft der Liturgischen Kommissionen des deutschen Sprachgebietes" (IAG).

Lit.: J. Wagner, Liturgisches Referat – Liturgische Kommission – Liturgisches Institut, in: LJ 1 (1951) 8–14.

Liturgischer Arbeitskreis Pfarrgemeinderäte haben meist einen Sachausschuß für gottesdienstliche Fragen. Er soll dem Seelsorger durch sachkundigen Rat und fundierte Kritik zur Seite stehen, damit Gottesdienst und Predigt in einer für die Gemeinde optimalen Form geschehen. Seine Mitglieder sollen sich auch aktiv beteiligen am Vollzug des Gottesdienstes und andere als Helfer gewinnen. – Für diese Helfer ist Schulung in Arbeitskreisen sehr wichtig. ↗Lektoren, ↗Kantoren, ↗Kommunionhelfer werden hierzu meist auf überpfarrlicher, mittlerer Ebene geschult; trotzdem sollten diese Helfer ebenso wie Oberministranten, Mesner und Chorregent auch in der Pfarrei geistliche Hilfe erhalten. Für die Gestaltung der größeren Gottesdienste im Kirchenjahr (vor allem der Osterfeier) braucht es Absprache aller beteiligten Helfer, gemeinsame Erarbeitung der gottesdienstlichen Gestalt; solche Arbeitstreffen etwa am Beginn der Fastenzeit müßten in jeder Pfarrei selbstverständlich sein. – Für ↗Kindergottesdienste ist eine kleine Helfergruppe unerläßlich, die sich regelmäßig trifft. Ebenso erfordert die rechte Vorbereitung von ↗Jugendgottesdiensten eine Arbeitsgemeinschaft. – All diesen Arbeitskreisen sollte selbstverständlich sein, daß nicht nur gottesdiensttechnische Fragen verhandelt werden, sondern daß im Zentrum das geistliche Bemühen stehen muß, die Suche nach der Begegnung mit Gott für mich und für die Gemeinde. Dazu muß treten das Bemühen um die Erkenntnis der Gestalt und Struktur des Gottesdienstes, dessen Wesensgesetze nicht ungestraft übertreten werden können; Hilfen dazu bieten u. a. die Würzburger Fernkurse.

Liturgisches Jahr ↗Kirchenjahr.

Lob Gottes

1. Gotteslob in der Bibel: Der Lobpreis Gottes ist die Antwort der gläubigen Menschen, die seine Allmacht, Weisheit und Liebe in Schöpfung und Heilsgeschichte, aber auch in den Fügungen ihres persönlichen Lebens erfahren haben. *Die atl. Schriften* enthalten an vielen Stellen die Aufforderung zum Gotteslob, besonders häufig in den ↗Psalmen (z.B. 22,23ff; 96, 1–4.7; 113, 1–3; 147,12). Mehrere Psalmen sind ausgesprochene Lob- und Danklieder. Gotteslob ist eine wesentliche Komponente des atl. Kultes, ja es wird sogar von einem Opfer des Lobes gesprochen (Ps. 50,14.23; vgl. Hebr 13,15). Im Leben des frommen Israeliten findet das Gotteslob seinen häufigen Ausdruck in den Lob- und Dankgebeten der *„Berakot“*, die zumeist mit den Worten beginnen: „Gepriesen (gesegnet) bist du, Herr ...“; in ihnen realisiert sich das Psalmwort: „Ich will den Herrn allezeit preisen; immer sei sein Lob in meinem Mund“ (34,2).

Diese Haltung des rühmenden und dankenden Lobpreises setzt sich auch *im NT* fort. Das menschgewordene Gotteswort wird selbst zur größten Verherrlichung des Vaters (vgl. Joh 17,4). Sein ↗Pascha-Mysterium wird für die Christen neben den atl. Lob- und Dankmotiven zum herausragenden Gegenstand ihres Lobpreises, wie er in den zahlreichen ntl. ↗Doxologien, ↗Cantica und Christushymnen aufklingt. Die ntl. Briefliteratur ruft immer wieder auf zum dankenden Lobpreis des Herrn (z.B. Kol 1,12; Eph 5,19). Bei der Beschreibung des urchristlichen Gemeindelebens wird das Lob Gottes ausdrücklich hervorgehoben (Apg 2,47). Dabei betont das NT an zahlreichen Stellen, daß das „Opfer des Lobes“ nicht ein verbaler Akt bleiben darf, sondern begleitet sein muß vom Loblied des Lebens, vom Leuchtenlassen des empfangenen Lichtes, damit die Menschen „eure guten Taten sehen und eurern Vater im Himmel preisen“ (Mt 5,16).

2. Gotteslob in der Liturgie: Auch sie ist in all ihren Bereichen vom Lobpreis des Vaters und der preisenden Anerkennung des Sohnes als des Herrn und Erlösers erfüllt. Dies wird besonders deutlich in der Feier der ↗Eucharistie, die ja schon als Ganzes Danksagung und Lobpreis (griech.: eulogia) ist, aber auch zahlreiche Einzeltexte mit Lobcharakter aufweist (u.a. ↗Gloria, ↗Halleluja, ↗Akklamationen vor und nach dem ↗Evangelium, die Beraka-Gebete der ↗Gabenbereitung und das ↗Hochgebet, das mit der ↗Präfation anhebt und mit der Großen ↗Doxologie abschließt). – Auch das ↗Stundengebet wird zu einem einzigen „Canticum laudis" in seinen ↗Hymnen, Psalmen und anderen Texten, zu einem „Opfer des Lobes", das durch Christus dem Vater dargebracht wird (vgl. Hebr 13,15). Unter seinen Tagzeiten ragt besonders das Morgen- und Abendlob (↗Laudes; ↗Vesper) heraus. – Auch die ↗Sakramente und ↗Sakramentalien dienen nicht nur dem Heil der Menschen, sondern künden zugleich das Lob des unser Heil suchenden Gottes.

Lit.: *C. Westermann,* Das Loben Gottes in den Psalmen, Göttingen [2]1961; *B. Fischer,* Dienst des Lobes – Dienst der Fürbitte..., Köln 1977; *A. Adam,* Vom Rühmen des Herrn, in: Gott feiern 85–93; *O. Lang,* Vom Opfer des Lobes, in: ebd. 340–349.

Löffel ↗Geräte, liturgische.

Lossprechung ↗Bußsakrament; ↗Rekonziliation.

Lucernar (griech. = lichnikón) das festliche Entzünden des Lichtes am Abend, metonymisch auch die ganze ↗Vesper. – ↗Feuer und ↗Licht sind dem Menschen keine selbstverständlichen Gaben. Besonders der in der Spätantike verbreitete Sonnenkult ließ die numinose Qualität des Lichtes stark empfinden. Wenn am ↗Abend das Licht entzündet und herbeigebracht wurde, wurde es deswegen in der Runde mit Zuruf begrüßt. – Ein solches festliches Anzünden des Lichtes scheint sehr früh zur abendlichen Versammlung der Christen gehört zu haben (Apg 20,8); für Jerusalem wird es von der Pilgerin Ätheria ausführlich geschildert. Vor allem erblickten die Christen in jedem Licht das Licht, mit dem Gott am Anfang das Chaos gebannt hatte; sie sahen in jedem Licht das wahre Licht aufleuchten, das jeden Menschen erleuchtet, Christus. So ist das Anzünden des Lichtes für sie zugleich Gebetsbitte um Gottes Schutz und Christi Kommen; ihm galt ihr Zuruf (deutlich in der Osternacht: Lumen Christi – Deo gratias). So entwickelt sich, meist in Verbindung mit dem Abendlob der Vesper als deren Anfang, ein eigener Gottesdienst zum Anzünden des Lichtes, das Lucernar, in dem die Gemeinde Gott dankt für die Gabe des Lichtes und ihn zugleich bittet, das Dunkel, das Chaos möchte nicht wieder über uns kommen. – *Der römische Ritus* kennt dieses Lucernar nur am Beginn der Osternachtwache, dort aber in besonders festlicher Gestaltung (↗Exsultet); für alle Tage ist vorgesehen, daß nicht nur zur Messe, sondern auch zur Vesper alle Ampeln in der Kirche angezündet werden. In *Mailand,* ähnlich im *altspanischen* Ritus, beginnt die Vesper noch heute jeden Tag mit dem lucernarium, einem Responsorium, das vom Lichte redet. Die *byzantinische* Vesper singt nach der wechselnden Mönchspsalmodie täglich die „Psalmen zum Lichtanzünden" (epilíchnii psalmi: 141, 142, 130, 117) und nach dem kleinen Einzug, der den Beginn der alten Gemeindehore kennzeichnet, den altchristlichen Lucernarhymnus (epilichnios evcharistia) Phos hilaron; in der mit der Präsanktifikatenliturgie verbundenen Vesper tritt dazu noch ein eigener Lichtritus. Die Vespern der übrigen Ostriten (ausgenommen die alexandrinische Gruppe) haben ähnliche Bräuche.

Lukas Der Heidenchrist Lukas war nach Kol 4, 14 Arzt und begleitete zeitweise den Apostel Paulus auf der zweiten Missionsreise (vgl. „Wir-Berichte"). Während dessen zweimaliger Gefangenschaft in Rom weilte er helfend in seiner Nähe. Mehrere Zeugnisse des 2. Jhs. nennen ihn den Verfasser des dritten Evangeliums und der Apg. Nach dem Tod des Paulus soll er in Griechenland missioniert haben und dort eines natürlichen Todes gestorben sein. Seine Gebeine wurden 357 in der Apostelkirche von Konstantinopel beigesetzt. In Ost und West feiert man sein Fest am 18. Oktober, in Rom seit dem 9. Jahrhundert.

Lunula ↗Monstranz.

Lustration lustrieren (vermutlich vom lat. Stamm lucere = hell sein), kultische Reinigung, wodurch eingedrungenes Unheil vertrieben (kathartisch) oder drohendes abgehalten werden soll (apotropäisch). Im alten Rom vollzogen vor allem durch ↗Umschreiten der sühnebedürftigen Gruppe oder Stätte (des Heeres vor dem Feldzug, der Stadt), wobei die sühnenden Gaben oder Licht mitgetragen wurden (manche vermuten dahinter eine kultische Nachbildung des lebenspendenden Umkreistseins von der Sonne). Nachwirkungen in der römischen Liturgie vor allem in den Prozessionen an Lichtmeß (↗Darstellung des Herrn) und an den ↗Bittagen. – Neben ↗Licht und ↗Feuer tritt als Darstellungsmittel der Entsühnung besonders das ↗Wasser, dem weitere reinigende Ingredienzen (↗Salz, ↗Asche, ↗Wein) zugefügt werden können (↗Weihwasser). Besonders intensiv geschah die Lustration, erwachsen aus der Entsühnung heidnischer Kultstätten vor ihrer Verwendung für die christliche Gemeinde, bei der ↗Kirchweihe (Umschreiten mit Besprengen durch ↗Gregorianisches Wasser) und verwandten Weihungen.

Lyon ↗Sonderriten.

M

Magie eine Fehlhaltung, die glaubt, das Erscheinen und Eingreifen der Gottheit durch bestimmte Riten und Handlungen herbeizwingen und den menschlichen Absichten dienstbar machen zu können. Die Religionen der Menschheit und auch der atl. Gottesdienst kennen viele Beispiele hierfür. Man wird aus geschichtlicher Kenntnis eingestehen müssen, daß magische Elemente besonders seit dem frühen Mittelalter auch in die christliche Liturgie eingedrungen sind. So war es höchst mißverständlich und bedenklich, Segnungen und Weihungen materieller Dinge mit Vorstellungen zu begleiten, als ob diese Dinge gleichsam eine überirdische Kraft gespeichert hätten, die jederzeit abgerufen werden könne. Der von Not und Angst geplagte Mensch hat ja eine begreifliche Bereitschaft, sein bedrohtes Leben und Heil sicherzustellen auch durch die Inanspruchnahme religiöser Praktiken, von denen er glaubt, daß sie ihm nach seinem Sinn stets und zwangsläufig helfen werden. – Schaut man auf die Grundstruktur des christlichen Glaubens und Gottesdienstes, so herrschen hier nicht magische Zwangsläufigkeiten. Gottes Heilswirken ist frei und ungeschuldet, dem Menschen in freier Liebe verheißen und geschenkt. Was er dabei tun kann und soll, ist dies, daß er sich dem Heilsangebot Gottes personal in Glaube und Liebe öffnet. Gottesdienstliche Riten und Symbole (auch dinglicher Art) haben die Aufgabe, das göttliche Heilshandeln zu verdeutlichen und in sein Bewußtsein zu stellen. Zugleich sind sie der sichtbare Ausdruck menschlicher Hinwendung zu Gott, Zeichen des Glaubens, der Verehrung, des Dankes und der Bitte. Recht verstandene und vollzogene Liturgie hat keinen legitimen Raum für magische Interpretation. Allerdings bedarf es auch in der christlichen Gemeinde einer steten Bemühung um einen personal vollzogenen Gottesdienst, damit sich magische Vorstellungen und Haltungen nicht einschleichen können.

Lit.: A. Kirchgässner, Die mächtigen Zeichen (Freiburg 1959); *G. Hierzenberger,* Der magische Rest (Düsseldorf 1966) (mit Vorbehalten!); *G. Langgärtner,* Magie oder Gottesdienst, in: HD 29 (1975) 97–110.

Magnificat der Lobgesang Marias (LK 1, 46–55), ein urchristlicher Psalm, der in die Gruppe der ↗Cantica aufgenommen wurde. Im byzantinischen Neunodenkanon wird das Magnificat als einziges der Cantica im allgemeinen noch heute mit allen Versen ausgesungen. In den abendländischen Offiziumsordnungen wurde das Magnificat in die Vesper übernommen, hier (wie die übrigen ntl. Cantica) mit einer eigenen reicheren ↗Psalmodie ausgestattet und als ein Stück Evangelium durch Aufstehen, Selbstbekreuzigung und Lichter hervorgehoben. Es zog auch die festliche Inzensation an sich, die ursprünglich, im byzantinischen Ritus noch heute, mit dem Vers Dirigatur (Ps 141,2) verbunden war.

Mahl ist nicht einfach der Verzehr von Speise und Trank zur Stillung des Hungers und des Durstes (künstliche Ernährung ist kein „Mahl“), sondern ist ein bedeutungsvoller Ausdruck menschlicher Gemeinschaft (darum lat. convivium = „miteinander leben“ genannt). Wenn zwei vom gleichen Brote essen (genießen), sind sie „Genossen“; wenn zwei am selben Tische sitzen, stehen sie in „Kommunion“. Die Lebensgemeinschaft der Familie aktualisiert sich heute noch vor allem im Mahl (bis hin zum Totenmahl der Verwandtschaft). Vertrauen und Freundschaft äußern sich in der Einladung zum Mahl, in der Zulassung an den Familientisch. So gehört zum Mahl der Bund, das gegenseitige Vertrauen (in diesem Sinn Zulassung der Ältesten Israels zum Mahl vor dem Angesicht Jahwes: Ex 24,9–11). Auch die Lebensgemeinschaft der Apostel mit Christus zeigt sich in dem gemeinsamen Mahl; und wenn Jesus mit Zöllnern und Sündern zusammen Mahl hält, nimmt er zum Ärgernis der führenden Kreise darin Gemeinschaft auf mit diesen verachteten Leuten. – Mahl ist

Kommunikation nicht nur mit den Teilnehmern, sondern (vor allem im semitischen Raum) immer zugleich Kommunikation mit der lebenspendenden Gottheit. Im brüderlichen Mahl fühlt sich der Mensch beschenkt mit dem reichen Leben, das nur aus Gott strömen kann, er weiß sich Gott gegenüber, er weiß Gott bei sich gegenwärtig; ihm begegnet er personal. Darum preist der Mensch, wenn er das Brot nimmt, den im Mahl epiphanen Gott. Dieser Lobpreis ist die Wurzel des ↗Tischgebetes, in der speziellen Form der jüdischen Beraka der Wurzelboden des Eucharistischen ↗Hochgebetes. – Aus der kommunikativen und religiösen Bedeutung des Mahles wird verständlich, daß im Alten Bund und im Judentum die messianisch-eschatologische Zukunft, ausgehend von Jes 25,6, im Bild des Mahles und damit eng verbunden im Bild der Ehe gesehen wird; auch die Gleichnisse Jesu sprechen von der Gottesherrschaft, von der engen Gemeinschaft des Vaters mit uns Menschen, hauptsächlich im Bilde des Mahles (Königsmahl, Hochzeitsmahl, Zulassung der klugen Jungfrauen, der wachsamen Knechte; ausdrücklich in Lk 22,29). Wo nun Jesus mit den Seinen Mahl hält, ist solche eschatologische Gottesherrschaft schon eingebrochen in die Welt, so in der Speisung des Volkes (Joh 6,14), so in der Mahlgemeinschaft des Jüngerkreises (Mk 2,18–20; ↗Fasten); da ist die Sünde vergeben (Maria Magdalena: Lk 7,48), da wird dem Menschen das Heil (Zachäus: Lk 19,9), da ist eschatologische Fülle (wunderbare Brotvermehrung, Weinwunder zu Kana). Im Kreise der Jünger beim Abendmahl beginnt der „Neue Bund“ (1 Kor 11,25), in dem alle ohne Belehrung und Aufforderung Gott unmittelbar von Herzen „erkennen“ (Hebr 8,7–13 mit Zitat aus Jer 31,31–34).

Unter all diesen Gesichtspunkten wird verständlich, daß die Gemeinschaft des Mahles, vor allem in der Vollgestalt der ↗Eucharistie, in der christlichen Gemeinde zentrale Bedeutung hat (Apg 4,42–46; ↗Agape) und dabei von starker eschatologischer Spannung erfüllt ist (man denke an den in aramäischer Sprache erhaltenen Ruf ↗Marána tha [Unser Herr, komm] in den Mahlgebeten der Didache). Allerdings verliert das Gemeindemahl beim Übergang vom aramäischen in den griechischen Kulturraum (vor allem nach dem Ausweis von 1 Kor 11) seinen natürlichen Mutterboden; in den Kultfeiern der hier üblichen Mysterienreligionen fehlt gerade die personale Beziehung unter den Teilnehmern. Damit entfallen in der Gemeinde weithin die außersakramentalen Mahlformen, und in der Feier der Eucharistie tritt das Moment der eschatologischen Mahlgemeinschaft hinter anderen Motiven zurück. – In monastischen Kreisen wird auch das gemeinsame Mahl noch heute in gottesdienstlichen Formen (mit Tischlesung) gefeiert; ältere Klosterbauten stellen den Speisesaal gern in deutliche Korrespondenz zur Kirche (so vor allem auf dem Athos).

Lit.: R. Berger, Tut dies zu meinem Gedächtnis (München 1971) 9–35; *Fr. Bammel,* Das heilige Mahl im Glauben der Völker (Gütersloh 1950).

Maiandacht ↗Marienmonate.

Mailändische Liturgie Im christlichen Altertum war Mailand mehrfach Sitz des Kaisers, hat aber trotz gegenteiliger Bemühungen vor allem in der Karolingerzeit und unter Gregor VII. seine eigene, nach dem großen Bischof *Ambrosius* benannte Liturgie beibehalten (↗Lateinische Liturgien); sie ist in der ganzen Mailänder Kirchenprovinz und darüber hinaus (Ambrosianische Täler) lebendig. Die Ambrosianische Liturgie hat gallikanischen Zuschnitt (der Kanon im wesentlichen römisch; ob die am Gründonnerstag und in der Osternacht gebrauchten Vere-Sanctus-Formen altambrosianisch sind, ist strittig); sie zeigt östlichen Einfluß (Litaneien, Credo nach dem Offertorium) und ist in der Karolingerzeit stark vom römischen Ritus geformt worden, hat aber auch altes Gut erhalten (Unverdrängbarkeit des Sonntags; drei Lesungen in Festmessen; keine Eucharistie an den Freitagen der Quadragesima; Opfergang im Kathedralgottesdienst). Der *ambrosianische Gesang* kennt wesentlich einfachere rezitierende Formen als der gregorianische; umgekehrt hat er im Halleluia-Jubilus (und davon ausgehend in großen Responsorien) weitbögigere Melismen beibehalten. Zur Struktur des ambrosianischen Stundengebetes: ↗Laudes, ↗Vesper, ↗Psalterium.

Lit.: *O. Heiming,* Die Mailänder Meßfeier, in: Eucharistiefeiern in der Christenheit, hrsg. v. *Th. Bogler* (LuM 26) (Maria Laach 1960) 48–57.

Malabaren, Malankaren ↗Orientalische Riten.

Mandatum ↗Gründonnerstag.

Manipel in der AEM nicht mehr vorgesehene Amtsinsignie, ein Zierband, am linken Unterarm befestigt. Entsprechend einem Etikettetüchlein hoher römischer Amtspersonen, mit dem z. B. das Zeichen für den Beginn der Zirkusspiele gegeben wurde; ursprünglich wohl ein Schweißtüchlein.

Mantelletta Knielanger Mantel ohne Ärmel, von bestimmten höheren Prälaten der Römischen Kurie (nicht von den Ehrenprälaten) über dem Rochett (↗Chorrock) getragen; Diözesanbischöfe trugen sie früher außerhalb ihres Amtsbereiches statt der ↗Mozzetta. Die päpstlichen Kapläne (im deutschen Sprachgebrauch „Monsignori") trugen über dem Talar ohne Rochett den **Mantellone,** einen knöchellangen ärmellosen Mantel, an dem von den Schultern je ein schmaler Stoffstreifen herabhängt; seit Weißem Sonntag 1969 abgeschafft.

Marána tha (Unser Herr, komm!) Dieses Gebetswort in aramäischer Sprache stammt aus der Urgemeinde Palästinas und kann sowohl als Bekenntnisformel innerhalb der Eucharistiefeier wie auch als Bitte um die baldige ↗Parusie gedeutet werden, wobei die letzte Deutung die wahrscheinlichere ist, wie Offb 22,20 nahelegt. Es findet sich in 1 Kor 16,22 und Didache 10,6. Es blieb in den meisten Handschriften unübersetzt.

Maria, Marienverehrung Grundlage aller Marienverehrung ist die jungfräuliche Gottesmutterschaft Marias, die ihr in ungeschuldeter göttlicher Erwählung zuteil wurde. Die ihr geschenkte Gnadenfülle (vgl. Lk 1,28.48f), ihr gläubiges und opferbereites Eingehen auf den Anruf Gottes und ihre unmittelbare Mitarbeit am Werk der Erlösung geben ihr eine hervorragende Stellung unter allen Heiligen. Das II. Vatikanum hebt die wesentlichen Aspekte der Marienverehrung mit den Worten hervor: „Bei der Feier dieses Jahreskreises der Mysterien Christi verehrt die heilige Kirche mit besonderer Liebe Maria, die selige Gottesgebärerin, die durch ein unzerreißbares Band mit dem Heilswerk ihres Sohnes verbunden ist. In ihr bewundert und preist sie die erhabenste Frucht der Erlösung. In ihr schaut sie wie in einem reinen Bilde mit Freuden an, was sie ganz zu sein wünscht und hofft" (LK 103). Ausführlicher sind die mariologischen Aussagen der Dogmatischen Konstitution über die Kirche (52–68) sowie des Apostolischen Mahnschreibens des Papstes Paul VI. „Marialis cultus" vom 2. 2. 1974, um nur diese beiden kirchenamtlichen Lehrdokumente aus neuester Zeit zu nennen.

Wenn auch neben den ehrenvollen Erwähnungen Marias im NT schon im 2. Jh. ihre Bedeutung in der Parallele Eva–Maria theologisch untermauert wird (u. a. Justin, Irenäus), so dürfte ihre kultische Verehrung jedoch später begonnen haben als die der Märtyrer und Apostel (↗Heiligenverehrung). Älteste ↗Marienfeste waren die marianischen ↗Begleitfeste im Zusammenhang mit ↗Weihnachten und ↗Epiphanie. Besonders nach dem Konzil von Ephesus (431; Dogmatisierung der Gottesmutterschaft Marias) wird in den Ostkirchen das Lob Marias mit großem Enthusiasmus gepredigt, werden ihre Titel in den Gebeten gehäuft, ihre Fürbitte in der letzten Anrufung jeder ↗Ektenie und in der letzten Strophe (Theotokion) jeder liturgischen Dichtung angerufen. Der im Osten sehr beliebte Akathistoshymnus befruchtete die Volksfrömmigkeit des Westens zu vielerlei Grußlitaneien (Lauretanische ↗Litanei). Im liturgischen Raum bildete der Westen ein dem gewöhnlichen ↗Stundengebet nachgeformtes Marienoffizium aus, das als ↗Officium parvum im Mittelalter häufig zusätzlich zum Tagesoffizium gebetet wurde und auch von Laien sehr geschätzt war. Im Trienter Reformbrevier wurden die ↗Marianischen Schlußantiphonen vorgeschrieben. Das einfache Volk entwickelte als Parallele zum Psalterium des Stundengebetes den ↗Rosenkranz mit seinen 150 ↗Ave Maria. Schon früh bekommt der ↗Advent einen marianischen Akzent. Seit der Karolingerzeit gilt im Abendland der Samstag als besonderer Marientag; die drei Samstage nach dem Michaelsfest (29. 9.) wurden seit dem Spätmittelalter vielerorts als „Goldene Samstage" gefeiert. Von „Mariä Himmelfahrt" bis zum 13. September beging man den „Frauendreißiger", in neuerer Zeit fast völlig verdrängt durch die Maiandachten. Eine besonders intensive Marienverehrung hat sich bis in die Gegenwart an den marianischen Wallfahrtsorten erhalten (↗Wallfahrt). – Die Vorbehalte und Angriffe der Reformatoren gegen die Marienverehrung gingen vor allem von der

Vorstellung aus, dadurch werde die alleinige Mittlerschaft Christi gefährdet, eine Befürchtung, die in der Geschichte sicher durch manche Übertreibung volkstümlicher Marienverehrung ausgelöst wurde.

Lit.: H.-M. Köster, Mariologie im 20. Jh., in: *H. Vorgrimler-R. V. Gucht* (Hrsg.), Bilanz der Theologie im 20. Jh. III (Freiburg u. a. 1970) 126–147 (hier wichtigste Lit.); *W. Beinert,* Heute von Maria reden? (Freiburg ³1975),. *ders.* (Hrsg.), Maria heute ehren. Eine theologisch-pastorale Handreichung (Freiburg ²1977). Neuere (zustimmende) evang. Lit. u. a.: *W. Stählin,* Maria, die Mutter des Herrn (Düsseldorf 1951); *M. Thurian,* Maria, Mutter des Herrn, Urbild der Kirche (Düsseldorf 1978).

Maria Königin ↗Marienfeste 2. 4.

Marianische Schlußantiphonen Als echte ↗Antiphonen fast nicht mehr verwendet, beschließen sie das tägliche Stundengebet. Bis zur letzten Reform wurde während des Weihnachtsfestkreises das „Alma Redemptoris mater", von Lichtmeß bis Gründonnerstag das „Ave Regina coelorum", in der Osterzeit das „Regina coeli" und in der übrigen Zeit des Jahres das „Salve Regina" gesungen. Nach dem neuen Stundenbuch (↗Brevier) ist nur noch das „Regina coeli" an die Osterzeit gebunden, während die übrigen nicht mehr bestimmten Zeiten zugeordnet sind (AES 92). An ihre Stelle kann auch das „Ave Maria" oder eine andere approbierte Antiphon (z. B. „Sub tuum praesidium – Unter deinen Schutz") treten. „Wenn die Vesper in Gemeinschaft gefeiert wird, die Komplet jedoch nicht, empfiehlt es sich, statt der Komplet die Vesper mit der Marianischen Antiphon abzuschließen" (Ordinarium des Stundengebetes ↗Komplet). – Dieser Brauch eines marianischen Grußes am Ende des Stundengebetes setzte sich seit dem 13. Jh. immer mehr durch. Im tridentinischen Brevier wird er für jedes Verlassen des Chores vorgeschrieben als eine Art Ersatz für das nicht mehr verpflichtende ↗Officium parvum. Aus diesem Abendgruß entwickelt sich die vor allem in romanischen Ländern verbreitete ↗Andacht, die Salve-Andacht.

Marienfeste Die hohe Zahl marianischer Feste ist Ausdruck der liebenden und dankbaren Hochschätzung, die die Kirche ↗Maria entgegenbringt. In manchen Epochen scheint man allerdings übersehen zu haben, daß es auch ein Zuviel an Festen geben kann, was dem Anliegen echter Marienverehrung mehr schadet als nützt. Auch nach der Neuordnung des Kalenders von 1969 gibt es noch eine beträchtliche Zahl marianischer Gedächtnisse von unterschiedlicher Bedeutung und Rangstufe. Der besseren Übersichtlichkeit wegen seien zunächst die Hochfeste und Feste in der Reihenfolge des Kirchenjahres dargestellt, anschließend die Gedenktage. Zuvor sei noch darauf hingewiesen, daß „Maria Lichtmeß" und „Maria Verkündigung" in erster Linie als Herrenfeste zu werten sind: ↗Darstellung des Herrn; ↗Verkündigung des Herrn.

1 HOCHFESTE UND FESTE

1.1 Hochfest Mariä Erwählung (8. 12.): Gegenstand des Festes, das mit seinem vollen Namen „Hochfest der ohne Erbsünde empfangenen Jungfrau und Gottesmutter Maria“ heißt, ist der Glaube, daß Maria vom ersten Augenblick ihrer Existenz im Schoß ihrer Mutter „durch ein einzigartiges Gnadenprivileg des allmächtigen Gottes im Hinblick auf die Verdienste Christi Jesu ... von jedem Makel der Erbschuld bewahrt worden ist“ (*Pius IX.* in der Bulle „Ineffabilis Deus“ vom 8. 12. 1854; DS 2803). Vorläufer dieses Festes ist das byzantinische Fest „Empfängnis der heiligen Anna“ am 9. Dezember (seit ca. 700). Über Unteritalien gelangte es nach England und Frankreich, wo es schon früh den Akzent des unbefleckten Empfangenwerdens Marias bekam. Die bestehende theologische Schwierigkeit, daß doch alle Menschen von der Erbsünde erlöst werden müssen, also auch Maria, löste vor allem *Dun Skotus* (um 1300) mit dem Begriff der bewahrenden Vorerlösung Marias. *Sixtus IV.* approbierte 1476 das Fest der „Empfängnis der unbefleckten Jungfrau Maria“, *Clemens XI.* dehnte es 1708 auf die ganze Kirche aus. Nach der dogmatischen Definition von 1854 erschienen 1863 neue Texte für Brevier und Messe, die bei der neuesten Reform zum großen Teil beibehalten wurden.

1.2 Hochfest der Gottesmutter Maria (1.1.): Dieses durch die Neuordnung von 1969 wiedergewonnene, wohl älteste römische Mariengedächtnis machte das „Fest der Mutterschaft der allerseligsten Jungfrau Maria“, das *Pius XI.* 1931 bei der 1500-Jahr-Feier des Konzils von Ephesus eingeführt und auf den 11. Oktober gelegt hatte, überflüssig, da es den gleichen Festgegenstand aufweist. Näheres ↗Weihnachtsoktav.

1.3 Fest Mariä Heimsuchung (2.7.): Ihm liegt der biblische Bericht vom Besuch Marias bei ihrer Verwandten Elisabeth zugrunde (Lk 1,39–56), mit dem auch die Geburtsstunde des Magnificat verbunden ist. Zuerst machten die Franziskaner daraus ein festliches Gedächtnis für ihren Ordensbereich (1263). Als Festtag wurde der 2. Juli wohl deshalb gewählt, weil es der Tag nach der Oktav des Geburtsfestes des Täufers war. Erst *Pius V.* führte es durch Aufnahme in den allgemeinen Festkalender für die ganze Kirche ein (1568/70). Während der neue Römische Kalender es auf den 31. Mai verlegt, weil die Zeit zwischen den Hochfesten der Verkündigung des Herrn und der Geburt des Täufers besser mit dem Bericht des Evangeliums übereinstimme, hielt der deutsche ↗Regionalkalender mit „Rücksicht auf die tiefe Verwurzelung in der Volksfrömmigkeit (Wallfahrten, Kirchentitel)“ am alten Termin fest.

1.4 Hochfest Mariä Aufnahme in den Himmel (15.8.): Als eine Art Vorläufer dieses Festes muß der „Tag der Gottesmutter Mariä“ am 15. August gelten, der in einem Lektionar von Jerusalem (in armenischer Übersetzung) für die Mitte des 5. Jhs. bezeugt ist. Dieses mehr allgemeingehaltene Marienfest wandelt sich bald zu einer Feier des „Natale“ im Sinn von Heimgang (griech.: Koimesis; lat.: Dormitio) Marias. In dieser Sinngebung schrieb es Kaiser *Maurikios* (582–602) für sein ganzes Reich vor. – Die gallische Liturgie kannte im 6. Jh. ein Marienfest am 18. Januar, das im 7. Jh. als „Fest der Aufnahme Marias" begangen wird (Sakramentar von Bobbio). In Rom ist ein Fest („Natale s. Mariae") am 15. August für die Mitte des 7. Jhs. bezeugt (Evangeliar des Würzburger Comes). Unter Papst *Sergius I* (687–701) wird es mit einer Prozession ausgezeichnet. In dem von Papst Hadrian I. (772–795) dem Kaiser Karl d. Gr. übersandten Gregorianischen Sakramentar lautet der Festtitel „Aufnahme der heiligen Maria". In der ersten Oration, die bei der Prozession zu beten ist, wird bereits davon gesprochen, daß die Gottesmutter zwar gestorben ist, „aber nicht durch die Bande des Todes festgehalten werden konnte". Das Fest wurde schon früh mit Vigil und Oktav ausgestattet. Nach der Dogmatisierung der leiblichen Aufnahme Marias in den Himmel durch *Pius XII.* (1. 11. 1950) wurden die Texte in Missale und Brevier neugestaltet. Nach dem Römischen Kalender von 1969 kann die ↗Vigil mit einer festlichen Vorabendmesse begangen werden. – ↗Kräuterweihe.

1.5 Fest Mariä Geburt (8. 9.): Es geht wahrscheinlich auf ein Weihefest der heutigen Annakirche in Jerusalem zurück, die im 5. Jh. am angeblichen Ort des Geburtshauses Marias erbaut worden war. Aus den Hymnen des Griechen *Romanos,* der um 500 in Konstantinopel als Diakon tätig war, läßt sich schließen, daß es schon zu seiner Zeit als Geburtsfest Marias im Volk tief verwurzelt war. In Rom ist es im 7. Jh. nachweisbar und wurde dort von Papst *Sergius I.* durch eine Prozession ausgezeichnet. Neben dem Geburtsfest des Herrn und dem des Täufers ist es im Römischen Kalender das dritte Geburtsfest.

2 MARIANISCHE GEDENKTAGE
(in der Reihenfolge des Kirchenjahres)

2.1 Gedenktag (g) Unserer Lieben Frau von Lourdes (11. 2.): Dieses marianische Gedächtnis geht auf die achtzehn Erscheinungen zurück, die dem Mädchen *Bernadette Soubirous* vom 11. Februar bis 16. Juli 1858 zuteil wurden. Dabei gab sich Maria als „Immaculata Conceptio" zu erkennen. *Pius X.* setzte zur 50-Jahr-Feier der ersten Erscheinung am 11. Februar 1908 ein Fest ein (duplex maius). Die Neuordnung reduzierte es zu einem nichtgebotenen Gedenktag und änderte den Namen von „Fest der Erscheinung der unbefleckten Jungfrau Maria" in „Gedenktag Unserer Lieben Frau von Lourdes", um so besser zum Ausdruck zu bringen, daß der Gegenstand der Feier die Jungfrau Maria selbst ist, nicht so sehr ein geschichtliches Ereignis.

2.2 Gedenktag (g) Unbeflecktes Herz Mariä: Ursprünglich ein von *Johannes Eudes* († 1680) eingeführtes Fest seiner Ordensgemeinschaft. Erst *Pius XII.* schrieb es 1944 für die ganze Kirche vor und legte es auf den 22. August (duplex II. Klasse). Im neuen Römischen Kalender blieb es als nichtgebotener Gedenktag erhalten und wurde auf den Samstag nach dem ↗Herz-Jesu-Fest gelegt.

2.3 Gedenktag (g) Unserer Lieben Frau auf dem Berge Karmel (16. 7.): Ursprünglich ein Ordensfest der Karmeliter, das Ende des 14. Jhs. entstand und durch *Benedikt XIII.* 1726 auf die ganze Kirche ausgedehnt wurde. Es war bereits vom Codex rubricarum 1960 auf eine Kommemoration zurückgestuft worden.

2.4 Gedenktag (G) Maria Königin (22. 8.): Aus partikulären Festfeiern des 19. Jhs. entstanden, schrieb es *Pius XII.* zum Abschluß des „Marianischen Jahres" am 1. November 1954 für die ganze Kirche vor (31. 5.). Die Neuordnung verlegte es auf den (ehemaligen) Oktavtag von „Maria Himmelfahrt".

2.5 Gedenktag (g) Mariä Namen (12. 9.): Dieses „Namensfest" hat seinen Ursprung in Spanien, wo es im 16. Jh. bekannt ist. Nach der Befreiung Wiens von der Türkenbedrohung am 12. September 1683 dehnte es *Innozenz IX.* auf die ganze Kirche aus. Während es der neue Römische Kalender als Verdoppelung des Festes Mariä Geburt entfallen ließ, behielt es der Regionalkalender des deutschen Sprachgebietes „wegen des historischen Bezuges zum Sprachgebiet und der Verwurzelung im Volk" bei.

2.6 Gedächtnis (G) der Schmerzen Marias (15. 9.): Die Wurzeln dieses volkstümlichen Gedenktages liegen in der besonderen Verehrung der Mater dolorosa im Mittelalter. Nach zunächst nur partikulärer Feier dehnte es *Benedikt XIII.* 1721 unter dem Titel „Fest der sieben Schmerzen der seligen Jungfrau Maria" auf die ganze Kirche aus und legte es auf den Freitag vor dem Palmsonntag. Parallel hierzu entwickelte sich ein ähnliches Fest des Servitenordens am 3. Sonntag im September, das *Pius VII.* zum Dank für seine Rückkehr aus französischer Gefangenschaft (1814) für die gesamte Kirche vorschrieb und *Pius X.* 1913 auf den 15. September (Oktavtag von Mariä Geburt und Tag nach Kreuzerhöhung) legte. Nachdem das erstgenannte Fest schon 1960 zu einer Kommemoration zurückgestuft worden war, wurde es im neuen Kalender als Doppelung gestrichen.

2.7 Gedenktag (G) Unserer Lieben Frau vom Rosenkranz (7. 10.): Zur Vorgeschichte des „Rosenkranzfestes" gehört die weite Verbreitung des Rosenkranzgebetes und der Rosenkranzbruderschaften im 15./16. Jh. Bereits für 1547 ist ein Rosenkranzfest in Spanien bezeugt. Als die Christenheit am 7. Oktober 1571 in der Seeschlacht von Lepanto die Türken besiegte, schrieb man dies dem Rosenkranzgebet zu. *Pius V.* ordnete für den Jahrestag ein „festum B. M. V. de victoria" an. Sein Nachfolger *Gregor XIII.* gestattete 1573 den Kirchen mit einem Rosenkranzaltar ein „Fest des heiligen Rosenkranzes" am ersten Sonntag im Oktober. Als es im Jahre 1716 unter *Prinz Eugen* zum Sieg über die Türken bei Peterwardein kam, dehnte *Clemens XI.* das Fest auf die ganze Kirche aus. *Pius X.* verlegte es wieder auf den ursprünglichen Termin am 7. Oktober. Der Codex rubricarum (1960) änderte den Namen in „Fest der seligen Jungfrau Maria vom Rosenkranz", der auch vom neuen Römischen Kalender beibehalten wurde. – ↗Rosenkranz.

2.8 Gedenktag (G) Unserer Lieben Frau von Jerusalem (21. 11.): Den Anstoß zu diesem Fest gab wohl das Weihefest der Kirche S. Maria Nova zu Jerusalem am 21. November 543. Später wurde daraus ein „Gedächtnis der Darstellung der seligen Jungfrau Maria", wie der Name noch im neuen MR lautet. Dahinter steht die Übernahme einer legendären Erzählung aus dem apokryphen Jakobusevangelium (Kap. 7), wonach Maria im Alter von drei Jahren den legendären „Tempeljungfrauen" beigesellt wurde, um dort erzogen zu werden und Tempeldienste zu leisten. In dieser Sinngebung läßt es sich schon im 8. Jh. in Konstantinopel nachweisen, unter Kaiser *Manuel Komnenos* wird es 1166 in der Liste der öffentlichen Feiertage geführt. Im 12. Jh. taucht es in England auf, im 14. Jh. in der päpstlichen Kapelle zu Avignon (1371). *Sixtus IV.* führt es in Rom ein (1472) und erlaubt seine Feier für die ganze Kirche. *Pius V.* verweigert jedoch seine Aufnahme in den Festkalender wegen des legendären Charakters. Ohne derartige Bedenken schreibt es *Sixtus V.* 1585 für die ganze Kirche vor. Die obige Bezeichnung im Regionalkalender für das deutsche Sprachgebiet ist offenbar bemüht, den legendären Inhalt in den Hintergrund treten zu lassen.

Das Ordensfest der sogenannten Mercedarier *„Maria vom Loskauf der Gefangenen"* (M. de mercede) fand keine Aufnahme mehr in den neuen Festkalender. Im früheren Missale gab es im Abschnitt „Missae pro aliquibus locis" noch weitere 21 regionale Marientage, die unter Umständen Platz in Eigenkalendern finden können. Wenn es die Rubriken erlauben, kann an den Samstagen eine der „Votivmessen der Muttergottes am Samstag" gefeiert werden. – ↗Rorate-Messe; ↗Marienmonate; ↗Rosenkranz.

Lit.: Adam, Kirchenjahr 172–183; ↗Lit. bei Maria.

Marienmonate Die katholische Volksfrömmigkeit hat zwei Monate im Jahr in besonderer Weise der Verehrung ↗Marias zugeordnet, den „Marienmonat" Mai und den „Rosenkranzmonat" Oktober. Schon im Mittelalter lassen sich besondere Maiandachten feststellen. Sie hatten ursprünglich die Aufgabe, überkommene heidnische Maifeiern römischen und germanischen Ursprungs verchristlichen zu helfen. Daß man aber den ganzen Monat Mai durch tägliche oder häufige Gebete der Gottesmutter „weihte", ist das Ergebnis einer Entwicklung, die im 17. Jh. einsetzt und in der Mitte des 19. Jhs. zum Abschluß kommt. In neuerer Zeit empfahl *Paul VI.* in seiner Enzyklika „Mense maio" vom 1. Mai 1965 die besondere Verehrung der Gottesmutter in diesem Monat und nannte es „eine teure Gewohnheit Unserer Vorgänger, diesen Marienmonat zu wählen, um das christliche Volk zu öffentlichem Gebet einzuladen, sooft die Nöte der Kirche oder eine drohende Weltgefahr dies verlangten" (vgl. HK 19 [1964/65] 410f). – Von einem *„Rosenkranzmonat"* spricht erstmals *Leo XIII.*, der nicht weniger als 16 Enzykliken bzw. Apostolische Schreiben über das Rosenkranzgebet veröffentlichte und anordnete, daß im Oktober der ↗Rosenkranz täglich in allen Pfarrkirchen gebetet wird. – Auch die nachkonziliare Kirche begrüßt und fördert solche volksfromme Marienverehrung, sofern sie nicht das „wesentliche Gebet" der Liturgie verdeckt und in den Hintergrund schiebt und sofern sie sich freihält von ungesunder und theologisch unvertretbarer Übersteigerung.

Lit.: J. Metzler, Die Marien-Maiandacht. Ihre Entstehung, Entwicklung und Ausbreitung, in: Zschr. für Aszese und Mystik 3 (1928) 89–101; *A. Ph. Brück,* Geschichte der Mainzer Maiandacht, in: Jb. für das Bistum Mainz (1950) 357–368; *P. Lippert,* Die „Marienmonate", in: *W. Beinert* (Hrsg.), Maria heute ehren. Eine theologisch-pastorale Handreichung (Freiburg [2]1977).

Marienverehrung ↗Maria.

Markus Johannes Markus ist der Sohn jener Maria, die ihr Haus für die Versammlung der Urgemeinde zur Verfügung stellte (Apg 12,12). Zusammen mit seinem Vetter Barnabas nahm er an der ersten Missionsreise des Paulus teil (Apg 13,2–5). Die Überlieferung betrachtet ihn auch als Mitarbeiter des Petrus und Verfasser des zweiten Evangeliums mit dem Symbol des Löwen. Die Übertragung seiner Reliquien von Alexandrien, wo er der erste Bischof gewesen sein und das Martyrium erlitten haben soll, nach Venedig im 8. Jh. ließ ihn zum bekannten Patron dieser Stadt werden. In Rom ist seine Feier (25. April) erst für das 10./11. Jh. bezeugt. Dort fiel sie zusammen mit der älteren Bittprozession, was dazu führte, daß man ihn als einen der „Wetterherren" verehrte.

Markusliturgie ↗Orientalische Riten.

Maroniten ↗Orientalische Riten.

Märtyrer in der Sprache der Liturgie der Heilige, der sein Leben zum Zeugnis für Christus hingegeben hat. Er ist den Weg Christi leibhaftig nachgegangen (schon beim Erstmärtyrer Stephanus arbeitet die Apostelgeschichte die Parallelen zum Zeugentod Christi deutlich heraus). Sein Leben wird nicht erst (wie beim ↗Bekenner) durch die Wassertaufe zur Teilnahme am ↗Pascha-Mysterium des Herrn, sondern durch den unmittelbaren Nachvollzug des Zeugentodes Christi, durch die „Bluttaufe". Märtyrerfeste sind darum noch mehr als andere ↗Heiligenfeste jedesmal ein kleines Ostern. Die Märtyrer haben nicht ohne Grund als einzige eigene Commune-Texte für die Osterzeit; als Evangelium dient mit Vorliebe das Weinstockgleichnis von dem Christusleben, das in den Märtyrern pulsiert, sowie das Motiv „Wenn einer mir dienen will, folge er mir nach; und wo ich bin, dort wird auch mein Diener sein" (Joh 12,26). Dieser Eingang zum Mahl der Herrlichkeit bei Christus wird am Todestag durch die Eucharistie gefeiert, in der die Gemeinde auf Erden in Christi Passion einbezogen und an seinen Ostertisch geladen wird. – ↗Heiligenverehrung.

Martyrologium kalendarisch geordnetes Heiligenverzeichnis mit kurzen geschichtlichen Angaben vor allem über die Begräbnisstätte; erwachsen aus der Zusammenstellung örtlicher Heiligenverzeichnisse. Ein offizielles Martyrologium Romanum erschien erstmals nach der Trienter Liturgiereform; es wurde noch nicht historischen modernen Erfordernissen und der Situation nach dem II. Vatikanum angepaßt. – Für den deutschen Sprachraum erfüllt seine Aufgabe „Der große Namenstagskalender", der 1975 im Auftrag der Liturgischen Institute in Trier, Salzburg und Zürich von *J. Torsy* herausgegeben wurde. – ↗Namensgebung.

Matthäus ↗Apostelfeste 8.

Matthias ↗Apostelfeste 3.

Matutin (lat. von *Matuta,* der Göttin der Morgenhelle, des Zeitraums zwischen dem Weichen der völligen Dunkelheit und dem Aufleuchten des Morgenrots; eingedeutschte Form: **Mette**) ursprünglich Bezeichnung des Morgenlobes, der ↗Laudes matutinae, dann übertragen auf das den Gemeindelaudes in den letzten Nachtstunden vorausgehende gemeinsame Beten der asketischen Kreise (↗Mönche), das im römischen und monastischen Brevier als eine relativ selbständige Hore gilt, während es sonst überall (auch im Abendland) mit dem Morgenlob zu einer einzigen Hore verbunden ist. – *1. Gemeindliche Nachtwache.* Die neuere Forschung hat gezeigt, daß die Matutin von der alten Gemeindenachtwache, der ↗Vigil, zunächst sorgfältig zu trennen ist. Diese ist nach dem Vorbild der Ostervigil gebaut, gekennzeichnet durch ausgewählte umfangreiche Lesungen aus dem Alten Testament, denen jeweils ein Antwortgesang und Gebet folgen, abgeschlossen durch die feierliche Verkündigung des Evangeliums. Diese gemeindliche Nachtwache vor Fest- und Sonntagen lebt im Meßbuch in der Osternachtfeier weiter. Ihr Einfluß ist auch zu spüren in der Form, wie die ↗Lesehore an Sonn- und Feiertagen zur Vigil erweitert werden kann mit dem feierlich vorgetragenen Evangelium (AES 70–73). – *2. Asketisches Beten vor dem gemeindlichen Morgenlob.* Eine entscheidende Wurzel der Matutin ist dagegen zu suchen in dem asketischen Wachen und Beten, das man in der alten Christenheit für die Nacht, vor allem für die Zeit um Mitternacht weitgehend von den Gläubigen erwartet hat. Der Zusammenschluß asketischer Kreise in ↗Jerusalem und in den ersten Mönchsvereinigungen ermöglichte gemeinsames nächtliches Beten, allerdings jetzt weniger als Unterbrechung des Schlafes um Mitternacht denn als Abbrechen des Schlafes in den letzten Stunden vor dem gemeindlichen Morgenlob; nur das byzantinische Mönchtum hat eine mitternächtliche Gebetsstunde entwickelt, das *Mesonyktikon.* Das nächtliche Beten besteht im Prinzip überall aus einem ausgedehnten Psalmenpensum (↗Psalmodie); noch heute werden in einem Kellion des Mönchsberges Athos allnächtlich alle 150 Psalmen verrichtet. Die Pachomiusregel setzt dann die Zwölfzahl der Psalmen fest, die auch in der benediktinischen und in der alten römischen Ferial- und Sonntagsmatutin maßgebend ist. Sekundär tritt dazu etwas Schriftlesung; Benedikt vermerkt ausdrücklich, daß bei Zeitmangel die Lesungen ausfallen können, die Zwölfzahl der Psalmen dagegen nicht gekürzt werden darf. Cassian berichtet, die ägyptischen Mönche hätten freiwillig, als Zugabe für Interessierte, an die Psalmen eine Lesung aus dem AT und eine Lesung aus dem NT gefügt; erwachsen scheint diese Lesung aus der für Asketen selbstverständlichen privaten Schriftlesung. Dieses System der Matutin ist in der Sommermatutin der Benediktiner erhalten, wo nach den ersten sechs Psalmen eine Kurzlesung aus dem AT und nach dem zwölften Psalm eine epistolische Kurzlesung vorgesehen ist, so daß die nächtliche Psalmodie in zwei *Nokturnen* („Nachtwachen") zerfällt. Die Sonn- und Festtagsmatutin dagegen, die aus drei Nokturnen (zweimal sechs Psalmen, dritte Nokturn aus drei Cantica) besteht, kennt ausgedehnte Lesungssysteme, deren Wurzel, wie oben gesagt in der gemeindlichen Nachtwache zu suchen ist. – *3. Bedeutung.* Die tägliche Matutin des römischen Breviers war eine besinnliche, meditative Stunde, die man entsprechend den Zeit- und Arbeitsgegebenheiten der Spätantike und des Mittelalters in den letzten Nachtstunden begangen hat: man war schon ausgeschlafen, konnte aber mangels Licht noch nicht an die Arbeit gehen. Mit dem Wandel des Lebensrhythmus beginnt man im ausgehenden Mittelalter, die Frühhore (zumal im Sommer) in die späten Abendstunden vorzuverlegen (zu „antizipieren"). Der völligen Veränderung des Lebensrhythmus heute trägt die gemäß LK 89c im neuen Stundengebet an die Stelle der Mette getretene ↗Lesehore Rechnung: sie ist an keine Stunde mehr gebunden.

Lit.: A. Baumstark, Nocturna laus (LQF 32) (Münster 1957).

Mediator Dei Anfangsworte (= „Der Mittler zwischen Gott") der Enzyklika des Papstes *Pius XII.* vom 20. 11. 1947 „über die heilige Liturgie", in der erstmals die Bemühungen der ↗Liturgischen Bewegung von Rom anerkannt werden, aber auch vor Übertreibungen gewarnt wird. Bahnbrechend war, daß die ↗Liturgie darin nicht als eine „Sammlung von Gesetzen und Vorschriften ... für die Handhabung der heiligen Riten" gesehen wird (Nr. 25 der Herder-Ausg.), sondern als das innerste Leben der Kirche. Die Enzyklika hat auslösend gewirkt auf die Reformbewegungen, die auf dem II. Vatikanum schließlich zur allgemeinen Anerkennung und Durchführung kamen.

Medien im Gottesdienst ↗Kommunikation ist ohne „Mittler" (lat. Medien) nicht möglich. Sie geschieht zunächst durch die natürliche Vermittlung im Wort, in der ↗Gebärde, im ↗Spiel, dann auch durch künstlich geschaffene („technische") Mittel: der durch „Instrumente" erzeugte Ton, das in Farben ausgedrückte Bild, die figürliche Darstellung in der Krippe. Der Einsatz dieser Medien war im Gottesdienst immer selbstverständlich, wurde nicht diskutiert. Heute benützt man auch gelegentlich ein Stück „Realität“, einen Stein, ein Stück Holz zum Anfassen und Meditieren und will so konkretes Leben und Gottesdienst verbinden. – Darüber hinaus bietet die moderne Technik eine Reihe Medien, in denen dieser unmittelbare Zusammenhang nicht mehr oder nicht ohne weiteres erfahrbar ist. Das Kriterium für die Zulassung solcher Medien im Gottesdienst liegt darin, ob sie personales Handeln verlängern oder ersetzen. Im einzelnen gilt:

1. Phonotechnische Medien. Gottesdienst geschieht vor allem im Hören des personalen Anrufes; darum berühren phonotechnische Medien schneller als andere den Kern des Gottesdienstes. – *a)* Die technische Verstärkung der verkündenden Stimme ist weit verbreitet, sie macht hörendes Teilnehmen am Gottesdienst oft überhaupt erst möglich (AEM 273). Sie darf aber nicht unterschiedslos angewandt werden, sondern soll nur der Verstärkung des für die Ohren der Gemeinde bestimmten Wortes dienen. Verstärkung von Gesang und Musik ist problematisch; dies gilt auch für die Verstärkeranlagen von Rhythmikinstrumenten bei Jugendgottesdiensten, die nicht über die notwendige tonliche Raumfüllung hinausgehen sollte. – *b)* Tonaufzeichnungen im Gottesdienst abzuspielen, ist nur dort sinnvoll, wo dies einem besonderen gottesdienstlichen Zweck (Einstimmung, Dokumentation im Rahmen der Predigt u. ä.) dient; es kann nicht den Dienst einer Sänger- oder Instrumentalgruppe ersetzen.

2. Visuelle Medien. Das Schauen eines Bildes ist nicht im gleichen Maß auf unmittelbare personale Begegnung mit dem Malenden angelegt wie das Hören eines Sprechenden; damit das Bild zum Sprechen kommt, muß der Beschauer sich engagieren. Dadurch ist die Gefahr groß, daß das Bild unreflektiert als platter Abdruck der vollen Wirklichkeit angesehen und nicht in seinem eigentlichen Gehalt aufgefaßt und meditiert (= „ge-innert“) wird. – a) Bildprojektion zur meditativen Betrachtung ist an geeigneten Stellen des Gottesdienstes möglich, wenn die technischen Voraussetzungen klappen, die Bilder gut ausgewählt und vor allem nicht zu zahlreich sind, so daß sie in innerer Ruhe betrachtet werden können. Es geht dabei für gewöhnlich ja nicht um Information (was im Rahmen der Predigt das eine oder andere Mal denkbar ist), sondern um ein meditatives Auffassen, ein „Innern“. – b) Oft ist es besser, wenn jeder Gottesdienstbesucher eine Abbildung oder ein Andachtsbild mit der Darstellung in die Hand bekommt; der einzelne engagiert sich meist stärker, als wenn die ganze Gemeinde auf ein im Mittelpunkt strahlendes Dia fixiert ist. Auch wirkt ein Bild, das man mitnehmen kann, länger nach.

Allgemein wird man bei der heutigen Reizüberflutung bedenken, daß die meisten Gläubigen im Gottesdienst eher Ruhe und ↗Stille suchen als Klangberieselung und Bildüberfütterung; sie suchen den personalen Kontakt, dem die technischen Mittler dienen müssen und den sie nicht behindern dürfen.

Lit.: Ph. Harnoncourt, Überlegungen zur Verwendung technischer Mittel im Gottesdienst, in: LJ 23 (1973) 204–216; *D. Trautwein,* Lernprozeß Gottesdienst (München und Gelnhausen 1972) 238–241; *H. Durrer,* Mikro-Countdown. Zum Gebrauch von Lautsprecheranlagen in Kirchen, in: Gd 14 (1980) 116f.

Meditation ↗Stille.

Mehrstimmigkeit Die Väterzeit hat für den christlichen Gottesdienst im Gegensatz zum heidnischen den unbegleiteten einstimmigen Gesang als Ideal herausgestellt. – Im Abendland beginnt im Mittelalter eine zweite Stimme Note für Note die Melodie zu begleiten als Quarten- oder Quintenorganum. Dieses *Organum* wird gegen 1200, ausgehend von St-Martial in Limoges und von Compostela, in Frankreich (vor allem an Notre-Dame in Paris mit dem Meister *Leoninus*) zu einer großartigen Kunstform entwickelt: über jeder, oft sehr lang ausgehaltenen Note der gregorianischen Melodie (des *Tenors,* gesprochen: ténor) wird wie eine gotische Zierat eine reiche, bewegte Melodie gelegt (das *duplum,* der Diskant). In der nächsten Generation fügt *Perotinus* eine dritte und auch vierte Stimme dazu; ein strenges rhythmisches Schema hält das Ganze zusammen. Aus dem Organum erwächst die *Motette;* über einem kurzen, oft nur wenige lang ausgehaltene Töne umfassenden choralen Cantus firmus erklingen die Überstimmen mit je eigenem Text. Dagegen hat der als Prozessionsgesang gedachte *Conductus* parallel geführte Stimmen ohne Choralfundament. Während so zuerst das ↗Proprium (1) der Feste durch Mehrstimmigkeit ausgezeichnet wurde, werden später auch Stücke des gleichbleibenden ↗Ordinariums mehrstimmig gebracht und schließlich zu einer Ordinariumsreihe, der ↗„Messe“, zusammengefaßt. So eng Mehrstimmigkeit an einen Chor gebunden ist, schließt sie doch den Gesang der Gemeinde nicht grundsätzlich aus; das Organum ist anfangs wohl solistische Überstimme über dem von einer größeren Gruppe gesungenen Choralfundament. Heute sucht die Kirchenmusik wieder nach Formen, in denen sich mehrstimmiger Chorgesang mit einstimmigem Gemeindegesang verbindet. – Die byzantinische Kirchenmusik ist grundsätzlich einstimmig geblieben. Sie kennt aber, vor allem in den Gesängen des reich verzierten Typs (des Papadikon), das sog. *ison,* ein orgelpunktartiges Festhalten des oder der Haupttöne der Tonart während des ganzen Stückes durch eine kleine Sängergruppe. Die von Byzanz ausgehenden Nationalkirchen übernahmen zunächst alle diese Art des Singens. Die ukrainische und russische Kirche bildeten seit dem 16. Jh. daraus einen dreistimmigen Gesang, der sich unter dem Einfluß vor allem der italienischen Musik zu reicher Mehrstimmigkeit weiterbildete. Auch in Griechenland setzt sich seit mehreren Jahrzehnten in den Pfarrkirchen der mehrstimmige Chor immer mehr durch; allerdings gehen dadurch die eigentümlichen Intervalle des byzantinischen Kirchengesangs völlig verloren.

Lit.: E. Quack, Die Aufgaben des Sängerchors und die Verwendung der Mehrstimmigkeit, in: H. Hucke (Hrsg.), Kirchenmusik nach dem Konzil (Freiburg 1967) 101 bis 108; Musik im Gottesdienst (bosse musik paperback 5) (Regensburg 1975) 24–59; dtv-Atlas der Musik.

Melchiten ↗Orientalische Riten.

Melisma (griech. = Gesang) reiche Melodiebildung aus mehreren ↗Neumen über den einzelnen Silben. Melismatisch sind im Choral vor allem die solistischen Stücke, so besonders die großen responsorialen Formen.

Memento lat. Anfangswort (= Gedenke) der Fürbitten für die Lebenden und die Verstorbenen vor bzw. nach den Einsetzungsworten des Römischen Kanons (↗Hochgebet I). Die beiden Gebete stehen nicht, wie man beim ersten Augenschein meinen könnte, parallel. Das *Gedächtnis der Lebenden* fügt sich organisch dem Gang der Fürbittschicht im Römischen Kanon ein; es nennt als Mitträger der Feier die Namen derer, die besondere Gaben gespendet haben oder für die Oblationen dargebracht worden sind. Nach Bedeutung und Entstehung sind diese Fürbitten wohl zu unterscheiden von dem Gebet der Gläubigen (↗Fürbitten). Man bezeichnete sie der Deutlichkeit halber auch als Interzessionen oder ↗Diptychen-Gebet. Eine solche Fürbitte im Rahmen des Oblations- und Diptychenwesens hat ihren natürlichen Platz nach dem Opfergang vor dem Hochgebet. Darum stand im gallikanischen Raum (lebendig noch im mozarabischen Ritus) das „Gebet nach den Namen“ vor dem Friedensgruß und dem Hochgebet. Nach der Übernahme des römischen Brauches blieb die gallische Art erhalten durch entsprechende Gebete, die an dieser Stelle (vor dem Gabengebet) eingefügt wurden und bis zur Reform noch weiterlebten im Gebet „Suscipe, sancta Trinitas“. Ähnlich kennt der byzantinische Ritus seit dem ausgehenden Mittelalter die Möglichkeit, daß Zelebranten und Diakone während des großen Einzugs frei formulierte Gedenkwünsche singen; zu diesem Zweck wird der Gesang des Cherubikons unterbrochen. Von dieser natürlichen Stelle wurde die Namensverlesung und die damit verbundene Fürbitte sowohl in der stadtrömischen Liturgie wie im ganzen Osten in das Hochgebet hinein verschoben. Als Motiv wird von Papst *Innozenz I.* (Brief an *Decentius* von Gubbio, 416) ebenso wie von den östlichen Kirchenvätern der Wunsch genannt, die Namen während der eigentlichen eucharistischen Opferfeier zu nennen, die sich im Hochgebet vollzieht. – Das fürbittende *Gedächtnis der Toten* ist ein zusätzlicher Einschub vor dem Ende des Hochgebetes, der ursprünglich nur in Totenmessen geschah, an Sonntagen bis in die Karolingerzeit verboten war und erst dann auch in anderen Messen Aufnahme fand. Sein Text stand zunächst nicht im Kanon, sondern in den Diptychen. – Die alexandrinische Ritengruppe (↗Orientalische Riten) fügt alle Interzessionen einschließlich der für die Verstorbenen nach dem Sanctus vor den Einsetzungworten ein, während die antiochenische Gruppe (darunter vor allem die byzantinische) den Block der Interzessionen nach der Epiklese vor der Schlußdoxologie ins Hochgebet einschiebt. Ähnlich fassen die neuen römischen ↗Hochgebete diese fürbittenden Gedächtnisse vor der Schlußdoxologie zusammen. Im Hochgebet II beginnen beide ebenfalls mit dem lat. „Memento“, im Hochgebet III nur das Gedächtnis für die Verstorbenen in den Messen für die Toten.

Lit.: Jungmann MS II 199–213, 295–308; *Berger, Offerre pro.*

Memoria ↗Gedächtnis.

Mensch (das Menschenbild der Liturgie) Der Gottesdienst beansprucht den ganzen Menschen, nicht nur in seiner Innerlichkeit, sondern in seiner Leibhaftigkeit (tätige ↗Teilnahme, ↗Leib, ↗Gebärde); umgekehrt betrifft auch das ↗Heil, das er schenkt, den ganzen Menschen an „Leib und Seele“, den Menschen als durchseelten Leib und leibmächtigen Geist. Diesen lebendigen Menschen sieht die Liturgie immer eingegliedert in die Kirche; als Glied am Leib Christi vollzieht er seinen Priesterdienst, zu den ihn die Taufberufung befähigt. – Den Gebeten der klassischen römischen Liturgie liegt ein stark antipelagianisches Menschenbild zugrunde; mit Nachdruck wird betont, daß das Geschöpf aus eigener Kraft ganz und gar nichts zum Heile beizutragen vermag; es kommt rein von Gottes Gnade, wenn die Gläubigen ihm würdig und untadelig dienen. Dabei bleibt der Getaufte immer der Sünde verhaftet, erfährt im Gottesdienst aber auch immer wieder Erneuerung und Erlösung. Dadurch trägt das Menschenbild der römischen Liturgie eine starke innere Spannung; was im Angeld und Unterpfand schon begonnen hat und an uns wirkt, soll zur vollen Entfaltung und Verwirklichung gebracht werden.

Lit.: E. von Severus, Das Bild des christlichen Menschen in der Liturgie, in: Lit. Leben 4 (1937) 265–273; *J. Pascher,* Eucharistia (Münster ²1953) 283–297.

Mesner (von lat. mansionarius, dieses von mansio = Wohnung [neben der Kirche]), auch *Küster* (von lat. custos = Wächter) oder *Sakristan* (mundartlich Sigrist), Kirchenbediensteter, dem die Sorge für das Kirchengerät, das Bereitlegen der Paramente, das Öffnen und Schließen, Glockenläuten und ähnliche Dienste anvertraut sind. Er kümmert sich nicht nur um die äußere Sauberkeit des Gotteshauses und die äußere Ordnung im Gottesdienst, sondern hilft auch wesentlich mit, daß echte innere Ruhe und besinnliche Stille vor einem Gottesdienst in der Sakristei möglich sind.

Lit.: R. Binder, Der Küster, in: *A. Kirchgässner* (Hrsg.) Unser Gottesdienst (Freiburg u.a. 1960); Ztschr.: „Im Dienst der Kirche“ (Essen 1920ff); „Der katholische Mesner“ (Augsburg 1950ff).

Meßandacht im Abendland seit dem Mittelalter verbreitete Form, die Messe mitzufeiern durch Gebete, die über das geistliche Geschehen der Messe reflektieren. Die veränderte Sicht der Kirche und die sprachliche Barriere seit der ↗Karolingerzeit hatten die Messe immer mehr ausschließlich als Handlung des Priesters verstehen lassen; der inneren Beteiligung des Volkes dienten die allegorische Meßerklärung (↗Allegorese) und eigens zu diesem Zweck verfaßte Gebete, die zunächst privat gelesen wurden, seit der Aufklärung (vor allem in Kindermessen) aber auch laut vorgebetet und gemeinsam gesprochen wurden. Bei der Erstarrung der römischen Liturgie seit der Gegenreformation war die gemeinsame Meßandacht die einzige Möglichkeit, den Umständen und Bedürfnissen der Gemeinde in der Gestaltung des Gottesdienstes Rechnung zu tragen. Die liturgische Erneuerung verknüpfte die Meßandacht wieder stärker mit der Meßfeier durch die Einfügung des Dialogs zwischen Vorsteher und Gemeinde und macht sie als „Gemeindemesse" (so noch in den Richtlinien der deutschen Bischöfe von 1961) zu einer wertvollen pädagogischen Zwischenstufe.

Meßbuch ↗Missale.

Meßdiener ↗Ministranten.

Messe (von lat. missa = Entlassung) die im Abendland vorherrschende Bezeichnung für die aus Wortgottesdienst und Eucharistie bestehende wichtigste Gottesdienstform der christlichen Gemeinde, in den Ostkirchen ↗Liturgie (2) genannt.

1. Wortbedeutung. Das Wort missa bezeichnet zunächst den Schlußakt eines jeden feierlichen Gottesdienstes und dürfte von der Entlassungsform (durch Segenspendung) her dann den Sinn „Segnung", „feierliches Segensgebet" angenommen haben. Daß es in diesem Sinn im 6. Jh. zur Bezeichnung der Eucharistie wird, die im Mittelalter ausschließlich vorherrscht, hängt mit der mittelalterlichen Sicht der Messe zusammen, die mehr auf die Segensfrucht ausgerichtet war, die sie bringt, als auf den Lobpreis des Vaters durch Jesus Christus.

2. Zusammenfügung von Wort und Sakrament. Die katechetische Praxis hat den Wortgottesdienst früher gern als „Vormesse" bezeichnet und abgewertet; in den letzten Jahren ist wieder stärker ins Bewußtsein der Gläubigen getreten, daß die Meßfeier zwei Hauptvorgänge und damit Hauptteile umfaßt: den ↗Wortgottesdienst und die ↗Eucharistie; es besteht jetzt fast die gegenteilige Gefahr, daß die Selbständigkeit der Wortverkündigung überbetont und so übersehen wird, daß Wortverkündigung und Paschamahl zu einem einzigen gottesdienstlichen Akt zusammentreten (LK 56). In der Feier des Herrenmahles und Herrengedächtnisses ist die ↗Verkündigung notwendig mitenthalten (besonders deutlich 1 Kor 11,26); Eucharistie ist selbst Verkündigung der Gottestat in Jesus Christus, Feier der Eucharistie ist das „Urkerygma". Umgekehrt tendiert jede Versammlung innerhalb der Gemeinde (anders als die missionarische Verkündigung) vom Gedächtniswort zur Gedächtnistat, zur Bekräftigung des Gedächtnisses durch die aufgetragene Gedächtnishandlung. Darum ist im Leben der christlichen Gemeinde von Anfang an Verkündigung und Mahlgemeinschaft verbunden; es braucht nicht erst ein von der Synagoge abgeleiteter, ursprünglich selbständig am Morgen gefeierter Wortgottesdienst sich mit der vom Abend auf den Morgen gewanderten Eucharistiefeier zu verbinden. Richtig ist an dieser älteren Vorstellung, daß Synagoge und selbständiger christlicher Wortgottesdienst die nähere Gestaltung der Verkündigung in der Meßfeier entscheidend geformt haben, daß der Ausbau der in der Eucharistie angelegten Verkündigung von dorther beeinflußt ist.

3. Vollgestalt christlichen Gottesdienstes. Aus dem Gesagten erhellt auch, daß die Reihenfolge Wortverkündigung – Tatverkündigung in der Eucharistie von deren innerer Dynamik her angelegt ist und nicht umgekehrt werden kann. Solche Einheit von Wort und Sakrament in der Form des dynamischen Weiterdrängens vom Wort zum Mahl des Herrn ist die Vollform des christlichen Gottesdienstes, die Gestalt der sonntäglichen Zusammenkunft, die auch von den Reformatoren grundsätzlich festgehalten worden ist. Man spricht darum auch von einer „evangelischen Messe", bei der das Abendmahl nicht angehängt wird an einen Predigtgottesdienst, sondern Predigt und Abendmahl sich zum Hauptgottesdienst integrieren.

4. In verkürzter Sprechweise nennt man Messe auch ein *musikalisches Werk,* das verschiedene gleichbleibende Gesänge der römischen Meßfeier (↗Ordinarium) in zyklischer Form zusammenfaßt. Das erste bekannte Beispiel ist die Messe von Tournai aus dem 14. Jh.; vorher wurden nur einzelne Gesänge auskomponiert und für den jeweiligen Bedarfsfall zusammengestellt.

Lit.: J. A. Jungmann, Gewordene Liturgie (Innsbruck 1941) 34–52; *ders.,* Von der „Eucharistie" zur „Messe", in: ZkTh 89 (1967) 29–40; *O. Nußbaum,* Die Messe als Einheit von Wortgottesdienst und Eucharistiefeier, in: LJ 27 (1977) 136–171; *K. Rahner,* Wort und Eucharistie, in: Aktuelle Fragen zur Eucharistie (München 1960) 7–52.

Meßerklärung wird erstmals notwendig im 4. Jh. durch die ↗Arkandisziplin; den Neugetauften wird der Glaubensinhalt der Eucharistie erschlossen vor allem in den Mystagogischen Katechesen. Für die Gemeinde kommt dazu die ständige Mahnung zur rechten Feier, die im allgemeinen von inhaltlichen Überlegungen ausgeht (wie schon 1 Kor 11). Im strengen Sinn wird Meßerklärung notwendig bei der Germanenmission, weil hier die Gestalt der Messe zunächst als tradierter Ritus übernommen werden muß, der erst allmählich und nachträglich dem Verständnis aufgeschlossen werden kann. Leider geschah dies fast ausschließlich auf dem Weg der ↗Allegorese. Das Trienter Konzil schärfte den Pfarrern die Pflicht ein, den Gläubigen immer wieder die Messe unter ihren verschiedenen Aspekten und in ihren verschiedenen Riten zu erklären. Seit der Aufklärung geschieht dies als pädagogische Hinführung zur Mitfeier in zunehmendem Maß durch einen speziellen ↗Kommentator. Bei aller durchsichtigen und kommunikativen Gestaltung der Meßfeier wird Meßerklärung weiterhin notwendig sein. Sie sollte aber nicht während der gottesdienstlichen Feier geschehen; hier sollten Hinweise des Priesters (↗Aufforderung) vielmehr Hilfen zum geistlichen Mitvollzug geben.

Meßformen Während das nachtridentinische Meßbuch von der Beschreibung der Privatmesse ausging und jeweils anhangsweise Änderungen für Amt und Bischofsgottesdienst andeutete, geht die AEM von einer Grundform der Meßfeier mit der Gemeinde aus, die bereichert oder vereinfacht werden kann, so daß das Erscheinungsbild der Meßfeier sich je nach örtlichen, zeitlichen und persönlichen Gegebenheiten sehr ändern kann.

1. Gemeindliche Formen. Die Hochform der Eucharistie, der der erste Rang zukommt, ist jene, in der der ↗Bischof selber am Altar steht, umgeben von seinem Presbyterium, Mitwirkende verschiedener Art ihre Dienstämter ausüben und die Feier mit Gesang und voller tätiger Teilnahme des ganzen heiligen Gottesvolkes geschieht; hier wird ↗Kirche mehr als sonst sichtbar. (LK 41; AEM 74). – Bedeutsamen Rang hat sodann die Meßfeier, die von einer Gemeinschaft (Pfarrgemeinde, Kloster) vor allem am Sonntag begangen wird, da auch darin die Kirche an einem bestimmten Ort und zu einer bestimmten Zeit gegenwärtig wird. Sie soll, soweit möglich, mit ↗Gesang gehalten werden und mit einer der Situation entsprechenden Zahl von Helfern (AEM 75–76). Als Grundform sieht AEM vor: daß ↗Akolyth, ↗Lektor und ↗Kantor mithelfen, im Notfall aber ein einzelner Helfer genügt, der diese verschiedenen Dienste ausübt; daß der Gesang nach dem Grundsatz der gestuften Festlichkeit eingesetzt wird; der Diakon kann in jeder Form der Feier seinen Dienst ausüben. Es können auch jeweils mehrere Helfer einer Dienstart mitwirken (mehrere Diakone, Kantoren) und die anfallenden Aufgaben unter sich aufteilen. – Besondere Form nimmt dieses Zusammenwirken an, wenn mehrere Priester als Konzelebranten neben dem Hauptzelebranten Dienst tun in der sog. ↗Konzelebration.

2. Gruppenmessen. Neben diese gemeindlichen Formen der Meßfeier treten Formen in einem kleinen, geschlosseneren Kreis, die sog. ↗Gruppenmessen, als Messe einer bestimmten Altersstufe wie ↗Kindergottesdienst, Schülermesse, ↗Jugendgottesdienst, Altengottesdienst, Krankengottesdienst (↗Krankenpastoral) oder Messe einer kleinen (Apostolats-)Gruppe. Für sie ist in der AEM nichts vorgesehen, wohl aber haben Rom und ebenso verschiedene Bischofskonferenzen Richtlinien dafür erlassen. Sosehr diese Meßformen in kleinerem Kreis die persönliche Beteiligung fördern, ebensosehr lassen sie leicht den Blick auf die Gesamtkirche zurücktreten, die doch in jeder Meßfeier sichtbar werden will.

Noch stärker gilt dies für die Messe ohne Gemeinde, die ↗„Privatmesse“, bei der keine weiteren Gläubigen teilnehmen, sondern nur ein Ministrant hilft und antwortet (ohne einen solchen Ministranten dürfte die Messe nur aus einem schwerwiegenden Grund gefeiert werden; vor AEM 211 war eine solche Messe überhaupt verboten).

3. Frühere Einteilungen. Gegenüber dieser Einteilung der Meßfeiern nach dem Grad der „Kirchenöffentlichkeit“ haben die früheren Einteilungen nach der Art der Gemeindebeteiligung ihre Bedeutung verloren, zumal die Verwendung des Gesangs kein Unterscheidungsmittel mehr ist, so daß sich das ↗Hochamt (Missa sollemnis) dadurch nicht mehr von einer „Lesemesse“ abhebt. Man sprach von einer *Missa recitata,* wenn die Gemeinde sich unmittelbar in Latein an der vom Priester lateinisch gelesenen Messe beteiligte – von ↗*Gemeinschaftsmesse,* wenn die Gemeinde unter Leitung eines „Vorbeters“ sich in Deutsch der vom Priester lateinisch gelesenen Messe synchron anschloß, eventuell die Akklamationen dem Priester unmittelbar lateinisch zurief – von ↗*Betsingmesse,* wenn die Prozessionsgesänge und/oder Ordinariumsteile durch deutsche Liedparaphrasen ersetzt wurden. Alle diese Meßformen der frühen ↗Liturgischen Bewegung setzten so an der Lesemesse an, die rubrizistisch viel weniger eingeschränkt war als das Amt; erst die allmähliche Erkenntnis der ↗„Hochamtsregel“ schuf (auch über die Brücke des ↗Deutschen Amtes) den Übergang zu der heutigen Erkenntnis, daß bestimmte Elemente des Gottesdienstes Gesang geradezu verlangen, andere je nach Art und Größe der Gemeinschaft und Eigenart des Anlasses gesungen, gesprochen oder ausgelassen werden können.

Meßgewand (Kasel von lat. casula = Häuschen: griech. phelónion, davon lat. paenula; offizielle lat. Bezeichnung ist planeta) das Obergewand der liturgischen Kleidung (↗Gewänder, liturg.). Entstanden aus einem Überwurf, der zunächst als Wetterschutz von den einfachen Leuten getragen wurde, dann auch in höheren Kreisen beliebt wurde, seit dem 4. nachchristlichen Jh. als festliches Kleidungsstück galt. Als Amtstracht vom Klerus bevorzugt und ungeschieden von allen Weihestufen getragen, bis die Diakone für festliche Tage die modische ↗Dalmatik übernahmen; an Bußtagen haben sie bis zur Reform von 1960 die Kasel beibehalten, zur Erleichterung der Hantierungen aber an der Vorderseite aufgerollt ([planeta] plicata) und vom Evangelium bis nach der Kommunion ganz eingerollt und schärpenartig über die linke Schulter gewunden (als ↗Stola latior). Während im Osten die Kasel das liturgische Oberkleid für liturgische Verrichtungen aller Art blieb, wurde sie im Abendland seit der Jahrtausendwende auf die Meßfeier beschränkt und bei den übrigen Funktionen durch den ↗Rauchmantel abgelöst; dadurch erst wurde sie zum „Meßgewand“. Dieselbe Entwicklungsrichtung führte überall dazu, daß die Kasel dem Priester vorbehalten wurde. – Die antike *Form der Kasel* ist die Glockenkasel: ein halbkreisförmiges Stoffstück wird an den beiden begrenzenden Radien vor der Brust so zusammengenäht, daß ein Kopfdurchlaß bleibt; es entsteht ein spitzkegeliger Mantel, der den Träger allseitig einhüllt und der für manuelle Tätigkeiten auf den Unterarmen gerafft werden muß. Die Verwendung schwerer Stoffe führte im Westen seit der gotischen Zeit zu einer seitlichen Verkürzung, bis im Barock der Gewandcharakter völlig verlorengeht und nur noch zwei reichdekorierte brettartige Stoffbahnen über Brust und Schultern herabhängen. Seit 1900 ist die Entwicklung wieder rückläufig, sie führt aus praktischen Gründen aber nicht mehr bis zur alten Glockenkasel zurück. Die (meist in Stickerei ausgeführte) Verzierung des Meßgewandes erwuchs im Mittelalter aus der schmalen Borte, mit der man die Naht auf der Brustseite zu verdecken suchte, und einem Zierstück unter dem Kopfdurchlaß, das das Einreißen dieser Naht verhindern sollte. Langsam setzt sich die Erkenntnis durch, daß zum Gewandcharakter der Kasel weder figürliche Stickereien noch reicher Symbolschmuck passen, daß die Wirkung der Kasel vielmehr auf dem funktionsgerechten Schnitt, auf der Fülle und Qualität des Stoffes beruht. – Das byzantinische *Phelonion* hat die alte Umwurfform besser bewahrt; um den Armen mehr Bewegungsfreiheit zu geben, wird hier meist (analog der römischen Diakonsplicata) das Gewand vor der Brust etwas verkürzt. Die übrigen orientalischen Riten haben den Mantel vorne wieder aufgeschnitten, so daß er dem westlichen Rauchmantel ähnlich sieht. Die Bischöfe des byzantinischen Ritus (bei Griechen und Melchiten nur Patriarchen und Metropoliten) tragen statt des Phelonions den *Sakkos,* ein kurzes dalmatikartiges Gewand, seitlich geschlitzt, mit weiten Ärmeln; dieses kaiserliche Ornatstück wurde nach der Trennung von Rom dem Patriarchen von Konstantinopel verliehen; sein Gebrauch ging nach dem Fall der Stadt auf alle Bischöfe über.

Lit.: A. Flüeler, Über den Formwandel der Casula, in: LJ 7 (1957) 146–153.

Meßhäufigkeit Ob das tägliche gemeinsame Brotbrechen der Jerusalemer Gemeinde (Apg 2,46) eucharistisch zu verstehen ist, ist strittig; bei dem siebentägigen Aufenthalt des Paulus in Troas ist das Brotbrechen jedenfalls mit Nachdruck vom ersten Tag der Woche berichtet (Apg 20,7). Bei *Cyprian* ist schon von der täglichen Feier der Eucharistie, wenn auch nur im kleinen Kreis, die Rede. *Augustinus* kennt die tägliche Meßfeier als in vielen Gemeinden verbreitete Regel. – An den Sonn- und Festtagen hält die alte Kirche grundsätzlich an der einen gemeinsamen Feier der Eucharistie für die ganze Gemeinde fest; nur wo ein beträchtlicher Teil der Gemeinde dabei im Kirchengebäude nicht Platz finden kann, wird die Feier anschließend wiederholt. An Werktagen wird die Eucharistie gefeiert nach den privaten Bedürfnissen der Gläubigen. In den *Ostkirchen* ist es weithin bei diesen Prinzipien geblieben. – Im *Westen* kommt es zu einer Häufung der Messen in der fränkischen Zeit, in der die Messe mehr als die spezifische Leistung des Priesters gesehen wird, weniger als die Versammlung der Gemeinde (↗Karolingerzeit; ↗Mittelalter). Viele Priester zelebrieren jetzt mehrmals am Tag, meist in der Form der ↗Privatmesse. Das bringt Mißstände mit sich, die bald zu einschränkenden Vorschriften führen. Zuerst wird jedem Priester noch die dreimalige Feier pro Tag zugestanden, bald nur noch die täglich einmalige erlaubt, die ↗Bination bleibt seither auf Notfälle beschränkt. Als Ausweg, um die Intentionswünsche der Gläubigen trotzdem zu befriedigen, verfiel man auf die *Missa bifaciata (trifaciata usw.):* jede einzelne Messe wird nur bis zum Kanon fortgeführt, dann die nächste begonnen, und schließlich wird für alle Gaben zusammen die Messe mit dem Kanon fortgesetzt. Davon zu unterscheiden ist die *Missa sicca,* bei der der Kanon ausgelassen wurde. Sie entstand als Rahmen für die ↗Krankenkommunion und diente hauptsächlich der ↗Kommemoration verhinderter Feste. – Während sich die Gottesdienstordnung der Neuzeit fast nur an der Zahl der zur Verfügung stehenden Priester orientierte und nach der höchstmöglichen Zahl der Messen strebte, führt die gegenwärtige Besinnung auf den ekklesialen Charakter der Messe (↗Eucharistie 2) zu dem Prinzip: nur so viele Einzelmessen, wie für die Gemeinde notwendig und nützlich sind. Wo Priester in größerer Zahl zur Verfügung stehen, dürfte die ↗Konzelebration im Gemeindegottesdienst richtiger sein als die Häufung von Einzelmessen ohne eigentliche Gemeinde. Die neueren Versuche, die Eucharistiefeier in der Form der sog. *Motivmesse* als Mittel zur Bewußtseinsbildung der Gemeinde zu „benutzen“ und von daher ihre Häufigkeit zu fördern, steht ihrem eigentlichen Sinn entgegen.

Lit.: K. Rahner – A. Häußling, Die vielen Messen und das eine Opfer (Freiburg u.a. [2]1966); *A. Häußling,* Mönchskonvent und Eucharistiefeier (Münster 1973); *ders.,* Meßhäufigkeit und „Motivmessen“, in: *Gemeinde im Herrenmahl* 143–149; *ders.,* Norm der Häufigkeit liturgischer Feiern, in: ALW 20/21 (1978/79) 81–94.

Meßkomposition ↗Messe 4.

Meßstipendium eine dem Priester außerhalb der Meßfeier überreichte (Geld-)Gabe mit der Bitte, eine Messe für die besonderen Anliegen des Spenders zu feiern.

1. Entstehung. Es war schon in der frühesten Zeit üblich, daß die Gläubigen zur Eucharistiefeier Brot und Wein und andere Gaben sowohl für die Feier selbst wie auch zum Unterhalt der Kirche und ihrer karitativen Verpflichtungen mitbrachten. Diese Spenden institutionalisierten sich bald im ↗Opfergang oder in anderen Formen. Im hohen Mittelalter entwickelte sich eine extramissale Gabe in einem doppelten Sinn: a) Man überreichte dem Priester eine Meßgabe mit der Bitte um ein besonderes Gedenken bei der Meßfeier, die sog. *„Frümgabe“,* und hoffte so, die Messe „frumen“, d. h. besonders nutzen zu können. b) Daneben entwikkelte sich die *Zelebrationsgabe,* damit der Priester eine Messe feiere, zu der er sonst nicht verpflichtet gewesen wäre. Während für jede Messe nur eine Zelebrationsgabe genommen werden durfte, waren mehrere „Frümgaben“ für die gleiche Messe erlaubt. Zur Zeit der Reformation nahm die Zelebrationsgabe den Sinn der Frümgabe in sich auf, beide vereinigten sich zu einer einzigen Meßgabe, dem Meßstipendium. Das Trienter Konzil war bemüht, aus den Meßgaben jegliches Gewinnstreben fernzuhalten, gab aber noch keine näheren Anweisungen. Erst *Urban VIII.* entschied 1625, daß für jede Meßfeier nur ein einziges Stipendium genommen werden dürfe. Später wurde verboten, daß die Pfarrer für den pflichtgemäß an Sonn- und Feiertagen zu haltenden Pfarrgottesdienst ein Stipendium annehmen (↗Applikation). – Ein solches Meßstipendium ist in den *Ostkirchen* unbekannt. Der berechtigte Wunsch der Gläubigen, ihre intentionale Beteiligung am Meßopfer spürbar und zeichenhaft auszudrücken, wird dort im allgemeinen erfüllt durch durch die Möglichkeit, während der ↗Proskomidie Gaben mit einem Gebetswunsch abgeben zu können. Wenn es sich um Brotgaben handelt, werden ihnen Partikel entnommen und auf den Diskos gelegt. Die Intentionen werden meist in den Gedenkbitten beim großen ↗Einzug genannt, die Brotgaben als sog. Eulogien an die Gläubigen am Ende der Eucharistiefeier verteilt.

2. Pastoralliturgische Aspekte. Das Meßstipendienwesen wurde von den Reformatoren heftig bekämpft, schuf aber auch im katholischen Raum verbreitete Mißverständnisse und Mißbehagen. Die durch eine Geldgabe erfolgende „Bestellung“ einer Messe, vielleicht noch durch diözesane „Taxen“ geregelt, erweckt in vielen Gläubigen die Vorstellung einer „Bezahlung“ und führt entsprechend zur häufigen Frage: „Was kostet die Messe?“ „Daß das Mißbehagen begründet ist, spüren wir auch daran, daß es kaum eine Darstellung des Meßstipendiums gibt, die nicht längere oder kürzere Ausführungen enthält, mit denen der Verdacht der Simonie abgewehrt wird. Denn es wird immerhin Geld gegeben…“ (J. A. Jungmann, Lit. [b] 37). Dieses Unbehagen wächst, wenn die Meßstipendien an andere Priester weitergegeben werden und so der Spender mit seinen besonderen Anliegen dem Zelebranten völlig unbekannt ist. *Eine Reform des Stipendienwesens* erscheint heute besonders dringlich im Hinblick auf die in den Gemeinden weithin erneuerte Sicht von der Messe als der Vergegenwärtigung des Kreuzesopfers Christi, dessen „Frucht“ jedem Mitfeiernden nach dem Maß seiner inneren Hingabe und Verbindung mit Christus zuteil wird. *J. A. Jungmann* ist der Auffassung, „daß die Theorie von den Meßopferfrüchten keine tragfähige Grundlage ist“ (Gd 7 [1973] 167). Andererseits bleibt die persönliche Gabe für die Ermöglichung der Meßfeier und die karitativen Aufgaben der Ortskirche Recht und Pflicht der Gläubigen. Sie wird zum Zeichen dafür, daß man sich mit der Opferhingabe Christi innerlich verbindet, zum Ausdruck einer intensiven Mitfeier seines Opfers und auch des Einsatzes für den Leib Christi, die Kirche. – Eine Umformung des Meßstipendienwesens könnte sich vielleicht von der ostkirchlichen Praxis inspirieren lassen, etwa in der Richtung: Die Gläubigen teilen dem Priester ihre besonderen Anliegen für das Meßopfer mit, die dann in den Fürbitten (bzw. in den Interzessionen für Verstorbene) allgemein oder, wenn angebracht, speziell genannt werden, legen aber ihre „Meßgabe“ (Fürbittgabe) erst im betreffenden Gottesdienst in einen eigens dafür bestimmten Behälter („Opferstock“ oder ähnliches). In welcher Form diese „Meßgaben“ verwendet werden, bedürfte einer regionalen Regelung.

Lit.: *K. Mörsdorf,* Erwägungen zum Begriff und zur Rechtfertigung des Meßstipendiums, in: *J. Auer – H. Volk,* Theologie in Geschichte und Gegenwart (FS für Schmaus) (München 1957) 103–122; *Jungmann (a) MS* II 26–34; *ders. (b),* Meßintention und Meß-Stipendium, in: *A. Kirchgässner* (Hrsg.), Unser Gottesdienst (Freiburg u.a. 1960) 37–44; *K. Rahner – A. Häußling,* Die vielen Messen und das eine Opfer (Freiburg [2]1966) 130–143; *J. Goldbrunner,* Meßstipendien, in: Gd 7 (1973) 121f; dazu Leserbriefe in: ebd. 167f; *ders.,* Noch einmal: Meßstipendien, in: ebd. 183; *A. Mayer,* Keine neuen Fehlentwicklungen, in: Gd 8 (1974) 116f; *ders.,* „Firma in traditione“ in: ebd. 188f.

Mette eingedeutschte Form für ↗Matutin, das nächtliche bzw. frühmorgendliche Gebet. Dem Volk vertraut in der Heiligen Nacht als Weihnachtsmette, dort auch übertragen auf die damit verbundene Meßfeier in der Nacht (↗Weihnachten), sowie als ↗Trauer- oder Pumpermette an den Kartagen.

Michael ↗Engelfeste.

Ministranten (von lat. ministrantes = Dienende, in der Rubrikensprache unterschieden von den ministri = Diakonen) Altardiener, Meßdiener, auch Chorknaben genannt, ein oder zwei Helfer, die dem Priester bei der Gottesdienstfeier zur Hand gehen. Als eigener Dienst erst erwachsen, als die vielen zu einem Gottesdienst nötigen Dienste für die ↗Privatmesse von einem einzigen Helfer übernommen werden mußten; sind darum im Osten in unserm Sinn unbekannt. Im öffentlichen Gottesdienst waren und sind jetzt wieder die Dienste aufgeteilt: Kantor, Lektor, Kerzenträger, Opfergang der Gläubigen, Kommunionhelfer, Akolythen, Sammler und Ordner. Doch braucht es auch im vollausgebauten Gemeindegottesdienst dem Ministrantendienst entsprechende Helfer für Kreuz und Kerzenleuchter, Weihrauchfaß, als Fackelträger, zum Bedienen der Glocken, zur Händewaschung und ähnliche Dienste. Beim Fehlen bestimmter Dienste übernehmen die Ministranten deren Aufgabe; so rüsten sie beim Fehlen eines Diakons und Akolythen den Altar und bringen Meßbuch, Korporale und Kelch herbei. Vielerorts müssen sie auch für die Gemeinde die Schale mit dem Brot und die Kännchen mit Wein und Wasser zum Altar bringen; doch sollte dieser Dienst nach Möglichkeit immer aus der Mitte der Gemeinde heraus erfolgen. Bei einfacheren Meßfeiern vor allem am Werktag und natürlich bei der Privatmesse ohne Gemeinde übernimmt der Ministrant wie bisher alle anfallenden Dienste, liest nach Möglichkeit auch die Lesung vor und geht der

Gemeinde im Singen bzw. Sprechen der Gemeinderufe und Gemeindegesänge voran.

Daß man für alle diese Dienstleistungen mit Vorliebe Buben wählt, hat eine lange Tradition. In der Antike bestimmte man vielfach Knaben als Lektoren wegen ihrer durchdringenden Stimme; meist wurden sie im Haus des Bischofs erzogen, und so entwickelten sich die ↗Schola (die ja wörtlich „Schule" heißt) und ähnliche Bildungsformen in den Häusern der Landpfarrer. Damit standen diese Buben auch für die weiteren Dienstleistungen zur Verfügung, empfahlen sich obendrein durch ihre kindliche Unschuld. Im Barock wurden die Ministranten gern wie Pagen eingekleidet und in ganzen Gruppen zu Ehrendiensten verwendet (↗Fackelträger). Nachdem durch die Neubelebung vieler Dienste in der Liturgieerneuerung der Ministrantendienst anfangs etwas zurückgetreten war, wird jetzt die eminente pastorale Bedeutung der Ministrantenarbeit wieder klar erkannt. Mancherorts werden jetzt auch Mädchen zum Ministrantendienst herangezogen; das liturgische Recht verbietet zwar noch den Dienst der ↗Frauen am Altar, läßt sie aber je nach Situation die einzelnen im Ministrantendienst zusammengefaßten Aufgaben (Lesen, Gabenbringen) trotzdem übernehmen. Die konkrete Entscheidung wird hier von der örtlichen pastorellen Situation her gefällt werden müssen; vor allem sollte man nicht übersehen, daß die Mädchen auch ohne Ministrantendienst eben doch sehr viel zur Gestaltung des Gottesdienstes beitragen können, vor allem mit musischen Kräften. – Eine eigene Kleidung für Helfer im Gottesdienst ist weit verbreitet und für Dienstleistungen im Altarraum auch angemessen. Meist wird die traditionelle Chorkleidung verwendet (Talar, für kleine Buben auch farbig, und Chorrock); sachlich richtiger ist die ↗Albe oder ein tunikaartiges Gewand.

Lit.: W. Pilz – R. Weber, Damit es ein Fest wird ... (München – Düsseldorf 1978); *W. Dinger – H. Withake,* Ministrantendienst – Zeichen lebendiger Gemeinde (Kevelaer 1980); *W. Pohl,* Der Ministrant (Freiburg [5]1980); *P. Wittemann – N. Weidinger,* Ministrantenarbeit (Kevelaer 1980). – Zeitschrift für Ministranten: Leuchtfeuer (Köln 1950ff).

Mischung

1. Mischung von Wein und Wasser im eucharistischen Kelch: Alle alten christlichen Riten mit Ausnahme der gregorianischen Armenier mischen dem Wein im Kelch etwas Wasser bei. Aller Wahrscheinlichkeit nach hat schon Christus beim Letzten Abendmahl gemischten Wein verwendet. Die lateinischen Väter sehen in dem beigemischten Wasser das gläubige Volk dargestellt, das mit Christus unlösbar verbunden ist, und verweisen auch auf Blut und Wasser, das aus der Seitenwunde Christi geströmt ist. Der Orient sieht in den beiden Elementen die göttliche und menschliche Natur Christi versinnbildet; wohl deswegen lehnten die Armenier als radikale Monophysiten (↗Christus) die Beimischung von Wasser seit dem 6. Jh. ab. Im römischen Ritus wurde hierzu ein Begleitgebet gesprochen, das ursprünglich eine weihnachtliche Oration ist (und im MR als Tagesgebet der 3. Weihnachtsmesse wieder Verwendung fand). Die Neugestaltung entnahm dieser Oration den Schlußsatz.

2. Mischung der eucharistischen Gestalten vor der Kommunion: Sie ist in den meisten christlichen Riten üblich. Zunächst ist die Vermischung fester und flüssiger Speise eine allgemein menschliche Form der Mahlbereitung, die in der Eucharistie auf den einzigartigen Charakter der göttlichen Speise hinweisen will: den lebendigen Leib und das lebenspendende Blut des Herrn. Weil „Leib und Blut" Ausdruck dieses irdischen Lebens sind (1 Kor 15,50; Mt 16,17), wird ihre getrennte Darstellung als Ausdruck des gewaltsamen Opfertodes empfunden, ihre Wiedervermischung als Ausdruck des Auferstehungslebens, an dem Christus den Seinen Anteil gewährt. Andere Väter sehen den Vorgang unter inkarnatorischem Aspekt: Durch die Einung von Gottheit und Menschheit in Christus (zuerst selbst „Mischung" genannt, dann wegen dogmatischer Bedenken durch „Austausch" ersetzt) wird das zerrissene Band zwischen Gott und Menschen wiederhergestellt, wir können Gottes Wort wieder bei uns aufnehmen. Diese Heilstat wird in der ↗Epiklese hörbar herbeigerufen, in der Mischung sichtbar dargestellt: Mischung ist eine sichtbare Epiklese. Für eine unreflektierte Theologie hat die Mischung der Gestalten geradezu konsekrierende Kraft; bis ins hohe Mittelalter betrachtete man bei der ↗Präsanktifikatenliturgie (besonders am Karfreitag in Rom) den unkonsekrierten Wein durch die Beimischung der konsekrierten Hostienpartikel als konsekriert.

3. Signatio: In den orientalischen Riten geschieht solche sichtbare Epiklese nicht nur durch das Einsenken der Brotsgestalt in den Kelch, sondern auch durch das Streichen der Weingestalt auf das Brot, das „Siegeln des Lammes". Besonders ausgeprägt ist der Ritus bei den Kopten und Äthiopiern.

4. Zeon: Die Byzantiner mischen unmittelbar vor dem Kommunionempfang dem Kelchinhalt etwas heißes Wasser (zeon) bei mit den Worten: „Glut des Glaubens, Feuer des Geistes." Diese Erwärmung soll das Blut als lebendig und lebenspendend darstellen. Das „feurige" Wasser zeigt den Heiligen Geist an, der, in der Epiklese angerufen, die Gaben zum lebenspendenden Leib und Blut des Herrn umwandelt.

5.↗Fermentum: Die vom Papst unmittelbar vor dem Kommunionempfang vollzogene Mischung ist in der römischen Meßliturgie verlorengegangen. Dafür hat sich die Einsenkung einer Hostienpartikel nach dem Friedensritus erhalten. Sie dürfte weniger vom päpstlichen Fermentum als vielmehr von Syrien herkommen. Aus dem früheren Gebet zur Mischung hat das MR das an dieser Stelle schwer verständliche Wort „consecratio" entfernt, ebenso die früher dabei vorgeschriebenen drei Kreuzzeichen über den Kelch. Das MD hat den Gebetstext noch stärker gestrafft und auch auf das Wort „Mischung" verzichtet.

Lit.: L. Voelkl, Eulogie und Fermentum, in: Miscell. Belvederi (Rom 1954) 391–414; *Jungmann, Erbe* 379–389 (Fermentum); *J. P. De Jong,* Die Mischung der Gestalten, in: LJ 14 (1964) 251–253; vgl. ALW IV (1955) 245–278; V (1957) 33–79.

Miserere (Erbarme dich) Anfangswort und abkürzende Benennung des Psalmes 51 (50), des bedeutendsten unter den Buß-↗Psalmen. Seit altchristlicher Zeit wird er als Morgenpsalm gebraucht, in der Benediktusregel täglich als erster Psalm der ↗Laudes beibehalten, in Rom zuerst an Sonntagen außerhalb der Bußzeit und an Festtagen durch andere Psalmen ersetzt, bei der Brevierreform unter *Pius X.* auf Werktage mit Bußcharakter beschränkt. Im neuen Stundenbuch wurde er der erste Laudes-Psalm an allen Freitagen.

Miserikordie ↗Chorgestühl.

Missa cantata ↗Meßformen.

Missa chrismatis ↗Gründonnerstag.

Missale oder **Meßbuch** ein nur in der Westkirche bekannter Buchtyp, der für den Zelebranten der heiligen Messe sämtliche notwendigen Texte und Rubriken aus den verschiedenen liturgischen ↗Büchern zusammenstellt. Solche Zusammenschreibungen entstehen zuerst für besondere Anlässe (Votivmessen in Häusern, auf Reisen), bei denen der Zelebrant selbst in Ermanglung weiterer Diensttuender alles übernehmen mußte; gelegentlich sind in solchen Büchlein die Gesangstexte sogar mit Neumen versehen. Das Vollmissale, das die Meßtexte des ganzen Jahreskreises enthält, wurde in den Klöstern für die dort zahlreichen Privatmessen ausgebildet. Als im hohen Mittelalter sich der Brauch durchsetzte, daß der Zelebrant auch im öffentlichen Gottesdienst den Wortlaut der vom Chor und von den Leviten vorgetragenen Gesänge und Lesungen für sich rezitierte, wurde das Meßbuch auch in die gemeindliche Eucharistiefeier eingeführt statt des bisher verwendeten ↗Sakramentars. Plenarmissalien entstehen anfangs einfach dadurch, daß man einem Sakramentar ein Lektionar und ein Meßantiphonar beibindet; man verschmilzt dann aber den Inhalt der verschiedenen Bücher zu festen Formularen, die für jede Messe alle Texte in der Reihenfolge bieten, wie sie bei der Feier benötigt werden. In den älteren Drucken werden dabei die Gesangsstücke meist in einem kleineren Schriftgrad gesetzt, so daß die Sakramentartexte und Lesungen deutlich hervortreten. – Zunächst bilden jedes größere kirchliche Zentrum sowie die verschiedenen Orden und Ordenszweige ihr eigenes Meßbuch aus. Weiteste Verbreitung bekommt das *Missale Curiae,* weil die Franziskaner es übernehmen und überall hinbringen (↗Kurialritus). Nach dem Trienter Konzil wurde 1570 das *Missale Romanum* veröffentlicht, das von allen Kirchen übernommen werden mußte, die nicht seit wenigstens zweihundert Jahren einen ↗Sonderritus aufweisen konnten. Im Gefolge der Zulassung der Muttersprache durch das II. Vatikanum erschien 1965 ein dreibändiges lateinisch-deutsches Altarmeßbuch, das die Schriftperikopen nicht mehr ausdruckte, sondern nur noch die Fundstellen notierte und auf das Lektionar verwies, sonst aber nur die geringfügigen Änderungen aufwies, die durch das MP „Sacram Liturgiam" vom 25. 1. 1964 und die Instr I schon in Kraft gesetzt waren. In Fortführung der Liturgiereform erschien am Gründonnerstag 1970 das erneuerte „Missale Romanum", das als Sakramentar angelegt ist und nur die ↗Präsidialgebete enthält, dazu Eröffnungs- und Kommunionvers für den Fall, daß der Gottesdienst ohne Gesang stattfinden muß (^{2}1974). Die deutschsprachige Ausgabe wurde auf einer gemeinsamen Sitzung der deutschsprachigen Bischofskonferenzen in Salzburg am 23. 9. 1974 approbiert. Die deutsche Altarausgabe ist zweibändig; der zweite Band enthält den Gesamtinhalt deutsch, ohne die Große Woche und ohne die AEM; der erste Band enthält AEM und Große Woche und darüber hinaus alle Sonn- und Festtage auch in Latein, dazu einen Anhang mit ausgewählten lateinischen Lesungen, so daß für eine lateinische Zelebration in weit größerem Maß vorgesorgt ist als durch den vorgeschriebenen Anhang oder auch das „Missale parvum" (*Kaczynski* 1995–1999), das für den Gebrauch durchreisender, der Landessprache unkundiger Priester vorgesehen ist. – Im evangelischen Gottesdienst bietet die ↗Agende für den Liturgen die Gebete und Gesangstexte in Formularen zusammengestellt, für die Perikopen werden nur die Fundstellen notiert. Für den byzantinischen Gottesdienst gibt es private Ausgaben für die Hand der gebildeten Gläubigen (reichhaltiger der *Synekdimos,* dürftiger die *Sinopsis;* für die Messe komplett das *Liturgikon*), die aus den verschiedenen liturgischen Büchern die Texte zu Formularen zusammenstellen; der Liturge selber benützt nur ein Büchlein mit dem feststehenden Text der Liturgie und das prächtige Evangelienbuch. – ↗Volksmeßbuch; ↗Übersetzung.

Lit.: *A. Baumstark,* Missale Romanum (Eindhoven 1929); *A. Häußling,* Das Missale Romanum Pauls VI., in: LJ 23 (1973) 145–158; LJ 25 (1975) 73–136 (= Heft 2); *B. Fischer,* Vom Missale Pius' V. zum Missale Pauls VI., in: LJ 26 (1976) 2–18; *O. Nußbaum,* Zur Theologie und Spiritualität des neuen Meßbuchs, in: LJ 26 (1976) 193–223.

Missa lecta ↗Meßformen.

Missa praesanctificatorum ↗Präsanktifikatenliturgie; ↗Karfreitag.

Missa recitata ↗Meßformen.

Missa sicca ↗Meßhäufigkeit.

Missa sollemnis ↗Meßformen; ↗Levitenamt.

Mitra (Name wohl nach Ex 29,9; spätmittelalterlich auch *infula,* Infel) auszeichnende liturgische Kopfbedeckung der Bischöfe und Äbte. Vermutlich entstanden aus dem camelaucum, einer Kappe, die zum Ornat der Würdenträger im Römischen Reich gehörte. Zuerst nur für den römischen Bischof bezeugt, wird sie seit der Mitte des 11. Jhs. vom Papst auch andern Bischöfen und Äbten und den Kardinälen zugestanden. – Der Gestalt nach ist die Mitra zunächst eine kegelförmige Haube; aus den freien Enden eines die Stirn einfassenden Saumbandes entwickeln sich die beiden Bänder (vittae), die noch heute rückwärts herunterhängen. Im 12. Jh. wird die Haube in der Mitte eingebuchtet, so daß je ein Höcker über der rechten und linken Schläfe entsteht; die trennende Einbuchtung wird durch einen von vorn nach rückwärts verlaufenden Zierstreifen betont. Sodann werden die beiden Höcker um einen Viertelkreis versetzt und zu den beiden hornförmigen Schilden (cornua) umgebildet, die heute das Erscheinungsbild der Mitra auf der Vorder- und Rückseite bestimmen; der an Ort und Stelle verbleibende Mittelzierstreifen gerät dadurch auf die Hörner. Im Barock werden die Hörner schließlich zu einer unproportionierten Höhe aufgetürmt, wodurch die Mitra den Charakter einer Haube völlig verliert. Die frühere Unterscheidung verschieden geschmückter Mitren ist entfallen; jetzt wird bei jedem Gottesdienst nur eine Mitra benützt. – Die Mitra der *byzantinischen* Bischöfe ist in ihrer Gestalt von der byzantinischen Kaiserkrone beeinflußt; die Haube ist unten von einem Kronreif umgeben und wird von zwei sich überkreuzenden Bügeln zusammengehalten. Bei den *Armeniern* (auch bei den nicht unierten) tragen die Priester diese byzantinische Bischofskrone (saghawart), die Bischöfe dagegen die lateinische Mitra. Ferner ist die lateinische Mitra bei einer Reihe unierter Ostkirchen für die Bischöfe im Gebrauch.

Mittagsläuten ↗Engel des Herrn.

Mittelalter ist in der Liturgie gekennzeichnet durch das Einströmen des germanischen Elementes in den bislang nur aus den Volkskräften des antiken Mittelmeerraums geformten Gottesdienst. Das neue Element muß als voluntaristisch (ethisch, „faustisch") und damit individuell-subjektiv gekennzeichnet werden; die daraus erwachsende Haltung führt zu einer Vorliebe für das Konkrete, Schaubare, Greifbare und Zählbare. Als weiterer Faktor darf nicht übersehen werden, daß in Gallien, in der westgotischen und fränkischen Kirche die antiarianische Haltung (↗Christus) viel lebendiger war als in Rom. Von der übernommenen römischen Liturgie werden so die Erwartungen der bekehrten Germanenstämme nicht erfüllt. Darum strömen seit der ↗Karolingerzeit die neuen Elemente teils in die römische Liturgie ein, teils siedeln sie sich neben der Liturgie als ↗Volksfrömmigkeit an. In die Liturgie dringen vor allem die drastisch-plastischen Symbolhandlungen des germanischen Rechtslebens ein (Übergaben bei den Ordinationen; ↗Backenstreich bei der Firmung), ferner Äußerungen des persönlichen Empfindens in dem starken Ausdruck der eigenen Sündhaftigkeit (↗Apologien) und in den neuen lyrischen Formen (↗Sequenz, ↗Trope). Die Volksfrömmigkeit setzt sich durch in der ausgeprägten Schausucht des Mittelalters, dem die Eucharistie mehr zur „sichtbaren" Gegenwart des Herrenleibes wird als zur heiligen Feier mit und um den Herrn (↗Fronleichnam). Die Vorliebe für das Zählbare führt auch zu einer starken Kumulationstendenz: man zählt und häuft die Gebete (↗Rosenkranz), die Messen (↗Meßhäufigkeit, ↗Gregorianische Messen), die Heiligenfeste. Während diese Tendenzen in der romanischen Zeit noch gebändigt sind durch die ererbten und in der karolingischen Renaissance bewußt übernommenen Strukturen des antiken Christentums, brechen sie in der gotischen Zeit auf allen Gebieten des Lebens kräftig hervor. Das gottesdienstliche Leben bietet dadurch einerseits ein bewegtes, durch bunte Vielfalt und reiche Ausgestaltung fesselndes Bild. Die treibenden Kräfte verursachen andererseits Auflösungserscheinungen, die selbst Grundvorgänge des Gottesdienstes angreifen. Einsichtige Männer in der Kirche ebenso wie der Druck der Reformation führen zu einer Neubesinnung über den Gottesdienst, wie sie auf dem Trienter Konzil zutage tritt.

Lit.: A. L. Mayer, Die Liturgie in der europäischen Geistesgeschichte (Darmstadt 1971) vor allem 1–48.

Monastische Liturgie *1. allgemein* die Gottesdienstfeier in den nach der Regel Benedikts lebenden Klöstern. Benedikt schloß sich eng an die Ordnung der Basilikalklöster (↗Mönche) ↗Roms an. Die von ihm festgelegten Besonderheiten wurden aber beharrlich festgehalten, so daß vor allem das Breviarium Monasticum sich vom römischen auch im Inhalt einigermaßen unterscheidet. In der Meßfeier haben sich die Klöster immer an den Ortsbrauch angeschlossen. Die zentralistisch gelenkten Zweigorden haben jeweils das liturgische Leben des Stammklosters für alle Niederlassungen des Verbandes verpflichtend gemacht; dadurch haben diese Orden (vor allem die Zisterzienser) ihren jeweiligen mittelalterlichen ↗Sonderritus erhalten. – *2. speziell* die den Mönchsklöstern eigenen gottesdienstlichen Formen, vor allem die ↗Profeß und die ↗Abtsweihe. Liturgische Klostergewohnheiten sind vielfach zusammengefaßt im Liber Ordinarius (↗Ordinarium).

Mönche (und **Asketen**) sind für die Ausgestaltung der Liturgie von großer Bedeutung; darauf hat mit Nachdruck *A. Baumstark* hingewiesen unter dem Schlagwort „Kathedrale und Kloster". – Schon die Apokalypse spricht von Ehelosen (virgines) in der Gemeinde; solche *devoti* (Gottgeweihte), *continentes* (Enthaltsame), *aputacticae* (die der Welt abgesagt haben), *monazontes* verblieben aber, anders als die Väter in den Wüsten Ägyptens, die als Einsiedler lebten, auch wenn sie Schüler um sich sammelten, in der Familie und Gemeinde und führten dort ein intensives religiöses Leben. Sie siedeln sich in der Nähe bedeutender Kirchen an, bilden den Kern der Gemeinde und tragen den Gottesdienst. Aus diesem „individuellen Vormonachismus" erwuchsen durch Zusammenschluß die Klöster Ägyptens seit Pachomius, aber auch ähnliche Einrichtungen vor allem in ↗Jerusalem und im kleinasiatisch-syrischen Raum, die hauptsächlich von *Basilius* zusammengeführt wurden. Alle diese Gemeinschaften besuchen nicht nur die Gemeindehoren in der Ortskirche oder halten sie selbst im eigenen Oratorium, sie verrichten auch gemeinsam die Privatgebete, zu denen der Christ an bestimmten Stunden des Tages (↗Kleine Horen) und in der Nacht gehalten war; schließlich fügen sie die ↗Prim zum täglichen Cursus. – Während die gemeindliche Gebetsversammlung von Lesung und ausgewählten Psalmen getragen wird, ist das Rückgrat des Betens in Asketenkreisen das Psalmen-↗Pensum, das Beten einer abgemessenen Psalmenzahl in fortlaufender Reihenfolge, ohne Rücksicht auf deren konkreten Inhalt (liturgische ↗Feier). Die Schriftlesung ist in der Klostergemeinde anderweitig gewährleistet: durch die abendliche Collatio, durch die Tischlesung, die Privatlektüre; sie fügt sich dann der nächtlichen Psalmodie an als Art Gebetsabschluß (↗Matutin 2). Zu den Gemeindehoren versammeln sich die Asketenkreise schon frühzeitig und gestalten einen Vorbau vor der Hore nach ihren Prinzipien; zum Sprechen des Schlußgebetes nach den einzelnen Psalmen und der Betrachtungsstille war ein Mitglied des Klerus abgeordnet. Aus dieser asketischen Vorversammlung erwächst die Psalmodie, die die ↗Vesper einleitet, sowie, nach der heute vorherrschenden Auffassung, die ↗Matutin des römischen und monastischen Ritus, in den übrigen Riten der aus Psalmen und Gebeten gestaltete erste Teil des Morgenlobes. – Diese beiden Grundformen des Stundengebetes, die klösterliche und die gemeindliche, wirkten dann aufeinander ein: Die Bischöfe kamen vielfach aus dem Mönchsstand und waren deshalb geneigt, klösterliche Elemente in das Beten ihrer Gemeinde einzuführen; umgekehrt beteiligten sich die Gläubigen gern an dem Beten der Asketenkreise und übernahmen davon in ihre Praxis. Vor allem aber erwuchsen neben den meisten größeren Kirchen eigene *Basilikalklöster,* deren Mönche den Gebetsdienst an der Gemeindekirche zu verrichten hatten. Der Stadtklerus hielt nur das Morgen- und Abendlob (in Rom vielleicht nur das Morgenlob), daneben entfalteten die Mönche ihr volles Stundengebet. Das römische Brevier ist erwachsen aus dem Stundengebet der Basilikalklöster, nicht aus dem Morgen- und Abendlob und den gelegentlichen Nachtwachen der römischen Gemeinde. In noch stärkerem Ausmaß trägt die Liturgie in ↗Byzanz klösterlichen Charakter; er wurde ihr vor allem nach dem Bilderstreit von den Stadtklöstern aufgeprägt, die vom Jerusalemer Mönchtum intensiv beeinflußt waren. Ähnliches gilt von den andern Riten, obwohl Synoden in Ost und West seit dem 4. Jh. sich gegen die Vermischung klösterlicher und gemeindlicher Gebetsordnung wandten.

Lit.: A. Baumstark, Vom geschichtlichen Werden der Liturgie (Freiburg 1923) 64–70; *Ph. Hofmeister,* Mönchtum und Seelsorge bis zum 13. Jh., in: Studien u. Mitteilungen 65 (1953/54) 209–273.

Monitio ↗Aufforderung.

Monstranz Das lat. Wort bedeutet Zeigegerät (wie auch das Wort ostensorium), ursprünglich ein Schaugefäß für Reliquien, seit dem 14. Jh. zum sichtbaren Mittragen der Hostie bei der Prozession und zur ↗Aussetzung adaptiert. Die Hostie wird im Schaugehäuse meist durch einen sichelförmigen, aufklappbaren Halter *(Lunula* = kleiner Mond) befestigt, manchmal auch durch einen aufklappbaren Doppelreifen. Zur Aufbewahrung der Aussetzungshostie im Tabernakel hat man zum besseren Schutz vielfach ein eigenes kleines Behältnis *(Custodia)*, in das die Lunula eingeschoben werden kann. Das Schaugefäß ist ursprünglich ein aufrechter Glaszylinder mit Metallfuß und Bekrönung. Die gotische Kunst entwickelte daraus einen retabelartigen Aufbau mit kleinen Figuren. Die Renaissance ersetzte den Zylinder durch die heute noch üblichen zwei parallelen Glasscheiben.

Morgen Der Beginn des Tages nach der Finsternis der Nacht und dem todesähnlichen Schlaf galt bei allen Völkern als besondere Stunde des Dankes, des Lobpreises, des Opfers und der Bitte für den neugeschenkten Tag, der von der Sonne regiert wird. Im Rahmen der *Spätantike* mit ihrem ausgeprägten Sonnenkult waren diese Motive sehr lebendig. – In *Israel* war der Morgen zugleich die heilsgeschichtliche Stunde der Erscheinung Gottes am Sinai und des Bundesschlusses in der Ausgießung des Blutes der Opfertiere (Ex 19,16; 24,4ff). Im täglichen Morgenopfer wurde dieser Eintritt in den Bund immer wieder vollzogen (Num 28,6) und in der Verkündigung der Bundessatzung (Dekalog und Sch^{e}ma') bekräftigt. – Dem *Christen* ist der Morgen durch die Auferstehung des Herrn nach der Nacht des Leidens und Todes besonders geheiligt. An ihr hat er Anteil in der Gemeinschaft mit dem auferstandenen Herrn. So singen schon am Anfang des 2. Jhs. die Christen am Morgen ihrem Herrn das Loblied, wie wir aus dem Brief des Statthalters *Plinius* an den Kaiser *Trajan* erfahren. So mahnt auch der hl. *Cyprian* († 258): „In der Frühe muß man beten, um die Auferstehung des Herrn durch morgendliches Gebet zu feiern“ (De orat. dom. 35). Dem entspricht die frühe Entstehung des gemeindlichen Morgenlobes in den ↗Laudes und die Verlegung der Meßfeier vom Abend auf den Morgen.

Motivmesse ↗Thematischer Gottesdienst.

Mozarabische Liturgie ↗Lateinische Liturgien.

Mozzetta (ital. = abgeschnittener [Mantel]) ein bis zu den Ellenbogen herabhängender Schulterkragen, vorne zugeknöpft, früher auch mit Miniaturkapuze versehen. Seit der Neuordnung vom Weißen Sonntag 1969 auszeichnendes Kleidungsstück aller Bischöfe, auch der Weihbischöfe (nicht mehr durch die ↗Mantelletta ersetzt). Früher nur von Ortsoberhirten (mit und ohne Bischofsweihe) im Bereich ihrer Jurisdiktion getragen.

Münster Abgeleitet vom lat. monasterium = Kloster, meint es ursprünglich den gesamten Gebäudekomplex von Klöstern und Stiften (auch Domstiften), steht dann aber nur für deren Gotteshaus. Der Name hat sich, außer für Klosterkirchen, auch für einige ↗Kathedralen (Straßburg) und Stiftskirchen (Freiburg i. Br., Ulm, Essen) erhalten. – ↗Kirchengebäude.

Musik im Gottesdienst ist seit ältesten Zeiten Bestandteil des Gottesdienstes, hat hier wohl auch selber eine ihrer entscheidenden Wurzeln. Der Klang der Instrumente, die dem Menschen eine neue geheimnisvolle Stimme verleihen, soll störende Kräfte fernhalten, die Gegenwart übersinnlicher Kräfte spürbar machen, die Kultteilnehmer in enthusiastische Stimmung versetzen und so dem Heile näherbringen (↗Kult). Während im alttestamentlichen Tempelgottesdienst Instrumentalmusik eine große Rolle spielte, wurde sie in den Synagogengottesdienst nicht eingebaut. Die altchristliche Gemeinde lehnt Instrumentalmusik im Gottesdienst ausdrücklich ab; hier soll nur „mit dem Verstande“, inhaltlich deutlich faßbar verkündigt und gebetet werden (1 Kor 14, 7–11. 19), und darum konzentriert sich die Musik auf den ↗Gesang. Die byzantinischen Kirchen haben den Verzicht auf jegliche Instrumentalmusik streng durchgehalten. Von den übrigen orientalischen Kirchen haben vor allem die Äthiopier (↗Alexandrien) den Gebrauch von Schlaginstrumenten und Rasseln entwickelt. In der mittelalterlichen Kirche des Westens wurden (in welchem Ausmaß, ist im einzelnen strittig) Instrumente beim festlichen Gottesdienst verwendet; die ↗Orgel, die anfangs als ganz weltliches Instrument galt, gewann dabei immer größere Bedeutung, bis sie schließlich zum kirchlichen Instrument schlechthin wurde. Streich- und Blasinstrumente wurden dagegen durch verschiedene Reformbewegungen immer wieder zurückgedrängt, weil man Anklänge an Theatermusik befürchtete. Die Musikinstruktion von 1967 überläßt es den territorialen Autoritäten, über die Zulassung weiterer Instrumente neben der Orgel zu entscheiden; in der Advents- und Fastenzeit sowie beim Totengottesdienst ist Instrumentalmusik nur zur Begleitung und Stützung des Gesanges gestattet. Der Gesang des Priesters am Altar und der übrigen Altardiener darf auf keinen Fall irgendwie begleitet werden. Reine Instrumentalmusik ist bei der Meßfeier möglich zum Einzug, zur Gabenbereitung, zur Kommunionausteilung und zum Auszug.

Lit.: Instruktion „Musicam sacram“ VIII (*Kaczynski* 794–799); *H. B. Meyer–R. Pacik* (Hrsg.), Dokumente zur Kirchenmusik (Regensburg 1980); *Universa-Laus-Dokument '80* über die Musik im Gottesdienst, Beilage zu Gd 14 (1980) H. 15.

Muße die Phase der Entspannung in dem vom Lebenskampf gelenkten Auf und Ab des menschlichen Arbeits- und Lebensrhythmus. Diese Entspannungsphase ist dem Menschen schon um seiner natürlichen seelischen und körperlichen Gesundheit willen notwendig. Sie ist nicht unproduktiv, auch wenn sie nicht dem täglichen Lebensunterhalt dient, sie ist vielmehr die Basis aller kulturellen Leistung; sie ermöglicht erst die innere Sammlung auf die nicht unmittelbar zuhandliegenden, auf die nicht materiellen Werte. – Muße braucht vor allem der Gottesdienst, will er wirklich Gottesbegegnung spürbar machen. Darum gehört Arbeitsenthaltung als eine der Voraussetzungen der Muße zum Fest hinzu; darum verordnen die christlichen Kaiser Arbeitsruhe für den ↗Sonntag (3) und die christlichen Festtage. Trotz vermehrter Freizeit hat der Mensch in der modernen technischen Welt die innere Muße weithin verlernt. Darum muß die Gestaltung der gottesdienstlichen Versammlungen heute in stärkerem Maße als früher das Ruhigwerden, die innere Sammlung fördern und die musischen Kräfte des Menschen zu bilden versuchen. – ↗Stille; ↗Erziehung; ↗Fest; ↗Technik.

Lit.: *J. Pieper,* Muße und Kult (München [6]1961); *ders.,* Zustimmung zur Welt (München 1963); *H. Cox,* Das Fest der Narren (Stuttgart [2]1970).

Muttersegnung Segnung einer Mutter beim ersten Kirchgang nach der Niederkunft. Im Osten und unter seinem Einfluß teilweise auch im Westen verbindet sich damit die atl. Vorstellung, daß eine Frau nach der Entbindung unrein sei (vgl. Lev 12). Das griech. Euchologion sieht bereits am Tag nach der Entbindung ein Gebet des Priesters mit Vergebungsbitte für die Mutter vor. Nach dem Beispiel Marias (vgl. Lk 2,22f) wird die Mutter dann nach vierzig Tagen zusammen mit dem Kind unter Sühnegebeten in die Kirche geleitet. Die römische Kirche wandte sich schon früh gegen diese atl. Sicht. Es entwickelte sich aber auch hier unter östlichem Einfluß und unter dem Eindruck des Lichtmeßfestes („Reinigung Marias“) eine rituelle Ausgestaltung des ersten Kirchgangs nach der Entbindung, Vorsegnung oder Aussegnung genannt (= aus dem Haus hervor). Im Mittelalter mischt sich in die dabei gebrauchten Gebete immer wieder die atl. Reinigungsbitte. Ins Römische Rituale (1614) fanden diese Gebete aber keine Aufnahme; hier herrscht das Motiv der Danksagung. Dieses wurde besonders deutlich in der „Collectio Rituum“ für die deutschen Diözesen von 1950. Im neuen Ritus der ↗Kindertaufe ist eine Segnung der Mutter, des Vaters und der Taufpaten zum Abschluß der Tauffeier eingefügt. Auch hier beherrscht das Dankmotiv die Segensgebete.

Muttersprache ↗Liturgiesprache.

Myron ↗Chrisam.

Mystagogie Dieses griech. Wort bedeutet ursprünglich, den Mysten, d.h. den Eingeweihten und Eingegliederten, Geleit zu geben, sie zum inneren Verstehen und Erleben der Mysterien und zu einem von diesen geprägten Leben zu führen. Christliche Mystagogie entwickelte sich insbesondere im Zusammenhang mit der ↗Initiation. Hier waren es vor allem die Homilien in den Meßfeiern der Osterwoche, in denen eine tiefere

Einführung in Gestalt und Gehalt der empfangenen Initiationssakramente gegeben wurde. Wichtige Vertreter dieser „mystagogischen Katechesen“ bzw. Homilien sind *Asterios Sophistes* († nach 341), *Zeno von Verona* († um 371), *Cyrill von Jerusalem* († 387) und im Westen vor allem *Ambrosius von Mailand* († 397). Die ↗Liturgische Bewegung unseres Jhs. hat die Bedeutung dieser mystagogischen Homilien neu erkannt und gefördert (vgl. *R. Guardini).* Von den nachkonziliaren Reformdekreten hat die Instr I (54f) und die AEM (41) von der Meßhomilie gefordert, daß das Mysterium, das gefeiert wird, besonders berücksichtigt wird (neben den „besonderen Bedürfnissen der Hörer“). Sinngemäß gilt dies nicht nur von der Eucharistie, sondern von allen liturgischen Handlungen, in denen Schriftlesung und deutende Homilie vorgesehen sind, also auch von der Feier der Taufe, Krankensalbung usw. Eine solche mystagogische Homilie wächst aus der liturgischen Feier heraus und führt tiefer in sie hinein. Sie fördert den ergriffenen Mitvollzug, stellt das „Hodie“ (Heute) des ↗Pascha-Mysteriums ins Bewußtsein, führt (besonders in der Meßfeier) zur Solidarisierung mit dem sich hingebenden Herrn und drängt so zur Selbsthingabe an den Vater und zum Dienst für die Mitmenschen. Wie kaum eine andere Verkündigungsform ist die mystagogische Homilie eine geistliche Rede. Sie entströmt einem vom Glaube und Liebe erfüllten Herzen und läßt etwas vom Wehen des Geistes in der Gemeinde verspüren. Dabei kommt es vor allem auf die Unmittelbarkeit des gläubigen Erlebens der liturgischen Feier an. Insofern unterscheidet sich Mystagogie von einer bloß liturgiewissenschaftlichen oder dogmatischen Belehrung. Manche Autoren setzen die mystagogische Homilie gleich mit der liturgischen Predigt, andere aber sehen in dieser nur eine Belehrung über liturgische Sachfragen ohne eigentliche Mystagogie.

Lit.: R. Guardini, Die mystagogische Predigt, in: *K. Borgmann* (Hrsg.), Volksliturgie und Seelsorge (Kolmar 1942); *A. Adam,* Die Meßpredigt als Teil der eucharistischen Liturgie, in: *Gemeinde im Herrenmahl* 242–250.

Mysterientheologie ↗Gegenwart Christi.

Mysterium (vom griech. myein = die Augen schließen) Im hellenistischen Sprachgebrauch sind Mysterien die gottesdienstlichen Feiern bestimmter Geheimkulte; in dem kultischen Vollzug wird eine Urtat (meist das alljährliche Naturgeschehen von Vergehen und neuem Werden in mythologischer Einkleidung) gegenwärtig gesetzt und so den Mysten Anteil am ↗Heil gegeben. Im NT begegnet das Wort (außer in Mk 4,11 par.) nur im paulinischen Schrifttum; es wird, mehr im Anschluß an die Redeweise des griechischen AT als an die genannten Mysterienreligionen, vom Apostel gebraucht für den Heilsplan Gottes (Eph 3,9), den Gott vor aller Zeit gefaßt und in Christus jetzt verwirklicht hat (Eph 1,4–10 u. ö.), nachdem er ihn im Alten Bund im Typos (1 Kor 10,6) angekündigt und durch Christus enthüllt hatte (2 Kor 3,13ff). Diese Christuswirklichkeit bleibt in der versammelten Gemeinde (↗Kirche) gegenwärtig. Daher heißt bei den Vätern auch die Kirche und das vom Heiligen Geist getragene gottesdienstliche Leben der Gemeinde Mysterium. Bei dieser Sprechweise ist ein gewisser Einfluß des spätantiken Mysterienwesens kaum zu bestreiten; die eigentlichen inhaltlichen Motive liegen aber doch mehr in der aus dem AT übernommenen Sicht des ↗Gedächtnisses, wie dies vor allem beim ↗Pascha-Mysterium als dem Grundereignis des christlichen Gottesdienstes deutlich ist. Auf welche Weise die ↗Gegenwart des Heilsereignisses in der gottesdienstlichen Handlung näherhin erklärt wurde und zu erklären ist, ist kontrovers; wesentliche Anstöße für die Lösung dieses Problems sind von *Odo Casel* und seiner Mysterienlehre ausgegangen. – In der lateinisch sprechenden Kirche wurde Mysterium vielfach mit *sacramentum* übersetzt, oft aber auch das Fremdwort beibehalten. Im Lauf der Zeit trat eine terminologische Scheidung ein: ↗Sakrament meint mehr die gottesdienstliche Begehung und wird schließlich beschränkt auf sieben gottesdienstliche Zeichen; Mysterium betont mehr den erkenntnismäßigen Aspekt des verborgenen göttlichen Heilshandelns (das „Geheimnis"), der bei Paulus bereits anklingt (Eph 3,4; Kol 2,2; in der Redeweise von der „Weisheit" Gottes), aber noch nicht beherrschend auftritt. In den liturgischen Gebeten, die ja aus der Zeit vor dieser terminologischen Scheidung stammen, hat Mysterium noch den vollen konkreten Sinn (die gottesdienstliche Feier in ihrer heilsgeschichtlichen Tiefendimension), der in der üblichen deutschen Wiedergabe mit „Geheimnis" nicht genügend deutlich wird.

Lit.: G. Söhngen, Der Wesensaufbau des Mysteriums (Bonn 1938); *O. Casel,* Zum Wort Mysterium (Lit. bericht), in: JLW 15 (1941) 269–305: *ders.,* Das christliche Kultmysterium (Regensburg [4]1960) (erweitert aus d. Nachlaß durch *B. Neunheuser); Martimort* I 222–238.

N

Nachtwache Nacht ist die Zeitspanne ohne Licht und Wärme, in der das Gefüge der Welt, ihre Ordnung und ihre Farbigkeit, sich auflöst und das Leben erstarrt, so daß der Zeitlauf nicht mehr gemessen werden kann (*in-temp-esta nox,* von *tempus* mit verneinender Vorsilbe; ↗Zeit). Die Nacht wird vom antiken Menschen als Bedrohung empfunden, als abendliches Zurückweichen des Lebens (↗Abend), als dunkler Urgrund unliebsamer Überraschungen. Der Christusgläubige verspürt darin zugleich die Gottferne, die Herzensstarre seiner Existenz in Unglaube und Sünde, die Zeit, in der die widergöttlichen Mächte wirken können. Darum sucht er ein erhellendes Licht in der Nacht und findet es im Worte Gottes: Der Christ erhebt sich um Mitternacht und betet. Dazu drängt ihn das Beispiel Christi (Lk 6,12; Ölberg). Die Apostelgeschichte enthält Andeutungen solchen Betens (12,5–12; 16,25), Hippolyt bezeichnet es bereits als eine Überlieferung der Alten, die Väter mahnen: „Die aufgehende Sonne erblicke das Buch in deinen Händen." Asketenkreise treffen sich dabei, um gemeinsam (↗Matutin) Psalmen zu singen (↗Psalmodie) und in der Schrift zu lesen (↗Schriftlesung). So wird die Finsternis der Nacht erhellt durch die Begegnung mit Gott, wie dies schon im AT geschieht: in der Schöpfung (Gen 1), beim Abrahamsbund (Gen 15), beim Jakobskampf (Gen 32), bei der Rettung des Mose („Blutbräutigam": Ex 4,24–26), bei der Paschanacht in Ägypten (Ex 12), beim Durchzug durchs Rote Meer (Ex 14). – Nacht steht aber nicht in sich, sie schaut nach vorwärts; Nacht ist die Zeit, in der wir auf den Tag warten. Darum wacht der Gläubige in der Nacht und hält sich bereit für den Tag des Herrn, wie die Schrift mahnt. Dieser Tag wird aus dem dunklen Schoß der Nacht geboren, gemäß dem Gesetz, das Gott in die Schöpfung hineingelegt hat, daß aus der Nacht der ↗Morgen hervorgeht (Gen 1); jede Nacht ist so ein österlicher Überschritt, ist ↗Pascha. Die Feier von ↗Ostern enthält darum als ein wesentliches Stück seit alters eine Nachtwache der Gemeinde (↗Vigil), und auch der österliche Inhalt des Sonntags und der Feste (vor allem der Märtyrerfeste) führt wenigstens teilweise zu gemeindlichen Nachtwachen an diesen Terminen, ein Brauch, der in der Erweiterungsmöglichkeit der Lesehore zur Vigil für diese Tage wieder aufgegriffen wurde.

Namen-Jesus-Fest Die Wurzeln eines selbständigen Festes zu Ehren des Namens Jesus reichen ins 15. Jh. zurück, in dem sich besonders *Johannes von Capestrano* und *Bernhardin von Siena* um die Verehrung des Namens Jesus bemühen. *Papst Innozenz XIII.* hatte es 1721 auf den zweiten Sonntag nach ↗Epiphanie gelegt, *Pius X.* im Jahre 1913 auf den Sonntag zwischen dem 1. und 6. Januar, wenn jedoch kein Sonntag in diesen Zeitraum fiel, auf den 2. Januar. Die Neuordnung des Römischen Kalenders von 1969 hat auf ein eigenständiges Namen-Jesus-Fest verzichtet, erwähnt jedoch die „Namensgebung des Herrn" ausdrücklich unter dem 1. Januar (Hochfest der Gottesmutter), in dessen Evangelium (Lk 2,6–21) sie erwähnt wird. In der ersten Lesung (Num 6,22–27) scheint sie jedoch noch im Vordergrund zu stehen („So sollen sie meinen Namen auf die Israeliten legen, und ich werde sie segnen").

Namensgebung, Namenstag, Namenstagskalender Schon im christlichen Altertum finden sich in den Ostkirchen Bestrebungen, den Kindern bei der Taufe die Namen von Heiligen zu geben, „die durch Tugenden glänzten und durch ihre Zuversicht bei Gott am meisten vermochten" (Johannes Chrysostomus, † 407: Hom. 21 zu Gen Nr. 3: PG 53,179). Seit dem 13. Jh. breitet sich auch im Westen dieser Brauch stärker aus. Der reformatorische Kampf gegen die ↗Heiligenverehrung förderte bei den Katholiken diese Heiligenpatronate. So wird erstmals im *Catechismus Romanus* von 1566 (P. II c. II q. 73) diese Mahnung ausgesprochen. Im *Rituale Romanum* von 1614 wird sogar vorgeschrieben, daß, wenn die Eltern auf einem nichtchristlichen Namen beharren, vom Priester ein christlicher hinzugefügt und beide im Taufbuch vermerkt werden sollen (tit. II c. 1 n. 30). Mit diesen Bestrebungen intensivierte sich zugleich der Brauch des *Namenstages,* der festlichen Begehung des alljährlichen Gedenktages des betreffenden Heiligen, wodurch die Feier des ↗Geburtstages mehr in den Hintergrund trat.

Um den Eltern die Wahl eines christlichen Namens zu erleichtern und die in Frage kommenden Heiligen besser kennenzulernen, wurde schon beim Beginn der Arbeiten für den ↗Regionalkalender des deutschen Sprachgebietes ein besonderer Namenstagskalender im Sinn eines für unsere Zeit und unser Sprachgebiet angepaßten ↗Martyrologiums in Auftrag gegeben. Er erschien 1975 unter dem Titel *„Der große Namenstagskalender“* und enthält 3500 Namen und ca. 1500 Lebensbeschreibungen unserer Heiligen (hrsg. von *J. Torsy,* Freiburg u.a.). Dabei wurden besonders die Heiligen unseres Sprachgebietes berücksichtigt. Aus unserem Jahrhundert sind auch einzelne hervorragende Personen angeführt, die durchaus verehrungs- und nachahmungswürdig gelebt haben, aber (noch) nicht heilig- oder seliggesprochen worden sind.

Lit.: J. Torsy, Einleitung im Namenstagskalender 11–15; *W. Dürig,* Geburtstag und Namenstag (München 1954).

Narthex die vor allem im byzantinischen Kirchenbau verbreitete Vorhalle vor dem Gläubigenschiff des christlichen ↗Kirchengebäudes, die wegen ihrer (ursprünglich) schmalen, quergangartigen Form mit dem griechischen Namen einer Schilfpflanze bezeichnet wurde. Im Mittel- und spätbyzantinischen Kirchenbau nimmt der Narthex häufig eine vollere Raumgestalt an und wird oft auch verdoppelt als innerer Narthex (zum Teil mit Kuppeln und musivischem Schmuck ausgezeichnet) und äußerer Narthex in Form eines vorgelegten Querganges. – Der Narthex diente vor allem in Klosterkirchen für bestimmte Teile des Stundengebetes (z.B. für die „liti“ in der ↗Vesper). In der Hagia Sophia zu Konstantinopel wurde hier auch der psalmodische Teil des „Orthros“ (↗Laudes) verrichtet.

Natale ↗Geburtstag; ↗Heiligenverehrung.

Nebenaltäre Im christlichen Kirchenbau wurde von Anfang an das Prinzip festgehalten, in einem christlichen Versammlungsraum dürfe es nur einen ↗Altar geben. Der Osten hielt stets an diesem Prinzip fest und verlegte allenfalls notwendige Nebenaltäre in eigene Seitenkapellen. Die westliche Kirche hingegen begann mit Beginn des Mittelalters auch den Hauptraum des Gotteshauses mit zahlreichen Nebenaltären auszustatten, um dem Bedürfnis der damaligen Gläubigen und zahlreichen Priester nach möglichst vielen Messen (↗Meßhäufigkeit) nachkommen zu können. Nach dem II. Vatikanum kehrte auch der Westen wieder zum Prinzip des einen Altares zurück. Während das II. Vatikanum lediglich anordnete, „die Bestimmungen über... Gestalt und Errichtung der

Altäre“ zu revidieren, bestimmte die Instr I: „Es soll nur wenige Nebenaltäre geben, ja, soweit es die Anlage der Kirche gestattet, sollte man sie richtiger vom Hauptraum der Kirche getrennt in Seitenkapellen unterbringen“ (93). Diese von der AEM wiederholte Vorschrift (267) wird von dem neuen Ordo der Altarweihe (ODEA 7) weitergeführt: In neuen Kirchen sei es besser, nur einen Altar zu errichten, damit „der einzige Altar in der einen Versammlung der Gläubigen unseren einzigen Erlöser Jesus Christus und die eine Eucharistie der Kirche zeichenhaft darstelle“.

Lit.: ↗Altar.

Neophyten Das griech. Wort in der Bedeutung von Neugeborene bezeichnet die in der christlichen ↗Initiation zum neuen Leben in Christus erweckten Neuchristen. Die Übersetzung „Neugetaufte“ trifft insofern nicht ganz den Sachverhalt, als auch ↗Firmung und ↗Eucharistie als Initiationssakramente die Christwerdung erst in vollem Umfang konstituieren.

Nestorianer ↗Orientalische Riten.

Neujahrstag ↗Weihnachtsoktav.

Neume (griech., wörtlich = Wink) Bildzeichen über dem Text, das die rhythmisch-melodische Bewegung andeutet; abgeleitet von den grammatikalischen Akzenten, dem Akut (Hochton) und dem Gravis (Tiefton). Die einfachsten Neumen sind die *Clivis* (Verbindung eines höheren und eines nachfolgenden tieferen Tones) und der *Pes* (Aufsteigen von einem tieferen zu einem höheren Ton). Um den genauen Tonabstand (Intervall) anzugeben, begann man, die Neumen verschieden hoch über den Text zu schreiben, bis schließlich Guido von Arezzo (erste Hälfte des 11. Jhs.) vier Notenlinien einführte, die eine genaue Angabe der Tonabstände möglich machten. – *Neumatisch* nennt man im Choral einen Gesang, der im Gegensatz zum melismatischen (↗Melisma) und zum syllabischen (pro Silbe im allgemeinen nur ein Ton) über den einzelnen Silben meist eine einfache Neume aufweist.

Niedere Weihen Aus örtlich und zeitlich sehr verschiedenen institutionalisierten Dienstämtern der alten Kirche hat sich im Westen eine Stufenfolge von vier Niederen Weihen verfestigt: ↗Ostiarier, ↗Lektor, ↗Exorzist und ↗Akolyth. Sie wurden allmählich als notwendige Vorbereitungsstufen zur Priesterweihe angesehen, ohne aber eine eigentliche Funktion zu verwirklichen. Zeitweise wurde auch der ↗Subdiakon als Träger einer Niederen Weihe verstanden. Die Ostkirchen kennen im allgemeinen nur eine Niedere Weihe, und zwar zum Lektor oder ↗Kantor und den Subdiakonat. Nur die Armenier haben vom Westen alle vier Niederen Weihen übernommen.

Nachdem schon vor und während des II. Vatikanums von vielen Seiten eine Neuordnung gewünscht worden war, wurde sie durch das Apostolische Schreiben *Pauls VI.* „Ministeria quaedam“ vom 15. 8. 1972 Wirklichkeit. An die Stelle der seitherigen vier Niederen Weihen treten die beiden Dienste des ↗Lektors und ↗Akolythen. Sie übernehmen zugleich die Aufgaben des bisherigen Subdiakonates, der fortan entfällt. Die Aufnahme in den geistlichen Stand geschieht erst durch die Diakonatsweihe. Die beiden Dienste sind nicht den Kandidaten des Weihesakramentes vorbehalten, d. h., sie können auch Laien gespendet werden, allerdings gemäß kirchlicher Tradition nur Männern. In einem Faszikel des Römischen Pontifikale vom 3. 12. 1972 wurden die entsprechenden Riten veröffentlicht und 1974 in deutscher Adaptation vorgelegt.

Nisan ↗Ostertermin.

Nizänum ↗Glaubensbekenntnis.

Nokturn ↗Matutin.

Non ↗Kleine Horen.

Nottaufe Wenn sich ungetaufte Erwachsene (auch Schüler) oder unmündige Kinder christlicher Eltern in akuter Todesgefahr befinden, können und sollen sie die Nottaufe empfangen. Spender kann jeder Mensch, also im Notfall auch ein Nichtchrist, sein, sofern er nur die Absicht hat, die Taufe im Sinne der Kirche zu spenden. In akuter Todesgefahr genügt es, Wasser über das Haupt zu gießen und dabei die Taufworte zu sprechen: „N., ich taufe dich im Namen des Vaters und des Sohnes und des Heiligen Geistes.“ – Wenn sich Kinder in einer entfernten Lebensgefahr befinden, soll – wenn möglich – ein gläubiger Christ das Sakrament nach der eigens vorgesehenen Kurzform des Ritus spenden („Die Feier der Kindertaufe“ Vorbem. 27 und S. 77–80; GL 49). Wird ein notgetauftes Kind wieder gesund, so werden zu gegebener Zeit bestimmte Riten nachgeholt (ebd. S. 83–91). – Befindet sich ein Erwachsener (auch Schüler), auch wenn er nicht Katechumene ist, in Lebensgefahr, kann aber die an ihn gestellten Fragen noch hören und beantworten, dann ist für ihn eine verkürzte Form der Eingliederung mit ↗Taufe, ↗Firmung und ↗Eucharistieempfang vorgesehen („Die Feier der Eingliederung ...“ S. 175–187). Dabei muß ein Katechumene versprechen, daß er nach etwaiger Gesundung den üblichen Glaubensunterricht fortsetzen will. Handelt es sich um einen Nichtkatechumenen, so muß er die Abkehr von der Sünde und die Hinwendung zu Christus glaubhaft versichern und versprechen, daß er nach eingetretener Gesundheit den ↗Katechumenat in einer ihm angemessenen Form nachholt.

Novene Im Anschluß an Apg 1,13f bildeten sich, besonders im ↗Barock, neuntägige Andachten mit bestimmten Gebeten heraus, hauptsächlich zur Vorbereitung auf Feste oder wichtige Lebensabschnitte, aber auch als Form intensiver Bitten in persönlichen und allgemeinen Notlagen. Während es sich dabei um Formen der Volksfrömmigkeit handelt, hat die GOK die schon weitverbreitete ↗Pfingstnovene auch in der offiziellen Liturgie beheimatet, indem sie schreibt: „Die Wochentage nach Christi Himmelfahrt bis zum Samstag vor Pfingsten einschließlich bereiten auf die Herabkunft des Heiligen Geistes vor" (26). Diese Wochentage haben eigene Meßformulare, in denen die Verheißung des Heiligen Geistes in Erinnerung gerufen und um sein Kommen gebetet wird.

Nüchternheit, eucharistische nach mittelalterlicher Vorschrift die völlige Enthaltung von Speise und Trank ab Mitternacht eines jeden Tages, an dem man die Kommunion zu empfangen wünschte; nach verschiedenen kriegs- und nachkriegsbedingten Erleichterungen jetzt beschränkt auf eine Stunde Verzicht auf Speise und Trank (Wasser ausgenommen) vor jedem Kommunionempfang, für Kranke (auch wenn nicht bettlägerig), für pflegebedürftige Alte und die Pfleger auf eine Viertelstunde reduziert. Die Ostkirchen halten auch jetzt noch vor dem Kommunionempfang meist ein ausgedehntes Fasten ein. – Der Brauch, die Kommunion vor jeder anderen Speise zu empfangen, ist schon frühchristlich; zu gesetzlichen Vorschriften formte er sich erst im Spätmittelalter. Die eucharistische Nüchternheit ist zu verstehen als eine spezifische Form des christlichen ↗Fastens: sie macht den österlichen Charakter jeder Eucharistie deutlich, daß der Bräutigam zum freudigen Hochzeitsmahl kommt nach den Stunden der Abwesenheit, in denen die Gemeinde hungernd nach seiner Wiederkunft Ausschau hält.

Lit.: Instruktion „Immensae caritatis" vom 29. 1. 1973 (*Kaczynski* 2980); Verfügung *Pauls VI.* vom 21. 11. 1964 (ebd. 375); Studienausgabe „Kommunionspendung…" Nr. 24.

Nunc dimittis der Lobgesang des greisen Simeon (Lk 2,29–32), eines der neutestamentlichen ↗Cantica. Im römischen (nicht im monastischen) Stundengebet zum Abschluß des Tages in die Komplet aufgenommen, im byzantinischen Stundengebet ähnlich in den Abschlußteil des Esperinos (↗Vesper).

O

O-Antiphonen Name für die sieben Magnificat-Antiphonen in der Woche vor Weihnachten (17.–23.), die durch die Neuordnung des Missale zugleich als Halleluja-Verse in den Meßfeiern dieser Tage dienen. Sie verbinden eine preisende Anrede des erwarteten Messias mit einer flehentlichen Bitte um sein Kommen. Im Lateinischen beginnen sie mit dem vokativen O und lauten in ihren Anfangsworten: „O Weisheit“, „O Adonai“, „O Sproß aus Isais Wurzel“, „O Schlüssel Davids“, „O Morgenstern“, „O König aller Völker“, „O Immanuel“. Inhaltlich knüpfen sie an Texte des AT (besonders Jes) an, zeitlich dürften sie mindestens ins 7. Jh. zurückreichen, wahrscheinlich mit römischem Grundstock. – Im GL finden sie sich als Lied (112) und als Andacht (772); vgl. auch WGL I 215–224.

Oblation ↗Gabenbereitung.

Oculi dritter Sonntag der ↗Quadragesima, benannt nach dem ersten Wort des Eröffnungsverses (Ps 25,15 f). Mit diesem Sonntag begann die nähere Vorbereitung der Taufbewerber (Photizomenat; ↗Katechumenat) durch die ↗Skrutinien. Dazu verlas man das Evangelium von der Samariterin am Jakobsbrunnen (Joh 4,5–42), nach der neuen ↗Leseordnung auch heute noch im Lesejahr A, wegen seiner besonderen Nähe zum Taufgeschehen.

Offene Schuld Gebetsformel für den seit der Karolingerzeit im Anschluß an die Predigt ausgebildeten ↗Bußakt der Gemeinde, entwickelt aus Rahmenformen, die nachweislich seit dem 9. Jh. bei der Einzelbeicht verwendet wurden. Nach einem kurzen Glaubensbekenntnis kommt eine dem Confiteor ähnliche Beichtformel, ausgeweitet durch Aufzählung der Versündigungsbereiche; am Ende stehen ein Reueakt und die Bitte um Vergebung. Der Priester erbittet darauf Vergebung mit den alten Lossprechungsworten „Misereatur“ und „Indulgentiam“. Die Hochscholastik sprach der Übung den sakramentalen Charakter ab. Im deutschen Sprachgebiet ist die Offene Schuld bis in die Gegenwart herein lebendige Übung geblieben.

Lit.: A. Heinz, Die deutsche Sondertradition für einen Bußritus der Gemeinde in der Messe, in: LJ 28 (1978) 193–214.

Offertorium ↗Gabenbereitung.

Officium ↗Stundengebet.

Officium parvum ein dem offiziellen ↗Stundengebet nachgebautes verkürztes („kleines“) Zusatzoffizium, seit dem 10. Jh. verbreitet zu Ehren der Dreifaltigkeit, des Kreuzes, des hl. Benedikt, aller Heiligen. Allgemein durchgesetzt hat sich seit dem 12. Jh. das Officium parvum Beatae Mariae Virginis, das allmählich überall als verpflichtender Offiziumszusatz betrachtet wurde, bis *Pius V.* die Verpflichtung wieder aufhob (↗Maria). – Die Nebenoffizien wurden auch vom Hauptoffizium gelöst und als selbständiges Stundengebet vor allem von gebildeten Laien verrichtet. Es entwickelte sich ein eigener Gebetbuchtyp, die *Stundenbücher* (Horae, Livres d’heures), die hauptsächlich solche Votivoffizien enthalten und daneben Gebete für die verschiedenen Bedürfnisse des christlichen Lebens. Viele neuzeitliche weibliche Genossenschaften übernahmen das Kleine Marianische Offizium als tägliches Pflichtgebet für ihre Mitglieder. Durch die ungenügende Rücksichtnahme auf das Kirchenjahr befriedigte es nicht mehr recht. Darum erschien 1953 eine erweiterte Fassung, die dem Kirchenjahr stärkeren Einfluß einräumte. Im deutschen Sprachraum hat sich dagegen weithin das *Officium Divinum* durchgesetzt, das H. Fleischmann in enger Anlehnung an das römische Stundengebet zusammengestellt hatte. 1975 erschien es völlig neu bearbeitet und dem neuen römischen Stundengebet angepaßt, vor allem aber von vornherein zum Singen in Gemeinschaft eingerichtet, als „Christuslob", zunächst als Studienausgabe approbiert, nach der notwendigen Anpassung an das neue deutsche Stundenbuch dann 1980 als das offizielle verkürzte Stundengebet für tätige Ordensgemeinschaften, von Rom am 14. 6. 1980 konfirmiert (↗Bücher, liturg.).

Lit.: G. Duffrer, Erstes Kleinoffizium, in: Gd 14 (1980) 143.

Okkurrenz das Zusammentreffen mehrerer gottesdienstlicher Feiern am gleichen Tag. Hier gilt der Grundsatz, daß jene Feier gehalten wird, die im Verzeichnis der liturgischen Tage (GOK 59) höher steht (ebd. 60). Für den Fall eines *dauernden Zusammentreffens* gilt die Regel, daß Hochfeste, Feste und Gedenktage eines Eigenkalenders auf den nächstmöglichen Tag verlegt werden. Werden sie jedoch nur in einer einzelnen Kirche gefeiert, dann entfallen sie, wie auch Gedenktage des Allgemeinen Kalenders, die durch Eigenfeiern verdrängt werden. Im Fall eines *gelegentlichen Zusammentreffens* wird ein verdrängtes Hochfest auf den nächstmöglichen Tag verlegt. Andere Feiern entfallen im betreffenden Jahr (ebd. a und b). Treffen am gleichen Tag die Vespern des laufenden und die des folgenden Tages zusammen (auch *Konkurrenz* genannt), so hat die Vesper des ranghöheren Tages den Vorrang. Bei gleichem Rang wird die Vesper des laufenden Tages gefeiert (ebd. 61). – ↗Rangordnung der Feste.

Oktav (vom lat. [dies] octava = der achte [Tag]) Nachfeier eines Festes während der folgenden Woche oder auch nur am achten Tag. Als älteste Oktav begegnet uns die von Ostern, wahrscheinlich schon am Ende des 3. Jhs., wie sich aus den Psalmenhomilien des Asterios Sophistes schließen läßt. Man nannte sie im Hinblick auf die sieben Wochen dauernde „große Oktav" der ↗Osterzeit auch die „kleine" Osteroktav. Ihre Ausbildung dürfte weniger mit atl. Vorbildern zusammenhängen als vielmehr mit den besonderen täglichen Gottesdiensten dieser Woche für die Neugetauften, weshalb verständlich ist, daß auch Epiphanie als wichtiger Tauftermin der Ostkirchen schon früh eine Oktav hat. Die schon für das 4. Jh. belegte Oktav des Kirchweihfestes dürfte allerdings stark von der achttägigen Feier des jüdischen Tempelweihfestes (1 Makk 4, 59) beeinflußt sein. Im 7. Jh. bildet sich der Oktavtag von Weihnachten heraus (in Rom als Mariengedächtnis), später folgte in Verkennung des eigentlichen Festsinnes die Pfingstoktav (↗Pfingsten). Die Nachfeier größerer Heiligenfeste, die sich im 7. Jh. entwickelt, beschränkt sich zunächst auf den achten Tag, was vielleicht auch mit dem Totenbrauchtum zusammenhängt, erfaßt aber seit dem 13. Jh. die gesamte Woche. Die starke Vermehrung der Oktaven führte zu manchen Unzuträglichkeiten. Nach einer ersten Reduzierung durch *Pius X.* hat das Generaldekret der Ritenkongregation vom 23. 3. 1955 alle Oktaven mit Ausnahme von Weihnachten, Ostern und Pfingsten abgeschafft. Die Pfingstoktav entfällt seit 1969 (GOK).

Ökumenischer Gottesdienst Gottesdienst ist Lebensäußerung der konkreten Kirche und somit zunächst an die Konfession gebunden. Doch bilden die vielen Ortskirchen zusammen die eine heilige ↗Kirche auf dem ganzen Erdkreis. Darum treten Kirchen miteinander in Kommuniongemeinschaft (↗Interkommunion), bitten sie die Bischöfe der Nachbarkirchen an ihren Altar. Während eucharistische Gemeinschaft an die gegenseitige Anerkennung des Amtes und der vollen Glaubensgemeinschaft gebunden ist, ist das gemeinsame Hören des Gotteswortes, das Beten und Singen miteinander auch zwischen Konfessionen möglich und erwünscht, die sich im Glauben noch nicht vollends eins wissen.
1. Gebets- und Wortgottesdienste sind Katholiken mit allen andern christlichen Kirchen gestattet, ja sie sind gewünscht und gefördert. Das gemeinsame Gebet gilt dabei nicht bloß dem Anliegen der kirchlichen Einheit (so vor allem in der Weltgebetswoche vom 19. bis 25. Januar und in der Woche vor Pfingsten), sondern allen gemeinsamen Anliegen der beteiligten Christen (so am Weltgebetstag der Frauen jeweils am ersten Freitag im März oder in manchen Gegenden bei gemeinsamen Gottesdiensten zu Anfang und Ende des Schuljahrs). Als Gestalt des Gottesdienstes kann eine beiden Kirchen gemeinsame Gottesdienstform gewählt werden; es kann eine Gemeinde die andere zu einem ihr gewohnten Gottesdienst einladen, oder man gestaltet den Gottesdienst frei nach allgemeinen Regeln. Die Amtsträger der beteiligten Kirchen werden dabei tätig. – Die Deutsche Bischofskonferenz gestattet keinen ökumenischen Wortgottesdienst am Sonntagvormittag zur gewohnten Gottesdienstzeit, damit nicht die Eucharistie als die unersetzbare Mitte der Sonntagsfeier verundeutlicht wird.
2. „Ökumenische Trauung“. Wenn die Ehepartner verschiedenen Konfessionen angehören, wird die ↗Trauung nach dem Ritus der Kirche gehalten, in deren Gotteshaus der Eheabschluß gefeiert wird; auf Wunsch der Eheleute kann sich ein Seelsorger der anderen Konfession an dem Gottesdienst beteiligen und übernimmt dann bestimmte vereinbarte Funktionen. Bei Trauung nach evangelischer Ordnung mit Assistenz des katholischen Geistlichen muß gegebenenfalls von der Formpflicht befreit werden. – *Eine „ökumenische Taufe“* ist nicht möglich, weil Taufe in den Leib des Herrn einfügt durch die Beheimatung in einer konkreten Kirche.

Lit.: LPTh 359; WSyn I 212–216; Gemeinsame kirchliche Trauung (Regensburg – Kassel 1971); *W. Sanders – H. Chr. Schmidt-Lauber,* Weiterentwicklung der gemeinsamen Trauung, in: LJ 23 (1973) 256–265; *B. Kleinheyer,* Noch deutlichere Gemeinsamkeit, in: LJ 27 (1977) 107–123. – Ökumenische Trauung in der Schweiz: *W. v. Arx,* Angebot für die Trauung bekenntnisverschiedener Paare, in: Gd 7 (1973) 125–131; *W. Becker,* Die rechtliche Ordnung der bekenntnisverschiedenen Ehe (Leipzig 1975).

Ökumenische Texte und Lieder Immer häufiger werdende Begegnungen der Konfessionen, z. B. in konfessionell gemischten Ehen, bei Trauungen und Beerdigungen, ließen den Wunsch stärker werden, wichtigste gemeinsame *Gebete* der Christenheit auch in einer gemeinsamen deutschen Fassung zur Verfügung zu haben. Aus einer ersten gemeinsamen Einigung auf einheitliche Fassung des Herrengebetes (7. 7. 1967 in Puchberg bei Wels) erwuchs die Arbeitsgemeinschaft Liturgische Texte (ALT), in der die beiden Glaubensbekenntnisse, Gloria, Sanctus, Agnus Dei und das Ehre sei dem Vater aus dem Lateinischen unter Berücksichtigung der Urtexte unter lebhafter Mitarbeit der kirchlichen Öffentlichkeit in zweijähriger Arbeit neu übersetzt und von den einzelnen Kirchen angenommen und ohne größere Widerstände in den katholischen Gottesdienst übernommen wurden (vgl. Gd 5 [1971] 81–94).

Der Wunsch nach gemeinsamen Fassungen für *Lieder,* die in den verschiedenen Konfessionen im Gebrauch stehen, wurde stark gefördert durch die Zunahme konfessionell gemischter Schulen. Aus Anregungen unter anderem der Liedkommissionen des EGB entstand im Dezember 1969 die „Arbeitsgemeinschaft für ökumenisches Liedgut“ (AÖL). Pfingsten 1972 erschien als erstes Ergebnis der Arbeit das Heft „Gemeinsame Kirchenlieder“ mit 102 Gesängen zur Verwendung in ökumenischen Gottesdiensten und zur Übernahme in die neuerscheinenden Gesangbücher der einzelnen Kirchen; „Gotteslob“ hat das weithin getan (erkenntlich an einem beigefügten ö zur Liednummer). Inzwischen sind weiter erschienen „Gesänge zur Bestattung“ und „Gesänge zur Trauung“.

Zur ökumenischen Übersetzung der Heiligen Schrift ↗Bibel im Gottesdienst.

Ölberg[andacht] volkstümliche Andachtsübung an den Donnerstagabenden der Fastenzeit zum Gedächtnis des dreimaligen Gebetes Jesu am Ölberg, in „drei Fällen“ aus Lesung, Gesang und Gebet, meist im Anschluß an ↗Fastenpredigten. Bis zur Aufklärung wurde im bayerisch-österreichischen Raum die Szene gern plastisch aufgebaut, das dreimalige Niederfallen Jesu und das Kommen des tröstenden Engels drastisch vorgeführt.

Öle, heilige Das aus der Olive, der Frucht des Ölbaumes, gewonnene Öl ist für die Menschen der Mittelmeerländer von lebenerhaltender Bedeutung zur Nahrung und Salbung, zur Beleuchtung und als Heilmittel; es gibt sozusagen gespeicherte Sonnenkraft ab und wird darum zum Zeichen der Segensfülle und Fruchtbarkeit (vgl. Ps 128,3; 133,2). Auf Grund des neuen Faszikels des Römischen Pontifikale über die Weihe der heiligen Öle (3. 12. 1970) kann statt Olivenöl auch ein anderes pflanzliches Öl verwendet werden (Nr. 3). In der christlichen Liturgie bekam das Öl als Nahrungsmittel keine Bedeutung, wohl aber als Mittel der ↗Salbung. Für die sakramentale Salbung der ↗Firmung wird in Ost und West das Öl eigens zubereitet (↗Chrisam) und vom Bischof (im Osten meist vom Patriarchen) persönlich während der Meßfeier geweiht. Durch den Brauch der Osternachttaufe ist diese Chrisamweihe überall auf die Karwoche, meist auf ↗Gründonnerstag, festgelegt; im Westen geschieht sie alljährlich, im Osten in längeren Abständen, je nach Bedarf. Öl wird ferner benötigt für Riten des ↗Katechumenates, der ↗Taufe, der ↗Krankensalbung und der ↗Priester- und ↗Bischofsweihe. Während die Ostriten hier gewöhnliches Öl verwenden, das unmittelbar vor Gebrauch vom Priester gesegnet wird, werden im Westen auch hierfür eigene Öle vom Bischof geweiht, und zwar in der *„Chrisammesse“* des Gründonnerstags. Nach lateinischer Tradition wird das Krankenöl gegen Ende des Eucharistischen Hochgebetes (im Hochgebet I vor dem Gebet „Per quem haec omnia“, in den übrigen vor der großen Doxologie) geweiht, Chrisam und Katechumenenöl nach dem Schlußgebet. Aus pastoralen Gründen können jedoch alle heiligen Öle auch schon am Ende des Wortgottesdienstes geweiht werden. Während Kranken- und Katechumenenöl nur durch ein Segensgebet des Bischofs geweiht werden, geht dem Segensgebet über den Chrisam zunächst die Beimischung aromatischer Stoffe (früher nur Balsam) voraus, was allerdings auch schon vor der Messe geschehen darf. Nach einer Gebetseinladung haucht der Bischof über den Chrisam und spricht einen dankenden Lobpreis, bei dem er besonders auf die Geistessalbung Christi bei der Jordantaufe hinweist (Christus = der Gesalbte = Messias). Während des anschließenden Segensgebetes strecken die Konzelebranten die rechte Hand zum Chrisam hin aus. – Außer vom Bischof kann nach dem neuen Ölweihenritus das Katechumenenöl von jedem Priester geweiht werden, der es im Rahmen der Katechumenatsriten gebrauchen will, das Krankenöl von jedem Priester im Notfall, d. h., wenn kein vom Bischof geweihtes Öl zur Verfügung steht. – Die *Reformatoren* haben auf den Gebrauch des Öles bei allen liturgischen Handlungen verzichtet. – Öl spielt im Gottesdienst auch eine Rolle als Brennmaterial in den ↗Ampeln, wie sie im Osten vielfach gebraucht werden, im Westen hingegen in der Neuzeit fast nur noch in der Gestalt des *Ewigen Lichtes.* Die Vorschriften drängen auf die Verwendung möglichst pflanzlicher Öle, denen im Osten gern noch Duftstoffe zugesetzt werden. Im Altertum und frühen Mittelalter nahmen die Pilger oft Öl aus den Lampen besuchter Kirchen und Lampen vor Märtyrergräbern als Reliquien und Heilmittel mit.

Lit.: Ph. Holzmeister, Die heiligen Öle in der morgen- und abendländischen Kirche (Würzburg 1948).

Opfer

I. Religionsgeschichtlich. Aus der Vielfalt der Formen und ihrer divergierenden Deutungen läßt sich als Grundmotiv etwa herausschälen: Opfer ist zeichenhafter Ausdruck der Hingabe an die Gottheit, von der der Mensch sich abhängig weiß und die den Menschen gnädig annimmt. Religiös entscheidend ist das Vorhandensein echter innerer Hingabe, die aus verschiedenen Motiven erwachsen kann (Erlebnis der Abhängigkeit, Dankbarkeit, Sühne). – Diese Hingabe kann sich in verschiedenen Formen ausdrücken. Besonders altertümlich ist das Erstlings- oder Primitialopfer: Man verzichtet auf einen kleinen Teil der gesammelten Früchte oder erjagten Beute und legt ihn im Busche nieder als Anerkenntnis der Oberhoheit des Höchsten Wesens; letzter Ausläufer ist das weitverbreitete Aussprengen von etwas Trank (und Speise) vor der Mahlzeit. Neben diesen unblutigen Opferformen finden sich sehr früh auch Formen ritueller Tötung. Man wollte damit das Jagen und Schlachten wiedergutmachen, das man als Eingriff in die Ordnung und das Eigentum der Gottheit betrachtete. Die Heilssituation der Urzeit, das Werden des Lebens, wird ja in fast allen Mythen von einer Tötung, einer Zerreißung und Zerteilung (eines Urdrachen, Urriesen, einer Gottheit) abgeleitet; immer wenn die Weltordnung gestört ist, muß dieses Urzeitgeschehen wiederholt werden, muß Leben wieder aus dem Tod neu erstehen (↗Kult). Opfer ist Gedächtnis des Uropfers, der Urheilstat, und damit heilschaffend. – Eine andere Entwicklungslinie geht vom Geschenk- und Mahlmotiv aus; die Handlung, in der der Mensch die Gabe darbringt und die Gottheit sie annimmt, schafft die gesuchte Verbindung zwischen Gott und Mensch; Gott und Mensch sitzen sozusagen am gleichen Tisch. Darum hängen Opfer und Mahl von Anfang an innerlich zusammen. Opfer ist niemals einseitige Handlung des Menschen; die Annahme von seiten Gottes gehört hinzu und muß auch irgendwie in Erscheinung treten. – In beiden Entwicklungslinien kann der Grundvorgang der Hingabe an Gott magisch pervertiert werden zu dem Gedanken, der Mensch könne die Gottheit zum Kommen und zur Hergabe des Lebens zwingen (↗Magie). – Entgegen einer weitverbreiteten Meinung muß die Weihung der zeichenhaften Gabe nicht notwendig durch Zerstörung (Destruktion) geschehen; selbst bei den Brandopfern dürfte das erste Ziel des Verbrennens nicht das Zerstören gewesen sein, sondern das Aufsteigen der Gabe im Rauch. Ebensowenig gehört der Schmerz zum Wesen des Opfers; irgendwie ist Hingabe für den erbsündlichen Menschen freilich immer schmerzhaft; die Bereitschaft, trotz dieses Schmerzes sich hinzugeben, ist ein gewisser Maßstab für die Echtheit des Hingabewillens. Aber das Opfer liegt nicht im Schmerz, sondern in der Hingabe, die des Schmerzes nicht weiter achtet.

II. Im Neuen Testament spielt der Terminus „Opfer" eine geringere Rolle, als man landläufig erwarten möchte. Er unterliegt der allgemeinen Krisis, die das Kommen Christi für jeden ↗Kult bedeutet.

1. Die Paschatat Christi als Opfer. Das Werk Jesu, sein Gehorsam und seine Hingabe an den Vater, ist so umfassend und durchgreifend, daß daneben nichts Menschliches bestehen kann, daß auch kein Begriff der menschlichen Sprache ausreicht, um diese Hingabe in allen ihren Dimensionen auszudrücken. Die Hingabe Jesu wird darum vielfältig bezeichnet: als Sühne (Mk 10,45), als Streit und Sieg (Offb 19), als Dienst (Lk 22,27; Mk 10,45), als Gehorsam und Erhöhung (Phil 2,5–11; Joh 12,32), als Unterwerfung unter den Vater (1 Kor 15,28), als Heiligung (Joh 17,19), als ↗Pascha-Mysterium (1 Kor 5,7; 1 Petr 1,19; Offb 5,8). In diesen Vorstellungskreisen klingt das Opfermotiv durchaus an (Gal 2,20; Eph 5,2; besonders deutlich in den Themen Paschamahl und Bundesblut). Systematisch und beherrschend aber wird es erst im Hebräerbrief zur Deutung des Lebens, des Sterbens und der Verherrlichung Jesu eingesetzt: Vom Augenblick der Inkarnation ab (Hebr 10,5–9) gibt Christus sein konkretes Leben (seinen „Leib") vorbehaltlos dem Vater hin; der vollgültige („ein für allemal", 7,27 u.ö.) kultische Ausdruck dieser Hingabe, das „Opfer", geschieht in der Passion (10,26–28); Christus geht dadurch in das himmlische Heiligtum ein und steht seither als unser Hoherpriester fürbittend vor dem Throne Gottes (Kap. 8–10). Auch hier gehört die Annahme der Hingabetat durch Gott den Vater neben der Hingabetat zur Kultgestalt des Opfers.

2. Das Opfer des Christen. Der Christ, seit der Taufe mit dem Geiste Christi erfüllt, ist in diese Opferhingabe Christi einbezogen (Hebr 10,10; Röm 6,13; 1 Petr 2,21). Der ganze Leib Christi, die Kirche, muß nachvollziehen („ergänzen": Kol 1,24), was Christus als der neue Adam „für" die Vielen schon vollzogen hat. Dieses vom Heiligen Geist getragene („geistliche": 1 Petr 2,5; „lebendige", weil seit der Taufe dem alten Menschen gestorben und dem Geiste verbunden: Röm 12,1), in und durch Christus geschehende Opfer des Christen vollzieht sich in dem konkreten Leben des Getauften, nicht mehr in isolierten Kultakten (↗heilig); der Getaufte „bringt seinen Leib dar" (Röm 12,1). Praktisch geschieht dies in der Übung der Bruderliebe (Röm 12,2ff; Eph 5,2; Hebr 13,13–16), im lobpreisenden Bezeugen der Heilstat Gottes (Hebr 13,15; 1 Petr 2,9) durch eine christliche Lebensführung. Dem Getauften ist das ganze Leben einbezogen in die Opferhingabe Christi.

III. Das Meßopfer ist das konstitutive Zeichen (↗„Sakrament") unserer Teilhabe am Christusopfer (↗Eucharistie 1). In den Stiftungsworten beim Letzten Abendmahl verkündet Jesus seinen Tod als Opfergeschehen („für die Vielen", „Blut des Bundes"); wo die Gemeinde nach seinem Auftrag zu seinem Gedächtnis die Abendmahlshandlung wiederholt, wird Christi Tod und Erhöhung verkündet (1 Kor 11,26), wird seine Opferhingabe gegenwärtig (↗Gegenwart, ↗Gedächtnis); wer von dem geopferten Leib unter der Brotsgestalt ißt und aus dem Kelch trinkt, wird in dieses Opfergeschehen eingegliedert. Es mag durchaus sein, daß in einer konkreten Einzeltat der Liebe die Teilhabe an der Hingabe Christi menschlich stärker spürbar wird; trotzdem bleibt die Feier der Messe das sprechende Zeichen, das den aus der Taufe erfließenden, uns geschenkten Christusbezug christlichen Handelns erst lebendig macht, das Mitopfern mit Christus aktualisiert. Die Tradition der Kirche nennt darum seit der Didache (↗Kirchenordnungen 1) die Abendmahlsversammlung „Opfer". Bei dieser Redeweise muß klar sein: In der Messe wird nicht ein neues Opfer Christi oder der Kirche aufgerichtet, sondern das eine und einmalige Opfer Christi gewinnt durch Gedächtnis Gegenwart, die Gemeinde ergreift die in Gnade gewährte Möglichkeit, die Kreuzeshingabe Christi sich schenken zu lassen und für ihren Teil nachzuvollziehen, was Christus an ihrer Statt bereits getan hat. So ist jede Eucharistiefeier selbst, aber nicht selbständig Opferfeier; Messe ist relatives Opfer, ist die der Kirche gewährte Gnade, die Kreuzeshingabe Christi sich schenken zu lassen, um sie selbst zu ergreifen. – Trotzdem hat die Eucharistie nicht die herkömmliche Gestalt eines Opfers, sie wird auftragsgemäß vielmehr in der Gestalt eines Mahles begangen, als das dem Kreuzesopfer zugeordnete ↗Opfermahl. Vor allem ist das Offertorium keine „Opferung"; Brot und Wein sind nicht Opfergaben an Gott; sie zeigen vielmehr unsere Bereitschaft zu brüderlicher Gemeinschaft und Versammlung, in der Christus als der wahre Priester seine Hingabe an den Vater gegenwärtig macht, um uns in seine Hingabe einzubeziehen (↗Opfergang). Darum gehört die ↗Kommunion als Eingliederung in den Christusleib notwendig zur Messe auch unter ihrem Aspekt als Opfer. Dieses kann nicht auf den Konsekrationsvorgang eingeschränkt werden; es geht vielmehr darum, daß die Gläubigen durch die Einverleibung in den ganzen Christus immer mehr zum Opfer in Christus werden. Diese „Kommunion", die nicht auf die sakramentale Handlung beschränkt ist, muß ständig geübt werden im täglichen Leben in der tatkräftigen Liebe, in der Nachahmung der Bereitschaft Christi, im Trinken seines Kelches (Mk 10,38). Dann kennt das Leben des Getauften nicht mehr bloß einzelne kultische Momente, sondern ist in seiner Gänze einbezogen in die Opferhingabe Christi.

Lit.: *R. Egenter,* Das persönliche Opfer des Christen in seinem eucharistischen Bezug, in: Pro mundi vita, hrsg. von der Theol. Fakultät Ludwig-Maximilians-Universität München (München 1960) 294–310; *B. Neunheuser* (Hrsg.), Opfer Christi und Opfer der Kirche (Düsseldorf 1960); J. M. Reuß, Opfermahl – Mitte des Christseins (Mainz 1960); *R. Berger,* Eucharistie – Mahl und Opfer, in: Lebendiges Zeugnis Nr. 73 (1970/1) 52–63; *L. Lies,* Lobpreis und Segen. Zum Opfercharakter der Eucharistiefeier, in: Gd 14 (1980) 49–51.

Opfergang das Herbeitragen von Brot und Wein und karitativen Gaben durch die Gläubigen zur ↗Gabenbereitung.

1. Entwicklung. Daß die Gläubigen Speise und Trank für das eucharistische Mahl mitbringen, ist zunächst praktisch notwendig; man verwandte diese Gaben von Anfang an nicht nur für die Eucharistie, sondern auch für den Lebensunterhalt des Klerus und für die Gemeindearmen. Im Osten und in Gallien gaben die Leute ihren Beitrag vor der Messe in einem Nebenraum ab; nach dem Wortgottesdienst trug der Klerus in einer feierlichen Prozession (großer ↗Einzug) Brot und Wein durch die ganze Versammlung hin zum Altar. Für Nordafrika und später für Rom ist eine andere Art bezeugt: Nach dem Wortgottesdienst ziehen die Gläubigen in feierlicher Prozession zu den Altarschranken; dort sammeln Bischof und Priester die Brotgaben ein, die Diakone nehmen die Weinampullen entgegen und leeren sie in den großen Sammelkelch. Was von den Gaben des Volkes für die Meßfeier nicht unmittelbar benötigt wurde, wurde auf Tischen in den Querarmen niedergestellt und hernach karitativen Zwecken zugeführt. Dieser „Opfergang" wurde beibehalten auch in der fränkischen Zeit, als man für die Messe nur noch ungesäuertes ↗Brot verwendete und das von den Gläubigen mitgebrachte gesäuerte Brot für die Konsekration gar nicht mehr gebraucht werden konnte. Dieser Opfergang wurde beibehalten, auch als die Volkskommunion sich auf wenige höchste Feiertage beschränkte, so daß man die Gaben für die Meßfeier gar nicht mehr benötigte. Der Opfergang wurde beibehalten, auch als die Naturalwirtschaft aufhörte; seither bringen die Gläubigen Geld zu den Altarschranken. Der Brauch hat sich in vielen Gegenden vor allem bei Totengottesdiensten bis heute erhalten und soll nach dem ausdrücklichen Wunsch der Pastoralen Einführung zur Begräbnisfeier (Nr. 19) beibehalten werden. In der gemeindlichen Meßfeier sollten gleichfalls Brot und Wein nicht von den Ministranten von der Kredenz, sondern durch Gläubige aus dem Kirchenschiff herbeigetragen werden.

2. Bedeutung des Opfergangs. Er kann und darf keinesfalls so verstanden werden, als ob hier Brot und Wein als Opfergaben der Gläubigen Gott dargebracht würden. Das ntl. Verständnis des ↗Opfers schließt diesen Gedanken von vornherein aus. Es geht vielmehr um die tätige ↗Teilnahme am Herrenmahl, die nächst dem gemeinsamen Essen am deutlichsten geschieht durch das Stiften der materiellen Speisen. Weil aber die Eucharistie das Opfer des Herrn gegenwärtig hält in der Kirche und die Gläubigen in die Lebenshingabe Christi mit einbezieht, darum drücken die Gläubigen in der Bereitstellung von Brot und Wein ihre Bereitschaft aus, sich mit Christus dem Vater hinzugeben und den Brüdern zu dienen: Der Opfergang ist eine der vielen Formen der ↗„Kommunion". Auch die Reformatoren haben darum trotz ihres lebhaften Kampfes gegen den Opfercharakter der Eucharistie das Einsammeln der Gaben nicht beseitigt; sie kennen noch heute das „Dankopfer", das vielfach sogar dem Vorsteher übergeben und von ihm auf dem Altare niedergelegt wird. – Vgl. auch ↗Gabenbereitung.

3. Der Gesang zum Opfergang. Wohl schon früh (Hinweise bei Augustinus) begann man in großen Kirchen, während der Gabenprozession einen Psalm zu singen, in Rom *antiphona ad offertorium* genannt oder kurz *Offertorium,* in Mailand *Offerenda,* altspanisch *Sacrificium.* In Byzanz und Armenien singt man zum großen Einzug das *Cherubikon,* im alten Gallien sang man den *Sonus.* Diese ↗Prozessionsgesänge waren ziemlich von Anfang an Aufgabe der Schola, kaum jemals Volksgesang. Inhaltlich weisen die alten Stücke naturgemäß nicht das Opfermotiv auf, sondern den Prozessionsgedanken oder einen festlichen Lobpreis, der zur Eucharistie hinüberführt. An Festtagen wird meist einfach das Festmotiv aufgegriffen; das Offertorium wirkt dann als festlicher Abschluß des Wortgottesdienstes; im römischen Choralrepertoire ist so das Offertorium das melodisch eigenständigste und oft auch reichste Stück. Auch das deutsche Kirchenlied zur Gabenprozession soll und braucht keineswegs das Opfermotiv zum Ausdruck zu bringen; an Festtagen wird man ein Festlied bevorzugen. Der Gabengesang gehört zur Gabenprozession und sollte zu Ende sein, wenn der Priester die Gaben anschließend auf dem Altar bereitlegt. Eine solche Zeit der Stille zwischen Wortgottesdienst und Eucharistischem Hochgebet ist in der gegenwärtigen Situation sogar sehr hilfreich; man neigt deswegen dazu, im Normalfall bei nur angedeuteter Gabenprozession gar kein Gabenlied zu singen.

Lit.: ↗Gabenbereitung.

Opfermahl.

1. Religionsgeschichtlich. ↗Mahl und ↗Opfer hängen eng zusammen: Das Leben, das in der Weihung des Opfers frei wird, wird im Mahle einverleibt. Für das primitive Denken nährt sich auch die Gottheit von der Gabe, die im Rauch des Brandes zu ihr aufsteigt oder deren Blut auf dem Altare ausgesprengt wird. Das erste Ziel der Opfernden ist aber die Mehrung des eigenen Lebens (↗Kult); darum ist die gewöhnliche Form des Opfers nicht die volle Zerstörung der Gabe, sondern ihr anschließender Verzehr durch die Teilnehmer. Diese nehmen dabei nicht nur die im Opfer frei gewordenen Kräfte in sich auf, sondern erfahren in dem Mahl die schenkende Güte des Opferherrn, sie wissen sich zugelassen an seinem Tisch. Diese erwünschte Kommunikation zeigt sich etwa darin, daß auch bei Mahlopfern ein Stück der Gabe auf dem Altar verbrannt oder das Blut der Opfertiere über Altar und Teilnehmer ausgesprengt wird. Die Ausprägung all dieser Motive im einzelnen hängt ab von der Kulturstufe und dem Gottesbild der betreffenden Gemeinschaft.

2. Beim Letzten Abendmahl greift Jesus den Brauch eines Opfermahles, des jüdischen Paschamahles, auf; darum spricht er von seinem „Leibe, der dahingegeben“, von seinem „Blut, das vergossen“, bzw. noch deutlicher bei Lukas von dem „Becher, der ausgegossen wird“. So wie der gläubige Israelit teilhat an dem Opfer des Lammes im Tempel durch das Paschamahl, so nimmt die gläubige Gemeinde an dem Osteropfer Christi teil durch das Opfermahl, das der Herr dem Kreuzesopfer zugeordnet hat. Darum ist die Gesamtfeier der ↗Eucharistie als Opfermahl zu kennzeichnen; man kann nicht das Opfer dem Hochgebet zuweisen und unter Opfermahl ausschließlich den Kommunionteil verstehen. Strukturmäßig ist das Eucharistische Hochgebet ein notwendiger Teil des Mahlvorganges, der Tischdank (die beraka). Das Opfer selbst liegt der Eucharistie zuerst einmal voraus in dem Geschehen des Kreuzes; in di«ses wird die Kirche einbezogen durch die gesamte Feier, durch das Mahl aus Hochgebet und Speisung. Darum ist des weiteren die gesamte Eucharistiefeier (Wandlung und Kommunion) als (relatives) Opfer zu verstehen, weil die feiernde Gemeinde darin in der Gestalt des dem Kreuze zugeordneten Opfermahles in das Kreuzopfer Christi einbezogen wird.

Orate fratres die in frühkarolingischer Zeit entstandene Gebetsbitte („Betet, Brüder"), die der Priester vor dem ↗Gabengebet an den umstehenden Klerus und die Gläubigen richtete. Die jetzige Textgestalt wurde erst im Meßbuch von 1570 festgelegt. Eine formulierte Antwort wurde anfangs nicht gegeben, bei den ↗Sonderriten der Dominikaner und ↗Kartäuser war sie nie üblich. Es entwickelten sich für diese Antwort komplizierte Gebetsgebilde (Psalmen und Versikel; Überreste noch im Sonderritus der Karmeliten), bis schließlich das Trienter Reformmissale die heutige Antwort „Suscipiat" durchsetzte. – Das Orate fratres ist seinem Ursprung nach ein Ruf um Fürbitte, erwachsen aus dem theologischen Verständnis der ↗Karolingerzeit, das den Priester allein in das „schauererregende Geheimnis" der innersten Meßfeier eintreten sah. Hier soll er das „gefährliche Gebet" (oratio periculosa), wie man damals das Hochgebet zu benennen pflegte, allein verrichten, dem Volk verhüllt durch den doppelten Schleier des leisen Sprechens und der lateinischen Sprache. – Im heutigen Verständnis der Eucharistiefeier kann es nur bedauert werden, daß dieses zeitbedingte Gebet im neuen Missale festgehalten wurde. Die Bedenken richten sich nicht nur gegen das Wort „Opfer" in diesem Zeitpunkt, sondern auch gegen die ungute Trennung von „mein und euer Opfer" und die Tatsache, daß es eine ausgesprochene Verdoppelung des nachfolgenden Gabengebetes darstellt. Das MD hat versucht, dieses Unbehagen dadurch zu entschärfen, daß es zwei Alternativen anbietet: Die Form A wandelt das „Orate fratres" in eine Gebetseinladung (ohne Antwort der Gemeinde) um, Gott möge die „Gaben der Kirche" (statt „mein und euer Opfer") annehmen; die Form B begnügt sich mit dem auch vor anderen Orationen üblichen „Lasset uns beten" und fügt hinzu: „Oder eine andere geeignete Gebetseinladung" mit nachfolgender kurzer Gebetsstille.

Oration (vom lat. oratio = Rede, Gebet) bedeutet *im weiteren Sinn* jedes vom Zelebranten (ursprünglich) laut vorgetragene Gebet (↗Präsidialgebete), *im engeren Sinn* den nach strengen formalen Gesetzen gebauten Abschlußsatz, mit dem in der römischen Liturgie der Vorsteher das ↗Gebet (2) des Volkes und viele Gesänge abschließt. Die heutige Meßfeier weist in der Regel drei solcher Orationen auf: das ↗Tagesgebet, das ↗Gabengebet und das ↗Schlußgebet. Das „Gebet über das Volk", das sich bis zur letzten Meßreform in der ↗Quadragesima erhalten hatte, kann an besonderen Tagen als Segensgebet (↗Segen) verwendet werden. Die in den nichtgregorianischen römischen ↗Sakramentaren zwischen

Tages- und Gabengebet stehende Alia (oratio), die wohl als Abschluß und später als Überrest der ↗Fürbitten nach dem Evangelium verrichtet wurde (entsprechend der Mailänder *oratio super sindonem*), ist verschwunden. – Die Funktion als Abschlußsatz eines vorausgehenden längeren Volksgebetes oder meditierenden Gesanges bringt es mit sich, daß die alten römischen Orationen inhaltlich sehr knapp gefaßt sind. Ihre Wirkung beruht mehr auf dem wohlausgewogenen Bau nach den Gesetzen der Kunstprosa, vor allem des ↗Cursus, und auf der konsequenten Hinlenkung eines jeden Gebetes auf den Vater (↗Anrede) unter preisender Betonung der Mittlerstellung Christi in der Kraft des Geistes, wie das durch die regelmäßige Schlußformel zum Ausdruck kommt („Durch unseren Herrn ...“). Erst seit dem 10. Jh. finden sich unter dem Einfluß der gallischen Liturgie auch Orationen, die sich direkt an Christus richten (auch in östlichen Riten). – Die Orationen werden meist mit einer ↗Gebetseinladung eingeleitet (Oremus = Lasset uns beten). Orationen wurden auch nach den Lesungen der ↗Vigil-Gottesdienste gebetet, wie es heute noch für die Osternacht üblich ist. Auch die Tagzeiten des ↗Stundengebetes schließen mit einer Oration des Vorstehers.

Lit.: Liturg. Institute (Hrsg.), Erhöre die Bitten deines Volkes, bisher 2 Bde. (Freiburg u.a. 1978/79); eine ausführliche Besprechung dazu durch *Th. Maas-Ewerd* in: Bibel und Liturgie 53 (1980) 94–99.

Oratio super populum ↗Segen.

Oratorium Dieses vom lat. orare = beten abgeleitete Wort hat eine dreifache Bedeutung gewonnen:

1. Gebetsraum, Gebetshaus. Im Altertum allgemein für christliche Kirchen und Andachtsstätten gebraucht, seit dem frühen Mittelalter auf solche Sakralräume eingeschränkt, die nicht Pfarrkirchen (↗Pfarrei) sind und die man auch als ↗Kapellen bezeichnet. Das Kirchenrecht unterscheidet bisher zwischen öffentlichen, halböffentlichen und privaten Oratorien, die einer differenzierten Gesetzgebung unterstehen. Eine Neuordnung ist vorgesehen.

2. Eine bestimmte musikalische Formgattung. Der Name leitet sich her vom römischen Betsaal des hl. Philipp Neri (1515–1595), in dem zunächst musikalisch umrahmte Andachten stattfanden, die allmählich eine gewisse Ähnlichkeit mit Kantaten und später auch mit Opern erlangten.

3. Name für zwei Weltpriestergemeinschaften. Die erste wurde von Philipp Neri in Rom gegründet und nach seinem Betsaal benannt, in dem die ersten Zusammenkünfte von Weltpriestern stattfanden. Die zweite (französische) verdankt ihre Gründung *P. de Bérulle* 1611.

Ordenskalender Die beiden für die ↗Diözesankalender wichtigen römischen Dokumente enthalten auch nähere Anweisungen für die Ordenskalender. Das Recht auf einen eigenen Ordenskalender haben

„die Männerorden, nach deren Kalender sich gegebenenfalls auch die Ordensfrauen und Schwestern dieser Orden sowie die dem Orden angegliederten Terziaren, die in Gemeinschaft leben und einfache Gelübde ablegen, richten. (Ferner) Ordenskongregationen, Gemeinschaften und Institute päpstlichen Rechtes, die in irgendeiner Form zur Feier des Stundengebetes verpflichtet sind" (Instr. 24. 6. 1970 – Nr. 16). In die Ordenskalender werden aufgenommen „die Feier des Titels, des Stifters und des Schutzheiligen; außerdem solche Heiligen und Seligen, die zur Ordensgemeinschaft gehörten oder zu ihr in besonderer Beziehung standen" (GOK 52b). „Der Ordenskalender kommt zustande durch die Einführung der Eigenfeiern und der dem Orden bzw. der Kongregation durch Indult gestatteten Feiern in den Allgemeinen Kalender" (Instr. 16b). Um die Verbindung der Ordensgemeinschaften mit den Ortskirchen sicherzustellen und zu vertiefen, feiern sie gemeinsam den Jahrestag der Kirchweihe der Kathedrale, der Hauptpatrone des Ortes und der übergeordneten Gebiete, in denen sich die Niederlassung befindet (GOK 52c).

Lit.: ↗Diözesankalender.

Ordinarium das Gerippe und die gleichbleibenden Texte eines Gottesdienstes. Im Römischen *Brevier* erstmals bei der Reform Pius' X. als eigener einleitender Teil zusammengestellt. Im Meßbuch entspricht funktionell der ↗Ordo Missae. Dagegen ist die Bezeichnung *Ordinarium Missae* ein aus praktischen Bedürfnissen erwachsener Hilfsbegriff, der fünf textlich unveränderliche Gesänge der Messe zusammenfaßt: ↗Kyrie, ↗Gloria, ↗Credo, ↗Sanctus (seit der Klassik davon gern abgetrennt als eigenes Stück das Benedictus), ↗Agnus Dei. Es handelt sich um eine ganz uneinheitliche Gruppe; das alte gregorianische Repertoire überlieferte Gruppen von Kyrie, Gloriakompositionen usw.; erst in der Neuzeit wurden daraus im sog. *Kyriale* fertige Reihen zusammengestellt, deren Einzelstücke musikalisch nicht weiter miteinander harmonieren (ausgenommen die Missa de Angelis), und dies auch gar nicht können, weil sie im Ganzen der Meßfeier ja ganz verschiedene Aufgaben haben. Die Ordinariumsgesänge sind traditionsgemäß Aufgabe des Volkes (↗Volksgesang), doch kann die Gemeinde, besonders an Festtagen, sich durch einen Chor vertreten lassen. Solche Chorgesänge zum Ordinarium wurden zu fertigen Reihen zusammengestellt und dann auch von vornherein als musikalische Einheit komponiert; in verkürzter Ausdrucksweise nennt man diese Chorsätze auch einfach ↗„Messe". So musikalisch wertvoll viele dieser Messen sind und soviel Glanz sie dem Gottesdienst verleihen können, prägen sie doch bei undifferenzierter Verwendung dem Gottesdienst leicht ein falsches Profil auf.

Ordinarium und Liber Ordinarius als Anweisung für die Feier der einzelnen Tage im Kirchenjahr: ↗Ordo Romanus.

Lit.: H. Musch, Musik im Gottesdienst (bmp 5) (Regensburg 1975) 187–200; Musik und Altar 17 (1965) das ganze Heft 3.

Ordination, Ordo ↗Weihesakrament.

Ordo Missae die Zusammenstellung der feststehenden Gebete und Gesänge der Meßfeier mit knappen Angaben über den rituellen Verlauf. Früher war er im Meßbuch zwischen Osternacht und Ostersonntag eingefügt, im neuen Missale zwischen dem „Herrenjahr" (Proprium de tempore) und den Gedenktagen der Heiligen; im MD übersetzt mit „Feier der Gemeindemesse". Der Ordo Missae ist erwachsen aus der Beigabe des Kanons zu den ↗Sakramentaren, im Hadrianum noch vermehrt durch das Gerippe der übrigen Gebete und Handlungen, und aus den späteren Ordines Romani (↗Ordo Romanus). Dazu treten im Lauf des Mittelalters immer mehr örtlich verschiedene Privatgebete, Apologien und Begleitgebete zu verschiedenen Handlungen. Es bilden sich verschiedene Typen der Meßordnung heraus, unter denen sich vor allem der „Rheinische Ordo missae" ziemlich durchsetzt. Die zur freien Verfügung des Zelebranten angebotenen Gebete werden immer mehr als pflichtmäßig angesehen, bis schließlich das nachtridentinische Meßbuch von 1570 den Ordo bis in die letzten Feinheiten festlegt und verpflichtend macht. – Der 1969 als Editio typica erschienene neue Ordo Missae war bemüht, den eigentlichen Sinn der einzelnen Teile und ihren wechselseitigen Zusammenhang deutlicher hervortreten zu lassen und die fromme und tätige Teilnahme der Gläubigen zu erleichtern, wie es das II. Vatikanum als Richtlinie der Reform aufgezeigt hatte (LK 50). Im einzelnen ging es darum, daß „die Riten unter treulicher Wahrung ihrer Substanz einfacher werden", daß Verdoppelungen und weniger glückliche Zutaten entfallen und verlorengegangene wertvolle Elemente zurückgewonnen werden (ebd.). Mit Recht weist *Paul VI.* in seiner Apostolischen Konstitution „Missale Romanum" vom 3. 4. 1969 darauf hin, daß seit der Erstellung des Tridentinischen Meßbuches älteste liturgische Quellen neu erschlossen und veröffentlicht und auch Texte der Ostkirchen eingehender untersucht worden sind, so daß vom Fortschritt der Wissenschaft her eine Revision sowohl berechtigt wie auch notwendig war. Die einzelnen Änderungen werden jeweils bei den verschiedenen Teilen der Messe näher besprochen.

Ordo Romanus ein im Mittelalter verbreiteter Buchtyp, ein Heft, das den Vollzug eines Gottesdienstes nach römischem Brauch beschreibt. Die alten römischen Liturgiebücher enthalten fast nur Texte, keine Beschreibungen des gottesdienstlichen Ablaufs. Eigene Zeremonienbüchlein wurden zuerst wohl von privater Hand zusammengestellt; sie bekamen größere Bedeutung, als in der ↗Karolingerzeit die stadtrömische Liturgie nördlich der Alpen übernommen wurde. Hier wurden sie auch der neuen Mischliturgie angepaßt und vielfach mit den nötigen Gebetstexten ausgestattet. Bedeutung bekam der um 950 in Mainz zusammengestellte *Ordo Romanus vulgatus* (das „Römisch-Germanische Pontifikale"), der für die verschiedenen Funktionen nach der Ordnung des Kirchenjahres Rubriken und Texte aus den entsprechenden Einzelheften zusammenbaute; er ist die Grundlage des heutigen ↗Pontifikale sowie des Caeremoniale Episcoporum, das noch heute die Ordnung des Gottesdienstes für Kirchen mit Chordienst regelt, wiederum ohne Texte zu bieten. – Gesammelt und herausgegeben wurden die Ordines Romani zuerst von *Mabillon* (15 Ordines in chronologischer Reihenfolge). Die jetzt allgemein gebrauchte kritische Ausgabe von *M. Andrieu* bietet 50 Ordines, die nach dem behandelten Stoffgebiet geordnet sind. – Die im Mittelalter selbstverständliche liturgische Eigenständigkeit der einzelnen Kirche führte zu Aufzeichnungen über die gottesdienstlichen Gewohnheiten im Lauf des Jahres an vielen größeren Kirchen; diese Bücher heißen u.a. *Ordinarium, liber Ordinarius.* Ähnlich haben die einzelnen Klöster oder Kongregationen ihre gottesdienstlichen „Gewohnheiten“ schriftlich niedergelegt in *Consuetudines.*

Organist Neben dem Kantor und dem Chorleiter trägt der Organist die größte Verantwortung für die musikalische Gestaltung des Gottesdienstes. Seine vornehmste Aufgabe ist das solistische Orgelspiel, vor allem zu Beginn und zum Ausklang der Gottesdienste, aber auch zur Gabenbereitung und zur Kommunionausteilung sowie zur Meditation etwa im Rahmen von Wortgottesdiensten. Von großer praktischer Bedeutung ist die Begleitung des Volksgesangs und vor allem das rechte, rhythmisch exakte Vorspiel dazu; die Auswahl der Gesänge trifft er in Absprache mit dem Leiter des Gottesdienstes und eventuell mit dem Kantor. In der Praxis muß der Organist vielfach die Funktion des ↗Kantors mit übernehmen und den Gemeindegesang leiten. Der größte Teil der Organisten tut seinen Dienst nebenamtlich; vor allem früher war es vielfach der Lehrer, der diese Aufgabe übernahm. Gerade für den nebenamtlichen Organisten ist eine umfassende, nicht nur technische Einführung in das gottesdienstliche Leben der Kirche und eine solide Fortbildung notwendig.

Lit.: A. Kirchgässner, Unser Gottesdienst (Freiburg 1960) 286–290; *H. Hucke – H. Rennings,* Die gottesdienstlichen Versammlungen der Gemeinde (Pastorale 2) (Mainz 1973) 97–100; *H. Hucke* (Hrsg.), Musik in der feiernden Gemeinde (Einsiedeln–Freiburg 1974) 128–135, 176f.

Orgel Tasteninstrument, bei dem Druckluft in Pfeifen durch eine Öffnung oder Zunge zu tönenden Schwingungen veranlaßt wird. Neuerdings werden auch Instrumente mit elektronischer Tonerzeugung irreführend gerne Orgeln genannt. – In der Antike wurde die Orgel zu Tanz und Unterhaltung verwandt und darum in kirchlichen Kreisen zunächst nicht gern gesehen; in der Ostkirche ist sie heute noch verpönt. Im 8. Jh. wurde die Orgel durch eine Schenkung aus Byzanz, wo die Orgel ins Kaiserzeremoniell übernommen worden war, im fränkischen Reich bekannt und im Westen seither langsam und nicht ohne Widerstand in liturgischen Gebrauch genommen. Ihre Hauptaufgabe war zunächst wohl das einstimmige Mitspielen des (lang ausgehaltenen) Choralfundamentes beim

Organum als Stützung und Ausweitung der menschlichen Stimme (↗Mehrstimmigkeit). Technische Verbesserungen (Erweiterung des Tonumfangs, Zufügung des Pedals und der Registerzüge, Erleichterung des Spielens, so daß die Tasten nicht mehr „geschlagen" werden mußten) ermöglichten der Orgel größere musikalische Aufgaben. Sie verschönert Einzug und Auszug und sonstige Prozessionen im Gottesdienst; sie ersetzt aber auch unmittelbar die menschliche Stimme, indem sie bei wechselchörigen Gesängen alternierend jeden zweiten Vers übernimmt („Versette"). In der gottesdienstlichen Praxis wird die Orgel immer mehr als Begleitinstrument für den Volksgesang und auch den Chorgesang eingesetzt. Nach den augenblicklichen Richtlinien für den römischen Ritus ist Begleitung des Volksgesangs bei Bedarf immer, Begleitung des offiziellen Altargesangs niemals gestattet; selbständiges Orgelspiel ist nicht zulässig in der Advents- und Fastenzeit sowie bei Totengottesdiensten.

Lit.: D. Schuberth, Kaiserliche Liturgie. Die Einbeziehung ... der Orgel in den frühmittelalterlichen Gottesdienst (Göttingen 1968); *B. Ader,* Orgelkunde, in: Musik im Gottesdienst (bmp 5) (Regensburg 1975) 331–384.

Orientalische Riten So verschieden die ↗Riten der einzelnen Ostkirchen sein mögen und so selbständig sie juristisch und selbst glaubensmäßig (orthodox, nestorianisch, monophysitisch, ↗Christus) nebeneinanderstehen – sie heben sich doch gemeinsam von den abendländischen (↗lateinischen) Riten ab, von dem streng zentral gelenkten Ritus ↗Roms wie von den Gottesdienstformen der ↗Reformation. Diese Gemeinsamkeit beruht letztlich auf der heilsgeschichtlich-dynamischen Art theologischen Denkens, die den Osten von Anfang an die abendländische Entwicklung der Theologie nicht mitmachen ließ, auf einer antiarianischen Christusausrichtung des Betens, die der Westen in diesem Ausmaß nie entwickeln mußte, und schließlich auf einem Erleben der Kirche vor allem in der aktuellen Gottesdienstfeier der Ortskirche, das die westliche Tendenz zu einer zentralen Leitungsinstanz als tödliche Bedrohung empfinden mußte. Der Gottesdienst ist dadurch im Osten zu allen Zeiten volksnäher und wärmer geblieben, er hat sich immer dem Prinzip der Volkssprache gebeugt, er hat nie außerliturgische Andachtsformen (↗Andacht) entwickeln müssen, er ist anschauungsgesättigter und symbolreicher als im Westen. Aber auch äußere Faktoren wirken mit zu diesen gemeinsamen Zügen der orientalischen Liturgien: der überragende Einfluß ↗Antiochiens (und damit ↗Jerusalems) auf die Ausgestaltung der Liturgie, der im syrischen Raum und für Byzanz ganz offenkundig ist, der sich aber auch in ↗Alexandrien deutlich bemerkbar macht, und die Autorität der Kaiserstadt ↗Byzanz, die im ganzen Osten, auch bei den nichtchalzedonensischen Kirchen, spürbar ist, am stärksten sich aber natürlich bei den Orthodoxen (Melchiten) auswirkt.

Historisch betrachtet, heben sich aus der gemeinsamen Grundstruktur aller ↗Liturgie seit dem 4. Jh. zwei orientalische Familien heraus:

↗Antiochien und ↗Alexandrien. Vor allem seit dem Bilderstreit übertrifft dann der Ritus von ↗Byzanz alle anderen an Bedeutung. Weil von allen Ostkirchen kleine Teilgruppen die Gemeinschaft mit Rom wieder aufgenommen und dabei ihren angestammten Ritus beibehalten haben, gibt es von jedem Ritus auch eine „unierte" Form, die vor allem durch die Nennung des Bischofs von Rom im Gottesdienst gekennzeichnet ist, vielfach aber auch eine gewisse Latinisierung erfahren hat, die in der Gegenwart durch Reformen wieder beseitigt wird. Praktisch kann man heute unterscheiden: *1.* den *byzantinischen Ritus* in verschiedenen alten und lebenden Sprachen (dann ungenau slawischer, russischer usw. Ritus genannt) bei Orthodoxen und Unierten (↗Chrysostomusliturgie); *2.* den *armenischen Ritus* nur in klassischem Armenisch bei „Gregorianern" (nestorianisch) und Unierten; *3.* den *(west-)syrischen* (genauer: *syro-antiochenischen*) *Ritus* in Syrisch und Arabisch bei (monophysitischen) Jakobiten und unierten Syrern, in Malayalam bei (jakobitischen und katholischen) Malankaren, sowie *(3a.)* den *maronitischen Ritus* in Syrisch und Arabisch, der voll in der Gemeinschaft mit Rom steht; *4.* den *ostsyrischen Ritus* in Syrisch bei den Nestorianern und den unierten Chaldäern sowie bei den getrennten und den vereinten Malabaren (hier neuestens auch in Malayalam); *5.* den *koptischen Ritus* in Koptisch und Arabisch bei getrennten (monophysitischen) und geeinten Kopten; *6.* den *äthiopischen Ritus* in Ghe῾ez ebenfalls für Getrennte und Vereinte.

Lit.: Raes; J.-H. Dalmais, Die Liturgie der Ostkirchen (Aschaffenburg 1960); *E. Hammerschmidt* u.a., Symbolik des orthodoxen und orientalischen Christentums (Stuttgart 1962); *E. Hammerschmidt,* Symbolik des orientalischen Christentums, Tafelband (Stuttgart 1966).

Ort, liturgischer Im Gegensatz zum jüdischen und heidnischen Kult weiß sich die christliche Gemeinde für ihre gottesdienstlichen Handlungen nicht an einen bestimmten Ort und Raum gebunden. Lange bevor man Kirchen baute, gab es die Kirche. Sie konnte nach ihrer Gründung ca. 200 Jahre lang leben und wirken, bevor es zu den ersten Kirchenbauten kam. Auch die Kirchengeschichte späterer Epochen kennt Zeiten und Länder, in denen den Gemeinden alle Kultstätten genommen waren, ohne damit ihre Lebens- und Wirkfähigkeit zu verlieren. Tempel und Haus Gottes im Neuen Bund ist Christus selbst (vgl. Joh 2,13–22), in dem „die ganze Fülle Gottes wohnt" (Kol 2,9). Im weiteren Sinn wird auch das von ihm geheiligte Gottesvolk Tempel genannt (vgl. u.a. 1 Kor 3,16f; 2 Kor 6,16; 1 Petr 2,5f), weil es der Leib Christi ist und Gottes Geist in ihm wohnt. Demgegenüber spielt das Haus der Gemeindeversammlung eine sekundäre Rolle, es hat dienenden Charakter und kann nur in eingeschränktem Sinn Haus Gottes bzw. Tempel genannt werden. – Worauf die Kirche als Gottesvolk jedoch nicht verzichten kann, das ist die ↗*Versammlung* als solche, um das Wort Gottes zu hören, gemeinsam zu beten, die Gedächtnisfeiern des Pascha-Mysteriums zu begehen, die übrigen Sakramente zu spenden und zu empfangen, all das zu verwirklichen, was die griech.-lateinische Sprache in den Begriffen Martyria, Leiturgia und Diakonia zusammenfaßt.

Andererseits ist es leicht einsichtig, daß diese Lebensfunktionen der Kirche wesentlich erleichtert werden, wenn man nicht in engen Privaträumen, vielleicht gar in heimlichen Kellern und Scheunen, in Höhlen und Wäldern zusammenkommen muß, sondern wenn es eigene Stätten christlicher Versammlung gibt, die von ihrer Raumgestalt und Ausstattung her schon Zeichencharakter haben und die liturgischen Handlungen in vielfältiger Form erleichtern und bereichern. Es bleibt jedoch bestehen, daß grundsätzlich jeder Ort, wo sich Kirche versammelt, ein liturgischer Ort ist. So kann die AEM schreiben: „Zur Feier der Eucharistie versammelt sich das Volk Gottes in einem Kirchenraum; steht keiner zur Verfügung, kann ein anderer Raum gewählt werden, der eine würdige Feier gewährleistet" (253). Als Altar kann dabei jeder passende Tisch dienen (260). Bei der „Feier der Krankensalbung" kann die Messe gegebenenfalls auch im Krankenzimmer gefeiert werden (Nr. 80). Nach den Richtlinien der Deutschen Bischofskonferenz vom 24.9.1970 „für Meßfeiern kleiner Gemeinschaften (Gruppenmessen)" kann, wo ein passender liturgischer Raum fehlt oder schwer erreichbar ist, auch ein anderer würdiger Raum (Wohnraum, Versammlungsraum) genommen werden. – ↗Kirchengebäude.

Ostensorium ↗Monstranz.

Osterfestkreis Es handelt sich um jenen Zeitraum, der die Feier des Jahrespascha (↗Ostern) zum Mittelpunkt hat, der mit der ↗Quadragesima (Fastenzeit) als Vorbereitung beginnt und die österliche Freude in der fünfzigtägigen ↗Osterzeit entfaltet und ausklingen läßt. Er beginnt also mit dem ↗Aschermittwoch und endet mit ↗Pfingsten.

Osterkerze eine besonders große und geschmückte Kerze, die im römischen und mailändischen Ritus zum Beginn der ↗Osternacht entzündet wird. Sie hat ihre frühesten Wurzeln einerseits in der weitverbreiteten Sitte der alten Kirche, die Osternacht durch zahlreiche Lichter zu erhellen, andererseits in dem stadtrömischen Brauch, mit zwei mannshohen Kerzen dem Gotteshaus während der Ostervigil das notwendige Licht zu spenden. In der gallischen Liturgie beschränkte man sich auf eine einzige große Kerze, die durch das ↗Exsultet des Diakons eine feierliche Weihe erfuhr. Die allegorische Gestaltungsfreude gallischer und fränkischer Theologen stattete sie mit weiteren symbolträchtigen Elementen aus, die auch in der erneuerten Osternachtliturgie in die Lichtfeier eingebaut werden können (fakultativ):

Der Zelebrant ritzt mit einem Instrument ein Kreuz in die Osterkerze und spricht dabei: „Christus, gestern und heute, Anfang und Ende". Darüber zeichnet er den ersten und darunter den letzten Buchstaben des griechischen Alphabets und spricht: „Alpha und Omega". Mit den Worten „Sein ist die Zeit und die Ewigkeit. Sein ist die Macht und die Herrlichkeit in alle Ewigkeit. Amen" schreibt er die einzelnen Ziffern der jeweiligen Jahreszahl zwischen die Kreuzesarme. In deren Endpunkte und in ihren Schnittpunkt werden fünf Weihrauchkörner eingefügt und mit roten Wachsnägeln verschlossen. Dabei spricht der Priester: „Durch seine heiligen Wunden (1), die leuchten in Herrlichkeit (2), behüte uns (3) und bewahre uns (4) Christus, der Herr. Amen (5)". Dieser Ritus der Weihrauchkörner ist übrigens durch ein Mißverständnis des lateinischen Wortes „incensus" (= Kerze) aufgekommen, indem man es als Weihrauch deutete. Nun entzündet der Priester die Osterkerze an dem gesegneten Feuer und spricht: „Christus ist glorreich auferstanden vom Tod. Sein Licht vertreibe das Dunkel der Herzen." Der Diakon (bzw. Priester) hebt die geschmückte Kerze empor und singt: „Lumen Christi = Licht Christi". Alle antworten: „Deo gratias". An der Spitze einer Prozession trägt nun der Diakon die Osterkerze zum Altarraum. Am Eingang der Kirche wird das zweite „Lumen Christi" gesungen, und die Gläubigen entzünden ihre Kerzen am Licht der Osterkerze. Nach einem dritten „Lumen Christi" vor dem Altarraum wird sie auf einen Leuchter gestellt, während alle Lichter der Kirche entzündet werden.

Die Prozession hinter der Osterkerze enthält *eine doppelte Symbolik:* einmal erinnert sie an die Feuersäule, in der Jahwe dem aus der Knechtschaft ziehenden Israel in der Nacht voranzog und den Weg in die Freiheit wies, zum andern läßt sie wie von selbst an das Wort Christi bei Joh 8,12 denken: „Ich bin das Licht der Welt. Wer mir nachfolgt, wird nicht in der Finsternis umhergehen, sondern wird das Licht des Lebens haben."

Der Diakon inzensiert nun die Osterkerze und stimmt das ↗Exsultet an. In dessen Schlußteil wird die Osterkerze besungen als „festliche Gabe" der Kirche, als „lieblich duftendes Opfer", „um in der Nacht das Dunkel zu vertreiben", „bis der Morgenstern erscheint, jener wahre Morgenstern, der in Ewigkeit nicht untergeht". So verbindet sich ihre natürliche Funktion als Lichtspenderin mit der Transparenz für den auferstandenen und wiederkommenden Herrn. Im Verlauf der Taufwasserweihe (↗Osternacht) senkt der Priester die Osterkerze ein- oder dreimal ins Wasser, indem er singt: „Durch deinen geliebten Sohn steige herab in dieses Wasser die Kraft des Heiligen Geistes." In neuerer Zeit bildet sich immer mehr der Brauch aus, das Osterlicht in Laternen nach Hause und auf die Gräber zu tragen als sieghaftes Zeichen unseres Glaubens und unserer Hoffnung über den Tod hinaus.

Während der 50tägigen ↗Osterzeit steht die Osterkerze im Altarraum und brennt während der Gottesdienste (auch an Werktagen). Die frühere Regelung, sie nach dem Evangelium von Christi Himmelfahrt zu löschen und den Blicken der Gläubigen zu entziehen, wurde als weniger glücklich fallengelassen. Nach Ablauf der Osterzeit erhält sie einen würdigen Platz in der Taufkapelle bzw. am Taufbrunnen. An ihr sollen bei der Taufe die

Kerzen der Neugetauften entzündet werden. Auch bei Begräbnismessen soll sie an einem hervorragenden Platz stehen, gegebenenfalls neben dem Sarg.

Lit.: O. Casel, Der österliche Lichtgesang der Kirche, in: Lit. Ztschr. 4 (1931/32) 179–191; *F. J. Dölger,* Lumen Christi, in: AC 5 (1936) 1–43.

Osterkommunion Die Mitfeier der Eucharistie schließt normalerweise auch die Teilnahme am eucharistischen Mahl ein. Weil im Mittelalter der Kommunionempfang sehr selten geworden war, bestimmte das IV. Lateranum 1215, daß jeder Gläubige, der das „Unterscheidungsalter" erlangt hat, wenigstens „in Pascha" kommunizieren müsse (Cap. 21; DS 812). Später wurde diese „Kommunionpflicht" auf die „österliche Zeit" (im kirchenrechtlichen Sinn) ausgedehnt, die nach CIC 859,2 von Palmsonntag bis Weißen Sonntag dauert, die aber von den Ordinarien auf die Zeit vom 4. Fastensonntag bis zum Dreifaltigkeitsfest ausgeweitet werden könne. Die deutschen Bischöfe haben in einer neueren Weisung zur kirchlichen Bußpraxis (20. 11. 1978) die österliche Zeit terminiert vom Aschermittwoch bis zum Pfingstsonntag. – Hinter dieser Bestimmung steht die pastorale Sorge, daß gerade im Zusammenhang mit der Jahresfeier des Pascha-Mysteriums sich niemand der vollen sakramentalen Begegnung mit Christus entziehe.

Österliche Bußzeit ↗Quadragesima.

Ostern, Osternacht, österliches Triduum

1. Name: Die lat. Sprache hat das aramäisch-griechische Wort *Pascha* (gesprochen Pas-cha) übernommen, das sich vom hebräischen pesach ableitet. Dieses Wort meint zunächst den Vorübergang des Strafengels an den Häusern der Israeliten in Ägypten, dann aber den gesamten Vorgang der Errettung Israels aus ägyptischer Sklaverei. Zu seinem Gedächtnis feiern die Juden am 14. Nisan (= erster Vollmond im Frühling) ihr Pesachfest. Das Pesachereignis wurde zum Typos für das christliche ↗Pascha-Mysterium, das im Hindurchgang Christi durch Leiden und Tod zur Auferstehung den Gläubigen Quelle des Heiles geworden ist. Das Wort Pascha für Ostern läßt sich heute noch in den romanischen Sprachen, aber auch im Niederdeutschen, Holländischen, Dänischen und Norwegischen erkennen. Das deutsche Wort *Ostern* ist in seinem Ursprung umstritten. Sehr unwahrscheinlich ist die Meinung des *Beda Venerabilis* († 735), es leite sich von einer englischen Frühlingsgöttin namens Ostara (Eostre) ab. Andere führen es auf Urständ = Auferstehung oder auf Osten (Aufgang der Sonne) zurück. Nach neueren Forschungen hängt es mit einer falschen Übersetzung der lateinischen Bezeichnung „hebdomada in albis" (= Woche in weißen Kleidern) zusammen. Man habe „in albis" als Plural von alba = Morgenröte betrachtet und es mit dem ahd. eostarun übersetzt.

2. Ursprung und Entwicklung: Neben dem ↗Sonntag als dem ersten und wöchentlichen Gedächtnistag des Pascha-Mysteriums (= Wochenpascha) muß es schon sehr früh auch eine Jahresfeier des Todes und der Auferstehung Christi gegeben haben. Paulus läßt in 1 Kor 5,7f keinen Zweifel daran, daß im damaligen Bewußtsein der Christen das jüdische Paschafest einen neuen Sinn bekommen hat. Seine Ausführungen lassen vermuten, daß schon die apostolischen Gemeinden es in neuer Sinnfüllung begingen. Für diese Vermutung gibt neben mehreren literarischen Zeugnissen des 2. Jhs. der Osterfeststreit in der zweiten Hälfte des 2. Jhs. eine Bestätigung. Während hauptsächlich die Christen Kleinasiens und Syriens das jährliche Gedächtnis des Pascha-Mysteriums immer am 14. Nisan begingen, weshalb man sie auch „Quartodezimaner" nannte, feierten Rom und die meisten anderen Teilkirchen Ostern am Sonntag nach dem 14. Nisan. Beide Parteien berufen sich auf apostolische Überlieferung, die ersten auf Johannes, die anderen auf Petrus. Hieraus darf man schließen, daß ein christliches Osterfest zwar erst im 2. Jh. ausdrücklich genannt wird, jedoch schon im ersten Jh. gefeiert wurde. Nach dem Kirchenhistoriker *Eusebius* begingen beide Parteien an ihrem Festtag eine liturgische Feier mit eucharistischem Mahl, dem ein Fasten vorausging. Beide feierten das Pascha-Mysterium im umfassenden Sinn, wobei die „Quartodezimaner" den Akzent mehr auf den Erlösungstod Christi legten, während Rom und die übrigen Kirchen stärker die Auferstehung und Erhöhung Christi betonten. Der Streit wurde durch das Erste Allgemeine Konzil von Nizzäa 325 beendet mit der Vorschrift, Ostern jeweils am Sonntag nach dem ersten Frühlingsvollmond zu begehen. Fällt dieser auf einen Sonntag, so ist erst der Sonntag danach Ostern. – ↗Ostertermin.

Während die ersten Jahrhunderte Ostern in seiner gesamten Sinnfülle an einem Tag begingen, also Tod und Auferstehung und Erhöhung des Herrn, wurde diese Gesamtthematik seit dem 4. Jh. auf Grund einer mehr historisierenden Sicht und nachahmenden Darstellungsform aufgefächert und seine Teilaspekte herausgestellt. Ursprünglich war die Osternachtfeier als „Mutter aller heiligen Vigilien" *(Augustinus)* bis Mitternacht von Fasten und Trauer über den Tod Jesu geprägt, als heilige Nachtwache aber auch von der Erwartung des zu seiner Gemeinde wiederkommenden Herrn (vgl. Lk 12,35–38; Mt 25,1–13); nach Mitternacht aber war mit dem Beginn der Eucharistiefeier der Freude über die Auferstehung und Erhöhung des Herrn Raum gegeben. Diese Gesamtfeier wurde im 4. Jh. abgelöst durch das „heiligste Triduum des gekreuzigten, begrabenen und auferweckten Herrn" *(Augustinus).* Seitdem müssen wir in den liturgischen Feiern dieser drei Tage die eigentliche Jahrfeier des Pascha-Mysteriums sehen, „Höhepunkt des ganzen Kirchenjahres" (GOK 18). Sie „beginnen mit der Abendmahlsmesse des Gründonnerstags; sie haben ihren Mittelpunkt in der Osternacht und schließen mit der Vesper am Ostersonntag" (ebd. 19).

Die Feier dieses Triduums war im Lauf des Mittelalters sehr *reform-*

bedürftig geworden. Das trifft besonders für die Feier der Osternacht zu, die immer mehr vorverlegt und seit dem 14. Jh. am frühen Karsamstagmorgen gehalten wurde. Im Meßbuch von 1570 wurde diese Regelung sogar zur Pflicht gemacht und blieb fast 400 Jahre in Geltung. So kam es zu jenem gottesdienstlichen „Widerfahrnis", daß die Osterkerze zu einer Stunde entzündet und unter dem dreimaligen „Lumen Christi" in den Altarraum getragen wurde, als schon das Sonnenlicht das Gotteshaus erhellte; daß das Oster-Halleluja feierlich erklang und die Osterbotschaft in Wortgottesdienst und Eucharistiefeier verkündet wurde, anschließend aber die Fastenzeit noch bis zum Mittag fortgesetzt werden mußte. Um so verdienstvoller und erfreulicher waren das Dekret der Ritenkongregation vom 9. 2. 1951 unter *Pius XII.*, das die Osternachtfeier wiederherstellte (zunächst nur „ad experimentum" für ein Jahr), und die Neuordnung der gesamten Karwoche durch Generaldekret vom 16. 11. 1955. Unter Auswertung mehrjähriger Erfahrungen konnte das MR von 1970 die Feier der Osternacht weiter verbessern und ihr im österlichen Triduum die gebührende Mittelpunktstellung geben: „In ihr erwartet die Kirche nächtlich wachehaltend die Auferstehung des Herrn und feiert sie in heiligen Zeichen. Daher soll die ganze Vigil als nächtliche Feier gehalten werden, d. h. erst nach Anbruch der Dunkelheit beginnen und vor dem Morgengrauen des Sonntags enden" (GOK 21).

3. Gehalt und Gestalt der Osternachtfeier: Wie schon der geschichtliche Überblick deutlich machte, ist die Osternacht zunächst „vigilia", d. h. Nachtwache der Gemeinde Christi. Sie fastet und betet in Trauer um den von ihr weggenommenen Herrn, bis er als Sieger wiederkehrt und die wachende Gemeinde im eucharistischen Mahl um sich versammelt und sich ihr verbindet. Dies ist die Grundstruktur der Osternacht, ihr Baugesetz, nach dem die liturgische Fülle dieser Nacht gestaltet wurde. In dieser Nachtwache entzündet die Gemeinde die Lichter der „Wachtfeuer" *(= Lichtfeier),* in deren Schein sie die Heilstaten Gottes vernimmt, sie in den Responsorien meditiert und in den sich jeweils anschließenden Gebeten innerlich zu eigen macht *(= Wortgottesdienst).* Um auch den Taufbewerbern die Möglichkeit zu geben, an der zentralen Eucharistiefeier des Kirchenjahres teilzuhaben, kam es schon früh (3./4. Jh.) zur Taufspendung in der Osternacht. Dies lag um so näher, als ja schon Paulus den inneren Zusammenhang des Pascha-Mysteriums mit dem Taufgeschehen betonte (Röm 6,3–11). So ist die Tauffeier ein weiterer Teil der Osternachtliturgie geworden, wobei die Gemeinde Verantwortung für ihre neuen Mitglieder übernimmt und sich gleichfalls zum Taufversprechen bekennt *(Tauffeier).* Nun kann die festliche *Eucharistiefeier* beginnen, bei der der auferstandene und erhöhte Herr sich mit den Seinen verbindet und ihnen an seinem Pascha-Mysterium Anteil gibt. An dieser Grundstruktur können und müssen sich alle im Lauf der Geschichte hinzugewachsenen oder vielleicht noch hinzuwachsenden Elemente immer wieder auf ihre Angemessenheit prüfen lassen und entsprechend akzentuiert werden. – Im folgenden soll die Gestalt der erneuerten Osternachtfeier nach dem MD von 1975 kurz beschrieben werden.

a) Lichtfeier. Der Priester mit Assistenz in weißen Gewändern segnet ein Holzfeuer vor der Kirche, das möglichst aus einem Stein geschlagen wurde. Er schmückt und entzündet die ↗Osterkerze, die vom Diakon an der Spitze einer Prozession unter dreimaligem „Lumen Christi" zum Altarraum getragen wird. An ihrem Licht entzünden auch die Mitfeiernden ihre Kerzen, die sie während des anschließenden Osterlobes (↗Exsultet) in Händen halten. Weil dieses Exsultet ein Höhepunkt österlicher Verkündigung ist und der Osterfreude bereits am Anfang der Nachtwache jubelnden Ausdruck verleiht, hat man nicht zu Unrecht mit Blick auf die Grundstruktur der Osternachtfeier gefragt, ob es nicht passender erst nach dem Wortgottesdienst vor der Tauffeier eingeordnet werden sollte.

b) Wortgottesdienst. Für die Verkündigung der wichtigsten Heilstaten Gottes sind sieben atl. und zwei ntl. (Epistel und Evangelium) Perikopen vorgesehen. Die Zahl der atl. Lesungen kann aus pastoralen Gründen vermindert werden, doch darf die Lesung vom Durchzug durch das Rote Meer (Ex 14,15 – 15,1) wegen ihres Vorbildcharakters für das Pascha-Mysterium nicht ausgelassen werden. Jeder Lesung folgt ein entsprechender Antwortgesang und eine Oration. Nach dem Gebet der siebten Lesung stimmt der Priester das Gloria an und singt die Festoration. Ihr folgen die Epistel (Röm 6,3–11), das Halleluja mit Versen aus Ps 118, das Evangelium nach einem der drei Synoptiker (entsprechend den Lesejahren) und die Homilie.

c) Tauffeier. Die Liturgen begeben sich zum Taufbrunnen, sofern dieser im Blickfeld der Gemeinde steht. Andernfalls wird ein Gefäß mit Wasser im Altarraum aufgestellt. Eine isolierte „Taufwasserweihe" ohne Taufe ist weniger sinnvoll. Nach der gekürzten ↗Allerheiligenlitanei singt der Priester den Lobpreis über das Wasser, wobei er einmal oder dreimal die Osterkerze einsenkt. Nach der Absage an Satan und dem Taufbekenntnis folgen Taufe und (bei Erwachsenen bzw. Schülern) Firmung. Wird keine Taufe gespendet und auch kein Taufwasser geweiht, erfolgt lediglich eine Segnung des Wassers (Weihwasser, Osterwasser). Die Gemeinde erneuert, mit brennenden Kerzen in den Händen, das Taufversprechen und wird mit dem gesegneten Wasser besprengt.

d) Eucharistiefeier. In der festlichen Eucharistiefeier, dem eigentlichen Höhepunkt des Österlichen Triduums, bringen nach Möglichkeit neugetaufte Erwachsene Brot und Wein zum Altar. Die Osternachtpräfation wird zum dankenden Lobpreis des geopferten Osterlammes Jesus Christus. In den Hochgebeten I–III sind österliche Texte mit besonderer Fürbitte für die Neugetauften eingeschoben. In der Einleitung zum Friedensritus wird jenes Friedensgrußes gedacht, den der Auferstandene seinen Jüngern entbot. Der feierliche Schlußsegen und der durch ein doppeltes Halleluja bereicherte Entlassungsruf schließen die Osternachtliturgie ab.

4. Der Ostersonntag: Die Tagesstunden des folgenden Sonntags hatten ursprünglich keine eigene Meßfeier (↗ dominica vacans), weil sich die nächtliche Eucharistiefeier bis in den frühen Morgen hinzog. Als die Vigilmesse gegen Ende des 6. Jhs. schon vor Mitternacht zu Ende ging, bekam der „Ostersonntag" ein eigenes Meßformular. Die Volksfrömmigkeit schuf sich übrigens für die verlorengegangene Osternachtfeier einen Ersatz in der ↗„Auferstehungsfeier", die mit volkstümlichen Elementen ausgestattet war und am frühen Ostersonntag (vor der „Frühmesse") stattfand. Mit der Wiedereinführung der Osternachtfeier müssen wir in der dabei gefeierten Eucharistie die eigentliche Festmesse sehen, auch wenn sie vor Mitternacht gefeiert wird. Das neue Meßbuch betont dies ausdrücklich in den Vorbemerkungen und fügt hinzu: „Wer an der Messe in der Nacht teilnimmt, kann in einer zweiten Ostermesse nochmals kommunizieren." Weil, wie die Erfahrung zeigt, viele Gläubige (noch nicht) an der Osternachtfeier teilnehmen, wohl aber das „Hochamt" des Ostersonntags besuchen, bietet sich hier in der Predigt die Gelegenheit, die zentrale Bedeutung der Ostervigil zu würdigen. Falsch wäre es jedoch, einzelne ihrer Elemente in dieser zweiten Ostermesse zu wiederholen, weil sich dies leicht zum Schaden der wiedergewonnenen Osternacht auswirken könnte. Die Ostervesper bildet den sinnvollen Abschluß des Österlichen Triduums.

Lit.: O. Casel, Art und Sinn der ältesten christlichen Osterfeier, in: JLW 14 (1938) 1–78; *B. Fischer – J. Wagner* (Hrsg.); Paschatis Sollemnia (Basel u. a. 1959); *Th. Bogler* (Hrsg.), Österliches Heilsmysterium (LuM 36) (Maria Laach 1965); *H. J. Auf der Maur,* Die Osterhomilien des Asterios Sophistes (Trier 1967); *Th. Bogler* (Hrsg.), Ostern – Fest der Auferstehung heute (LuM 42) (Maria Laach 1968); *R. Berger,* Eine Nacht des Wachens, in: HD 24 (1970) 3–10; LJ 21 (1971) 1–58; *B. Kleinheyer,* Die neue Osterfeier (Freiburg 1971); *R. Berger – H. Hollerweger* (Hrsg.), Dies ist die Nacht (Regensburg 1979).

Osteroktav ↗Osterzeit.

Ostersonntage ↗Osterzeit.

Ostertermin Im jüdischen lunisolaren Kalender fiel das Pesachfest (↗Pascha) auf den 14. Nisan, den Vollmondtag dieses Frühjahrsmonats. Wahrscheinlich hat schon die Urgemeinde dieses jüdische Fest mit dem Jahrgedächtnis des Todes Christi verbunden, der an einem 14. Nisan stattfand (vgl. 1 Kor 5, 7 f). Der „Osterfeststreit" in der zweiten Hälfte des 2. Jhs. zeigt, daß es schon damals divergierende Ostertermine gab. Während vor allem die kleinasiatische und syrische Kirche das Jahrespascha genau am 14. Nisan begingen, feierten Rom und die meisten anderen Teilkirchen ↗Ostern am Sonntag nach dem 14. Nisan. Beide Gruppierungen berufen sich dabei auf bestimmte Apostel (Johannes bzw. Petrus) und deuten damit an, daß diese Divergenz schon längere Zeit bestand. Das I. Nizänum (325) bestimmte, Ostern immer am Sonntag nach dem ersten Frühlingsvollmond zu feiern, der von der alexandrinischen

Kirche schon unter *Diokletian* auf den 21. März festgelegt worden war. Mit dieser mondphasenabhängigen Regelung nahm man in Kauf, daß der Ostertermin eine Schwankungsbreite von fünf Wochen (22. 3. bis 25. 4.) hat und so das ↗Kirchenjahr alljährlich Divergenzen aufweist.

In neuerer Zeit hat sich der Wunsch nach einer *Fixierung des Ostertermins* verstärkt. Das II. Vatikanum gab im Anhang zur Liturgiekonstitution folgende Erklärung ab: „... Das Heilige Konzil widerstrebt nicht der Festlegung des Osterfestes auf einen bestimmten Sonntag im Gregorianischen Kalender, wenn alle, die es angeht, besonders die von der Gemeinschaft mit dem Apostolischen Stuhl getrennten Brüder, zustimmen."

Die beiden häufigsten *Reformvorschläge* zielen entweder auf den Sonntag nach dem 2. Samstag im April (9.–15.) oder den 2. Sonntag im April (8.–14.). Beide Termine kämen dem von vielen als wahrscheinlich betrachteten historischen Auferstehungsdatum Christi, dem 9. 4. 30, sehr nahe.

Was die vom Konzil als Voraussetzung genannte Zustimmung der getrennten Brüder angeht, so zeigte sich auf der 5. Vollversammlung des Ökumenischen Rates der Kirchen in Nairobi (23. 11. – 10. 12. 1975), daß sich die orthodoxen Kirchen, die den Ostertermin noch nach dem Julianischen Kalender berechnen, einstweilen nicht dazu bereit finden. Bis zur ersehnten Übereinkunft können sich die unierten Ostkirchen mit den anderen Christen ihres Gebietes auf einen bestimmten Sonntag einigen (Dekret Orient. Eccles. des II. Vatikanums 20).

Lit.: Adam, Kirchenjahr 52–56, 238.

Osterzeit (lat.: Tempus paschale; griech.: Pentekoste) die Zeit der fünfzig Tage zwischen ↗Ostern und ↗Pfingsten, in der die Kirche in nicht endenwollender Freude ihre Erlösung durch Kreuz und Auferstehung feiert. Die Erfahrung, daß festliche Höhepunkte eine gewisse Zeit zum Ausschwingen und Ausklingen brauchen, erkennen wir schon im jüdischen Festkalender, wo 50 Tage nach dem Pesachfest bzw. dem Fest der Ungesäuerten Brote das „Wochenfest" (= Schavuot) als Erntedankfest für die Weizenernte und Gedächtnis des Bundesschlusses auf dem Sinai begangen wurde. Schon aus dem 2. Jh. gibt es mehrere literarische Zeugnisse für eine 50tägige Osterzeit *(„Brief der Apostel", Irenäus, Origenes, Tertullian* und *Hippolyt).* Nach Apg 2,1ff erfolgte am 50. Tage nach Ostern die sichtbare Ausgießung des Heiligen Geistes, der als die eigentliche Frucht des Pascha-Mysteriums verstanden werden muß. Nach Joh 20,22 erfüllte Christus schon am Ostertag seine Jünger mit dem Heiligen Geist.

Der Zeitraum der Pentekoste war liturgisch geprägt von der dankbaren Freude, die u. a. sichtbar wurde im häufigen Halleluja und im Verbot des Fastens und Kniens. Die neue Grundordnung des Kirchenjahres (= GOK) steht auf dem Boden ältester Tradition, wenn sie feststellt: „Die Zeit der fünfzig Tage vom Sonntag der Auferstehung bis Pfingstsonntag wird als ein einziger Festtag gefeiert, als ‚der große Tag des Herrn'" (22). Symbolischer Ausdruck dieser durchgehenden Festesfreude ist die Vorschrift, die ↗Osterkerze als Symbol des auferstandenen Herrn während der fünfzig Tage im Angesicht der Gemeinde in der Nähe des Altares stehen und während der Gottesdienste brennen zu lassen.

Die ersten acht Tage der Osterzeit bilden die *Osteroktav*. Man könnte sie im Hinblick auf die „große Oktav" der sieben Wochen auch als „kleine Oktav" bezeichnen, ohne damit ihre Bedeutung schmälern zu wollen. Ihre Anfänge im Sinn einer liturgisch besonders gefeierten Zeit reichen möglicherweise bis in die zweite Hälfte des 3. Jhs. zurück, wie sich aus den neuentdeckten Psalmenhomilien des *Asterios Sophistes* vermuten läßt. Die Liturgie dieser Oktav war zusätzlich von der Rücksicht auf die Neugetauften geprägt, die in den täglichen Eucharistiefeiern tiefer in die Geheimnisse der Initiationssakramente eingeführt wurden (↗Mystagogie). Nach *Augustinus* handelt es sich bei der Osteroktav um einen übereinstimmenden Brauch der Kirche, der so alt sei wie die ↗Quadragese. – Diese Woche hieß früher auch Weiße Woche oder Woche in weißen Kleidern (in albis); im Osten auch Woche der Erneuerung. Ursprünglich ging sie erst am Sonntag zu Ende, der deshalb den Namen Sonntag der weißen Kleider trug (↗Weißer Sonntag). Vom 7. Jh. an wurden die weißen Kleider von den ↗Neophyten entsprechend der Vorverlegung der Osternachtfeier auf den Karsamstag bereits am Samstag abgelegt. – Die Eingangsgesänge der Oktavmessen waren besonders auf die Neugetauften abgestimmt. Im 7. Jh. bildete sich das „Pascha annotinum" heraus, eine besondere Form der ↗Tauferneuerung und des Taufgedächtnisses. – Die heute noch weithin übliche ↗Erstkommunion am Weißen Sonntag bildete sich erst im Lauf des 18. Jhs. heraus.

Um die Einheit der Osterzeit besonders zu betonen, werden die Sonntage der Osterzeit künftig nicht mehr als Sonntage nach Ostern gezählt, sondern als *Ostersonntage* (GOK 23) oder Sonntage der Osterzeit (MD), wobei der Weiße Sonntag als zweiter und Pfingsten als achter Ostersonntag gilt. Die Liturgie dieser Sonntage kann auch durch ein Hochfest nicht verdrängt werden. Sie lebt besonders intensiv aus dem Pascha-Mysterium. Die Erstlesungen der Messe werden immer aus der Apg, die Zweitlesungen, jährlich abwechselnd aus 1 Petr, 1 Joh und Offb genommen. Die Evangelien des 2. und 3. Ostersonntags berichten von den Erscheinungen des Auferstandenen. Um dieses Thema nicht zu unterbrechen, wurde das Evangelium vom Guten Hirten vom 3. auf den 4. Sonntag der Osterzeit verlegt. An den drei folgenden Ostersonntagen sind die evangelischen Perikopen den „Abschiedsreden" und dem „Hohenpriesterlichen Gebet" nach Joh entnommen. Für die Osterzeit stehen fünf Präfationen zur Verfügung, von denen nur die erste für bestimmte Tage festgelegt ist (Osternacht, Ostersonntag, Osteroktav).

Die Wochentage der Osterzeit in der 2.–6. Woche haben eigene Tagesgebete, die übrigen Propriumsteile (mit Ausnahme der Lesungen) sind in zwei Wochenreihen enthalten, die sich nach jeweils 14 Tagen wiederholen. Die Lesung ist durchgehend der Apg entnommen, das Evangelium mit Ausnahme der Osteroktav, in der alle Evangelisten vertreten sind, als ausgewählte Bahnlesung dem Joh-Evangelium (3; 6; 10; 14–17). An allen Tagen kann der feierliche Schlußsegen für die Osterzeit gespendet werden.

Der Brauch der alten Kirche, die gesamte Osterzeit als einen einzigen Festtag mit dem ungeteilten Thema des Hindurchgangs Christi durch Tod zur Herrlichkeit zu begehen, wurde allmählich durch eine Ausfaltung in Teilaspekte aufgelockert. So bildete sich noch im 4. Jh. in manchen Teilkirchen das Fest ↗Himmelfahrt Christi heraus. Auch der 50. Tag nach Ostern wurde allmählich als ↗Pfingstfest immer mehr verselbständigt und sogar durch eine eigene Oktav ausgezeichnet. So verlor sich weitgehend das Bewußtsein, daß es selbst der große Oktavtag des Osterfestes ist.

Lit.: Liturg. Institut Trier (Hrsg.), Quadragese und Pentecoste (Trier 1960); *B. Kleinheyer,* Die neue Osterfeier (Freiburg 1971) 44–50; *Adam, Kirchenjahr* 75–81.

Ostiarier (lat. = Pförtner) Inhaber eines Kirchenamtes, das nur in der Westkirche und durch Übernahme auch bei den Armeniern zu einer der vier ↗Niederen Weihen verfestigt wurde. Ostiarier hatten ursprünglich die Aufgabe, Unbefugte vom Gottesdienst fernzuhalten und über seine Sicherheit zu wachen. Bei der seitherigen Weihe, die als Durchgangsstufe zur Priesterweihe betrachtet wurde, bekamen sie symbolhaft einen Kirchenschlüssel überreicht, mußten eine Tür öffnen und schließen und eine Glocke läuten. Ihre Funktionen gingen allmählich auf die ↗Mesner (Küster) über. Das Apostolische Schreiben *Pauls VI.* „Ministeria quaedam" vom 15. 8. 1972, das die Niederen Weihen durch die Beauftragung zu bestimmten Diensten ablöste, nahm das Ostiariat nicht unter die der gesamten lateinischen Kirche gemeinsamen Dienste auf, ließ jedoch den Bischofskonferenzen die Tür offen, auch diesen Dienst vom Apostolischen Stuhl zu erbitten, wenn sie ihn für ihr Land als notwendig oder sehr nützlich erachten.

Ostsyrische Liturgie ↗Orientalische Riten.

Ostung Die Gebetsrichtung nach Osten (daher Orient-ierung in ursprünglicher Bedeutung) war in vielen antiken Religionen verbreitet und wurde auch von den Christen schon früh übernommen, einmal deshalb, weil der Osten nach antiker Auffassung als Sitz des Guten galt, dann aber auch als Hinwendung zu Christus, dessen Wiederkommen man vom Osten her erwartete (vgl. Mt 24,27; Offb 7,2). So konnten sich die Christen zugleich schon rein äußerlich von den Juden unterscheiden, die sich beim Gebet dem Tempel von Jerusalem zuwandten und so, je nach dem geographischen Standort, nach verschiedenen Himmelsrichtungen beteten. – Diese Gebetsostung führte von Anfang an zu einer Ostung der seit dem 3. Jh. allmählich entstehenden ↗Kirchengebäude, wobei man zwischen einer Eingangs- und einer Apsisostung unterscheiden muß. In Rom, aber auch in anderen Gegenden baute man die Kirchen zunächst mit Eingangsostung, so daß der Liturg von dem im Westen befindlichen Altar aus sowohl dem Osten wie der Gemeinde zugekehrt war (versus orientem et versus populum). Die Gläubigen hingegen mußten sich, um nach Osten beten zu können, jeweils um 180 Grad drehen. Dieser bei wachsender Verehrung des Altares als mißlich und störend empfundene Umstand mag wohl dazu beigetragen haben, daß die Apsisostung seit dem 4./5. Jh. überall den Vorzug bekam. Zu der damit entstehenden Problematik der Stellung des Liturgen am Altar ↗Zelebration zum Volke hin.

Lit.: ↗Zelebration zum Volke hin.

P

Palla (lat. = [mantelartig übergeschlagenes] Tuch) quadratisches, vielfach durch Kartoneinlage versteiftes Leinen zur Bedeckung des Kelches. Ursprünglich (heute noch bei den Kartäusern) schlug man nach der Bereitung der Gaben ein freies Ende des obersten Altartuches (des inzwischen beträchtlich geschrumpften ↗Korporales) über den Kelch und die Brote, um sie während des Hochgebetes zu schützen. Seit dem Hochmittelalter gebraucht man dafür einfach ein zusammengelegtes zweites Korporale, das am Ausgang des Mittelalters schließlich zur heutigen Form der Palla vereinfacht wurde und heute vielfach weggelassen wird. – Vgl. AEM 80 und 103.

Pallium Insignie der wirklichen Erzbischöfe im Abendland, ein bei festlichen Gottesdiensten über dem Meßgewand getragener weißer Wollstreifen, ringförmig zusammengenäht und mit vier schwarzen Seidenkreuzen geschmückt, vorne und rückwärts sowie auf der linken Schulter durch eine Nadel auf dem Meßgewand befestigt; ein kurzes Bandstück hängt auf der Vorder- und Rückseite in der Mitte herab, es ist gleichfalls mit einem Kreuz und mit einem schwarzen bleibeschwerten Endstück versehen. Die Form ist entstanden aus einem Schal aus kreuzgeschmücktem Stoff, dessen freie Enden von der linken Schulter nach vorne und hinten herabfielen. – Beim Pallium handelt es sich wohl um ein Standesabzeichen höherer kaiserlicher Beamter, das dem Papst gewährt wurde und das dieser bevorzugten Bischöfen seines Patriarchates weiterverlieh. Nach dem Wegfall der ↗Tiara ist die Auflegung des Palliums wieder zum liturgischen Zeichen für die Übernahme der römischen Cathedra geworden. – In den byzantinischen Riten wird ein Gegenstück von allen Bischöfen getragen in der wesentlich breiteren und mit größeren und zahlreicheren Kreuzen geschmückten Form des *Omophorions;* ähnlich bei den Armeniern und den Westsyrern; ebenso tragen es die koptischen Patriarchen. Einen Schulterschmuck über dem Meßgewand trugen im Mittelalter viele Bischöfe des Deutschen Reiches; er wurde nach Ex 28,4ff *Rationale* genannt und hatte zur liturgischen Kleidung der Bischöfe Galliens gehört. Das Rationale wird heute noch verwendet in Paderborn, Kraków (Krakau), Eichstätt und Toul. – ↗Stola.

Palmsonntag, Palmprozession In der Liturgie dieses Sonntags (in evang. Gemeinden „Palmarum" genannt) verbindet sich das Gedächtnis des Pascha-Mysteriums mit dem des Einzugs Christi in Jerusalem vor seiner Passion. Schon um das Jahr 400 haben sich die Christen von Jerusalem nach dem Bericht der Pilgerin *Ätheria* (Egeria) am Nachmittag dieses Tages auf dem Ölberg versammelt, wo sie einen ausgedehnten Wortgottesdienst hielten, um dann gegen Abend den Bischof in feierlicher Prozession in die Stadt zu geleiten, wobei die Kinder Oliven- und Palmzweige in Händen trugen. Dieser Ritus fand bald auch in anderen Kirchen des Ostens Nachahmung; in Gallien und Spanien ist er für das 8. Jh. bezeugt. Der Bischof *Theodulf von Orléans* verfaßte hierfür eigens den Hymnus „Gloria, laus et honor". Im Mittelalter nahm die Prozession spielerisch-dramatische Elemente auf. Christus wurde dabei durch ein Kreuz oder ein Evangelienbuch auf einer Bahre symbolisch dargestellt, in England teilweise auch eine konsekrierte Hostie mitgeführt. Schließlich entwickelte sich auch der Brauch, eine Christusfigur auf einem hölzernen Esel, der auf Rädern montiert war, zum Mittelpunkt der Prozession zu machen. Rom übernahm die Palmprozession im Lauf des Mittelalters. Bei der Neuordnung der Karwochenliturgie 1955 wurde die mittelalterliche Sitte, von einer Kirche oder Kapelle außerhalb der Stadtmauern zur Hauptkirche der Stadt zu ziehen, im gewissen Sinn neu belebt und fand auch Berücksichtigung im MR und MD.

Gebrauch und Segnung der „Palmzweige" sind für die Mitte des 8. Jhs. im Westen bezeugt (Sakramentar von Bobbio). Dabei wurden statt der nicht vorhandenen Palm- und Ölzweige grünende oder blühende Zweige anderer Bäume benutzt, in Deutschland vor allem Buchsbaumzweige und Weidenkätzchen. Leider schrieb man schon früh diesen Symbolen magische Wirkungen zur Abwehr von Übeln aller Art zu, was zu manchen bedenklichen Vorstellungen und Praktiken, z.T. bis in unser Jahrhundert hinein, führte.

Nach dem neuen Meßbuch gibt es verschiedene Formen für die *„Feier des Einzugs Christi in Jerusalem"*. Dabei wird Wert darauf gelegt, daß es sich bei der Prozession nicht um eine historisierende Nachbildung des biblischen Geschehens handelt, sondern um das öffentliche Bekenntnis zur Christusnachfolge. Bei der Segnung der Zweige werden diese genannt „Zeichen des Lebens und des Sieges, mit denen wir Christus, unserem König, huldigen". Als begleitende Gesänge sind Kehrverse („Pueri Hebraeorum"), der schon erwähnte Hymnus „Gloria, laus et honor" oder andere passende Gesänge vorgesehen. Das Meßproprium ist von den Passionsberichten nach Mt, Mk und Lk, verteilt auf die drei Lesejahre, geprägt. Vor allem in der ntl. Lesung Phil 2,6–11, in dem daraus genommenen zweiten Zwischengesang und der Eigenpräfation kommt das Pascha-Mysterium in seiner Ganzheit zum Tragen. Die Farbe der Meßgewänder ist wie am ↗Karfreitag Rot.

Lit.: H. J. Gräf, Palmenweihe und Palmprozession in der lateinischen Liturgie (Kaldenkirchen 1959); *H. Becker,* Pascha Palmarum, in: LJ 19 (1969) 219–233; *B. Kleinheyer,* Die neue Osterfeier (Freiburg 1971).

Pänula ↗Gewänder, liturg.

Papst (griech. = pappas, kindlich lautmalend für Vater), alter Bischofstitel, heute dem Bischof von Rom vorbehalten als dem Ersten im Kollegium der Bischöfe.

1. Als das sichtbare Band der Einheit des Bischofskollegiums und damit als Ausdruck der Zugehörigkeit zur einen ↗Kirche wird der Bischof von Rom von allen Kirchen, die mit dem Apostolischen Stuhl des heiligen Petrus in Gemeinschaft stehen, in der eucharistischen Liturgie namentlich genannt (meist im Hochgebet selber). Darüber hinaus ist der Bischof von Rom für den römischen Ritus und auch für die übrigen lateinischen Riten der gesetzgebende ↗Patriarch, dessen in der Liturgie besonders gedacht wird, vor allem an seinem Weihe- bzw. praktisch meist Krönungstag.

2. Die Gottesdienstfeier des Bischofs von ↗Rom, wie sie in den römischen Sakramentaren und Ordines (↗Ordo Romanus) festgelegt war, wurde bei der Übernahme der römischen Liturgie im ganzen Abendland maßgebend auch für die Meßfeier durch den Priester. Im Zuge der Weiterentwicklung hatte der festliche Papstgottesdienst aber manche Gewohnheit beibehalten, die sonst abgekommen ist, und zeremonielle Bereicherungen höfischer Herkunft erfahren. Davon ist heute noch üblich die Verkündigung des Evangeliums auch in griechischer Sprache durch einen eigenen „griechischen Diakon“ und der Brauch, daß der Papst sich bei der Elevation mit den konsekrierten Gaben jeweils nach drei Seiten wendet.

3. „Papstkrönung“. Das oberste Amt in der Kirche übernimmt einer durch die Wahl und Weihe zum Bischof von Rom, die sich grundsätzlich nicht von einer sonstigen Bischofsweihe unterscheidet. Dazu trat, erstmals überliefert für 1099, das Aufsetzen der ↗Tiara durch den rangältesten Kardinaldiakon, die jetzt entfallen ist. Um so eindrucksvoller tritt jetzt wieder die Bekleidung mit dem ↗Pallium hervor, die nach der Eröffnung der Meßfeier geschieht und mit den feierlichen Laudes (↗Akklamationen) beschlossen wird.

Päpstlicher Segen vom Papst feierlich „der Stadt [Rom] und dem Erdkreis“ (Urbi et Orbi) gespendeter, mit vollkommenem Ablaß verbundener Segen. Ortsoberhirten dürfen ihn ein- oder zweimal im Jahr ihrem

Volke spenden (can. 914). Einfachen Priestern wird die Vollmacht für bestimmte Anlässe gegeben (vor allem zum Abschluß von Exerzitien und Volksmissionen); Text in Ben Nr. 21. – Alle diese Formen haben einen deutlich erkennbaren Bezug zu Buß- und Absolutionsriten (↗Absolution). Am stärksten gilt dies vom „Sterbesegen", dem Päpstlichen Segen mit vollkommenem Ablaß in der Sterbestunde. Er ist entstanden im Umkreis der Bußriten, die zu den Sterbegebeten (↗Sterbeliturgie) gehören; seit dem 11. Jh. begegnet eine im Auftrag des Bischofs oder Papstes erteilte Lossprechung von allen Bußstrafen für den Fall des Todes nach dem Formular einer ↗Generalabsolution, zunächst als besonderes und seltenes Privileg, seit *Benedikt XIV.* ziemlich ausgedehnt; heute darf jeder Priester bei der Spendung der Wegzehrung den Päpstlichen Segen erteilen im Anschluß an die Beichte oder das Schuldbekenntnis („Feier der Krankensakramente" Nr. 106 und 122).

Paradies ↗Atrium.

Paraliturgie im französischen Sprachgebrauch verbreitete Bezeichnung für Feiern, die nach den formalen Baugesetzen liturgischer Gottesdienste gestaltet sind, ohne selbst Liturgie zu sein. Praktisch versteht man darunter einerseits Feierstunden, die den Religionsunterricht ins aktive Tun der Kinder überführen sollen („katechetische Zelebrationen"), andererseits andachtsähnliche Feiern im Gotteshaus. Hinter der Bezeichnung als „Paraliturgie" steht ein Begriff von ↗Liturgie, der heute überholt ist. Man wird Andachtsformen, soweit sie diözesanamtlich oder diözesanüblich sind, als Diözesanliturgie bezeichnen (↗Bistum); man sieht auch, daß die strengen Stilgesetze der liturgischen ↗Feier nicht für alle gottesdienstlichen Zusammenkünfte im gleichen Maße gelten und daß ↗Andachten für das Volk durchaus ihre eigenen Bauprinzipien haben können.

Paramente ↗Gewänder, Liturgische.

Partikel von der ↗Hostie abgebrochenes Stück (das zugrunde liegende lat. Wort bedeutet Teilchen). Das ↗Brotbrechen ist ursprünglich ein wichtiger, sogar namengebender Teil der eucharistischen Feier. Es ermöglicht, daß die „Vielen" von dem einen Brote essen (vgl. 1 Kor 10,16f). Seit dem Mittelalter verwendet man im Westen für die Gläubigenkommunion vorgefertigte kleinere Hostien, die weiterhin Partikel genannt werden. Auch Ostkirchen, wie die ukrainische, haben diesen Brauch aus praktischen Gründen übernommen. Leider ist damit das aussagekräftige Brotbrechen mehr oder weniger in Wegfall gekommen. Man versucht deshalb in neuerer Zeit, im Rahmen des praktisch Möglichen (z. B. Messen im kleinen Kreis) wieder zur Brechung größerer Brote zurückzukehren. – Partikel nennt man auch die kleinen *Absplitterungen* von der konsekrierten Hostie, die sich nie ganz vermeiden lassen. Soweit sie nach normalem Sprachgebrauch nicht mehr als Brot angesprochen werden können, und deshalb wohl keine eucharistische Gegenwart mehr besitzen, wird man trotzdem ehrfürchtig damit umgehen, ohne bei Purifikation und ↗Ablution ängstlich zu werden. – *Kreuzpartikeln* sind Holzsplitter von den in Jerusalem, Byzanz, Rom und anderswo verehrten größeren Stücken des Kreuzes Christi. Sie wurden in kostbare Schaugefäße (Monstranzen) gefaßt, zur Verehrung exponiert und zum Kuß dargereicht. Teilweise werden sie heute noch, vor allem beim ↗Wettersegen, verwendet.

Participatio actuosa ↗Teilnahme, tätige.

Parusie (Wiederkunft Christi) Das griechische Wort meint die noch ausstehende Wiederkunft Christi in Herrlichkeit zum Gericht, aber auch zur Vollendung jenes Heilsgeschehens, das mit seiner Inkarnation begann, im Pascha-Mysterium seinen vorläufigen Höhepunkt fand und sich fortdauernd in der heilshaften Begegnung der Menschen mit Christus in Wort, Sakrament und christlichem Leben realisiert. Diese Parusie ist eine Zielkomponente jeder liturgischen Feier, insbesondere der Eucharistie („bis er kommt"; vgl. 1 Kor 11,26), und spielt eine besondere Rolle in den liturgischen Texten der ersten Phase des ↗Advents bis 16. 12. einschließlich.

Lit.: *E.J.Lengeling,* Von der Erwartung des Kommenden, in: *Gott feiern* 193–238.

Pascha, Pascha-Mysterium Pascha (gespr. Pas-cha), aramäisch-griechische Form des hebräischen Pesach ist zunächst das alljährliche Fest am Tag des ersten Frühlingsvollmondes, das im Alten Bund die Gottestat der Errettung aus Ägypten durch das Blut des Lammes und des wunderbaren Durchzugs durch das Rote Meer gegenwärtighält. Diese Heilstat (↗Mysterium) findet ihre Aufgipfelung in Kreuz und Auferstehung Jesu, in der Erhöhung, die Christus durch die Tat des Vaters aus seiner Erniedrigung erfährt (Lk 24,26; Phil 2,8f), in dem Durchzug durch das Meer des Leidens hin in die Herrlichkeit beim Vater (↗Opfer II). Ihre Erfüllung findet sie am Ende, bei der endgültigen Überwindung des Todes und der vollen Durchsetzung der Herrschaft Gottes (1 Kor 15,24–28). In Christus sind die Gläubigen aber jetzt schon dem Tod entrissen und in das Reich des Vaters versetzt; das österliche Heilshandeln Gottes, das Pascha-Mysterium, ist ihnen verkündet worden, sie sind darin eingefügt durch die Taufe (Röm 6,4); sooft sie das Mahl des Herrn feiern, verkünden sie weiterhin seinen Tod, bis er wiederkommt (1 Kor 11,26). Mit anderen Worten: Im Leben der Kirche, in der Liturgie, bleibt das Ostergeschehen gegenwärtig und wirksam. Der Ausdruck Pascha-Mysterium meint demnach das Heilshandeln Gottes an uns in Christus, das in Christi Tod und Auferstehung seine bleibende Mitte hat. – Es dürfte einer der bedeutsamsten Gesichtspunkte der LK sein, daß sie solchermaßen die ↗Liturgie unter den Begriff des Pascha-Mysteriums gefaßt hat (ausdrücklich in 5–6). Immer wieder legt sie diesen Zentralbegriff zugrunde, wenn sie auf Einzelaspekte der Liturgie zu sprechen kommt: Die christliche ↗Woche mit Freitag und Sonntag begeht diese Wirklichkeit (LK 106), besonders intensiv in der alljährlichen Begehung von ↗Ostern; aber auch in den Gedächtnisfeiern der Heiligen verkündet die Kirche das Pascha-Mysterium in den Heiligen, die mit Christus gelitten haben und mit ihm verherrlicht sind (LK 104). So ist in den Sakramenten (LK 61) und den Feiern im Lauf des Kirchenjahres (auch im täglichen ↗Stundengebet) in verhüllter Form das Heilshandeln Gottes schon gegenwärtig, das am Ende der Tage unverhüllt in Christus vor aller Welt offenbar werden soll – Pascha annotinum ↗Tauferinnerung.

Lit.: Th. Bogler (Hrsg.), Österliches Heilsmysterium (LuM 36) (Maria Laach 1965); *G. Duffrer,* Pascha-Mysterium und liturgische Frömmigkeit, in: LJ 16 (1966) 27–37. Weitere Lit. ↗Ostern.

Pascha annotinum ↗Tauferinnerung.

Passion Christi Die feierliche Verkündigung des Herrenleidens, wie sie nach gegenwärtiger römischer Leseordnung am Palmsonntag entsprechend dem Lesejahr nach Mt, Mk oder Lk als Meßevangelium und am Karfreitag (nach Joh) im Wortgottesdienst erfolgt. Nach alter Leseordnung ist die Mk-Passion mitsamt der Auferstehungsbotschaft in der Osternacht verkündet worden. – Der Vortrag geschah schon früh in feierlich abgestufter Weise; eigene Zeichen deuten den Wechsel der Vortragsart an: *C* (celeriter = schnell) für die erzählenden Partien, *S* (sursum = hoch) für die Sprechpartien, *T* (tene = getragen) für die Worte Christi. Im späten Mittelalter führte das zu einem dramatisierenden Vortrag durch drei Diakone; die Vortragszeichen dienten der Aufteilung auf die drei Sänger: *Chronista, Succentor,* † (Kreuz als Christuszeichen); von mehreren gesprochene Worte ließ man als Turbasätze durch einen mehrstimmigen Chor ausführen. Beim bloßen Verlesen ist diese sekundäre dramatisierende Aufteilung nicht zu empfehlen, sondern eher abschnittsweise Aufteilung auf verschiedene Sprecher, eventuell gegliedert durch passende Lieder. – Auch der Leidensbericht ist im Rahmen der Evangelien Verkündigung vom auferstandenen, erhöhten Herrn. Durch die Kürzungstendenzen, die bei der Länge der Berichte unvermeidbar sind, ist gerade der eigentliche Auferstehungsbericht schon früh weggefallen. Das ist vertretbar, weil der gesamtösterliche Aspekt in der Meßfeier trotzdem deutlich aufscheint. – Der Osten kennt keine Verkündigung der Passion als zusammenhängende Meßperikope. Er verliest aber im Rahmen des Nachtgottesdienstes des Karfreitags zwölf Abschnitte aus der Leidensgeschichte der verschiedenen Evangelisten. Diese Ordnung ist erwachsen aus den Prozessionen zu den heiligen Stätten in Jerusalem, wo man jeweils an Ort und Stelle das dort treffende Ereignis verkünden wollte.

Passionszeit Vor der Neuordnung des Kirchenjahres 1969 verstand man darunter die beiden letzten Wochen der Quadragesima. Im ausgehenden Altertum widmete man die letzte Woche vor Ostern (↗Karwoche) in besonderer Weise dem erlösenden Leiden und Sterben des Herrn. Der ↗Palmsonntag war der eigentliche Passionssonntag. Das MA mit seiner Vorliebe für die Passion des Herrn hat auch die vorausgehende Woche unter den Passionsgedanken gestellt. Der fünfte Fastensonntag (↗Judica) wurde nun Passionssonntag genannt und durch die ↗Verhüllung der Kreuze und Bilder (↗Hungertuch), durch die Kreuzpräfation und den teilweisen Wegfall des „Gloria Patri" auch äußerlich als Sonntag vom Leiden des Herrn gekennzeichnet. Doch enthielten die liturgischen Texte auch dieser Zeit zahlreiche Hinweise auf das Pascha-Mysterium im Vollsinn, nämlich auch auf den Sieg Christi und die Frucht des Leidens.

Wenn man bedenkt, daß die gesamte ↗Quadragesima vom Hindurchgang des Herrn durch Leiden und Tod zur Auferstehung geprägt ist, wird der Verzicht der GOK auf eine besondere Heraushebung des fünften Fastensonntags verständlich. Der KomGOK begründet dies unter dem Gesichtspunkt, „damit die innere Einheit der österlichen Bußzeit gewahrt wird", und nennt den bisherigen Passionssonntag wieder – wie im Ambrosianischen Ritus – den fünften Fastensonntag (I, I. 2. B. 1).

Pastoralliturgik die wissenschaftlichen Bemühungen um einen sachgemäß und verständlich gefeierten Gottesdienst, der seine missionarische Kraft zur Erbauung und Belehrung der Gemeinde voll entfalten kann. ↗Liturgiewissenschaft ist als eigenständige Universitätsdisziplin hauptsächlich im Umkreis der Pastoraltheologie erwachsen und hatte darum schon immer Interesse an einer praktischen Verwertung ihrer Erkenntnisse. Im Gegenschlag auf die stark pädagogische Ausrichtung der Aufklärung hat die Pastoration der anschließenden Zeit die belehrende und gemeindeformende Kraft der Liturgie zurückgedrängt und in ihrer Berechtigung bezweifelt. Im liturgischen Aufbruch nach dem Ersten Weltkrieg war die pastorale Seite (vor allem bei Pius Parsch) von Anfang an stark betont; öffentlich trat sie als Prinzip in Erscheinung bei der Neugestaltung der Osternacht und den weiteren Reformschritten der 50er Jahre sowie in der Thematik des ersten internationalen liturgischen Kongresses in Assisi 1956 „Erneuerung der Liturgie aus dem Geist der Seelsorge". Die LK ist ganz von dieser pastoralen Ausrichtung durchdrungen (ausdrücklich in 43f); sie kennt keinen Gegensatz zwischen Gottesverehrung und Formung der Gemeinde (LK 33) und fordert darum eine verständliche Liturgie (LK 34).

Lit.: A. Wintersig, Pastoralliturgik, in: JLW 4 (1924) 153–167; *Martimort* I 248–265.

Paten

1. Geschichtliche Entwicklung. Die Wurzeln des Patenamtes (lat. patrinus = Bürge und Beistand) reichen in das vorchristliche Judentum zurück, wo bei den Aufnahmeriten der Proselyten drei Zeugen notwendig waren, die auch gewisse Hilfsdienste bei der Proselytentaufe und der Unterrichtung leisten mußten. Solche Bürgen oder Garanten gab es auch schon im frühen Christentum bei der Taufe, noch bevor der eigentliche ↗Katechumenat institutionalisiert war (Anfang des 3. Jhs.). Sie erscheinen dann auch mit einer gewissen Selbstverständlichkeit in den liturgischen Dokumenten bei den einzelnen Phasen des Katechumenates, wo sie als Zeugen und Garanten bei der Aufnahme und Einschreibung in die Kompetentenlisten und als Taufgehilfen fungieren. Wahrscheinlich blieben sie auch für die Zukunft den ↗Neophyten hilfreich verbunden. – Allmählich führte man auch bei der *Taufe der Kinder,* die ja auf den Glauben der Eltern hin erfolgte, das Patenamt ein. Noch *Augustinus* kannte diesen Brauch nur für Ausnahmefälle. Eine unglückliche Entwicklung führte dazu, daß die Paten nach und nach alle Funktionen der Eltern bei der Taufe übernahmen und diese meist abwesend waren. So waren es die Taufpaten, die die Stirne des Kindes signieren, die Fragen nach Namen, Absage und Glauben beantworten, das Kind bei der Taufe halten und als die eigentlichen Garanten und Vermittler des Glaubens der Kinder gelten. – Weil das christliche Altertum Taufe und Firmung als zwei Phasen der einen ↗Initiation betrachtete, kannte man für beide Sakramente nur einen einzigen Paten. Mit der Herauslösung der Firmung trat bald auch ein *Firmpate* auf den Plan, der aber bis ins hohe Mittelalter hinein mit dem Taufpaten identisch sein durfte. In der Neuzeit war dies nur für Notfälle gestattet (CIC 796,1).

2. Die Neuordnung des Patenamtes. Die neue Ordnung der ↗Kindertaufe hat den Vorrang der Eltern vor den Paten wiederhergestellt. So geben nicht mehr die Paten, sondern die Eltern die entsprechenden Antworten, und beim Taufakt selbst soll möglichst die Mutter ihr Kind halten, während der Pate nur seine rechte Hand auf das Kind legt. Als Bedingungen für eine Patenschaft werden genannt: Reife des Glaubens und Lebens, die für das Patenamt angemessen ist, entsprechendes Alter, Empfang der Initiationssakramente, Mitgliedschaft in der katholischen Kirche und Freiheit von Rechtshindernissen, die von der Patenschaft ausschließen (Vorbem. 41). Wenn die Eltern keinen geeigneten Paten finden, kann auch darauf verzichtet werden, weil es besser ist, keinen Paten zu haben, als einen, der seiner Aufgabe nicht gewachsen ist und dem Ansehen der Institution nur schadet. – Die neue *„Feier der Firmung"* empfiehlt „im Hinblick auf die heutige pastorale Situation", daß der *Taufpate auch Firmpate* sei. Als Bedingungen für die Firmpatenschaft gelten die gleichen wie bei der Taufe. Bei der eigentlichen Firmung legt der Pate seine rechte Hand auf die Schulter des Firmlings. Es ist auch möglich, daß Eltern auf einen Firmpaten verzichten und ihr Kind selbst „dem Firmspender vorstellen" (Vorbem. 15). – Auch die *„Feier der Eingliederung Erwachsener in die Kirche"* hat das Patenamt (neben dem Amt des „Bürgen") beibehalten. Der Katechumene wählt sich in der Zeit der entfernteren Vorbereitung (also noch vor der „Einschreibung") einen Paten, am besten aus dem Kreis derer, die seinen bisherigen Glaubensweg helfend begleitet haben. Gegebenenfalls empfiehlt sich hier auch eine gemeinschaftliche Patenschaft.

Lit.: E. Dick, Das Pateninstitut im altchristlichen Katechumenat, in: ZkTh 63 (1939) 1–49; *A. Adam,* Firmung und Seelsorge (Düsseldorf 1959) 178–214; *ders.,* Erwägungen zum Patenamt bei Taufe und Firmung, in: *Zeichen des Glaubens* 415–428.

Patene (griech.-lat. = Schüssel) der Teller für das ↗Brot bei der Eucharistiefeier. Ursprünglich von beträchtlichem Ausmaß und Gewicht, wurde die Patene in Rom erst während des Hochgebetes von den Subdiakonen herbeigebracht; sie diente dann bei der Brechung des Brotes und bei der Austeilung. Als das Aufkommen vorgeformter ↗Hostien die Brotbrechung überflüssig machte, wurde der Ritus äußerlich beibehalten: im Levitenamt hielt ab dem Offertorium der Subdiakon die Patene mit einem Schultervelum, sonst wurde sie unter dem Korporale verborgen; zur Brechung vor dem Friedensgruß schob der Priester sie unter die Hostie. Die Form der Patene wurde auf einen Kleinteller reduziert, auf dem gerade eine Hostie Platz fand und der der Kelchöffnung angepaßt war; für die Hostien zur Gläubigenkommunion verwandte man immer häufiger das ↗Ziborium, eigentlich ein Aufbewahrungsgefäß, das im Barock der Form eines Trinkgefäßes („Speisekelch“) angeglichen wurde. Heute bevorzugt man wieder allgemein größere schalenförmige Patenen („Hostienschalen“), auf denen das Brot bei der Gabenbereitung im Opfergang zum Altar gebracht wird. Nachdem der Priester keine gesonderte Hostie mehr benötigt (AEM 283), hat eine eigene „Priesterpatene“ ihren Sinn verloren (vgl. AEM 293). – Die Hostienschale wird wie der Kelch durch ihre ausschließliche Indienstnahme für die Eucharistie geweiht; sie werden beim erstmaligen Gebrauch nach den Fürbitten feierlich zum Altar gebracht und durch ein Segensgebet für ihren Dienst bestimmt; Text im Pontifikalefaszikel „Kirchweihe“ und im Ben Nr. 33, S. 171–173. – Im Osten ist die Brotschale (griech. diskos) immer selbständig geblieben; sie ist mit einem Fuß versehen und paßt gar nicht auf den Kelch. Im byzantinischen Ritus werden die Brotpartikeln bereits bei der ↗Proskomidie auf den Diskos verbracht und durch den ↗Asteriskos vor dem verhüllenden Velum geschützt. Zur Kommunionspendung werden die Partikeln vom Diskos in den Kelch gestrichen.

Lit.: B. Kleinheyer, Kelch und Patene zur Feier der Gemeindemesse, in: LJ 28 (1978) 231–248.

Pater noster (Vater unser) das Gebet des Herrn, in der ganzen Christenheit gebraucht in der bei Mt 6, 9–13 überlieferten Form mit schwachen Einwirkungen der Fassung bei Lk 11, 2–4. Inhaltlich und formal das Gebet eines Jüngerkreises, der in sicherer Hoffnung nach der Vollverwirklichung der Herrschaft Gottes ausschaut und der, erfüllt vom Geiste, sich schon jetzt im Hause des Vaters beheimatet und gesichert weiß (Röm 8, 14ff; Gal 4, 6f). Das Gebet hat darum seinen Sitz schon früh

1. in der Eucharistie, bei der die Gemeinde sich am gemeinsamen Tisch des Vaters geborgen sieht. Die Kirchenväter erkennen die Beziehung zwischen Herrengebet und Kommunion nicht nur in der Brotbitte, in der die Eucharistie miteingeschlossen ist, sondern vor allem in der Vergebungsbitte, ohne die brüderliche Gemeinschaft und ↗Kommunion nicht geschehen kann (vgl. Mt 5,23f). Das Paternoster stand in Rom deswegen zusammen mit dem Friedenskuß unmittelbar vor dem Kommunionempfang, nach der Brotbrechung; Gregor der Große hat es, wohl nach dem Beispiel Konstantinopels, direkt an das Hochgebet angefügt. Im evangelischen Gottesdienst ist es infolge der Eliminierung des Hochgebetes vielfach zwischen Präfation mit Sanctus und dem Einsetzungsbericht eingeschoben worden. – Überall hat das Herrengebet in der Eucharistie einen *Rahmen:* einen Vorspruch des Vorstehers (der in den gallischen Liturgien und jetzt auch im MD zu den wechselnden Texten gehört) und einen Abschluß (↗Embolismus). Im allgemeinen wird das Vaterunser von der ganzen Gemeinde gebetet (in Form der ↗Cantillation); in Rom trug es (wohl infolge der engen Bindung an das Hochgebet) der Vorsteher alleine vor, die Gemeinde akklamierte durch die letzte Bitte und durch das Amen zur Doxologie des Embolismus; diese Praxis wirkt nach in dem Brauch der evangelischen Agenden, das Vaterunser vom Liturgen allein sprechen zu lassen und der Gemeinde die Doxologie zu übertragen. Nach verschiedenen Zwischenstufen wird jetzt auch in der römischen Messe das Herrengebet von der ganzen Gemeinde gemeinsam verrichtet. Im altspanischen Ritus akklamiert das Volk auf jede einzelne vom Priester vorgetragene Bitte mit Amen (ähnlich GL 363), auf die Brotbitte aber mit „Denn du bist Gott“.

2. Im Stundengebet ist das Vaterunser ebenfalls ältestes Gut. Bereits die Didache (↗Kirchenordnungen 1) sieht vor, daß der Christ dreimal am Tag das Herrengebet (mit Doxologie) verrichten soll. Benedikt verordnet, daß der Abt es täglich zum Schluß des Morgen- und Abendlobes laut vor allen Brüdern beten soll wegen der darin enthaltenen Vergebungsbitte. Auch in Rom war das Vaterunser regelmäßiger Horenschluß, wurde daraus aber weithin verdrängt. Im erneuerten Stundengebet ist es wieder krönender Abschluß des Morgen- und Abendlobes, nach den Bitten von allen gemeinsam gesungen (GL 691). – Einfache Christen, denen das Psalmenbeten nicht möglich war, benutzten das Herrengebet als Ersatzformel; kumulative Tendenzen des ↗Mittelalters führten zu Vaterunserreihen, wie sie z.B. in der Franziskanerregel als Offiziumsersatz vorgesehen sind. Zur Abzählung bediente man sich einer Gebetsschnur, selber Paternoster genannt, aus der sich der ↗Rosenkranz entwickelt hat.

3. Im Taufunterricht. Im Rahmen der ↗Arkandisziplin wurde der Text des Herrengebetes den getauften Kirchengliedern vorbehalten. Während des Katechumenates (im römischen Sieben-Skrutinien-Ritus beim dritten ↗Skrutinium am Mittwoch nach dem vierten Fastensonntag) wurde er den Taufbewerbern feierlich erklärt und übergeben, zusammen mit dem Glaubensbekenntnis und den Evangelienanfängen. Darum erinnert das Vaterunser den Christen an seine Taufberufung; sein Beten dient auch der ↗Tauferneuerung. – Der erneuerte Erwachsenentaufritus kennt wieder eine „Feier der Übergabe des Herrengebetes". Das Vaterunser am Ende der Kindertauffeier hingegen ist Vorausblick auf die Vollendung der Initiation in der Mitfeier der Eucharistie.

Lit.: *H. Schürmann,* Das Gebet des Herrn (Freiburg 1980 und Leipzig 1981); *E. Lohmeyer,* Das Vater unser (Göttingen [4]1960); *Jungmann, Erbe* 234–264; *Jungmann MS* II 343–363; *W. Dürig,* Die Bedeutung der Kommunionbitte des Vaterunsers bei den lateinischen Vätern bis Hieronymus, in: LJ 18 (1968) 72–86.

Patriarch Bischof auf einem der großen („apostolischen") Stühle. Schon sehr früh hoben sich aus der Menge der Bistümer einzelne Bischofssitze hervor als Koordinierungspunkte für ihre Umgebung. Motive dafür waren die Gründung eines Sitzes durch einen Apostel (Rom und Antiochien als Sitz des Petrus; Alexandrien Sitz des Apostelschülers Markus, Jerusalem des Jakobus; Konstantinopel berief sich später auf Andreas), die politische Vormacht des Ortes (anfangs besonders deutlich bei ↗Alexandrien, später bei Neu- und Altrom) und schließlich die missionarische Strahlkraft eines Sitzes. Diese Zentren wirkten vereinheitlichend auf die Gottesdienstfeier in ihrem ganzen Gebiet, sie sind die Ansatzpunkte für die verschiedenen Liturgiefamilien (↗Ritus mit weiteren Verweisen). Dadurch liegt die liturgische ↗Gesetzgebung nach alter Tradition der Kirchen nicht mehr beim einzelnen Bischof, sondern in der Hand des Patriarchen. Auch die Weihe des Myrons (↗Chrisam) ist ihm im allgemeinen vorbehalten. Zum Ausdruck ihrer Einbindung in die Gemeinschaft der Kirche nennen die Ortskirchen überall in der Liturgie den Namen ihres Patriarchen im Gebet. – Im Abendland war und ist der Bischof von Rom der einzige Patriarch; Ansätze eines Patriarchates in Nordafrika und in Gallien konnten sich nicht entwickeln. Darum herrscht im Abendland heute ausschließlich der römische Ritus, der vom Apostolischen Stuhl gelenkt wird; erst das Zweite Vatikanische Konzil hat den Bischofskonferenzen einige Vollmachten eingeräumt. Der Titel „Patriarch", der den Bischöfen von Venedig (hierher übertragen von Aquileia-Grado), Lissabon, Goa und Westindien (diesen Titel trägt der spanische Armeebischof) verliehen ist, ist eine reine Ehrenstellung. Im Gefolge der Kreuzzüge wurden lateinische Patriarchate von Konstantinopel, Alexandrien, Antiochien und Jerusalem errichtet, von denen nur noch das letzte besetzt wird; seither deutet man die fünf Patriarchal-↗Basiliken Roms gern auf diese (einschließlich Rom) fünf Patriarchate. Die Union ostkirchlicher Teilgemeinschaften führte schließlich zur Einrichtung unierter Patriarchate parallel zu den jeweiligen nichtunierten orientalischen Patriarchaten. Während sie früher fast wie Diözesen des abendländischen Patriarchates behandelt wurden und auch ihre Liturgie unter der Oberleitung Roms stand, zeigt die neuere

Praxis Verständnis für das Eigenleben dieser Kirchen und macht zugleich die einheitstiftende Funktion der Patriarchalverfassung deutlich: ein Bischof, der von der Synode zum Patriarchen gewählt wird, erlangt mit der Annahme der Wahl das Patriarchenamt und wird sofort als solcher proklamiert und inthronisiert; er teilt sodann dem Papst seine Wahl mit und erbittet von ihm die kirchliche Gemeinschaft, die ihm durch Zusendung des Palliums gewährt wird.

Patron, Patrozinium Das lat. patronus bedeutet ursprünglich Schutzherr, Vertreter vor Gericht für Leute, die von ihm abhängig sind oder ihn darum angegangen haben, dann allgemein fürsorglich bemühter, einflußreicher Mann. Seit dem 4. Jh. wird dieser Begriff von den christlichen Gemeinden angewandt auf hochverehrte Märtyrer, die bei der Gemeinde ihre Grabstätte gefunden haben; so nennt *Leo d. Gr.* die Apostel Petrus und Paulus die Patrone Roms. Orte, die kein Märtyrergrab aufzuweisen hatten, wählten sich gleichfalls einen Patron und bemühten sich um eine Reliquie davon, um sie in ihrem Kirchengebäude niederzulegen (was nicht immer gelang: Sacramentarium Veronense 132). So entsteht der Brauch, jede Gemeinde und ihr Kirchengebäude unter den Schutz (Patrozinium) eines Heiligen zu stellen und dessen Fest alljährlich besonders zu begehen. Vielfach wurden Kirchengebäude aber auch nach Glaubensgeheimnissen benannt; man spricht dann genauer von ↗Titularfest. – Unter germanischen Rechtsverhältnissen wird die schon der Antike bekannte Vorstellung besonders lebendig, das Kirchengebäude, Kloster oder der Altar stehe im Besitz des betreffenden Heiligen. Auch die persönliche Hinwendung zu Gott und zu den Heiligen übernimmt Motive aus dem germanischen Lehenswesen: Die Hingabe begründet ein auf gegenseitiger Treue basierendes persönliches Verhältnis. Volkstümliche Ausdrucksform dafür sind das Verhältnis zum Namenspatron (↗Namensgebung), das Motiv der Schutzmantelmadonna und schließlich die Votivgaben und Votivbilder. Diese sind nicht so sehr als eine Art Dankbarkeitsbezeigung und Geschenk für die Erhörung zu verstehen, sondern als bildhafter Ausdruck der Hingabe und Anempfehlung in den Schutz des Wallfahrtsheiligen.

Paulus ↗Apostelfeste 1.

Pax ↗Friedensritus.

Pektorale ↗Kreuz.

Pensum (lat. = das Zugewogene, die vorgegebene oder vorgenommene Tagesleistung) das im Stundengebet der ↗Mönche und Asketen herrschende Prinzip, nicht wie die Gemeinde für jede Gebetsstunde einen speziell passenden Psalm auszusuchen, sondern in jeder Gebetsversammlung eine festgelegte Zahl von Psalmen in fortlaufender Reihenfolge aus dem Psalmenbuch zu nehmen; maßgebend ist dabei weithin die Zwölfzahl. Im alten Rom und im monastischen Offizium sind die 150 Psalmen nach diesem Prinzip auf die Matutinen und Vespern einer Woche aufgeteilt; die Laudes haben ausgewählte Psalmen; die Kleinen Horen eine täglich gleichbleibende Psalmodie; für das Stundengebet der andern Riten gelten ähnliche Prinzipien. Bei der Reform des römischen Psalteriums durch Pius X. wurden auch die Kleinen Horen in die Pensumpsalmodie eingespannt. Das erneuerte Stundengebet sucht die Psalmen vornehmlich nach ihrer jeweiligen Eignung für die betreffende Hore aus, hält sich aber gemäß dem alten Pensumprinzip doch ungefähr an die numerische Reihenfolge; es hält an einer bestimmten Psalmenzahl pro Hore fest und teilt zu diesem Zweck längere Psalmen in Teile, läßt diese aber gegebenenfalls als ganze ohne Teilung beten (AES 126–135 und 115). Das Pensumprinzip steht ferner hinter der Art, wie die Heilige Schrift im Lauf eines Jahres in der Matutin gelesen wird, wobei die Büchergruppen aber nach inhaltlichen Gesichtspunkten über das Jahr aufgeteilt sind; das gleiche gilt für die verschiedenen werktäglichen Meßperikopenordnungen. – Als Verteilungsprinzip ist der Pensumgedanke in vielen Fällen durchaus vertretbar (↗Psalmodie III). Gefährlich wird er, wenn er zum Leitgedanken der Verrichtung des Stundengebetes und religiöser Übungen wird: ein bestimmtes Maß von Gebeten muß persolviert werden ohne Rücksicht auf Inhalt und auf die Funktion im Tageslauf. Demgegenüber ruft LK 88 wieder nach der „veritas horarum“, dem redlichen Gebet der jeweiligen Stunde.

Pentekoste ↗Pfingsten.

Per annum ↗Allgemeine Kirchenjahrzeit.

Perikopen Abschnitte aus der Heiligen Schrift (vom griech. periköptein = ringsum behauen), die im Gottesdienst (Meßfeier und Stundengebet) verlesen werden. Bei der ursprünglichen fortlaufenden Lesung (↗Bahnlesung) war die Abgrenzung oft in den Büchern der Heiligen Schrift vermerkt, man stellte aber auch eigene Verzeichnisse mit Anfang und Schluß auf (Capitulare, indiculus, Evangelistare). Allmählich ging man dazu über, die einzelnen ↗Lesungen, die mit Rücksicht auf die immer zahlreicher werdenden Feste meist unter thematischer Rücksicht ausgesucht waren, in eigenen Büchern (↗Lektionare, ↗Evangeliare) auszuschreiben, bis sie schließlich im Hochmittelalter mit ihrem vollen Text auch in das ↗Missale (Plenarmissale) aufgenommen wurden.

Peter und Paul ↗Apostelfeste 1.

Pfarre(i) die von einem ↗Priester („Pfarrer“) im Auftrag und unter Aufsicht des Bischofs geleitete, im allgemeinen räumlich umschriebene ↗Gemeinde. – Das griechische Wort pároikos meint den Nicht-Bürger, der seinen Wohnsitz für dauernd bei den Einheimischen aufgeschlagen hat, den „Beisassen" wie Abraham im Land der Verheißung (Hebr 11,9) oder Israel in Ägypten (Apg 7,6). Die Christgläubigen sind in der Gemeinde Gottes nicht mehr solche Beisassen, sondern Mitbürger der Heiligen und Hausgenossen Gottes (Eph 2,19); trotzdem ist die Kirche auf Erden immer noch auf der Pilgerfahrt, sie lebt in der Fremde (1 Petr 1,17; 2,11). Darum ist „Pfarrei" zunächst Selbstaussage der ↗Kirche über ihren gegenwärtigen Zustand; doch bezeichnet es schon früh vor allem die konkrete Gestalt der Kirche am einzelnen Ort, während das Wort Kirche (ekklesia) immer stärker auf die eine katholische Kirche auf dem ganzen Erdkreis bezogen wird. Dem Wortsinn nach ist Pfarrei die Gemeinde von Fremden an einem Ort, die ihr Bürgerrecht im Himmel haben (Phil 3,20). – Während das ↗Bistum Vollverwirklichung der Kirche ist, entsteht die Pfarrei als abhängige Untergliederung zuerst in den größeren Städten (die ↗Titelkirchen in Rom) sowie aus der Verfestigung excurrendo versorgter Seelsorgsstellen auf dem Land. Die Pfarrei vermag darum nicht für sich allein Kirche sichtbar darzustellen, sondern nur in ihrer Eingliederung ins Bistum. Dann aber ereignet sich Kirche für den Gläubigen im allgemeinen wirklich in der Pfarrei, an dem Ort, an dem er lebt, vor allem in der Feier der Eucharistie, zu der sich die Bewohner aus der Umgebung versammeln. Darum sagt LK 42 über die notwendigen Untergliederungen eines Bistums: „Unter ihnen ragen die Pfarreien hervor, die räumlich verfaßt sind unter einem Seelsorger, der den Bischof vertritt; denn sie stellen auf eine gewisse Weise die über den ganzen Erdkreis hin verbreitete sichtbare Kirche dar ... Es ist darauf hinzuarbeiten, daß der Sinn für die Pfarrgemeinschaft vor allem in der gemeinsamen Feier der Sonntagsmesse wachse" (↗Pfarrgottesdienst). – Im praktischen Bewußtsein der Gläubigen wird die Pfarrei weithin mehr als Hilfs- und Rettungsstation verstanden, als „Tankstelle" für geistliche Bedürfnisse. In einer Pfarrei als einer Pilgergruppe auf Erden müssen die Glieder aber ebensosehr geben wie nehmen; selbst im Gottesdienst werden die Gläubigen nicht bloß einfach mit Gnaden beschenkt, sie müssen vielmehr von dem Ihrigen weggeben und darangeben, damit alle empfangen können. Im außergottesdienstlichen Raum gilt dieses Gesetz gleichfalls (↗Caritas).

Lit.: A. Wintersig, Pfarrei und Mysterium, in: JLW 5 (1925) 136–143; *A. Schrott,* Seelsorge im Wandel der Zeiten (Graz – Wien 1949); Liturgie in der Gemeinde (Wiener Seelsorgertagung 1965) (Wien 1966); *Th. Maas-Ewerd,* Liturgie und Pfarrei (Paderborn 1969).

Pfarrgottesdienst die pflichtgemäß vom Pfarrer an ↗Sonn- und Festtagen abzuhaltende Meßfeier, im Unterschied zu den Meßfeiern, die auf Wunsch eines einzelnen oder einer kleinen Gruppe aus gegebenem Anlaß (↗Votivmesse) für einen kleinen Kreis gefeiert werden (↗Privatmesse). Am Sonntag kennt man zunächst (im Osten noch heute) nur den einen gemeinsamen Gottesdienst der ganzen Gemeinde (↗Konzelebration); wo das Gebäude nicht zureicht für alle Teilnehmer, wird der Gottesdienst gegebenenfalls wiederholt (↗Meßhäufigkeit). In Rom versammeln sich die Gläubigen zur gleichzeitigen Feier in den verschiedenen ↗Titelkirchen. Erst in der Karolingerzeit beginnt man zaghaft, auch am Sonntag Privatmessen zuzulassen, sieht aber streng darauf, daß sie dem gemeinsamen Pfarrgottesdienst keinen Abbruch tun; noch heute müssen Kloster- und Nebenkirchen auf den Pfarrgottesdienst Rücksicht nehmen. Zu Beginn der Neuzeit wurde es allmählich möglich, auch in solchen Nebengottesdiensten die Sonntagspflicht zu erfüllen. Seither gewannen die Früh- und noch mehr die Spätmessen zunehmend an Bedeutung; man kann diese Messen darum auch nicht mehr als „Privatmessen" auffassen; man sollte keine Privatintentionen mehr dafür annehmen, sie vielmehr als das notwendig gewordene mehrfache Angebot für die Gemeinde verstehen und behandeln und auf die Gestaltung der Früh- und Spätmessen dieselbe Mühe verwenden wie für den „Hauptgottesdienst", der es von der Bedeutung für die Gemeinde her oft nicht mehr ist.

Pfingsten Das jüdische Festjahr kannte sieben Wochen nach dem Pesachfest das „Wochenfest" (Schavuot), das man in hellenistischen Kreisen auch Pentekoste (= der 50. Tag) nannte. Es war als eines der drei großen Wallfahrtsfeste Dankfest für die Weizenernte und wurde später auch Gedächtnis des Bundesschlusses und der Übergabe des Dekalogs auf dem Sinai. Nach Apg 2,1 ff erfolgte an einem solchen jüdischen Fest die Ausgießung des Heiligen Geistes als Frucht und Vollendung der Heilstat Christi: ein neuer Bund war geschlossen, ein neues Erntedankfest berechtigt. Nach altchristlichem Verständnis ist das christliche Pfingsten die große (Wochen- oder Jubel-)Oktav von Ostern, der krönende Abschluß der ↗Osterzeit, wie es auch die östlichen Liturgien ohne Unterbrechung gehalten haben. In der römischen Liturgie beobachten wir jedoch die Tendenz, diesen Tag zu einem isolierten Fest der Geistsendung zu verselbständigen. Entsprechend gab man ihm eine eigene Oktav, die bezeichnenderweise die weit älteren ↗Quatembertage (also Bußtage) übernehmen mußte. In manchen Ländern bekam Pfingsten – in Gleichschaltung zu Weihnachten und Ostern – einen zweiten oder gar dritten Feiertag. Auch sprach man von einem eigenen Pfingstfestkreis.

Die *Neuordnung* war bemüht, Pfingsten wieder stärker an Ostern zurückzubinden. Die Vigilmesse, früher neben der Osternacht zu einem beliebten Tauftermin geworden und wie die Osternachtfeier auf den Samstagmorgen vorgezogen, wird abgelöst durch eine *festliche Vorabendmesse* (↗Vigil), deren Tagesgebet den engen Zusammenhang zwischen Ostern und Pfingsten mit den Worten betont: „Gott, unser Herr, du hast das österliche Geheimnis im Geschehen des Pfingsttages vollendet..." Auch die neue Pfingstpräfation hebt diesen engen Zusammenhang hervor, was man leider von den eingeschobenen Texten der Hochgebete I–III nicht sagen kann. Bezeichnend für die neue Sicht des

Pfingsfestes ist auch, daß statt der seitherigen Evangelienperikope Joh 14,23–31 nun für alle drei Lesejahre Joh 20,19–23 mit dem Bericht von der Erscheinung des Auferstandenen und dem Geistempfang der Jünger gelesen wird. Ein Juwel der Pfingstliturgie ist die „goldene" Sequenz „Veni, Sancte Spiritus" des Erzbischofs *Stephan Langton* von Canterbury († 1228).

Wo der *Montag nach Pfingsten* noch gebotener Feiertag ist (so in Deutschland und einigen Schweizer Kantonen), kann nach dem lateinischen Missale die Pfingstmesse oder die Votivmesse vom Heiligen Geist gefeiert werden. Das neue deutsche Meßbuch hat hierfür eine eigens gestaltete Messe mit der Thematik „Kirche". – Als Relikt aus der Zeit isolierter Festbetrachtung kann die (verbliebene) rote Farbe der Meßgewänder angesehen werden. Denn der „großen Osteroktav" wäre die weiße Farbe des Hauptfestes Ostern angemessener.

Lit.: ↗Osterzeit.

Pfingstnovene Die Volksfrömmigkeit kennt, besonders seit dem 17. Jh., neuntägige Andachten, die nach dem Vorbild von Apg 1,13 f der Vorbereitung auf ein wichtiges Ereignis oder zur Abwehr von Not und Gefahr dienten. Durch die Neuordnung des Kirchenjahres (GOK) wurde die bislang mehr private Pfingstnovene in der offiziellen Liturgie beheimatet. Denn nach der GOK (Nr. 26) sollen die Wochentage nach Christi Himmelfahrt bis Pfingsten auf die Herabkunft des Heiligen Geistes vorbereiten. Alle Wochentage dieser Zeit haben eigene Meßformulare, „die an die Verheißungen Christi über die Sendung des Heiligen Geistes erinnern" (KommGOK). So schließt sich die Kirche den Jüngern Jesu an, die nach der Himmelfahrt ihres Herrn „einmütig im Gebet verharrten, zusammen mit den Frauen und mit Maria, der Mutter Jesu, und mit seinen Brüdern" (Apg 1,14).

Philippus und Jakobus ↗Apostelfeste 4.

Photismos ↗Taufe.

Photizomenat ↗Katechumenat.

Pia exercitia ↗Liturgie.

Pietismus ↗Barock.

Pileolus Scheitelkäppchen, das ursprünglich haubenartig auch Hinterkopf und Schläfen bedeckte und wohl der Schonung der Mitra dienen sollte. Im Barock ist es auf die heutige kleine runde Form zusammengeschrumpft. Ein nichtliturgisches Kleidungsstück, das von Bischöfen und von allen Prälaten mit dem Recht der Pontifikalien in der Farbe ihres Standes getragen werden darf, auch bei liturgischen Verrichtungen, und das nur vom Sanctus bis nach der Kommunion abgelegt werden muß.

Pluviale ↗Rauchmantel.

Pontifikalamt Meßfeier des Bischofs mit seiner Diözese, des Abtes mit seiner klösterlichen Kommunität. Seit der Erneuerung der Priestermesse und ihrer klaren Gliederung in Wort und Eucharistiefeier, verbunden mit der Einführung des Priestersitzes, und seit der Reduktion barocker Elemente im bischöflichen Gottesdienst unterscheidet sich der bischöfliche Gottesdienst im Erscheinungsbild nicht mehr so stark wie früher von der Priestermesse. Der Bischofsgottesdienst zeichnet sich nicht aus durch größeren Aufwand und Zeremonienreichtum, sondern durch eine Feier, die das Bistum als Kirche in Erscheinung treten läßt. Beim Bischofsgottesdienst konzelebrieren grundsätzlich die versammelten Priester, vor allem aber das Domkapitel; es wirken die Diakone mit, und unter Leitung der Sänger übernimmt die Gemeinde ihren Part an der Feier. Durch den Gebrauch der ↗Cathedra und des Stabes tritt der Bischof als der Vater des Bistums deutlich hervor.

Pontifikale liturgisches Buch des römischen Ritus, das die Texte und Rubriken der vom Bischof gespendeten Sakramente, Weihungen und Segnungen enthält. Ursprünglich sind alle für den Vorsteher des Gottesdienstes bestimmten Gebetstexte am treffenden Ort im ↗Sakramentar enthalten (Katechumenatsriten an den vorgesehenen Tagen der Quadragesima, Tauf- und Firmspendung bei der Osternacht); der rituelle Ablauf war im ↗Ordo (Romanus) niedergelegt. Da einzelne Riten keinen festen Platz im Lauf des Jahres haben, hängte man sie an das Ende des Buches an; daraus entwickelte sich der Brauch, allgemein die besonderen bischöflichen Riten im Schlußteil des Sakramentars zu sammeln. Durch Verselbständigung dieses Teils entstehen Vorläufer des Pontifikale. Der entscheidende Schritt geschah Mitte des 10. Jhs. in Mainz; hier fügte man einem Ordo die Gebetstexte ein. Dieser Ordo Romanus vulgatus (in Andrieus Zählung: Ordo L) oder Römisch-Deutsches Pontifikale gelangte durch die Kaiser nach Rom und erfuhr hier eine Anpassung an die Bedürfnisse der Kurie (Pontificale Curiae). Ende des 13. Jhs. wurde es von Durandus von Mende unter Benützung außerrömischer Traditionen im Geiste der Zeit neu geordnet und zusammengestellt. Das Pontifikale des Durandus diente als Grundlage für das 1596 offiziell herausgegebene Pontificale Romanum. Dieses zerfällt in drei Teile: Weihen und Segnungen von Personen, Sachweihen, Funktionen im Laufe des Jahres. Der mittlere Teil wurde 1961 neu bearbeitet herausgegeben (wesentliche Vereinfachung vor allem der ↗Kirchweihe). Inzwischen hat eine Gesamtrevision der im Pontifikale enthaltenen Riten begonnen.

Als Teile des kommenden Pontifikale sind bisher veröffentlicht: Die Feier der Firmung (1971 bzw. 1973), De Ordinatione Diaconi, Presbyteri et Episcopi (1968, deutsch 1971), die Nachfolgeriten der früheren Niederen Weihen (1972 bzw. 1974), Abts-, Äbtissinnen- und Jungfrauenweihe (1970 bzw. 1975); die Weihen der Öle (1971), Kirch- und Altarweihe (1977) sind deutsch noch nicht veröffentlicht. – ↗Bücher, liturg.

Pontifikalien die dem Bischof vorbehaltenen Amtsabzeichen (↗Insignien); früher auch bestimmten Prälaten der Kurie (vor allem den Protonotaren) und den Dignitäten bedeutender Kapitel in abgestuftem Ausmaß zugestanden. Sie haben sich im wesentlichen entwickelt aus den Vorrechten der höheren römischen Staatsbeamten, die seit Konstantin in zunehmendem Maße den Bischöfen, vor allem dem Bischof von Rom, verliehen oder vom römischen Bischof an Amtskollegen weitergegeben wurden. Zu den ältesten Privilegien gehören der eigene ausgezeichnete Sitz des Ortsbischofs (↗Cathedra; für den Nicht-Ortsbischof ersetzt durch das ↗Faldistorium) und die offiziellen Schuhe und Strümpfe (Pontifikalschuhe, *campagi* oder *sandalia;* heute kaum mehr gebräuchlich) sowie das ↗Pallium. Stärker ins Auge fallen heute ↗Mitra und ↗Stab; ↗Ring und Brust-↗Kreuz sowie ↗Pileolus dürfen die Bischöfe überall und ständig tragen. Ferner zählen zu den Pontifikalien die ↗Dalmatik, die der Bischof bei festlichen Gottesdiensten unter dem Meßgewand anlegen darf, Handschuhe, der Gebrauch einer eigenen Lavabokanne mit Schüssel, ferner die auszeichnende ↗Chor-Kleidung (Rochett, Mozzetta, zum feierlichen Einzug und zur Pontifikalassistenz die ↗Cappa magna). – Gemäß LK 130 sind seit dem 8. 9. 1968 die Pontifikalien den Bischöfen und den Prälaten mit wirklicher Jurisdiktion vorbehalten.

Lit.: Th. Schnitzler, Zwei Dekrete im Dienst der Liturgiereform über bischöfliche Abzeichen und bischöfliches Zeremoniell, in: LJ 19 (1969) 113–120.

Portal Der Haupteingang des Kirchengebäudes wurde zumeist künstlerisch hervorragend gestaltet. Das Mittelalter gab auch Nebeneingängen besondere Funktionen, z. B. der Brautpforte, an der früher die ↗Trauung gehalten wurde. – Der Schwelle eines Hauses mißt der Mensch seit alters besondere Bedeutung zu. Im früheren Kirchweihritus kam dies besonders eindringlich zum Ausdruck, wenn der Bischof unter Wechselrufen mit dem Hirtenstab an das verschlossene Portal klopfte und nach seiner Öffnung mit dem Stab ein Kreuz auf die Schwelle machte, um dem Bösen den Eingang symbolisch zu verwehren. Die Portalpfosten wurden mit Chrisam in Kreuzesform gesalbt, wobei die Bildrede Jesu in Joh 10,9 („Ich bin die Tür …") eine plastische Anschauung gewann. Nach dem neuen Kirchweihritus (↗Kirchweihe) lädt der Bischof lediglich die Gemeinde zum Eintritt ein mit den Worten: „Tretet ein mit Lobpreis durch die Tore des Herrn, mit Hymnen in seine Vorhöfe." – Bedeutungsvoll für den Bau neuer Kirchen erscheint auch heute noch die Empfehlung der 1949 von *Th. Klauser* entworfenen *„Richtlinien für die Gestaltung des Gotteshauses …":* „Man wäre nicht gut beraten, wollte man bei der Anlage der Kircheneingänge nur an die Probleme des Windschutzes und der Verkehrsregelung denken. Es müßte wieder dahin kommen, daß die Gläubigen schon durch die eindrucksvolle Gestaltung der Pforten des Gotteshauses, vor allem des Hauptportals, nachdrücklich auf die Parallele Kirchenpforte – Himmelspforte hingewiesen würden" (Folgerung 4). – ↗Kirchengebäude.

Postcommunio ↗Schlußgebet.

Postsanctus ↗Hochgebet III.

Prädikantengottesdienst Der große Nachdruck, den die karolingische Zeit auf die Volkspredigt und -belehrung legte, führte zur Ausbildung eines volkssprachlichen Gottesdienststückes vor allem in der sonntäglichen Meßfeier, das neben der Predigt (mit Evangelienverlesung) eine katechetische Partie (Rezitation des Glaubensbekenntnisses, des Herrengebetes, der Gebote u. ä.) und einen Fürbitteil umfaßte. Im Hochmittelalter entwickelte sich daraus eine ganze Liturgie, *Pronaus* genannt (französisch prône, von lat. praeconium = Verkündigung, Predigt), äußerlich gekennzeichnet dadurch, daß sie zur Gänze auf der Kanzel gehalten wurde. Wegen seines Gewichtes drängte dieser Predigtgottesdienst aus der Messe hinaus, er wurde vor ihren Beginn gelegt oder auch selbständig abgehalten. Starken Auftrieb erfuhr der selbständige Predigtgottesdienst durch die Tätigkeit der Bettelorden sowie durch die Errichtung eigener Predigerstellen (Prädikaturen), die in den Städten im 15. Jh. zahlreich gestiftet wurden aus dem Wunsch nach einer guten Predigt. Gerade diese im allgemeinen hochgebildeten Prädikanten griffen als erste die Anliegen der Reformation auf. Während Luther, in dessen sächsischer Heimat der Prädikantengottesdienst weniger verbreitet war, für den Sonntagsgottesdienst die Struktur der ↗Messe (Einheit von Wort und Sakrament) beibehielt, wurde in den oberdeutschen Reichsstädten der Predigtgottesdienst zum sonntäglichen Hauptgottesdienst der Reformation; dieselbe Entscheidung fällten Zwingli und Calvin; auch die (an sich lutherische) Württembergische Kirche entschied sich in der Kirchenordnung von 1536 für den Predigtgottesdienst als die Form des sonntäglichen Hauptgottesdienstes. Bei Bedürfnis fügte man an den Prädikantengottesdienst eine Abendmahlsfeier und schuf daraus sehr bald auch Gesamtordnungen, in denen Predigt und Abendmahl zu einem Gottesdienst integriert sind; trotz der Einheit von Wort und Sakrament bleibt dabei die Struktur deutlich von der überlieferten Meßform unterschieden. Umgekehrt verlor die lutherische Meßform mangels Kommunikanten bald genug Präfation, Einsetzungsbericht und Ausspendung; so entstand als die weithin übliche Form des lutherischen Hauptgottesdienstes ein Predigtgottesdienst mit Meßstruktur.

Lit.: Leiturgia III 1–97.

Präfation Nach einem dreigliedrigen Dialog, der das gesamte ↗Hochgebet der Meßfeier einleitet, folgt als erstes Dank- und Preisgebet die Präfation. Dieser Ausdruck bedeutet im liturgischen Verständnis nicht Vorwort, Vorrede, sondern die Vorsilbe prae ist hier räumlich zu verstehen: Vor Gott und der Gemeinde „preist der Priester den Vater und dankt ihm für das gesamte Werk der Erlösung oder, entsprechend dem Tag, dem Fest oder der Zeit, für ein bestimmtes Geheimnis des Heilswerkes“ (AEM 55 a). Die Präfation nimmt deutlich das Hauptmotiv des Hochgebetes auf, die Danksagung, wobei sie an die zustimmende Akklamation des Volkes im vorausgehenden Dialog anknüpft mit dem „In Wahrheit ist es würdig – Vere dignum“; in den mittelalterlichen Sakramentaren ist hierfür eine reichverzierte abkürzende Initiale VD eingetreten, die zum Präfationskennzeichen geworden ist. Jede Präfation hat einen *dreigliedrigen Aufbau:* die Einleitung mit der Aufforderung zum Dank, die rühmende Darstellung der Heilstat und die Überleitung zum Gemeindegesang des ↗„Sanctus“. – Im ältesten Sakramentar der abendländischen Kirche, dem Leonianum, war für jede Meßfeier eine eigene Präfation vorgesehen, insgesamt 267; weil darunter auch manche Spreu war, kam es gegen Ende des 6. Jhs. zu einer radikalen Kürzung, so daß schließlich noch 14 übrigblieben. In der ↗Karolingerzeit verminderten sie sich auf sieben, wurden aber noch vor der Jahrtausendwende durch die Kreuz-, Dreifaltigkeits- und Fastenpräfation vermehrt, Ende des 11. Jhs. kam noch die Marienpräfation hinzu. Gelegentliche Versuche einer Ausweitung wurden durch ein angebliches Dekretale, das man *Pelagius II.* († 590) zuschrieb, aber wahrscheinlich von Bischof *Burchard von Worms* († 1025) verfaßt war, gestoppt. Erst in der ersten Hälfte des 20. Jhs. kamen zu diesen 11 Präfationen fünf weitere hinzu („Totenpräfation“ 1919, hl. Josef 1919, Christkönig 1925 und Herz-Jesu-Fest 1928, schließlich noch die Präfation der Chrisammesse). 1968 veröffentlichte die ↗Ritenkongregation mit den drei neuen ↗Hochgebeten acht neue Präfationen. Das MR vermehrte ihre Zahl auf über 80. Ihre Mittelteile mit dem dankenden Lobpreis der Heilstaten Gottes sind zugleich echte Verkündigung und lassen sich leicht zu einer Kurzdarstellung des Glaubens zusammenfassen. Auch hier wird – ähnlich wie im Wortgottesdienst – der große pastorale Verlust deutlich, der durch die den meisten unverständliche Sprache in der Vergangenheit eingetreten war. – Indem man dieser Meßpräfation das Hauptgebet der Weihen und größerer Weihungen (↗Höhere Weihen; Weihe des ↗Abtes, der ↗Jungfrauen, des ↗Taufwassers, der heiligen ↗Öle, des ↗Kirchengebäudes) in der Struktur anglich, spricht man auch hier von Präfationen.

Lit.: *G. J. Strangfeld,* Das Dankgebet der Kirche (Freiburg 1940); *Jungmann MS* II 145–161.

Prälat kirchenrechtlich zunächst jeder Träger oberhirtlicher Gewalt im äußeren Bereich (Ortsoberhirten mit und ohne bischöfliche Weihe, höhere Obere priesterlicher Ordensverbände, Inhaber bestimmter Ämter und Mitglieder bestimmter Kollegien an der Römischen Kurie). Der Titel wird aber auch rein ehrenhalber an verdiente Priester verliehen (Ehrenprälat); ein solcher darf als Chorkleidung violetten Talar unter dem Chorrock tragen. Höher stehen die Apostolischen Protonotare; dem an der Kurie tätigen Kollegium der sieben wirklichen Protonotare entsprechen die Apostolischen Protonotare („supra numerum“). Ähnlich haben die diensttuenden Kammerherren und Geheimkapläne die

Gruppe der Päpstlichen Ehrenkapläne neben sich (im deutschen Sprachgebrauch Monsignori), die nach den Hausprälaten rangieren; sie tragen schwarzen Talar mit violetter Auszierung und violettem Zingulum. – Alle Prälaten tragen bei festlichen nichtgottesdienstlichen Anlässen den „habitus Pianus“: Schwarzer Talar mit violettem (Ehrenprotonotare: schwarzem, Kardinäle: rotem) Futter, Saum, Kollar, Nähten und Knöpfen (bei Bischöfen zusätzlich mit Schulterkragen); der weite Schulterumhang (ferraiolo) ist für überzählige Protonotare violett, für Ehrenprälaten schwarz. Die sehr komplizierte Kleiderordnung der Prälaten ist seit dem Weißen Sonntag 1969 etwas vereinfacht.

Prämonstratenser ↗Sonderriten.

Präsanktifikatenliturgie Es handelt sich dabei um die Liturgie der „vorher geheiligten Gaben“, im wesentlichen eine Kommunionfeier mit konsekrierten Hostien einer früheren Messe an Tagen ohne Messe.

1. In den Ostkirchen. Der christliche Osten, der schon früh die ↗Quadragesima als Zeit des eigentlichen Fastens verstand, beschränkte darin konsequent die Eucharistiefeier auf die fastenfreien Sonntage und Samstage (und das Fest der Verkündigung). Für die übrigen Tage entwickelte man den Brauch, am Sonntag etwas von den eucharistischen Gestalten aufzubewahren und unter der Woche davon zu nehmen. Diese Liturgie der vorher geheiligten Gaben wird bei den *Byzantinern* an den Mittwochen und Freitagen der Fastenzeit, am Donnerstag der fünften Fastenwoche sowie an den drei ersten Tagen der ↗Karwoche gefeiert. Sie ist organisch mit der ↗Vesper verbunden. Nach dem großen Einzug mit eigenem Cherubikon und der Gabenlitanei schließen sich sofort das Gebet des Herrn und die übrigen Riten der Meßfeier an. – In den *syrischen Riten* bezeichnet der Zelebrant den mit Mischwein gefüllten Kelch mit einer vorher konsekrierten Hostie dreimal in Kreuzesform und senkt eine Partikel davon ein, weshalb diese Liturgie auch *„Bezeichnung des Kelches“* genannt wird. Auch im Westen wurde, als die zweigestaltige Kommunion noch üblich war, bei diesen Kommunionfeiern ein Stück einer konsekrierten Hostie in den nichtkonsekrierten Kelch eingesenkt, und man war dabei der Meinung, auf solche Weise werde auch der Wein „konsekriert“ (↗Mischung 2).

2. In der Westkirche. Im Westen bürgerte sich im 7. Jh. unter östlichem Einfluß am ↗Karfreitag eine Kommunionspendung ein mit Partikeln, die am ↗Gründonnerstag konsekriert worden waren (↗Aufbewahrung). Rituell ausgestaltet war sie zunächst nur durch das Vaterunser. Im Hochmittelalter erfuhr der Ritus beträchtliche Ausweitungen durch eine feierliche Übertragung des Allerheiligsten und durch die Übernahme vieler Riten aus der Meßfeier, vor allem aus dem Offertorialkreis (bis hin zur Elevation), so daß man von einer *„Missa praesanctificatorum“* sprach, wofür sich im Volk der Ausdruck „zerstörte Messe“ herausbildete. Die

Karwochenreform von 1955 hat diese Wucherungen wieder beseitigt, das MR hat diese Kommunionfeier noch stärker gestrafft.

Lit.: R. Béraudy, Der Eucharistische Kult außerhalb der Messe, in: *Martimort I* 459–483; *H. Lehenhofer,* Sonntagsdienst ohne Priester. Die Tradition der missa praesanctificatorum, in: Bibel und Liturgie 51 (1978) 12–22.

Präsidialgebete Es handelt sich um jene Gebete, die der Priester als Vorsteher der Gemeinde in der Stellvertretung Christi („personam Christi gerens") „im Namen des ganzen heiligen Volkes und aller Anwesenden an Gott" richtet (AEM 10; vgl. LK 33). Hierzu rechnet die AEM „an erster Stelle das eucharistische Hochgebet als Höhepunkt der ganzen Feier; es folgen die Orationen: Tagesgebet, Gabengebet und Schlußgebet" (ebd.). Die lateinische Sprache nennt sie „orationes praesidentiales" (ebd. 12), im Deutschen werden sie auch „Amtsgebete des Priesters" genannt (so die Überschrift zu AEM 10ff im MD). Sie „verlangen von ihrem Wesen her, daß sie deutlich und vernehmlich vorgetragen werden und daß die Gläubigen aufmerksam zuhören" (AEM 12). Es geht deshalb nicht an, daß der Vorsteher der gottesdienstlichen Feier sie leise spricht, während gleichzeitig andere Gebete gesprochen, Lieder gesungen oder Musikinstrumente (incl. Orgel) gespielt werden. Außer den von der AEM genannten Präsidialgebeten der Meßfeier sind auch die Vergebungsbitte am Schluß des ↗Bußaktes, das dem Priester vorbehaltene Schlußgebet der ↗Fürbitten, der ↗Embolismus nach dem von allen zu sprechenden Vaterunser und das abschließende Segensgebet hinzuzurechnen. Auch in der außereucharistischen Liturgie gibt es Gebete, auf die die Merkmale eines Präsidialgebetes zutreffen, etwa die Schlußorationen der einzelnen Horen des ↗Stundengebetes und die Orationen und Weihegebete mancher ↗Sakramente und ↗Sakramentalien (z.B. ↗Taufwasserweihe).

Lit.: Lengeling, Ordnung 172–176; *K. Amon,* Die Präsidialgebete im Hinblick auf das künftige deutsche Meßbuch, in: LJ 23 (1973) 170–186.

Preces Mit diesem lat. Wort (= Bitten) bezeichnet man die Fürbitten am Ende bestimmter Horen des ↗Stundengebetes. Schon die Pilgerin *Ätheria* berichtet uns um das Jahr 400 von der Vesper der Jerusalemer Gemeinde, daß an ihrem Schluß litaneiartige Fürbitten für bestimmte Personen (unter Namensnennung) stattfanden. Die Synode von Vaison (529) macht deutlich, daß man nach dem Vorbild Roms, Italiens und des Ostens Kyrie-Litaneien für Morgenlob (Laudes matutinae), Messe und Vesper übernommen hat. Ähnlich schreibt die Regel *Benedikts* zur gleichen Zeit eine Bittlitanei mit ↗Kyrie-Rufen für den Schluß der Horen vor. Eine Fehlinterpretation des Bischofs *Amalar von Metz* († ca. 850), der wegen des dabei vorgeschriebenen Kniens sie als Bußelement betrachtete, führte dazu, daß man sie auf die Wochentage beschränkte („preces feriales"), unter *Innozenz III.* sogar nur noch auf die Werktage der Advents- und Fastenzeit. Die Reform von 1955 sah sie nur noch für die Mittwoche und Freitage des Advents und der Quadragesima sowie der Quatembertage vor. – Die *Neuordnung des Stundengebetes* führte die Preces wieder für ↗Laudes und ↗Vesper an allen Tagen ein. Zur Begründung führt die AES an, daß weder die jüdische noch die christliche Überlieferung das Bittgebet vom Gotteslob trennt und die Väter gemäß der Mahnung von 1 Tim 2, 1–4 zu Fürbitten beim Morgen- und Abendgebet aufriefen (179). Die Preces in Laudes und Vesper sind zwar im äußeren Aufbau ähnlich (Einleitung, zweigliedrige Bitten, Vaterunser und Oration), inhaltlich haben sie jedoch einen unterschiedlichen Charakter. In der Vesper handelt es sich um echte ↗Fürbitten, ähnlich denen der Meßfeier, weshalb man sie auch hier gebrauchen kann. In den Laudes hat man, um im Hinblick auf die meist zeitlich benachbarte Meßfeier eine Doppelung zu vermeiden, auf eigentliche Fürbitten verzichtet und statt dessen sich auf „Bitten" für den Beter bzw. die betende Gemeinde festgelegt, „die Gott den Tag anempfehlen und weihen" (AES 181), also eine Bitte um die rechte Gestaltung des Tages und um das schützende Geleit Gottes. Im gewissen Sinn wurde hier auch dem Anliegen der in Wegfall gekommenen früheren Prim (↗Stundengebet) Rechnung getragen. – Im Anhang II des Stundengebetes werden weitere Preces für die einzelnen Wochentage und Zeiten, z. T. in Kurzform, zur Auswahl angeboten. Außerdem besteht die Möglichkeit, zusätzliche Anliegen in freier Gestaltung anzufügen (AES 188). – Zusammenfassend kann man feststellen, daß das neue Stundengebet mit den Bitten der Laudes und den Fürbitten der Vesper wertvolle Elemente, die im Lauf der Jahrhunderte fast verlorengegangen waren, zurückgewonnen hat.

Lit.: B. Fischer, Die Schlußbitten in Laudes und Vesper des neuen Stundengebetes, in: LJ 29 (1979) 14–23.

Predella (ital.: Schemel, von ahd. bretil = Brett) *1. Unterbau des Altar-↗Retabels,* an der Vorderseite bemalt oder mit Schnitzwerk verziert, seit dem 15. Jh. gebräuchlich. Es diente auch als Reliquiar und als Leuchterbank. – 2. Auch die *oberste verbreiterte Altarstufe* als Standort des Zelebranten am Altar wird Predella genannt.

Predigt Das Wort ist abgeleitet vom lat. praedicare = laut verkünden und meint im gewöhnlichen deutschen Sprachgebrauch zunächst jede lebendige Proklamation des Heilswillens Gottes nicht durch bloßes Verlesen des Schriftwortes, sondern durch die ↗Verkündigung des Gotteswortes, die der dazu Bevollmächtigte in der Kraft des Geistes aus seinem Herzen formt. Auf Grund der geschichtlichen Entwicklung (s. u.) versteht man unter Predigt im engeren Sinn vielfach die Verkündigung in einem selbständigen Gottesdienst (↗Prädikantengottesdienst) im Gegensatz zur ↗Homilie, die in eine liturgische Feier eingebettet ist und aus deren Lesungen und liturgischen Texten und Handlungen hervorwächst und tiefer in sie hineinführen will (↗Mystagogie). – Die Predigt hat ihren Sitz zunächst in der „Erstverkündigung", in der missionarischen Darstellung der Heilsbotschaft Gottes vor Menschen, die noch nicht zum Glauben gelangt sind. Sie wendet sich aber auch an die bereits gläubig gewordenen und getauften Gemeindeglieder, um den Ruf Gottes und die antwortende Umkehr lebendig zu erhalten (Volksmissions- und ↗Fastenpredigten). – Während die Karolingische Reform bemüht war, die volkstümliche Predigt in den Gottesdienst einzubeziehen, entwikkelte sich eine neue Blüte der Predigt im Hochmittelalter weitgehend im selbständigen Predigtgottesdienst, für den die ↗Kanzel als eigener Verkündigungsort geschaffen wurde. Die sonntägliche Hauptpredigt war bis in unser Jahrhundert hinein nicht selten eine solche Art von Prädikantengottesdienst, indem sie vor dem ↗Hochamt oder zwischen zwei gut besuchten Meßfeiern gehalten wurde, ein Zustand, der noch vor dem II. Vatikanum fast überall zugunsten einer in den Sonntagsgottesdienst eingebauten Predigt abgeschafft wurde, allerdings noch vielfach von der Meßfeier abgehoben durch Ablegen der Meßgewänder, Auslöschen der Kerzen u.a.m. Das II. Vatikanum und die nachfolgende Neuordnung der einzelnen Liturgiebereiche gaben der Predigt wieder ihren organischen Stellenwert im Gesamtgeschehen der Liturgie zurück (↗Homilie). Ohne Zweifel werden selbständige Predigten außerhalb der liturgischen Feiern auch in Zukunft eine wichtige Funktion als missionarische Verkündigung zu erfüllen haben, zumal viele Getaufte nicht mehr in lebendigem Kontakt mit dem Gottesdienst der Gemeinden stehen und die Zahl der Ungetauften sich auch in unserem Sprachraum mehrt. Eine zeitentsprechende und allgemein anerkannte Form scheint noch nicht gefunden zu sein. – ↗Laienverkündigung.

Lit.: Zur Geschichte, Theologie und Gestaltung der Predigt gibt es eine umfangreiche Fachliteratur. Hier sei lediglich verwiesen auf: *J. B. Schneyer,* Die Geschichte der katholischen Predigt (Freiburg 1969); *B. Dreher* u.a. (Hrsg.), Handbuch der Verkündigung, 2 Bde. (Freiburg 1970); *E. Bartsch* u.a., Pastorale… Verkündigung (Mainz 1970); *W. Bartholomäus,* Kleine Predigtlehre (Zürich u.a. 1974).

Predigtgespräch ↗Laienverkündigung.

Predigtlied *1. Lied vor der Predigt* als Bitte um rechtes Hören und Erleuchtung (oft Heilig-Geist-Lied); es begleitete auch in katholischen Diözesen den Priester auf dem Weg zur ↗Kanzel. In der heutigen Meßfeier schließt sich die Homilie sinnvollerweise direkt an das Evangelium an. In reinen Predigt-Gottesdiensten kann es jedoch die wichtige Funktion der Vorbereitung und Einstimmung übernehmen (z.B. GL 520). – Die evangelisch-lutherische Agende (I, 45*) (Kassel 1955) sieht es vor allem dann vor, wenn das Credo vor der Predigt entfällt.

2. Lied zum Abschluß des Wortgottesdienstes, nach dem Evangelium („Evangelienlied“) oder der Homilie bzw. der darauffolgenden meditativen Pause. Im Meßbuch nicht vorgesehen, aber als Zusammenfassung, Bekräftigung und gemeinsame Antwort auf das soeben vernommene Gotteswort gelegentlich von großer Eindruckskraft. Vor allem in ↗Jugendgottesdiensten gebräuchlich, wo es sehr zur Aktualisierung der biblischen Botschaft beitragen kann. In der Praxis des gemeindlichen Gottesdienstes erfüllt vielfach das Lied zur Gabenbereitung diese Aufgabe des Abschlusses für den Wortgottesdienst.

Lit.: E. Quack, Die Gesänge zum Wortgottesdienst, in: Gd 9 (1975) 172–173.

Presbyterium

1. Das Kollegium der Presbyter (↗Priester), mit dem zusammen der Bischof die Kirche leitet. Ideell bilden noch heute die Priester einer Diözese ein Kollegium unter dem Bischof als dem Haupt. Durch die Ausbildung des Pfarrsystems (↗Pfarrei) und die damit verbundene Auslozierung vieler Glieder des Presbyteriums in die Ortschaften des Umlandes geht die spürbare Einheit verloren; es bildet sich ein engeres Presbyterium um den Bischof, aus dem das ↗Kapitel hervorgeht.

2. Der Platz, von dem aus das Presbyterium die gottesdienstliche Versammlung leitet. Rechts und links vom Bischof, der an einem Endpunkt der Mittelachse (meist in der ↗Apsis) von seiner ↗Cathedra aus der Versammlung vorsteht, nimmt das Presbyterium auf der Priesterbank Platz; gelegentlich ist auch diese Sitzbank durch eine Stufenanlage so erhöht, daß man von einem *Synthronos* spricht. Im Mittelalter tritt an die Stelle der Priesterbank das ↗Chorgestühl. In den Landkirchen ohne Bischof war meist eine einfache Bank an der Stirnwand oder in der Apsis für den Priester vorgesehen, die sich nicht durch den Ort, sondern durch ihre Aufmachung von der Cathedra des Bischofs unterschied (↗Sedilien). Im Typ der syrischen ↗Basilika ist der Platz des Bischofs und seines Presbyteriums auf einem erhöhten Ort inmitten des Gläubigenschiffes, dem sog. ↗Bema. Das Presbyterium ist regelmäßig durch Stufen über dem Gemeinderaum erhöht und meist durch Schranken (Chorschranken) abgegrenzt, die sich gern mit den Altarschranken (↗Altarraum) verbinden und im Mittelalter im ↗Lettner aufgehen. Altar und ↗Ambo stehen naturgemäß in enger Verbindung mit dem Presbyterium.

3. In den reformierten Gemeinden das aus Pfarrern und Laienvertretern („Presbytern") bestehende Kollegium, in dessen Händen Gemeindeleitung und Kirchenzucht liegen.

Priester (von griech. presbyteros, s.u. unter II)

I. Priester im religionsgeschichtlichen Sinn und seine christliche Entsprechung. 1. Unter Priester (lat. sacerdos, von sacer = heilig; griech. hieréus, von hierós = heilig) versteht man den bestellten Mittler zwischen der Gottheit und der Kultgemeinde, der, anders als die sündige Gemeinde, in den Vorbehaltsraum des ↗heiligen Gottes eintreten darf, der darum die Gebete und Bitten der Gemeinde vor Gott tragen und das Gnadengeschenk Gottes der Gemeinde überbringen kann; insonderheit ist es seine Aufgabe, das Opfer darzubringen. Drastisch sichtbar wird dieser Vorstellungskreis z.B. an dem Zutrittsrecht des Mose und Aaron und an der Ausrottung des Korach und seines Anhangs (Num 16,3ff: Morgen früh wird der Herr zeigen, wer zu ihm gehört, wer der Heilige ist und wer sich ihm nähern darf). – 2. Die Gemeinde der Getauften hat dieses priesterliche Zutrittsrecht. Sie hat durch Christus im Heiligen Geist Zugang bei Gott dem Vater (Eph 2,18), sie ist selbst „heilig" (Eph 1,4) und kann mit Zuversicht herantreten an den Thron der Gnade (Hebr 4,16). Darum wird die Gemeinschaft der Getauften in der Schrift eine heilige und königliche Priesterschaft genannt (1 Petr 2,5.9.); durch Christus sind sie Priester geworden (Offb 1,6; 5,10) und werden nach der Auferstehung als solche hervortreten (Offb 20,6). Sie üben dieses ihr Amt aus nicht durch einen kultischen Dienst im herkömmlichen Sinn, sondern durch ihre ganze christliche Existenz (↗Opfer II), durch ihre Einfügung in den Tempelbau der Gemeinde (1 Petr 2,5), durch die tatkräftige Übung der Liebe (Phil 4,18; Hebr 13,16), durch ein Leben gemäß der Berufung zum Lobpreis Gottes (1 Petr 2,9). In der Feier der Eucharistie wird diese priesterliche Berufung der Gemeinde im sakramentalen Zeichen verwirklicht und dargestellt (↗Opfer III). – 3. Die Getauften sind zu solchem Priesterdienst befähigt, weil sie durch den ↗Heiligen Geist in ↗Christus eingegliedert sind. Christus ist der Grund ihrer Berufung und Befähigung; er ist der einzige Mittler zwischen Gott und den Menschen (1 Tim 2,5), er hat das einzige wahre Opfer dargebracht und uns den Heilswillen Gottes unüberbietbar verkündet. Trotzdem nennt ihn die Schrift nur mit Zurückhaltung „Priester" bzw. „Hohepriester"; die Aussage ist auf den Hebräerbrief beschränkt und auch hier stärkstens abgehoben vom atl. Priestertum: Christus, aus dem Stamme Juda und nicht Levi kommend (Hebr 7,14), ist Hohepriester nach der Ordnung des Melchisedech (Hebr 5,10; 7,1–28; bes. Vers 11 und 17); er hat, anders als der atl. Hohepriester, ein für allemal das ↗Opfer für unsere Sünden am Kreuz vollzogen (Hebr 7,27; 9,28), und seither tritt er beim Vater ständig für uns ein (Hebr 7,25), ja er hat damit für uns den Weg aufgetan ins wahre Heiligtum (Hebr 10,19f). Darum schließt die christliche Gemeinde all ihr Beten und Opfern regelmäßig mit: Durch Jesus Christus, deinen Sohn.

II. Der presbyteros in der christlichen Gemeinde. 1. Das deutsche Wort „Priester" leitet sich nicht ab von einer Bezeichnung für die unter I. skizzierte Mittelsperson, sondern von dem griechischen Wort presbyteros (= der Ältere, lat. senior), das zur Zeit des NT längst nicht mehr von den Lebensjahren verstanden wurde, sondern eine Amtsbezeichnung geworden war (biblisches Beispiel: Num 11,16ff), die auch in der Synagogenverfassung eine Rolle spielte (Mk 8,31). Aus dem bunten Bild, das der Aufbau der verschiedenen Gemeinden und die Zahl und Benennung ihrer Amtsträger im NT bietet, schält sich zu Anfang des 2. Jhs. der „monarchische Episkopat" heraus: der ↗Bischof als der Leiter der Gemeinde im Zusammenwirken mit einem Kollegium von Presbytern (↗Presbyterium). Diese Amtsträger in der Gemeinde sind nicht „Priester" im religionsgeschichtlichen und atl. Sinn, sie sind nicht „Mittler" zwischen Gott und einer Gemeinde, die selbst nicht Zutritt hätte; sie sind vielmehr Ordnungs- und Strukturelement des Gemeindebaus, wie schon die Bezeichnungen Bischof („Aufseher, Schiedsrichter"), Presbyter („Ältester") und Diakon („Diener") zeigen. Der Heilige Geist hat sie bestellt, die Gemeinde Gottes zu weiden, die er sich durch sein eigenes Blut erworben hat (Apg 20,28); das Amt ist ihnen verliehen, „um die Heiligen für die Erfüllung ihres Dienstes zu rüsten" (Eph 4,12). In der versammelten Gemeinde stellen sie das unsichtbare Haupt Christus dar; vor allem in der ↗Verkündigung handeln sie (presbeúo: 2 Kor 5,20) für ihn; er bedient sich ihrer Person, um sein Wirken und seine Gegenwart in der Gemeinde sichtbar zu machen. Den Geist zu solchem bevollmächtigten Dienst empfangen sie unter Handauflegung; Christus prägt ihnen im Sakrament des Ordo (↗Priesterweihe) sein Bild ein, das auf der Taufprägung aufruht, sich von ihr aber durch eine besondere Eigenart und Mächtigkeit unterscheidet, vor allem nicht der eigenen Begnadigung und Seligkeit dient. In besonderer Weise übt der Vorsteher diesen Dienst der Christus-Haupt-Bildlichkeit aus, wenn er die Feier der Eucharistie in der Gemeinde leitet, wie Christus den Seinen dient und aufträgt (Lk 22,27), im Auftrag Christi das Dankgebet spricht und darin Tod und Auferstehung des Herrn verkündet. – 2. Auf diesen Bischof und Presbyter wird seit Tertullian (um 200) zunehmend der alten Kultterminus sacerdos, hiereus angewandt. Das Motiv dafür dürfte in der Erfahrung liegen, daß die priesterliche Funktion der christlichen Gemeinde (vor allem in der Eucharistie, aber auch allgemein in der Verkündigung) nur durch den Dienst dieser Vorsteher aktualisiert werden kann; ohne bevollmächtigte Verkündigung des Christusrufes kein Glaubensgehorsam und keine Gemeinde (Röm 10,14f), ohne die sakramentale Vollmacht, Christus als das Haupt in der Versammlung zu repräsentieren, keine vollmächtige Darstellung der Kirche, kein vollverwirklichtes Gedächtnis des Abendmahles, keine sakramentale Feier des Kreuzesopfers. Von daher lag es nahe, die priesterliche Bevollmächtigung der Gemeinde in einer besonders intensiven Weise auszusagen von den Trägern des Dienstamtes, das dem Priesterdienst der Gemeinde erst zum Ausdruck verhilft. Schon Paulus nennt seinen Verkündigungsauftrag darum einen Priesterdienst (hierourgéo: Röm 15,16). Die Basis ist so die Taufberufung aller zum Priesterdienst; auf deren Grundlage beruft Christus etliche zum Leitungsdienst in seiner Gemeinde; sie repräsentieren Christus als den Hirten; weil ihr Hirtendienst den Heilsdienst der Gemeinde für die Welt aktualisiert und konkretisiert, nennt man ihn Priesterdienst und spricht vom Amtspriestertum (Weihepriestertum, Dienstpriestertum). – In der Praxis des Mittelalters waren diese Zusammenhänge ohne Zweifel verdunkelt (zu den Gründen: ↗Karolingerzeit). Das an sich berechtigte Bemühen der Reformatoren, das Priestertum aller Getauften wieder sichtbar zu machen, führte zum völligen Abbau des (in seinem Wesen nicht recht verstandenen) Amtspriestertums; demgegenüber hob die nachtridentinische katholische Theologie und Praxis den sakrifiziellen Aspekt in der Leitung der eucharistischen Versammlung um so stärker hervor. Erst die gegenwärtige biblische und liturgische Erneuerung hat zu einer Neubesinnung im katholischen Raum geführt, die die Akzente wieder gleichmäßig zu setzen versucht.

Lit.: J. A. Jungmann, Christus–Gemeinde–Priester, in: *K. Borgmann,* Volksliturgie und Seelsorge (Kolmar o. J.) 25–30, vgl. ebd. 72–84; *E. Walter,* Weihe- und Laienpriestertum, in: ebd. 31–47; *J. Pascher,* Der Priester in der Eucharistiefeier..., in: Eucharistiefeier in der Pfarrgemeinde (Trier 1961) 219–230; Schreiben der deutschen Bischöfe über das priesterliche Amt (Trier 1969 und Leipzig 1970); *W. Pesch* u.a., Zum Thema Priesteramt (Stuttgart 1970); *H. Volk,* Priestertum heute (Rodenkirchen 1972 und Leipzig 1974, PkH 52).

Priesterloser Gottesdienst gottesdienstliche Versammlung einer Gemeinde oder Gruppe an Sonn- und Feiertagen, die wegen der Abwesenheit eines Priesters nicht als Feier der Eucharistie begangen werden kann, sondern als ↗Wortgottesdienst, ↗Andacht oder Tagzeit des ↗Stundengebetes (Laudes oder Vesper) mit oder ohne Ausspendung der ↗Kommunion gestaltet wird.

1. Geschichtliche Entfaltung: Die Kirche kennt seit Jahrhunderten Beispiele für solche Gottesdienste ohne Priester. So vor allem in den Missionsgebieten, in der Diaspora, in Zeiten der Kirchenbedrückung und -verfolgung (z. B. in Ungarn während der Türkenherrschaft 1526–1731). Aber auch die Haus- und Familienandachten abgelegener Höfe und Weiler, besonders in tiefverschneiten Gebirgsgegenden, gehören hierzu. Nach dem Zweiten Weltkrieg wurden solche Gottesdienste vielerorts zur Überlebenshilfe christlicher Gemeinden. Umfangreiche Erfahrungen sammelten vor allem die Diözesen in der DDR; aber auch in anderen Gebieten des deutschen Sprachgebietes wurde wegen des akuten Priestermangels der priesterlose Gottesdienst immer häufiger. Zunächst waren es „nur“ Wortgottesdienste, die schon vom II. Vatikanum für solche Fälle sehr empfohlen wurden (LK 35,4). Die Instr I gab hierfür nähere Weisungen (Nr. 37). Als 1965 der „Berliner Ordinarienkonferenz“ von Rom gestattet wurde, Laien mit der Austeilung der Kommunion zu beauftragen, verband sich rasch der sonntägliche Wortgottesdienst mit einer Kommunionspendung, was von den Gläubigen mit großer Zustimmung aufgenommen wurde. Die bald erfolgende Ausweitung der Kommunionspendung durch Laien (↗Kommunionhelfer) führte auch in anderen Ländern zu dieser Form priesterloser Gottesdienste. Das Katholische Gebet- und Gesangbuch GL bringt hierfür in Nr. 370 eine Modellfeier, in deren einführendem Text es heißt: „Die christliche Gemeinde lebt von der sonntäglichen Versammlung. Wenn in dieser nicht die Eucharistie gefeiert werden kann, soll eine Kommunionfeier gehalten werden.“ Auch die Würzburger Synode gibt hierfür eine nachdrückliche Empfehlung und konkrete Hinweise für die liturgische Gestaltung (Beschluß „Gottesdienst“ 2.4.3); desgleichen die meisten Bischöfe in ihren kirchlichen Amtsblättern.

2. Theologische Wertung: Zunächst ist festzustellen, daß die ↗Versammlung auch der priesterlosen Gemeinden am ↗Sonntag Ausdruck ihrer Gemeinschaft mit Christus, mit dem ganzen Gottesvolk und untereinander ist, ein heilkündendes und heilsmächtiges Zeichen, das nicht nur sinnvoll, sondern, auf die Dauer gesehen, auch notwendig ist. Darum sind solche priesterlosen Gottesdienste nicht nur von der kirchlichen Leitung zu fördern, sondern auch von den Gläubigen zu besuchen und mitzufeiern. Auch derartige Gottesdienste, in denen die Gläubigen das Wort Gottes hören, ihren Glauben bekunden und sich in Lob, Dank und Bitte vereinen, sind liturgische Handlungen, denen sich Christus als der heilwirkende Hohepriester des Neuen Bundes verbindet. Seine Gegenwart wird in der LK 7 auch von solchen Gottesdiensten ausgesagt: „Gegenwärtig ist er in seinem Wort, da er selbst spricht, wenn die heiligen Schriften in der Kirche gelesen werden. Gegenwärtig ist er schließlich, wenn die Kirche betet und singt, er, der versprochen hat: ‚Wo zwei oder drei versammelt sind in meinem Namen, da bin ich mitten unter ihnen' (Mt 18, 20)". Deshalb ist eine Geringschätzung des „reinen" Wortgottesdienstes unberechtigt, ein Schritt zurück hinter das II. Vatikanum.

Was die damit oft verbundene, von manchen als unabdingbar geforderte Spendung der Kommunion betrifft, so kennt zwar schon die alte Kirche die Praxis des Kommunionempfanges außerhalb der Meßfeier, insbesondere für Kranke und Gefangene, also ausgesprochene Einzel- und Notfälle. Dies ist auch nach neuesten römischen Erklärungen „der erste und ursprüngliche Zweck der Aufbewahrung der heiligen Gestalten außerhalb der Messe" (u. a. Instruktion „Eucharisticum mysterium" von 1967, Nr. 49). Die Kommunion innerhalb der Meßfeier ist die Hoch- und Vollform der Teilhabe am Mahl des Herrn. Eine Kommunion außerhalb der Messe sollte deshalb immer nur als Notsituation, nicht aber als lobenswerte Dauerregelung angesehen werden. Wo es aber zu einer derartigen Gewöhnung ohne dauernde Belehrung kommt, wird jenes statische Eucharistieverständnis gefördert, das sich nur auf die konsekrierten Hostien, ihren Empfang und ihre Verehrung konzentriert und der Vergegenwärtigung des Todes und der Auferstehung des Herrn in der Eucharistiefeier weniger Bedeutung beimißt (↗Eucharistie). Die Liturgiegeschichte des Mittelalters und der Neuzeit weiß hierüber manches Unerfreuliche zu berichten. Es ist deshalb unerläßlich, daß bei priesterlosen Gottesdiensten mit Kommunionfeiern immer wieder auf den Zusammenhang der konsekrierten Hostien mit der vorausgegangenen Eucharistiefeier hingewiesen wird, als deren bleibende Frucht man die Hostie bezeichnen kann. Sie vermittelt zwar kraft der bleibenden Realpräsenz Christi eine Begegnung mit dem sakramentalen Herrn, darf aber nicht als gleichwertiger Ersatz für die volle Eucharistiefeier (mit Kommunion) angesehen werden.

Sicher ist auch das in jüngster Zeit öfter geäußerte Bedenken ernst zu nehmen, es könnte durch die ständige Kombination von Wortgottesdienst und Kommunionfeier jener eine Abwertung im Bewußtsein der

Gläubigen erfahren, obwohl er doch auch als liturgische Handlung die heilsmächtige Gegenwart Christi verbürgt.

3. Fragen der Gestaltung: Auch der priesterlose Gottesdienst bedarf einer sorgfältigen Vorbereitung und einer angemessen feierlichen Gestaltung. Er muß zu einer Angelegenheit der ganzen Gemeinde werden (↗Teilnahme, tätige). In seiner *Struktur* kennt er außer den ↗Eröffnungs- und ↗Schlußriten drei Blöcke: die Verkündigung (incl. Erklärung) des Wortes Gottes, das Gebet der Gemeinde, wobei auch dem stillen Gebet Raum gegeben werden sollte, und gegebenenfalls die Kommunionfeier. Offizielle Modelle finden sich u.a. im GL 370, für die Kommunionfeier im neuen Rituale-Faszikel „Kommunionspendung und Eucharistieverehrung" Nr. 26–53. – *Der Leiter* eines solchen Gottesdienstes hat seinen Platz am Vorstehersitz und Ambo, nicht aber am Altar, der dem priesterlichen Zelebranten der Eucharistiefeier vorbehalten ist. Auf diese Weise wird auch schon optisch deutlich, daß es sich nicht um eine Eucharistiefeier handelt und der Gottesdienstleiter kein ordinierter Priester ist. – Es sollte dafür Sorge getragen werden, daß bestimmte Gemeinden nicht längere Zeit die Eucharistiefeier entbehren müssen, während sich in anderen die Messen häufen. Im übrigen sollte die Mahnung der Würzburger Synode beachtet werden: „Bei all den notwendigen Bemühungen um einen sonntäglichen Gottesdienst ohne Priester muß deutlich bleiben, daß es sich um eine Notsituation handelt, die alle zur Sorge um genügend Priester aufruft" (Beschluß „Gottesdienst" 2.4.3).

Lit.: J. Hofinger – J. Kellner, Liturgische Erneuerung in der Weltmission (Innsbruck 1957) 204–283; *R. Kaczynski,* Erfahrungen mit priesterlichen Sonntagsgottesdiensten, in: Gd 7 (1973) 105–107, 111f; *ders.,* Umstrittene Kommunionfeier, in: Gd 13 (1979) 177–179; *H. Aufderbeck,* Sonntagsgottesdienst ohne Priester, in: *Gemeinde im Herrenmahl* 91–96; *H. Aufderbeck,* Stationsgottesdienst, Kommunionfeier (Leipzig 1969 und Graz 1979); *B. Frei,* Priesterlose Gottesdienste. Modelle und Anregungen (Regensburg 1976); *B. Kleinheyer,* Unterscheidungshilfen ... Zur Differenzierung von Kommunion- und Eucharistiefeier, in: Gd 11 (1977) 57–59; *K. Schlemmer,* Priesterloser Gottesdienst – aber wie?, in: LJ 28 (1978) 31–44; *J. H. Emminghaus,* Wortgottesdienst mit Kommunionspendung, in: Bibel und Liturgie 51 (1978) 23–32; *A. Schilson,* Ein Schritt in die falsche Richtung, in: Diakonia 9 (1978) 62–67; *ders.,* Umstrittene Kommunionfeier, in: Gd 13 (1979) 188; *ders.,* „Notlösungen sind oft Fehllösungen", in: Theologisch-praktische Quartalschrift 128 (1980) 113–125; *F. Mußner,* Die sonntägliche Versammlung der Gemeinde zum priesterlosen Gottesdienst, in: LJ 29 (1979) 226–231.

Priesterweihe Ihr ursprünglicher Kern ist, wie bei allen ↗Höheren Weihen, die vom Gebet der Gemeinde begleitete Handauflegung des Bischofs und des anwesenden Presbyteriums (↗Weihesakrament). *Der alte römische Ritus* betonte besonders die Aufnahme in das Ältestenkollegium, weniger die einzelnen Vollmachten und Dienste. In den folgenden Jahrhunderten fügte besonders die *gallisch-fränkische Weiheliturgie* zahlreiche neue Riten und Texte hinzu, wobei sich in höchst bedenklicher Weise Elemente einschlichen, die das atl. Priester- und Levitentum wie

Vor- und Leitbilder des christlichen Priesters herausstellten. Die rituellen Überwucherungen führten dazu, daß selbst ein *Thomas von Aquin* († 1274) und das in hohem Ansehen stehende (von Thomas abhängige) *Dekret für die Armenier* (1439) die Meinung vertraten, wesentliches Zeichen der Priesterweihe sei die Übergabe der Patene mit den Hostien und des Kelches mit Wein, zusammen mit den dabei gesprochenen Worten („Materie und Form"). Es gehört zu den Verdiensten *Pius' XII.*, daß er in der Apostol. Konstitution *„Sacramentum ordinis"* vom 30. 11. 1947 derartige Irrtümer korrigierte. Hervorragende historische Forschungen haben schließlich den Weg für eine grundlegende Reform freigemacht, zu der das II. Vatikanum den Auftrag gab (LK 76). Der neue Ritus erschien, zusammen mit dem der Bischofs- und Diakonsweihe, 1968, die Ausgabe für das deutsche Sprachgebiet 1971. Dabei hat man auf zahlreiche traditionelle Riten und Texte verzichtet, die beibehaltenen neu geordnet und gestrafft und einige Texte neu eingeführt.

Die Priesterweihe, die möglichst an einem Sonn- oder Festtag stattfinden soll, um eine große Beteiligung der Gläubigen zu ermöglichen, beginnt nach dem Evangelium der Meßfeier und hat *folgende Gliederung:* Aufruf und Vorstellung der Kandidaten, Ansprache des Bischofs, Befragung und Gelöbnis der Kandidaten, Gebet der Gemeinde (Litanei), Handauflegung (auch seitens der anwesenden Priester) und Weihegebet und ausdeutende Riten: Anlegen der priesterlichen Gewänder, Salbung der Hände, Überreichung von Patene und Kelch, Friedenskuß. In der anschließenden Eucharistiefeier konzelebrieren die Neupriester mit dem Bischof. – Die *Ostriten* haben alle die Handauflegung durch das Presbyterium aufgegeben; sie betonen stärker als der römische Ritus die Aufgabe des Priesters in der Spendung der Sakramente und der Feier der Eucharistie. Der *byzantinische* Ritus fügt die Weihe nach dem großen Einzug in die Meßliturgie, damit die Neugeweihten beim anschließenden Hochgebet konzelebrieren können. Der Kandidat wird dreimal um den Altar geleitet, dann kniet er davor nieder, legt Hände und Stirn auf den Altar und empfängt dabei Segen und zweifache Handauflegung des Bischofs mit stillem Weihegebet, währenddessen die Gemeinde die Litanei verrichtet. Anschließend bekommt der Neugeweihte unter axios-Rufen die priesterlichen Insignien Epitrachilion (↗Stola) und Phelonion (↗Meßgewand), wird durch den Friedenskuß in die Gemeinschaft der Priester aufgenommen und konzelebriert in Fortsetzung des Gottesdienstes mit dem Bischof. Die *syrischen* Riten erteilen die Priesterweihe am Ende der Anaphora; der Bischof berührt vor der Handauflegung die eucharistischen Gestalten. *Maroniten* und *Armenier* haben nach römischem Vorbild eine Salbung hinzugefügt.

Lit.: ↗Weihesakrament.

Prim Dieser zur ersten Tagesstunde (= prima hora = 6.00 Uhr) vorgesehene Teil des ↗Stundengebetes dürfte nach einem Bericht des Cassian († 435) um das Jahr 400 in palästinensischen Mönchskreisen entstanden sein und bewahrte jahrhundertelang seinen monastischen Charakter. Im Lauf der Zeit wuchs ihm – ebenfalls in den Klöstern – noch das „officium capituli“ zu. Es bestand darin, daß nach dem Verteilen der klösterlichen Tagesarbeit ein Kapitel aus der Mönchsregel verlesen wurde (wovon der betreffende Raum den Namen Kapitelsaal bekam), dem sich später auch die Verlesung des ↗Martyrologiums und weitere Gebete anschlossen. Außerhalb der Klöster wurde nur das Martyrologium verlesen, was sich im Chorgebet bis in die jüngste Vergangenheit erhielt. – Schon die LK ordnete an, daß die Prim, weil Verdoppelung des Morgenlobes (↗Laudes), künftig entfällt (89d); ihr Inhalt ist zum Teil in die Preces der Laudes aufgenommen.

Lit.: ↗Stundengebet.

Primas ↗Bischof.

Primiz die erste Messe, die ein Neupriester nach seiner Weihe selbständig (meist in seiner Heimatgemeinde) feiert, nachdem er bei der Weihe selbst mit dem Bischof zelebriert hat. Im Rom des frühen Mittelalters zog der Neugeweihte sofort nach der Weihemesse in festlichem Zug in seine Titelkirche und feierte dort die erste Messe, in der er das Gloria anstimmen durfte und ein älterer Priester ihm zur Seite stand. In ähnlicher Weise wird noch heute ein Neupriester in seiner Heimatgemeinde festlich empfangen und bei der Meßfeier von einem älteren Priester (Patrinus oder Presbyter assistens, meist der Ortspfarrer) unterstützt. Den Angehörigen und Wohltätern darf der Primiziant die Kelchkommunion reichen. – In manchen ländlichen Gegenden wird die Primiz als ein Volksfest begangen; das Brauchtum ist im allgemeinen dem einer Hochzeit angeglichen. – Großer Wert wird vom Volk dem ↗Segen eines Neupriesters, dem „Primizsegen“, zugemessen. Vielerorts sind dafür eigene Formeln üblich (Ben Nr. 22). Sachlich unterscheidet sich der Primizsegen nicht vom sonstigen Priestersegen.

Lit.: Päpstliches Werk für geistliche Berufe (Hrsg.), Mitten in der Gemeinde. Werkbuch (München 1968).

Privatgebet das ↗Gebet des einzelnen, zunächst im Gegensatz zum gemeinsamen Gebet der versammelten Gemeinde verstanden, oft auch als „persönliches“ Gebet vom vorgegebenen liturgischen Gebet abgehoben. Diese letztere Unterscheidung ist sicher falsch, denn jedes Beten, vor allem und gerade das Beten in der Gemeinde, muß von der Person getragen sein, muß immer „persönlich“ sein. Deswegen kann sich der Christ auch nicht mit dem Beten im Gottesdienst begnügen, sondern muß auch „in seinem Kämmerlein“ (Mt 6,6) mit seinem Vater sprechen, muß die Situation und die Probleme seiner eigenen christlichen Existenz auch für sich allein im Gebet überdenken. Allerdings wird dieses Beten immer genährt und gelenkt sein vom Gemeindegottesdienst (vgl. LK 90). – Die altchristliche Tradition kennt das private Beten des Christen in der Nacht und zu den drei Hauptstunden des Tages (↗Kleine Horen); ↗Mönche und Asketen verrichten diese Gebete gemeinsam und nehmen sie so stärker in die Liturgie herein. Letztlich war jedes liturgische Formular zuerst einmal persönliches, von einem einzelnen komponiertes Gebet, allerdings meist von Anfang an eingeengt durch den Formzwang, den der Verwendungszweck ausübt. Der gemeinsame Gottesdienst mit seinen festen Formen lädt aber auch immer wieder zum stillen (privaten) Beten des einzelnen ein: in den Gebetspausen, bei Fürbittlitaneien, in der Stille nach Lesungen, nach dem gemeinsamen Kommunionempfang, während der Gabenbereitung; im Stundengebet in der Stille nach Psalmen und Lesungen (↗Stille; Lk 30). Dieses stille Beten ist aber eigentlich nicht „privat"; es ist von der Situation des Gottesdienstes, von den vorausgehenden Texten und Aufforderungen vorgeformt und in bestimmte Richtungen gewiesen; es geschieht immer in der Kraft des Geistes, der den Getauften belebt und zur Gemeinde zusammenführt. – Spezifischer Bereich des Privatgebetes, das im ↗Knien verrichtet wird, ist schließlich das Gebet am Märtyrergrab, vor Reliquien, Ikonen und Wallfahrtsobjekten und im Abendland seit dem Hochmittelalter vor der aufbewahrten eucharistischen Brotsgestalt. Aber auch hier erfolgt eine spürbare Bindung an das Beten der Gemeinde durch die Verknüpfung des verehrten Gegenstandes mit dem Gottesdienst. Bei der Aussetzung des Allerheiligsten soll laut Eucharistieinstruktion 1967 Nr. 62 (ähnlich Ritualefaszikel Kommunionspendung Nr. 95) Stille zum privaten Beten eingehalten werden, dem Gebet aber auch vor allem durch Schriftlesung Richtung gewiesen werden.

Lit.: R. Guardini, Der Gesamtzusammenhang des christlichen Gebetslebens, in: *K. Borgmann* (Hrsg.), Volksliturgie und Seelsorge (Kolmar o. J.) 18–24.

Privatmesse (lat. = [der Öffentlichkeit] beraubte Messe) Der Ausdruck, der laut Instruktion 1958 („De musica sacra ..." I, 2) nicht mehr verwendet werden soll, kann sehr verschiedenen Sinn annehmen.

1. Im Gegensatz zur Missa publica (↗Pfarrgottesdienst, ↗Applikation) ist Missa privata die *Meßfeier im kleinen (häuslichen) Kreis* einer Familie oder Sippe. In den Anfängen des Christentums ist gemäß der Struktur der Gemeinden diese häusliche Feier der Eucharistie das Gewöhnliche (Apg 2, 46). Beim Entstehen größerer Gemeinden behält die Messe im Familienkreis ihre Bedeutung bei für familiäre Ereignisse wie Todestag (↗Begräbnisliturgie), ↗Geburtstag, Eheschließung (↗Trauung); auch die ↗Heiligenfeste haben ihren Ansatz in dem familiären Kreis am Grab. Solche Meßfeiern, mehr und mehr in gottesdienstlichen Räumen gehalten, sind als ↗Votivmessen im eigentlichen Sinn zu kennzeichnen; sie werden von interessierten Gläubigen veranlaßt (↗Meßstipendium), der Priester übernimmt die entsprechende „Intention". Ihren Privatcharakter haben sie inzwischen völlig verloren; sie werden ganz normal in der Gemeinde mit der Gemeinde gefeiert, selbst als Sonntagsgottesdienst. Die moderne Pastoration sieht durchaus die

Bedeutung der Meßfeier im häuslichen Kreis der christlichen Familie und tendiert darum wieder zu werktäglichen Haus- und Familienmessen (↗Gruppenmessen).

2. Für gewöhnlich versteht man unter Privatmesse heute eine Messe, die *der Priester für sich allein* (nur von einem Ministranten begleitet; ohne Teilnahme wenigstens eines Gläubigen ist die Meßfeier verboten) aus eigenem Antrieb feiert. Die Wurzel dieser nur in der Westkirche bekannten Meßform dürfte in den größeren Klöstern der fränkischen Zeit zu suchen sein. Während man bisher aber einfach die wachsende Zahl der Priestermönche und ihren Wunsch, ihre Weihevollmacht auch auszuüben, dafür verantwortlich machte, neigt die Forschung gegenwärtig dazu, die tieferen Triebfedern in der frühmittelalterlichen Verehrung der Heiligtümer und der Idealisierung des römischen Vorbildes (↗Statio) zu finden: Man errichtete in den größeren Klosterkirchen, beeinflußt vom Vorbild der römischen Titelkirchen und Wallfahrtsheiligtümer, vor den kostbareren Reliquien und für bedeutende Heilige eigene Altäre und ließ darauf täglich die Messe feiern. Natürlich konnte die Mönchsgemeinde an diesen einzelnen Messen nicht aktuell teilnehmen; aber sie wollte durch die Messe, die sie durch einen ihrer Mönchspriester vor dem Heiligtum feiern ließ, ihre Verehrung und ihr Interesse ausdrücken. Etwa seit dem 8. Jh. wird dann für Mönchspriester die tägliche Zelebration selbstverständlich, bald darauf auch für die Diözesanpriester (↗Meßhäufigkeit). Immerhin wünschte noch Franziskus in seinen Niederlassungen täglich nur eine Meßfeier, auch wenn mehrere Priester zur Verfügung standen. – Selbstverständlich bleibt diese „private" Feier der Messe öffentlicher Akt der Kirche. Gerade die oben geschilderte Entwicklung bezweckt ja einen Verehrungsakt der Klostergemeinde und darin der ganzen Kirche. Der Akt bleibt öffentlich, auch wenn keine Gläubigen dabeisein können oder wollen, ebenso wie die Nottaufe, die eine Mutter in Verfolgungszeiten dem Kind heimlich spendet, ebenso wie die „private" Lossprechung im Beichtstuhl. Gerade deswegen soll aber auch die Messe im Rahmen des Möglichen grundsätzlich in der Öffentlichkeit mit der Gemeinde gefeiert werden (LK 27). Während einer Konzelebration ist die private Feier der Messe streng verboten; an Sonn- und Feiertagen soll sie während der Gemeindemessen „sorgfältig vermieden werden; an anderen Tagen soll man es nach Möglichkeit auch so halten"; anwesende Priester werden auf die Möglichkeit der Konzelebration verwiesen (Eucharistieinstruktion 1967, Nr. 17).

3. Die Privatmesse vor allem im Sinn der Alleinmesse ohne Beteiligung auch eines kleineren Kreises mußte rituelle Besonderheiten entwickeln. Zunächst entfiel sehr bald die ↗Cantillation des Priesters. Ferner mußte der Priester im allgemeinen alle Lesungen selbst übernehmen und die Prozessionen zu den Lesungen und zum Offertorium durch Seitenwechsel markieren. Schließlich rezitierte der privat zelebrierende Priester auch die Chorgesänge (die auf diesem Umweg dann auch für den

Zelebranten im Amt verbindlich wurden). Aus praktischen Gründen faßte man die verschiedenen dazu benötigten Bücher zu einem ↗Missale zusammen. Für die Ritusdarstellung bis ins Tridentinische Meßbuch herein maßgebend wurde der Ordo „Indutus planeta" des Franziskaners Haymo von Faversham (↗Kurialritus); MR und der lateinische Teil im ersten Band von MD enthalten einen eigenen *Ordo Missae sine populo.*

Lit.: O. Nußbaum, Kloster, Priestermönch und Privatmesse (Bonn 1961); *A. Häußling,* Mönchskonvent und Eucharistiefeier (LQF 58) (Münster 1973).

Privatrezitation ↗Stundengebet.

Profan ↗heilig; ↗Kult.

Profeß das feierliche Versprechen („Gelübde"), beharrlich in einer klösterlichen Gemeinschaft leben zu wollen, einen entsprechenden Wandel zu führen und Gehorsam vor Gott zu leisten, sowie die offizielle Annahme dieses Versprechens (↗Mönche). Die Zugehörigkeit zu einem Orden verwirklicht sich in mehreren Phasen, für deren Beginn jeweils ein besonderer Ritus vorgesehen ist: *a) Aufnahme ins Noviziat* (= Probezeit); *b) die erste (zeitliche) Profeß,* an deren Stelle neuestens in manchen Ordensfamilien ein „Versprechen" treten kann; *c) die ewige Profeß; d) die Erneuerung der Gelübde.* Was die entsprechenden Riten angeht, so hatte schon das erste Dokument des II. Vatikanums eine Überarbeitung gefordert, die „zu größerer Einheit, Schlichtheit und Würde beiträgt" (LK 80). Die Kongregation für den Gottesdienst veröffentlichte mit Dekret vom 2. 2. 1970 als Faszikel des Römischen Rituale den neuen „Ritus der Ordensprofeß", „in der sich die Ordensleute Gott weihen und sich zur Beobachtung der Evangelischen Räte verpflichten". Die Adaptation für das deutsche Sprachgebiet erschien 1974 unter dem Titel „Die Feier der Ordensprofeß". Nach einer Einführung behandelt sie in getrennten Teilen die Ordnung der Profeß in männlichen und weiblichen Ordensgemeinschaften und fügt im 3. Teil den „Ritus des Versprechens" an. Die einzelnen Riten haben folgenden Aufbau, wobei wir männliche und weibliche Ordensgemeinschaften zusammenfassen können:

a) Die Aufnahme ins Noviziat soll in einer liturgischen Feier außerhalb der Messe stattfinden. Den angemessenen Rahmen bildet „ein Wortgottesdienst, dessen Texte das Wesen des Ordenslebens und die Eigenart der Ordensgemeinschaft herausstellen". Der schlichte Ritus besteht aus einer Willenserklärung der Kandidaten, einem Fürbittgebet des Ordensoberen und einem Schlußgebet.

b) Die erste (zeitliche) Profeß findet nach Abschluß des Noviziates innerhalb einer Meßfeier statt, wobei nach Möglichkeit die „Messe zur zeitlichen Profeß" gewählt wird. Der Ritus, der sich nach dem Evangelium vollzieht, hat folgende Gliederung: Aufruf der Kandidaten oder deren Bitte um Zulassung, Ansprache, Befragung und fürbittendes Gebet, Ablegung der Gelübde, Übergabe der Ordenskleidung und -regel, Fürbitten.

Der *Ritus des Versprechens* sieht, ähnlich wie bei der zeitlichen Profeß, eine Verpflichtung für einige Jahre oder bis zur ewigen Profeß vor. Das Versprechen kann entweder in einem Wortgottesdienst oder auch in Verbindung mit einer Hore des Stundengebetes abgelegt werden. Nach einer Bereitschaftserklärung (mit oder ohne Befragung) spricht der Obere ein fürbittendes Gebet. Es folgen die Lesungen und die Homilie und schließlich das eigentliche Versprechen. Die Feier schließt mit Fürbitten und dem Vaterunser, dem noch eine Oration für die Kandidaten angefügt werden kann.

c) Die Feier der ewigen Profeß, bei der sich die Kandidaten endgültig und für immer an den Orden binden, „findet in der Regel an einem Sonntag, einem Herrenfest, einem Muttergottesfest oder dem Fest eines Ordensheiligen statt". Wenn möglich, wird dabei eines der beiden Formulare der „Messe zur ewigen Profeß" genommen. Eine zahlreiche Teilnahme der Gläubigen ist erwünscht, weil diese Handlung ein außergewöhnliches Zeugnis für Christus und seine Nachfolge ist. Der Ritus, der nach dem Evangelium beginnt, hat folgende Gliederung: Aufruf der Kandidaten und Bitte um lebenslange Zugehörigkeit zum Orden, Homilie, Befragung und Bereitschaftserklärung, Allerheiligenlitanei, Ablegung der „ewigen Gelübde", Segensgebet, Übergabe der Profeßzeichen, besonderes Gedenken beim Hochgebet und feierlicher Schlußsegen.

d) Erneuerung der Gelübde, die in manchen Ordensfamilien zu bestimmten Zeiten üblich ist. Auch hierfür gibt es ein eigenes Meßformular. Nach der Homilie spricht der Zelebrant zunächst ein Gebet für die betreffenden Ordensmitglieder, worauf diese die Profeßformel einzeln oder gemeinsam sprechen. Den Abschluß bilden die Fürbitten.

Pronaos ↗Narthex.

Proprium Das lat. Wort (= das Eigentümliche) wird in der Liturgie in mehrfacher Bedeutung gebraucht: *1. Eigentexte einer Messe* oder eines Brevieroffiziums, die weder dem ↗Ordinarium noch dem ↗Commune angehören. – *2. Die wechselnden Gesänge* einer Meßfeier im Gegensatz zu denen des Ordinariums. Hierzu zählen ↗Introitus, ↗Antwortpsalm bzw. ↗Sequenz, ↗Halleluja, Offertorium (↗Gabenbereitung) und ↗Kommuniongesang. – 3. In den lateinischen Meßbüchern und Brevieren spricht man vom *Proprium de tempore* (↗Temporale) und *Proprium de sanctis* (↗Sanctorale) und meint damit jene Abschnitte, die die Eigentexte des Herrenjahres und des Heiligenjahres enthalten, im Gegensatz zum ↗Commune. – *4. Diözesan- bzw. Ordensproprium* nennt man den Anhang zum Römischen Meßbuch und Stundenbuch, in dem eine Diözese oder Ordensgemeinschaft ihre Eigenfeste mit den entsprechenden liturgischen Texten zusammenstellt (↗Diözesan- bzw. ↗Ordenskalender).

Propst ↗Kanoniker.

Proskomidie (griech. = Herbeibringung, Darbringung) die Zurüstung von Brot und Wein an der linken Kredenz (Prothesis) in der byzantinischen Meßfeier. Zuerst geschah sie unmittelbar vor dem großen Einzug; im Pontifikalamt vollzieht der Bischof noch heute an dieser Stelle die letzten Riten. Seit dem 8. Jh. geschieht sie vor dem Beginn der Liturgie (meist unter dem vorausgehenden Stundengebet); sie wurde immer reicher mit Symbolik ausgestattet, bis sie im 14. Jh. die heutige Gestalt gefunden hat: Der Priester (ursprünglich der Diakon) schneidet mit der heiligen Lanze aus der ↗Prosphora das mit einem Bildzeichen versehene Mittelstück heraus, legt es als „Lamm" auf den Diskos und „schlachtet" es; der Diakon mischt Wein und Wasser im Kelch. Darauf entnimmt der Priester vier weiteren Prosphoren (bei den Griechen den übrigen Stükken der ersten und einzigen Prosphora) Stücke zum Gedächtnis der Heiligen und der Lebenden und der Verstorbenen (zum „Memorienwert" der Oblation: ↗Gabenbereitung). Während die Orthodoxen nur das Lamm konsekrieren, konsekrieren die Unierten meist auch die Gedächtnispartikel und müssen wegen der größeren Kommunikantenzahl oft noch weitere Partikeln dazugeben. Schließlich werden die Gaben unter Beräucherung mit dem ↗Asteriskus und verschiedenen Velen zugedeckt. Die Brotstücke, die nach dem Ausscheiden verblieben sind, werden später als Antidoron (↗Eulogie) verteilt. – Die Armenier und die westsyrischen Riten haben ähnliche, aber einfachere Bräuche. Bei Kopten und Äthiopiern geschieht die Bereitung der Gaben zu Beginn der Liturgie am Altar. – Im römischen Ritus werden die entsprechenden Verrichtungen erst nach der Gabenprozession am Altar vollzogen. Im Mittelalter war nach altgallischem Vorbild aber vielerorts die Gabenbereitung zu Beginn des Gottesdienstes oder während des Wortgottesdienstes üblich. Dieser Brauch hat sich in einigen ↗Sonderriten (Dominikaner, ↗Kartäuser) erhalten.

Prosphora (griech. = Darbringung, „Oblate") Brotsgestalt für die Meßfeier des byzantinischen Ritus, gesäuertes ↗Brot in Form einer kleinen Semmel, der in der Mitte ein viergeteiltes Siegel (Sphragis) aufgeprägt ist: IC XC NI KA (Jesus Christus siegt). Das Volk kann solche Prosphoren erwerben; es gibt sie mit einer Intention während der ↗Proskomidie beim Priester ab.

Prostratio ↗Knien.

Prozession (lat. = das Hinziehen; speziell das Hinziehen zum Gottesdienst) das feierliche gottesdienstliche Geleit, zu unterscheiden von der Wallfahrt, der es vor allem auf das Erreichen des Heiligtums als des Zieles ankommt. – *1. Prozession ist ältestes Kultbrauchtum,* erwachsen aus dem feierlichen Geleit des Segensspenders (Vater, siegreicher Herr, König). Die antike Umwelt des Christentums kannte das Geleit der höheren Staatsbeamten zu ihren offiziellen Funktionen, den Einzug des Kaisers in eine Stadt (↗Epiphanie 1), den Triumph des siegreichen Feldherrn, aber auch das festliche Geleit eines Götterbildes aus dem Dunkel des Tempelinneren in die Gemeinschaft seiner Verehrer sowie den bittenden und segenerflehenden Umgang (↗Ambarvale; ↗Amburbale) um die Stadt und die Felder (↗Bittage). – 2. *Bei den Christen* ergaben sich Prozessionen zunächst aus dem bürgerlichen Brauchtum: Selbst in Verfolgungszeiten konnten sie ihre Toten in Prozession zu Grabe geleiten; ab Konstantin genossen Papst und Bischöfe weithin die Rechte höherer Staatsbeamter und wurden in Prozession ins Gotteshaus geleitet; auch in der gottesdienstlichen Feier selbst bildeten sich feierliche Geleit- und Zugformen aus (Gabenprozession, Kommuniongang, Prozession zum Evangelium, großer und kleiner ↗Einzug), die im Papstgottesdienst von der Schola durch ↗Prozessionsgesänge verschönert wurden. An Stationstagen zog man von der Versammlungskirche (Collecta) in Prozession zur Stationskirche, um dort Gottesdienst zu feiern. Nach der Verfestigung des Christentums wurden die alten Bitt- und Sühneumzüge als christliche Bittgänge (auch Lichtmeß) fortgeführt. An der Spitze der christlichen Prozession wird regelmäßig das ↗Kreuz (auch die daraus entwickelte ↗Fahne) getragen; so wird der Bezug sichtbar zum österlichen Hindurchzug durch den Tod ins Leben (↗Pascha-Mysterium). – 3. *Große Bedeutung* hatten die Umzüge seit jeher *im gallisch-germanischen Raum.* Der dramatische Sinn dieser Landstriche übernahm von ↗Jerusalem im Karwochenbrauchtum vor allem die Palmprozession (↗Palmsonntag). Aber auch sonst hielt man an Sonn- und Festtagen vor dem Gottesdienst gern eine Prozession durch die Räume des Klosters oder um die Pfarrkirche (↗Asperges), bei der man Fahnen, Kreuze, Bilder, Reliquien und andere Heiltümer mit umtrug, je nach dem Festcharakter und den Möglichkeiten der Gemeinde. Neben dem Gipfelpunkt dieser Entwicklung, der Fronleichnamsprozession (↗Fronleichnam 2), haben sich noch verschiedene Restformen erhalten (Auferstehungsprozession, Jahresschlußprozession). Aus der volkstümlichen Ausgestaltung der Prozessionen sind vielfach volkstümliche Spiele („Umgangsspiele") erwachsen, von denen noch manches fortlebt, meist nur noch in folkloristischer Form, nachdem der religiöse Wurzelboden in der Aufklärung verlorengegangen ist.

Lit.: *H. A. J. Wegman,* „Procedere" und Prozession, in: LJ 27 (1977) 28–41.

Prozessionsgesänge zusammenfassende Bezeichnung für die Gesänge zum ↗Einzug, zur Gabenprozession (↗Gabenbereitung) und für den ↗Kommuniongesang. Anders als die ↗Zwischengesänge, die auf die Verkündigung des Gotteswortes antworten, und zwar gerade durch Psalmensingen, tragen die Prozessionsgesänge ihren Zweck nicht in sich selbst; sie sind vielmehr nur Begleitung zu einer Handlung, auf der das Hauptaugenmerk ruht, eben zur Prozession. Entfällt die Prozession, verlieren diese Gesänge ihren eigentlichen Sinn. Ihre Hauptaufgabe ist festliche Begleitmusik, es geht nicht in erster Linie um einen bestimmten Text; deswegen können auch andere Texte und andere musikalische Formen als die offiziell vorgesehenen eintreten und ist Orgelspiel und Instrumentalmusik ein möglicher Ersatz, während das reine Vorlesen des Textes ein Unding wäre. Die Prozessionsgesänge wollen so der Haltung und Stimmung der Prozessionsteilnehmer Ausdruck verleihen, wollen den Ritus, den sie begleiten, deuten und dem Verständnis und Gemüt aufschließen. – Den Typ des Prozessionsgesangs zeigt am wenigsten der ↗*Kommuniongesang.* Er kann seinen Platz haben schon im Kreis der kleinen Hausgemeinde, die rund um den Tisch versammelt ist und die nicht in Prozession zum Kommunionempfang herantreten muß; hier herrscht die Form des responsorischen Gesangs. – In den großen römischen Basiliken gleicht sich die Form aber den Gesängen zum festlichen Einzug des Papstes an. Diese sind gekennzeichnet durch das Auftreten einer ↗Schola, die ein festliches ↗Tropar beisteuert; das Volk beteiligt sich an der Psalmodie der Sänger durch einen kurzen Kehrvers, der im allgemeinen aus dem Schlußteil des Tropars entwickelt ist (Repetenda). Erst die Übernahme der römischen Liturgie im Frankenreich führt diese festlichen *Einzugsgesänge* in jede Meßfeier ein; MR und MD bieten statt dessen einen Eröffnungs- und einen Kommunionspruch, die bei Meßfeiern ohne Gesang vom Priester vorgelesen werden können. Die Struktur des Eröffnungsgesanges ist nicht mehr vorgeschrieben; neben dem traditionellen Intoitus aus dem Graduale können andere geeignete Gesänge gewählt werden, die helfen, die Gemeinde in den Gottesdienst einzustimmen und sie zu sammeln. Günstig erscheinen Hymnen und Liedformen, die im Wechsel zwischen Chor und Volk gesungen werden; als Muster wird genannt das *Gloria laus* der Palmprozession. Einfache Gottesdienste ohne wirklichen Einzug brauchen ohne Zweifel eine andere Eröffnungsform. – Der *Gabengesang* begleitet die Gabenprozession der Gläubigen. Da diese meist entfällt, höchstens durch eine feierliche Übertragung der Gaben auf den Altar angedeutet wird, hat dieser Prozessionsgesang oft keine besondere Aufgabe; es genügt ein kurzes festliches Chorstück, ein Festlied der Gemeinde oder ein Orgelstück; oft ist gerade hier auch Stille erwünscht. – Die Prozession zum ↗Evangelium wird von der ↗Akklamation ↗Halleluja begleitet.

Lit.: H.-J. Schilz, Propriumsgesänge und Struktur der Opferfeier, in: LJ 7 (1957) 81–97; Musik und Altar 19 (1966) Heft 3.

Psalmen Die im atl. Buch der Psalmen gesammelten 150 Lieder (das griech. Wort psalmoi bedeutet eigentlich „Lieder zur Harfe") spielen im Leben der ntl. Gemeinde eine weitaus größere Rolle als die meisten übrigen Teile des AT, wie schon die zahlreichen Psalmenzitate in den ntl. Schriften zeigen. Man neigt vielfach zu der Annahme, daß die Psalmen in der Versammlung der christlichen Gemeinde zuerst nur als Lesungen verwandt worden seien, nicht als Lieder; als Gesänge dienten eigene psalmenähnliche Dichtungen, von denen es im 2. Jh. eine große Anzahl gab (↗Hymnus 1). Aber die ungebrochene Tradition, die im ↗Stundengebet am ↗Abend und ↗Morgen an die tamid-Gebete der Synagoge und deren Psalmengesang anknüpft, macht doch auch für die ältere Zeit Psalmengesang als Gotteslob wahrscheinlich. Aus dieser Wurzel erwächst die ↗Pensum-↗Psalmodie als der Kern des mönchischen Stundengebetes. Im Leben der Gemeinde werden ausgewählte Psalmen verwendet vor allem als ↗Antwortpsalmen auf die Lesungen der Schrift (↗Zwischengesänge). Der Mißbrauch der christlichen Hymnendichtung durch Irrlehrer führte zur Zurückdrängung dieser Liedform, so daß im 4. Jh. die atl. Psalmen geradezu zum ausschließlichen Gesangbuch der christlichen Kirche werden. Ihnen entnimmt man auch die ↗Prozessionsgesänge, die für den festlichen Gottesdienst notwendig werden. Vor allem aber sind sie ein wesentlicher Teil des ↗Stundengebetes geworden. – Unter den Psalmen hat die Tradition Gruppen und Einzelstücke besonders herausgehoben (↗Psalterium). An Einzelpsalmen haben besondere Bedeutung erlangt das *De profundis* (130) und das ↗*Miserere* (51), als Kommunionlieder die Psalmen 23 und 34; als Gruppen treten schon früh hervor die *Bußpsalmen* (6, 32, 38, 51, 102, 130, 142) sowie die schon in der Schrift zusammengestellte Gruppe der *Gradualpsalmen* („Wallfahrtslieder" 120–135). Was die *Zählung* betrifft, so gibt es gewisse Unterschiede in den hebräischen Handschriften einerseits und in den griechisch-lateinischen andererseits. Im neuen Stundenbuch wie auch im MD steht die griech.-lateinische Zählweise in Klammern. Die nach dem hebräischen Urtext ausgerichtete deutsche Einheitsübersetzung des AT hat die hebräische Zählweise übernommen (auch das vorliegende Buch).

Trotz ihres atl. Inhalts und ihrer oft fremden Form konnten die Psalmen vor allem deshalb eine so große Bedeutung im Leben der christlichen Gemeinde gewinnen, weil sie *Lieder* sind, poetische Gebilde. Wer ein Lied singt, dem geht es um die Stimmung, die darin anklingt, um seinen inneren Zustand, den er aussingen will; das einzelne Wort in seinem rationalen Gehalt wird dabei weniger ernst genommen. Darum gelten für Lieder und Hymnen auch nicht die strengen Gesetze, denen liturgische Gebete sonst unterworfen sind (↗Anrede); der rationale Inhalt eines Liedes darf nicht einfach in eine dogmatische Aussage umgeformt werden. Wegen dieses poetischen Charakters kann der atl. Text der Psalmen ntl. aufgefaßt und erlebt werden. Die Väter haben diese Auffassung in zwei Formen vorgetragen: a) Der Psalm ist Gebet Christi, des Hauptes und seiner Glieder; die Gläubigen beten ihn, eingegliedert in Christi Leib; die Braut spricht mit den Worten des Bräutigams; b) Der Psalm wird unmittelbar an Christus gerichtet, zumal die in den Psalmen so häufige Gottesanrede „Herr" schon im NT auf Christus bezogen wird. Ausgesprochen wurden diese christlichen Deutungen vor allem in den Psalterkollekten, Gebeten, die die betrachtende Stille nach dem Vortrag eines Psalmes nach Mönchsgewohnheit abschlossen (liturgische ↗Feier). So gehört der Psalm wirklich der Kirche, er ist „für die Erbin", „für die

Vollendung", wie die Väter die so dunklen Psalmenüberschriften verstehen. Dem christlichen Volk ist dieser Zugang zum Psalmengebet durch eine jahrhundertelange Entwicklung verlorengegangen und muß ihm in geduldiger Belehrung wieder aufgetan werden; denn als geistgewirktes Schriftwort bleiben die Psalmen immer die Lieblingskinder der Kirche, aus denen sie allezeit den Geist der Schrift schöpft. An ausgewählten Psalmen ist auch einfachen Leuten dieser Zugang möglich. – Wichtige Anregungen zum rechten Beten der Psalmen finden sich in AES 100–109. Das neue Stundenbuch hat „wegen gewisser psychologischer Schwierigkeiten" die sog. *„Fluchpsalmen"* 58, 83 und 109, „in denen der Fluchcharakter überwiegt", ebenso einzelne derartige Verse anderer Psalmen nicht mehr in das Psalterium des Stundengebetes aufgenommen (AES 131).

Lit.: B. Fischer, Die Psalmenfrömmigkeit der Märtyrerkirche (Freiburg 1949); *ders.,* Zum Problem einer christlichen Interpretation der Psalmen, in: Theolog. Revue 67 (1971) 6–12; *A. Arens,* Die Psalmen im Gottesdienst des Alten Bundes (Trier 1961); *A. Deissler,* Wie wir als Christen die Psalmen beten, in: Diakonia 11 (1980) 81–89; *G. Hinricher,* Die Fluch- und Vergeltungspsalmen im Stundengebet, in: Bibel und Kirche 35 (1980) 55–59 (Das gesamte Heft 1980/2 ist dem Psalmengebet gewidmet); *A.-G. Martimort,* Vom Beten der Psalmen, in: *Gott feiern* 384–394.

Psalmodie (griech.) das Singen von Psalmen. *I. Die verschiedenen Arten der Psalmodie.* Für das Verständnis der alten Formen ist zu bedenken, daß zunächst nicht jeder Gottesdienstteilnehmer ein Psalmenbuch erhalten kann, beträchtliche Gruppen auch gar nicht lesen können. Die älteste Form dürfte sein *1. der Psalmus in directum, directaneus,* der einfache durchgehende Vortrag eines Psalmes durch einen Sänger ohne weitere aktive Teilnahme der Zuhörer. Der Psalm wird einfach wie eine Lesung vorgelegt, nur daß die Vorlage entsprechend dem lyrischen oder rhapsodischen Charakter des Textes nicht durch einfaches Lesen geschieht, sondern durch einen Sänger (↗Kantor). Erhalten hat sich diese Art vermutlich im ↗Traktus der römischen Meßfeier. Lebendig war sie hauptsächlich beim nächtlichen Psalmensingen der Mönche (↗Matutin 2), wo jeweils ein Psalm von einem Einzelsprecher vorgelegt wurde; in der letzten Zeit kehrten manche Konvente für die Psalmodie der Matutin auf diese alte Vortragsweise zurück. Bei einzelnen ganz bekannten Psalmen war es auch möglich, daß die versammelte Gemeinde ihn gemeinsam „geradeaus" betete; Basilius bezeugt dies für den Morgenpsalm ↗Miserere, der am Ende der Nachtwache gemeinsam von allen dargebracht wurde; die Benediktusregel sieht den Brauch vor für einige täglich wiederkehrende Psalmen. – Im Gemeindegottesdienst hat sich überall *2. das responsorische Psalmensingen* durchgesetzt, vor allem als Antwort auf die Lesungen (↗Zwischengesänge). Auch hier wird der Psalm der Gemeinde von einem Sänger vorgelegt; die Gemeinde fällt durch einen Kehrvers nach jedem Vers (Versgruppe) in den Gesang ein (↗Responsorium). – Verschiedene Bereicherungen (Hinzutreten der ↗Schola, wechselnde Fassung des

Kehrverses) führen zum *3. antiphonalen, wechselchörigen Psalmensingen,* das in abendländischen Klerus- und Mönchskreisen schließlich die heute geläufige Form annimmt, daß die beiden Chorhälften sich Vers für Vers im Vortrag des Psalmes selbst abwechseln (↗Antiphonie); seit dem ausgehenden Mittelalter wird im festlichen Offizium die eine Chorhälfte auch von einer mehrstimmigen Sängergruppe in einfacher Harmonisierung (Falsibordoni) übernommen. Die voll auskomponierten Psalmmotetten, die seit der Renaissance geschaffen werden, haben meist keine eigentlich liturgische Bedeutung erlangt.
II. Psalmtöne im Gregorianischen Choral. Ihrer Liedstruktur gemäß werden Psalmen grundsätzlich nach Melodienmodellen gesungen, die sich nicht um den Inhalt des einzelnen Verses bekümmern, sondern sich seinem schematischen Bau (parallelismus membrorum: zwei oder auch drei Halbzeilen, die denselben Gedanken addierend, kontrastierend oder steigernd ausdrücken) anpassen; die Melodiebewegung geschieht an den Interpunktionsstellen (am Ende der Halbverse: mediatio und terminatio, Mittel- und Schlußkadenz), die eigentliche Textmasse wird im Rezitativ vorgetragen, das von einem bestimmten Ton (dem Ténor) beherrscht wird. Am Beginn des Verses führt eine kurze Formel (initium) vom Schlußton des Kehrverses zum Tenor. Diese Prinzipien sind in mehrfacher Ausgestaltung verwirklicht, am einfachsten in der *1. Offiziumspsalmodie* für die Psalmen im Stundengebet. Sie ist eingeteilt nach den acht Kirchentonarten; bei vielen Tönen haben die Schlußkadenzen verschiedene Fassungen (Differenzen), damit der Anfangston der Antiphon leichter erreicht werden kann. Wohl wegen des Wegfalls der Repetenda zwischen den einzelnen Versen wird bei den Psalmen im Offizium das Initium nur noch beim ersten Vers gesungen. Die ntl. ↗Cantica haben (wenigstens an höheren Festen in größeren Kirchen) für Mittelkadenz und teilweise auch Initium eine reichere Fassung und verwenden das Initium bei jedem Vers. *2. Die Meßpsalmodie* (für den Psalm zum Einzug und zur Kommunion) ist eng verwandt mit den Tönen fürs Offizium, aber reicher ausgestaltet; sie beginnt auch die zweite Vershälfte mit einem Initium. Die reichste antiphonale Psalmodie besitzt *3. der Invitatoriumspsalm* (95). – Musikalisch reicher ausgestaltet sind die Soloverse der responsorialen Psalmodie. Ein einfacher Typ hat sich hier erhalten im *4. ↗Responsorium breve* des Stundengebetes; systematisiert wurde er im Graduale Simplex für den Responsorialpsalm nach der Lesung; die Einteilung geschieht in drei Familien C, D und E, abhängig vom Schlußton des Kehrverses. Im *5. ↗Responsorium (prolixum)* der Matutin hat der Vers in jeder Kirchentonart ein reiches Psalmodiemodell mit typischer Interpunktionsmelismatik, von dem sich das Responsum durch freie Melodiegestaltung mit Binnenmelismatik über sinntragenden Worten deutlich abhebt. Im *6. Graduale* (und Offertorium) der Meßfeier haben die Verse keine gleichbleibenden typischen Melodien mehr, lassen die psalmodische Struktur aber noch erkennen. Dagegen kennt der *Traktus* überhaupt nur zwei Modelle, eines im 2. und eines im 8. Ton,

die streng psalmodisch gebaut sind. – Für das Singen der Psalmen in der Muttersprache adaptiert man vorerst meistens die einfache gregorianische Offiziumspsalmodie. In Frankreich hat *J. Gelineau* einen neuen Typ geschaffen, der sich an das hebräische Metrum anlehnt (mit gleichbleibender Zahl von Hebungen pro Vers, während die unbetonten Silben dazwischen zahlenmäßig wechseln bei gleichbleibender Zeitdauer von Hebung zu Hebung).

III. Bedeutung des Psalmensingens. Während das Singen eines ausgesuchten Morgen- und Abendpsalmes in den Gemeindehoren und die Verwendung ausgewählter Psalmen als Antwortgesang auf die Lesung im gemeindlichen Wortgottesdienst ein natürlicher Vorgang ist, der sich von selbst verstehen läßt, ist das Singen einer abgemessenen Psalmenmenge ohne Rücksicht auf deren spezifischen Inhalt einfach in fortlaufender Nummernfolge (psalterium currens) nach dem ↗Pensum-Prinzip, wie dies im ↗Stundengebet der ↗Mönche und, beeinflußt davon, in einem Großteil der christlichen Riten geschieht, einer eigenen Erklärung bedürftig. In diesem ständigen „Opfer des Lobes" (Hebr 13,15) soll irgendwie das ständige Opfer des Alten Bundes, das tamid-Opfer (Num 28,3–8) fortgeführt werden. Die Mönche verstanden sich geradezu als ein „zehnter" Chor zu den traditionellen neun Chören der Engel, die dem Vater durch Christus ständig den Lobpreis darbringen. Darum wird auch hier zuerst der wechselchörige Gesang, die ↗Antiphonie, geübt; im Wechsel befruchten dabei die Chorhälften einander, sie erleichtern das längere Durchhalten im Lobpreis; indem sie einander im Wechsel das Wort abnehmen, in der einen Bewegung des Lobpreises fortfahren, verdeutlichen sie zugleich stärker, als wenn sie einfach miteinander singen würden, daß sie Gott aus einem Herzen lobpreisen. Innerlich möglich wird ihnen das Aneinanderreihen oft genug disparater und manchmal auch problematischer Texte (Fluchpsalmen) durch den Liedcharakter der ↗Psalmen, der nicht die wortgetreue Aneignung jedes einzelnen Satzes verlangt und immer für eine christliche Deutung offen ist. Ohne Zweifel ist die spezifisch mönchische Spiritualität stark geprägt von dieser ständigen Beschäftigung mit den christologisch verstandenen Psalmen. Für das Leben der Gemeinde hingegen werden immer nur ausgewählte Psalmen solche Bedeutung gewinnen können.

Lit.: GL 707; WGL III 213–224 (Gemeindepsalmodie); *J. Gelineau,* Die Psalmodie, in: Kirchenmusik nach dem Konzil (Freiburg 1967) 73–85.

Psalterium liturgisches Buch, das die 150 ↗Psalmen in der biblischen Reihenfolge enthält, vielfach erweitert durch Hymnen und Cantica.

1. Unterteilungen. Zum Zwecke der Cursuspsalmodie (↗Pensum) ist das Psalterium in den meisten Riten in Abschnitte unterteilt, die allmählich nach einem festen Schema auf die Tage der Woche (später auch auf einzelne Gebetsstunden) festgelegt wurden. – Der byzantinische Psalter ist eingeteilt in 20 *Kathismen* („Sitzplatz", weil man währenddessen sitzen darf; ursprünglich die Pause nach der Rezitation einer Psalmengruppe, während der man sitzend meditierte) zu je drei *Stasen* („Aufstehen“, weil man sich zur abschließenden Doxologie jeder Gruppe erhob). Im allgemeinen verrichtet man je ein Kathisma zur Vesper und zwei im Orthros, beginnend mit der Samstagabendvesper. – Die Armenier teilen die Psalmen 1–147 im Anschluß an die acht Kirchentöne in acht *Kanones* zu je 7 *Copulae* nebst einem Canticum. Jeden Tag wird im Morgenlob fortlaufend der nächste Kanon gewählt, ohne Rücksicht auf eine Wochengrenze. – Die Ostsyrer teilen den Psalter in 21 *hullale* (Name vermutlich von dem Halleluja, das zwischen den Versen gesungen wurde; ein 21. hullala besteht aus atl. Cantica) zu meist drei (manchmal auch 2 oder 4) *marmita;* sie werden so aufgeteilt, daß im nächtlichen Offizium alle Psalmen wöchentlich zweimal darankommen. – Im Abendland verteilte man das Psalmenpensum auf Matutin und Vesper und wies letzterer die Psalmen ab 109 zu. Der ambrosianische Psalter gliedert die für das nächtliche Offizium bestimmten Psalmen 1–108 heute in zehn *Dekurien,* die in zweiwöchentlichem Rhythmus von Montag bis Freitag verwendet werden.

2. Der Vierwochenpsalter. In den abendländischen Stundenbüchern ist das Psalterium von vornherein auf die Tage und Horen aufgeteilt und gleich mit den nötigen Antiphonen versehen. Während das römische Stundengebet die Psalmen bisher auf eine Woche verteilte, kommt jetzt das Psalterium im Lauf von vier Wochen ganz (mit Ausnahme einiger Fluchpsalmen; ferner einiger geschichtlicher Psalmen, die nur in den geprägten Zeiten des Jahres aufgenommen sind) zu Gehör. Der Zyklus beginnt jeweils von vorn am 1. Advent-, Fasten- und Ostersonntag sowie am 1., 5., 9. usf. Sonntag im Jahreskreis.

3. Die verschiedenen Textformen des lateinischen Psalteriums. Das der römischen Kirche eigene altlateinische *Psalterium Romanum,* dem weithin die Antiphonen und Responsorien des Römischen Meßbuches und Breviers entnommen sind, wurde endgültig in der nachtridentinischen Brevierausgabe durch das *Psalterium Gallicanum* ersetzt (Teil einer weithin verlorengegangenen Revision des altlateinischen AT, die Hieronymus vor der Vulgataübersetzung anhand der 5. Kolumne der Hexapla des Origenes vorgenommen hatte; das zur Vulgata gehörige *Psalterium iuxta Hebraeos* war liturgisch höchstens vorübergehend in Spanien im Gebrauch), nachdem schon die Franziskaner es statt des Römischen Psalteriums in Kurialbrevier eingeführt hatten. Daneben bestehen weitere örtliche Sondertraditionen wie das Psalterium *Ambrosianum* oder das Psalterium *Mozarabicum.* Der Versuch einer Neuübersetzung für die römische Liturgie, der vom päpstlichen Bibelinstitut 1945 im Auftrag Pius' XII. veröffentlicht wurde, fand nicht den Beifall der Latinisten. Die neue Liturgia Horarum bietet den Psaltertext der Neovulgata.

4. Das Volk, das im Abendland seit der Karolingerzeit von der unmittelbaren Teilnahme am Stundengebet ausgeschlossen war, schuf sich nach älteren Vorbildern einen Ersatz für das Psalmenpensum durch die Reihung anderer ihm bekannter Gebete, vor allem des Vaterunsers. Man nennt darum den ↗Rosenkranz mit seinen 150 Ave Maria und ähnliche Gebetsformen gern den „Kleinen Psalter".

Lit.: ↗Stundenbuch

Pult (vom lat. pulpitum = Tribüne) Vorrichtung zum Auflegen des

1. Lektionars. Daraus entwickelte sich der ↗Ambo, der seiner Grundkonzeption nach ein aufgestelltes Lesepult ist. In der späteren Form der ↗Kanzel haben die protestantischen Kirchenbauten das Pult meist belassen, die katholischen dagegen entfernt. In Kirchen mit Chorgebet hat sich auch ein Chorpult erhalten für die Lesungen des Offiziums, aufgestellt zwischen den beiden Gruppen des Chorgestühls.

2. Chorgesangbuches, vor allem des Meßantiphonars. Die Schola und die kleinen mehrstimmigen Chöre sangen bis in die Barockzeit hinein nicht aus Einzelbüchern, sondern scharten sich um ein großes Chorbuch. Auch beim Chorgebet benutzte man (die Zisterzienser noch heute) große Psalterien auf Pulten.

3. Meßbuches auf dem Altar. Im Osten legt man das Buch mit den Priestergebeten einfach auf den Altar. Der Westen legte ein Kissen unter, das seit der Gotik in zunehmendem Maß durch ein kleines Meßpult aus Holz ersetzt wird. Im Zusammenhang mit der Zelebration zum Volke hin hat man weitgehend auf das Meßpult verzichtet, um die Sicht nicht zu behindern.

Alle Arten des Pultes werden für den liturgischen Gebrauch durch eine Decke (ursprünglich weiß, jetzt in der Tagesfarbe) zugerüstet.

Purifikatorium Tüchlein zum Austrocknen des Kelches und zum Abwischen des Mundes nach der Kelchkommunion. Seit dem Trienter Missale ist es im Westen ausdrücklich vorgeschrieben. Es ist aus weißem Linnen gefertigt und wurde beim Zubereiten des Kelches vor der Messe in diesen gesteckt („Kelchtüchlein"). Die Byzantiner verwenden ein Tüchlein aus roter Seide, das sie bei der Kommunion den Gläubigen zwischen Kelch und Mund halten.

Pyxis ↗Ziborium.

Q

Quadragesima auch Fastenzeit oder österliche Bußzeit genannt, ursprünglich ein Zeitraum von vierzig Tagen vor dem ↗Österlichen Triduum, zur Vorbereitung der Gläubigen, insbesondere der Taufbewerber, auf das Osterfest. Das lateinische Wort meint zunächst den 40. Tag vor dem Fest, später aber den Zeitraum von 40 Tagen.

1. Geschichtliche Entwicklung. Schon die Christen des 2. Jhs. bereiteten sich durch ein zweitägiges Trauerfasten auf die Osternachtfeier vor. Es dauerte bis Mitternacht und machte dann in der anschließenden Tauf- und Eucharistiefeier der österlichen Freude Platz. Im 3. Jh. dehnte man es, wenn auch nicht als „Vollfasten“, auf die ganze ↗Karwoche aus. Das Erste Allgemeine Konzil von Nizäa spricht bereits von einer Quadragesima wie von einer allbekannten Einrichtung. Die Väter begründeten die Dauer von vierzig Tagen mit den 40 Jahren der Wüstenwanderung Israels ins Gelobte Land und mit den 40 Tagen, die Mose auf dem Berg Sinai und der Prophet Elija auf dem Weg zum Berg Horeb fasteten, aber auch mit dem vierzigtätigen Fasten Jesu nach seiner Taufe (Mt 4,2 par.). In Rom begann die Quadragesima ursprünglich am 6. Sonntag vor Ostern. Ob es dort im 4. Jh. zeitweise eine Fastenzeit von nur drei Wochen gegeben hat, ist umstritten. Weil man sonntags nicht fastete, suchte man im 5. Jh. die Zahl der wirklichen Fasttage auf 40 zu erhöhen und erreichte dies in zwei Schritten: Man rechnete den Karfreitag und Karsamstag, bislang Bestandteile des Österlichen Triduums, hinzu und kam so zur Zahl 36, worin manche Väter nicht ohne Wohlgefallen den Zehnten eines Jahres erblickten. Schließlich bezog man die vier Tage vor dem ersten Fastensonntag in die Quadragesima ein und gelangte so zum ↗Aschermittwoch als ihrem Beginn („caput ieiunii“). Im 6. Jh. bürgerte sich noch die ↗Vorfastenzeit ein.

Die *inhaltliche Prägung* dieser 40 Tage war wesentlich von den Institutionen des ↗Katechumenates und der ↗Kirchenbuße bestimmt. Die Gemeinden ließen sich in solidarischer Weise in die Vorbereitungen der Taufbewerber und Büßer miteinbeziehen und schufen so eine günstige Atmosphäre des Mit- und Füreinanders. Im Mittelalter mit seiner verbreiteten Passionsmystik wurden die Motive der ↗Passionszeit auf die ganze Fastenzeit ausgedehnt. Zur Fastenpraxis ↗Fasten.

2. Die Neuordnung der Quadragesima. Schon das II. Vatikanum hatte die Grundlinien der Reform kurz skizziert: „Die vierzigtägige Fastenzeit hat die doppelte Aufgabe, einerseits vor allem durch Tauferinnerung oder Taufvorbereitung, andererseits durch Buße die Gläubigen, die in dieser Zeit mit größerem Eifer das Wort Gottes hören und dem Gebet obliegen sollen, auf die Feier des Pascha-Mysteriums vorzubereiten. Dieser Doppelcharakter soll sowohl in der Liturgie wie auch in der Liturgiekatechese in helles Licht gerückt werden“ (LK 109). Entsprechend sollen die Motive der Taufe und Buße stärker herausgestellt werden, nicht nur im Sinn einer rein innerlichen und individuellen Andachtsübung, sondern auch in ihrer Ausstrahlung in den sozialen Bereich (LK 110). Auf die ↗Vorfastenzeit wurde verzichtet, der Aschermittwoch als Beginn beibehalten; die Bezeichnung des 5. Fastensonntags als Passionssonntag und die seitherige ↗Passionszeit entfallen. Das Motiv vom Leiden Christi kommt erst in der neuen Bezeichnung ↗„Palmsonntag vom Leiden Christi" zum äußeren Ausdruck. Die Lesung der Passion am Dienstag und Mittwoch der Karwoche (Mk, Lk) fällt aus, weil diese Abschnitte beim dreijährigen Perikopenzyklus am Palmsonntag verlesen werden. Die Zeit vom Gründonnerstagabend an wird wieder dem Österlichen Triduum zugeordnet. Nach römischer Tradition wird auf Gloria und Halleluja verzichtet, die violette Farbe der Meßgewänder kündet auch weiterhin vom Ernst der Vorbereitung auf das Hochfest des Pascha-Mysteriums (vgl. GOK und MD).

Im deutschen Sprachraum stellte sich die Frage, ob die überkommene Bezeichnung Fastenzeit dem Vollsinn dieser Wochen gerecht werde. Viele sahen darin eine nur negative Abgrenzung gegenüber anderen Zeiten des Jahres, während doch der Sinn österlicher Vorbereitung umfassender sei. Unter den Vorschlägen zur Neubenennung finden sich „österliche Bußzeit", „österliche Bereitungs- bzw. Rüstzeit" oder schlicht „die vierzig Tage vor Ostern". Es meldeten sich jedoch auch Stimmen, die in der Abschaffung des Wortes Fastenzeit einen bedenklichen Verlust sahen, weil „wirkliches Fasten nicht nur in vertikaler Richtung aufschließt..., sondern merkwürdigerweise auch in der Horizontalen" *(B. Fischer)*. Als Ergebnis einer Rückbesinnung ist wohl die Tatsache zu werten, daß das MD das Wort Fastenzeit als Hauptbenennung und „österliche Bußzeit" als Untertitel gewählt hat. Pastoral ist es wichtig, daß man die einzelnen Bezeichnungen nicht zur „Worthülse" werden läßt, sondern ihren umfassenden Sinngehalt immer wieder bewußtmacht, wie es beispielsweise die Präfation I der Fastenzeit tut: „Denn jedes Jahr schenkst du deinen Gläubigen die Gnade, das Osterfest in der Freude des Heiligen Geistes zu erwarten. Du mahnst uns in dieser Zeit der Buße zum Gebet und zu Werken der Liebe, du rufst uns zur Feier der Geheimnisse, die in uns die Gnade der Kindschaft erneuern. So führst du uns mit geläutertem Herzen zur österlichen Freude und zur Fülle des Lebens durch unseren Herrn Jesus Christus."

Lit.: J. A. Jungmann, Die lateinischen Bußriten (Innsbruck 1932); *J. Schümmer,* Die altchristliche Fastenpraxis mit besonderer Berücksichtigung Tertullians (Münster 1933); *Liturg. Institut Trier* (Hrsg.), Quadragese und Pentecoste (Trier 1960); *B. Kleinheyer,* Die neue Osterfeier (Freiburg 1971) 53–83.

Quam oblationem Gebetssatz im Römischen ↗Kanon unmittelbar vor dem Einsetzungsbericht, schon von *Ambrosius* an dieser Stelle bezeugt. Mit ihm kehrt der Kanon nach der eingeschalteten Fürbittenreihe zur Gedankenführung des ↗Hochgebetes zurück. Inhaltlich eine Bitte um

Annahme des Opfers in den exakten Termini römischer Rechtssprache, motiviert durch den Hinweis auf das Wesen der eucharistischen Gaben. Die betende Aneignung empfand den Satz, unterstützt von der jetzigen Textgestalt, immer mehr als Wandlungsbitte, so daß man gelegentlich sogar von einer Art ↗„Epiklese" im Römischen Kanon gesprochen hat. Der Priester und alle Konzelebranten breiten darum bei diesem Satz die Hände über die Gaben aus.

Lit.: Jungmann MS II, 234–243.

Quartodezimaner ↗Ostertermin.

Quatembertage Man versteht darunter jeweils den Mittwoch, Freitag und Samstag von vier Wochen im Jahr, die ungefähr mit dem Beginn der vier Jahreszeiten zusammenfallen und die man in Rom seit dem 8. Jh. als „Quattuor tempora" (= vier Zeiten) bezeichnet.

1. Ursprung und Entwicklung. Die Ursprungsfrage ist noch nicht voll geklärt. Sicher ist, daß es sich um eine spezifisch römische Institution handelt. Die älteste Nachricht findet sich in einer Schrift des 4. Jhs. *(Pontius Maximus),* in der unter Berufung auf den Propheten Sacharja (8,19) ein viermaliges Fasten im Jahr empfohlen wird. Von Papst *Leo I.* († 461) sind 25 Quatemberpredigten erhalten, die den Zusammenhang mit den vier Jahreszeiten betonen und aus dem sich immer wieder erneuernden Kreislauf des Jahres die Notwendigkeit ständiger Läuterung ableiten. Der *„Liber Pontificalis"* aus der ersten Hälfte des 6. Jhs. enthält die Notiz, daß bereits Papst *Kallistus I.* (217–222) ein Fasten an drei Samstagen im Jahr zur Zeit „des Getreides, Weines und Öles" angeordnet habe. – Das Quatemberfasten schloß mit der Vigilfeier in der Nacht zum Sonntag in St. Peter. Weil dieser nächtliche Gottesdienst bereits dem Sonntag zugerechnet wurde, blieben seine Tagesstunden ohne weitere Eucharistiefeier (↗„dominica vacans" = freier Sonntag). Als aber die Vigilfeiern schrittweise bis auf den Vormittag des Samstags vorverlegt wurden (vgl. Osternacht), bekam der Sonntag eine eigene Meßfeier, die aus Elementen der Quatembermessen zusammengestellt war.

Für den eigentlichen Entstehungsgrund der römischen Quatember gibt es mehrere Hypothesen. Nach *G. Morin* liegt er in drei heidnisch-römischen Erntedankfesten (Getreide, Wein, Winteraussaat); nach *L. Duchesne* in der römischen Sitte des sog. Stationsfastens an jedem Mittwoch, Freitag und später auch Samstag. Allmählich habe man aber das allwöchentliche Fasten aufgegeben und sich mit einem viermaligen zum Beginn der Jahreszeiten begnügt. *Neuere Forschungen* sehen die Wurzeln des Quatember mehr in atl. Fastenvorschriften wie Sach 8,19 und Joel 2,12–19. – Mit dem Vordringen der römischen Liturgie verbreitet sich auch das Quatemberfasten. Die Unsicherheit in der Terminierung beseitigte Papst *Gregor VII.* auf der römischen Synode von 1078. Danach fallen die Quatember in die erste Fastenwoche, die Woche nach Pfingsten und nach Kreuzerhöhung (14. 9.) und in die Woche nach Luzia (13. 12.). Zusammenfassend läßt sich der bisherige Sinngehalt dieser Tage als besondere aszetische Bemühung am Beginn der vier Jahreszeiten (Gebet, Fasten, Almosen) und als Dank für die verschiedenen Ernten des Jahres erkennen. Seit dem 5. Jh. dienten sie auch der Vorbereitung und Spendung der heiligen Weihen. In neuerer Zeit empfahl man für diese Tage besondere Gebete für Priester- und Ordensberufe.

2. Die Neuordnung der Quatemberfeiern. Die GOK hält grundsätzlich an den Quatembertagen fest, überträgt jedoch ihre Terminierung und Gestaltung den Bischofskonferenzen, damit den örtlichen Gegebenheiten besser Rechnung getragen werden kann (Nr. 46). Zur Sinngebung betont der offizielle KomGOK, daß die weltweiten Gegenwartsprobleme des Friedens, der Gerechtigkeit und des Hungers den periodisch wiederkehrenden Übungen der Buße und christlichen Liebestätigkeit eine besondere Bedeutung verleihen. Diesen allgemeinen Richtlinien haben die Bischofskonferenzen des deutschen Sprachgebietes auf Grund einer Empfehlung der „Internationalen Arbeitsgemeinschaft der Liturgischen Kommissionen des deutschen Sprachgebietes“ getrennt, aber in der Sache ziemlich übereinstimmend entsprochen. Die *Deutsche* und *Österreichische Bischofskonferenz,* die *Berliner Ordinarienkonferenz* und die *Diözese Luxemburg* haben als Termine die erste Advents- und Fastenwoche, die Woche vor Pfingsten und die erste Oktoberwoche bestimmt. Die *Schweizer Bischofskonferenz,* die zunächst den einzelnen Gemeinden weitgehende Freiheit in der zeitlichen Festlegung eingeräumt hatte, übernahm im März 1979 ebenfalls diese Termine (mit Ausnahme der Herbstquatember = Woche vor dem Eidgenössischen Dank-, Buß- und Bettag). – Zur inhaltlichen Gestaltung fordern die Deutsche und Österreichische Bischofskonferenz, daß unter dem Generalthema „geistliche Erneuerung der Gemeinde“ für jede Quatemberwoche eine bestimmte Thematik festgesetzt und die besonderen pastoralen Aktionen der betreffenden Kirchenjahrzeit (z. B. Adveniat, Misereor) einbezogen werden. In Österreich, der DDR und Luxemburg ergingen hierzu noch nähere Anweisungen. Als Quatembermessen hatte die GOK entsprechende Votivmessen vorgesehen, wie etwa die „Messen in besonderen Anliegen“ (Missae ad diversa). Das MD enthält darüber hinaus für jede Quatemberwoche eine eigene Messe, die von der jeweiligen Kirchenjahrzeit mitgeprägt ist.

Lit.: G. Langgärtner, Erneuerung der Quatember. Anliegen, Modelle, Aktionen (Würzburg 1976); *Adam, Kirchenjahr* 154ff; *W. von Arx,* Geistliche Erneuerung…, in Gd 14 (1980) 126f.

Quinquagesima ↗Vorfastenzeit.

R

Rafael ↗Engelfeste.

Rangordnung der Feste Neben die ältesten Festfeiern der ↗Sonntage, von ↗Ostern und ↗Weihnachten und die alten, ursprünglich regional begrenzten Märtyrer- und Heiligengedächtnisse (↗Heiligenverehrung) traten mit Beginn des Mittelalters zahlreiche neue liturgische Feiern. Der Gefahr, daß dadurch die Grundstruktur des ↗Kirchenjahres verdunkelt und wichtige Festfeiern durch periphere Sonderfrömmigkeit überlagert wurden, suchte die liturgische Gesetzgebung durch verschiedene Bestimmungen zu begegnen. Dies führte in den letzten Jahrhunderten zu einer *komplizierten Festordnung,* die nicht weniger als sechs verschiedene Rangstufen mit weiteren Klassifizierungen hervorbrachte. So kannte man seit *Pius V.,* der im Auftrag des Trienter Konzils Brevier (1568) und Missale (1570) neu herausgab, die Rangstufen „Duplex I. Klasse", „Duplex II. Klasse", „Duplex maius", Duplex", „Semiduplex" und „Simplex". (Das Wort duplex = doppelt bezog sich ursprünglich auf ein doppeltes Stundengebet, das man beten mußte, wenn ein Fest auf einen Wochentag fiel, also Ferial- und Festoffizium). Zahlreiche Duplexfest hatten ↗Oktaven, die selber wieder nach ihrem Rang unterschieden wurden in privilegierte, gewöhnliche und einfache. Zusätzlich wurden die privilegierten Oktaven noch differenziert in solche 1., 2. und 3. Ordnung. Schon seit *Benedikt XIV.* gab es immer wieder Versuche zu einer Vereinfachung, so noch 1955 und 1960 (Codex rubricarum vom 25. 7. 1960). Aber erst die durch das II. Vatikanum in Auftrag gegebene Neuordnung (LK 107) führte 1969 zu einer wesentlichen Vereinfachung durch die GOK. Hier werden die Feste nach ihrer Bedeutung eingeteilt in Hochfest (sollemnitas), Fest (festum) und Gedenktag (memoria), wobei zwischen gebotenem und nichtgebotenem Gedenktag zu unterscheiden ist. Nur die beiden Hochfeste Ostern und Weihnachten haben ihre Oktav behalten. – Die GOK (Nr. 59) enthält ein detailliertes „Verzeichnis der liturgischen Tage nach ihrer Rangordnung". Nach dieser entscheiden sich dann auch die Fragen der ↗Okkurrenz und Konkurrenz.

Rauchfaß ↗Weihrauch.

Rauchmantel (weil bei der feierlichen Vesper getragen, die durch Beräucherung gekennzeichnet ist; auch *Chormantel, Vespermantel;* lat. *Pluviale* = Regenmantel) dem Abendland eigentümliches Parament, ein den ganzen Leib einhüllender, vorne offener und durch eine oft sehr kostbare Schließe (formale) zusammengehaltener Mantel in der liturgischen ↗Farbe, mit einer Kapuze, die bald in einen Zierschild umgewandelt wurde. Entstanden aus einem Mantel (cappa), den Mönche und Chorherren in der karolingischen Zeit an festlichen Tagen zu Chordienst und Prozession anlegten. Aus Gründen der Bequemlichkeit übernahm für Funktionen außerhalb der Meßfeier auch der Zelebrans diesen Mantel statt der Kasel, die erst dadurch zum ↗„Meßgewand" wurde. Von seinem Ursprung her ist das Pluviale feierlichen Funktionen, nicht aber dem Zelebranten vorbehalten; es wird bei feierlichen Vespern von allen teilnehmenden Priestern angelegt. – ↗Gewänder, liturg.

Reform ↗Liturgiereform.

Reformation *Luthers Bestreben* war es nicht, „den Gottesdienst aufzuheben, sondern wieder in rechten Schwang zu bringen". Er geißelte als ernsten Mißbrauch seiner Zeit, „daß man Gottes Wort geschwiegen hat und alleine gelesen und gesungen in der Kirchen"; dadurch seien „nebeneingekommen so viel unschristlicher Fabeln und Lügen". Besonders aber sind für ihn „die päpstlichen Gottesdienste so verdammlich, daß sie Gesetze, Werk und Verdienst draus gemacht und damit den Glauben unterdrückt haben"; dieser Werkcharakter konzentriert sich für Luther vor allem im Vorstellungskreis des „Opfers", weil die spätscholastische und nominalistische Theologie seiner Zeit den ntl. Sinn der Redeweise vom „Meßopfer" (↗Opfer III) tatsächlich nicht klar dargelegt hatte. Während Luther anfangs nur eine Neuinterpretation des Gottesdienstes und eine vorsichtige Streichung von Opfertermini versucht hatte, führten ihn die radikalen Strömungen weiter zur „Formula Missae et Communionis" vom Dezember 1523 (noch lateinisch), die vom ↗Hochgebet nur noch Stücke beläßt und das Sanctus hinter den Einsetzungsbericht versetzt, und schließlich zur „Deutschen Messe" von 1526, in der der eucharistische Teil jede Struktur verloren hat; es fehlt selbst die Andeutung eines Hochgebetes, an die Predigt schließt sich eine „Vermahnung" und daran die „Dermung" (die Einsetzungsworte, von lat. terminare = festsetzen, bestimmen), nicht mehr in Gebetsform, sondern im Evangelienton gesungen als Verkündigung. Die lutherischen Kirchenordnungen der nachfolgenden Zeit leiten sich aber nicht nur von den genannten Ordnungen Luthers selbst ab, sondern knüpfen im süddeutschen Raum auch an den ↗Prädikantengottesdienst an. – Noch stärker ausgeprägt ist dieser Ansatzpunkt bei den Gottesdienstordnungen der *reformierten Kirchen*. Zwingli und Calvin waren mit Luther einig in der Kritik am Gottesdienst der spätmittelalterlichen Kirche, sie waren sich gegen Luther einig in der Ablehnung der realen Gegenwart Christi unter den eucharistischen Gestalten. Im Leben der von ihnen gestifteten Gemeinden tritt die Eucharistie überhaupt an sichtbarer Bedeutung zurück, sie wird in einfacher schmuckloser Form, unter großem Ernst und mit stark ethischer (bei Zwingli) und lehrhafter (Calvin) Ausrichtung begangen, ohne daß sie in den Sonntagsgottesdienst integriert wäre. – *Die anglikanische Kirche* bekam aus ihren anderen, nicht primär reformatorischen Ansätzen heraus einen organisch aus der mittelalterlichen englischen Liturgie herausgewachsenen, aber vom lutherischen Sakramentenverständnis überformten Gottesdienst, der im ↗Book of Common Prayer festgelegt ist. Auch die Sonderentwicklung in den nordischen Ländern hat (vor allem in Schweden) die ererbte liturgische Struktur stärker bewahrt. – Die ↗Aufklärung löste im protestantischen Raum die alten gottesdienstlichen Formen fast völlig auf. Gottesdienst will nur noch Verkündigung sein als Mittel zur Volksbelehrung und -besserung, „Liturgie" wurde (und wird teilweise noch) als der an sich unnötige Rahmen um die Predigt verstanden. Zum entscheidenden Anstoß für die Wiedergewinnung der gottesdienstlichen Gestalt wurde die „Preußische Agende" Friedrich Wilhelms III. von 1822. Neben den allgemeinen Faktoren, die in allen Kirchen seit der Aufklärung eine ↗Liturgische Bewegung erwachsen ließen, spielt für die Wiedergewinnung des Gottesdienstes in der evangelischen Kirche eine große Rolle die Lutherrenaissance des 19. Jhs. (W. Löhe, Erlanger Schule) sowie die Besinnung auf das Wesen der Kirche, wie sie nach dem Ersten Weltkrieg durch das Aufhören des landesherrlichen Kirchenregimentes ausgelöst wurde. In zunehmendem Maße gewinnt die lutherische Theologie (im Einflußbereich von Taizé auch die reformierte) Verständnis für die Funktion des Eucharistischen Hochgebetes. Die Agende der Vereinigten Evangelisch-Lutherischen Kirche Deutschlands von 1954 legt dem Hauptgottesdienst die Struktur der ↗Messe (Einheit von Wort und Sakrament) zugrunde und ermöglicht in der Form B (Vaterunser nach den Einsetzungsworten) durch ein fakultatives Post-Sanctus-Gebet und eine Anamnese wieder ein echtes Hochgebet.

Lit.: Leiturgia II; Agende für evangelisch-lutherische Kirchen und Gemeinden Bd. I (Berlin 1955); *H. B. Meyer,* Luther und die Messe (Paderborn 1964).

Regina coeli ↗Marianische Schlußantiphonen.

Regionalkalender Bei der Neuordnung des Römischen ↗Generalkalenders war vorgesehen, daß nicht nur „jedes Bistum seinen Kalender, seine Eigenoffizien und Eigenmessen haben sollte", sondern auch Provinzen, Regionen, Nationen und noch größere Gebiete, ein Grundsatz, der entsprechend auch auf Ordenskalender angewandt werden könne (GOK 51). Nähere Anweisungen gab die Instruktion der Gottesdienstkongregation vom 24. 6. 1970 „über die Neuordnung der Eigenkalender und die Eigentexte von Stundengebet und Messe" (enthalten in Nachkonzil. Dokumente Bd. 29 [Trier 1975]). – Auf der Grundlage dieser beiden römischen Dokumente wurde der „Regionalkalender für das deutsche Sprachgebiet" erarbeitet und „im Frühjahr 1971 von den Bischofskonferenten Deutschlands, Österreichs und der Schweiz sowie von den Bischöfen von Luxemburg und Bozen-Brixen als ‚auctoritates territoriales' für den liturgischen Gebrauch approbiert. Am 12. Juli 1973 schloß sich der Bischof von Lüttich der Approbation an. Der Kalender umfaßt den Römischen Generalkalender mit den für das Sprachgebiet erforderlichen Anpassungen und, darin eingeordnet, die Eigenfeiern des gesamten Sprachraumes" (MD 87*). Er wurde am 21. 9. 1972 von Rom konfirmiert und in den meisten Diözesen mit Beginn des Jahres 1973 verwendet. – Bei der Auswahl der Heiligen waren die Grundsätze maßgebend, die man auch bei der Redaktion des Generalkalenders beachtet hatte, d. h., es wurden vor allem Heilige aufgenommen, die von allgemeiner Bedeutung für das Sprachgebiet sind, wobei man um „ein chronologisches und geographisches Gleichgewicht" *Ph. Harnoncourt)* bemüht war. Insgesamt gibt es 67 Eigenfeiern, von denen zwar 17 schon dem Generalkalender angehören, die aber wegen der primären Zugehörigkeit der betreffenden Heiligen zum Sprachgebiet doch als Eigenfeiern zu werten sind. Alle Eigenfeiern des Regionalkalenders haben zunächst den Charakter eines nichtgebotenen Gedenktages, um den einzelnen Bistümern die Möglichkeit zu geben, ihnen besonders nahestehende Heilige durch einen höheren Rang hervorzuheben. Bei der Vorbereitung war man bemüht, mit einem Vertreter der Evangelischen Kirche *(D. Fr. Schulz)* eine möglichst weitgehende Übereinstimmung mit dem evangelischen „Fest- und Namenskalender" nach Bezeichnung und Datum der einzelnen Fest- und Gedenktage zu erreichen. – Bei der Redaktion des Regionalkalenders wurden nur wenige Adaptationen des Generalkalenders vorgenommen bzw. von Rom gestattet, z. B. die Beibehaltung der bisherigen Festtermine von Mariä Heimsuchung (↗Marienfeste 1.3), des Apostels Matthias (↗Apostelfeste 3) und einiger Heiliger.

Lit.: Ph. Harnoncourt, Erläuterungen und Kommentare, in: Die Neuordnung der Eigenkalender für das deutsche Sprachgebiet (Nachkonzil. Dokumente 29 [Trier 1975]) 181–284.

Reisegebet (Itinerarium) Land- und Seereisen waren im Altertum (2 Kor 11, 26) und erst recht im Mittelalter beschwerlich und gefährlich. Darum betete man in den Fürbitten für die Reisenden, enthalten die Sakramentare Votivmessen, die bei der Abfahrt für sie gefeiert wurden, gab man ihnen die Eucharistie auf die Reise mit und sprach ein Segensgebet über sie. Besondere Bedeutung gewann seit dem 11. Jh. die Segnung der ausziehenden Pilger, die ins Heilige Land, zu den Apostelgräbern nach Rom und Compostela und später auch zum Heiligen Haus nach Loreto zogen; Pilgerstab und Pilgertasche wurden gesegnet oder auch das Kreuz auf dem Mantel. Bei der Rückkehr wurden die Pilger mit Gebeten empfangen, die aus klösterlichem Brauchtum übernommen waren. Das deutschsprachige Benediktionale bietet einen Pilgersegen (Nr. 25) und einen Reisesegen für Urlauber (Nr. 26).

Rekonziliation Dieser lat. Ausdruck im Sinn von Wiederversöhnung kann bedeuten:

1. die Versöhnung des Büßers mit der Kirche. Ihr ging im Altertum meist eine bestimmte Bußzeit voraus. Die Rekonziliation mit der Kirche und damit mit Gott erfolgte meist am Gründonnerstag, so daß die Wiederversöhnten die Osterfeier wieder in lebendiger Gemeinschaft mit der Kirche begehen konnten. Näheres ↗Bußsakrament;

2. *die Befreiung von Kirchenstrafen* (als Voraussetzung für die Wiederzulassung zu den Sakramenten), insbesondere die Lösung von der Exkommunikation wegen Glaubensabfalls oder Trennung von der Kirchengemeinschaft (vgl. Rit. Kom. Tit. IV c. 3). ↗Konversion.

3. *den Ritus für die Wiederingebrauchnahme* eines Kirchengebäudes oder Friedhofs, die durch bestimmte Handlungen (z.B. Mord) geschändet worden waren („Entsühnung").

Reliquien (lat.: „Überbleibsel") Gebeine eines Märtyrers oder eines anderen Heiligen; in einem weiteren Sinn Dinge, die mit ihm in enger Beziehung standen, wie Marterwerkzeuge, Kleider u. a. m., sowie schließlich Dinge (vor allem Tücher), mit denen man den Märtyrerleib berührt hatte (*brandeum,* ↗Hand). – Die Christen des Altertums behandelten die Leiber ihrer Toten, besonders der Märtyrer, mit derselben natürlichen Pietät, die auch in ihrer nichtchristlichen Umgebung selbstverständlich war. Darüber hinaus führte sie der Glaube an die Auferstehung zu einer besonders ehrfürchtigen Behandlung des bestatteten Leibes. Die überkommenen Ausdrucksformen dieser Ehrfurcht (Ölsalbung, ↗Weihrauch, ↗Lichter) bekamen eine neue Sinnfärbung und wurden zum Zeichen der Teilnahme am ↗Pascha-Mysterium. – Reliquienverehrung ist zunächst an das Grab gebunden. Die Gemeinden schätzen ihre besonders begnadeten Glieder und betrachten sie als ihre ↗Patrone. Wegen der antiken Gesetze über die Unverletzlichkeit der Grabstätten errichtete man Kirchen unmittelbar über den Gräbern. Aus verschiedenen Motiven beginnt man, Reliquien in die Stadtkirchen zu übertragen und unter dem Altar beizusetzen, bis es im frühen Mittelalter schließlich Vorschrift wird, daß jeder ↗Altar ein Reliquiengrab enthält. Um die Reliquien besser verehren zu können, bildeten sich, dem Zeitgeschmack entsprechend, verschiedene Formen aus, von der ↗Confessio zur ↗Krypta und zum Hochgrab hinter dem Altar und dem Glassarg des ↗Barock, dazu Reliquiare in den verschiedensten Formen. – Reliquienverehrung entfernt sich leicht von ihrem Ausgangspunkt und sieht in den Reliquien dann Träger überirdischer Kräfte und Garantien des himmlischen Schutzes (↗Magie). So kämpfte man um ihren Besitz, zerteilt sie, um vielen von ihrer Kraft mitzuteilen, trägt sie in Kapseln umgehängt, nimmt sie pulverisiert als Medizin und fügt sie mancherorts sogar den Farben zum Malen der Ikonen bei. Seit der ↗Aufklärung spielt Reliquienverehrung nördlich der Alpen nur noch eine geringe Rolle. Der neue ↗Kirchweih-Ritus verlangt, daß Reliquien nur dann in oder unter dem Altar beigefügt werden dürfen, wenn ihre Echtheit erwiesen ist.

Lit.: B. Kötting, Reliquienverehrung, ihre Entstehung und ihre Formen, in: TThZ 67 (1958) 321–334.

Reminiscere Name des zweiten Fastensonntags nach dem ersten Wort des Eröffnungsverses (aus Ps 25). Sein Evangelium von der ↗Verklärung des Herrn setzt einen wichtigen Osterakzent schon am Anfang der österlichen Bußzeit.

Requiem ↗Begräbnisliturgie.

Responsorium (lat. = Antwortgesang) der responsorisch gesungene Psalm (↗Psalmodie).

1. Die Grundform. Ein Solist (↗Kantor, Psalmista) legt der Gemeinde (im Normalfall mit reich ausgezierter Melodie) einen Psalm Vers für Vers (gekennzeichnet: ℣)vor; die ganze Versammlung antwortet auf jeden Vers mit einem kurzen, melodisch einfachen Kehrvers, dem ↗Responsum (℟). Die responsorische Singweise ist uralt, in verschiedenen Formen in der ganzen Menschheit verbreitet; sie war auch dem AT für das Psalmensingen bekannt, wie Ps 135 zeigt. In der hier beschriebenen vollen Gestalt war das Responsorium in der römischen Liturgie nicht mehr erhalten; das Invitatorium bietet zwar äußerlich dieses Bild, gilt aber der Überlieferung als ↗Antiphon; der ↗Antwortpsalm nach der ersten Lesung in der erneuerten Meßfeier greift diese Vollform wieder auf. Der responsorial gesungene Psalm ist die traditionelle Form des Antwortgesanges auf jede Lesung im gemeindlichen Gottesdienst, bei der Meßfeier wie bei der gemeindlichen Nachtwache (↗Vigil) und eventuell beim Morgen- und Abendlob.

2. Diese Grundform hat aus verschiedenen Gründen *Verkürzungen und Veränderungen* erfahren. Das *Responsorium breve* nach den Kurzlesungen in Laudes und Vesper reduziert den Psalm auf einen Vers und den Abschlußvers „Ehre sei"; nach dem ersten Vers wird von der Volksantwort nur die zweite Hälfte genommen (responsio a latere; Zeichen im folgenden: ℟*); schematisch: ℟ ℟ ℣1 ℟* ℣ Gloria Patri ℟. Die Melodie (drei Typen) ist ganz einfach, der Vorsängervers führt unmittelbar in die Volksantwort hinein. Das Prokimenon der byzantinischen Liturgie ist dasselbe Reduktionsstadium eines responsorischen Psalmes wie das lateinische Responsorium breve. – Das *Responsorium prolixum* (nach den Lesungen der Lesehore) gibt dem Volksresponsum eine so reiche kunstvolle Melodie, daß es nur noch von einer ausgebildeten Schola gesungen werden kann; es wird darum anfangs auch nicht eigens vorgesungen, sondern sofort von der ganzen Schola ausgeführt; nach dem Solovers antwortet die Schola mit der zweiten Hälfte des Responsums. – Das ↗*Graduale* (responsorium gradale) der römischen Meßfeier verzichtet auch auf die Wiederholung des Responsums nach dem Solovers; um die Gestalt einigermaßen zu wahren, fällt die Schola beim letzten Wort des Soloverses in den Gesang des Kantors ein; die Rubriken empfehlen, daß die Schola statt dessen das Responsum wiederholen solle. Die responsorische Grundlage schimmert auch darin durch, daß der Vers im allgemeinen immer noch einfach der erste Vers des ursprünglich ganz gesungenen Psalmes ist; allerdings ist der Vers jeweils auskomponiert und nicht mehr einer stereotypen Psalmodieformel unterlegt, wie das beim Offiziumsresponsorium noch der Fall ist.

3. Responsorium der Matutin und Graduale haben ihren psalmodischen Ursprung so sehr verloren und sind *zum Typ geworden,* daß sie auch aus anderen Büchern der Schrift und selbst aus nichtbiblischen Texten genommen werden können. Das neue Stundenbuch bietet zu jeder Lesung ein eigenes Responsorium, das auf die Lesung hin konzipiert ist, sie in den Zusammenhang der Heilsgeschichte stellt oder in Gebet und Betrachtung überführt; diese Fülle von Texten kann natürlich nicht auskomponiert, sondern nur mit Formeln melodisiert werden (vgl. die Beispiele im Antiphonale S. 104 und 312).

Lit.: AES 169–172; *J. Gelineau,* Musik im christlichen Gottesdienst (Regensburg 1965) 110–129.

Responsum (lat. = Antwort, in liturgischen Büchern abgekürzt durch ℟). 1. Der Refrain oder ↗Kehrvers, mit dem das Volk beim responsorischen Psalmengesang (↗Responsorium) in die Verse (℣) des Vorsängers einfällt. Für gewöhnlich wird dieser Kehrvers vor Beginn des Psalmes einmal vorgesungen und von der Gemeinde nachgesungen. Besonders beliebt als Responsum war und ist das ↗Halleluja. – 2. Die Antwort auf einen Versikel, so nach der Psalmodie der ↗Lesehore und nach der Kurzlesung der ↗Kleinen Horen. – 3. In ungenauer Sprechweise auch die antwortende ↗Akklamation („Responsion") des Volkes auf einen Zuruf des Priesters oder Diakons.

Retabel Bildtafel auf dem rückwärtigen Teil des ↗Altares (lat. = retro-tabulum), dann allgemeiner der rückwärtige Altaraufbau. Bis ins frühe Mittelalter hielt man streng an der Regel fest, daß auf den Altar nichts gestellt werden dürfe außer der Patene mit den Hostien, dem Kelch mit dem Wein, dem Evangelienbuch und eventuell dem Kanontext. Nach 800 fängt man an, Reliquienschreine nicht nur hinter dem Altar aufzustellen, sondern auf ihm selbst. In der romanischen Zeit stellt man niedrige (querrechteckige) Bildtafeln auf den Altar, Retabeln im wörtlichen Sinn; Vorbild waren wohl die Wandbilder, an die der Altar inzwischen ja näher herangerückt war. Größere Verbreitung fand das Retabel erst im 13. Jh. Die Gotik baute es zum Flügelaltar aus, der Barock schuf ganze Bühnenaufbauten, die den Altar nicht mehr als Untersatz benutzten, sondern ihn als verhältnismäßig unansehnlichen Teil in die gesamte Apsisarchitektur einbezogen. Die Neubesinnung in der ↗Liturgischen Bewegung führte dazu, daß man die eigentliche Funktion des Altares wieder in den Vordergrund stellte und ihn als frei stehenden Tisch errichtete (von Instr I und anderen nachkonziliaren Dokumenten nachdrücklich empfohlen), so daß auch die Altaraufbauten entfielen. – ↗Predella; ↗Zelebration zum Volke hin.

Reverenz (lat.) ↗Ehrung durch ↗Gebärden. Die wichtigste und verbreitetste Ehrung im Gottesdienst ist die ↗Verneigung des Hauptes, oft verbunden mit Abnehmen der Kopfbedeckung. Im Mittelalter hat der Westen diese Funktion immer mehr auf die Kniebeuge verlagert. Eine große Rolle spielt auch der verehrende ↗Kuß. Aus der antiken Kultur stammt die Ehrung durch Vorantragen und Darreichen des ↗Weihrauchs und der ↗Kerzen.

Richtlinien für die Feier der Messe. Das vielfältige Wachstum der deutschen ↗Gemeinschaftsmesse mit ihren mannigfachen Erscheinungsformen ließ bald das Bedürfnis nach vereinheitlichenden Richtlinien wach werden. Zu diesem Zweck trafen sich erstmals 1935 verschiedene Vertreter der volksliturgischen Arbeit in Maria Laach; als Ergebnis erschienen 1937 unter Leitung der Bischöflichen Hauptarbeitsstelle Düsseldorf „Richtlinien der Gestaltung der Gemeinschaftsmesse in den Pfarrgemeinden“, denen die ↗Hochamtsregel zugrunde gelegt war. Die ↗Liturgische Kommission, die von den deutschen Bischöfen 1940 berufen wurde, setzte die Arbeit fort; ihr Ergebnis wurde 1942 als „Richtlinien zur liturgischen Gestaltung des pfarrlichen Gottesdienstes, bearbeitet vom Liturgischen Referat der Fuldaer Bischofskonferenz“ von den einzelnen Bistümern veröffentlicht. Als in den fünfziger Jahren, begünstigt durch MedDei und die ersten römischen Reformen, die Liturgische Bewegung stärker auf die Gemeinden einwirkte, haben viele Diözesen nochmals und ausländische Episkopate erstmals Richtlinien erlassen; bedeutsam waren vor allem das „Directoire pour la pastorale de la messe“ des französischen Episkopates 1956 und (bereits 1955) das Direttorio liturgico des Erzbischofs *Lercaro* von Bologna mit dem Titel „A Messa, figlioli“, das auch gleich die nötigen Texte und Lieder in einem repertorio mit anbot. Die Instruktion der Ritenkongregation von 1958 und die Rubrikenreform von 1960 führten zu entsprechend angepaßten „Richtlinien der deutschen Bischöfe für die Feier der heiligen Messe in Gemeinschaft“, die im Frühjahr 1961 veröffentlicht wurden. Die kleine Liturgiereform 1965 schließlich rief Richtlinien fast aller Episkopate der Welt an ihren Klerus hervor. – Inzwischen bieten die offiziellen liturgischen Bücher selber nicht mehr einfach ↗Rubriken, sondern behandeln auch Sinn und Funktion des Gottesdienstes und seiner einzelnen Teile, so daß Richtlinien im herkömmlichen Sinn sich erübrigen. Solche erscheinen jetzt für Sondersituationen, die von der allgemeinen Beschreibung nicht erfaßt werden, so Richtlinien für ↗Kindergottesdienste und ↗Gruppengottesdienste.

Ring durch seine geschlossene Form Zeichen der Bindung.

1. Verlobungs- und Ehering. Zunächst Pfandgabe (arrha) bei der ↗Verlobung; das Römische Rituale kannte deshalb nur einen Ring, den der Bräutigam der Braut ansteckt, entsprechend dem Brauch bei der heidnisch-römischen Verlobungsfeier. Eine beiderseitige Ringgabe findet sich seit dem 11. Jh. im byzantinischen Verlobungsritus. Durch die Verbindung der Verlobungsfeier mit dem Trauungsritus wird der Verlobungsring zum Trauring. Um auch die Treuepflicht des Mannes stärker ins Bewußtsein zu stellen, war vor allem die Kirche in Deutschland seit dem 13. Jh. bemüht, den *gegenseitigen Ringaustausch* in den Trauungsritus einzubauen. Für alle deutschen Diözesen wurde dies allerdings erst mit der „Collectio Rituum" von 1950 erreicht. Das neue Rituale der ↗Trauung für das deutsche Sprachgebiet sieht vor der Konsenserklärung die Segnung der beiden Ringe vor, der Ringaustausch hingegen erfolgt erst im engen Anschluß an den Konsens.

2. Bischofsring. Zunächst wohl als Siegelring mehr amtliches Abzeichen, wird er zuerst in Spanien und seit dem 9. Jh. im gallisch-fränkischen Bereich bei der Bischofsweihe zusammen mit dem Stab feierlich übergeben, als „Zeichen der Treue", mit der sich der Bischof an die Kirche bindet. – In Angleichung an die ↗Pontifikalien des Bischofs haben auch die *Äbte* den Ring übernommen und tragen ihn seit dem ausgehenden Mittelalter ständig.

3. Auch bei der ↗Jungfrauenweihe und ↗Profeß von Klosterfrauen wird ein Ring angesteckt. Er ist seit dem 13. Jh. bezeugt und Ausdruck der Verlobung mit Christus.

Lit.: R. Köster, Ringwechsel und Trauung, in: Ztschr. der Savigny-Stiftung für Rechtsgeschichte, Kan. Abt. 22 (1933) 1–35; *K. Ritzer,* Formen, Riten und religiöses Brauchtum der Eheschließung (LQF 38) (Münster 1962); *Th. Maas-Ewerd,* Zeichen der Liebe und Treue. Der Ring in der „Feier der Trauung", in: HD 32 (1978) 66–76.

Ritenkongregation römische Kurialbehörde als zentrale Aufsichtsinstanz für den lateinischen Ritus, 1588 von *Sixtus V.* errichtet. Für die orientalischen Riten ist die Ostkirchenkongregation zuständig. Die Ritenkongregation sollte nach der offiziellen Herausgabe der liturgischen Bücher nach dem Trienter Konzil dafür sorgen, daß dieser römische Ritus überall einheitlich gefeiert wurde und nicht wieder in viele örtliche Sonderriten zerfiel, vor allem durch Entscheidungen, die sie in Zweifelsfällen, meist in Beantwortung von Anfragen, erließ (fünf umfangreiche Bände „Decreta authentica"). Allerdings ergingen diese Erklärungen meist in Form juristischer Interpretationen des Rubrikenwortlautes, ohne daß nach dem geschichtlich gewachsenen Sinn der jeweiligen gottesdienstlichen Handlung gefragt worden wäre. Selbst die Errichtung einer historischen Abteilung durch *Pius X.* 1908 konnte Entscheidungen, die rechtlich einwandfrei, aber sachlich unzutreffend waren, nicht verhindern. Allerdings wuchs das Interesse der Ritenkongregation für pastoralliturgische Fragen seit der Enzyklika ↗„Mediator Dei", was besonders bei der Reform der ↗Osternacht und ↗Karwoche deutlich wurde. Nach fast 400 Jahren ihres Bestehens wurde sie durch die Apostolische Konstitution „Sacra Rituum Congregatio" *Pauls VI.* vom 8. 5. 1969 aufgeteilt in eine ↗Kongregation für den Gottesdienst und eine für die Heiligsprechungsprozesse (↗Heiligsprechung).

Rituale liturgisches Buch der Westkirche, das Texte und Anweisungen für die vom Priester zu spendenden Sakramente und Sakramentalien, ferner für Prozessionen und Exorzismen enthält, ähnlich dem Pontifikale für die Funktionen des Bischofs, während das byzantinische Gegenstück, das *Euchologion,* für Priester und Bischof gemeinsam ist. – Ursprünglich waren diese Texte in den ↗Sakramentarien jeweils an ihrem Platz im Kirchenjahr enthalten, wie noch heute das Meßbuch die Prozessionen des Kirchenjahrs an Ort und Stelle beschreibt und im Anhang einige Benediktionen bietet. Erstmals im römisch-deutschen ↗Pontifikale um 950 in Mainz geschah der Schritt der Herauslösung von Ritualtexten und Vorschriften aus den verschiedenen liturgischen Büchern und ihre Zusammenfügung zu einem neuen Buchtyp. Im 11./12. Jh. stellten die Klöster in ähnlicher Weise Ritualien für Haus und Kirche zusammen, die von den Diözesanpriestern gern übernommen wurden und die verschiedensten Namen trugen (↗Agende, Manuale, Obsequiale, Sacerdotale, Pastorale). Der Buchdruck führte zur weiteren Verbreitung solcher Handbücher privater Autorität (vor allem des Sacerdotale Romanum von A. Castellani) und zu ersten Diözesanausgaben. Das Trienter Konzil hatte keine Reformausgabe beschlossen, doch legte sich eine solche nahe; Kardinal J. A. Sartorio arbeitete von 1570 bis zu seinem Tode 1602 daran; sein Ergebnis wurde die wichtigste Materialsammlung für das Rituale Romanum, das Paul V. 1614 veröffentlichte, ohne den Diözesen dessen Annahme vorzuschreiben. So blieben die einzelnen Diözesanritualien bestehen; die Bischöfe gaben weiterhin Ritualien in eigener Autorität heraus, wobei natürlich das römische Buch einen beträchtlichen und meist heilsamen Einfluß ausübte. Anders als bei Brevier und Missale war dadurch im Rituale die Muttersprache in bestimmten Grenzen von Anfang an zugelassen. Seit dem Inkrafttreten des Codex 1918 war das Römische Rituale verbindlich, Diözesanritualien erschienen nur noch als „Anhang" dazu und mit ausdrücklicher römischer Approbation; allerdings war die Praxis sehr entgegenkommend, Lokalbräuche, auch die teilweise Verwendung der Muttersprache, wurden weiterhin geduldet. Bedeutsam wurde die 1950 nach zehnjähriger Vorbereitungszeit den deutschen Bischöfen bewilligte *Collectio Rituum,* die der Volkssprache breitesten Raum gewährt und pastorale Hinweise enthält. Bereits 1947 hatten die französischen Bischöfe die Erlaubnis erhalten für ein Rituale parvum, einen Auszug aus dem römischen Buch, der große Teile in französischer Sprache wiedergab. In den fünfziger Jahren erhielten viele Nationen doppelsprachige Ritualien genehmigt. – LK 63 bestimmt, daß das Römische Rituale neu herausgegeben werden solle als Rahmenrituale, auf Grund dessen die zuständigen Bischofskonferenzen der einzelnen Sprachgebiete in eigener Autorität mit Billigung Roms ihre Ritualien herausgeben. Inzwischen sind die Faszikel für die einzelnen Sakramente und für das Begräbnis erschienen und (mit Ausnahme der Aufnahme Erwachsener in die Kirche) auch in Deutsch approbiert und konfirmiert; für Benediktionale und Prozessionale gibt es noch keine römischen Vorlagen; darum erschien das deutsche ↗Benediktionale als Studienausgabe. Besonders bedeutsam an den neuen Ritualeteilen sind die jeweiligen „Pastoralen Einführungen", die von den Praktikern meist noch zu wenig beachtet werden.

Lit.: B. Fischer, Das Rituale Romanum, in: TThZ 73 (1964) 257–271.

Ritus die ortsübliche bewährte Art und Weise, eine gottesdienstliche Veranstaltung abzuhalten, und die dabei vollzogenen ↗Zeichen und ↗Gebärden. In spezieller Weise wird das Wort gebraucht von der Gesamtheit der gottesdienstlichen Gebräuche einer bestimmten Kirche; es meint dabei nicht nur den Zeremonienapparat, sondern die ganze Lebensordnung und Verfassung einer christlichen Gemeinde in ihrer Eigenart, die ja gerade in den gottesdienstlichen Bräuchen zutage tritt. Aus der Fülle der Besonderheiten von Ort zu Ort wuchsen im 4. Jh. verschiedene liturgische Familien zusammen; sie kristallisierten sich um bestimmte Zentren, um die apostolischen Stühle (↗Patriarch) und um Wallfahrtsorte (↗Jerusalem). Infolge der abgeschlossenen Lage Ägyptens bilden sich die Konturen eines eigenen Ritus am frühesten in ↗Alexandrien aus. Während trotz des späteren Übergewichts von ↗Byzanz der Osten eine Mehrzahl von Riten selbständig erhalten hat (↗Orientalische Riten), hat sich unter den zahlreichen ↗lateinischen Liturgien der Ritus von ↗Rom praktisch ausschließlich durchgesetzt, seit der ↗Reformation allerdings wieder aufgefasert in den Gottesdienstformen der evangelischen Kirchen.

Lit.: I.-H. Dalmais, Die Verschiedenheit der Riten und die christliche Einheit, in: LJ 11 (1961) 201–221.

Rochett ↗Chorrock.

Rollenverteilung ↗Teilnahme, tätige; ↗Gottesdiensthelfer.

Rom der durch das Wirken der beiden Apostelfürsten Petrus und Paulus ausgezeichnete apostolische Stuhl (↗Patriarch), dem nach ältester Überlieferung der Dienst der Einheit an allen Kirchen aufgetragen ist. Im Zuge der geschichtlichen Entwicklung hat sich der römische Ritus im ganzen Abendland durchgesetzt (↗Lateinische Liturgien). Zunächst war er auf die Stadt und ihre unmittelbare Umgebung beschränkt. Die Gemeinde sprach anfangs griechisch und behielt diese Sprache im Gottesdienst bis ins 4. Jh. bei; die entscheidende Umstellung auf ↗Latein dürfte unter Papst Damasus (366–384) erfolgt sein. Ob Reste des Griechischen in späterer Zeit (doppelsprachige Lesungen, Taufbekenntnis) Residuen des früheren Zustandes oder (wahrscheinlicher) durch das starke byzantinische Element im spätantiken Rom verursacht sind, ist strittig. Obwohl die Stadt aus seelsorglichen Gründen schon früh in tituli (↗Titelkirchen) unterteilt werden mußte, wurde sie doch durch das System des Stationsgottesdienstes und durch das Mittel des ↗Fermentums als einheitliche Gemeinde unter der Leitung des Papstes verstanden. Unter den Schöpfern liturgischer Texte ist besonders Papst Leo d. Gr. faßbar; Gregor d. Gr. tritt mehr durch redigierende (↗Sakramentar) und ordnende (↗Pater noster, ↗Friedensgruß) Tätigkeit hervor. Inzwischen hatte der stadtrömische Ritus Mittel- und Süditalien einschließlich der Inseln erobert, während Norditalien um die Zentren Mailand, Aquileia und Ravenna eigenständig liturgischen Charakter beibehielt. Dieser echt römische Ritus ist gekennzeichnet durch Schlichtheit der Zeremonien; die Handlungen werden vollzogen, wie die Sache sie fordert (einschließlich einiger beamtenrechtlicher Ehrungen, die dem Bischof von Rom zustanden), aber es geschieht keinerlei symbolische und allegorische Ausdeutung und keine Verfeierlichung, wie sie in Gallien und Byzanz um diese Zeit längst geübt wurden. Ähnlich sind die alten römischen ↗Orationen und Präfationen durch präzise Form und knappen Inhalt gekennzeichnet; die Orationen bilden literarisch eine eigene Gattung, die im Stil von den römischen Gebeten der vorchristlichen Zeit beträchtlich abweicht. Von den übrigen lateinischen Riten unterscheidet sich der altrömische Ritus charakteristisch durch den (bis auf die ↗Präfation und kleine Festeinfügungen) unveränderlichen ↗Kanon; dessen Sprache zeigt noch Einwirkungen der juristisch präzisen vorchristlichen römischen Gebetssprache, vor allem in der Häufung synonymer Ausdrücke. – Die stadtrömische Liturgie wirkte im frühen Mittelalter stark auf die verschiedenen abendländischen Gottesdienstordnungen. Fast überall wurde der Römische Kanon übernommen. Verschiedene Faktoren (römische Missionsarbeit bei den Angelsachsen, Verehrung für den Himmelspförtner Petrus, Fehlen eines vereinheitlichenden Zentrums in Gallien, politische Intentionen der Karolinger) führten zum vollen Sieg der römischen Liturgie in England und im karolingischen Herrschaftsbereich (↗Karolingerzeit). Jedoch wirkten hier zwei Faktoren ändernd ein: Erstens verfügte man in diesen Gebieten fast nur über Bücher für den römischen Papstgottesdienst, hatte aber keine lebendige Tradition über die Meßfeier in den römischen Seelsorgskirchen; dadurch wurde der feierliche Papstgottesdienst zur Norm der einfachen Pfarrmesse und wirkt bis heute verzerrend auf deren Strukturen. Zweitens vermißte man nördlich der Alpen sehr den bisher üblichen sprachlichen und inhaltlichen Reichtum der Gebete und die vertrauten symbolreichen Handlungen; diesem Mangel half man ab durch Textanhänge an die römischen Bücher, durch Häufung der Gebete (↗Kommemoration), durch strukturelle Änderungen im liturgischen Vollzug (Stillbeten des Kanons) und durch dramatische Ausgestaltung des Kirchenjahrs. – Diese römisch-fränkische Mischliturgie strömte in der ottonischen Zeit nach Rom zurück, wo im dunklen Jahrhundert die eigene Tradition weithin abgerissen war. Die zentralistischen Bestrebungen vor allem Gregors VII. setzen die Mischform als die vermeintlich alte römische Liturgie im ganzen Abendland durch, vor allem in Spanien; einzig ↗Mailand konnte sein eigenständiges liturgisches Leben aufrechterhalten. Die

Liturgie behielt während des ganzen ↗Mittelalters trotzdem ein gewisses Lokalkolorit. Erst das Konzil von Trient und die Ritenkongregation haben eine (leider starre und unlebendige) Einheit des römischen Ritus erreichen können, die jetzt im II. Vatikanum aus der Erstarrung erweckt wurde und im Rahmen der römischen Liturgie den einzelnen Völkern und Sprachgebieten ein gewisses Eigenleben zugesteht. – Zu den Einzelheiten der neuzeitlichen Entwicklung: ↗Barock, ↗Aufklärung, ↗Liturgische Bewegung, ↗Liturgiereform.

Lit.: E. Bishop, Der Geist des römischen Ritus, in: Lit. Zeitschrift 4 (1931) 395–417.

Rorate-Messe Votivmesse zu Ehren der Gottesmutter, ursprünglich nur an den Samstagen der Adventszeit, mancherorts aber auch an allen Werktagen des Advents, früher oft bei ausgesetztem Allerheiligsten und (oder) mit sakramentalem Schlußsegen gefeiert. Der Name kommt von dem lateinischen Anfangswort des Eröffnungsverses „Tauet, ihr Himmel, von oben" (Jes 45,8). Wegen des Evangeliums von der Verkündigung des Herrn durch den Engel Gabriel in manchen Gegenden auch ↗Engelamt genannt. Nach der AEM 333 auch jetzt noch an den Werktagen des Advents bis einschließlich 16. Dezember gestattet.

Rose, goldene ↗Laetare.

Rosenkranz volkstümliche Gebetsreihung, heute 15 „Gesätze" umfassend mit je einem Vaterunser, zehn Ave-Maria und einem Ehre sei dem Vater…; voraus geht eine kurze Einleitung mit dem Apostolischen Glaubensbekenntnis, einem Vaterunser und drei Ave-Maria, in die ein Gebet um die drei göttlichen Tugenden eingefügt wird. Jedes Gesätz dient der Betrachtung eines „Geheimnisses" aus dem Leben Jesu (und Marias), die ersten fünf aus dem weihnachtlichen Kreis (freudenreicher Rosenkranz), die folgenden fünf aus der Passion (schmerzhafter Rosenkranz) und die letzten aus den österlichen Geschehnissen (glorreicher Rosenkranz). Im deutschen Sprachgebiet pflegt man das Geheimnis jedem Ave einzufügen, sonst wird es nur am Beginn des Gesätzes genannt. Auch die mit entsprechend vielen Perlen (Körner) und einem Kreuz versehene Schnur bzw. Kette wird Rosenkranz genannt. – *Gebetsreihung* als solche ist ein urtümliches Phänomen, das auch in anderen Hochreligionen (Buddhismus, Hinduismus, Islam) lebendig geblieben ist. Diese Form wird geschätzt, weil sie die innere Ruhe und Sammlung beim Gebet fördert, aber auch, weil man meint, mit der Häufung der Gebete den Himmel stürmen zu können. Aus dem christlichen Altertum wird besonders von den Wüstenvätern und den Nachahmern ihrer Aszese die Reihung von Gebeten, vor allem des Herrengebetes, berichtet. Zum Zählen der Gebetseinheiten benutzten sie Steinchen u. ä. oder geknotete Schnüre. In der Ostkirche wird seit dem Hesychasmus das Reihengebet in der Form des „Jesusgebetes" eifrig gepflegt. Große Bedeutung gewinnt die Reihung des Vaterunsers als Ersatz für das Psalmenbeten, das den Leseunkundigen meist nicht möglich war (↗Psalterium 4); das führt zu einer Bevorzugung der Zahl 150 sowie teilweise zu dem Brauch, nach dem Vorbild des mönchischen Psalmenbetens (liturgische ↗Feier) an jedes Vaterunser eine Kniebeuge anzufügen. – Der Übergang dieses Reihengebetes in den marianischen Bereich beginnt im 13./14. Jh. Einerseits entstehen gereimte Grußgebete an Maria, deren Strophen gern mit Ave beginnen; andererseits wird seit dem 11./12. Jh. das ↗Ave-Maria immer mehr zu einem volkstümlichen Gebet. Der Trierer Kartäuser *Dominikus von Preußen* († 1460) faßte die Ereignisse des Lebens Jesu in 50 Schlußsätzen („clausulae") zusammen, die sich an den (damals allein üblichen) ersten Teil des Ave anschlossen. Durch Reduktion auf 15 Geheimnisse (in der heutigen Gestalt um 1483 in Süddeutschland nachgewiesen, seit 1600 allgemein üblich) und durch Gliederung der Gebetsreihung in Zehnergruppen entsteht so der heutige Rosenkranz. Die Beifügung der drei Ave mit dem Gebet um die drei göttlichen Tugenden erwuchs aus der nachtridentinischen Frömmigkeit. Daneben blieben andere Formen des Rosenkranzes durchaus bestehen. – Eigentliche Volkstümlichkeit erlangte das Rosenkranzgebet erst durch die *Rosenkranzbruderschaften.* Die erste wurde 1470 von dem Dominikaner *Alanus de Rupe* in Douai gegründet. Auch die Türkengefahr förderte das gemeinsame Rosenkranzgebet und führte zu einem eigenen Rosenkranzfest (↗Marienfeste 2.7; ↗Marienmonate). – Gewiß ist das Rosenkranzgebet manchen Vorbehalten und Mißverständnissen ausgesetzt. Aber es sollte zu denken geben, daß ein so tiefer und kritischer Theologe und Philosoph wie *Romano Guardini* es in einem eigenen Büchlein (Der Rosenkranz unserer Lieben Frau [Würzburg ²1960]) voll bejaht und empfohlen hat, weil es nichts anderes sei als „das Verweilen in der Lebenssphäre Mariens, deren Inhalt Christus war", und so „im Tiefsten ein Christusgebet".

Lit.: G. M. Ritz, Der Rosenkranz (München 1962); *R. Scherschel,* Der Rosenkranz – Das Jesusgebet des Westens (Freiburg – Basel – Wien 1979). In beiden Werken umfangreiche weitere Literatur.

Rubrik (lat. ruber = rot; Rötel) ursprünglich die im Gegensatz zum Text eines liturgischen Buches rot geschriebenen Titel und Inhaltsangaben. Im Mittelalter auch von der zusammenfassenden Beschreibung des gottesdienstlichen Verlaufs gebraucht. Während diese anfangs in einem eigenen ↗Ordo (Romanus) enthalten war, beginnt man im Lauf des Mittelalters, Hinweise für den Vollzug unmittelbar in die Textbücher einzubauen und nennt solche Zwischenhinweise ebenfalls Rubriken. Während die Bücher des ↗Kurialritus dabei durch wortreiche Beschreibungen gekennzeichnet sind, schuf *Haymo von Faversham* in seinen Ordines für Meßbuch und Brevier die konzise Sprache der heutigen Rubriken. Seit den tridentinischen Ausgaben unterscheidet man *Generalrubriken* (zu Anfang der liturgischen Bücher, mit allgemeinen Regeln und allgemeiner Beschreibung der Riten) und *Spezialrubriken* (Einzelvorschriften an Ort und Stelle). – Das ausgehende Mittelalter entwickelte eine systematische Lehre der gottesdienstlichen Weisungen, die *Rubrizistik*, welche die Rubriken mehr als gesetzliche Vorschriften denn als Beschreibung von Vorgängen behandelte. Der Unangemessenheit dieser Sicht begegnete man durch die Unterscheidung von *präzeptiven* (vorschreibenden) und *direktiven* (bloß richtungweisenden) Rubriken. Überwachung und Auslegung der Rubriken in den lateinischen Riten lagen bei der ↗Ritenkongregation. Im Jahre 1960 wurden die allgemeinen Rubriken für Brevier und Missale vereinfacht und zu einem ↗*„Codex rubricarum“* zusammengefaßt. In den revidierten liturgischen Büchern nach dem II. Vatikanum sind an die Stelle der mehr juristisch verfaßten Rubriken in weit stärkerem Maß sinnerhellende pastorale Einführungen und Hinweise getreten.

S

Sabbat ↗Sonntag.

Sakral und profan ↗heilig; ↗Kult.

Sakrament seit dem 12. Jh. Sammelname ausschließlich für bestimmte das Leben der Gemeinde grundlegende gottesdienstliche Handlungen, die nach der heiligen Siebenzahl geordnet wurden: Taufe, Firmung, Eucharistie, Buße, Krankensalbung, Weihesakrament, Ehe.

1. Zur geschichtlichen Entwicklung des Begriffs und der Sache. Im Christenlatein findet das Wort sacramentum Heimatrecht zuerst in Nordafrika als Übersetzung des biblischen Begriffs ↗Mysterium und enthält darum dessen ganze Bedeutungsfülle; es bezeichnet das Heilshandeln Gottes im Christusereignis, vor allem in dessen Sterben und Auferstehen (↗Pascha-Mysterium), aber auch im vorbildhaften (typologischen) Geschehen im Alten Bund, mehr noch in seiner bleibenden Gegenwart in der Kirche und deren Lebensäußerungen, vor allem in der gottesdienstlichen Versammlung, und schließlich in seiner noch ausstehenden eschatologischen Vollgestalt. Insonderheit werden von den Vätern Taufe und Eucharistie als sacramenta bezeichnet, wobei die profane Bedeutung des Wortes als „Fahneneid“ durchaus eine Rolle gespielt haben mag. Vor allem von Augustinus wird der zeichenhafte Charakter der so verstandenen Sakramente herausgearbeitet; er versteht unter sacramentum ein ↗Zeichen, das auf das göttliche Leben in Christus hinweist und es enthält; er betont auch die Notwendigkeit des Wortes bei der Feier der heiligen Zeichen, ja versteht die Sakramente geradezu als „sichtbares Wort“. – Seit der Karolingerzeit versuchen die Theologen zunehmend, die Sakramente zahlenmäßig genauer zu umgrenzen; gemeinsam ist diesen Versuchen nur die Betonung von Taufe und Eucharistie, sonst findet sich eine breite Auswahl aus den verschiedensten Lebensäußerungen der

Kirche. Die theoretische Klärung des Sakramentenbegriffs (äußeres Zeichen, das auf Grund der Einsetzung durch Christus Gnade darstellt und enthält) in der Frühscholastik führt seit der Mitte des 12. Jh. zur Einengung des Ausdrucks auf seine heutige Anwendung und zur Systematisierung der ausgewählten Zeichen unter die Siebenzahl. – Zur Entwicklung bei den Reformatoren siehe unten 4.

2. Stellung der Sakramente im Leben der Kirche. In Christus Jesus war die Gottesherrschaft auf Erden ganz und gar verwirklicht, weil er sich ohne jeden Vorbehalt Gott voll auslieferte. Diese Nähe der Gottesherrschaft wurde faßbar in dem Wort der Verkündigung Jesu, aber auch in anderen ↗„Zeichen", in seinem sonstigen Tun (Wunder) und in seinem ganzen Sein, in dem der unfaßbare Gott sichtbar wird (↗Bild, ↗Symbol 2); Christus ist so das Ursakrament. Nach Ostern bleibt dieses Christusereignis präsent in der gläubig versammelten Gemeinde, die erfüllt ist von dem lebendigen Geiste Jesu Christi, dem ↗Heiligen Geist; die Kirche ist Zeichen der Nähe und Sorge Gottes in der Welt; die Kirche ist „Sakrament", weil die „Fleischwerdung" Gottes in ihr gegenwärtig bleibt. Wenn die Kirche verkündet, verkündet sie sein Wort; wenn sie zum Gottesdienst sich versammelt, weiß sie ihn gegenwärtig und spürt ihn handelnd am Werk. Darum bringt dieses Handeln dem, der es gläubig entgegennimmt, mit Gewißheit ↗Heil, nicht wegen des Glaubens und der Bereitschaft derer, die das Zeichen vollziehen (Spender und Empfänger; *ex opere operantis*), sondern weil Christus unsichtbar darin handelt und seiner Zusage treu bleibt *(ex opere operato).* – Die einzelnen Heilszeichen stehen dabei in einer gewissen Ordnung: Der intensivste Lebensvollzug der Kirche ist die ↗Eucharistie, Mitte und Zentrum aller Sakramente im engeren und weiteren Sinn, intensivste Gegenwart des Herrn in seiner Gemeinde. Zutritt zu dieser Gemeinde des Heils erlangt einer in der ↗Taufe (mit ↗Firmung; ↗Initiation); wenn er durch die (schwere) Sünde die lebendige Verbindung mit der Kirche verloren hat, findet er Wiederversöhnung (↗Rekonziliation) im ↗Bußsakrament (und der damit zusammenhängenden ↗Krankensalbung). Besonderse Aufgaben, die um des Ganzen der Gemeinde willen notwendig sind, der ↗Ordo und die ↗Ehe, haben wegen der sakramentalen Struktur der Kirche gleichfalls selber sakramentale Gestalt. So dienen alle diese grundlegenden Vorgänge im Leben der Kirche nicht bloß der Heiligung des einzelnen Menschen, sondern dem Aufbau des Leibes Christi zum Dienst am Heil der anderen und bringen darin mittelbar zugleich Gott die schuldige Ehre dar (LK 59). Sakramente geschehen deswegen immer im Raume der Kirche, sind an die Gemeinschaft der Gläubigen gebunden; das sollte in der Feier nach Möglichkeit sichtbar werden (LK 27). In der näheren Gestaltung der Zeichen hat die Kirche von jeher weitgehend freie Hand gezeigt.

3. Struktur der Sakramente. Die genannten gottesdienstlichen Handlungen, die seit dem hohen Mittelalter den Namen „Sakramente" reserviert bekamen und die (von der Sache her ziemlich willkürlich) als sieben Handlungen gezählt werden, sind ↗*Zeichen* und ↗Symbole im Raum der Kirche. Wird die Handlung im Gehorsam gegen den Auftrag Christi vollzogen, dann wirkt darin der Herr selber; er zieht den gläubigen Empfänger in den Strom seines Lebens hinein, in die gehorsame Hingabe an den Vater bis in den Tod und die daraus gewährte Auferstehung ins heile Leben, mit einem Wort: in das ↗Pascha-Mysterium. Das Zeichen signalisiert dabei nicht bloß, wo diese Wirkung zu finden ist; das Zeichen ist vielmehr selber die zwar noch nicht vollendete, aber doch anfangende „Gestalt" des Endheiles. – Das Zeichen bedarf wie das *Wort* der gläubigen Annahme. Zwar macht Gott seine Zusage nicht rückgängig, wenn der Mensch sie nicht entgegennehmen will; das Sakrament wirkt nicht wegen des Glaubens, aber seine gläubige Annahme ist Voraussetzung dafür, daß es im Empfänger das Heil wirkt. Darum wird ein Sakrament niemals als stummes Zeichen gespendet; das verkündende Wort ist notwendiger Bestandteil seiner Feier. Das Wort muß auch verständlich sein; darum war im Bereich des ↗Rituale der Gebrauch der Muttersprache immer schon relativ weitherzig zugestanden; LK 63 hält das ausdrücklich fest. – Das Zeichen soll darüber hinaus zum Sprechen kommen auch in seinem Vollzug, in der Deutlichkeit, in der es erfaßt und erkannt werden kann; es muß in seinem lebendigen und sinnenhaften Vollzug die bezeichnete Wirklichkeit entfalten, greifbar und begreifbar machen, den Glauben nähren. Aus Gründen rechtlicher Sicherung besteht zwar ein berechtigtes Interesse, die Mindesgestalt des Zeichens ausdrücklich festzulegen und sich etwa bei der Nottaufe mit dieser untersten Grenze zu begnügen. Das Zeichen geht aber weiter als die rechtliche Mindestforderung; eine Salbung, bei der kein Öl fließt, sondern nur die Stirn mit einem ölfeuchten Daumen berührt wird, genügt zwar als unterste Grenze der Ausführung, sie ist aber kein sprechendes Zeichen mehr, sondern eine ↗Zeremonie im schlechten Sinn. Die Feier der Sakramente im Leben der Gemeinde kann nicht die Minimalgestalt zum Maßstab nehmen, sondern sie muß dem Zeichen eine Vollgestalt geben, damit dieses seine Aufgabe erfüllen kann.

4. Die Reformatoren haben wegen der nominalistischen Theologie ihrer Zeit kein Verständnis für die Funktion des Zeichens, wie überhaupt im späten Mittelalter bei der Sakramentenspendung die Zeichen ganz formalistisch gesehen und vollzogen werden als die von Christus mehr oder minder willkürlich festgelegten Formen individueller Gnadenmitteilung. Darum schließen die Reformatoren eine Reihe gottesdienstlicher Handlungen aus dem Kreis der Sakramente aus; auf die Dauer gehen diese im Leben ihrer Gemeinden unter, letztlich bleiben nur die beiden Hauptsakramente Taufe und Eucharistie erhalten, im Luthertum anfangs auch noch die Absolution, die später als bloße Aktualisierung der Taufe aufgefaßt wurde. Die rettende Begegnung mit Christus geschieht für alle Reformatoren grundsätzlich allein in der gläubigen Annahme der Verkündigung; während für Luther die Sakramente daneben eine echte eigenständige Bedeutung behalten, er in ihnen nach alter kirchlicher Tradition eine eigene Form der Annahme und persönlichen Zueignung der Heilsbotschaft sieht, verstehen Zwingli und Calvin die sakramentalen Zeichen nur als Verdeutlichung des Wortes, das allein und ausschließlich das Heil wirkt. Darum treten im Leben der reformierten Gemeinden Taufe und Abendmahl noch stärker zurück und ist, anders als bei Luther, die Abendmahlsfeier nicht zur Normalgestalt der sonntäglichen Gemeindeversammlung geworden.

Lit.: Lengeling LK 131–139; *J. Pascher,* Die Liturgie der Sakramente (Münster ³1962); *O. Semmelroth,* Vom Sinn der Sakramente (Frankfurt 1968); *H. Erharter* (Hrsg.), Zeichen des Heils (Wien 1975); *A. Adam,* Sinn und Gestalt der Sakramente (Würzburg 1975); *Th. Schneider,* Zeichen der Nähe Gottes (Mainz 1979).

Sakramentale jedes gottesdienstliche ↗Zeichen, das nicht zu den sieben ↗Sakramenten gerechnet wird. – Als im 12. Jh. der Terminus Sakrament auf sieben grundlegende gottesdienstliche Zeichen eingeengt wurde, bürgerte sich für die übrigen bald der Ausdruck Sakramentale ein. Sie entstammen deutlich demselben Wurzelboden wie die Sakramente und legen sich wie ein Kranz um diese; teils bereiten sie die Gläubigen für eine fruchtbare Feier der Sakramente (so die Riten des ↗Katechumenats) und machen dadurch deutlich, daß die Sakramente keine magischen Vorgänge sind, die automatisch wirken, sondern daß sie fruchtbar nur vom gläubigen und bereiten Menschen empfangen werden können; teils strahlen sie von Sakramenten aus und verlängern diese in den Alltag. So ist die Eucharistie zu spüren in jedem ↗Mahl; diese Einbeziehung in den Lebenskreis der Kirche (↗Agape) wird sichtbar in Sakramentalien wie Segnung des Brotes, ↗Früchtesegnung, Tischgebet und ↗Speisenweihe. Die reinigende und heiligende Kraft der Taufe wird immer wieder spürbar im gläubigen Gebrauch des ↗Weihwassers. Dem Sakrament der Krankensalbung lagern sich die vielfältigen Formen der ↗Krankenpastoral an. Ähnlich hebt sich aus vielerlei Formen und Riten der ↗Buße im Leben der Gemeinde als zentrales Geschehen das ↗Bußsakrament heraus. Dem Ordo sind zugeordnet Personalbenediktionen wie die Abtsweihe, dem Sakrament der Ehe Brautsegen (↗Trauung) und ↗Muttersegnung sowie die gesamte häusliche Liturgie. – Alle diese Sakramentalien sind wirksam, weil das ganze Leben der gesamten Kirche von sakramentaler Struktur ist. Dabei sind viele dieser Sakramentalien nicht an das Amt in der Kirche gebunden, auch Laien spenden Sakramentalien (Eltern segnen ihre Kinder). Diese Ausstrahlung der Sakramente in die Vielgestalt der Sakramentalien zeigt, daß der Christusbezug (die „Heiligung“) des Christen nicht auf einzelne gottesdientliche Akte beschränkt ist, sondern sein ganzes Tun und Sein durchdringt und gestaltet (↗heilig). Die Sakramentalien sind so Zeichen der Präsenz Gottes in der konkreten Welt; sie zeigen, wie die ganze Schöpfung, weil in Christus, dem Bilde des Vaters, geschaffen, Zeichen Gottes ist, Raum, in dem der glaubende Mensch Gott begegnet. – Nach der formalen Struktur teilt man die Sakramentalien in verschiedene Typen ein: ↗Weihungen und Segnungen, ↗Exorzismen, ↗Bittprozessionen und ↗Prozessionen, gottesdienstliche Feiern (wie Fußwaschung, ↗Kreuzverehrung).

Lit.: A. Kirchgässner, Heilige Zeichen der Kirche (Aschaffenburg 1959); *J. Pinsk,* Die sakramentale Welt (Düsseldorf [2]1966); *G. Langgärtner,* Die Sakramentalien... (Würzburg 1974); ↗Benediktionale; ↗Weihungen und Segnungen.

Sakramentar liturgischer Buchtyp des Abendlandes für den Vorsteher der Eucharistie und mit ihr verbundener außerordentlicher Feiern; enthält die ↗Präsidialgebete, vielfach auch eine kurze Darstellung der gesamten Meßfeier; seit dem hohen Mittelalter durch das ↗Missale verdrängt.

I. Römische Sakramentare. *1. Das Sacramentarium Leonianum* (so benannt, weil man früher Leo d. Gr. fälschlich für den Verfasser hielt; jetzt nach dem Aufbewahrungsort gern als *Veronense* bezeichnet). Die römischen Bischöfe benützten (wohl bis Gregor d. Gr.) im Gottesdienst keine festen Formulare, sondern fertigten sich jeweils die benötigten Texte selber an oder wählten aus den im Archiv aufbewahrten Konzepten früherer Gottesdienste geeignete Texte aus. Aus diesem Konzeptmaterial stellte man auch Hefte (libelli) für die Presbyter an den Titelkirchen zusammen. Ein unbekannter Sammler fertigte aus dem vielfältigen Material für eine nichtrömische Kirche eine Sammlung, das sog. Leonianum, das in Monatseinteilung (auch das bewegliche Kirchenjahr ist in dieses Schema eingespannt) für jeden Festanlaß zur Auswahl mehrere Formulare anbietet, die zum Teil ihre ursprüngliche Bestimmung zur einmaligen Verwendung in einem bestimmten Papstgottesdienst erkennen lassen und dadurch auch teilweise Rückschlüsse auf ihre jeweilige Abfassungszeit möglich machen. Es handelt sich also um eine Textsammlung zur Anregung und Auswahl, noch nicht um ein Jahressakramentar im strengen Sinn des Wortes, das für jeden Anlaß einen bestimmten Text verbindlich festlegen würde. Der erste Teil ist verlorengegangen; der Text setzt Ende April ein, so daß die Osterfeier fehlt. – *2. Das Altgelasianum* (benannt nach einer falschen Zuschreibung an Gelasius I.), erhalten nur in einer Abschrift Mitte des 8. Jhs. im gallischen Raum. Es bietet in drei Büchern (I. Herrenfeste und bedeutende Sonntage des Jahreslaufes, II. Heiligenfeste in Monatseinteilung, III. gewöhnliche Sonntage und Votivmessen) ein verbindliches Jahressakramentar, das im weiteren Gegensatz zum Leonianum wenigstens in seiner jetzigen Gestalt nicht nur römisches Material enthält, sondern zahlreiche gallische Einflüsse aufweist. Gegenwärtig wird es meist auf Grund der Forschungen von *A. Chavasse* als das Sakramentar einer römischen Titelkirche betrachtet, das nach dem Modell des päpstlichen Stationssakramentars Gregors, aber in anderer Disposition und mit anderer Abzweckung Mitte des 7. Jhs. zusammengestellt worden sei. In Gallien gewann dieser Typ im Zug der allmählichen Übernahme der römischen Liturgie großen Einfluß. – *3. Das Gregorianum.* Papst Gregor d. Gr. redigierte (wohl gegen 595) ein Jahressakramentar (Monatseinteilung, der das bewegliche Kirchenjahr eingeordnet ist) für den päpstlichen Stationsgottesdienst; dieses Buch enthält darum weder die gewöhnlichen Sonntage noch die im pfarrlichen Leben notwendigen Votivmessen. Vom Altgelasianum unterscheidet sich das Werk Gregors nicht nur textlich, sondern noch mehr durch die konsequente Beschränkung jedes Formulars auf drei Formeln, während das Gelasianum meist zwei Orationen vor dem Gabengebet bietet, oft auch ein Gebet über das Volk und meist eine eigene Präfation. *Karl d. Gr.* erbat sich im Zuge seiner Bemühungen um die Einführung der stadtrömischen Liturgien von Hadrian I. (772–795) ein Meßbuch nach dem Brauch der römischen Kirche und erhielt ein solches Gegorianum; es war inzwischen weiterentwickelt worden und wird in dem übersandten Zustand *Hadrianum* genannt. Dieses päpstliche Stationssakramentar konnte den Bedürfnissen der fränkischen Kirchen nicht genügen; man fügte einen Anhang an, der früher meist *Alkuin* zugeschrieben wurde (↗Fränkisch-gallische Liturgie). Spätere Abschreiber fügten den Inhalt des Anhangs vielfach im Korpus der Handschrift an Ort und Stelle ein (fusionierte Gregoriana). – *4. Junggelasiana* (Gelasiana des 8. Jhs.) sind Mischsakramentare; eine Vorlage vom Typ des Altgelasianums ist nach dem Typ des Gregorianums umgearbeitet. Man führt die Ausbildung dieses Sakramentartyps meist auf die Romanisierungstendenzen Pippins zurück; man hatte kein neueres römisches Buch zur Verfügung und habe darum das vorhandene alte römische Material neu kompiliert; *Kl. Gamber* läßt den Typ in Oberitalien entstanden sein aus der Zusammenfassung mehrerer selbständiger libelli. Trotz aller Bemühungen Karls d. Gr. blieb dieser Sakramentartyp lebendig, wurde aber immer mehr gregorianisiert.

II. Nichtrömische Sakramentare (↗Lateinische Liturgien). 1. Von der altgallischen Liturgie hat sich rein erhalten ein kleiner Meßlibellus (nach dem Entdecker Monesche Messen genannt); in verschiedenem Maße römisch beeinflußt sind das Missale Gothicum, das Gallicanum Vetus (aus drei verschiedenen Sakramentarfragmenten zusammengebunden), das Missale von Bobbio. Es handelt sich jeweils um örtliche Bücher, die sich in Stoff und Anordnung beträchtlich voneinander unterschieden. – *2.* Dagegen vertreten die verschiedenen *ambrosianischen* Sakramentare einen einheitlichen Typ; am wichtigsten darunter das Sakramentar von Bergamo; bedeutend auch das Sacramentarium Triplex, das für jedes Formular eine dreifache Überlieferung (gelasianisch, gregorianisch, ambrosianisch) bietet. Von der *altspanischen* Liturgie ist nur ein Sakramentar erhalten, ediert als Liber Mozarabicus sacramentorum. Unter den keltischen Sakramentaren ist am bedeutendsten das Stowe-Missale.

Lit.: Kl. Gamber, Codices Liturgici Latini antiquiores (Freiburg/Schweiz 1963); *C. Vogel,* Introduction aux sources de l'histoire du culte chrétien au Moyen Age (Spoleto 1966). – Ausgaben hauptsächlich in den Reihen: LQF, Spicilegium Friburgense. Rerum eccl. doc. (Rom), Texte und Arbeiten (Beuron).

Sakramentshäuschen ↗Tabernakel.

Sakrarium Verschließbare Öffnung im Boden hinter dem Altar (auch neben dem Taufstein), um das verbrauchte Taufwasser, das Wasser aus dem Ablutionsgefäß und dgl. aufzunehmen.

Lit.: R. B. Witte, Das katholische Gotteshaus (Mainz 1939) 92f.

Sakristan ↗Mesner.

Sakristei Nebenraum des ↗Kirchengebäudes zur Aufbewahrung der beim Gottesdienst benötigten Geräte und Gewänder, Ort der Sammlung und Zurüstung (z. B. Anlegen der liturgischen Gewänder), auch Raum des Gespräches mit dem Seelsorger. – Nebenräume gehören seit je zum christlichen Kirchengebäude. Der Osten hat nach syrischem Vorbild Nebenräume zu beiden Seiten des Altarraumes, Pastophorien genannt, die vor allem der Entgegennahme der Gläubigenoblationen und deren Aufbewahrung dienten. Die Ausgestaltung des großen ↗Einzugs und dadurch bedingt der ↗Proskomidie führte zur Differenzierung in die *Prothesis* für die Bereitung der Gaben und in das *Diakonikon* zur Aufbewahrung und Ankleidung. Die Basiliken des Westens hatten, meist nahe dem Eingang, ein *secretarium,* in dem der Klerus den Bischof erwartete und sich mit ihm auf den Gottesdienst vorbereitete; hier konnte der Bischof auch Besucher empfangen *(salutatorium).* Auch kleinere Kirchen bekamen allmählich einen solchen Nebenraum. Im Barock wählte man dafür meist den Platz hinter dem Hochaltar und errichtete auch in größeren Kirchen die Sakristei in der Regel nahe dem Altarraum. In der Gegenwart wünscht man die Sakristei wieder näher beim Eingang der Kirche, weil sie besseren Zugang der Gläubigen zu ihren Geistlichen und einen echten Einzug zum Gottesdienst ermöglicht. Den verschiedenen, teilweise sich behindernden Funktionen sucht man durch eine Aufteilung in mehrere Räume (Priester- und Ministrantensakristei, Schreib- oder Sprechzimmer, Gerätekammer) besser gerecht zu werden.

Lit.: R. B. Witte, Das katholische Gotteshaus (Mainz 1939) 47f, 163–173 (Zusammenstellung der rechtlichen Vorschriften und praktische Empfehlungen).

Salbung *In der Antike* spielt die Salbung mit ↗Öl eine große Rolle: Man salbt sich vor und nach dem Bad zur Hautpflege, vor dem Ringkampf zur Kräftigung und Glättung, man salbt den Fiebernden zur Genesung und die Wunden zur Heilung; weil der gesalbte Leib Bild lebenstrotzender Kraft ist, salbt man darüber hinaus Könige und Priester, auch kultisch bedeutsame Stellen und bringt darin ihre lebenspendende Verbindung mit der Gottheit zum Ausdruck. Auch der Titel „Messias" (= der Gesalbte, griech. Christos) versteht sich von daher. – Auch *in der jungen Christenheit* begegnet man all diesen Motiven. Die heilende Wirkung der Salbung wird durch die Anrufung Christi am ganzen Menschen mit Leib und Geist erfahren, der Mensch wird aus seinen Sünden aufgerichtet (↗Krankensalbung). Die Salbung gewinnt so auch teilweise bei der ↗Rekonziliation Bedeutung. Das Motiv der Abwehr des Bösen führt zu Salbungen in der Vorbereitung der ↗Taufe (↗Exorzismus), sie kräftigt für den Kampf mit dem Bösen (↗Taufgelübde) und ist Vorbereitung auf das Taufbad. In der Salbung nach dem Taufbad, die geschichtlich eng verknüpft ist mit der Salbung der ↗Firmung, wird die besondere Geistesgabe in der Wahrnehmung des königlichen Priestertums und des Zeugenamtes für Christus sichtbar, der Getaufte und Gefirmte wird ein „Gesalbter". – Aus verschiedenen Motiven, unter denen die Nachahmung atl. Vorbilder das wichtigste war, beginnt man in der ↗*Karolingerzeit,* Salbungen auch in den Herrscherweihen, bei ↗Bischofs- und ↗Priesterweihen und schließlich auch in den Weihungen gottesdienstlicher Gegenstände (Altar, Kirchengebäude, Kelch, Glocken) einzuführen. Die Neuordnung der liturgischen ↗Bücher führte zu einer Korrektur gewisser historischer Überwucherungen. Zur exorzistischen Salbung mit Speichel im früheren Taufritus ↗Effata-Ritus.

Lit.: Ph. Holzmeister, Die heiligen Öle in der morgen- und abendländischen Kirche (Würzburg 1948).

Salve Regina ↗Marianische Schlußantiphonen.

Salz In der Antike war Salz von großer Bedeutung zur Reinigung und Fäulnishemmung sowie als wichtigstes Würzmittel, das zusammen mit Brot dem Gast zur Begrüßung gereicht wurde. Nach römischem Brauch wurde das neugeborene Kind mit Salz lustriert (↗Lustration). Im Alten Bund reinigt Salz die Opfergaben (Lev 2,13) und macht schlechtes Wasser trinkbar (Elischa an der Quelle von Jericho; 2 Kön 2,20ff). Die abendländische Kirche reichte während der Taufvorbereitung den Katechumenen Salz, ein Brauch, der im erneuerten Taufordo entfallen ist. Es handelte sich dabei vielleicht ursprünglich um einen Kommunionersatz (Aufnahme in die Tischgemeinschaft), sicher aber auch um die reinigende Wirkung des Salzes (↗Exorzismus). Ebenso wurde dem der Lustration dienenden ↗Weihwasser im Abendland Salz beigefügt; der seit dem 6. Jh. bezeugte Brauch dürfte mehr auf antike Lustrationsbräuche zurückgehen als auf die Elischa-Erzählung. Im späten Mittelalter gewann das für die Weihwasserbereitung (besonders für das „Dreikönigswasser") geweihte Salz in den Augen des Volkes selbständige Bedeutung; man verwandte geweihtes Salz in der Küche und brachte Salz auch zur Speisenweihe an Ostern. Das Römische Rituale kennt auch eine Segnung des Salzes für krankes Vieh und eine solche zu Ehren des hl. Bischofs Hubertus gegen den Biß tollwütiger Hunde (Appendices). In früheren deutschen Ritualien gab es z. T. auch eine Segnung von Brot und Salz am Dreifaltigkeitsfest. Im neuen ↗Benediktionale ist die Segnung und Beimischung von Salz bei der Bereitung des „Dreikönigswassers" und des Weihwassers fakultativ. Andere Segnungen des Salzes sind nicht mehr enthalten.

Sanctorale (lat. „Proprium de sanctis") der Festkalender der Heiligen, wie er im ↗Generalkalender, ↗Regional-, ↗Diözesan- und ↗Ordenskalender festgelegt ist. – ↗Kirchenjahr; ↗Heiligenverehrung, -feste.

Sanctus der Ruf der Serafim angesichts der Gotteserscheinung in Jes 6, gottesdienstlich bereits in der Synagoge am Sabbatmorgen verwendet (Quedusa) und auch von den Christen früh ins Gemeindegebet (vielleicht ins Morgenlob) übernommen (Offb 4,8; 1. Klemensbrief Kap. 34). Zuerst im Osten (früheste Bezeugung durch Asterios den Sophisten, erste Hälfte des 4. Jhs.), im Laufe des 5. Jhs. auch im Westen wird der Engelruf in das Eucharistische Hochgebet eingefügt, fast überall (ausgehend von Gallien) ergänzt durch Ps 118,26 (das „Benedictus") mit der umrahmenden Akklamation ↗Hosanna (Mt 21,9; Ps 118,26). Die Einfügung dürfte im Zusammenhang mit den arianischen Kämpfen um die wahre Gottheit Christi erfolgt sein; sie setzt eine trinitarische Deutung des dreimaligen Heilig-Rufes voraus. Der Sanctus-Ruf macht die Situation der gottesdienstlichen Gemeinde erfahrbar: Mit der ganzen Schöpfung stehen wir vor dem Thron und dem Lamm, wie Offb 4 und 5 schildern, und dürfen teilhaben an dem Lobpreis, den die unzähligen Scharen des Himmels ständig darbringen. – Das Sanctus ist nach Entstehung und Funktion kein selbständiges Gesangstück, sondern ein einzelner Satz im fortlaufenden Hochgebet (solcherart noch deutlich erkennbar im ↗Te Deum), in den sachgemäß die ganze anwesende Gemeinde akklamierend einfällt. Das Stück hat darum zunächst keine eigene Melodie (es fehlt folgerichtig in einer karolingischen Aufzählung der Meßgesänge), sondern wird im Ton des Hochgebetes kantilliert. Wo im Mittelalter das Volk sich am Sanctus nicht mehr aktiv beteiligte, wurde der Gesang auch nicht von der Schola oder einem Chor übernommen, sondern von den anwesenden Klerikern. Festlichen Charakter erhielt das Sanctus durch das hier schon früh vorgesehene Mitspielen der Orgel und das Läuten der Kirchenglocke, die bei Privatmessen durch eine kleine Schelle ersetzt wurde. Später als Kyrie und Gloria bildet auch das Sanctus schließlich eigene reichere Melodien aus und wird endlich vom polyphonen Chor übernommen. Dies führte am Ausgang des Mittelalters zu dem Mißbrauch, daß der Zelebrans noch während des Gesanges im Hochgebet weiterfuhr; damit dadurch nicht die Elevation in den Gesang hineinfiel, verordnete 1600 das Caeremoniale Episcoporum, daß die Elevation erst nach dem ersten Hosanna erfolgen dürfe und das Benedictus dann nach den Elevationen zu singen sei; seither wird das Benedictus vielfach als ein selbständiges Stück des Meßrepertoires mißverstanden. Der erneuerte Meßordo sieht das Sanctus (einschließlich des Benedictusrufes) wieder als eine bedeutsame akklamierende Beteiligung der ganzen Gemeinde am Hochgebet; deswegen soll das Sanctus in aller Regel von Priester, Chor und Volk zusammen gesungen werden (AEM 55b); der Priester darf nicht unterdessen still weiterfahren im Hochgebet. Es kann auch nicht durch ein allgemeines Loblied ersetzt werden, sondern nur durch einen Gesang, der mit dem dreimaligen Heilig-Ruf beginnt und inhaltlich dem Sanctus entspricht; GL 469 entspricht diesen Anforderungen nicht. – In den Abendmahlsordnungen der ↗Reformation hat das Sanctus seinen richtigen Platz durch das Zerbrechen des Hochgebetes verloren. In Luthers Formula Missae wird es vom Chor nach dem Einsetzungsbericht während der Elevation gesungen, in der deutschen Messe ist es als Gemeindelied während der Austeilung des Sakramentes vorgesehen.

Lit.: WGL V 203f; *Leiturgia* II 37–41; *K. Gamber,* Die Einführung des Sanctus in die heilige Messe, in: HD 14 (1960) 132–136; JLH 7 (1962) 79–85; *Jungmann MS* II 161–173; *Martimort* I 413–415.

Sanctuskerzen ↗Fackelträger.

Sänger Mitglied der ↗Schola oder des ↗Chores, bei genauer Ausdrucksweise vom ↗Kantor, dem Vorsänger der Gemeinde, unterschieden. Die Chormitglieder tun beim Gottesdienst einen bedeutsamen liturgischen Dienst (LK 29; ↗Gesang), sie sollen aber nicht die versammelte Gemeinde von der ihr zukommenden tätigen ↗Teilnahme ausschließen (LK 114). Sorgfältige Einführung der Sänger in den Geist der Liturgie und in die gottesdienstlichen Aufgaben des Chores ist eine wichtige seelsorgliche Aufgabe des Pfarrers und der Diözesanmusikämter.

Schaltjahr (-tag) ↗Kalender; ↗Kalenderreform.

Schelle ↗Glocke.

Schlußevangelium Der Anfang des Johannesevangeliums (1, 1–14) wurde im Mittelalter als Segensmittel hochgeschätzt (↗Segen) und (in feierlicher Form zusammen mit den Initien der übrigen Evangelien) besonders als ↗Wettersegen verwandt. So gelangte er, für das 13. Jh. erstmals bezeugt, als Segensritus ans Ende der Meßfeier. Verpflichtend wurde der Brauch erst mit dem Meßbuch von 1570; im Pontifikalamt betete es der Bischof erst beim Weggehen vom Altar. – Der Brauch der ↗Kommemorationen im Zusammenhang mit der *Missa sicca* führte dazu, daß man an Stelle des Johannesprologs auch die Evangeliumsperikopen der verhinderten Messen nahm. Ähnliche Regelungen galten für die dritte Weihnachtsmesse und den Palmsonntag. Durch die Instr I wurde das Schlußevangelium (zusammen mit den Leoninischen Gebeten) abgeschafft (48 j). – *Die armenische Kirche* hatte während ihrer mittelalterlichen Union mit Rom von missionierenden Dominikanern das Schlußevangelium übernommen und es bis heute beibehalten. Es wird feierlich vom Zelebranten gesungen, in der Osterzeit und an Festtagen tritt an seine Stelle jeweils eine eigene Perikope.

Schlußgebet Jenes ↗Präsidialgebet, das mit wechselndem Text die Kommunionfeier abschließt, früher auch Postcommunio oder Oratio ad complendum genannt. Es ist im knappen Stil der römischen ↗Orationen gestaltet, blickt dankbar auf die empfangene Gabe und enthält in variierenden Formen die Bitte, „daß die Feier des Mysteriums Frucht bringe" (AEM 56k). Es richtet sich gemäß den strengen Baugesetzen der römischen Orationen in der Regel an den Vater und wird vom Volk mit der Akklamation „Amen" abgeschlossen. Während die orientalischen Riten nach dem Kommunionempfang durchwegs Dank und Lobpreis kennen, hat in der römischen Meßfeier erst die Instr II zur Durchführung der LK (Nr. 15) die Möglichkeit von Psalmen und Lobgesängen vorgesehen (auch stilles Gebet möglich). Ähnlich die AEM 56j. Diese „Kann-Bestimmung" erweitert das MD in eine Empfehlung.

Schlußsegen ↗Segen.

Schmerzen Marias ↗Marienfeste 2.6.

Schola [cantorum] Sängergruppe, die an der Spitze der Gläubigen den Volksgesang anführt und bestimmte Gesänge alternierend mit der Gemeinde oder ohne aktive Beteiligung der Gemeinde vorträgt. Der Name meint zunächst die „Schule", in der die Sänger den liturgischen Gesang erlernen, speziell für den päpstlichen Gottesdienst in Rom, dann aber auch dieselbe Sängergruppe bei der Ausübung ihres Dienstes im Gottesdienst. Im modernen Sprachgebrauch versteht man unter Schola im Gegensatz zum Kirchen-↗Chor eine Sängergruppe, die gregorianische Melodien singt, dann allgemeiner, die einstimmig im Wechsel mit der Gemeinde singt. – Schon früh gab es im Gottesdienst eine Kerngruppe, die den Volksgesang tragen mußte und die sich aus dem Kreis der Asketen und ↗Mönche rekrutierte. An ausgebildeten Sängern hingegen benötigte der Gemeindegottesdienst nur einen ↗Kantor, der den Responsorialpsalm nach den Lesungen (und eventuell während der Kommunionspendung) vortrug. Eine ganze Gruppe ausgebildeter Sänger, eben eine Schola, dürfte zuerst im festlichen Papstgottesdienst aufgetreten sein; sie steuerte zu den antiphonalen ↗Prozessionsgesängen das umrahmende, musikalisch anspruchsvolle Chortropar bei (↗Antiphonie). Im Lauf der Zeit übernahm die Schola weitere Gesänge, vor allem das Volksresponsum beim Antwortpsalm nach der Lesung, und gab diesen eine entsprechend reiche musikalische Ausgestaltung (↗Graduale, ↗Responsorium). Die Schola verschwand aus den großen Kirchen mit dem Vordringen der ↗Mehrstimmigkeit und dem damit verbundenen Eindringen der Berufsmusiker in den ↗Chor, der neben den Ordinariumsgesängen allmählich auch das Proprium übernahm. Funktionell wird man heute Chor und Schola nicht mehr unterscheiden, wenn auch aus praktischen Gründen oft eine eigene Vorsängerschola neben dem Kirchenchor besteht. Grundsätzlich übt jede wie auch immer genannte Sängergruppe eine besondere Aufgabe inmitten der versammelten Gläubigen aus. Sie soll deswegen auch ihre Aufstellung bei den Gläubigen finden, und zwar in einer Weise, die ihr die volle Teilnahme an der Messe, insbesondere den Kommunionempfang, ermöglicht.

Lit.: ↗Chor; ferner Musik und Altar 19 (1967) Heft 4 unter dem Gesamtthema „Der Sängerchor nach der Instruktion *Musicam sacram*".

Schriftlesung geschieht für die Mehrzahl der Gläubigen hauptsächlich im Gemeindegottesdienst, nicht so sehr aus praktischen Gründen als wegen der grundlegenden Funktion der ↗Verkündigung (II) für die Kirche. Deswegen gehört zur sonntäglichen Versammlung der Gemeinde nicht nur die Eucharistie, sondern ebensosehr der ↗Wortgottesdienst; deswegen bereitet sich die Gemeinde auf die hohen Feste vor durch die ausgewählten langen ↗Lesungen der ↗Vigilien; darum gehört zu jeder Sakramentenspendung die passend ausgewählte Schriftlesung; darum wurde durch den neuen Perikopenzyklus in der sonntäglichen Meßfeier den Gläubigen der Tisch des Gotteswortes reicher bereitet. – In der Väterzeit haben die Bischöfe teilweise täglich im Stundengebet aus der Schrift verlesen lassen und Erklärungen dazu gegeben. Für den inneren Kreis der Gemeinde, für die Gruppe der Asketen und später der ↗Mönche, war solche tägliche Lesung in der Schrift, einzeln oder in kleinen privaten Gruppen, selbstverständlich; die aufgehende Sonne sollte nach alter Regel das Buch in ihren Händen erblicken. Der Zusammenschluß dieser Kreise zu einem gemeinsamen Leben im Kloster machte diese Lesung auch gemeinsam möglich; nach dem Zeugnis des Cassian wurde es in den ägyptischen Klöstern Brauch, an das gemeinsame nächtliche Psalmenbeten zwei Schriftlesungen anzufügen, eine aus dem AT und eine aus dem NT, für diejenigen Brüder, die solches wollten und sich um eine eingehendere Kenntnis der Schrift bemühten (↗Matutin). Seither gehört vor allem im abendländischen Offizium zum nächtlichen Gebetsdienst die Lesung hinzu, die, anders als die Lesungen der Gemeindevigil vor den hohen Festen, die Bücher der Schrift entsprechend der Kirchenjahrszeit fortlaufend liest und dann auch Erklärungen der Väter dazu heranzieht. Es ging den Mönchen dabei nicht um Verkündigung im strengen Sinn des Wortes wie im Gemeindegottesdienst, sondern um „geistliche Lesung", um Befruchtung des Gebetes: „Das Gebet soll kräftiger werden, da das Herz, genährt durch die frische Lesung, die eben gehörten Bilder durcheilt" (Isidor von Sevilla). Darum hat gerade hier auch die „erbauliche" Lesung ihren Platz, Legenden etwa, die vor der historischen Kritik nicht bestehen können, aber Gebet und Vorsätze der Lebensführung durchaus befruchten. Die Umgestaltung der Matutin in die ↗Lesehore hat diese Gebetsstunde wieder stärker zu einer Stunde der persönlichen Schriftlesung und geistlichen Lesung der amtlichen Diener der Kirche gemacht.

Lit.: *R. Zerfaß,* Die Schriftlesung im Kathedraloffizium Jerusalems (LQF 48) (Münster 1968).

Schuldbekenntnis ↗Confiteor.

Schülergottesdienst ↗Kindergottesdienst.

Schultertuch ↗Albe.

Schutzengelfest ↗Engelfeste.

Schweigen ↗Stille.

Sedilien Sitze für den Priester und die Assistenz bei der Eucharistiefeier und anderen Gottesdiensten. – Die altchristliche ↗Basilika bestimmte für die Presbyter Bänke zu beiden Seiten der ↗Cathedra des Bischofs, meist entlang dem Halbrund der ↗Apsis (bei der in Syrien verbreiteten Raumgliederung auf dem ↗Bema; ↗Presbyterium). Konnte in Rom der Stationsgottesdienst nicht vom Papst selber gehalten werden, so durfte der den Papst vertretende Bischof nicht den Sitz des Papstes rückwärts des Altares benutzen, sondern er mußte seine Amtsfunktionen im Wortgottesdienst an der rechten Seite des Altares stehend ausüben. Dementsprechend stellte das Mittelalter eine Bank seitlich des Altares auf, oft in Verbindung mit dem Chorgestühl, auf der der nichtbischöfliche Zelebrant mit seiner Assistenz bei länger dauernden Chorgesängen (vor allem beim Gloria und Credo) sitzen konnte. Einzelsitze statt einer Bank gab es zuerst für die Assistenz des Bischofs, als im ausgehenden Mittelalter die Cathedra aus dem Apsisscheitel in die linke Altarseite verlegt wurde und man für die höhere Assistenz des Bischofs neue Sitzgelegenheiten schaffen mußte. – Die vom II. Vatikanum initiierte Liturgiereform verlangt schon in der Instr I gut sichtbare Sitze für den Zelebranten und die Ministri, wobei der dem Volk zugewandte Sitz des Zelebranten seine Präsidialfunktion deutlich zum Ausdruck bringen soll (92). Die AEM (271) greift diese Weisung auf und nennt als besonders geeigneten Platz den Scheitelpunkt im Altarraum, sofern nicht die Raumgestalt der Kirche oder andere Gründe (z. B. große Entfernung zur Gemeinde) einen anderen Platz empfehlen. Der Sitz darf nicht die Form eines Thrones haben. Die Sitze der Teilnehmer, die einen besonderen Dienst ausüben, sollen so im Altarraum disponiert sein, „daß alle ihre Aufgaben ohne Schwierigkeiten ausüben können". – Was die Gestaltung der Sedilien angeht, so ist einerseits jeder Pomp zu vermeiden, andererseits müssen sie sich dem Stil des Altarraumes anpassen. Wie auch andere gottesdienstliche Gegenstände sollen sie würdig und zweckmäßig sein (AEM 311).

Lit.: Lengeling, Ordnung 384f und Leipzig 1977 (PkH 57); *J. E. Emminghaus,* Die Gestaltung des Altarraumes, III: Der Vorstehersitz, in: Bibel und Liturgie 48 (1975) 142–152.

Segen (vom lat. signare = bezeichnen, d. h. mit dem Zeichen des Kreuzes)

1. Allgemeine Bedeutung: Nach biblisch-christlichem Verständnis ist Gott allein die Quelle allen Segens, d. h. aller guten Gaben (vgl. Jak

1,17). „Er hat uns mit allem Segen seines Geistes gesegnet durch unsere Gemeinschaft mit Christus ..." (Eph 1,3). Mittler des göttlichen Segens ist Jesus Christus, der ihn den Gläubigen als Hoherpriester des Neuen Bundes vor allem im Gottesdienst zuteil werden läßt. Göttlichen Segen können aber auch die Gläubigen für sich und andere erbitten. Segensgebete werden oft begleitet von Handauflegung, Handausstreckung (Ausbreitung) und durch das Zeichen des Kreuzes. Im Mittelalter verwendet man für das Segnen im Zeichen des Kreuzes oft auch verehrte Gegenstände wie Reliquien, Kreuzpartikel, Kruzifixe u.a.m. Besonders beliebt und geschätzt wird schließlich der sakramentale Segen mit ↗Monstranz oder ↗Pyxis, vor dem seit dem 15. Jh. die beiden letzten Strophen des Hymnus „Pange, lingua" („Tantum ergo ...", „Genitori ...") mit Versikel und Oration zu singen sind. Segnen ist aber nicht nur Sache der geweihten Inhaber eines kirchlichen Amtes, sondern auch die getauften und gefirmten Laien haben die Vollmacht zum Segnen, wie etwa die Eltern zum Segnen ihrer Kinder. – ↗Weihungen und Segnungen; ↗Benediktionale.
2. Der Schlußsegen in der Meßfeier: Schon im frühen Altertum bildet sich in vielen Liturgien am Ende der Eucharistiefeier ein Segensgebet heraus, das meist vom Diakon mit dem Ruf eingeleitet wird, sich vor Gott zu verbeugen („Humiliate capita vestra Deo" = Beuget euer Haupt vor Gott). Während es in östlichen Riten eine beträchtliche Ausweitung erfährt, nimmt es in Rom die strenge Form einer Oration an. Unter *Gregor I.* (590–604) wird dieses „Inklinationsgebet" als Segnung für die Büßer verstanden und im wesentlichen auf die ↗Quadragesima eingeschränkt, wo es sich bis in die jüngste Vergangenheit erhalten hatte. – *In Rom* pflegte außerdem der Papst beim Verlassen des Altares die verschiedenen Gruppen der Kleriker und Gottesdiensthelfer zu segnen, ebenso die Gläubigen, ein Brauch, der bald von den übrigen Bischöfen aufgegriffen wurde, bis schließlich dieser „angehängte" Segen vom Altar aus erfolgte. – *In Gallien* bildete sich schon im 5. Jh. die Sitte heraus, daß der Bischof (seit ca. 600 auch der Priester) die Nichtkommunikanten nach dem Paternoster mit einem feierlichen Segen entließ. Er war meist dreigliedrig und der jeweiligen Kirchenjahrszeit angepaßt. Als im fränkisch-gallischen Raum die römische Liturgie übernommen wurde, wanderte dieser Segen, auch auf Drängen Roms, an das Ende der Meßfeier. – Als zusätzlicher Schlußsegen muß auch das ↗Schlußevangelium angesehen werden, desgleichen der ↗Wettersegen. Im Barock wird eine rituelle Unterscheidung zwischen dem dreifachen Segen des Bischofs mit zwei vorausgehenden Versikeln und dem einfachen Segen des Priesters vollzogen. Nach dem II. Vatikanum wurde der Schlußsegen vor den Entlassungsruf gestellt (Instr II, 16). – Die Neuordnung der Meßfeier hat die Möglichkeit geschaffen, daß an bestimmten Tagen und zu bestimmten Anlässen statt des einfachen Schlußsegens eine *feierliche dreigliedrige Segensformel* nach Art der altgallischen Segnungen oder ein *Gebet über die Gläubigen* nach Art des alten Inklinationsgebetes verwendet werden kann, jeweils eingeleitet mit dem Ruf „Wir knien nieder zum Segen"

(oder ähnlich). Dann singt (betet) der Priester mit ausgebreiteten Händen das Segensgebet, das von der Gemeinde mit „Amen" beantwortet wird, und schließt mit dem von einer trinitarischen Segensformel begleiteten Kreuzzeichen. Anschließend kommt der Entlassungsruf. Das neue Missale (MR und MD) enthält 20 feierliche Segensformulare und 26 „Gebete über das Volk". Von beiden Gruppen heißt es, daß der Priester sie auch am Ende „eines Wortgottesdienstes, einer Tagzeit des Stundengebetes oder zum Abschluß einer Sakramentenspendung" gebrauchen kann.

3. ↗Weihungen und Segnungen.

Lit.: C. Westermann, Der Segen in der Bibel und im Handeln der Kirche (München 1968); *J. Lechner,* Der Schlußsegen des Priesters in der heiligen Messe, in: FS *E. Eichmann* (Paderborn 1940) 652–684; *K. Frör,* Salutationen, Benediktionen, Amen, in: *Leiturgia* II 569–597; *W. Dürig,* Der Entlassungssegen in der Meßfeier, in: LJ 19 (1969) 205–218; *G. Lukken,* Was bedeutet „benedicere"?, in: LJ 27 (1977) 5–27; *F. v. Lilienfeld,* Eulogia und eulogein im gottesdienstlichen Handeln der orthodoxen Kirche, in: ALW 20/21 (1978/79) 9–27; *J. G. Plöger,* Vom Segen des Herrn, in: *Gott feiern* 275–293.

Segensmesse Im 14. Jh. bildete sich die Sitte heraus, das in der ↗Fronleichnamsprozession mitgetragene Allerheiligste auch während des anschließenden Hochamtes auf dem Altar stehenzulassen. Wenig später wird diese ↗Aussetzung auch auf alle Messen und das Chorgebet der Fronleichnamsoktav ausgedehnt, und bald geschieht dies auch an anderen Festtagen. So entstehen die Messen vor ausgesetzem Allerheiligsten, die als „Segensmessen" beim Volk sehr beliebt waren und mit dem sakramentalen ↗Segen schlossen. In vielen Diözesen, besonders nördlich der Alpen, pflegte man sie, besonders an den Donnerstagen, als Dank für die Einsetzung der Eucharistie zu feiern. Rom stand solchen „Aussetzungsmessen" (von Fronleichnam abgesehen) immer ablehnend gegenüber und hat dies auch, besonders in neuerer Zeit, mehrfach zum Ausdruck gebracht. Ein ausdrückliches Verbot erfolgte durch die Instruktion der ↗Ritenkongregation „Eucharisticum mysterium" vom 25. 5. 1967: „Bisher geltende gegenteilige Erlaubnisse und Gewohnheiten werden hiermit widerrufen" (61). Zur Begründung verweist die Instruktion auf die Angemessenheit, daß die eucharistische Gegenwart des Herrn nicht zum Beginn der Messe gegeben ist, weil sie „doch die Frucht der Konsekration ist und als solche erscheinen muß" (55). Außerdem schließe die Feier der Eucharistie „bereits in vollkommener Weise jene innere Vereinigung" ein, zu der die Aussetzung hinführen will. Aus diesem Grund sind auch „Aussetzungen, die keinen anderen Zweck haben, als nach der Messe den Segen zu erteilen", verboten (66). Während der Aussetzung sind auch Messen an anderen Altären des gleichen Kirchenraumes verboten (61; noch deutlicher im Faszikel des Römischen Rituale „Kommunionspendung und Eucharistieverehrung außerhalb der Messe" [Freiburg u.a. 1976] Nr. 83). – ↗Tabernakel.

Lit.: Browe, Verehrung; E. J. Lengeling, Gottesdienst (Münster [3]1963) 178–190.

Segnung ↗Weihungen und Segnungen.

Sehen Der ↗Mensch vermag die ihn umgebende Wirklichkeit nur durch seine Sinne zu erfassen (↗Leib). Die innigste Kommunikation mit dem Gegenüber geschieht dabei im ↗Hören; doch bedarf es zur vollen Erfassung der weiteren Sinne, des Be-„greifens" und des Sehens. Übersinnliche Wirklichkeiten kann der Mensch nur erfassen, wenn sie sich offenbaren, sichtbar und hörbar, epiphan werden (↗Epiphanie); sie begegnen ihm dann nicht in ihrer vollen Wirklichkeit, aber doch im ↗Zeichen. Dabei gilt noch mehr, daß die innigste Erfahrung im Hören geschieht, die sichtbaren Zeichen jedoch nicht entbehrt werden können. Während die allgemeine („natürliche") Erkenntnis Gottes im Sehen der Dinge geschieht (Röm 1,20), vollzieht sich die Offenbarung Gottes im Alten und Neuen Bund in erster Linie im Wort, das gehört wird, bedient sich nur daneben der sichtbaren „Zeichen" (Wunder). Insbesondere durch die Menschwerdung Christi vermag der gläubige Mensch die gegenwärtige Wirklichkeit Gottes zu sehen (Lk 10,23f; Joh 1,14; 14,9) und zu berühren (1 Joh 1,1) und nicht nur im Hören aufzunehmen. Darum lebt auch die gottesdienstliche Versammlung nicht ausschließlich vom Wort, sondern ebenso von sichtbaren Erscheinungsformen, von den Zeichen der ↗Sakramente und der gottesdienstlichen Handlungen, vom Betrachten der ↗Bilder und ↗Symbole. Allerdings muß dieses Sehen im Gottesdienst, ähnlich wie das Hören, im gläubigen Annehmen geschehen, im „Schauen", das dem von Reizen übersättigten Menschen der Gegenwart fast nicht mehr möglich ist; für gewöhnlich sieht er nur hin, ohne wirklich aufzunehmen; bestenfalls sieht er zu, bleibt dabei aber distanziert, höchstens kritisch engagiert. Nur durch (vor allem musische) ↗Erziehung kann der Mensch jene natürliche Kommunikation mit der ihm entgegenleuchtenden Wirklichkeit finden, in der er die tiefste Wirklichkeit in Bildern und Zeichen unmittelbar zu sehen vermag. – In den Kirchen des Ostens ist die Fähigkeit des Sehens bei den Gläubigen stärker entwickelt; die Pracht des Gottesdienstes, der Bilder, Lichter, Gewänder und Bauten wird nicht als zusätzlicher Schmuck empfunden, sondern unmittelbar als Sichtbarwerden der hier handelnden Gotteswirklichkeit erlebt.

Lit.: ↗Hören.

Seite Verschiedene Wertung der rechten und linken Seite ist alter Menschheitsbrauch, der in Höflichkeitsformen und abergläubischen Praktiken heute noch lebt, auch in der Gemeinde des AT und NT nachwirkt (z. B. Christus zur „Rechten" des Vaters). Wertend ist vor allem die im römischen Ritus früher übliche Scheidung in eine Epistel- und eine Evangelienseite. – Die Trennung der Gemeinde in eine Männer- und eine Frauenseite geschah aus Schicklichkeitsgründen (↗Frauen). Die ältere in Syrien überlieferte Art gliederte die Stände hintereinander, nicht nebeneinander. Gegenwärtig wird die Trennung in Männer- und Frauenseite höchstens noch auf dem Land aufrechterhalten; man sieht es lieber, wenn die Familie im Gottesdienst beisammenbleibt.

Sekret ↗Gabengebet.

Seligsprechung ↗Heiligsprechung.

Septuagesima ↗Vorfastenzeit.

Sequenz ein aus dem ↗Halleluja im Mittelalter erwachsener zusätzlicher ↗Zwischengesang. Der Name (vom spätlat. sequentia = Fortsetzung, Folge) bezeichnete zunächst die reiche wortlose Jubilus-Melodienfolge über dem Schluß–a des Wortes Halleluja, vor allem die bei der Wiederholung nach dem Vers nochmals erweiterte Melodie. In der spätkarolingischen Zeit begann man im germanischen Sprachraum (Normandie, St. Gallen), dieser Melodie einen Text zu unterlegen (Prosa genannt), und zwar jeder Note eine Silbe; erst auf den textierten Gesang der Prosa folgte jeweils der textlose melismatische Gesang der Sequenz. Im Sprachgebrauch setzte sich aber dann der Name Sequenz für das Gesamtgebilde (einschließlich angehängtem Halleluja) durch. Hauptvertreter dieser älteren klassischen Sequenzendichtung ist *Notker Balbulus* („Stammler") von St. Gallen. Diese Sequenzen haben einen einstrophigen Auf- und Abgesang, der Hauptteil besteht aus Strophenpaaren. Das Römische Meßbuch enthält einen einzigen, späten und veränderten Vertreter dieses Typs in der Ostersequenz. – Im hohen Mittelalter übernahm die Sequenz Reim und feste Versmaße, sie verlor die melismatischen Wiederholungen des Halleluja und den unsymmetrischen Auf- und Abgesang, so daß ihr Ursprung aus der Textierung der Hallelujasequenz unkenntlich wird; von den Hymnen des Breviers unterscheidet sie sich schließlich nur noch durch den Wechsel der Melodie nach jedem Strophenpaar. Als Hauptvertreter dieser neuen Sequenzendichtung gilt Adam von St. Viktor. – In den Sequenzen kam die sprachliche und erlebnismäßige Eigenart der bekehrten Germanen zu einem erwünschten Ausdruck in der übernommenen römischen Liturgie. Im Lauf des Mittelalters setzte sie sich immer mehr durch; anfangs nur an Festtagen üblich, wurde sie schließlich fester Bestandteil fast aller Messen. Sie ist nicht zuletzt der Wurzelboden des volkssprachlichen ↗Liedes, mit dem das einfache Volk in die lateinische Liturgie einstimmen konnte. Das „Wochenlied" des lutherischen Gottesdienstes knüpft daran an, das Hauptlied eines Sonntags, das zwischen den beiden Lesungen gesungen wird; trotz der Bezeichnung als „Graduallied" entspricht es nicht dem Antwortpsalm der Lesung, sondern der Sequenz. – Die stadtrömische Entwicklung war der Sequenz weniger gewogen. Das Trienter Missale (1570) übernahm von den Tausenden vorhandener Sequenzen, unter denen sich sicher auch manche Spreu befand, in einer radikalen Beschränkung nur noch vier (Ostern, Pfingsten, Fronleichnam und ↗Dies irae), zu denen 1727 noch „Stabat mater" für das Fest der sieben Schmerzen Marias

(↗Marienfeste 2.6) hinzukam. – Das MR schreibt nur noch zwei Sequenzen verpflichtend vor: Ostern („Victimae...“, für die Oktav fakultativ) und Pfingssonntag („Veni, Sancte Spiritus“). Außerdem *kann* die Sequenz von Fronleichnam („Lauda Sion“ oder der letzte Teil „Ecce panis“) und vom Gedenktag der Schmerzen Marias genommen werden. In Übereinstimmung mit dem Ordo lectionum (↗Leseordnung) sieht das MD vor, daß die Sequenz vor dem Halleluja zu singen ist, da dieses als Huldigungsruf an den im Evangelium präsenten Herrn zu verstehen ist.

Lit.: Jungmann MS I 557–564; hier umfangreiche Literatur.

Sexagesima ↗Vorfastenzeit.

Sext ↗kleine Horen.

Simon ↗Apostelfeste 9.

Singmesse ↗Betsingmesse.

Sitzen

1. Haltung des aufnehmenden und betrachtenden Hörens (Lk 2,46; 10,39). Für die Predigthörer schon früh bezeugt (1 Kor 14,30; Apg 20,9), in der Benediktusregel für die Lesungen der Vigil ausdrücklich vorgesehen (Kap. 9). Nach allgemeinem Brauch sitzt man heute zu allen Lesungen und ihrem Antwortgesang (selbst wenn man dabei respondiert), nur das Evangelium hört man aus Ehrfurcht im ↗Stehen. Zu den Psalmen im ersten Teil jeder Hore, die sich vom mönchischen Beten herleiten (liturgische ↗Feier), pflegen im Abendland die Nichtmönche zu sitzen, die Mönche hingegen im Stehen sich auf die Miserikordie im ↗Chorgestühl zu stützen. Die großen Chorkompositionen der neuzeitlichen Meßordinarien führten zum Sitzen auch während des Chorgesangs (↗Sedilien).

2. Haltung des Lehrers und Richters, des „Vorsitzenden“. Darum leitet der Bischof den Gottesdienst von seinem Sitzplatz aus (↗Cathedra) und sitzen die Presbyter mit ihm zusammen im Halbrund auf der Priesterbank in der Apsis, während die Diakone, die dienende, nicht leitende Funktion haben, nach alter Regel ↗stehen. Nicht nur der Bischof predigte im Sitzen, auch der einfache Priester scheint das getan zu haben, wie der alte Name „Predigtstuhl“ für die Kanzel noch zeigt; bei gottesdienstlichen Versammlungen in kleinerem Kreis ist das auch heute durchaus angemessen. Sitzen ist vorgeschrieben ferner für die richterlichen (jurisdiktionellen) Akte der ↗Rekonziliation und der Lossprechung im Bußsakrament (↗„Beichtstuhl“).

Skrutinium (lat. = Prüfung) Prüfung des Glaubens und der Lebensführung vor Taufe und Bischofsweihe.

1. Taufskrutinien. Vor der Zulassung zur ↗Taufe wurde der Bewerber im ↗Katechumenat auf Herz und Nieren über die Aufrichtigkeit seiner Bekehrung geprüft. Diese Skrutinien hatten gottesdienstliche Gestalt (vor allem ↗Exorzismen), weil die Gemeinde betend und mitsorgend an dem Mühen der Katechumenen teilnehmen wollte. Die Prüfung verschob sich aber immer mehr auf das Glaubenswissen. In verschiedenen Teilkirchen des Abendlandes ist eine Dreizahl von Skrutinien während des Katechumenates bezeugt, im allgemeinen am 3., 4. und 5. Sonntag der Quadragesima. Im 6. Jh. wurden in Rom die Skrutinien (wohl wegen des Überwiegens der Kindertaufe) auf einen Werktag verlegt und auf sieben vermehrt, wobei man als Grund die Siebenzahl der Geistesgaben nannte. Das 1. Skrutinium am Mittwoch nach dem 3. Fastensonntag war gekennzeichnet durch die Eintragung in die Liste der Taufbewerber, das 3. am Mittwoch nach dem 4. Fastensonntag durch die Übergabe von Evangelium, Glaubensbekenntnis und Paternoster (*apertio aurium* = Öffnung der Ohren), das letzte am Karsamstagmorgen durch die *abrenuntiatio* (Absage an Satan), den ersten Teil des ↗„Taufgelübdes". Im übrigen waren alle Skrutinien gleich gebaut und bestanden im wesentlichen aus Exorzismen. Aus ihrer echten und ursprünglichen Funktion als Prüfung war ein Ritus geworden. Sehr bald wurden sie zu einer einzigen gottesdienstlichen Feier zusammengezogen und schließlich einfach Bestandteil des zusammenhängenden Ritus der ↗Taufe. – Zur Neuordnung ↗Kindertaufe; ↗Katechumenat; ↗Initiation.

2. Skrutinium bei Bischofsweihe. Im früheren Ritus erfolgte noch vor dem Stufengebet eine ausdrückliche Befragung des Erwählten über seine Bereitschaft zu einer entsprechenden Lebensgestaltung und über den Inhalt seines Glaubens. Im mittelalterlichen römischen Brauch wurde das Skrutinium am Vorabend gehalten. Im neuen Weiheritus von 1968, der nach dem Evangelium beginnt, wird die Befragung des Erwählten nach seiner Bereitschaft, den Glauben zu bewahren und die Pflichten des Amtes zu erfüllen, eine „alte Vorschrift der heiligen Väter" genannt. – ↗Bischofsweihe.

Lit.: A. Stenzel, Die Taufe (Innsbruck 1958). Ferner Lit. bei den angegebenen Verweisen.

Slawische Liturgie ↗Orientalische Riten.

Sonderriten gottesdienstliche Eigentraditionen von Ordensgemeinschaften und Ortskirchen im Rahmen der römischen Liturgie. Bis zum Trienter Konzil war die römische Liturgie keineswegs bis in alle Einzelheiten festgelegt; vor allem in den stillen Begleitgebeten und in den Aktionen hatte die Ortsgewohnheit und der Zelebrant viel freien Raum. Störend wurde dies erst, als durch die Erfindung der Buchdruckerkunst lokale Mißbräuche sich über weite Gebiete verbreiten konnten und die örtlichen Verschiedenheiten sich mischten. Auf Grund der Beschlüsse des Trienter Konzils erschienen darum einheitliche römische Breviere und Meßbücher; jedoch durften alle Kirchen Eigenheiten, die über zweihundert Jahre alt waren, beibehalten. Dadurch retteten viele französische und westdeutsche Diözesen ihre Sonderbräuche bis ins letzte Jahrhundert herein. Vor allem behielten dadurch einige alte Orden ihren vom allgemeinen römischen Ritus differierenden, heute noch in Kraft stehenden Sonderritus; so die *Dominikaner,* die sich, anders als die übrigen „Minderbrüder", als Kanoniker mit reichem Chorgebet verstanden und auf der Grundlage der Pariser Liturgie ein reiches gottesdienstliches Leben entwickelten mit vielen Prozessionen; die Beschuhten *Karmeliten* der alten Observanz haben aus der palästinensischen Wiege ihres Ordens den Sonderritus der Heilig-Grab-Kirche zu ↗Jerusalem beibehalten; die *Prämonstratenser* haben als Regulierte Chorherren viel vom mittelalterlichen Gottesdienst des Bistums Laon beibehalten, wo ihr Gründungskloster lag; reiches gottesdienstliches Eigenleben zeigen die ↗*Kartäuser.* Ebenso haben ihren Sonderritus bewahrt die Kirche von *Lyon* und die von *Braga.* Hingegen ist der ambrosianische Ritus der Kirche von ↗Mailand als eigener selbständiger Ritus zu betrachten, nicht nur als Sonderritus im Rahmen des römischen; dasselbe gilt von der mozarabischen Liturgie (↗Lateinische Liturgien).

Sonntag

1. Ursprung und Sinndeutung. Als erster Baustein des sich nur langsam entfaltenden ↗Kirchenjahres begegnet uns schon in apostolischer Zeit die Feier des ersten Tages der jüdischen Woche, der Sonntag. Man kann ihn zusammenfassend als Urfeier des ↗Pascha-Mysteriums bezeichnen. Es ist der Tag der Auferstehung des Herrn, wie alle Evangelisten übereinstimmend berichten; zugleich der Tag, an dem er seinen Jüngern bevorzugt erscheint (Mt 28,9; Lk 24,13ff.36; Joh 20,19ff), ihnen die verheißene Gabe des Heiligen Geistes schenkt (Apg 2,1ff; Joh 20,22) und sie in dessen Kraft als Boten und Diener des Heils aussendet (Joh 20,21–23; Apg 1,8 in Verbindung mit 2,4). So ist dieser erste Tag der Woche von Christus selbst ausgezeichnet, „der Tag, den der Herr gemacht hat" (Ps 118,24). An ihm versammelt sich die christliche Gemeinde am Abend zum Brechen des Brotes (Apg 20,7), an ihm soll nach einer Anordnung des Paulus für die Gemeinden in Korinth und Galatien jeder etwas für einen Hilfsfonds zugunsten der notleidenden Gemeinde in Jerusalem zurücklegen (1 Kor 16,1f).

Wenn auch die sonntägliche Gemeindefeier kein Einheitsritual kannte (vgl. 1 Kor 14 in Zusammenhang mit 1 Kor 12), so fällt doch auf, daß Paulus in 1 Kor 11,17–34 das Herrenmahl in den Mittelpunkt stellt. Es ist zwar verbunden mit einem Sättigungsmahl, aber nicht dieses, sondern die „Feier des Herrenmahles" ist der eigentliche Kern der Zusammenkunft („Wer Hunger hat, soll zu Hause essen", V. 34). Eine Bestätigung für diesen Mittelpunkt der Eucharistiefeier bieten auch die ältesten nichtbiblischen Zeugnisse wie Didache, Brief des Plinius an Kaiser Trajan, Justin der Märtyrer.

Die Teilnahme an diesen gottesdienstlichen Gemeindeversammlungen war für die ersten Christen selbstverständlicher Ausdruck ihrer Zugehörigkeit zu Christus, Teilhabe an seinem Leib und Blut (vgl. 1 Kor 10,16f), Zeichen der Freude über die Gemeinschaft mit dem erhöhten Herrn und frohe Erwartung seiner Wiederkunft, wie sie sich in dem altchristlichen Gebet ausdrückt: ↗„Marána tha – Komm, Herr (Jesus)" (1 Kor 16,22; Didache 10,6; vgl. Offb 22,20). Hier erfuhr man die brüderliche Gemeinschaft der Erlösten, nährte seinen Glauben am Zeugnis der Brüder und bestärkte sich gegenseitig in der Hoffnung und Treue.

Hierzu bedurfte es nicht eines „positiven Kirchengebotes", das den Besuch zur strengen Pflicht erklärte. Es war vielmehr eine Frage christlicher Existenz. Nach *Ignatius von Antiochien* wird die Feier des Sonntags geradezu zum Kennzeichen der Christen und Unterscheidungszeichen gegenüber jenen, die nach alter Ordnung noch den Sabbat feiern. Christen aber seien zu neuer Hoffnung berufen und „leben in der Beobachtung des Herrentages, an dem auch unser Leben aufgegangen ist durch ihn und seinen Tod", sie können ohne ihn nicht leben (Ad Magnes. 9,1f: *Bihlmeyer* 91). Fast mit den gleichen Worten bekennen dies anderthalb Jahrhunderte später die Märtyrer von Abitine vor dem Richter und seinen Folterknechten.

Wenn man bedenkt, daß damals der Sonntag ein gewöhnlicher Arbeitstag war und die Christen so gezwungen waren, ihre Zusammenkünfte auf den späten Abend bzw. nach dem Verbot des Kaisers Trajan auf den frühen Morgen zu verlegen, versteht man, daß ihr Besuch mit mancherlei Unbequemlichkeit und Selbstüberwindung verbunden war und so bei aller Glaubensbegeisterung der alten Kirche gelegentlich eine ernste Mahnung zum regelmäßigen Besuch der eucharistischen Gemeindeversammlung notwendig war (vgl. Hebr 10,25; Didaskalie der Apostel II 59,2f: Funk I, 170–172). Um das Jahr 300 bestimmt das Konzil von Elvira (Spanien): „Wenn jemand, der in der Stadt wohnt, an drei Sonntagen nicht zur Kirche kommt, dann soll er für kurze Zeit ausgeschlossen werden, damit er als Gemaßregelter erscheint" (can. 21).

2. Der Sonntag im Spiegel seiner altchristlichen Namen. In den ältesten christlichen Schriften wird er in Anlehnung an den jüdischen Sprachgebrauch *erster Tag* der Woche genannt. Diese Zählweise findet sich schon im ersten biblischen Schöpfungsbericht, wo die Erschaffung des Lichtes und seine Scheidung von der Finsternis dem ersten Schöpfungstag zugesprochen werden. Es lag nahe, diesen „Tag des Lichtes" mit der „neuen Schöpfung" (2 Kor 5,17) in Zusammenhang zu bringen. Auch ist mit der Auferstehung Jesu das neue Licht aufgegangen, das jeden Menschen erleuchtet (vgl. Joh 1,9).

Als spezifisch christlicher Name begegnet uns in Offb 1,10 und später sehr häufig die Bezeichnung *„Herrentag"* (Kyriake hemera). Es ist der Tag mit dem besonderen Bezug zum Kyrios Christus. Dabei läßt sich zunächst an seine Auferstehung denken, es sprechen aber auch beachtliche Gründe dafür, daß diese Benennung von dem älteren Ausdruck „Herrenmahl“ (Kyriakon deipnon) inspiriert wurde, das an diesem Tag als innerste Mitte der christlichen Versammlung begangen wurde. So charakterisieren Auferstehung und Herrenmahl den Sonntag als Gedächtnis des Pascha-Mysteriums. Dieser inhaltlich so gefüllte Name hat sich dann auch weithin durchgesetzt und sich über das lateinische „dies dominica“ (auch kurz dominicum genannt) bis heute in den romanischen Sprachen als „domenica“ (ital.), „dimanche“ (franz.) und „domingo“ (span.) erhalten.

Ein weiterer frühchristlicher Name, heute weniger geläufig, lautet: *„der achte Tag“*. Nach den sechs „Werk-Tagen“ der Schöpfung und dem darauf folgenden Sabbat galt der folgende Tag der Auferstehung als der achte. Er ist Beginn einer neuen, größeren Schöpfung, die in die ewige Sabbatruhe der Vollendung einmündet. Auch die Typologie der Beschneidung am achten Tag und der Sintflutgeschichte mit den acht geretteten Menschen sowie eine damals weitverbreitete chiliastische Vorstellung von den siebenmal 1000 Jahren dieser Weltzeit, die durch den „achten Tag“ der ewigen Neuschöpfung abgelöst wird, dürfte von Einfluß auf diese Namensgebung gewesen sein. Erwähnung verdient, daß das II. Vatikanum diesen Sonntagsnamen wieder aus der Vergessenheit hervorgeholt hat, indem es in der LK sagt: „Aus apostolischer Überlieferung ... feiert die Kirche Christi das Pascha-Mysterium jeweils am achten Tage, der deshalb mit Recht Tag des Herrn oder Herrentag genannt wird“ (106).

Erstmals bei *Tertullian* anfangs des 3. Jhs. findet sich der Name „Auferstehungstag des Herrn“ (De oratione 23). Diese Bezeichnung lebt bei zahlreichen griechischen Autoren als *„anastasimos hemera“* fort und läßt den Sonntag als Wochenpascha deutlich werden. Er hat sich in manchen slawischen Sprachen erhalten (z. B. russ.: „woskresenie“).

Der uns geläufige Name *„Sonntag“* geht auf die griechisch-römische Planetenwoche zurück, die sich im 1. Jh. n. Chr. allmählich herausbildete und sich um die Wende zum 3. Jh. im gesamten Mittelmeerraum durchsetzte. Ihr liegt zugrunde die antike Vorstellung von den sieben Planeten, zu denen man damals auch die Sonne zählte, die um den vermeintlichen Mittelpunkt Erde kreisen. Man schrieb ihnen göttliche Kräfte zu, ja verehrte sie sogar als Götter. Dabei setzte sich folgende Reihenfolge durch, bei der wir dem römischen Götternamen den griechischen in Klammern beifügen: Saturn (Kronos), Sol = Sonne (Helios), Luna = Mond (Selene), Mars (Ares), Merkur (Hermes), Jupiter (Zeus) und Venus (Aphrodite). Die Christen konnten nach anfänglichem Zögern den Namen Sonntag (Dies solis) insofern übernehmen, als für sie Christus die „Sonne der Gerechtigkeit“ (Mal 3,20) und das „Licht der Welt“ (Joh 8,12; 9,5; 12,46) war, das „jeden Menschen erleuchtet“ (Joh 1,6). So kann *Hieronymus* schreiben: „Wenn er (der Sonntag) von den Heiden Tag der Sonne genannt wird, so stimmen auch wir bereitwillig zu: Denn heute ist das Licht der Welt, heute ist die Sonne der Gerechtigkeit aufgegangen, in ihren Flügeln birgt sich das Heil.“ (Hom. in dom. Paschae.)

3. Nachkonstantinische Entwicklungslinien. In der Geschichte des christlichen Sonntags spielt das Gesetz des Kaisers Konstantin vom 3. 3. 321 insofern eine wichtige Rolle, als es „den verehrungswürdigen Tag der Sonne“ zum Ruhetag für alle Richter, die Stadtbevölkerung und alle Gewerbetreibenden macht. Die Landbevölkerung darf ihrer Arbeit nachgehen, um nicht die Stunden günstiger Witterung zu versäumen. Wenige Wochen später verfügt ein weiteres Gesetz, daß die wünschenswerte Freilassung von Sklaven nicht unter das Ruhegebot fällt. So wurde für die Christen die gottesdienstliche Sonntagsfeier wesentlich erleichtert und zugleich Raum für soziale Dienste und die körperlich-geistige Erholung geschaffen. Konstantins erstgenanntes Gesetz führte in der weiteren Entwicklung dazu, daß die Arbeitsruhe eine immer größere Rolle spielt. Die „knechtlichen Arbeiten“ (opera servilia) am Sonntag gelten als strafwürdiger Tatbestand, wobei die harte atl. Sabbatgesetzgebung eine Art Vorbild ist. Die Hochscholastik grenzt den Sonntag wieder klarer vom jüdischen Sabbat ab und begründet das Verbot knechtlicher Arbeiten mit der Ermöglichung des Gottesdienstbesuches. Doch läßt sich nicht leugnen, daß auch in den folgenden Jahrhunderten das Verbot der Sonntagsarbeit weithin im Vordergrund stand und den christologischen Sinn etwas verdunkelte.

Im Spätmittelalter (Spätscholastik) und in der Neuzeit wird die Sonntagsmeßpflicht stärker urgiert und jeder Verstoß dagegen als schwere Sünde erklärt.

4. Pastoraltheologische Probleme der Gegenwart. Es war ein besonderes Anliegen des II. Vatikanums, den Sonntag in seiner grundlegenden Bedeutung ins Bewußtsein der Gläubigen zu stellen. Weil er die wöchentliche Feier des Pascha-Mysteriums ist, „Fundament und Kern des ganzen liturgischen Jahres“, „müssen die Christgläubigen an ihm zusammenkommen, um das Wort Gottes zu hören, an der Eucharistiefeier teilzunehmen und so des Leidens, der Auferstehung und der Herrlichkeit des Herrn Jesus zu gedenken und Gott dankzusagen“. So soll er „auch ein Tag der Freude und Muße“ werden. „Andere Feiern sollen ihm nicht vorgezogen werden, wenn sie nicht wirklich von höchster Bedeutung sind“ (LK 106).

Im Blick auf die letztgenannte Weisung bestimmt die *GOK* von 1969, daß nur ein Hochfest oder Herrenfest an die Stelle der Sonntagsliturgie treten kann, wobei die Liturgie der Advents-, Fasten- und Ostersonntage überhaupt nicht verdrängt werden darf (5). In neuester Zeit besteht die Gefahr, daß diese Bestimmungen zum Schutz der Sonntagsliturgie durch die häufige Verzweckung und Thematisierung zahlreicher Sonntage (Sonntag der Caritas, Diaspora, Weltmission, des Buches, der Medien u. a. m.) und die neue Mode der „Motivmessen“ unterlaufen werden.

Als besondere Bereicherung der Sonntagsliturgie muß die Bereitstellung von acht Sonntagspräfationen betrachtet werden, die die Geheimnisse des Pascha-Mysteriums verkünden. Auch die neuen Einschubtexte der Hochgebete I–III nach dem Postsanctus sind geeignet, die Bedeutung des Sonntags ins rechte Licht zu rücken.

Ausführlich beschäftigt sich auch die *„Würzburger Synode“* („Gemeinsame Synode der Bistümer in der Bundesrepublik Deutschland“ 1971–1975) mit dem Sonntag, wobei sie entscheidend zur Klärung heutiger Problemstellungen beigetragen hat. Im Rahmen des Beschlusses „Gottesdienst“ widmet sie dem Sonntag einen umfangreichen Abschnitt (2). Er ist „als Feiertag der christlichen Gemeinde, als Tag der Eucharistiefeier und als Tag christlicher Zukunftserwartung unaufgebbar; er kann nicht gegen einen anderen Tag der Woche ausgetauscht werden“ (2.1). Als seine besonderen Funktionen werden genannt: Stärkung im Glauben, Befähigung für den Gottesdienst und für den Dienst in dieser Welt, Befreiung aus den vielfältigen Zwängen einer von der industriellen Massengesellschaft geprägten Lebensform, Bewahrung vor Versklavung und Isolierung durch die Arbeitswelt. „Deshalb treten die Christen für den Sonntag als Tag der Feier und Ruhe ein; er ist wichtig nicht nur für die Gemeinde, sondern für die gesamte Gesellschaft“ (2.2). Auch die Synode betrachtet die Teilnahme an der Sonntagseucharistie als indispensabel und läßt bestimmte, heute zuweilen geforderte Alternativen nicht gelten. Zugleich setzt sie sich aber für zusätzliche Formen gottesdienstlicher Versammlungen ein (z.B. Vespern, Andachten u.a.m.) und empfiehlt auch die vielfältigen Formen der sozial-karitativen Hinwendung zum Mitmenschen, durch die der Sonntag auch eine Heiligung erfährt.

Ausführlich beschäftigt sich die Synode mit dem Problem, daß es infolge des Priestermangels immer schwieriger wird, jeder Gemeinde an jedem Sonntag die Eucharistiefeier zu ermöglichen. Auch in solchen Fällen sollte sich die Gemeinde am Sonntag versammeln und in einem Wort- und Kommuniongottesdienst, der von einem Diakon oder einem beauftragten Laien geleitet wird, die Gemeinschaft im Glauben zu erfahren und zu bekunden (2.4.3). „Für die Gestaltung dieser Versammlungen, die als Wortgottesdienst vom liturgischen Recht weniger festgelegt sind, empfiehlt es sich, die dafür möglichen Elemente der Meßfeier zu übernehmen“ (ebd.). Dabei darf jedoch nicht der Eindruck entstehen, als handele es sich um eine Meßfeier ohne Priester.

Als bedauerlichen *Bruch mit der christlichen Tradition* muß man die Empfehlung R 2015 der „Internationalen Organisation für Standardisierung“ (= ISO), einer Unterorganisation der Vereinten Nationen, betrachten, ab 1.1.1976 im wirtschaftlich-technischen und damit im gesamten öffentlichen Bereich den Sonntag als letzten Tag der Woche zu betrachten. Die Folge davon war – trotz mancher Proteste –, daß in allen Kalendern der Bundesrepublik der Sonntag am Ende der Woche erscheint und nicht mehr, wie bisher, als erster Tag einer neuen Woche. Es steht zu befürchten, daß hierdurch im Bewußtsein der breiten Öffentlichkeit der Sonntag noch mehr als letzter Tag des Freizeitraumes „Wochenende“ religiös entwertet wird und seine Einschätzung als Tag der Auferstehung Christi, der einen neuen Zeitabschnitt einleitet, weiter absinkt. – Mit größerer Rücksicht auf christliche Überlieferung hat das Österreichische Normungsinstitut die Empfehlung der ISO übernommen, indem es erläuternd hinzufügt: „Nur für Numerierungszwecke wird der Montag ... als der erste Tag der Kalenderwoche betrachtet ... Davon unberührt bleibt, daß nach christlicher und jüdischer Zählung der Sonntag als der erste Tag der Woche gilt" (ÖNORM A 2740). Entsprechend hat der maßgebende österreichische Musterkalender die neue Regelung mit einfachen typographischen Mitteln so berücksichtigt, daß die seitherige Ordnung nicht umgestoßen erscheint. – ↗Thematischer Gottesdienst

Lit.: K. Rudolf (Hrsg.), Der christliche Sonntag (Wien 1956); *H. Huber,* Geist und Buchstabe der Sonntagsruhe (Salzburg 1957); *H. Peichel* (Hrsg.), Der Tag des Herrn (Wien 1958); *H. Volk,* Sonntäglicher Gottesdienst (Münster ^{3}1962 = Ges. Werke III [Mainz 1978] 98–132); *W. Rordorf,* Der Sonntag (Zürich 1962); *ders.,* Sabbat und Sonntag in der alten Kirche (Zürich 1972); *G. Troxler,* Das Kirchengebot der Sonntagspflicht (Freiburg/Schw. 1971); *J. Baumgartner,* Der Sonntag – Tag des Herrn (Freiburg/Schw. 1978); *A. Adam,* Der Sonntag als Urfeier des Pascha-Mysteriums, in: *Adam, Kirchenjahr* 35–49.

Sonntagsbuchstabe Im ↗Kalendarium ist jedem Tag in fortlaufend wiederholter Reihe ein Buchstabe der Siebenerfolge a bis g zugeteilt. Der jährlich um eine Stelle wechselnde Sonntagsbuchstabe kennzeichnet in dieser Reihe jeweils den Sonntag und dient der Berechnung des Ostertermins. In Schaltjahren wird am Schalttag (dem doppelt begangenen 6. Kal. Mart.) der Sonntagsbuchstabe einmal weitergewechselt, so daß der Doppeltag als zwei verschiedene Wochentage begangen wird. Dadurch kehrt der Sonntagsbuchstabe erst in einem Zyklus von 28 Jahren (7 mal 4; „Sonnenzyklus") in gleicher Reihenfolge wieder.

Sonntagspräfationen ↗Sonntag 4.

Speisenweihe Wie der gläubige Jude nimmt auch der Christ jede Speise unter Lobpreis Gottes (↗Hochgebet); dadurch wird die Speise „geheiligt" (vgl. 1 Tim 4,3–5; ↗Weihungen und Segnungen). Von Anfang an wird diese Segnung auch des täglichen Mahles in die Eucharistiefeier einbezogen (↗Früchtesegnung). Große volkstümliche Bedeutung (zum Teil mit eigenen Segenstexten, die auf Ostern anspielen) hat die Segnung der Speisen an Ostern; nach der Entbehrung der Fastenzeit sollten Fleisch, Eier und Fladenbrot (mit Milch und Fett bereitet) für den ersten Genuß eigens gesegnet werden. Heute bemüht man sich, die österliche Eucharistie in einem gemeinsamen Familienfrühstück ausklingen zu lassen, bei dem Osterlicht und die geweihten Speisen den Zusammenhang mit der Feier im Gotteshaus spürbar machen. Ähnliche Überlegungen gelten für die ↗Agape, zu der die Teilnehmer eines Gottesdienstes sich versammeln und für die vor allem Brot und Wein gesegnet werden. Das gemeinsame Tischgebet will jedes ↗Mahl unter Christen als Zulassung am Tische Gottes erleben lassen.

Lit.: Tischgebete in GL 16f; österliche Speisesegnung in: Ben Nr. 7; Tischsegen und Brotsegen in: Ben Nr. 57f und Nr. 13.

Spiel im Gottesdienst Schon nach dem Ersten Weltkrieg erkannten manche Katecheten, daß bestimmte Formen des Spielens *innerhalb der Katechese* als Realisierung des Anschauungs- und Aktivitätsprinzips von großer religionspädagogischer Bedeutung sind. Nach dem Zweiten Weltkrieg wurde eine Fülle von Anregungen hierfür veröffentlicht. Schon das dramatisierende Erzählen und das Lesen mit verteilten Rollen (bei Perikopen mit reichem Dialog) stehen in einer gewissen Nähe zum Spiel. Manche biblischen Geschichten und Gleichnisse lassen sich ohne größere Schwierigkeiten im Stegreifspiel darstellen (Szenisches Spiel). Weitere Möglichkeiten bestehen im Rollen- und Entscheidungsspiel, das eine bestimmte Lebenssituation nicht nur darstellen, sondern zu meistern versucht; ferner in der pantomimischen Begleitung und Untermalung biblischer Geschehnisse, wobei die „chorische Pantomime" den Vorteil hat, daß sich viele Kinder daran beteiligen können.

Diese und andere Elemente der Veranschaulichung und Aktivierung der Kinder wurden zunächst in den evangelischen Kindergottesdienst übernommen und mit Lied und Gebet begleitet und abgeschlossen. Auch *im katholischen ↗Kindergottesdienst* fanden solche spielerischen Elemente Aufnahme, wobei sich in Eucharistiefeiern in erster Linie der Wortgottesdienst als geeignet erwies. Hier können solche Spielformen die Verkündigung vorbereiten, veranschaulichen und in den Alltag verlängern. Ob es gelingen wird, spielerische Formen auch in der Eucharistiefeier für Erwachsene mit Erfolg anzusiedeln, wie es von manchen Autoren angestrebt wird, kann erst die Erfahrung zeigen. Gemeindegottesdienste mit ihren so verschiedenartig gestimmten und disponierten Teilnehmern bringen wohl größere Schwierigkeiten hierfür mit sich, wenn auch für sie die volle und tätige Teilnahme nach innen und außen unabdingbares Ziel bleibt.

Ein anderes Anliegen hatte *R. Guardini* im Sinn, als er in seinem Aufsatz „Liturgie als Spiel" (Vom Geist der Liturgie [Freiburg ^{3}1957] 87–105) diese als heiliges Spiel im Sinn eines zweckfreien Handelns und Verhaltens im Angesicht Gottes beschrieb. Mit diesem oft mißverstandenen Wort, dem er das andere von der Liturgie als Kunstwerk zur Seite stellte, meinte er das innerlich gelöste, zweckfreie Tun des Menschen, in dem sich das höhere Leben im Menschen kundtue: „Es spricht in Maß und Melodie; es bewegt sich in feierlicher, gebundener Gebärde; es kleidet sich in Farben und Gewänder, die nicht dem gewöhnlichen Leben angehören; es vollzieht sich in Räumen und Zeiten, die nach erhabeneren Gesetzen gegliedert und aufgebaut sind. Es wird in höherem Sinn ein Kindesleben, in dem alles Bild ist, Reigen und Lied" (a.a.O. 101). – ↗Gebärde; ↗Lied; ↗Musik im Gottesdienst; ↗Tanz.

Lit.: *H. Rahner,* Der spielende Mensch (Einsiedeln 1952); *Th. Bogler* (Hrsg.), Spiel und Feier. Ihre Gestaltung aus dem Geist der Liturgie, in: LuM 16 (Maria Laach 1955); *E. J. Lutz,* Das katechetische Spiel (München 1960); *A. Stadelmann* u. a., Spiel oder Gottesdienst? (Luzern–München 1972); *W. Longardt,* Spielbuch Religion (Zürich–Köln ²1977); *E. Unkel,* Musikbuch Religion, Musikalische Spiele... (Zürich–Köln 1978); *L. Zinke,* Zeit zum Spielen – Zeit zum Leben, in: Diak 10 (1979) 29–41; *M. Schnegg,* Gott und Mensch im Spiel, in: Gd 14 (1980) 89–91; *ders.,* Damit es Freude macht (Freiburg 1980); *W. Hoffsümmer,* Religiöse Spiele 1 für Gottesdienst und Gruppen (Mainz 1980).

Sprachen, liturgische ↗Liturgiesprache.

Stab Als eines der ältesten Insignien der Macht dient er schon im alten Orient als Heroldsstab und Zepter, der freie Mann gebraucht ihn als Stütze und Ausweitung seines Wirkungsbereiches (deutlich am Hirtenstab). Das AT kennt den Stab in vielerlei Funktionen. In der altchristlichen Kunst trägt Christus als der Gute Hirte einen Stab, die Engel als Boten Gottes (vor allem Gabriel) einen Heroldsstab.

1. Mönchs- und Abtsstab. Im christlichen Raum begegnet uns der Stab zuerst in der Hand der Mönche. Er sollte an den Stab des Elischa (vgl. 2 Kön 4,29 ff) erinnern und war zugleich ein Bekenntnis zum Kreuz. Er lebt noch heute fort im *Altersstab,* den die Mönche bei der goldenen Profeß zu erhalten pflegen. Der *Abtsstab,* der wohl älter ist als der Bischofsstab, ist bereits für *Kolumban* († 615) bezeugt. Er wird noch heute bei der ↗Abtsweihe überreicht, hat sich aber in Sinndeutung und Form völlig dem Bischofsstab angeglichen. *Äbtissinnen* tragen im allgemeinen gleichfalls einen Stab und gebrauchen ihn auch im Gottesdienst (↗Äbtissin).

2. Der Bischofsstab. Er ist zuerst im 7. Jh. für Spanien bezeugt und hat sich vermutlich aus dem byzantinischen Beamtenzeremoniell entwickelt. Zunächst wurde er nur außerhalb des Gottesdienstes als Zeichen der Jurisdiktion gebraucht, bei Visitationsreisen mitgetragen und im fränkischen Bereich meist vom Metropoliten überreicht. *In Rom* war der Brauch unbekannt und wurde auch später nicht übernommen, weil der Papst den Stab nicht aus fremder Hand hätte entgegennehmen können. Den Bischöfen wurde der Stab schon im 9. Jh. auch von Königen oder Fürsten überreicht. Liturgische Verwendung findet er zunächst nur bei der ↗Kirchweihe, wo der Bischof (nach dem früheren Ritus) vor dem Eintritt mit dem Stab an das Portal klopft, ein Kreuzzeichen auf die Schwelle macht und das Alphabet in ein Aschenkreuz zeichnet. Zu einer liturgischen Insignie wird der Stab erst bei *Durandus von Mende* (↗Pontifikale). Inzwischen hat sich der Gebrauch des Stabes bei allen Pontifikalhandlungen durchgesetzt, ausgenommen am Karfreitag und im Requiem. Weihbischöfe dürfen den Stab nur verwenden, wenn sie im Einverständnis des Ortsbischofs Pontifikalhandlungen vollziehen. – Die Bischöfe des *byzantinischen Ritus* und anderer orientalischer Riten benützen einen Stab, der niedriger ist als der lateinische und oben in eine T-förmige Krücke ausläuft. Einen ähnlichen Stab trägt bei den *Armeniern* der „Wardapet“ (besonders ausgebildeter Priester, der das Recht hat zu predigen), während die Bischöfe hier den lateinischen Hirtenstab übernommen haben.

3. Der Papststab (ferula). Den Päpsten als den Bischöfen von Rom wurde im Mittelalter bei der Besitzergreifung des Lateran ein Herrscherstab übergeben, der sich insofern vom Bischofsstab unterscheidet, als er nicht in eine Krümmung, sondern in ein Kreuz ausmündet. Auch die *ferula* entwickelte sich zu einer liturgischen Insignie, jedoch benutzt der Papst sie nur bei Funktionen, zu denen ein Stab benötigt wird (auch zum feierlichen Segen Urbi et Orbi).

4. Weiterer Stabgebrauch in der Liturgie. Als Ausdruck ihrer Vollmachten tragen auch zuweilen *bischöfliche Zeremoniare* beim Gottesdienst einen Stab (auch ferula genannt). Die *Beichtväter* der päpstlichen Basiliken berühren die Büßer mit einer Rute (bacchetta), um die Entlassung in die Freiheit der Versöhnten sichtbar zu machen. Im alten Ritus der *Königssalbung* überreicht der Bischof dem knienden König nach Schwert und Krone auch das Zepter, das als Christi Hirtenstab gedeutet wird.

Lit.: Th. Klauser, Der Ursprung der bischöflichen Insignien und Ehrenrechte (Krefeld [2]1953); *R. Bauerreiß,* Abtsstab und Bischofsstab, in: Studien u. Mitteil. aus dem Benediktiner- und Zisterzienserorden 68 (1957) 215–226; *P. Salmon,* Mitra und Stab (Mainz 1960).

Stabat mater ↗Sequenz.

Statio (lat. = Halteplatz) 1. Das altchristliche Halb-↗Fasten am Mittwoch und Freitag einschließlich des Wortgottesdienstes, mit dem es schon früh jeweils beendet wurde.

2. Die gemeinsame gottesdienstliche Feier einer bereits in Seelsorgsbezirke unterteilten Stadt, speziell Roms, vom Bischof und vom Ortspresbyterium geleitet in einer vorher bekanntgegebenen Stationskirche. Man wollte durch dieses System, daß der Bischof reihum in den verschiedenen Kirchen der Stadt den Gottesdienst feierte, das Auseinanderfallen der Stadt in unabhängig nebeneinander bestehende Gemeinden vermeiden. An Tagen mit besonderem Charakter versammelte sich in Rom die teilnehmende Gemeinde vorher in einer gleichfalls festgelegten Kirche (der Collecta) und zog von dort in einer Bußprozession zur Stationskirche; in der Versammlungskirche wurde ein Gebet über die versammelte Gemeinde gesprochen, vielleicht auch eine Lesung vorgetragen (neuestens versucht man, die Zweizahl der Lesungen vor dem Evangelium an einigen Tagen von daher zu erklären). – Der Brauch des reihum wandernden Bischofsgottesdienstes ist aus dem Altertum auch anderwärts bezeugt, vor allem für Antiochien, Jerusalem, Oxyrhynchos und Tours. In karolingischer Zeit ahmte man das römische Stationssystem in den fränkischen Bischofsstädten (bezeugt vor allem für Metz) nach, aber

auch an anderen größeren Orten und in Klöstern (die ↗Privatmesse scheint hier eine wichtige Wurzel zu haben; sie entspricht sozusagen den Gottesdiensten in den Grab- und Titelkirchen, die neben dem Stationsgottesdienst geschehen). Durch die zunehmende Verselbständigung der Pfarrei und das bewußtseinsmäßige Zurücktreten des Bischofs hat die Statio der ganzen Stadt im Mittelalter ihre echte Bedeutung verloren. In der Gegenwart sucht man das Prinzip wieder zu beleben: Der Eucharistische Weltkongreß 1960 in München wurde bewußt als Statio orbis begangen. MD (76) empfiehlt nachdrücklich, daß vor allem in der Fastenzeit Stationsgottesdienste vom Diözesanbischof reihum in den bedeutenden Kirchen der Stadt und an Heiligengräbern und Wallfahrtsorten der Diözese gehalten werden. Die rechtliche und tatsächliche Gestaltung von Fronleichnam läßt die Einheit der Kirche in einer Stadt gleichfalls noch erkennen.

3. Die Einführung vor einem Gottesdienst. Eigentlich heißt so das stille, der inneren Sammlung dienende Sichaufstellen im Kreuzgang, wie es in Klöstern vor allem der Beuroner Kongregation vor dem Chordienst üblich ist. Daraus entwickelte man in liturgisch interessierten Kreisen den Brauch, vor der Meßfeier die Teilnehmer unter Schweigen und mit einführenden Worten auf die Mitfeier einzustimmen. In der pfarrlichen Arbeit nimmt diese Statio stärker collecta-Charakter an: die Gemeindeglieder sollen dadurch unter sich und mit dem Priester Kontakt gewinnen und sich als Gemeinde zur Feier versammelt wissen.

Lit.: R. Zerfaß, Die Idee der römischen Stationsfeier, in: LJ 8 (1958) 218–229; *A. Häußling,* Was ist „Stationsgottesdienst"?, in: LJ 15 (1965) 163–166; *O. Nigsch,* Statio Orbis in München 1960, in: ebd. 167–173.

Stationsgottesdienst ↗Wortgottesdienst; ↗Priesterloser Gottesdienst.

Stehen dem Menschen spezifisch eigene Körperhaltung, deswegen beim Beten seit jeher besonders bevorzugt. Im Stehen kommt die Ehrfurcht vor dem Höheren zum Ausdruck (Gen 18,22), aber auch die von niederdrückender Furcht befreiende Freude (Dan 10,9–11) sowie die Bereitschaft zum Hören und Gehorchen (Ez 2,1), zum Aufbrechen (Ex 12,11), wie dies vor allem im Stehen der Wachehaltenden spürbar wird. Die junge Christenheit übernimmt das Stehen als die normale Haltung bei Gebet und gottesdienstlicher Versammlung (Mk 11,25; Lk 22,46) von den Juden (Mt 6,5; Lk 18,11). Sie weiß sich durch Christus befreit aus der Knechtschaft der Sünde und des Todes, durch seine Auferstehung wieder aufgerichtet; als Söhne, nicht mehr als Sklaven, stehen sie deswegen beim Gebet in Ehrfurcht und Vertrauen vor dem Vater (Gal 4,7; 5,1). Stehen beim Gebet entspricht auch der wachsamen und bereiten Haltung, mit der der Christ der Wiederkunft des Herrn entgegenharrt; zugleich wird in diesem Stehen die verheißene Zukunft (Offb 7,9; 15,2) gegenwärtig ergriffen; der Heiligentyp des Styliten (Säulenstehers) will diese Grundhaltungen des Christen ständig leben. So versteht man, daß seit ältesten Zeiten die Christen in der gottesdienstlichen Versammlung (nicht unbedingt beim Privatgebet: ↗Knien), vor allem bei der Eucharistie, die stehende Haltung bevorzugen und für den Sonntag und die fünfzig österlichen Tage sowie für die Eucharistie das Knien geradezu verbieten. In den orientalischen Liturgien fordern die Diakone vor entscheidenden Punkten der gottesdienstlichen Handlung (Einzug, Hochgebet) die Gemeinde ausdrücklich auf zum gemeinsamen ehrfürchtigen Stehen. – Parallel dem Verständnis des Gottesdienstes wurde in der abendländischen Kirche das Stehen immer mehr auf den Altardienst und die Chorassistenz eingeschränkt, während die Gläubigen, die dem Privatgebet oblagen, die kniende Haltung bevorzugten. Stehen blieb nur als Ehrfurchtsbrauch erhalten (beim Ein- und Auszug der Geistlichkeit und) bei der Verkündigung des Evangeliums. Die gottesdienstliche Erneuerung legt darum Wert darauf, daß die versammelte Gemeinde ihr priesterliches Amt in spürbaren ↗Gebärden ausübt und vor allem bei den großen Gebeten (Gläubigengebet, Hochgebet, Herrengebet) gemeinsam steht; das zweite Eucharistische Hochgebet betet ganz ausdrücklich: „Wir danken dir, daß du uns gerufen hast, vor dir zu *stehen*."

Lit.: Th. Ohm, Gebetsgebärden der Völker (Leiden 1948) 323–331.

Stele ↗Tabernakel.

Sterbeliturgie Das Sterben eines Getauften ist im Licht des Glaubens österlicher Überschritt durch den Tod ins ewige Leben, intensivste Konkretisierung des ↗Pascha-Mysteriums im eigenen Leben. Die Kirche hat die Sorge für die Sterbenden seit jeher als eine wichtige pastorale Aufgabe betrachtet und ihr auch liturgischen Ausdruck gegeben. Das eigentliche „Sterbesakrament" ist die Eucharistie als „Wegzehrung = Viaticum"; denn sie ist nach dem Wort des Herrn (Joh 6,54) Unterpfand der Auferstehung. Schon das Nizänische Konzil von 325 hatte die Spendung des „letzten und notwendigen Viaticum" an die Sterbenden als „altes und feststehendes Gesetz" eingeschärft. Der rechte Zeitpunkt für die Wegzehrung ist – im Gegensatz zur ↗Krankensalbung – die unmittelbare Todesgefahr. Sie kann, ja soll, wenn möglich, im Rahmen einer Meßfeier empfangen werden. Wo plötzlich eine akute Todesgefahr auftritt, ohne daß vorher Krankensalbung und auch Bußsakrament gespendet werden konnten, können in einem „zusammengefaßten Ritus", den man auch *„Versehgang"* nennt, alle drei Sakramente gespendet werden. Dieser im neuen Ritualfaszikel „Die Feier der Krankensakramente" (1975) enthaltene Ritus hat folgende Gestalt: Der Priester begrüßt den Kranken und die Anwesenden und besprengt jenen und das Zimmer mit Weihwasser (fakultativ). Nach einer Gebetseinladung nimmt er gegebenenfalls die sakramentale Beichte entgegen oder lädt zu einem ↗Bußakt ein. Bußsakrament und Bußakt können mit dem vollkommenen Ablaß in der Sterbestunde abgeschlossen werden. Wenn es der Zustand des Kranken erlaubt, soll er jetzt den Glauben, auf den er getauft ist, erneuern, und Fürbitten sollen für ihn gesprochen werden. Ist er noch nicht gefirmt, so kann dies jetzt nach einem verkürzten Ritus durch den Priester geschehen (Rit. 136f). Nach der anschließenden Krankensalbung zeigt und reicht der Priester dem Kranken den Leib des Herrn als Wegzehrung, wobei er den Spendeworten „Der Leib Christi" noch anfügt: „Christus bewahre dich und führe dich zum ewigen Leben." Der abschließende Ritus besteht aus einem fürbittenden Gebet und dem Segen. „Danach können der Priester und die Anwesenden dem Kranken ein Zeichen der brüderlichen Liebe und des Friedens geben" (133). Auf das überkommene Brauchtum, dem Sterbenden ein ↗Kreuz und eine ↗Kerze („Sterbekerze", ↗Taufkerze) in die Hand zu geben, sollte, wo möglich, nicht verzichtet werden. – Sind die Sakramente gespendet, so sollen nach Möglichkeit die *„Sterbegebete"* verrichtet werden, wofür das neue Rituale einen eigenen Abschnitt enthält. Soweit es dem Priester (Diakon) möglich ist, möge er sie selbst sprechen; ist dies nicht der Fall, dann sollen sie von den anwesenden Gläubigen übernommen werden, was um so leichter ist, als sie sich auch im GL (Nr. 79) finden. Unter diesen Gebeten sind altehrwürdige Texte wie das Paradigmengebet (= Beispielgebet: „Befreie, Herr, deinen Diener, wie du ... befreit hast"), das Gebet „Proficiscere = Mache dich auf den Weg ...", die ↗Marianische Antiphon „Salve Regina" und (unmittelbar nach dem Verscheiden) das „Subvenite, sancti Dei = Kommt herzu, ihr Heiligen Gottes". Darüber hinaus sind Kurzgebete, Psalmen, biblische Lesungen und Allerheiligenlitanei möglich. – Dieser Gebetsdienst der *„Commendatio animae"*, wie man auch die Sterbegebete nennt („Anempfehlung der Seele" im Anschluß an Lk 23,46 und Apg 7,59), findet dann seine Fortsetzung in der ↗Begräbnisliturgie.

Lit.: *A. Mauder,* Die Kunst des Sterbens (Regensburg [5]1979); *J. Mayer-Scheu,* Seelsorge im Krankenhaus (Mainz 1974); *K. Richter* u.a. (Hrsg.), Zeichen der Hoffnung in Tod und Trauer (Freiburg u.a. 1975).

Sternsinger ↗Epiphanie.

Stille entsteht im Lauf des Gottesdienstes einerseits von selbst, etwa bei Rüsthandlungen; sie wird andererseits absichtlich gesucht in den antiken Mysterienkulten und in philosophischen (gnostischen) Formen der Gottesverehrung. Hier soll im Verzicht auch das äußere Wort, im „heiligen Schweigen" die weltübersteigende Macht Gottes anerkannt werden (vgl. Offb 8,1); geläutertem philosophischem Denken galt dieses Schweigen als das wahre Opfer an die Gottheit.

In der Geschichte des christlichen Gottesdienstes begegnet solches „heiliges Schweigen" zuerst in der antiochenischen Kirche in der Feier der „schreckenerregenden Mysterien". Das Motiv wirkte auch in der gallischen Kirche und führte hier im Verein mit andern Gründen dazu, daß seit dem Mittelalter das ↗Hochgebet der römischen Messe unter Stillschweigen gesprochen wurde (Anfang und Schlußworte ausgenommen). – Stille wird ferner bewußt gehalten im Schema des mönchischen

Psalmenbetens (liturgische ↗Feier); der eben gehörte Psalm soll im stillen Gebet des einzelnen von ihm realisiert werden. Bewußt intendierte Stille herrscht ferner während der Handauflegung in der ↗Priesterweihe. Die kurze Stille nach den jeweiligen ↗Gebetseinladungen dagegen will mehr die Aufmerksamkeit anregen und die Sammlung fördern.

Zeiten der Stille sind im Gottesdienst heute mehr als je notwendig; ohne sie ist rechtes Hören und wirkliche Gebetsantwort für den gehetzten Menschen unserer Tage nicht möglich; auch die Stille ist eine Form „tätiger ↗Teilnahme" am gottesdienstlichen Geschehen (LK 30). Eine solche längere Besinnungspause ist vor allem nach der Kommunionspendung vor (dem Dankhymnus und) dem Schlußgebet vorgesehen; ähnlich bedeutsam ist sie nach den Lesungen und der Auslegung des Gotteswortes; Stille während der Gabenbereitung kann eine ähnliche Funktion erfüllen. Für eine echte Besinnungsmöglichkeit im Gottesdienst ist aber auch die rechte Art ruhigen Sprechens und nicht gehetzter Aktion von großer Bedeutung. – Nicht nur die Meßfeier, auch Andachten und vor allem Aussetzung des Allerheiligsten erfordern Zeiten der Stille. Ebenso braucht das Stundengebet nach den einzelnen Psalmen und nach den Lesungen (bzw. deren Antwortgesängen) meditative Stille.

Lit.: Lengeling, Ordnung 185; AES 201–203; *J. Henning,* Formen des heiligen Schweigens, in: LJ 19 (1969) 166–177; LPTh 543f.

Stillmesse Im deutschen Sprachraum früher weitverbreitete Bezeichnung für eine Meßfeier, die der Priester ohne jedwede tätige ↗Teilnahme allenfalls anwesender Gläubiger feierte, entsprechend der Situation der ↗Privatmesse, aber auch in gemeindeöffentlichen Gottesdiensten durchaus üblich. Während die Priester in den romanischen Ländern entsprechend der Vorschrift des Römischen Meßbuches in solchen Lesemessen jeweils so laut sprachen, daß sie von allen Teilnehmern gehört, wenn auch wegen des Lateins nicht verstanden wurden, pflegten sie im deutschen Sprachraum die Lesemesse regelmäßig nur mit verhaltener Stimme zu sprechen und dadurch die Struktur der Meßfeier völlig einzuebnen. Andererseits taucht heute dort, wo die Meßreform zu ständigem Sprechen des Priesters geführt hat, mit Recht der Wunsch nach Räumen der ↗Stille im Gottesdienst auf; das darf aber nicht dazu führen, daß Amtsgebete und Gotteswort, die ihrem Wesen nach auf laute Verkündigung angelegt sind, plötzlich wieder leise gesprochen werden. Die rechte Feier der Messe gibt dem Schweigen von selbst reichen Platz.

Stipendium ↗Meßstipendium.

Stipes ↗Altar.

Stola band- oder schärpenartig um den Hals gehängte Insignie des höheren Klerus, wohl durch kaiserliche Verleihung aus Beamtenvorrechten entstanden. Kein eigentlich notwendiges Kleidungsstück, sondern uraltes Amtsabzeichen, ähnlich wie noch heute Krawatte oder Schal Zeichen des Standes, der festlichen Kleidung (liturg. ↗Gewänder). Nach jetziger Praxis der lateinischen Kirche trägt der Diakon die Stola schärpenartig über der linken Schulter, der Priester und der Bischof vor der Brust frei herabhängend; entwicklungsgeschichtlich ist auch das ↗Pallium des Papstes und das Omophorion der orientalischen Bischöfe eine Stola. Im byzantinischen Ritus ist die Unterscheidung stärker ausgeprägt: das *Orarion* des Diakons ist ein schmales, mehrere Meter langes Band (bei der Kommunion wird es kreuzweise über Brust und Rücken geschlungen), das *Epitrachilion* (griech. = über der Schulter) des Priesters und Bischofs besteht aus zwei breiten Stoffbahnen, die vor der Brust zu einer Art Skapulier zusammengenäht sind mit einem knappen Schlitz als Kopfdurchlaß. In den übrigen orientalischen Riten ist selbst die Naht verschwunden, die Stola eine Art Brustschild mit Kopfschlitz geworden. – Die Stola scheint zuerst Auszeichnung für alle Mitglieder des Klerus gewesen zu sein und wurde erst allmählich auf die oberen Ränge eingeschränkt. Bei den syrischen Riten tragen noch heute auch die Subdiakone die Stola, ebenso bei den Armeniern, bei den Maroniten selbst die Lektoren. Sonst hat sich die Stola überall zum typischen Amtszeichen des Priesters entwickelt, das auch ohne die übrigen Paramente über dem Chorrock oder Talar, ja selbst über der Alltagskleidung getragen wird (bei Krankenkommunion, Gebäudesegnungen u. ä.).

Stolgebühren Beitrag zum Lebensunterhalt des Pfarrers und zum Erhalt der Kirche, der beim „Anlegen der Stola“ (zu Taufe, Trauung und Begräbnis) fällig wird. In mitteleuropäischen wirtschaftlichen Verhältnissen ohne echte Bedeutung, durch seinen gebührenartigen Charakter eher Ärgernis schaffend, mancherorts abgeschafft. So verständlich und berechtigt eine Spende aus Anlaß eines solchen familiären Ereignisses ist, darf sie doch niemals wie eine „Bezahlung“ für einen geistlichen Dienst erscheinen.
Lit.: LPTh 544.

Stufengebet das frühere Rüstgebet des Zelebranten und seiner Assistenz an den Stufen des Altares. Das tridentinische Missale gab ihm eine einheitliche Form. Ansatzpunkt seiner Entwicklung war das stille Gebet, das der Papst nach dem Einzug vor dem Altar verrichtete. Es nahm allmählich die Gestalt formulierter Sündenbekenntnisse an (↗Apologie, ↗Confiteor). Fränkischer Brauch ließ während des Ganges zum Altar den Psalm 43 (↗Judica 1) sprechen, der schließlich gleichfalls an die Altarstufen verlegt und mit dem Confiteor zum Stufengebet verbunden wurde. – In der nach dem Ersten Weltkrieg mächtig aufblühenden ↗Liturgischen Bewegung wurde es vielfach üblich, in der gesprochenen Messe das Stufengebet im Wechsel zwischen Priester und Volk zu beten. Im neuen Missale ist an seine Stelle der ↗Bußakt getreten.

Stundenbuch ↗Brevier.

Stundengebet die regelmäßigen nichteucharistischen Versammlungen der Gemeinde zu bestimmten Stunden des Tages und auch in der Nacht, durch die vor allem der Auftrag des Herrn erfüllt werden soll, wegen der drängenden Nähe der Gottesherrschaft allzeit zu wachen und zu beten (Lk 18,1; 21,36; ↗Gebet).

I. Geschichtliches: *1. Voraussetzungen und Anfänge.* Im Alten Bund war jeder ↗Tag ein Kompendium der Heilsgeschichte, da der ↗Abend den Auszug aus dem Knechthaus Ägypten gegenwärtig machte und der ↗Morgen den Bundesschluß am Sinai. Diese Heilsgeschehnisse blieben durch das „beständige Opfer", das jeden Abend und Morgen im Tempel gefeiert wurde, im Volke wirksam (Ex 29,38–43; Num 28,1–8). Im Exil traten an die Stelle der Opfer feste Gebetszeiten (vor allem Dan 6; drei Zeiten, weil sich inzwischen das „Zusatzopfer" bestimmter Tage verfestigt hatte: Dan 6,11; Ps 55,18). Später wurden daraus fünf Opferzeiten (durch Aufspaltung des Morgen- und Abendopfers), die in den Synagogen auch als Gebetszeiten eingehalten wurden und werden. – Auf die Gebetszeiten des tamid ist auch im NT angespielt (Lk 24,53; Hebr 13,15) und im ersten Klemensbrief; die Didache sieht gleichfalls dreimaliges tägliches Beten vor. – *2. Gemeindliche und klösterliche Gebetsversammlungen.* Mit der äußeren Freiheit der Kirche und dem Wachstum der Gemeinden entsteht aus gelegentlichen Übungen, die schon bei *Hippolyt* bezeugt sind, der Brauch, daß sich die Gemeinde täglich regelmäßig zum Morgen- und Abendlob versammelt. Seither sind in allen christlichen Kirchen ↗Laudes und ↗Vesper die Angelpunkte des Stundengebetes (LK 89a; AES 37). Dazu treten gelegentliche nächtliche Gottesdienste, vor allem in der Osternacht (↗Vigil). Der ostsyrische Ritus ist im wesentlichen auf diesem Entwicklungsstadium stehengeblieben. – Die Kerngemeinden, die sich als Asketen und später ↗Mönche zusammentaten, feierten aber auch die bisher privaten drei Gebetsstunden untertags gemeinsam in gottesdienstlicher Versammlung und ebenso das nächtliche Gebet (↗Matutin). Sie entwickelten ferner aus den besonderen Bedürfnissen des Klosterlebens ein eigenes Gebet zur ersten Stunde (↗Prim) und zum Tagesschluß (↗Komplet). Ebenso wirkte die den Mönchen eigene Art des Psalmenbetens auf die Struktur auch der Gemeindehoren ein (↗Pensum, liturgische ↗Feier). – Das voll ausgebaute System des mönchischen Stundengebetes wurde auch von den Gemeindekirchen übernommen, vor allem weil man vielfach Mönchen die Abhaltung des Stundengebets an den Kathedralen übertrug und die Bischöfe aus Mönchskreisen wählte. Dieses Stadium der Entwicklung ist weithin im byzantinischen Ritus festgehalten, wo selbst in kleinen Kirchen Morgen- und Abendlob (wenn auch in einfachen Formen) öffentlich abgehalten werden, die anderen Horen und die Vollgestalt der Haupthoren auf Klöster und große Kirchen beschränkt bleiben. – *3. Das Chorgebet.* Die kanonische Lebensform der Geistlichen, wie sie von der karolingischen Renaissance gefordert wurde, ermöglichte im Abendland den vollen Horendienst auch durch die Diözesangeistlichkeit (↗Kanoniker).

Allerdings war das Volk aus praktischen, teilweise auch theologischen Gründen von der tätigen Anteilnahme ausgeschlossen. Das Stundengebet wird dadurch zum Chorgebet, zum Offizium (Aufgabe) der Geistlichkeit. – *4. Das Breviergebet.* In einem langwierigen Prozeß werden immer mehr Geistliche von der Teilnahme am gemeinsamen Stundengebet dispensiert, dafür aber zur Privatrezitation der Texte des Chorgebetes verpflichtet, die in einem eigenen Buch, dem ↗Brevier, zusammengestellt wurden. – *5. Luther* hat im Prinzip am Stundengebet festgehalten. Er will den Horen den Pensumcharakter nehmen und gibt darum keine konkrete Psalmenaufteilung und keine Leseordnung. Er will die Gemeinde am Stundengebet beteiligt wissen, vor allem die Schüler, damit sie die Schrift kennenlernen. Vorgesehen ist tägliches Morgen- und Abendlob mit Schriftlesung und Auslegung sowie freiwillig ein Mittagsgebet (nach dem Essen) und ein Nachtgebet. Durch die stark lehrhafte Ausrichtung werden diese Horen von Anfang an nicht volkstümlich, im süddeutschen Raum (Nürnberg mit seinem zahlreichen Klerus ausgenommen) gar nie heimisch. Aufklärung und Pietismus haben sie vollends zum Erliegen gebracht. Die wenigen Reste (Christvesper, Wochenschlußvesper, Passionsgottesdienste) werden als freie Andachten nach dem Ermessen des Geistlichen gestaltet. Erst die ↗Liturgische Bewegung der Gegenwart hat in verschiedenen Kreisen (Hochkirchliche Vereinigung, Berneuchener Kreis, Alpirsbach) wieder feste Formen des Stundengebetes aufkommen lassen, die inzwischen auch einen ersten offiziellen Niederschlag im Gesangbuch gefunden haben.

II. Das gegenwärtige Verständnis. Es geht aus von der Erkenntnis, daß Stundengebet gottesdienstliche Versammlung der Gemeinde ist. Die Amtsdiener der Kirche sind zu diesen Gottesdiensten in besonderer Weise gehalten, so daß sie in einem letzten Reduktionsstadium als Vertreter der verhinderten Gemeinde allein das Gotteslob singen. Besonders für Laudes und Vesper gilt, daß sie im Rahmen des Möglichen immer öffentlich gehalten werden sollen (LK 100; AES 40; vgl. 20–27), während Mittagshore und Komplet von Natur aus häusliche Liturgie sind und die ↗Lesehore in erster Linie der Schriftlesung der Geistlichen dienen will. So soll sich das Gebetsleben der Christen, vor allem des Geistlichen, im Stundengebet integrieren. Es darf sich ja niemals mit dem Ablesen vorgegebener Texte begnügen; es muß auch eigenen Antrieben und Interessen entspringen, und das pflichtgemäße Stundengebet darf dieses persönliche Beten nicht ersticken. Andererseits muß das freie Betrachten und Beten immer wieder sein Maß nehmen an vorgegebenen Ordnungen; sonst wird es einseitig und verarmt, wie die Erfahrung lehrt (↗Privatgebet). Durch das Einstimmen in den Chor der eigenen Gemeinde und der Gemeinden überall tritt das Gebet auch in einen umfassenderen Horizont; ohne diese Einbindung in das tatsächliche Gotteslob der Gemeinde verliert das Brevier seine Kraft, wie die Geschichte des ↗Kreuzbreviers gezeigt hat. Dazu ist allerdings eine stärkere Wiederbelebung des gemeinsamen Morgen- und Abendlobes notwendig. Die von der LK vorgesehene und inzwischen durchgeführte Neuformung des Stundengebetes geschieht nach diesen Prinzipien.

III. Die Neuordnung des Stundengebetes.

1. Das neue Stundenbuch. Nach siebenjähriger Arbeit unter Federführung des Römischen Liturgierates (Consilium ... ↗Kongregation für den Gottesdienst) konnte Papst *Paul VI.* an Allerheiligen 1970 mit der Apostolischen Konstitution „*Laudis canticum*" das neue Stundenbuch approbieren, das von der Gottesdienstkongregation an Ostern 1971 mit seinem ersten Band veröffentlicht wurde. Diesem Band ist die „Allgemeine Einführung in das Stundengebet" (AES) vorangestellt, in der – ähnlich wie beim neuen Missale (AEM) – nicht nur rubrikale, sondern vor allem sinnerhellende Aussagen gemacht werden. In den folgenden Jahren erschienen drei weitere Bände. – Um die Zeit bis zum Erscheinen des authentischen deutschsprachigen Stundenbuches zu überbrücken, veröffentlichten die Liturgischen Institute des deutschen Sprachgebietes nach dem Vorbild Frankreichs das „Neue Stundenbuch. Ausgewählte Studientexte für ein künftiges Brevier" (Band I: Tagzeiten, 1970; Band II: Geistliche Lesung, 1971). Im Gegensatz zur lateinischen Ausgabe enthält Bd. II zwei Jahresreihen für die Schriftlesung und für die Väterlesungen, die in 16 Ergänzungsfaszikeln zur Erprobung veröffentlicht wurden. – Ende November 1978 erschien der erste Band des offiziellen deutschsprachigen Stundenbuches (Advent und Weihnachtszeit), dem wenige Wochen später Band III (Im Jahreskreis) und Band II (Fastenzeit und Osterzeit) folgten, zusammen mit den ersten der 16 Lektionar-Faszikeln für die beiden Jahresreihen. Das neue Stundenbuch enthält bereits die im Frühjahr 1978 approbierte und 1979/80 erschienene Einheitsübersetzung der ↗Bibel.

2. Besondere Akzente. Sowohl die LK wie die AES sehen Sinn und Bedeutung des Stundengebetes darin, daß die Kirche als mystischer Leib Christi und geheiligtes Volk Gottes es *in der Teilhabe am Priestertum Christi* verrichtet und mit ihm zusammen die Stimme zum Lob des Vaters und zur Fürbitte für die ganze Menschheit erhebt. Dieser Dienst des Lobes und der Fürbitte stellt einen wichtigen Selbstvollzug der Kirche dar. Wer sich daran beteiligt, sei es in Gemeinschaft oder als einzelner, spricht als Glied der Kirche und in Stellvertretung für alle Menschen. Wo aber die Kirche und ihre Glieder einen solchen Gebetsdienst leisten, geschieht es in der Kraft des Heiligen Geistes (AES 8). – Wie jede andere liturgische Handlung hat auch das Stundengebet *dialogischen Charakter,* indem Gott in seinem Sohn auf den Menschen zukommt und ihn in der Kraft seines Wortes und des Pascha-Mysteriums heiligt, die Kirche aber in Verbindung mit ihrem Herrn mit Lob, Dank und Bitte antwortet (AES 14). In diesem dialogischen Vorgang kommt es entscheidend darauf an, daß bei jedem Teilnehmer „das Herz mit der Stimme zusammenklinge" (LK 90). „Dann erst kann das Gebet ... Quelle der Frömmigkeit und der vielfältigen Gnade Gottes, Nährboden des persönlichen Betens und des apostolischen Wirkens sein" (AES 19). – Der schon erwähnte *Gemein-*

schaftscharakter des Stundengebetes (s.o. II) wird von der AES nachdrücklich betont, wobei die Einladung zum Mitvollzug sich auch an die Pfarreien, Laienkreise und Familien („Hauskirche“) richtet (21; 27). – Ein weiteres Anliegen ist der *zeitgerechte Vollzug* der einzelnen Tageszeiten (Horen), wie dies bereits die LK (88; 94) angemahnt hatte und von der AES erneut betont wird (11). Denn als Heiligung des Tages nimmt das Stundengebet, besonders in den Hymnen, auf bestimmte Tageszeiten Rücksicht, so daß es sinnwidrig wäre, das Morgenlob der ↗Laudes am Abend und das Abendlob der ↗Vesper am Vormittag zu sprechen. – Der *verpflichtende Auftrag* zum Stundengebet erstreckt sich auf alle Bischöfe, Priester, Diakone (soweit sie die Priesterweihe erstreben) und Ordensleute (AES 17). Für die „ständigen“ Diakone wird es als wünschenswert betrachtet, wenigstens einen Teil des Stundengebetes zu verrichten, den die zuständige Bischofskonferenz näher bestimmen soll (ebd. 30). Was den *Verpflichtungsgrad* angeht, so läßt sich aus der AES eine gewisse Milderung der gesetzlichen Strenge und auch eine Differenzierung bei den einzelnen Horen erkennen. Schon das II. Vatikanum hatte gewisse Austauschmöglichkeiten vorgesehen und den Bischöfen und höheren Ordensoberen die Vollmacht gegeben, „in besonderen Fällen und aus gerechtem Grund“ von der Verpflichtung ganz oder teilweise zu dispensieren oder eine Umwandlung vorzunehmen (LK 97). Die AES gebraucht eine Ausdrucksweise, die als Mahnung der Kirche zur treuen Erfüllung des Auftrages zu verstehen ist. Nur bei den beiden Haupthoren Laudes und Vesper wird diese Mahnung verstärkt durch den Hinweis, daß man sie nur „aus schwerwiegenden Gründen“ unterlassen dürfe (29).

3. Gliederung des Stundengebetes

a) Eröffnung (↗Invitatorium)
b) ↗Lesehore (officium lectionis)
c) ↗Laudes (Morgenlob)
d) Terz, Sext, Non (↗Kleine Horen)
e) ↗Vesper (Abendlob)
f) ↗Komplet.

Um den innerlichen Vollzug des Stundengebetes zu fördern, soll auch dem *„heiligen Schweigen“* (LK 30) (↗Stille) bei allen Horen nach klugem Ermessen Raum gegeben werden, vor allem nach den ↗Psalmen und ↗Lesungen (AES 201–203). Wertvolle Hilfen zum neuen Stundengebet veröffentlichte das Sekretariat der Deutschen Bischofskonferenz (Hrsg.) in dem Büchlein: Beten mit der Kirche. (Regensburg 1978).

Lit.: J. Pascher, Das Stundengebet der römischen Kirche (München 1954); *ders.,* Sinngerechtes Brevierbeten (München 1962); *J. A. Jungmann* (Hrsg.), Brevierstudien (Trier 1958); *J. E. Lengeling,* Liturgia horarum, in: LJ 20 (1970) 141–160, 231–249; 24 (1974) 176–193; *B. Fischer,* Dienst des Lobes – Dienst der Fürbitte (= Kölner Beiträge 23) (Köln 1977); *R. Kaczynski,* Schwerpunkte der Allgemeinen Einführung in das Stundengebet, in: LJ 27 (1977) 65–91; *J. Baumgartner,* Das Stundengebet – ein Angebot der Kirche, in: Diak 11 (1980) 90–101; *H. Goltzen,* Der tägliche Gottesdienst, in: *Leiturgia* III 99–296; *Th. Schnitzler* Was das Stundengebet bedeutet (Freiburg 1980).

Subdiakon Inhaber eines schon bei *Hippolyt von Rom* (†235) bezeugten Dienstamtes. Es ist wahrscheinlich in Rom aus dem Vorsteheramt über die Akolythengruppe erwachsen und sollte den Diakon unterstützen. Der Subdiakonat wird in der alten Kirche nirgends zum ↗Weihesakrament gerechnet, eine Handauflegung bei der Subdiakonatsweihe deswegen von *Hippolyt* ausdrücklich abgelehnt. In allen Riten oblag dem Subdiakon die Sorge für das Gotteshaus und die für den Gottesdienst notwendigen Gewänder und Geräte. In Rom stand ihm bei der Messe die Epistellesung zu; er half bei der Bereitung des Altares und der Gaben und bei der Brotbrechung (Dienst an der ↗Patene). Sein kennzeichnendes Gewand war in Rom die ↗Tunizella. Am Anfang des 13. Jhs. wird der Subdiakonat im Westen wegen der damit verbundenen Verpflichtung zum Zölibat und Stundengebet zu den Höheren Weihen gerechnet. Die Spendung der Subdiakonatsweihe geschah zunächst überall nach dem Schema der Niederen Weihen. Im Westen wurde später in Angleichung an die Höheren Weihen dem Schema der Niederen Weihen die Litanei vorausgeschickt und an das Weihegebet die Bekleidung mit Schultertuch, Albe, Manipel und Tunizella sowie die Übergabe des Epistelbuches angefügt.

Das Apostolische Schreiben *Pauls VI.* „Ministeria quaedam“ vom 15.8.1972 sieht im Sinn der alten Kirche im Subdiakonat weniger eine Weihe als einen Dienst, der künftig vom Lektor und Akolythen mitübernommen werden soll. Wörtlich heißt es in dem römischen Dokument: „Die Aufgaben, die bisher dem Subdiakon übertragen waren, werden nunmehr dem Lektor und dem Akolythen zugewiesen; aus diesem Grunde gibt es künftig in der Lateinischen Kirche die Höhere Weihe des Subdiakonats nicht mehr. Dem steht jedoch nicht entgegen, daß entsprechend dem Urteil einer Bischofskonferenz der Akolyth auch Subdiakon genannt werden könnte.“

Submersionstaufe ↗Taufe.

Sünde ↗Buße; ↗Bußsakrament.

Symbol (griech. von symballo = [die zwei getrennten Hälften] zusammenlegen).

1. Allgemeines. Symbol bezeichnet ursprünglich die auseinandergebrochenen Teile eines Ringes, Stabes, Täfelchens o.ä., die durch Zusammenfügen zum Ganzen, zur „Gestalt“, als Erkennungszeichen dienen, die früher geschlossene Gastfreundschaft, die wirkliche Beauftragung eines Boten, den Abschluß eines Vertrages zwischen den Kontrahenten o.ä. greifbar und so den Urvorgang des Zusammenschlusses für den Einzelfall verbindlich machen; dann allgemein ein dingliches oder sonstwie sinnenhaftes ↗Zeichen einer anderen nicht voll faßbaren Wirklichkeit, ein Ding in seiner sich offenbarenden und mitteilenden Gestalt (↗Bild) auf der Kommunikationsbasis der menschlichen Gemeinschaft. Seit dem Mittelalter ist der Abendländer geneigt, das Wort „symbolisch" abwertend zu verstehen im Sinn von „nur symbolisch", als sei die gemeinte Wirklichkeit im Symbol nicht gegenwärtig, sondern nur vertreten. Der antike Mensch hingegen und damit auch die Liturgie verstehen unter Symbol die Wirklichkeit selber, soweit sie in der Gestalt in Erscheinung tritt, offenbar wird, sich mitteilt; das Sein ist „wahr" und „schön", darum bleibt es nicht im Unzugänglichen verborgen, sondern es sagt sich aus und stellt sich dar. So ist letztlich jedes Ding „Symbol", Ausdruck, Gestalt, Selbstdarstellung seines Seins (↗Kunst). Die Frage, ob Christus unter den eucharistischen Gestalten „real" oder „bloß symbolisch" gegenwärtig ist, ist in dieser Form im Altertum unbekannt; erst in der karolingischen Theologie, die unter Symbol nicht mehr eine in Erscheinung tretende, sondern eine abgeschwächte Wirklichkeit versteht, kann es mit dieser Fragestellung zum Abendmahlsstreit kommen.

2. Im christlichen Gottesdienst. Das letzte und tiefste Symbol ist der menschgewordene Christus. In ihm hat das Wort, die unfaßbare Wirklichkeit Gottes als Urgrund der Welt, Fleisch angenommen, so daß wir seine Herrlichkeit sinnhaft schauen können (Joh 1,14; 2 Kor 4,6); er ist die „Gestalt" des Vaters (Phil 2,6; Joh 5,37); wer ihn sieht, der sieht den Vater (Joh 14,9); er ist die Selbstmitteilung Gottes, durch ihn treten wir in Gemeinschaft mit dem Vater (1 Joh 1,3). Solche Leibhaftigkeit Gottes bleibt gegenwärtig in der ↗Kirche, der vom Geist und der Liebe Christi (↗Heiliger Geist) zusammengefügten Gemeinde. Das von der Liebe Christi getragene Leben der Gemeinde macht diese zur Offenbarungsgestalt Christi, zum Christusleib, zum Ort, wo Gottes Leben für uns faßlich wird; noch stärker als im natürlichen Bereich ist dabei die bestehende Gemeinschaft Ermöglichungsgrund des Symbols. Die Grundsakramentalität der Kirche wirkt in allen ihren Lebensvollzügen; alle Betätigung der Gemeinde gibt dem Heiligen Gestalt, besonders die Verkündigung des Wortes und die Heilszeichen der ↗Sakramente; im selben Zusammenhang sind die ↗Sakramentalien zu sehen und die ganze Gestalt des Gottesdienstes, ja selbst die ↗Bilder (Ikonen).

3. Gefährdung. Wird das Symbol im Raum der Kirche von der Basis der Kommunikation im Glauben gelöst und in sich stehend angewandt, so sinkt es in ↗Magie ab. Darum gehört im christlichen Gottesdienst zur symbolischen Handlung und zum Bild immer das kündende Wort hinzu, das im persönlichen Glauben aufgenommen werden muß, erst auf dieser Kommunikationsbasis, auf der gemeinsamen Ebene der gläubigen Kirche, schließt das sakramentale Zeichen, die gottesdienstliche Handlung, das Bildzeichen den lebendigen Zugang in die Wirklichkeit Gottes auf. Selbst die Ikone trägt deswegen grundsätzlich ein Wort eingeschrieben. Aber auch bei rechtem gläubigem Verständnis darf die Wirklichkeit des Symbols nicht mit der Vollverwirklichung verwechselt werden; zwar ist Symbol Faßbarkeit, Gestalt der Wirklichkeit selbst, aber diese Wirklichkeit kann und wird uns noch transparenter, noch intensiver, noch „an-

sprechender" begegnen; Symbol ist das Teilstück der Wirklichkeit, das uns als Angeld, als Unterpfand, als Verheißung der vollen Wirklichkeit schon gegeben ist.
4. Abgrenzungen. In einem ganz spezifischen Sinn nennt man *Symbolum* die grundlegenden ↗Glaubensbekenntnisse und Bekenntnisschriften der Kirchen, sozusagen als Erkenntniszeichen dieser Gemeinschaften. In der christlichen Kunst versteht man unter Symbol meist Bildzeichen religiöser Wirklichkeiten: Hirt, Lamm, Fisch für Christus; Orante, Taube für die Seele des Verstorbenen; Krone, Palme als Kennzeichen des Blutzeugen; Heiligenschein. In solchen Symbolen kommt die Wirklichkeit oft nicht mehr unmittelbar, sondern nur auf Grund künstlicher Konvention zur Sprache. Wenn ein Ding überhaupt nicht mehr seine eigene Wirklichkeit faßbar macht, sondern ganz von einer „anderen redet", spricht man von *Allegorie;* im Mittelalter wurde die ↗Allegorese weithin zum Deutungsprinzip für alle liturgischen Vorgänge, die dadurch ihrer echten Symbolkraft entleert wurden. Unter *Attrappe* versteht man die leere Nachbildung eines Gegenstandes, etwa für Werbezwecke in den Auslagen; im Gottesdienst ist sie immer verwerflich (die leere ↗Tumba ist heute nicht mehr Symbol für die Gegenwart des Toten beim Begräbnisgottesdienst, sondern Attrappe; das ↗Ziborium zur Austeilung der Brotsgestalt darf nicht die Gestalt eines Trinkgefäßes haben.).

Lit.: A. Wucherer-Huldenfeld, Theologie des Symbols, in: *E. Hesse – H. Erharter (Hrsg.),* Liturgie der Gemeinde (Wien 1966) 93–106 (dort weitere Lit.); *Gr. Wucherer-Huldenfeld,* Leitsätze zur symbolgemäßen Gestaltung der Liturgie, in: *ebd.* 107–120; *H. Reifenberg,* Symbol als Sinnbild und Sinnspruch, in: LJ 20 (1970) 11–21; Herder-Lexikon „Symbole", bearb. von *M. Oesterreicher-Mollwo* (Freiburg [2]1979).

Symbolum ↗Symbol 4; ↗Glaubensbekenntnis.

Synagogengottesdienst ↗Wortgottesdienst.

Synaxis ↗Versammlung.

T

Tabernakel (lat. = Zelt). Gehäuse zur ↗Aufbewahrung des (Gefäßes mit dem) eucharistischen Brot(es). In den Privatwohnungen, wo die Eucharistie zunächst ohne nähere Vorschriften in ehrfürchtiger Form aufbewahrt wurde, benutzte man dafür gern Elfenbeinkästchen. Als man begann, das Allerheiligste in den Kirchen aufzubewahren, geschah dies zunächst in einem Nebenraum (Pastophorium, Secretarium, Conditorium), wie dies in den Ostkirchen heute noch vorkommen mag und bis ins 14. Jh. (in Mailand bis ins 16. Jh.) auch im Westen gebräuchlich war. Seit dem 8. Jh. stellt man (in Deutschland und Frankreich) das Kästchen mit der Eucharistie auch auf den Altar selber (dies noch heute die gewöhnliche Art in byzantinischen Kirchen; das Kästchen heißt *Artophorion*) oder hängt es (in Frankreich und England) über dem Altar auf und gibt dem Aufbewahrungsgefäß dabei mitunter die Gestalt einer Taube, oder man schafft (vor allem in Italien) eine Mauernische oder einen Wandschrank für das Aufbewahrungsgefäß (= Armariolum); daraus entwickelt sich in Deutschland das *Sakramentshäuschen,* ein turmartiger Bau meist am Choreingang, in dem das Allerheiligste hinter einer Gittertüre gesichert war und von den Gläubigen gesehen werden konnte (zu diesem Schauverlangen ↗Mittelalter). Der feste Verschluß des Aufbewahrungsortes war vom 4. Laterankonzil 1215 vorgeschrieben worden. – Die Gewohnheit, dem Gehäuse zur Aufbewahrung der Eucharistie einen *festen Platz auf dem Altar* anzuweisen, bildete sich in Italien vor allem unter dem Einfluß des großen Reformbischofs *Karl Borromäus* aus. Verpflichtend wurde diese Aufstellung (näherhin in der Mitte des Altares) erst durch den CIC von 1918, die feste unlösbare Verbindung des Tabernakels mit der Altarplatte erst durch das Tabernakeldekret von 1957. Für die Aufstellung des Tabernakels sollte eine „besonders hervorragende und ehrenvolle Stelle der Kirche" ausgesucht werden, weswegen nach dem CIC vor allem in kleineren Kirchen meist nur der Hochaltar dafür in Frage kam; in Kirchen mit Chordienst war dagegen ein eigener Sakramentsaltar (meist in einer Sakramentskapelle) vorgeschrieben. Seit 1964 (Instr I 95) kann der Bischof die Aufstellung des Tabernakels an einem würdigen und entsprechenden Platz auch außerhalb des Altares genehmigen, auf einer Säule (Stele) oder in einer Wandnische, doch so, daß der zelebrierende Priester den Tabernakel nicht verdeckt. Die Eucharistieinstruktion 1967 (Nr. 55) betont, es entspreche dem Wesen der Meßfeier mehr, wenn die eucharistische Gegenwart nicht schon am Anfang durch die Aufbewahrung im Tabernakel gegeben sei. Sie empfiehlt die Aufbewahrung der Eucharistie in einer vom Hauptraum getrennten Kapelle (53). (Ähnlich AEM 276 und Rit. Rom. „De sacra communione ..." 9). – Gekennzeichnet ist der Tabernakel für unser Empfinden durch das Ewige Licht (↗Ampel), in Wirklichkeit eigentlich durch das *Conopäum,* eine Verhüllung aus Stoff in der Tagesfarbe, das ihn erst zum „Zelt" macht, aber in Deutschland nicht gebräuchlich ist. In der gegenreformatorischen Kampfstimmung hat man den Tabernakel gern zum Kennzeichen des katholischen Gotteshauses gemacht im Gegensatz zum evangelischen, das keine Aufbewahrung der Eucharistie kennt; der Tabernakel ist aber auch im katholischen Raum den Seelsorgskirchen vorbehalten; die Kirchen sind auch ohne ihn „Gotteshäuser". – ↗Aufbewahrung der Eucharistie.

Lit.: E. J. Lengeling, Die Bedeutung des Tabernakels im katholischen Kirchenbau, in: LJ 16 (1966) 156–186 und PkH 32 (Leipzig 1967); *K. J. Schmitz,* Art und Form des Tabernakels, in: Das Münster 20 (1967) 86–91; *J. H. Emminghaus,* Verehrung der Eucharistie außerhalb der Messe, in: Bibel und Liturgie 45 (1972) 207–223; *ders.,* Gestaltung des Altarraumes, IV: Das Tabernakel, in: ebd. 48 (1975) 233–250 und PkH 57 (Leipzig 1977); *O. Nußbaum,* Die Aufbewahrung der Eucharistie (Bonn 1979).

Tag der Zeitraum von Morgen bis zum Abend, der durch das Licht der Sonne vom Dunkel der Nacht unterschieden ist; die Zeit, in der der Mensch wirken kann (Ps 104,23; Joh 9,4), in der er Gefahren rechtzeitig erkennen, sein Werk mit Überlegung durchführen kann, da ihm Licht und Wärme zur Verfügung stehen. Für kalendarische Festlegungen meint Tag den nächtlichen Zeitabschnitt mit. – Für den natürlichen Menschen ist Tag nicht einfach der gleichmäßige Ablauf der ↗Zeit, sondern eine Erlebnisreihe; die Stunden haben je ihr eigenes Gesicht und werden in ihrer je eigentümlichen Stimmung erlebt. In Israel wird dabei der Tag zur Rekapitulation der Bundesgeschichte: der ↗Abend läßt das rettende Ereignis am Beginn der Geschichte Israels lebendig werden, den Auszug aus Ägypten (Deut 16,6), der ↗Morgen die bundesstiftende Gotteserscheinung am Sinai (Ex 19,16; 24,4). Im täglichen Morgen- und Abendopfer (Ex 29,38–43; Num 28,1–8) werden diese Urereignisse des Bundes heilswirksam (↗Gedächtnis, ↗Gegenwart) und machen so jeden Tag zu einem Schritt in der Heilsgeschichte Gottes mit seinem Volk. Im Neuen Bund vertieft sich diese heilsgeschichtliche Sicht: der Abend ist die Stunde, da Christus im Abendopfer des Kreuzes sein Blut vergossen und damit den Neuen Bund begründet hat, der Morgen die Stunde seiner Auferstehung, die uns das unvergängliche Leben zubringt. So wird ↗Christus zur wahren Sonne, die uns im Dunkel einer vergänglichen Welt erst wirklich den Tag zubringt (Joh 11,9; 12,35). In Anspielung an Eph 5,32 sagt Anastasius Sinaita: „Das Mysterium von Morgen und Abend ist groß, ich sage aber: in Christus und in der Kirche; diese war einst dunkler Abend; als ihr aber das wahre Licht geeinigt war, da wurden beide zu einem Fleisch, zu einem Tag." Tag ist für die Schrift letztlich darum erst dann, wenn Christus in offenbarer Herrlichkeit zugegen ist, sich der Welt zu einen. Jetzt aber ist sein Wort das Licht, das (vor allem im ↗Stundengebet) den irdischen Tag erhellt, und noch mehr die Feier der Eucharistie, die für den Gläubigen den Tag erst wirklich zum Tag macht, weil in ihr die volle Wirklichkeit schon anbricht. So führt jeder in Christus gelebte Tag die Welt ihrer Vollendung näher.

Tagesgebet Die Eröffnungsriten der Meßfeier schließen mit einer ↗Gebetseinladung (Oremus), einer kurzen, verbindlichen Gebetsstille, „in der sich alle zum Gebet sammeln" (MD; vgl. AEM 32), und dem Tagesgebet, auch ↗Kollekte oder ↗Oration genannt. Das im MR auch jetzt noch als collecta (sc. oratio = zusammengefaßtes Gebet) bezeichnete Gebet will die vorausgehenden stillen Gebete der Gläubigen zusammenfassen und abschließen. Um dieser Funktion gerecht werden zu können, sollte die Stille nach der Gebetseinladung nicht zu kurz bemessen sein und ihre Bedeutung den Gläubigen genügend erklärt werden. Das Tagesgebet als eines der ↗Präsidialgebete wird nur vom Vorsteher der eucharistischen Feier, und zwar mit ausgebreiteten und erhobenen Händen gesprochen (gesungen). Über die Art und Weise dieser Händeausbreitung, die im tridentinischen Missale minutiös genau geregelt war, gibt es im neuen Meßbuch keine näheren Anweisungen, so daß hier dem Empfinden der einzelnen Priester bzw. Völker Spielraum gegeben ist. – Die alten römischen Orationen, von denen viele auf *Leo I.* (440–461) zurückgehen, sind formal nach den rhythmischen Gesetzen des ↗Cursus gestaltet, inhaltlich bestehen sie aus einer Gottesanrede mit Apposition oder einem Relativsatz, in dem, besonders an Festen, das Tagesgeheimnis gewürdigt wird („relativische Prädikation"), und einer in knappen Worten zusammengefaßten Bitte. Sie enden alle mit einem trinitarischen Schluß, dessen Form davon abhängig ist, ob die Bitte an den Vater (in den alten römischen Orationen die Regel) oder an den Sohn gerichtet ist. Die AEM begünstigt die alte Form, wenn sie schreibt: „Das Gebet des Priesters richtet sich durch den Sohn im Heiligen Geist an Gott den Vater" (32). Der Charakter des altrömischen Tagesgebetes als zusammenfassendes Gebet erklärt auch seine inhaltliche Kürze und Gestrafftheit wie auch seine ursprüngliche Einzahl. Erst in fränkischer Zeit mehren sich die zusätzlichen Orationen (↗Gedächtnis) ins schier Ungemessene, bis sich schließlich als Höchstmaß die Zahl sieben durchsetzt. In mehreren Reformdekreten seit 1955 wird diese Vielzahl reduziert. Das MR hat wieder zur Einzahl zurückgefunden. Weitere Anliegen des Tages können in der Einführung oder in den Fürbitten berücksichtigt werden. – Das Tagesgebet der Meßfeier wird auch als Schlußgebet bei bestimmten Horen des ↗Stundengebetes verwendet. – Nach dem trinitarischen Schluß bekräftigt die Gemeinde das Vorstehergebet mit ihrem ↗Amen.

Lit.: Jungmann MS I 462–499; *H. Büsse,* „Das Tagesgebet" als integrierendes Element der Eröffnung..., in: *Gemeinde im Herrenmahl* 222–231.

Tagzeiten ↗Stundengebet.

Talar bis an die Knöchel (talus) reichendes Gewand. Als seit der Völkerwanderung die antike Männerkleidung mit langwallendem Untergewand immer mehr der germanischen Mode mit Hose und Kittel wich, behielt der Klerus (zum Teil auch andere höhere Amtsträger) das körperlange Gewand für die Amtstracht bei. Die Formen des Talars variieren nach Zeit und Ort; Mahnungen zu Zurückhaltung in Ausputz und Farbigkeit kehren immer wieder. Seit Beginn der Neuzeit ist die schwarze Farbe vorgeschrieben; nur ↗Prälaten tragen zur Chorkleidung den Talar jeweils in ihrer Würdefarbe (habitus formalis), für gesellschaftliche Anlässe aber schwarzen Talar mit farbigen Ausputz (habitus Pianus; ↗Prälat). In manchen Ländern pflegt man bei größeren Anlässen über dem Talar einen Seidenumhang in der Würdefarbe (ferraiolo) zu tragen. In Kirchen der Reformation, die die alte liturgische Kleidung aufgegeben haben (liturgische Gewänder), dient der Talar auch als Amtskleidung im Gottesdienst.

Tantum ergo ↗Segen.

Tanz stilisierte, rhythmisch geordnete Bewegung, eine der stärksten Ausdruckshandlungen des Menschen, in allen Religionen in vielfältiger Form anzutreffen. Man tanzt im ↗Kult, um die Götter herbeizurufen, mit übermenschlichen Kräften und Mächten in Verbindung zu treten, um Urereignisse darzustellen und sie für die Gegenwart heilswirkend zu machen, aber auch einfach, um die Freude auszudrücken oder die Gemeinde zu formieren. Wegen dieser Verknüpfungen mit dem heidnischen Kult wendet sich die alte Kirche schroff gegen jeden Tanz. Trotzdem hat das Volk mancherorts bei den Märtyrervigilien an den Gräbern der Heiligen getanzt. Im Mittelalter gab es in französischen Bischofskirchen den Brauch, am Ostertag oder Unschuldig-Kinder-Tag ein Tanzspiel des Klerus im Kreuzgarten oder im Kirchenschiff abzuhalten. Volkstümliche Tanzformen haben sich auch in Prozessionen (Echternacher Springprozession) erhalten und besonders in dem Tanz, den in der Kathedrale von Sevilla Knaben vor dem Allerheiligsten aufführen. Auch feierliche Prozessionen innerhalb der Liturgie, wie den großen Einzug in der byzantinischen Liturgie oder den Umzug um den Altar mit den Gaben zu Beginn der koptischen Liturgie, wird man in den Formenkreis des Tanzes einordnen müssen, ebenso das äthiopische Stundengebet mit seinen Trommeln und rhythmischen Bewegungen. In der Afrikamission versucht man, einheimische Tanzformen in den christlichen Gottesdienst einzubauen; in Indien beläßt man sie außerhalb der Liturgie.

Lit.: ↗Spiel im Gottesdienst; ferner: *K. Schlemmer,* Bausteine für den Gottesdienst (Würzburg 1980).

Taufaufschub Die ↗Kindertaufe läßt sich nur rechtfertigen, wenn sie eingebettet ist in den Glauben der Eltern bzw. Erziehungsberechtigten, die das begonnene Werk auch weiterführen. Darum hatte schon der CIC verlangt, daß die katholische Erziehung sichergestellt sein müsse (can. 750 § 2). Die neue Ordnung der Kindertaufe sieht einen vorläufigen Taufaufschub (keine Taufverweigerung) vor, wenn beide Elternteile als ungläubig anzusehen sind und das ↗Taufgespräch ablehnen oder sich beim Taufgespräch außerstande erklären, eine christliche Erziehung zu versprechen. Eine Ausnahme ist nur dann möglich, wenn sich eine fest im Familienverband lebende Person verpflichtet (vor dem Seelsorger unter Zustimmung der Eltern), für die religiöse Erziehung des Kindes Sorge zu tragen (Vorbem. 36). Weil es sich hier um eine sehr bedeutsame pastorale Entscheidung handelt, die in dem betreffenden Gebiet eine gewisse Einheitlichkeit verlangt, soll der Pfarrer nur im Einverständnis mit dem Dekan handeln und über die Fälle, in denen die Eltern von ihrer Taufbitte zurückgetreten sind oder der Taufaufschub ausgesprochen wurde, dem Bischöflichen Ordinariat am Jahresende Bericht erstatten. – Über pastorale Versuche französischer Priester zur Vorbereitung „ungläubiger“ Eltern, die trotzdem ihr Kind taufen lassen wollen, berichtet *P. Gerbe* (Hrsg.), Zulassung zur Taufe (Wien 1969).

Lit.: H. Schmitz, Taufaufschub und Recht auf Taufe, in: *Zeichen des Glaubens* 253–268.

Taufbrunnen Im Gegensatz zum ↗Baptisterium (Raum der Taufspendung) versteht man darunter den Taufwasserbehälter, an dem die Taufe stattfindet. Zuerst taufte man in natürlichem fließendem oder stehendem Wasser (vgl. Apg 8,36; Didache c. 7). Seit dem 3. Jh. sind eigene Taufräume bezeugt, die in der Mitte das Taufbecken (piscina, fons) enthielten, zu dem meist einige Stufen hinabführten und in das der Täufling stieg, um mit Wasser übergossen zu werden. Als das Taufrecht seit dem 6. Jh. von den Bischofskirchen allmählich auf die Pfarrkirchen überging, erbaute man meist keinen eigenen Taufraum, sondern errichtete eine Kufe (im Norden zunächst aus Holz, sonst aus Stein: Taufstein). Kinder wurden untergetaucht, eine Taufform, die noch Thomas v. Aquin (†1274) die gewöhnlichere und lobenswertere nennt, die aber immer mehr von der Infusionstaufe verdrängt wird und im 16. Jh. ganz verschwindet (außer im Mailänder Ritus). Noch in der romanischen Zeit entstehen pokal- oder kelchförmige Taufsteine zur Aufbewahrung des Taufwassers. Auch in den Taufbecken der alten Baptisterien errichtete man zusätzlich einen Taufstein. Die Liturgische Bewegung ließ den Wunsch aufkommen, die Taufe im Blickfeld der Gemeinde zu vollziehen und deshalb den Taufstein nicht mehr in der Nähe des Kircheneingangs aufzustellen, sondern in der Nähe des Altarraumes. Die neue Ordnung der Kindertaufe sagt: „Der Taufbrunnen kann sich in einer eigenen Kapelle innerhalb oder außerhalb der Kirche befinden oder in der Kirche selbst aufgestellt sein, dann aber im Blickfeld der Gläubigen. In jedem Fall muß es möglich sein, daß sich eine Taufgemeinde am Taufbrunnen versammelt" (44). Er soll so eingerichtet werden, „daß das Wasser in das Becken einfließen und daraus abfließen kann. Eine solche Einrichtung wird empfohlen, weil fließendes Wasser ein deutlicheres Zeichen des Lebens ist. Wohl im Hinblick darauf, daß manche neueren Kirchen auf den Taufstein verzichten, weil das Taufwasser (mit Ausnahme der Osterzeit) vor jeder Taufe eigens geweiht wird (vgl. LK 70; ↗Taufwasser), tritt der neue Taufordo für die Erhaltung des Taufsteines ein: „Er soll die Stätte der Taufe sein und nach Möglichkeit bei der Weihe des Taufwassers als Behälter dienen. Auch in den Zeiten, in denen kein Taufwasser in ihm aufbewahrt wird, erinnert er die Gläubigen an die eigene Taufe" (51). Bei der Vielgestaltigkeit der Kirchen wird man keine genaue Regel für den Ort seiner Aufstellung geben können. Er stellt jedoch den Künstlern und Bauherren die bedeutsame Aufgabe, ebenso formschöne und symbolträchtige wie funktional richtige (fließendes und warmes Wasser mit Abflußmöglichkeit) Lösungen zu finden.

Lit.: E. J. Lengeling, Im Blickfeld der Gemeinde, in: Gottesdienst 4 (1970) 120–125; *E. Färber,* Der Ort der Taufspendung, in: ALW 1971/XIII, 36–114; *ders.,* Der Ort der Taufspendung in nichtkatholischen Kirchen, ebd. 1972/XIV, 56–70; *Th. Maas-Ewerd,* Ort und Gestaltung des Taufbrunnens, in: *Zeichen des Glaubens* 359–378.

Taufe

1. Ursprung und Bedeutung. Die Taufe (vom got. Verb. daupjan = eintauchen) steht als wichtigste und grundlegende Kulthandlung im Bewußtsein aller christlichen Bekenntnisse. Die Gemeinsamkeit gründet auf dem zwar vielgestaltigen, im Grund aber einhelligen Zeugnis der ntl. Schriften (z.B. Mt 28,19; Mk 16,16; Röm 6,3ff) und der seit der Urgemeinde ununterbrochenen Überlieferung, wonach sie auf eine unmittelbare Weisung des Herrn zurückzuführen ist. Dabei ist zu beachten, daß es zunächst nur um die Taufe Erwachsener geht, von denen als persönliche Voraussetzung der Glaube an die Botschaft Christi und die innere Umkehr (vgl. Mk 1,15) gefordert werden. Die ↗Kindertaufe steht zunächst nicht im Vordergrund. – *Die Bedeutung der Taufe* besteht darin, daß sie Eingliederung in das neue Gottesvolk der Kirche und damit in den mystischen Leib Christi ist. Dabei wird der Getaufte in das heilbringende Mysterium des Todes und der Auferstehung Christi hineingenommen, er bekommt Anteil am ↗Pascha-Mysterium (vgl. Röm 6,3–5; Kol 2,12–14). So wird die Taufe zu einer „neuen Schöpfung" (2 Kor 5,17), zum Tor ins neue Leben (vgl. Joh 3,5), sie hebt die Trennung des Menschen von Gott auf (Nachlaß aller Schuld) und schenkt ihnen die Liebe des Vaters, der sie zu seinen Kindern macht (1 Joh 3,1), zu „Erben Gottes und Miterben Christi" (Röm 8,17). So ist die Taufe nicht nur ein äußerer Aufnahmeritus, sondern grundlegendes Ereignis der Erlösung in Christus.

2. Schwerpunkte liturgischer Entwicklung. Während nach den Aussagen der ntl. Schriften der Zuwendung zu Christus und Abkehr von der Sünde unmittelbar die Taufspendung folgte, die den Empfang des Heiligen Geistes mit beinhaltete, bildete sich schon früh die Praxis einer intensiveren Vorbereitung (↗Katechumenat) und einer liturgisch entfalteten Tauffeier (↗Initiation) heraus. Neben der vor allem durch die Ausführungen bei Paulus (Röm 6,3ff) nahegelegten Form des Untertauchens (Submersion bzw. Immersion) gab es schon früh auch die des Übergießens von Wasser (Infusion), wie die „Zwölfapostellehre" (Didache) erkennen läßt, vor allem aber die Kombination von beiden Taufweisen, wobei der Täufling in das verhältnismäßig flache Taufbecken hinabstieg und, im Wasser stehend, durch Übergießen mit einem „Wassermantel" umhüllt wurde. Ob es im Altertum in Notfällen (z.B. Krankheit) auch die Taufe durch Besprengung (Aspersion) gab, ist umstritten. Als Tauftermin empfahl sich die ↗Osterzeit; schon seit Ende des 3. Jhs. wird die ↗Osternacht bevorzugt, der sich später noch für die an Ostern Verhinderten die Pfingstvigil anschloß. Im Osten und im westlichen Einflußbereich der byzantinischen Liturgie (Unteritalien, Gallien) setzt sich als weiterer Tauftermin die Vigil von ↗Epiphanie durch, weil dort die Taufe Jesu im Jordan stärker als im Westen als Urbild des Taufsakramentes gesehen wurde. – *Im Westen* erfolgt, bedingt durch den Zerfall des Katechumenates und das sich herausbildende Übergewicht der Kindertaufe, eine bedeutsame Änderung der überkommenen Taufspendung insofern, als die beiden anderen Initiationssakramente der ↗Firmung und ↗Eucharistie davon zeitlich getrennt werden und die traditionellen Tauftermine ihre Ausschließlichkeit allmählich verlieren. – ↗Initiation; ↗Kindertaufe.

3. Die Taufspendung in den orientalischen Kirchen. Die Orientalen haben mit geringen Ausnahmen die volle Form der christlichen Initiation erhalten, mit Firmung und wenigstens angedeuteter Eucharistie. Sie taufen im allgemeinen (nicht die Ukrainer) noch durch Untertauchen, bei Armeniern, Syrern und Maroniten mit zusätzlichem Aufgießen von Wasser (die Armenier setzen den Neugetauften anschließend ins Wasser und waschen ihn am ganzen Leib). Katechumenatsriten und die Initiation der Osternacht sind, wenn in der Praxis auch immer verbunden, in den Büchern und im Ritus noch deutlich getrennt. Einen eigenen Kindertaufritus hat der Osten nie entwickelt. – Die Tauffeier beginnt überall mit den alten Riten der Aufnahme ins ↗Katechumenat (nur die Ostsyrer haben diesen Teil wegen der ↗Exorzismen abgeschafft), u. a. exorzistische Entkleidung, Handauflegung, Anblasen, Bekreuzigung, Ölsalbung, Namenseinschreibung, Exorzismen. Daran schließen sich die alten Vorbereitungsriten des Karsamstags an: Exorzismus, ↗Taufgelübde (mit Glaubenszusage). Es folgt der alte osternächtliche Teil; der Priester legt dazu in Byzanz die Meßparamente an, überall zieht man in festlicher Prozession zur Taufstätte. Hier erfolgt (in verschiedener Reihenfolge, je nach Ritus) die ↗Taufwasserweihe, Segnung des Öls, Salbung, Taufspendung. Danach wird bei Byzantinern und Ostsyrern der Neugetaufte bekleidet (↗Taufkleid) und gefirmt (Ostsyrer ziehen dazu ins Kirchenschiff); die übrigen Riten erteilen dem noch unbekleideten Neugetauften die Firmsalbung, überreichen ihm das weiße Gewand und eine „Krone" (Stirnband), Maroniten und Kopten auch einen Gürtel. Von der Meßfeier ist bei den Byzantinern noch der Wortgottesdienst mit Einzug und Litaneirest geblieben, im allgemeinen mit der Reichung der Weingestalt verbunden. Die übrigen Riten ziehen in Prozession zum Altarraum zum Kommunionempfang. Die Ostsyrer haben die Kommunion ganz verloren, die Maroniten und die meisten unierten Gruppen unterlassen sie bei Säuglingen. Kopten und Äthiopier kennen noch den alten Brauch, Milch und Honig dazu zu reichen. – Acht Tage später geschieht die Ablage des weißen Kleides durch Lösung des Bandes und (oder) des Gürtels, bei den Byzantinern Abwaschung der Salbungsstelle und erstes Haarschneiden (meist jedoch gleich an die Taufe angefügt).

4. Die Taufe bei den Reformatoren. Luther hatte 1523 die bisher übliche Taufordnung verdeutscht, 1526 in einer Neuausgabe wesentlich verkürzt. Aus dem Ortsbrauch stammt eine wichtige Abweichung vom römischen Ritual, die Zufügung des Evangeliums von der Kindersegnung (Mt 10, 13–16), wohl aus *Luthers* eigener Feder das sog. Sintflutgebet. Andere Agenden richten die Fragen direkt an die Paten und verzichten auf

Exorzismus und Absage. Die heutige evang. Taufpraxis hält im allgemeinen folgende Elemente fest: Einsetzungsbefehl (Mt 28, 18ff) mit Ansprache, Evangelium von der Kindersegnung mit Herrengebet, Ermahnung an die Eltern und Paten mit Glaubensbekenntnis und Tauffragen, Taufakt, Dankgebet und Schlußsegen. – Die *Schweizer Reformatoren* haben mit den alten Taufriten grundsätzlich gebrochen. *Calvin* ordnete wegen der Gemeindebeteiligung die Taufe am Sonntag oder sonst nach der Predigt an. Der Ritus sieht vor: Erfragung der Absicht der Paten, Ansprache, Gebet für das Kind mit Vaterunser, Verpflichtung der Paten mit Glaubensbekenntnis, Taufakt. – Das *Book of Common Prayer* gibt im wesentlichen die lutherische Ordnung wieder.

5. Der Spender der Taufe. Der Leiter der christlichen Initiation ist von Natur aus der Bischof. Er wurde unterstützt von den Presbytern, Diakonen (Diakonissen) und Exorzisten. In der Westkirche war dem Bischof die Erwachsenentaufe und die Firmung als die Vollendung jeder Taufe vorbehalten (mit Delegationsmöglichkeit). Die Neuordnung der Initiation sieht vor, daß der Priester in Abwesenheit des Bischofs Taufe und Firmung spendet. Der Bischof bleibt jedoch durch die von ihm vollzogene Weihe des Chrisams in gewissem Sinn beteiligt. Im Notfall kann jeder Mensch taufen, wenn er nur die Absicht hat, das zu tun, was die Kirche tut. – ↗Kindertaufe.

Lit.: *V. Warnach,* Taufe und Christusgeschehen nach Röm 6, in: ALW III/2 (1954) 284–366; *B. Neunheuser,* Taufe und Firmung (= Hdb. der Dogmengeschichte IV/2) (Freiburg 1956); *A. Stenzel,* Die Taufe (Innsbruck 1958); *Th. Bogler* (Hrsg.), Leben aus der Taufe LuM 33/34 (Maria Laach 1963/64); *W. Kasper* (Hrsg.), Christsein ohne Entscheidung...? (Mainz 1970); *W. Molinski* (Hrsg.), Diskussion um die Taufe (München 1971); *H. Auf der Maur – B. Kleinheyer* (Hrsg.), Zeichen des Glaubens (Zürich – Freiburg 1972); *J. Raes,* Die Taufriten im Orient, in: LJ 9 (1959) 46–51; *Leiturgia V:* Der Taufgottesdienst (Kassel 1970); *B. Bürki,* Neue Taufliturgien in reformierten Kirchen – Beispiel Schweiz, in: LJ 28 (1978) 19–24.

Taufe des Herrn, Fest Die Taufe Jesu durch Johannes im Jordan wurde seit jeher als wichtiges heilsgeschichtliches Ereignis betrachet (Offenbarung seiner Gottessohnschaft, Salbung mit dem Heiligen Geist zum Messiasamt vor dem öffentlichen Wirken, Heiligung des Wassers zur Sündenvergebung in der Taufe). An ↗Epiphanie war und ist, besonders im Osten, ihr Gedächtnis ein wichtiger Festinhalt. In der römischen Liturgie zeigt sich dies weniger in der Festmesse als vielmehr im Stundengebet. Sieht man davon ab, daß am Oktavtag von Epiphanie in der Meßfeier das Evangelium von der Taufe Jesu (Joh 1, 29–34) gelesen wurde, so gab es in der römischen Liturgie erst seit 1960 (CR) ein besonderes „Gedächtnis der Taufe unseres Herrn Jesus Christus" als Fest II. Klasse. Durch die GOK wurde es als „Fest der Taufe des Herrn" auf den Sonntag nach Epiphanie gelegt. Wo Epiphanie durch Entscheid der Bischofskonferenz (nicht in Deutschland) auf den Sonntag zwischen dem 2. und 8. Januar verlegt wird und in einem Jahr auf einen Sonntag nach dem

6. Januar fällt, wird das Fest der Taufe des Herrn in dem betreffenden Jahr und Gebiet nicht gefeiert (KomGOK I, II, 1). – Mit dem Fest der Taufe des Herrn schließt der Weihnachtsfestkreis, die anschließende Woche zählt bereits als erste der 33/34 Wochen der ↗allgemeinen Kirchenjahrzeit.

Tauferinnerung (-erneuerung) Im Hinblick auf die bleibend hohe Bedeutung der Taufe ist es wichtig, das Taufbewußtsein lebendig zu erhalten und sich von Zeit zu Zeit in der Bereitschaft zu erneuern, die Taufe zu leben (vgl. Eph 5,8). Die abendländische Kirche hat in der Vergangenheit zahlreiche Formen gemeinschaftlicher und privater Tauferinnerung geschaffen und so zum Ausdruck gebracht, daß sich der Christ von der Taufe prägen lassen muß. Solange die Taufe und ihre langwierigen Vorbereitungsriten (Katechumenat) in der Gemeindeöffentlichkeit begangen wurden, bedeutete die alljährliche Osterfeier für die ganze Gemeinde eine Erneuerung der eigenen Taufberufung; die Neubelebung der ↗Osternacht hat darum mit Recht ein Taufgedächtnis mit Erneuerung des Taufversprechens (↗Taufgelübde) eingeführt. – Im frühen Mittelalter zog man in Rom während der Osterwoche jeden Abend nach der auf drei Psalmen verkürzten Vesper ins ↗Baptisterium, um dort die weiteren Psalmen zu singen und dankbar der Taufe zu gedenken (↗Officium parvum), ein Brauch, der im Frankenreich nachgeahmt und lange beibehalten wurde. – Ferner beging man den ersten Jahrestag der Taufe durch ein Ostergedächtnis, das *Pascha annotinum,* am Datum des vorjährigen Osterfestes. Weil beim wechselnden Ostertermin dieser Gedächtnistag öfter vor das Osterfest fiel, verlegte man ihn später auf den Montag nach dem Weißen Sonntag. – Im Osten und im Volksbrauchtum des Westens war auch die Wasserweihe an ↗Epiphanie Taufgedächtnis. – Das Mittelalter versteht das sonntägliche ↗Asperges und überhaupt jede Besprengung mit Weihwasser (z. B. beim Betreten der Kirche) als Tauferinnerung und -erneuerung. – Seit der Aufklärung bemüht man sich, ↗Firmung und ↗Erstkommunion als Bestandteil der ↗Initiation wieder stärker mit der Taufe zu verknüpfen; von daher ist das weiße Kleid der Mädchen als ↗Taufkleid und die Kommunionkerze als ↗Taufkerze zu verstehen sowie der Brauch zu erklären, daß man bei diesen Anlässen das Taufversprechen bewußt übernimmt. – Eine familiäre Feier des Tauftages aller Familienmitglieder im Sinn eines dankbaren und frohen Gedenkens der eigenen Christwerdung (mit Entzündung der Taufkerze) ist zu empfehlen. Jeder sollte seinen Tauftag kennen wie seinen ↗Geburtstag.

Lit.: *B. Fischer,* Formen gemeinschaftlicher Tauferinnerung im Abendland, in: LJ 9 (1959) 87–94; *ders.,* Formen privater Tauferinnerung im Abendland, in: ebd. 157–166; *P. Weß,* Die Tauferneuerung vorbereiten, in: Gd 9 (1975) 15,18ff.

Taufgelübde (-versprechen) Man versteht darunter die Absage (abrenuntiatio) an Satan und das Bekenntnis des Glaubens unmittelbar vor dem Taufakt. – Schon im altrömischen Taufritual des *Hippolyt* (ca. 220) stieg der Täufling nach der Absage ins Taufbecken und wandte sich nach Osten, worauf der taufende Priester ihm die Hand aufs Haupt legte und die drei noch heute gebräuchlichen Glaubensfragen stellte. Auf das jeweilige „Ich glaube“ erfolgte die dreimalige Untertauchung (Apost. Überl. c. 21). Erst in der karolingischen Zeit faßte man die drei Fragen vor dem Taufakt zusammen. Die dreifache Absage an Satan entwickelt sich früh parallel zur dreifachen Glaubenszusage, zunächst im Sinn eines Bruches mit der heidnischen Vergangenheit, später, nach Auflösung des Heidentums, mehr in persönlich moralischem Sinn. In Rom gehörte die Absage zum letzten Skrutinium am Karsamstagmorgen und war, wie fast überall, mit einer Salbung verbunden. – Im neuen Taufritus (Erwachsenen- wie Kindertaufe) stehen Absage und Taufbekenntnis zwischen ↗Taufwasserweihe und Taufakt. Die Fragen richten sich bei der Kindertaufe an Eltern und Paten. Bei beiden Taufritualien gibt es für die Absage drei (identische) Formulare zur Auswahl.

Die orientalischen Riten haben im allgemeinen der Absage während der Katechumenatszeit eine Christuszusage und das Glaubensbekenntnis zugefügt. Dazu treten bekräftigende Handlungen: Ablegen der Kleider, Wendung nach Westen zur Absage, Ausspeien und Blasen in diese Richtung, Wendung nach Osten zur Christuszusage. Einzig die Ostsyrer haben Absage und Glaubensbekenntnis völlig verloren (die Unierten haben sie wieder eingeführt).

Es ist sicher von großer pastoraler Bedeutung, daß in der wiederhergestellten Feier der ↗Osternacht dieses Taufversprechen von allen erneuert wird, was allerdings auch in entsprechender Weise vorbereitet werden sollte. – ↗Tauferinnerung (-erneuerung).

Lit.: P. Weß, Die Tauferneuerung vorbereiten, in: Gd 9 (1975) 15,18ff.

Taufgespräch Weil die Taufe eines unmündigen Kindes nur zu rechtfertigen ist, wenn seine Eltern auch zu christlicher Erziehung bereit sind, soll der Seelsorger (auch ein beauftragter Laie) vor der Taufe ein Taufgespräch mit ihnen halten. Daraus soll den Eltern eine vertiefte Erkenntnis der Bedeutung der Taufe und der christlichen Erziehung erwachsen. „Die Seelsorger sollten darauf hinarbeiten, daß sich keine Familie von diesem Taufgespräch ausschließt“ (Feier der Kindertaufe, Vorbem. 32). Unter Umständen ist dem Taufgespräch mit mehreren Elternpaaren der Vorzug zu geben, weil hier das Zeugnis gläubiger Eltern entscheidend zum Erfolg beitragen kann. Für die Gestaltung des Taufgespräches sind mehrere Anleitungen und Modelle erschienen.

Lit.: J. Müller – W. Rück, Taufgespräche (Würzburg 1972); *D. Emeis,* Anregungen für das Taufgespräch, in: Diak 3 (1972) 347ff; *ders.,* Zielgruppe Eltern (Freiburg 1974); *J. Netzer,* Das Taufgespräch in der Gemeinde (Freiburg 1976); *M. Huber,* Taufgespräche (Regensburg 1976).

Taufkapelle ↗Baptisterium.

Taufkatechese ↗Katechumenat.

Taufkerze Schon *Ambrosius* berichtet, daß die Neugetauften mit brennenden Kerzen in Händen in die Versammlung der Gemeinde einziehen, um die österliche Eucharistie zu feiern. Die natürliche Symbolik des Lichtes verbindet sich hier mit den Bräuchen der Osternacht (↗Osterkerze): der Getaufte ist mit Christus auferstanden ins neue Leben. Eine Überreichung der brennenden Kerze ist erst seit dem ausgehenden 11. Jh. bezeugt. Das neue Taufritual (Kindertaufe) sieht vor, daß der Zelebrant mit den Worten „Empfange das Licht Christi" den Vater oder Paten einlädt, die von ihnen mitgebrachte Taufkerze an der Osterkerze zu entzünden. Dann spricht er zu Eltern und Paten: „Ihnen wird dieses Licht anvertraut. Christus, das Licht der Welt, hat ihr Kind erleuchtet. Es soll als Kind des Lichtes leben, sich im Glauben bewähren und dem Herrn und allen Heiligen entgegengehen, wenn er kommt in Herrlichkeit." So wird der Bogen gespannt von der ersten Erleuchtung durch Christus bis zur Vollendung. In manchen Ländern hat sich seit Jahrzehnten der Brauch herausgebildet, die Taufkerze persönlich aufzubewahren, um sie als Kommunion-, Braut- (Primiz-) und Sterbekerze zu entzünden, sicher eine eindrucksvolle Symbolik der Glaubenswirklichkeit, daß die Taufe den Christen durch alle Stationen seines Lebens begleitet, erleuchtet und bereichert. – In den *Ostkirchen* ist die Taufkerze unbekannt, nur die Maroniten haben sie aus dem westlichen Brauch übernommen.

Taufkleid Schon für das 4. Jh. ist bezeugt, daß den Neugetauften nach dem Taufbad ein weißes Gewand angelegt wurde. Ambrosius deutet gegen Ende des 4. Jhs. diesen Brauch mit den Worten: „Damals hast du das weiße Kleid empfangen zum Zeichen, daß du die Hülle der Sünden ausgezogen und das reine Gewand der Unschuld angezogen hast" (De myst. 7,34). Es wurde auch gedeutet als Ausdruck der neuen Schöpfung, des österlich verklärten Menschen, des bräutlichen Charakters der Kirche und der eschatologischen Erlösung (Offb 7,9 ff). Die Übergabeworte des neuen Taufrituals deuten es vor allem als ein Zeichen dafür, daß die Neugetauften „Christus angezogen" haben (vgl. Röm 13,14; Gal 3,27; vgl. Eph 4,23 ff und Kol 3,9); sie trugen es während der ganzen Osteroktav (↗Weißer Sonntag). Das alte Römische Rituale kannte dieses weiße Taufkleid nicht mehr, sondern nur noch ein weißes Linnentuch, das auf das Haupt gelegt wurde (früher umgebunden), das Chrismale, das den Chrisam, mit dem der Scheitel gesalbt wurde, vor Verunehrung schützen sollte, ähnlich der Firmbinde um die Stirn des Gefirmten. Man sah darin allerdings auch eine Anlehnung an Stellen wie Ex 29,9 und betrachtete es als Zeichen der Teilhabe am Priestertum Christi, parallel der „Krone", die die Orientalen nach der Taufe überreichen. – Das neue Taufrituale sagt in seinen Vorbemerkungen, die Familien sollen rechtzeitig darauf hingewiesen werden, daß das weiße Kleid dem Kind nicht schon vor der Taufe angelegt wird und daß es wünschenswert ist, ein eigenes Taufkleid mitzubringen. Seine Überreichung erfolgt als einer der ausdeutenden

Riten nach der sich an den Taufakt anschließenden Chrisamsalbung, wobei der es überreichende Taufspender sagt: „N., dieses weiße Kleid soll dir ein Zeichen dafür sein, daß du in der Taufe neu geschaffen worden bist und – wie die Schrift sagt – Christus angezogen hast. Bewahre diese Würde für das ewige Leben." – ↗Tauferneuerung.

Taufname ↗Namensgebung.

Taufwasser(weihe)

1. Zur Geschichte der Taufwasserweihe. Weil das ↗Wasser im Sakrament der Taufe einen wichtigen Dienst leistet, ist es verständlich, daß dies schon früh (erstmals bezeugt bei *Tertullian* um 200) durch eine Segnung des Wassers ins Bewußtsein gehoben wird. Daß diese Gebete weithin exorzistischen Charakter trugen, mag mit der antiken Auffassung zusammenhängen, Wasser sei in besonderem Maß Sitz der bösen Geister. Durch die Anrufung Gottes im Lobpreis seiner großen Heilstaten am Wasser (↗Epiklese), durch die Einsenkung seines Geistes (vielfach dargestellt durch die Beimischung von Öl) wird das Wasser für den heiligen Dienst ausgesondert und durch das Eintauchen Christi (dargestellt in der ↗Osterkerze) geheiligt. Seelsorglich bedeutsam ist, daß das Weihegebet in aller Breite ausspricht, was sich im kurzen Taufmoment und seiner komprimierten Formel abspielt. Die Taufwasserweihe hat ihren natürlichen Ort unmittelbar vor der Taufspendung und dem unmittelbar vorangehenden Glaubensbekenntnis. Sie gehört darum zur Osternacht (im Mittelalter auch zur Pfingstvigil, im Osten zur Epiphanievigil). Während aber im Osten für Taufen außerhalb der klassischen Tauftermine das Wasser jeweils eigens gesegnet wird, weihte man im Westen das Taufwasser für das ganze Jahr in der Osternacht, auch wenn hier keine Taufe anstand. Der Ritus bestand vor allem in einer Weihepräfation mit zahlreichen Zeremonien am Wasser, der Einsenkung der Osterkerze und der Beimischung von Katechumenenöl und Chrisam (diese aus gallischem Brauch stammend).

2. Die Neuordnung der Taufwasserweihe. Schon die LK 70 hatte vorgesehen, daß das Taufwasser außerhalb der österlichen Zeit bei jeder Taufspendung eigens geweiht werden könne. Das neue Taufritual greift diese Möglichkeit auf und begründet sie mit dem Hinweis, daß so durch das Weihegebet deutlich auf das Heilsmysterium der Taufe hingewiesen wird (Vorbem. 49). Das in der Osternacht geweihte Wasser soll „nach Möglichkeit während der ganzen Osterzeit im Taufbrunnen aufbewahrt und bei der Taufe verwendet werden, um den engen Zusammenhang zwischen Taufe und Pascha-Mysteriums besser zum Ausdruck zu bringen" (ebd.). Sowohl bei der Weihe in der Osternacht wie bei den Weihen außerhalb der Osterzeit entfällt die Beimischung der heiligen Öle. Das Weihegebet der Osternacht wird nur noch vom Ritus der Einsenkung der Osterkerze begleitet. Für die Taufwasserweihe außerhalb der österlichen

Zeit stehen vier Formulare zur Verfügung. Die beiden ersten preisen Gott für die vielfältige Bedeutung des Wassers in der Heilsgeschichte (Anamnese) und schließen mit einer Epiklese, wobei der Priester das Wasser mit der rechten Hand berührt. Die beiden anderen (kürzeren) Weihegebete sehen ein Segenskreuz vor. Wird innerhalb der Osterzeit das Taufwasser der Osternacht benutzt, so wird deren Weihe in Erinnerung gerufen durch geänderte Schlußgebete beim zweiten und dritten Weihegebet.

3. Die Taufwasserweihe in den orientalischen Riten. Im *byzantinischen* Ritus beginnt sie mit dem Anzünden von Kerzen und Inzens. Es folgt eine ausführliche Litanei, ein langes Weihegebet, Weihe des Öls und dessen Eingießen ins Wasser unter Halleluja-Gesang. Die *Armenier* stellen an die Spitze einen Wortgottesdienst, es folgen Litanei, Segensgebet und Chrisameingießung. Die *Syrer* geben nach kurzen Gebeten Chrisam ins Wasser; die *Ostsyrer* bezeichnen nach einem Epiklesegebet das Wasser kreuzförmig mit Chrisam (ohne Eingießung). Im *koptischen* und *äthiopischen* Ritus hat die sehr lange Taufwasserweihe die Gestalt einer Meßfeier, wobei dann der Kommunion die Taufhandlung entspricht; meist wird das Wasser am Morgen großer Konkurstage einmal für alle Taufen dieses Tages geweiht.

Lit.: *S. Benz,* Die theologische Bedeutung der Taufwasserweihe in der Tradition der Kirche, in: *Th. Bogler* (Hrsg.), Leben aus der Taufe (LuM 33/34) (Maria Laach 1963/64) 124–132; *J. Wagner,* Zurüstung des Taufwassers außerhalb der Osternacht, in: ebd. 133–136; *J. P. de Jong,* Benedictio fontis, in: ALW VIII/2 (1964) 21–46.

Technik und Gottesdienst

1. Theologisches Verständnis der Technik. Unter Technik versteht man die künstliche Hervorbringung im Gegensatz zu dem vom Menschen unabhängigen Werden in der Natur. Sie ist in der Gegenwart das Grundverhalten des Menschen zur Welt, das Modell seines Weltverständnisses, die Struktur seines In-der-Welt-Seins. Da die Naturwissenschaften bei ihrem neuzeitlichen Aufbruch weithin in den Kampf mit der Kirche gedrängt waren, wird die Technik und ihr Weltverständnis heute noch häufig als Behinderung christlichen Lebens verstanden und empfunden. Demgegenüber stellt die Theologie die technische Beherrschung der Welt als den Schöpfungsauftrag Gottes an den Menschen heraus und als Phase in dem eschatologischen Weltdienst Christi und der Christen.

2. Gottesdienst im technischen Zeitalter. Das moderne technische Weltverständnis erschwert ohne Zweifel den Zugang zur gottesdienstlichen Feier: Die überkommene Liturgie ist vielfach an Formen einer vortechnischen Mentalität gebunden und findet nur langsam zu neuen Ausdrucksmöglichkeiten; sie lebt noch in Strukturen, die in einer durch die Technik mobil gewordenen Welt immer mehr zerbrechen. Andererseits bleibt Gottesdienst wie alle menschlichen Erlebnisformen zutiefst an grundlegende Gegebenheiten der menschlichen Natur und Psyche gebunden (an die Mitteilungskraft des Wortes, die Gemeinschaft des Mahles), die darum auch in einer technischen Welt durch ↗Erziehung lebendig bleiben und den Formen der technischen Welt integriert werden müssen. Tiefer geht die Diskrepanz zwischen der Heilszuversicht des technischen Zeitalters, das glaubt, auf die Dauer alle Unsicherheitsfaktoren ausschalten und der Welt den vollen Frieden und das Wohlergehen sichern zu können, und der Heilserwartung des Christen, der glaubt, daß der Mensch in Jesu Christus umgestaltet und alle vom Heiligen Geist in dem einen Leib zusammengefügt werden müssen, wenn die Welt wirklich heil und sicher werden soll als unsere Heimat nach Gottes Willen. Jede Gottesdienstfeier, vor allem Eucharistie und Taufe, ist eine Entscheidung der versammelten Gemeinde für diesen Christusweg.

3. Gebrauch der Technik. Die Gemeinschaft der Gläubigen *benutzt* selbstverständlich in ihrem Leben, auch im gottesdienstlichen Bereich, die moderne Technik und die Hilfsmittel, die sie anbietet (↗Medien im Gottesdienst). Sie *segnet* die Werke der Technik, nicht nur Brücken und Brunnen, sondern auch Flugzeuge und Fabriken; sie preist darin Gott als den Ursprung dieser Entwicklung (↗Weihungen und Segnungen); sie weiß aber auch um die Gefährdungen, die in der technischen Beherrschung der Welt liegen, solange der Mensch nicht voll und ganz zu Gott gefunden hat, sondern immer noch hört auf die Weisheit „der Machthaber dieser Welt, die einst entmachtet werden" (1 Kor 2,6); sie betet darum in diesen Segnungen und auch sonst für den Menschen, in dessen Hand durch die Technik soviel Entscheidungen über Leben und Wohlergehen der Welt gelegt ist. Die Segnungen der Kirche verändern nichts an dem Gegenstand, sie beten vielmehr für den Menschen, der die Dinge technisch gebraucht, daß er sie im Gehorsam gegen Gott einsetzt. So bekennt die Kirche durch diesen Lobpreis und dieses Gebet zugleich, daß die Quelle heilen Lebens nicht der Mensch ist, sondern Gott.

Lit.: B. Häring, Der Geist des Technizismus und die Liturgie, in: LJ 8 (1958) 194–204; *J. Hennig,* Die liturgischen Segnungen und das Ethos der Technik, in: LJ 8 (1958) 230–237; LPTh 565f.

Te Deum ↗Hymnus (1) der altchristlichen Art, psalmähnlich, in freien Rhythmen. In mittelalterlichen Legenden den hll. Ambrosius und Augustinus zugeschrieben („Ambrosianischer Lobgesang"). Neuere Theorien vermuten im Te Deum ein altes Hochgebet für eine Osternachteucharistie. – Der alte Text des Hymnus endete wahrscheinlich mit dem Vers *Te ergo quaesumus;* er besteht wie das Gloria inhaltlich aus einem an den Vater gerichteten Teil mit trinitarischem Schluß und einem christologischen Teil; formell ist er in drei siebenstrophige Gruppen gegliedert und zugleich um die mittlere Strophe *Te per orbem terrarum* symmetrisch gebaut. An diesen alten Hymnus ist eine Psalmlitanei hingewachsen, die vor allem dem Gebrauch des Stückes als Morgen- und Bittgebet entspricht (zur Danksagung wählte man im Mittelalter das Gloria; erst im Barock wurde das Te Deum der Dankhymnus, der bei Krönungen,

Hochzeiten, militärischen Siegesfeiern in festlichen Kompositionen aufgeführt wurde). Als Morgenhymnus am Ende der Nachtwache ist das Te Deum für Sonn- und Festtage schon in der Regel Benedikts vorgesehen; in seiner ältesten Textbezeugung wird es als Hymnus für den Sonntag bezeichnet und mit einem biblischen Einleitungsspruch (Ps 113,1) ausgezeichnet wie das Gloria; im Mittelalter wurde es aus dem monastischen Offizium ins Römische Brevier übernommen. Im neuen ↗Stundengebet ist es an Sonntagen, Hochfesten und Festen vor der abschließenden Oration der ↗Lesehore vorgesehen.

Te igitur erstes Interzessionsgebet (↗Diptychen) im Römischen Kanon (↗Hochgebet), das als Träger der Opferfeier die Kirche auf dem ganzen Erdkreis nennt und so den Blick der versammelten Gemeinde über den eigenen Umkreis hinaus weitet; genannt werden der Papst, der Ortsbischof und die Gemeinschaft aller Bischöfe. Diese Nennung der Kirche ist begründend gemeint: Gott nehme unser Opfer an, weil wir es darbringen als der eine Christusleib, der in der einen weltumspannenden Kirche sichtbar wird.

Lit.: Jungmann MS II 185–190.

Teilnahme, tätige (Participatio actuosa) Dieser von *Pius X.* geprägte Ausdruck wurde seitdem von päpstlichen Dokumenten mehrfach gebraucht und vor allem von der LK an zahlreichen Stellen als Bezeichnung für die ausdruckhafte (nicht bloß innerliche) Beteiligung des Volkes an der Liturgie übernommen (z.B. 14,21, 27, 30, 48). Für den ↗Menschen als leibmächtigen Geist ist es natürlich, daß jede geistige Regung sich leiblich ausdrückt; menschliche Gemeinschaft kann ohne gegenseitige Mitteilung durch solchen Ausdruck des Innern überhaupt nicht bestehen. Darum fordert die Gottesverehrung als die höchste Aufgabe des Menschen und der menschlichen Gemeinschaft leibhaftigen Ausdruck beim einzelnen und bei der Gemeinschaft. Für die einfachen Leute wird solche tätige Teilnahme am Gottesdienst zum Problem vor allem seit der ↗Karolingerzeit, in der durch die soziologische Abhebung des Klerus, die fremde Liturgiesprache und durch theologische Faktoren die Feier der Liturgie immer ausschließlicher als Aufgabe der Priesterschaft betrachtet wurde; die Abtrennung wurde sichtbar im ↗Lettner, hörbar in der ↗Meßandacht. Einzelne Formen der Volksbeteiligung haben sich immer erhalten (leibhaftiges Kommunizieren, Prozessionen, Aufstehen beim Evangelium). Die Rückkehr zu einer vollen aktiven Teilnahme, wie sie von LK gefordert und in der Revision der liturgischen Bücher jeweils ausdrücklich vorgesehen wird, muß ausgehen vom inneren Verständnis und von der inneren Teilnahme und diese zum Ausdruck, zur tätigen Teilnahme führen; andernfalls kommt es leicht zu bloßer Aktivität ohne wirkliche Beteiligung. Echte tätige Anteilnahme läßt auch nicht jeden alles tun, sondern jeden das Seine (vgl. LK 28); sie vergißt dabei nicht, daß es vielerlei Formen tätiger Teilnahme geben kann: ↗Akklamationen,

↗Gesang in verschiedenen Formen, Körperhaltung, ↗Gebärden, ↗Hören, ↗Sehen, Schweigen (↗Stille), ferner materielle Beiträge zum Gottesdienst (↗Opferung, ↗Klingelbeutel). Es ist eine wichtige Aufgabe der Seelsorge, den Gläubigen einen echten Ausdruck ihrer Beteiligung am Gottesdienst zu ermöglichen.

Lit.: H. Hild, Die aktive Teilnahme als Angelpunkt der Seelsorge, in: Anima 9 (1954) 338–354; *E. J. Lengeling,* Was besagt „aktive Teilnahme"?, in: LJ 11 (1961) 186–188; *H. Reifenberg,* „Jeder habe etwas in Bereitschaft", in: Gd 2 (1968) 73f; *B. Fischer,* Bewußte Teilnahme, in: Gd 10 (1976) 162; *O. Knoch,* „Jeder trage etwas bei" (1 Kor 14,26)..., in: *Gemeinde im Herrenmahl* 61–72.

Tempel ↗Kirchengebäude; ↗Ort, liturgischer.

Temporale (lat. „Proprium de tempore" [tempus = Zeit]). Man versteht darunter die beiden ↗Festkreise von Weihnachten und Ostern und die sonstigen dem Erlösungsgeheimnis gewidmeten Hochfeste und Feste sowie die ↗allgemeine Kirchenjahrzeit mit ihren 33/34 Jahreswochen. Die Übersetzung im MD lautet „Herrenjahr". Es soll nicht beeinträchtigt werden und den „gebührenden Vorrang vor Eigenfeiern erhalten" (GOK 50a). – ↗Kirchenjahr.

Terz ↗Kleine Horen.

Thematischer Gottesdienst Jede Feier der ↗Eucharistie hat ihr gemeinsames, vorgegebenes Grundthema, das dankend-preisende Gedächtnis der Heilstaten Gottes, insbesondere des ↗Pascha-Mysteriums, das die Gemeinde mit dem gegenwärtigen und sie befreienden Herrn begeht. Darüber hinaus enthält jede Meßfeier in ihren Gebeten, Lesungen und Liedern eine Fülle von Einzelthemen, die unter Berücksichtigung des jeweiligen Festmysteriums und der besonderen Bedürfnisse der Hörer von der ↗Homilie als einem Teil der Meßliturgie zu erheben sind (vgl. AEM 41). Mit dem Aufkommen der ↗Votivmessen, die sich besonders im Mittelalter stark vermehren, tritt der sie prägende Anlaß oder ihre bestimmten Anliegen als vorrangige Thematik in den Vordergrund des Bewußtseins. Es war immer eine Sorge der Kirche, daß die Votivmessen die kalendarische Ordnung der Herren- und Heiligenfeste nicht überwuchern und das wesentliche Thema des Pascha-Mysteriums nicht verdunkeln. – *In neuerer Zeit* verstärkt sich die Tendenz, zahlreiche Sonntage in den Dienst pastoraler Ziele zu stellen, sie zu thematisieren und zu verzwecken („Zwecksonntage", z.B. Sonntag des Friedens, der geistlichen Berufe, der Kommunikationsmittel, des Buches, der Weltmission, der Diaspora, der Caritas, des Straßenverkehrs u.a.m.), Informationen und Motivationen zu geben, die Gewissen zu schärfen und gegebenenfalls auch zu (Spende-)Aktionen aufzurufen. Dabei scheut man in manchen Fällen nicht davor zurück, die liturgischen Texte dieser Sonntage durch „themenbezogene", z.T. freigestaltete

Entwürfe zu ersetzen. – Hinzu kommt auch und gerade an Sonntagen die weitverbreitete Mode, sogenannte *„Motivmessen"* zu feiern, in denen meist an Stelle der offiziellen Liturgie themenbezogene Gebete, Lieder und Lesungen kirchliche oder gesellschaftliche Probleme „bewußtmachen" sollen und wo die Gläubigen zu entsprechenden Haltungen und Aktionen „motiviert" werden. Dabei läßt sich leider nur allzuoft die Nähe zu ideologischer Indoktrination und modischen Subjektivismen nicht übersehen. Sicher ist es richtig, daß sich die Christen den anstehenden Aufgaben christlicher Problembewältigung und Weltgestaltung nicht entziehen dürfen und daß auch die Anliegen und Nöte unserer Zeit in den liturgischen Feiern aufscheinen und zur Sprache kommen dürfen und müssen. Dies sollte aber nicht geschehen in Preisgabe der gewachsenen und im ↗Kirchenjahr sinnvoll geordneten Gebets- und ↗Leseordnung; es sollte besser seinen Platz finden in Einführungsworten und Bußakt, in den Fürbitten, vor allem aber in der Homilie. – Leider ist es so, daß nichteucharistische Gottesdienste, die sich für solche pastoralen Aufgaben besser eignen könnten, kaum noch vorhanden sind bzw. nur von einem ganz geringen Teil der Gemeinde besucht werden, so daß notgedrungen auch die Eucharistiefeiern sich solchen Anliegen öffnen müssen. Nur sollten die Sonntage der geprägten Zeiten davon unberührt bleiben und manche „Zwecksonntage" so gewählt werden, daß die betreffende Tagesliturgie für die Thematisierung geeignet ist. Das anfangs genannte Grundthema einer jeden Eucharistiefeier muß auf jeden Fall dominant bleiben.

Lit.: H. Rennings, Modell thematischer Meßgestaltung, in: LJ 21 (1971) 117–119; *Ph. Harnoncourt,* Votivmessen und Motivmessen, in: Gd 24 (1974) 121–123; *A. Häußling,* Meßhäufigkeit und „Motivmessen", in: *Gemeinde im Herrenmahl* 143–149; *D. Eissing,* Sonntagsfeier in Gefahr, in: Gd 10 (1976) 123–127; *K. Richter,* Die liturgische Feier des Sonntags im Kirchenjahr, in: Theologie und Glaube 68 (1978) 23–39; *ders.,* Haben „Zwecksonntage" einen Sinn?, in: Diak 11 (1980) 205–210; *R. Schwarzenberger,* Zwecksonntage – Zweckentfremdung der Feier der Heilsgeheimnisse?, in: Bibel und Liturgie 52 (1979) 198–203.

Theophanie ↗Epiphanie.

Thomas ↗Apostelfeste 5.

Thuriferar Ministrant, der beim Gottesdienst das Weihrauchfaß (lat. thuribulum oder thymiaterium) trägt und gegebenenfalls auch Priester und Gemeinde inzensiert, begleitet vom Träger des Weihrauchbehälters (lat. acerra oder wegen seiner verbreiteten Form navicula = Schiffchen genannt), der auch als Navikular bezeichnet wird. – ↗Weihrauch.

Tiara mit drei Kronreifen geschmückte Haube, außerliturgische Kopfbedeckung des römischen ↗Papstes, die ihm nach dem Krönungsamt feierlich aufgesetzt wurde zum Gebrauch beim Ein- und Auszug. Schmuck durch Kronreifen seit dem 9. Jh., deren Zweizahl seit Bonifaz VIII. zum

Ausdruck weltlicher und geistlicher Gewalt, Dreizahl seit dem 14. Jh. Von Paul VI. symbolisch abgelegt, seither nicht mehr im Gebrauch.

Tischgebet Der gläubige Mensch weiß sich beim ↗Mahl immer am Tisch Gottes zugelassen; Gott gibt Leben und Speise, er ist der Gastgeber. Darum beginnt das Mahl mit einem Lobpreis, einem Dankspruch (*beraka*, ↗Hochgebet) an Gott: „Gepriesen bist du, Herr"; so hat es auch Christus immer, auch beim letzten Abendmahl, gehalten. So wird das Gebet vor und bald auch nach dem Essen regelmäßiger Brauch in christlichen Gemeinschaften. – Daß die Familien (↗Ehe) beim gemeinsamen festlichen Mahl vor allem am Sonntag das gemeinsame Dankgebet üben, ist eine wichtige Aufgabe in einer Zeit, in der gemeinsames Beten in der Familie so erschwert und so selten geworden ist. – ↗Speisenweihe, -segnung; GL 16–17.

Titelkirchen (tituli) heißen die alten Kirchen des eigentlichen Stadtgebietes von Rom, die den Kardinalpriestern zugewiesen waren. Der Name wird meist zurückgeführt auf den Brauch der Römer, an der Front des Hauses eine Inschrift mit dem Namen des Eigentümers anzubringen; die alten Titel nennen tatsächlich den Hausbesitzer oder Stifter (titulus Eusebii, Prudentis) und werden erst allmählich auf Heiligennamen umgedeutet. – Die Titel waren nicht Pfarreien in unserem Sinn, sondern eher Unterteilungen der einen römischen Pfarrei; der Gottesdienst in den Titelkirchen wurde als eine praktisch notwendige Ausgliederung aus dem einen gemeinsamen Gottesdienst der Stadt verstanden, die Einheit durch das ↗Fermentum weiterhin sichtbar dargestellt. Der Papst hielt (vor allem in der Quadragesima) in den einzelnen Titelkirchen Stationsgottesdienst (↗Statio).

Titularfest Ähnlich wie man Kirchen bestimmten Märtyrern und Heiligen weihte (↗Patron) und danach benannte, so bildete sich schon im christlichen Altertum auch die Sitte heraus, sie nach bestimmten Glaubensgeheimnissen zu benennen und diese besonders zu verehren (z. B. Kreuz-, Auferstehungs-, Dreifaltigkeits- und Fronleichnamskirche), vor allem am Festtag dieses Geheimnisses. Man nennt diesen dann Titularfest dieser Kirche.

Tonsur vom lat. tondere = scheren, nämlich des Haupthaares, wie es bei Mönchen und Klerikern früher allgemein üblich war zum Ausdruck ihres Übereignetseins in den Dienst Gottes. Man unterschied das volle Scheren des Haares, wie es bei den Mönchen Brauch war, als *tonsura Pauli* von dem Stehenlassen eines Haarkranzes *(tonsura Petri*; beim Weltklerus wurde der Haarkranz später verbreitert und die Tonsur reduziert auf eine kleine Rundung auf dem Scheitel) und von der *Johannestonsur* des keltischen Klerus, bei der die vordere Hälfte des Kopfes rasiert wurde, die Haare auf dem Hinterhaupt aber stehenblieben. Bei der

Aufnahme in den Mönchsstand oder den Klerus wurde dieses Scheren erstmals feierlich durch den Abt oder Bischof vorgenommen. In den orientalischen Riten ist diese erste Tonsur einfach Bestandteil der ersten ↗Niederen Weihen. Im Westen verband sie sich mit der Überreichung der geistlichen Standeskleidung und wurde eine eigene Feier der Aufnahme in den Klerikerstand. – Durch die Apostolischen Schreiben *Pauls VI.* „Ministeria quaedam" und „Ad pascendum" vom 15. 8. 1972 wurde die Tonsur als Aufnahmeritus in den Klerikerstand abgeschafft. Der Eintritt in den Klerikerstand erfolgt fortan mit dem Diakonat. Zur Vorbereitung auf diesen Eintritt wird ein Ritus zur ↗Aufnahme unter die Kandidaten des Diakonates und des Presbyterates eingeführt.

Totenoffizium Neben und z.T. auch aus dem Psalmengebet während der Vorbereitung zur Aufbewahrung und der eventuellen Nachtwache vor dem Leichnam entwickelt sich ein nach dem Schema von Vesper und Laudes gebautes Totengebet, dem später auch eine Matutin hinzugefügt wurde. Es wurde an bestimmten Tagen, vor allem an Gedenktagen einzelner oder aller Toten, zusätzlich zum Tagesoffizium verrichtet. Seit *Pius X.* wird es am Allerseelentag (wenn er nicht auf Sonntag fällt) als Tagesoffizium verrichtet. – Für die Gestaltung von Totenlaudes und Totenvesper mit Mitteln, die einer einfachen Gemeinde möglich sind, gibt die „Kirchliche Begräbnisfeier" Hinweise auf S. 194–197; das Material ist leichter zugänglich im „Vesperbuch zum Gotteslob", S. 245–258.

Totensonntag Während die katholische Kirche an ↗Allerseelen der Verstorbenen fürbittend gedenkt, kennt die EKD den letzten Sonntag im Kirchenjahr als Totensonntag. Nach dem Vorbild von Sachsen-Altenburg hatte der preußische König *Friedrich Wilhelm III.* 1816 einen „Feiertag zum Gedächtnis der Entschlafenen" angeordnet, wobei er besonders an die Toten der Freiheitskriege dachte. An der Begehung des Totensonntages entzündete sich manche innerkirchliche Kritik („unerwünschter Gräberkult"; ungeeigneter Abschluß des Kirchenjahres). Statt Totensonntag schlug man die Bezeichnung „Ewigkeitssonntag" vor, um dem eschatologischen Charakter dieses Sonntags gerechter zu werden. Die „Lutherische Agende" (I 1955) kennt einen „Gedenktag der Entschlafenen", der „bis auf weiteres in Verbindung mit dem letzten Sonntag des Kirchenjahres begangen" werden soll (S. 23*). Sie nennt diesen Sonntag „Ewigkeitssonntag, Sonntag vom Jüngsten Tag" (198).

Tragaltar ↗Altar.

Traktus und Vers vor dem Evangelium ↗Zwischengesang nach der zweiten Lesung bzw. vor dem Evangelium während der Fastenzeit, wenn das Halleluja verstummt ist. – Der *Traktus* ist ein von einem Sänger solistisch mit reicher Interpunktionsmelismatik (↗Psalmodie II) vorgetragener Psalm(teil) ohne Volkskehrvers (↗Psalmodie I 1: psalmus in directum; vielleicht davon der Name im Sinn von *tractim* = in einem Zug). In der Praxis werden die Verse meist wechselchörig gesungen. Es gibt nur zwei Melodietypen (im 2. und im 8. Ton); davon versucht man die Benennung Traktus im Sinn des griechischen Hirmos („Modellstrophe") abzuleiten (↗Kanon II). – Die musikalische Form des Traktus setzt einen begabten und gut ausgebildeten Kantor voraus. Darum empfehlen MR und MD (AEM 37–39) im Hinblick auf den prozessionalen und akklamativen Charakter des sonst an dieser Stelle stehenden Halleluja einen *Vers vor dem Evangelium,* sei es in der Form, daß eine Christusakklamation vom Kantor vorgesungen und von allen wiederholt wird, sei es, daß der Kantor nach der Wiederholung den Vers aus dem Lektionar (oder einen andern geeigneten) vorträgt und alle die Akklamation nochmals wiederholen.

Translation ↗Heiligenverehrung.

Transsubstantiation ↗Eucharistie.

Trauermetten feierlich abgehaltene Matutin und Laudes der Kartage. Früher durch besonders schlichte Struktur und durch den gesungenen Vortrag von Lesungen aus den Lamentationes (Klageliedern) des Propheten Jeremia ausgezeichnet, unterscheiden sie sich heute nicht mehr vom sonstigen Aufbau des ↗Stundengebetes. Der alte Brauch, einen dreieckigen Lichterrechen mit 15 Kerzen aufzustellen, die im Lauf des Gottesdienstes langsam verlöschen (bis auf die oberste, die brennen bleibt), ist heute noch eindrucksvoll, während das Lärmen am Ende der Mette durch Klopfen mit den Büchern auf die Pulte (oder auch durch eigene Ratschen, „Pumpermette") heute wohl nicht mehr verstanden würde. – Für den praktischen Gebrauch gibt es aus dem „Antiphonale zum Stundenbuch" einen Auszug: Trauermetten in der Karwoche (Freiburg und Münsterschwarzach 1980); zur Gestaltung in Pfarrgemeinden vgl. WGL II 209–216.

Trauung Zwei Getaufte, die die ↗Ehe miteinander eingehen, sind in Christus verbunden; es bedarf dazu an sich keiner speziellen christlichen Eheschließungsform, man behält die jeweils herkömmlichen Formen der Eheschließung bei (unter Ausscheidung heidnischer und abergläubischer Praktiken, vor allem des Opfers und anfangs wohl auch des Kranzes). Seit dem 4. Jh. beobachtet man eine ehrende oder subsidiäre Teilnahme des Gemeindepriesters an der Familienfeier; langsam nimmt er den einen oder anderen Hochzeitsbrauch in seine Hände und gestaltet ihn dadurch zum liturgischen Akt.

1. Abendländische Entwicklung. In Rom geschieht die Intervention der Kirche durch die ↗Brautmesse mit dem Brautsegen, bei dem die Braut nach alter römischer Übung mit dem Brautschleier bedeckt wurde („velatio nuptialis"). Begründet aber wird die Ehe nicht durch diesen liturgischen Vorgang, sondern durch die Willenseinigung der beiden Brautleute, die dem Gottesdienst vorausgeht. – Im gallisch-keltischen Raum scheint der Priester vor der Übernahme der römischen Bräuche erst am Abend des Hochzeitstages hinzugekommen zu sein, wenn die Neuvermählten ins Brautgemach geführt wurden, um an diesem Ort die junge Ehe zu segnen (benedictio in thalamo, ↗Haussegnung). Die wirren und ungeordneten Verhältnisse der spätkarolingischen Zeit und noch mehr der Fortschritt von Kirchenrecht und Theologie seit dem 11. Jh. führen dazu, daß der Priester sich vor der Brautmesse der ehelichen Willenseinigung vergewissert. Daraus entwickelt sich (zuerst in der Normandie) ein liturgischer Akt vor der Kirchentüre (Brautportal), bei dem der Priester nach dem Ehewillen fragt; vielfach geschahen auch hier erst in Gegenwart des Priesters die Übergabe der Braut und die Verlobungsbräuche (↗Verlobung; ↗Ring, Zusammenlegen der Hände) aus dem germanischen Rechtsleben. Hierauf erst wird das Brautpaar in die Kirche geleitet zur Brautmesse. Dieser *Brauttorritus* ist der Anfang einer eigentlichen kirchenrechtlich geregelten kirchlichen Eheschließung. Seitdem das Tridentinum zur Verhinderung klandestiner Ehen die „Formpflicht" (vorgeschriebene Rechtsform des Eheabschlusses durch Ehewillenserklärung vor dem Ortspfarrer und zwei Zeugen) eingeführt hat, ist dieser Brauttorritus in verschiedenster Ausgestaltung in die einzelnen Diözesanritualien eingegangen als die eigentliche Trauung, der sich die Brautmesse anschließen kann (nicht muß). Das *Trienter Konzil* billigte nicht nur die reiche Vielfalt der regionalen Trauungsriten, sondern empfahl ihre Erhaltung. Ein geglückter Versuch, die verschiedenartigen deutschen Trauungsriten mit Rücksicht auf die starke Fluktuation der Bevölkerung zu straffen und zu vereinheitlichen, gelang dem deutschen Teilrituale *„Collectio Rituum"* von 1950. Das II. Vatikanum gab den Auftrag zur Überarbeitung der Eheschließungsliturgie im Römischen Rituale mit dem Ziel, die Gnade des Sakramentes und die Aufgaben der Eheleute deutlicher zum Ausdruck zu bringen. Es erneuerte den Wunsch des Trienter Konzils und des alten Römischen Rituale, lobenswerte Gewohnheiten und Bräuche einzelner Gebiete zu erhalten. Darüber hinaus wird den Bischofskonferenzen die Vollmacht zugestanden, „einen eigenen Ritus auszuarbeiten, der den Gebräuchen des Landes und Volkes entspricht" (LK 77). In diesem Sinn wurde das 1969 erschienene römische Trauungsritual im Auftrag der Bischofskonferenzen (bzw. Bischöfe) des deutschen Sprachgebietes adaptiert und 1975 veröffentlicht unter dem Titel „Die Feier der Trauung in den katholischen Bistümern des deutschen Sprachgebietes".

2. Der neue Trauungsritus im deutschen Sprachgebiet. Die ausführliche „Pastorale Einführung" (31 Artikel) bringt zunächst die wichtigsten theologischen Aussagen über das Ehesakrament in Erinnerung und gibt pastorale Hinweise für die Vorbereitung der Brautleute. Die Trauungsliturgie selbst soll festlichen Charakter haben, wozu auch der gemeinsame

Gesang und eine entsprechende musikalische Gestaltung beitragen können (10). In der Regel soll die Eheschließung katholischer Brautleute wegen der Verbindung aller Sakramente mit dem Pascha-Mysterium *innerhalb der Meßfeier* stattfinden, wofür im neuen Missale drei Formulare zur Verfügung stehen („Missae rituales"), sofern diese nicht an bestimmten Tagen durch die Tagesmesse verdrängt werden (vgl. Nr. 31). Findet die Trauung außerhalb der Meßfeier im Rahmen eines Wortgottesdienstes statt, so kann dieser freier gestaltet werden (13; 23). Die Feier der Trauung (innerhalb der Meßfeier) hat folgenden *Aufbau:*

1) Begrüßung der Brautleute (und ihrer Begleitung) am Kirchenportal, Besprengung mit Weihwasser (fakultativ) und Geleit in die Kirche.
2) Eröffnung und Wortgottesdienst mit Homilie.
3) Fragen nach der Bereitschaft zu einer christlichen Ehe.
4) Segnung der Ringe.
5) Eheerklärung (Vermählung) in drei möglichen Formen:
   a) kleiner Vermählungsspruch mit Ringtausch,
   b) großer Vermählungsspruch mit Ringtausch,
   c) Vermählung durch das Jawort mit Ringtausch.
6) Bestätigung der Vermählung durch den Priester (Diakon).
7) Segnung der Neuvermählten und Fürbitten.

In der anschließenden *Eucharistiefeier* ist die Kommunion unter beiden Gestalten möglich. Vor der Entlassung werden die vorgeschriebenen Trauungsdokumente unterzeichnet. Wo sich wertvolles Brauchtum erhalten hat, kann es sinnvoll eingebaut werden (z. B. Übergabe einer Urkunde oder Familienbibel, Weihungen von Brot, Salz, Wein u. a. m.). Die Feier schließt mit dem feierlichen Schlußsegen, wofür das Meßbuch mehrere Texte enthält.

3. Die Trauungsriten der Ostkirchen. Im Osten hat sich nie eine selbständige kirchliche Rechtsform der Trauung entwickelt. Die eheliche Willenseinigung wird nur bei Armeniern und Äthiopiern, sonst fast nur in unierten Gemeinden ausdrücklich erfragt oder erklärt, sie ist in dem liturgischen Vorgang mit eingeschlossen. Das Kerngeschehen, das der Handlung vielfach auch den Namen gibt (griech. *stephanismós,* armenisch *psak*) ist die *Krönung* der Brautleute, die in der Antike das Vorrecht des Hausvaters war, seit dem 4. Jh. ausgehend vom kleinasiatisch-armenischen Grenzgebiet, vom Priester übernommen wurde und in Auswirkung des islamischen Rechtes als notwendig zur Gültigkeit der Ehe betrachtet wird. Die nähere Ausgestaltung ist bei den einzelnen Riten verschieden; dem westlichen Beschauer ungewohnt ist die bei Kopten vielfach übliche Salbung, weitverbreitet die Segnung der Brautkleider sowie der dreifache Umzug der gekrönten Brautleute und des Priesters, wobei die Umstehenden mit Süßigkeiten auf die Neuvermählten werfen. Der ganze Gottesdienst ist im allgemeinen zweiteilig: zuerst die ↗Verlobung, die im Osten teilweise bereits als unauflöslich gilt und wohl deswegen mit der Trauung zu einem Akt zusammengezogen wurde, dann der Krönungsritus; in Byzanz werden die beiden Teile durch den

Einzug in den Kirchenraum getrennt und durch eine rudimentäre ↗Präsanktifikatenliturgie beschlossen, bei der nur noch unkonsekrierter Wein gereicht wird.

4. Die Trauung in den Kirchen der Reformation. Luther und mit ihm *die reformierten Kirchen* sehen die Trauung und Einsegnung nicht als wesentliche ehebewirkende Handlungen an, wünschen aber doch, daß die durch Willenseinigung geschlossene Ehe als ein öffentlicher Stand auch vor der Gemeinde bezeugt wird. Darum sieht Luther im „Traubüchlein" vor: Aufgebot von der Kanzel, Trauung vor der Kirche im Sinn einer öffentlichen Feststellung des „anfahenden Ehestands", Segensakt in der Kirche mit Schriftwort und Gebet. Nachdem die Entwicklung daraus trotzdem vielfach einen eigentlich eheschließenden Akt gemacht hatte, hat jetzt die staatliche Zivilehe den evangelischen Agenden die Rückkehr zur alten lutherischen Auffassung möglich gemacht als einer Einsegnung der bereits geschlossenen Ehe.

5. Zur Frage der „ökumenischen Trauung". In zahlreichen bekenntnisverschiedenen Ehen führte die Entscheidung, nach welchem Bekenntnis die Trauung vorgenommen werden solle oder ob überhaupt eine kirchliche Trauung stattfindet, zu mancherlei Gewissensbelastungen, zu erheblichen Differenzen mit den Familienangehörigen und zu einer Entfremdung mit der nicht berücksichtigten Kirche (oder auch mit beiden). Das Motuproprio *Pauls VI.* „Matrimonia mixta" (31.3.1970) schuf die Möglichkeit, bei „erheblichen Schwierigkeiten" Dispens von der kanonischen Eheschließungsform (↗Ehe) einzuholen. Sie kann auf Antrag der Brautleute unter Vermittlung des zuständigen Pfarrers vom Bischof erteilt werden und hat zur Folge, daß schon die öffentlich-rechtliche Erklärung vor dem Standesamt eine sakramentale gültige Ehe konstituiert. Um auch in solchen Fällen die wünschenswerte kirchliche Trauung zu erleichtern, ohne daß es zum Bruch mit der Kirche eines der beiden Partner kommt, haben die Deutsche Bischofskonferenz und der Rat der Evangelischen Kirche in Deutschland ein Doppelritual erarbeiten lassen, das 1971 mit dem Titel „Gemeinsame kirchliche Trauung. Ordnung der kirchlichen Trauung für konfessionsverschiedene Paare unter Beteiligung der Pfarrer beider Kirchen" (Regensburg/Kassel ^{4}1977, Leipzig 1975) erschien. Dabei handelt es sich um eine katholische Trauung in der katholischen Kirche unter Mitwirkung des evangelischen Pfarrers und um eine evangelische Trauung in der evangelischen Kirche unter Mitwirkung des katholischen Pfarrers. Für den katholischen Ritus hat man das Rituale „Collectio Rituum" von 1950 zugrunde gelegt und dazu einige Elemente des 1969 erschienenen lateinischen Modellritus übernommen. Für den Trauritus in der evangelischen Kirche wurde aus den neun verschiedenen Trauliturgien evangelischer Gliedkirchen die am meisten verbreitete Ordnung der Evangelischen Kirche der Union und der Vereinigten Evangelisch-Lutherischen Kirche Deutschlands zugrunde gelegt.

Es wäre sicher ungenau und verfrüht, eine solche Trauung als *ökume-*

nisch zu bezeichnen, da ein solcher Begriff Gemeinsamkeit in der theologischen Bewertung der kirchlichen Trauung voraussetzt, die leider noch nicht gegeben ist. Darum vermeidet das genannte Doppelritual den Ausdruck „ökumenische Trauung". Anders eine Veröffentlichung, die unter dem Titel „Ökumenische Trauung" von der evangelisch-katholischen Arbeitsgemeinschaft für Mischehenseelsorger in der deutschen Schweiz herausgegeben wurde (Zürich 1973). Weitere konkurrierende Ordnungen wurden von der Erzdiözese Freiburg und der evangelischen Landeskirche Baden (1974) und von den „Ökumenereferenten in Propstei und Dekanat Kiel" veröffentlicht (1973, [2]1976). In der Literatur wurden manche Verbesserungsvorschläge für die „Gemeinsame kirchliche Trauung" geäußert. Wichtig ist vor allem, daß der katholische Ritus die seit 1975 vorliegende adaptierte „Feier der Trauung" zugrunde legt. – Zur Frage der Trauung eines Katholiken mit einem Nichtgetauften gibt die „Feier der Trauung" nur wenige Hinweise (Nr. 20). Ein Modellversuch findet sich bei *K. Richter* u. a., Die kirchliche Trauung 119–127.

Lit.: K. Ritzer, Formen, Riten und religiöses Brauchtum der Eheschließung (LQF 38) (Münster 1962); *F. Nikolasch,* Die ökumenische Trauung. Ein Bericht, in: LJ 22 (1972) 155–168; *ders.,* Erneuerung der Trauungsliturgie, in: Gd 7 (1973) 145–155; *W. v. Arx,* Angebot für die Trauung bekenntnisverschiedener Paare, in: Gd 7 (1973) 129–131; *W. Sanders – H. Chr. Schmidt-Lauber,* Weiterentwicklung der gemeinsamen Trauung, in: LJ 23 (1973) 256–265; *S. Kraft,* Gemeinsame kirchliche Trauung. Formular C, in: LJ 24 (1974) 193–208; *B. Kleinheyer,* Noch deutlichere Gemeinsamkeit, in: LJ 27 (1977) 107–123; *K. Richter u. a.,* Die kirchliche Trauung, (Freiburg 1979); *Th. Maas-Ewerd,* Pastoralliturgische Gesichtspunkte zur Feier der Trauung, in: HD 34 (1980) 33–43. ↗Ehe.

Triduum, Österliches ↗Ostern.

Trienter Konzil (1545–1563) hat durch seine Lehrentscheidungen gegen die Reformatoren in Fragen der Sakramententheologie die pastorale Gestaltung der Meßfeier und der Sakramentenspendung stark beeinflußt. Sosehr es die Notwendigkeit und Nützlichkeit der Volksbelehrung betont, hat es doch durch die situationsbedingt notwendige starke Reglementierung eine Erstarrungsperiode in der Entwicklung des gottesdienstlichen Lebens eingeleitet. In Ausführung der Trienter Konzilsdekrete veröffentlichte Papst *Pius V.* 1568 das erneuerte *Breviarium Romanum* und 1570 das erneuerte *Missale Romanum,* zwei Bücher, die in ihrem Grundbestand trotz zahlreicher Zufügungen und Änderungen (bis hin zur Neufassung der Hymnen und zur Neustrukturierung des Psalteriums) bis zur Erneuerung durch das II. Vatikanum das gottesdienstliche Leben regelten.

Trination ↗Bination.

Tris[h]agion das „Dreimalheilig", erstmals auf dem Konzil von Chalzedon (451) feierlich bezeugte Akklamation: „Heiliger Gott, heiliger

Starker, heiliger Unsterblicher, erbarme dich unser." Inhaltlich zunächst an Christus gerichtet, wollte die Formel gegen monophysitische Tendenzen (↗Christus) die Leidensunfähigkeit und Unsterblichkeit der göttlichen Natur in Christus betonen. Als die Monophysiten durch den Zusatz „der für uns gekreuzigt wurde" (hinter „Unsterblicher") die Akklamation in ihrem Sinn deuteten, begannen die Orthodoxen, das Trishagion trinitarisch zu interpretieren und den Zusatz dadurch als häretisch hinzustellen. – Als Christushuldigung hat das Trishagion von Anfang an seinen Platz vor allem bei der Eröffnung einer gottesdienstlichen Versammlung; es gehört in diesem Sinn zum kleinen ↗Einzug im byzantinischen und armenischen Ritus. Bei den Syrern, die keinen Einzug mehr haben, steht es gleichfalls vor den Lesungen, bei den Westsyrern nach den dort noch erhaltenen atl. vor den ntl. Lesungen; es scheint dort zu der feierlichen Prozession gehört zu haben, in der der Diakon das Kreuz zum ↗Bema brachte, auf dem der Wortgottesdienst abgehalten wurde. In der alexandrinischen Ritengruppe wird das Trishagion mit verschiedenen Erweiterungen unmittelbar vor dem Evangelium gesungen. – Auch in der gallischen Meßfeier wurde nach dem Einzug vor den Lesungen der *Aius* (so genannt nach der tatsächlichen Aussprache des hagios) griechisch und lateinisch gesungen. Der Brauch lebt heute noch bei der römischen ↗Kreuzverehrung am Karfreitag, wo das Trishagion zuerst wohl Begrüßungslied war beim Herbeibringen des Kreuzes, bis es zum Kernbestandteil der ↗Improperien bei der Kreuzverehrung wurde. – Gelegentlich wird auch das ↗Sanctus als das biblische Dreimalheilig oder Trishagion bezeichnet.

Lit.: Hanssens III 96–156, bes. 108–123.

Tropar[ion] (griech., von tropos =Tonart) poetische Strophe, die mit Einschub von Zwischenversen aus den Psalmen häufig wiederholt wird; entspricht der in Palästina beheimateten *ipakoï*, der chaldäischen *'onita* (= Antwort) und irgendwie auch der römischen ↗Antiphon. Troparien treten in der byzantinischen Liturgie in verschiedensten Funktionen und Formen, oft auch mit unterscheidenden Benennungen (theotokion, anastasimon) auf. Sie werden entweder nach jedem Vers eines bestimmten Psalmes gesungen, so daß der Psalm als die ursprüngliche Hauptsache erscheint (das Troparion kann dabei nach jedem Vers wechseln, so in der ↗Vesper bei den Lucernarpsalmen), oder vor jeder Wiederholung des Tropars wird ein ausgewählter, textlich passender Psalmvers gesungen, so daß das Troparion als die Hauptsache erscheint (Stichologie). Die Psalmverse sind in der Praxis oft verlorengegangen; Troparien nennt man darum auch die einzelnen Strophen jeder Ode eines ↗Kanons (2), die der Musterstrophe (irmos) in bezug auf Silbenzahl und Akzentstruktur genau nachgebildet sind. – Tropariengesang begleitet vor allem die Prozessionen; das Schlußtropar (tropárion apolytíkion) der Vesper, das vermutlich früher beim feierlichen Auszug gesungen wurde, ist inzwischen zu *dem* Tropar, zum Hauptfestgesang eines jeden liturgischen

Tages, geworden; es wird auch in der Meßfeier nach dem kleinen Einzug vor dem Trishagion gesungen. Vielfach wird nicht jedesmal das ganze Troparion wiederholt, sondern nur seine letzte Zeile (akroteleution, lat. der *versus ad repetendum*); die Schola umrahmt dann den Psalm samt den Kehrversen durch das Tropar, das sie zuvor und am Schluß ganz durchsingt (Chortropar); das Volk greift die letzte Zeile des Chortropars auf und wiederholt sie nach jedem Vers des Vorsängers. Dies scheint die Struktur vor allem des römischen Introitus zu sein (↗Antiphon).

Trope Erweiterung eines Meßgesangs durch eine Einleitung oder einen Einschub mit eigenem Text und eigener Melodie oder durch zusätzliche Textunterlegungen unter melismatische Melodien. Die Tropierung dürfte aus demselben Boden erwachsen sein wie die ↗Sequenz. Durch Texteinfügungen erweitert wurde vor allem Kyrie, Gloria, Sanctus und Agnus Dei sowie das Ite missa est; im Kyriale werden noch heute die einzelnen Meßreihen nach dem Anfang des jeweiligen Kyrietropus benannt. Dem Introitus wurde gern eine Einleitungsstrophe vorausgeschickt, Graduale, Offertorium und Communio durch Dichtungen erweitert; die Epistel und gelegentlich auch das Evangelium wurden an Festtagen durch Zufügungen *farciert* (liturgische ↗Dichtung). Auch das Chorgebet kannte Tropen, vor allem für die großen Responsorien der Mette und für Antiphonen. – Tropus und liturgischer Text wurden meist wohl von Wechselchören vorgetragen. Bei Textunterlegungen unter melismatische Melodien dürfte teilweise der melismatische Meßgesang und der reichtextierte Tropus auf dieselbe Melodie von den zwei Chorgruppen gleichzeitig vorgetragen worden sein. Dann hätte die Tropusdichtung nicht nur große Bedeutung für die Entstehung der geistlichen Spiele mit ihren Dialogen, sondern auch für die frühen Formen der ↗Mehrstimmigkeit und der Motette. – Die Trienter Reform hat die Tropierung aus der Liturgie völlig verbannt.

Tumba Früher war es die Regel, daß der Sarg mit dem Leichnam vor der Beerdigung zur Begräbnismesse ins Gotteshaus gebracht und im Mittelgang vor dem Chorraum aufgestellt wurde. Nach der Meßfeier wurde am Sarg die „Absolution“ vorgenommen. Weil schon seit längerer Zeit der Sarg nur noch in seltenen Fällen in die Kirche gebracht werden konnte, baute man an seiner Stelle ein sargähnliches, mit einem schwarzen Tuch umhülltes Gestell auf, das man Tumba (griech.-lat. = Grab) oder auch Katafalk nannte, und nahm hier (mit Besprengung und Inzensierung der Tumba) die Absolution vor. Das neue Rituale der ↗Begräbnisliturgie (Past. Einf. 35) hat diese Tumba und andere den Sarg mit dem Leichnam vertretende Zeichen abgeschafft, weil sie als liturgische Zeichen ungeeignet erscheinen.

Tunika das Untergewand der antiken Kleidung, ein knöchellanges Hemd. Aus ihr entwickelte sich das Untergewand der liturgischen

↗Gewänder, die nach ihrer weißen Farbe so genannte ↗Albe. In den orientalischen Riten tragen die niederen Kleriker regelmäßig farbige knöchellange Tuniken, bei Griechen und Kopten gegürtet, sonst ungegürtet. Im Mittelalter pflegte man auch bei uns an Festtagen mancherorts Akolythen und Ministranten in farbige Tuniken zu kleiden. Versuche zur Modernisierung der Paramente greifen im allgemeinen auf die Tunika zurück, die gewandartiger als die Albe wirkt, in neutraler gelblicher oder grauer Tönung, und legen darüber als Insignie die Diakons- oder Priesterstola.

Tunizella (lat. Verkleinerungsform zu ↗Tunika) ein Schmuckhemd, das der Papst als „kleine Dalmatik" statt oder unter der ↗Dalmatik über der Albe anlegte. Im 9. Jh. wurde es als auszeichnendes Gewand den ↗Subdiakonen zugestanden, zunächst aus weißer Leinwand, bald aus Seide; sie unterschied sich deutlich von der Dalmatik des Diakons durch geringere Weite, enge Ärmel und das Fehlen von Zierstäben, glich sich aber dann, vor allem durch die Übernahme des liturgischen Farbkanons, völlig der Dalmatik an.

Turm ↗Kirchturm.

U

Übersetzung ist von Anfang an ein wichtiger Behelf im Gottesdienst vor allem für die Verlesung *1. der Heiligen Schrift.* Während das palästinensische Judentum bei der Verlesung der Tora jeweils Vers für Vers durch einen Metargem mündlich ins Aramäische übersetzen ließ, woraus erst später die schriftlich fixierten Targumim entstanden, hat das hellenistische Diasporajudentum sich schon früh schriftliche Übersetzungen ins Griechische geschaffen; die Form, die sich durchgesetzt hat, nennt man auf Grund der Entstehungslegende die *Septuaginta* (= [Übersetzung der] Siebzig). Die christlichen Kirchen (ausgenommen die syrische) haben das AT in der Fassung der LXX übernommen. Übersetzungen ins ↗Latein sind zuerst in Gallien und Nordafrika bezeugt; auf Grund früherer Vorstellungen über ihre Entstehung nennt man diese altlateinischen Bibelübersetzungen gelegentlich noch *Itala,* meist aber richtiger *Vetus latina.* Sie sind in einer literarisch anspruchslosen Form des Spätlateins gehalten, gelegentlich kommen auch reine Vulgarismen vor. Vor allem die Gesangstexte der römischen Liturgie stammen oft noch aus der altlateinischen Bibel. Im Auftrag des Papstes Damasus schuf Hieronymus (zweite Hälfte des 4. Jhs.) für das AT eine Neuübersetzung unmittelbar aus dem hebräischen Urtext, nachdem er vorher die altlateinische Fassung der Evangelien revidiert hatte (zu den verschiedenen Psalterübersetzungen: ↗Psalterium). Die Übersetzung spiegelt die gute rhetorische

Schulung des Hieronymus wider; sie setzte sich langsam in der ganzen Westkirche durch, so daß man sie seit dem 13. Jh. die *Vulgata* (die „Verbreitete") zu nennen pflegte. Sie ist jetzt durch die *Neo-Vulgata* ersetzt (↗Bibel). –Bibelübersetzungen ins *Deutsche* vor der Reformation waren nicht für den gottesdienstlichen Gebrauch gedacht. Für die Kirchen der Reformation wurde die Übersetzung *M. Luthers* maßgebend. Ein neuer amtlicher Schrifttext für die katholische Kirche des deutschen Sprachraums wurde als „Einheitsübersetzung" 1978 approbiert.
2. Übersetzungen der Gebetstexte für den gottesdienstlichen Gebrauch unterliegen anderen Gesetzen als die Verstehenshilfen, wie die ↗Volksmeßbücher sie geben wollten. Hier ist auch nicht dieselbe Worttreue gefordert wie bei einem Schrifttext. Das eigentliche Ziel des gottesdienstlichen Gebetes verlangt vielmehr, daß die Motive der Vorlage nach den Gesetzen und der Eigenart der jeweiligen Sprache neu geformt und ausgedrückt werden. Für den liturgischen Gebrauch in der lateinischen Kirche müssen die Übersetzungen von der jeweiligen Bischofskonferenz approbiert und der Beschluß vom Römischen Stuhl konfirmiert sein. Eine wertvolle Hilfe ist die Instruktion des Römischen Liturgierates (↗Kongregation für den Gottesdienst) über die Übersetzung liturgischer Texte für Feiern mit dem Volk vom 25. 1. 1969 (*Kaczynski* 1200–1242). – ↗Liturgiesprache.

Umschreiten Der Umgang (Umfahrt, Umritt) ist Ausdruck einerseits für das Ausgrenzen eines Ortes aus dem profanen Alltag (↗heilig), andererseits für die Kraftentnahme aus dem umkreisten Heiligen. Die ausgrenzenden Formen haben sühnenden und segnenden Charakter, so der altrömische Umzug um die Stadt (↗Amburbale) und ihre Fluren (↗Ambarvale), die in der Prozession an Lichtmeß (↗Darstellung des Herrn) und an den ↗Bittagen weiterleben; ähnlich gemeint ist der Umzug um den Bau bei der ↗Kirchweihe (Friedhofsweihe, Grundsteinlegung) und das Umschreiten des Altares bei der Beräucherung. Die kraftentnehmende Umkreisung lebt noch im Wallfahrtsbrauchtum und in Pferdeumritten. In die Liturgie ist das Motiv aufgenommen in den feierlichen Umzügen um den Altar, die der koptische und äthiopische Ritus mit den Opfergaben vollzieht, ferner in den Einzügen und Weiheerteilungen des byzantinischen Ritus.

Unbefleckte Empfängnis Marias ↗Marienfeste 1.1.

Unschuldige Kinder, Fest (28.12.) Das Gedächtnis der Kinder von Bethlehem, die Herodes im Zusammenhang mit der Geburt des Herrn ermorden ließ (Mt 2, 13–18), scheint sich im Westen herausgebildet zu haben. Es wird erstmals im Kalendarium der nordafrikanischen Stadt Karthago im Jahre 505 erwähnt, nachdem schon vorher zahlreiche Kirchenväter ihr Martyrium gerühmt hatten. Der Zusammenhang mit dem Weihnachtsgeschehen hat den Termin beeinflußt. Obwohl Märtyrerfest, bekam es unter dem Einfluß der gallischen Liturgie Trauercharakter, der sich in der violetten Farbe der Meßgewänder und im Wegfall des Gloria und Te Deum auswirkte. Erst der Codex rubricarum (25. 7. 1960) glich die Rubriken den anderen Märtyrerfesten an. –↗Weihnachtsoktav.

Lit.: *J. Hennig,* Zur liturgischen Lehre von den Unschuldigen Kindern, in: ALW IX/2 (1966) 72–85.

Urchristentum die von den Aposteln geleitete Kirche des Zeitraums, in dem die Schriften des NT entstehen; durch die Verkündigung und Bezeugung Christi als des auferstandenen und wiederkommenden Herrn bleibt sie normgebend für alle weiteren Entwicklungsstadien der christlichen Gemeinde. Hier ist auch die grundlegende Struktur des Gottesdienstes festgelegt, und alle notwendige weitere Entwicklung muß immer wieder an dieser Grundlage gemessen werden (↗Liturgiereform). – Konstitutiv für das Gemeindeleben ist hier nach dem Ausweis der Paulusbriefe und der Apostelgeschichte und nach der Widerspiegelung in den Evangelien und der Apokalypse, daß sich die Gemeinde im Gehorsam gegen den Ruf Christi und seiner bevollmächtigten Boten (zunächst der Apostel, dann auch der Propheten, Evangelisten und Lehrer) versammelt und in dieser Versammlung getreu dem Auftrag des Herrn unter Lobpreis des Vaters das Brot bricht und aus dem Kelch trinkt und so seinen Tod verkündet, bis er wiederkommt. Der Zugang zur Gemeinde geschieht in der Bekehrung, die in der Taufe manifest wird; durch die Handhabung der Kirchenzucht kämpft die Gemeinde weiterhin gegen die Sünde. Es ist dabei auffällig, daß die alte Kirche die in ihrem Umkreis herkömmlichen Kultausdrücke (Tempel, Opfer, Priester) fast ängstlich vermeidet, die neue in Christus gegebene Wirklichkeit vielmehr mit profanen Ausdrücken darstellt, die herkömmlichen Kultausdrücke dagegen christologisiert, auf das Wirken des Geistes umdeutet und sie so im tagtäglichen Leben des Getauften verwirklicht sieht (z.B. ↗Kirchengebäude; ↗Opfer II). – Bereits urchristlich ist auch die Strukturierung der Zeit durch die Feier des ↗Sonntags, in Ansätzen auch des ↗Stundengebets.

V

Vaterunser ↗Paternoster.

Vatikanum II Das am 25. 1. 1959 von *Johannes XXIII.* erstmals angekündigte und durch die Apostolische Konstitution „Humanae salutis" vom 25. 12. 1961 formell einberufene Allgemeine Konzil dauerte mit seinen vier Sitzungsperioden vom 11. 10. 1962 bis 8. 12. 1965. Seine ursprüngliche Zielsetzung der innerkirchlichen Reform und der Förderung der Einheit wurde in der Eröffnungsansprache des Papstes in der Richtung erweitert, den Kosmos der christlichen Wahrheiten besser zu verdeutlichen und so die Kirche glaubwürdiger und anziehender zu machen. *Paul VI.* umschrieb die Aufgaben des Konzils zu Beginn der II. Sitzungsperiode mit der vierfachen Thematik: Vertiefung des Selbstbewußtseins der Kirche, innerkirchliche Erneuerung, ökumenisches Gespräch und Dialog mit der Welt. Unübersehbar ist der pastorale Akzent, der in allen Dokumenten zu spüren ist. So wird im Vorwort der LK das Ziel angepeilt, „das christliche Leben unter den Gläubigen mehr und mehr zu vertiefen, die dem Wechsel unterworfenen Einrichtungen den Notwendigkeiten unseres Zeitalters besser anzupassen, zu fördern, was immer zur Einheit aller, die an Christus glauben, beitragen kann, und zu stärken, was immer helfen kann, alle in den Schoß der Kirche zu rufen". – Die *Bedeutung des Konzils für die Liturgie* und die liturgische Erneuerung ist kaum zu überschätzen und kommt vor allem in der ↗Liturgie-Konstitution zum Tragen, die als erste Frucht des Konzils auch für die weiteren 15 Konzilsdokumente wichtige Orientierungspunkte setzte und in gewissem Sinn Pionierdienste leistete. Umgekehrt haben auch diese an vielen Stellen wichtige Aussagen zu liturgischen Fragen gemacht und die der LK bestätigt, untermauert und zum Teil ergänzt, wie etwa die Fragen des Gottesdienstes als Selbstvollzug der Kirche, seine Adaptation an die Kulturen und Eigenarten der Völker, die Bedeutung der Sakramente u. a. m. Sicher spürt man in der Formulierung mancher Stellungnahmen, daß es sich um Kompromisse unterschiedlicher Positionen der Konzilsväter handelt. Aber man darf nicht vergessen, daß das Konzil mit seinen ungezählten Beratungen und dem vielfältigen Meinungsaustausch, nicht zuletzt durch die Mitarbeit zahlreicher Periti aus aller Welt, zu einem einzigartigen Lernprozeß auch für den Weltepiskopat wurde und ein Reformversuch solchen Ausmaßes manches Zögern verständlich macht. Insgesamt wird man urteilen dürfen, daß durch das II. Vatikanum der Gottesdienst der Kirche bibelnäher, gemeindenäher und, bei allem Fortbestehen des Mysteriums, transparenter geworden ist. ↗Liturgie; ↗Liturgiereform; ↗Konzilsliturgie u.a.m.

Lit.: Kommentarwerk des LThK I–III (Freiburg 1966–1968); *H. Volk,* Das zweite Vatikanische Konzil und die Selbstreform der Kirche, in: Gesammelte Schriften II (Mainz 1966) 145–160; *ders.,* Gottesdienst als Selbstdarstellung der Kirche, in: LJ 16 (1966) 65–90.

Velum Tuch zum Verhüllen. – *1.* Als *Schultervelum* umgelegt, um heilige Gefäße nach antikem Brauch nur mit ehrfürchtig verhüllten Händen anzufassen. Zunächst genügte dafür das weite Obergewand, das alle Diensttuenden trugen (↗Meßgewand); doch vor allem die Diakone bedienten sich für das Ergreifen des Kelches eines eigenen Tuches, ebenso die Subdiakone für das Herbeibringen und Halten der ↗Patene; lebendig ist der Brauch nur noch als *Segensvelum,* mit dem man das Allerheiligste ergreift zur Segensspendung und zur Übertragung an einen anderen Ort. Einfachere Velen benützen die Ministranten, die Mitra und Stab des

Bischofs halten. – *2.* Als *„Ziboriummäntelchen"* über dem Aufbewahrungsgefäß mit dem Allerheiligsten. – *3. Kelchvelum.* Der Kelch wurde seit jeher verhüllt zum Altar gebracht, früher meist in einem Leinensack, seit dem Mittelalter mit einem kostbaren Tuch bedeckt, das später dem Farbenkanon unterlag. AEM 80 sieht vor, daß der Kelch an der Kredenz mit einem Velum bedeckt ist, das weiß oder in der Tagesfarbe sein kann. – *4.* Velen nennt man auch die Vorhänge, die an den Altarschranken angebracht waren (↗Altarraum), und die Tücher zur Verhüllung der Kreuze und Bilder (↗Hungertuch), ferner die fahnenartigen Gebilde, die man bei Predigten vor ausgesetztem Allerheiligsten vor die Monstranz zu stellen pflegte.

Verdoppelung ist im traditionellen liturgischen Vollzug aus verschiedenen Gründen nicht selten. Der heutige römische Ritus ist in der ↗Karolingerzeit erwachsen durch die zusätzliche Übernahme liebgewordener gallischer Bräuche in den stadtrömischen Ritus; ähnlich geschehen in anderen Riten Handlungen und Gebete doppelt durch das Nebeneinander alter lokaler Bräuche. Viele Doppelungen, vor allem das dreifache (meist steigernde) Sprechen und Vollziehen einer Handlung entspringt der dem ↗Mittelalter eigenen Vorliebe für Häufung und Kumulation. Manche Wiederholungen beeinträchtigten die Einfachheit, den folgerichtigen Aufbau und die Durchschaubarkeit der Handlung; sie wurden darum beseitigt (LK 34; 50; auch 28). Dagegen ist die steigernde dreifache Wiederholung ein natürliches und eindrucksvolles Gestaltungsmittel, das für Höhepunkte des Gottesdienstes beibehalten werden sollte.

Verhüllung Formen der Verhüllung begegnen uns im christlichen Gottesdienst in der Verhüllung des ↗Altares (bzw. des Altarraumes) durch die ↗Bilderwand im Osten und durch das ↗Hungertuch (Fastenvelum) im Westen. Die Verhüllung der ↗Kreuze und ↗Bilder am Passionssonntag kam im 12. Jh. im Westen auf. Bischof *Wilhelm Durandus* von Mende (Südfrankreich) erklärt am Ende des 13. Jhs. diesen Brauch damit, daß Christus in der Zeit des Leidens seine Gottheit verborgen habe, was im Schlußsatz der Evangelienperikope dieses Sonntags angedeutet sei (Joh 8,59). Andere sahen darin eine Erinnerung an die Erniedrigung des Herrn und die Absicht, sein Bild unseren Herzen um so tiefer einzuprägen. Bei der Neuordnung der Fastenzeitliturgie zeigte sich zunächst eine gewisse Unsicherheit. Das MD entschied, daß die Verhüllung der Kreuze und Bilder beibehalten werden soll, und zwar die der Kreuze bis zum Ende der Karfreitagsliturgie, die der Bilder bis zum Beginn der ↗Osternachtfeier. Mit Recht hat *B. Kleinheyer* darauf hingewiesen, daß nur die Verhüllung jener Bilder und Kreuze sinnvoll sei, die den in Herrlichkeit thronenden Herrn darstellen, nicht aber jener, die den Herrn in seiner Erniedrigung zeigen.

Lit.: A. Kirchgässner, Die mächtigen Zeichen... (Freiburg u.a. 1959) 501–509; *B. Kleinheyer,* Die neue Osterfeier (Freiburg 1971).

Verklärung des Herrn, Fest (6.8.) Diesem Fest liegen die im wesentlichen übereinstimmenden Berichte der synoptischen Evangelien (Mt 17,1–8; Mk 9,2–9; Lk 9,28b–36) von der Verklärung Jesu zugrunde. Ein liturgisches Gedächtnis findet sich zum erstenmal in der ostsyrischen Liturgie des 5. Jhs. Innerhalb der fränkisch-römischen Liturgie taucht es im 10. Jh. auf und verbreitet sich rasch. Für die Gesamtkirche wurde es 1457 durch Papst *Calixtus III.* zum Dank für den im vorausgehenden Jahr errungenen Sieg über die Türken eingeführt. – Die Eigenpräfation sieht die Bedeutung des Festereignisses u. a. darin, daß Jesus den Jüngern die Kraft gab, „das Ärgernis des Kreuzes zu tragen", und der ganzen Kirche die Hoffnung schenkte, „vereint mit ihrem Haupt, die ewige Verklärung zu empfangen".

Verkündigung

I. Das Ereignis der Verkündigung. *1.* Die synoptischen Evangelien fassen *die Verkündigung Jesu* zusammen in dem Satz: „Die Zeit ist erfüllt, das Reich Gottes ist nahe. Kehrt um, und glaubt an das Evangelium!" (Mk 1,15). Dieses Wort Jesu redet nicht bloß von dieser Wirklichkeit, sondern macht sie präsent; denn in Jesus Christus ist die Herrschaft Gottes verwirklicht; sein Wort macht die in der Kreuzeshingabe verborgene Wirklichkeit dem Menschen faßbar. Damit wird der *Aus*spruch zum *An*spruch an den Hörer; das Wort Christi bringt ihn in die Krise, er muß umkehren (↗Buße), sich entscheiden für die Annahme des Wortes, und darin gelangt er auf den Weg des Heiles; das Wort wird ihm zur Gotteskraft, die den Glaubenden rettet (Röm 1,16). Wenn er sich dem Anruf verweigert, schlägt ihm die nicht angenommene Botschaft zum Unheil aus, offenbart sie den „Zorn" Gottes. – *2. Die Apostel* tragen die Verkündigung und Botschaft Jesu weiter. Sie berichten nicht bloß über ihn, referieren nicht bloß geschichtliche Begebenheiten; sie rufen vielmehr den Gekreuzigten aus als Gottes Weisheit und Stärke (1 Kor 1,23f); sie zeugen für ihn, sie stehen und sprechen geradezu an Christi Statt, Gott selbst mahnt durch den Apostel (2 Kor 5,20; vgl. 1 Thess 2,13). Es ist nicht Apostelwort über Christus, es ist Christuswort (2 Kor 13,3) und Gottes Weisheit (1 Kor 2,7) selber. Darum stellt das Zeugnis des Apostels den Hörer gleichfalls vor die Entscheidung, es ist anrufendes, heilansagendes (2 Kor 5,18f) und richtendes Wort, es fordert die gehorsame Antwort des Glaubens (Röm 1,5). Die Apostel geben Christi Wort aber nicht einfach im selben Wortlaut wieder, sie übersetzen es vielmehr in den jeweiligen Sprach- und Verstehenshorizont der Hörer; die Apostelgeschichte zeigt das etwa in der verschiedenen Form, in der sie Paulus die Botschaft ausrichten läßt in der Synagoge (Apg 13,16–41), vor einfachen Heiden (14,15–18) und vor philosophisch Gebildeten (17,22–31). – *3.* Die Verkündigung der Apostel in ihrer mannigfachen Gestalt ist lebendig geblieben, weil sie in der *Schrift* niedergelegt worden ist und dadurch jeder Gegenwart gleichzeitig werden kann (↗Wort Gottes). – *4.* Dabei muß noch dringender als zur Zeit der apostolischen Gemeinden die Botschaft im Sprach- und Lebenshorizont der jeweiligen Zeit ausgerichtet werden. Darum besteht Verkündigung nicht so sehr im Verlesen, dem Lautbarmachen des in der Schrift Niedergelegten wie in dem *Auslegen der Schrift,* in der ↗Predigt. Die Predigt übersetzt die in der Schrift in apostolischen Worten niedergelegte Gottesbotschaft in den Lebens- und Verstehenskreis der versammelten Gemeinde, ob sie nun eine Perikope auslegt oder systematisch eine Glaubensfrage darlegt. In dem lebendigen Zeugnis der Predigt tritt der Anspruch Gottes konkret und fordernd vor den einzelnen hin und zwingt ihn zur Entscheidung. Auch von der Predigt gilt: sie ist nicht menschliche Überredungskunst, sondern Aufweis (Faßbarwerden) des Geistes, der lebendigen Wirklichkeit; sie redet nicht bloß davon, wo das Heil zu finden ist, sie macht vielmehr Christus präsent und stellt den Hörer unmittelbar in die Krisis zum Heil; der Glaube des Predigthörers gründet nicht auf der Menschenweisheit des Predigers, sondern auf Gottes Wirklichkeit (1 Kor 2,4f). Durch solche Vollmacht unterscheiden sich Predigt und gottesdienstliche Verkündigung von der Verkündigungsaufgabe, die jeden Getauften trifft (1 Petr 2,9) und die einer tagtäglich durch sein Leben in seiner Umwelt erfüllt. Die apostolische Vollmacht der Verkündigung liegt beim ↗Bischof; er ist gesandt, zu predigen (Röm 10,15); unter seiner Leitung und Weisung wird die Vollmacht auch von den Priestern und sonstigen vom Bischof (in der „missio") gesandten getauften und gefirmten Christen ausgeübt; denn die Geistgabe der Prophetie ist nicht an das Amt gebunden, wohl aber weiß sich die Gabe der Ordnung und dem Dienst der Gemeinde verpflichtet (1 Kor 12 und 14; ↗Laienverkündigung).

II. Die Verkündigung im Leben der Gemeinde. ↗Kirche entsteht ihrem Namen ekklesia gemäß durch den Anruf Gottes, der in gläubigem Gehorsam vernommen und angenommen wird (↗Hören). Wer dem Rufe „folgt" und umkehrt, versammelt sich zur Gemeinschaft der Glaubenden. Bei diesem rufenden Worte muß die Gemeinde bleiben, es muß ihr durch die fortdauernde Verkündigung immer gegenwärtig bleiben; sie muß durch das Wort der Verkündigung (Predigt, Wortgottesdienst) immer wieder in ihren Ursprung hineingestellt werden. Darum braucht es nicht bloß die Erstverkündigung, die zum Glauben ruft, sondern die fortdauernde Verkündigung, die Mahnung und den Zuspruch. Die Gemeinde muß immer wieder „erinnert" werden an das, was sie an sich schon weiß (Röm 15,15). Diese „Erinnerung" ist nicht psychologischer, sondern existentieller Art, ein erneuertes Ja zum Anruf, eine neue Bereitschaft zum Kreuz, ein vertieftes Verständnis (Joh 2,22; 14,26). Durch die wiederholte Verkündigung „stärkt und festigt" der Apostel die Gemeinde (Apg 14,22 u.ö.; vgl. Lk 22,32); darin unterwirft sich der Gläubige immer neu dem Anspruch Christi und der Herrschaft Gottes, vollzieht ständig die heilsame Umkehr (↗Buße) und die Hinwendung zur Kirche. – Auch das Sakrament als ein „Zeichen des Glaubens" gehört in den Bereich der Verkündigung; das Zeichen intensiviert darin die

Faßbarkeit, weil es nicht bloß hörbar, sondern auch sichtbar und spürbar ist; aber ohne das kündende Wort spricht das Zeichen nicht, ohne gläubige Annahme dient es nicht der Erbauung der Gemeinde und dem Heil des Empfängers.

Lit.: Leiturgia I 194–220; *P. Jounel* u.a., Das Wort Gottes und die Liturgie (Mainz 1960); *J. Ratzinger,* Christozentrik in der Verkündigung, in: KBl 86 (1961) 299–310; *M. Schmaus,* Der theologische Ort der kirchlichen Verkündigung, in: *W. Dürig* (Hrsg.), Liturgie, Gestalt und Vollzug (München 1963) 286–296; *P. Bormann,* Der Pfeil des Wortes trifft sein Ziel, in: *P. Bormann – H.-J. Degenhardt,* Liturgie in der Gemeinde II (Salzkotten 1965) 135–154; *P. Bormann,* Die Heilswirksamkeit der Verkündigung nach dem Apostel Paulus (Paderborn 1965); *L. Scheffczyk,* Von der Heilsmacht des Wortes (München 1966); *Fr. Sobotta,* Die Heilswirksamkeit der Predigt in der theolog. Diskussion der Gegenwart (Trier 1968); Theologische Berichte 6: Liturgie als Verkündigung (Zürich 1977); *O. Nußbaum,* Von der Gegenwart Gottes im Wort, in: *Gott feiern* 166–132.

Verkündigung des Herrn, Hochfest (25. 3.) Die Namen, die dieses Fest im Lauf der Zeit trug, rechnen es teils den Herrenfesten, teils den Marienfesten zu. Schon im 5. Jh. gab es in Ravenna am Sonntag vor Weihnachten ein Gedächtnis der Verkündigung (annuntiatio) bzw. der Menschwerdung (incarnatio) des Herrn, ein Termin, den die mailändische Liturgie und im gewissen Sinn auch Spanien (18. 12.) noch lange festhielten. Ein Fest am 25. März, neun Monate vor Weihnachten, ist im Osten für die Mitte des 6. Jhs., im Westen für das 7. Jh. bezeugt. Im Hinblick auf die heilsgeschichtliche Bedeutung seines Festgegenstandes bevorzugt die GOK den Namen „Verkündigung des Herrn" statt des bisherigen „Mariä Verkündigung", ohne damit die Bedeutung Marias bei diesem Heilsgeschehen schmälern zu wollen, und weist ihm den Rang eines Hochfestes zu, nachdem schon *Leo XIII.* 1895 ihn auf „Duplex I. Klasse" erhöht hatte. Fällt das Fest in die Karwoche oder in die Osterwoche (was selten geschieht), so wird es am Montag nach der Osteroktav nachgeholt.

Verlobung nach heutigem rechtlichem Verständnis das gegenseitige Eheversprechen zweier dafür geeigneter Personen, im allgemeinen ohne liturgische Formen gegeben.

1. Geschichtliches. In alten Zeiten war die Verlobung von wesentlich größerer Bedeutung. Die Wurzeln dafür liegen im altorientalischen Eherecht und seinem *Arrhalverlöbnis,* das aus dem System des Brautkaufes hervorgewachsen ist: der Bräutigam schließt mit dem Vater oder sonstigen Rechtsvertreter der Jungfrau einen Vertrag über die kommende Übergabe der Braut und zahlt ein Angeld (arrha) auf den Kaufpreis als Sachhaftung (Pfand) auf die Erfüllung des Vertrages zunächst dem Brautvater, später der Braut selbst (hier dann vielfach in der Gestalt eines ↗Ringes). Über die östlichen Provinzen des Römischen Reiches drang dieses Arrhalverlöbnis in nachchristlicher Zeit auch in den Westen ein und wirkt auch auf die Germanenrechte ein. Dieses Verlöbnis war mehr als ein Eheversprechen; es war fast schon ein Stück der Eheschließung, die durch die Übergabe und Heimführung der Braut vollendet wird; die Verlobung verpflichtete bereits zur Treue, so daß Beziehungen zu einer anderen Person als Ehebruch bestraft wurden. – Durch die Christianisierung wurden diese Familienbräuche grundsätzlich nicht berührt. Seit dem 11. Jh. beginnt aber der Priester, sich nach dem tatsächlichen Ehewillen der beiden zu erkundigen, bevor er sie in Brautmesse und Brautsegen einsegnet; das führt dazu, daß die Brautübergabe und auch Verlobungsriten allmählich erst hier am Kircheneingang vollzogen wurden und schließlich aus den alten Verlöbnisformen des Eheversprechens und der Ringübergabe der heutige Ritus der ↗Trauung erwächst. Zur selben Zeit haben die Kanonisten unter Rückgriff auf das alte römische Recht das Verständnis der Verlobung nicht mehr als Ehewillenserklärung, sondern als Versprechen für die Zukunft herausgearbeitet. – In der *Ostkirche* behielt die Verlobung ihre Bedeutung als beginnende Ehe; sie wurde im Laufe der Zeit überall mit der Trauung zu einer einzigen gottesdienstlichen Feier verbunden, die darum deutlich erkennbar aus den zwei Teilen der Arrhalverlobung und der Brautkrönung besteht. – Im *evang. Raum* ist die zeitweise vorhandene kirchliche Verlöbnisfeier nicht mehr üblich, wofür „das Zusammenschrumpfen der kirchlichen Sitte“ verantwortlich gemacht wird (RGG VI 1360).

2. Gegenwärtige Regelung. Der CIC beschäftigt sich in einem einzigen Kanon (1017) mit dem Eheversprechen (Promissio matrimonii oder sponsalitia) als einem ein- oder zweiseitigen Vertrag und stellt fest, daß er nur gültig ist, wenn er in schriftlicher Form mit den Unterschriften der Partner und des Pfarrers (bzw. auch des Ortsordinarius) oder wenigstens zweier Zeugen erfolgt. Allerdings kann eine Eheschließung nicht gerichtlich erzwungen, sondern es kann nur auf Schadensersatz geklagt werden. – Nachdem in der geschichtlichen Entwicklung die Verlobungsriten in die Trauung übernommen worden waren, hatte die Verlobung kaum mehr eine gottesdienstliche Gestaltung erfahren. Das neue deutsche ↗Benediktionale bringt jedoch einen Verlobungsritus in Form eines Wortgottesdienstes (Nr. 55) mit Segnung und Austausch der ↗Ringe. In diesem Fall entfällt bei der Trauung die Segnung der Ringe (Die Feier der Trauung, Past. Einf. 8).

Lit.: G. v. Hülsen, Das liturgische Verlöbnis als Seelsorgemittel, in: LJ 2 (1952) 44–57; *V. Stebler,* Liturgie der Verlobung, in: Anima 13 (1958) 312–317; *P. Hofmeister,* Das kirchliche Verlöbnis, in: Österr. Archiv für Kirchenrecht 20 (1969) 21–39.

Verneigung Das Verneigen des Hauptes oder des Körpers ist Ausdruck der Ehrfurcht, der Bußgesinnung oder der Bitte. Es findet sich schon früh in den östlichen wie westlichen Liturgien. In den volkstümlichen und allgemein in den jüngeren Schichten der römischen Liturgie wurde sie meist durch das ↗Knien ersetzt. Im Anschluß an das Trienter Meßbuch *(Pius V.,* 1570) kamen die Rubrizisten zu einer *vielfältigen*

Abstufung der Inklinationen: Bei der Neigung des Hauptes unterschied man eine tiefe, mittlere und leichte, bei der Körperverneigung eine tiefe und eine leichte. Das neue Missale hat nicht nur die Kniebeugen, sondern auch die Verneigungen spürbar verringert. Es kennt die *Kopfverneigung* (bei der Doxologie „Ehre sei dem Vater...“, beim Namen Jesu, Marias und des Heiligen, zu dessen Gedächtnis die Messe gefeiert wird) und „die *Körperverneigung* oder tiefe Verneigung“ (bei der Begrüßung des Altares [ohne Sanctissimum], bei dem Gebet vor dem Evangelium – auch seitens des Diakons, wenn er um den Segen bittet –, im Glaubensbekenntnis bei den Worten von der Inkarnation, beim Gabenbereitungsgebet „Herr, wir kommen zu dir“ und im Römischen Kanon beim Gebet „Wir bitten dich – Supplices te“). Beim Aussprechen der Einsetzungsworte ist nur eine leichte Verneigung vorgesehen, offenbar deshalb, damit die Verständlichkeit nicht beeinträchtigt wird (AEM 234).

Lit.: H. Lubienska de Lenval, Die Liturgie der Gebärde (Klosterneuburg 1959); *B. Kleinheyer,* Heilerfahren im Zeichen (München 1980) 18_23.

Versammlung Wenn im NT oder bei den Apostolischen Vätern vom christlichen Gottesdienst die Rede ist, so werden hierfür nicht die überlieferten Kultbegriffe des Judentums oder der Antike verwendet, sondern die Worte „zusammenkommen“, „sich versammeln“ oder „Versammlung“ (z.B. 1 Kor 11,17f.20.33f; 14,23.26). Christliche Versammlung und christlicher Gottesdienst sind in der alten Kirche identisch. Christus selbst hat das Zusammenkommen in seinem Namen mit der Zusage seiner Gegenwart verknüpft (Mt 18,20). So versammelt sich die christliche Gemeinde, um beim Herrn zu sein, sein Wort zu hören, den Glauben zu bezeugen, das Mahl der Gemeinschaft mit ihm und den Brüdern zu halten und seine Wiederkunft zu erwarten. Wo sich Christen versammeln, da ereignet sich Kirche; denn das griechisch-lat. Wort ecclesia besagt ja nichts anderes als die vom Herrn zusammengerufene Gemeinde. Christliche Versammlung stiftet Gemeinschaft (koinonia) mit Christus und den Christen untereinander und wird so zum wirksamen Zeichen der Kirche als des Leibes Christi. In der christlichen Versammlung konstituiert, aktuiert und konkretisiert sich Kirche. Die anfangs weitgehende Identität zwischen Versammlung und Gottesdienst hat einen sprachlichen Ausdruck darin gefunden, daß seit dem 3./4. Jh. das griech. Wort Synaxis = Versammlung als Bezeichnung für die Eucharistiefeier verwendet wird. Außer der eucharistischen Versammlung haben sich schon früh auch andere Gottesdienste herausgebildet (↗Stundengebet, ↗Wortgottesdienste, ↗Andachten u. a. m.). Daneben entstanden aber auch, besonders in neuerer Zeit, nichtliturgische Versammlungen der Gemeinde und ihrer Gruppen in bunter Vielfalt mit dem Ziel der Information, Bildung, Einübung und Beratung, Pfarrfamilienabend u. a. m. Auch sie dienen letztlich dem „Aufbau des Leibes Christi“ (Eph 4,12), können Dienst am Glauben sein und dürfen nicht geringgeschätzt werden. Doch sollte man sie nicht vorschnell auf die Ebene der Liturgie erheben oder sie gar als Ersatz für sie betrachten, auch wenn man mit Recht sagen kann, daß unser ganzes Leben ein Dienst vor Gott sein soll. – Über Struktur, Ordnung, Arten und Vollzug gottesdienstlicher Versammlungen ↗Feier, liturgische; ↗Kirche 1; ↗Sonntag.

Lit.: *H. Hucke – H. Rennings,* Die gottesdienstlichen Versammlungen (Pastorale 2) (Mainz 1973); *H. Aufderbeck,* Gemeinde als Versammlung. Zehn pastorale Thesen, in LJ 19 (1969) 65–78; *Reifenberg* I 40–47, 206–210; *A. Waibel,* Das Zeichen der Versammlung, in: Gd 14 (1980) 87f.

Versehgang ↗Krankenpastoral; ↗Sterbeliturgie.

Versikel (Verkleinerungsform von Vers) ein meist den Psalmen entnommener zweizeiliger kurzer Gebetsruf, aufgeteilt zwischen dem Vorsänger und der ganzen betenden Gemeinschaft. Im römischen Stundengebet als Übergang von der nächtlichen Psalmodie zu den Lesungen der Lesehore, in den Kleinen Horen als kurze Antwort auf die Kurzlesung; sie will das Wort Gottes tiefer in die Herzen der Hörer eindringen lassen. Im Benediktionale als Eröffnung des Segensgebetes.

Lit.: AES 172.

Versprechen ↗Profeß.

Vesper Abendhore des ↗Stundengebetes (lat. = vesperae, von vesper = Abendstern).

1. Sinngebung. Bei der religiösen Bedeutung des ↗Abends mußte sich sehr früh eine gottesdienstliche Versammlung der Gemeinde nicht nur am Morgen (↗Laudes), sondern auch am Abend (ad Vesperas) ausbilden, „Vesper" genannt oder auch „Duodecima" (= Gebet zur zwölften Stunde = 18 Uhr). Darin dankt der Mensch für das Gottesgeschenk des Abends, für die Vollendung des Tagewerks; gelöst von der Last der Arbeit, wendet der Mensch sich seinem höchsten Dienste zu. Die Gemeinde sieht diese „Er-Lösung" in heilsgeschichtlicher Perspektive und singt darum ihr Abendlob im Gedenken an den Abend der ersten Schöpfungstat (Hymnen der Wochentage unterm Jahr), an den Abend der Rettungstat aus Ägypten und an die abendliche Erlösungstat am Kreuz; solches ↗Gedächtnis macht das Heilshandeln Gottes gegenwärtig, „wirk-lich" in der Gemeinde. In eschatologischer Perspektive ist der abendliche Lobgesang der Kirche ein Einstimmen in den ewigen Lobpreis, in den „Feierabend" vor dem Gottesthron, zu dem die Gläubigen berufen sind. – Mit der Abendstunde verbindet sich ein zweiter Motivkreis: *das festliche Anzünden des Lichtes* (↗Lucernar). Fast alle Riten haben in ihre Vesper Lucernarbestandteile aufgenommen; auch im römischen Ritus gehören zur Vesper brennende Kerzen. In diesem Aufleuchten des Lichtes wird die erste Schöpfungstat lebendig (das Erzeugen des Feuers ist in der Osternacht deswegen Bestandteil der

Feuerweihe); die Vesper ist Lob für und Bitte um das Licht. Zugleich besingt die Gemeinde in der Vesper das „Licht vom Lichte", Christus, und bittet um sein Kommen. Ein dritter Aspekt des Abendlobes darf nicht übersehen werden: *Der Abend ist die Stunde des Opfers,* des Lammopfers beim Auszug aus Ägypten und dann im Tempel zu Jerusalem, des Opfers Christi am Kreuz und seiner Vorausnahme im Abendmahlssaal. – *Die mittelalterliche Allegorese* deutete die Vesper auf die Kreuzabnahme, weswegen die Darstellung Mariä mit dem Leichnam Jesu auf dem Schoß „Vesperbild" genannt wird.

2. Die Vesper im neuen Stundenbuch. Zusammen mit den ↗Laudes wird die Vesper von der AES zu den beiden Angelpunkten des täglichen Stundengebetes gerechnet, die als die „vornehmsten Gebetsstunden angesehen und als solche gefeiert werden" sollen (37). Ihre öffentliche und gemeinsame Feier soll sowohl von den klösterlichen Gemeinschaften wie auch von den Gläubigen gepflegt werden (40), ein Desiderat, das schon die LK (100) zum Ausdruck brachte. Während die Vesper im römischen Ritus im allgemeinen als Abschluß des liturgischen Tages betrachtet und von ihm geprägt wird, haben Hochfeste, Sonntage und Feste des Herrn, die auf einen Sonntag fallen, eine Erste Vesper und geben so dem alten antik-jüdischen Brauch Raum, daß ein Tag eigentlich schon mit seinem Vorabend beginnt (231). – Der Aufbau der Vesper gleicht dem der Laudes: Auf Einleitungsvers und Hymnus folgt die Psalmodie mit zwei Psalmen und einem ntl. ↗Canticum. An die Stelle der anschließenden Kurzlesung kann bei einer Gemeindevesper eine längere Lesung mit Homilie treten. Das folgende Responsorium kann auch durch einen geeigneten approbierten Gesang ersetzt werden. Es folgen das ↗Magnificat mit Antiphon, Fürbitten, Vaterunser und Schlußgebet. In Gemeindevespern spricht (singt) der Priester oder Diakon den Schlußritus wie bei der Meßfeier. Die Einfügung des Vaterunsers in Laudes und Vesper wird von *Paul VI.* in seiner Apostolischen Konstitution „Laudis canticum" als Rückkehr zur altchristlichen Sitte, es dreimal täglich zu beten, besonders gewürdigt, wobei mit dem dritten Vaterunser das der Messe gemeint ist. – In den katholischen Pfarreien ist es durch ↗Gotteslob und das neue Vesperbuch leichter geworden, die Vesper wieder einzuführen und zu einem beliebten Gottesdienst zu machen. Wichtige Hinweise für die Praxis finden sich im WGL III 207–236.

3. Die Vesper außerhalb des römischen Ritus. Die *byzantinische Vesper* kennt verschiedene Feierlichkeitsgrade: die tägliche und die Große („asmatische") Vesper, die letztere zu Beginn der Festnachtwachen (↗Vigil 1). In der Quadragesima verbindet sie sich mit der ↗Präsanktifikatenliturgie. Die Vesper beginnt nach der üblichen Eröffnung mit dem „Einleitungspsalm" 104 und der Friedenslitanei (↗Ektenie). Daran schließt sich das laufende Kathisma des ↗Psalteriums (1) mit kleiner Litanei. Zu den Psalmen des ↗Lucernars werden die Lichter in der Kirche entzündet und Weihrauch herbeigebracht; die letzten Verse werden von ↗Troparien durchflochten. Der Beginn der alten Gemeindevesper wird nun markiert durch einen kleinen ↗Einzug. Nach dem Lichthymnus „Phos hilaron" folgen in den Großen Vespern ↗Lesungen (2), während sich in den täglichen Vespern nur das zugehörige ↗Prokimenon erhalten hat. Der Gebetsteil umfaßt Ektenie, Priester- und Inklinationsgebet; an bestimmten Tagen schließt sich daran eine Bittprozession in den ↗Narthex, die *lítia*. Den Abschluß bilden die *apósticha* (liturgische Dichtung, zwischen deren Strophen je ein Psalmvers eingefügt ist), der Lobgesang des Simeon (↗Nunc dimittis), das ↗Trishagion und das ↗Troparion apolytikion (Entlaßgesang), das zum Festgesang jedes Tages geworden ist. – Im *armenischen und in den syrischen Riten* hat das gemeindliche Abendlob einen ähnlichen Aufbau wie in Byzanz, während der *koptisch-äthiopische* Brauch von diesem Schema stark abweicht. – *Luther* hielt bei aller Kritik am römischen Stundengebet an Mette und Vesper als eigentlichen Gemeindehoren fest, wenn er ihnen auch einen betont pädagogischen Charakter zuwies, eine Sinngebung, die „sich für das spätere Weiterleben des Stundengebetes verhängnisvoll ausgewirkt hat" (H. Goltzen 191; ↗Stundengebet I, 5). Mit dem Zerfall des Stundengebetes im 17./18. Jh. entfiel auch die Vesper. Die Erneuerungsbestrebungen des 19./20. Jhs. führten dazu, daß Morgen- und Abendlob in manchen Kirchen wieder neu belebt wurden (vgl. Agende für ev.-luth. Kirchen und Gemeinden, Bd. II, Berlin 1960).

Lit.: ↗Stundengebet; *H. Goltzen,* Der tägliche Gottesdienst, in: *Leiturgia* III 99–296; ferner: *G. Duffrer,* Die Vesper im Gebet- und Gesangbuch „Gotteslob", in: LJ 26 (1976) 47–58; *B. Fischer,* Die Schlußbitten in Laudes und Vesper des neuen Stundengebetes, in: LJ 29 (1979) 14–23.

Vidi aquam ↗Asperges.

Vierzigstündiges Gebet 40 Stunden währende (prinzipiell ununterbrochene) Aussetzung und Anbetung des Allerheiligsten. Der Brauch wurzelt in der seit frühesten Zeiten auf 40 Stunden berechneten Grabesruhe Christi (↗Gründonnerstag), die man in Gebetswache zubrachte (so schon *Irenäus v. Lyon* † ca. 200). Nachbildungen der Grabkapelle von Jerusalem und die Aufbewahrung des Allerheiligsten im „Heiligen Grab" (↗Auferstehungsfeier) während der Kartage fördern den Brauch. Seit dem 16. Jh. hielt man ein solches Vierzigstündiges Gebet (Triduum) bei Notfällen auch zu anderen Zeiten des Jahres (erstmals bezeugt 1527 in Mailand). Bald darauf (in Rom 1529 durch *Clemens VIII.)* wird es für größere Städte organisiert als „Ewige Anbetung": jährlich neu beginnender, die Kirchen der Stadt der Reihe nach erfassender Zyklus von aufeinanderfolgenden 40stündigen Gebeten. Im Barock wurde es in vielen Kirchen auch an den drei Faschingstagen abgehalten als Sühneandacht. – *Clemens XII.* erließ 1731 für Rom eine Anweisung für die Gestaltung (Instructio Clementina). Es wird überall begonnen durch eine Eucharistiefeier (Votivmesse II. Klasse vom Altarssakrament), in der die

Hostie für die Aussetzung konsekriert wird. – In Deutschland hat die „Ewige Anbetung" die Form einer täglich reihum durch die Pfarrkirchen einer Diözese wandernden Aussetzung; in der Nacht wird jeweils in einer Klosterkirche nächtliche Anbetung gehalten. Wo ein Vierzigstündiges Gebet abgehalten wird, wird die Aussetzung bei Nacht regelmäßig unterbrochen. – Die Eucharistieinstruktion 1967 nennt das Vierzigstündige Gebet nicht mehr ausdrücklich. Sie sieht nur vor, daß in Kirchen, in denen die Eucharistie ständig aufbewahrt wird, alljährlich eine längerdauernde feierliche Aussetzung gehalten werden darf, wenn eine entsprechend große Beteiligung der Gläubigen erwartet werden kann; bei Mangel an Betern darf sie zweimal am Tag (etwa über Mittag und während der Nacht) unterbrochen werden (Nr. 63 u. 65; wörtliche Übernahme im Rituale-Faszikel „De sacra communione …", Nr. 86 u. 88). – Der angesehene Liturgieforscher *J. A. Jungmann* gibt seiner Überzeugung Ausdruck, „beiden Formen würde die Besinnung auf den ursprünglichen Grundgedanken, die Versenkung in das Geheimnis der Erlösung am tiefsten Punkt der freiwilligen Erniedrigung des Gottmenschen, nur von Nutzen sein" (198).

Lit.: J. A. Jungmann, Die Andacht der vierzig Stunden und das Heilige Grab, in: LJ 2 (1952) 184–198; die Arbeit ist auch in *Jungmann, Erbe* 295–315 erschienen.

Vigil die nächtliche Gebetsversammlung (vom lat. vigilia = Nachtwache).

1. Entwicklung. Eine gemeindliche Nachtwache (↗Matutin 1) ist seit der Mitte des 2. Jhs. für die Feier von ↗Ostern (II 2) bezeugt als Ausdruck der Erwartung und Ausschau nach dem wiederkommenden Herrn (↗Nachtwache; ↗Fasten). Ihr Kern ist ein langdauernder Wortgottesdienst mit zahlreichen Lesungen aus dem AT; beim Anbruch des Tages mündet die Nachtwache in die Eucharistie, die das Fasten beendet. – Andere hohe Feste erhielten ebenfalls eine Nachtwache vorgelagert, die der Osternacht als der „Mutter aller Vigilien" nachgebildet war, außerhalb Roms vor allem an Epiphanie und Weihnachten, in Rom an den ↗Quatembertagen und an ↗Pfingsten als dem zweiten Tauftermin. Überall hielt man Nachtwache vor den lokalen Märtyrerfesten, mußte aber gerade hier bald gegen Mißstände ankämpfen; die Märtyrervigil lebte fort vor einer ↗Kirchweihe; neben der österlichen Wurzel hat sie wohl eine allgemeinmenschliche im Brauch der Totenwache (↗Begräbnisliturgie; institutionalisiert als ↗Totenoffizium, das vom Volk immer noch als „Totenvigil" bezeichnet wird). – Klösterliche Ordnungen kannten eine Vollnachtwache gemeindlicher Struktur teilweise vor jedem Sonntag (so die Magisterregel); byzantinische Klöster halten eine solche *agrypnía* vor vielen Festen und Sonntagen, bestehend aus der feierlich gesungenen (asmatischen) Vesper, der Lektüre von Väterpredigten und dem anschließenden Morgenlob. Vor hohen Festen wird vielfach auch in byzantinischen Gemeindekirchen eine agrypnia gehalten; vor allem in der russisch-orthodoxen Kirche hält man jeden Samstagabend einen gutbesuchten Gottesdienst, bestehend aus Vesper und Laudes. – Die Tendenz der Vorverlegung, um die beschwerliche Nachtwache abzukürzen, machte sich im frühen Mittelalter allgemein bemerkbar; der Vigilabschluß mit der Messe fiel dadurch auf den Vorabend, und man mußte für den jetzt leerstehenden Sonn- oder Festtag eine eigene Messe schaffen. Im späten Mittelalter war die Osternachtfeier schließlich auf den Karsamstagmorgen vorverlegt; so wird die „Vigil" einfach zur Vorfeier eines Festes, die auch Tagen zuerkannt wurde, denen niemals eine Nachtwache vorausgegangen war.

Die *private Gebetswache* ist seit dem Ende des 2. Jhs. als feste asketische Übung bezeugt, nicht in Form einer Ganznachtwache, sondern als Gebet zur Mitternacht und zum Hahnenschrei. Dieses private Beten wurde von den frühen Mönchen zu einer gemeinsamen Gebetsstunde gestaltet (↗Matutin 2); sie besteht in ihrem Kern aus Psalmenmeditation, aber durch die Zufügung von Lesungen vor allem an Festtagen (↗Schriftlesung) und durch die Teilnahme eifriger Laienkreise näherte sie sich der Gestalt der Gemeindevigil und wurde im Mittelalter deswegen gleichfalls Vigil genannt. Nur noch einige wenige Bußorden feiern sie um Mitternacht; im Normalfall steht sie in den letzten Stunden der Nacht unmittelbar vor dem Morgenlob, von dem sie den Namen „Matutin" übernommen hat. Aus praktischen Gründen ist sie schon im Mittelalter teilweise am Vorabend vorausgenommen (antizipiert) worden.

2. Neuordnung. Sowohl für die eucharistische Feier wie für das Stundengebet hat die nachkonziliare Reform wesentliche Änderungen gebracht. Von der wiederhergestellten Ostervigil (↗Osternacht) abgesehen, wurde „die mittelalterliche Konzeption der Vigil als eines Bußtages vor dem Fest ... aufgegeben". In Zukunft heißt *„Vigilmesse"* jene Messe, „die in den Abendstunden vor oder nach der Ersten Vesper eines Hochfestes als Festmesse gefeiert werden kann. Deshalb haben im Zeitproprium nur die Hochfeste Pfingsten und Weihnachten Vigilmessen, im Heiligenproprium die Hochfeste der Geburt Johannes' des Täufers, der heiligen Apostel Petrus und Paulus und der Aufnahme Mariens in den Himmel" (KoGOK Kap. I, II, 1). – Bezüglich des *Stundengebetes* spricht die AES denen eine besondere Anerkennung aus, die am Charakter der ↗Lesehore als nächtlichem Gebet festhalten. Weil diese Hore jedoch mit Rücksicht auf die strapazierten Seelsorger verhältnismäßig kurz gehalten ist, wurde die Möglichkeit geschaffen, sie „vor Sonntagen, Hochfesten und Festen zu einer Vigil zu erweitern" (AES 73). Dabei soll folgendermaßen verfahren werden: „Zuerst wird die Lesehore genau nach dem Stundenbuch bis einschließlich der Lesungen gefeiert. Vor dem Te Deum werden dann die Cantica eingefügt, die der Anhang zum Stundenbuch bietet; darauf wird das Evangelium gelesen, dem auch eine Homilie folgen kann. Es schließen sich an der Hymnus Te Deum und die Oration. Das Evangelium wird an Festen und Hochfesten aus dem Meßlektionar genommen, an Sonntagen aus der Reihe der Osterevangelien im Anhang zum Stundenbuch" (ebd.).

Lit.: A. Baumstark, Nocturna laus (LQF 32) (Münster 1957); *J. A. Jungmann,* Die Entstehung der Matutin, in: *Jungmann, Erbe* 139–207; *O. Heiming,* Zum monastischen Offizium, in: ALW VII/1 (1961) 89–156.

Volk Gottes zu sein war schon im Alten Bund die besondere Auserwählung Israels (Ex 19, 5 f), die zwar durch Sünde und Abfall ständig bedroht war, durch Gottes Erbarmen aber erhalten blieb (Hos 1, 6 – 2, 3; 2, 25). Christus hat dem Vater ein neues Volk gesammelt, das als der auf dem Eckstein Christus aufgebaute und über dem Fundament der Apostel und Propheten errichtete Tempel (Eph 2, 20–22) Ort der Gegenwart Gottes in dieser Welt ist und das als heilige Priesterschaft im Geiste Zutritt hat beim Vater (Eph 2, 18) und ihm Opfer darbringen darf, die ihm um Christi willen gefallen (1 Petr 2, 4–10; ↗Priester). Darum trägt jeder, der in der Taufe diesem Volk beigesellt wurde, den Ehrentitel ↗„Laie" (von griech. laós = Volk). Die ganze ↗Gemeinde der Getauften, die ↗Kirche mit all ihren Gliedern ohne Unterschied von Rang und Stellung, hat diesen Zutritt zum Vater, das ganze Volk feiert den Gottesdienst und ist Träger der Liturgie, auch wenn nicht alle das Gleiche tun und bestimmte Dienstleistungen dafür bestimmten Dienstämtern vorbehalten sind („Rollenverteilung"; ↗Gottesdiensthelfer). Die Weihe zu einem Dienst gibt nicht persönliche größere Nähe zu Christus, sondern dient vielmehr dazu, das Gottesvolk zu einen und zu ordnen und ihm damit die Ausübung seiner Sendung zu ermöglichen. Aus praktischen Gründen wird in den Rubriken oft die dem gerade Diensttuenden (Priester, aber auch Sänger o. ä.) gegenüberstehende übrige Versammlung „Volk" genannt; diese Sprechweise darf nicht dazu verleiten, Vorsteher und Diensttuende nicht mehr als Glieder des Volkes anzusehen; im Gegenübertreten vor die Versammlung tun sie vielmehr gerade ihren Dienst im Volk. – Es ist eines der erklärten Ziele der gottesdienstlichen Erneuerung, daß dieses Recht und Amt der Gottesdienstfeier wieder vom ganzen Volk bewußt und wahrnehmbar (tätige ↗Teilnahme) ausgeübt wird (LK 14). Weil jeder liturgische Akt Feier des ganzen Gottesvolkes ist, soll die Liturgie im Rahmen des Möglichen in Gemeinschaft gefeiert werden und nicht vom Priester gleichsam privat (LK 26 f). Umgekehrt erwächst die hohe Bedeutung der Liturgie für das christliche Leben aus der Notwendigkeit heraus, dem Gottesvolk wirksam anzugehören, sobald der Herr einen dazu berufen hat.

Volk wird oft auch soziologisch gebraucht im Sinne von „das einfache Volk" im Gegensatz zu den gebildeten Ständen: ↗Volksfrömmigkeit.

Volksfrömmigkeit Ausdrucksformen des christlichen Lebens, die neben und außerhalb der offiziellen Liturgie bestehen. „Volksfrömmigkeit" nennt man sie, weil im Westen den einfachen Leuten Verständnis und Zugang zum offiziellen Gottesdienst seit der ↗Karolingerzeit immer mehr erschwert wurde und ihnen schließlich fast nur noch außerliturgische Frömmigkeitsformen verblieben, die selbstverständlich aber auch in den gebildeten Schichten geübt werden. Im Osten sind die Gemeinden nie in diesem Ausmaß der Liturgie entfremdet worden; das religiöse Leben verläuft dort im wesentlichen in der Liturgie. – Die Volksfrömmigkeit *erwächst* einerseits aus dem Miterleben der Liturgie; sie greift eingängige (Morgen- und Abendgebet), vor allem dramatische (↗Auferstehung[sfeier], ↗Kreuzweg) Momente daraus auf und intensiviert sie, besonders durch die Ausgestaltung der gemüthaften Komponente (↗Andacht). Die Liturgie wird dadurch erst wirklich zu einem Faktor auch im Familienleben, sie wird dabei aber auch leicht überwuchert durch sekundäre Formen, in denen etwa die Heiligenverehrung (Josefsverehrung und Maiandacht) das Herrenjahr überdeckt. Andererseits sproßt die Volksfrömmigkeit aus überlebenden Resten der jeweiligen vorchristlichen Religionsübung. Auch das hat eine positive Seite, weil so viele natürliche Antriebe des Menschen in seine Christusbezogenheit hineingebunden werden und das Leben der natürlichen Gemeinschaften mit der Christusbotschaft verknüpft wird; die Kirche hat sich darum immer der jeweiligen Kultur angepaßt und ihr zum Teil auch Einlaß in die Liturgie gewährt (↗Adaptation). Ein beträchtlicher Teil der heutigen offiziellen Liturgie ist Übernahme aus der natürlichen Frömmigkeit (Morgen- und Abendlob) und der außerchristlichen Religionsübung (↗Weihnachten 1). Einflüsse der außerchristlichen Kultur sind aber nicht ungefährlich; sie tragen leicht das dem Naturkreislauf verbundene Denken des unerlösten ↗Kultes in den christlichen Gottesdienst hinein und gefährden ihn bis hin zur ↗Magie, bedürfen darum ständig der kritischen Prüfung und Reinigung durch das Wort Gottes. LK 13 empfiehlt darum nachdrücklich die Andachtsübungen des christlichen Volkes, verlangt aber ausdrücklich, daß sie sich der Liturgie einordnen, „gewissermaßen aus ihr herausfließen und das Volk zu ihr hinführen“.

Lit.: A. L. Mayer, Liturgie und Volkskunde, in: Lit. Zeitschrift 4 (1931) 194–211; *R. Berger,* Volkstumsarbeit und Seelsorge, in: Klerusblatt 38 (1958) 285–287; *P. Wiertz,* Volkskunde und Liturgiewissenschaft, Aufgaben..., in: ALW IX/2 (1966) 425–436; *B. Fischer,* Liturgie und Volksfrömmigkeit, in: LJ 17 (1967) 129–143; *W. Heim,* Volksfrömmigkeit und Liturgie, in: HD 21 (1967) 17–29; *K. Rahner* (Hrsg.), Volksreligion (Urban TB 643) (Stuttgart 1979); *J. Baumgartner* (Hrsg.), Wiederentdeckung der Volksreligiosität (Regensburg 1979). – ↗Brauchtum; ↗Frömmigkeit.

Volksgesang Nach Kol 3,16 (Eph 5,18) lehren und mahnen die Glieder der Gemeinde sich gegenseitig durch Psalmen, Hymnen und geistgewirkte Gesänge und erfüllen so den Auftrag ihres Priesterdienstes, die Großtaten Gottes zu verkünden (1 Petr 2,9). Dies geschieht zunächst in der Form des Rufes, der ↗Akklamation, und dem durch Addition daraus erwachsenen altchristlichen ↗Hymnus (1), in der Meßfeier also durch die Responsion nach der Lesung (↗Zwischengesang), teilweise auch bei der Kommunionausteilung (↗Kommuniongesang), und durch die Akklamationen einschließlich Kyrie, Sanctus, Agnus und auch Gloria. Die

Introitus- und Offertoriumspsalmodie hingegen entsteht von vornherein als festliche Chorzutat für besondere Gottesdienste. Die Volksgesänge wurden im Lauf der Zeit aber immer mehr vom ↗Chor (der Kleriker, später der Musiker) übernommen. Das Wort „Volksgesang" bekam dadurch einen anderen Sinn; es meint seither nicht mehr das Einstimmen der ganzen versammelten Gemeinde in den offiziellen Gottesdienstgesang, sondern es meint volkstümliche religiöse Gesänge, meist in der Muttersprache, die irgendwie aus der Liturgie entspringen, aber stärker dem Empfinden der einzelnen Nationalitäten angepaßt sind. Als neue Möglichkeit solchen volkstümlichen Singens entwickelt sich vor allem das ↗Lied, das aber nur als Zutat zum Gottesdienst verstanden wurde; Luther dagegen hat den Liedgesang der Gemeinde als wesentliches Stück der gottesdienstlichen Versammlung sehen gelehrt. Die gegenwärtigen Reformen geben auch in der lateinischen Kirche dem tatsächlich geübten Volksgesang gottesdienstliche Bedeutung; sie verlebendigen aber vor allem die alten akklamatorischen Formen (LK 118f; ↗Gesang) und ermöglichen so allen die ihnen angemessene tätige ↗Teilnahme.

Lit.: LPTh 607f; ↗Gesang.

Volksmeßbuch volkssprachliche Übersetzung des ↗Missale in handlicher Ausgabe. – Die sprachliche Barriere, die das ↗Latein seit der Germanenmission vor dem Verständnis der Liturgie aufbaute, konnte zunächst nur durch mündliche Erklärungen und durch Allegorese gemildert werden, da, wer nicht Latein verstand, auch nicht lesen konnte. Mit der bürgerlichen Bildung im Spätmittelalter erwacht auch das Bedürfnis nach muttersprachlichen Übersetzungen der Meßtexte, der Lesungen, aber auch der Gebete und Gesänge, die der Lateinunkundige vor dem Gottesdienst zu Hause oder während des Gottesdienstes in der Kirche lesen konnte. Die ältesten Handschriften dieser Art stammen noch aus dem 14. Jh. Die stillen Priestergebete, vor allem der Kanon, fehlen darin regelmäßig. Als 1660 eine französische Übersetzung auch den vollständigen Kanon wiedergab, verbot Alexander VII. aus Angst vor den jansenistischen Bemühungen um eine volkssprachliche Meßfeier einen solchen Versuch auf das heftigste. Das Verbot hatte in Frankreich und Deutschland keine Wirkung; im Gefolge der Aufklärung erschien eine ganze Reihe deutscher Übersetzungen. Bedeutung in der Gegenwart hat vor allem das erstmals 1884 von dem Beuroner Mönch Anselm *Schott* herausgegebene „Meßbuch der heiligen Kirche" sowie das „Volksmeßbuch" (1927) des Laacher Mönches (späteren Abtes) Urbanus *Bomm*. – Mitte des vorigen Jhs. verbot Rom nochmals die Übersetzung des Ordinariums, vor allem des Kanons; auch das Meßbuch von Schott übersetzt den Kanon erstmals erst in der 6. Auflage von 1900 und hier noch ohne den Einsetzungsbericht, der durch ein Anbetungsgebet ersetzt ist. Erst 1897 gestattete Rom allgemein das Erscheinen solcher Übersetzungen, die oberhirtliche Druckerlaubnis jeweils vorausgesetzt. – Für den Aufbruch der ↗Liturgischen Bewegung nach dem Ersten

Weltkrieg waren die Volksmeßbücher und die von Pius Parsch daraus gezogenen Einzelmeßtexte von größter Bedeutung. Durch die Gemeinschaftsmesse wurden die Texte, die zunächst zum stillen Mitlesen während der liturgischen Feier gedacht waren, allmählich auch in den gemeinsamen Gottesdienst einbezogen. Die Zulassung der Muttersprache im Gottesdienst durch die Liturgiekonstitution bezweckt, daß die Lesungen und Gebete unmittelbar hörend von der Gemeinde aufgenommen werden können. Dennoch behält das Volksmeßbuch seine Bedeutung; denn oft genug erschweren schlechte akustische Verhältnisse, im Ausland auch die fremde Sprache das unmittelbare hörende Verständnis; erfahrungsgemäß ist es auch vielen Leuten nicht möglich, einen Text beim ersten Hören wirklich aufzufassen. Hier ermöglicht das Volksmeßbuch durch persönliche Vor- und Nacharbeit, gegebenenfalls auch durch Mitlesen, eine bewußte Teilnahme.

Lit.: LPTh 609.

Volkssprache ↗Liturgiesprache.

Vorabendmesse ↗Abendmesse.

Vorbeter dolmetschender Helfer, der in der deutschen ↗Gemeinschaftsmesse die ↗Präsidialgebete des Priesters, teilweise auch die Gesangstexte der Schola in deutscher Übersetzung vortrug, die Fürbitten sprach und vielfach auch die Aufgaben des ↗Lektors mit übernahm. Außerhalb des deutschen Sprachraums wurde er nur wenig eingesetzt, weil er die Stellung des ↗Zelebranten sehr beeinträchtigt; statt dessen bevorzugte man den ↗Kommentator. Inzwischen sind Lektor und Kantor und die Sprecher der Fürbitten in der muttersprachlichen Feier eigenständige liturgische Dienste. Vorbeter im eigentlichen Sinn gibt es noch bei Prozessionen und Volksandachten.

Vorfastenzeit Seit der Mitte des 6. Jhs. in der römischen Liturgie übliche dreiwöchige Vorphase der ↗Quadragesima mit den Sonntagen Septuagesima, Sexagesima und Quinquagesima. Die Benennung dieser Sonntage ist der Bezeichnung Quadragesima nachgebildet. Weil 63., 56. und 49. Tag vor Ostern, sind die Namen (wörtlich der 70., 60., 50. Tag) sehr ungenau. Eine gewisse Anregung zu dieser Vorfastenzeit mag von der östlichen Praxis ausgegangen sein, die Fastenzeit schon acht Wochen vor Ostern zu beginnen, weil man dort auch am Samstag nicht fastete und für 40 Fasttage deshalb acht Wochen benötigte. Wahrscheinlich hing die Heraushebung dieser Sonntage auch damit zusammen, daß ihre Stationsgottesdienste in den berühmten Kirchen der römischen Stadtpatrone Laurentius, Paulus und Petrus stattfanden und in der damaligen Zeit die wiederholten Goten- und Langobardeneinfälle eine besondere Bereitschaft für zusätzliche Bußübungen schufen. In der so entstandenen römischen Vorfastenzeit wurde kein eigentliches Fasten verlangt. Nur war die Liturgie (z.T. erst in späterer Zeit) durch die violette Farbe der liturgischen Gewänder und den Wegfall des Halleluja, Gloria und Te Deum charakterisiert. Die Neuordnung des Kirchenjahres von 1969 hob die Vorfastenzeit auf. Der offizielle römische Kommentar zur GOK führt als Gründe für den Wegfall an, „weil sie keinen eigenen Charakter trug und im Stundengebet die Teile ‚per annum' benutzte ..., durch diese Zeit ging besonders auch der Bußliturgie der Quadragesima ihr Neuheitscharakter verloren" (Kap. I., I, 2, B, 2).

Vorkatechumenat ↗Katechumenat.

Vormesse Diese früher weitverbreitete Bezeichnung für die ↗Eröffnungsriten und den ↗Wortgottesdienst der Meßfeier erscheint weniger geeignet, weil sie die Struktur der ↗Messe als der polaren Einheit von Wortverkündigung und eucharistischem Sakrament verdunkelt und leicht zu einer Unterbewertung des Wortgottesdienstes führen kann. Berechtigt wäre diese Bezeichnung eher für die Eröffnungsriten allein, die in etwa der griechischen Enarxis und ↗Proskomidie entsprechen.

Votivmesse Wenn eine Messe nicht vom jeweiligen Festtag geprägt ist, sondern mit Rücksicht auf einen bestimmten Anlaß oder Wunsch der Gläubigen gefeiert wird (mit entsprechenden Gebeten und Lesungen), spricht man seit dem frühen Mittelalter von einer Votivmesse (vom lat. votum = Gelübde, Wunsch, Anliegen). Die ältesten Votivmessen begegnen uns in den Eucharistiefeiern für Verstorbene (↗Begräbnisliturgie) schon im 2. Jh. Aber auch andere Vota der Gläubigen führen schon in der Väterzeit zu Votivmessen, wofür sich allmählich eigene Formulare herausbilden. So schon im alten Gelasianischen Sakramentar (6. Jh.). Im späten Mittelalter erfahren die Votivmessen eine starke Ausweitung und gefährden im gewissen Sinn die Feier des liturgischen Jahres, so daß sich das Missale von 1570 zu einer einengenden Regelung veranlaßt sah. Auch der CR von 1960 befaßt sich ausführlich mit den von ihm in vier Rangklassen eingeteilten Votivmessen. – *Das neue Missale* unterscheidet mehrere Gruppierungen von Meßfeiern, die man als Votivmessen *im weiteren Sinn* zusammenfassen könnte, von den Votivmessen *im engeren Sinn*, die sich bestimmten Heilsgeheimnissen oder der Verehrung aller oder bestimmter Heiligen zuwenden (16). Zu den erstgenannten Gruppierungen gehören

a) die Ritualmessen (Missae rituales), die im Zusammenhang mit (Vorbereitung und) Spendung der Taufe, der Firmung, des Weihesakramentes, der Feier der Trauung, der Wegzehrung, der Jungfrauenweihe und Ordensprofeß gefeiert werden. Zu ihnen zählen auch die noch nicht im neuen Missale aufgenommenen Messen bei der Weihe einer Kirche und eines Altares nach dem 1977 erschienenen Faszikel des Pontificale Romanum.

b) Messen und Orationen für besondere Anliegen mit den Untergruppen „für die heilige Kirche“, „für Staat und Gesellschaft“, „in verschiedenen öffentlichen Anliegen“ und „in besonderen Anliegen“ (insgesamt 46).

c) Die Messen für Verstorbene. Nähere Bestimmungen über die Feier dieser Votivmessen gibt die AEM 326–341. – Außer den Ritualmessen haben die Messen für besondere Anliegen insofern eine besondere Bedeutung für die lebendige Mitfeier, als sie der Lebenssituation der Gläubigen entgegenkommen, d.h. einen besonderen „Sitz im Leben“ haben. ↗Thematischer Gottesdienst; ↗Meßhäufigkeit.

Lit.: Lengeling, Ordnung 443–450; *Ph. Harnoncourt,* Motivmessen und Votivmessen, in: Gd 8 (1974) 121–123.

Vulgata ↗Bibel.

W

Wallfahrt religiös motivierter Besuch heiliger Stätten; in allen Religionen verbreitet auf Grund der Überzeugung, die Gottheit sei an bestimmten Orten mehr zugänglich (↗Kult I). Bei den Christen entwickeln sich aus anderen Ansatzpunkten ähnliche Bräuche. Schon früh wird von einzelnen berichtet, die Gemeinden in Palästina aufsuchen, um an den Stätten der ersten apostolischen Verkündigung ihren Glauben zu stärken und zu festigen. Vor allem wallfahrtet man zu den Orten, wo Jesus geboren, gekreuzigt und begraben wurde und wo er auferstanden ist, um an diesen Stellen das Schriftwort bereiter zu vernehmen und die Eucharistie inniger zu feiern; Konstantin ließ dazu gewaltige Wallfahrtskirchen bauen. Mit dem Einsetzen der Märtyrerverehrung (↗Heiligenverehrung) zog das christliche Volk auch zu den Gräbern der Glaubenszeugen, um dort ihre Fürsprache anzurufen, Totenmahl und Eucharistie zu begehen; im Abendland war dies vor allem Rom mit den Gräbern der Apostelfürsten, später auch das Grab des hl. Martin in Tours und etwa Santiago de Compostela. Anlaß für das Entstehen einer Wallfahrt ist schließlich noch das Erlebnis spürbarer Gegenwart übermenschlicher Wirklichkeiten in Erscheinungen (Michaelsheiligtümer, Lourdes u.ä.) und in „Gnadenbildern“ (↗Bild 2). Unabhängig vom Zielpunkt ist jede Wallfahrt Ausdruck des Pilgerstandes, in dem der Christ sich auf Erden befindet, weil er die bleibende Stätte noch nicht gefunden hat. – Der Wert des Wallfahrens liegt in der Intensivierung des Glaubens, der Umkehr und der Zuwendung zur kirchlichen Gemeinschaft, die aus dem gemeinsamen Besuch solcher Glaubensstätten erwächst, vorausgesetzt, daß er in der rechten Haltung geschieht. Diese muß nachdrücklich gefördert werden; weil sie leicht fehlt, gibt es in der Kirche von Anfang an eine kritische Haltung gegenüber dem Wallfahren. ↗Reisegebet.

Lit.: LPTh 615.

Wandlung der Augenblick in der Feier der Eucharistie, in dem Christus gemäß seinem Wort Brot und Wein wandelt in seinen Leib und sein Blut. Nach der Überzeugung der Kirche geschieht dieses Geheimnis während des ↗Hochgebetes; praktische Erfordernisse und theologische Spekulationen haben dazu geführt, daß der Augenblick näher festgelegt wurde, im Westen auf das Sprechen des ↗Einsetzungsberichts mit den Worten Christi, im Osten auf die formulierte Wandlungsbitte (↗Epiklese). Die Einführung der ↗Elevation im Hochmittelalter fixierte die Aufmerksamkeit des Volkes einseitig auf diesen einen Moment.

Waschung mit Wasser dient der Reinigung und Säuberung, der Wiederherstellung des Menschen, wie er ist. Weil dieser Zustand wichtig ist vor allem für die Begegnung mit der Gottheit, gehört die Waschung zu den uralten Vorbereitungsriten für Kult und Gebet, ist das Tauchbad uralter Aufnahmeritus in eine religiöse Gemeinschaft. Die Reinheitsvorstellung ist dabei schon sehr früh religiös und ethisch vertieft, die äußere Waschung Ausdruck einer persönlichen Bitte um Vergebung der Sünden und des persönlichen Mühens um Tilgung der Schuld. Auch eine so hochstehende und äußeren Kultformen abholde Religion wie der Islam schreibt vor jedem offiziellen Gebet eine sorgfältige, rituell festgelegte Waschung vor. Die alte Christenheit kannte den Brauch der Waschung beim Betreten des Gotteshauses; in der Anwendung des ↗Weihwassers ist er irgendwie noch lebendig. – Die Waschung wird vor allem als ↗Händewaschung vorgenommen, weil der Mensch die meisten Tätigkeiten mit seiner ↗Hand ausführt. Im römischen Ritus ist eine solche Handwaschung (Lavabo) Brauch für den Priester, bevor er in der Eucharistie das Hochgebet beginnt; Versuche, diese Händewaschung aus praktischen Erfordernissen nach dem Einsammeln der Opfergaben zu erklären, führen hier nicht zum Ziel. Liturgische Bedeutung hat ferner die ↗Fußwaschung gewonnen. Bei den Orientalen geschieht die Taufe als richtige Waschung.

Wasser ist für den antiken Menschen zuerst *Quelle der Fruchtbarkeit.* Wo kein Wasser vorhanden ist, ist tote Wüste; aus dem Nil hingegen erhebt sich das fruchtstrotzende Land, Eufrat und Tigris bewässern die Erde; Wasser, vor allem strömendes Wasser und sprudelnde Quelle, bedeutet Leben. Zugleich ist das Wasser in seiner überflutenden Macht *bedrohlich* für den Menschen bis zur Katastrophe. Das Weltmeer, das im antiken Weltbild die ganze Erdscheibe umfaßt und als ihr Urgrund trägt, wird darum als widergöttliche und bedrohliche Macht personifiziert. Vor allem das stehende (leicht verderbliche) Wasser galt als Sitz dämonischer Kräfte; es wird vor dem Gebrauch deswegen exorziert und gesegnet (↗Weihwasser; ↗Taufwasser). – Israel konzentriert diese Erfahrungen vor allem im rettenden Durchzug durch die drohenden Fluten des Roten Meeres; schon 1 Kor 10,2 sieht darin die Taufe vorgebildet, den Durchzug durch den Tod des Herrn ins neue Leben (↗Pascha-Mysterium); das alte römische Taufwasserweihegebet sieht im Taufquell den Mutterschoß, den der Gottesgeist befruchtet wie einst im Anfang den Abgrund der Wasser, auf daß die Kirche die Menschen daraus zum neuen Leben gebäre. In der Eucharistie erfährt die Beifügung von Wasser zum Wein ähnliche Ausdeutungen (↗Mischung 1 und 4): das verderbliche Wasser wird als Symbol des Todes Christi gesehen; die Armenier vermieden die Beimischung des Wassers ursprünglich wohl deswegen, weil sie vom eucharistischen Kelch jedes Zeichen der Verderbnis fernhalten wollten; andererseits wird in der Beimischung heißen Wassers vor der Kommunion die Belebung und Fruchtbarkeit des Blutes Christi dargestellt. – Im praktischen Leben dient Wasser vielfach der Reinigung und ist darum mit dem Motiv der ↗Waschung verbunden; es ist wichtigstes Mittel der ↗Lustration. Abwaschung der Sünden durch das Taufwasser ist wohl das älteste Motiv der Taufe (1 Kor 6,11). Händewaschung und der Gebrauch von ↗Weihwasser will den Wunsch nach Reinigung von der Sünde darstellen. Auch Kirchengebäude und Glocken werden bei ihrer Indienstnahme mit Weihwasser besprengt (↗Besprengen) und gereinigt.

Wegzehrung ↗Sterbeliturgie.

Weihesakrament, Ordination Das NT läßt keinen Zweifel daran, daß Jesus seinem Heilswerk Dauer verleihen wollte durch die Sendung seiner Apostel (Mt 28,19f), die sein dreifaches Amt des Propheten, Hirten und Priesters in der Kraft des Heiligen Geistes ausüben sollen. Eine solche Sendung ist nicht nur Auftrag, sondern enthält auch ein heiligendes, ein konsekratorisches Element (vgl. Joh 17,18f), was uns berechtigt, auch von einer Weihe zu sprechen. Nicht nur die Apostel, sondern alle getauften Gläubigen nehmen als „heilige und königliche Priesterschaft“ (vgl. 1 Petr 2,5.9) am gemeinsamen Priestertum und damit am dreifachen Amt Christi teil. Unter Leitung der Apostel bauen sie die Gemeinden durch Charismen und vielfältige Dienstämter im Heiligen Geist auf (vgl. z.B. 1 Kor 12,4–31a). Die Apostel selbst vertrauen das Leitungsamt der Gemeinden durch Gebet, Weisung und Handauflegung bestimmten Männern an, die auch ihrerseits durch „prophetisches Wort“, Gebet und Handauflegung Gemeindeleiter bestellen (vgl. Apg 13,3; 14,23; 1 Tim 4,14; 2 Tim 1,6; Tit 1,5). Die geschichtliche Entwicklung führt dazu, daß um die erste Jahrhundertwende die Vielfalt der Geistesgaben in den Hintergrund tritt, die Dienstämter reduziert und in den Leitungsämtern der Gemeinden konzentriert werden. Die Gemeindevorsteher werden zunächst ohne nähere Differenzierung als Hirten, Episkopen und Presbyter bezeichnet und erst später in ihren Funktionen und Zuständigkeiten voneinander abgegrenzt. Die Briefe des Märtyrerbischofs *Ignatius von Antiochien* aus dem Jahr 107 kennen jedoch bereits die hierarchischen Stufen des Bischofs, Priesters und Diakons mit ganz bestimmten Vollmachten und gegenseitigen Zuordnungen. Diese Ämterstruktur hat sich später in der ganzen Kirche durchgesetzt und bis zur

Stunde behauptet. Wenn die Geschichte aus mehreren Entfaltungsmöglichkeiten der ntl. Grundgedanken und Ansätze eine bestimmte verwirklicht und institutionalisiert, so ist dies sicher legitim und durchaus nicht unbiblisch. Darum ist auch bei allem Wissen um geschichtliche Entwicklungs- und Wandlungsmöglichkeiten die gegenwärtige Ordnung des dreigestuften sakramentalen Dienstamtes eine legitime Entwicklung, die letztlich im Heilswillen Christi ihre Wurzeln hat und nicht ohne Mitwirkung des die Kirche durchwirkenden Heiligen Geistes zustande gekommen ist. Sakramentales Dienstamt bedeutet, daß Bischöfe, Priester und Diakone letztlich Zeichen und Werkzeuge, tätige Repräsentanten des in und durch seine Kirche wirkenden Propheten, Hirten und Hohenpriesters Jesus Christus sind. Wo immer sie Gottes Wort verkünden, Sakramente spenden und den Menschen die vielfältigen Werke dienender Liebe und helfender Führung schenken, ist er zugegen und mit am Werk (vgl. LK 7). Seit *Tertullian* († ca. 220) wird die Bezeichnung „ordo" (Plur. „ordines") auf die Vorsteher der christlichen Gemeinden angewandt. Ordo bezeichnet im römischen Recht u. a. eine Körperschaft als einen vom Volk abgehobenen leitenden Stand, durch die Ordination wird einer in diese Körperschaft eingefügt. Heute hat Ordo seinen Wortsinn als Standesbezeichnung fast verloren; der Ausdruck meint jetzt mehr die Vollmacht, die die einzelnen Glieder der Körperschaft besitzen, und den Weiheritus, durch den sie für ihren Dienst bevollmächtigt und eingewiesen werden. In diesem Sinn gebraucht die römische Liturgie das lat. Wort „ordinatio". – Die Fülle des apostolischen Amtes liegt beim ↗Bischof. Er ist umgeben vom Kollegium der ↗Priester und unterstützt von den ↗Diakonen. Neben diese ↗Höheren Weihen treten verschiedene Hilfsdienste, zu denen man in den ↗Niederen Weihen bestellt wurde. Um das Jahr 1200 wurde aus ihnen die Weihe des ↗Subdiakons ausgegliedert und den Höheren Weihen zugerechnet (vor allem wegen der mit ihr verbundenen Verpflichtung zum Zölibat und Stundengebet). – Die römische Kirche spendete die Höheren Weihen ursprünglich nur an den ↗Quatembertagen, näherhin in der Vigilfeier vor dem Sonntag. Im 10. Jh. wurden auch die Apostelfeste zugelassen. Die Neuordnung des Weihesakramentes von 1968 sieht als *Weihetermin* in der Regel einen Sonn- oder Festtag vor, um eine möglichst große Beteiligung der Gläubigen zu ermöglichen. Näheres zur Liturgie der Weihen ↗Bischofs-, ↗Priester- und ↗Diakonenweihe. – In allen *orientalischen Riten* geschieht heute die als Handauflegung bezeichnete Ordination allein durch den Bischof. In der *byzantinischen Kirche* wird die Diakonenweihe am Ende der Anaphora erteilt, die Priesterweihe nach dem großen ↗Einzug, die Bischofsweihe nach dem kleinen Einzug; der Weihekandidat kniet jeweils vor dem Altar nieder, legt sein Haupt darauf und empfängt dabei die Handauflegung unter einer indikativischen Formel. Das anschließende Weihegebet spricht der Bischof jeweils leise und überreicht sodann unter áxios-Rufen (eine Form der ↗Akklamation in der Bedeutung: Er ist würdig) die auszeichnende Kleidung des neuen Standes. – Im

Verständnis der *Reformatoren* ist das Amt für den Gemeindeaufbau notwendig, weil das Wort im Gegenüber verkündet und im Gehorsam angenommen werden muß. Aus praktischen Gründen wurde sehr bald aus der Einführung in den Dienst einer konkreten Gemeinde ein Ritus der Ordination abgesondert, der als für die Gesamtkirche gültige einmalige Berufung ins Amt betrachtet wird. Sie geschieht durch einen Beauftragten der Kirchenleitung unter Assistenz zweier weiterer Geistlicher im Rahmen eines Gemeindegottesdienstes. Bei aller Verschiedenheit der liturgischen Formulare sind folgende Elemente durchgängig vorhanden: Ordinations-Belehrung, -Fragen, Gelübde (mit Bekenntnis der betreffenden Kirche), Handauflegung und Gebet. Die meisten Kirchen der Reformation kennen in neuerer Zeit auch die Ordination von Frauen. Die Einweisung in eine bestimmte Stelle *(Introduktion)* erfolgt dann am jeweiligen Ort nach einem besonderen Ritus. Für das Bischofsamt gibt es nach lutherischem Verständnis keine neue Ordination, sondern nur eine Einweisung. Die evangelischen *Kirchen des Nordens* und die *Anglikaner* haben jedoch eine andere Praxis.

Lit.: B. Kleinheyer, Die Priesterweihe im römischen Ritus (Trier 1962); *ders.,* Weiheliturgie in neuer Gestalt, in: LJ 18 (1968) 210–229; *P. Jounel,* Die Ordinationen, in: *Martimort* II 6–44; *E. J. Lengeling,* Die Theologie des Weihesakramentes nach dem Zeugnis des neuen Ritus, in: LJ 19 (1969) 142–166; *B. Fischer,* Das Gebet der Kirche als Wesenselement des Weihesakramentes, in: LJ 20 (1970) 166–177; *K. Richter,* Die Ordination des Bischofs von Rom (LQF 60) (Münster 1976); *A. Waibel,* Amt und Ordination, in: LJ 29 (1979) 232–236; *J. Heubach* (ev.), Die Ordination zum Amt der Kirche (Berlin 1956).

Weihetermin ↗Weihesakrament.

Weihetitel Ursprünglich verstand man darunter die Kirche, für deren Dienst ein Kleriker geweiht wurde, die dann auch für seinen standesgemäßen Lebensunterhalt aufkommen mußte (relative Ordination). Eine Weihe, die nicht als Anstellung an einer bestimmten Kirche erteilt wurde, galt als regelwidrig und durfte nicht ausgeübt werden. Zunächst in Mönchskreisen, dann auch beim Weltklerus, vor allem im Zusammenhang mit dem Eigenkirchenwesen, erfolgten doch auch „absolute" Ordinationen ohne damit verbundene Anstellung. Seither verstand man unter Weihetitel den Nachweis eines gesicherten Lebensunterhaltes (Benefizium, eigenes Vermögen oder Einkommen, Dienst in einer Diözese). Der Nachweis wurde vor der ↗Subdiakons-Weihe verlangt und beim Aufruf des Kandidaten als titulus ausdrücklich formuliert. – Nach dem Wegfall dieser Weihestufe erfolgt die Inkardination in eine bestimmte Diözese durch die Weihe zum ↗Diakon (Motuproprio „Ad pascendum" vom 15. 8. 1972, Nr. IX).

Weihnachten Fest der Geburt des Herrn, von allen Kirchen mit Ausnahme der armenischen am 25. Dezember gefeiert.

1. Ursprung: Aus den kalendarischen Listen der Todestage römischer Bischöfe („Depositio episcoporum") und römischer Märtyrer („Depositio martyrum") des *F. D. Filocalus* aus dem Jahre 354 ergibt sich, daß es bereits am 25. Dezember des Jahres 336 in Rom gefeiert wurde. Die Einführung dieses stadtrömischen Christusfestes wird von der *„apologetisch-religionsgeschichtlichen Hypothese"* erklärt als die Reaktion der römischen Gemeinde auf das heidnische Staatsfest des *„Natale Solis invicti"* (= Geburtsfest des unbesiegten Sonnengottes), das Kaiser *Aurelian* im Jahre 274 zu Ehren des syrischen Sonnengottes von Emesa einführte und mit dem er zugleich sein Riesenreich zu festigen hoffte. Um die römischen Christen gegenüber diesem volkstümlichen Fest zu immunisieren, habe die römische Kirche ein Geburtsfest Christi als der „Sonne der Gerechtigkeit" (Mal 3,20) und des „Lichtes der Welt" (Joh 8,12) eingeführt. Die sog. *„Berechnungshypothese"* geht davon aus, daß sich schon im 3. Jh. christliche Theologen bemühten, das in den Evangelien nicht genannte Geburtsdatum Christi zu berechnen. Dabei wandten sie auf Grund der verbreiteten Christus-Sonne-Symbolik den Äquinoktien und Solstitien eine besondere Aufmerksamkeit zu und meinten, Johannes der Täufer sei zur Sommersonnenwende geboren worden. Dann müsse aber Jesus nach Lk 1,26 zur Wintersonnenwende geboren sein. – Bei einem abwägenden Vergleich der beiderseitigen Argumente drängt sich die Vermutung auf, daß die Berechnungsversuche – sosehr sie uns Heutigen auch als apriorisch und darum verfehlt erscheinen – eine gewisse Voraussetzung und Bereitschaft geschaffen haben, daß aber das Sonnenfest Aurelians den drängenden Anstoß gegeben hat. – Als Natale (↗Jahrgedächtnis) wollte Weihnachten von Anfang an die ganze Person und das ganze Werk Christi feiern, also nicht nur seine Geburt als Menschenkind, sondern seine verborgene und unverlierbare Gottesherrlichkeit, ebenso seine im Gottmenschentum gründende Erlösungstat.
2. Ausbreitung: Der rasche Siegeszug des Weihnachtsfestes erklärt sich vor allem aus der christologischen Situation des 4. Jhs., in dem die Bekämpfung der arianischen Irrlehre mehr das Heilswerk des Gottmenschen in den Vordergrund stellte. Im Abendland erfolgt die Übernahme sehr früh in Afrika, Spanien und Oberitalien, zögernder in Gallien, wo Epiphanie stärkere Wurzeln geschlagen hatte. In Antiochien feiert Johannes Chrysostomus 386 nach einem Predigtzyklus gegen die Anhomöer (die die Gottgleichheit Christi leugneten) erstmals Weihnachten; zur selben Zeit wird das Fest in Konstantinopel, Kleinasien und Kappadozien übernommen, etwas später, wohl im Zusammenhang mit den nestorianischen Kämpfen, in Ägypten und dann in Jerusalem. ↗Epiphanie wurde im Osten (mit Ausnahme der Armenier) dadurch nur zum Gedächtnis der Taufe Christi, während Rom, das Epiphanie im 5. Jh. übernahm, die Offenbarung Christi vor den Weisen aus dem Morgenland zum Inhalt dieses konkurrierenden Festes machte.
3. Liturgische Feier: Auch nach dem neuen MR von 1970 darf jeder Priester am Weihnachtstag drei Messen feiern. Dieser Brauch geht auf

eine Besonderheit der Papstliturgie zurück, die sich bis zur Mitte des 6. Jhs. herausgebildet hatte und mit der Verbreitung der römischen Liturgiebücher auch anderwärts nachgeahmt wurde. Im deutschsprachigen Raum sprechen wir von der Christmette (= Missa in nocte), der Hirtenmesse (= Missa in aurora) und dem Hochamt (= Missa in die). Die ursprüngliche Festmesse des Papstes war das „Hochamt", das er im 4. Jh. in St. Peter um 9 Uhr feierte. Im 5. Jh. kam die Christmette in der Basilika S. Maria Maggiore auf dem Esquilin hinzu, die der Papst am Ende des nächtlichen Offiziums zelebrierte. Anlaß dürfte einmal die Tatsache sein, daß sich in dieser Kirche, die nach dem Konzil von Ephesus 431 (Dogma von der Gottesmutterschaft Marias) an Stelle der alten Basilika des Liborius neu errichtet worden war, eine Nachbildung der Geburtsgrotte von Betlehem befand; zum anderen dürfte der Brauch der Gemeinde von Jerusalem, in der Nacht vor Epiphanie (damals noch dortiges Geburtsfest) in der Geburtskirche von Betlehem eine Mitternachtsmesse zu feiern, zur Nachahmung geführt haben. Die Hirtenmesse entstand um die Mitte des 6. Jhs., als der Papst „zur Morgenröte" in der Kirche der heiligen *Anastasia von Sirmium* eine weitere Messe zu zelebrieren pflegte. Diese Kirche war nach der Eroberung Roms durch die Byzantiner Hofkirche geworden und beging am 25. Dezember ihr Titelfest. Der zusätzliche päpstliche Gottesdienst war vielleicht eine besondere Reverenz gegenüber den Byzantinern und ihrem Statthalter. – Sieht man davon ab, daß es in den drei Weihnachtsmessen des neuen MR je eine atl. Lesung gibt, so sind ihre Propriumsteile im wesentlichen die gleichen wie bisher. Aus ihnen läßt sich unschwer erkennen, daß auch Weihnachten als ein Fest der Erlösung gefeiert wird und das Pascha-Mysterium dabei immer wieder zur Sprache kommt. – Zur festlichen Weihnachtsliturgie zählt bereits die *„Missa in vigilia"* am „Heiligen Abend". Solche festlichen Vigilmessen sind nach der Neuordnung nicht mehr Nachtwachen mit Buß- und Vorbereitungscharakter, sondern Festmessen vor oder nach der Ersten Vesper (↗Vigil). Die neue Vigilmesse von Weihnachten entspricht in ihren Texten nur zum Teil der seitherigen Vigilmesse, die am Morgen des 24. Dezember in violetten Meßgewändern gefeiert wurde.

4. Brauchtum: Es ist an Weihnachten besonders stark ausgeprägt, ähnlich wie im ↗Advent. Aus den mittelalterlichen Weihnachtsspielen entwickelt sich die ↗Krippe, die im Familienbrauchtum stark hinter dem Christbaum zurücktrat, jetzt aber wieder Boden gewinnt, weil der Lichterbaum leicht zu rein naturfrommem Brauchtum absinken kann. In ihm verbindet sich die Symbolik des Baumes (Baum des Lebens inmitten des Paradieses, Vorbild des Kreuzes und Christi; darum immergrüne Tanne oder Fichte, mit Gebildbroten behängt) mit der Symbolik des Lichtes. Die Bescherung mit Gaben ist vom Nikolaustag übernommen worden. Weihnachtsschießen und Ausräuchern des Hauses gehören wie an Epiphanie zum alten Brauchtum der Rauhnächte in den Alpenländern.

Lit.: H. Frank, Frühgeschichte und Ursprung des römischen Weihnachtsfestes, in: ALW II (Regensburg 1952) 1–24; *H. Engberding,* Der 25. Dezember als Tag der Feier der Geburt des Herrn, in: ebd. 25–43; *K. Onasch,* Das Weihnachtsfest im orthodoxen Kirchenjahr (Berlin 1958); *R. Berger,* Ostern und Weihnachten, in: ALW VII (1963) 1–20; *O. Cullmann,* Der Ursprung des Weihnachtsfestes (Zürich [3]1963); *Th. Bogler* (Hrsg.), Weihnachten heute (LuM 39) (Maria Laach 1966); *Th. Schnitzler,* Kirchenjahr und Brauchtum (Freiburg [4]1979) 10–15.

Weihnachtsfestkreis In Analogie zum ↗Osterfestkreis bildete sich im Westen auch ein Weihnachtsfestkreis heraus. Er beginnt mit dem ersten Sonntag im ↗Advent und endet mit dem Sonntag nach ↗Epiphanie (= Fest der ↗Taufe des Herrn) einschließlich. Höhepunkte sind ↗Weihnachten und Epiphanie. Der Sonntag zwischen dem 2. und 5. Januar heißt zweiter Sonntag nach Weihnachten. Außerhalb dieses weihnachtlichen Festkreises gibt es noch zwei Festtage, die in einem inhaltlichen Zusammenhang mit Weihnachten stehen: das Fest ↗Darstellung des Herrn am 2. Februar und das Hochfest ↗Verkündigung des Herrn am 25. März.

Weihnachtsoktav Außer ↗Ostern hat nur noch ↗Weihnachten seine liturgisch gefeierte Festwoche behalten (↗Oktav). Der Oktavtag fällt mit dem Beginn des bürgerlichen Jahres zusammen, der durch *G. J. Cäsar* vom 1. März auf den 1. Januar vorverlegt worden war (seit 45 v. Chr.). In den westlichen Kirchen hat dieser Tag einige Sinnwandlungen durchgemacht. Weil die Heiden diesen Tag zu Ehren des Gottes Janus in ausgelassener Freude, mit abergläubischen Sitten und groben Ausschweifungen begingen, versuchte die Kirche, ihre Gläubigen durch Bußgottesdienste und strenges Fasten an diesem Tag zu immunisieren. Es gab hierfür ein eigenes Meßformular „Ad prohibendum ab Idolis" (= Zum Fernhalten vom Götzendienst). Mehrere Provinzialkonzilien in Gallien und Spanien schreiben Bußandachten und strenges Fasten vor. Die römische Kirche legte auf den 1. Januar einen Gedenktag (Natale) der Gottesmutter. Im 7. Jh. trat dieser marianische Charakter zugunsten einer Oktavfeier von Weihnachten zurück. Seit dem 13./14. Jh. verbindet sich in Rom mit dieser Oktav zugleich das Fest der ↗Beschneidung des Herrn, das sich für Gallien und Spanien schon für das 6. Jh. nachweisen läßt. So blieb es bis zur Neuordnung von 1969, die zum ursprünglichen römischen Brauch zurückkehrte, indem sie den 1. Januar zum „Hochfest der Gottesmutter Maria" bestimmte, wobei auch des ↗Namens Jesu gedacht werden soll (↗ Marienfeste 1. 2). Ein Mariengedächtnis findet sich als ↗Begleitfest am 26. Dezember im byzantinischen, ost- und westsyrischen Ritus, bei den Kopten am 16. Januar.

Man hat mit guten Gründen bedauert, daß der *Beginn des neuen Jahres,* der bei fast allen Völkern festlich begangen wird, in der Liturgie so wenig beachtet wird. Es gibt zwar im neuen Missale unter den „Messen in verschiedenen öffentlichen Anliegen" an erster Stelle eine „Messe zum Jahresbeginn", aber die vorangestellte Rubrik sagt überraschenderweise: „Diese Messe wird nicht am 1. Januar, dem Hochfest der Mutter des Herrn, genommen." Offenbar stand hier die allgemeine Regel im Wege, daß an Hochfesten keine Votivmessen gefeiert werden dürfen. Eine Neuregelung erscheint angemessen und dringlich.

Schon die ältesten liturgischen Kalender haben eine Reihe von Heiligenfesten im unmittelbaren Anschluß an Weihnachten. Das Mittelalter sah in diesen Heiligen das Ehrengefolge des Christuskindes und nannte sie *„comites Christi"* (= Gefolgsleute). In der römischen Liturgie sind es der „Erzmärtyrer" (= Erstmärtyrer) Stephanus am 26., der Apostel und Evangelist Johannes am 27. (↗Apostelfeste 2) und die von Herodes ermordeten ↗„Unschuldigen Kinder" von Betlehem am 28. Januar. Am 29. ist das nichtgebotene Gedächtnis des Märtyrerbischofs *Thomas Becket* von Canterbury und am 31. das des Papstes *Silvester I.* Am Sonntag in der Oktav wird das Fest der Heiligen ↗Familie begangen.

Lit.: Adam, Kirchenjahr 117–121.

Weihrauch die durch Entzünden (lat. *Inzens;* praktisch durch Aufstreuen auf glühende Holzkohlen) geeigneter Harze aufsteigende duftende Rauchwolke.

1. Bedeutung. In den alten Mittelmeerkulturen weit verbreitet wegen des Bedürfnisses nach ↗Duft. Vor allem notwendig beim Totenkult zur Vertreibung des Verwesungsgeruches, zugleich apotropäisch verstanden als Schutz vor Ansteckung. Der vermögende Mann benutzte Räucherwerk und Duftstoffe auch im Alltag und ließ sich auf der Straße eine Räucherpfanne voraustragen. So wurde Weihrauch zum Ausdruck der Ehrung und Teil des Hofzeremoniells sowie Vorrecht hoher Beamter bei feierlichen Aufzügen. Aus diesen verschiedenen Motiven erwuchs der kultische Brauch der Räucherung, der eigentliche „Weihrauch". Das Rauchopfer ehrt und besänftigt die Gottheit in den altorientalischen Kulten und auch im atl. Tempelkult. – Größte Bedeutung gewann das Rauchopfer im spätantiken Herrscherkult. In der Dezischen Verfolgung war das Auflegen von Weihrauch vor dem Kaiserbild Bekenntnis zur Staatsreligion und Abfall vom christlichen Glauben. Die christliche Gemeinde kennt zwar durchaus die Symbolik des Weihrauches als Aufsteigen des Gebets zu Gott (Offb 5,8; 8,3–5); sie lehnt aber wegen der götzendienerischen Reminiszenzen den tatsächlichen gottesdienstlichen Gebrauch von Räucherwerk entschieden ab, verwendet es jedoch in herkömmlichen profanen Arten und Weisen, vor allem bei der Totenbestattung und zur häuslichen Desinfektion und Erfrischung. Auch in den gottesdienstlichen Versammlungsräumen wurden (im Osten schon im 4. Jh.) große Räucherpfannen aufgestellt zur Luftverbesserung, zur Erfrischung der Gläubigen und auch zum Ausdruck der Festesfreude.

2. Übernahme in den christlichen Gottesdienst. In Übernahme des oben genannten Beamtenzeremoniells wurde beim feierlichen ↗Einzug des Papstes und bei sonstigen Prozessionen brennender Weihrauch in einer Tragpfanne (Räucherpfanne; im Abendland meist an Ketten hängendes verschließbares Gefäß, „Rauchfaß“) vorausgetragen; daraus entwickelte sich (im Westen erst in der ↗Karolingerzeit unter Einwirkung atl. Motive, im Osten schon früher) die Beräucherung (Inzensation) des Altares und Kreuzes, im Osten auch des Kirchenraumes als ehrende Begrüßung Christi; sie wird, vor allem in der Form des ↗Umschreitens, auch lustrierend, reinigend, sühnend und heiligend verstanden und der Weihrauch deswegen beim Auflegen auf die Glut gesegnet. Diese Motive führen dazu, auch die Gaben beim Offertorium kreis- und kreuzförmig zu inzensieren und damit bildlich aus dem Alltagsbereich auszusondern und zu segnen, so daß sie in den Raum Gottes aufsteigen, zumal die Wolke altes Zeichen der Gegenwart Gottes ist (Ex 13,21 u.ö.); ähnlich wird bei feierlichen Segnungen neben der Besprengung mit Weihwasser auch Beräucherung angewandt. Älter ist die Verwendung des Weihrauchs bei der Evangelienlesung; sie ist zunächst Ehrung Christi, versinnbildet sodann den Duft seiner Lehre und will sichtbar machen, wie der Segen seines Wortes zu den Hörern dringt. Während der Gebrauch des Weihrauchs im römischen Ritus früher auf den levitierten Gottesdienst beschränkt und genau geregelt war, ist er jetzt der pastoralen Situation überlassen; er kann in einem Gottesdienst auch nur das eine oder andere Mal gebraucht werden. Eine anfängliche aufklärerische Scheu nach der Neuordnung weicht jetzt allmählich einem sachgemäßen Gebrauch des Weihrauchs. – Bei der ↗Vesper (durch Analogie in Rom auch bei den Laudes) hat sich in Ost und West eine feierliche Beräucherung entwickelt aus der Dramatisierung von Psalm 141,2, dem alten Lucernarpsalm. Das Entzünden von Weihrauch auf dem Altar im römischen Ritus der ↗Altarweihe will den neuen Altar als den Christusaltar von Offb 8,3–5 sichtbar machen; auch dieses Motiv klingt in jeder Altarinzensation wieder an. – Die apotropäische Wirkung des Rauchwerks ist volkstümlich noch lebendig beim „Ausräuchern“ von Haus und Stall, wie es in den „Rauhnächten“, vor allem an ↗Epiphanie, in den Alpenländern noch geübt wird. Der neuzeitliche Brauch, das Allerheiligste bei Aus- und Einsetzung zu beräuchern, ist unmittelbar verständlich.

Lit.: AEM 235f; AES 261.

Weihungen und Segnungen

1. Bedeutung. Das lateinische Wort *benedictio* (ähnlich die entsprechenden hebräischen und griechischen Ausdrücke) meint zunächst den feierlichen Lobpreis Gottes. Wird dieser gesprochen angesichts seiner Schöpfungsgaben und bei ihrem Gebrauch, so werden darin die Dinge in ihrer Gottbezogenheit erkennbar, sie werden „gesegnet“ (geheiligt, geweiht; ↗heilig), wie dies 1 Tim 4,3–5 ausdrücklich lehrt. Im Wissen darum, daß die ganze Natur immer noch seufzt und in Wehen liegt (Röm 8,22), enthält der Lobpreis des Schöpfers in der christlichen Gemeinde immer auch die Bitte (gelegentlich sogar in der Form des ↗Exorzismus) um die volle Durchsetzung der rettenden Herrschaft Gottes in Jesus Christus.

Segnungen werden darum seit alters gern in die Eucharistie einbezogen (↗Früchtesegnung). Dabei ergeht die Bitte letztlich nie über die Dinge, sondern über den Menschen, der im Gebrauch der Welt zu Gott finden soll, durch dessen Erlösung die ganze Schöpfung befreit werden soll von der knechtischen Bindung an die Vergänglichkeit; durch die Segnung wird nicht die Sache verändert, sondern die Änderung des Menschen erbeten, der sich der Herrschaft Gottes unterwerfen soll im Gebrauch seiner Schöpfung. Gesegnet werden darum nicht nur die Gaben der Natur, sondern ebenso die Produkte der ↗Technik, in der der Geist des Menschen sich die Schöpfung nach dem Auftrag Gottes untertan macht.

2. Gestaltung. Die Grundstruktur der Weihung und Segnung als ein Lobpreis über die Gabe ist besonders deutlich auf der sakramentalen Ebene, beim Eucharistischen ↗Hochgebet über Brot und Wein und in den präfationsartigen Weihegebeten der Höheren Weihen; dieselbe Struktur ist erkennbar bei der Weihe der Osterkerze durch das Exsultet und bei den feierlichen Segnungen (↗Kirchweihe; Kreuz; ↗Taufwasser; Chrisam; Abtweihe; Jungfrauenweihe), die das Segensgebet in Form einer Präfation verrichten lassen. Die gewöhnlichen Segnungen, wie sie das Pontifikale und Rituale zahlreich anbieten, geschahen durch ein Gebet, in dem das Motiv des Lobpreises meist nur in der Anrede anklingt, um dann sofort in die Bitte für den gebrauchenden Menschen umzuschlagen; eingeleitet wird das Gebet durch einen (oder auch mehrere passend ausgesuchte) Psalmverse, bei einigen größeren Weihen auch durch eine Litanei, beschlossen durch eine Besprengung mit ↗Weihwasser (auch durch Inzensation mit ↗Weihrauch), begleitet regelmäßig von einem ↗Kreuzzeichen. Bei einigen wenigen besonders feierlichen Segnungen (Kirche, Glocke) tritt als weiterer Segensgestus die Salbung mit geweihtem Öl hinzu. Das neue ↗Benediktionale drängt nachdrücklich darauf, daß dem Gebet regelmäßig die Verkündigung des Wortes Gottes in geeigneter Form vorausgeht; darin wird der Herrschaftsanspruch Gottes über den Menschen und seine Welt vernehmbar, und wo er angenommen wird, dort ist Herrschaft Gottes verwirklicht, dort ist Segen und Heil. Weil Weihungen und Segnungen wie alle ↗Sakramentalien stark in den Raum des tagtäglichen Lebens eingreifen, sind sie der Gefahr des Abgleitens in ↗Magie besonders stark ausgesetzt und verlangen nach Unterweisung und dem ständigen Glaubensgehorsam derer, die sie gebrauchen; so ist das Wort der Schrift und das seelsorgliche Wort des Priesters besonders notwendig.

3. Spender. Jeder Getaufte und Gefirmte kann segnen. Je nach dem Maß eine Segnung auf die Kirche und deren sakramentale Mitte bezogen ist, ist ihr Vollzug dem betreffenden Amtsträger (Bischof, Priester, Diakon) vorbehalten. Auch die liturgische Kleidung richtet sich nach der Bedeutung der Segnung und der Stellung des Spenders.

4. Einteilungen. Die verschiedenen Einteilungen der Segnungen und Weihungen sind mehr von rechtlicher Bedeutung. Man unterscheidet

Realbenediktionen (über Dinge) und *Personalbenediktionen* (über Menschen), *konstitutive* Segnungen („Weihen“, durch die ein Gegenstand ausschließlich für den gottesdienstlichen Gebrauch bestimmt wird: Kelch, Glocken, Kirchen) und *invokative* (welche die geweihten Dinge ihrem natürlichen Gebrauch belassen: Speisenweihe, Brautsegen). Unter *Konsekration* im Gegensatz zur *Benediktion* versteht man im allgemeinen eine Segnung, die dem Bischof vorbehalten ist, speziell eine, die durch Salbung mit Chrisam erteilt wird.

Lit.: Ben 9–22 (Pastorale Einführung); LPTh 617; *J. Baumgartner*, Gläubiger Umgang mit der Welt (Einsiedeln 1976); weitere Lit. ↗Benediktionale.

Weihwasser

1. Entstehung. Der in der alten Welt verbreitete Brauch, ↗Wasser zu religiöser Reinigung und Entsühnung (↗Lustration) zu verwenden, wirkte seit dem 4. Jh. (zuerst im Osten; in Gallien scheint man zuerst Öl zur Lustration gebraucht zu haben) auch auf die christlichen Gemeinden ein: man reinigte heidnische Tempel mit Wasser (meist unter Beifügung von ↗Salz), bevor man sie für die christliche Gemeinde in Gebrauch nahm; ähnlich taten die Donatisten bei Kirchengebäuden, die sie den Rechtgläubigen abgenommen hatten; man sprengte lustrierendes Wasser auch in den Häusern und trank es gegen Krankheit und böse Geister. Wasser für diese Zwecke wurde dann durch Gebet und Exorzismus eigens geweiht (↗Weihungen), so das Handeln Gottes in Jesus Christus deutlich ausgesprochen und die Verwendung reinigenden Wassers in der christlichen Gemeinde deutlich abgehoben von aller ↗Magie.

2. Wasserweihe. Aus gelegentlichen Wasserweihen und Lustrationen entwickelte sich im 8. Jh. eine allsonntägliche Wasserweihe in der Kirche mit anschließender Aussprengung, dem ↗Asperges. Hier wuchs der Wasserausteilung das neue Motiv der ↗Tauferneuerung zu, und so verstehen die Gläubigen heute den Gebrauch des Weihwassers weniger apotropäisch, sondern mehr im Sinn einer Heiligungsbitte und wird Weihwasser allgemein bei Segnungen verwendet. Für Kirch- und Altarweihe wurde das spezielle ↗Gregoriuswasser bereitet. Im Mittelalter kannte man auch feierlichere Formen der Wasserweihe (benedictio maior salis et aquae) zum Schutz des Hauses und besonders des Viehs (Stallsegen); sie verband sich örtlich mit bestimmten Tagen des Jahres und Patronatsfesten (Stephanus). Das neue Meßbuch enthält eine Segnung des Weihwassers im Anhang I für das sonntägliche Asperges sowie eine Wassersegnung in der Osternacht (S. [102]f) für den Fall, daß kein Taufwasser gesegnet wird. Das neue Benediktionale bringt in Nr. 39 eine feierliche Segnung von Weihwasser; bei größeren öffentlichen Segnungen sieht es vor, daß das dabei verwendete Weihwasser in der Segensfeier selber (dann nur durch ein einzelnes Gebet) gesegnet wird. Mit Ausnahme des Osterwassers ist je nach Ortsgewohnheit weiterhin vorgesehen, dem Wasser Salz beizufügen.

3. „Dreikönigswasser“. Die Ostkirchen haben eine feierliche Wasserweihe, den *mégas ajasmós,* in der ↗Epiphanie-Nacht, nach Möglichkeit an einem Fluß oder am Meer, entstanden aus der Segnung des Jordans zur Erinnerung an die Taufe Jesu und bereits im 4. Jh., ausgehend von Jerusalem, im Osten weit verbreitet; dabei wird zur Darstellung der Taufe Jesu ein Kreuz ins Wasser getaucht, und vielerorts steigen die Gläubigen zur Erinnerung an die eigene Taufe selbst ins Wasser. Man nimmt von dem Wasser mit nach Haus zum Gebrauch unterm Jahr. Im 8. Jh. wurde dem eine allmonatliche Wasserweihe nachgebildet, der *mikrós ajasmós;* auch er kennt die Einsenkung eines Kreuzes, aber nicht die westliche Beimischung von Salz. – Im späten Mittelalter verbreitete sich die Epiphaniewasserweihe auch im Abendland. Sie geschah gleichfalls durch die Einsenkung eines Kreuzes („Kreuztaufe“), was die Ritenkongregation 1890 verbot (siehe jetzt Ben 41ff). Das „Dreikönigswasser“ wird vom Volk hochgeschätzt, ähnlich dem „Osterwasser“ (Taufwasser, das [früher] vor Beimischung der Öle entnommen wurde).

Letztlich hat jeder Gebrauch von Weihwasser als einem ↗Sakramentale Bedeutung nur durch den lebendigen Glauben und das persönliche Gebet des Gebrauchenden, die darin ausgedrückt sind, und durch das Verflochtensein mit der Kirche, das darin bejaht wird.

Lit.: Franz I 43–220.

Wein gehört im AT als Getränk zum Leben des Menschen wie das Brot als Speise. Er ist (in seiner Farbe dem Blut entsprechend) dem Menschen gegeben, seine Lebenskraft zu erhalten. Dem gefallenen Menschen, der vom Lebensbaum abgeschnitten war, überließ Gott zur Tröstung den Weinstock, dessen Frucht das Herz erfreut (Ps 104,15) und die Mühsal vergessen macht (Spr 31,6f). Darum gehört zum festlichen ↗Mahl notwendig der Weinbecher, über den in besonderer Weise das Dankgebet gesprochen wird, und werden für das Mahl der Endzeit, zu dem Gott alle Völker laden wird, die geläuterten Weine eigens genannt (Jes 25,6). Christus ist der wahre Weinstock (Joh 15,1), der diese Verheißungen Gottes wahr macht. – Unter all diesen Gesichtspunkten wird verständlich, daß in der Eucharistie zuerst die ↗Kelchkommunion mehr im Blickpunkt steht als die Brotsgestalt. Entgegen altem Brauch bevorzugt der Westen seit längerem weißen Wein, um die Kelchwäsche leichter säubern zu können. Vorschriften über den Meßwein: AEM 284f sowie Verordnung des Ständigen Rates der Deutschen Bischofskonferenz vom 26. 1. 1976. – Auch bei nichteucharistischen gottesdienstlichen Mahlformen spielt der Wein heute noch eine große Rolle. Er gehört zu den verschiedenen Formen der ↗Agape; er wird vielfach bei der Trauung gereicht („Minnetrinken“) und allgemein am 27. Dezember als „Johanniswein“ (Ben Nr. 3).

Weißer Sonntag der Oktavtag von Ostern, nach GOK (23) auch zweiter Ostersonntag, nach MD zweiter Sonntag der Osterzeit genannt.

Sein Attribut „weiß“ kommt von den weißen Taufkleidern der in der ↗Osternacht Getauften, die während der gesamten Oktav bis (ursprünglich) einschließlich des Sonntags nach Ostern getragen wurden. – Seit dem 18. Jh. wurde der Weiße Sonntag weithin als Tag der gemeinsamen feierlichen ↗Erstkommunion bevorzugt. – ↗Osterzeit.

Weltkalender ↗Kalenderreform.

Westsyrischer Ritus ↗Orientalische Riten.

Wettersegen Im Mittelalter zog man einer herandräuenden Wetterfront unter Glockenläuten (teilweise noch heute als Wetterläuten; ↗Glocke) und Gebet mit der Kreuzpartikel, einer Reliquie oder dem Allerheiligsten entgegen und segnete damit die Wolken. Aus diesem speziellen Wettersegen entwickelte sich ein allgemeiner Wettersegen, der von Kreuzauffindung bis Kreuzerhöhung täglich nach der Meßfeier mit der Kreuzpartikel oder dem Allerheiligsten gegeben wurde. Wegen seiner Drastik und der großen Gefahr von Mißverständnissen wurde der Brauch von Bischöfen und Theologen nur ungern gesehen und vielfach bekämpft. Noch heute hält man Bittgänge und Ämter um Schutz vor Ungewitter (Schauerprozession, Schaueramt). Dem berechtigten Anliegen des Volkes, daß täglich um Bewahrung vor Wetterschaden gebetet werde, wird man dagegen kaum mehr durch einen Wettersegen Ausdruck verschaffen, sondern durch eine entsprechende Intention beim Gläubigengebet, eventuell auch durch einen entsprechenden Schlußsegen der Meßfeier, wie ihn MD II 566–568 anbietet. – Das Römische Rituale kennt keinen „Wettersegen“, wohl aber nach älterem Brauch eine Gebetsversammlung (mit Litanei und Psalm 148) bei aufziehendem Unwetter. Im häuslichen Brauchtum entzündet man dabei eine Wetter-↗Kerze, verbrennt Palmzweige oder Holzscheite aus dem Osterfeuer oder steckt sie auf. Das neue deutsche Benediktionale kennt mehrere Formen eines Wettersegens (Nr. 8).

Lit.: Franz II 1–123.

Wiederkunft Christi ↗Parusie.

Woche Die Gliederung der Zeit in Einheiten von je sieben Tagen ist im semitischen Raum beheimatet und für Israel im ersten (nicht ältesten) Schöpfungsbericht (Gen 1,1 – 2,4 a) mit seinen sechs Schöpfungstagen und dem Ruhetag des Sabbats grundgelegt. Manches spricht dafür, den Wegbereiter der Sieben-Tage-Woche in jener Gruppe von „bösen“ Tagen zu sehen, die in den heidnischen Religionen des Alten Orients beachtet wurden. Es handelt sich vor allem um die durch sieben teilbaren Tage eines Monats, den 7., 14., 21. und 28. An diesen Tagen waren fast alle Bürger zur Arbeitsruhe verpflichtet, an ihnen wurde in einer späteren Epoche auch ein Opfer dargebracht. Diese Reihe könnte durchaus in den einzelnen Phasen des Mondumlaufs ihren Ursprung haben, wie sie sich als Neumond, zunehmender Halbmond, Vollmond und abnehmender Halbmond dem Augenschein darbieten. – Die junge Christenheit übernahm die jüdische Woche in der Weise, daß ihr erster Tag, der ↗Sonntag, als Auferstehungstag des Herrn ihr Ausgangs- und Höhepunkt wurde. Während die Juden die Wochentage nach dem Sabbat mit den Ordnungszahlen 1–6 benannten, bildete sich in der hellenistisch-römischen Welt vom 1. Jh. n. Chr. an allmählich die *„Planetenwoche"* heraus, indem man die einzelnen Wochentage bestimmten Planeten(göttern) zuordnete und als Anfang der Woche den Samstag (Saturnstag) betrachtete. – Schon im christlichen Altertum bildete sich allmählich eine gewisse *Prägung der Wochentage* im Blick auf das Pascha-Mysterium Christi heraus. So gelten schon früh Mittwoch und Freitag als Fasttage (*Didache, Tertullian),* von der syrischen *Didaskalie* (erste Hälfte des 3. Jhs.) begründet mit dem Verrat des Judas und dem Kreuzestod Christi. Das in Rom schon sehr früh übliche Samstagfasten wird mit der Trauer der Apostel über den Tod Jesu motiviert. Schließlich wird im Mittelalter der Donnerstag auf das Letzte Abendmahl und das Ölbergsleiden Jesu bezogen. So erscheint die Woche als ein „abgeschwächtes Nachbild der Karwoche" *(J. A. Jungmann).* – Diese heilsgeschichtliche Charakterisierung der meisten Wochentage wird im Mittelalter, beginnend mit *Alkuin* († 804), durch zahlreiche, andersartig geprägte Reihen von Votivmessen zeitweise verdrängt. Dabei spielen die Verehrung der Trinität und der Heiligen, aber auch die Sorge um Vollkommenheit und Seelenheil eine besondere Rolle. Der Versuch, auch die Menschwerdung Jesu an den Wochentagen zu verankern, hatte keinen bleibenden Erfolg. Bei der nachtridentinischen Vereinheitlichung und Fixierung der Liturgie, vor allem im Meßbuch von 1570, schälte sich dann *folgende Votivmeßreihe* heraus, die mit einigen späteren Beifügungen genau 400 Jahre bis zum Missale von 1970 in Geltung blieb: Montag = Dreifaltigkeit, Dienstag = Engel (auch Schutzengel), Mittwoch = Apostel (seit 1920 auch Josef und Petrus und Paulus), Donnerstag = Heiliger Geist (seit 1604 auch Eucharistie, seit 1935 auch Hohepriestertum Christi), Freitag = Kreuz (seit 1604 auch Leiden Christi), Samstag = Maria. – *Das neue Missale* kennt 16 Votivmessen, unter denen die oben genannten alle vertreten sind. Es ordnet sie jedoch nicht bestimmten Wochentagen zu, so daß es dem Seelsorger mehr oder weniger freigestellt ist, ob er die im wesentlichen mittelalterliche Wochentagsprägung beibehalten will.

Lit.: F. J. Dölger, Die Planetenwoche der griechisch-römischen Antike und der christliche Sonntag, in: AC VI (1941) 202–238; *G. Schreiber,* Die Wochentage im Erlebnis der Ostkirche und des christlichen Abendlandes (Köln-Opladen 1959); *J. A. Jungmann,* Der liturgische Wochenzyklus, in: *Jungmann, Erbe* 332–365; *Th. Maertens,* Heidnisch-jüdische Wurzeln der christlichen Feste (Mainz 1965); *Adam, Kirchenjahr* 15, 48–51, 241–244.

Wort Gottes *1. Der ewige Schöpfungs- und Heilsplan Gottes,* der in Christus, der zweiten göttlichen Person, personale Gestalt angenommen hat und doch mit dem Vater völlig eins bleibt. Nach diesem verborgenen Heilsplan führt Gott sein Volk; er macht ihn etappenweise kund durch die begnadeten Männer des Alten Bundes, die Erzväter und die Propheten, und schließlich durch seinen Sohn, der Menschengestalt annimmt, den Tod erleidet und in der Auferstehung den Plan Gottes bis zur letzten Erfüllung bringt. So ist dieses Wort Gottes niemals leer und wirkungslos, es ist vielmehr Schöpfungswort, geschichtswirkend und heilschaffend (Jes 55,8–11), gebietend, richtend und rettend. In ihm (schon in der Mitteilung seines Namens Ex 3,6.14, noch mehr aber in seinem Sohn) erschließt sich Gott seinem Volk; wenn es ausgesprochen wird, ereignet sich wirklich, was es sagt (Gen 1,3; Jer 1,9f). Dem Menschen, der es gläubig und gehorsam annimmt, bringt es Rettung; wer es zurückweist und nicht gehorcht, der ist bereits gerichtet. – *2. Die ↗Verkündigung des Heilsplans.* So wie die Patriarchen und Propheten im Alten Bund Gottes Wort bezeugt haben, so legen im Neuen Bund die Apostel in der Verkündigung Zeugnis ab für das letzte und endgültige Wort Gottes in Christus. In diesem Zeugnis ist Gottes Wort selber gegenwärtig; es ist nicht bloß Menschenwort, es ist zugleich und zuerst Gottes Wort. Im Apostel spricht Christus selbst (2 Kor 5,20; 13,3); der Apostel predigt in der Kraft desselben Geistes (1 Kor 2,4ff; Joh 16,13f; 2 Tim 3,16), in dem Christus Gottes rettendes Wort ausgerichtet hat (Lk 4,17–21). – *3. Das schriftgewordene Wort.* Diese Bezeugung des Gotteswortes, des Erweises von Gottes Führung und Gottes Macht in der Geschichte seines Volkes ist in der Kirche weitertradiert worden und ist schriftlich niedergelegt in den verschiedenen literarischen Formen der jeweiligen Zeit. Auch diese schriftgewordene Verkündigung der Propheten und Apostel ist Wort Gottes; wo sie weiterverkündet und im Heiligen Geiste ausgelegt wird (↗Predigt), bleibt Gottes Wort lebendig, wird die Heilsmacht seines Rufes Ereignis. Die Schrift wird im Gottesdienst nicht vorgelesen aus historischem Interesse, sondern weil darin das verkündete Heilsereignis, der darin geborgene heilende, rettende und richtende Gotteswille weiterhin Herr wird über sein Volk. Was im sakramentalen Wort, in der Verkündigung der Taufe (Mt 28,19), der Sündenvergebung (Joh 20,23), des Herrenmahles, dem Glaubensbewußtsein selbstverständlich ist, gilt in der Grundstruktur genauso von jeder Verkündigung des Wortes Gottes in der versammelten Gemeinde: es wirkt, was es sagt. Darum ist die bevollmächtigte Verkündigung des Gotteswortes das fundamentale Geschehen der Kirche und der entscheidende Grundvorgang des ganzen gottesdienstlichen Lebens.

Lit.: ↗Verkündigung.

Wortgottesdienst gottesdienstliche Versammlung, in deren Mittelpunkt die ↗Verkündigung des ↗Wortes Gottes steht, selbständig abgehalten oder in Verbindung mit der Eucharistie als erster Hauptteil der

↗Messe oder ähnlich als Teilstück einer sonstigen Sakramentenspendung.

1. Bedeutung. ↗Kirche wird konstituiert durch den Ruf Gottes, auf den hin die Menschen sich in gläubigem Gehorsam versammeln; aktualisiert wird dies in der gottesdienstlichen Versammlung. Darum muß hierbei notwendig der Anruf Gottes in der Verkündigung vernehmbar gemacht werden, muß in irgendeiner, wenn auch knappen Form Wort Gottes verkündet werden; es genügt dazu nicht, daß jeder das Wort für sich liest und erwägt. Als Gemeindeversammlung unterscheidet sich ein Wortgottesdienst auch von einer Bibelstunde, einem Glaubensseminar und sonstigen Bildungsveranstaltungen; Wortgottesdienst ist nicht bloß intellektuelle Bemühung um das Gotteswort, sondern lebendige Verkündigung des Christusrufes, die von der Gemeinde angenommen, weitergetragen, in ↗Zwischengesängen und Gebeten beantwortet wird. Darum ist jeder Wortgottesdienst nach dem Schema der liturgischen ↗Feier gebaut in dem wiederholbaren und variablen Dreischritt von Lesung, Antwortgesang und Gebet.

2. Formen. Die Urgemeinde hat weiterhin den Wortgottesdienst in Tempel und Synagoge besucht; dies lebt fort im täglichen ↗Stundengebet. Die älteste heute noch lebendige Form eines genuin christlichen Wortgottesdienstes dürfte an ↗Ostern in den Lesungen, Zwischengesängen und Gebeten der Nachtwache erhalten sein; ein uralter Wortgottesdienst ist ferner erhalten im ersten Teil der Karfreitagsfeier. Das in der Eucharistie enthaltene Verkündigungsmoment hat bereits bei Justin zu einem eigenen Verkündigungsteil mit Schriftlesung, Auslegung und Gebet geführt; im 3. Jh. wird daraus (wohl unter erneutem Einfluß der Synagoge) überall ein mehrteiliger Wortgottesdienst, der sich mit der Eucharistie zur dynamischen Einheit der ↗Messe als der höchsten Versammlungsform der Gläubigen verbindet. In der modernen Diasporasituation, wo am Sonntag oft genug kein Priester für die Meßfeier zur Verfügung steht, pflegt man dafür einen Wortgottesdienst abzuhalten, der sich an das Vorbild des ersten Teiles der Messe anlehnt, was Instr I in Nr. 37 ausdrücklich empfiehlt; den Vorsitz führt dabei ein damit beauftragter Laie; meist wird damit Kommunionausteilung verbunden (↗Priesterloser Gottesdienst). Eigene Wortgottesdienste sind zu fördern an den Vorabenden hoher Feste und während der Vorbereitungszeiten des Kirchenjahrs, ferner an Sonn- und Feiertagen (LK 35,4). Auch die morgendliche Kommunionausteilung beim Ausfall der Werktagsmesse und die Krankenkommunion wird man gern mit einem kurzen Wortgottesdienst verbinden. Ferner gilt für die Taufe, Firmung und Eheschließung: Wenn sie nicht mit einer Meßfeier verbunden sind, geht ihnen ein Wortgottesdienst voraus.

3. Einige Strukturgesetze. Die Grundstruktur aus Lesung, Antwortgesang und Gebet ist, wie schon der Osternachtgottesdienst zeigt, variabel und läßt Akzentsetzungen zu: der Antwortgesang kann entfallen, das

Gebet kann (vor allem gegen Ende der Gesamtfeier) intensiviert werden (in der Osternacht etwa durch die Litanei, die entstehungsgeschichtlich kaum der Taufe zugerechnet werden kann). Charakteristisch für solche Wortgottesdienste an der Vigil von Festen ist die Länge der Lesungen und die fast ausschließliche Bevorzugung des AT. Demgegenüber tritt in der Vesper am Ende eines Festtags die Lesung stark zurück und wird dem Gesangselement nach der Kurzlesung breiter Raum gegeben; dies ist natürlich, weil ja das Festgeheimnis im Nachtgottesdienst und in der Meßfeier inzwischen schon reichlich verkündet worden ist, der Widerhall aus den Herzen der Gemeinde jetzt mehr Platz beansprucht. – Für den *Wortgottesdienst der Meßfeier* an Sonn- und Feiertagen sehen das MR und das MD folgende Ordnung vor:

erste Lesung (aus dem AT, in der Osterzeit aus Apg oder Offb),
Antwortpsalm, vom Kantor vorgetragen, von der Gemeinde mit dem Kehrvers beantwortet,
zweite Lesung (Epistel, aus einem der ntl. Briefe),
Hallelujaruf (in der Fastenzeit: Akklamation vor dem Evangelium),
Evangelium und Homilie (mit anschließender Stille – Predigtlied),
Credo,
Fürbitten.

An Werktagen entfallen die zweite Lesung und das Credo. – Frei gestaltete Wortgottesdienste legen mit Vorzug das Meßschema zugrunde, schicken ihm einen beliebigen Eröffnungsakt voraus und werden am Ende mit dem Herrengebet beschlossen. Daneben empfehlen sich, vor allem zur Vorbereitung auf hohe Feste, Formen, die der österlichen Nachtwache nachgebildet sind, und zum Ausklang festlicher Tage Formen, in denen nach dem Vorbild der Vesper das Element preisenden Gesanges stärker betont ist. Bei einer Mehrzahl von Lesungen aus verschiedenen Teilen der Schrift ist in aller Regel die heilsgeschichtliche Rangordnung einzuhalten: historische Teile des AT, prophetische Teile, nicht-evangelische ntl. Lesungen, Evangelium.

Lit.: Die Instruktion vom 26. Sept. 1964 ... mit einem Kommentar von *H. Rennings* (Reihe Lebendiger Gottesdienst 7) (Münster 1965) 78–83; GL 665; WGL IV 206–220 (mit drei ausgeführten Beispielen eines Wortgottesdienstes mit Kommunionfeier); *J. A. Jungmann,* Wortgottesdienst (Regensburg [4]1965); *H. Aufderbeck,* Stationsgottesdienst. Kommunionfeier (Leipzig 1969 und Graz 1979); weitere Literatur unter ↗Priesterloser Gottesdienst.

Wunden (Wundmale) Jesu Die im Mittelalter mächtig aufblühende Verehrung der ↗Passion Christi wandte auch den fünf Wundmalen Christi, die in den Evangelien (Lk 24,39; Joh 19,37; 20,20.25.27) ausdrücklich oder andeutend erwähnt werden (Seite, Hände und Füße) ihre besondere Aufmerksamkeit zu. Durch die Stigmatisation des hl. *Franz von Assisi* (1224) erfuhr die Andacht zu den fünf heiligen Wunden einen starken Auftrieb, besonders bei den Mystikern. Schon die Provinzialsynode von Lavaur (1368) empfahl das Beten von fünf Vaterunsern zu

Ehren der heiligen Wunden beim Morgen- und Abendläuten. Eine weitere Intensivierung erfolgte im ↗Barock. In neuerer Zeit wurde die Andacht mit zahlreichen Ablässen ausgezeichnet. Eine (kurze) Andacht findet sich auch im Einheitsgesangbuch „Gotteslob" (Nr. 774,7).

Lit.: *K. Hofmann,* Sondertafel in: LThK X (Freiburg [1]1938) nach Sp. 708.

Z

Zeichen sinnlich Wahrnehmbares (Wort, ↗Bild, ↗Symbol, ↗Gebärde), das auf eine Wirklichkeit hinweist, sie „anzeigt".

1. Zeichenhafte Struktur des christlichen Gottesdienstes. Jeder, auch der nichtchristliche Gottesdienst hat zeichenhafte Struktur, weil er von ↗Menschen begangen wird, die wegen ihrer leib-geistlichen Natur auf sinnliche Wahrnehmung und spürbare Kommunikation angewiesen sind. Der christlichen Liturgie ist die zeichenhafte Struktur aber spezifisch zu eigen wegen der Inkarnation, der „Fleischwerdung" der zweiten göttlichen Person; Christi Wort und Christi Taten („Zeichen") und seine ganze Gestalt weisen auf die Nähe der Gotteswirklichkeit hin, zeigen sie an und machen sie damit menschlich wahrnehmbar. Diese Zeichenhaftigkeit (Sichtbarkeit) Christi setzt sich in der ↗Kirche fort. Darum ist die Kirche als Zeichen (LK 2) und sind die Zeichen in der Kirche (LK 7; 59) nicht willkürlich festgelegt; sie werden nicht zuvor ihrem natürlichen Sinn entzogen, um dann eine neue (religiöse, christliche) Bedeutung aufgepfropft zu bekommen; die christliche Wirklichkeit liegt vielmehr gerade in der natürlichen Zielrichtung des Zeichens, das im Glauben angenommen wird; die Funktion des Zeichens im Gottesdienst und in der Gemeinde liegt in der Verlängerung seiner natürlichen Funktion. Die Zeichen sind auch nicht populäre Darstellungen theologischer Überlegungen, die vorher durchdacht und dann in gottesdienstliche Zeichen umgesetzt worden wären; sie sind vielmehr die Gestalt, in der die Heilswirklichkeit in Erscheinung tritt, die theologische Überlegung knüpft erst an diese Gestalt und Erscheinungsform des Heiles an und sucht die gezeigte Wirklichkeit denkerisch zu erfassen und zu systematisieren. Darum erreicht der gläubige Christ die Heilswirklichkeit nicht, indem er über die Zeichen hinweggeht, um zu einer „dahinter" stehenden Wirklichkeit zu gelangen, sondern indem er in den Zeichen und durch sie hindurch die Heilswirklichkeit erfaßt, die in den Zeichen angezeigt und sinnenfällig gestaltet ist (↗Symbol, ↗Sakrament, ↗Verkündigung).

2. Bergendes und verbergendes Zeichen. Jedes Zeichen (Wort, Symbol oder Gestus) enthüllt und verhüllt zugleich. Die Herrlichkeit Gottes auf dem Antlitz Christi tragen wir in „irdenen Gefäßen" (2 Kor 4,7), das Wort in der inkarnierten Gestalt ist nicht adäquater Ausdruck, das Zeichen nicht durchsichtig genug auf die Wirklichkeit. Jedoch ist der enthüllende („offenbarende“) Charakter der Zeichen bedeutsamer; der Christ wartet zwar auf die ungehemmte Offenbarung, auf den vollen, unbeeinträchtigten Ausdruck; der aber wird weiter zeichenhafte Struktur an sich tragen, weil Christus Wort und Bild des Vaters bleibt auch nach Ablauf der Weltzeit, nur daß der durch unsere zeithafte Situation bedingte verhüllende Charakter der Zeichen wegfällt.

3. Zeichen heute. Im Zeitalter der ↗Technik ist die offenbarende Kraft vieler Zeichen ohne Zweifel geringer geworden; dem Menschen begegnen sie als natürliche Zeichen im Alltag nicht mehr. Aber trotz aller technischen Zivilisation bleiben Grunderfahrungen des menschlichen Lebens (Licht und Dunkel, Wärme und Kälte, Hunger und Durst, Essen und Trinken, Tod und Leben) lebendig; manche werden sogar in neuer Tiefe erfahren, bewußter und intensiver gelebt, wie etwa das Aufeinanderangewiesensein der Menschen; gerade im Bereich des mitmenschlichen Kontakts spielen Zeichen heute eine größere Rolle als je. – Weil so die Zeichen im natürlichen Bereich in beträchtlichem Ausmaß der Änderung unterworfen sind, müssen sie entsprechend auch im Raum der Kirche und im Gottesdienst ständig der veränderten Lebenserfahrung angepaßt werden (↗Liturgiereform). Texte und Riten bringen das Heilige, dem sie dienen, sonst nicht mehr deutlich genug zum Ausdruck; sie können vom Volk nicht leicht und richtig erfaßt werden und verkehren geradezu ihre Aufgabe; sie können nicht mehr in lebendiger Gemeinschaft gefeiert werden (LK 21 und 59). Darum bleibt der Gottesdienst zwar immer an dieselben Grundvollzüge gebunden (Versammlung, Verkündigung, Taufbad, Mahl), aber diese müssen jeder Zeit in einer ihr gemäßen Form ermöglicht werden.

Lit.: siehe unter ↗Kommunikation und unter ↗Symbol; ferner *R. Guardini,* Von heiligen Zeichen (Mainz [17]1961 und Leipzig [2]1955); *H. Volk,* Theol. Grundlagen der Liturgie (Mainz 1964) 113–117; *L. Bouyer,* Mensch und Ritus (Mainz 1964) 82–98.

Zeit

1. Menschliche Zeit ist für den handelnden und erleidenden Menschen nicht einfach die mit technischen Methoden meßbare Dauer eines Geschehens, sondern eine Erlebnisqualität: dasselbe Geschehnis wird anders erfahren am ↗Tag, anders in der Nacht, anders im Sommer, anders im Winter, anders in der Jugend, anders im Alter. Auch die Stunden des Tages (die Nacht hat erlebnismäßig keine Stunden) haben je ihre eigene Färbung; der ↗Morgen setzt den Menschen in eine andere Situation als der ↗Abend. Darum kennt der ↗Kult (I) von jeher qualitative Zeitunterschiede, heilsträchtige und heilsbedürftige Zeiten (↗Fest). Darum lebt auch der Christ in seinem Gebet und in der gottesdienstlichen Versammlung je nach der Eigenart der verschiedenen Stunden und Zeiten.

2. Zeit in Gottes Hand. Im Raum der Offenbarung wird aber auch erfahren, daß alle Zeit in der Hand Gottes liegt und die Qualität der Zeit zutiefst von seiner Nähe bestimmt wird; wo Christus ist, da ist die „Fülle der Zeit" (Gal 4,4), da ist die „letzte Zeit", das Eschaton (1 Kor 10,11). Anders als im mythischen Denken, wo die eigentliche Heilszeit im Anfang, im Schöpfungsgeschehen, im „Paradies" gesucht wird, wo darum je der Anfang gegenwärtig gemacht wird, liegt für die christliche Gemeinde das Heil im Zielpunkt, wird die Zeit heilsträchtig, weil in sie bereits das Ende hereinwirkt. Weil alle Zeit von Christus erfüllt ist, betet der Christ „allezeit" und versucht die Kirche, dies im Stundengebet zu verwirklichen; manche Mönchsgründungen (vor allem die Akoimeten = Nichtschlafenden) haben durch Einteilung der Mönche in mehrere sich jeweils ablösende Gebetsgruppen ein ununterbrochenes Stundengebet erreicht; ähnliches versucht auf Diözesanebene die „Ewige Anbetung" (↗Vierzigstündiges Gebet).

3. Vergegenwärtigung in der Zeit. Heutigem Verständnis nur schwer eingängig ist *das biblische Zeiterlebnis,* das auch der Liturgie zugrunde liegt. Die Sprache des AT unterscheidet beim Tätigkeitswort nicht Vergangenheit, Gegenwart und Zukunft; sie unterscheidet nicht die Etappen der Zeit, sondern die Strömungsrichtung der Gezeiten; das Vergangene ist nicht entschwunden, die Zukunft nicht in weiter Ferne, sondern alles in der Gegenwart wirksam. Bildlich ausgedrückt: In der Knospe und Blüte ist die Frucht bereits gegenwärtig, in der ausgereiften Frucht die Blüte immer noch enthalten. In dieser Erlebniswelt schafft ↗Gedächtnis wirklich Gegenwart, ist die Zeit immer heilsgeschichtlich qualifiziert als „schon" und „noch nicht", ist jeder ↗Tag Rekapitulation und Antizipation der Heilsgeschichte, wird im verkündeten Wort der (für unser Empfinden von der Vergangenheit berichtete oder für die Zukunft angesagte) Heilswille Gottes an der hörenden Gemeinde wirksam (↗Gegenwart). Ähnlich erfährt der gläubige Christ im Empfang der Sakramente, besonders der Eucharistie, das schöpferische und eschatologisch vollendende Handeln Gottes lebendig und gegenwärtig. In der herkömmlichen Theologie läßt sich die Wirklichkeit des Meßopfers, der Sakramente, wovon die Liturgie ständig in biblischer Art redet, nur schwer begrifflich wiedergeben; die Wirksamkeit der Verkündigung tritt bei diesem Gesichtswinkel fast gar nicht ins Blickfeld.

Zeitschriften, liturgische die sich mit Geschichte, Theologie und Pastoral der Liturgie befassen, haben für die Erneuerung und Vertiefung des gottesdienstlichen Lebens einen hohen Stellenwert. Im Folgenden wird in alphabetischer Reihenfolge eine Übersicht über die gegenwärtigen Zeitschriften gegeben, wobei fremdsprachige nur insofern berücksichtigt werden, als sie für unser Sprachgebiet von größerer Bedeutung sind. Zeitschriften, die nur gelegentlich liturgische Themen behandeln, sind hier nicht erfaßt.

1. Deutschsprachige Zeitschriften:
Archiv für Liturgiewissenschaft, Regensburg
Bibel und Liturgie, Klosterneuburg
Erbe und Auftrag, Beuron

Gottesdienst, Freiburg u. a.
Heiliger Dienst, Salzburg
Jahrbuch für Liturgik und Hymnologie (ev.), Kassel
Kunst und Kirche (ök.), Gütersloh – Linz
Liturgie konkret, Regensburg
Liturgisches Jahrbuch, Münster
Münster, Das, München – Zürich
Quatember (ev.), Kassel

2. Fremdsprachige Zeitschriften:
Communautés et liturgie, Ottignies (Belgien)
Ephemerides liturgicae, Rom
La Maison-Dieu, Paris
Notitiae, Città del Vaticano
Questions liturgiques, Löwen
Studia liturgica, Rotterdam
Tijdschrift voor liturgie, Afflingem (Niederlande).

Zelebrant der Bischof, Priester oder Diakon, der in einer gottesdienstlichen Versammlung den Vorsitz führt; in der Feier der Sakramente handelt er in sichtbarer Darstellung Christi, in seinem Auftrag und in seiner Vollmacht. Besondere Aufgaben des Zelebranten sind die ↗Präsidialgebete. Der Terminus ist praktisch, aber unglücklich; denn in Wirklichkeit „feiert“ (zelebriert) die ganze versammelte Gemeinde; auch in den Gebetstexten der Liturgie ist nur vom Feiern der Gemeinde die Rede. Erst als im Mittelalter das liturgische Tun ausschließlich dem Priester zugeschrieben wurde, konnte der Ausdruck Zelebrant lediglich auf den Priester bezogen werden.

Zelebration zum Volke hin Bei einer Eingangsostung einer Kirche (↗Ostung) war die Zuwendung des Zelebranten zum Volke hin von selbst gegeben, wenn er die vorgeschriebene Ostrichtung beim Gebet einhielt. Mit der Apsisostung hörte aber die celebratio versus populum nicht automatisch auf. Denn der Zelebrant konnte sich auch jetzt auf der dem Volk abgewandten Seite des Altares bei bestimmten Gebeten (nicht Hochgebet) nach Osten drehen. Vom 4. Jh. an läßt sich beobachten, daß man den Altar immer mehr als Symbol Christi betrachtet, weil sich auf ihm seine sakramentale Gegenwart ereignet. So wird die Hinrichtung zum Altar noch stärker als die nach Osten als eigentliche Hinwendung zu Christus empfunden. Damit aber war eine Zelebration zum Volke hin auch bei apsisgeosteter Kirche grundsätzlich möglich und wurde auch praktiziert, wie viele Ausgrabungen beweisen. Sie war besonders dort der Fall, wo sich eine ↗Confessio auf der dem Volk zugewandten Seite des Altars befand oder ein kleines Fenster (fenestula) dem Volk einen Blick in die Grabkammer bzw. auf die Reliquien gestattete. Doch setzte sich die Zelebration mit dem Rücken zum Volk allmählich durch, im Osten rascher als im Westen. Maßgebend war vor allem die wachsende Ehrfurcht vor dem „schauererregenden Mysterium“, das man den Blicken des Volkes entziehen zu müssen glaubte (↗Bilderwand). Die seit mehr als 1000 Jahren übliche Zelebration in der von der Gemeinde abgewandten Richtung wird im 20. Jh. besonders in Kreisen der ↗Liturgischen Bewegung zum Gegenstand der Kritik. Man sieht in der Zelebration versus populum einen besseren Ausdruck der Mahlgemeinschaft und günstigere Voraussetzungen für eine tätige ↗Teilnahme der Gläubigen. Sie war im römischen Ritus übrigens niemals verboten, auch im Meßbuch *Pius' V.* grundsätzlich erlaubt (Ritus serv. V, 3). So ist es kein Bruch mit der Tradition, wenn die Instr I anordnet, daß der Hochaltar von der Rückwand getrennt errichtet werde, „so daß man ihn leicht umschreiten und an ihm zum Volke hin zelebrieren kann“ (91). Es setzte nun eine allgemeine Bewegung für diese Zelebrationsweise ein, die der Vorsitzende des Römischen Liturgierates (↗Kongregation für den Gottesdienst), Kardinal *Lercaro,* als die „vom pastoralen Standpunkt vorteilhafteste“ bezeichnet und befürwortet (Brief vom 30. 6. 1965). Die AEM wiederholt die Bestimmung der Instr I mit fast den gleichen Worten (262). Inzwischen hat sich die Zelebration zum Volke hin fast in der gesamten Weltkirche durchgesetzt.

Lit.: Braun, Altar; O. Nußbaum, Der Standort des Liturgen am christlichen Altar (Bonn 1965); *ders.,* Zur Feier der Eucharistie versus populum, in: Kölner Past.blatt 16 (1964) 107–112; *J. Emminghaus,* Gestaltung des Altarraumes, in: Bibel und Liturgie 48 (1975) 5–21 und PkH 57, Leipzig 1977.

Zentralkirche ↗Kirchengebäude.

Zeon ↗Mischung.

Zeremoniar mit der Vorbereitung eines größeren Gottesdienstes und der Koordinierung der verschiedenen Dienste beauftragter Helfer, der für den ruhigen und unbeschwerten Ablauf zu sorgen hat. Die Aufgabe liegt von Natur aus beim Diakon, wurde aber bei der reichen Entfaltung des päpstlichen und bischöflichen Zeremoniells allmählich Spezialisten übertragen. Bischofskirchen brauchen einen „Magister caeremoniarum“, der nicht nur die Rubriken kennt, sondern aus pastoraler Erfahrung Gottesdienste fruchtbar zu gestalten weiß; er sollte Diakon sein und trägt dann beim Gottesdienst Albe und Dalmatik, sonst Albe bzw. Talar und Chorrock.

Zeremonie (lat., Ableitung ungeklärt) feierliche religiöse Handlung, rituelle Ausführung des Gottesdienstes. Im allgemeinen versteht man darunter die zur Gültigkeit nicht notwendigen äußeren Formen der Liturgie im Gegensatz zur unaufgebbaren sakramentalen Mindesthandlung (dem Aufgießen des Taufwassers, dem Essen der Brotsgestalt). Vielfach wird das Wort abwertend gebraucht von der leeren Zeremonie, dem äußeren Ablauf ohne Inhalt; aber grundsätzlich braucht die gottesdienstliche Feier wegen der Leibhaftigkeit des Menschen die ↗Gebärde, das ↗Zeichen als Ausdruck des sakramentalen Geschehens.

Ziborium Aufbewahrungsgefäß für die eucharistische Brotsgestalt. Der Name stammt wohl von dem im Mittelalter teilweise verbreiteten Brauch, das Gefäß von der Wölbung des Altar-↗Kiboriums herabhängen zu lassen, und ist nicht von lat. cibus = Speise abzuleiten. – Die ↗Aufbewahrung konsekrierter Hostien für die Krankenkommunion geschieht zunächst in kleinen Schachteln oder Büchsen (capsa, pyxis) aus Elfenbein, Holz oder Metall, meist mit einem durch Scharniere fest verbundenen Deckel, seit dem frühen MA auch in herabhängenden „eucharistischen Tauben" aus Metall mit einer verschließbaren Öffnung im Rücken. In der Gotik erhält die Büchse einen vieleckigen Grundriß und eine turmartige Bedeckung; auch wird sie, zum Teil aus praktischen Gründen, vor allem aber um der Verehrung Ausdruck zu geben, auf einen Fuß gestellt. Mit zunehmender Rundung nahm das Aufbewahrungsgefäß so immer mehr die Gestalt des Kelches an, von dem es sich in der Form schließlich nur noch durch den Deckel unterschied; das Allerheiligste wurde darin in einer kleinen Innenbüchse oder in einem Seidentuch geborgen. Mit dem in der Barockzeit zunehmenden Kommunionempfang außerhalb der Messe brauchte man größere Aufbewahrungsgefäße, denen man die Form großer Kelche gab mit einem abnehmbaren, nicht mehr fest verbundenen Deckel; dieser „Speisekelch" diente nicht mehr nur zur Aufbewahrung, sondern auch zur Konsekration der Hostien bei der Messe. Jetzt verwendet man bei der Feier der Messe wieder echte Brotschalen (↗Patene), verringert durch die regelmäßige Konsekration bei jeder Messe die Zahl der aufzubewahrenden Hostien und versucht auch die Form des Aufbewahrungsgefäßes aus einer Schale zu entwickeln, die mit einem festen Deckel verschlossen werden kann.

Lit.: Braun, Altargerät.

Zingulum ↗Albe.

Zölibatsversprechen ↗Diakon.

Zukunft der Liturgie Wer sich in das unbekannte Gelände der Zukunft vortasten will, läuft leicht dem Irrtum in die Arme. Diese Gefahr gilt nicht für die Feststellung, daß es auch in naher und ferner Zukunft Liturgie geben wird. Denn sie gründet sich auf die Verheißung des Gottmenschen Jesus Christus, daß seine Kirche fortbestehen wird bis ans Ende der Welt (vgl. Mt 16,18; 28,20). Weil aber die Liturgie als Aktionsgemeinschaft von Christus und Kirche zur Heiligung der Menschen und zur Verherrlichung Gottes notwendigster und wichtigster Selbstvollzug der Kirche ist, wird sie an dieser Verheißung Anteil haben. Immer werden sich deshalb Menschen versammeln, um Gottes Wort zu hören und die Feier der Christwerdung (↗Initiation), das Gedächtnis der Erlösungstat (↗Eucharistie), die Feier der Versöhnung u.a.m. zu begehen. Dabei wird sich der von Christus gestiftete Wesenskern nicht ändern, wohl aber der ihn begleitende und verdeutlichende Kosmos der Texte und Zeichen

(↗Liturgiereform). Auch die im Auftrag des II. Vatikanums erneuerte Liturgie ist nicht für Jahrhunderte gemacht, wie es die Väter des Trienter Konzils planten und tatsächlich auch für vier Jahrhunderte erreichten. Der im Gefolge der Industrialisierung und ihrer Auswirkungen beschleunigte Wandel in Gesellschaft, Kultur, Sprach- und Stilempfinden einerseits und der vom II. Vatikanum verkündete Grundsatz des Aggiornamento (Verheutigung, Anpassung) andererseits werden immer wieder Überprüfungen und Anpassungen notwendig machen. Auch auf die Liturgie wird man das auf die Kirche bezogene Wort anwenden müssen, daß sie eine „semper reformanda", eine immer zu reformierende, sein werde. Dies sollte allerdings nicht als Freibrief für eigenmächtige Reformaktivitäten mißdeutet werden. Kein Geringerer als *R. Guardini,* dem niemand die Weite und Freiheit des Geistes bestritten hat, fühlte sich zur Warnung vor dem „liturgischen Dilettantismus" verpflichtet. In die gleiche Richtung weist die Feststellung *Karl Rahners,* der bei aller Betonung des personalen Vollzugs der Liturgie gegenüber ihrer nur rubrizistischen Regelung vor den „frei gestaltenden Liturgen" entschieden warnt: „Das gäbe einen Unfug, der schlimmer wäre als alles, was früher war und heute ist" (Münchener Kirchenzeitung 1972/Nr. 2). – Andererseits wird die kirchliche Leitung weit mehr und schneller als in früheren Jahrhunderten die Situation „vor Ort" berücksichtigen und daraus Konsequenzen ziehen müssen. Die Gestaltung der Liturgie wird noch stärker als bisher die anthropologische, soziale und kulturelle Befindlichkeit der Menschen in bestimmten Regionen in ihrer Auswirkung auf Möglichkeit und Qualität liturgischer Mitfeier zu bedenken haben. Denn „die Liturgie ist für den Menschen da" *(Paul VI.).* Von hier aus wird man die Prognose stellen dürfen, daß die Liturgie der Zukunft keine starre Einheitlichkeit, sondern eine bunte Vielfalt ihrer Erscheinungsformen zeigen wird. Sie wird mehr Wert legen auf den personalen Vollzug, auf die Lebendigkeit und gemeinschaftsbildende Kraft ihrer Versammlungen und die tätige Nächstenliebe als Konsequenz der in der Liturgie gewonnenen und gestärkten Christusverbundenheit. So wird Liturgie zugleich zur stärksten Quelle missionarischer Kraft.

Lit.: *W. Dürig,* Die Zukunft der liturgischen Erneuerung (Mainz 1962); *J. Gelineau,* Die Liturgie von morgen (Regensburg 1979).

Zwischengesänge zusammenfassende Bezeichnung für jene Gesänge, die der ersten und zweiten ↗Lesung der Meßfeier (vor dem Evangelium) folgen. Es handelt sich im einzelnen um den ↗Antwortpsalm (früher ↗Graduale genannt), den ↗Halleluja-Vers, an dessen Stelle in der Fastenzeit der ↗Traktus oder neuestens auch der „Vers vor dem Evangelium" tritt, und an wenigen Festtagen die Sequenz. Wegen der wichtigen Funktion dieser Gesänge, die im Lektionar verzeichnet sind, sollten sie nicht vorschnell durch ein Lied ersetzt werden.